山右叢書　山右歷史文化研究院　編

楊博奏疏集 上

[明]楊博　撰　張志江　點校

上海古籍出版社

圖書在版編目(CIP)數據

楊博奏疏集 / (明) 楊博撰;張志江點校. —上海: 上海古籍出版社, 2018.6
(山右叢書)
ISBN 978-7-5325-8864-0

Ⅰ.①楊… Ⅱ.①楊… ②張… Ⅲ.①奏議—彙編—中國—明代 Ⅳ.①K248.065

中國版本圖書館 CIP 數據核字(2018)第 123748 號

楊博奏疏集
(全三册)
山右叢書
(明) 楊博 撰
張志江 點校
上海古籍出版社出版發行
(上海瑞金二路 272 號 郵政編碼 200020)
(1) 網址: www.guji.com.cn
(2) E-mail: guji1@guji.com.cn
(3) 易文網網址: www.ewen.co
浙江臨安曙光印務有限公司印刷
開本 700×1000 1/16 印張 82.75 插頁 6 字數 1,001,000
2018 年 6 月第 1 版 2018 年 6 月第 1 次印刷
印數: 1—1,300
ISBN 978-7-5325-8864-0
G·683 定價: 298.00 元
·如有質量問題,請與承印公司聯繫

目　録

楊襄毅公甘肅奏疏

〔明〕楊　博　撰

張志江　點校

楊襄毅公經略疏稿

〔明〕楊 博 撰

張志江 點校

楊襄毅公宣大奏疏

〔明〕楊　博　撰

張志江　點校

太師楊襄毅公宣大奏疏卷二

楊襄毅公薊遼奏疏

〔明〕楊　博　撰

張志江　點校

蒲坂楊太宰獻納稿

〔明〕楊　博　撰

張志江　點校

蒲坂楊太宰獻納稿卷三

蒲坂楊太宰獻納稿卷四

蒲坂楊太宰獻納稿卷五

蒲坂楊太宰獻納稿卷六

蒲坂楊太宰獻納稿卷八…………………………………… 三八二

蒲坂楊太宰獻納稿卷九

蒲坂楊太宰獻納稿卷十

楊襄毅公本兵疏議

〔明〕楊　博　撰

張志江　點校

楊襄毅公本兵疏議卷五

楊襄毅公本兵疏議卷六

楊襄毅公本兵疏議卷十……………………………… 七六八

楊襄毅公本兵疏議卷十一

楊襄毅公本兵疏議卷十二

楊襄毅公本兵疏議卷十三…………………………………… 八六九

楊襄毅公本兵疏議卷二十二

楊襄毅公本兵疏議卷二十三 …………… 一二一〇

楊襄毅公本兵疏議卷二十四 …………………… 一二四三

楊襄毅公甘肅奏疏

〔明〕楊　博　撰

張志江　點校

點校説明

《楊襄毅公甘肅奏疏》（以下簡稱《甘肅奏疏》）一卷，明楊博撰。

楊博（1509—1574），字惟約，號虞坡，山西蒲州（今山西永濟）人。嘉靖八年（1529）進士。歷任盩厔、長安知縣，調京爲兵部武庫司主事，升武選司署員外郎，未久實授，遷職方司郎中。隨大學士翟鑾巡視九邊，所過山川形勢、土俗好惡、士卒多寡强弱皆分條記載。博爲人魁梧，幹辦敏給，臨事從容，有識量。帝有時中夜降手詔，博隨事逐條對答，悉符合上意。前後任兵部尚書張瓚、毛伯温都非常倚重他。遷山東提學副使，轉糧儲參政。嘉靖二十五年，越級提升爲右僉都御史，巡撫甘肅。大興屯田，開鑿水渠，募民墾荒。境内屬番罕東時與居民械鬥，爲築七堡徙居之，州境肅然。進右副都御史，以母憂歸。仇鸞鎮守甘肅，博曾揭發其貪罔三十事。鸞拜大將軍，屢次詆毁他，帝不聽。服闋，鸞已伏誅，召拜兵部右侍郎，轉左侍郎，經略薊州、保定。因潮河川水勢建石墩，置戍守。還京，督京城九門。遷總督薊、遼、保定軍務，分布諸將，畫地爲守。嘉靖三十三年秋，蒙古把都兒及打來孫十餘萬騎入犯薊州。博身不解甲，督兵力戰。寇攻打邊墻，四晝夜不得入，退屯虎頭山。博募敢死士，夜以火驚其營。寇擾亂，天亮前悉退去。進右都御史。次年，打來孫入犯益昌，博復擊退之。升任兵部尚書，加太子少保。嚴嵩父子招權納賄，博一概阻撓，令其不得恣意而行。嵩惱恨博，适逢博丁父憂离任。後原兵部尚書被免職，特舉博代之。以大同右衛被圍緊急，改博總督宣、大、山西軍務。博厚恤士卒，奏行善後十事。留鎮撫，奏請蠲免被擄掠地方租賦，徵集其丁壯爲義勇，分隸諸將。同時製造箱車，繕治邊墻，戍守銀釵、驛馬諸嶺，備禦居庸南山。又於大同牛心山諸處築堡建寨、修墩浚濠，五旬竣工。加太子太保，留鎮如故。後改薊遼總督。嘉靖三十八年，秋防事完，廷議欲召博還朝爲兵部尚書，吏部尚書吴鵬不同意。兵部右侍郎鄭曉争之曰："博在薊、遼則薊、遼安，在本兵則九邊俱安。"乃召還，加少保。時帝甚憂邊務，博每先事爲備，帝眷寵、倚重如左右手。嘉靖四十二年十月，寇大舉進攻薊州，聲言欲犯遼陽。總督楊選率軍東上防禦，博發文制止，又連致手書三封，選終不聽。博急徵兵入援，寇已毁墻子嶺邊墻，進犯通州，大掠順義、三河而去。帝怒，誅楊選，念博前功，未予加罪。嘉靖四十五年，改任吏部尚書。隆慶改元，博一品滿三考，進少傅兼太子太傅。後以直諫忤旨，稱病辭官回鄉。隆慶五年（1571）大學士高拱掌管吏部，薦舉博堪任兵部，詔以吏部尚書署理兵部事。拱欲以大罪中傷原内閣首輔徐階，博造訪拱，極力解勸，事方獲已。隆慶六年，高拱罷，博改任吏部尚書，進少師兼太子太師。張居正欲羅織拱罪狀，博毅然争之，人以是稱博爲長者。萬曆元年（1573）秋，發病，上疏乞致仕。次年病故於鄉。贈太傅，謚襄毅。

楊博戎馬一生，所至之處頗有建樹，建白、奏議及詩文頗多。據清黄虞稷《千頃堂書目》卷三著録有："《襄毅公奏疏》四卷，又《歷官奏議》十七卷，又《經略疏議》二卷，又《職方郎官疏》六卷，又《撫臺疏議》二卷，又《本兵疏議》二十四卷，又《太宰楊公獻納稿》十卷。"《明史·藝文志》著録有："《獻納稿》十卷，《奏議》七十卷，詩文集十二卷。"各書所載書目、卷數頗不一致。追根溯源，楊博的著作應以其次子楊俊士《恭請先襄毅公〈本兵疏議〉序狀》的記載爲準。據該文記載，楊博任兵部職方司郎中，有《職方郎官草》；巡撫甘肅，有《甘肅奏議》；經略薊、保兩鎮邊務，有《經略疏稿》；總督宣大、山西軍務，有《督府奏議》；兩度總督薊遼、保定軍務，有《兩督奏議》；任吏部尚書，有《獻納稿》。萬曆三年，即其去世次年，楊俊士又將楊博三度入主兵部之奏疏整理成書，名曰《楊襄毅公本兵疏議》。總其一生，楊博共有奏疏七種。明張四維《虞坡楊公行狀》即據此記載爲："所著有《虞坡文集》八卷、《詩集》二卷、《歷官奏議》凡七種共七十卷、雜著四卷。"明唐鶴徵《皇明輔世編》卷六《楊襄毅博傳》也據此記載爲："所著《虞坡集》、《詩集》、雜著、《歷官奏議》，凡八十四卷。"據此，楊博的著作，除《職方郎官草》六卷、《甘肅奏議》（卷數不詳）、《經略疏稿》（卷數不詳）、《督府奏議》（卷數不詳）、《兩督奏議》（卷數不詳）、《獻納稿》十卷、《楊襄毅公本兵疏議》二十四卷，即張四維等所説的"《歷官奏議》凡七種共七十卷"外，尚有《虞坡文集》八卷、《詩集》（或名《大椿堂詩集》）二卷、雜著四卷。

《甘肅奏疏》即楊博巡撫甘肅時的奏疏彙編，凡查處屯田、修築城堡、興復學校、賑貸饑饉、安插屬夷、檢舉欺罔、興革利弊，等等，無不涉及，是研究當時甘肅政務、邊防和軍務的珍貴史料。《甘肅奏疏》，據楊博次子楊俊士《恭請先襄毅公〈本兵疏議〉序狀》記載，原名《甘肅奏議》，嘉靖二十七年刊刻於甘肅。該本民國時尚有殘本存世，《續修四庫全書總目提要》（稿本）即著録有明嘉靖刊本《甘肅奏議》自二卷至五卷共四卷。此本今佚。現存《甘肅奏疏》一卷，共十一篇，收於今人劉明陽所藏明刊本《楊襄毅公奏疏》中。《續修四庫全書總目提要》（稿本）陳鍫所撰《甘肅奏議》提要稱："包御史節寓〔一〕序十一篇本云，治甘大典有六，興學校則有專責監司之疏，贍輸餉則有修復屯田之疏，給馬政則有通融之疏，禦西域則爲裁勒貢夷之疏，闢疆宇則有繕固境外之疏，惠士卒則有剪刈牟食之疏。今校勘十一篇内，僅有查處屯田及制禦西夷二疏，餘四疏均在此編内。”據此，同時參考《楊襄毅公奏疏》中的《經略奏疏》一卷本、《本兵奏疏》十二卷本與現存《經略疏稿》二卷本、《本兵疏議》二十四卷分别對比的情况來看，《甘肅奏疏》應爲《甘肅奏議》節本，篇目、文字均有大量删减。此外，北京大學圖書館所藏舊抄本《楊襄毅公奏疏》中又有《甘肅奏疏》四卷，和《甘肅奏疏》一卷本内容完全一樣，僅僅是分卷不同罷了。此次點校，即以劉明陽所藏明刊本《楊襄毅公奏疏》中之《甘肅奏疏》一卷本爲底本，參校以北京大學圖書館所藏舊抄本《甘肅奏疏》四卷本（簡稱“舊抄本”），以及明陳子龍等《明經世文編》等書所選載的楊博的部分奏疏。

校勘記

〔一〕“節寓”，包節《甘肅奏疏序》落款“包節寓允吾撰”，陳鎣即以“包節寓”稱之。其實包節字元達，号蒙泉。“寓允吾”，爲寄居允吾（西北古地名，音沿牙）之意。

《甘肅奏疏》序

昔魏相佐漢宣帝中興，數條賈誼、鼂錯、董仲舒所言，奏請施行之。迨宋臣蘇軾上札子神宗朝，乞將陸贄奏議繕寫進呈，反覆熟讀。夫以魏、蘇氏之賢，推右四子若此，非愛其論説皆國家長畫，可咨故寔、切治道者耶？載觀權德輿叙贄集，又拳拳以才、位、時爲説，若有未厭然者。以彼其才而當時未能盡用，人又安能無遺望乎？夫席儒腐議，率皆溝猶俗吏淺聞，要非炙轂，均之不能暢達政體，洞悟主聽，此才之所以爲難也。即使才如四子，長於匡建，若滯伏卑散，逢會齟齬，非位非時，奚究於用？此説之所以爲難也。乃觀虞坡楊公之章疏，若其才其位其時不重愜德輿所望者耶？今兹大夫士將無與魏、蘇氏同心者耶？嘗聞公覃思六經，搜獵百家，既已有年，後又久宦職方氏，愈益究心掌故，以周知邊郡之扼塞要害，嘗坐策赤白囊奔命書無遺算，蓋自郎署時簡于帝心，人無不以吉甫、方叔望之矣。未幾，稍遷藩臬，尋擢中丞，撫循河右也。乃日夜專精勵意，以酬其位與時者，罔遺餘力，數言邊事利病得失，章數十上，無不報可，河西百八十年未備之政繇是燦然。興學校則有專責監司之疏，贍輸餉則有修復屯田之疏，給馬政則有通融茶法之疏，禦西域則有裁勒貢夷之疏，闢疆宇則有繕固境外之疏，惠士卒則有剪刈牟食之疏。此其大端也，他未易更僕數。是可以見明練之識焉，見綜貫之學焉，見雅辯之文焉，見甲乙之令焉，見慎臧之慮焉，見姚遠之業焉，見體國之誠焉，見轉圜之機焉，所以究宣德意、膏雨荒遐者，皆其善言事之力哉！非夫遭際明盛之朝，當經略之寄，又惡從用適其才若此？然特河西章疏也。繼自今端委廟堂，翊贊樞衡，陳皋陶、稷、契之謨，以繼都俞吁咈之盛，非公今日事耶？非中外士所厚望於公者耶？憲副東鹿喬君載涖兹土，每讀公疏輒嘆曰："河西故寔其在兹乎！久而弗傳，將多放逸。"乃謀都閫柳君，勒之貞材以視不朽云。憲副簡予曰："美則愛，愛則傳。"於戲！其即魏、蘇氏之意歟。兹疏傳，而四子者可得專美於漢唐哉？

嘉靖戊申孟夏，前監察御史檇李包節寓允吾撰

查處屯田疏

欽差巡撫甘肅等處地方、都察院右僉都御史臣楊博謹題：爲查處屯田，計安地方事。臣以庸劣誤蒙聖明付以邊撫重寄，任事以來，其於地方利弊靡不悉心講求。大要河西事體重且大者，莫過於屯田一事，遂〔一〕即案行守巡、兵備四道，各將境内荒蕪田地通行查出。或上下水利不通，應該挑浚；或人力、牛種不敷，應〔二〕該處給；或從來拋荒未種，應該開墾：逐一議處明白。每處畫一小圖，貼説其上，陸續送閱。果有父子兄弟〔三〕相率力田者，即以姓名開呈，動支官錢買辦羊酒、花紅犒賞。惰農自安者，各舉數人，量加懲治以警其餘去後。節據分巡西寧道副使鍾鑑先將鎮城迤南荒田開報到臣，如黑河水龍灞則有荒田二十餘頃，洞子渠則有荒田一十三頃，馬子渠則有荒田一頃，大滿渠則有荒田四頃。即鎮城一面荒蕪之田至於如此，其他十五衛所可概知矣。臣即督同鍾鑑前去各該地方逐一踏勘，召人承種，不見有響應者。會集父老問之，咸以爲往年興復屯田，或種未入土，名已入册；或人已在逃，糧猶如故。不知虜至則不得耕牧，水淤則不能灌溉。其從來拋荒之地，雖節奉事例，永不起科，官司一概追徵，更無分别。未受富饒之利，先罹剥膚之害，以故寧甘貧窶，不敢承認。臣惟甘肅地方與延綏事體大略相同，先年河東民運皆係本色，後因輸納不便，改本爲折，遂致二鎮漸次蕭索。延綏守臣無歲不討内帑者，以其計無所出，不得不仰給也。甘肅苟且支持，未嘗率意陳乞者，非守臣之才過于延綏，以其地土肥饒，猶可耕牧故也。臣自入境以來，見所至荒田不下萬頃，遂極力經理，期於少效。乃今備咨輿情，始知其受病源委全在於催科之不清，而法令廢閣實由于勸懲之未至。若不急爲處分，河西生計日就窮蹙，臣恐萬不得已，又將如延綏之奏討矣。以内帑有限之財，應諸鎮無厭之請，匪惟該部難於區畫，亦非臣等邊臣體國之忠也。昔漢趙充國、唐郭元振在河西咸卓然著聲，考其所爲，充國則上屯田便益，以逸待勞；元振則修通河渠，盡水陸之利。今時雖云異，勢不甚殊，倣二臣之意，而不泥于其迹，固亦存乎其人焉耳。如蒙乞敕該部，將原奏各邊抛荒地土聽其儘力開墾，永不起科，其舊曾起科，荒蕪年久，仍要用力開耕，應納子粒一體蠲免事例再加申明，行臣遵守。仍聽臣將在城甘州左等五衛并山丹衛高臺所行分巡副使鍾鑑，凉州、鎮番、永昌、莊浪、古浪五衛所行分守參政張璽，肅州衛鎮夷所行兵備副使趙得祐，西寧衛行兵備副使王繼芳，各會同副參、遊守等官，督同衛所掌印、管屯官員，及兹邊警少緩之時，將一應荒田查議停當，候明年春暖刻期舉行。合用錢糧、人工等項并未盡事宜，臣當往來調度，次第整理。各官果能加意區畫，有益地方，事完查上勞勩，該部一併録叙。怠惰誤事者，具實論劾。其衛所官吏、知數人等，若仍敢將荒田作弊，朦朧起科，嚴行拿問，從重治罪。中間如有應免子粒，亦許從實查免，不得徒事虚文，庶政有條理，人自樂從。臣猶恐議者必以爲永不起科大便小民爲疑，不知損上益下，藏富於民，實自古經略之長策。若使民果富饒，臣欲鹽糧則鹽糧有餘，臣欲銀糧則銀糧有餘，臣欲清補節年屯糧則屯糧有餘，所謂“投之所向，無不如意”。不然，則民方餬口不給，遑恤其他。萬一虜騎衝斥，倉廪匱竭，河西不幾於坐困乎？此臣之所以蚤夜圖維，不能已於有言也。臣不任懇切覬望之至。

該户部覆議相應，奉聖旨：“是。原抛荒的地土，任民盡力開墾，永不起科。舊曾起科、今荒了的，召民一體開墾，應納子粒准蠲免十年，不許徵擾，待其成熟，奏來定奪。邊臣敢有變亂的，巡按御史參奏，拿來重治。”欽此。

議處公用銀兩疏

題：爲議處公用銀兩以革宿弊以蘇邊人事。行據分守西寧道右參政張璽等呈稱，公用銀兩始自嘉靖玖年，巡撫都御史趙載因修理鎮城鼓樓，暫令店户、流民、酒户、屠行各量出銀兩，買辦顔料等項支費。後至嘉靖十九年，巡撫都御史牛天麟因各項公費浩繁，苦累衛所軍吏，案行各道，審派店户、流民、酒屠、油舖等項，量力厚薄，上納銀兩，專備進賀、表箋、盤纏、鄉飲、祭祀等項支用。以後相沿，遂以爲常。雖係一時補偏救弊之法，實爲一方割肉充腹之患，委當停革以蘇軍困。查得甘州左等一十五衛所，每歲公用銀共該銀一千五百七十三兩四分八釐。及查得鎮城太監府遺下湖草、菜果、磨課等項，每歲共收銀三百四十餘兩；税課司課程正附銀，每歲約有八九百兩。西寧税課局課程銀，每歲一百一兩七錢七分；磨課銀，每歲收有三百七十一兩。凉州衛副總兵没官園圃四處，每歲租糧銀六十九兩九錢；税課局課程銀，每歲三百六十兩六錢；地畝馬價糧敷餘銀，每歲約有三百餘兩。永昌衛地畝馬價糧敷餘銀，每歲約有一百餘兩。鎮番衛地畝馬價糧敷餘銀，每歲約有七八十兩。莊浪衛税課局課程銀，每歲二十九兩九錢四分；地畝馬價糧敷餘銀，每歲約有一百六十七兩。古浪所地畝馬價糧敷餘銀，每歲約有二十餘兩：俱係無礙，堪以動支，以補前項公用之費。但往時賞番、賞功、買補驛站騾馬，多於數項銀内取給，乞爲詳奪，等因。具呈到臣。先該臣巡蒞凉、莊、山、永等處，節據軍人范禄等告稱，各役俱係馬、步軍身，各有正經糧差。本衛所不知何故，又以賣酒、賣飯等項些須生理派徵公用銀兩。公使臨門，急於星火，以致老稚皇皇，寢食弗寧，寔是無名之徵，乞爲查革。或一處而告詞八九十紙，或一詞而聯名數十百人，哀悲之聲，至不忍聞。已經通行守巡、兵備各道查議去後，今據前因。臣惟腹裏州縣設有里甲，編有均傜，以故諸凡公費，章程炳炳，不惟經管者無弊可作，抑且輸納者無詞可諉。本鎮地方僻在河外，舉目皆軍，雖有一二軍舍餘丁，自有本等糧差。乃今計無所出，漫於屠沽、負販横加科擾，官府之經費十不及一，奸人之侵冒十已八九，兼之追併嚴急，甚至有力不能辦，因而自盡者，生計日蹙，元氣漸耗，臣待罪地方，私切痛之。但諸凡典禮，如祭祀、鄉飲等項，揆之於義，皆不可廢。既經守巡、兵備各道將應補銀兩議報前來，係干民瘼，相應急爲題請。如蒙乞敕該部再加查議，行下臣愚，每歲預行各道，將議定磨課、課程、地畝糧銀、園圃租銀稽查明白，通融分發各該衛所，定委掌印官收掌，遇有公費，照數動支，仍置立循環文簿二扇，開造於上，每季終循去環來，赴臣倒换查考。此外敢有科剋一錢者，聽臣與巡按御史拿問究治。再照前項銀兩，雖議處補，然地畝糧銀則年歲有豐有歉，課程税銀則商旅有多有寡，難以則定數目，且賞番、賞功多於此中支給，以後萬一不敷，未免又復科剋。臣自接管以來，遵照户部題奉欽依事理，將各衛所月糧各置立格眼文簿，每軍一名，上書姓名，下分十二格眼，每月填注支過糧銀數目，或逃亡、事故緣由，以故官旗知警，還官糧銀邇來漸多。此雖經費正數，然前此皆侵漁於豪猾之手，即今盡數歸官，殊爲有益。倘公用不敷，以此還官之銀量爲查補，計亦無不可者，伏望併賜裁處。

該户部覆議相應，奉聖旨：“是。”欽此。

修築緊要城堡疏

題：爲修築緊要城堡以弭虜患事。據分守西寧道右參政張璽呈，蒙臣案驗，依蒙，行據監收鎮番倉秦州判官甘宗道呈稱，公同鎮番衛掌印指揮何淮等親詣本衛大城周圍閲視，查得西城一面沙壅，并將應該添築等事議估開報前來。又據監收凉州廣儲倉秦州判官袁澍呈稱，凉州柔遠驛、懷安驛、靖邊驛三堡俱各不堪，先年屢議修理，因循未舉，查係番虜交馳之地，萬一失守，貽患匪輕，相應併議，等因。具呈到臣。爲照本鎮地方斗絶羌胡之中，孤懸河湟之外，度勢審時，較之沿邊諸鎮獨爲難守，而經制長策大要亦不出於趙充國"留兵屯田，部[四]曲相保"、"塹壘木樵，校聯不絶"之數言。蓋以静制動，以逸待勞，以坐收成算，而區區攻戰之末不與焉。臣以駑劣，以今歲七月之初始至鎮城，深惟積穀重農第一要務，故亟將屯田事宜議擬題請。其次則繕城郭，起塢堠，謹烽燧，良不容緩，乃備行守巡、兵備四道，將概鎮城堡、墩臺通行查處。昨因八月、九月農工告畢，已將甘州張欽等堡應添置者次第添置，應修飾者次第修飾，事涉瑣細，不敢塵瀆聖聽外。但惟鎮番地方北出凉州二百餘里，曠遠寥闊，寔與宣府獨石、馬營相類。昔人謂於凉州北境磧中建置城垣，控其衝要，自是寇不敢復至凉州城下，即此處也。乃今風沙擁積，幾於城埒，萬一猾虜突至，因沙乘城，豈惟凉、永坐撤籓籬，寔甘肅全鎮安危所繫。至于凉州柔遠、懷安、靖邊三堡，亦皆番虜往來出没之所，垣墻低薄，壕塹淤塞，雖嘗屢議修築，止緣無人任事，旋議旋罷。今右參政張璽欲要於鎮番添築關厢，一則消除沙患，一則增置重險，并將修飾柔遠等堡事宜開呈前來，謀之父老，咸爲可行，質之官寮，殊無異議，急當整理。但夫役動調衆多，錢糧經費浩繁，事體頗重，固非臣愚所敢擅舉。如蒙乞敕該部再加查議，稍待來年春暖，土脉融和，容臣查照所議刻期舉行，未盡事宜，徑自查處。仍行參政張璽、凉州副總兵蕭漢，往來督視，務期一勞永逸，保障地方。

該兵部覆議相應，奉聖旨："着撫鎮官用心舉行。"欽此。

興革地方事宜疏

題：爲興革地方事宜以省財用以防虜患事。行據守巡西寧道右參政張壐、副使鍾鑑將覆議過"裁冗費以省濫費"、"息調遣以厚藩籬"、"添城堡以實空虚"、"設操守以便堵截"四事備細緣由，會呈到臣。臣會同鎮守總兵官、太子太保，咸寧侯仇鸞議照，天下之事有可已者，有弗可已者。可已而弗已，是之謂勞以多事；弗可已而已之，是之謂盭而罔功。況今邊圉之政千瘡百孔，即有興革，必須詳察時宜，廣求輿論。成大事者不惜小費，務遠略者難計近功，故《經》曰"革而當，其悔乃亡"，則知自古聖人於改革之際未嘗不三復而致意也。所據巡按御史張坪條陳興革四事，既蒙聖明下臣再議，臣雖至愚極陋，與有地方安危之責，是以不敢依違，僭陳末議。伏乞敕下該部，再加議擬，早賜裁定。

該兵部覆議相應，奉聖旨："是。准議行。"欽此。

計開：

一、議裁冗費以省濫費。臣議得，制禦之方不嫌詳密，興革之際極當慎重。且如凉莊遊擊一事，卒然議設，卒然議革，若以今日之革爲是，則前日之設爲非；前日之設爲是，則今日之革爲非。理貴會通，不宜懸殊。荷蒙聖明軫念邊防，下臣再議，河西人士無不舉手加額，以爲神謀淵慮，明見萬里之外。臣自本年六月十八日渡河而西，周歷凉、莊之間，如古浪、黑松、安遠、鎮羌、岔口等處，親見墩堡殘破，耕牧廢弛，行旅震慴。因備詢守巡、副參、遊守等官，咸謂此正海、套二虜交馳之所，前巡撫都御史趙錦深知其患，議添遊兵一枝，誠於地方有益。但彼時倉卒舉事，慮之殊未周詳，處之多未穩妥。舊遊兵往來輪戍，人猶以去親戚、離墳墓爲難，今兹新兵經年在外，不得休息，以故人心厭苦，首倡罷兵之説。此處之未當一也。原議春夏駐札凉州，秋冬駐札莊浪，不知凉州已有分守、副總兵，莊浪已有分守、參將，又留遊兵在彼，所謂“以有用之兵置之無用之地”。處之未當二也。客兵遠戍，全在多方撫綏。行糧既不以時查給，月糧多被官旗侵隱。且營房未設，棲止無所，感事興懷，歸思孔切。此處之未當三也。今日之計，補偏救敝則可，因噎廢食則大不可。譬之塵垢之衣，少加澣濯，自當一新。若四分五裂，未免竟爲長物。所據裁省遊擊，臣寔不敢輕議。以臣愚見，莫若將凉莊遊擊免行裁革，照依永昌遊擊事例，移于安遠堡駐札，東制鎮羌、岔口以達莊浪，西制黑松、古浪以達凉州，無事團聚操練，有警分布截殺。倘遇儆調城池，仍令備禦官軍照舊防守。其遊擊官廨、官軍營房并展修關城等項，臣先是已嘗區畫停當，容臣次第舉行。近城荒田聽各軍自行開墾，永不起科。仍將遊兵除防秋時月不議外，閑暇之時量爲定立班次，令其取討衣鞋以示休息。合用行糧、料草即於安遠堡設立倉場，或派給鹽引，或發銀糴買、委官收受，務足支用。應得月糧，有妻孥在衛者於本衛關支，無妻孥者聽分守西寧道不拘常規就彼議給，庶人情、事體兩不相妨，實爲長便。

一、議息調遣以厚藩籬。臣議得，鎮番地方突出凉、莊、山、永之外，寔與宣府獨石、大同右衛孤懸相似。兵部謂藩籬不固，堂室難保，誠爲確論。即今城被沙壅，害已剥膚，臣已議築關城以消隱憂，正與各官所慮相同，除另本具題外。所據原議“息調遣以厚藩籬”一節，參酌先後，計處俱已周詳，無庸别議，合照原議施行。

一、議添城堡以實空虚。臣議得，建城設所，事體重大，必須控其要害，如昔人立古浪而虜患屏息，立鎮番而虜不敢復至凉州城下，方爲百年長計。今議所謂永寧堡者，乃在鎮番野猪灣之內，其外猶有宫家、鄭家等堡，即使不煩兵力，所果可立，亦恐無益於成敗安危之數。臣初欲自鎮番野猪灣起，至永昌平口止，築墻挑塹。行委參政張璽，副總兵吉象、蕭漢勘處，各官謂地土沙鹻，不堪築墻，且去水甚遠，挑壕亦難輕[五]舉，止應於迤北平泉、天池、塔兒灣、葦蘆泉空處各添一墩，已經集議停當，稍待春暖，既當舉行。雖未能全收保障之功，烽燧既明，趨避頗易。况遊兵既不裁革，别再無兵可以撥補，所據永寧立所之議似應停罷。

一、議添操守以便堵截。臣議得，永寧堡原設防守把總官一員，止領軍二百，委屬單弱。今既不能立所，操守亦難添設，止應量爲增置，緩急方克有濟。合無除舊兵外，再於永昌軍内撥二百名，共凑四百名，相兼戍守。如遇宫家、鄭家等堡有警，聽防守官統領，一體防範截殺，仍隸永昌管轄。其王允亨不必更動，照舊領班備禦，一應銓官等項事宜俱可停罷，以省煩擾。

開陳制禦西夷事宜疏

題：爲開陳制禦西夷事宜以備采擇事。照得諸番之中，惟回夷最爲奸狡，而回夷之中，土魯番尤爲驕悍，經制長策，自古稱難。且如嘉靖二十四年，本不係應貢之期，輒敢踵習故智，擁衆叩關，于時處之一失機宜，遂致流毒滋蔓，不可救藥，至勞聖明親賜裁斷，方始讋服。及今若止爲目前之圖，不求善後之計，臣恐將來河西之患寔自此始。用是廣咨博訪，擇其尤切要者條爲三事。臣待罪邊陲，目擊時弊，非敢苟爲一身之謀，直以厝薪之火其憂方大，是以不得不竭其愚慮。如蒙乞敕該部再加議擬，如果有補夷情，早爲裁覆，行下遵守，臣愚幸甚，地方幸甚。

該禮部覆議相應，奉聖旨："依擬行。"欽此。

計開：

一、定事例以服夷心。臣惟土魯番等地面并哈密入貢、伴送等項節年題准事例雖已鮮明，緣五年方有一次，官吏更改，事體茫然，以致積年猾夷肆其欺誑，反覆辯析，極勞頰舌。臣近日奉旨議處夷情，遍問官寮，俱稱新任，舊事不知，雖兵守大吏，亦不過道聽塗説，無所可否。不得已，乃取收架文卷細加搜閲，兵火之餘，散漫殘缺，止得其概，以意會之，僅能終事。仰惟朝廷典制炳如日星，凡在臣民，無不拭目快睹，矧兹制禦戎虜之方，關涉特重，似不宜漫無統會，一至于此。合無聽禮部將節年西夷事例逐一查出，約節成書，刊印二三百本，發下本鎮，大小官員各給一本。今次夷人貢回之日，各地面頭目、正使，禮部亦各給與一本。庶幾典章、法制一覽無遺，不惟邊臣有所持循，蠢爾夷裔自亦不能售其奸矣。

一、息刁詐以全國體。臣惟朝廷所以制御臣下者，禮與法也。禮以綱之，刑以維之。失禮則入於刑，國之經也。至於小民之挾制官府相與奏訴者，雖得其情，猶爲之全其體貌，投鼠忌器，正所以尊國體也，而况華夷之辨，尤當致慎者乎！臣近日奉旨議處夷情，移文肅州兵備、參將等官，率皆縮頸斂手，不敢片言理論。臣質其故，乃曰："是夷奸險，某年詰奏，某人已拿問矣，某年詰奏，某人已落職矣，以是不敢。"臣不勝忿激，以爲朝廷設置邊臣，專爲制禦戎虜。若人人遠嫌避咎，不知將何賴焉。遂不得已，親爲查審條列以聞，業已奉有俞旨，無容别議，但方來之事不可不慮。查得嘉靖十二年，土魯番夷使馬黑麻、虎力嬭翁等奏稱太監陳浩貪黷之狀，節該禮部議得，既不可墮外夷之計以損國威，亦不可失遠人之心以招邊釁，又不可縱邊臣之貪以屈國法，在朝廷當大有處分，方保不害治體，詞嚴義正，可謂深得安攘之要。合無查照該部題奏欽依事理，今後夷人訐奏大小官員不法事情，差官體勘，果係裝誣，即將夷人重加戒諭，令其曉然，知聖明在上，昭如日月，纖毫刁詐，不容欺弊。如所奏得實，先將夷人督發出關，方許請旨，將有罪人員從重處分，雖置之極典亦不爲過。庶幾夷心稍戢，國體允全，而奉法之臣亦自可以展布矣。

一、定供億以絶覬望。臣惟西域賈胡嗜利無厭，雖升合毫釐，無不多方告擾。且如廩糧一事，據肅州衛申則云進貢該廩給存留該口糧，甘泉驛申則云正、副使該廩給存留該口糧。臣細加稽考，如果節年事體不一，蓋皆邊臣相與因襲，原無題准定例。臣嘗與守巡、兵備各官虚心計議，咸謂正、副使廩給從人口糧，于理猶爲近似，蓋名位有等，供億因之差别故也。又如存留給軍、給驛馬匹，一向相沿，上馬價十二兩，中馬價十兩，下馬價八兩，斟酌調停，俱已平妥。各夷猶且屢屢告要增添，苦無厭足，亦緣原無定例，故彼得以肆其奸爾。臣愚以爲此等事情，迹若輕小，其在夷情則關涉頗重，不可不爲畫一之政。合無將前項廩糧、馬價聽兵部議擬停當，併入禮部新定事例之内，以後庶幾便於遵行，不致煩擾。

邊方學校十分廢弛疏

題：爲邊方學校十分廢弛，乞專責成以隆聖治事。臣惟自昔聖王之政，莫不先於建學立師，非徒爲一時觀美之具也，大要以明倫爲上。故學校荒穢則教化陵夷，教化陵夷則風俗頽敗，士綱人紀，因之弗振，其所關涉者豈細故哉？我國家自混一以來，絶徼窮荒，莫不有學。其在陝西，如延綏，如寧夏，則文雅蔚然，科第相望。本鎮百八十年來，甲科不過一二人，鄉科亦僅僅數人，方之二鎮，天淵懸絶。臣近日將生徒略加考校，大半皆句讀不通之士，亟求其故，寔因提學官經年不到，無所懲勸，以故狼狽至此極爾。夫甘肅，《禹貢》雍州之域、漢五郡之故地也，明德碩望，代不乏人，乃今落落至此，臣待罪地方，心竊痛之。議者皆欲責望于提學官。本鎮去陝西千餘里，提學官一人，八府、三邊皆其督理，即使精力有餘，亦且不能遍歷，而况警報時聞，動見阻隔。弘治間，提學副使楊一清始曾一至。昨嘉靖二十四年，副使楊守謙方至涼州，又復中止。非諸臣怠緩，自廢官常，此其勢固有所不能也。議者又謂分巡副使可以就近督理。夫分巡副使固爲十五衛所糾〔六〕察奸弊設也，近日題奉明旨，與分守、兵備分管地方。如分巡則管甘、山等七衛所，一應錢糧出納皆其綜理，駐札鎮城，時不可離，乃責之以巡歷之役，兼之學校之政，此其勢尤有所不能也。議者又欲將管糧僉事復設，分巡副使專管學政。不知河西止十五衛所，已有守巡、兵備四員，晝地經理，官已備矣，若又增設管糧僉事，所謂“官多民擾”，此其理又有所不可也。臣嘗會集官屬、父老人等，遍加咨訪，咸謂巡按御史歲一巡歷，所至未嘗不考校生徒，止無進黜之權，士心玩愒。若使之兼董學政，揆之事勢，似爲穩便。臣又虚心量度，御史管學，官不增設，而學政可舉，其便一也。學政既舉，而澆漓之俗居然可變，其便二也。武弁子弟寄學作養，忠義敵愾之氣因之發作，其便三也。環住諸夷習聞弦誦之聲，疏野之性可以潛消默化，其便四也。用是不避煩瀆，僭爲陳請，如蒙乞敕禮部再加議擬，如果臣言可采，將本鎮學校照依遼東事例，專敕巡按御史管理，其陝西提學副使不必干預。再照腹裏地方有有司官員，月考在教官，季考在府州縣官，歲考在提學官，上下相承，體統不紊。本鎮皆軍衛衙門，掌印指揮、千户類多不解文義，無能提調。合無將季考事理，甘、山等七衛所行分巡副使，肅、鎮二衛所行甘肅兵備副使，涼、莊、鎮、永、古衛所行分守參政，西寧衛行西寧兵備副使，各分投管理，仍聽巡按御史稽查，復命之時第其勤惰，一併舉刺。臣之愚見如此，但事體重大，伏乞聖明俯賜裁處。

禮部覆議相應，奉聖旨："准議。"欽此。

大將欺罔貪暴疏

題：爲大將欺罔貪暴，重失人心，懇乞聖明亟賜黜治以安重鎮事。照得本鎮地方孤懸河外，南番、北虜、西夷，三面受敵，視之他鎮，獨爲難守。粤自海虜盤據土魯番侵擾以來，兵馬日見消耗，田土日見荒蕪，塢堠日見廢弛。譬之久病之人，尫羸待斃，必須加意調息，庶幾元氣漸復，邪氣不能乘虚而入。若更加摧暴，鮮有不速其顛隕者。是故甘肅之安危繫全陝之安危，全陝之安危繫天下之安危，節鉞重臣焉可久以匪人乘之哉？竊見見任甘肅總兵官仇鸞到鎮以來，欺罔貪暴之事不可殫述。臣自去歲七月與之同事，私念將材難得，若肯矢心改圖，未可輕棄，是以百凡極力規正，以求同心體國之義。近該兵部題奉欽依，備行總督侍郎、巡按御史，勘其科剋不法事情。鸞自分罪不容掩，益復爲囊橐之計，剥削之害，淪於骨髓，一時民謡謂："甘肅人無心，皆鸞剜之；甘肅人無腦，皆鸞掏之。"興言及此，可勝酸楚！臣待罪地方，與有糾察之責，是以不敢終默，請即其罪惡之顯著者爲聖明陳之。

嘉靖二十三年五月内，海虜由西寧捏爾朵硤出没，西寧衛百户孫繼祖、柴茂，總旗崔彦真各斬獲首級二顆。仇鸞假以首級不真爲由，差人提至永昌，共嚇要金二十兩、銀二百兩、馬五匹，俱憑家丁宋英過送。又聽宋英撥置，謂"提到不行軍法，恐有物議"，每人仍各重責三十，陸續俱死於道，屍見浮坵，殊爲可憫。此其不法者一也。各邊鎮守總兵原無進馬事例，仇鸞大肆欺罔，每年假以進貢爲名，牽運馬匹入京，冒支糧草。如嘉靖二十三年十二月内，則差家人張淮、郭名、仇玄、袁章，醫獸郭漢、張四加，軍伴多元帥、李官子、陳鬧兒等，共牽馬一十二匹。二十四年十二月内，則差千户汪洋，頂作王洋，醫獸楊玘，總旗孫祥，軍人王瑾、趙禄，夜不收田十一、李貴，共牽馬一十匹。二十五年十月内，則差夜不收孫康兒、米辭兒，舍人楊林、王印，家人時義，共牽馬六匹：俱有沿途驛遞應付關文可查。此其不法者二也。原任鎮守張太監家人張源，山丹衛寄住，專與仇鸞在土關兒一帶占種軍田。今嘉靖二十六年，因年成薄收，租糧不及原數，仇鸞差人提至甘州，重責三十，發甘州左衛鎮撫劉墇問罪，間因傷身故。不因軍馬，不因錢糧，擅將平人打死，殊爲可惡。此其不法者三也。各邊鎮守總兵官不許擅受民詞。仇鸞不遵禁例，一應户婚、田土詞訟，無不接受，陸續批發鎮撫等官，希圖追收紙贖。如西寧守備薛卿違法多端，被本衛老幼牛禄告發，仇鸞乃批行薛卿自問，謝禮銀一百兩、馬二匹。近升甘肅遊擊，差軍吏李遇春又送金二十兩、銀一百兩。兩次發去馬五匹，易賣金四十兩，俱係夜不收李阿金往來催取。見該臣將薛卿参問。此其不法者四也。體勘功罪，乃巡撫、巡按職掌。今嘉靖二十六年正月内，凉州失事，臣與總督軍門俱案行分巡西寧道查勘。仇鸞詐稱藁由己出，嚇要甘肅游擊王勛銀三百兩，旗牌藍英過送；凉州副總兵蕭漢銀三百兩、馬一匹、段二疋，百户佘恩過送：許其爲伊出脱罪名。後該臣與總督軍門具實参奏，見今革任聽勘。王勛行至岔口驛，謂鸞之夜不收穆得貴曰："仇鸞誆我許多銀兩，一毫事也幹不得，臨行狗也不差一個送我。"罵不絶口，行道之人無不竊笑。此其不法者五也。甘州古城、甘峻二堡，高臺紅崖堡俱逼鄰番虜，近該臣各奏添防守官一員，古城用指揮俞鋭，甘峻用指揮閻清，紅崖用指揮濮世忠。臣見草創之初，地方衝險，百凡爲之委曲計處。仇鸞乃差家丁馬四往來嚇詐，謂若不致謝，今秋失誤軍機，定行斬首。各官慌懼，濮世忠送銀四十兩，閻清送銀三十兩，俞鋭送銀三十兩、馬一匹。後乃假以别事，將俞鋭提至甘州，重責三十，幾乎致死。此其不法者六也。嘉靖二十五年二月内，領兵打帖木哥、往爾加帳房，奪獲番羊三千餘隻。仇鸞止將一千隻報官，其二千隻俱送花寨堡把總官牧放，以後盡賣與進貢回夷火者阿克力等，得其玉石、碼磁、金鋼鑽各項番物無數。後火者阿克力等因價值虧減，兼且不得廪糧，面肆怨詈。指揮金堂，通事米俊、黄毛，玉匠丁月盡知其詳。痛失夷心，大虧國體，此其不法者七也。打往爾加帳房，又得獲番馬一十七匹。比因原調肅州千總指揮梅景人馬到遲，欲以軍法究治。梅景歛各軍銀五十兩送鸞，且將老弱番馬八匹易换肅州調到官馬。其番馬沿途俱各倒死，負累貧軍，追納樁朋，於心何忍？此其不法者八也。甘州、凉州河東備禦班軍，每年止有多半到邊，有名無實，皆由仇鸞串同領班官，肆意科歛。如嘉靖二十三年，領班官馬得恩送鸞銀三百兩、黑五名馬一匹。其餘每班送銀不下三四百兩。見被指揮朱鵬赴巡按衙門告發，批行分守西寧道問理。此其不法者九也。山丹守備趙漢，本年七月内地方搶虜頭畜隱匿〔七〕不報，臣與仇鸞會差旗牌官正堂拘伊中軍官究問，仇鸞嚇要趙漢銀一百兩。其銀即係該衛樁朋馬價，乃千户梅爵、百户靳鉞經收者。趙漢已經臣參奏，梅爵、靳鉞見行分巡西寧道究問。此其不法者十也。岔口備禦指揮袁彩，仇鸞因伊妻經過各處俱致贐費，惟袁彩未送，假以失誤生員楊昆護送人馬，差人扭至甘州，索要馬二匹、銀五十兩、捨列孫皮襖一件，仍重責三十發回。此其不法者十一也。古浪千户所指揮杜瑩會委管千，有病告辭，仇鸞謂其抗違軍令，索要銀五十兩、馬二匹，杜瑩家貲爲之一空。此其不法者十二也。所屬副參、遊守等官，俱係兵部推升者，俱要見面禮物，少不如意，即多方挫辱，或鎖紨〔八〕其中軍官，或不容其謁見，或假以他事重加箠楚。如肅州參將李經則索銀一百兩、馬四匹，劉勛銀一百兩、馬二匹，鎮夷操守陳龍銀五十兩、馬一匹，高臺操守王爵銀一百兩、馬一匹，郭珊銀五十兩、馬一匹，楊濟、張廷輔各銀七十兩，洪水守備部思忠銀一百兩、馬二匹、小麥三十石，陳忠金二十兩、馬二匹，山丹守備吴鸞〔九〕銀一百兩、馬二匹，趙漢銀五十兩、馬一匹，甘州領班都司王允亨銀二百兩，鎮羌守備竇墇銀一百兩，永昌守備唐勇銀五十兩、馬一匹，胡璉銀五十兩，黄福銀一百兩、馬二匹，涼莊遊擊馬宗援銀一百兩、馬二匹，莊浪參將楊時銀五十兩，陸恩銀五十兩、金帽頂一個，紅城子守備林虎、涼州領班都司孫朝各銀一百兩，古浪操守楊勛銀五十兩。臣嘗面詰各官，咸謂威勢所迫，不敢不送。若使略其罪狀，許以原贓給主，自當相率控訴。此其不法者十三也。各處把總、千總、管司等官，但係本鎮徑委者，一有員缺，即差人召致，往來講價，有同販繒。如都指揮孫淮暫守鎮夷，銀二十兩。指揮張欽暫守高臺，銀五十兩；汪墇，銀二十兩。指揮李柰防守平川，銀一百兩；趙琬，銀四十兩、馬一匹。都指揮周廣等甘州管中軍、千把總，周廣銀五十兩，石斌、石潭各馬二匹，胡琳銀五十兩，哈英、胡海各銀一百兩、馬一匹，趙雲鳳銀八十兩、馬一匹，朱勇銀五十兩，紀綱銀三十兩，金堂玉四斤、碼磁刀一把，馬機銀一百兩。指揮趙威防守花寨，銀三十兩；梅爵，銀八十兩。指揮武希伊防守黑城，銀二十兩、牛絨大帳房一頂、猫兒眼一顆；劉墇，銀六十兩。指揮張輔洪水管千，銀六十兩、馬二匹、貂鼠皮襖一件。都指揮宋卿暫代游擊，銀一百兩。指揮趙宗仁遊兵千總，銀二百兩；史經，銀三百兩、馬五匹；高輔，銀一百兩。指揮劉墇涼州管千，銀一百兩。指揮陳恩暫守鎮羌，銀一百兩。千户朱勛操守古浪，金二十兩、馬一匹。指揮三省三川把總，金十兩、騍一頭。指揮星鎮操守碾伯，金二十兩。管家百户沈傑備知其數。各官豈皆自備，要之多取辦於軍糧、馬草。此其不法者十四也。凉莊遊兵，初議常川在彼，臣近日題奉欽依始分爲兩班，輪流戍守。被有甘州司逃回軍人童保等，每名出銀三錢，共銀九十兩，饋送仇鸞，鸞許其即作下班之數。臣謂如此則紀綱盡廢，竟遣回營。各軍揚言於道曰："我輩天理人情，原該赴營，只是總府騙了許多東西，事又不成，錢又不還。"謗詈紛然，談之使人羞口。此其不法者十五也。哈密回夷都督米兒馬黑麻奏討甘州地方寄住，見在議處，本夷召集哈密陸續走出人口一百五十餘人作爲部落，置買田土，蓄養馬駝，勢漸滋蔓。仇鸞受伊玉石、銀貨，共計千兩，收爲心腹。又將捉獲真正海虜一名，密令供作漢人，更名來喜，并套虜王加子等二名、寧夏軍人宋英、山西冀寧道勘案殺降重犯趙欽、犯死罪在逃樂工侯榮一百餘人，俱出入門下，或奪人妻女，或逼死人命，或打詐財物，生事害人，極其恣肆，河西之人畏之如虎。此其不法者十六也。設兵分守，各有信地。仇鸞但遇警報，輒議出兵，名雖截殺，實爲網利。每次經過地方，分守、管操、印屯等官畏其淩虐，無不阿意奉承。如至肅州，參將劉勛則歛各千銀一百兩、衛所銀一百兩。至鎮夷，操守陳龍銀一百兩。至高臺，指揮李泰銀一百兩。至永昌，該衛銀二百兩、遊兵營銀二百兩。至鎮番，守備尹鉞銀四百兩，蔡勛銀七百兩，指揮樊英銀一百兩，吴朴銀五十兩，姚揚銀三十兩。其他送馬送段，不虚一人。是以每當出兵，臣再三以理阻止，鸞不惟不知省改，反怒目切齒於臣。此其不法者十七也。西寧、碾伯等處沿邊林木，乃番漢藩籬，禁例甚嚴。仇鸞專令家丁韓柰、徐連等私自砍伐，由黄河發至原籍寧夏販賣，每年得銀三四千兩。此其不法者十八也。果園堡之功，家丁陳洪斬獲大首級一顆，即冒與奏帶郭玉，假名虜酋狼台吉之首，誇張奏聞。即今宣大傳報，狼台吉見在，豈有兩狼台吉之理乎？肆意欺罔，全無忌憚。此其不法者十九也。果園堡之功，發謀出慮則由副總兵王輔，奮勇登先則由遊擊唐勇，仇鸞攘爲己功，濫叨升賞，人心已自不平。除將在京伊弟仇鵬、仇鳳安功二顆外，其餘俱憑家丁宋英、百户沈傑賣之，得銀約有七八千兩。如指揮王楫、鄭紀俱係充軍人犯，通然未到軍前，王楫用銀二百兩，鄭紀用銀碗一個、銀壺二把、銀二百兩，俱得以功贖罪，見今録用管事。此其不法者二十也。果園之功，得獲馬駝、牛羊無數。仇鸞隱下馬五百匹、牛八百隻、羊五千隻，俱憑都指揮趙雲鳳、指揮李泰經管，發與副參、遊守等官，每馬一匹，上等銀五十兩，其次亦不下三十兩，牛羊則憑沈傑盡數私賣。此其不法者二十一也。各湖采打草束，每年約有十萬。標下車十隊，每名派一百束，要銀八錢。夜不收四百名，每名派一百束，要銀七錢。前鋒軍三百名，每名派四十束，要銀三錢五分。鐵鎗手并各該人匠五百餘名，每名派七十束，要銀五錢。其馬房湖、迷黑湖草又約有六萬，每束賣銀一分二釐，俱憑沈傑與識字李孟朝經管。沈傑初求管事，止送鸞銀一百五十兩、玉帶一條，見今莊田、水磨，富致千金，則其害人生事，不言可知。此其不法者二十二也。朝廷錢糧，升合爲重。仇鸞任意作踐，但到一處，對家丁誇曰："今日又倒了一厫了。"鼓掌大笑。如鎮番、三岔驛[一〇]糧草頗多，積有奸弊，鸞之家丁陳洪受官攢時大仁等銀十兩，稟仇鸞多住數日，將糧草通放盡絶。見今事發，該臣案行分守西寧道究問。負國不忠，莫此爲甚。此其不法者二十三也。本年二月内，仇鸞在於鎮番，差家丁王三、來喜等前去半個山虜營盗出達馬六十餘匹，止將老弱馬四匹報官，餘皆入己。被賊趕至鎮番，尋馬不獲，將教場桅竿燒毁而去。此其不法者二十四也。各營官軍騎征馬匹，例該官價銀十二兩。仇鸞要得圖利，專差心腹百户高鋭、旗牌石雄等，用段梭、茶斤易買南山番夷馬匹，每匹止價五七兩，到城派與各軍，除官價外，仍索要樁頭銀三、五、七兩，或八、九兩，俱沈傑經管，苦累貧軍，籲天無門。此其不法者二十五也。家丁仇榮等五十名，已各支月糧，又將家丁趙欽等在各衛士、達項下冒支月糧，每年該糧四百八十石，三年共糧一千四百餘石。又將前項家丁冒報騎征馬二十五匹，每年六個月，盜支料豆一百五十餘石、草四千餘束，三年共計料豆四百六十餘石、草一萬二千餘束。此其不法者二十六也。私役軍士丁章、殷洪正、計子、何伏、羊伏、徐大、蕭大、蕭四郎、王廷必、米杲、李欽、王月、張仲禮、何王等，俱在高臺、鎮夷、平川、洪水等處占種軍田，不下三數百頃，牛具、種子皆取辦于地方屯長人等，沈傑與寫字李緒處俱有文簿可查。此其不法者二十七也。用鷹手王海、馬四養鷹十五六連，每日街市取肉養鷹，出城放鷹，用馬三四十匹，走死不知其數，中軍官撥馬，日不暇給。此其不法者二十八也。南山一帶，自孛囉口起至洪水堡止，仇鸞收要水租五百餘石，差旗牌夏成等催取，人人受害，先取上風除爲水租，後纔敢自用、納糧，不知是何額辦。此其不法者二十九也。差夜不收錢月、羊卷子、楊大、蘇志、陳見等五名緝拿南山一帶通番人犯，嚇要居人龐淮棗騮大騸馬一匹、董福青騸馬一匹、王伏棗騮騸馬一匹、楊車兒銀十五兩，各地方索銀計有五七百兩，中軍把總胡海處俱有問罪卷案可查。此其不法者三十也。然此止據臣之所知者爾，臣之所不知者尚多也。而事之大者爾，其細者臣又不敢毛舉也。參照平羌將軍、鎮守甘肅等處地方總兵官、太子太保、咸寧侯仇鸞，貌恭心憸，行濁言清，不勝小人網利之私，全無大臣體國之義，邀功生事而欺罔朝廷，挾私妄作而大開邊釁，酷暴如時陳而貪過於陳，貪婪似姜奭而暴浮於奭。諸將側目，私相怨詈；三軍切齒，明著歌謠。書其罪，罄竹無窮；數其惡，擢髮難盡。此誠一方之大蠹、海內之神奸也。若使尚握兵柄，臣恐皮盡而毛無所附，隱憂伏禍，罔知攸終。如蒙乞敕該部速爲查議，將仇鸞亟賜罷黜，另選謀勇廉正之人以充其任，仍行巡按陝西監察御史，將臣所奏事情逐一查勘，明正法典，以快人心，以靖地方，以爲將官恣肆者之戒。

奉聖旨："這所劾仇鸞罪狀多端，兵部便一併參看了來説。"欽此。

地方饑饉懇爲賑貸疏

題：爲地方饑饉，人不聊生，懇乞天恩速爲賑貸以安重鎮事。據分守西寧道右參政江東呈，蒙臣案驗，查議過莊、鎮、凉、永、古五衛所應該賑濟緣由，到臣。臣會同巡按陝西監察御史邢尚簡議得，河西地方今歲大段薄收，自十五衛所論之，而莊浪、鎮番、永昌、凉州、古浪爲甚。又自五衛所論之，而莊浪尤爲特甚。所據分守參政江東議呈四事，其"給種子以益地利"一事概爲五衛所而言，至於"計丁口以行賑貸"、"處驛站以濟困窮"、"立常平以備饑饉"三事專爲莊浪，審時度勢，其言明白痛切。臣等反覆計算，雖稱用銀六萬兩，常平子種、驛傳之銀仍當補還，實計賑貸，即如臣等每口再加銀二錢之議，大約亦不過用三萬餘兩，所費不多，所活甚衆。除暫於甘州糧價銀内權爲借支，委官先行糴買外，伏望皇上軫念生靈阽危，近在旦夕，特敕户部發銀三四萬兩，專聽臣等賑濟莊浪支用，萬一以太倉積貯有限，或就准於甘州糧價銀内照數開銷，其款列事宜併乞俯賜裁允，庶幾垂死之民得以更生，孤懸之地不致落莫。臣等無任懇切懸望之至。

奉聖旨："户部看了來説。"欽此。

計開：

一、議計丁口以行賑貸。臣等會議得，莊浪地方十室九空，較之凉、永、鎮、古，饑饉特甚，賑貸之舉急當舉行，所據一應事宜，該道計議俱已周悉。但〔一一〕欲每口按月給糧三斗，父母、妻屬再止給銀三錢，固見節財省費之略，恐非博施濟衆之義。春來青黄不接，米價益當騰貴，計銀三錢，止可買糧一斗五升，通前本色三斗，僅有四斗五升，數口之家，其勢不能遍給。且彼中土兵，雖係都督魯經管束，自我皇上視之，均爲赤子，委當一體查議。合無將前項貧丁并魯經所轄土丁，自嘉靖二十八年正月起，至本年六月止，每口按月給糧三斗、銀五錢，事完造册奏繳。

一、處驛站糧料以濟困苦。臣等會議得，莊浪驛站狼狽至極，即使豐稔之年，差役浩繁，尚且逃移接踵，況今時當饑饉，張口待哺，委難撑持。該道欲要今冬委官糴糧，收貯各倉，來春查照工食、料豆銀數，給與本色，一轉移之間，默寓賑貸之意，允爲有見，臣等無容别議。合無如其所擬，先借甘州糧銀，趁時收買，候河東解到站價之日，照數補還。

一、議立常平以備饑饉。臣等會議得，救荒之政，固難盡善；常平之法，自昔稱良。該道欲要今冬糴買本色，收貯各倉，來年止照原糴時估，官爲糶賣，不惟有補於賑貸之所不及，是誠有得乎漢人之遺意。但恐射利之徒一見官司糶糧，乘時興販，垂死貧民反致不沾實惠。合無略爲限制，莊浪、紅城子、苦水灣、大通河四處，各選委廉幹官一員，該道各給印信文簿一扇，每日將糴糧人户姓名挨次開寫，大約一家每月止許買五七斗，多亦不許過石。果有富商大賈馳騖其間，即便拿問開詳，聽臣等從重究治。

一、議給子種以益地利。臣等會議得，蠲税、賑貸、常平，止可爲權時救荒之計，若中下貧户合用子種不爲預處，未免相率流移，田雖膏腴，自無不耕而獲之理，來歲之事，委可深慮。所據該道議呈前因，春初計畝均給，既足以濟農家之急；秋成抵斗還官，又可以備軍儲之用。一舉兩得，是誠經濟長策。但恐油滑之徒得種到手，任意花費，不肯盡力南畝，或收成之後，托故延捱，不肯及時輸納，必須預爲之所，方絶弊端。合無每十人定殷實者一人作爲領頭，造册在官。下種之後，該道親行查驗，地仍荒蕪者嚴加懲治。果有逋負者，於餘人名下相兼追賠。庶幾有補於私，無損於公。

安插屬番以靖地方疏

題：爲安插屬番以靖地方事。據整飭甘肅兵備副使王儀呈，准分守肅州右參將劉勛手本，開稱修過迤北威虜舊城一座，補修西南城角墩一座。察黑包舊營迤南新築堡一座，東南角築墩一座。舊八里墩新築堡一座，補修舊墩一座。王子莊新築堡一座，補修舊墩一座。白烟墩迤南空新築堡一座。補修鎮朔二墩一座。威虜迤西空新築堡一座，新築東南角墩一座。補修新八里舊墩一座。修復年久廢棄舊四墩一座、舊永安墩一座、鎮北墩一座、威虜後墩一座、金塔寺舊城一座，補修東南角城墩一座。各做工、防護官軍實支過糧二千六百四十二石三斗五升五合，料九百四石八斗六升，犒賞銀一百七十六兩二錢一分一釐。給散過各番種糧三百六十七石五斗、鐵鍋二百七十六口、鐵鏵四百三十六個，賞過各番頭目、男婦段布、茶酒等項。將瓜州族番達頭目總牙等部落帳房二百七十頂、男婦一千三百六十七名，安插威〔一二〕虜、察黑包二城。赤斤番達頭目革力個失等一枝、柴城兒番達頭目卜木爾吉等二族部落，共帳房一百三十一頂，男婦六百五名口，安插威虜西空堡。革力個失弟小頭目可洛縱一枝部落帳房七十八頂、男婦三百五十九名口，安插舊八里墩堡。苦峪族番達頭目朵爾只等部落帳房九十九頂、男婦四百七十一名口，安插白烟墩南空堡。川邊族番達頭目察黑包等部落帳房二十七頂、男婦一百一十四名口，安插王子莊墩堡。沙州族番達都督日羔剌等部落帳房一百一頂、男婦五百三十八名口，安插金塔寺城〔一三〕：各住守、耕牧，通共撫逐、安插過各族番達帳房七百六頂，男婦三千四百五十四名口，等因。到道。卷查先蒙巡撫甘肅等處地方、都察院右僉都御史傅鳳翔案驗，准兵部咨，該國子監監生李時暘奏，查議間，又蒙巡撫甘肅等處地方、都察院右僉都御史楊博案驗，行催該本道，會同參將劉勛勘議，呈詳本院，蒙批。番漢雜居，此誠肅州剥膚之患，本院日切疚心，但恨無人肯任之者。該道既稱一舉三得，雅與本院初意允合，作急委官踏勘估計，呈來施行。依蒙，行委該衛掌印指揮路綱逐一查勘，議呈本院，蒙批。肅州之事，目前莫大於此，參將劉勛必能同心共濟，以爲一勞永逸之計。除鎮城兵馬議發前來外，其餘計處周悉，俱如擬施行，仍備呈總督軍門以憑會題。依蒙，備行參將劉勛查照修理去後，今准前因，擬合呈報，等因。到臣。臣惟《書》戒“蠻夷猾夏”，《詩》稱“戎狄是膺”，《春秋》有道“守在四夷”。自古聖王制禦之方，外而不内，疏而不戚，未有番漢錯居可以久安長治者也。本鎮甘、凉諸衛遠在全陝之西，極爲孤懸；肅州一衛又獨在甘、凉之西，孤懸特甚。是故全陝之休戚視甘、凉，甘、凉之安危視肅州。譬之人身，極當霧露之衝，必須元氣完固，多方頤養，庶幾可保無虞。若内先虚弱，邪氣乘之，鮮有不速其斃者。先年兵部題奉欽依，帖木哥、土巴等部落安插高臺、白城山一帶，總牙、日羔剌等部落安插肅州威虜、金塔寺一帶。向因威虜等處城堡殘破，各番盡移肅州寄住，以致郊關之外，蜂屯蟻聚，不可勝數。指大如股，賓多於主，睚眦之忿動見戕殺，男女之風因而淆亂。肅人有言：“不但生畜爲番人夥養，雖子女亦暫爲番人鞠育。”番人有言：“若等所住者，我等地方，有時見索，必須還我。”即此二種論議，臣愚卧不帖席，食不甘味，尚敢重惜一身之利害而漫不爲之計念哉？仰蒙聖明在上，嘉納本兵之議，俯從言官之請，申飭臣愚，相度邊隘，次第修飭。臣惟肅州番夷之事，害已剥膚，自今處之，猶或可及。用是咨於總督尚書王以旂，王以旂力主其議；謀於總兵官王繼祖，王繼祖意亦克合；檄於副使王儀、參將劉勛，王儀、劉勛身任其事。會集番達頭目總牙等再三曉諭，以爲“爾等散處于兹，終非經久之計。今當遵照題准事宜，爲爾修築城堡，以安爾居；開浚渠壩，以便爾耕；處給種糧、鍋鏵，以恤爾窮”。各番欣然承諾，更無異詞。以故急乘草枯馬弱之時，結營境外，次第興工。計自本年三月十五日起，至五月初五日止，共修過城堡七座、墩臺一十二座，安插過各族番達帳房七百六頂、男婦三千四百五十四名口。近者離邊二三百里，遠者四五百里，腥膻之氣爲之一清，文明之化居然四達。以臣初時愚慮，止欲漸次撫逐，尚不敢覬望至此。此實皇上文武聖神，剛健中正，威振遐荒之所致也，邊民幸甚，臣等幸甚。所據一時效勞諸臣，其功似難輕泯。如總督陝西三邊軍務、兵部尚書兼都察院右僉都御史王以旂，仰承戒備之命，深惟保障之圖，百年心腹之患一旦攸除，五郡樂利之休兩月就緒，信元老之壯猷，寔丈人之成算，功當首論者也。平羌將軍、鎮守甘肅等處地方總兵官、前軍都督府都督僉事王繼祖，會發兵馬，可謂同心，指授經營，苦無異議，功亦當論者也。整飭甘肅兵備、陝西等處提刑按察司副使王儀，經濟長才，瑚璉重器。任人所不敢任之事，始終不眩於浮言；成人所不能成之功，番漢均爲之仰戴。分守肅州等處地方右參將、都指揮僉事劉勛，幹理優長，經畫周悉。極能撫綏，工雖鉅而人力不勞；長於開陳，帳已移而夷心無怨。以上二臣功當特論者也。管工千把總、指揮千百户梅景等三十七員，總旗張鎮等二十九名，架梁防護指揮千百户錢貫等十八員名，或衝風冒雨，勤苦多端；或執鋭披堅，驚惶萬狀。以上員役咸有勞績，相應甄録者也。伏望皇上俯念生靈受患之久、邊臣任事之難，將王以旂賜敕奬勵，仍優加恩賚。王儀、劉勛厚加升賞，王繼祖同加賞賚，梅景等聽臣動支官錢分别奬勞，以爲臣下勤事者之勸。仍乞敕下該部，再加計議，以後前項番夷照依白城山帖木哥事例，必須朔望買賣方許赴城，其餘尋常無事之時，漢人但有潛入番營者，即以通番論罪；番人但有潛入境内者，即以賊番治罪。兵守衙門仍要不時差人往來巡視，一遇回虜侵軼，參將會集番兵，協同剿殺，有功與漢兵一體升賞。庶幾夷夏之分明，内變可消；掎角之勢成，外患自弭。

該兵部議擬相應，奉聖旨："這屬番寄住地方，貽患日久。今既安插出邊，再不許私自入城，違的重治不饒。各官效有功勞，王以旂等已升賞了，劉勛、王儀各升俸一級，賞銀十兩、紵絲一表裏。李時暘、梅景等，着總督衙門犒賞。餘依擬。"欽此。

達賊出没大致克捷疏

題：爲達賊出没，官軍奮勇邀擊，斬獲首級，奪獲馬駝、夷器，大致克捷事。行據守巡西寧道右參政江東、副使石永呈勘過各該地方獲功緣由，到臣。惟蠢兹醜虜，今歲正月自海上回還，擁衆長驅，勢甚猖獗。幸賴總督尚書王以旂不次移文程督，已經斬首四十，奪獲生畜三千有奇，固已失利而歸矣。乃復潛住莊、鎮、山、永邊外，捉虜哨守人役，覘我虚實。總督尚書王以旂節因兵部題奉欽依，嚴飭各邊用心防禦，因而計料此賊必來復寇，乃亟畫戰守事宜，再三申諭，諄諄懇懇，不下數千百言。是以臣等遵承指授，當將各路兵馬隨在分布。此虜果於四月初四等日相繼出没，參將蔡勛等敗之於鎮羌，斬首三十級，生擒二名。遊擊馬宗援等敗之於永昌，斬首四十五級。守備吴鸞等敗之於鎮番，斬首八級。守備金鑑等敗之於山丹，斬首一十六級。共一百二級，内生擒三名，奪獲達馬、駝騾四百六十六匹頭隻、夷器二千五十八件副枝。通前正月之功，則共斬獲虜首一百四十二級，奪獲生畜幾於四千矣。虜氣大挫，我師全勝，是豈臣等愚昧所能及此，寔我皇上仁恩淪浹、聖武布昭之所致也。邊民幸甚，臣等幸甚。内而輔臣訏謀遠猷，外而本兵運籌决策，簡在聖心，恭候宸斷。所據一時地方官員，如總督陜西三邊軍務、兵部尚書兼都察院右僉都御史王以旂，抱忠義之略，兼文武之才。撫綏有道，三軍切引領之思〔一四〕；懲勸無偏，諸將誓捐軀之報。先事周防，百爾之思靡所不到；臨機酬應，千里之遠如在目前。青海生色，天山增氣，功當首論者也。平羌將軍、鎮守甘肅等處地方總兵官、前軍都督府都督僉事王繼祖，持己公廉，臨敵勇敢。前時戮力血戰，萬死一生；今日鋭意經晝，一月三捷。綽有統馭之才，不負專閫之寄，功當同論者也。分守莊浪等處地方左參將、署都指揮僉事蔡勛，虜情久熟，兵寄新膺。鎮羌堡連夜馳驅，不避艱險；黑古城盡日分布，允中機宜。凉莊遊擊將軍、署都指揮僉事馬宗援，智能料敵，勇果兼人。安遠之設伏，先獲地利；水池之轉戰，丕振軍聲。守備永昌地方、以都指揮體統行事、指揮使黄福，自知使過，急欲策勛。後師如雲，固藉諸營之助；先登若虎，果成一戰之功。守備山丹地方、都指揮僉事金鑑，向當大舉之寇，雖經失利，情在可原；今衝强敵之鋒，敢於深入，功自難泯。以上四臣功已及數，例該升級，相應仍加賞賚者也。協守甘州左副總兵、都指揮僉事吉象，有守有爲，知彼知己。雖無衝鋒陷陣之勞，寔有發縱指示之略。甘肅遊擊將軍、署都指揮僉事瞿塘，本以兵將未識之時，適當戎馬交馳之變。兼程赴敵，驍果之氣亦優；併力夾攻，斬獲之績頗著。守備鎮羌地方、以都指揮體統行事、指揮僉事李輔，兵提一旅，勇冠三軍，冒血刃以直前，中流矢而不動。守備鎮番地方、都指揮同知吴鸞，與虜相鄰，以戰爲事，收零散於奔北之餘，靖妖氛於掃蕩之後。操守古浪、以都指揮體統行事、指揮使楊勛，當衝險之所，率單弱之兵，其功雖少，其勢獨難。以上五臣功未及數，例不升級，相應重加賞賚者也。督理甘肅糧儲、户部郎中吴夢麟，督餉三年，勞神萬狀，加之以師旅而經費無乏，因之以饑饉而催科不擾，兵强食足，事本相因，功亦當論者也。陝西等處承宣布政使司分守西寧道右參政江東，折衝不出乎尊俎，錢穀兼諳夫甲兵。講求戰守之法，心勞力瘁；經畫儲偫之備，士嘻馬騰。陝西等處提刑按察司分巡西寧道副使石永，憲紀修明，軍需充裕。增墩築堡，大爲保障之圖；清野堅壁，允藉﨑幪之慶。以上二臣職在守巡，失事法既責成，獲功理當特論者也。所據前項事情，雖經該道逐一體勘明實，但恐中間别有隱匿情弊，除將首級、夷器暫發貯庫，達馬給軍騎征，駝騾變價公賞外。伏望皇上俯念地方孤懸之甚、官軍征戰之難，敕下該部，將王以旂不俟勘報特加升賞，王繼祖同加升賞，仍各賜敕獎勵。蔡勛、馬宗援、黄福、金鑑各加升賞，金鑑仍准贖罪。吉象、瞿塘、李輔、吴鸞、楊勛厚加賞賚，吴夢麟、江東、石永同加賞賚。其有功千總等官李堂等，轉行巡按陝西監察御史查勘明白，并陣亡旗軍、家丁一體造册升賞。擒獲達婦、達男應否處决、安置，及指揮賀有年、梅爵實係親斬首級，應賞應升，俱候一併議奏，庶幾激勸所及，人心思奮，竊計此虜不足滅矣。

該兵部併議安插屬番功次，題奉聖旨："這擒斬虜寇數多，并安插屬番，地方平靖，功委可嘉。王以旂廕一子送監讀書，王繼祖升都督同知，楊博升右副都御史，俱照舊撫鎮地方，還各賞銀四十兩、紵絲三表裏，都寫敕獎勵。蔡勛等各賞銀三十兩、紵絲二表裏。吉象、吴夢麟等十五兩、一表裏。金鑑准贖。其餘依擬。”欽此。

查處屯田計安地方疏

題：爲查處屯田，計安地方事，據分守西寧道副使石永呈，等因，到臣。案查先准户部咨，該臣題，該本部覆題，奉聖旨：“是。原拋荒的地土，任民儘力開墾，永不起科。舊曾起科、今荒了的，召民一體開墾，應納子粒准蠲免十年，不許徵擾，待其成熟，奏來定奪。邊臣敢有變亂的，巡按御史參奏，拿來重治。”欽此。欽遵，備咨前來，已經通行修舉去後，今據前因。臣惟積穀重農，在各邊均不可緩，其在本鎮尤爲要務。各邊商販接踵，尚不苦於輸輓之艱。本鎮孤懸河外，舟車不通。且如去歲，涼、莊之間稍有荒歉，餓莩滿道。臣初到地方，即嘗題請興舉屯政，計其三歲之間，或修浚渠壩，或勸借牛種，或召募軍丁，大約開墾成熟，已不下三四千頃。但田土之荒蕪極多，牛具之勸借有限，心力雖勞，地利未盡。查得先年都御史牛天麟亦嘗奏討京運銀兩，專備牛具支用，一時屯丁咸獲樂利之休。邇來番虜交馳，屢肆侵暴，較之天麟巡撫之時，蕭條固已數倍矣。及今若不大爲整頓，食匱兵疲，以戰則不支，以守則不固，方來之事良可深慮。所據該道呈稱，荒田萬頃，每頃用牛二隻，共該牛二萬隻，每隻用銀二兩，共該銀四萬兩，止據大率而言。以臣觀之，一望皆赤，曷啻萬頃。甘州庫貯雖查有吏承、義民、散官銀兩，尚不及三分之一。臣愚蚤夜圖惟，弗遑寧處。如蒙乞敕户部再加計議，將前項開納事例銀一萬二千九百四十兩免其解京，於外再發帑銀三萬兩，專聽臣督率各道置買耕牛。或以太倉積貯有限，准於本鎮京運、民運内照數開支，臣當躬親勸課，務期人足家給，少紓聖皇西顧之憂。況三年之後，銀復還官，惠而不費，事在可行。臣不任懇切覬望之至。

奉聖旨：“户部知道。”欽此。

校勘記

〔一〕“遂”，底本漶漫不清，據舊抄本補。

〔二〕“應”，底本漶漫不清，據舊抄本補。

〔三〕“兄弟”，底本漶漫不清，據舊抄本補。

〔四〕“部”，底本作“步”，據明崇禎刻本明陳子龍《皇明經世文編》卷之二百七十三載楊博《修築緊要城堡疏》改。

〔五〕“難輕”，底本漶漫不清，據舊抄本補。

〔六〕“糾”，原訛作“糾”。以下徑改，不再一一出校。

〔七〕“隱匿”，底本漶漫不清，據舊抄本補。

〔八〕“紨”，疑當作“絓”。

〔九〕“鶩”，底本漶漫不清，據舊抄本補。

〔一〇〕“驛”，底本漶漫不清，據舊抄本補。

〔一一〕“伹”，疑當作“但”。

〔一二〕“插威”，底本漶漫不清，據舊抄本補。

〔一三〕“寺城”，底本漶漫不清，據舊抄本補。

〔一四〕“思”，底本漶漫不清，據舊抄本補。

楊襄毅公經略疏稿

〔明〕楊 博 撰

張志江 點校

點校説明

《經略疏稿》二卷，明楊博撰。

楊博戎馬一生，所至之處頗有建樹，建白、覆議頗多，相關奏疏當時即整理刊刻成書。《經略疏稿》即其經略薊州、保定二鎮軍務時的奏疏彙編，凡增添兵將、加修城垣、易置將領、調停馬政、查處錢糧、議處兵食、添補軍器，等等，無不涉及，是研究當時薊州、保定邊防、軍務的珍貴史料。

《經略疏稿》二卷，現存明嘉靖三十二年刻本，藏福建省厦門市圖書館。這個本子是楊博經略薊州、保定二鎮軍務之後，即由易州兵備副使畢竟容（號梓石）"詮次刻識"的，保留了楊博經略薊州、保定期間奏疏的完整内容，彌足珍貴。今人劉明陽所藏明刻本《楊襄毅公奏疏》中又有《經略奏疏》一卷，北京大學圖書館所藏舊抄本《楊襄毅公奏疏》中復有《經略奏疏》上下兩卷，這兩個本子内容基本相同，篇目、文字均有删减，實乃《經略疏稿》二卷本的節本。此次點校，即以明嘉靖三十二年刻本爲底本，參校以劉明陽所藏明刻本《經略奏疏》（簡稱"劉藏本"）和北京大學圖書館所藏舊抄本《經略奏疏》（簡稱"舊抄本"），以及明陳子龍等《明經世文編》等書所選載的楊博的部分奏疏。

《經略疏稿》序

明興，攘胡立夏，並建九邊，提封萬里，而薊州、保定尤爲京師肘腋。自正統以來，也先、火篩恃其番聚，引衆入腹，卒受干擾，而中外恬逸，莫以爲憂。至嘉靖二十九年，俺答復跳梁其間，面内窺射，墐蒙圻内，如蹈無人之境，非人謀弗臧，貽戚自搉也乎！邇癸丑暮春，聖天子鋭意邊防，兼收群策，敕虞坡楊公經略薊州、保定二鎮，超然爲社稷計者甚遠也。公先任職方，洞暢邊務，及躬巡塞上，覈堅弱，究虚實，裁夷險，酌向背，靡不爛然條貫，故披襟陳素，本前經，切事情，詎論當時而解頤已哉！夫醫之治疾也，必先切脉，繼則觀色聽聲，凡以察病源也。今畿輔一帶，營伍單弱，士常不適伍，而所得芻糧不足充債師〔一〕私囊，是割其心者已非一日。及有司榷槌民脂，徵馬給軍，則亦饑踣且斃矣。使之當風飄鳥舉之虜，是以徒而攻飛也，不亦難乎！加以民困眚沴，物力大屈，而百需耗削，元氣索然，此又背脅疽根，非特瘇惽形於四肢爾也。公於政爲國手，切脉最熟。是故欲奠陵寢則重昌平，有疏；欲固唇齒則重廣昌，有疏；欲謹門户則修理朝河川、馬水口並鎮邊、長峪、横嶺三城，俱有疏。他如擇守令，易將領，停寄牧，創墩隍，增營戍，補軍器，處月糧，前後不下二十餘疏，俱爲對病之美石。至論練主兵爲根本，調客兵爲權宜，又以今日之勢，不在於增兵，而在於練兵；不在於增馬，而在於養馬。又乞督邊臣以圖實效，所以砭劑乎疽根者至矣。使中外臣工黽圖實效以培元氣，不使有虚邪之侵，不可以折肱稱良矣哉！憲副梓石畢君素慕公者，詮次刻識，屬以序。禮方慨邊事大壞，欲持戈建功名而未能，故爲之言，庶志於清邊塵者或有所稽，而公之樹功於寓内也，此特爲之兆耳。

嘉靖癸丑冬十二月豐城雷禮序

校勘記

〔一〕“師”，疑當作“帥”。

經略疏稿卷一

恭謝天恩疏

臣准吏部咨，該本部等衙門會題，節奉聖旨："楊博升本部左侍郎。"欽此。欽遵，備咨到臣，除望闕叩頭謝恩外。伏念微臣，本以駑蹇之材，叨從樞筦之後，竊禄雖已數月，佐政實無寸長。封疆奔走，方圖效狗馬之忠；雨露恩私，又遽及蓬蒿之賤。天高地厚，莫罄名言；齏骨靡身，難以報稱。臣無任欣躍感戴激切屏營之至，謹具奏聞。

經略昌平地方疏

欽差經略邊務、兵部左侍郎兼都察院右僉都御史臣楊博謹題：臣節奉敕諭："今特命爾前去薊州、保定二鎮，將一切軍務事宜悉聽爾從長區處，奏請定奪。"欽此。欽遵。臣惟昌平州陵寢所在，事體崇重，遂帶同本部署郎中張重等首詣該州，恭謁皇陵。禮成，即至黄花鎮，渤海所，居庸關，白羊口，横嶺〔一〕、長峪、鎮邊諸城，但可通賊山口，無不周歷，以故山川之險夷，經制之詳略，士馬之强弱，戰守之機宜，頗得其概。大抵自嘉靖二十九年遭虜以來，雖嘗建官添將、設險增兵，審時度勢，尚多可議。如駐守昌平都御史則苦無事權，副總兵則僅擁殘兵。黄花鎮山林險阻，原非虜衝，參將不當坐食于中。渤海所東界幵連，切近賊巢，守備豈能獨當其外？山前之備禦甚疏，山後之藩籬未固。譬之尫羸之人，一毛一髮，無不受病。及今若不早爲酌處，萬一秋深卒有警報，誤事不輕。臣竊惟天下之事，有可已者，有弗可已者。可已而弗已，是之謂靡以多事；弗可已而已之，是之謂盬而罔功。《經》曰"革而當，其悔乃亡"，言革道之當慎也。

又曰“變而通之以盡利”，言通變之不可少也。昌平之事，革之未當，既已有悔，變之以時，方能盡利。用是仰遵廟算，兼取衆長，附以一得，條爲七事。但中間事體多屬重大，固非臣愚所敢定擬。伏望皇上俯賜采覽，敕下該部，從長參酌，議擬覆請，嚴行總督、鎮巡等官，趁今無事之時，將一應邊防事宜協心整飭，務期陵寢奠安，畿輔寧謐。臣愚幸甚，邊民幸甚。謹題請旨。

計開：

一、議置巡撫。臣查得，各邊巡撫都御史，錢糧、兵馬、詞訟，一切邊務悉屬綜理。惟昌平都御史，號爲駐守，所管止昌平一州，順義、懷柔二縣，且原無拊循之責，百凡掣肘，城池破壞不能修理，兵馬凋殘不能操練。譬之萬鈞之重，負之於一人之身，一遇緩急，束手無措。議者病其無益，久欲裁省。臣以爲此官之設，原爲護衛陵寢，屏翰京師，天下之任莫大於此。若將順天州縣分以隸之，就令其併理巡撫，則民事既相關涉，軍務自當振舉。合無兵部計議，將昌平、涿州、霸州、宛平、大興、順義、懷柔、良鄉、房山、固安、永清、東安、武清、漷縣、文安、保定、大城十七州縣并境内衛所，屬之昌平都御史，名曰提督居庸等關兼巡撫昌平等處地方，霸州兵備道專聽管轄，密雲兵備道以有懷柔、順義二縣亦聽其兼管。其薊州、通州、香河、寶坻、三河、密雲、平谷、玉田、豐潤、遵化十州縣并永平一府及各該境内衛所，仍屬之順天都御史，薊州、密雲二兵備道聽其管轄。二巡撫畫地分守，勢成犄角。總督官開府薊州，居中調度。防秋之時，酌量賊勢緩急，順天巡撫專守古北口、石塘嶺迤東地方，昌平巡撫專守慕田峪、渤海所迤西地方，彼此互相聲援，戰守甚爲便利，其於陵寢、京師似爲有補。通將各官敕書查照换給。臣嘗會集官屬、父老人等，再三咨詢，咸以爲便。伏乞聖明裁定。

一、改設總兵。臣查得，操練人馬雖係巡撫職任，至於提兵截殺，自是總兵之事，必須文武重臣一時兼設，事體方能經久。駐守都御史如果兼理巡撫，其副總兵張琮亦宜照依山西鎮守副總兵舊例，改作鎮守名色，與巡撫都御史會同行事，名曰鎮守居庸、昌平等處副總兵，仍聽總督官節制。其天壽山、鞏華城、黄花鎮、居庸關一帶地方參遊、守備等官，并新割順天州縣境内衛所，俱屬統領。平時修理城堡，操練人馬，巡視山場；遇警督率官軍，分布戰守，拱護皇陵，保障郊圻。除符驗照舊外，合無兵部計議，换給敕書，增給旗牌，鑄給關防。其公廨、供應等項，俱聽巡撫官次第查處，務使規制、體統居然一新。伏乞聖明裁定。

一、移置將領。臣查得，黄花鎮迤東渤海所慕田峪、賈兒嶺、田仙峪一帶，與李家莊之賊巢穴密邇，剽掠之警，無月無之。每遇秋深，又能勾引北虜，潰墻而入，重爲畿輔之害。地當衝險，見今止設守備一員。至於黄花鎮，外則永寧、四海冶爲之限隔，内則本鎮諸口深林疊嶂，大舉决不能至。且相去渤海頗遠，中隔駱駝峻嶺，一遇有警，應援無及，反設分守參將一員：似皆未爲穩便。合無兵部計議，將黄花鎮參將杜煇移渤海所住，渤海所守備臧禄照舊移黄花鎮，與内守備同城居住。其黄花鎮邊務，仍聽參將往來督理。庶幾衝僻各適其宜，兵馬不爲徒設。然此止是更易住札地方，其敕書責任俱不必另换。伏乞聖明裁定。

一、查處遊兵。臣查得，鎮邊、長峪、横嶺三城，外通懷來，内連畿甸，實第一要害之地，見今止設守備一員、把總二員，權輕兵寡，不堪戰守，必須設險增兵，大破常格，除另議具題外。至於白羊口，境連腹裏，僻在一隅。虜若外自懷來川而來，必須越過鎮邊、長峪，方至白羊；虜自古北口而來，徑由高崖口、鎮邊而出，亦絶不到白羊。反設遊擊一員、守備一員，有用之兵置之無用之地，殊爲可惜。合無兵部計議，將白羊口遊擊徐麟移置鎮邊城住札，就將所部兵馬鎮邊、長峪、横嶺各發一千，以成鼎足之勢。其白羊口照舊止留守備，亦自足彀防禦。伏乞聖明裁定。

一、預備山後。臣查得，昌平、居庸以宣府爲藩籬，若使永寧、四海冶、隆慶、懷來一帶邊備整飭，不煩措置，關南自保無虞。臣節行參將王臣，將大、小紅門等處委官出關體勘，大率皆有通賊路口，而懷來川則直抵鎮邊、高崖，川原平漫，一馬可到，尤爲緊要。但非臣經略地方，有礙區處。合無兵部計議，備行總督侍郎蘇祐、巡撫都御史劉璽、巡按御史蔡朴，將山後相近皇陵去處逐一親詣相度，要見何處通人不通馬，何處人、馬俱通，應該如何修守，作速會奏，務要周悉萬全，不可與昌平自分彼我，致誤大事。以後賊果突入關南，先治宣府官之罪，然後及於昌平。庶幾聲勢連絡，氣脉貫通。伏乞聖明裁定。

一、調停月糧。臣查得，永安、鞏華二營軍士，月糧俱在京倉關支。每遇支糧，少者延住五六日，多者甚至旬日，蓋道里往復既已不便，而奸人偷安又得藉口。居常操練，時猶可待，及至防秋，更難周全。此事體不便一也。積年吏書承造糧册，以少爲多，以無爲有，内外既相隔别，侵冒自難稽考。此法守不便二也。各軍或遇事變，不能親領，有父兄、子侄代支者，情猶可通。至於煢孑之人，妻女守候，未免怨詈。此人情不便三也。臣與駐守都御史王輪再三籌度，似難拘於常例。合無户部計議，將各軍月糧改行昌平管糧衙門就近關支，不惟可以杜絶奸欺，人情、法守均無妨礙。伏乞聖明裁定。

一、處補馬匹。臣查得，永安營原馬九百九十九匹，鞏華營原馬一千五百一匹。二營初立之時，正屬缺馬，權以兑給聽征官軍交還瘦馬給之。近因哨探擺撥，晝夜不息，永安營倒死二百五十五匹，見在七百四十四匹；鞏華營倒死四百九十八匹，見在一千三匹。疲軍羸馬，平居已自不堪，遇警何所藉賴？及查得，附近懷柔、密雲、順義三縣寄養馬匹，有一户養數十匹者，有一門養五六匹者，有一丁養二三匹者，力既不贍，馬漸瘦損。合無兵部計議，不爲常例，將各縣馬匹兑給二營，務足三千匹，一以壯營伍之威，一以蘇瘡痍之民。儻以防秋在近，馬當存留備用，量於太僕寺動支馬價銀三四萬兩，運送都御史王輪處，買馬給軍。其該追樁朋銀兩，仍聽王輪嚴限追完，相兼支用。伏乞聖明裁定。

乞憐極衝邊隘增添兵將加修城垣保安畿輔地方疏

臣准駐守昌平地方、都察院右僉都御史王輪咨，行據整飭霸州等處兵備、山東提刑按察司副使許天倫呈稱，查議過鎮邊、長峪、横嶺三城緣由，及據委官見任經歷蘇時通、原任指揮楊繼武會呈鎮邊等城應修工程等項，備咨到臣。先該臣巡莅鎮邊、長峪、横嶺三城，見其外通懷來，内連畿甸，實第一要害之地，止設守備一員、把總二員，權輕兵寡，不堪戰守，當行分守居庸參將王臣，督同蘇時通等勘報。隨據孫奉告，係鎮邊城老幼，本城自正德十一年大舉達賊由立石、旛桿峪、北港、西北街、牛膝峪等口進入，搶至宛平縣常峪村、德勝寺方回。正德十四年始設鎮邊守禦千户所，召軍三百名，守備一員，提調白羊、長峪、横嶺等處。其白羊原係把總王堂管理，比時守備王駐因見本城寒苦，將王堂逐赴鎮邊，至今接管。嘉靖二十七年九月十三日、二十八年二月十三日，賊犯本城邊界大小山谷。二十九年八月二十三日，賊犯京畿，經由高崖口，殺傷京營防守官軍。比蒙鞏華城劉副總兵調取本城把總楊繼武，帶領官軍盡赴高崖截殺，遺下空城。虜勢重大，穿城徑過，殺傷人畜，搶劫財物，燒毁倉場、軍房，徑出北港、西北街等口去訖。若不添設兵將，修理城垣，將來必成丘墟。切思本城實爲京師西北咽喉重地，虜賊譎詐，日有奸細窺我虚實。如蒙乞憐衝苦邊城，添設參將一員，召補軍馬，加修夾道、城垣，一以防備水患，一以衛護居人，庶爲便益，等因。到臣，俱經備咨王輪勘議去後，今准前因。臣會同總督軍務侍郎何棟看得，駐守昌平都御史王輪咨稱，鎮邊、長峪、横嶺三城委爲虜衝，先年因山爲城，添軍戍守，形成鼎足，勢張犄角。于時全賴宣府兵精馬健，保障於外，雖屢經虜犯，固未有如嘉靖二十九年之甚者。因往懲來，今日防禦之急，莫過三城。先後施爲之序，鎮邊爲要，蓋鎮邊總會諸口，在西北，内則熊兒峪、牛膝峪、西北街，外則柳樹窪、唐兒庵、白崖子，一路通懷來水頭村、大山口，一路通舊保安畫莊、松棚、井溝，人馬可以馳驟，牛車徑至半山。即如今年三月，虜犯宣府馬廠，距唐兒庵僅八十里，若使鎮邊軍馬充實，先據邊山要害，則聲勢易振，扞拒之力可施。譬之築堤障水，於水勢始發之上流而遏之，則水勢易殺，横決之患可消。若俟其就下泛濫，狂瀾已成，人力難勝，堤壩徒設。今之所以處鎮邊者，非徒爲擁兵株守，蓋爲畿輔生靈之計。反覆辨析，俱已詳盡。臣竊惟防邊之政，莫先於審時，尤莫先於度勢。以今觀於宣府之時，旱荒相仍，人不聊生；以今觀於宣府之勢，屢經挫衄，士氣消沮。名雖居庸藩籬，苦不足恃，要之，與山西事體頗類。比年以來，山西宴然無事者，非大同能爲捍蔽，乃山西自爲之計故爾。所據鎮邊、長峪、横嶺三城，北護陵寢，南拱京師，虜既嘗由此而出，虜必能由此而入，比之山西，尤爲不同，似不宜藉口宣府，因襲故常，重誤大計。臣謹將王輪原議摘其節要，悉心參酌，條爲四事。如蒙敕下兵部，速議覆請，備行王輪，督同副使許天倫及時整飭。臣無任懇切覬望之至，謹題請旨。

計開：

一、議設參將。臣查得，居庸關原係分守，職在守關，時不可離。近因建議分區，改爲參將，兼理白羊、鎮邊等城。道里逶迤，居常難于周歷；山溪隔越，遇警不能卒至。况虜所窺伺專在鎮邊，遡其要害，誠不減於古北諸口，必須於鎮邊城專設將官，緩急方克有濟。合無添設參將一員，住札鎮邊城，以横嶺、白羊二守備，長峪、鎮邊二把總隸之，名曰分守鎮邊等處參將。合用軍士，除原額五百一十名，及巡關衙門近議召募四百九十名外，仍聽副使許天倫公同新設參將，再召土著民餘，務足三千名。每名該衣鞋銀五兩，共該銀一萬兩，户部照例給發。此處止宜多設步軍，少設馬軍。兵部於寄養馬内量發五百匹，以備傳報、哨探之用。各軍盔甲、器械，工部陸續查給。至於參將公廨，軍士營房并未盡事宜，悉聽王輪次第區處。其居庸關照舊復爲分守，止管遺下中、南、北三路各關隘地方，東與黄花鎮參將門家峪接界，西與鎮邊城參將白羊口接界。見任參將王臣暫管分守事務。候王臣升遷去任，止補分守，不必再設參將。伏乞聖裁。

一、議修山城。臣查得，鎮邊既設參將，兵馬衆多，舊城委不能容，必須稍加展拓，難以憚勞惜費。行據委官經歷蘇時通等勘稱，欲將鎮邊城北自高山頂起接修正城一百丈，根闊一丈五尺，收頂一丈，高連垛口二丈。東山修稍城一百二十三丈，西山修稍城一百一十五丈，俱因山砌石，高連垛口一丈二尺。仍於東山、西山各頂據險各築窟窿敵臺一座，以便擊拒。其城中穿流水門改修月形夾墻，連城以順水勢。合用錢糧，人夫口糧、鹽菜俱於收貯支剩修邊銀内動支。修工尺寸隨地改移，支給錢糧因工加減，俱照修邊事例施行。臣參酌無異，俱應如擬。合無備行王輪，嚴督新設參將上緊修築。此工完日，然後將長峪城東北街口、高崖口各起工程從宜修舉，鎮邊、横嶺仍動前銀，先開井泉二三十處，以便汲爨。通完之日，備將用過官銀、修過工程造册奏繳。伏乞聖裁。

一、議給月糧。臣查得，鎮邊、長峪、横嶺三城俱在萬山之中，地雜沙石，不堪播種，鎮邊、横嶺且缺乏水泉，以此軍不樂居，逃移接踵，必須處之得所，方能聯屬人心。合無除白羊口官軍月糧如常支給外，其三城官軍月糧俱許常支本色，馬匹全支料草，著爲定規，不宜輕易變更，庶幾目前人肯應募，日後事可經久。伏乞聖裁。

一、議調邊兵。臣查得，前項設將添兵之議雖已周悉，誠恐防秋在近，一時不能就緒，萬一醜虜突至，勢孤兵寡，未免仍致誤事。合無行令提督時陳，將調到邊兵揀選二枝，住札鄰近地方，果有警報，分發鎮邊、長峪、横嶺三城，與遊擊徐麟兵馬相兼戰守。一面先令領兵官員各詣屯兵山口，逐一相度，要見何處可守，何處可戰，必須方略預有定畫，臨事方免錯謬。伏乞聖裁。

懇乞停免寄養馬匹以蘇民困疏

據順天府順義縣申稱，蒙整飭霸州、帶管密雲兵備道、山東提刑按察司副使許天倫案驗，蒙臣紙牌，照得本部奉命經略薊、保等處邊務，見得所過州縣多屬狼藉，廣詢其故。咸謂自嘉靖二十九年被虜以來，至勤聖明軫念，多方優恤，有司廢閣，往往未霑實惠。竊惟本固而後邦寧，内安方能攘外，今民窮至此，若不上宣德意，下慰群情，邊備雖飭，其誰與守？牌仰本道，即將道屬曾經被虜沿邊州縣一切不便事情，逐一采訪呈報。蒙此，案仰本縣照案事理，即將不便事情徑申本部，并報本道查考。依蒙，議得本縣自嘉靖二十九年，大虜深入爲寇，結營本縣河之東西，焚燒廬舍，殺擄人民，積屍如丘，流血成河。四周村落蕩爲灰燼，縱有一二存者，又皆孤貧無依，田地拋荒，不能耕種。雖屢奉朝廷欽恤之詔，一應錢糧俱是額辦之數，未見分毫蠲免。至於寄養馬匹一節，太僕寺見得本縣密邇京師，不時給發前來，或一户十數匹者有之，或一婦二三匹者有之，或有將殺盡人户責令里甲代領者有之，以致前馬領未幾時，立見瘦損。不若曲爲寬處，誠恐殘民日就逃移，邊陲何所憑藉。乞爲題請，比照昌平州事例，今後遇有馬匹，免其再發，改發蕃富州縣，庶爲便益。及據密雲、懷柔二縣申，同前事。行據該道新任副使李蓁呈稱，各縣苦累，委與縣司所申相同，前馬相應豁免，等因。到臣。隨該臣親詣順義、懷柔、密雲三縣，果見其閭里蕭條，邑井丘墟，或一城不滿三四百家，或一村止存一二十人，愁苦之聲滿耳有聞，傷殘之狀極目難盡，必須生息休養數年之後，方可望其安全。查得寄養馬匹一事，先該巡按御史鄢懋卿具奏，已將昌平奉旨豁免，一時人心感戴天恩，歡慶載道。所據三縣地方，比之昌平，遭虜雖同，瘡痍特甚，似當一體議處。伏望皇上憫念畿輔疲民，敕下兵部議擬，將順義、懷柔、密雲寄養馬匹查照昌平事例，以後免其撥發。其見養馬匹，遇有各處奏討者，先爲兑給，庶幾少寬一分，民受一分之賜，不勝長便。謹題請旨。

經略潮河川地方以遏虜患疏

行據整飭密雲等處兵備、山東提刑按察司副使李蓁呈，蒙臣批，據委官古北口守備高輅、經歷康思道、千户李景時會呈，近蒙本部帶同署郎中張重等巡莅古北口、潮河川關，登山環視，見得嘉靖二十九年胡虜入犯之處，雖經修完邊墻，仍有坦漫山川，應添墩堡以保萬全，行委職等勘議回報。職等親詣指示去處，盤山據險，相勢度形，逐一踏勘得，潮河川關對峙，猪嘴寨後山崖河口勢委極衝，順水城迤南川身居中，應築墩堡六座。東邊護關舊墻一百三十二丈，低薄不堪，應該拆修，中間添築敵臺三座，接應六堡，以作鼎峙之勢。及勘得河川西山野猪嶺墩起，至猪嘴寨後山崖止，計長四百一十五丈。中間岡勢坦漫，豁峴五處，俱係賊馬往來馳騁舊路，該修横城一道，適中高阜去處，仍築墩臺三座，以便瞭望、傳報，上接邊城，下抵陡崖，以爲六堡羽翼。照得前項六堡地基，訪問父老，皆稱川内俱係沙土、碎石，如遇山水泛漲，一衝無底。及看北頭舊壕，深約一丈見水，水下仍係沙泥。今築堡城，必深穵丈餘，再下地釘、樁木，方可甃石壘砌。緣取石去處相離工所二十餘里，窨壕下樁，甃石築基，費工用料，較之尋常工程大不相同。况修邊軍民、夫役連年勞苦，力已疲敝，若照派夫日給鹽菜口糧銀二分五釐，匠銀三分，惟恐人不樂從。合無查照近奉明文顧夫事例，每工夫、匠各日給工食銀六分。除掛木、窑柴、灰石、板木等項行本區參將督率軍士出口采辦應用外，今將勘議過應修城堡墩臺丈尺、估計過合用工料數目理合開呈，到臣。該臣批，看得潮河川極爲虜衝，備禦方略不嫌詳密，仰密雲兵備道覆議停妥，通詳督府、撫院。蒙此，本道覆看得，古北口爲薊鎮極衝之地，潮河川又虜騎易突之衝，邇年修完邊墻，似可遏防虜患。惟潮河川寬衍平漫，水沙無定，難以修築，若不曲爲之備，恐有意外之虞。今據守備高輅等勘議，川中修築墩堡，西山添築横城，及改修護關舊墻，險隘相聯，足堪防守。及查估計工程丈尺、物料數目，并合用夫匠欲照顧夫事例，每工給銀六分，使人心樂從，工程易集，俱應依擬。若止用本區夫匠，工力不敷，一時難完，相應動支真定、大名等府解到顧夫銀兩，分發與鄰近州縣，顧募夫匠，畫地分工，併力修築，等因。到臣。臣會同總督軍務侍郎何楝、巡撫都御史吴嘉會議得，古北口潮河川，外通興州，内連密雲，實殘元避暑故道。嘉靖二十九年，虜自黄榆溝擁衆突入，塞川南下，遂致驛騷畿輔，振動郊圻。雖嘗分兵，道出高崖，大勢營帳仍由黄榆北歸，則知潮河川者實醜虜入寇之第一門户也。往年都御史洪鍾欲於川内建城屯兵，據其要害，以故不惜勞費，鑿山引河，功未及成，人共惜之。今臣親至開山口再三相度，原來地高水低，縱使可通，無濟於事。又至近日新修黄榆溝一帶，邊墻見其堅完高厚，女墻、敵臺表裏周匝，有兵拒守，虜自不能飛度。但墻外尚有平漫去處，逐漸挑空，地低一尺，墻當更高一尺。是在邊臣隨宜處置，無庸别議。又逾河至潮河川，周迴顧視，黄榆溝邊墻包乎川之外，即今何棟、吴嘉會所修新墻是已；開山口節年邊墻反在川之内，即洪鍾鑿山故處是已。二墻夾峙，勢如雙屏，萬一賊衆潰墻，勢必落川，再無别道。川面雖有浮沙，不甚廠漫，是誠我兵之戰地也。過此則爲石匣，爲密雲，平原曠野，萬馬可馳，我兵欲戰不能，欲守不得矣。臣今議於川内創築小石城六座，每城内各築一墩。自北而南，三城儼如棋布；自南而北，三城宛如星羅。臨期酌量賊勢，分屯勁兵，令其可隱可見，可避可擊。又議於川之西山野猪嶺墩起，至猪嘴寨河口墩迤北石崖止，創修横城一道，伐其占據山梁之謀。又議將東邊護城關不堪舊墻通行拆修，添築敵臺三座，以爲六城聲援之計。惟恐窒礙，難以經久，備行兵備副使李蓁勘報無異。大抵大事可成，則小費不足計，况所費不多；遠效可圖，則近怨不足恤，况無從興怨：似當修舉無疑。如蒙乞敕兵部再加議擬，如果相應，備行都御史吴嘉會、總兵官成勛、副使李蓁，嚴督參將周益昌，坐委守備高輅，經歷康思道，千户李景時、張守爵，動支官庫見貯民夫銀兩，分發鄰近州縣顧募夫匠，相兼本區夫匠，併力修築。工完回奏，不許混入修邊大工册内，以致工程、錢糧難以勾考。謹題請旨。

計開：

一、添設河川居中墩堡六座。臣勘得，堡城每座周圍二十八丈，底闊一丈二尺，高連垛口一丈七尺，收頂七尺。門樓一座，門一合，中間懸吊賺板一片。堡内墩臺一座，周圍八丈，高連垛口二丈五尺，房一間。女墻留一小門，相構城墻，用活天橋板一根，用則架閣，不用則取入堵門。堡城每丈合用掛木二百四十根、石灰二千斤、地釘木一百六十根、順水木二十根。墩臺每座合用掛木一千九百二十根、石灰一萬斤、大小房木四十三根。夫匠每工銀六分，各工不等，并房料價通共該銀六千一百八十九兩六錢，俱於真定、大名等府解到顧夫銀内支給。伏乞聖裁。

一、拆修順水護關城一道。臣勘得，關城低矮不堪，長一百三十二丈，底闊一丈二尺，高連垛口一丈七尺。每丈合用掛木四百四十根、石灰二千斤。添設敵臺三座，每座周圍八丈，高連垛口二丈，墩房一間。合用掛木一千九百二十根、石灰一萬斤、大小房木四十三根。夫匠每工銀六分，各工不等，并房料價通共該銀二千三百一兩三錢六分，俱於真定、大名等府解到顧夫銀内支給。伏乞聖裁。

一、添設河川西山横城一道。臣勘得，横城上自野猪嶺墩起，下至猪嘴寨河口墩迤北石崖止，計四百一十五丈，底闊一丈，高連梁〔二〕口一丈五尺。每丈合用掛木二百四十根、石灰二千斤。墩三座，每座周圍八丈，高連垛口二丈，墩房一間。合用掛木一千九百二十根、石灰一萬斤、大小房木四十三根。夫匠每工銀六分，各工不等，并房料價通共該銀五千九百六十九兩一錢六分，俱於真定、大名等府解到顧夫銀内支給。伏乞聖裁。

易置將領以一事體以修邊政疏

准整飭薊州等處邊備兼巡撫順天等府地方、都察院右副都御史吴嘉會咨，准臣咨，節奉敕諭："今特命爾前去薊州、保定二鎮，將官應否易置，悉聽爾從長區處，奏請定奪。"欽此。欽遵。

近日巡莅薊鎮，見得各區兵將多未穩妥，煩查概鎮副參、遊守等營，何官應存，何官應革，何官應調於何處，所管兵馬應該如何處分，方可經久，等因。准此，行據整飭薊州等處地方兵備、山西提刑按察司副使趙文燿呈稱，查議過灤陽營、鮎魚石二參將，太平寨、馬蘭谷二遊擊應該易置緣由，到院。該本院查得，薊州鎮第二區地方先年原設分守太平寨參將一員，第三區原設分守馬蘭谷參將一員，各駐札本營，統領標下官軍三千員名，以爲策應之兵。近因畫地分區，添將拒守，議將太平寨參將改駐灤陽營，原統標下官軍添設太平寨遊擊一員統領；馬蘭谷參將改駐鮎魚石，原統標下官軍添設馬蘭谷遊擊一員統領。布置戰守，未爲不善，但兩區參將所守地方廣遠，關寨數多，若使兵馬充足，無容别議。今查灤陽營一區止有官軍六千四百餘員名，鮎魚石一區止有官軍六千九百餘員名，内除守墩架炮、出哨擺塘等項軍士各二千二百餘名，差占已赴，再難别差。又有馬尖兒手、大漢、家丁、軍士各一千餘名，亦係節年挑選聽調之數，即非參將所有。其餘馬、步官軍各止三千餘員名，又皆分散各關營、寨堡守把，參將標下實無統領應援之兵。雖有各衛班軍一千五六百名，又係内地脆弱之卒，不任邊役，豈堪爲用。其添設遊擊兵馬，借口遊兵不相統調，互分彼此，無濟緩急。是遊擊有兵而守邊非其事，參將有邊而應敵無其人。與其增遊兵之名以自寡，莫若仍守兵之舊以自將。合無具題，將灤陽營參將李意仍歸太平寨，鮎魚石參將龔業仍歸馬蘭谷，其二營兵馬仍付標下統領，以備應援。添設太平寨遊擊王注、馬蘭谷遊擊唐桂俱行裁革，赴部别用。庶兵將歸一，戰守自便。除各區兵將應該照舊者不開外，合咨前去，煩爲裁處，等因。到臣，案查前事已經咨議去後，今准前因。臣惟朝廷設官分職，各有攸司。參將有地方之責，恪守封疆，猶之布政司分守官，故名曰分守參將。遊擊無地方之責，隨在攻擊，猶之按察司分巡官，故名曰遊擊將軍，固未有遊擊拘於一隅者也。且各鎮遊兵，極多不過四枝或六枝，固未有如薊鎮六區，每區設一遊擊者也，縱使兵馬充足，亦非事體所宜。乃今摘參將之兵歸之遊擊，不惟東掣西肘，誠爲十羊九牧。所據第二區灤陽營參將、太平寨遊擊，第三區鲇魚石參將、馬蘭谷遊擊，設置未妥，委當釐正。巡撫都御史吴嘉會謂遊擊有兵而守邊非其事，參將有邊而應敵無其人，與其增遊兵之數以自寡，莫若仍守兵之舊以自將，論已周詳，臣愚無容别議。如蒙乞於兵部再加擬議，將太平寨遊兵歸入灤陽營，參將李意仍舊回太平寨住札；馬蘭谷遊兵歸入鲇魚石營，參將龔業仍舊回馬蘭谷住札。各另换給敕書，以便行事。其遊擊王注、唐桂裁革回衛，候有相應員缺另行改用。謹題請旨。

議築簡便墩城以消虜患以全民命疏

臣節奉敕諭："今特命爾前去薊州、保定二鎮，將應該修築城堡悉聽爾從長區處，奏請定奪。"欽此。欽遵。臣惟腹裏城堡固當爲堂室之圖，沿邊墻塹尤當先門户之計。于是不避艱險，周歷諸隘，以次經略，除一切軍務事宜各另具題外。復念蠢兹醜虜，擁衆遠來，其志原在搶掠，不遂其欲，不能但已，必然極力攻墻。萬一我兵力竭，一處不支，别墻盡屬無用。如嘉靖二十九年，既過黄榆溝、潮河川，突入密雲、懷柔一帶，但有城堡去處，苦不來攻，至於散居村落，任其殺擄，如入無人之境。事後雖嘗分遣僉事張鐸等修築城堡，于時倉卒舉事，計處未周。總合數村築一空堡，有相去十餘里者，甚至有二三十里者。堡内既無井泉，理難持久；窮民各有家緣，豈肯輕棄？虜未至而先行收斂，妨廢不貲；虜已至而方行收斂，緩不及事。臣往年巡撫甘肅之時，嘗創爲墩城之法，即如五七家之村，令其近村合力築一小城，周圍止二十八丈，底闊一丈二尺，高連垛口二丈，收頂七尺。于中各築一墩，每座周圍八丈，高連垛口二丈五尺。實臺，上蓋房一層，架樓一層，最上蓋天棚一層。此外更有欄馬墻壕二道。近墩又有漫道，將至墩門，懸置板橋，防賊循道而上。大村則令其左右夾峙，各築二墩，或四墩、六墩。蓋守禦之方，大則爲城，其次則爲堡。城非萬金不能成，堡非千金不能成。惟此墩城，通計不過百金，爲費甚少，隨處可築。大城必須數千人，堡須千人，方能拒守。惟此墩城，十數人即可以守。虜少則勢力單弱，料彼不能攻乞；虜多則人馬稠密，懼我乘高擊打。縱使攻破一墩，必先自傷數十百人，所得不足以償其所失，虜必不肯爲之。況我之墩城隨在皆設，虜勢雖重，豈能一一攻之？不煩收保之勞，坐收障蔽之益。此之謂家自爲守。且賊既入邊，勢必散搶，若各城之中分置步兵，與土人相兼按伏，俟有零騎到墩，邀而擊之，自然可以成功。此之謂人自爲戰。先年大舉達虜嘗犯涼州，彼時墩城告完，臣適在彼，調度既無毫毛疏失，且有斬獲微功，是乃明效大驗。臣今奉命月餘，所過州縣，見其閭里蕭條，財匱民勞，以故不敢輕率建議。徐而思之，利害有輕重，關係有大小。土木之害較之搶殺爲小，殘破之患比之勞費爲大。若使得人綜理，激勸有方，是雖不可慮始之民亦當翕然感動。近日民間苦虜侵暴，亦有自爲之者，但與臣之規制少異。一二豪强之徒又爲其私築，因而挾制，臣切痛之。如蒙乞敕兵部計議，如果相應，容臣畫一圖式，責成都御史吴嘉會、艾希淳、王輪，督同兵備及府州縣等官，將薊、保二鎮地方，審時度勢，不限以時，不拘以地，勸民以次修築。不宜過於嚴急，反致騷動。沿邊去處，就行總兵徐珏、成勛、張琮一體整理。中間或有土脉疏鬆，不堪修築，必須多用磚石包砌，以圖經久，難以惜費。其昌平、懷柔、順義、密雲、三河、平谷曾經被虜州縣，仍乞不爲常例，量發官銀三四萬兩。如内帑不便，或於真、順等府解到民夫銀内准其如數動支，聽吴嘉會、王輪審其人力，果有十分不能自處者，量爲補助，以仰副我皇上日勤宵旰，愛護元元之意。然此雖有小費，果得民命曲全，比之調發客兵，日費千金，無益有損者，萬萬不侔。臣無任懇切覬望之至，謹題請旨。

修理城池疏

准駐守昌平地方、都察院右僉都御史王輪咨，准臣咨，節奉敕諭："今特命爾前去薊州、保定二鎮，將應該修築城堡、處給錢糧悉聽爾從長區處，奏請定奪。"欽此。欽遵。近該本部至昌平州，見其土堡低薄，至順義縣，見其城池破壞，俱不堪保障，咨煩勘議，等因。准此，行據昌平州申，蒙本院鈞牌，前事，依蒙，會同永陵等衛掌印指揮張弼等，親詣本州南門外，拘集匠作，勘議得，土堡内有永陵等五衛官軍，與州民相攙居住，即今虜情叵測，更建城垣，誠爲緊要。設欲與同舊城合併，將南面拆毁，其城築建年久，磚石未免碎壞不堪，似難再用。合無照依通州規制，存其舊城於外，將土堡拆毁，因其基址，建築新城。三面丈量得，計長八百一十四丈。議得墻高二丈，垛口五尺，通高二丈五尺。根闊二丈，收頂一丈五尺，外用磚包三層。合用土工、磚灰、匠作共該銀二萬九千四百八十三兩八分。甕城照依永安舊城壘築，内外俱用磚包。量得外面五十五丈，裏面四十五丈，折上五十丈。除城門一合，拆下舊堡城鐵裏門并過木、枕石等項堪以改用，合用土工、磚灰、匠作共該銀三千三百二十兩。敵臺一十六座，各比城墻築出一丈五尺，長四丈。每座上蓋鋪房三間。合用土工、磚灰、木料、葦箔、匠作等項共該銀一千七百八十六兩二錢八分。大樓臺一座，計三間明間，面闊一丈六尺，左右稍間闊一丈三尺，東西明間闊一丈二尺五寸，兩山稍間七尺。除枋柱、桁梁、搭脚、過木等料俱與官樹内采辦不估外，合用散木、磚瓦、灰料、匠作等項共該銀九百三十六兩九錢五分。大城門一合，每扇高一丈三尺，闊六尺，厚五寸。除轉樞鐵鑄壽山福海一副，徑大五寸，應合申請工部取用，合用木料、工匠等項共該銀六十一兩八錢。水門六座，合用磚灰、匠作共該銀三百二十四兩二錢五分。箭樓五架，計三間，通面闊四丈，明間一丈五尺，稍間各闊一丈，通深一丈五尺，兩山頭左右稍間各闊五尺。除枋梁、搭角、過木等料俱於官樹内采辦，合用長梁、横枕、散木、磚瓦、灰料、工匠等項共該銀五百一十七兩六錢。大樓、箭樓并兩角樓合用顔料、桐油、鐵釘、瓦獸、麻刀、柱頂石，及搭樓、壘城、捆架打繩檾麻等項，共該銀四百九兩一錢。以上各料查照估定價值，召商〔三〕上納。匠作亦照估定工食顧募。搬運磚石供作人夫，行令永安、鞏華、老家三營撥軍應用，移文户部，分司於居庸倉，每日給與行糧一升五合。用〔四〕鷹架、木植俱於鞏華城及各馬房借用，撥夫搬運，照數送還。城根合用土櫬、石塊，俱撥軍夫於附近處搬運。其搭架、打繩匠工并拆卸舊城門樓等處板瓦堪用數目，今難定擬，候臨期酌處另報外。爲照永陵等衛，因爲護衛陵寢而設，議築城垣，保障地方，以重根本。今職等議估得，建築城墻、樓鋪工料價銀共計三萬八千四百九十八兩五錢六分，合應請發該部錢糧，早賜修建，庶備禦有所，地方攸賴，等因。

據此，又據委官經歷董義呈稱，遵依前去順義縣，會同知縣王恒，親詣丈量。本縣土城不堪保障，必須用磚包砌，方得經久。查得該縣卷内，嘉靖三十年二月初十日，抄蒙駐守昌平地方都御史許宗魯案驗，爲再乞天恩，俯從民願，修築要地城池，以固根本，以安地方事，准兵部咨，該本部題，職方清吏司案呈，奉本部送，兵科抄出，順義縣舉人、監生、生員、鄉民萬鵬程等具奉，前事。行委經歷張燿親詣丈勘得，本縣舊城一座，周圍一千二十六丈六尺，内除節年攙修磚砌一百六十九丈，尚有未修八百五十七丈六尺，薄矮不堪，應合修砌。高連垛口二丈五尺，收頂一丈，比時本官估計，外面用磚包砌一層半，共用磚一百一十九萬三千零五個，并漫頂，增添角樓、月城等項，磚灰、瓦箔、鐵葉、木植、人匠工食，通共約用銀一萬六千五百四十八兩一錢六分。查得本縣庫貯各衙門贓罰、紙贖銀三百五十四兩三錢五分三釐三毫，并賞軍支剩銀七百八十兩，及拆卸本縣廢寺五座木植、磚瓦估計時價銀二百餘兩，仍有不敷銀一萬五千二百一十餘兩，逐款造册，呈報去後。續蒙本府張推官紙牌，爲查催各省應解銀兩，以備軍儲，以濟拾分缺乏事，准本府牒，據經歷司案呈，抄蒙巡按直隸御史鄢懋卿案驗，奉都察院巡按直隸永字三百六十五號勘札，已將前項贓罰銀三百五十四兩三錢五分三釐三毫，於嘉靖三十一年五月二十一日批差義官李佐解赴太倉，取獲批迴庫收附卷訖，止存賞軍支剩銀七百八十兩。後蒙密雲兵備道案驗，蒙巡按直隸御史鄢懋卿案驗，奉都察院巡按直隸永字五百二十四號勘札，准工部咨，前事，准將庫貯贓罰并賞軍支剩銀兩先行動支，其不敷銀一萬五千二百一十餘兩，在於順天府所屬州縣庫貯及撫按等衙門贓罰、紙贖等項一應無礙官銀查取協濟。本縣已將賞軍支剩銀七百八十兩，申蒙密雲兵備道，蒙批，賞軍支剩銀兩奉有欽依動支，徑自查照施行。依蒙，動給窑户杜暹等支領，見今燒造城磚。其餘不敷銀兩，至今未蒙查發。爲照前項城垣，若照委官經歷張燿估計，包砌一層半，終非堅久，合無俯從所議，包砌三層。合用磚二百二十九萬六千五百一十二個，每個價銀一分二釐，共用銀二萬七千五百五十八兩一錢四分四釐。每磚一個用灰一斤，共灰二百二十九萬六千五百一十二斤，每百斤用銀一錢，該銀二千二百九十六兩五錢一分二釐。每丈用瓦石匠十工，共工八千五百七十六工。每一工給銀七分，共銀六百兩三錢二分。以上通共用銀三萬四百五十四兩九錢七分六釐，除已給過賞軍支剩銀七百八十兩，并角樓、城樓合用木植、磚瓦奉有欽依已經動支，拆卸本縣廢寺五座補用外，尚有不敷銀二萬九千六百七十四兩九錢七分六釐，盃賜給發，照依估計三層包砌，庶爲永固。其修城人夫，在於本縣久遠等一十二里分派上、中、下三等玖則人户，起倩興工，等因。該縣已經具申去後，今蒙前因。查得該縣卷内，先該經歷張燿議用磚包砌一層半，該縣復議用磚包砌三層，今議仍依縣議三層包砌。原議每磚一個用價銀一分二釐，似乎頗多。今會同知縣王恒，每磚一個量减去二釐，共减去銀四千五百九十三兩二分四釐，每個止給銀一分。其磚長一尺二寸，闊六寸，厚三寸。該磚二百二十九萬六千五百一十二個，共該銀二萬二千九百六十五兩一錢二分。灰二百二十九萬六千五百一十二斤，每一百斤價銀一錢，共銀二千二百九十六兩五錢一分二釐。每丈用瓦匠、石匠十工，共工八千五百七十六工。每一工給銀七分，共銀六百兩三錢二分。以上通共用銀二萬五千八百六十一兩九錢五分二釐，除給過賞軍支剩銀七百八十兩，尚有不敷銀二萬五千八十一兩九錢五分二釐，通爲燒磚，買灰，泥瓦、木石等匠工食并城樓、角樓、月城等項應用。查得該縣原無收貯別項無礙錢糧，合無請發帑銀二萬五千八十一兩九錢五分二釐，燒造磚灰，趁時於外面未修土城用磚包砌修理。其人夫，該縣被虜搶殺，見在者人力已疲，或恐不足應役，於順天府附近所屬未遭虜寇殘害州縣分派三四處，酌量里分多寡，每里量派一名，暫爲協助。以人夫解工又往返道途，奔走勞苦，每夫一名徵銀一兩，解發該縣收貯，顧夫應役，每日將召顧過夫姓名開報送縣查考，以一個月爲止。餘夫該縣查照先議，派用其營州左屯衛在内，除正軍外，於空閑，不論官舍、軍餘，丁内派撥四十名，分爲兩班做工，等因。到院。看得各官所議，因地揆勢，度時量力，俱屬穩便。除人夫可以徑行外，其估計各項應用錢糧，官庫委無積貯堪以動支，似應依擬題請給發，合咨前去，煩爲裁酌施行，等因。到臣，案查前事已經咨議去後，今准前因。

臣惟昌平州外羅土堡，内設永陵等五衛官軍，拱護陵寢，關係甚重，堡墻單薄不堪，急當修建。其順義縣城，嘉靖二十九年虜欲攻陷，適遇保定兵馬拒守，得以幸免。雖經兵、工二部題奉欽依，准其修築，不敷銀兩於無礙官銀内動支，緣地方遭虜之後，各該官庫搜括已盡，若候積有銀兩方行動工，永無可完之期。臣再三相勘，今之順義，即古順州，平原曠野，實惟戎馬之場，萬一虜騎突至，攻破此城，京東州縣未免盡爲振動，利害重輕似不在昌平之下。所據二城既該駐守都御史王輪勘報前來，通計用銀六萬三千五百八十兩五錢一分二釐，委果無從支辦。伏望皇上憫念畿輔生靈重遭塗炭，特敕兵、工二部會同計議，不爲常例，照依前數處發官銀，聽王輪督同兵備等官及時興工。如工部銀兩例須坐派各省，一時不能遽完，先於兵部馬價銀内權宜借支，日後處補。至於順義縣要撥鄰境州縣人夫協力幫修一節，揆之人情未順，難以准行，止宜將本縣民夫并營州左屯衛官舍餘丁通融起倩，庶免告擾。其餘事宜，悉如原議施行。事完，備細造册奏繳。謹題請旨。

議處月糧以便下情以省官運疏

准整飭薊州等處邊備兼巡撫順天等府地方、都察院右副都御史吴嘉會咨，准臣咨，節奉敕諭："今特命爾前去薊州、保定二鎮，應該處給錢糧，一切軍務事宜悉聽爾從長區處，奏請定奪。"欽此。欽遵。煩查本鎮軍士月糧見今如何支給，即今應該作何調停，議處咨報，等因。行據整飭薊州等處兵備、山西提刑按察司副使趙文燿呈稱，議過薊州軍士月糧緣由，到院。該本院查得，薊鎮各區關營、衛所官軍月糧，舊例歲派順、永二府所屬州縣，起存民屯并各衛所軍屯，本色米石俱於山海、劉家口等倉上納。又山東，河南，真、保等府折糧銀兩，并山東、河南海運兑軍糧斛二十四萬石，内本色二十萬石、折色四萬石，俱於薊州倉庫上納。後該撫按衙門具奏，户部會議題准，將海運糧斛改納折色一十八萬石、本色六萬石。每歲官軍月糧，上半年支本色，如本色不足，支給折色，每石在邊折銀六錢五分，在衛四錢；下半年支折色，每石在邊四錢五分，在衛四錢。行之已久，人情頗便。嘉靖三十年，户部因本鎮增募軍士，惟恐地方米價騰貴，議將海運糧斛照依舊例，四萬石派徵折色，二十萬石派徵本色運納。但薊州在本鎮偏西，而迤東關營、衛所食糧官軍數多，去倉甚遠，近者三五百里，遠者七八百里，往返不便，只得賤價以鬻。即有賫還，半爲盤纏、脚價之費，所餘無幾。衆口嗷嗷，屢稱不便。合無具題，仍照先年事例，將前海運糧米止運本色六萬石，其餘一十八萬石仍徵折色上納，行令薊州管糧郎中與前順，永，山東，河南，真、保定等處糧銀相兼放支。在官免運□之勞，在下蒙惠利之實，一舉兩得，似爲穩便。合咨前去，煩爲裁處，等因。到臣，案查前事已經咨議去後，今准前因。臣惟兵、食二者事本相因，必須糧充蒭裕，方得士嘻馬騰。故以人情言之，穀賤則願給折色，穀貴則願給本色；倉口相近則願給本色，倉口隔遠則願給折色。當事之臣亦往往俯順其情，爲之曲處，經費之義，撫字之仁，蓋自有不容偏廢者。惟兹薊州海運糧斛一事，若使去倉密邇，月得實米一石，人心自是喜慶。但各該關營相去薊州倉三五百里，遠者甚至八九百里，勢既不能賫還，理當賤價以鬻。一二奸商又往來其間，因之射利。在上徒費輓運之勞，在下不蒙樂利之實。臣所至地方，告者接踵，或一處告詞四五十紙，或一詞連名數十百人，委果事體、人情均屬未便。既經巡撫都御史吴嘉會查議前來，相應亟爲酌處。如蒙乞賜户部計議，將前項海運糧米仍照先年撫按衙門題准事例，止運本色六萬石，其餘一十八萬石仍徵折色上納，行令薊州管糧郎中與順、永等處糧銀相兼支放。如今年錢糧會計已定，姑自嘉靖三十三年爲始，以後不必再爲更易。謹題請旨。

班軍急缺軍器乞爲權宜處補疏

准整飭薊州等處邊備兼巡撫順天等府地方、都察院左副都御史吴嘉會咨，准臣咨，節奉敕諭："今特命爾前去薊州、保定二鎮，一切軍務事宜悉聽爾從長區處，奏請定奪。"欽此。欽遵。移咨煩查，本鎮器械應該作何整飭，酌議停當咨報，等因。准此，行據整飭薊州等處兵備、山西提刑按察司副使趙文燿，整飭密雲等處兵備、山東提刑按察司副使李蓁各呈，將查議過各區防守大寧都司衛所班軍缺少軍器緣由到院。據此，查得先爲復舊鎮、重邊防以壯畿輔，以固京師，以圖久安長治事，該兵部題，發大寧所屬春、秋兩班京操官軍薊州防守。續該工部議，以秋班一萬九千一百三十員名給發鐵盔一萬九千一百三十頂、甲一萬副，運發前來，收候兩班軍士上班之日領用。尚欠甲九千一百三十副，備行保定、薊鎮撫按官，行令河間等十六衛所，自嘉靖三十一年爲始至三十五年止，將額解軍器料價、脚價通折造甲給發領用。題咨到院，除將見在盔甲分發本鎮所屬第二區至第六區，共盔一萬四千九百九十八頂、甲七千八百六十副，駐守昌平都御史所屬第七區、第八區，共盔四千一百三十二頂、甲二千一百四十副，給軍領用外，尚欠甲九千一百三十副，薊鎮該補七千一百三十八副，昌平該補一千九百九十二副。雖經移咨保定巡撫衙門，嚴督河間、德州等衛，武定、滄州等所，及行通州副總兵，嚴督定邊、通州左等衛，查照打造去後。但甲逾九千，非設法可辦；限以五年，非計日可完。即今軍士在邊，身無寸鐵，不獨無濟防守，何以壯觀軍容？合無題行工部，將前原欠鐵甲權爲議處，照數查發，解送前來，聽給少甲軍士披用。其原議河間等一十六衛所各年額造軍器，照舊造解該部交納。庶戰具有資，防邊不誤，煩爲裁處施行，等因。到臣，案查前事已經咨議去後，今准前因。該臣親詣各區閱視兵馬，見得大寧班軍，本以腹裏脆弱之人，遠戍極邊衝險之地，即使器械鋒利，遇有警報，尚且倉皇失措，乃今既無完衣，又無寸鐵，驅之即戎，未免有誤機宜。所據原欠官甲，限以五年，委非計日可完，防秋在近，勢又不能久待。既經巡撫都御史吴嘉會咨議前來，似當從宜酌處。如蒙乞敕工部計議，將原欠鐵甲九千一百三十副先行别爲處給，薊州該七千一百三十八副，昌平該一千九百九十二副，俱運送吴嘉會處，給軍領用。其原議河間等衛所額造軍器，仍照年限造完解部。一轉移之間，軍容自當改觀。謹題請旨。

請换制敕重事權便調度以保安重鎮疏

准整飭薊州等處邊備兼巡撫順天等府地方、都察院右副都御史吴嘉會咨，准臣咨，煩將原領敕諭并總兵官制敕抄捧一通咨報，等因。准此，本職欽奉敕諭："都察院右僉都御史吴嘉會，今特命爾前往薊州永平、山海、密雲、居庸關、白羊口等處，整飭邊備，兼巡撫順天、永平二府地方，操練軍馬，修理城池、關隘，防禦賊寇，撫安軍民，督理糧儲，禁革奸弊，扶植善良，摧抑强暴。遇有一應詞狀，及官吏人等酷害旗軍、私役軍餘、占種田土并不公不法等事，除軍職及五品以上文職奏聞區處，其餘就便拿問，或發巡按、巡關御史究治。如有權豪勢要之人侵欺盜賣糧草，及砍伐邊關樹木、阻撓軍務等項者，體訪得實，具奏處治。凡一應軍情邊務，悉與鎮守等官從長計議而行，不許偏執誤事。其餘有益於邊務及便於軍民者，聽爾從宜處置。分守、守備等官俱聽節制。爾爲憲臣，須持廉秉公，正己率下，使官吏畏威，軍民懷惠，庶副委托。若背公向私，行事乖方，致人嗟怨，責有所歸。又朵顔等衛夷人離邊不遠，尤宜嚴督所屬用心隄備，遇有聲息，相機戰守，毋或怠惰，致有疏虞。爾其敬之，故諭。”欽此。欽遵。照得本職嘉靖三十年十月内生擒導虜逆酋哈舟兒等，該兵部等衙門題奉欽依，升右副都御史，敕諭未蒙换給。及查敕内止載分守、守備等官具聽節制，新設副總兵、參遊俱未開載，咨煩裁處，等因。准此。又准本官咨，准鎮守薊州永平山海等處地方總兵官、右軍都督府都督同知成勛手本，職欽奉上命，鎮守是方，原奉制諭：“署都督僉事成勛，今特命爾充總兵官，鎮守薊州永平、山海等處地方，修理城池、關隘，操練軍馬。遇有賊寇，相機剿殺。其各路參將照舊分守地方，所統官軍悉聽節制。如制奉行。”欽此。又奉敕諭：“署都督僉事成勛，今特命爾充總兵官，鎮守薊州永平、山海等處地方，提督沿邊一帶營堡，整飭兵備，申嚴號令，練撫士卒，振作軍威。遇有賊寇，相機戰守。凡一應軍機等事，須與巡撫官從長計議停當而行，務在同心協力，濟理邊務，不許偏私執拗，致誤事機。爾爲武臣，受兹簡任，尤須持廉秉公，正己率下，使所部各得飽暖，樂於戰守，庶威武振揚，克副委任。毋或貪財害人，致生嗟怨，有妨操守，如違，責有所歸。爾其勉之慎之，故諭。”欽此。欽遵。切惟本職原以署都督僉事奉命鎮守，嘉靖三十年十月内生擒導虜逆酋哈舟兒等，該兵部等衙門題奉欽依，叨升都督同知，至今制敕未蒙更换。況薊州地方拱護京師，先年止是防範朵顔等三衛夷人，自嘉靖二十九年虜患以來，地方殘破，兵馬凋疲，比之别鎮，利害迥别。伏見各區參遊敕諭俱有悉聽鎮巡官節制，而本職所領制敕反無節制各官字樣，以致未敢擅便行事。本職人微才淺，果有何能，不過仰仗朝廷恩威，煩爲轉達，將原奉制敕具題換給便益，等因。准此，合咨前去，煩爲併處，等因。各到臣，案查前事已經咨查去後，今准前因。臣惟各邊鎮守總兵官、巡撫都御史開府一方，名曰鎮巡，一切軍務事宜會同計議而行。其副參、遊守等官悉聽節制，上下相承，體統不紊，以故兵威振揚，夷虜讋服。今詳薊州總兵制内，止稱參將所統官軍悉聽節制，而副總兵、遊擊俱未開載明白，至於敕内全未開載。巡撫敕内止稱節制分守、守備等官，副參、遊擊亦未見載及。況二臣近以軍功，成勛升都督同知，吴嘉會升右副都御史，所有職銜似當併爲議處。如蒙乞敕兵部計議，如果相應，行移翰林院另撰制敕三道，明開本鎮副參、遊守等官悉聽二臣節制，二臣仍聽總督軍門節制，及將各該職銜查照更易。候新換制敕至日，原領制敕徑自奏繳。謹題請旨。

邊方州縣疲敝至極懇乞選除甲科以修邊政疏

臣節奉敕諭："今特命爾前去薊州、保定二鎮，一切軍務事宜悉聽爾從長區處，奏請定奪。"欽此。欽遵。准整飭薊州等處邊備兼巡撫順天等府地方、都察院右副都御史吴嘉會咨，開通州、灤州俱缺知州，良鄉、永清、三河、武清、漷縣、寶坻、懷柔、房山、大城、玉田、平谷、盧龍俱缺知縣緣由，到臣。近日巡視該鎮，見得沿邊一帶州縣，城堡之殘破，里甲之苦累，錢糧之逋負，驛傳之蕭條，百孔千瘡，不可盡述。其知州、知縣係一方長吏，平時休息愛養，既有撫輯之責，遇警收保團結，兼有兵戎之寄，比之腹裏州縣，責任爲重，振作尤難。近該吏部大臣請乞多取進士，以備邊任。仰蒙皇上俯賜嘉奬，准照嘉靖二年事例取四百名，神謀聖慮，所以軫念邊民者至矣盡矣。但惟今之九邊雖均當整飭，而薊州一鎮則屏翰京師，拱護陵寢，尤爲造化首善之地。所據進士選除守令一事，似當先自薊鎮始。如蒙敕吏部再加擬議，將前項州縣員缺量其緩急，於進士内選其年力精壯、德性醇良者以次除補。倘進士辦事未久、開選尚遠，或於附近省分歷任一年上下進士知州知縣，查其政績可觀者量調數員，以備今歲防秋之用，庶幾邊政可舉，邊民可蘇，地方幸甚。謹題請旨。

兵馬凋殘不堪戰守乞敕邊臣加意整飭疏

臣節奉敕諭："今特命爾前去薊州、保定二鎮，一切軍務事宜悉聽爾從長區處，奏請定奪。"欽此。欽遵。節該鎮守薊州永平山海等處地方總兵官、右軍都督府都督同知成勛，鎮守昌平居庸等處地方副總兵官、署都指揮僉事張琮，各將所管軍馬數目開報到臣。案查先該臣巡視昌平、薊鎮，督同本部署郎中張重等閲得兵馬狼藉，已經備行各官，要見總副、參遊等官下，原額軍士若干，逃亡、事故若干，見在若干；馬軍堪戰若干，不堪若干；步軍堪守若干，不堪若干；馬匹原額若干，倒死若干，見在若干，堪以騎征若干，不堪騎征若干。從實開報去後，今該前因。臣惟防邊之要，莫先於兵，尤莫先於馬，必須兵精馬健，以守方固，以戰方克。自古談兵之家，曰"兵不貴多而貴於精"，又曰"軍政莫急於馬"。薊鎮、昌平分屯列戍，軍雖不下六七萬人，類多老弱庸懦，不堪戰守；馬雖不下二三萬匹，類多羸瘠瘡癬，不耐驅馳。往年所禦止是三衛屬夷，且猶兵勢蕭索，今所禦者，强横之北虜矣；往年禦虜止是秋高月朗，且猶分布不周，今無論春夏秋冬，盡防範矣。當此時危勢迫之難，宜爲易轍改弦之計。大抵邊臣之意，皆爲本處兵馬削弱，必須多調勁兵以爲應援。以臣之愚，似當以練主兵爲根本，以調客兵爲權宜。況客兵之來也，閭閻騷擾，雞犬不寧，未收保禦之功，先罹憑陵之患，民謡滿耳，邊兵可常調乎？又爲連年修邊，步軍苦於版築，馬軍苦於架梁，無暇操練。即如各枝遊兵，未嘗架梁，而身無寸鐵，手不執弓，食糧則有名，臨警則無實，驕惰至此，主兵果可恃乎？又爲缺馬騎征，仍欲仰給太僕。臣爲〔五〕且宜將見在之馬悉心喂養。若多發官馬，不能愛惜，未免盡爲溝中之瘠，馬果可再發乎？至於包辦役占，百弊紛然，所當究詰。臣惟今日之勢，不在於增兵而在於練兵，不在於增馬而在於養馬。增兵增馬者，邊政之文也，徒費芻糧；練兵養馬者，邊政之實也，有裨捍御。臣周歷地方，見之甚真，不忍緘默。伏望皇上俯念虜患猖獗，邊備廢弛，今後該鎮奏募新軍，奏討官馬，敕下兵部，且不宜輕易議給。速行總督、鎮巡等官，先將各區軍馬協心整飭，逃故者作何處補，老弱者作何沙汰，見在者作何操練，馬匹作何喂養，役占包辦者作何清查，務期軍馬充盈，奸弊剗除，以爲地方深長之計。事完，備將練過人馬、革過弊端分别區分，徑自回奏。所有臣一得之愚併爲條列，以備聖明采擇。臣無任惶悚懸切之至。謹題請旨。

計開：

一、清兵馬之本源。臣惟練兵養馬，督撫不過總其大綱，日省月視，考其成功，則總兵、副總兵、參遊、守備等官之事，必須各官奉公守法，方能約束部軍，次第振舉。訪得各區將領剋扣剥削，“惟日不足”，全不問及軍馬之事。雖有一二稍知整飭，士多解體，令自難行。若不清源正本，恐終無可爲之期。合無聽兵部計議，備行總督、巡撫官，自本年七月爲始，每月行令各官具揭開報，要見本月内本營買過馬匹若干，補過軍士若干，修過軍裝若干，夷虜有無入犯，曾否獲功，是否失事，兵馬曾否操練，是否精强。虚文捏報者以軍法重治。中間果有剥削欺負之徒，指名參奏，兵部查其贓私狼藉者一二人，請旨拿解問罪，畢日押赴原營，將所得贜私面給各主，上以彰朝廷之法，下以慰生民之憤，庶幾貪風可息，軍困可蘇，而練兵養馬，自當漸以就緒。若使如常止革回衛，不一二年又復起用，則此輩無所創懲，軍政何賴？伏乞聖明裁定。

一、正兵馬之紀綱。臣惟一鎮紀綱，全在總督、巡撫，而兵備、副使則一方紀綱係焉，將官之廉貪，邊政之修廢，無不當問。臣見近日舉劾將官，率爲對偶聲律之文，或稱其兼通儒書，或稱其儀容典雅，或稱其廉而不著其廉之實，或劾其貪而不據其貪之迹。以故各官得以巧文邀薦，矯情避劾。所據振飭紀綱一事，實今日之要務。查得霸州兵備副使許天倫、密雲兵備副使李蓁、薊州兵備副使趙文燿，人品、才識俱各極一時之選，若付之經理，必能不負任使。但原奉敕諭，責其内而禦寇者甚詳，外而禦虜者反略，似當通爲議處。合無聽兵部計議，今後兵備官務要不時巡莅各區，點視軍馬，糾〔六〕察奸弊，稽考錢糧，修飭邊備。每季終通將各該將官行過實迹分别臧否，呈報督撫衙門。應薦應劾者，督撫官明開某人賢，兵馬精强；某人不肖，兵馬疲敝。其兵備賢否，督撫官即此亦可概見。庶幾法有責成，兵備不爲徒設；事無文具，軍政自當修舉。伏乞聖明裁定。

一、嚴兵馬之稽查。臣惟各區兵馬向來全無稽考，每遇點視，旋造文册，逃亡、事故，任其捏報。及至食糧，則多寫虚名，冒支糧賞。兵部不知其多寡之詳，户部莫究其盈縮之數。應差則以百爲十，食糧則以十爲百。臣近日所至地方，查出此弊甚多，節行兵備等官勘問，未據呈報。臣往在甘肅巡撫之時，嘗照户部題准事例，置立格眼文册，每衛各置一册，止〔七〕寫官軍姓名、年貌，下列二行，一行分十二格眼。前十二格眼，每月注其食糧，或本色，或折色，或有逃故者就於當月格眼内開除，復役者於本月格眼内填注。後十二格眼，每月注其或見在本處應當何差，或調發某處按伏截殺。遇臣到彼，不必另造文册，就將此册送比，明白簡要，宿弊頗革。今宜略倣其法行之，似亦相應。合無聽兵部計議，備行巡撫都御史吴嘉會，將所屬地方不拘衛所、關營，參兵、遊兵，各造一册，送各該兵備道查對無差，就用巡撫、兵備關防上下鈐蓋。但遇巡蒞，執此查比，如有虚揑、冒破情弊，究問釐正。其馬匹亦照此式置册，要見某月支料若干、草若干，或本色、折色，或此月例不該支，俱要開注。倒死者亦於當月格眼内開除。庶幾勾考詳明，弊端杜絶。伏乞聖明裁定。

一、蘇兵馬之困苦。臣惟各區兵馬不振，雖由將官剥削所致，中間苦累，尚有出於此情之外者。即如軍士，每月例有樁朋錢，又有灰價錢，二項已去其月米之半。馬一年全不支草，料止支半年折價。軍士無聊，必至食馬之食，軍貧馬死，無可計處。除灰價一事已經巡撫都御史吴嘉會查革外，其月糧、料草事宜，合無聽兵部計議，備行總督、巡撫官虚心酌量，要見軍士月糧折價若干，有無彀用；馬既全不支草，有何草塲牧放，是否見在，或被人侵占；秋青馬草曾否采打，有無相兼支放；料止支半年，人情、事體有無相應，于今應該如何處置。限一月以裏奏下户部，從長覆議，庶食足兵强，事可經久。伏乞聖明裁定。

校勘記

〔一〕“嶺”，底本訛作“舊”，據下文改。

〔二〕“梁”，疑當作“垛”。

〔三〕“商”，原作“啇”。以下徑改，不再一一出校。

〔四〕“用”前，據文章似當有一“合”字。

〔五〕“爲”，劉藏本、舊抄本及明崇禎刻本明陳子龍等《明經世文編》卷二百七十三楊博《兵馬凋殘不堪疏》均作“謂”。“爲”通“謂”。

〔六〕“糾”，原訛作“糾”。以下徑改，不再一一出校。

〔七〕“止”，劉藏本、舊抄本作“上”。

經略疏稿卷二

欽差經略邊務、兵部左侍郎兼都察院右僉都御史臣楊博謹題：

經略紫荆關隘以遏虜患疏

准巡撫保定等府地方兼提督紫荆等關、都察院右僉都御史艾希淳咨，據總理紫荆等關保定等府地方兵備、山西提刑按察司副使畢竟容呈，蒙臣紙牌，近該本部巡視紫荆關隘，看得虜若由大同蔚州越過廣昌，必經北口黑石嶺，或迤西大檀口、石門峪、鎗頭嶺等處；虜若由渾源、靈丘越過廣昌，必經直峪口、靈關口，及銀山驛、馬嶺等處；虜若由宣府懷來而來，其勢必趨保安，徑犯沿河、馬水等口。所據前項地方俱爲要害，必須屯兵據守，門户既嚴，堂室自固。擬合查勘，牌仰本道官吏，即行倒馬關參將馮登、保定府同知馮友親詣彼中，公同地方參守等官從實酌議，要見諸處是否要害，此外有無别路可通，即今應該如何設備，兵馬如何選撥，錢糧如何處分，並未盡事宜，逐一備細條議，呈報本部并巡撫衙門，以憑會處施行。蒙此，行據參將馮登、同知馮友勘報前來。該本道議得，馬水口、浮圖峪爲紫荆關東西門户，極其要衝。但浮圖峪相離紫荆關七十里，遇有警急，紫荆參將可以速爲救援；而白石口、烏龍溝，各該欽依把總相離本峪亦各三十里，聲勢聯絡。本峪守備奉有敕書，事權隆重，可謂經制詳密矣。惟馬水口距紫荆關一百五十里，所屬沿河口距馬水口又一百五十里，地里廣遠，視浮圖峪幾至加倍。三總所轄，隨山旋繞，約計各百餘里，若在腹裏，各可當一大縣，而以責成守備、把總二員，且守備未奉敕書，欲其臨事展布，不免中懷疑阻。若不併爲議處，萬一虜勢重大，防禦不周，臨急隔遠，聲援難及，或蹈疏虞，貽禍不小。合無將馬水口守備比照浮圖峪事例請給敕書一道，令其欽遵行事。沿河口、大龍門管總各准照白石口、烏龍溝改爲把總，照例巡撫、巡關衙門會同推舉堪任指揮各二員，題請兵部覆擬推用，與馬水口把總並列爲三，各照舊管理所轄隘口。三把總分理於下，一守備總理於上，大小相維，體統不紊，似於邊備加密。及照大龍門所轄菜樹庵口，近議修築城垣，俱已完固，向未設官撥軍，防守無裨。本口山勢平漫，外通保安、蔚州之西岔口，最爲虜衝，雖連年防秋戍守爲多，而近日虜犯非時，不容玩視。合就近募軍一百名，於各衛所内選擇驍勇千户一員統領，名爲常守，并將相近莊窠澗、鹿角口俱屬管理。其募軍并起蓋官營房舍、製造盔甲什物等項銀兩，計無多費，聽巡撫衙門於各府收貯贓罰銀兩處給。蓋菜樹庵在外，莊窠澗二口在内，有事併守，可藉無患。均乞裁奪，除呈經略衙門照詳外，理合具呈，等因。到院。看得該道所議前因，俱已周悉，本院無容別議，合咨前去，煩爲題請施行，等因。到臣，案查前事已經牌行該道查議去後，今准前因。臣惟今之議者，以紫荆關爲要害，而馬水口、浮圖峪咸在所略。臣今隨處周歷，再三相度。紫荆天險，萬山環合，一水縈迴，虜騎恐不能到。關西則由大同廣昌至浮圖峪，然後可至紫荆關；東則由宣府保安，不至紫荆，徑可以至馬水等口。蓋緣馬水等口與鎮邊、長峪接境，稍内即爲郊圻，去京尤爲密邇，利害緩急，似猶在浮圖峪之上。即今浮圖峪守備領有敕諭，各該把總俱奉欽依，事權頗重。而馬水口守備止係部札，沿河口、大龍門止設管總，事體尚爲未妥。其大龍門所轄菜樹庵口，城垣雖築，官軍未備，有險無人，徒爲勞費。既經巡撫都御史艾希淳議報前來，相應通行酌處。如蒙乞敕兵部計議，如果相應，將見任守備劉松壽查照原擬責任，請給敕諭一道，賫付本官欽遵行事。沿河口、大龍門二管總照白石口、烏龍溝事例，各改爲把總，聽巡撫、巡關衙門會舉堪任官員，本部請旨簡用。其菜樹庵口添募官軍一百名并營房等項事宜所費不多，巡撫都御史於贓罰銀内徑自處給，事完回奏。臣惟此地極當衝險，必須再募常守軍一二千名，方保萬全。但募銀無可措處，土人不肯應募。合無每年防秋之時，照依今年題准事體，保定鎮巡官選撥精兵三枝，於馬水口、沿河口、大龍門各住札防範，庶幾邊關既固，畿甸自安。謹題請旨。

申飭單弱邊關乞請添撥營堡以絶虜患以便策應疏

准整飭薊州等處邊備兼巡撫順天等府地方、都察院右副都御史吴嘉會咨，准臣咨，據分守燕河營等處地方參將葉昂呈抄，蒙總兵官成勛批，該臣批，據一片石提調李景呈，據黄土嶺等關軍餘王玉等告稱，原設一片石提調下，東自三道關起，西至大青山口關止，邊長一百餘里，止有官軍八百餘員名，内除守墩炮五百餘名，守關者尚有馬官軍三百餘員名。逐年春秋二季修工、防秋之時，城堡空虚，再無別項兵馬防禦。查得黄土嶺等關堡原有黄土嶺營兵馬策應，自嘉靖十七年間蒙總督軍務兵部左侍郎樊繼祖，將黄土嶺營并長谷駐操營撥去策應。大毛山口等關迤西提調下俱有營兵策應，惟獨本提調下無兵應援。節年大舉達賊突入西陽口、黄土嶺等關地方，官軍力寡，不能敵對。雖報到石門寨營遊擊，兵馬相離四十餘里，馳驟不前，以致誤事。又查得黄土嶺關西去炕兒峪堡二十餘里，其間山勢平漫，裹外空曠，又兼邊墻低薄，境外又通遼東爛泥窪、刀背山、野馬川三股賊行總路，遇賊經過，驟馬即至，内無兵馬堵截，乞於彼處地名桑園内添設一營。及查石門寨營近添遊兵三千，俱無營房棲住，各居四外鄉村。本營又有官軍四百餘員名，係爲餘數，乞將本營官軍湊充遊兵三千之數。或將遊兵掣出四百餘名，添選指揮一員管理，在於前營操練，聽候東西策應；或再將黄土嶺營調撥策應黄土嶺等關堡，保障地方，以絶虜患。連名據告到職。看得所告係干極衝邊關，官軍力寡，實缺營兵策應，備仰卑職，即照鈞批備云批呈内事理，作速查議酌處，務要停妥，具由回報，以憑轉報，等因。蒙此，依蒙查得一片石提調李景所轄黄土嶺關委極衝要，上年達賊由此入掠，缺乏兵馬應援。本關相離大毛山提調所轄黄土嶺營頗近，先年原隸本營策應，嘉靖十七年，蒙總督軍務侍郎樊繼祖題准，策應大毛山，到今各分彼此，遇警不相干涉。今本官所呈，要於地名桑園添設一營，將義院口提調所屬石門寨營軍士補充遊兵，於遊兵軍内選撥四百名前赴桑園住守，以聽策應。此舉固當添設，但審人心俱不樂從，至於動工修堡，尤爲未便。合無行令大毛山提調申維岳，將黄土嶺營官軍照舊策應黄土嶺、大青山口等關，地方可保無虞，等因。到部。據此，合咨前去，煩爲會行鎮守總兵官，議處停妥咨報，以憑具題施行，等因。准此，會同鎮守總兵官、都督同知成勛議照，一片石提調所屬關堡共一十處，先年恃在遼東邊内，以爲稍緩，未議營兵策應。邇年大虜入寇遼東前屯衛等處，逼近該關地方。又黄土嶺、大青山口等關切鄰遼東鐵廠等堡，彼邊少有疏防，此地即被侵犯。據其要害，正與西關、長峪、鎮邊等城事體相同。但添營撥軍既屬不便，而周防曲備亟所當圖。所據大毛山提調所屬關堡九處，策應營城二處，若將黄土嶺營改屬一片石提調管轄，止將長谷駐操營聽屬大毛山提調管轄，各策應本提調地方，則人情、事體俱爲穩便，邊防虜患似可無虞。擬合咨報，煩請裁處，等因。案查前事已經咨議去後，今准前因。臣惟燕河營參將所轄一片石、黄土嶺等處關營，與遼東前屯衛止隔一墻。在薊州視之則爲極邊，在遼東視之則爲腹裏，正猶鎮邊、横嶺之於懷來，紫荆、倒馬之於廣昌，事體相類。若使遼東鐵廠等堡防範嚴密，近而小一千之賊既不能肆其侵軼之奸，遠而迤北大營之虜尤不能逞其憑陵之暴。所據巡撫都御史吴嘉會咨稱前因，大意欲將黄土嶺營改屬一片石提調管轄，雖係補偏救弊之圖，似非究本窮源之論，相應從長議處。如蒙乞敕兵部計議，將黄土嶺營改屬一片石提調下管轄，以復舊規，以便策應。其大毛山提調此後不必干涉。一面行移遼東鎮巡官，將鐵廠堡一帶地方速爲經略，兵馬不足如何輳撥，墻塹不完如何修飭。但遇虜賊入犯，極力堵截，務使兩鎮地方均有攸賴，以見門户、堂室之意，不得自分彼此，致有他虞。謹題請旨。

查處錢糧以裨軍務疏

准巡撫保定等府地方兼提督紫荆等關、都察院右僉都御史艾希淳咨，准臣咨，煩將本鎮兵馬、錢糧一切軍務事宜應議處者議報，等因。行據整飭天津等處兵備、山東提刑按察司副使劉廷臣呈稱，河間、天津、滄州七衛所軍士月糧，天津三衛、滄州守禦千户所，俱在天津等衛倉關支，每月每名八斗。其雜差守把城門并軍斗、庫軍，每名每月六斗。每歲俱支本色十個月，折色二個月，每月折銀三錢二分。每年漕運衙門撥派遮洋總粟米并天津等衛屯糧、蘆葦課米共七萬石支給，其折色銀兩係改撥山東夏麥銀兩處補。河間三衛月糧，俱在河間府巨盈倉關支，每名單月支本色糧八斗，雙月支折色銀三錢二分。又有近調河間住札遊兵二枝，馬匹料豆，春、冬二季每日〔一〕每匹支料豆三升，夏、秋二季住支。其本、折色俱係户部坐派河南、山東、大名府税糧支給。前項軍士行糧在於防守地方隨便支給，亦無兑領馬匹，原非支領草料。爲照前項軍士月糧、馬匹草料俱董之以監督主事之官，行之以節年，收放之法不可謂不盡矣。但六衛一所軍士，往年係京班之數，安逸閑散，中間或因討取回籍，歲納班錢，或因附麗寄居，久占他處，關支猶可假借，造報不便稽查。近奉欽依，改戍薊鎮邊關，勞苦大異往年，而錢糧供費今尚仍舊。除天津三衛并滄州所俱係主事駐札之所，倉廩無匱乏之虞，士卒免呼號之苦，無容別議外。其河間三衛相去天津三百餘里，文移往返動經旬日，事務隔遠，不能親理，故往年積扣餘銀數以千計，以緊要之軍需供無名之虛費，計拖欠之成數而催徵於各省疲困之民。比因連歲荒歉，逋負甚多，誠非得策。法久弊生，理所必至，而變通盡利，存乎其人。若將河間三衛倉場收支之法，與天津者一一皆同，監督者單月收支天津，雙月收支河間，每歲不過三日可以畢事，歲終計其拖欠之數，案呈本部，嚴限催徵，則錢糧不染於主守之人，事體提挈於監督之際，弊將自革，軍受惠矣。及查所屬積貯客兵錢糧，自嘉靖三十年蒙本院奏發客兵并河道等銀，分發河間府并滄州等十八州縣、天津三衛，召買糧料、草束等項，除支過外，實在粟米一萬六千一百餘石、黑豆二萬六千四百餘石、草六十八萬七千八百餘束，烘炒易銀六百七十兩，未易烘炒二百二十六石，破料易整豆一千七百餘石，大麥一百五十石，未易破料一千九百石，細草易銀一百二十兩，易整草三萬四千六百二十束，未易細草七萬六千束，扣剩米價銀六百四十餘兩，折色銀一千三百兩，補還支過糧料、草束銀九千五百四十餘兩，見貯各該倉庫，俱係客兵緊要支用之物。但地方緩急、衝僻不同，節年止據任丘、河間、天津、静海等處報有支除之數，其餘偏僻州縣月報、季報無收無支。若不通融調處，則衝途每苦於不敷，僻地將積於無用，相應斟酌調運。如西路任丘、河間、獻縣、阜城、景州、故城等處不敷，則調取偏僻縣分肅寧、交河、寧津者以濟之；如東路吴橋、東光、南皮、滄州、青縣、静海等處不敷，則調取慶雲、鹽山者以濟之：庶調停適宜，緩急有濟，等因。備由開詳到院。本院查得，河間、天津等衛并滄州守禦千户所軍士之事體本同，而月糧之實惠當一，矧户部專設主事一員前來管理，計慮已悉。先年六衛一所官軍本、折月糧皆主事自行綜理，收支均之，未聞缺乏。後因主事駐札天津，止親理天津三衛及附近滄州一所者，隨時查收，按月關領，少有拖欠，又即呈部行催，所以至今倉廩無缺乏之虞，而軍士鮮呼號之苦。其河間三衛者，緣相離頗遠，一時偶有相妨，暫委河間府管糧通判收放，因循日久，遂爲常規。且通判亦不經理，復委之於縣佐、貳衛、經歷等官。如本色雖呈樣米，而進倉未必登樣，況有兑領虚出之奸；折色雖先驗發，而入庫漫無稽查，不免加收欺隱之弊。至於放支本、折，則又守候呈請，不但文移往返，動淹月日，而武弁貪得，指勒科扣，又靡所不至矣。且三衛軍糧，户部原坐派河南、山東二省，凡有拖欠，主事與之稽查呈部。今亦止憑河間府移文行催，各省視府文如故紙，即本院差官守催，亦徒然耳。所以三衛月糧每每稱缺，軍士嗷嗷告苦者，職此故也。今該道議稱，各衛軍士選充遊兵，改戍薊鎮，比之京操，勞苦大異，乞要將河間三衛倉場收支之法，與天津者一一皆同，委係切中時弊，有裨軍務。合將河間三衛官軍本、折月糧，仍令監督主事查照原設專官之意，與同天津各衛一體往來躬親綜理，督官及時收支，盤查糧銀，禁革奸弊。各省如有拖欠，按季即與呈部，移文嚴限催徵。如此，不惟主守者不敢爲奸，而官旗亦免於科剋軍糧，得實惠，戎務有裨益矣。但事涉因循，習以爲常，仍須題奉欽依，方可責成。合咨貴部煩爲再加酌議，題請施行，等因。到臣，案查前事已經咨議去後，今准前因。臣惟政體貴於大同，人情不宜忘遠。即如河間、天津、滄州七衛所月糧，户部原設主事一員監督，止因主事住札天津，與河間相去頗遠，因而轉委它官，以致糧之本、折彼此互異。在天津者則幸有含餔之樂，在河間者則不免枵腹之嘆，非惟人情不妥，亦且事體未安。况河間班軍近改游兵，遠戍邊陲，比之先年，勞逸急緩尤爲不同。所據巡撫都御史艾希淳咨稱前因，委於軍政有益，相應酌處。如蒙乞敕户部計議，行令監督主事今後務要往來巡蒞，單月收支天津，雙月收支河間，其七衛所俱本色支十個月，折色支兩個月，事體相同，方爲穩便。錢糧如有拖欠，不時呈部催徵。不許專住天津，及委官收支以滋奸弊。一應事宜仍照該部原題事理施行。其該道所稱調停客兵糧草一節，寔爲要務。彼時虜情緊急，以故不分衝僻一概積貯，不知僻遠去處軍馬經年不到，久之半爲浥爛，甚爲可惜。臣恐此時不止天津一道爲然，薊州、保定二鎮恐俱有之。合無備行二鎮巡撫都御史，嚴督各該兵備道，會同監督郎中、主事通行稽查，要見原發何項銀兩若干，某處買糧若干、草若干，支過若干，見在若干，某處應該照舊存積，其照舊存積者仍須安置如法，某處不係軍馬經行，應該作何處置，務期上不費公帑之財，下不致匱乏之患。具由回奏，仍造册送部稽考。謹題請旨。

更置兵食以裨邊務疏

據總理紫荆等關保定等府地方兵備、山西提刑按察司副使畢竟容呈，准户部監督主事屈謙手本，照得軍城驛軍城倉，比之插箭嶺軍儲倉地方輕緩，不係集駐兵馬之地。然軍城倉之官攢雖設而事甚簡少，軍儲倉原無官攢而錢糧重大，新興倉之帶管而典守不專。合無將軍城倉原設官攢改調軍儲，其軍城糧草行令見在老人、斗脚常川看守，庶幾倉場事務別其輕重，而錢糧支放亦便稽考。爲此合用手本前去，煩爲再議，轉呈題請，改移施行，等因。准此，查得軍城即宋軍城寨之地。宋以插箭嶺、周家堡一帶爲外邊，屯戍備儲於軍城，謂之得策。今插箭嶺之外蔽以大同，相隔塞垣不下六七百里，而徒泥於故迹，初修筑其城，置巡檢司，繼增爲一總，設把總指揮一員，戍軍建倉，添設官攢。今官軍閑曠而弗調，糧草浥爛而未支，俱置無用，不無可惜。及查插箭嶺軍儲倉，每年防秋客兵幾四五千，積貯糧草每至數萬，乃於唐縣僉委老人收守，積弊不可勝言。近雖暫委新興倉官帶管，終恐責任不專，守支無法。所議欲將軍城倉官攢改易收守，移閑就要，卓有所見。但軍城本屬内地，官兵俱爲徒設；錢糧積貯頗多，年久向無支放。相應一併查議，通行酌處。合無將軍城把總裁革别用，常守官軍併於本關參將營操練，官攢改於軍儲倉經收糧草。其軍城見貯糧草，量留十之二三以給經過客兵，就令經收老人、斗脚守支。其餘按月散給本關官軍作爲月糧，而以應給折銀抵出，於插箭嶺糴買。所轄如周家堡、玉河庵、營溝口等處，相近倒馬關，就令參將提調。小關城、岳嶺口、夾耳安、大嶺口等處相近狼牙口，即令狼牙口把總帶管。本城止留巡檢司盤詰往來，軍城驛供應官使，要亦不失初設之意。如此則官攢、把總各得實用，錢糧、軍伍不致虚費，一舉數利，似爲長便，等因。行准巡撫保定等府地方兼提督紫荆等關、都察院右僉都御史艾希淳咨，稱軍城驛兵、食二事委未穩妥，所據主事屈諫、副使畢竟容所議，悉與本院所見相同，合咨前去，煩爲題請施行，等因。到臣。先該臣入紫荆關，由浮圖峪出廣昌，至插箭嶺。自北而南，迤邐至倒馬關。關南八十里，至軍城驛。軍城之南，盡爲畿甸州縣之地。插箭嶺與浮圖峪東西對峙，爲倒馬關之門户，倒馬關尚爲堂室，則軍城驛從可知矣。先年因襲故常，經制過密。設立官兵則閑曠而無用，徒爲勞擾；積貯芻糧則經費所不及，日就浥爛。臣目擊其詳，周爰咨度，主事屈諫、副使畢竟容皆以爲不便，都御史艾希淳亦甚以爲不便，輿論攸同，急當改置無疑。如蒙乞敕兵部計議，如果相應，將軍城把總裁革，官軍併於倒馬關參將營輪班操練，軍城倉官攢改置軍儲倉，見在客兵糧草陸續支給主兵，扣出折銀於插箭嶺糴買，或防秋之日就行折放，遺下糧草就令老人、斗脚守支。本城止留巡檢司、軍城驛二衙門，照舊盤詰、應付。其周家堡、小關城等處分隸事宜，悉如該道原議施行，仍將軍儲倉行移該部，鑄給條記用使，軍城倉條記徑自奏繳。謹題請旨。

議處地方事宜以裨戎務疏

據總理紫荆等關保定等府地方兵備、山西提刑按察司副使畢竟容呈，據保定府同知馮友呈稱，會同倒馬關參將馮登、朔州兵備道委官通判孟松、分巡口北道委官通判戴賓，親詣廣昌、靈丘、廣靈、蔚州、保安等州縣地方，公同廣昌等縣知縣等官閻光間等、廣靈守備等官王良臣等，自西南直抵東北，隨山就險，會勘得，内通外達，有磁窑口、林關口、唐山口、直峪口、紅砂坡口、石門峪口、大檀口、北口、柳河口、九宫口、永寧口、松子口、三澗口共十三口，俱係沿邊緊要一帶口分。磁窑口内有銀釵驛、馬嶺，石門峪口内有鎗頭嶺，北口内有黑石嶺，四口雖係内口，亦爲要害。其黑石嶺止設把總官一員、軍一百三十名，林關等七口各軍八名，永寧、三澗口各軍五名，唐山、大檀口各軍三名，磁窑、紅沙口無軍。嘉靖十九等年，虜賊大舉擁衆深入，屢犯靈丘、廣昌縣等處地方，俱因前項隘口守把軍士單弱，雖恃天險，軍少不敷把截。前項口分似應就近添撥軍士，以資控扼。及查得廣昌縣南通紫荆、倒馬二關，北入宣府、大同二鎮，欲戒嚴於兩關，當致謹於此地。况廣昌攝於二者之間，誠重地也。夫地重則事權當重，合無於廣昌城革去守備，添設參將一員，凑添兵馬三千，合爲一營，專事操練，適中調度，一遇有警，隨賊向往，相機堵截。外峙諸口而爲宣大内蔽，内連兩關而爲畿輔外捍，庶重關設險而内外無虞，將領得人而緩急有濟。今將應議事宜開立款目，畫圖貼説具呈，等因。及准倒馬關參將馮登手本，議報相同緣由。各到道。

案照，先蒙臣紙牌，近該本部巡視紫荆關，看得虜若由大同、蔚州越過廣昌，必經北口黑石嶺，或迤西大檀口、石門峪、鎗頭嶺等處；若由渾源、靈丘越過廣昌，必須經直峪口、靈關口及銀山驛、馬嶺等處；若由宣府懷來而來，其勢必趨保安，徑犯沿河、馬水等口。所據前項地方俱爲要害，必須屯兵據守，門户既嚴，堂室自固，擬合查勘。牌仰本道官吏，即行保定府同知馮友、倒馬關參將馮登，親詣彼中，公同地方參守等官從實酌議。要見諸處是否要害，此外有無別路可通，即今應該如何設備，兵該如何選撥，錢糧該如何處分，并未盡事宜，逐一備細條議，呈報本部并巡撫衙門，以憑會處施行。

蒙此，行間續蒙本部批，據廣昌縣儒學守制廩膳生員劉金揭帖，爲陳言邊務，改調礦兵，添設將官，固國本以捍外患，壯咽喉以靖腹裹等事。照得廣昌僻處邊境，路最衝要，東接紫荆，南衝倒馬，西通宣府，北達大同，雖非北門鎖鑰，實係腹裹咽喉。境外、腹裹之衝，要未有若此之極者也。雖古昔盛時，虜之出没，未有不由此地以爲進退。及考正統十四年虜犯燕境，倒取紫荆，乃由蔚州之南北口而入。正德九年侵入雲中，乃由廣靈之南石門峪而入。及至嘉靖十九年、二十年、二十三年犯保定，乃由磁窑口、石門峪等口而入。夫虜犯腹裹，雖由前口，以爲要路而總其腹裹之衝要者，未有若廣昌以爲路之至要者也。肯以至要之地而添設兵馬，以守夫門户之衝要，則醜虜之勢雖猖獗，我可以破其鋒而挫其勢矣。生雖窮處草微，言本訛謬，不足以塞廟堂之厚望，但生居邊方，屢受虜害，不敢以安危利菑而寢其言也。夫廣昌原額官軍雖有八百員名，俱被浮圖峪、葛峪堡、深井等處調去操備、守口等役，本城止遺老弱官軍二三百名，凡遇有事之日，盡調宣府南路截殺。比照嘉靖二十三年十月十六日，達賊侵入，直至廣昌城下，解鞍牧馬，大肆猖獗，侵犯兩關，如蹈無人之境。雖有宣大雄兵數萬，不過襲其尾，隨其傍，至於衝鋒破敵，誰敢以當彼哉？以生言之，合將原調去浮圖峪等處官軍掣回，將廣昌守備改革，添設參將一員，將蔚州礦兵三千、靈丘礦兵一千五百、廣昌礦兵一千五百，將原管礦首總領改革，每五百名内添設把總一員，俱屬參將提調，凡遇防秋之日，不許調發各邊，盡數調撥磁窑口、石門峪、北口、大檀口、九宫口、松子口地方守把，量其地之險要以額人之多寡。况前數口據山爲險，兩崖壁立，中止一綫徑路，皆其一夫所守，萬夫莫當之地。又况礦兵之戰以山爲利，肯據險攻擊，則虜雖猖獗，拒之亦不難矣。縱使虜由别口而入，則廣昌參將會議兩關參將合兵截殺，誠謂拒蜚狐以壯咽喉之地，固兩關以靖腹裏之根也。不然，則咽喉一破而兩關失守，腹裏、京師决有不敢言之患也。且紫荊、倒馬與廣昌本唇齒也，善固齒者必修其唇可也。紫荊、倒馬添參將，雖固其齒，猶養一指也。廣昌無兵馬，實亡其唇，猶失肩背也。養一指而失肩背，善修身者不如是也。乞大觀之下，勿以迂儒妄議，采納一二，曲加施行，則國本可固，咽喉可壯，外患可捍，腹裏可靖，等因。蒙批，仰易州兵備道速行同知馮友、參將馮登併勘報。

蒙此，又蒙巡撫保定等府地方兼提督紫荊等關、都察院右僉都御史艾希淳，巡按直隸監察御史馬三才、蔡揚金、黄季瑞案驗，俱爲議處地方事宜以裨戎務事，該巡按直隸監察御史楊選題，前事，内一款“執要害以添防守”：夫御虜者先貴於自防，當關者尤貴於擇要，故守得其要，則用力寡而成功多矣。竊聞宣、大二鎮乃西關諸隘之藩籬，而迤南北口、石門一帶又紫荊、倒馬之門户。虜之入寇，若過宣、大地方，未有不由北口、石門、銀釵、直峪等四處而能越犯紫荆等兩關者也。且北口、石門等處崇岡峻嶺，疊嶂層巒，一夫能守，百夫莫當，比之紫荆、倒馬等處，更岀險可據。夫既爲通虜之要途，又有可據之山險，且路止四處，兵力不分，則前項隘口豈非紫荆、倒馬之咽喉而出關拒寇之重地哉？乃聞防秋之際，前項隘口兵不過數十人，惟黑石嶺設有官，兵亦不過於百員名。究其所以，蓋由前項隘口俱屬之蔚州、廣昌等州縣，在宣、大則以大邊爲重，而不及屯兵此地，以爲畿内之外藩。在直隸則以本關爲重，而不能越境行師，以增畿地之勞費。至於廣昌，原設守備亦因而移之外邊戍守，本城事務翻令他官代攝，夫宣大、紫荆勢若唇齒，北口、石門要若紐樞。重大邊與本關，而顧輕此紐樞之地，臣愚以爲舛也。查得舊年廣昌鄉夫于大賢等二千九百餘名奏下兵部，願收月糧，效力防守地方。人數見在，而廣昌守備城操官軍止三百餘名，若合而爲一，足彀一枝兵力。臣愚以爲在宣大，舍大邊而退保此地，固非也；在直隸，舍本關而出保此地，亦非也。合無於防秋之日，令兩鎮及山西各量移兵數百於此協力防守，或即將廣昌守備改爲參將，而以鄉夫于大賢等二千九百餘名并見操官軍三百餘名屬之操備，免其他方調遣，專以守御本城，控扼諸關。若虜犯蔚州、廣靈等處，許其相機截殺，則既可以爲宣大之内援，又可以爲兩關之外蔽。就使虜騎能犯宣大，必不能越犯兩關，此亦守要之一端也。伏乞聖裁。

該本部覆議前件，臣等看得，御戎貴先據險，守土尤重得人，地利得而武備修，防禦斯有賴矣。所據宣、大二鎮原與紫荆、倒馬諸關相爲表裏，宣、大有警，則紫荆、倒馬之捍御在所當急。今御史楊選題稱，若賊過宣、大地方，必由北口、石門、銀釵、直峪四處，而後能犯紫荆等關。且前項隘口險要易守，實爲咽喉重地，而無兵防衛。要將兩鎮及山西各量移兵數百協守，或將廣昌守備改爲參將，而以原設鄉夫并見操官軍統領，專守本城，控扼諸關，誠得設兵守要之術。但增兵改將，事體頗重，前項地方未經查勘，遽難議擬。合候命下，移咨宣大、山西、保定各鎮督撫等官，會差守巡、兵備風力官員親詣查勘。要見北口、石門、銀釵、直峪四處隘口是否險要，爲虜賊必由之路，四口之外有無别路可通，及改設參將、增添兵夫、移兵協守事體有無相應，果否經久可賴，作速查議明白，具奏前來，以憑覆議定奪，伏乞聖裁，等因。覆題，奉聖旨："准議。"欽此。欽遵。俱案行本道會議，通呈施行，等因。蒙此，節經備行保定府同知馮友，會同倒馬關參將馮登，親詣彼中查勘議報去後，今該前因。

爲照建事貴於審時，屯兵先於扼要，故制禦得法則爲力易而功倍，而相機設備亦兵家所不能違也。我國家建極京師，北鄰虜境，外設宣、大二鎮，内置紫荆諸關，凛若重圍，勢成捍蔽。使其外治周詳，藩籬森密，則諸關有所倚藉。前項廣昌、保安本爲二鎮之内地，其勢在所緩也。頻年以來，虜患日棘，備御日疏，小犯則小入，大犯則大入，每歲不下數次。即如去年八月，虜由大同三犯靈丘以南，少進則爲浮圖峪、插箭嶺地方。今年三月。虜由宣府越犯灰窑兒、黄土嶺等處，少進則爲沿河、馬水口地方。而浮圖峪、插箭嶺、馬水口乃兩關東西門户，山勢綿亘，隘口廠漫，設官屯軍，備非不密，終恐虜勢重大，避實擊虚，地里廣遠，未免分兵列戍，力格志離，一不能支，將至誤事。保安、廣昌，譬則兩關咽喉，扼吭而治，爲力必易。故先年防秋，兵部調兩鎮中、南路參將，各領兵移駐其地，制險控要，蓋不待今日而始議及也。或者以略外詳内爲詞，而虞兩鎮有舍己爲人之疑。不知兩關有備，畿甸靖安，重兵内屯，聲勢張大，將來虜必不敢深入，兩鎮諸營専事外御，亦可以免内顧之慮矣。但虜至保安，每折而西，必犯蔚州地方，故廣昌之備尤爲至急。矧因守備而爲參將，不煩於添官；聚鄉夫而爲戍卒，無費於召募。雖錢糧、馬匹、器械等項少有增置，圖大忘小，且計兩鎮之逃亡卒伍不知其幾，扣減之數移以處之，當裕如也。所據同知馮友等前項勘議俱已明悉，似應俯從。及查廣昌生員劉金等揭稱掣回浮圖峪軍，今議該所改爲參營，言亦有理。但自正統年間移住本峪，久各相安，憚於改易，矧止一百三員名，數亦不多，合行照舊，無致動摇人心，反生咨怨，等因。

行准巡撫保定等府地方兼提督紫荆等關、都察院右僉都御史艾希淳咨稱，若守廣昌，則紫荆、倒馬二關有所障蔽，門户、堂室，緩急甚明。所據該道議處前因俱已周悉，但本院職專提督，迹涉利己，合咨前去，煩爲裁酌施行，等因。到臣，案查前事已經咨議去後，今准前因。

臣惟重關疊障，經制不嫌嚴密；地利人和，區畫均當詳慎。既有大同藩籬，紫荆、倒馬若無事於守者。乃今建將陳兵，日增月益，正猶遼東在外，山海關不得不守；宣府在外，居庸關不得不守。然於所守之中，又有得其肯綮、未得肯綮之處，即如廣昌者固其一也。廣昌南直紫荆、倒馬二關，北接大同、宣府二鎮，誠爲咽喉重地。所據添設參將一事，度勢審時，寔不容緩。御史楊選謂，在宣大則以大邊爲重，不及屯兵此地，以爲畿内之外藩；在直隷則以本關爲重，不能越境行師，以增畿地之勞費。兵備副使畢竟容謂，因守備而爲參將，不煩於添官；聚鄉夫而爲戍卒，無費於召募。雖錢糧、兵馬、器械等項少有增置，計兩鎮逃亡卒伍之糧移以處之，自當裕如。同知馮友、參將馮登謂，若設參將居中調度，外恃諸口，可爲宣大内蔽；内連兩關，可爲畿輔外捍。生員劉金謂，廣昌路之至要，縱使虜由别口而入，新添參將會議兩關參將，合兵截殺，拒蜚狐以壯咽喉之地，固兩關以靖腹裹之根。兩關失守，腹裹、京師有不敢言之患。所論俱已詳盡，劉金家被虜患，利害切身，其言尤爲獨至。但御史楊選原議，雖該兵部題奉欽依，備行各鎮會勘，彼此利害不同，甲乙可否自異，文移往返，决無可成之期。臣近由紫荆出浮圖峪，親歷廣昌地方，周爰咨詢，始能盡得其詳，用是采之輿情，參之己見，條爲六事。如蒙乞敕兵部計議，如果臣言與楊選所言事體相應，將廣昌參將早爲改設，款内事宜一併議擬。其廣昌調守浮圖峪官軍一百三員名，歷年既久，安土重遷，難以輕易掣迴，止應照舊。命下之日，仍行同知馮友、參將馮登前去廣昌，會同新設參將逐一經理，事完回任。中間如有應處未盡者，聽彼處總督、鎮巡官以次從長區處，務期經久可行，不爲文具。謹題請旨。

計開：

一、改設參將。臣議得，廣昌原設守備事權本輕，每當秋深又調去防邊，委於地方無益。合無改設分守參將一員，照例請給敕書、旗牌等項。草創之處，貴在得人，務要掄選操持廉謹、諳練機宜者前去任事。其廣昌守備裁革回衛，聽候别用。靈丘、廣靈、蔚州三守備，黑石嶺把總并蔚州衛、廣昌所俱聽參將節制。參將仍聽總督軍門及宣大鎮巡官節制。以後不許輕易徵調，有失設官本意。伏乞聖明裁定。

一、選補營伍。臣議得，廣昌守備見在軍止三百名，今既改參將，必須湊足三千名，方成營伍。合無將廣昌所義勇官于大賢等下鄉夫一千名内選六百名，廣昌縣義勇官周廷秀等下鄉夫五百名内選四百名，靈丘縣義勇官王世宗等下鄉夫一千五百名内選七百名，蔚州義勇官劉憲等下鄉夫三千名内選一千名，通選二千七百名，與廣昌所見在軍合成一營，專聽參將統領。此輩慣走山坂，號稱强悍。于大賢等苦於頻年征調，且嘗奏行兵部，欲充正軍。若使免其調遣，專在本處防守，一夫當關，萬夫莫敵，所補於地方者不輕。伏乞聖明裁定。

一、分據險要。臣議得，林闕口、直峪口、大檀口、石門峪、北口、銀釵嶺、驛馬嶺、鎗頭嶺諸處，萬山夾峙，巖壑洞開，委屬通賊要路。又查得磁窑口、唐山口、紅沙坡、柳河口、永寧口、九宫口、松子口、三澗口，形勢陡峻，節年亦嘗通賊。内磁窑口隸渾源州地方，驛馬嶺隸廣昌縣地方，與銀釵、鎗頭二嶺接連，表裏靈丘，合將靈丘城土兵四百名内摘二百名，撥磁窑口八十名，銀釵嶺、驛馬嶺、鎗頭嶺各四十名。林闕口、唐山口、直峪口、紅沙坡隸廣靈縣地方，合將廣靈城土兵四百名内摘二百名，撥林闕口、唐山口各三十名，直峪口六十名，紅沙坡八十名。石門峪、大檀口、北口、柳河口、九宫、永寧口、松子口、三澗口隸蔚州地方，合將蔚州步軍八百名内摘四百名，撥石門峪、大檀口、北口、九宫口各六十名，柳河口、松子口各五十名，永寧口、三澗口各三十名。就令三城守備照地提調。然此不過議其梗概，仍聽新設参將至日隨宜處置，務要周匝，不致徒爲勞費。伏乞聖明裁定。

一、設官守口。臣議得，磁窑等口雖係緊要，其中蹊徑尚多，内伏盜賊，外通奸細，必須擇其緊關者各設一官，令其職專守把，兼事盤詰，方爲得其領要。合無磁窑口一員止管磁窑口，直峪口一員兼管唐山、林闕、紅沙坡三口，北口一員兼管石門、大檀、柳河三口，松子口一員兼管九宫、永寧、三澗三口，銀釵嶺一員兼管驛馬、鎗頭二嶺，共該官五員，聽新設参將於蔚州衛、廣昌所千百户或總旗内選用。伏乞聖明裁定。

一、查處錢糧。臣議得，蔚州守口軍四百名，廣昌所見在軍三百名，月糧、布花照舊各在本鎮關領，且原有盔甲、器械應用外。今議靈丘、廣靈土兵四百名，蔚州、廣昌、靈丘鄉夫二千七百名，俱係新設，每名月該支米一石，并冬衣、布花。合無聽户部議處，或就近於易州監督主事衙門支給，似亦穩便。其鄉夫二千七百名，仍該盔甲、器械二千七百副，工部照數查給。此處天險，宜守不宜戰，宜步不宜馬，但傳報、哨探，馬不可少。廣昌見有馬二百二十匹，兵部再於寄養馬内查給二百八十匹，共五百匹，夏秋牧青，春冬支給料草。伏乞聖明裁定。

一、建置統領。臣議得，廣昌既設參將，行伍必須嚴整，軍政方始修明。于中若無中軍、坐隊等項官員，事體未免紛擾。合聽新設參將將義勇官于大賢、趙堂、楊恩、張鑑、周廷秀、賈經綸、王世宗、趙孟元、趙奉、韓岐鳳、劉憲一十一名就選作坐隊，令其彼此相安，便於鈐束。其中軍千總、把總、旗牌等官，仍於蔚州衛、廣昌所選用。伏乞聖明裁定。

巡邊疏

臣節奉敕諭："今特命爾前去薊州、保定二鎮，一切軍務事宜悉聽爾從長區處，奏請定奪。及將薊州邊墻備查修完若干，錢糧有無冒破，未修者作速嚴督修完。各該兵備等官悉聽委用。其地方文武職官公勤修職者從實舉奏，怠慢誤事者參究黜罰。爾爲大臣，受兹簡任，宜竭誠體國，悉心經理，務使衆務修舉，地方有備，斯副委任。事完，奏請回京，故敕。"欽此。欽遵。行據整飭霸州等處兵備、山東提刑按察司副使許天倫，整飭密雲等處兵備、山東提刑按察司副使李蓁，整飭薊州等處兵備、山西提刑按察司副使趙文燿各呈稱，查過嘉靖三十年起至嘉靖三十二年四月三十日止，邊墻已完、未完，錢糧已支、未支各數目。及稱已完工程俱各堅固，錢糧俱無冒破；未完工程見奉明文，民夫停罷，班軍奏留，本區夫少工多，必須假以歲月，方能完事。及照嘉靖三十二年五月初一日以後錢糧，見今陸續支放，未曾結絶，除候工完，另行造册具呈，等因。到臣。該臣督同本部署郎中張重、主事王遴，遵奉敕諭，先至昌平，次至薊鎮，自西徂東，但有邊墻去處，無不周歷。未完邊墻，節行總督、鎮巡等官併工修理，不敢時刻稽緩。大率極衝者俱已修完，次衝者以十分爲率，已完七分，工程頗爲堅固，尺丈一無減少。及將錢糧再三查算，已支者各有下落，未支者見在收貯。但謂邊墻决能御虜，臣不敢概以爲然；謂邊墻徒爲勞費者，臣亦不敢概以爲然。薊州邊墻與陝西花馬池之墻事勢不同。花馬池平地爲墻，儼如長城，得人拒守，虜决不能飛度。薊州則因山爲墻，山若平漫，虜嘗出没，因而築墻補凑；山若高峻，地方廣遠，勢自不能遍筑。不知高峻去處，虜騎亦皆可到，萬一乘隙突入，别墻盡屬無用。今爲邊臣之計，在外仍當練兵選將以備戰，在内仍當筑城建堡以備守，不可專恃於墻。至於警報，北虜之患爲少，三衛之患爲多。北虜之患聲勢重大，故墻難全恃；三衛之患聲勢單弱，故墻可爲恃。三衛與薊止隔一山，鼠竊狗偷，無日無之。但有墻去處，未入則遲回而不敢入，既入則逡巡而不能出，以故居民得保耕牧，宴然無事，臣又不敢終謂修墻之無益也。但未完工程，民夫既已停罷，班軍又復奏留，人力不及，一時不能遽完，相應從宜酌處。如蒙乞敕兵部再加計議，備行總督軍務侍郎何棟、巡撫都御史吴嘉會、鎮守總兵官成勛，各暫將本區軍夫嚴督修築，得尺則尺，得寸則寸，不許因而怠緩。少候京城工完，仍乞聖明俯念邊防垂成之際，將原議班軍督發前去，併工修築，庶爲長便。臣謹將查過已完、未完邊墻並已支、未支錢糧數目開坐上聞，通候工完之日，仍行巡按御史閲視明白，造册奏繳。謹題請旨。

計開：

一、原議薊州第一區平山營起至第十區昌平居庸關沿河口止，應修邊城、墩臺并剷崖各工程共四萬二千一百三十丈，邊城三萬四千七百五十四丈五尺，剷崖五千二百三丈五尺，墩臺二百四十一座，各周圍不等，共二千一百七十二丈，房二百四十七間，外附墻敵臺二百座、房二百間。

已修完工程，嘉靖三十年、三十一年并三十二年四月三十日止，共修完工程二萬七千七百七十三丈一尺九寸四分四釐，内墩臺一百四十九座，外附墻敵臺九十七，墩敵房二百三十四間。又呈准原議之外，增修冷口關外極衝邊城四百八十丈。邊城二萬四千二百三十五丈二尺九寸四分四釐，剷崖二千一百九十二丈一尺，墩臺一百四十九座，各周圍不等，共一千三百四十六丈八尺，房一百四十三間，附墻敵臺九十七座，房九十一間。呈准原議之外，增修冷口關外極衝邊城四百八十丈。

嘉靖三十年，支錢糧修完邊城七千一百一十二丈八尺三寸，墩臺三十四座，各周圍不等，共三百三十一丈，房三十四間，附墻敵臺三十二座，房三十一間。不支錢糧修完邊墻二千五十丈三尺五寸，剷崖一百五十一丈七尺，墩臺二十五座，各周圍不等，共二百三十六丈七尺，房二十三間，附墻敵臺一座，房一間。

嘉靖三十一年，支錢糧修完邊城一萬二千三百九十一丈七寸一分，剷崖一千四百三十丈三尺九寸六分，墩臺五十八座，各周圍不等，共五百一十六丈三尺，房五十四間，附墻敵臺五十五座，房五十一間。呈准原議之外，增修冷口關外極衝邊城五十丈。不支錢糧修完邊城一百八十九丈一尺三寸三分四釐，剷崖六百九丈四分，墩臺一十七座，各周圍不等，共一百四十三丈，房二十間，附墻敵臺一座。呈准原議之外，增修冷口關外極衝邊城四百三十丈。

嘉靖三十二年四月三十日止，支錢糧修完邊城二千四百九十一丈九尺一寸，墩臺一十五座，各周圍不等，共一百一十九丈八尺，房一十二間，附墻敵臺八座，房八間。

未修工程一萬四千三百五十六丈八尺五分六釐，内墩臺九十二座，附墻敵臺一百三座，房二百一十三間，邊城一萬五百一十九丈二尺五分六釐，剷崖三千一十二丈四尺，墩臺九十二座，各周圍不等，共八百二十五丈二尺，房一百四間，附墻敵臺一百三座，房一百九間。

一、原議户部該發修造邊銀二十七萬四千八百八十兩三錢、架梁官軍馬匹料草銀四萬九千五百三十六兩，共該銀三十二萬四千四百一十六兩三錢。委官廪菜銀九百六十七兩五錢，架梁官軍口糧米二萬三千二百二十石，兵部該發修邊銀五萬兩。

已收户、兵二部陸續解發銀共二十四萬兩。户部發銀一十九萬：一、爲乞恩請給錢糧以圖戰守事，進士馬斯臧解到修邊銀五萬兩，該提督軍務侍郎孫襘徑發密雲管糧衙門收貯。一、爲修舉邊防事，進士馬濂解到架梁官軍馬匹料草銀二萬兩，該總督軍務侍郎何棟徑發薊州管糧衙門收貯。一、爲修舉邊防事，經歷羅星、潘守達解到修邊銀七萬兩，該總督軍務侍郎何棟咨行巡撫都御史吴嘉會，案發密雲兵備道，轉發薊州收貯。一、爲酌時宜，蘇民困，以廣聖恩，以預安内攘外事，主事孟官解到修邊銀五萬兩，該總督軍務侍郎何棟咨行巡撫都御史吴嘉會，案發薊州兵備道，轉發薊州管糧衙門收貯。兵部發銀五萬兩：一、爲乞恩請給錢糧以固戰守事，經歷董恩明解到銀二萬五千兩，該提督軍務侍郎孫襘徑發薊州管糧衙門收貯。一、爲修舉邊防事，經歷李九經解到修邊銀二萬五千兩，該總督軍務侍郎何棟咨行巡撫都御史吴嘉會，案發密雲兵備道，轉發密雲管糧衙門收貯。

未發銀米，户部該修造邊銀一十萬四千八百八十兩三錢、架梁官軍馬匹草料銀二萬九千五百三十六兩、委官廪菜銀九百六十七兩五錢、架梁官糧軍米二萬三千二百二十石。一、爲修舉邊防事，真定、順德、廣平、大名四府解到修邊募夫銀共一十一萬三千七百五十二兩八錢，巡撫都御史吴嘉會案發薊州、密雲各兵備道轉發收貯廣平、順德二府銀五萬六千一百五十二兩八錢，密雲縣收貯真定、大名二府銀五萬七千六百兩。

已支過錢糧：嘉靖三十年、三十一年并三十二年四月三十日止，各區共支過户、兵二部原發備邊銀一十三萬四千四百二十八兩四錢六分二釐六毫八絲八忽五微，真、順等四府顧夫銀二萬三千七百二十兩三錢五分七釐四毫四忽。

夫匠口糧米七萬八千七百七十九石四斗六升五勺九抄三撮二圭，各價不等，共銀六萬二百四十四兩六錢四分八釐六毫九絲八忽六微五纖。

本色米四萬九千二百四十二石六斗七升五合六勺四抄七撮二圭，各價不等，共銀三萬八千二百四十五兩三錢六分九釐七毫一絲二忽六微。

折色米二萬九千五百三十六石七斗八升四合九勺四抄六撮，各折價不等，共折銀二萬一千九百九十九兩二錢七分八釐九毫八絲六忽。

夫匠鹽菜、工料銀四萬九千四百六十五兩一錢一分五釐一毫八絲一忽六微。

委官廪菜銀一千二百五十三兩一錢四分六釐。

打造備邊鐵鋸錘、鐵钁、鐵屑、抿匙等器，用過工食、炭價銀九十兩。

架梁防工軍馬糧料草銀二萬三千二百三十五兩六錢一分七釐八毫八忽二微五纖。

買辦泥兜、水桶，用過銀一百三十九兩九錢三分五釐。其泥兜、水桶未用，見今變價賣，原價還庫。

顧募夫銀二萬三千七百二十兩三錢五分七釐四毫四絲。

見在未支錢糧，户、兵二部銀米，共計該銀一十萬五千五百七十一兩五錢三分七釐三毫一絲一忽五微，俱在薊州、密雲等庫，及分發各州縣、衛所糴買米石，及各區參將衙門收貯，修邊支用。真、順、廣、大四府募夫銀九萬三十二兩四錢四分二釐五毫六絲。數内近該臣節次題准，備行巡撫都御史吴嘉會，修理潮河川墩城，動支銀一萬四千四百六十兩一錢二分，又修築昌平、密雲等六州縣簡便墩城，動支銀二萬兩，共銀三萬四千四百六十兩一錢二分，俱不在前項修邊之數。其餘銀五萬五千五百七十二兩三錢二分二釐五毫六絲，俱在薊州、昌平、密雲縣庫并各區參將衙門收貯，見今顧夫修邊支用。

易置領兵官員以備防秋疏

臣節奉敕諭："今特命爾前去薊州、保定二鎮，將官應否易置，悉聽爾從長區處，奏請定奪。"欽此。欽遵。臣惟虜警方殷，秋防在近，各該領兵官員關涉極重。若使貪暴奸佞者參於其間，所部之軍久被荼毒，方切瘝己之懷，自無親上之義，其人不足爲惜，其事所當深慮，相應亟爲易置。訪得原任京營參將、今改河間領軍遊擊將軍、都指揮同知曹鎮，行本貪污，性復怯懦。幾致我軍之變，謀減料銀；全仗彼逆之威，動索常例。終日挾妓，長飲於都司陳翀之家；百計需求，盡假於中軍張隆之手。先任插箭嶺守備、今升大寧都司正兵營坐營署都指揮僉事王禄，暴能虐軍，少不更事，守備而横肆誅求，坐營而益恣凶狠。縱軍買閑，私起抽税之條；點馬罰紙，妄立查墩之規。扣月糧而被陳堂挾告，折節禮而使張從斂收。以上二臣罪惡顯著，不堪領兵，所當革罷者也。又訪得大寧都司軍政簽書、署都指揮僉事何鎮，膽氣驍雄，體貌魁梧。提調黄崖，奮勇成斬獲之功；守備横嶺，孤軍抗猖獗之虜。謀猷大有可觀，勤勞久已懋著。原任通州分守、今調守備插箭嶺地方、署都指揮僉事胡宗舜，諳練知機，鎮静得體。任分守而裁革聽用，遂决意於休閒；領騎兵而調度有方，能留心於校閲。守備數月，宿弊一清。以上二臣勇略昭彰，堪以領兵，所當擢用者也。如蒙乞敕兵部再加查訪，如果臣言不妄，將曹鎮、王禄革回原衛閑住，遺下員缺，或即以何鎮代曹鎮，胡宗舜代王禄，惟復另行推選，庶幾不肖者既去，賢者自進，卒有緩急，必能宣力效忠，振舉戎務。謹題請旨。

查處管糧司屬以足兵食疏

准整飭薊州等處邊備兼巡撫順天等府地方、都察院右副都御史吴嘉會咨，行據整飭密雲等處兵備、山東按察司副使李蓁呈稱，依蒙，查得密雲管糧主事，先年地方無事，分管龍慶、石匣、古北等倉主兵糧料，本色不過二十餘萬，一年交代，事體有常。後因嘉靖二十九年虜患猖獗，動調客兵數多，加增錢糧數倍，俱係請發帑銀，召商買運，責任既重，幹理亦難，仍以一年交代，誠於事體未宜。若照薊州、易州管糧衙門，注選三年爲限，任久而事體自能周知，責專而奸弊易於清理，不惟錢糧有裨，亦於地方有賴，委屬相應，别無窒礙，擬合回報，等因。到院。據此，案照先准臣咨，前事，内開密雲當潮河川、古北口至衝，近因虜患猖獗，調度兵食，比之薊州尤爲喫緊。所據户部分司管糧主事，似應注選以三年爲限，但未審有無窒礙，合咨前去，煩爲查議應否，具由咨報，以憑題請施行，等因。准此，已經行仰該道查議去後，今據前因。看得所議密雲地方，兵食重大，幹理尤難，若管糧主事限以一年交代，則事涉紛更，徒爲往返，人無固志，未究猷爲。所據比照薊州、易州管糧衙門注選三年，誠爲有益，别無窒礙。及照昌平管糧主事經理餉務，責任與密雲相同，切近京師，事體視密雲尤要，似應一體議處，亦以三年爲限，咨煩具題施行，等因。到臣，案查前事已經咨議去後，今准前因。臣惟自虜患猖獗以來，密雲直古北之衝，昌平繫陵寢之重，客兵調發，百倍往昔，審時度勢，委當通變。所據巡撫都御史吴嘉會咨稱前因，既查有薊州、易州管糧衙門事例，甚於兵食有益，相應題請。如蒙乞敕户部計議，果無別礙，將密雲、昌平管糧主事俱注選三年，滿日方許交代，以後定爲成規，不許輕變，庶幾人有固志，事易責成，官商觀望之私、吏胥因緣之弊自當爲之一清矣。謹題請旨。

民糧改徵本色公私均便疏

准巡撫保定等府地方兼提督紫荆等關、都察院右僉都御史艾希淳咨，據總理紫荆等關保定等府地方兵備、山西提刑按察司副使畢竟容呈，蒙臣紙牌，據户部監督保定等處糧儲主事屈諫揭帖内一件"徵本色"，勘得保定等處附近邊關州縣舊規，徵折色銀兩解赴該倉庫，以爲主兵月糧支用。每年防秋，客兵本色則户部請發太倉銀兩，解各管糧衙門，召商糴買。爲照民田所有，糧芻而已，舍民所有糧芻，而斂其所無之銀兩，使百姓賤賣以給取盈之徵者在所不能免矣。至於召商糴買，多在防秋掣兵之後，適當冬殘穀貴之時，況所買去處亦不過此臨近數州縣已耳。買非時則價用多，商非人則糧草惡，多費而虚，儲之何在其爲能省也？若令各該州縣於秋成之日改徵本色，近紫荆關者於紫荆關倉場上納，近倒馬、龍、故關者於倒馬、龍、故關倉場上納。其太倉解到歲用銀兩儲爲折色，與前本色通融爲主、客兵之兼支，則收頭侵用之弊可革，花户賤賣之苦可免，召商貴買之費可省，軍士實受之惠可需矣，等因。到部。看得主事屈諫所云改徵本色一事，公私均便，似爲可行。但相近各關州縣并改納本色糧數未曾明開，擬合行查，牌仰本道官吏，即將真、保二府近關州縣并應改本色糧米數目作速查明，開坐回報。中間事體、人情有無窒礙，亦要虚心酌議，共成公事。

蒙此，續蒙臣紙牌，爲通鹽法以濟邊儲事，亦據主事屈諫揭帖内一件“通鹽引”。勘得納粟種鹽，各邊有之，於國甚便。惟紫荆等處原未之有，以邊防可恃、畿輔無虞故也。今之視昔則不同矣，是鹽引之法亦不可以不講也。若計紫荆等倉應該再備糧草，即令有本富商各倉分數上納，查照此間糧草時估，酌爲淮浙、長蘆鹽引數目，與夫改納本色一體備行，則召買之事可以不用，而有粟之農亦肯自效矣，等因。到部。擬合就行查議，牌仰本道官吏，即查前項開鹽之議事體有無相應，查照先行改納本色糧米牌内事理，一併通行呈報，以憑參酌施行。蒙此，查得河南、山東、大名等處徵解糧草，於真、保二府給贍本鎮主兵；真、保二府州縣徵解糧草，於喜峰、密雲、隆慶等處給贍彼處主兵。立法之初，皆運本色，就近轉輸，本爲盡善。今各處本色改徵折色，而彼此客兵多於主兵，請乞帑銀，俱爲召買。夫徵銀必至鬻穀，召買乃復招商。懼其後時而未辦，又將派買於有司，反覆追併，官民交受其累。所據欲將沿關州縣應解糧草之數盡改本色，運納相近倉場，支給客兵，而以會計應發本鎮銀兩如前起運之數解補彼中以給主兵，轉移之間，極其便易，不惟脚價可省，抑且弊端盡絶。及查保定府所屬州縣并真定府所屬定州、行唐、曲陽、新樂、平山、阜平、靈壽、獲鹿、井陘等九州縣，每年該納夏糧共一萬七百有零，秋糧共四萬二百有零，黑豆共四千五百有零，穀草共一百五十二萬有零，約計近年支過客兵本色之數幾過其半。雖值邊警偶緩，兵馬未調，未可爲常，廣儲厚積，則疏通鹽法亦爲良策。今沿關一帶地方俱引商發買鹽斤，而糧草又其土産，若斟酌價值，就近中納，商必樂從。玆惟邊備日密，軍儲爲先，多方以求充實，臨急猶恐匱乏，參詳二事，俱宜允從。合無真、保二府所屬前項州縣，各將應納夏秋税糧給批，委官率領大户赴監督衙門告投，照例呈樣明白，分撥倉場交納，完有通關，掣取批迴，歲終監督衙門徑將收完數目呈報户部。其真定府管糧府佐，尚有徵解州縣，照例總運赴部。鹽商中納，雖於各鎮定有正額，本鎮係在腹裏，糧草價值較之必少增益，縮彼於此，而或於他鎮請發帑銀之時如數補給，似亦穩便。此外猶不足每年應備之數，酌量請給銀兩，作爲折支。及或夏麥不便客兵支用，一併改徵秋糧。并後積有本色數多，間或支與主兵月糧，而以銀兩存貯以給客兵，悉聽從宜區處。如此而通變宜民之道、裕儲濟邊之方經久可行，上下稱便，乞爲題請，得蒙施行，地方不勝幸甚。蒙臣批，據議即當具題，但不知某州該派某倉，某縣該派某倉，必須以近就近，另揭開報。覆查得所屬設置倉場及節年兵馬經行去處俱各備有糧草，但地方有衝僻之異，備有多寡之差。在關則紫荆關新城倉、插箭嶺軍儲倉、浮圖峪倉爲備宜多，倒馬關新興倉、大龍門陸礬倉、馬水口倉次之，沿河、金水、烏龍溝、白石口又次之。在州縣則易州、清苑縣爲備宜多，定州、淶水縣次之，新樂、唐縣、慶都、滿城、安肅、定興、新城、雄縣又次之。而今日所急在邊關而不在州縣，輸納之法亦當先邊關而後及州縣。惟道理或淪於太遠，搬運不免於多費，事干經久，亦所當慮。合令易州、淶水縣赴陸礬倉，定興、安肅二縣赴馬水口倉，完縣、唐縣、滿城、容城等縣赴浮圖峪倉，安州、新城、清苑、高陽等州縣赴新城倉，定州、曲陽、行唐等州縣赴軍儲倉，新樂、慶都二縣赴新興倉，祁州、新安、雄縣等州縣赴易州倉，博野、蠡縣、束鹿、深澤等縣赴廣盈倉，阜平、平山、靈壽等縣赴龍泉關倉，獲鹿、井陘二縣赴故關倉，則皆就近一二日之程，未有逾於二百里之外，輸納爲易，民必樂從。其他處所尚有見貯未支之數，因前知後，今歲防秋恐或猶有羸〔二〕餘，如蒙俯從前議，本色、開中二事並舉，隨便上納，亦必漸能接濟。其或監督衙門臨時酌量，請發銀兩，照常召買，當亦易辦。行之數年，邊關州縣必至所在充實，上裕國儲，下周民瘼，誠爲永永有賴。除呈經略衙門照詳外，理合具呈，等因。到院。看得該道所呈，本院與主事屈諫再三面議，意見俱各相同，公私甚爲有益，咨煩裁處施行，等因。到臣，案查前事已經屢行議處去後，今准前因。

臣看得巡撫保定都御史艾希淳咨稱二事，一爲改徵本色，一爲開中鹽引，始而主事屈諫建議於先，繼而副使畢竟容查議於後，大意爲紫荆等關虜患既不同於往日，客兵又百倍於疇昔，錢糧之支費不勝其繁，經費之出納尚仍其舊。即如真、保二府近山州縣，秋成有糧之時，不徵本色而徵折色，小民未免賤價以鬻，於民不便。秋後無糧之時，發銀召買，商不樂從，又派小民上納，於官不便，於民尤爲不便。若使以近就近，改徵本色，一轉移之間，既省召買之勞，又遂閭閻之願，公私均爲便利。至於開鹽一節，迹雖涉於更張，意實存乎通變，臣與諸臣再三熟計，委在可行。謹用覆加參酌，條爲二事。如蒙乞敕户部計議覆請，早賜裁允，庶幾食足兵强，邊關幸甚。謹題請旨。

計開：

一、改徵本色。臣議得，若以折色糧草改徵本色，則收頭侵用之弊可革，花户賤賣之苦可免，召商貴買之費可省，軍士實受之惠可需，誠如主事屈諫所論。但各該州縣相去關隘遠近不等，必須以近就近，人情、事體方爲穩便。合將易州、淶水縣定赴陸磐倉，定興、安肅二縣赴馬水口倉，完縣、唐縣、滿城、容城四縣赴浮圖峪倉，安州、新城、清苑、高陽四州縣赴新城倉，定州、曲陽、行唐三州縣赴軍儲倉，新樂、慶都二縣赴新興倉，祁州、新安、雄縣三州縣赴易州倉，博野、蠡縣、束鹿、深澤四縣赴廣盈倉，阜平、平山、靈壽三縣赴龍泉倉，獲鹿、井陘二縣赴故關倉各上納。大約保定一府州縣，除本色米六千石外，夏税、秋糧、黑豆、穀草各折價不等，共該銀六萬九千四百三十一兩九錢七分二釐三毫九絲伍忽。真定府定州、曲陽等九州縣，夏税、秋糧、穀豆各折價不等，共該銀四萬四千一百二十六兩一錢四分八釐二毫。二府通計銀一十一萬三千五百五十八兩一錢二分五釐九絲五忽。户部若以應發本鎮客兵銀兩扣數解補邊鎮，彼此俱爲省便。此外倘猶不敷，聽監督主事會計呈請，本部量行召買，其一應綜理事宜仍聽主事徑自施行。伏乞聖明裁定。

一、開中鹽引。臣議得，開中鹽引謂之飛輓，惟九邊有之，紫荆等關稍爲腹裏，向無開中事例。即今虜所垂涎，專在畿内，利害緩急反出各邊之上。嘉靖十九年以前，止是本處官兵防守，近年調發客兵不下數萬，供費浩繁，審時度勢，開鹽之議似非得已。合無聽户部從長斟酌，應將何運司鹽引開於此處，每年該開若干引，鹽價比何邊該多，比何邊該少，買窩賣窩之弊應該作何禁革，就行易州監督主事管理，經始之初，務要計處周詳，不致草略，重滋奸弊。伏乞聖明裁定。

懇乞聖明督責邊臣以圖實效疏

臣以庸愚叨承欽命，經略薊州、保定二鎮邊務。伏自陛辭以來，周歷邊關，凡可以少裨軍務者，無不采之輿情，參之己見，陸續上陳。仰蒙皇上天地之恩，不遺葑菲，下之該部，多見施行，臣愚幸甚，地方幸甚。但惟二鎮之事，難易不同，修廢各異。在薊州、昌平，則財力匱竭，所缺略者十之六七，以之戰守，多致罔功。在保定則財力稍裕，所缺略者十之一二，以之捍禦，或可少效。即目盛夏，雖稱虜警晏然，思患預防，不可不慎，故有所見聞，悉心酌議，因事建白者，臣愚經略者之職也。奉有成命，早夜經營，務臻實效者，總督、鎮巡官之事也。今臣雖言之，該部雖議之，我皇上雖俯納之，若使諸臣或嫌其事不己出，故爲異同，或摘其就中不便，漫行停閣，上負聖皇宵旰之懷，下孤愚臣芹曝之念，中夜憂惶，罔知攸措。用是不敢遠嫌避怨，僭申末議，伏望皇上特降明旨，責成總督軍務侍郎何棟，鎮守總兵官成勛、徐珏，巡撫都御史吴嘉會、艾希淳，副總兵張琮，趁今閑暇，查臣所議一切事宜，除係干興革已經處分外，其餘兵馬、錢糧、城堡等項，務要嚴督副參、遊守并各該兵備、府州縣等官，同心戮力，多方整飭。事在秋防之前者，併力爲之，不失機宜之會；事在秋防之後者，以次爲之，必求經久之圖。完日各另具由回奏，聽該部、該科稽考，庶邊政不爲虚文，邊事自當振舉。臣無任懸切覬望之至，謹題請旨。

經略事完回京疏

嘉靖三十二年三月二十一日，臣欽奉敕："兵部右侍郎兼都察院右僉都御史楊博，近該言官建議，防秋在邇，欲要專遣大臣經略邊務，等因。今特命爾前去薊州、保定二鎮，會同總督、鎮巡等官，將一應戰守事宜相度計議，應該修筑城堡、處給錢糧及將官應否易置，一切軍務事宜悉聽爾從長區處，奏請定奪。及將薊州邊墻備查修完若干，錢糧有無冒破，未修者作速嚴督修完。各該兵備等官悉聽委用。其地方文武職官，公勤修職者從實舉奏，怠慢誤事者參究黜罰。爾爲大臣，受兹簡任，宜竭誠體國，悉心經理，務使衆務修舉，地方有備，斯副委任。事完，奏請回京，故敕。"欽此。欽遵。隨准兵部咨，爲前事，該兵科都給事中王國禎等題，節該本部覆題，擬臣隨帶本部武庫清吏司署郎中張重、武選清吏司主事王遴前去薊、保二鎮，經略邊務，等因。奉聖旨："楊博著兼都察院右僉都御史，前去巡邊，寫敕與他。"欽此。欽遵，備咨到臣。臣即日陛辭，前至昌平，次至薊州、保定二鎮，除一切軍務事宜各另經略具題外。即今巡歷已完，遵照敕諭，相應奏請，合無容臣帶同司屬官回京。臣無任惶悚俟命之至，謹具奏聞。

繳敕疏

臣先准兵部咨，該兵科都給事中王國禎等題，該本部覆題，擬臣帶同本部武庫清吏司署郎中張重、武選清吏司主事王遴，前去薊州、保定二鎮經略邊務，等因。奉聖旨："楊博著兼都察院右僉都御史，前去巡邊，寫敕與他。"欽此。欽遵，備咨到臣。臣於嘉靖三十二年三月二十一日恭領敕諭一道并符驗、關防，前去經略。近該臣以事完具奏，奉聖旨："楊博等着回京。該部知道。"欽此。臣已欽遵回京，所有原領敕諭理合進繳，其符驗、關防，伏乞敕下各該衙門照例交收。謹具奏聞。

恭進圖本疏

臣先准兵部咨，該兵科都給事中王國禎等題，該部覆擬，臣前去薊州、保定二鎮經略邊務，等因。奉聖旨："楊博著兼都察院右僉都御史，前去巡邊，寫敕與他。"欽此。欽遵，備咨到臣。近該臣以事完具奏，奉聖旨："楊博著回京。該部知道。"欽此。除臣欽遵回京外，所有經略過軍務事宜理合畫圖貼説，上塵聖覽，謹具奏。

計開：

《薊州山海等關貼説圖》一本；

《昌平居庸貼説圖》一本；

《保定紫荆等關貼説圖》一本。

懇乞天恩辭免兼官疏

臣先准兵部咨，該兵科都給事中王國禎等題，該本部覆題，擬臣前去薊州、保定二鎮經略邊務，等因。奉聖旨："楊博著兼都察院右僉都御史，前去巡邊，寫敕與他。"欽此。欽遵，備咨到臣。近該臣以事完具奏，奉聖旨："楊博等著回京。該部知道。"欽此。除臣欽遵回京，敕諭先已奏繳外，所有原兼都察院右僉都御史職銜，伏望皇上容臣辭免。臣無任屏營悚息之至，謹具奏聞。

校勘記

〔一〕"日"，疑當作"月"。

〔二〕"羸"，疑當作"嬴"。

跋《經略疏》後

兵有三難，達斯三者，封疆其庶幾矣。何也？圖籍誠備，險易不盡勢則知之難；詞説誠詳，機術不盡中則言之難；職任誠果，權變不盡遂則行之難。三難而有一則事不濟，有其二僨，三者兼有焉，雖智所不解也。儒者曰："周得中策，漢得下策。"唐宋迄今得何策哉？於戲！古昔興廢，其本不在邊鄙而在朝廷，其政不在戰守而在綱紀，政本之論，今又安在耶？戰國之士杳不聞道，勸其君則以土地、人民自愛爲言，猶一人之身，一髮一指，皆所宜保，不忍或殘之也。先王經理天下，先王畿而放四海，重德義而難任人，知策在是也，謹言而審行之，故能伏逆柔遠，以永對于天下，而長保其世。王化既遠，傍道卜筑，任守如傳，視瘠如越。燿才者眩其識，誇靡者修諸詞，負重併力之士既罕數獲，而葑菲冠玉辨者或緩，宜躬行之逮已矣乎，終焉爾也。我聖天子修文布德，言洽海外，惟内外宣力之臣，知者、言者、行者間或背馳，是用致寇。聖天子惻民之創，乃命左司馬楊公肇釐邦畿，使四鄙之臣震命式服，畫區奮庸，以保無疆維熙之業。公既陛辭，出昌平，遵居庸，東抵雲薊，至于山海，西陟紫荆，涉馬水，歷浮圖，由倒馬以達龍、故，山溪險易、城隍高深、器械利鈍、糗糒虚實、士馬强弱、將率賢否，閲歷調度，增損布置，設身殫思，謨明畫臧，事事無不如指諸掌。凡可施設者則畢陳于疏，以請斷宸極，皆允行焉。今據公疏，地利悉肯綮中矣，俾行者事事遂焉，無復多言之亂、中制之患，以達諸執事四鄙者，又皆如李牧在代郡，王霸在上谷，歷二十餘年，持久静俟，竟成厥功，封疆之事謂不可庶幾乎！易州兵憲畢君仁叔寔理畿輔之右掖，謂公之議皆可達遠以施諸行，而永有攸利，故命梓傳之。書成，以僕爲公鄉後人，恐天下兵從此講矣，因欲有言于公疏之後。

賜進士第、户部主事屈諫跋

楊襄毅公宣大奏疏

〔明〕楊　博　撰

張志江　點校

點校説明

《楊襄毅公宣大奏疏》（以下簡稱《宣大奏疏》）二卷，明楊博撰。

楊博戎馬一生，所至之處頗有建樹，建白、奏議頗多，相關奏疏大多整理刊刻成書。《宣大奏疏》即其總督宣、大、山西軍務時的奏疏彙編，凡議處善後、添設憲臣、乞免糧差、議處要害、舉刺將領、及時練兵、分理屯田，等等，無不涉及，是研究當時宣、大、山西三鎮政務、邊防和軍務的珍貴史料。

《宣大奏疏》，據楊博次子楊俊士《恭請先襄毅公〈本兵疏議〉序狀》記載，原名《督府奏議》，嘉靖三十八年即由門人知縣王君緯刊刻於鄢陵。該本不傳。現存《宣大奏疏》二卷本，收於今人劉明陽所藏明刊本《楊襄毅公奏疏》中。據同收於該書中之《經略奏疏》一卷本、《本兵奏疏》十二卷本與現存《經略疏稿》二卷本、《本兵疏議》二十四卷分别對比的情况來看，《宣大奏疏》二卷本似爲《督府奏議》的節本，篇目、文字均當有所删減。此外，北京大學圖書館所藏舊抄本《楊襄毅公奏疏》中又有《宣大奏疏》四卷，和《宣大奏疏》二卷本内容完全一樣，僅僅是分卷不同罷了。此次點校，即以劉明陽所藏明刊本《楊襄毅公奏疏》中的《宣大奏疏》二卷本爲底本，參校以北京大學圖書館所藏舊抄本《宣大奏疏》四卷本（簡稱“舊抄本”），以及明陳子龍等《明經世文編》等書所選載的楊博的部分奏疏。

太師楊襄毅公宣大奏疏卷一

感激天恩兼程趨赴地方疏

欽差總督宣大山西等處軍務、太子少保、兵部尚書臣楊博謹題：爲感激天恩兼程趨赴地方事。嘉靖三十七年三月二十一日，准吏部咨，該本部等衙門會推兵部尚書，奉聖旨："楊博仍舊職，着作速到任管事。"欽此。臣以本兵多事，惟恐遲緩，遵奉明旨，即自臣原籍蒲州由澤潞徑道兼程前進。四月初五日，行至真定府地方，復准吏、兵二部咨，爲傳奉事，嘉靖三十七年三月二十一日，該司禮監太監黄錦傳奉聖旨："目今右衛困急，江東勿以權任辭務，著盡力幹理，逐賊、入餉。總督官不必推，且着楊博去，少寧回部。吏、兵二部知道。"欽此。竊念微臣，一介書生，至愚極陋，仰蒙皇上特達之知，旬日之間，再承天寵，既復其樞筦之司，又畀以軍旅之寄，感極涕零，不勝犬馬圖報之心。臣晝夜奔馳，一二日當由倒馬關西入大同境内。即今右衛委在危急，除兵食、戰守事宜容臣隨即議奏外，伏望皇上少紓聖懷。臣無任惓惓懇切之至。

奉聖旨："覽奏，卿已赴鎮，朕心慰悦，宜殫力設謀，逐賊、入餉，急解右衛之困，以副委任。着賞銀三十兩、紵絲四表裏。該部知道。"欽此。

議處右衛善後事宜疏

題：爲遵奉敕諭，議處右衛善後事宜以圖經久事。臣節奉敕諭："近日大同右衛被逆勾虜困急，特命爾前去，總督宣大、山西等處軍務兼理糧餉，在於適中緊要地方駐札，經略一應邊務，各該鎮巡官員悉聽節制。其右衛地方加意整飭兵馬，運送糧餉，安輯軍民，固守城堡，務保無虞。”欽此。欽遵，除宣、大、山西三鎮邊務以次經略具題外。臣惟大同右衛孤懸塞外，與宣府獨石、凉州鎮番大略相類，所恃以爲唇齒者，衛城四外堡寨而已。蠢兹醜虜，聽信逆酋丘富之謀，二三年間將附城各堡攻乞殆盡。譬之一人之身，四肢盡去，僅餘腹心，蠶食之計已成，虎視之耽彌甚。即如去春，虜自正月圍困，四月方得解嚴，于時人心皇皇，朝不保夕。若使虜退之後，當事諸臣運餉積薪，力爲固守之圖，修堡練兵，大成攻戰之計，虜謀自伐，虜氣自奪，何至有今日之猖獗哉？仰賴聖人在上，明見萬里，易置臣工，激勸忠義，經畫兵將，處發錢糧，事無巨細，悉從宸斷。天聲丕振於雲中，士氣勃揚於塞上，以故右衛、玉林兩衛之人，垂死之命又得更生，數月之圍解於一旦，生靈幸甚，地方幸甚。即今虜蹤漸遠，道路大通，補偏救弊，不止目前之謀；遠慮深思，當爲經久之計。臣與巡撫都御史楊選、總兵官張承勳、副總兵尚表、分守参將麻禄、参議史闕疑，参兵部節年之議題，查廷臣累月之建白。事在可行者，不敢執泥以爲非；事若難行者，不敢依違以爲是。廣集衆思，條爲十事。大抵喫緊之時全在五月、六月，必須併力殫慮，以次舉行。若稍爲遲疑，秋高弓勁，又不免於紛紛之擾。如蒙敕下該部，速爲議擬，行下臣等，及時整飭，臣無任惓惓懇切之至。

奉聖旨：“這所奏事宜都依擬作速舉行，合用錢糧，該部查明給發，不許延誤。兵部知道。”欽此。

一、廣儲糧餉。臣等議得，大同右衛自圍解以來，陸續發過糧米將及萬石，城中之人多赴威遠左衛就近糴買，往來不絶，即今該衛每銀一錢買米四升，與鎮城價值相去不遠。但孤危之地，糧宜多貯，已將鎮城買完客兵糧米見今儘數運輸，大約必須四五萬石，方勾秋冬固守之用。其左衛、威遠、平虜、天城、陽和五處密邇虜巢，似當一體爲備。合無候山西糧至之日，容臣等酌量分發，一面曉諭六城之人，多積糧米，廣儲芻薪，定爲先事之防，不致後時之患。

一、激勸忠藎。臣等議得，右衛之人被虜圍困已經數月，艱難辛苦，蓋備嘗之，是固副總兵尚表鼓舞之功，各該官軍忠義之略均不可泯。至於饑而死者，寧捐其生，不忍附虜，尤得人臣終始之義，即今暴露通衢，言之酸楚。合無動支户部官銀一萬兩，聽臣等通行給賞，官每員銀一兩，被傷者一兩五錢，死者二兩，夜不收、軍舍、餘丁每名銀五錢，被傷者七錢，死者一兩，以爲藥餌、棺殮之資，事完造册奏繳。仍行參將麻禄，設壇致祭以慰忠魂。如户部庫銀不敷，於客兵銀内從權支給。

一、查給牛、種。臣等議得，左衛之人近遭虜患，糧米、生畜搜食已盡，牛、種俱缺。即目仲夏，尚可佈種之時，若使坐失地利，終非經久之計。已該臣等權於客兵銀内動支七千五百兩，内二千五百兩買收麥、黍、穀之種，五千兩買其牛隻，分給應用。合無念其窘迫之極，日後免其還官，少見賑恤之意。前銀如用不盡，仍送客兵項下支銷。

一、修築墩堡。臣等議得，大同右衛東路至左衛八十里，中路至大峪口一百五十里，西路至威遠城五十里，俱當添築墩堡。但工程浩大，一時不能遽完，先將東路牛心山、雲陽鋪各舊堡一座幫修完固，紅土鋪、黄土坡各創修新堡一座，其官軍公廨、營房、倉場等項一併修建。仍于各堡空心每四里修墩一座，撥軍瞭守，一以傳接烽火，一以趨避行旅。除行總兵官張承勳、分守參議史闞疑總理其事，刻期興工外。合無兵部查發銀三萬兩，專備前項工程支用，完日造册奏繳。其中路草溝堡、占官人屯、梁家店、齊家河、北花園、馬道口六處，西路小村兒北梁一處應添墩堡，已經臣等規畫停當，候東路工完，另行具奏。

一、添設官兵。臣等議得，右衛東路地方各該墩堡既欲修復，所據官軍、馬匹相應通行計處。牛心堡適中，合設守備一員，募軍一千名，給馬二百匹。紅土堡、黄土堡、雲陽堡各設操守一員，各募軍五百名，給馬一百匹。守操官悉聽右衛參將節制。通計軍二千五百名，每軍該衣裝銀五兩，共該銀一萬二千五百兩，權於兵部馬價銀内借支。右衛城見亦缺馬，應給一千匹，共該馬一千五百匹，於寄養馬内兑給。其四堡軍士盔甲、器械，共該二千五百件副，工部如數查發。月糧、布花，候募軍完日，大同管糧郎中會入錢糧數内。

一、計處車營。臣等議得，右衛自被圍之後，緣未置造車營，以故束手無策，閉門待斃。合無於左衛打造偏厢車二百輛，右衛三百輛。以後再遇虜警，右衛車營自西而東，左衛車營自東而西，聲勢聯絡，道路易通，必不至如今歲之甚。大約每車用銀十兩，五百輛共該銀五千兩，巡撫衙門於商税、紙贖銀内陸續處發。其合用牛騾，三衛殷實之家臨期借辦。

一、表揚倡義。臣等議得，右衛之人向當危急之時，間有疏財仗義，周濟貧乏。如姚貴等出穀至一百石，麻錦等出銀至三百兩。若不量爲表揚，恐無以爲方來之勸。合無聽臣等通行查明，置立“尚義之家”牌匾，懸諸其門，以樹風聲。其用過銀、穀於巡撫及各道司府州縣贓罰銀内陸續補還，不必扣除各軍糧賞，以廣皇上憫念元元之意。

一、安插流移。臣等議得，右、玉二衛應納糧銀四千五百餘兩，已蒙聖恩蠲免，二衛之人歡呼載道。即今各該私堡雖經殘毁，尚可修復。合無聽臣等將流移之人設法招徠，令其分屯住種，應徵錢糧量免三年，蘇其困苦。

一、請給火器。

一、預防邊堡。

經略大同邊務疏

題：爲遵奉敕諭，經略大同邊務事。臣節奉敕諭："今特命爾前去，總督宣大、山西等處軍務兼理糧餉，在於適中緊要地方駐札，經略一應邊務。"欽此。欽遵。臣惟大同一鎮寔古雲中之地，精兵健馬，自昔甲於各鎮。南拱畿輔，八郡賴以宴安；西接山西，三晋恃以無恐。比年以來，戍卒驕悍而法紀廢弛，邊吏因循而兵食蠹壞。近又加以右衛之變，虜勢日殷，我兵日弱。邊墻傾圮，全無夷夏之防；閭里蕭條，不勝愁苦之狀。邊人無知，以通虜爲上策；驕虜乘機，視危城爲奇貨。向非聖明在上，多方拯救，右衛之陷久矣。右衛不保，左衛、威平、高山、鎮城亦自不能安枕，言之可爲慟心，聞之使人疾首。及今虜馬未壯，當爲先事之圖；若使秋氣漸深，定遺後時之嘆。竊以大同之勢論之，邊墻陵夷，邊堡破壞，雖有兵馬，决不能阻虜之入，比之薊鎮依墻爲守者殊不相侔。臣今先以修復境内墩堡爲主。其次則塞銀釵、驛馬等嶺，以絶虜衝突紫荆、倒馬之路；備居庸、南山一帶，以絶虜窺伺陵寢、畿甸之路；修陽方、神池等處墻塹，以絶虜深入山西之路。三處果不能越，即使馳騁平川，諸堡戒嚴，各城固守，自不得不移營北遁。然後調集選練之兵，以逸待勞，邀擊其後，斯固戰守之大機也。若夫立百年之巨防，晝萬全之至計，非修復邊墻不可，但事體重大，另容查議。所有地方緊要事宜，早夜圖惟，條爲十事。大抵邊政不在多言，邊臣當責實效。臣雖愚劣，不敢不以實效自勉。伏望皇上俯念邊事狼藉之極、邊民窮苦之狀，特敕該部早爲議處，行下臣等，及時舉行，臣與地方均切幸甚。

奉聖旨："該部便看了來説。"覆奉聖旨："依擬。"欽此。

一、選練兵馬。臣惟大同兵馬原額之數不爲不多，邇來逃亡、倒死，十居其半。且軍以標兵之故，間有精壯，多屬搜選；馬以賄虜之故，僅餘殘弱，勢難追逐。徒擁將領之虚名，全無攻戰之實用。臣嘗以爲今日之事，不在增兵而在選兵，不在增馬而在養馬。已行總兵官張承勳，將各營兵馬通行挑選，分爲上、中、下三等，見今正在整頓。但馬數甚少，不得不仰給於官。如蒙敕下兵部，除先已准給馬六千匹及右衛新討五百匹外，再發六千匹，聽總兵官分散各營，以資騎征之用。臣總督標下原有遊兵二營，應留應汰，容臣酌量急緩，次第查處。至於大同巡撫標兵，存留五百，其餘盡數發入營伍，遇有警急，總兵量分兵馬，聽其調度。仍乞備行宣府、山西都御史，將標兵照依大同事體徑自查處，各另回奏。

一、修築堡寨。臣惟邊方保障，大者爲城，其次爲堡、爲寨、爲墩。若使周密完固，烽堠既明，收保又預，虜雖擁衆深入，其何能爲？臣近至地方，見得所過堡寨單薄低矮，又四無角墩，連年爲虜攻乞，全坐此弊。臣昔巡撫甘州，嘗創爲墩院之法，行之五年，極有明驗，事涉瑣細，不敢塵瀆聖聽。已經會行宣大巡撫都御史，坐委守巡、兵備，選委廢閑將官，公同副參、遊守、府衛州縣等官，往來監督，見今正在整飭。如蒙敕下兵部再加議擬，容臣於工完之日分别勤惰，應旌賞者請旨旌賞，應犒賞者徑自犒賞。果有頑民阻撓行事，臣當徑以軍法處治。其接火墩臺，備行副參、守操等官，量其工程大小、軍夫多寡，逐漸修理，大抵成一工則有一工之益。

一、經理隘口。臣惟大同地方自渾源以南，如磁窑等口，驛馬、銀釵等嶺，天造地設，真一夫當關，萬夫莫敵之所。若使修守嚴密，紫荆、倒馬，虜騎决不能到。臣昔經略保定之時，已嘗具奏，於廣昌添設參將，召募礦兵義勇三千，專一守堵，緣各該鎮巡官意見不同，月糧等項至今尚無歸著。臣以爲保障畿輔，事體重大，渾源以北，平原曠野，既不能拒之於外，有此天險，失於固守，誠爲可惜。如蒙敕下兵部，會同户部再加計議，將廣昌參將改駐靈丘，專屬大同，不必仍屬宣府，參將選募礦兵義勇三千名，月糧、布花會入大同主兵糧内。廣昌照舊設一守備，原額軍士摘撥管理。渾源、廣昌二守備悉聽參將節制，廣昌守備兼聽宣府節制。大小隘口，但有空闊去處，聽保定巡撫處置錢糧，查送大同巡撫，就委參將、守備刻期修理，仍行分巡僉事王彙征往來監視。蓋此項工程非爲大同，專爲保定，保定巡撫自當協心戮力，共成盛事。

一、查處軍器。臣惟官兵禦虜，馬匹、軍器，二者缺一不可。臣近至地方，閲視各軍，多無盔甲。節據總兵官張承勛開報，各營共少盔甲五千餘副。推求其故，多因右衛圍困之時，或衆寡不敵，陣失無存；或怯懦將領，因而賄虜。若使各軍自行修補，菜色之人，救死不贍，豈能辦此？如蒙敕下工部，不爲常例，查照張承勛所開缺少盔甲數目，早爲處發，庶幾士氣精明，緩急有濟。

一、久任將領。臣惟各邊將領，豈惟總兵專閫一方，關係爲重，下至副參、遊守均有干城之寄，久任責成，庶於地方有益。查得臣所屬將官，邇來或周歲一遷，或一歲數遷，虎旅之司視爲傳舍，部下之人迎新送舊，不勝其擾。除怯懦、奔競者另本劾奏外，如蒙敕下兵部，今後宣大、山西將官必須年資相應，方得推用，其歷任未久者，姑俟其成。况今秋防在邇，用人爲急，不當遂其規避之計。

一、簡除有司。臣惟沿邊有司，錢糧、兵馬、獄訟、城堡，一切事宜悉屬綜理，比之腹裏迥不相同。除見任不職者另本劾奏外，若以衰遲、庸劣及考察調用之人一概銓補，不無有誤邊計。如蒙敕下吏部，今後宣、大二鎮并山西近邊州縣掌印正官，務要多選甲科，或於年力精壯舉人内相兼選補。得一人則成一方之務，得數人則成一鎮之務。

一、嚴禁私通。臣惟宣大之人久慣通虜，而大同尤甚。至於墩軍、夜不收，專一爲虜耳目。議者病其壞事，欲撤墩軍以絶禍端，言之可恨。臣近至地方，察知其弊，嚴加禁絶。但習俗既久，恬不爲非，搜訪過嚴，反生疑畏，係干夷夏大防，首當振飭。如蒙敕下兵部，備查節年私通禁例，發下臣等，容臣刊刻簡易告示，多印數千百張，各該城堡、墩寨逐一張掛，令其洗心滌慮，或〔一〕與維新。出示之後，仍與虜通者，許諸人捕告，依律問擬，先於犯人名下追銀五十兩給賞。如犯人無力，官爲處給。

一、痛革殺降。臣惟被虜人口沉淪沙漠，日望鄉關，情亦良苦，幸而奔至邊外，萬死一生。狂悖之人，何忍取而殺之，以邀功賞，上傷天地之和，中絶歸復之路，誠可悲痛。臣近至地方，每遇投降人口，多方撫慰，其人但通漢語者，無不感激流涕，若使傳播虜中，是亦鼓舞招徠之機。臣以爲殺降雖有正法，監候詳審，多至瘐死，人情信目而不信耳，無以示戒。如蒙敕下該部再加議擬，今後如有殺降之人，聽督撫、巡按特本具奏，得旨之後，即行巡按御史各另處決，首級梟掛作患地方，庶人知警畏，夙弊可革。

一、申明職守。臣惟邊方之事，全在職守。若職守不明，人懷規避，每致僨事。近見巡按御史欒尚約具奏，謂户部之銀已發而軍餉不繼，則歸罪於巡撫；兵部之兵已調而用兵無功，則歸罪於總兵；持日太久，略無寸效，則歸罪於總督。其言雖爲右衛而發，要之職守，極爲切當。以臣愚見，各邊獲功，不惟巡按御史不當論功，本兵堂屬亦不當論功。蓋查勘功罪者，御史之責；議擬功罪者，本兵之責。若使本兵、巡按一有邀功之念，張大、掩飾，勢所必至，似應併爲釐正。如蒙敕下兵部，將總督、鎮巡職守再行備細申明，以後遇有斬獲之功，則以親臨戰陣爲主，首叙總兵之功，督撫止於賞賚。如偏裨〔二〕有功，總兵不在戰陣，亦止議賞。本兵與巡按御史通不許論功。其朔州兵備道與臣同處陽和一城，贊畫軍務，原無職任，即今虜患孔棘，難以拘以常格。合無查照邊臣近日所議，將天城、陽和二衛兵馬、錢糧一切事務改屬兵備管理，分巡冀北道不必干預。

一、寬假文法。臣惟邊之弊大概有三，其一文移太繁，其二責效太速，其三議論太多，三弊不除，難收改弦之效。即如大同地方，凋殘破壞，萬孔千瘡，鎮守總兵張承勛、巡撫都御史楊選，履任之初，雖皆鋭意有爲，但以一人而矯數人之枉，以一旦而挽數十年之弊，其勢誠難。若使虜報卒至，輒行罪及，未免心懷顧忌，難以展布。臣嘗以大義曉譬，謂神宗成憲，三載考績，三考黜陟，未有責效於旦夕者。况邊方事重，尤非旦夕可辦，參酌法理，似應寬假，以責來效。如蒙敕下兵部，再加計議，以後地方有警，鎮巡以下官員，或言官論列，或該部覆議，務要查其歷官淺深、任事勤惰，分别具奏，不得概行參問，庶幾國法、人情兩爲穩便。

添設兵備憲臣以紓虜患疏

題：爲邊城孤危，懇乞天恩添設兵備憲臣以紓虜患事。節准兵部咨，該巡按御史欒尚約題，爲進兵運餉，乞敕督撫、將領、官員嚴加戰守，以慰聖懷以安重鎮事，該本部等衙門會議覆題，奉聖旨："都依擬着實舉行。其有未盡事宜，楊博作速計議奏來。"欽此。欽遵，備咨到臣。臣會同巡撫大同都御史楊選議得，除議處右衛、經略大同事宜，先該臣等二次具奏，恭候明旨，及應行未盡者以次另議外。臣等竊惟，政在得人，人存則政易舉；事當通變，變通則民自宜。大同中、西二路所轄左、右、威、平四衛，朔州、井坪二城，原設參將二員，近又改設副總兵一員，將領不爲不多，緣無憲臣專理其事，以故百務廢弛。即如近日大虜之變，豈惟右、玉二衛獨遭危急，雖左衛、威平盡爲狼虎之穴。臣等近日暫駐左衛，見得衛城相距邊墻，近者僅六七里，一馬可到，爲之寒心。先該巡按御史李鳳毛欲添兵備，似爲有見。况今兵變之後，尤與往歲不同，若能救弊補偏，惠安兩路之人，難以循故襲常，重惜一官之費。如蒙敕下兵部，會同吏部再加計議，添設兵備副使一員，住札左衛，經理左、右、威、平四衛，朔州、井坪二城，兵馬、錢糧、獄訟、城堡悉屬統攝，山西按察司帶銜支俸，合用敕書、關防等項一併請給，一切事務與協守副總兵計議而行。分守參議，專管高山城北西路拒門等堡，應州、馬邑、山陰、懷仁四州縣。分巡僉事，專管大同鎮城、聚落，城北東路鎮邊等堡，渾源、蔚州、大同、靈丘、廣昌、廣靈六州縣。朔州兵備副使，專管天城、陽和二衛，并東路平遠等堡。畫地經理，一如陝西、甘肅事例，似爲穩便。臣等又惟，張官置吏，事體重大，固非臣等所敢定擬，倘蒙天恩俞允，草創之初，全在得人。臣等訪得山西布政司左參議楊師震，才華卓越，操履精嚴。向官榆塞，洞閑戰守之宜；今任河東，難展韜鈐之略。參議之俸，雖稱未允；僉事之任，良以獨深。在今日則爲稍遷，在他日可以久任。伏乞聖明併賜裁處，臣等無任惓惓懇切之至。

吏、兵二部俱覆奉聖旨："是。"欽此。

右衛路通乘時以圖後效疏

題：爲右衛路通，乞敕督撫諸臣乘時以圖後效事，臣准兵部咨，該巡按直隷監察御史欒尚約題，奉聖旨："東既調兵入餉，已着博悉心周計，大逐虜賊，勿致再欺。墩堡之要害處作速修築，必奈久，亦不許推延，期以八月前完報。餘及墻工次第堅造。應可行的急奏繼理，便行文去。兵部知道。”欽此。欽遵，備咨到臣。仰惟皇上以聖神文武之資，操禮樂征伐之柄。頃者右衛之變，虜逐餉入，機宜悉出於淵衷；及今圍解之餘，救弊補偏，經制動關乎宸斷。雲中人庶均切感戴之私，塞外逆酋不勝震讋之狀。臣以庸劣，誤叨重寄，任事以來，恐負君父特達之知，奔走經營，食寢俱廢。况今天語丁寧，至再至三，敢不少竭駑駘，仰答鴻造。除議處右衛事宜，先該臣等條畫具奏，已蒙聖明俯賜允行外。但夷情叵測，常乘其怠忽；内治當嚴，不嫌於詳慎。臣會同巡撫大同右僉都御史楊選，閱地形之險夷，萃群言之辯析，重加三思，釐爲四事。前疏所列者正在急圖，今疏所陳者以次繼理，務使右衛以至威平聲勢聯絡，鎮城以達右衛氣脉貫通。如蒙敕下該部再加詳議，及時舉行，少紓臣等犬馬之忠，永爲邊人保障之利。

兵部覆奉聖旨：“是。”欽此。

一、議增墩堡〔三〕。臣等議得，墩堡之疏密，當視邊陲之衝緩。右衛至左衛一帶逼近虜巢，前議每四里設墩一座，猶恐其疏。合無每空再加二座，大約每里許該墩一座。左衛至高山站，視右衛爲稍衝，每五里見有墩臺一座，每空再加一座，大約二里半該墩一座。高山站至鎮城，視右衛爲少緩，原無墩臺，每五里該墩一座。候牛心山等堡并墩臺完日，仍行總兵官張承勛、分守參議史闕疑繼理其事，錢糧於修邊銀内動支。其中路草溝堡、占官人屯、梁家店、齊家河、北花園、馬道口六處，西路小村兒北梁一處，應添墩堡并沿邊墻塹，照依臣等原議另行具奏。

一、經略左衛。臣等議得，左衛至高山站六十里，合無於適中繆官人屯築大堡一座，二十里鋪、舊高山城各修築小堡一座。高山站至鎮城六十里，於適中岡家灣築大堡一座，白廟兒屯、石佛寺各修築小堡一座。公廨、營房等項以次修建，應用錢糧俱於修邊銀内動支。

一、增設官兵。臣等議得，左衛至高山站以達鎮城，既添設墩堡，官軍、馬匹相應計處。合無於繆官人屯、岡家灣各設操守一員，仍各提調東西二小堡，各募軍五百名，各量給馬一百匹，以備往來傳報之用。每小堡各設把總官一員。通計募軍一千名，每軍衣裝銀五兩，共該銀五千兩，盔甲、器械一千件副，如前馬二百匹，兵、工二部照數處給。月糧、布花，候募軍完日，會入大同管糧郎中錢糧數内。

一、查處荒田。臣等議得，左衛以達鎮城，官路東西盡皆膏腴之田，近因虜患頻仍，無人耕種。今既議添墩堡，合無令各該官軍儘力開墾，所有屯糧姑免追納，候年歲豐裕，另行議處。閑暇之日，將原設墩臺低薄不堪者逐漸修理。其地方一應人等，果有隨堡住種者，聽從其便。

地方連遭虜患懇免糧差疏

題：爲地方連遭虜患，殘破至極，懇乞天恩豁免糧差，因而召集義勇以安重鎮事。臣近至大同地方，節據左、威等衛，應、朔等州，山陰等縣軍民范文奎等告詞，到臣。臣會同巡撫大同都御史楊選議得，賑濟之施，其澤有限；糧差之免，其惠無窮。與其暫爲優恤，以滋軍吏、里保之奸；曷若少緩徵輸，以廣厚下安宅之政。仰惟聖人在上，軫念邊氓，時勤宵旰，頃因右衛之變，事無巨細，悉出淵衷。臣等仰承德意，初至地方，閭閻疾苦，未得其詳。乃今閲月之間，周爰咨諏，不遑食寢，始知各該衛所、州縣殘破狼藉，一至於此。皮已盡矣，毛將安附？若不審勢量時，仍有徵科之擾，已逃者永絶鄉閭，見在者將淪溝壑，雁門以北恐竟爲榛莽之場矣，元氣、腹心，良可痛惜。猶恐議者以爲糧差盡免，王府之禄米、邊軍之月糧從何取給，不知損上益下，藏富於民，自古經制之良策，況今民貧徹骨，無富可藏。臣等反覆熟慮，深切隱憂，一得之見，不敢不陳於君父之前。如蒙敕下該部，念地方破壞之極關係封疆，將前項衛所、州縣民屯糧草大破常格，嘉靖三十六年以前盡數停徵，自今嘉靖三十七年爲始，豁免三年。諸凡差役應徵者，照舊徵納，前項應免之數悉爲停免。各衛所屯糧、屯草、牛具、尖丁，共該銀二萬五千九百四兩六錢三分有奇、本色糧二萬六千二百三十三石一斗六升有奇、本色草四萬五千六百二十二束二分有奇。各州縣糧草等項，共該折色銀五萬五百四十五兩四錢八分、本色麥米八百一十石。總計二項，止該折色銀七萬六千四百五十兩一錢有奇，本色糧米麥二萬七千四十三石一斗六升有奇，草四萬五千六百二十二束有奇，權於別項官銀内早爲補發，務使一方生靈出諸水火，置於衽席，以廣我皇上保愛元元之意。臣等仍於其間宣布聖恩，令其人人踴躍，選其丁壯之驍健者，名爲義勇，每三千合爲一營。屬軍衛者選委廢將統領，屬有司者就委本處守備統領，無事各防堡寨，竭力營田，有事相度機宜，分據要害。合用軍器，不拘鎗棍、刀斧，聽其所有者隨便用之。有功之日，與官軍一體升賞。盡本路之人而爲兵，盡本路之兵而禦虜，既無月糧、行糧之虚費，又得家戰人守之實功，比之遠調客兵者省費不貲。以此中之所省補之豁免糧差，不惟相准，兼且過之。在朝廷則除一害兼收興一利之益，在小民則寬一分斯受一分之賜，臣等不勝懇切祈望之至。

奉聖旨："户、兵二部看議來行。"欽此。

議處要害地方疏

題：爲議處要害地方以安重鎮以備虜患事。臣獲見邸報，該巡按直隸監察御史欒尚約題稱，獨石要害，視右衛遠近緩急尤爲不同，欲要行臣，將應處之事悉照右衛經略奏請上裁，等因。臣參詳所論，憂切邊陲，深得先則制人之義。節據降人口報，動以圍困獨石爲詞，若候部咨到日方行議處，未免緩不及事。臣不自揣量，早夜圖維，擇其最切要者條爲十款。大抵大同之事禍已燃眉，不得不爲拯救之圖；宣府之事患在厝薪，仍須急爲蓄艾之計。臣於宣大防秋疏内言之已詳，無容别議。如蒙敕下該部再加議擬，將臣所奏俯賜允行，仍乞嚴敕宣府鎮巡官李賢、張鎬，廣集衆思，各上方略。不止防秋，先爲防夏之圖；不止外防獨石，首爲拱護京陵之計。臣雖庸鈍，亦不敢不共效狗馬之忠。臣無任屏營懇切之至。

奉聖旨："該部看了來説。"

兵部覆奉聖旨："劉環革任閑住，員缺照例推二員來看。其餘准議行。"欽此。

一、乞運糧餉。臣議得，防御獨石，首當多積糧餉。糧餉既充，虜氣先奪，圍困之謀，不攻自破。先該巡撫都御史張鎬屢疏，請發帑銀，未見處分，是非該部漫不加意，寔以帑銀缺乏之故。後該臣博議發京倉粳米三十萬石於懷來等倉，却以宣府年例銀兩一半仍發本鎮，一半改發大同。連日再三籌度，庫無見銀，倉有見粟，救弊補偏，計恐無便於此。合無聽户部將乞運一事早爲舉行，邊人不食粳米，止食粟米，若發粟米三十萬石，尤爲得濟。此外再將宣鎮年例銀兩先發十數萬兩，以爲脚價、折支之費。乞運至日，聽鎮巡官設法轉運。其入衛兵馬往來懷、隆供億之費，亦於此中取辦。

一、更易將領。臣議得，寇在門庭，北路則患切剥膚，東路則患在剥牀，二路將領均爲喫緊。若使匪人厠乎其間，緩急之際，誤事不淺。除獨石參將劉漢先已具疏保留外，訪得分守東路懷來、永寧等處參將劉環年已衰遲，志復灰冷，桑梓之地，終難展布。四海冶守備韓鑑，心本儒生，口談武略，衝險之所豈其所長？合無將劉環革任，聽候别卷勘明奏請，韓鑑改用腹裏。仍於近日九卿、科道會薦諸臣内如尹秉衡者，推舉一人以代劉環。其韓鑑員缺，查得原任大同右衛守備張威，洞悉虜情，慣經戰陣。不救鄰兵，去之原非其罪；年方精壯，用之當及其時。以補四海冶守備，似堪任使。

一、分布城守。臣惟大同右衛被虜圍困月久，中間調度處置，全藉廢將之力。蓋各官妻孥生計俱在危城，利害切身，自當不賞而勸。所據獨石城守一事，正與右衛相同。合無聽參將劉漢將在城官員，不拘見任、廢棄，擇其威望衆所信服如尚表者，立爲守城之主。其餘畫地分守，預爲告戒，一有警報，參將劉漢提兵出戰於外，主城將官環兵固守於内，聲勢相倚，互爲掎角，方保萬全。

一、預處援兵。臣議得，北路獨石果有虜警，除本鎮兵馬刻期應援外，所據入衛各枝兵馬俱在關内關外住札，若候奏請至日方行調用，未免坐失事機。合無聽臣與鎮巡官李賢、張鎬酌量賊勢，一面移文兵部，與薊遼總督知會，一面將前項兵馬隨宜調遣。各該遊擊務要與主兵同心戮力，共建奇勛。如敢因循玩愒，自分彼此，應拿問者容臣拿問，應参究者参究重治。

一、撫輯屬夷。臣議得，屬夷之於我也，乍臣乍叛；我之於屬夷也，將信將疑。即如近日督撫建議，欲發銀五六萬兩，於寧遠堡邊墻裏外築堡二座，安插屬夷老小，意非不美，揆以夷夏大防，似猶未妥。兵部題奉欽依，行臣勘處。以臣愚見，謹始慮終，寔不敢輕議。但撫賞銀兩，羈縻之策，委不可缺。合無聽巡撫都御史張鎬於户部議准主兵銀四千兩内扣數支出，委官買辦段布、牛酒，將同力拒敵諸夷照依原奏通行賞勞。虜去家小、牛羊、帳房者，查出另賞，以結其心。以後虜入境内，果能先事哨探，爲我之耳目，臨敵奮勇，爲我之羽翼，雖優加賞賚，亦不爲過。

一、經理懷、隆。臣議得，經略之議雖在北路獨石，而東路南山一帶，陵寢在上，事體尤重，四肢、腹心，不言可辨。居庸關以西，自石崖峪口起，至合河口止，延長七十里，隘口一十四處；以東，自張家口起，至渤海止，計長四十里，隘口一十三處。中間山勢平漫，可通大舉者九；林木稀疏，可通零騎者七；巖崖陡峻，可通單騎者十一。往年於大山口等處，酌量多寡，分派官軍，共六千名，大約俱在該鎮步軍於礦兵取用。除礦兵時非防秋，難以輕調外，合無聽鎮巡官李賢、張鎬，賊果突入，一面統兵應〔四〕援北路，一面留兵防守東路。雖堪戰勁兵，亦當存留二枝，以防大虜壅隔之患。其新築臺軍，如果不敷，權於河南班軍内湊撥應用。

一、激勵壯勇。臣議得，北路地方人慣見虜，驍健絶倫，以故論什伍之軍，其數甚少；論比黨之軍，其徒實繁〔五〕。先年雖有斬獲首級與官軍同論之文，勘報每遲以歲時；雖有奪獲生畜給賞之文，將領多見其克取。敵愾之氣何由發作，忠義之志因而消阻，深可痛恨。合無聽總兵官李賢，公同參將劉漢，將各城各堡壯丁逐一查出，應守城者守城，願出戰者出戰，記名在官，不必拘以文法，不必束以紀律。斬有首級，總兵官先給印信小票；奪有生畜，即時盡數給賞。守操等官如敢刁難、扣取，先以軍法重治，然後參奏拿問。其尋常無警之時，不許追呼，以致騷擾。

一、量給馬匹。臣議得，各鎮奏討馬匹動經數千，不行愛惜餧養，相繼倒失，無益實用，臣嘗痛惡其非。即如近日巡撫張鎬移咨到臣，欲討四户大馬三千餘匹，給付家丁騎征。臣以標兵方在議革，不敢具奏。但宣鎮總副、參遊之馬，見在各不及一半，往來追逐，似爲未便。合無聽兵部量發官馬二千匹，分給各營，稍壯軍威。不敷之數，容臣督令各官動支樁銀，以次買補。

一、添修墩臺。臣惟北路地方，第一當修飾城堡，其次則腹裏并接火墩臺，一方耳目，關係甚重。除原設不堪者節行分巡口北道參議許用中見今督修外，仍於獨石城馬營溝通馬營大路胡家莊、孔家莊議添空心墩臺二座，每座共高三丈三尺，上加女墻四尺，周圍越城一道，外挑圍壕一道。馬營堡議添上哨通君子堡司家溝口、李樹溝口、羊奶子溝口、二隊溝口，下哨通松樹堡馮家科、小嶺兒，本營迤南羊房堡、段家衕，西川九窠窨衕口，東北獨石溝通獨石城大路霍家莊共十座，雲州堡議添夜不收嶺一座，高低廣狹，悉如獨石之制。通共添墩一十三座，不惟足以制虜，居人、行旅，均屬便利。見今總兵官李賢在彼設伏，合無嚴行本官，督併參將劉漢及守操等官刻期完報。

一、協同薊鎮。臣惟大虜屯住獨石邊外，正係東西岐路，西則可犯宣府，逼近陵寢；東則可犯薊鎮，驚擾畿甸。必須兩鎮鎮巡官交相傳報，事方克濟。蓋宣府密邇虜巢，常得其形；薊鎮咫尺屬夷，先得其情。合無今後薊鎮一知虜欲西犯之訊，差人速報宣府；宣府一見虜欲東犯之迹，差人速報薊鎮。彼此相資，共伐虜謀，共消虜患。

議處右衛善後事宜疏

題：爲遵奉敕諭，議處右衛善後事宜以圖經久事。據鎮守大同等處地方總兵官、中軍都督府署都督僉事張承勛呈，臣會同巡撫大同地方、贊理軍務、都察院右僉都御史楊選議得，板築之役，勞人動衆，自昔稱難。其在大同，尤爲獨難，一則地方值兵荒之後，凋殘特甚；一則士卒當驕悍之餘，反側未寧。以故都御史史道等先嘗建立五堡，遲以歲月，始克落成，度勢審時，自不得不然爾。粤自右衛圍解以來，屢蒙天語丁寧，臣等始議之墩堡正在經營，繼理之墩堡即爲條畫，既不許推延，又必求奈久，臣等蚤夜驚惶，寔以不克竣事爲懼。乃今五旬之間，築完大小土堡九座、墩臺九十二座，挑完拒虜大壕二道，各長一十八里。工既高堅，人復踴躍。虜蹤漸遠，絶無牽制之虞；糧餉充裕，不致缺乏之患。是皆我皇上聖敬格天，至誠感物所致。臣等待罪邊陲，得以免戾，不勝欣慶。一時效勞人員，如鎮守大同總兵官張承勳，公廉足以率衆，經濟裕於籌邊。時方兩月，能成諸路之全功；專閫一方，不負九重之重寄：功當首論。分守冀北道、布政司參議史闕疑，公餉之措置，應用不窮；閑田之播種，勸相有道。往來狼虎之穴，不勝胼胝之狀：功亦當論。見任副總兵尚表，原任參將，今致仕陳力，今閑住郭綱、楊棟，今立功葉昂，今充軍孫麒、馬桓、麻隆、朱漢，原任遊擊，今閑住李翰臣、今緣事黄詔，見任坐營官吕勇、秦松、原章，原任參將、今暫代坐營任漢，原任都指揮，今閑住儲臣、今充軍楊德，掌號中軍方琦，見任守備馮詔，原任操守、今充軍曹昶，勤勞爲最，當爲一等。千總尉璽，原任參將，今閑住張勳，今緣事麻禄、劉卿，今充軍賈英，見任遊擊許忠，原任遊擊，今閑住王良臣、胡朝、陳忠，原任守備周國，武舉官陳豸、郭江、湯德輔，勤勞次之，當爲二等。原任副總兵、今降級趙臣，原任參將、今閑住秦鎮，軍門中軍官羅恭，千總李國臣，把總李天爵，軍門標下見任遊擊朱雲漢，大同遊擊周邦，原任遊擊胡吉、趙伯勳，掌號中軍官劉英，旗牌馬洪，見任守備何垚，參將李坤、趙岢，隨征報效縣丞鄭雲鸞，聽用監生郭藩，勞又次之，當爲三等。見任守備王堂，操守龐忠、劉晋臣、王勳、尚義，山西、河南領班都司蔣勵、游繼暹，總兵官下旗牌官胡公勉等九十員，守備官王芝等三十員，千總官許模等一十四員，把總官潘成等一百四十八員，管隊官葉名等一千一百六十八員，勞亦可録，當爲四等。如蒙乞敕兵部再加議擬，轉行宣大巡按御史，親詣閲視。如果工程、錢糧別無虚捏、冒破情弊，一面造册奏繳，一面查議上請。將張承勛賜敕獎勵，仍加升賞。史闕疑量與升俸，尚表、陳力等二十員，尉璽等一十三員，係見任者甄别升賞，致仕與閑住者遇缺推用，充軍、爲民者充爲事官，隨營截殺。趙臣等一十六員各加賞賚，王堂等聽臣等動支官銀行犒賞以示激勸。

兵部覆奉聖旨："楊博修築墩臺，工大完速，勞勩可嘉，賞銀五十兩、彩段四表裏。張承勛、楊選各三十兩、二表裏。還各寫敕獎勵。其餘巡按御史作速查勘具奏。"欽此。

虜中降人傳報夷情疏

題：爲虜中走回降人傳報夷情事，准兵部咨，該巡撫山西右副都御史魏謙吉題，奉聖旨："這所報賊情，彼逆必有報欺，在我不可不預之備。兵部便行與各該總督、鎮巡等官，着嚴加隄防，不許怠視。"欽此。欽遵，備咨到臣。臣惟蠢兹醜虜，自大同右衛圍〔六〕解以來，猶有一二零騎在邊窺伺。乃今閲月之間，移營北徙，絶無烽燧之警。但歸正之人摩肩接踵，幾滿千人之上。或言欲由永寧入犯京師，或言欲犯山西，或言仍圍右衛等處，或言東搶遼東，或言就近揉取田禾，言人人殊。以臣愚見，宣大事體與薊鎮迥不相同。薊鎮恃有邊墻，拒之不入，即爲上策。宣大地方大邊、二邊既以陵夷，沿邊墻塹又復傾圮，虜騎處處可入。爲今之計，虜之未入也，則當遠哨探、剿零寇，以明我之目、奪彼之心；虜之既入也，則當據要害、奮夜擊、搗巢穴、激鄉兵、廣招降、截歸路、守堡寨、多方略以示隨機應變之義。會同巡撫都御史魏謙吉、張鎬、楊選，總兵官李賢、張承勛、王懷邦，不揣迂疏，逐條詳議。但兵家之事，貴於未戰，臣等待罪邊陲，不勝臨事之懼。伏望皇上敕下兵部，蚤爲覆議，俯賜裁允，容臣等驅馳戎行，少伸犬馬之報。

兵部覆奉聖旨："依擬。"欽此。

一、嚴哨探。臣等議得，節據降人所報，俱係捕風捉影之説，不可盡據，必須哨探明的，兵馬進止方有着落。先已屢次差人遠探，直至海上，方見營帳，趕回達馬四百餘匹，盡數給賞原去通事、家丁，人心感奮，争欲深入一哨。但虜若東犯遼薊，誠恐遠由出山後，耳目不及，反致誤事。合無仍行薊鎮一體哨探，遇有屬夷報到消息，或得其形，或得其情，彼此互相傳報，庶克有濟。

一、剿零寇。臣等議得，往時秋禾將熟，近邊零賊，或一二百騎，或三五十騎，往往入邊揉田，致使小民終歲勤動，竟絶收穫之望。虜之所以敢於如此者，不過數技：一則恃其馬强，來如飄風，走如脱兔，人不及追；二則恃其善於弓矢；三則知我墩軍報知，必先放炮舉號，方始聚兵，賊乃預爲隄備；四則多設伏兵，見我追逐，故意誘入境外，以反敗我。合無今次遇有零騎，聽宣、大、山西三鎮總兵官，不必照舊舉號放炮，止整點兵馬，分爲二股，一股潛往賊回之路設伏，一股如常追襲，前後夾攻，必有奇中者。

一、據要害。臣等議得，宣、大、山西三鎮，各有要害之處，先守其要，則提綱挈領，兵氣自倍。如宣府則當守懷隆、永寧南山一帶，山北可守則守，不可守則併入昌平邊墻，協力固守，使賊匹馬不能入關。大同則當守渾源、靈丘、廣昌銀釵、驛馬等嶺，協同保定鎮巡，固守紫荆、倒馬、馬水口等處，使賊不能越關而南，驚動畿輔。山西則當守陽方、神池、老營堡、偏關等處，使賊不能越關而西，侵軼州縣。其五臺、繁峙、平刑設在關外，尤當一體戒嚴。此外止是宣府、大同之川，既有兵馬以撓戰於外，又有墩堡以雄峙於内，以逸待勞，以主待客，狂悖之謀自難大逞。

一、奮夜擊。臣等議得，夜擊賊營，兵家奇事。但近來劫營，有同兒戲，或先放炮，或先舉火，使賊知而爲備，反來攻我，雖曰撓賊，寔自撓耳。合無今次遇賊入境，聽宣、大、山西三鎮總兵官各募敢死之士，相度天時、人事，如果可爲，當夜下令，令其銜枚暗號，直撞賊營，勢如風雨，惟在破敵，不貴首功。當内舉火放炮之時，外面亦舉火放炮，勢若馳擊，是爲裏應外合，暮夜倉卒之間，賊未有不駭愕驚遁者。但兵事尚密，此事尤當縝密，全在臨期斟量，以圖萬全。

一、搗巢穴。臣等議得，攻其必救，兵法所尚。即如宣府地方近邊則有張家口外種田之賊，大同地方近邊則有脱脱一種、丘阜一黨，若使乘機剿殺，批吭搗虚，必有明效。合無今次遇賊入境，聽宣、大二鎮總兵官各將搗巢之兵計處停當，一面發兵在内截殺，一面發兵在外搗巢。但須哨探明的，仍將各營走回人口，查有乖爽者，各留三五人，厚加館穀，令其指引道路，庶幾不墮賊計。

一、激鄉兵。臣等議得，義勇一事，不惟大同西衛可行，隨在可行。但往時得功，遠在數百里之外，報驗反致勞擾，以故鄉兵不肯向前截殺。合無今次遇賊入境，聽宣、大、山西三鎮巡撫官各刻簡明小票，用印鈐記，但遇鄉夫得功者，所在官司驗明，給票一張，以爲執照。賊退之日，不必議升，徑自照例每顆賞銀三十兩，激勵之下，人人勇氣自倍。

一、廣招降。臣等議得，虜營之兵多半俱係漢人，豈無父母、妻子之念，止緣畏彼聲勢，不得自便。觀之近日一插招降之牌，有一家十四五口同歸者，有焚父屍而帶歸者，有子婦負垂老之姑而歸者。但恐處之無要，以致人絶歸望，虜氣益增。合無今次賊果入境，聽宣、大、山西三鎮巡撫官先於各堡大書招降紅旗，令一人冠帶立於堡上，多方招諭，有能滾馬投降者，即時開門收納。若使百人、千人一時俱肯歸正，賊勢自孤，不得不退。

一、截歸路。臣等議得，歸師勿遏，雖兵家所忌，但虜之歸也，與中原之寇不同，喝趕牛羊者，俱係老弱之賊，强壯之賊左右護持，其心惟恐有失，全不戀戰，而我兵若先處戰地，誠爲得策。合無今次遇賊入境，聽宣、大、山西三鎮總兵官各設伏兵於賊歸之路，或據山險，或依林木，相機絶剿。賊回之日，各另回奏，要見某處截賊曾有某功。不得仍襲舊套，其來如迎，其去如送。

一、守堡寨。臣等議得，軍民堡寨，被賊攻毁者十之七八，無壁可完。先已題奉欽依，嚴行宣大守巡官親詣督修，每堡四角，各修四墩，無力者或二墩、一墩。近據各道報稱，以十分爲率，築完八分以上。臣巡歷所至，逐一親閲，如果堅完高厚，比之往歲不同，賊若入搶，斷不能肆然得利。但自古用兵，有守中之戰，有戰中之守，若不添兵防御，未免坐困。合無聽宣、大、山西三鎮鎮巡官，查賊果於某處入犯，即將步軍分發墩堡，與鄉夫相兼在内，遇有零賊來攻，相機擒斬，大約追逐不可過半里、一里之外。蓋分搶之賊勢不能多，我墩堡之兵多，而彼賊甚少，似可成功。

一、多方略。臣等議得，兵法所謂“多方以誤之”者，蓋言方略雖多，未必皆中，但中一方，即爲對病。已經遍行三鎮副參、守操等官，各照所管地方，畫一水墨小圖，或可以依憑山險，或可以占據水頭，或可以建立營盤，或可以設置毒物，或可以安頓炮火，或可以挑空賺窖，種種備之，見今俱已報到，正在整頓。臣等每一念及，誓不與賊共戴天日，真有“匈奴未滅，何以家爲”之意。

校勘記

〔一〕“或”，疑當作“咸”。

〔二〕“裨”，疑當作“禆”。

〔三〕“堡”，明陳子龍等《明經世文編》卷之二百七十五楊博《右衛路通乘時以圖後效疏》作“臺”。

〔四〕“應”，底本漶漫不清，據舊抄本補。

〔五〕“繁”，底本漶漫不清，據舊抄本補。

〔六〕“圍”，底本漶漫不清，據舊抄本補。

太師楊襄毅公宣大奏疏卷二

恭謝天恩疏

欽差總督宣大山西等處軍務、太子太保、兵部尚書兼都察院左副都御史臣楊博謹題：爲恭謝天恩事。臣原任太子少保、兵部尚書、總督宣大山西等處軍務。嘉靖三十七年十月二十五日，准吏部咨，爲乞議處本兵大臣以定安攘重計事，該本部題，奉聖旨："楊博盡心邊務，方在理中，着加太子太保，兼都察院左副都御史，尚書如舊，仍總督軍務，待來冬回部。"欽此。欽遵，備咨到臣。隨該臣具奏辭免，伏奉聖旨："加秩已有成命了，不允辭。吏部知道。"欽此。欽遵。臣不勝激切，不勝戰慄，謹稽首頓首稱謝者。伏以控辭弗獲，重蒙日月之光臨；循省增慚，柢[一]覺乾坤之浩蕩。榮逾晋錫，感切豫鳴。恭惟皇上德合重玄，道參大始。惟神惟聖，惠流九有之中；乃武乃文，明見萬里之外。貔虎同心，大舒中華之氣；犬羊落膽，立開右衛之圍。命守臣以培埤，初理繼理，悉屬無遺；遣御史以督儲，今年明年，盡爲有備。上谷雲中，驚睹豐穰之慶；窮邊絶塞，不聞刁斗之聲。糞土微臣，幸厠韜鈐之末；遭逢聖主，愧乏尺寸之功。待罪弗遑，鴻恩遽及。宫保崇階，真千載一時之遇；蓬茅下品，誓一生九死之忠。儻有裨於高深，當效涓埃之力；期不渝乎終始，少紓狗馬之心。伏願内順外嚴，東漸西被。四夷咸賓，茂衍無疆之曆；八荒同壽，益隆有道之長。臣無任受恩感激屏營欣戴之至。

奉聖旨："覽卿奏謝，知道了。禮部知道。"欽此。

經略宣大邊務疏

題：爲經略宣大邊務事。據山西等處提刑按察司整飭朔州等處兵備副使王之誥呈，該臣案驗，照得宣、大二鎮邊墻既已傾頽，邊堡盡皆殘破，以故驕虜猖獗，時來侵軼，甚至圍困右衛，半年方退，所據各該墩堡，相應及時修飭。案仰本道，查照所管地方，會同副參、遊守等官，趁今虜馬未壯，各將境内墩堡逐一查勘、修復，一勞永逸，等因。蒙此，依蒙行准分守大同東路參將、都指揮僉事劉繼先手本，據天城城守備許忠、陽和城守備崔應奇各呈稱，親詣沿邊查勘得，天城地名永嘉堡最爲衝要，該堡周圍墻垣高厚，但堡大人稀，有警不敷擺守，軍餘逃散，遺地荒蕪，似應倚地召軍五百名，選舉操守、把總等官統領防禦。又查得地名瓦窑口亦係通賊要路，原有舊堡一座，委因窄小，墻垣低薄，相應展修，募軍二百名，設立把總官提調防守。又查得通賊衝口，如地名馬圈墻、白羊口北坡、細把溝、三岔嶮崖、土地烟谷、岩堡、馬鞍山、水頭兒、寧朔、新華、皮廟、乾溝梁、乾溝門、沙窪、望烟箭、豁梁、小佛寺、對舊溝、孫家窑、龍王堂溝口、榆林溝口、夏家溝口、牛心山、小石山，共二十四處，各應添墩一座，以明耳目。又如鎮朔二大尖山二處，雖有舊墩，歲久坍廢，查係遠瞭烽堠緊要墩臺，亦應修復。并將募軍數目及合用工費、錢糧等項估計前來。該本道議照，陽和、天城一帶邊隘均屬衝緊，而天城去宣府懷安城八十餘里，中隔枳兒嶺，爲宣、大兩鎮之界。賊至西陽河之桃博溝等口入，或自平遠堡之小尖山溝、雙山兒溝，新平堡之蘆葦溝、水泉兒溝，保平堡之梨兒梁、小青山，天城城之瓦窑口、白羊口等處而入，俱係通賊要路，往往潛伏山溝，突出搶掠，蹂踐田禾，殺虜人民，爲害匪細。所以先年於適中處創立永嘉堡，正欲扼喉拊吭，使賊不得侵犯腹裏耳。但比時未及議添兵馬駐守，故堡爲徒設，而虜患滋甚。且沿邊之墩雖設而瞭守之兵甚寡，邊内之山雖險而瞭望之墩甚稀，所以烽火不明，脉落欠通，賊騎突入，倉卒無備。今據各官查議，要於永嘉堡設操守官一員，募軍五百名，展修瓦窑口堡，募軍二百名，設把總官一員，各統領防禦，及衝要去處應添設復墩臺等項，委於事體穩妥，理合開呈，等因。臣會同巡撫大同地方、贊理軍務、都察院右僉都御史李文進看得，陽和、天城二城，設在大同鎮城之東，逼鄰虜境，而天城與宣府地方唇齒相連，尤爲要害，零寇之出没無常，居民之被害爲甚。副使王之誥謂沿途之墩雖設而瞭守之兵甚寡，邊内之山雖險而瞭望之墩甚稀，烽火不明，脉絡欠通，誠爲確論。所據永嘉、瓦窑二堡募兵給餉，一切應行事宜并應添應修墩臺二十六座，審時度勢，均非得已。但合用銀兩慮恐内帑給發之難，臣等近日議將河南、山西備禦大同班軍改徵銀兩，若就於此中查照取給，公私似爲均便。如蒙乞敕該部再加計議，將臣等款議事理早爲覆請，行下遵行，地方幸甚。

兵部覆奉聖旨："准議。"欽此。

經略宣府以防虜患疏

題：爲經略宣府以防虜患以保地方事，據山西等處承宣布政使司分守口北道右參議許用中呈，等因，到臣。臣看得，宣府地方千瘡〔二〕百孔，狼藉至極。城堡殘破，虜既壞我之腹心；墩臺傾圮，虜又壞我之耳目。譬之一人之身，百病交侵，僅餘殘喘，而治標之法，理當先其所急。所據分守參議許用中議呈前因，大率各路添墩三百二十座，西陽河至渡口堡止挑壕三十餘里，口糧、鹽菜，共該銀二萬九千有奇，除見在庫貯銀一萬五千四百九十二兩外，尚欠銀一萬三千九百餘兩。若又給仰〔三〕内帑，其勢誠難。臣再三圖維，皇上近遣御史李秋預發三十八年年例銀兩收買糧料，比之往歲價值，所省幾倍，是價銀一兩得銀二兩之餘矣。若取給於此以補口糧之需，於軍儲未嘗有損，於邊計甚有爲益〔四〕。如蒙乞敕兵部再加查議，容臣坐委參議許用中專理其事，合用錢糧，除見在官銀外，其餘許於三十八年年例糧料動支，輳補口糧之用。工完之日，備造文册，錢糧果無冒破，工程委爲堅固，聽臣奏薦旌賞，以示激勸。其一應防護、經理并西陽河、渡口堡挑壕等項事宜，悉如本官原議施行。

兵部覆奉聖旨："是。"欽此。

邊備損壞虜患日深懇乞聖明早賜經略疏

題：爲邊備積壞，虜患日深，懇乞聖明早賜經略以圖萬世治安事。據山西等處布、按二司兵備、守巡冀北道副使王之誥、楊師震，右參議史闕疑，僉事王彙征呈，等因，到臣。臣會同巡撫大同地方、贊理軍務、都察院右僉都御史李文進，巡按直隸監察御史欒尚約議得，大同一鎮，川原平曠，逼鄰强虜，勢本孤懸，兵又單弱。先以山西併守之議，合拳共擊，墻垣概有次第；後以邊堡攻毁之故，因噎廢食，墻垣漸就陵夷。馴至近日，益復蕩無隔限，山、馬、應、朔盡爲草萊之區，左、右、威、平半成豺虎之穴。向非聖明在上，多方捄救，合鎮之人幾於無噍類矣。臣博奉命總督，蒞事之初，即嘗條晝上聞，大意謂立百年之巨防，晝萬全之至計，非修復邊墻不可。給事中鄭茂適以公至，與臣面相酌議，所見甚同。既而鄭茂恭睹皇上"有可行的急奏繼理"明旨，喜躍如狂，以爲幸遇堯舜在上，不宜補塞滲漏，當建萬世治安之業，遂抗疏力言，帑銀不當吝惜，邊墻决當修復，志本忠勤，言復懇到。荷蒙敕下臣等會議酌處，臣等時方經營左衛，右衛之役勢不暇及。未幾，秋防告嚴，奔馳戎馬之間者又復三月。即今前工已竣，後警未聞，隆冬閑暇，正桑工未雨之時。所據守巡、兵備副使王之誥等會呈前因，大率合用修邊錢糧總計四條，合用修理邊工分計八條。中間如天時之陰晴，虜情之急緩，口糧、鹽菜、犒賞之調停，日下山西采木之事屬之總兵張承勳，本鎮與關南召買本色之事屬之副使楊師震，下至醫藥之微，委曲計處，無不詳盡，臣等難以别議。其所難者，止是錢糧一事耳。鄭茂原議費銀數十餘萬，臣等再三撙節，僅及二十九萬而止。又念内帑區畫之難，連日悉心搜括，共得四項：其一則山西、河南班軍拖欠，三年折銀四萬四千二百七十兩，除永嘉堡題准用銀一萬兩，仍有三萬四千有奇。其二則三十八年班軍折銀，仍該二萬六千五百有奇。其三則節年修邊剩銀五萬六百有奇。其四則吏部原開本鎮省祭二百名，無人告納，合無改開超選監生三百名，大約可得銀四萬八千有奇。通計得銀一十五萬九千有奇，計數已有中半，尚欠銀一十四萬，無從區處。如蒙敕下吏部，將超選監生如擬開納，户、兵二部照依修邊則例發銀一十四萬兩聽候支用，或有前項開納事例，亦就一併計議。合用盔甲、器械一千五百副并火藥、火器等項，工部酌量給發。稍待春融凍解，刻期興工。總兵官張承勛專理其事，副使王之誥等四道分投協理，務期一勞永逸，以爲邊民永久之計。事完造册奏繳，聽候閲視。至於邊内應修墩堡，如馬道頭、大峪口、祈家河，碌碡坪、四老溝、許家莊、臘河口、寶峰山、大小金莊等處，通候此工完日另行議處具奏。

兵部覆奉聖旨：“是。”欽此。

乞敕鎮巡官員及時練兵疏

題：爲乞敕鎮巡官員及時練兵以備虜患事。臣惟兵不貴多而貴於精，政當以實不當以文。如臣所屬宣、大、山西三鎮，見在官軍不爲不多，止緣教練無方，姑息太甚，積成怯懦之風，全無敵愾之氣。臣自奉命以來，即置格眼文册，清查冒濫。每隊除管隊官照舊外，仍於軍内選取武藝閑熟者二人，一人爲隊長，一人爲隊副，每日引領本隊軍士於空閑去處隨便操練。火器、弓矢，各執其役；大風大雨，方行暫免。士氣漸見奮揚，人心頗知警省。但地方廣遠，非臣一人所能獨理。即今總兵官張承勛、李賢、王懷邦，都御史李文進、何思、葛縉，俱一時文武之才，操練兵馬正其職掌，原奉敕諭開載甚明。若使同心協力，共成其事，一人教十，十人教百，自無不振之理。伏望皇上特命諸臣，將本鎮選兵練兵、養馬補馬、簡黜老弱、修補器械、整辦火藥一切軍中事宜，趁今冬閑，與臣逐一計議，加意舉行，通限明年五月以裏，各將整飭過緣由列款回奏。如或因循玩愒，容臣從實查參，請旨定奪。其守巡、兵備於境内兵馬每月閲視一次，副參、遊守等官中有怠緩誤事者，徑呈臣軍門與巡撫官處，提拿究問，先以軍法從事。庶幾提綱挈領，各得其人；興廢舉墜，自當就緒。臣無任懸切祈望之至。

兵部覆奉聖旨："是。"欽此。

舉刺防秋將領疏

題：爲舉刺防秋將領以勵人心事。照得往年防秋既畢，概將大小將領通行舉刺，殊爲無謂。以臣愚見，防秋之事莫重於禦虜，禦虜之事莫先於敢戰。若不據實甄別，則忠勇者反致不録，怯懦者得以倖免。臣今防秋，專以戰與不戰爲主。除山西一鎮虜蹤未到，各官無功可列，無罪可書，并各鎮守操等官兵馬不多，難以責其獨戰，另行戒飭外。即以大同一鎮言之，如大同遊擊將軍、署都指揮僉事王孟夏，梁家山之力戰，頭顱血刃而勇氣益增。朔州兵備道中軍、指揮同知戴恩，孫家窑之對敵，親任殞歿而擊賊愈厲。分守大同西路右參將、署都指揮僉事趙岢，曹家窪、布家店屢成斬獲之功。軍門標下千總、指揮僉事補兒害葛奈，亂石灘、狗兒村茂著俘獲之績。分守大同東路左參將、都指揮僉事劉繼先，發蹤指示而節有生擒。軍門標下把總、指揮僉事黄詔，東路援兵營千總、指揮僉事周資文，戮力同心而共收戰略。以宣府一鎮言之，如宣府東路遊擊將軍、署都指揮僉事董一奎，親冒矢石，奪馬九十餘匹，斬首十二，大落旃裘之膽。軍門標下坐營指揮僉事馮大威，身先士卒，賈勇不滿百人，轉戰數合，足伸華夏之威。正兵營坐營都指揮僉事徐麟，同成狗兒村之功。正兵營立功指揮使劉喬，竟收柴溝堡之捷。以上諸臣均堪優録者也。又如宣府鎮遊擊將軍、都指揮僉事楊璋，遊擊、署都指揮僉事郝英，平時兵馬全無教練之方，臨警倉皇即爲退縮之計。不聞與賊一戰，專稱伏堡；不見獲虜一矢，空費邊儲。大同鎮威遠城守備、指揮同知蔡國奇，忍心害理，坐視王遊擊被圍之苦。分守大同中路右參將、都指揮同知施霖，輕率寡謀，立致張千總輿尸之凶。以上四臣均當究治。内施霖聞警出兵，情似有間，相應姑留，以責後效者也。如蒙乞敕兵部，再加查議，將王孟夏、趙岢、董一奎、戴恩重加賞賚，戴恩仍遇缺推用。劉繼先、馮大威、徐麟、黄詔、周資文、劉喬、補兒害葛奈量加賞賚。施霖重加罰治。楊璋、郝英、蔡國奇先行革任，員缺推補，仍容臣提至軍門，究問不戰之罪，另行議奏。庶幾以後諸將知所勸懲，其於邊計不爲小補。

覆奉聖旨："是。王孟夏等各賞銀十兩，劉繼先等各五兩，施霖罰俸三個月，楊璋等革了任，提問具奏。"欽此。

覆功實更賞格疏

題：爲覆功實、更賞格以塞邊軍弊源以開奔民歸路事。據宣、大、山西三鎮鎮守總兵官、都督僉事李賢、張承勛、王懷邦各呈前因，臣查得，宣府鎮招徠男婦二百九十四名口，騎來馬、牛一百五十五匹隻；大同鎮招徠男婦一千二百七十五名口，騎來馬、騾四百五十九匹頭；山西鎮招徠男婦七十一名口，騎來馬一十二匹。三鎮總計男婦一千六百四十名口，馬、騾、牛六百二十六匹頭隻，較諸往年，委多數倍。是皆我皇上汪濊之澤達於絶徼，好生之德洽於人心，以故被虜人氏嚮義來歸，摩肩接踵。中間如陳宗堯之身負父屍，李自剛之携家同至，尤爲自來所無之事。臣愚待罪地方，不勝欣慶。所據一時效勞官員，除收送四十名以下者不敢概及外，如鎮守大同總兵官張承勛招至一千二百名以上，分守大同中路參將施霖招至七百名以上，例應升級，仍當加賞。鎮守宣府總兵官李賢招至二百名以上，相應賞賚。宣府西路參將郭震，大同北東路參將王臣，原任西路參將、今升副總兵趙岢，原任大同右衛城守備周廷輔、委守王臣，俱招至一百名以上，相應量賞。原任宣府北路參將、今升副總兵劉漢，洗馬林堡守備都夢麒，大同東路參將劉繼先，北西路參將李坤，鎮羌堡守備張奉，迎恩堡守備李世忠，大同左衛城守備楊縉，原任大同右衛城守備、今升遊擊將軍王孟夏，殺胡堡守備李志韓，原任威遠城守備蔡國奇，殘胡堡操守張翀，山西西路參將潘縉，偏頭關守備趙漢，俱招至四十名以上，相應通行犒賞。如蒙乞敕兵部，查例上請，將張承勛、施霖各升職級，仍加賞賚，李賢厚加賞賚，郭震等五員量加賞賚，劉漢等一十三員聽臣動支官銀分別犒賞，以示激勸。

兵部覆奉聖旨："是。張承勛、施霖各升一級，并李賢各賞銀二十兩，郭震等各十兩，劉漢等，總督軍門分別犒賞。"欽此。

查處兵備官員疏

題：爲查處兵備官員以修邊政事。照得大同一鎮，仰仗聖皇在上，神武布昭，粤自右衛圍解以來，漸就平寧，百萬生靈不勝幸慶。但久壞之餘，千瘡百孔，譬之七年之病，殊非三年之艾所能救藥。即如西、中二路，墻塹、墩堡工程浩大，事體頗難，臣等不自揣量，妄議修復。荷蒙宸衷獨斷，俯賜俞允，即今春暖土融，正在經始。巡撫都御史李文進方當采辦木植，經紀錢糧，計算夫匠，早夜遑遑，至忘食寢。且自本官抵鎮以來，弛張得體，寬猛適中，群情翕然，以爲得人。但巡撫大臣不過總其大綱，中間節目全在兵備。所據副使楊師震既已去任，代之者即使果得名賢，相去隔遠，亦恐不能卒至，必須就近選補，方爲有濟。及查得各處兵備與提學事例大略相同，或用副使，或用僉事，原非拘於一定。臣會同巡按直隸監察御史樂尚約看得，山西按察司分巡冀北道僉事王彙征，生長秦中，宦遊雲朔。先任大同同知，雅有循良之望；載遷冀北僉事，茂騰清幹之聲。若使改補前缺，不煩設施而上順下安，不費驅〔五〕馳而朝發夕至，度勢審時，似爲相應。如蒙乞敕吏部再加查訪，如果臣等所言不妄，將王彙征仍以僉事改調大同左衛兵備，查照原擬責任，請給敕書，聽都御史李文進節制調度，不止修邊一事，彼中一切邊務趁時整飭。候其年資漸深，另容臣等奏薦，徑升本道副使，久任責成，庶幾人才、地方兩爲允便。

吏部覆奉聖旨："是。"欽此。

早易撫臣以安重鎮疏

題：爲早易撫臣以安重鎮事。照得宣府爲九邊之重地，巡撫乃一鎮之重臣。責在安攘，則貴有忠貞之節；事關軍旅，則貴有運籌之智；職司錢穀，則貴有心計之精。三者雖備，若使衰病侵尋，折衝禦侮，終不能勝。即使强留任事，人材、地方兩爲無益。臣見得見任巡撫宣府、都察院右僉都御史何思，久歷邊方，才望素著，近因言官論薦，蒙恩起用，復自南贛改用宣府。入鎮以來，忠勤公正，大易前轍，群情翕然，以爲得人。但素有風濕之疾，近加奔走之苦，病勢日亟，殊不能支，應對則語言失真，起拜則手足未便。日將午，痰壅不能任事；日將暮，目昏不能識人。原思之心，雖欲肅清沙漠，以報皇上之知遇，其如力之不逮何哉！臣惟宣府之事廢墜已深，邊墻未築，兵馬未練，百瘡千孔，所賴以刷洗振作者，全在撫臣。即日春暖，塞草漸青，萬一卒有烽火之警，思以病體，望其調度於内，决勝於外，其勢固有不能也。臣與巡按御史欒尚約連日酌議，以爲必當速處無疑。如蒙敕下吏部再加查訪，如果臣言不妄，將何思准令回籍調理，原缺即爲推補，庶幾近而春搜，遠而秋防，均有攸賴。

奉聖旨："何思既有疾，准回籍調治，員缺吏部便會官推補。"欽此。

官軍出邊擒斬達賊疏

題：爲官軍出邊擒斬達賊，奪獲馬騾事。據山西按察司整飭朔州等處兵備副使王之誥呈，據家丁張天爵等供稱，嘉靖三十七年八月内，節報零賊在邊撲捉墩軍，阻絶道路。蒙總督、撫鎮等衙門差天爵等二十五名，朔州兵備道差中軍官、原任陜西鎮番衛指揮、今充軍戴恩，帶領家丁戴奉益等一十五名，東路參將劉繼先差家丁吴昆等一十五名，各出邊哨探。至九月二十八日，到靖虜堡，該大邊闇兒溝墩軍孫庫瞭見達賊一十五騎來墩潛伏，要捉墩軍，走報。戴恩統天爵等并本墩軍許名等各前去伏勦，前賊知覺迎敵。戴恩督同天爵等，各用槍刀等器奮勇撲砍，一處就陣，張天爵等生擒達賊二名，斬獲首級二顆，奪獲達馬四匹、騾二頭，得獲夷器三十七件，重傷家丁二名。餘賊見得官軍勇猛難敵，往北去訖。當蒙劉參將通行呈解總督楊尚書、巡撫李都御史、巡按欒御史，審發本道驗勘明白。隨令通事譯審，生擒達賊一名黄鵝兒，係黄台吉部下收靈哥脱脱兀長男，一名襖包。覆審無異，呈解到臣。臣會同巡撫大同都御史李文進看得，前項賊虜潛伏山溝，專一撲捉墩軍，窺探道路，其數不多，其害甚大，先該臣等屢次會行相機雕剿。各官乃能發蹤指示，選委得人，奮勇出邊，竟成擒斬，既非小敵之怯，足寒大敵之膽，允可嘉尚。除兵備、參將歲終另議，家丁張天爵不願升級，已行該道照例給賞，夷器貯庫，馬騾充賞原獲人役外。所據中軍官戴恩，身先士卒，勞實居首。雖今次所部之功，例難升級；而頻年斬首之多，似應併叙。生擒達賊二名黄鵝兒、襖包例應解京，誠恐中途疏失，事體不便。如蒙乞敕兵部再加擬議，將戴恩前後功次通行查勘，一功准贖軍罪，餘功甄録。生擒黄鵝兒、襖包轉行宣大巡按御史，徑自處决，首級梟掛沿邊地方，以示懲戒。

兵部覆奉聖旨："是。黄鵝兒等依擬處决。"欽此。

議處將官駐札要害疏

題：爲議處將官駐札要害以省按伏以拒虜患事。准巡撫宣府等處地方、贊理軍務、都察院右僉都御史何思咨，據山西按察司兵備副使郭邦光、分巡口北道僉事張時會呈，宣鎮西、北二路極爲要衝，委係虜所嘗犯之處。向因新舊遊兵二枝，無事在城駐札，有警隨賊向往，以致軍馬尫疲，錢糧糜費，巡按御史欒尚約要將新舊遊兵二營，一營移駐赤城，以防北、東二路，一營移駐左衛，以防西、中二路，既省按伏，且便追剿，是誠長顧却慮之計。職等議得，人多懷土而重遷，事當慎終而謀始。新舊遊兵家在鎮城，若使移駐遠邊，以主爲客，樂從者少；入衛遊兵家在各路，使若復還故地，以客爲主，義自相安。及查入衛之兵，見有西路軍士一千，一半有馬，一半無馬，北路軍士九百，有馬五百，無馬四百，合無俱改充新舊遊兵。其新舊遊兵，原在鎮城者却補入衛遊兵之缺，再於西、北二路精壯舍餘内按丁各抽取一千，查照舊例，每名給銀五兩，兵馬各止湊足二千。至於營房等項，行令該路參將，公同遊擊，隨便采木，及時營造，不支官錢。缺少馬匹、募軍銀兩并月糧、布花、草料、盔甲、弓矢等項，仍乞早爲具奏運發，等因。會呈到職。案查先准兵部咨，該巡按直隸監察御史欒尚約題，該本部覆議，看得御史欒尚約題稱，宣府北路赤城、雕鶚等堡，胡馬必經之處；西路張家、新開等口，虜人必犯之先。欲將遊擊一員移駐赤城以防北路，東路有警，可以應援；遊擊一員移守左衛以防西路，中路有警，便於調度。其原營人馬，願隨者聽其隨住，不願者仍留鎮城，以補正奇缺伍之數，其餘俱於本路召募，務足一營。及營房、馬匹之費，乞行督撫衙門議處一節。爲照宣府西、北二路委爲要路，今將新舊遊兵二枝移駐赤城、左衛二處以便於戰守、應援，似爲長慮永圖之計。但事干邊防重務，相應勘處。合候命下，移咨總督尚書楊博，公同鎮巡官，將前項所奏事情再行計議，要見新舊遊擊兵馬移駐赤城、左衛果於地方有無便益，其原營人馬不願隨去者若干，應當召募者若干，或另行抽補，并募兵錢糧作何處給，及營房、馬匹之費，逐一會勘停妥，作速具奏。覆奉欽依，備咨前來，已經行勘去後，今據前因。會同鎮守總兵官、都督僉事李賢議照相同，合咨前去，煩爲查處，等因。到臣。臣惟宣府一鎮，内拱神京，外連强虜，鎖鑰攸司，極爲重地。鎮城原設新舊遊兵，不止本鎮有警例當應援，鄰境有警亦有策應之責。即今西、北二路委屬衝險，烽燧之傳，歲無虚月。虜未至而先行按伏，曠日持久，勞費竟爲虚文；虜既至而方行調發，相去隔遠，逐剿全無實效。巡按御史欒尚約目擊其弊，有此建白，誠爲防邊切要之計。既經兵備、分巡會呈前來，鎮巡官又復計議相同，人情、事體委爲穩妥。但抽選一節未免重有募軍之費，公私匱竭，何從取辦，似當隨宜酌處。如蒙乞敕兵部再加查議，將前入衛遊兵，北路見在九百餘名改爲舊遊兵，先發赤城駐札，專防北路，兼援東路；西路見在一千餘名，改爲新遊兵，先發左衛駐札，專防西路，兼援中路。有馬者帶去騎征，兩營共缺馬一千匹，於太僕寺寄養馬内照數查發。所少之軍，容臣督同鎮巡官，於山西一省并大同所屬州縣逃故軍内嚴行清勾，務選精壯之人陸續挨補，每營止足二千，不必拘於三千之數。候軍有次第，合用馬匹、月糧、料草、布花、軍器等項另行請討。營房既稱不支官錢，行令該路參將公同遊擊隨便營造。其新舊遊兵，除補足入衛遊兵外，其餘分入正奇兩營，聽總兵與副總兵相兼統領，似爲允便。

兵部覆奉聖旨："是。"欽此。

生擒酋首斬獲首級疏

題：爲生擒酋首，斬獲首級，奪獲達馬、夷器等事。據山西布、按二司兵備、分守冀北道副使王之誥，右參議楊守愚，僉事王彙征呈，等因，到臣。臣會同巡撫大同都御史李文進議照，生擒酋首哼素、從賊火力赤，本以華人，搶入虜地，不思歸正效順，乃敢勾結醜類，攻圍城堡，挾開馬市，殺虜生靈，罪惡滔天，神人共憤。家丁張天伏等遵照臣等方略，一鼓擒之，且斬獲虜首二顆，其功委可嘉尚。陣亡軍人陳斌死於鋒鏑，忠亦難泯。既經各道會議前來，相應題請。如蒙乞敕兵部再加擬議，將哼素、火力赤二名解至京師，會官覆審，早爲處决。有功張天伏等與陣亡陳斌通行巡按御史覈勘明實，超格升賞、優恤，以示激勸。

兵部覆奉聖旨："是。這逆犯着巡按御史處决梟示。楊博廕一子入監讀書，李文進賞銀二十兩、紵絲二表裏。"欽此。

分理屯田糧草以安人心疏

題：爲分理屯田糧草以逐加增，以致民逃地荒，懇乞照舊折徵以安人心事。據山西等處提刑按察司整飭朔州等處兵備副使王之誥呈，等因，到臣。臣會同巡撫大同地方、贊理軍務、都察院右僉都御史李文進，巡按直隸監察御史欒尚約，備查前後徵納之詳。弘治十一年，户部員外郎何文縉題准，左衛、雲川、右衛、玉林、威遠、平虜、陽和、高山、天城、鎮虜十衛，地土沙薄，共糧四萬六千五百有奇，并後衛籽粒糧，俱每石折銀三錢。新增井坪所糧三千六百有奇，每石折銀二錢。官軍王鑵等糧一千一百有奇，每石折銀七錢。通共原額、新增折色糧五萬三千五百有奇，共折銀一萬六千七百有奇，相沿六十餘年，未嘗改易。嘉靖三十五年，侍郎陳儒具題，明稱除何員外題准折徵三錢糧四萬六千餘石，其餘始照今次所踏則例上、中、下起派，分析甚明，計處甚當。不知彼時憑何加增。若以爲地本肥美，先列下下，今復勘爲上上，舉正欺隱，猶之可也。今陳儒之言與何文縉後先相望，如出一口，十衛之地，沙薄荒蕪，比之六十年前尤甚十倍，顧乃朝增暮益，日異月殊。在公家僅多一萬四千之銀，在民間則竟成十室九空之灾，處之無據，言之可傷。既經兵備副使王之誥勘報前來，明白痛切，臣等難以別議。如蒙乞敕户部再加看詳，如果何文縉、陳儒原題事理相應，將前本、折二色屯糧、料草并籽粒及新增屯田糧石自嘉靖三十九年爲始，悉照先年舊規徵納，其節次加增銀兩盡行除豁。新增牛具、地畝草三萬六千五百五十一束，每束止於折銀一分，該銀三百六十五兩五錢一分，會入主兵項下。所少主兵銀一萬四千九百九十三兩五錢九分，以後每年與同年例銀兩一體處發。臣等待罪地方，目擊民艱，真切恫瘝，况雲中之地反側方寧，一旦加以無名之徵，人情、事體萬分杌隉。即今計部大臣屢嘗節鎮各邊，洞諳邊情，必能同心戮力，釐正前人之誤。臣等無任懇切祈望之至。

户部覆奉聖旨："是。"欽此。

懇乞天恩請給恤典疏

題：爲懇乞天恩，請給恤典，容令臣男回籍遷葬事。臣山西平陽府蒲州人。嘉靖三十五年十二月十三日，臣待罪本兵，臣父原任四川按察司僉事、誥封兵部左侍郎楊瞻不幸身故。臣遵例守制，後將臣父權葬别域，至今魂體未妥，臣之私衷殊不自安。臣今仰荷皇上重委，整理邊務，不敢暫離，欲遣臣男舉人楊州民前去蒲州，將臣父與臣母誥贈淑人田氏合葬。查得禮部題准事例，在京三品文官，父母曾授本等封者，照例祭葬。其先已造壙者，准開壙與祭。又查得先年工部尚書張潤因伊母韓氏病故奏討祭葬，并叙邊功，乞賜祭伊父張鏞，節奉聖旨：“韓氏照例祭葬。張潤既有邊功，伊父鏞還准祭一壇。”欽此。竊念臣父早登仕版，晚荷褒封。臣母先因臣巡撫甘肅，節有斬獲邊功，蒙賜祭葬。彼時並爲臣父造有墳壙，且臣父生前受封，委與前例相同。張潤因母及父，臣今因父及母，事體似亦無異。伏望皇上念臣烏鳥至情，憫臣犬馬微勞，敕下禮部，將臣父楊瞻准其開壙，給賜祭典，併將臣母田氏查照張潤事例一體賜祭，容令臣男回籍代臣遷葬。臣不勝感戴天恩懇切祈望之至。

奉聖旨：“楊博守邊，效有勤勞，伊父恤典，着查例給與。禮部知道。”欽此。

禮部覆奉聖旨：“是。楊瞻准照例開壙與祭，田氏還與祭一壇。”欽此。

感激天恩恭報起程日期疏

題：爲感激天恩，恭報起程日期事。嘉靖三十八年五月十六日，准吏部咨，爲缺官事，該本部等衙門會題，奉聖旨：“你每推的是楊博，着改總督薊遼保定等處軍務兼理糧餉，寫敕與他。

防秋畢日，照前旨回部。宣大員缺即便推補。”欽此。欽遵，備咨到臣。伏念微臣疏淺庸劣，最出諸臣之下，誤蒙君父特達之知，屢授兵戎之寄。宣雲封守，曠廢方深；郊圻申晝，委任益重。不勝戴〔六〕激，不勝欣戴。臣因防秋期近，惟恐遲緩，即日自大同陽和城起程，本月十九日已至宣府鎮城住候，除馬上差人節催新任總督張松前來，交代明白，星馳入關任事外，伏望皇上少紓東顧之懷。臣下情無任懇切祈望之至。

奉聖旨："覽奏，知道了。卿宜益竭忠猷，以副簡任。該部知道。"欽此。

開陳經略宣大事宜疏

題：爲開陳經略宣大事宜，懇乞聖旨申敕邊臣及時繼理事。臣以庸劣誤蒙皇上知遇厚恩，付以總督宣大、山西軍務重寄。受命以來，蚤夜驚惶，深惟邊方大計，安内爲本，一切增設、更置，因事條畫，悉荷俞允，臣與鎮巡諸臣得以畢力從事。除已經就緒者不敢塵瀆外，其見修未完、見勘未報者，總括二鎮，計有十事，臣雖改任東陲，中心懸切，不能自已，敬用删其繁文，節其要語，開坐奏請。如蒙敕下該部再加議擬，責成新總督都御史張松并各該鎮巡、兵備、守巡等官，將款内事宜查照原行逐一繼理，完日各另回奏，庶幾不廢前功，足收後效，臣愚犬馬之忠，亦得少紓萬分之一。臣無任惓惓懇切之至。

奉聖旨："該部看議來説。"欽此。

兵部覆奉聖旨："依議。"欽此。

户部覆奉聖旨："是。"欽此。

一、爲開墾荒田兼修水利事。臣看得，宣大地方荒田數多，近田河水、泉水儘可灌溉，案行兵備、守巡各道，委官勘處。節據朔州兵備副使王之誥呈，開浚完陽和衛開山渠；懷隆兵備副使郭邦光呈，開浚完保安州雞鳴、孤山、花園三渠，隆慶州黑山一渠；宣府南路參將王玉呈，開浚完洪州第一渠；萬全都司呈，開浚完鎮城利民渠。大約每渠灌田五六十頃，少亦不下三四十頃，爲利甚薄。但小民無知，惟恐將來照依水田則例加增糧石。合無聽户部恭請明旨，以後止照旱田徵糧，免其加增，少示勞徠勸相之意。一面行移總督張松并各該巡撫、兵備等官，通查堪可修渠處所，委〔七〕趁時修浚。不堪修渠處所，用臣製完水車依式成造，引水澆灌。工完之日，具數題知。水利既興，荒田自闢，足食之政，此其首務。

一、爲經略邊隘，拱衛畿輔事。該臣題稱，宣府懷隆、永寧南山一帶，西自合河口起，東至横嶺止，計長一百四十三里，内與京陵僅隔一山。先年雖經設有聯墩，兩墩空内，寬者三十丈，甚至四五十丈。若使推廣其制，築爲大墻，則一勞永逸，爲利不淺。况防秋之日，人力取之見軍，工食取之行糧，别無勞費，等因。已該兵部覆奉俞旨，見今修完三百一十五丈。合無仍行總督張松，督同總兵官李賢、巡撫都御史遲鳳翔，自七月以後，就令擺邊軍士先儘衝險去處分工修築。今年不完，明年接修；明年不完，後年接修。通完之日，將有功人員奏請旌賞，以示激勸。

一、爲邊備積壞，虜患日深，懇乞聖明早賜經略以圖萬世治安事。該臣題稱，議修大同鎮西、中二路寧虜堡起至樺林兒墩上邊，長一百二十餘里，并沿邊墩臺、敵臺，及改復雲石、鐵山二堡等項工程。已該兵部覆奉俞旨，見今修完雲石、鐵山二堡及邊墻六十九里，墩臺、敵臺一百八十餘座，挑完拒虜壕塹一百三十餘里。防秋伊邇，合無備行總督張松，督同總兵官張承勛、巡撫都御史李文進、兵備僉事王彙征，刻期修理，務在秋前通行完報。工完之日，查照原議，將有功人員分别奏請旌賞，以示激勸。

一、爲經略宣府以防虜患以保地方事。該臣題稱，宣鎮地方墩臺疏寫，以致炮火不明，議於中、西、南等路并鎮城外衝要去處添築墩臺，共三百二十座。西陽河渡口堡挑壕一道，沿長三十餘里。已該兵部覆奉俞旨，見今修完墩臺一百一十八座，挑完壕三十三里。行據參議楊巍呈稱，原議修墩口糧、鹽菜共銀二萬九千四百四十兩，内除庫貯銀一萬五千四百九十餘兩外，不足之數許於御史李秋所買米内湊支。查得前米近因動調客兵，支用盡絶，權於調到客兵銀内借支五千兩，尚少銀一萬四百九十二兩四錢七分有奇。合無聽户部於別項銀内如數補發，惟復仍於客兵銀内支給。一面備行總督張松，督同總兵官李賢、都御史遲鳳翔，嚴催委官分工修理。工完之日，一併具奏，效勞人員量加旌賞，以示激勸。

一、爲經略宣大邊務事。該臣題一款“修築堡寨”，議於宣大地方修築民堡，添設火路墩臺。該兵部覆奉欽依，已經案行守巡、兵備等官，畫地督修。續據副使郭邦光等呈稱，嘉靖三十七年五月起，至十二月終止，半年之間，修完堡寨、墩臺、懸樓共二千八百七十餘座，中間尚有未完之數。合無備行總督張松，巡撫都御史李文進、遲鳳翔，嚴督該道刻期督修。工完之日，通查前後工程，將有功官員分別奏請，量加旌賞。

一、爲議添墩臺、兵馬以嚴防禦事。據整飭懷隆兵備副使郭邦光呈稱，東路地方咫尺京陵，議於上花園等處添築墩臺三十座，合用軍夫鹽菜銀六百六十兩。該臣批允，權於客兵銀内借支。即今工程已完，所據前銀例應題請補還。合無聽户部於別項銀内動支六百六十兩，解送新任總督張松，轉發郭邦光，照數補還客兵項下支用，惟復徑自開銷。

一、爲議處班軍事。據宣府管糧郎中冀鍊揭帖，查得宣鎮河南班軍兩班輪流，共該八千一百二十二員名，計支行糧二萬四千三百六十六石、布花銀二千七百四十一兩一錢七分五釐。先年曾經題免，止解班銀二萬一千四百四十二兩八分，爲主兵征哨加添之用。今班軍既令赴邊，班銀亦已免解，又支行糧、布花并征哨加添之數，一年該銀糧四萬八千餘兩。除已前通融支放外，其三十九年以後仍乞議發，等因。又據宣府總兵官李賢呈，據河南都司領秋班指揮王江開稱，該班未到河南等衛所官軍九百八十一員名，逃回五十一名，本職欲行提取，況已臨滿期。合無行文彼處都司，將前項未到、逃回官軍月糧照名折價，解赴修邊應用，等因。臣看得，宣鎮班軍擺守南山，勢難輕掣，所據應給行糧、布花并主兵加添征哨銀兩，合無聽户部查照冀鍊所議，自明年爲始照數給發。其秋班未到、逃回官軍共一千三十餘員名，若照常提取，則期限已滿；若置之不問，則無以示戒。亦乞敕下兵部，照依李賢所議，責成河南巡撫都御史，將糧銀如數扣除在官，解赴軍門，專備修邊支用。以後敢有效尤者，一體扣解，仍重加懲治。

一、爲議處軍站以便走遞事。該臣看得，宣府順聖東、西二城原未設有軍站，深井堡雖設軍站，騾驢甚少，遇有經過使客，守備遍派村堡，指一科十，弊端如蝟。案行分守口北道勘議，隨據參議楊巍呈，議於順聖東西二城、深井堡各設軍站一所，鑄給印記，均派軍餘，量出銀兩，并查出無礙官錢及荒蕪屯地，召人佃種，湊補應用。及於大同許家堡添設守備。議論甚詳，區處甚當，係干民瘼，急當舉行。合無備行總督張松，督同都御史遲鳳翔等再勘停妥，徑自具奏，務使血脉流通，閭閻寧謐，以爲地方無窮之利。

一、爲嚴禁按伏以省芻費事。臣惟邊方錢糧，轉輸惟艱，大約數鍾方致一鍾。宣大地方每遇警報，動輒發兵按伏，及致虜入，又復觀望不戰，甚者虚張聲勢，耗損軍儲。臣受命之初，首先禁革，即如宣府遊擊楊璋、郝英，該臣參提，仰蒙聖明各褫祖職三級，已足示戒。合無聽兵部備行總督、巡撫等官，務要節省芻糧，不得輕信將官，指名按伏。如果故違，就將將官從重究問，仍追陪費過糧草，以示懲戒。

一、爲寬恤全晋民力以固根本事。臣惟山西地方，内供宗藩，外餉邊鎮，諸凡徭役，較諸他省，極爲繁重。近因警報頻仍，仍召軍買馬，選募民壯，打造器械，額外之徵不可縷數。即如民壯一名，工食多至一二十兩；戰馬一匹，價銀多至四五十金。連歲灾沴，民困已極，若不亟爲蘇息，皮已盡矣，毛將安附？合無聽户、兵二部轉行巡撫都御史葛縉及布、按二司，府州縣掌印等官，諸凡差徭務從節省，不急之務盡皆停罷。都御史葛縉備將寬恤過事宜逐一開奏，以臻實效。

校勘記

〔一〕“柢”，疑當作“祇”。

〔二〕“瘡”，底本漶漫不清，據舊抄本補。

〔三〕“給仰”，疑當作“仰給”。

〔四〕“甚有爲益”，疑當作“甚爲有益”。

〔五〕“費軀”，底本漶漫不清，據舊抄本補。

〔六〕“戴”，疑當作“感”。

〔七〕“委”後，據文意似當有一“官”字。

楊襄毅公薊遼奏疏

〔明〕楊　博　撰

張志江　點校

點校説明

《楊襄毅公薊遼奏疏》一卷，明楊博撰。

楊博戎馬一生，所至之處頗有建樹，建白、覆議頗多，相關奏疏大多整理刊刻成書。《薊遼奏疏》即其兩任薊遼總督時的奏疏彙編，凡召民販粟、易置將官、議處要害、乞發賑濟、減免差役、揭發時弊、改浚河道、嚴明職守、旌表忠烈，等等，無不涉及，是研究當時薊州、遼東、保定三鎮政務、邊防和軍務的珍貴史料。

《薊遼奏疏》，據楊博次子楊俊士《恭請先襄毅公〈本兵疏議〉序狀》記載，原名《兩督奏議》，當時即由楊博門人高大化刊刻於江陰。該本不傳。現存《薊遼奏疏》一卷本，收於今人劉明陽所藏明刊本《楊襄毅公奏疏》中。據同收於該書中的《經略奏疏》一卷本、《本兵奏疏》十二卷本與現存《經略疏稿》二卷本、《本兵疏議》二十四卷本分别對比的情况來看，《薊遼奏疏》也當爲《兩督奏議》的節本，篇目、文字均當有所删減。此外，北京大學圖書館所藏舊抄本《楊襄毅公奏疏》中又有《薊遼奏疏》四卷，和一卷本内容完全一樣，僅僅是分卷不同罷了。此次點校，即以劉明陽所藏明刊本《楊襄毅公奏疏》中的《薊遼奏疏》一卷本爲底本，參校以北京大學圖書館所藏舊抄本《薊遼奏疏》四卷本（簡稱“舊抄本”），以及明陳子龍等《明經世文編》等書所選載的楊博的部分奏疏。

暫借官銀召買民粟以濟荒政疏

欽差總督薊遼保定等處軍務兼理糧餉、兵部左侍郎兼都察院右僉都御史臣楊博謹題：爲暫借官銀召民買粟以濟荒政事。據整飭薊州等處兵備、山西按察司副使趙文燿等呈稱，薊州等州，密雲等縣，古北口、燕河營等區，米價貴賤不等，貴者每石二兩以上，賤者亦不下一兩七八錢，小民嗷嗷待哺，狼藉至極。雖經奉旨賑濟，人多米少，不能周給。除勸借種糧、緩徵逋負，一切可以優恤事宜次第施行外，再乞多方議處，長活殘民，先修内安之績，徐圖外攘之效，等因。到臣。臣會同整飭薊州等處邊備兼巡撫順天等府地方、都察院右副都御史吴嘉會議得，順、永二府地方委因去歲淫雨爲灾，秋禾盡皆淹没，春田多未佈種，以致閭里蕭條，米價騰貴。幸而遼東一帶頗見收成，備詢公使人役，咸謂計銀一錢可得雜糧四斗五升。若使就彼收買，併算脚價之費，比之關内，其利尚爲倍蓰。但民窮財盡，苦無餘力可以營辦。臣等反覆熟計，本鎮修邊并營房等項銀兩見在貯庫頗多，時方寒冽，動工尚早，若使召民往來販鬻，一轉移之間，米價自當漸減。如蒙乞敕户部計議，容臣等於前項銀内借支數萬兩，坐委兵備副使趙文燿等，督同永平府府、州、縣正官，查選殷實有力之人，每人給銀二三百兩，聽其於遼東地方買米入關，自行販賣，麥熟之時，止以原價還官，所獲之利，聽其自便。一面行移巡撫遼東都御史江東，嚴行所屬，毋令遏糴，同心戮力，共濟時艱。其守山海關兵部主事王獻圖亦要設法驗放，禁革奸弊。臣與吴嘉會仍當躬親綜理，務臻實效。臣等無任懸切覬望之至，謹題請旨。

易置將領保安重鎮疏

題：爲易置將領，專責成以圖保安重鎮事。據鎮守薊州永平山海等處地方總兵官、署都督僉事周益昌具呈，等因，到臣。臣會同巡撫都御史吴嘉會議得，設官分職，體國經野，二者相爲經緯，均不可廢。各邊副總兵與總兵同處一城者謂之協守，無地方之專責，大要與遊擊相類；不與總兵同處一城者謂之分守，有地方之專責，大要與參將相類。密雲雖設副總兵一員，以協守爲名，所統之兵不滿數百，乃使之控制千里之遠，其勢本自不能。建昌雖設遊擊一員，在燕河參將境内，自以地方無干，相聚坐食，參將不得而制，其理殊爲不通。所據總兵官周益昌議呈前因，大意欲將密雲副總兵改爲分守副總兵，建昌營遊擊改爲建昌副總兵。總兵官仍駐三屯營，居中調度，勢成鼎足，且有長山蛇勢首動尾應之意。臣等再三量度，官不增設，事自振舉，委屬穩便。如蒙乞敕兵部再加議擬，如果臣等所言有據，將密雲副總兵龔業革去"協守"名色，止稱"分守"，專管墻子嶺以西地方，至開連口、黄花鎮接界而止，石塘嶺、古北口、墻子嶺、石匣營等處參遊等官悉聽節制。建昌營遊擊改爲分守建昌副總兵，會推謀勇慣戰將官前來任事，專管墻子嶺以東地方，至山海關遼東接界而止，燕河、太平、馬蘭谷、石門寨等處參遊等官悉聽節制。副總兵仍聽總督、鎮巡節制，查照今擬責任，各另請給敕書、符驗、旗牌，欽遵行事。居常則聽各參遊各自整飭兵馬，不許干撓；遇警則統領各參遊兵馬，相機戰守。總兵仍駐三屯營，居中調度，防秋移駐古北口，與二副總兵共成犄角，以圖萬全。其建昌遊擊劉淮起送赴部，另行推用。伏乞聖裁。

兵部覆奉聖旨："是。"欽此。

議處兵備參將疏

題：爲議處兵備、參將責任以圖實效事。准巡撫保定等府地方兼提督紫荆等關、都察院右副都御史艾希淳咨，准臣咨，照得井陘兵備住札獲鹿縣，故關參將住札真定府，似未穩妥。易州兵備兼管倒馬關，顧理難周。即如去歲大虜窺關，易州兵備提兵浮圖峪，而插箭嶺以西反爲虜隔。以本部之意，莫若易州兵備止管保定一府并紫荆關地方，井陘兵備移駐倒馬關相近縣分，專管真定一府并倒馬、龍泉、故關地方，故關參將移住龍泉關相近地方，其順德府割屬大名兵備兼管。合咨前去，煩爲虚心酌議，兼采輿情，備細款報。如有别礙，亦希回示，等因。準此，爲照防守莫先於知要，而綜理尤貴乎任人。得其要則用力少而成功多，得其人則責成專而集事易。惟兹西關，延袤千有餘里，體國經野本有急緩之别，置吏張官當知輕重之辦〔一〕，况驕虜憑陵既已日異月殊，而關塞經營自難因陋就簡。所據易州、井陘、大名三兵備分管關府，及井陘兵備與故關參將移住地方，貴部區畫，大意已詳，本院逐一覆加酌議，揆與今日事勢、人情，似爲穩協，擬合咨報，煩爲從長裁酌，題請施行，等因。到臣，案查前事已經移咨查議去後，今準前因。臣會同巡撫保定都御史艾希淳議得，先年大虜雖涉浮圖之境，于時水凍草枯，原無深入之志。去秋擁衆數萬，由靈丘、廣昌突至浮圖，分犯寧静庵、葫荽口等處，勢已危急，幸而天兵大集，人心思奮，進無所掠，失意空歸。今秋窺伺諸關，理所必至。臣等以一切邊計全在兵備，竊欲從宜更置以效一得之愚。已而檢閲故牘，始知巡關御史黄洪毗亦常建議及此。但洪毗之意欲有警之時憲臣暫行分管，無事之日憲臣職守如舊，不惟官無固志，玩愒因循，且諸屬素非統轄，卒然臨之，人心自不相孚，必須專任責成，方可經久。謹將應行事宜條爲三款，極知疏謬，無能弘濟時艱，與有地方之責，有所見聞，不敢緘默。如蒙敕下吏、兵二部，再加議擬，早賜施行，地方幸甚。謹題請旨。

計開：

一、定擬兵備責任。臣等議得，易州兵備道見管紫荆、倒馬二關，保定府所屬易州等州、清苑等縣共二十州縣，真定府所屬定州、曲陽、新樂、行唐四州縣，保定五衛，茂山、定州二衛。該道住札易州。井陘兵備道見管龍泉、故關二關，順德府所轄邊山一帶各隘口，真定府所屬趙州等州、真定等縣共二十八州縣，順德府所屬邢臺等九縣，真、神二衛，平定、順德守禦二千百户所。該道住札獲鹿縣。大名兵備道見管大名府所屬開州、元城等一十一州縣，廣平府所屬永平等九縣。該道住札大名府。凡邊防、兵馬、錢糧、詞訟、禁革奸弊，禦侮安民，皆其職任。但各道所轄地方煩簡夷險不同，卒遇警急，多致顧此失彼。臣等再三熟計，合無將紫荆一關并該關所轄隘口，東起沿河口總西至白石口總止，及保定一府所屬二十州縣、保定五衛、茂山衛并山西廣昌、靈丘等州縣軍衛有司，俱聽易州道管理。倒馬、龍、故三關并各關隘口，東起插箭嶺總，西南至故關所轄石榴嘴等口止，及真定一府所屬三十二州縣，與真、神、定三衛，平定守禦千户所并山西平定州樂平、五臺、繁峙、盂縣等縣，俱聽井陘道管理。順德府所轄邊隘，北起馬嶺口、錦綉堂等口，南至黄背岩、數道岩等口止，并順、廣二府各九縣，大名府所屬十一州縣，順德守禦百户所，俱聽大名道管理。及查易州道住札易州，係在適中，無容别議。井陘道移住曲陽縣，大名道移住順德府，似亦允便。但公館、衙門，或創建，或改設，未免重爲勞賀〔二〕。况禦虜在夏秋，弭盗在春冬，大名地方與山東、河南接壤，盗賊淵藪，不可不慮。二道止合照舊住札獲鹿、大名二處。凡地方一切事務，責令往來巡行，每歲六月中旬，井陘道暫住曲陽，大名道暫住順德，偵探虜警緩急，悉心調度，仍會行各該將官相機戰守。掣兵之日，方許各回原處住札。若邊關有非時警報，地方有别項重務，四時不拘，馳赴料理。仍照今擬責任，各另換給敕書一道。

其易州道原奉敕書未開“軍衛有司官員有貪殘不職、玩寇殃民，應提問者徑自提問，應參奏者參來處治”一節，似與井陘、天津二道事權不同，亦須一體增入新敕，以便行事。

一、定擬參將住守。臣等議得，故關參將管理龍泉、故關并順德府所屬錦綉堂等隘口，先年虜賊屢犯山西，以故關爲急，參將原住井陘。嘉靖二十五年，因故關地勢狹窄，井泉枯涸，井陘僻在一隅，山地險阻，且相去龍泉、錦綉堂寫遠，策應不便，議改真定住札。今擬相近龍泉住札，北距倒馬，南接故關，無事聲勢聯絡，有警調援便利，委屬相應。但相近龍泉，止阜平一縣，此外有靈壽、行唐、平山三縣，至真定各僅五六十里，至關反有百五十里。若移住此三縣，必須改設衙門，建造營房，殊爲勞費。臣等再三熟計，合無行令故關參將，平居仍舊住札真定，以便隨軍團練。每歲秋月，或移住阜平，或移住行唐、靈壽，或移住平山、井陘，隨賊向往，督兵防禦，不許株守自便。掣兵之日，仍回真定住練。若有非時警報，四時不拘，馳赴堵截。儻誤機宜，聽臣等參究。

一、議留兵備官員。臣等議得，事當謀始，人惟求舊。諸凡邊政既屬兵備整飭，果有效忠宣力之人，理當稍加旌擢，以示激勸。竊見易州兵備副使畢竟容嘉靖三十年三月初一日到任，扣至今年二月，歷俸已及三年。本官才猷練達，識見宏深，連年防虜治兵，勤勞懋著。井陘兵備副使朱徵嘉靖三十年六月初三日到任，扣至今年五月，歷俸將及三年。本官膚敏之識，果毅之才，弭盜安民，卓有成績。吏部計其年資，二臣例當遷轉。但今防秋在近，誠恐舊者既去，新者未來，且新任官員諸務卒難周知，緩急無所憑藉，似爲未便。臣等再三熟計，合無將畢竟容、朱徵再加查議，如果應升，照依密雲兵備副使王輪事例，量加參政職銜，照舊管理兵備，以濟時艱，惟復暫停遷轉，候防秋畢日一併録叙。

議修要害嚴防守以固邊疆疏

題：爲議修要害，嚴防守以固邊疆事。准巡撫保定都御史艾希淳咨，據易州兵備副使畢竟容呈，據保定府管關通判劉遷[三]、真定府管關通判李應霑各呈，等因，到臣。臣會同巡撫保定都御史艾希淳議得，籌邊者貴審乎時，設險者當因其勢。假使宣、大之間兵馬精强，力能拒虜，紫荆、倒馬真爲堂奥，何足深慮？今則非其時矣。所幸天險具在，人力可爲，振迅之頃，自當改觀易聽。若仍復因循玩愒，虜得擁衆入關，關南之人不免魚肉，臣等杞人之憂無任惓惓。蓋嘗通論四關之險，則龍泉爲上，倒馬次之，紫荆、故關又次之；通論四關之勢，則紫荆爲急，倒馬次之，故關、龍泉又次之。獨論紫荆、倒馬之勢，紫荆雖負山臨河，不足以據，一關之樞，西則白石口，極爲平漫，堪馳十輛，東則馬水口，外臨廣谷，内無完城，且相去紫荆三四百里，倉卒有警，參將應援不及；倒馬則落路、吴王二口均當要害，又切近茨溝等村。臣等所憂者，不在紫荆正關，而在馬水、白石；不在倒馬正關，而在落路、吴王。以故參酌副使畢竟容之議，於馬水谷則議添參將，白石[四]、茨溝則議添守備。非敢故爲多事之擾，念惟虜患孔棘，苟不大爲整飭，害已剥膚，必貽後時之悔。至于修築之工、召募之役，揆之人情、事勢，又皆决不容已。但内帑之積貯有限，畿甸之膏脂已竭，通計各項所費，殊爲不貲，反覆籌度，計無所出，轉盻秋深，憂惶特甚。如蒙敕下户、兵二部，會同計議，速發銀五萬兩，專備募軍等項支用。再容臣等於薊州營房銀内借支三萬兩，或發通倉米三萬石，專備修邊等項支用。用過薊銀，候秋成之日照數補還。一應工程坐委副使畢竟容、朱徵各照分管地方督理。其餘款内事宜，仍乞聖明早賜裁允，地方幸甚。謹題請旨。

計開：

一、議馬水參將。臣等議得，紫荆關沿河口地極孤懸，而馬水、金水等口接連保安、懷來、蔚州大川，尤爲衝斥，倏遇警急，紫荆參將相去隔遠，勢自不能應援。萬一虜騎分道南侵，未免顧此失彼。由紫荆之西止犯完、唐，由紫荆之東徑犯涿、易，密邇京師，事體尤重。臣希淳先嘗議設參將，未蒙准允。今據祝福具呈勤懇，是蓋利害切身，不得不言。合無於馬水口添設參將一員，東起沿河口總西抵金水口總一帶邊隘屬之管轄。烏龍口總起至白石口總止仍屬紫荆參將管轄。馬水口既設參將，該口守備官移置〔五〕沿河口，名曰沿河口守備，把總官移置〔六〕金水口，名曰金水口把總，俱聽馬水參將節制。參將仍聽總督、鎮巡官節制。各另定擬責任，參將請給敕書、旗牌，守備、把總換給部札，以便行事。

一、議白石守備。臣等議得，浮圖峪與白石口俱爲紫荆要害，以地勢言之，白石尤爲可慮。浮圖峪離關九十里，尚藉重關爲之限隔。白石東南至黄土嶺四十里，即易州大川，南至周家堡三十五里，即完、唐二縣地方。以故二十三年虜賊越過白石，搶掠完、唐，去年攻衝獨石，欲犯畿内，專擾白石，必然之勢爾。先年於黄土嶺戍兵築城，後復遷置外口。然兩山雄峙，適在溝澗之中，出口則爲廣昌平川，無所屏蔽，守亦難於制勝。見設把總，名位似輕。合無將把總改爲守備，比照浮圖峪守備事例，請給敕書，重其事權，令其操練人馬，修理城垣，遇有虜警，嚴督葫荽等口管總、守口等官併力防禦。其浮圖峪把總下黄土嶺、烟薰崖、常家溝三處與白石口一路相通，俱改以屬之，聶門關等口照舊屬浮圖峪把總。白石把總裁革回衛，另行改用。

一、議茨溝守備。臣等議得，倒馬關之吴王、落路二總均爲要害。蓋二總外接靈丘、繁峙等縣，僅百餘里，内抵阜平縣，不過百里，商販經行，久成坦途。又切近茨溝等村産礦處所，加以五臺遊僧往來不絶，奸僞莫辯。蠢兹醜虜，每每垂涎臨清，若使越過吴王等口，徑達臨清，别無妨阻。合無於茨溝村添設守備一員，將狼牙口把總所轄落路、吴王口一帶龍窩溝、暖窟兒、羊馬樓、高石堂、艾葉、上下竿嶺、楊洪口，龍泉關把總所轄陡撞兒、坑〔七〕兒溝、胡家莊、寨溝兒，但可通虜及奸細往來之處俱聽守把盤詰。又地名銀河、扒背石、大小柳樹溝、黄土梁、黄石堂、天橋兒、蓮子崖，但有礦洞地方俱聽禁治管理。狼牙、龍泉二把總俱聽提調。守備仍聽倒馬、故關兩參將節制，定擬責任，給付部札，以便行事。

一、議添置兵馬。

一、議增加墻垣。

一、議增修墻垣。

一、議增修墩臺。

一、議剷削偏坡。

一、議增添器具。

一、議留守兩關。臣等議得，先年將中千户所正軍隸入紫荆參將營内，餘丁防秋之時亦發守口。去秋賊由寧静庵進入，零騎已至塔崖以西，若使舉衆扣關，城中虚空，誠爲失計。況其地當諸隘之中，積貯糧草頗多，參將出外，本城理當留兵，不止守護城池、倉場，相度急緩，東西可以策應。況迎送使客及一應差遣與看守倉場、庫獄，采燒柴炭、灰磚等項，俱係參將營之軍，平時則有妨操練，出征則失誤接遞，疲憊日甚，咨怨頗多，甚非長計。合無將保定五衛班軍八百五十五員名、茂山衛官軍一千三百六十一員名，同該所軍八百名，各挑選精鋭，聽參將操練，專備出征之用，一應守城守門，防護倉場、庫獄，接遞等項俱不干涉。本所餘剩正軍四百三十六名，與取回并在所充發見在新軍二百四十名，及食糧餘丁六百名，共一千二百二十六名，於本所千户内選委一員，管理操練，名爲城操，凡係雜差役使，聽其輪撥應用。防秋之月，量留五百二十六名守城，餘仍摘撥相近隘口防守。倒馬關、浮圖峪、馬水口等處騎征、馱槍馬匹俱冬春全給草料，惟紫荆關營止給料豆，草束取之餘丁采納。餘丁分撥防秋，采納不能如數，支給未敷，馬軍亦每受累。餘丁既改作城操，馬軍草束亦應照依倒馬關事例，户部一體支給，則戰守既有所分，勞僨可無偏累。又倒馬關參將所領馬、步官軍二千四十五名，參將一出，本關空虚，與紫荆關相同。其相近柳角安口并柳角口軍一百二十一名，聞係先年守備内臣役於其處，治種園圃，因循未革，而各軍住宿本關，虚冒糧餉。合將各軍併入參將營，操管口千户羅坤裁革别用。防秋之時，聽參將量留一百名，與同軍城輪操軍八十名并上城軍一百三十三名會合守關。上城管總照舊仍用指揮，重加責成。

議移督撫駐札以便防禦疏

題：爲議移督撫駐札以便防禦事。准兵部咨，該本部題，職方清吏司案呈，奉本部送，兵科抄出，巡按直隸監察御史蔡揚金題，奉聖旨："兵部知道。"欽此。欽遵，抄出送司。卷查先爲追往失、責來效以預定安攘至計事，該兵科都給事中王國禎等題，節奉欽依："准議行。"欽此。已經通行欽遵去後，今該前因查呈到部。看得巡按御史蔡揚金題稱，欲要移軍門於密雲，移巡撫於薊州一節。爲照督撫當邊方重任，駐札必當其地，始得伐謀制勝之策，故自調度而言則貴處適中，自鎮壓而言則欲據要害。總督駐札薊州，雖係適中，而密雲實爲虜衝，防守當無所不至，本官論奏前因，誠爲有見。但關係重大，遥度爲難，必得彼中衆論僉同，庶爲長便。況該科近議移駐鎮城以當虜衝，已經本部議行督撫等官會議具奏，相應併行查勘。合候命下，本部備行該鎮總督、鎮巡等官，及咨都察院，轉行巡按、巡關御史，各查照先今事理，併加詳議，從長計處，移駐各該地方有無穩妥便利，及一應合行事宜，明白具奏，以憑覆議上請，等因。奉聖旨："是。"欽此。欽遵，備咨到臣。臣會同巡撫順天都御史吴嘉會議得，邊政當論大體，不當泥於小節；邊臣當爲國謀，不當自爲身計。惟兹總督、巡撫開府一事，臣等再三籌度，密雲地稱左輔，勢居上游。咫尺陵寢、京師，緩急易於驅馳；接連黄花、渤海，調度均屬便利。且相去石塘嶺、古北口、墻子嶺各不滿百里，是雖冬春無事之時，亦可以訓練經營，修明軍政。其言不便者：一則爲薊州頗大，密雲極小，一應供備苦於不給。臣自到薊州，諸凡糜費悉從裁省，絶於州驛無相干涉，即使移鎮密雲，自是無所騷擾。一則爲薊州適中，便於調度三鎮，不知密雲去薊州止二百里，於保定反便於三屯營，遼東亦未爲不便。臣等以爲，總督軍門决該駐札密雲無疑。至於巡撫向駐遵化，原爲驗放三衛夷人，既今虜患孔棘，改駐薊州，似亦相應。所據兵科都給事中王國禎、巡按御史蔡揚金先後敷陳極其詳明，誠爲地方深長之計。如蒙乞敕兵部再加計議，將臣博改駐密雲，臣嘉會改駐薊州，防秋之日，臣嘉會遵奉明旨，仍移駐昌平防守，以後著爲定規，不宜輕易更張。未盡事宜，可以自處者，容臣等徑自處置。

兵部覆奉聖旨："是。"欽此。

懇乞再發賑濟以安重地疏

題：爲祗承德意，懇乞天恩再發賑濟以安畿甸重地事。准整飭薊州等處邊備兼巡撫順天等府地方、都察院右副都御史吴嘉會會稿，准兵部咨，該司禮監太監王利傳奉聖旨："朕惟連年灾歉，自庚戌逆賊悖天後凶荒四歲，百姓饑窘已甚，良用惻焉。今救灾惟恤民、養軍爲要，二件得人，雖患亦不害。吏部便行與各該被灾地方撫按官，嚴督所屬有司，加意賑恤，務使軍民各沾實惠。若能惠養有方，勞迹彰著的，指實具奏擢用。貪殘殃民的，處以重典。兵部行各邊鎮巡將官等，撫愛軍士，整飭兵政，嚴謹隄備，都要着實遵奉。如或誤事，罪必不宥。”欽此。欽遵，恭捧到部，合咨前去，煩爲欽遵施行，等因。到職。行據整飭霸州等處兵備、山東按察司副使許天倫呈，蒙職批，據漷縣申稱，原報饑民蒙發通倉粟米，口給二斗五升，尚不足用，刮削樹皮，插和度日。即今樹皮已盡，饑荒尤甚，壯者逃於四方，老稚轉於溝壑，盜賊紛紜，餓殍盈野。及查本縣庫藏，原無收貯事例等銀，六里貧民又無頗過之家，實難區畫，惟恐饑民嘯聚爲非，乞爲接濟，等因。蒙批本道議報。蒙此，案照先蒙撫按衙門案驗，備仰分撥京、通二倉粳粟米石到道，已經行令所屬州縣查照船運給賑去後，今蒙前因。爲照所屬州縣饑口本多，發糧數少，僅可拯救旬日之饑。本道親歷涿州、良鄉、房山、固安、永清、東安、武清、霸州、文安、大城、保定、昌平等處，并武清、涿鹿、興州、隆慶等衛地方，在在爲然，不獨漷縣而已。室廬田地，荒棄無人，草根木皮，掘剥已盡，餓殍枕藉於道路，少壯流移於四方，若不早爲接濟，將來逃亡不知紀極。雖經丁寧面諭各該掌印官員多方勸借設處，緣地無出產，兼土多下濕，難以積蓄，雖勸借些須，未能濟事。節據各州縣申問，捉獲盜賊不勝起數，饑寒迫切，竊發爲非，畿輔重地，尤宜急處。但公私之力俱已竭盡無遺，再無别處。查得户部原議，候青黄不接，再議發接濟，即今正維其時，呈乞早爲題請，以安地方，等因。到臣。臣會同巡撫順天都御史吴嘉會議照，順、永二府地方寔維根本重地，無名之徵，千縷萬種，孑遺之民，十室九空，兼之連年虜患孔棘，邊工未息，去歲霪雨爲灾，粒米無成，以故冬春以不〔八〕强者聚爲盜賊，弱者轉於溝壑，誠數十年所未有之變。幸賴聖明在上，天覆地載，大發倉糧以賑恤，屢勤敕旨以宣諭，皇恩浩蕩，全活之民曷啻數萬。但惟銀米之數有限，困疲之民無窮。公積私蓄，搜刮無遺；樹皮草根，剥掘殆盡。邊地暖遲，麥熟尚遠，人情一日不再食則饑，豈能忍死以待？欲議勸借，則富室稱詘；欲議開納，則無人應命。老稚塡門哭告，哀悲之聲，耳不堪聞；有司連牘申呈，顛連之狀，目不忍見。近該臣博、臣嘉會題奉俞允，暫借官銀，召民於遼東糴買，價已漸減，民頗稱便。然止能及於有銀之家，極貧之民，其理自不能及；止能及於薊州之東，薊州之西，其勢自不到。至於鎮朔等衛軍舍、餘丁均係朝廷赤子，存恤之典，委當一視同仁，難以互異。除薊州迤東州縣衛所，臣等儘力措處，不敢煩瀆聖聽外，其薊州迤西地方情委迫切，户部原題奉有欽依"候青黄不接再議請發"，臣等待罪地方，目擊民艱，審時度勢，似不容緩。伏望皇上軫念郊圻之民窮苦至極，敕下該部早爲查議，再發京、通兩倉糧米四五萬石，聽臣等督率該道及府州縣、衛所等官，不分軍民，一體設法般運接濟，庶幾垂死之民得蒙更生之賜，地方幸甚，臣等幸甚。

户部覆〔九〕，聖旨："是。"欽此。

議處防秋事宜疏

題：爲議處防秋事宜以備戰守事。據征虜前將軍、鎮守遼東地方總兵官、左軍都督府都督僉事趙國忠呈，蒙臣鈞帖，前事，依蒙會同巡撫遼東都御史江東議，將防秋緊要事宜開立前件，呈乞施行，等因，到臣。臣惟遼東、薊州，以地形言之，相爲脣齒；以兵馬言之，相爲依輔。今之所以重遼東者，非爲遼東，寔爲薊州；所以重薊州者，非爲薊州，寔爲京師。是故遼兵精强，則薊鎮恃以無恐；遼兵削弱，則薊鎮無從攸賴。利害急緩，較然甚明。但自二十九年虜患以來，動調遼兵，每歲不下萬餘，正餘駄馬多至萬五十[一〇]匹。彼處馬匹與别鎮不同，皆係各軍自行置買。往年餘丁富庶，量爲補助，猶可支持。乃今徵調頻仍，倒死繁多，兼之屢遭虜患，閭里消索，餘丁自顧不暇，奚暇及於幫軍？遼陽副總兵岳懋近日見臣，首言此事，以爲各軍無力置馬，節因比併嚴急，鬻妻易子，伐樹撤屋，悲怨之聲塞衢盈路。夫兵在附民，悦以使之，猶恐不堪，况可强以難繼之事乎？所據總兵官趙國忠呈乞官價一節，既與巡撫都御史江東會議允合，且參諸岳懋之言，不約而同，防秋在近，似當急爲議處。如蒙乞敕兵部再加計議，如果臣言不妄，量於太僕寺馬價銀内動支數萬兩，運送遼東巡撫衙門，定擬數目，專一貼補軍士買馬，不許别項支用，庶幾馬得蕃息，軍自歡慶，以之調援薊鎮，必當士嘻馬騰，争先禦虜，薊人、遼人均切幸甚。

兵部覆題，奉聖旨："是。"欽此。

陳時弊度虜情以保萬世治安疏

題：爲陳時弊，度虜情，慮貽將來大患，懇乞聖明申飭臣工，務懷永圖、責實效以保萬世治安事。准巡撫順天等府地方、都察院右副都御史吴嘉會等咨，據鎮守薊州等處地方總兵官、前軍都督府署都督僉事周益昌等呈，各將會議過防秋事宜開報到臣。卷查先准兵部咨，前事，該兵科都給事中王國禎題，該本部覆議，將總督、鎮巡等官，不必拘以文法，使得隨宜展布，各官每歲預將防秋事宜，通限三月以裏條列具奏。又准本部咨，爲追往失、責來效以預定安攘至計事，亦該兵科都給事中王國禎等題，内肆[一一]形勢，該本部覆議，虜不全利不深入，銼之數年，自當悔禍。若夫力拒外邊，俾不深入，該科所議誠爲上策。然先議其所以足食足兵之方，兵食足而後士卒附，士卒附而後戰守可圖。合行總督、鎮巡等官，圖上方略，等因。各題奉欽依備咨前來，已經移咨三鎮巡撫官，會同總兵官，督同副參、遊守等官，將本鎮一應防秋事宜及早計議，要見虜至何以爲守，何以爲戰，軍馬是否精强，錢糧是否充盈，邊隘是否修飭，器械是否鋒利，本鎮兵馬如不足用應調何處兵馬，逐一列款開報去後，今該前因。臣惟御虜之要惟守與戰，計戰不如議守；籌邊之略惟名與實，循名不若責實。薊鎮自二十九年虜患以來，修邊積餉，選將增兵，靡思不到，較而論之，以十分爲率，其名十九，其實止十一耳。在武弁則動稱血戰，及其見虜，退縮於前，觀望於後，以保全部曲爲得計。若使上明天時，下知地利，中得人和，阻其所必由，攻其所必救，自無坐致銼衄之理。在文職則動言收保，及虜既入，無壁可堅，無野可清，以掩蔽搶虜爲長策。若使先務守墻，次務守墩，次務守堡，以逸待勞，以飽待饑，自當聿收保障之功。至於防守之兵馬，多係紙上之詭名；度支之錢糧，半入將官之私橐。罪之不勝，言之可慟。即今狂虜之奸計叵測，邊防之圖〔一二〕維貴早，況二月草枯之時，已嘗窺伺河坊，夏末秋臨，理當大舉。一應防秋事宜，雖該三鎮鎮巡官開報前來，在薊州者惟欲多調臨鎮之兵，在遼、保者惟恐調及本鎮之兵。臣以大義所在，首當拱衛京師，範護陵寢，而拱護之要，東西諸隘俱當一體爲備。若果力拒於外，使賊不能突入，比之角戰畿輔之間，縱有成功，所損不貲者，萬分不侔。用是參之輿情，附之淺見，條列上陳。但事體重大，委非臣愚所敢擅議，如蒙敕下兵部，再加參酌，早爲覆請，行臣遵守。至於時陳下原調遼兵一枝，臣下原調遼兵二枝，除冷口分去一枝，見在止有一枝。伏望皇上俯念古北爲重，將時陳所調遼兵亦聽臣徑自徵調，庶幾强弱相兼，戰守允便，門庭既安，堂室自固。臣無任惓惓懇祈之至。

兵部覆題，奉聖旨："准議。"欽此。

計開：

一、守要害。臣惟十指之更彈，不如合拳之一擊，故備東則西寡，備西則東寡，無所不備，則無所不寡。比年以來，率以兵馬預分邊境，晝夜食宿俱在墻上，不惟人力疲勞，誠爲守株待兔。今歲防秋，必須擇其總括之地各屯重兵，使有常山蛇勢首動尾應之義，方爲得策。合無將冷口作一處，自山海關起至太平寨止，以副總兵李賢主之，住札建昌，領本營兵一枝，石門寨遊兵一枝，太平寨、燕河營參兵二枝，再加三屯營遺下正兵并遼兵一枝、山東民兵一枝。古北口作一處，自馬蘭谷起至石塘嶺止，以總兵官周益昌主之，住札密雲，領本營兵一枝，臣標下兵一枝，振武營奇兵一枝，馬蘭谷、古北口、墻子嶺、石塘嶺參兵四枝，石匣營、曹家寨、大水谷遊兵三枝，再加遼兵二枝、河間遊兵一枝、保鎮民兵一枝。昌平作一處，自渤海所起至鎮邊城止，以副總兵張琮主之，住札昌平，領本營兵一枝，黄花鎮、鎮邊城參兵二枝，居庸關、鞏華城守兵二枝，白羊口遊兵一枝，再加時陳下陝西邊兵四枝、河南民兵一枝、定州遊兵一枝。紫荆、倒馬關爲一處，自沿河口起至故關止，以總兵官歐陽安主之，住札易州，領本營兵一枝，馬水、紫荆、倒馬、龍故參兵四枝，并保定、定州、河間調剩達兵，及各處土兵、民壯、快手，再加保定正、奇兵二枝，本鎮民兵一枝，巡撫下武勇兵一枝。各聽周益昌、歐陽安、張琮、李賢，無事隨宜操練，有警分布戰守。臣與時陳、吴嘉會、艾希淳往來督視，副使趙文燿、李蓁、張敦仁、畢竟容、朱徵、茅坤協同各將，共圖保障。萬一賊虜止犯一處，臨期斟量急緩，發兵策應，不許自分彼此。其曹家寨、大水谷遊兵二枝，宜守不宜戰，宜步不宜馬，原兑民馬二千，徒爲勞費，合無革去一千，每營各止用五百匹。

一、覘虜情。臣惟知彼知己，兵家之要。遼東與京師相去隔遠，且秋深泥淖，虜馬難馳，保定耳目寄於宣大，俱無庸别議。惟薊州一山之外即爲屬夷，東則朵顔部落，西則李家莊巢穴，是雖陽順陰逆，其在今日，譬之紙帳竹籬，留之無益，去之可惜。况每歲北虜大舉，或東或西，此輩大略先知，若撫之有道，處之有法，必能預得其情。合無容臣嚴行薊州鎮巡官，將三衛并李家莊夷人從宜撫賞，選差素有膽氣、慣知道路夜不收人役，分番其營，覘探醜虜向往。各夷果知效順，哨報的實，防秋畢日，從重賞勞。况辛愛近日將阿羅豆兒、色鎮兒妻女淫騙〔一三〕，離心離德，結之以恩，自是以夷攻夷之法。

一、選兵馬。臣惟“兵無選鋒曰北”。薊兵削弱，不惟全失操練，至於簡閲之法，向來通未舉行。臣近日略加簡選，大約合鎮可得壯健者萬五千人，顧惟教練之初，不可全恃爲用。至於薊、保二鎮參守之兵，一枝僅數百人，或千餘人，馬不過三五百匹，或六七百匹，有名無實，多屬文具。其調到客兵，雖稱精健，中間亦有不可用者，且來路既遠，疲弱爲多。合無聽臣等不分遼、陜、保定及山東、河南之兵，逐一簡選，分爲上、中、下三等，上等者用爲衝鋒破敵，中等者隨營截殺，下等者守墻守城，及分布軍民堡寨，遇有零寇分掠，兼土兵相機剿殺。兵不貴多，而貴於精。

一、明戰地。臣惟“先處戰地而待敵者逸，後處戰地而待敵者勞”。東自冷口起，西至倒馬關止，一山限隔，其中多有可以據險阨塞之處，不惟客兵初至，不解東西南北，雖本鎮之人亦俱茫然不知。即以古北口言之，虜若自黄榆溝而來，必由潮河川；自鞕垛子而來，必由黄家寨；自黑谷關而來，必由三個嶺。臣嘗往來周視，此三處者兩山夾峙，真我兵之戰地也。過此則爲石匣，爲密雲，平原曠野，萬馬可馳，欲戰不能，欲守不得矣。臣已各設置木柵，横以方板，於中多留箭眼，可以用使火器。柵外開明壕二道、暗壕二道，又用竹竿布於地上，多設地雷、火炮，如或可用火攻，或水攻，臨期徑自酌處，所謂“多方誤之”。所據冷口、鎮邊、馬水、白石、吴王、次[一四]溝諸口，俱當仿此舉行。合無容臣等不分主、客，嚴督各該參遊等官，先期令其於分定地方，上下山坂，躬親踏勘，務得可戰之地，畫圖貼説，回報臣等，訂其可否。即如去歲浮圖谷之戰，陳鳳偶據山坡而大勝，朱玉不知據山而稍挫，是其明驗。若使平日講求習熟，决無倉皇失措之理。

一、張疑兵。臣惟冷口一帶雖已屯兵，誠恐虜情重大，總兵官周益昌相去隔遠，倉卒勢不能及。查得每當秋月，遼東寧前一帶頗有警報，事在彼中，亦當防範。合無行令總兵官趙國忠帶領本營兵馬，七月以後專在寧前住札，以爲薊鎮聲援。一面多差人役於冷口探聽，但有入犯消息，不必等候明文，即便星馳入關，會同副總兵李賢，相機剿殺。仍於撫賞屬夷之時，先以此意傳播其營，使其知我處處有備，似應伐謀致勝之端。

一、急收保。臣惟御虜之要，固守爲上。臣去歲經略之時，已嘗題准修築簡便墩城，但時值荒歉，小民救死不贍，何暇及此。臣近至薊鎮，見近山人家亦有因山爲寨者，據高設險，大略如城垣之制，不甚費工，亦可收效。合無備行各該兵備并沿邊有司官員，預將民村勘定，要見何處平衍可以築墩，何處近山可以設寨，稍候麥熟之時，次第舉行。萬一時日迫近，難以遽完，且將見在城堡作何歸併，人畜作何收斂，務要計處周詳，共保萬全。若能悉心幹理，卓有成績，薦揚擢用。坐視民患，致有疏失者，查參重治。

一、調兵食。臣惟足食、足兵雖交相爲用，而足食尤爲先務，是故兵馬、錢糧當作一家計算。往年不分虜情緩急，故將兵馬聚於全無積貯之地。即如古北口，兵嘗不下萬人，馬不下一二萬匹。彼處糧既寡少，度支艱於輸運；地又窄狹，兵馬苦其鬱蒸；豪横客兵，又往往肆其殘暴，以致居人怨詈，無所控訴：可謂一舉三失之矣。合無今歲將各處客兵，如遼、保之兵則分於薊州一帶，由平谷漸入密雲；陝西、河南之兵則分於通州、三河一帶，由順義、懷柔漸入昌平。哨有虜警，一日一夜可以馳至。各該主將如欲簡閱，或暫行調集，或就彼巡視，無所不可。

一、使罪過。臣惟選兵不如選將，使過優於使功。各處廢棄將官，節經兵部題奉明旨，不分充軍、爲民、閑住、降級等項，俱許隨軍立功。除非臣所屬者不議外，合無容臣將薊、遼、保定三鎮廢將，不拘總兵、參遊、守備通行查出，取赴軍門，令其各帶家丁，自備戰馬，官給廪糧、料草，儘其見在之數，合爲一營，仍以素有威望者一人主之，隨臣往來截殺。果有奇功，具奏升賞。無功者，照舊發還原衛。略其文史之虚名，責以鎦〔一五〕鈐之實效，將材、邊計，兩爲有益。

達虜寇邊挫衄退遁疏

題：爲大舉達虜擁衆寇邊，仰仗天威，痛遭挫衄退遁事。本年九月二十七日，虜酋打來孫、把都兒等七個大頭兒帶領達賊十萬餘騎，擁至古北口邊外龍王谷等處，晝夜攻墻。臣等節准兵部咨文，督勵官兵，奮勇敵打，死傷賊人、賊馬無數，未得入境。賊於地名三岔口、古城川、虎頭山接連下營，乍退乍進，復欲西犯白馬關。隨該提督趙卿奉命統領寧、固遊兵二枝前來，臣等當又分布該關及石塘嶺、大水谷一帶，相兼彼處官兵及保、河民兵併守間。伏蒙聖諭宣示臣等，嚴督將兵，奮勇敵戰，且蒙欽賞臣等大紅衣一襲、犒軍銀一萬兩，一時人心感奮，咸思食虜之肉，飲虜之血，軍容、士氣，百倍往昔。虜知决不能犯，方始迤邐北行。十月初四日，據夜不收路恕等哨得，前賊分爲二股，由十八盤、小興州等處退遁去訖，具報到臣。臣會同巡撫都御史吴嘉會議得，東西二虜糾[一六]衆遠來，實欲大肆侵軼，乃今痛遭挫衄，狼狽而歸，是皆仰仗我皇上聖武布昭，玄威默相。風霆迅掃，立寒群醜之心；雨露沾濡，坐收萬全之勝。地方幸甚，臣等幸甚。除虜情始末并效勞有功人員另行會奏外。

奉聖旨："兵部知道。"欽此。

大虜寇邊大致克捷疏

題：爲大虜擁衆寇邊，勢甚猖獗，仰仗天威，官軍奮勇鏖戰，功收萬全，大致克捷事。據鎮守薊州永平山海等處地方總兵官、前軍都督府署都督僉事周益昌呈，爲捷音事，案照先爲防秋事，奉總督軍門楊侍郎鈞帖，備行本職，會同巡撫吴都御史議，將密雲副總兵龔業分布古北口，磚垜子起，東至將軍臺止；石匣營遊擊張承勛，吊馬谷迤西起，至蠶房谷止；本區參將楊照，龍王谷迤西起，至潮河第七寨止。又將墻子嶺參將吕淵、曹家寨遊擊劉守分於土墻、漢兒嶺、黑谷關一帶，各統所部官軍，依墻擺守。本職隨差百户陸永催督張承勛，千户繆禮催督龔業，百户張剛催督楊照，各照信地，刷修偏坡，增挑品窖。及差百户薛鳳鳴前去曹家寨，催督提調指揮張昆，公同劉守，將未完土墻立限築打。節奉兵部并楊總督明文，及准吴巡撫手本，通行各區副參、遊守等官，一面選差夜不收分番遠哨，一面各嚴加隄備。本年九月二十一日未時，據洪山口提調指揮詹承恩禀，據原差哨探通事紀旺報稱，本月十六日哨到夷人哈哈赤營，説稱西虜把都兒等已與東虜打來孫等會合，在地名白廟兒聚兵，衆頭兒約在本月二十七八日，决由古北口進搶。備禀到職，轉報軍門。隨該楊總督行移兵部，添調延綏遊兵二枝前來應援。比有吴巡撫正在昌平，親督遊擊楊璘、丁碧兼程起行。兵部因見聲息緊急，節次移文楊總督、吴巡撫，整搠兵馬，擐甲以待，毋致疏虞，責有攸歸。本月二十四日巳時，有古北口管夜不收指揮邵勇禀稱，夷人把總差達子通漢報稱，本營達子往虜營偷馬，到地名黑霧山，撞遇大虜陸續南行。本月二十五日二更時分，據邵勇禀，據原差尖哨夜不收王仲良、吴敖報稱，哨到地方孛河車，離邊二百五十餘里，撞遇哨馬達賊二百餘騎往南行走，後有灰塵不斷。二十六日辰時，復差夜不收郝恕、吴真官，相兼住夷狗退等，騎馬四匹，哨至未時分，止有狗退回還，報稱郝恕、吴真官并馬俱被達賊捉虜，又說今夜大虜决要攻墻。即時差人報知兵部并楊總督、吴巡撫、巡按劉御史、巡關龎御史、兵備李副使。二十六等日，楊總督、吴巡撫、李兵備相繼至古北口，公同計議，分委原任參將張勳、張元勛、毛紹忠、張世武、陸楨，領班都指揮華富、曹勳，收斂懷柔、順義、三河、通州、平谷、薊州、遵化等州縣人畜。參將唐桂、武舉官張鎬等八員同守密雲。仍恐擺墻兵馬單薄，會行遼東遊擊李官帶領官軍一千四百八十員名，千總指揮張雲帶領官軍一千員名，在龍王谷迤東貼守；遼東遊擊孫易、原任參將吴尚賢帶領中軍指揮鄒孟臣、千總指揮王朝臣、王敕等官軍一千七百員名，兼同本區千總千户李仲節、管操百户黄浩、管墩百户劉東等，在紅門兒迤西至鴿子洞一帶貼守；遼東遊擊李官營千總指揮葉鳳儀，把總指揮陸動、姚輔帶領官軍一千員名，兼同本區守備楊舟、管操指揮劉忠等，在紅門兒迤東嵓子谷一帶貼守；石匣營千總倪淳、署千總百户劉道帶領官軍一千員名，中軍百户閻儒帶領官軍五百員名，延綏把總陶愷帶領官軍二百員名，兼同本區管操指揮李蓁、隊長馬昌帶領軍士五十名，在黄崖子、黄榆溝、桃園兒、透洞兒等處貼守；本區隊長武士元帶領夜不收二十名，專在箭桿嶺拒守。仍令張承勛往來提調。李兵備慮恐土墻難守，必須多調勁兵方保無虞，禀蒙楊總管〔一七〕、吴巡撫，將楊璘兵馬二千九百員名徑發曹家寨，與同武定所把總千户鄧武、吉家莊營管操指揮劉懷遠、曹家營管操千户蘇爵、遊兵千總指揮湯輔、把總千户劉志相兼防守。本職又摘撥李官營兵馬五百付原任遼東遊擊王言併守土墻，又摘孫易營兵馬五百付原任遼東參將徐府併守漢兒嶺、黑谷關一帶。楊總督、吴巡撫又以潮河川口極爲衝要，且與二十九年賊入黄榆溝舊路相連，坐委軍門中軍、原任副總兵劉通貼管。中軍、吏部聽選官張倫督領原任遼東參將武勛，帶領千把總倪宗堯、李吉時等官軍五百八十員名，軍門標下守備尹秉衡帶領千户莫卿并延綏千總李贇下官軍共九百五十員名，兼同旗牌官戴詔、謝國昌、張書紳、楊天極、張賓、錢棟、劉垣、盧棟、陶經、劉繼、秦尚勇、薛經、月有明、龐孟春、馬璋、闞文道等，兵備道下官軍朱維藩、胡章、李蓁、劉應麒、王愷、劉孟林、李計先、周大舉、許世榮等，列營拒守。三屯營隊長許六六、李受各領尖兒手五十名，架持槍炮，分拒潮河兩岸。又蒙軍門差委占候官牛元隨軍占候。本職帶領標下中軍千户盧柟、中哨千總指揮徐惠、左哨千總指揮孫承爵、右哨千總指揮白爵、原任遼東遊擊王允中、守備李尚文，聽候往來應援。

二十七日卯時，大虜十萬餘騎自虎頭山起營，執打坐纛旗號，披戴明盔明甲，擁至墻下。因見潮河川口兵馬嚴密，分兵突至龍王谷攻墻。本職率領王允中、李尚文、盧柟、徐惠、孫承爵、白爵，旗牌官楊叢、劉昇等馳馬到彼，嚴督楊照、李官并楊照下中軍指揮周乾、管操指揮周勇、百户王楊、旗軍曹義等，李官下中軍千户孟璽，千總張雲，把總陳朝卿、霍忠等，申明號令，各用槍炮、矢石齊力敵打。自卯至午，攻衝百十餘陣，打死賊人賊馬不計其數。楊照下被傷軍人傅頑頭等二名，李官下被傷軍人趙受廣等七名。楊總督當將被傷人役量賞銀米，人心益奮。楊總督因見賊勢重大，又差旗牌千户張昂督催原任遼東遊擊許棠，帶領把總徐臣、康貢等官軍五百員名前來策應。賊見添兵，方始敗退。本日未時，前賊擁衆復攻磚垛子，本職統兵馳至，嚴督龔業并振武營千總周良相、丁添福，把總指揮楊夢熊，千户馬永，臣旗軍崔章、張信、趙公達、陶清等，齊用槍炮、矢石打死賊人賊馬，比之龍王谷更多數倍。大戰良久，賊復退却。本職慮恐磚垛子兵少，將標下軍士存留二百名，差旗牌官朱金在彼督率。本時，前賊又攻沙嶺兒，本職仍督龔業、王允中、李尚文、盧柟、徐惠，并領尖哨千户王大重、翟玉、劉富，百户薛鳳鳴、雷春、章壽、劉閏、李淮，旗牌官劉昇、楊叢，管領家丁隊長文棟，并管前鋒手隊長劉松等，各率精兵，捨命鏖戰。又蒙軍門差旗牌官秦昇、李昇、王鋭節次前來傳諭，務要用命殺賊，不許退縮。官軍勇氣益奮，賊鋒大挫，退回川外札營。本職又恐沙嶺兒兵少，當差旗牌官劉昇、楊叢監督千總徐惠率兵貼守。本時，前賊又攻了〔一八〕吉山、廟兒嶺。本職隨督龔業等，又用槍炮、矢石打退，存留旗牌官張剛監督千總白爵領兵貼守。本職又恐曹家寨、柏嶺安、土墻等處致有疏虞，添撥旗牌官陳相、盧以蘭監督千總孫承爵，將本哨官軍分派〔一九〕三百，責付旗牌官張懿德、江川管領，前去柏嶺安貼守，餘軍盡發土墻防禦。又蒙楊總督差委李尚文前去土墻督軍戰守。本日戌時，瞭見口外賊營火光徧滿山川，楊總督責令邵勇選差夜不收王洪等，各帶火炮，潛去賊營四面按伏，半夜時分一齊點放，賊衆驚亂，擾至天明，方始寧息。

二十八日卯時，吴巡撫見賊攻衝不已，恐致突入，將本院標下兵馬責委中軍指揮吕興、原任遊擊孫昂，帶領把總指揮姚鎮强、戴翰、張開、周舉，執旗官詹鋭、孫世爵、江鸞、宋儒、孟世英、袁勳、孫堂，武舉官李介明、朱承芳等官軍七百五十餘員名併守潮河川口；差執旗官袁世寶、許應時監督把總指揮姚允中，帶領官軍五百員名併守紅門兒；執旗官孫光祖、甄定監督原任守備凃永貴，指揮徐勳、羅端，隊長楊維藩，帶領家丁、民兵二百餘員名策應龍王谷；執旗官張爵、王漢，指揮褚文明監督遊擊張承勛等，防守黄榆溝、桃園兒等處。本日辰時，賊分二股，一股仍攻龍王谷，一股仍攻磚垛子、沙嶺兒。本職隨賊向往，督同楊照、李官、龔業等往來敵戰。有龔業營軍人吴阿受爲首，湯佑爲從，斬獲首級一顆；沙嶺兒百户鍾鸞下軍人胡士敬爲首，孟成爲從，斬獲首級一顆，得獲夷器俱全。楊總督、吴巡撫、李兵備議得，賊既臨邊，必須招徠降人，始得虜營情狀，當即大書白牌，示諭官軍，不許將投降人口殺害，希圖功賞，違者先行綑打，然後依律問罪。招引之人，定行重賞。本日有投降男子二名管住、小蠻子，俱係廣寧衛人，供稱："跟打來孫、那林台吉、把都兒、王文、打賴、哈喇鎮等七個大頭兒來搶，因攻墻進不去，衆頭兒悔説，今春來一遭搶不得，這一遭又搶不得。裏邊兵馬多了，人狠了，墻高了，坡滑了，怎麽進得去。一半西邊達子説馬瘦了要回去，一半東邊達子説這些人馬來一遭，怎空回去，要將引路的達子殺了。那引路的説，往東再走三四日，就是平道，好搶。商量要往東搶，不知去不去。"本日巳時，賊約三四千騎，復到松嶺兒攻圍土墻。陳相、盧以蘭督併孫承爵與賊敵戰[二〇]間，李尚文隨督王言帶領遼東千總指揮王臣，把總指揮周文、王大章等并吕淵亦到墻上。比賊必欲潰墻，攻衝愈急。一賊攀墻而上，遼軍張馬馬用刀砍落下墻。賊衆忿恨，當將本軍攢箭射死。又射傷官軍周文等七員名，吕淵下射死軍人韓伏受、馬雲二名，被傷軍人劉敖等三十名，又殺死境外哨探夜不收張寧等二十五名。楊璘聞報，統領中軍指揮王淵，千總指揮時淶、王謨，把總高尚經、李應時、王鐸、烏馬勛、劉振武、王繼、呼麒、吴國、郭子秀等馳至接戰，死傷賊人數多。至午時分，又添達賊五千餘騎，吹打唢唢、坐纛，與兵對敵。楊璘、王言等督勵各兵捨命死戰，槍炮打死穿紅一賊、穿緑一賊，賊衆號哭，且哭且攻。

本職統兵到彼策應。申時，賊方退散。本日二更時分，又賊一百餘騎到漢兒嶺、孤山兒攻墻。楊總督差委旗牌官陳奎催督丁碧、劉守并丁碧下中軍指揮安甫名、管司，千户經來保，劉守下中軍千户湯時中、千總指揮羅璋，并原任遼東参將徐府，及本區官軍，各用槍炮、矢石即時打退。吕淵、王言慮恐黎兒窪通賊，吕淵摘撥選鋒宋大林等，楊璘選差家丁楊恂等，各二十五名，赴彼防守。

十月初一日天明，賊果前來攻衝，因見有備，回至墻外二十餘里，地名三岔口，結營不動。本日辰時，精兵達賊三百餘騎仍至孤山兒墻下。丁碧、劉守、徐府極力鏖戰，賊與我兵互有損傷。丁碧下被傷官軍王孜等二十八員名，劉守下被傷官軍陳垣八員名，徐府下被傷軍八[二一]范朝用等七名。隨有投降達子一名丘四兒，係廣寧人，供稱："跟隨大虜攻墻，被裏邊人馬將打來孫下大頭兒射中二箭，又打死頭兒把户，衆達子扶屍哭回，説稱春間來搶一遭，不曾得進去。今又將我頭兒折了，裏邊兵馬是漢子，我們達子是老婆一般。我們從來進搶，不曾攔阻得住。這一遭傷損達子衆多，務要報讎。"又一名張秀，係義州人，供稱："在虜營時聽得衆達子説，二十九年搶來時，如走堂屋一般，牛羊、段子、老婆、孩子搶得飽飽回去。今年二月裏來搶一遭，不得進，空手回去。打來孫、把都兒七個大頭兒領着達子十萬，自七月裏商量，到如今一定要如二十九年的一般進來。不料墻高了，人馬狠了，又會射箭了，站着不肯動。我既不得進去，又將我好漢達子腦戴打破了。商量都説，無喫的，每日殺馬喫用。打來孫説，來了一場，東邊還有一個口子，再去試一試，若進不得，回去罷。"又二名李受一、李朝用，俱係遼陽人，供稱："衆達子四散，將城攻了三四日，不得手，商量説既來了一遭，且將倭角達了圍了，搶些回去罷。"本日戌時，據原差通事陳銘等報稱，古城川達賊分股起營，一股奔狼堂山後葦子谷，一股由高軍屯俱往北行走。其日，巡關龐御史至古北口，親詣軍營糾察。

初二日子時，據古北口夜不收周元等報稱，哨至古城川，迎見達賊復回虎頭山下營。楊總督、吴巡撫見賊乍退乍進，顯是緩我邊備，會差軍門聽用原任參將郭世勛、原任守備薛良弼，武舉官段崇文、徐紳、鄒縉，原任總兵、今充軍周徹，執旗官張恒信、冀永昌、崔昂、徐朝用、王計勛、王昇、尤承恩、陳廷祥、李朝用，撫院執旗官李錦、李世臣、柳梅、高遷、王軫、劉經、李茂、孫登、劉璋、張仁、趙鑾、王鋭等，悉聽劉通、張倫、吕興統領，於潮河川及黄榆溝、紅門兒中、東、西三路往來巡視，但有疏虞，定以軍法從事。各官晝夜擐甲，不敢休息。

初三日卯時，據石塘嶺參將吴珮禀，據原哨夜不收張也先報稱，口外遇見夷人伯彦打賴，説稱大虜搶古北口不得手，要往迤西白馬關進搶。楊總督、吴巡撫議發寧夏遊擊戴經兵馬駐白馬關，固原遊擊劉堂兵馬駐石塘嶺、大水峪，與同原發河、保民兵三千，并本區官軍相兼防守。提督趙卿駐石塘嶺，居中調度。隨該兵部差官宣布聖諭，責令總督、鎮巡等官，嚴督將兵，奮勇敵戰，并齎發襲衣、犒銀到鎮，人心感奮，勇氣倍增。虜知决不能犯，方始迤邐北行。本日申時，據邵勇收送投降男子常三漢，供係界嶺口人，嘉靖十三年失記月日被東邊夷人搶去，作爲通事，在古北口師坡谷邊墻下住牧一十三年，配夷女安台漢爲妻，生有二女。今有大舉黄毛達子十萬來搶裏邊，被天〔二二〕兵打死無數。衆夷人都害怕了，三漢情願同妻女投降。本日酉時，據夜不收路恕等哨得，前賊分爲二股，俱由十八盤、小興州等處退遁去訖。楊總督、吴巡撫、李兵備差人取回被殺夜不收身屍，會驗得，郝恕剜一目，心坎一刀；石剛剖腹；劉保剜二目；張孜剜一目，身中七箭；吴真官剖腹，仍剜二目；羅士輕剜一目，身中三箭，頭砍一刀；張英、張文、張恕、鄭鎖兒，爪無下落。續據沙嶺兒夜不收胡士敬等將斬獲首級具告軍門，蒙批，官軍倚墻拒堵，炮火、矢石死傷賊虜人馬無算，青天白日，衆目所見，坐收保障之略，乃全功也，原不在一二斬獲之間，仰鎮守周總兵審實呈報。其餘割取死虜首級者，攘合營之功以爲己功，俱不准收録。依蒙，查明遵依外。

初七日，據提調詹承恩稟，節差通事、夜不收紀旺等哨探大虜，迎遇哈哈赤差的達子扯秃幹，説稱："黄毛達子到古北口，連攻了幾日，被你裏邊人馬當住，槍炮、弓箭、石頭傷死了許多，又把他的大頭兒塞即里狐弟兄們也被你裏邊殺了。衆達子看見你裏邊隄備謹了，没處下手，都已回去了。有把都兒使達子來怪責，俺眼他皮，我與你會下攻邊，同殺同搶，你哄的我先來，着他裏邊殺的也是我的人馬，傷的也是我的人馬，你在後邊幹的甚麽勾當，就不來了。我使人叫你丈人哈哈赤的兒子們來，也没一個來，想是你們先都有了話了。我如今且回家去，再收拾些人馬來，先搶你兩家。"等因。備報到職。緣係捷音事理，擬合具呈，乞爲會題施行，等因。到臣。

臣案照，先爲陳時弊，度虜情，慮貽將來大患，懇乞聖明申敕臣工，務懷永圖、責實效以保萬世治安事，該臣條陳防秋事宜，該兵部覆題，奉聖旨："准議。"欽此。又爲聲息事，准兵部咨，該本部題，奉聖旨："這虜賊非時入犯，着各該總督、鎮巡官嚴加堵戰，不許誤事。"欽此。又爲大虜擁衆攻邊，官軍鏖戰，不能内犯事，准兵部咨，該本部題，奉聖旨："這虜賊尚未遠退，便行與楊博等，督率各兵，用力逐殺，不許有怠。"欽此。又爲欽奉聖諭事，准兵部咨，該司禮監太監王利於迎和門傳奉聖旨："兵部便差司官一員，即日前去宣諭薊鎮總督、鎮巡等官，着嚴督將兵，奮勇敵戰，務大挫虜賊，不許怠忽。聞昨各兵堵賊效勞，楊博、周益昌、吴嘉會、龔業、楊照、楊璘，各賞大紅紵絲本等服色一襲。仍即發馬價銀一萬兩，齎去軍門，先行犒賞有功軍士。工部速發火器，差官送彼添用。”欽此。欽遵。節該臣遵奉敕旨，嚴飭兵將，相機戰守，不許怠忽，及將各區參將原奉敕諭“如遇防秋之時，醜虜攻墻，爾能分布兵馬，拒遏賊退，有功聽總督官據實聞奏，比照近題斬級例叙論升賞。如或守禦欠嚴，致賊潰墻深入，查照宣大邊城近日題准事例，拿解來京，問擬重罪”緣由再三申明去後，今據前因。臣惟夷狄之患，自昔所不能免，其見於經，如《采薇》、《六月》、《出車》之詩。其曰“天子命我，城彼朔方”，言以守禦爲本，不以攻戰爲先也。其曰“薄伐獫狁，至於大原”，言逐之而已，不窮追也。其曰“靡室靡家，玁狁之故”，言以道使民，體其情而恤其私也。試觀今日薊鎮之事，我皇上文武聖神，聰明睿智，遠繼唐堯、虞舜二帝之盛，近追太祖、成祖二祖之烈，糞土愚臣，何所揄揚？爰自庚戌虜患以來，嘉納守臣之議，屢勤敕旨，繕治邊防，金城湯池，延亘千里。審據降人首言，墻高坡滑，决不得進。此我皇上設險之略也。薊鎮兵馬削弱，虜所輕視，黄榆溝一潰之後，士氣消沮。乃今貪將擯斥，廉將登庸，干城腹心之士彬彬在列。審據降人皆言，人狠弓强，力不能敵。此我皇上選將之略也。往時與虜接戰，衝營不動，即稱精健。乃今依墻血戰，凡五晝夜，我乘高以擊，虜仰面以攻，攀援蟻附，死傷無算，哭聲振野，狼狽而歸。此我皇上滅虜之略也。往時賊一入境，任意擄掠。乃今百萬生靈安堵如故，不惟畿輔之間絶無驚擾，雖沿邊關塞秋毫未犯，歡呼之聲塞衢盈路。此我皇上安内之略也。往時三衛屬夷動稱勾虜，要挾功賞。乃今見虜挫衄，心悸神奪，轉相告戒。即如常三漢者，向爲彼中通事，一旦携家來降，問其所以，自謂天威嚴重，卧不貼席。此我皇上制禦屬夷之略也。惟兹五略，告之郊廟，百神歆格；書之史册，萬代仰瞻；播之海宇，八蠻振讋。誠二百年來所未有之事，自非聖敬格天，玄威丕振，何以有此？猶復俯念將兵敵戰之苦，特以襲衣頒賜諸臣，犒銀慰勞軍士。風行雷動，虜知决不可犯，方始遠遁，地方幸甚，臣等幸甚。所有地方效勞之臣，係干激勸，臣實不敢隱蔽。如鎮守薊州永平山海等處地方總兵官、前軍都督府署都督僉事周益昌，文能附衆，武果威敵。一廉自信，復官常於久壞之餘；百廢咸興，振兵威於積弱之後。身提虎旅，妖氛掃蕩於邊陲；氣奮鷹揚，歌頌喧傳乎塞上。整飭薊州等處邊備兼巡撫順天等府地方、都察院右副都御史吴嘉會，精密嚴恕，清介剛方。一官五年，雅抱平胡之志；千勞萬瘁，常懷許國之忠。經畫垣塹，金湯收保障之功；調度兵糧，士馬見歡騰之盛。真成萬全，曷止三捷。以上二臣春首河坊之績未經查録，相應併論者也。整飭密雲等處兵備、山東按察司副使李蓁，諸將素憚其嚴明，三軍久孚乎威信。與臣擐甲而守水口，足知敵愾之心；同臣執簡而理兵糧，殊見從容之略。楊璘調守土墻，雖由於臣，實蓁之意。向使璘兵不行，土墻必潰，土墻既潰，别墻盡屬無用。徙薪曲突之功，真在焦頭爛額之上，所當優論者也。分委密雲管糧户部主事劉魯生，心本淳誠，才長料理，方羽書之告急，敢單騎以臨邊。古北之多方節省，緩急有需；密雲之極力轉輸，倉皇多濟。功亦當論者也。通論一時敵戰之功，其初攻龍王谷也，虜勢方張，人心危疑，參將楊照、遊擊李官則能首嬰其鋒。再攻磚垜子、沙嶺兒也，虜勢益横，不勝其忿，副總兵龔業則能力挫其鋒。及攻松嶺兒、土墻也，虜計窘迫，勢成孤注，萬騎馳突，矢發如雨，相持半日，幾於不守。原任遊擊王言、遊擊楊璘、參將吕淵、原任守備李尚文、千總孫承爵則能大挫其鋒。以上諸臣俱應首論者也。其分兵攻孤山兒也，雖虜萬不得已、苟求一勝之計，若非遊擊丁碧、劉守，原任參將徐府併力堵戰，其勢恐亦不測。以上諸臣俱應次論者也。軍門管理中軍、原任副總兵劉通，貼管中軍、吏部聽選官張倫，守備尹秉衡，原任遊擊孫昂，原任參將武勛，隨臣俱在水口嚴兵待戰，虜之不敢直犯潮河川、黃榆溝者，是皆諸臣之功。原任遊擊王允中，中軍盧枏，千總徐惠、白爵，隨同周益昌往來援應，躡虜之蹤，奪虜之氣，功亦難泯。把總周文，土墻之戰，身被重傷，當先可嘉。至於督哨明的，則有指揮邵勇；修邊效勞，則有原任遊擊毛紹忠、永平府通判李宋、經歷康思道，千户張守爵、李景時。以上諸臣亦當次論者也。原任遊擊許棠，遊擊孫易、張承勳，原任參將吴尚賢，守備楊舟，指揮吕興，畫地分守，竟保無虞。以上諸臣亦當叙論者也。管餉河間府通判田甸，原任參將張元勛、張世武、張勳、陸楨、郭世勳、唐桂、薛良弼，都指揮華富、曹勳等，武舉官段崇文、徐紳、鄒縉、張鎬等，千把總管操、管隊等官倪宗堯、牛元、涂永貴、褚文明、姚允中、周勇、張璽、陳朝卿、霍忠、周良相、丁添福、莫卿、王臣、王大章、李贇、時淶、王謨、羅璋等，中軍官周乾、孟璽、王淵、安甫名、湯時中等，旗牌官秦昇、陳奎、月有明、張昂、王鋭、李景、詹鋭、江鸞、宋儒、陳相、盧以蘭等，或督餉不乏，或隨營接戰，或防守效勞，或收保有方，或督軍無怠，以上諸臣俱應甄論者也。伏望皇上俯念醜虜猖獗之甚，邊臣征戰之難，敕下兵部，再加議擬，將周益昌、吴嘉會超格升賞，特爲曆叙。李蓁、龔業、楊照、王言、楊璘、李官、吕淵、李尚文、孫承爵各厚加升賞。丁碧、徐府、劉守量加升賞。劉通、張倫、尹秉衡、孫昂、武勳、王允中、盧枏、徐惠、白爵、周文、邵勇、毛紹中、李宋、康思道、張守爵、李景時各加升級。劉魯生重加賞賚。許棠、孫易、張承勳、吴尚賢、楊舟、吕興同加賞賚。通判田甸、原任參游張元勳等，聽臣分别等第，動支官錢，各加犒賞。内王言係充軍，武勛係爲民，合無俯賜末減。劉通係聽調將官，王允中、許棠、徐府、孫昂、李尚文俱革任將官，合無遇有相應員缺，酌量推用。臣下當該令典劉大綬、葉佐，吴嘉會下當該令典葉朝紫、陳廷舉，周益昌下掾史杜景美，當烽火驚心之時，隨軍書辦，蚤夜弗遑，勞亦可憫，合無查照何彦清等事例，候當該滿日，各照本等資格選用。其獲功首從、哨探有功夜不收并陣亡、被傷官軍及境外殺虜夜不收，通行巡按御史查勘明白，另行造册，具奏升賞。及照提督軍務、後軍都督府署都督僉事趙卿，提兵入境，雖在虜衄之後，軍聲遥振，實在虜遁之先，亦應厚賞。遊擊劉堂、戴經似應量賞。但恩典出自朝廷，均乞聖明裁定。

兵部覆題，并叙河坊口及宣大諸鎮捷音，節奉聖旨："是。今歲仰荷天地、廟社垂祐，逐虜不能入犯，又斬獲功多，内外文武諸臣效勞宣力。楊博升右都御史兼兵部右侍郎，廕一子與做錦衣衛千户。周益昌升都督同知，廕一子與做本衛所副千户。吴嘉會升兵部右侍郎兼右僉都御史，廕一子送監讀書。各照舊總督、鎮巡地方。李蓁升右參政兼副使，照舊兵備。楊照等各升二級。張愉〔二三〕等各賞銀二十兩。劉守、徐府各升一級。劉通等十五員各升一級，内周文還賞銀十五兩，趙卿等各十五兩。王禄等，總督軍門分别犒賞。軍人張馬馬等，伊男准做試百户世襲。各報捷人員，准照例升賞。"欽此。

議設兵備官員疏

題：爲議設兵備官員以重陵寢、畿甸事。據整飭霸州等處兵備、山東按察司副使張敦仁呈，等因，到臣。臣會同整飭薊州等處邊備兼巡撫順天等府地方、兵部右侍郎兼都察院右僉都御史吴嘉會議得，昌平、古北雖均稱重地，在古北則既有總督軍門駐札，密雲又有兵備副使與分守副總兵同駐一城，以故一切戰守事宜整飭略備；在昌平則雖設巡撫都御史，止是在彼防秋，雖設鎮守副總兵及提督大將，勢分主客，彼此不相關涉，以故一切戰守事宜廢缺爲多。萬一虜酋狂悖，或由懷來川入犯鎮邊，或由四海冶入犯渤海，既無可戰之兵馬，又無可恃之垣塹，陵寢在上，爲害不輕。况近日奸細往往以窺伺横嶺爲詞，正是庚戌虜出高崖故道，不得於此，必之於彼，理勢自然，恐非虚謬。所據兵備副使張敦仁議呈前因，除添設巡撫、改設總兵，事體重大，臣等不敢輕議外，至於昌平專設兵備一節，審時度勢，似不容緩。即今霸州一帶盜已漸斥，兵備常駐霸州，止可責以安内之功；遥制昌平，終難望其攘外之效。臣等再三量度，轉盻之間，秋防又至，徹桑之計委當早圖。如蒙乞敕兵部，再加詳議，查照延綏東、中、西三路事例，添設兵備僉事一員，專駐昌平，東至渤海所起，西至鎮邊城止，一切修理邊隘、操練人馬、查處錢糧等項俱屬管理。遇有虜報，公同主客副參、遊擊，督同分守、守備、把總等官，相機戰守。附近軍衛有司悉聽節制，本官仍聽總督、巡撫官節制。合用敕書、關防、書吏照例請給。應該興革事宜，聽其以次勘議，具呈督撫衙門會奏處置。庶幾兵事既有責成，邊務自當振舉，地方幸甚。

兵部覆題，奉聖旨："是。"欽此。

邊方寒苦議處以蘇貧困疏

題：爲邊方寒苦，乞賜議處以蘇貧困事。准兵部咨，職方清吏司案呈，奉本部送，據分守鎮邊城參將張堅揭帖，等因，到臣。臣會同整飭薊州等處邊備、兵部右侍郎吴嘉會議得，各鎮兵馬，舊例上半年支本色，下半年支折色，時和歲豐，似亦不甚相遠。近歲水旱頻仍，斗米值銀二錢之上，極爲騰貴。計算每月折銀易米，不及二斗。况鎮邊、横嶺、長谷三城，地尤瘠薄，頃因洪水衝决，一望平沙，已爲不毛之所。泉枯井渫，晝則枵腹；城圮屋撤，夜則露宿。以致人心洶洶，流移殆盡。參將張堅備言其苦楚之狀，副使張敦仁謂本色之議，欲要一請再請三請，必行其言而後已，誠有見於人情、事體，决當調停無疑。臣等再三參酌，若將昌平一鎮通改本色，其勢誠難；若止改鎮邊、長谷、横嶺三城，費苦不多。蓋三城軍士不滿二千，上半年應該本色，無容别處，止是下半年改給本色，大約不過一萬四千餘石。臣博去歲經略之時，固嘗首言此事。以今日事勢言之，比之去歲，尤爲不同。天下之事，有經有權。本折相兼，撙節國儲者，度支經費之常也；改折爲本，聯屬人心者，邊臣通變之略也。若惜此有數之費，以致城堡丘墟，人烟荒落，萬一猾虜覘知，乘隙而入，于時未免震驚畿輔，臣等隱忍不言之罪，萬死無以自贖矣。如蒙敕下户部，將鎮邊、横嶺、長谷三城下半年月糧并馬匹料草早爲查議，全給本色，以消隱憂，以慰疲民，臣等幸甚。

户部覆奉聖旨："是。"欽此。

改河道濟糧運疏

題：爲改河道、濟糧運以圖經久以省勞費事。據整飭密雲等處兵備、山東布政司右參政兼按察司副使李蓁呈，行准密雲副總兵龔業手本，督同衛縣掌印官，將河道一應工程親詣該修處所覆加詳勘，估計明白，備將工程丈尺并合用錢糧、人夫等項數目逐一列款造册開送到道，等因，到臣。臣會同整飭薊州等處邊備兼巡撫順天等府地方、兵部右侍郎兼都察院右僉都御史吴嘉會，巡按直隸監察御史劉崙議照，密雲古稱檀州，號爲重地。北六十里爲石匣營，又北四十里爲古北口，實殘元避暑故道。自庚戌虜變之後，分區列戍，軍馬之增置爲多；灾沴傷殘，閭里之蕭條特甚。軍門移鎮，建牙開府，體制與固原漸同；漕糧改撥，舟輓陸輸，氣勢與通州稍類。屬夷之患，既已日異月殊；經制之方，似難舉一廢百。所據該道參政李蓁謂，自牛欄山而下，白河、潮河二水交會，水勢深廣，舟行無阻。自牛欄山而上，白河、潮河水源既分，支流自弱。查得密雲城西原有白河故道，欲要於楊家莊地方築塞新口，疏通舊道，使白河仍於密雲城西經流，直與潮河交會，則水勢自大，牛欄山至密雲亦可舟運。又謂城垣坍塌，由於隄岸未備，不係於河道改與不改。并將工程丈尺、錢糧、人工先後通議明白，節呈前來。論説詳明，籌畫周悉，殊非一人之私謀，實爲一方之大計。臣等再三集議，其利有四，其害有一。白、潮二河合而爲一，牛欄山以上，無論春夏，舟楫通行，漕糧可以水運，歲省脚價，不止萬金，一也。懷柔、順義、三河之民，苦於車騎之累，日漸逃移，河工一成，三縣免於驛騷，二也。密雲石塘嶺、古北口、石匣營一帶，絶漠窮荒，生理鮮少，河運若通，江南諸貨可以漸至，地方殷富，跂足可待，三也。牛欄山近議建立號房，原爲舍舟從陸，以備積貯。糧儲不煩盤剥，號房可以不設，所省財力，又爲不貲，四也。至於所謂害者，不過恐爲密雲城西之患耳。若使修築泊岸，下用石砌，上壘腰墻，并將坍塌城工整飭完備，一勞永逸，自無遺慮。即如通州至京五六十里，原係陸運，我皇上斷自聖衷，修成通惠一河，實爲萬世無疆之利。惟兹密雲河道，因其故迹，加以新功，比之通惠，其利雖同，其費且省。况人力取諸軍夫，材木取諸山林，銀米取之修邊之餘及無礙贓罰，規畫布置，似已曲盡。臣等與有地方之責，但可少濟時艱，不敢畏難遠怨，以負任使。如蒙敕下工部，會同户部再加議擬，如果無礙，查發後開款内事理，速聽臣等早爲舉行。一應綜理，責之副總兵龔業、參政李蓁、主事劉魯生，其餘分管官員，聽臣等徑自選委。工完之日，閲視明白，造册奏繳，效勞人員分別旌賞，以示激勸。仍乞開載通州管河郎中敕内，以後遇有塞淤，與通州運河一體修浚，庶幾國儲軍餉、邊計民情無不攸便。

工部覆奉聖旨："是。"欽此。

議處宣大入衛兵馬疏

欽差總督薊遼保定等處軍務兼理糧餉、太子太保、兵部尚書兼都察院左副都御史臣楊博謹題：爲議處宣大入衛兵馬事。查得宣、大兩鎮原選遊兵二營，大同後又增選邊兵一營，俱係入衛之數，一遇薊鎮有警，入關策應。頃因征調頻仍，以致軍丁、馬匹逃亡、倒死各居其半，空有虚名，無裨實用。臣惟薊鎮防秋與各鎮事體不同，宣大遊兵與陜西遊兵亦異。蓋薊鎮以守爲主，多該用步，少該用馬。宣大地方與薊鎮相去不遠，若將前項遊兵減騎用步，在彼既省補馬之煩，在此又省芻糧之費，以之守墻，較諸主兵，勇氣百倍，一舉三得，似爲有益。如蒙敕下兵部，再加議擬，轉行宣大總督張松，巡撫都御史李文進、遲鳳翔，今歲將入衛遊兵每營止用馬軍五百員名，專備往來追逐，其餘二千五百名盡用步兵。在大同行分守冀北道參議楊守愚，在天城行朔州兵備副使王之誥，在宣府行分守口北道參議楊巍，嚴選驍健之人，每營務足三千，盔甲、器械逐一完備，開造花名文册，先送臣處。總兵官李賢、張承勛仍要嚴督遊擊，如法操練，遇臣徵調，即便星馳入關，聽候分布。如有多餘馬匹，暫收别營，候班師之日仍歸原伍。

兵部覆題，奉聖旨："是。"欽此。

兵備憲臣分地畫守以濟秋防疏

題：爲兵備憲臣分地畫守以濟秋防事。照得薊鎮防秋止是密雲、薊州、昌平兵備三道往來督理，地方廣遠，顧理不周。即今墻垣傾圮，士馬凋殘，關營破壞，閭里蕭條，比之往歲，萬倍不同，制禦之方，更當詳密。臣看得，霸州兵備副使温景葵、天津兵備副使雷夢麟，并臣議取山西分巡冀北道僉事董邦政，俱係邊才，相應預爲定擬，以便責成。合無將天津兵備副使雷夢麟駐札石塘嶺，提調本區；密雲兵備副使李尚智駐札古北口，提調本區；山西冀北道僉事董邦政駐札墻子嶺，提調本區；薊州兵備僉事尹介夫駐札太平寨，提調太平、馬蘭谷二區；霸州兵備副使温景葵駐札燕河營，提調燕河、石門二區；昌平兵備副使栗永禄仍駐昌平，往來提調鎮邊、黄花鎮二區。通候聖明裁允之日，各令前去分定地方，親詣查勘，要見墻垣、關營堅完可守若干，損壞應修若干，一面督同參將等官計工修理，一面呈報。其餘教練軍士，整點火器，嚴明哨探，區處芻糧，收斂人畜，但係軍中事宜，逐一整理停妥，防秋之日，就同各將晝夜拒守。果能處置有方，使賊匹馬不能入邊，容臣具奏甄録。如或因循誤事，一體參治。蓋今日之兵備即他日督撫之儲，一得其人，則諸務振舉。巡撫都御史提綱挈領，自收成算，防邊要務，無先於此。如蒙敕下兵部，再加查議，早爲覆請，刻期施行，地方幸甚。

奉聖旨："這所議各該兵備官員防守事宜都准行，兵部知道。"欽此。

表揚節義以勵風化疏

題：爲懇乞聖明表揚節義以勵風化事。據整飭薊州等處兵備、山西按察司僉事伊介夫呈，據遵化縣申，蒙本道憲牌，依蒙，關行署印縣丞王揚，公同境内衛所各官，查得本縣地方北寨莊附學生員徐來儀，素性剛烈。比因達賊將妻盧氏虜掠，當地奸辱，本婦不從，極口駡賊，惟求一死。來儀不勝憤激，急發一矢，將賊首射傷。群賊發怒，即時將來儀用刀劈倒，抽腸碎屍。盧氏見夫身死慘刻，屢向柳樹撞頭。賊將本婦頭髮拴繫馬尾，策馬馳驟，髮盡脱落。自知不免，投入大寨河内，賊復拉上河岸，亂刀砍死。至今言之，猶爲酸鼻。是誠一方正氣，申乞早爲旌别，等因。到道。案照先蒙臣紙牌，備仰本道即行被虜衛所、州縣掌印官，用心體訪，果有節義之人，開具實迹，作速呈報。蒙此，已行查訪去後。今據前因，本道核實相同，呈乞施行，等因。到臣。臣惟今春大虜深入遵、薊一帶，老稚罹其毒荼，婦女被其淫污，行道之人，無不切齒。所據生員徐來儀，章句書生，彎弓射虜而挺身以赴難；伊妻盧氏，閨閣少婦，觸樹抗賊而甘心以就戮。夫爲妻死，妻爲夫死，節義成雙，是誠一時罕見之事。既經兵備僉事伊介夫查勘明實，係干激勸，不容輕泯。如蒙敕下禮部，再加議擬，將徐來儀、盧氏備行順天巡撫都御史，並建一坊，表其宅里，以慰既死之靈，以昭方來之勸。

奉聖旨："禮部知道。"欽此。

旌勇烈勵人心以禦虜患疏

題：爲旌勇烈、勵人心以禦虜患事。據整飭薊州等處兵備、山西按察司僉事伊介夫呈，等因，到臣。臣看得近年大虜每遇入寇，動稱數萬。各該官兵藉口衆寡不敵，未見有大挫其鋒者。至於村疃壯夫，事關身命，心一力齊，往往建奇功，利害不同，勇怯自異，固在於上之人鼓倡之耳。臣昔待罪本兵，屢嘗建議，欲要選練土兵，使之家自爲守，人自爲戰，意誠有見於此。即觀今春之虜侵軼遵化，該縣吏民張應相等七人，鬬關赴門，慷慨臨戎，不幸四無援兵，横遭屠戮，其身雖死，其氣猶生。七人之中，惟麻鑑僅遺一子，餘皆家門蕩覆，宗祀湮滅。行道之人悉能言其忠烈，具見公評，原非私阿，若不重加甄録，方來何以示勸？如蒙敕下兵部，再加計議，將張應相、張冲霆、張德、李朝舉、李梅、麻鑑、竇汝楫，查臣款内所議，各贈一官，其麻鑑遺子麻世臣仍量授以冠帶總旗，令其隨軍截殺，以報聖皇浩蕩之恩，以復伊父荼毒之痛。酬功之典雖止及於七人，礪鈍之機自當行乎九塞，豈止燕趙感慨之士居然興起而已哉！

兵部覆奉聖旨："這奮勇殺賊的死事可憫，張應相贈指揮僉事，李朝舉等贈千户，著有司總立一坊，以示褒勸。麻世臣與做百户。"欽此。

一、張應相係吏，張冲霆係張應相弟，陰陽官，張德係張應相家人，俱東新莊人。彼時達賊八騎突入應相屋上，應相一矢立斃一賊。餘賊回營，糾衆攻圍。應相同冲霆與德爭與賊敵。應相立高卓上，隔墻穿死達賊六十餘人。德攔門，用槍札死達賊六人。冲霆射傷達賊二人。賊將冲霆與德殺死。應相獨守前門，暗令家口二百餘人越墻奔逸。賊將應相妻楊氏、男張青哥及各家妻子盡行虜去。應相忿恨，用刀亂劈二十餘賊。因天黑暗，越過西墻，忽遇三賊在彼燒肉，應相復劈二賊。其一賊將應相左眼射傷，急聚衆賊，當將應相支解。臣惟東新莊之戰，張德殺賊六人，張冲霆殺賊二人，旋即死於賊手。至於張應相者，前後殺賊八十三人，使非賊射中其目，幾於全生而收功矣，豈非英英之烈丈夫哉！張應相合當厚贈一官，張冲霆、張德俱當量贈一官。

一、李朝舉、李梅俱係馬相營莊人。彼時達賊力攻本堡，朝舉與梅分城拒守。日晡，虜奪門而入。梅持鉞斧，朝舉持長鎗，將堡門半掩，遇單入達賊，鎗斧交擊，戳死四十餘賊。後堡竟陷，堡人盡被屠戮。臣惟李朝舉、李梅共殺死四十餘賊，計一人之功，蓋二十級也，使堡人盡如二人之勇，堡何至於陷哉？似當各贈一官，以慰忠魂。

一、麻鑑，係麻家莊人。彼時大舉達賊在於本莊札營，二虜入莊搜劫，鑑彎弓射之，一賊立斃。一賊回營糾衆，舉火焚燒莊房，隨將鑑之妻子盡行虜掠。鑑不勝忿恨，手執鐵鞭，打入賊營，打傷達賊無數，身中二百餘矢，死於河邊，止存一子麻世臣。臣惟麻鑑執鐵鞭而入虜營也，有死之心，無生之氣，縱横狼虎之穴，豈不壯哉！若使人人如此，知虜不足滅矣。似當量贈一官，仍録其遺孤以奬忠魂。

一、竇汝楫，係龍虎谷莊人，約年七十歲。見達賊將伊兒婦、孫女縛執而行，不覺愧忿，手執鍘刀一口，立劈二賊，被賊支解。臣惟竇汝楫者七十之老翁耳，一鼓其氣，而手刃二賊，何壯何衰，實存乎其人耳！似應量贈一官，以慰忠魂。

分布防秋兵馬疏

題：爲分布防秋兵馬事。照得臣督屬各鎮雖俱稱要地，遼東一鎮遇秋泥淖，虜騎難馳，秋防稍緩；保定一鎮重關疊嶂，外倚宣大，以爲藩籬，先該彼處撫臣分布明白，徑自具奏，臣愚無庸别議；惟是薊州、昌平二鎮，虜所垂涎，戰守機宜，時不容緩。臣以庸劣待罪地方，仰蒙聖皇在上，軫念郊圻，每廑東顧，諸凡建白悉荷裁允，分憲臣以監督各區，責大將以應援鄰境，調遼左之軍，徵山東之戍，臂使之義既成，腹心之地自固。即目秋氣漸深，理當預備。除分行鎮守總兵官李廣、巡撫都御史張玭、鎮守副總兵祝福，督同副参、遊守等官，查照後開主、客兵馬數目，酌量各區衝緩，隨宜分布，以守以援，各有攸司。在守兵則照依信地，蚤夜惟嚴；在援兵則偵探多方，擐甲待戰。共紓忠勇，以報國恩。兵備副使李尚智、温景葵、雷夢麟、栗永禄，僉事伊介夫、董邦政，仍各遵奉明旨，往來監督。合用軍餉、器械早爲廣備，共圖保障。再照前項兵馬雖經分布，但虜情叵測，兵難遥度，即如一區有警，各區無事，自當隨宜調度，難以執泥，容臣統領標兵，臨時相機施行。

奉聖旨："兵部知道。"欽此。

古北口區監督副使李尚智

一、主兵，本區參將魯聰并守備、提調各營。

一、客兵，宣府入衛遊擊孫輔營馬兵五百名、步兵二千五百名，石匣營遊擊申維岳兵一營，曹家寨遊擊白琮兵一營，通州新募遊擊崔經營馬兵一千名、步兵二千名，密雲副總兵袁正下振武營兵一營，寧山衛班軍三千名。

一、延綏入衛遊擊常齡營馬兵三千名，駐札石匣營，應援古北口區。

石塘嶺區監督副使雷夢麟

一、主兵，本區參將李意并各提調營。

一、客兵，大同邊兵遊擊許忠營馬兵五百名、步兵一千五百名，大水谷遊擊曹綱兵一營，河間等衛班軍一千七百名。

一、提督軍務署都督僉事雲冒統領標下家丁、通事五百名，延綏入衛遊擊任勇營馬兵三千名，駐札石塘嶺，應援本區。如遇古北、墻子各區及昌平、紫荆等處有警，往來一體策應。

墻子嶺區監督僉事董邦政

一、主兵，本區參將黄龍并各提調營。

一、客兵，大同邊兵遊擊許忠營步兵一千名，大同入衛遊擊周邦營馬兵五百名、步兵五百兵〔二四〕，密雲新募遊擊胡鎮營步兵二千名，通州左等衛班軍一千名。

一、固原入衛署遊擊事、都指揮葉蘭營馬兵三千名，駐札石匣營，應援墻子嶺區。

馬蘭谷區監督僉事伊介夫

一、主兵，本區參將黄演并各提調營。

一、客兵，大同入衛遊擊周邦營步兵二千名，山東民兵三千名，遵化新募遊擊邵勇營馬兵一千名、步兵二千名，河間遊擊仇巳兵一營，天津左等衛班軍一千五百名。

一、寧夏入衛遊擊萬國營馬兵三千名，提督軍務署都督僉事雲冒下保、河達軍一千五百名，駐札熊兒谷，應援馬蘭谷區。

太平寨區監督僉事伊介夫

一、主兵，本區參將李珍并各守備、提調營。

一、客兵，山西民兵三千名，定州遊擊高汝泰兵一營，三屯營軍六百名，天津衛班軍一千六百名，建昌副總兵馬芳營馬兵一營。

一、延綏入衛遊擊劉珮營馬兵三千名，駐札遵化縣，應援太平寨區。

燕河營監督副使温景葵

一、主兵，本區參將時鑾并各提調營。

一、客兵，遼東遊擊營馬兵一千五百名，遼東步兵二千名，永平新募遊擊盧國讓營馬兵一千名、步兵二千名，建昌營步兵一營。

一、遼東總兵官楊照統領所部兵馬駐札前屯衛，如遇燕河營有警，星馳入關應援。

石門寨區監督副使温景葵

一、主兵，本區參將佟登并各提調營。

一、客兵，遼東遊擊營馬兵一千五百名，遼東步兵二千名。

一、遼東總兵官楊照統領所部兵馬駐札前屯衛，如遇石門寨有警，星馳入關應援。

鎮守總兵官李廣統領三屯營標下馬兵三千名駐札適中地方，遇有東西警報，會同巡撫都御史張玭相機策應。

昌平鎮監督副使栗永禄

一、主兵，鎮守副總兵祝福下永安、鞏華二營，黄花鎮參將李洲營、鎮邊城參將張欽營，居庸關分守福時營，并各守備、把總營。

一、客兵，昌平新募遊擊方振營馬兵一千名、步兵二千名，白羊口遊擊吴銓營上三千兵三千名、下三千兵三千名，河間守備劉乾營保、河民兵二千名，德州等衛班軍四千一百名。

東夷悔過入貢疏

題：爲東夷悔過入貢事。准巡撫遼東地方兼贊理軍務、都察院右僉都御史侯汝諒咨，據原委千總指揮郭承恩禀稱，依蒙，前來撫順招撫貢夷，隨據通事梁勛、金文佐譯審得，建州賊首草場、叫場等差部落王胡子、小麻子等四名到關報説："外邊大頭兒因被楊太師人馬先幾番殺了頭兒趙堵郎、哈阿速卜花等，今又將頭兒擺因卜花殺了，如今衆達子都怕了。今聽得太師馬法差了一個馬法來招撫我們入貢，既然是實，乞討鈞牌，將我們衆頭兒姓名都寫在上，我拿去傳説。"職當會同委官薛良弼、撫順備禦官李尚元，隨令梁勛宣諭朝廷恩威、軍門號令，各夷俱皆悔過。自二月初八日起，陸續撫驗過毛憐、建州等衛夷人木力哈等一百七十六員名、馬一百七十六匹，隨給文朝京。惟夷人李端、董剛、吴堂等稔惡不悛，職等又差夜不收帶領草場、叫場并付羊古等沿邊招撫。至四月初四日，有夷人掛剌到市報説："李端已遵宣諭，不敢入搶，董剛、吴堂還不依聽。"職等又差梁勛、金文佐前往清河等處宣諭，候有續到夷人再行撫驗，等因。具禀到職。會同鎮守總兵官、署都督僉事楊照議照，建州諸夷屢次犯順，漸肆猖獗，不惟故違貢期，且敢侵擾疆界。仰仗皇上神化旁孚，玄威昭播，地方守臣肅將天命，恪奉廟謨，隨時相機，剿撫並用，既復其犯順之鋒，復開其自新之路。是以畏感交至，改舊圖新，始自今春陸續入貢，遠夷革心，邊圉稍靖。除候驗放完日，備將撫剿情由、用過錢糧及效勞員役遵例另行具題外，合咨前去，煩爲查照施行，等因。到臣。看得建州諸夷悖恩忘義，屢肆猖獗，迹其狂悖，不在北虜之下。乃今一旦革心，相率入貢，是皆我皇上一德格天，聖武布昭所致，一二邊臣有何與焉。臣初至地方，目擊其事，不勝欣慶，除驗放完日，聽撫鎮官徑自照例具題外。

奉聖旨："兵部知道。"欽此。

灾傷重大議處差役疏

題：爲灾傷重大，懇乞天恩議處差役事。節據整飭密雲兵備副使李尚智、昌平兵備副使栗永禄、薊州兵備僉事伊介夫呈稱，昌平等州、密雲等縣俱被水灾，薊州、遵化、玉田、豐潤四處兼遭虜患，民困至極。目下鞏華修城、通州運木二事督併不前，不免遲誤，乞爲議處。隨據永平府及霸州等州、懷柔等縣各申重大水灾，大略相同，等因。到臣。臣會同巡撫順天都御史張玭議得，順天、永平二府同罹水灾，薊州、遵化、玉田、豐潤四處先遭虜患，一時屠戮之慘，四野蕭條之狀，先該臣等連疏具陳。仰蒙聖皇在上，明照兼聽，洞悉無遺，臣等更復何言。惟兹修城、撥車二事，審時度勢，理難卒辦。在鞏華則名雖派夫，實則雇夫，每名不下七、八、九兩；在通州則名雖撥車，實則雇車，每輛不下三四十金。孑遺之民，室廬蕩覆，烟火斷絶，方幸賑銀至日以構一厦之棲，賑米至日以充一飽之需，而又使之出銀，臣等固知其不能也。但事關營繕，鳩材當爲亟圖；時值秋深，設險貴乎夙備。公計民碞，兩切愚衷，每一念及，不遑食寢，偶有所見，不敢不爲陳奏。如蒙敕下工部，將順天、永平二府修城并未被虜患各該撥車州縣暫行停免。修城之事，通行派於真定、保定、大名、河間、廣平、順德六府，如有不敷，部司量爲補助。

撥車一事，權於先年發到修理營房銀内照依車輛數目儘其動支，相兼官給脚價，雇車應用，順天府仍委佐貳一員專一經管。查得前銀，保定鎮奉有欽依，借去三萬餘兩修理邊隘，見今催解，尚未見到，權以密雲庫貯别銀先行那借，日後查照補還。在公所費似爲不多，在私所省殊爲無量。稍候來歲地方豐稔，閭閻蘇息，照舊徵派。臣等無任懇切祈望之至。

奉聖旨："該部知道。"欽此。

恭陳謝悃疏

題：爲感激天恩，恭陳謝悃事。嘉靖三十八年十一月初一日，准吏部咨，爲乞議處本兵大臣以定安攘重計事，該兵科都給事中王文炳等具題，奉聖旨："博回部，有成命。朕欲仍用許論，爾六科共議來説。"欽此。隨該兵科等科都給事中王文炳等會題，奉聖旨："是。許論復原職兼左副都御史，總督薊遼保定等處軍務兼理糧餉，寫敕與他，著速赴任代博。吏部知道。"欽此。欽遵，備咨到臣。伏念微臣，本以書生，未閑軍旅，仰蒙聖皇在上，屢授邊閫之寄。去歲宣雲一切邊務，初理繼理，盡出淵衷；今秋薊遼百爾兵防，無鉅無細，悉由宸斷。狂胡驚遁，烽燧無聞；黎庶樂生，閭閻有慶。臣方與大小將兵咏歌休德，頌戴神功，不意聖慈軫念，召臣回部。聞命自天，措身無地，雖乾坤之大，何所不容，而犬馬之誠，自當知報。除候總督尚書許論至日交代明白，恭趨任事外，臣無任感激嗚咽屏營欣戴之至。

奉聖旨："卿久勞邊寄，防秋事畢，回部管事，以副眷任。覽奏謝，知道了。該部知道。"欽此。

校勘記

〔一〕"辧"，疑當作"辦"。

〔二〕"賀"，疑當作"費"。

〔三〕"遷"，底本漶漫不清，據舊抄本補。

〔四〕"石"，底本誤作"馬"。明萬曆刻本明劉效祖《四鎮三關志》卷七《制疏考》"巡撫都御史艾希淳議處要害疏略"："以故參酌副使畢竟容之議，於馬水口則議添參將，白石、茨溝則議添守備。"

〔五〕"置"，疑當作"至"。同上書："馬水口既設參將，該口守備官移至沿河，名曰沿河口守備，把總官移至金水口，名曰金水口把總，俱聽馬水參將節制。"

〔六〕同上。

〔七〕"坑"，同上文作"炕"。

〔八〕"不"，疑當作"來"。

〔九〕"覆"下，據文意似當有一"奉"字或"題奉"二字。

〔一〇〕"十"，據（明）劉效祖《四鎮三關志》卷七《制疏考》"總督侍郎楊博議處秋防疏略"當作"千"。

〔一一〕"肆"，據明崇禎刻本明陳子龍等《皇明經世文編》卷二百七十五楊博《陳時弊度虜情以保萬世治安疏》當作"外"。

〔一二〕"圖"，底本漶漫不清，據舊抄本補。

〔一三〕"騙"，底本漶漫不清，據舊抄本補。

〔一四〕"次"，當作"茨"。

〔一五〕"鞱"，疑當作"韜"。

〔一六〕"糾"，底本訛作"糾"。以下徑改，不再一一出校。

〔一七〕"管"，疑當作"督"。

〔一八〕"了"，疑當作"丫"。明崇禎刻本明何喬遠《名山藏》卷八十一《臣林記·楊博》："虜大挫，轉攻丫吉山、廟兒嶺，副總兵業展轉迎擊之，遂退。"

〔一九〕"派"，底本訛作"泒"。以下徑改，不再一一出校。

〔二〇〕"敵戰"，底本漶漫不清，據舊抄本補。

〔二一〕"八"，疑當作"人"。

〔二二〕“天”，舊抄本作“大”。

〔二三〕“張愉”，上文作“張倫”。

〔二四〕“兵”，疑當作“名”。

蒲坂楊太宰獻納稿

〔明〕楊　博　撰

張志江　點校

點校説明

《蒲坂楊太宰獻納稿》十卷，明楊博撰。

《蒲坂楊太宰獻納稿》，最早在萬曆元年，即由王世貞作序，應天巡撫張佳胤刻於姑蘇。該書前八卷輯録楊博從嘉靖四十五年閏十月到隆慶三年十二月初任吏部尚書期間所上奏疏，後兩卷輯録楊博從隆慶六年六月到隆慶六年十一月再任吏部尚書期間所上奏疏，跨越明嘉靖、隆慶兩朝的歷史，既是研究楊博生平和思想的第一手資料，也是研究明代吏治的珍貴史料。

《蒲坂楊太宰獻納稿》現存明萬曆十年端揆堂刻本。國家圖書館所藏本只有八卷，爲卷一至卷四、卷七至卷十，缺中間的卷五、卷六。經查，日本國立公文書館藏有該刻本的全本。正好點校者的同事周芳玲研究員赴日訪學，點校者便托她在百忙中將此書原本掃描回來，遂成全璧。此次點校，即以明萬曆十年端揆堂刻本爲底本，參校以明陳子龍等《明經世文編》等書所選載的楊博的部分奏疏。

《太宰楊公獻納稿》序

此少師蒲坂楊公前後領吏部所獻納疏也。蓋肅皇帝時方北急虜，則公一帥宣大，再帥薊遼，有《制府奏議》；尋又南急倭，則公再入大司馬，有《本兵奏議》。天子方徹纊而惟公是聽，公所條畫朝上夕報可，以故虜數徙王庭大漠北，倭酋先後授首。而會故相子網吏賄，吏以賄成俗，天子與後相徐公謀得忠公清亮之臣表率之，公始輟兵部爲吏部。公一入吏部，而燕中士大夫晨兢兢之曹署，奉職無害，歸而闔門養靖，苞苴逆折，數百里外，天下之臺府、監司惴焉，唯三尺之是畏，專精其志意於民而亡内顧。公大指在於登進天下之賢士大夫以共理天下。肅皇帝時，操切之柄在上，公故婉以通其意；莊皇帝時，人主共己而靡可否，公故直以信其志。不佞不能爲公役，竊窺疏中所論説人才，揚搉潛德，津津乎其言之也；其有所擿斥，懔乎若霜雪之寒也；然其意恒不使所奪者勝乎所予者。夫有所予，斯人樂爲縣官用；有所奪，斯人自愛而懾公議。奪不勝予，斯天下之用不見乏而才恒至有餘。故事，給事、御史封事有所彈射，則多唯阿，靡敢争見，以爲不唯阿彈射，則必受中指。公亡所受指，第微騭其人志行，與國家大體有不合則堅持之，給事、御史不敢以故事必公聽，退而未嘗不服公之裁也。即給事、御史言不當而上有所譙訶，公必爲宛轉力解。不聽，而給事、御史以罪罷去，公非久輒入啓事中。又不聽，而公又執如初，久而未嘗不行公之薦也。天子注國用則舍户部而問公，注邊計則舍兵部而問公。公竭赤蓋以應之，不自疑非職，即二卿亦不敢以職疑公迫，而未嘗不受公之算也。撫臣越在萬里外，又生平所未接，一旦待罪引罷，公有所獎留，的的中窾，或微辭以見風，或托事以申規，未嘗不若耳提而面誨之也。乃至公所列上兩輔、十三部郡國員闕，因而條示要害，臚利便，土風民俗，燦如指掌矣。公既用積直忤新貴人，謝政去。天子思其效，復起公田間，以太宰治大司馬。今上初，還領吏部，奏最，進少師。當公之再爲吏部，距其初未幾，猥勁進而事已少變矣，國典亦有所出入。公力持之，所剗培第各取其尤者，而人人自砥改。公三爲大司馬，再爲太宰，弼亮三帝，海内以公進退爲輕重，即四夷覘公安，輒逡巡避引，無所發其桀驁之氣，公真柱石哉！撫吴張中丞肖甫得公疏稿，謀梓行之，以儆百有位而教夫嗣公之志者，屬序於世貞。世貞謝不敏，則又私自念，以諸葛武侯之忠勤，姚文獻之開濟，裴晋公、韓魏公之宏重，千載而下讀其書，猶思爲之執鞭而不可得，况可以當吾世而自外公嫌於援上輒有避也。天子今益嚮公，所以格心於密勿之地，稱不言而喻者，殆又進於是哉！不佞固跂予望之矣。

後學吴郡王世貞頓首譔

蒲坂楊太宰獻納稿卷一

覆長蘆巡鹽御史王乾章劾僉事王文翰留用疏

少保兼太子太保、吏部尚書臣楊博等謹題：爲循例舉劾方面官員，以昭勸懲，以裨國計事。考功清吏司案呈，奉本部送，吏科抄出，巡按直隸等處監察御史王乾章題，奉聖旨："該部知道。"欽此。欽遵，抄出送司。

查得本部見行事例，凡官員素行不謹者，冠帶閑住；才力不及者，酌量調用。又查得近該户科都給事中何煃等條陳一款，内開，劾非其罪，則量爲申救，毋得概爲查訪相同，一無可否等因。該本部覆題，奉聖旨："這所議，你部院務着實舉行。該科記着。"欽此。通查案呈到部。

看得巡按直隸等處監察御史王乾章，論劾分巡海右道山東僉事王文翰、整飭徐州兵備山東副使徐節、長蘆都轉運鹽使司運使紀鳳鳴、山東濟寧州知州胡尚志、直隸高邑縣知縣王傅、河南彰德府通判陳葵、山東兖州府通判段子魯、鉅野縣知縣陳光世、直隸盧龍縣知縣趙敬簡各不職，乞要罷斥致仕、降調别職、改降教職各一節。除副使徐節另行議覆外，爲照各官被劾事情，與本部查訪大略相同。内僉事王文翰，近該山東巡按御史韓君恩保稱才守俱優，聲實并茂，時方閲月，不應舉刺頓殊。蓋巡按得之目擊，巡鹽得之耳聞，似當以巡按之言爲據。且文翰先任河南，力制伊庶人之變，風裁凛凛。于時御史李守仁冒昧論之，河南數百餘人赴闕奏留，公論稱屈。考其大節，實爲可取。通判陳葵果有酣淫實迹，當不止于降調；但履任方及一年，司府考語俱優，遽難終棄。知縣趙敬簡既稱未能齊家，師範之職亦難輕授。合無將運使紀鳳鳴、知州胡尚志、知縣王傅俱照不謹例冠帶閑住，通判陳葵、段子魯，知縣陳光世、趙敬簡俱照不及例起送赴部。陳葵改調簡僻，段子魯、趙敬簡降調閑散，陳光世改降教職。各員缺另行銓補。王文翰仍令照舊策勵供職。恭候命下，移咨都察院，轉行各該撫按衙門遵照施行。

嘉靖四十五年閏十月十六日題，奉聖旨："紀鳳鳴等着閑住，其餘依擬。"欽此。

覆應天巡按御史宋纁辯明知府何東序誣枉疏

題：爲辯殊枉、扶公道以杜刁風事。考功清吏司案呈，奉本部送，吏科抄出，巡按直隸監察御史宋纁題，奉聖旨："吏部知道。"欽此。欽遵，抄出送司，案呈到部。

看得巡按直隸監察御史宋纁題稱，原任徽州府知府、今被劾赴部別用何東序賢能被誣，仍當重用一節。爲照原任徽州府知府何東序，長才勁節，本部久知其賢；但徽州素著刁風，既經論列，恐難展布，以故題奉欽依，以原職別用。乃今御史宋纁不平其事，爲之反覆辯析，至不容口，則本官之賢益可知矣。合無斟酌所擬，將何東序不必起送赴部，遇有相應員缺，徑行銓補。果能不易初心，克成後效，即當不次擢用，以爲任事任怨者之勸。再照言官舉刺，乃激勸之大機，稍有不明，則是非失真，勸懲弗當，士風因之披靡，關係不輕。合無今後言官論列，照依御史宋纁所擬，不得止憑飛語暗揭，以長刁風。本部議覆，不得委曲遷就，以妨公論。恭候命下，移咨兩京都察院并各該衙門，一體遵照施行。

嘉靖四十五年閏十月十六日題，奉聖旨："是。"欽此。

覆給事中張鹵論劾侍郎鮑象賢等留用疏

題：爲懇乞聖明核名實，慎委任，以飭臣工，以隆聖治事。考功清吏司案呈，奉本部送，吏科抄出，禮科給事中張鹵題，奉聖旨："吏部知道。"欽此。欽遵，抄出送司，案呈到部。

看得禮科給事中張鹵論劾兵部左侍郎鮑象賢名實未孚，巡撫湖廣等處地方、都察院右僉都御史楊豫孫視事違慢，乞要將鮑象賢容令致仕，楊豫孫大加懲戒，仍久任以責後效各一節。爲照兵部左侍郎鮑象賢，性資高朗，操履端嚴，在江西則任而未久，在雲南則去而見思，揚歷中外三十餘年，所至俱有聲績。去歲引年乞休，已蒙聖明留用。即今精力未衰，足稱耆舊，遽令休致，不無可惜。巡撫湖廣右僉都御史楊豫孫，賢聲獨茂，輿論咸孚，中途偶因母病，赴任委屬稽遲。但近已入境接管，地方水灾十分重大，正賴本官安輯之時。相應通行議擬，合候命下，將鮑象賢容其策勵供職，楊豫孫行令久任，以責後效，惟復别有定奪。

嘉靖四十五年閏十月二十三日題，奉聖旨："鮑象賢著策勵供職，楊豫孫既到了任，免究。"欽此。

覆都給事中胡應嘉參長蘆巡鹽御史王乾章誤劾徐州兵備副使徐節疏

題：爲憲臣查例不明，越境論劾，乞賜議罰，以一事權事。考功清吏司案呈，奉本部送，吏科抄出，吏科都給事中胡應嘉等題，奉聖旨："吏部知道。"欽此。欽遵。行准都察院咨稱，看得御史係風憲官員，爲朝廷耳目，所至之處，凡官吏臧否、軍民利病，許直言無隱，載在《憲綱》，欽遵至今。今該道呈稱，徐、宿二州原係山東行鹽地方，各設有巡鹽官兵，禁緝私鹽，故長蘆御史事完之日，查取考語填送，既有舊例相因，又稱先巡鹽御史馬斯臧等曾經舉劾副使于德昌、知縣胡乂心等，亦有故事可考，則御史王乾章今次所論，止是遵循舊規，期盡職業，不敢輒廢。至於該科參駁，不過恐啓越境參謁之端，重增地方之擾，亦爲有見。合行申明，今後各巡鹽御史所管河道，俱照原分地方管理。其鹽法一節，查得徐、宿二州巡鹽官兵，兩淮御史既非己所轄，例不比較考覈。今長蘆御史又不舉劾，即兩無查考，未免私鹽盛行，官鹽阻滯。欲割徐、宿二州于兩淮，又恐于户部原額有礙。今後二州鹽政，止宜行令長蘆御史督理，事完照舊查取考語填送，若有阻壞鹽法重情，亦聽查實參奏，庶于鹽政、事體兩無所妨等因。回咨前來，通送到司，案呈到部。

看得吏科都給事中胡應嘉等，查參劾巡按直隸等處監察御史王乾章越境舉劾，及稱所論副使徐節劾非其罪，乞要將王乾章量行罰治。徐節被劾事情，亦要明别是非，以定去留。又御史王乾章辯論該科查考不詳，輕發無稽之論，并乞量罰各一節。爲照御史乃朝廷耳目之官，凡有見聞，皆得論奏。若出差在外，循例舉劾，自難例外加添。節據該科查參，該院咨報，并御史王乾章奏辯，臣等逐一參詳，徐州河道，委非長蘆巡鹽所轄之地。運河壅淤，實在兵備徐節未任之先。先年御史馬斯臧雖嘗帶薦于德昌，御史馮善雖嘗論劾胡乂心，原非定例。蓋兩淮巡鹽御史歷年舉劾俱有徐州，至於長蘆舉劾，僅此兩見，其非定例可知矣。據王乾章所論之事，先後相沿，猶爲小節；據王乾章所論之人，日月全差，殊傷大體。但本官職司言路，風聞之誤，似難深究。合無俯從寬宥，惟復量行罰治。以後徐州兵備等官仍聽兩淮巡鹽御史舉劾，其長蘆巡鹽御史止許照舊開送考語，不必舉劾。徐節既不相干，容令照舊供職。臣等未敢擅便，均乞聖裁。

嘉靖四十五年閏十月二十四日題，奉聖旨："是。王乾章姑免究，徐節著照舊供職。"欽此。

會議都給事中趙格等參應天巡按御史宋纁不當罰治疏

題：爲憲臣懷私庇奸，懇乞聖明洞察以廣耳目事。吏科抄出，刑科都給事中趙格等題，奉聖旨："吏部、都察院看了來說。"欽此。欽遵，抄出到部。

卷查先該巡按直隸監察御史宋纁奏稱，徽州府知府何東序正己執法，政務方新，築城練兵，保障有賴，乞要將本官重用，仍乞申諭言官，論列當考覈精當，毋得止據飛語暗揭，遂爲臧否。該本部議，將何東序不必起送赴部，遇有相應員缺，徑行銓補等因。覆奉聖旨："是。"欽此。查有浙江衢州府知府員缺，該本部題奉欽依填注，通行欽遵外。今該前因。

臣等會同都察院左都御史臣王廷等看得，刑科都給事中趙格等題稱，御史宋纁所論知府何東序先後異同，要將何東序重加黜降，宋纁量行罰治一節。爲照科道官但有建白，明旨必下部院詳議，所以核可否之實，訂是非之公。若使臣等依違遷就，以致國是不定，人心不服，殊非秉公持正之義。即如近日徐州兵備道徐節之事，吏科都給事中胡應嘉等稽諸故實，歷歷有據，比之巡鹽風聞者不同，臣等固不敢徇臺臣以廢科臣之公議；正如徽州府知府何東序之事，直隸巡按御史宋纁得之目擊，的的可憑，比之刑科風聞者不同，臣等亦不敢徇科臣以廢臺臣之公議。蓋宋纁之于何東序，先所論疏防失事之罪，適當乎礦寇方至之時，已經議罰；今所叙修城練兵之功，皆成于礦寇既退之後，不容相掩。原無異同，似難指摘。大抵臺諫論事，以天下公議爲主，若不審事理，發言盈庭，誰執其咎？聖明在上，恐不宜有此。所據該科所論何東序酷刻顯著，欲要重加黜降，宋纁懷私庇奸，欲要量行罰治，均于輿論未協，臣等俱難輕議。合無將何東序行令依今所調衢州府作速到任管事，宋纁照舊巡按地方，不許再辯，重傷大體。伏乞聖裁。

嘉靖四十五年閏十月二十六日會題，奉聖旨："是。"欽此。

議原任刑部尚書鄭曉復職疏

題：爲比例陳情，懇乞天恩俯録軍功，准復父職，以圖補報事。驗封清吏司案呈，奉本部送，吏科抄出，吏部稽勛清吏司辦事進士、今丁憂鄭履淳奏，奉聖旨："吏部知道。"欽此。欽遵，抄出到部送司。

查得嘉靖三十九年五月内，該刑部尚書鄭曉奏，爲申明律例，辯明欺罔，及認罪回話等事，節奉聖旨："鄭曉姑從寬，革了職閑住，不許再用。"欽此。又查得嘉靖十二年十月内，該中書舍人楊元奏稱，伊父楊一清原任少師兼太子太師、吏部尚書、華蓋殿大學士，冠帶閑住，病故，遇蒙恩詔，乞要復職等因。該本部覆題，奉聖旨："楊一清准復原職，不爲例。"欽此。又查得嘉靖三十年十月内，該翰林院修撰唐汝楫奏稱，伊父唐龍原任太子太保、吏部尚書，奉旨爲民，乞要復父原職等因。該本部覆題，節奉聖旨："准復原職。"欽此。又查得嘉靖三十八年十一月内，該原任少傅兼太子太傅、禮部尚書、謹身殿大學士，爲民已故翟鑾男翟汝忠奏稱，乞要復父原職等因。該本部覆題，奉聖旨："翟鑾念他直贊效勞，准復與尚書、大學士職。"欽此。俱欽遵外。今該前因，通查案呈到部。

看得原任刑部尚書、閑住病故鄭曉男今丁憂進士鄭履淳奏，要比例復父原職一節。爲照本官清標勁節，博學弘才。文武司銓，持一時之冰鑑；南北揚歷，勵萬仞之風裁。督兵淮上，屢奏捷音；歸老浙中，惟勤著述。上受聖明知眷之隆，下係寰宇瞻依之望。雖曾以事閑住，實於行誼無瑕。檢查尚書唐龍等前例，委果相同。合無俯念舊勞，復其原職。臣等未敢擅便。

嘉靖四十五年十一月二十二日題，奉聖旨："鄭曉既有軍功，准復原職。"欽此。

議原任吏部尚書胡松贈官疏

題：爲比例陳情，懇乞天恩俯賜恤典，以光泉壤事。驗封清吏司案呈，奉本部送，准禮部咨送，原任吏部尚書、今已故胡松男官生胡世耀奏贈官緣由，到部送司。

查得弘治四年五月内，爲乞恩比例贈謚事，節[一]孝宗皇帝聖旨："今後有乞恩贈謚的，你部裏還要斟酌可否來説，務合公論，不許一概徇情，比例濫請。該科記着。"欽此。及檢照《諸司職掌》，内開文職官一品至五品，照依生前散官，果有功迹合加封者，例與加贈。又查得嘉靖二十六年三月内，准禮部咨，該原任太子少保、吏部尚書周用男周國南奏，父在任病故，乞要比例贈官等因。該本部覆題，奉聖旨："周用贈太子太保。"欽此。又查得嘉靖四十五年二月内，准禮部咨，該原任總督宣大山西等處軍務、太子太保、兵部尚書江東男江至順奏，父在任病故，乞要比例贈官等因。該本部覆題，奉聖旨："江東准贈少保。"欽此。又查得四十五年正月内，准吏部咨，該原任南京吏部尚書王崇慶男王田奏，父致仕在家病故，乞要比例贈官等因。該本部覆題，奉聖旨："王崇慶准贈太子少保。"欽此。俱欽遵外。今該前因，通查案呈到部。

看得原任吏部尚書胡松男胡世耀奏稱，伊父歷官前職，在任病故，乞要比例贈官一節。爲照本官問學淵源，操持皎潔。在臬司則一疏籌邊，已覘文武之猷；在撫臺則多方平寇，更著修攘之績。銓衡未久，注措方殷。力疾執簡，猶汲汲於掄才；盡瘁鞠躬，真惓惓於報國。所據贈官，查與尚書王崇慶事體相同，似應題請。但恩典出自朝廷，臣等未敢擅擬。

嘉靖四十五年十一月二十二日題，奉聖旨："胡松准贈太子少保。"欽此。

奉詔録用建言得罪通政使樊深等疏

題：爲開讀事。文選清吏司案呈，伏睹大行皇帝遺詔内開一款："建言得罪諸臣，存者召用，殁者恤録，見監者即先釋放復職。"欽此。又睹詔書内一款："自正德十六年四月以後，至嘉靖四十五年十二月以前，建言得罪諸臣，遵奉遺詔，存者召用，殁者恤録。吏、禮、兵部作速查開職名，議擬具奏。"欽此。欽遵。除主事海瑞、司務何以尚已經釋放銓補，應恤録官員移付驗封清吏司另行題請外。查得原任通政使樊深，都給事中丘橓、楊思忠、尹相、魏良弼、李用敬，給事中吴時來、周怡、陳瓚、沈束、顧存仁、趙輄、張選、袁世榮，御史何維柏、趙錦、張登高、黄正色、方新、張槚、凌儒、申仲、王時舉、馮恩，郎中徐學詩、周冕，主事張翀、董傳策、劉世龍、唐樞，大理寺寺正母德純，俱以建言獲罪，雖年力不同，今各見存，相應召用。案呈到部。

看得通政使等官樊深等，分職雖異，效忠則同。或争論國是，不避斧鉞之誅；或力劾權奸，致觸雷霆之怒。剛方之氣，百折不回；才略之長，一時鮮儷。棲遲歲久，而衡困益深；諳練日增，而緩急可濟。既經先帝赦罪録用，枯槁回春；又蒙聖皇天語叮嚀，燼灰復熾。合無將各官俱復原職，查其年力精强、竟保終譽者，遇缺填注，仍即酌量升用；望雖素著、年力衰遲者，容臣等另行議處。或有遺漏，聽兩京科道官并各處撫按官以次具奏。庶忠赤感奮，益堅砥礪之節；林壑生輝，均沾浩蕩之恩。世道幸甚，臣等幸甚。

隆慶元年正月初四日題，奉聖旨："是。"欽此。

計開：

樊深，年五十歲，大同中屯衛人。嘉靖十一年進士，歷升通政使。二十九年四月，爲参仇鸞包藏禍心、終爲後患等事，爲民。

丘橓，年五十二歲，山東諸城縣人。嘉靖二十九年進士，歷升兵科都給事中。四十二年，爲剿虜收功，乞賜申飭邊臣等事，杖發爲民。

楊思忠，年五十八歲，山西平定州人。嘉靖二十年進士，歷升禮科都給事中。三十二年正月，爲慶賀事，杖發爲民。

魏良弼，年七十歲，江西新建縣人。嘉靖二年進士，歷升禮科都給事中。十二年，爲科道互相糾舉事，冠帶閑住。

李用敬，年五十五歲，山東益都縣人。嘉靖二十年進士，歷升兵科都給事中。三十四年五月，爲剿獲倭寇捷報方至，懇乞天恩俯從便益等事，杖發爲民。

尹相，年七十歲，湖廣嘉魚縣人。嘉靖十一年進士，歷升吏科都給事中。二十四年七月，錦衣衛爲緝訪事，爲民。

吴時來，年四十八歲，浙江仙居縣人。嘉靖三十二年進士，歷升刑科給事中。三十七年三月，爲乞察奸邪，以清政體，以光安攘大業事，杖發充軍。

周怡，年六十三歲，直隸太平縣人。嘉靖十七年進士，歷升吏科給事中。二十四年八月，爲内外大臣不和，乞賜天語嚴責，以敦國體，以共濟時艱事，爲民。

陳瓚，年四十五歲，直隸常熟縣人。嘉靖三十五年進士，歷升刑科左給事中。四十二年五月，爲斥遺奸以重銓司，采遺賢以重器使事，杖發爲民。

沈束，年五十四歲，浙江會稽縣人。嘉靖二十三年進士，歷升禮科給事中。二十八年五月，爲旌忠勇以昭激勸事，奉欽依監候。四十五年，奉欽依放回爲民。

顧存仁，年六十六歲，直隸太倉州人。嘉靖十一年進士，歷升禮科給事中。十七年，爲陳愚悃，以廣天聽，以昭聖化，以保天休事，杖發口外爲民。

趙軏，年五十九歲，山西高平縣人。嘉靖二十三年進士，歷升工科給事中。二十八年十月，爲糾舉監守内臣侵盗官物、私鑄器皿，乞賜究治，以懲奸欺事，降河南封丘縣縣丞，尋發原籍爲民。

張選，年七十歲，直隸無錫縣人。嘉靖八年進士，歷升户科給事中。十三年四月，爲建言不親太廟事，杖發爲民。

袁世榮，年三十六歲，直隸華亭縣人。嘉靖二十九年進士，歷升兵科給事中。三十四年五月，爲剿獲倭寇捷報方至等事，杖發爲民。

何維柏，年五十六歲，廣東南海縣人。嘉靖十四年進士，歷升浙江道御史。二十四年二月，爲獻愚衷、陳時務以備采擇事，劾輔臣嚴嵩，杖發爲民。

趙錦，年五十歲，浙江餘姚縣人。嘉靖二十三年進士，歷升南京江西道御史。三十二年，爲因變陳言以謹天戒事，劾輔臣嚴嵩，杖發爲民。

張登高，年六十一歲，山東濮州人。嘉靖二十年進士，歷升廣西道御史。二十八年，爲訪據事，杖發爲民。

黄正色，年六十七歲，直隸江陰縣人。嘉靖八年進士，歷升南京浙江道御史。十八年十一月，爲論扈從勛戚大臣内臣事，發邊遠充軍。

方新，年四十九歲，直隸青陽縣人。嘉靖三十五年進士，歷升江西道御史。四十五年閏十月，爲飭臣工、修聖政以弭灾變事，爲民。

凌儒，年四十八歲，直隸泰州人。嘉靖三十二年進士，歷升河南道御史。四十一年正月，爲陳愚見以裨聖治事，杖發爲民。

張檟，年三十八歲，江西新城縣人。嘉靖三十八年進士，歷升湖廣道御史。四十五年二月，爲懇乞聖慈大宥言官，以敷仁恩，以培國脉事，杖發爲民。

申仲，年五十七歲，直隸任丘縣人。嘉靖二十三年進士，歷升陜西道御史。二十八年十月，爲糾舉監守内臣侵盜官物、私鑄器皿等事，降直隸廣德州判官，尋發原籍爲民。

王時舉，年三十三歲，順天府通州人。嘉靖四十一年進士，歷升浙江道御史。四十五年十月，爲庸劣大臣不諳律例，出入罪名，懇乞聖明容令休致，以慎刑憲事，發口外爲民。

馮恩，年七十三歲，直隸華亭縣人。嘉靖五年進士，歷升浙江道御史。十二年八月，爲劾吏部尚書汪鋐，問擬斬罪，辯發充軍，遇赦回籍。

徐學詩，年五十一歲，浙江上虞縣人。嘉靖二十三年進士，歷升刑部江西司郎中。二十九年，爲奸貪輔臣欺君誤國，懇乞宸斷，特賜罷斥，以清治體事，杖發爲民。

周冕，年五十八歲，四川資縣人。嘉靖二十年進士，歷升兵部武選司郎中。三十二年十月，爲懇乞聖斷，究正冒濫軍功，以肅朝綱，以清選法事，杖發爲民。

張翀，年四十二歲，廣西柳州衛人。嘉靖三十二年進士，除刑部雲南司主事。三十七年三月，爲懇乞聖明亟處大奸巨惡輔臣，以謝天下，以靖虜患事，杖發充軍。

董傳策，年四十八歲，直隸上海縣人。嘉靖二十九年進士，除刑部四川司主事。三十七年三月，爲奸貪輔臣主持邊帥，欺君誤國，黷貨巨萬，大負聖恩，懇乞宸斷，早除凶惡，以圖安攘實效事，杖發充軍。

劉世龍，年六十八歲，浙江慈溪縣人。正德十六年進士，歷升南京兵部職方司主事。嘉靖十三年十二月，爲務實政，以答天戒，以隆聖德事，爲民。

唐樞，年七十歲，湖廣歸州人。嘉靖五年進士，歷升刑部陝西司主事。嘉靖六年四月，爲正國法以光聖治事，爲民。

母德純，年八十歲，四川南充縣人。正德十二年進士，歷升大理寺右寺正。嘉靖六年十月，爲禮儀事，充軍。

奉詔起用致仕尚書葛守禮等疏

題：爲開讀事。文選清吏司案呈，伏睹詔書内一款："凡致仕、閑住、爲民、充軍官員，不係考察及犯私罪者，不拘自陳、被論，吏部逐一查開奏請，充軍者放回原籍爲民，爲民者與冠帶閑住，閑住者與致仕。中間如有才望過人、年力尚壯、曾經薦舉者，許一體遇缺推用。"欽此。欽遵。查得原任南京禮部尚書葛守禮，原任户部右侍郎趙貞吉，原任兵部右侍郎郭宗皋，原任都察院右副都御史林雲同、右僉都御史曹邦輔，原任左布政使鍾卿，原任按察司副使曹金、金立敬、殷邁，僉事謝廷茝，俱年力尚强，才識可用，且屢經户、兵二部并各該撫按官奏薦到部，乞爲題請，案呈到部。

看得人才雖稱難得，舍短取長，自足一世之用。即如見在廢閑諸臣，均係先帝數十年間所作養者，譬之楝梁榱桷，其材可勝廊廟之用，雖有寸朽，終難盡棄；况經風霜摧剥之餘，直心勁節，益復堅貞。臣等不能爲國收采，致令朝乏耆舊，野有遺賢，銓衡之任，實有愧焉。兹者仰荷皇上新政之初，首録建言之賢，次搜廢棄之雋，即古帝王求賢如不及、與人不求備之盛心也。臣等愚昧，敢不仰承。查得原任南京禮部尚書等官葛守禮等，職雖不同，俱係因事詿誤，并自陳休致，比之私罪罷斥者不同。考其才識，或清嚴孤介，不逐流俗；或慷慨激烈，可濟急緩；或政事精練，可堪煩劇之司；或文學優贍，可備督學之選。且屢經户、兵二部及各該撫按官交章奏薦，正與恩詔事體相合。伏望聖明俯賜裁允，容臣等遇有相應員缺，酌量疏名，奏請簡用。此外尚有遺漏，本部再加查訪，以次開陳，仍聽兩京科道官與各處撫按官，不拘聽調、致仕、閑住、爲民、充軍，查係公論攸歸者，各另奏薦，庶幾一才一藝，皆得自獻于昌時，臣等推舉之際，不至乏人，亦可以少逭罪狀於萬一矣。

隆慶元年正月初九日題，奉聖旨："是。"欽此。

計開：

葛守禮，山東德平縣人，原任南京禮部尚書，致仕。

趙貞吉，四川内江縣人，原任户部右侍郎，冠帶閑住。

郭宗皋，山東福山衛人，原任兵部右侍郎，充軍。

林雲同，福建莆田縣人，原任右副都御史，回籍聽勘。

曹邦輔，山東定陶縣人，原任右僉都御史，充軍。

鍾卿，廣東東莞縣人，原任福建左布政使，致仕。

曹金，河南祥符縣人，原任浙江按察司副使，閑住。

金立敬，浙江臨海縣人，原任福建按察司副使，致仕。

殷邁，南京留守右衛人，原任貴州按察司副使，致仕。

謝廷茝，四川富順縣人，原任浙江按察司僉事，致仕。

奉詔恤録建言得罪諸臣楊繼盛等疏

題：爲開讀事。驗封清吏司案呈，伏睹大行皇帝遺詔内開："建言得罪諸臣，存者召用，殁者恤録，見監者即先釋放復職。"欽此。又伏睹詔書内一款："自正德十六年四月以後，至嘉靖四十五年十二月以前，建言得罪諸臣，遵奉遺詔，存者召用，殁者恤録。吏、禮、兵部作速查開職名，議擬具奏。"欽此。查得太子太保、吏部尚書，例該于原官上量贈一階，仍與祭葬，廕一子做中書舍人；侍郎，該贈都察院右都御史；右副都御史，該贈户部右侍郎；學士，該贈禮部右侍郎；太僕寺卿，該贈都察院右副都御史；大理寺少卿，該贈都察院右僉都御史；都給事中、郎中、員外郎，該贈太常寺少卿；中允、贊善、修撰、編修、檢討、左給事中、給事中、御史、主事、經歷、僉事，該贈光禄寺少卿。應與祭者仍與祭一壇，應廕子者仍廕子一人，入監讀書。通查案呈到部。

看得建言得罪諸臣，蒙先帝録恤之恩，遺詔開載甚明；際聖主亨嘉之會，新詔申諭更切。雖身先朝露，不幸殞歿，九原有知，均當結草。但其死不同，大略有三：典刑者上也，合當復其原職，特贈一官，厚加諭祭，仍廕一子；廷杖而死者次也，合當復其原職，量贈一官，亦廕一子；或久縶囹圄，或遠戍邊徼，或永棄草澤，終得死於牖下者又其次也，合當復其原職，仍贈一官。内尚書熊浹，正言正色，古道古心。諫止仙亭，侃侃得大臣之體；優游林壑，揚揚有達士之風。御史楊爵，敷陳一疏，義膽忠肝，前後奏議自當稱首；縶獄十年，困心衡慮，始終氣節原無與雙。以上二臣，又應與杖死者一體録恤，以示優異。通乞聖明俯賜裁定，敕下遵行。此外如有遺漏，聽兩京科道官并各處撫按官查理明白，各另議奏。

隆慶元年正月初九日題，奉聖旨："是。熊浹准贈少保，還與他謚。其餘依擬行。"欽此。

計開：

一等，應該復職贈廕，仍加諭祭官四員：

楊繼盛，直隸容城縣人，任兵部署員外郎。嘉靖三十二年，爲感激天恩，舍身圖報，乞賜聖斷，早除奸險巧佞權賊，以清朝政，以絶虜患事，建言，下獄典刑。

郭希顔，江西豐城縣人，任春坊左中允。嘉靖三十九年，爲天恩未報，處君父骨肉之間，願獻微忠事，建言，典刑。

沈鍊，浙江會稽縣人，任錦衣衛經歷。嘉靖三十年，爲早決征虜大策等事，建言，先爲民，後典刑。

楊允繩，直隸華亭縣人，任户科左給事中。嘉靖二十四年，爲光禄寺，建言，典刑。

二等，應該復職贈廕（内熊浹仍該祭葬，應否與謚，禮部奏請）官一十五員：

熊浹，江西南昌縣人，任太子太保、吏部尚書。嘉靖二十三年，爲停建仙亭事，建言，爲民。

楊爵，陜西富平縣人，任山東道監察御史。嘉靖二十年，爲慰人心以隆治道事，建言二次，下獄爲民。

楊最，四川射洪縣人，任太僕寺卿。嘉靖十九年，以直陳時事，杖死。

王思，江西泰和縣人，任翰林院編修。嘉靖三年，以議禮，杖死。

浦鋐，山東登州衛人，任巡按陜西監察御史。嘉靖二十年，爲捄御史楊爵，杖死錦衣衛獄中。

周天佐，福建晋江縣人，任户部主事。嘉靖二十年，爲捄御史楊爵，杖死錦衣衛獄中。

薛宗鎧，廣東揭陽縣人，任户科左給事中。嘉靖十四年，爲劾吏部尚書汪鋐，杖死。

曾翀，直隸霍丘縣人，任河南道監察御史。嘉靖十四年，爲劾吏部尚書汪鋐，杖死。

何光裕，四川梓潼縣人，任兵科都給事中。嘉靖三十年，爲禁奸宄〔二〕以嚴邊防，斥邪妄以振兵威事，建言，杖死。

葉經，浙江上虞縣人，任江西道監察御史。爲劾輔臣嚴嵩，以進呈山東鄉試録坐罪，杖死。

裴紹宗，陜西渭南縣人，任兵科給事中。嘉靖三年，以議禮杖死。

張原，陝西三原縣人，任兵科給事中。嘉靖三年，以議禮杖死。

仵瑜，湖廣蒲圻縣人，任禮部主事。嘉靖三年，以議禮杖死。

臧應奎，浙江長興縣人，任禮部主事。嘉靖三年，以議禮杖死。

殷承叙，陝西蘭州衛人，任刑部主事。嘉靖三年，以議禮杖死。

三等，應該復職，仍贈官官二十六員：

唐胄，廣東瓊山縣人，任户部左侍郎。論劾武定侯郭勛始祖郭英不當配饗太廟，又論明堂事，爲民。

李璋，錦衣衛人，任都察院右副都御史。嘉靖六年，以議獄充軍。

豐熙，浙江鄞縣人，任翰林院學士。嘉靖三年，以議禮充軍。

徐文華，四川嘉定州人，任大理寺左少卿。嘉靖六年，以議獄充軍。

楊慎，四川新都縣人，任翰林院修撰。嘉靖三年，以議禮充軍。

王元正，陝西盩厔縣人，任翰林院檢討。嘉靖三年，以議禮充軍。

羅洪先，江西吉水縣人，任左春坊贊善。嘉靖十九年，爲乞舉東宫朝儀事，建言，爲民。

楊名，四川遂寧縣人，任翰林院編修。嘉靖十一年，論劾吏部尚書汪鋐，充軍。

張翀，四川潼川州人，任禮科都給事中。嘉靖三年，以議禮充軍。

張侃，直隸大河衛人，任刑科都給事中。嘉靖二十九年，爲處决重囚事，杖發爲民。

劉琦，陝西洛川縣人，任兵科給事中。嘉靖六年，以議獄充軍。

劉濟，騰驤右衛人，任刑科都給事中。嘉靖六年，以議獄充軍。

馬録，河南信陽州人，任山東道監察御史。嘉靖六年，以議獄充軍。

程啓充，四川嘉定州人，任浙江道監察御史。嘉靖六年，以議獄充軍。

盧瓊，江西浮梁縣人，任浙江道監察御史。嘉靖六年，以議獄充軍。

陳讓，福建晋江縣人，任福建道監察御史。嘉靖十八年，諫阻顯陵合葬，爲民。

桑喬，直隸江都縣人，任河南道監察御史。以論劾輔臣嚴嵩，發〔三〕充軍。

包節，直隸華亭縣人，任湖廣道監察御史。嘉靖二十五年，巡按湖廣，論劾守備廖斌，杖發充軍。

王宗茂，湖廣京山縣人，任南京廣東道監察御史。嘉靖三十一年，爲糾劾誤國輔臣等事，謫縣丞。

余翱，直隸定遠縣人，任四川道監察御史。嘉靖三年，以議禮充軍。

方一桂，福建莆田縣人，任廣東道監察御史。嘉靖十四年，以建言杖發爲民。

劉魁，江西泰和縣人，任工部員外郎。嘉靖二十二年，爲停建雷壇事，建言，下獄爲民。

余寬，浙江臨海縣人，任吏部郎中。嘉靖三年，以議禮充軍。

黄待顯，福建莆田縣人，任户部郎中。嘉靖三年，以議禮充軍。

陶滋，山西絳州人，任兵部郎中。嘉靖三年，以議禮充軍。

相世芳，山西安邑縣人，任刑部郎中。嘉靖三年，以議禮充軍。

王與齡，山西鄉寧縣人，任吏部郎中。嘉靖二十二年，爲輔臣嚴嵩囑托公事，將原來私帖劾奏，爲民。

章綸，錦衣衛人，任山西按察司僉事。嘉靖六年，以議獄充軍。

覆議匠官徐杲褫職疏

題：爲自陳衰老庸材，懇乞天恩容令休致，以公考察事。考功清吏司案呈，奉本部送，吏科抄出，工部帶俸尚書徐杲奏，奉聖旨："該部知道。"欽此。欽遵，通抄送司，案呈到部。

看得工部帶俸尚書徐杲自陳不職，及該工科都給事中王元春等論劾本官加添冒濫，欲要量准别項雜職，冠帶閑住，并伊男徐文燦俱革職爲民，牌坊停止各一節。爲照工作人等縱有勤勞，止當優以金帛，不宜錫以官爵。所據徐杲身任工書，明躋六卿之列；腰懸玉帶，廕承一品之階。乃我朝自來所無之事，不惟人言嘖嘖，亦恐心不自安。合無將本官尚書職銜并所廕伊男徐文燦武職盡行削除，奏建坊牌即爲停止。若念其效勞日久，且年已衰遲，姑以營繕所所正致仕。其所管下，但係因工升授少卿、郎中、主事等項作官，容臣等通行查明，開坐議革。

隆慶元年正月十七日題，奉聖旨："徐杲著冠帶閑住。"欽此。

覆議侍講學士王大任姜儆褫職疏

題：爲自陳不職，乞賜罷黜，以光新政事。考功清吏司案呈，奉本部送，吏科抄出，翰林院侍講學士王大任奏，奉聖旨："王大任著吏部查議來説。"欽此。又該刑科都給事中徐公遴題，爲追論首惡，乞賜併究，以重刑章事，奉聖旨："法司知道。"欽此。欽遵，通抄送司，案呈到部。

看得翰林院侍講學士王大任自陳不職，及該刑科都給事中徐文遴等參稱王大任并原任侍講學士、今丁憂姜儆，欲要併究，以正刑章各一節。除事干刑名者，聽法司徑自議覆外。爲照王大任、姜儆官列臺端，職當言路。依違訪道，已非憲紀之常；引用匪人，更失貞肅之體。且姜儆巡按湖廣，頗著酷聲；王大任巡按雲南，大招物議。合無照依不謹事例，俱令冠帶閑住，惟復褫奪爲民，以示懲戒。伏乞聖裁。

隆慶元年正月十七日題，奉聖旨："姜儆、王大任既於巡按時有議，著冠帶閑住。"欽此。

議通判許嶽不當降級疏

題：爲明職掌以辯註誤事。文選清吏司案呈，奉本部送，准都察院咨，據巡按湖廣監察御史陳省呈前事，咨部送司。卷查先准户部咨，稱嘉靖四十二年分南糧岳州府管糧通判許嶽違限一年之上，照例起送，降級别用。隨該通政使司連狀送，據許嶽告前事，未委虚的，已經移咨都察院，轉行巡按湖廣監察御史查勘去後。今該前因，案呈到部。

看得催科固爲急務，分管各有攸司，必須罪當其情，庶幾人知警戒。今查通判許嶽原管軍糧，通判許遷原管南糧。四十二年南糧違限，明是許遷，若彼罪此承，人情委有不堪。且許遷專管三年，未完升合；許嶽帶管四月，即完過一萬三千六百餘石。既泯其功，又加以罪，於法亦爲未當。所據巡按御史陳省查勘明白，呈院咨部，臣等既知虧枉，豈敢依違？合無將許嶽免其降級，仍以原升同知調用，庶理財、用人兩不相背。伏乞聖裁。

隆慶元年正月十八日題，奉聖旨："是。"欽此。

覆巡撫順天都御史耿隨卿自陳留用疏

題：爲自陳不職，乞賜罷斥，以新聖治事。考功清吏司案呈，奉本部送，吏科抄出，整飭薊州等處邊備兼巡撫順天等府地方、都察院右僉都御史耿隨卿奏，奉聖旨："吏部知道。"欽此。欽遵，抄出送司，案呈到部。

看得整飭薊州等處邊備兼巡撫順天等府地方、都察院右僉都御史耿隨卿自陳不職，乞要罷斥一節。爲照本官自任撫循以來，操持無議，經略有方，雖經自陳，仍應留用。合候命下，令其照舊供職。務要與總督薊遼右都御史劉燾同心共濟，益竭忠猷。無以邊烽稍息，少疏十路之防；常如夷虜在前，首嚴三衛之備。上紓宸衷，下慰民望，方稱委任。

隆慶元年二月初三日題，奉聖旨："耿隨卿著照舊供職。"欽此。

覆巡撫山東都御史洪朝選自陳留用疏

題：爲自陳不職，乞賜罷斥，以隆新政事。考功清吏司案呈，奉本部送，吏科抄出，巡撫山東等處地方兼督理營田、都察院右副都御史洪朝選奏，奉聖旨："吏部知道。"欽此。欽遵，抄出送司，案呈到部。

看得巡撫山東等處地方兼督理營田、都察院右副都御史洪朝選自陳不職，乞要罷斥一節。爲照本官才識精明，操持廉慎，東土士民咸以得人爲慶，雖經自陳，仍應留用。合候命下，令其照舊供職。務要大展忠猷，益加保釐。潛消奸宄，成買牛賣劍之風；興舉營田，致家給人足之效。登萊海波雖稱不揚，備倭之方仍宜講究；濟寧河道雖非專理，修浚之事亦當共圖。永保三齊之治安，方稱九重之簡命。

隆慶元年二月初四日題，奉聖旨："洪朝選著照舊供職。"欽此。

覆監察御史王廷瞻劾侍郎劉畿留用疏

題：爲糾拾遺奸，乞賜罷黜，以警官邪事。考功清吏司案呈，奉本部送，吏科抄出，巡按直隸監察御史王廷瞻題，奉聖旨："吏部知道。"欽此。欽遵，抄出送司，案呈到部。

看得巡按直隸監察御史王廷瞻論劾南京兵部右侍郎劉畿不職，乞要罷黜一節。爲照本官管理工程，固是科中挨次奏差，然不及三年，因工連升三次，委屬太驟。于後巡撫浙江，乃能安輯州縣，震讋倭奴，不止平靖礦寇一事，巡按御史龐尚鵬極口薦揚，謂其風猷素著，文武兼資，則其才略亦可概見。况南兵侍郎專管振武營務，與有留都安危之寄，艱大盤錯，似當委任責成，所據御史王廷瞻參劾前因，係干公論，相應參互酌處。合候命下，將劉畿原升俸内量降二級，令其前去南京到任，策勵供職，必須積有年勞，資稱其官，方許别轉。

隆慶元年二月初七日題，奉聖旨："是。劉畿著策勵供職。"欽此。

覆巡撫保定都御史曹亨自陳留用疏

題：爲懇祈天恩矜憫病臣，俯賜致仕事。考功清吏司案呈，奉本部送，吏科抄出，新升巡撫保定等府地方兼提督紫荆等關、都察院右僉都御史曹亨奏，奉聖旨："吏部知道。"欽此。欽遵，抄出送司，案呈到部。

看得新升巡撫保定等府地方兼提督紫荆等關、都察院右僉都御史曹亨自陳衰病，乞要休致一節。爲照本官所奏，情既真切，詞復懇到，具見難進易退之義。但考其歷履，在官之望既隆，居鄉之行尤著，雖經自陳，仍應留用。合候命下，令其作速到任管事，務要大展忠猷，鋭情經略。内輯六府，收畿南保障之功；外飭三關，嚴北門鎖鑰之備。以副人望，以報國恩。

隆慶元年二月初十日題，奉聖旨："是。曹亨著用心巡撫地方。"欽此。

覆巡撫大同都御史張志孝自陳留用疏

題：爲自陳不職，乞賜罷黜，以新聖治事。考功清吏司案呈，奉本部送，吏科抄出，巡撫大同地方、贊理軍務、都察院右僉都御史張志孝奏，奉聖旨："吏部知道。"欽此。欽遵，抄出送司，案呈到部。

看得巡撫大同地方、贊理軍務、都察院右僉都御史張志孝自陳不職，乞要罷黜一節。爲照本官操履精嚴，規模闊大。先出使於雲中，備嘗夷險；今持節於塞上，洞悉機宜。雖經自陳，仍應留用。合候命下，行令照舊供職。務要一弛一張，有倫有要。摧强梁之虜，不在於戰，惟在於謀；馭頑鈍之卒，欲振以威，先撫以恩。至於城内宗藩，關係更大，尤須申明聖祖明訓，使之毋驕毋淫，各保禄位。果有仍前恣肆者，會同巡按御史從實查參，庶幾處置得宜，囂棼自息。

隆慶元年二月十二日題，奉聖旨："張志孝著照舊供職。"欽此。

覆巡撫遼東都御史魏學曾自陳留用疏

題：爲自陳不職，乞賜罷斥，以新用舍事。考功清吏司案呈，奉本部送，吏科抄出，巡撫遼東地方兼贊理軍務、都察院右僉都御史魏學曾奏，奉聖旨："吏部知道。"欽此。欽遵，抄出送司，案呈到部。

看得巡撫遼東地方兼贊理軍務、都察院右僉都御史魏學曾自陳不職，乞要罷斥一節。爲照本官自撫東遼以來，悉心籌畫，極力經營。積弱之餘，雖未著攘外之效；振飭之後，已漸成安内之功。地方有賴，仍應留用。合候命下，行令照舊供職。務要積穀課農以備荒，增埤練士以禦虜。哨探嚴於馬市，謹開原門户之防；威惠達於屬夷，通寧前咽喉之利。至於拱護薊鎮，以重腹心，尤爲體要。

隆慶元年二月十四日題，奉聖旨："魏學曾著照舊供職。"欽此。

覆巡撫河南都御史孟養性自陳留用疏

題：爲自陳不職，乞賜罷黜，以應明詔事。考功清吏司案呈，奉本部送，吏科抄出，巡撫河南等處地方、都察院右副都御史孟養性奏，奉聖旨："吏部知道。"欽此。欽遵，抄出送司，案呈到部。

看得巡撫河南等處地方、都察院右副都御史孟養性自陳不職，乞要罷黜一節。爲照本官自撫中州以來，操持無議，鎮静有常，雖經自陳，仍應留用。合候命下，令其照舊供職。務要崇節儉以銷奢靡之風，嚴考覈以杜奸玩之弊。四通八達，嵩洛之礦徒，徐沛之鹽徒，加意隄防，日切前車之戒；十室九空，宗藩之禄米，班軍之月米，悉心計處，時勤後事之防。明作有功，方稱委任。

隆慶元年二月十五日題，奉聖旨："孟養性著照舊供職。"欽此。

校勘記

〔一〕"節"後，疑當有一"奉"字。

〔二〕"宄"，原作"究"，據文意改。

〔三〕"發"前，疑當有一"杖"字。

蒲坂楊太宰獻納稿卷二

議原任巡撫順天都御史朱方復職疏

少保兼太子太保、吏部尚書臣楊博等謹題：爲挾讎誣陷，懇乞天恩廣恩詔以伸極冤事。驗封清吏司案呈，奉本部送，吏科抄出，禮科右給事中朱繪奏，奉聖旨："吏部知道。"欽此。欽遵。

看得前項事情，原係兵部議覆，合咨前去，即查都御史朱方原題掣兵本内是否止要掣回薊鎮兵馬，或曾併議掣回宣府兵馬，以致宣府失事；其薊鎮掣兵之後，本鎮有無失事；彼時該科都給事中戴夢桂參論是否挾讎誣陷備由，并將始末文卷封送過部，以憑施行。隨准兵部咨，送原題堂稿前來。

查得先該都御史朱方題稱，哨探回報，大兵達賊及小王子等前往地名威寧海子等處住牧，相離宣府五百餘里，水草枯涸，道里寫遠，地方可保無虞。且京、遼官軍及山東長鎗手共近三萬四千餘員名，各防守邊關，分戍日久，勞瘁可憫，其合用錢糧日計千兩。況順、永二府所屬軍民近遭異常水患，窮苦無聊，加兹久供軍役，未免驚疑逃竄。要將前項防禦兵馬暫且掣回等因。奉世宗皇帝聖旨："兵部知道。"欽此。該本部議得，前項駐邊大虜既已畏威遠遁，地方無虞，原調各項兵馬委應掣回。既該巡撫都御史朱方具奏前來，相應依擬。合候命下，移咨都御史朱方、鄭重，總、副、參、遊等官戴廉等，將前項防禦兵馬，及行都司張儒，將長鎗手通行掣回。其宣大客兵并長鎗手，仍行總督尚書翟鵬會同撫鎮衙門再行遠探，如果達賊遠遁，徑自發回，具由回奏等因。奉世宗皇帝聖旨："是。大虜既已遠遁，依擬掣回防守官軍。"欽此。

又查得山西道監察御史舒汀等題參原任兵部尚書毛伯温、該司郎中韓勖漫無參酌，朦朧議覆，責不容辭。况朱方之議止于請掣薊州客兵，而該部該司一概題覆，并將宣大等鎮客兵一體盡行掣散，以致虜寇乘虚直逼三關，本兵之罪，所當首論等因。節奉世宗皇帝聖旨："毛伯温革職爲民，韓勖發邊衛充軍。"欽此。

又查得禮科等科都給事中辛自修等、河南等道監察御史王好問等各題，爲開讀事，内稱文臣中如曾銑、楊守謙、商大節、翟鵬、朱方、張漢、王杲、孫繼魯等八員，或志在立功，身遭重辟，或事存體國，罪累流亡，至今無問知與不知，咸爲痛惜，所當一併詳議題請。奉有明旨見在，禮部議覆。通查案呈到部。

看得原任整飭薊州等處邊備兼巡撫順天等府地方、都察院右僉都御史，後充軍已故朱方，廉潔無私，剛方有斷。先以御史巡按河南，風裁凛凛，戴夢桂時任杞縣知縣，方嘗欲按其罪，夢桂固深銜之，于後入科，遂以掣兵之事挾私害方。參詳調到兵部堂稿，方之所議掣者，止是本管薊鎮之兵，兵部因而併掣宣大之兵，以致宣大失事，于方何與？御史舒汀等參究本兵之原疏，已嘗辯析于當時；科道官辛自修、王好問等遵奉聖明之新詔，又復開陳于今日。公論甚明，委當申雪。合無將朱方先復原職，仍行禮部議給恤典。臣等未敢定擬。

隆慶元年二月十八日題，奉聖旨："是。朱方准復原職。"欽此。

議原任户部尚書王杲復職疏

題：爲控籲極冤至情，乞廣恩詔，俯賜矜恤，以勵臣節事。驗封清吏司案呈，奉本部送，吏科抄出，原任太子太保、户部尚書，充軍已故王杲男監生王世泰奏，奉聖旨："吏部知道。"欽此。欽遵。

行准户部咨稱，查得先該本部尚書王杲題參管庫員外郎余善繼等收納兩淮解到餘鹽等項銀兩，内將驗退銀一千兩誤報收訖，并經收庫役人等通行參究等因，奉世宗皇帝聖旨："余善繼等，法司提了問。"欽此。又該刑部等衙門尚書等官屠僑等具題，節奉世宗皇帝聖旨："是。既是張禄通同作弊侵銀，依擬，着彼處巡按御史通行提究追捕。"欽此。又該禮科給事中馬錫題，爲乞賜究詰餘奸，盡國法以杜弊源事，奉世宗皇帝聖旨："插和官銀，賄屬秤收，奸弊重大。王杲、艾朴、黄正大并奏内有名人犯，錦衣衛便着逐一拿送鎮撫司究問來説，不許徇畏回護。"欽此。又該户科都給事中厲汝進等題，節奉世宗皇帝聖旨："這厮每既知張禄罪惡，如何不行早劾？此時不過與王杲解。"欽此。續將王杲謫發廣東充軍訖。

又查得近該禮科等科都給事中辛自修等、河南等道監察御史王好問等各題，爲開讀事，内稱文臣如曾銑、楊守謙、商大節、翟鵬、朱方、張漢、王杲、孫繼魯等八員，或志在立功，身遭重辟，或事存體國，罪累流亡，至今無問知與不知，咸爲痛惜，所當一併詳議題請。奉有明旨見在，禮部議覆。通查案呈到部。

看得原任太子少保、户部尚書，後充軍已故王杲男監生王世泰奏，父無辜被陷，死于戍所，乞要湔除罪名恤録一節。爲照本官自縣令以至尚書，兢兢翼翼，冰蘗之操，可對神明。仰蒙先帝深知其賢，特加簡用，海内之人無論識與不識，亦咸以清慎稱之。雖該給事中馬錫一時誤聽浮言，輕爲論列，今觀都給事中厲汝進等論辨之章，六科十三道官辛自修、王好問等議恤之疏，先後相去二十餘年，不約而同，具見公論所在。既經户部查明，移咨前來，臣等無容别議。合無將王杲先行復其原職，仍行禮部議給恤典。臣等未敢定擬。

隆慶元年二月二十三日題，奉聖旨："是。王杲准復原職。"欽此。

會議右給事中王謨劾郎中武金等留用疏

題：爲糾劾漏網貪官，以慰人心，以清吏治事。吏科抄出，工科右給事中王謨題，奉聖旨："吏部、都察院知道。"欽此。欽遵，抄出到部。

臣等會同都察院左都御史臣王廷，看得工科右給事中王謨題參户部主事邵元哲肆貪饕以玷官箴，所當亟行罷斥，考功司郎中武金私桃李以傷公道，所當量行降調各一節。爲照主事邵元哲，以嘉靖四十四年進士歷任方餘一年，先在通州管倉，查革斗級書皂過於嚴急，遂致匿名文帖遍布通衢。臣等會考之時，以爲匿名文帖，法例所禁，輕易聽信，不惟遂小人中傷之計，抑恐阻部官任事之心，以故將邵元哲擬注存留項下。郎中武金雖係元哲會試座主，實無一言回護。且考察之後，科道官會本拾遺，部屬中止有郎中劉孝，亦未及於元哲。乃今已經閱月，該科有此論奏，中間事情，大率出自風聞，實由通州流言所致，似難別議。况武金平日廉直任怨，輿論共知，若止以門生形迹之嫌併議降調，尤爲可惜。合無將武金行令照舊供職，邵元哲姑令策勵供職，容臣等部院再加體訪，以俟論定，惟復別有定奪，均乞聖裁。

隆慶元年二月二十四日會題，奉聖旨："武金、邵元哲都着照舊供職。"欽此。

覆巡撫陝西都御史楊巍自陳留用疏

題：爲自陳不職，乞賜罷黜，以隆聖治事。考功清吏司案呈，奉本部送，吏科抄出，巡撫陝西等處地方、都察院右僉都御史楊巍奏，奉聖旨："吏部知道。"欽此。欽遵，抄出送司，案呈到部。

看得巡撫陝西等處地方、都察院右僉都御史楊巍自陳不職，乞要罷斥一節。爲照本官華實并茂，文武兼資。頃以上谷之望，起撫三秦，彼中人士方歌來暮，雖經自陳，仍應留用。合候命下，令其照舊供職。務要益勤經略，大展忠猷。調度三邊之兵食，外攘醜虜；保釐八郡之黎庶，内靖封疆。

隆慶元年三月初三日題，奉聖旨："楊巍着照舊供職。"欽此。

覆都給事中馮成能追贈前母疏

題：爲懇乞推情追贈前母，以廣天恩事。驗封清吏司案呈，奉本部送，吏科抄出，工科都給事中馮成能奏，奉聖旨："該部知道。"欽此。欽遵，抄出送司。

案查正統年間吏部左侍郎曹鼐奏乞追贈前母孟氏，成化年間户部尚書楊鼎乞贈前母魏氏，景泰年間山西右參政葉盛乞贈前母湯氏，俱蒙特允。又查得嘉靖十五年七月内，翰林院侍講學士蔡昂奏稱，乞要追贈前母楊氏等因，該本部覆題，奉世宗皇帝聖旨："准他。"欽此。欽遵。今該前因，通查案呈到部。

看得工科都給事中馮成能奏稱，乞要將前母羅氏照例一體追贈一節。爲照前母之封，令甲未載，如先年吏部左侍郎曹鼐等，近年侍講學士蔡昂，俱蒙准贈，皆係特恩。臣等竊惟，禮緣人情，恩以類錫。前母之於子，雖無撫育之恩，然自父視之，其爲母一也。今馮成能之父母皆有封贈，而前母獨不得霑一命之榮，歲時奉祀，稱謂懸殊，宜其心不自安，有此陳奏。既經該司查有前例，所據本官前母羅氏似應一體加贈。但恩典出自朝廷，臣等未敢擅便。

隆慶元年三月初五日題，奉聖旨："准他。"欽此。

會議給事中周世選不當論救僉事萬廷言及劾尚書雷禮疏

題：爲奸憸大臣漏網肆讒，致乖政體，懇乞聖明速賜罷黜，以昭公議，以儆臣工，以光隆新政事。吏科抄出，禮科給事中周世選題，奉聖旨："萬廷言升遷是否雷禮指授，吏部、都察院從公看了來說。"欽此。又該少傅兼太子太傅、工部尚書雷禮奏，奉聖旨："吏部、都察院一併看了來説。"欽此。欽遵，通抄到部。

臣等會同都察院左都御史臣王廷，看得禮科給事中周世選論劾少傅兼太子太傅、工部尚書雷禮，内稱光禄寺寺丞萬廷言推升雲南僉事，皆由禮厚自結納於銓卿，公行指授於司屬，竊柄凌人，由來者久。及該雷禮奏辯，推升出自吏部，非臣敢與。尚書楊博剛正難干，臣豈敢出口爲其所薄？文選郎中胡汝桂與廷言素善，何能使之承行？蓋由周世選不欲萬廷言外補，連挽朋謀，嫁禍於臣各一節。爲照寺丞萬廷言以嘉靖四十一年進士，初授刑部主事，一調兵部，再升禮部，三改光禄，俱在臣博未任之先。及臣入部，又謀禮部儀制郎中。舊例，寺丞有望者徑升本寺少卿。臣既惡其輕躁，又復惜其文學，以故題升雲南提學僉事，使之練習外事，以示裁成之意，其事實臣博一人主之。雷禮與臣同列九卿，有何相壓，能主臣吏部之事？若果禮能指授臣之司屬，則廷言一官數調，又皆誰指授之？臣等竊惟，六品寺丞得升五品僉事，五年進士得拜風紀儒臣，計資掄望，固已處非其據，今猶云亟亟補之於外，不知必以何官升之、何地處之方快其壟斷之私哉？舉動乖剌，誠非清朝宜有之事。所據萬廷言仍當重加降罰，以爲庶官奔競者之戒。至於周世選所劾雷禮別事，及禮逐條辯析，查與科道官拾遺大略相同，已經奉旨發落，俱難再議。况今山陵在近，事體隆重，正屬工部經理之時，伏望皇上特降天語，將雷禮令其即出任事。但大臣去留出自朝廷，臣等未敢定擬。

隆慶元年三月初四日會題，奉聖旨："雷禮着照舊供職，萬廷言姑以原職降二級調外任。"欽此。

覆巡撫延綏都御史王遴自陳留用疏

題：爲自陳不職，懇乞天恩，容令休致事。考功清吏司案呈，奉本部送，吏科抄出，巡撫延綏等處地方、都察院右僉都御史王遴奏，奉聖旨："吏部知道。"欽此。欽遵，抄出送司，案呈到部。

看得巡撫延綏等處地方、都察院右僉都御史王遴自陳不職，乞要休致一節。爲照本官自任撫循以來，才既優長，志復精鋭。積弱之餘，雖嘗失之東隅；振飭之久，自當收之桑榆。地方允賴，仍應留用。合候命下，令其照舊供職。務要益加撫輯，大展忠猷。無事則内安疲民，以先保釐之政；有警則外攘套虜，以成掃蕩之功。至於防魚河之陸運，通府谷之水運，足食長策，尤當講究。

隆慶元年三月初六日題，奉聖旨："王遴着照舊供職。"欽此。

會議巡撫南贛都御史吴百朋加銜留鎮疏

題：爲據報巢賊搆黨復出，懇乞責成升任撫臣併加勦絶，以靖地方事。吏科抄出，兵科都給事中歐陽一敬等題，奉聖旨："吏、兵二部看了來説。"欽此。欽遵，抄出到部。

臣等會同太子少保、兵部尚書臣趙炳然，看得兵科都給事中歐陽一敬等具題前因，大率謂南贛岑岡、高砂、下歷三巢之賊燒屋携家，由龍南等處屯札擄掠，有激而出，有因而合，不容尋常易視。要將近升大理卿吴百朋改授兵部侍郎職銜，仍留南贛巡撫，用兵殺賊。若謂不當復留，亦乞速推撫臣代任各一節。爲照提督巡撫吴百朋自任南贛以來，已經五年。臣等念其久在兵間，以故稍遷大理寺卿，無非均平内外勞逸之義。乃今三巢之賊又復發作，即其焚居携家之形，誠爲沉舟破釜之計。該科計料賊情，欲留百朋復任南贛，知彼知己，深中機宜，相應依擬。伏乞聖明將吴百朋量改兵部職銜，仍兼憲職，照舊提督巡撫南贛地方。容臣等馬上差人齎文交與本官，會同廣東巡撫李佑協力同心，足兵足食。賊果棄巢遠出，則當盡數剿滅，以成百戰之功；賊若負險不出，則當多方防禦，以收萬全之效。事寧之日，通聽巡按御史查勘功罪，具奏定奪。遺下寺卿員缺，先行會官推補。

隆慶元年三月十四日題，奉聖旨："是。吴百朋升兵部右侍郎兼都察院右僉都御史，照舊提督軍務，巡撫南贛地方。着用心剿賊，務期滅息。"欽此。

覆巡撫應天都御史謝登之自陳留用疏

題：爲自陳不職，懇乞天恩，俯賜罷黜，以新聖政事。考功清吏司案呈，奉本部送，吏科抄出，總理糧儲、提督軍務兼巡撫應天等府地方、都察院右副都御史謝登之奏，奉聖旨："吏部知道。"欽此。欽遵，抄出送司，案呈到部。

看得總理糧儲、提督軍務兼巡撫應天等府地方、都察院右副都御史謝登之自陳不職，乞要罷黜一節。爲照本官德性温淳，操持嚴正，地方多事，方賴保釐，雖經自陳，仍應留用。合候命下，行令照舊供職。務要内防徽寧之礦寇，與衢嚴共爲掎角；外禦江海之倭奴，與淮浙相爲唇齒。至於禁革投靠以抑豪右，調停糧差以安貧民，尤爲首務。

隆慶元年三月十八日題，奉聖旨："謝登之着照舊供職。"

欽此。

覆浙江巡按御史王得春論太常寺卿宜用科目出身疏

題：爲應明詔、罄愚衷以裨聖治事。文選清吏司案呈，奉本部送，吏科抄出，巡按浙江監察御史王得春題，奉聖旨："該部看了來說。"欽此。欽遵，抄出送司。

查得"惜名器"一款，先爲遵奉明詔，查革加添冒濫大臣，以重名器，以光新政事，該工科都給事中王元春等題，該本部議，將尚書徐杲姑以營繕所所正致仕，其所管下但係工升少卿、郎中、主事等項作官，俱奉欽依查革訖。又爲貪污匠官大肆違法事，節奉欽依，將徐杲問罪，仍充匠役。今該前因，通查案呈到部。

看得巡按浙江監察御史王得春題稱"重祀典""慎名器"二事，欲將師宗記退還本宫，别選任用，徐杲削奪職級，仍編匠役各一節。除徐杲節奉欽依問罪，革充匠役，無容别議外。爲照太常卿少卿與聞三禮，職在清華，祖宗舊例，俱於進士内選其才望兼隆者方得充任。所據見任禮部侍郎師宗記發身道流，委屬冒濫。念其聲音洪亮，行止謹飭，遽令廢閑，不無可惜。合無將師宗記革去今職，降作少卿，專管祝贊。少卿魏承詔、袁好禮亦俱降作寺丞，與同寺丞楊自和、王承業俱隨堂辦事。魏承詔、袁好禮以後事故，不必作缺。遺下正卿、少卿二缺，容臣等於科目中另行查選，題請簡用，庶幾舊章既復，新政允賴。伏乞聖裁。

隆慶元年三月二十一日題，奉聖旨："是。"欽此。

覆巡撫寧夏都御史王崇古自陳留用疏

題：爲遵詔自陳，乞賜罷歸，以光新政事。考功清吏司案呈，奉本部送，吏科抄出，巡撫寧夏等處地方、都察院右僉都御史王崇古奏，奉聖旨："吏部知道。"欽此。欽遵，抄出送司，案呈到部。

看得巡撫寧夏等處地方、都察院右僉都御史王崇古乞要罷免一節。爲照本官有洪濟之才，有擔當之力，撫夏三年，一塵不染，雖經自陳，仍應留用。合候命下，行令照舊供職。務要内撫殘民，外防驕虜。修筑赤木等口以通西凉之屏蔽，開拓黑山等營以復西勝之輿圖。河西廣武小邊雖已完固，河東花馬大邊仍須經營。

隆慶元年三月二十六日題，奉聖旨："王崇古着照舊供職。"欽此。

議原任南京兵部尚書李遂贈官疏

題：爲比例陳情，懇乞天恩，俯賜恤典，以光泉壤事。驗封清吏司案呈，奉本部送，准禮部咨送，原任南京兵部尚書、今已故李遂男主事李材奏贈官緣由到部。查得嘉靖四十五年十一月内，准禮部咨，該原任吏部尚書胡松男胡世耀奏，父在任病故，乞要比例贈官等因。該本部覆題，奉聖旨："胡松贈太子少保。"欽此。欽遵。今該前因，通查案呈到部。

看得已故原任南京兵部尚書李遂男李材奏稱，伊父歷官前職，在家病故，乞要比例贈官一節。爲照本官負敢爲之氣，具不羈之才。力掃倭奴，奇功屢奏於淮上；計擒叛卒，國威大振於南中。雖經言官論列，已蒙先帝慰留。所據贈官，查與尚書胡松事體相同，似應題請。但恩典出自朝廷，臣等未敢擅擬。

隆慶元年三月二十六日題，奉聖旨："李遂准贈太子少保。"欽此。

議原任刑部侍郎劉玉復職疏

題：爲祗奉恩詔，比例陳情，懇乞俯賜恤典，以光泉壤，以圖補報事。驗封清吏司案呈，奉本部送，吏科抄出，順天府通判劉愆奏，奉聖旨："該部知道。"欽此。欽遵，抄送到司。查得本官父劉玉先年以大獄等事冠帶閑住，在家病故，遵奉恩詔，正與都御史李珏、少卿徐文華等事體相同，應復原職。案呈到部。

看得已故原任刑部左侍郎劉玉行誼端方，學識醇正。始抗疏而得罪逆瑾，萬死一生；中倡義而力挫宸濠，孤忠獨立。至於大獄之事，尤爲無妄之灾。合無將本官先行復其原職，仍行禮部議給恤典。臣等未敢定擬。

隆慶元年三月二十八日題，奉聖旨："劉玉准復原職。"欽此。

覆六科十三道會薦尚書劉采等起用疏

題：爲遵詔旨，舉遺逸，以備甄收，以光新政事。文選清吏司案呈，奉本部送，吏科抄出，吏科等科署科事禮科給事中等官張鹵等題，又該河南等道監察御史陳聯芳等題同前事，俱奉聖旨："吏部知道。"欽此。欽遵，通抄到部送司。

查得尚書劉采、侍郎曾鈞、副使李攀龍、知府黄華俱致仕，内劉采，該巡撫徐南金、曾鈞，該巡按成守節、李攀龍、黄華，該巡撫霍冀、黄光昇等各題薦到部。尚書吴山、都御史方廉、少卿陸光祖、知縣霍與瑕俱閑住，内吴山，該巡按成守節題薦。尚書趙大佑、侍郎王國光、都御史胡堯臣俱養病。布政靳學顔患病行勘，行人魯邦彦係養親，内胡堯臣、靳學顔，該巡撫劉自强、鮑象賢題薦，魯邦彦，該巡按顔鯨等題薦。都御史趙孔昭係聽調，張鑑聽候别用，裴紳調南京，其張鑑、裴紳，該巡撫劉自强、楊宗氣等題薦。左侍郎吴嘉會、郎中劉爾牧、中書舍人劉芬俱爲民，内吴嘉會、劉爾牧，該巡撫楊宗氣、鮑象賢等題薦。都給事中厲汝進爲乞賜究治餘奸，以昭國法，以正欺弊事，内論劾嚴嵩，奉欽依降典史，未曾到任，隨經考察閑住訖。通查案呈到部。

看得六科十三道官張鹵、陳聯芳等會薦趙大佑等二十一人，始而各舉所知，終而輿論攸同，無非體先帝使過之心，承聖皇求舊之詔，廣搜博采，欲使野無遺賢之意。内除中書舍人劉芬近已病故，駙馬都尉鄔景和移咨禮部徑自議覆，養病官尚書趙大佑、侍郎王國光、都御史胡堯臣、副使李攀龍應該查其病痊，酌量起用，聽調官都御史趙孔昭、裴紳、張鑑應該查其才力，酌量擬用，終養官行人魯邦彦應該親終之日赴部，俱無容别議外。爲照尚書劉采、吴山，侍郎吴嘉會，都御史方廉，郎中劉爾牧，知府黄華，或德望老成，或才識明練，沉淪既久，不無可惜。原任都給事中、後降典史厲汝進，勁氣直節，明罹考察之誣陷；知縣霍與瑕，清操雅志，陰中彈劾之傾排。舊例若爲有礙，公論均切不平。侍郎曾鈞素行雖美，但年過七旬，精力衰減；少卿陸光祖操持無議，但性氣稍偏，輿論未一；布政使靳學顔才華可觀，但王親一事，尚未勘明。相應通行酌議，合候命下，將劉采、吴山、吴嘉會、方廉、劉爾牧、黄華、霍與瑕遇缺酌量推用。厲汝進准復原職，曾鈞量進一階，仍各令致仕。靳學顔速行山東撫按衙門勘報明白，與陸光祖少俟歲月，另行議處。伏乞聖裁。

隆慶元年三月二十九日題，奉聖旨："是。劉采、吴山、方廉、黄華、霍與瑕准起用，吴嘉會、劉爾牧罷。"欽此。

覆撫治鄖陽都御史劉秉仁自陳留用疏

題：爲自陳不職，乞賜罷黜，以新聖政事。考功清吏司案呈，奉本部送，吏科抄出，提督撫治鄖陽等處地方、都察院右僉都御史劉秉仁奏，奉聖旨："吏部知道。"欽此。欽遵，抄出送司，案呈到部。

看得提督撫治鄖陽等處地方、都察院右僉都御史劉秉仁自陳不職，乞要罷黜一節。爲照本官自任撫循以來，操持無議，恂謹有常，雖經自陳，仍應留用。合候命下，令其照舊供職。務要崇節儉以息供應之煩，勵明作以革玩愒之習。勸農緝盜，使軍民雜處之地咸保安全；清賦均徭，使楚蜀接壤之田不得影射。庶三省之保障有功，而五府之黔黎有賴。

隆慶元年三月二十九日題，奉聖旨："劉秉仁着照舊供職。"欽此。

覆考功司主事郭諫臣條陳疏

題：爲酌處銓曹未盡事宜，以隆新政事。文選清吏司案呈，奉本部送，吏科抄出，本部考功清吏司主事郭諫臣題，奉聖旨："吏部知道。"欽此。欽遵，抄出送司，案呈到部。

看得考功司主事郭諫臣奉詔條陳前因，就事論事，不出乎本部職守之外。中間闢邪崇正，救弊補偏，多于邦治有益，合就開立前件，議擬上請定奪。

隆慶元年三月二十九日題，奉聖旨："是。"欽此。

計開：

一曰闢異端之教。臣等看得，正一真人據今荒淫不檢，仍令世襲，誠爲無謂。但國初至今，歲月既久，文牒鮮存，本部不知其故，無從定擬。合無備行江西撫按官，即查張氏何年月日果因何事誥授正一真人，正枝張永緒既已故絶，應否永爲革除，或容其旁枝以提點主持奉祀。文書到日，限一月以裏回奏。

二曰節外戚之封。臣等看得，非軍功不侯，豈惟我朝特重其典，寔自古聖王之善政。先該本部會官議題，節奉世宗皇帝聖旨："外戚封爵自古未有，我皇祖亦未有制典。已封者姑與終身，子孫不許承襲。"事在嘉靖八年。玉田伯承襲父爵，事在嘉靖五年，則是蔣榮亦係姑與終身之數，非世襲也。安平伯告襲，事在嘉靖二十五年，奉有世宗皇帝聖旨："准襲伯爵一輩。"則是方承裕姑與終身，與蔣榮同也。蔣、方二外戚原無世襲之事，至於准襲一輩，出自特恩，亦非定制。若使得以世襲，不惟開國、靖難之子孫不服，雖同一外戚，如泰和伯之孫陳書者已自不服，近日陳書兩疏陳乞，蓋爲此也。合無將蔣榮、方承裕伯爵照舊止終本身，以後伊男照依陳書事例，量授錦衣衛指揮等職。仍乞明著令甲，但係外戚封伯者，身後不許再襲。

三曰正通喪之禮。臣等看得，衍聖公居喪之禮，雖未載諸典章，即觀近年孔聞韶病故，其子孔真〔一〕幹題請印信疏内則稱遵例守制，其族長孔謹等合保孔貞幹之詞則稱見在丁憂。至於制終襲爵及奉累朝特旨，差人行取，非其自請，事體俱明，無容别議。但其承襲之始，冒吉服而謝恩；承襲之後，遇聖節而入賀。以武弁之事，處聖人之裔，禮既有礙，情自不安。合無本部移文山東撫按衙門，轉行衍聖公知會，以後凡遇親喪，照舊守制二十七個月。其襲封事，撫按官代爲具奏，令其守護印信，暫管府事。服滿之日，仍行起送承襲。服内不分已襲未襲，俱免入賀，表文差人捧進。

四曰正冒濫之官。臣等看得，太常寺、鴻臚寺職在清華，委與通政司事同一體。至於尚書、侍郎、正卿、少卿，名器至重，尤非雜流可以忝竊。除徐杲、師宗記、王槐、高復春節該本部題奉欽依釐正外，其鴻臚寺卿、少卿自來俱於進士内選用，即如近年王道中、魏境則嘗任卿，鄭紳、胡侍則嘗任少卿。通政司缺多於鴻臚寺卿升用，其用禮儒生、納銀監生，始於承天從龍陳璋，非舊制也。合無斟酌議擬，鴻臚寺卿仍用進士，令其專管參酌禮儀，封進表章，約束官屬，免其奏事。見任蕭瀾仍以卿管左少卿事，專管入朝侍呼等項。以後事故，止以左少卿作缺，以右少卿補；右少卿作缺，以寺丞補。太常寺别途出身者，官至少卿而止。鴻臚寺别途出身，官至左少卿而止。遇三、六、九年考滿，止許加俸，不許升卿。其制敕二房中書官，照依近奉欽依，亦不許升列九卿，以紊舊制。其鴻臚寺員缺，容臣等即行推補。

五曰均内外之補。臣等看得，設官分職，凡以爲民，官無内外，惟求稱職。祖宗時原無重内輕外之説，不知始自何年，京堂有缺，止於翰林、吏部、六科十三道内推用，部寺官不得而與，方面等官更不得與焉。雖該臣等加意整飭，相沿日久，聞見駭異。合無今後京堂有缺，聽臣等不論資格，惟采其賢，不論疏逖，惟取其望，以見不次擢用之意。其翰林、吏部、科道見多外轉，原非其人，人皆以京堂處之。至於翰林、科道，若果恐其乏人，翰林則當每科精選入館，散館必留十數，科道則當於推官、知縣、中書、博士、行人内照例行取，一體精選，惟公惟明，其責在於部院，行之有常，自當足用。

六曰精考覈之典。臣等看得，京官考滿，向來雖有堂官考語，詞多溢美，難以盡憑。亦有全無考語者。若令每歲開注，又恐嫌怨易生，是非反謬。合無今後每遇京考之年，先期三月，本部并南京吏部咨札各衙門堂上掌印官，將所屬但在應考數内者查取考語，務要或賢或否，明注實迹，不許含糊兩可。固封停當，類送部院，以憑面議酌處。如掌印官原非科目出身，照依主事郭諫臣今擬，責成該管衙門堂上官。至於六科給事中，係近侍封駁之官，例無考語。兩京部院，止照舊規從公考覈，不必分擾。

七曰行就近之轉。臣等看得，就近遷轉，官民兩便，誠爲良法。已該臣等刻意舉行，不止右布政升左布政，縣丞有升本縣知縣者，訓導有升本學教諭者。近者止在本府，遠者不出本省，極遠者不過鄰省，一時人情頗覺稱便。但惟文憑一節，往復稽延，以致各官到任多至遲滯。合無今後不拘大選、揀選、急選、推升，命下之後，本部給憑，吏科定限，都察院轉行，兵部轉發，大率不許出於半年之外，庶幾就近遷轉之中，又得就近遷轉之實。

八曰重久任之法。臣等看得，久任之法，節經言官敷陳，本部議覆，其勢終難盡行。即如科道有缺，必取推官、知縣之賢者，若使概從久任，則科道乏人而中才者返得以倖進；方面副使有缺，必取於知府之賢者，若使概從久任，則方面乏人而資望淺者返得以超升。且賢能既獨淹留，事體自爲窒礙。必須先之薦舉以揚確其賢，繼之優獎以鼓舞其氣，人知向往，法方可行。近該本部移文各處撫按官，備訪所屬官員真爲地方倚賴者，不時會薦，題請加升服色俸級，再候政績有成，不次推用。見今陸續奏到，以次議覆，正與本官所見相同。合無申行撫按用心查訪，郡守、縣令果有治行卓異者，查照原奉欽依内事理，開具事績，作速會題，聽本部照例先行旌異，久任責成。知府二考者徑升參政，三考者徑升按察使、左右布政使。知州二考徑升僉事、知府，三考者徑升副使。知縣二考者徑升左右給事中、實授御史，三考者徑升都給事中、實授御史，仍點差巡按，遇有京缺，不次推用。庶幾久任不爲虚文，序遷亦不致乏人矣。

議原任都御史王儀復職疏

題：爲懇乞天恩，追録久仰忠勞，以光泉壤事。驗封清吏司案呈，奉本部送，吏科抄出，原任駐札通州、都察院右僉都御史王儀男兵部歷事舉人王緎奏，奉聖旨："該部知道。"欽此。欽遵，抄送到司。

行准錦衣衛鎮撫司手本，開稱嘉靖二十九年八月内，該巡按直隸監察御史姜廷頤等參論都御史王儀，大略謂懲治搶掠軍士過於嚴刻等因。節奉世宗皇帝聖旨："王儀革了職，着爲民。"欽此。今該前因，案呈到部。

看得都察院右僉都御史、爲民已故王儀，先以御史巡按河南，風裁茂著；後以都御史巡撫宣府，經略殫勞。嘉靖二十九年，虜寇近郊，先帝知其才名，特命通州防守。于時逆鸞方自大同提兵入衛，氣焰赫然，縱容悍卒盧江等搶掠財物，戮傷良民。本官不勝奮激，擒置於法。御史姜廷頤等慮恐逆鸞生變，因加論劾，以消其怒。今觀廷頤原疏，明開邊軍乘機搶奪，難保必無，則儀之處悍卒者，正所以折跋扈將軍之勢，爲朝廷紀綱，非爲私也。乃使削藉終身，未究而卒，公論甚惜。合無將本官復其原職，仍行禮部量議恤典。臣等未敢擅便。

隆慶元年四月初一日題，奉聖旨："王儀准復原職。"欽此。

覆南京科道官糾劾尚書黄光昇等酌議去留疏

題：爲遵奉明詔，糾劾京堂，以隆新政事。考功清吏司案呈，奉本部送，吏科抄出，南京吏科署科事南京户科給事中岑用賓等奏，俱奉聖旨："其餘的吏部看了來説。"欽此。欽遵，通抄送司，案呈到部。

看得南京吏科署科事户科給事中岑用賓、南京湖廣等道監察御史尹校等，交章糾劾原任兵部左侍郎巡撫山西、今丁憂萬恭，南京工部尚書吕光洵，刑部尚書黄光昇，提督四夷館太常寺少卿羅良，乞要罷斥，工部尚書雷禮、南京刑部尚書錢邦彦，乞要致仕各一節。爲照刑部尚書黄光昇，持廉秉公，允協明弼之望。工部尚書雷禮，節財省費，足稱强幹之才，雖有風聞，難逃日鑒。南京刑部尚書錢邦彦、南京工部尚書吕光洵，官常人品，舉無瑕疪，衰質暮齡，均當引退。侍郎萬恭，性氣偏急，屢不理於人口，經略詳密，特有裨於邊防。少卿羅良，在銓數年，極嚴操守；争禮一事，委涉輕疏。既該南京科道官交刺前來，相應通行議擬。合候命下，將黄光昇、雷禮照舊供職，錢邦彦、吕光洵行令致仕，萬恭候服制滿日，止以副都御史巡撫極邊地方，羅良改調南京相應衙門。但去留出自朝廷，臣等未敢定擬。

隆慶元年四月初二日題，奉聖旨："黄光昇、雷禮准留用，錢邦彦、吕光洵着致仕，萬恭閑住，羅良依擬調用。"欽此。

覆給事中岑用賓參南京尚寶司卿郭立彦曠職疏

題：爲糾論瘝曠，懇乞聖明亟賜罰治，以警有位事。考功清吏司案呈，奉本部送，吏科抄出，南京吏科署科事南京户科給事中岑用賓奏，奉聖旨："吏部知道。"欽此。欽遵，抄出送司。

查得本部見行事例，凡南京給由官員，以南京吏部領文之日爲始，除原定水程四十日外，扣違四個月者參問。又查得嘉靖四十五年閏十月，該南京浙江道監察御史艾可久條陳，要將南京給由京堂嚴定限期等因。該本部議得，今後南京各堂上官考滿復職之後，務要檢照《諸司職掌》内原定限期，作速赴任，如有過違限期者，聽本部與該科查參究處，覆奉欽依外。今該前因，通查案呈到部。

看得南京吏科署科事南京户科給事中岑用賓，參論南京尚寶司卿郭立彦考滿事完，枉道回籍，有誤哭臨大禮、慶賀大典，乞要量行罰治，仍嚴定堂官給由程限各一節。除南京堂官給由期限，節經本部覆奉欽依，無容再議外。爲照郭立彦始任給事中，以失儀謫降，原非建言，有補於朝廷；後任推官、主事、寺丞，以循資轉遷，不聞建立，有裨於公務。數年科第，超拜京堂，士論藉藉，久切不平。乃今延住原籍，以家爲官，甚至先帝大喪弗與哭臨，聖上登極弗與慶賀，據其情罪，不止罰治。合無將本官改調外任，以示懲戒。

隆慶元年四月初二日題，奉聖旨："是。郭立彦着調外任用。"欽此。

覆巡撫甘肅都御史石茂華自陳留用疏

題：爲遵詔自陳不職事。考功清吏司案呈，奉本部送，吏科抄出，巡撫甘肅等處地方、都察院右僉都御史石茂華奏，奉聖旨："吏部知道。"欽此。欽遵，抄出送司，案呈到部。

看得巡撫甘肅等處地方、都察院右僉都御史石茂華自劾求罷一節。爲照本官沉毅之資，縝密之才，撫循河右，五郡之人甚依賴之，雖經自陳，仍應留用。合候命下，行令照舊供職。務要興水利，開荒田，先收足食之效；繕墩堡，謹烽燧，以成不戰之功。南番坐守之夷，止當治以不治；北虜必争之寇，會須嚴而又嚴。至於西域諸夷，尤貴處置得宜，不必勤哈密之遠略，惟求壯嘉峪之雄圖。

隆慶元年四月初九日題，奉聖旨："石茂華着照舊供職。"欽此。

覆巡撫福建都御史塗澤民自陳留用疏

題：爲自陳不職，懇乞天恩，俯賜罷斥，以新聖治事。考功清吏司案呈，奉本部送，吏科抄出，提督軍務兼巡撫福建地方、都察院右僉都御史塗澤民奏，奉聖旨："吏部知道。"欽此。欽遵，抄出送司，案呈到部。

看得提督軍務兼巡撫福建地方、都察院右僉都御史塗澤民自陳求罷一節。爲照本官年力强壯，才識優長，八閩之人方切愛戴，雖經自陳，仍應留用。合候命下，行令照舊供職。務要與本省總兵官彼此同心，以盡和調之義；與鄰鎮提督官緩急共濟，以成脣齒之安。外而海寇，固當加意隄防；内而山寇，尤當多方平静。

隆慶元年四月十六日題，奉聖旨："塗澤民着照舊供職。"欽此。

覆侍郎王槐自陳致仕疏

題：爲自陳衰病，冒濫崇階，乞恩放歸，以謝人言事。考功清吏司案呈，奉本部送，吏科抄出，制敕房辦事、工部右侍郎王槐奏，奉聖旨："吏部知道。"欽此。欽遵，抄出送司，案呈到部。

看得制敕房辦事、工部右侍郎王槐，止以一節之長，冒列六卿之貳，據其所奏，歷引侍郎張電等事例，反覆辯析，全無恬退之心，益彰貪戀之態。若復容其在閣供事，揆以設官分職之義，則體統未安；律以難進易退之節，則名器可惜。但本官向在先帝之時，蚤夜繕寫，頗效勤勞；且原係順天府學生員，比之雜流不同。合無勒令致仕，不必再用。以後制誥二房中書官遇該升遷，若有相應官銜，許其填注；若無相應官銜，止許加俸。至於九卿重職，雖通政、參議、大理寺丞，亦不得輕易擬升，以紊舊制。

隆慶元年四月十九日題，奉聖旨："是。王槐着致仕。"欽此。

覆巡撫廣東都御史李佑自陳留用疏

題：爲自陳不職，乞賜罷黜，以新聖治事。考功清吏司案呈，奉本部送，吏科抄出，巡撫廣東地方兼贊理軍務、都察院右僉都御史李佑奏，奉聖旨："吏部知道。"欽此。欽遵，抄出送司，案呈到部。

看得巡撫廣東地方兼贊理軍務、都察院右僉都御史李佑自陳求罷一節。爲照本官先在南贛，才略著聞；頃因廣東新設巡撫，以故籍其經始。雖經自陳，仍應留用。合候命下，行令用心供職。務要與兩廣提督事事關白，切舟航共濟之心；與南贛提督種種商確，篤唇齒相須之義。三巢之寇，日在戒嚴；諸島之倭，時勤隄備：方稱委任。

隆慶元年四月二十二日題，奉聖旨："李佑着照舊供職。"欽此。

覆浙江巡按御史王得春劾同知薛應元聽勘疏

題：爲貪肆官員冒升京職，懇乞聖明速賜罷斥，以清吏治事。考功清吏司案呈，奉本部送，吏科抄出，巡按浙江監察御史王得春題，奉聖旨："吏部知道。"欽此。欽遵，抄出送司，案呈到部。

看得同知薛應元在任八年，曾經御史楊鈐等三薦其賢。巡按御史龐尚鵬與御史王得春近相交代，又稱其不吐剛，不茹柔，有定見，有定力。躬校簿書，久播精明之譽；身親臨陣，聿收全勝之功。故臣等查照年資，擬升員外郎，一以昭三途並用之公，一以勵庶職相觀之勸。乃今王得春又復論其貪肆，俱有指證，時日未久，臧否懸絶，必須從實體勘，以服其心。合候命下，將薛應元令其回籍聽勘。員缺先行推補，一面移咨都察院，轉行浙江巡按御史，會同巡撫都御史，將奏内有名人犯逐一行提究問。如果罪狀有據，作速會參，以憑遵奉新詔提問，革職爲民，仍嚴加追贓，以爲欺世盜名之戒。如或出自風聞，别無實迹，亦要明白回奏定奪。

隆慶元年四月二十七日題，奉聖旨："是。薛應元着回籍聽勘。"欽此。

覆巡撫貴州都御史杜拯自陳留用疏

題：爲自陳不職，懇乞天恩，亟賜罷黜，以昭新政事。考功清吏司案呈，奉本部送，吏科抄出，巡撫貴州兼督湖北川東等處地方、提督軍務、都察院右副都御史杜拯奏，奉聖旨："吏部知道。"欽此。欽遵，抄出到部送司，案呈到部。

看得巡撫貴州兼督湖北川東等處地方、提督軍務、都察院右副都御史杜拯自陳求罷一節。爲照本官持一廉而始終如一，經三黜而耿介無雙，荒服之地，方賴保釐，雖經自陳，仍應留用。合候命下，行令照舊供職。務要料理川湖之糧餉以足食，簡練貴陽之驍果以足兵。至與總兵官文武和調，以使士心豫附，尤爲首務。

隆慶元年四月二十七日題，奉聖旨："杜拯着照舊供職。"欽此。

校勘記

〔一〕"真"，從下文當作"貞"。

蒲坂楊太宰獻納稿卷三

覆提督四夷館少卿林潤自陳留用疏

少保兼太子太保、吏部尚書臣楊博等謹題：爲自陳不職，乞賜罷黜，以光新政事。考功清吏司案呈，奉本部送，吏科抄出，提督四夷館太常寺少卿林潤奏，奉聖旨："吏部知道。"欽此。欽遵，抄出送司，案呈到部。

看得提督四夷館太常寺少卿林潤自陳求罷一節。爲照本官作縣令則一意撫字，久稱江右之循良；爲御史則屢上封章，動關天下之大計。方當不次擢用，難以聽其休閑。合候命下，行令照舊供職，以報國恩，以慰人望。

隆慶元年五月初一日題，奉聖旨："林潤着照舊供職。"欽此。

議原任刑部尚書吴山復職疏

題：爲比例陳情，懇天新恩，俯録軍功，復父原職，以便請乞恤典事。驗封清吏司案呈，奉本部送，准刑部咨，稱查勘過原任本部尚書吴山，先年在任，據法問擬郭勛交結朋黨、紊亂朝政斬罪，妻子爲奴，財産入官。郭勛未及處决，監禁身故，緣此將本官謫發爲民等因，備咨前來。案查先奉本部送，吏科抄出，原任鴻臚寺司儀署署丞、今丁憂吴邦寀奏，奉聖旨："吏部知道。"欽此。欽遵，抄送到司。

查得嘉靖三十年十月内，該翰林院修撰唐汝楫奏稱，伊父唐龍原任太子太保、吏部尚書，奉旨爲民，乞要復父原職等因。該本部覆題，奉世宗皇帝聖旨："唐龍既真病不欺，准復原職。"欽此。又查得嘉靖四十五年十一月内，該本部稽勛清吏司辦事進士鄭履淳奏稱，伊父鄭曉原任刑部尚書，奉旨閑住，乞要復父原職等因。該本部覆題，奉世宗皇帝聖旨："鄭曉既有軍功，准復原職。"欽此。欽遵外。今該前因，通查案呈到部。

看得原任刑部尚書、爲民病故吴山男署丞吴邦寀奏，要比例復父原職一節。爲照本官臨機有斷，執法無私。巡撫四川，則開縣治以扼至險，真禦侮之良圖；提督南贛，則除戎器以戒不虞，得安民之上策。至於擬議武定刑章，輕重適中，尤稱明允。平生大節，委與尚書唐龍、鄭曉大略相同。合無復其刑部職銜，以示清朝優恤舊臣之意。但係干恩命，臣等未敢定擬。

隆慶元年五月初七日題，奉聖旨："吴山既有軍功，准復原職。"欽此。

議原任大學士楊廷和等復職疏

題：爲開讀事。驗封清吏司案呈，奉本部送，准禮部咨，該本部題，先該禮科等科都給事中等官辛自修等、河南等道監察御史王好問等各題，奉聖旨："禮部看議來説。"欽此。欽遵。

爲照大學士蔣冕，新建伯、兵部尚書王守仁，尚書汪俊、喬宇，左都督周尚文諸臣，論其職任才猷，不無差等之别；要其官常人品，均爲賢碩之儔。所當厚加恤典，以示優異。尚書喻茂堅、王杲二臣，所當照例給與祭葬。少詹事黄佐、僉都御史朱方二臣，四品未經考滿，于例原無祭葬，既該科道官會奏前來，所當量爲議處。大學士石珤、侍郎吕柟二臣，所當改謚、補謚。臣等參稽公論，俱各明白，相應題請。及照爲民閑住，如楊廷和、王廷相、梁材、劉訒、聶豹、江曉、程文德、鄒守益，及先曾被罪，如曾銑、楊守謙、商大節、翟鵬、張漢、孫繼魯，雖經舉奏，未復原官，於例有礙，所據恤典，遽難議給。合無咨行吏部，議請復職，仍咨回本部，另議恤典，題請施行等因。該本部尚書兼翰林院學士高儀等具題，奉聖旨："蔣冕、喬宇、周尚文、王守仁、汪俊各照例與祭葬，還同吕柟，俱與他諡。石珤准改諡。其餘都依擬行。"欽此。欽遵，咨部送司。查得原任南京國子監祭酒鄒守益，先該伊男刑部河南司主事鄒善三年考滿，比例奏請，已復原職。今將原任少師兼太子太師、吏部尚書、華蓋殿大學士等官楊廷和等原任履歷及罷閑罪廢緣由，通查案呈到部。

看得原任大學士楊廷和等一十四員，或翊天扶日，功在社稷；或宣猷亮采，澤被生民；或經濟邊徼，而忠悃可嘉；或挫抑權奸，而勁節足尚。雖落職、謫戍，戮辱不同，其爲正人，爲良臣，大率無異。除南京國子監祭酒鄒守益純心篤學，懿行洪猷，誠爲士類所推，先經奉旨復職，無容概及外。臣等稽之簿牒，采諸輿情，謹將各官履歷開立前件，議擬上請。合無俱先復其原職，應得恤典，仍行禮部照例請給，臣等未敢定擬。

隆慶元年五月初八日題，奉聖旨："是。楊廷和等各准復原職。"欽此。

計開：

楊廷和，原任少師兼太子太師、吏部尚書、華蓋殿大學士，因給事中史道論劾致仕，後爲民。前件明達有謀，忠貞任事。處危疑而首鋤内賊，徐收定策之功；值改革而力引善良，大著匡時之效。雅有休容之度，足稱社稷之臣。

王廷相，原任太子太保、兵部尚書兼都察院左都御史，掌院事，爲郭勛事奉欽依爲民。前件經濟長才，忠誠勁節。執持憲紀，毅然前哲之風裁；博極丘墳，卓爾當時之文獻。川中督學，大新西鄙之生徒；洛下投閑，雅繫東山之重望。

梁材，原任太子少保、户部尚書，爲論劾郭勛，奉欽依冠帶閑住。前件操持嚴正，資性剛方。日忤龍顔，侃侃得大臣之體；時存豹變，揚揚有國士之風。先帝晚年，深知其賢；後進今日，當以爲範。

劉訒，原任刑部尚書，爲議王聯等獄情，奉欽依着爲民，不許又起。前件嚴凝有守，剛直無阿。風裁早著于南臺，耿介更推於秋省。閑廢由乎公事，恬静絶無私干。

聶豹，原任太子太保、兵部尚書，因兵科都給事中王國禎等論劾自陳，奉旨閑住。前件襟懷豁達，才識恢宏。九塞雲屯，人傳司馬之略；八閩風采，民歌御史之才。正學益深於獄繫，高名更重於林居。

江曉，原任工部右侍郎，嘉靖十八年三月，爲懇乞天恩，認罪回話事，奉聖旨："江曉稽誤公事，又回話遲延，好生慢命，着爲民。"欽此。二十四年七月，奉詔閑住。前件性資淳謹，操履清嚴。歷官外服，卓有賢聲；晚貳内卿，雅稱完節。至其瀟灑出塵之度，尤爲汪洋拔萃之才。

程文德，原任南京工部左侍郎，爲謝恩事，奉欽依爲民。前件問學淵邃，操履端方。一麾作令，均田勸學，安福之口碑猶存；三仕爲郎，掄將談兵，車駕之心迹尚在。古道古心，正言正色。

曾銑，原任兵部右侍郎兼都察院右副都御史、總督陝西三邊軍務，爲復河套事，奉欽依拿問棄市。前件有籌邊之才，有滅虜之志。值遼左叛軍之變，不動聲色，而疆圉立寧；發河西逆帥之奸，横遭污衊，而冤苦特甚。

楊守謙，原任兵部右侍郎兼都察院右副都御史、提督團營軍務，奉欽依拿問棄市。前件問學得於家乘，諳練起自職方。提虎旅而入衛，足昭徇國之忠；忤鸞逆以被刑，尤見持身之正。

商大節，原任兵部右侍郎兼都察院右僉都御史、協理京營戎政，奉欽依拿問獄死。前件性資慷慨，調度嚴明。督練民兵，倉皇之際，京城倚以爲重；裁抑權貴，詔獄之死，寰海咸以爲冤。

翟鵬，原任兵部尚書兼都察院右副都御史、總督宣大偏保等處地方軍務兼理糧餉，爲虜患事，奉聖諭拿問充軍獄死。前件撫靈夏而矢心任事，督宣雲而鋭意籌邊。止以報賊之小節，遂致犴獄之大故。

張漢，原任兵部左侍郎，爲條陳邊務等事，該吏科都給事中盧勛等糾劾，奉欽依拿問充軍。前件清貞不苟，悃愊無華。守劇郡而循良允稱，佐計部而出納惟明。雲朔提兵，才猷克壯；岢嵐謫戍，輿論稱冤。

孫繼魯，原任都察院右副都御史、提督雁門等關兼巡撫山西地方，該宣大總督都御史翁萬達題，奉欽依拿問獄死。前件才識通明，見聞博洽。歷郡藩而法無曲意，司文教而士每傾心。力争擺邊之議，耻於雷同，撫臣果有何罪？竟成縶逮之冤，敢於貝錦，督府難免徇私。

覆巡撫四川都御史陳炌自陳留用疏

題：爲遵詔自陳不職，乞賜罷斥，以清仕路，以隆新政事。考功清吏司案呈，奉本部送，吏科抄出，巡撫四川等處地方、都察院右僉都御史陳炌奏，奉聖旨："吏部知道。"欽此。欽遵，抄出送司，案呈到部。

看得巡撫四川等處地方、都察院右僉都御史陳炌自陳不職，乞要罷斥一節。爲照本官才猷敏練，問學精純，巴蜀之地方賴保釐，雖經自陳，仍應留用。合候命下，行令照舊供職。務要柔遠能邇，使番夷雜處之地咸遂戢寧；課農練兵，使要荒接壤之民同歸安堵。支羅之寇雖平，所以撫餘黨者仍當加意；伯貫之亂雖息，所以安反側者更須得宜。

隆慶元年五月十五日題，奉聖旨："陳炌着照舊供職。"欽此。

覆文選司郎中胡汝桂自劾留用疏

題：爲自陳不職，乞賜罷斥，以清仕路事。考功清吏司案呈，奉本部送，吏科抄出，吏部文選清吏司郎中胡汝桂奏，奉聖旨："吏部知道。"欽此。欽遵，抄出送司，案呈到部。

看得本部文選清吏司郎中胡汝桂自劾不職，乞要罷斥一節。爲照推升銓選，皆臣等堂官之事，豈有司官不相關白，徑自聽囑之理？臣等入部以來，凡可以飭吏治、正士風、杜請托、抑僥倖者，不敢毫髮假借。郎中胡汝桂亦能不吐不茹，極力奉行，臣等方喜其青年雅志，無忝官常。不意御史齊康指名誣衊，非惟不知本官之心，亦且不知本部之體矣。據御史所論之言，事無影響，先已辯明；據郎中自陳之詞，事關統均，非其專職。既非專職，又何罪焉？合候命下，行令胡汝桂照舊供事。務要坦然自安，毅然自信，益修乎分内之職，無阻於意外之謗。

隆慶元年五月二十三日題，奉聖旨："胡汝桂着照舊供職。"欽此。

覆員外郎林喬相乞贈生母疏

題：爲比例陳情，懇乞天恩，賜贈生母，以圖補報事。驗封清吏司案呈，奉本部送，吏科抄出，户部廣東清吏司署員外郎事主事林喬相奏，奉聖旨："吏部知道。"欽此。欽遵，抄送到司。

案查本年三月内，該大理寺左寺左評事沈聞奏稱，乞要比例追贈生母，該本部覆題，奉聖旨："准給與。"欽此。欽遵。今該前因，通查案呈到部。

看得户部廣東清吏司署員外郎事主事林喬相奏稱，三年考滿，已蒙准給父林澄、見在嫡母鄭氏并本身敕命訖，所有已故生母張氏，乞要比例追贈一節，查與大理寺左寺左評事沈聞事例相同，似應題請追贈。再照嫡母在，生母不得并封，嫌於以庶匹嫡，所以正分也。若生母故於嫡母之先，則幽明懸隔，無嫌可别。合無以後如遇生母先故者，一體給與贈典，不必各另陳乞，煩瀆天聽。

隆慶元年五月二十八日題，奉聖旨："准給與，仍着爲例。"欽此。

覆南京科道官會薦都御史倪嵩等起用疏

題：爲遵詔旨，舉遺逸，以充任使，以隆聖化事。文選清吏司案呈，奉本部送，吏科抄出，南京吏科等科署科事南京户科給事中岑用賓等奏，又該南京湖廣等道監察御史尹校等題，俱奉聖旨："該部知道。"欽此。欽遵，抄出送司，案呈到部。

看得南京吏科等科給事中岑用賓等、南京湖廣等道監察御史尹校等，會薦原任南京都察院右都御史等官倪嵩等二十二員，乞要録用一節，無非仰承新詔搜羅賢才以備任使之意。内除養病官都御史倪嵩，主事李棠、藺子充應該查其病痊，酌量起用；進士王世懋應該起送赴部，照常選用；聽調官趙釴、趙時春應該查其才力，酌量推用，俱無容别議外。爲照原任僉都御史游震得，參政梅守德，副使顧問、趙伊，知縣金燕，志行、才識均有可取。副使陳善、王世貞，一則爲仇陷捉，而御史特爲奏辯；一則爲父辭官，而臬司久著能聲。員外郎邵畯明遭誣枉，公論稱屈。知府周希哲事雖未明，才尚可用。都給事中曾忭、員外郎錢德洪、主事柯維騏均爲有望，但例該引年，似當别爲優處。都御史汪尚寧、副使饒相、僉事齊遇、知府畢竟夔，質諸輿論，多有未協，似當再加查訪。合無將游震得、梅守德、顧問、趙伊、陳善、王世貞、邵畯、金燕，遇有相應員缺，酌量擬用。周希哲催行勘報。曾忭、錢德洪、柯維騏照依侍郎曾鈞事例各進一階，令其致仕。伏乞聖裁。

隆慶元年六月初四日題，奉聖旨："是。"欽此。

覆應天撫按官參知府李幼滋等不當究治疏

題：爲乞正法紀，以重官守，以安地方事。考功清吏司案呈，奉本部送，吏科抄出，總理糧儲、提督軍務兼巡撫應天等府地方、都察院右副都御史謝登之，巡按直隸監察御史董堯封各題，奉聖旨："吏部知道。"欽此。欽遵，通抄送司，案呈到部。

看得總理糧儲、提督軍務兼巡撫應天等府地方、都察院右副都御史謝登之，巡按直隸監察御史董堯封會題，稱童生毆打知府緣由，及要將常州府知府李幼滋、松江府知府朱茹通行究治，又稱其資望素孚，士民保留，或容照舊供職，一面將前項童生立限嚴拿，查照律例，從重究問各一節。爲照童生雖習舉業，未入膠庠，即係編民之數，乃敢於白晝大都之中，公然聚衆毆傷知府。撫按官既稱稱釁亂於市朝，毁冠裳於塗炭，此誠從來未有之變，若不亟行究處，又先歸罪知府，士風世道，關係不輕。臣等聞知其詳，以李幼滋擬升山東副使，朱茹擬調寧國知府，無非曲全大體之意。荷蒙聖明在上，悉賜俞允，再難别議外。合候命下，移咨都察院，轉行應天巡撫都御史林潤、巡按御史董堯封，會同提學御史耿定向，即將前項童生不拘常州、松江，查其真正爲首者數人嚴拿到官，查照律例，從重問擬。其餘姑不盡究，仍出給告示，通行各府州縣知之，以示懲戒。

隆慶元年六月初四日題，奉聖旨："是。"欽此。

議給兩京文官應得誥敕疏

題：爲兩京官員事體相同，懇乞聖明均給封典，以光新政事。驗封清吏司案呈，節奉本部送，吏科抄出，爲懇乞天恩，比例俯賜誥命，以光存歿等事。該户部左侍郎徐養正、通政使司通政使樊深、原任太常寺少卿林潤、禮科給事中趙軏、浙江道監察御史張登高各奏稱，授官在恩詔之内，欲要請給誥命。又該户部尚書葛守禮、刑部右侍郎郭宗皋、都察院左副都御史曹邦輔等各揭稱，與前相同。及查得南京各衙門文職與在京文職事體相同，每遇列聖登極、東宫初立，俱蒙一體給授誥敕，今次似難獨缺，呈乞一併議處，案呈到部。

看得兩京文職事體委果相同，伏睹節年詔書，或聖主登極，或東宫初立，所有誥敕悉蒙一體准給。今次原因賞賚之事從宜改給，事與往時不同，以故南京不與，非略之也。但惟皇上嗣登大寶，萬宇一新，昆蟲草木無不得所。若使南京文職獨缺榮親之典，分雖有限，心實無窮。臣等職司所在，不得不爲陳奏，伏望聖明特賜俞允，將南京各官并在京侍郎徐養正等，但係隆慶元年二月十七日以前升授者，誥敕俱准請給，進階、實授、移封等項，悉如在京之例。天恩廣被，聖澤均霑，實惟臣工莫大之慶。或與或奪，出自上裁，固非臣等所敢必也。臣等無任惓惓俟命之至。

隆慶元年六月初五日題，奉聖旨："是。"欽此。

覆都給事中王治條陳朝覲考察事宜疏

題：爲遵明詔查舉急務，以彰聖治事。考功清吏司案呈，奉本部送，吏科抄出，吏科都給事中王治等題，奉聖旨："吏部看了來説。"欽此。欽遵，抄出送司，案呈到部。

看得吏科都給事中王治等題稱"預禁科擾""查催考覈""修復舊制"三事，雖爲朝覲考察而發，無非祗承新詔之意。蓋我皇上登極一詔，吏治民情，無不曲盡。在該科則當力言之，以廣明目達聰之義；在臣等則當力行之，以求知人安民之方。合就開立前件，逐一議擬明白，以便聖覽。伏乞俯賜采允，敕下遵行。

隆慶元年六月十五日題，奉聖旨："依擬行。"欽此。

計開：

一、預禁科擾。看得考察黜幽，本爲安民，若使任其科擾，反以厲民，新政之初，豈容有此厲民之事？即今在内諸臣清修之節雖已可觀，在外諸司貪濁之弊終難盡洗。蓋州縣之官，胄監吏胥，未必人人皆君子之行；閭閻之下，深山窮谷，未必處處體聖主之心。以故該科將節次題准事理反覆申明，必欲風清弊绝，其意甚善。然臣等所切慮者，尤在於驛傳一節。往歲朝覲，推官、知府、知縣但由進士出身者，水陸皆由驛路，甚至一日之間接到起馬白牌四五十面，館夫、馬夫動至蕩産，誠可痛心。今年合無備咨都察院，馬上差人齎文通行各處撫按官，轉行司府州縣官員，不分掌印、首領，除正經盤費之外，一錢一夫不許科派里甲，府州縣官俱不許經由驛遞。如敢故違，聽臣等部院及該科詢訪的實，雖素稱賢能，定以不謹黜退。其被擾有司申報撫按，受害百姓呈告上司，并撫按參奏，科道拾遺等項事宜，該科所言鑿鑿有據，悉如所擬施行。

一、查催考覈。看得明詔考察方面，磨世礪鈍，乃激勸臣工之大典。除南直隸江南江北、北直隸保定并浙江、湖廣、山西、陝西劾奏到部，已經議覆，薊州、遼東、宣府、大同四鎮奏稱并無應劾人員，查照附卷外。止有河南、山東、江西、福建、廣東、廣西、雲南、貴州、四川至今未到，大抵多因撫按缺官，必欲會同，以致動相耽誤。今據該科所言，殊得大體。合無依其所擬，備咨都察院，馬上差人齎文通行各該撫按官，文書到日，各將所屬方面官逐一品題。如有應劾者，即以開讀事從實具奏；如無應劾者，亦以開讀事明白奏銷。不許以開讀、朝覲兩事混作一處，朦朧回奏。不惟大信渙頒，不致反汗，而該科拾遺亦得以奉行德意，通融劑量矣。

一、修復舊制。看得地方有繁簡衝僻，治之難易因之。若不論難易，概爲治行之等，原非中道。本部遵奉明詔，已行各處撫按官查議，止據一二回咨前來。又經出示，不拘舉監官吏，見在京者，每州每縣俱許開揭送部。近日布、按二司官入賀到京，臣等又與之面相商確，見今大有次第。但此事既與考察銓除相關，事體爲重，不宜草略。容臣等督率司屬，參以撫按官送到揭帖，編撰完日，恭呈御覽。至于朝覲賢否文册，先年原該送科，以彼中目見之真，爲此間風聞之據，參互考訂，始無訛漏，不知緣何廢閣，誠爲缺典。合無備咨都察院，馬上差人齎文通行各該撫按官，今後務要查照舊例，另開一本，專送吏科。以後果有違誤者，聽該科參究。

請申飭邊臣嚴慎秋防疏

題：爲天變異常，懇乞聖明申飭各邊督撫等官嚴慎秋防事。文選清吏司案呈。照得京城霪雨經月不止，山西地震，大同冰雹，均爲兵象。秋防在近，誠恐督撫、兵備等官懈弛邊務，致有疏虞。除將官事在兵部，不敢概議外，所有沿邊文職，呈乞申飭。案呈到部。

看得霪雨、地震、冰雹不止，損傷禾稼，傾倒廬舍，大率皆爲陰勝於陽。中國陽而夷狄陰，的爲兵革之象。所據遼東、薊鎮、宣大、山西、延寧、甘肅八[一]鎮，去虜爲近，第一當爲門户之防。陝西、保定二鎮，去虜稍遠，第二當爲堂室之備。總邊務之綱領者則爲總督、巡撫，分邊務之節目者則爲守巡、兵備、府州縣官。若使事不責成，人無固志，或時欲引退，以遂閑散之私；或日望叙遷，以爲便安之計。精神既倦於鼓舞，號令必至於廢弛，諸將緣之生心，三軍因而解體。蠢玆驕虜，一旦擁衆而至，人心不和，地利何恃？雖有高垣深塹，自將瓦解。臣等職在大臣，義關休戚，早夜思之，至忘食寢。伏望皇上特降天語，嚴飭總督官劉燾、王之誥、霍冀，巡撫官耿隨卿、魏學曾、冀鍊、張志孝、王繼洛、王遴、王崇古、石茂華、楊巍、曹亨，督率兵備、守巡、有司諸臣，務要畏天變之異常，思虜情之叵測，一切兵食戰守機宜悉心整理。虜未來則伐其謀，虜已來則挫其鋭，以報先帝知遇之恩，以光聖主維新之政。切不宜少懷去志，以誤國家大計。中間雖有年資已深者，必待十月以後，邊防解嚴，本部方議遷轉。此實振勵邊防之大機也。臣等無任惓惓之至。

隆慶元年六月十九日題，奉聖旨："你每説的是。各邊兵食戰守機宜，着劉燾、王之誥、霍冀嚴督撫鎮、兵備、守巡等官，各務竭忠爲國，協力整理。防秋畢日，有功有罪的，必重行賞罰。便行文與他每知悉。"欽此。

覆監察御史凌儒甄别教職疏

題：爲敷陳末議，以備采擇，以裨新政事。考功清吏司案呈，奉本部送，吏科抄出，浙江道監察御史凌儒題，奉聖旨："該部看了來説。"欽此。欽遵，抄出送司。

查得近該禮科給事中周世選條陳重師儒以責教化之實，該本部議覆，移咨禮部，轉行各處提學官，備將所屬教官逐一分别賢否，具揭送部，以憑查考黜陟。内有年力才識堪爲有司者，另具一揭，以憑擢用。題奉欽依，移咨去後。今該前因，通查案呈到部。

爲照師道立則善人多，教化行則風俗美，教職之任亦甚重矣。御史龐尚鵬始欲遴選于初貢之際，給事中周世選繼欲精别于在任之時，即今御史凌儒又欲歲黜乎衰庸之輩，無非慎重風教之意。但歲貢教職，日暮途窮者固是十居八九，而志行端方、家貧親老、爲禄而仕者不無一二參於其間，相應通行酌處。合候命下，移咨禮部、都察院，轉行各該撫按并提學官，備將所屬教官體訪。巡按候復命之日，巡撫與提學官每至年終，各將極不肖者、極賢者開揭送部。不肖者要見某人年力十分衰遲，應該致仕；某人行止十分乖方，應該閑住。極賢者要見某人文學優長，堪任六館之師；某人政學通明，堪任有司之長。聽臣等於次年二月通行議覆，應罷黜者罷黜，應升擢者升擢。庶幾去其甚焉，而惡者知懲；拔其尤焉，而善者知勸。其於學政，不無小補。

隆慶元年六月二十三日題，奉聖旨："是。"欽此。

覆左給事中陳瓚等條陳旌獎卓異覲臣疏

題：爲獻愚忠以裨新政等事。考功清吏司案呈，奉本部送，吏科抄出，吏科左給事中陳瓚、巡按直隸監察御史李惟觀題，俱奉聖旨："該部知道。"欽此。通抄送司。

查得《大明會典》事例，洪武十一年，令官員來朝，察其言行功能，第爲三等，稱職而無過者爲上，賜坐而宴；有過稱職者爲中，宴而不坐；有過而不稱職者爲下，不預宴，叙立于門，宴者出，然後退。又查得正統十年正月，該刑科給事中鮑輝題稱，天下各官來朝，乞勑吏、禮二部公詢廉訪，拔其尤者，引赴御前，親加獎諭勸賞，待其考滿擢用。該吏部議得，來朝運使等官丁鎡等十員，係會官訪察，廉能治行，比衆爲優，宜加獎勸賞勞等因。奉英宗皇帝聖旨："已與敕諭了，每人賞衣一套、鈔一百錠。禮部宴他，着回去幹事。吏部記着，待後有缺時來説，升用。"欽此。天順四年正月朝覲，該吏部訪得布政使等官賈銓、蕭暄等十員才行超卓，政績顯著，欽蒙英宗皇帝各賞衣服一套、鈔一千貫，仍賜宴禮部，命吏部尚書兼翰林院學士李賢、吏部尚書王翱等待宴。隨升蕭暄爲禮部尚書，賈銓爲右副都御史。正德九年正月朝覲，該給事中吕經、御史曹鏜等題，該吏部訪得布政使等官陳恪等十六員政行卓異，合行各該撫按官支給官錢，買辦綵段、羊酒，仍於公堂設宴相待，以示獎勵等因，奉武宗皇帝聖旨："是。"欽此。通查案呈到部。

看得吏科左給事中陳瓚、巡按直隸監察御史李惟觀各題前因，大率謂朝覲迫期，淑慝宜别，欲行撫按官各察所屬守令，果有政績，指實薦舉，或聽部院大臣及吏科河南道從公體訪，凡來朝布、按兩司并知府、知州、知縣等官，果有政績顯著，不拘定數，疏名進呈。或如先朝賜幣賜宴，以示殊遇；或年資既深，留京顯陟；或宣召御前，諭以温旨。仍錫以服色，賜以馳驛，以彰有德各一節。

爲照朝覲述職，國家大典，即古敷奏以言、明試以功之意。虞廷有車服以庸之錫，成周有鐘鼓燕享之詩，逮及兩漢，或璽書勞勉，或增秩賜金，以故循吏相望，光映史册。洪惟我太祖高皇帝，總計群吏，分爲三等，上者宴而賜坐，中者立而賜宴，下者立之于門，不使與宴。于後列聖臨御，間一舉行，旋復中止。豈以天下之大，獨無一人堪預此選乎？實恐考核不的，反滋矯僞之弊。皇上新登大寶，正海内喁喁望治之時。明年正月，適逢覲典，聖人當龍飛之期，諸臣際豹變之會，事如有待於今日，政自重光乎先烈。所據左給事中陳瓚、監察御史李惟觀具題前因，言雖不同，無非彰善旌淑至意。但耳聞不及目擊，詢名不若責實，必須撫按官公舉于先，部院科道官覈實于後，矯情干譽之徒庶不參互其間，敦本務實之人始得脱穎而出。合候命下，本部與都察院備行各該巡撫都御史、巡按御史，通將所屬官員，上自布、按二司，下至府、州、縣，悉心體訪。中間果有政績卓異者，查開實迹，另具一疏，與舊例劾疏一同恭進，務要據事直書，不許牽連，四六對偶。如果得人，雖舉數員亦不爲多；如果無人，即舉一人亦不爲少。萬一通無一人，亦要明白回奏，容臣等通行參酌。如果衆論稱服，法先朝丁鎡、賈銓等，于黜汰不肖之後，大班糾劾之前，據實題請，伏望皇上俯降綸音，宣召慰勞，仍賚以幣鈔，賜宴禮部。資望相應者即爲超格升轉，資叙稍淺者許其乘傳榮歸。禮成次日，方許將不預宴賚、存留官員照例大班糾劾，請旨定奪。其佐貳雜職，政雖卓異，不與入覲者，亦聽撫按官另款開報，臨期别議恩賚。此係勸激人心之大機，各該撫按官務要虚心評騭，不得徇私偏聽，濫舉匪人，違者聽臣等指名劾奏，庶賞罰并行，賢否攸判，吏治民情，均有所賴矣。

隆慶元年六月二十三日題，奉聖旨："是。"欽此。

覆都給事中王治劾總督都御史劉燾等酌議去留疏

題：爲糾論不堪重任之臣，以崇實政，以礪士風事。考功清吏司案呈，奉本部送，吏科抄出，吏科都給事中王治題，奉聖旨："吏部知道。"欽此。欽遵，抄出送司，案呈到部。

看得吏科都給事中王治論劾總督薊遼保定等處軍務兼理糧餉、都察院右都御史兼兵部左侍郎劉燾，總督南京糧儲、都察院右副都御史曾于拱各不職，乞要將劉燾降奪、曾于拱罷斥各一節。爲照薊、遼二鎮内拱京師，外鄰虜穴，乃各邊第一衝險之地，總督官責任比之宣大、陝西尤爲艱大。所據右都御史劉燾即如該科所言，殊非閫外大臣之體。但本官自任總督以來，防春防秋，已經數年，未嘗失事，修設調度之勞，似難輕泯。即今正在防秋，若遽議降奪，誠恐威望漸輕，難以展布。副都御史曾于拱早負才名，晚失雅操，據今劾論事情，悉有指實，難以留用。合候命下，將劉燾行令策勵供職，不許輒以被論爲由力求退避，以誤邊計；曾于拱冠帶閑住。但大臣去留，出自朝廷，臣等未敢定擬。

隆慶元年六月二十四日題，奉聖旨："是。劉燾策勵供職，曾于拱閑住。"欽此。

覆監察御史艾可久劾提督侍郎吴百朋留用疏

題：爲庸鄙儒臣不堪館秩，貪詐督臣有負兵寄，懇乞宸斷亟賜罷黜，以清仕路，以隆聖治事。考功清吏司案呈，奉本部送，吏科抄出，巡按直隸監察御史艾可久奏，奉聖旨："吏部知道。"欽此。欽遵，抄出送司，案呈到部。

看得巡按直隸監察御史艾可久參稱禮部左侍郎潘晟、南贛提督兵部右侍郎吴百朋各不職，欲要將潘晟致仕、吴百朋罷黜各一節。除潘晟近以自陳奉旨處分，無容别議外。爲照南贛地方咽喉三省，盤據三巢，提督侍郎，軍民兵馬均係攸司，責任爲重。乃今御史艾可久因見巢寇反側，惟恐吴百朋不勝其任，欲行罷斥，固是爲官擇人之意。但前功雖涉張大，亦難盡泯；後效正在經畫，不容中輟。萬一新者未得其人，終不若舊者之諳練。及查本官先嘗巡按湖廣、江北，歷歲既久，未聞别議，似難輕棄。合無將吴百朋行令策勵供職，不得指以被論爲由力求引退，以妨大計。

隆慶元年六月二十九日題，奉聖旨："是。吴百朋着照舊策勵供職。"欽此。

議原任吏部尚書李默復職疏

題：爲開讀事。驗封清吏司案呈，奉本部送，准禮部咨，該南京户科給事中岑用賓題，奉聖旨："該部知道。"欽此。欽遵。

該本部查得，原任太子少保、吏部尚書兼翰林院學士李默剛果自用，不無氣性之偏；清介獨持，夙抱有爲之志。秉銓衡而不阿權貴，生前之勁節足嘉；蒙萋菲而竟死囹圄，身後之冤聲可惻。所當量給恤典，以申幽憤者也。雖經奏舉，但未復原官，遽難議給。合無咨行吏部，題復原官，仍咨回本部，另議恤典等因。題奉欽依，備咨到部送司。查得原任吏部尚書李默，嘉靖三十五年二月因工部右侍郎趙文華裝誣參劾，奉欽依拿問，繫獄身死。案呈到部。

看得原任太子少保、吏部尚書兼翰林院學士李默行誼宦履之詳，近該禮部考覈已明，無容别議。但生爲均統之臣，名位不輕；死罹權奸之謗，冤沉可憫。適逢亨嘉之時，委屬昭雪之會。合無將本官先行復其原職，仍行該部議給恤典。臣等未敢定擬。

隆慶元年七月初四日題，奉聖旨："是。李默准復原職。"欽此。

覆給事中管大勛劾少卿師宗記褫職提問疏

題：爲貪穢道官久玷清秩，乞賜重治，以警官邪事。考功清吏司案呈，奉本部送，吏科抄出，禮科給事中管大勛題，奉聖旨："吏部參看了來説。"欽此。欽遵，抄出送司，案呈到部。

看得禮科給事中管大勛劾稱太常寺少卿師宗記貪穢不職，欲要重治，以警官邪一節。臣等遵奉明旨，參看得師宗記本以庸瑣之流，叨厠清華之選。貪婪之迹，久沸騰於上下；淫穢之狀，難和協於神人。屬吏之攻訐，固爲有激；言官之彈劾，實出至公。若不重加究治，無以示戒方來。合候命下，將師宗記先行革職爲民。遺下員缺，依擬即於進士内推補。以後道官止於寺丞，少卿以上悉以科目出身者爲之。一面移咨刑部，將師宗記并合干人犯通行查提到官，追究贓私下落，依律問擬，具奏定奪。

隆慶元年七月初八日題，奉聖旨："是。"欽此。

議原任大學士楊廷和等廕叙疏

題：爲開讀事。驗封清吏司案呈，奉本部送，准禮部咨，送原任少師兼太子太師、吏部尚書、華蓋殿大學士楊廷和等贈廕緣由到部，該本部將各官贈官開坐具題，奉聖旨："楊廷和等贈官依擬，翟鵬原以失事被逮罷。"欽此。欽遵，抄出到部送司。

查得尚書王廷相、林俊、吴廷舉、梁材、聶豹、劉訒，侍郎江曉、程文德、張漢，俱以考滿，并軍功先已廕叙。鄒守益查係四品，例不該廕。翟鵬以失事被逮，難以概議。及查得先任大學士謝遷身故之後，該本部覆奉世宗皇帝聖旨"准廕一子尚寶司丞"，與楊廷和事體相同。又查得近爲恤録得罪諸臣棄市、獄死者，俱蒙准廕一子入監，正與曾銑、楊守謙、商大節、孫繼魯事體相同，内曾銑、楊守謙明被典刑，尤爲可憫。通查案呈到部。

看得大學士楊廷和大節豐功，天下咸頌其美；尚書曾銑等四臣效忠宣力，天下咸愍其冤。揆之典制，均應録廕。内曾銑、楊守謙比之商大節、孫繼魯，尤宜優厚以慰忠魂。合無將楊廷和准廕一子，與做尚寶司司丞；曾銑、楊守謙各廕一子，照依贈官尚書二品事例選用；商大節、孫繼魯亦各廕一子，照依原任侍郎、副都御史三品事例選用。通候命下，本部移文各官原籍，查取應廕子孫到部，應選除者即與選除，應送監者轉咨禮部送監讀書，以示朝廷褒録忠良之盛典。

隆慶元年七月初八日題，奉聖旨："是。楊廷和、曾銑、楊守謙、商大節、孫繼魯各廕叙俱依擬。"欽此。

議大學士李春芳一品初考優加廕叙疏

題：爲給由事。驗封清吏司案呈，奉本部送，准少傅兼太子太傅、吏部尚書、武英殿大學士李春芳咨，稱歷從一品俸，三年考滿，該本部查明具題，奉聖旨："着復職。"欽此。欽遵。

查得本官應得誥命，先蒙恩詔，已經請給外。又查得見行事例，凡京堂官三品考滿者，即得録廕一子，送監讀書。及查大學士李春芳嘉靖三十九年八月升禮部右侍郎，四十年三月升本部左侍郎，四十一年正月改吏部左侍郎，歷至四十二年三月升禮部尚書，四十三年八月加升太子太保，皆因品級不同，未經考滿。見今從一品歷俸三年，通前共計六年有餘，例當録廕。且内閣重臣翊贊廟謀，似與部院考滿者不同。通查案呈到部。

看得大學士李春芳忠誠廉介，温雅端方。久侍先帝，寅清密勿，已見貳公之化；近荷皇恩，絲綸黼黻，尤昭一德之徵。既經從一品三年考滿復職，應該廕子一人入監讀書。但本官自任禮部侍郎以來，迄今已餘六年，止以兩遇升遷，有碍通理，資望隆重，委難拘於常格。應否特加異數，以示褒崇，係干恩命，臣等不敢擅擬。

隆慶元年七月初十日題，奉聖旨："是。李春芳着廕一子，與做中書舍人。"欽此。

覆監察御史方新劾祭酒胡傑留用疏

題：爲貪冒儒臣不堪師範，懇乞聖明罷斥，以警官邪，以端士習事。考功清吏司案呈，奉本部送，吏科抄出，江西道監察御史方新題，奉聖旨："吏部知道。"欽此。欽遵，抄出送司。

查得先爲欺肆考官深負簡用，乞賜罷斥，以昭國法，以警人心事。准禮部咨，稱該禮部尚書袁煒等看得，南京禮科給事中周京所奏考官吴情、胡傑一節，爲照二臣既被論劾，難居清秩等因。奉世宗皇帝聖旨："吴情等試録更易，舉措周章，難居翰職，都着調外任用。"欽此。又查得爲破姑息以飭紀綱，戒私徇以明臣義，懇乞聖明盡法處斷，以尊國體事。准禮部咨，稱該本部尚書李春芳會同吏部尚書嚴訥、都察院左都御史張永明，看得兵科給事中曹棟論劾尚寶司司丞胡傑一節。查得胡傑先年考試應天被論，已經禮部尚書袁煒等覆奉明旨，止罪其試録數易，舉動周章，改調外任，歷任今官。且本官奏稱，原出棍徒金芳等指稱誆騙，南京法司緝獲，問明無干，似難别議等因。節奉世宗皇帝聖旨："這事情你每既會看明白，胡傑着照舊供職。"欽此。今該前因，案呈到部。

看得江西道監察御史方新劾稱國子監祭酒胡傑不堪師儒，欲要罷斥，大率多爲應天科場一事。查得前事雖經言官交章指摘，彼時禮部尚書袁煒等覆議，止爲試録數易，舉動周章，降調外任。隨該南京刑部招問明白，棍徒金芳等所假借者皆是修撰唐汝楫之名，實與本官無預。于後禮部尚書李春芳等會同吏部、都察院，又嘗因事辯明，原稿具在，歲月既深，道路又遠，疑以傳疑，以故至今未已。所據御史方新論奏前因，無非慎選師儒，以重賢關之意。但惟皇上視學在邇，監中一切事宜俱屬祭酒之責，合無行令照舊供職。

隆慶元年七月十四日題，奉聖旨："胡傑被論事情，既屢經部院議覆及法司招問無干，着照舊供職。"欽此。

覆給事中徐尚參侍郎吴桂芳降俸疏

題：爲欺悖督臣違例擅離職任，乞賜查究，以昭國法事。考功清吏司案呈，奉本部送，吏科抄出，南京兵科給事中徐尚奏，奉聖旨："吏部知道。"欽此。欽遵，抄出送司，案呈到部。

看得南京兵科給事中徐尚論劾總督兩廣都御史、今升兵部右侍郎吴桂芳不候交代，擅自出境，乞要罷斥一節。爲照本官年勞雖久，舉動實疏，既非病勢危亟，情與宋滄不同；乃敢違例出境，罪比宋滄爲甚。所據給事中徐尚欲要即行罷斥，明法敕罰，委不爲過。但今正在防秋，左侍郎遲鳳翔見差薊鎮查處邊務，遺下防守九門等項，俱是右侍郎之責，審時度勢，似當酌處。合無將吴桂芳重加降俸，姑令作速到任，用心供職。本部一面移咨都察院，轉行各處總督、巡撫官，以後升遷去任，遵照節奉欽依事理，必須新官面交明白，方許離任，違者聽所在巡按御史及該科指實查參，從重議黜。但京堂三品官員去留出自朝廷，臣等未敢定擬。

隆慶元年七月十七日題，奉聖旨："是。吴桂芳降俸二級，着上緊前來供職。"欽此。

會議給事中韓楫條陳疏

題：爲恭進君道三札，以仰裨聖明新政事。吏科抄出，刑科給事中韓楫題，奉聖旨："這所奏事關朕躬的，知道了。近來内外諸司奉行詔旨委爲違慢，查覈一節，吏部、都察院看議來説。"欽此。欽遵，抄送前來。

臣等會同都察院左都御史臣王廷等看議得，朝廷之上所以鼓動萬方者，全在詔令，中外臣工一奉絲綸，自當遵行惟謹，若使公然廢閣，難免方命之咎。大率此弊不止今歲，自嘉靖十八九年以後，相踵成風，或以事體窒碍，難於歸一；或以舉刺異同，難以兩可。雖奉明旨，十分嚴急，竟不回奏。中間撫按缺人，一時不能會同，猶爲有説。至於單行該院，可以自處不須會同者，乃亦多不完報，誠如給事中韓楫所論。今欲立法稽查，以覈聖政，委爲有補，相應議擬。合候命下，聽臣等吏部通行在京部院，自隆慶元年七月以前奉到欽依事理，摘其大且重者，各另開單，分行各處撫按官，文書到日，通限三月以裏完報，仍各具揭進呈御覽，恭候檢閲。自隆慶元年七月以後，一面按季具揭進呈，一面揭送該科。每年查考一次，撫按官如過限不完，聽部院先行查參；部院如違限不參，亦聽該科一併參究。若事勢有窒，急難完報，不分在京在外，俱許明白奏知，免其參罰。庶幾綜理周密，人心知警，百工惟時，百度咸熙，而聖政有光矣。

隆慶元年七月二十二日題，奉聖旨："是。"欽此。

校勘記

〔一〕"八"，疑當作"六"。

蒲坂楊太宰獻納稿卷四

議原任刑部尚書顏頤壽等贈官疏

少傅兼太子太傅、吏部尚書臣楊博等謹題：爲開讀事。驗封清吏司案呈，奉本部送，吏科抄出，巡撫湖廣等處地方兼贊理軍務、都察院右僉都御史楊豫孫題，奉聖旨："該部知道。"欽此。欽遵，抄送到司。

行准文選、考功二司各付稱，查得刑部尚書顏頤壽於嘉靖六年九月内以議大獄冠帶閑住；原任貴州按察司副使蔣信於嘉靖二十二年九月内爲患病回籍，革職爲民，近已病故；浙江道監察御史石金、福建道監察御史喻希禮，先年俱以建言充軍、爲民。通查案呈到部。

看得原任刑部尚書顏頤壽歷官端謹，持法嚴明，力辯諸冤而利害不辭，身親三木而詞色更厲。權奸因而消阻，紳佩得所師程。御史石金、喻希禮同切輸忠，均能敢諫，一以議大禮而謫戍遐方，一以止醮祠而編列氓庶，雖當擯斥之後，益敦廉靖之風。副使蔣信志存經濟，學有淵源。歷宦四方，士庶誦廉平之政；居家廿載，鄉閭賴型範之功。既經撫按官會舉前來，相應議擬。合無將顏頤壽、石金、喻希禮俱先復其原職，仍各量贈一官。蔣信固非建言，德望交孚，似應復其副使之職。臣等未敢擅便。

隆慶元年七月二十九日題，奉聖旨："是。顏頤壽、石金、喻希禮贈官俱依擬，蔣信准復原職。"欽此。

計開：

原任刑部尚書顏頤壽擬贈太子少保；

原任浙江道監察御史石金擬贈光禄寺少卿；

原任福建道監察御史喻希禮擬贈光禄寺少卿；

原任貴州按察司提學副使、爲民蔣信今復原職。

覆給事中張應治等論尚書朱衡降俸疏

題：爲漕渠壅决異常，乞賜究治欺誤大臣，亟圖善後，以濟國儲，以拯民患事。考功清吏司案呈，奉本部送，吏科抄出，南京工科等科署科事南京户科給事中張應治等奏，又該吏科左給事中陳瓚題，爲懇乞聖明申遣治水大臣，以重國命事，俱奉聖旨："吏部知道。"欽此。欽遵，通抄送司，案呈到部。

看得南京户科等科給事中張應治等論劾總理河道、工部尚書朱衡治河失宜，以致漂没船糧，乞要亟議黜罰，或降級管理，吏科左給事中陳瓚乞要將工部尚書雷禮代管河道，朱衡姑從降罰，佐禮共計各一節。臣等備查運道事宜，朱衡新河之開不爲失策，但其報完未幾，衝潰即至，總理疏略之罪，豈惟南北二科交章言之，即衡自分，亦自難辭。至於雷禮近日三疏乞休，温旨懇留，正爲都城諸工方在經營，且部政四方之事、河道一方之事令禮代管，臣等不敢輕議。合無將朱衡先行降俸，容令照舊供職。務要查照各官奏内事理，會同彼處撫按官虚心經理，毋爲目前草率之圖，務成日後永久之計。

隆慶元年七月二十九日題，奉聖旨："是。朱衡降俸一級，着用心經理河工，以圖後效。"欽此。

覆監察御史方新條陳寬考察疏

題：爲披瀝愚忠，敷陳時弊，懇乞聖明亟處，以正人心，以培國脉事。考功清吏司案呈，奉本部送，准禮部咨，禮科抄出，江西道監察御史方新題，奉聖旨："該部知道。"欽此。欽遵，咨部送司，案呈到部。

看得江西道監察御史方新條陳前因，大率謂三年考課，吏部有常例矣；復有年終考察之條，差完舉劾，御史有定規矣；復有不時論劾之令，綜核嚴急一節。爲照朝廷之飭吏治，固貴明作，尤先敦大。御史方新因事敷陳，無非欲求寬嚴適中之意。但歲終原無考察之事，止是近日御史淩儒欲要專考歲貢教職，蓋以此輩提問論劾，俱所不及，士風學政，均有關係。以故本部題奉欽依，止許論其甚者，拔其尤者，舉刺并行，原未概考乎庶官，計處已詳，難以别議。合無斟酌所擬，部院遇考察之期，撫按當回奏之日，各要秉心惟公，參訂以恕。三年考課，主于黜幽，不必取盈於舊數；差完論劾，務求實迹，不宜偏聽乎風聞。果有貪酷顯著、難以一日容留者，許撫按不時論劾，其餘止宜照常施行。至於械繫之辱，乃所待奸惡者，必須奉旨拿問、提問者，方可如法懲治，庶幾甄别之智、愛惜之仁兩得之矣。

隆慶元年七月二十九日題，奉聖旨："是。"欽此。

覆都給事中王治奏尚書趙大佑聽其終養疏

題：爲陳末議，酌去留，以愛惜鉅材、仰贊治化事。考功清吏司案呈，奉本部送，吏科抄出，吏科都給事中王治題，奉聖旨："吏部看了來説。"欽此。欽遵，抄出送司，案呈到部。

看得吏科都給事中王治具題前因，大率謂禮部尚書高儀、南京兵部尚書趙大佑當分别去留。在儀則慎乎其去，使及時以宣力；在大佑則善乎其去，使優閑以保終。仍論諸大臣盡心職業，毋便身圖各一節。除高儀才富經綸，心懷忠亮，偶病乞休，情非得已，見已痊可供職，無容别議外。所據趙大佑近日推用，出自科道官張鹵等交章會薦。但本官向來家居，名雖養痾，實因親老。即今父母年俱八帙，絶裾而出，殊非人子之情。該科欲要深亮其心，曲全其孝，委於士風世教有益。合無依其所擬，將趙大佑准其終養，親終之日，另行録叙。及照兩京部院卿寺諸臣，或以考黜，或以劾罷，數月之間，不下二三十人，一時推補，資既多不相應，不得不取於望。然揆以循名責實之義，真有未盡。今後起廢之人，未到任者止許別轉一次；到任之後，立有成績，方議再擢。若有孤忠大節、才德出衆者，不次超遷，弗在此限。其見任各官，不拘大小，但以不職見刺者，亦容臣等無憚異同，無事依違。查其人品官常果無玷缺，雖被重劾，在所必留；查其人品官常果有玷缺，雖以微罪，在所必去。方如科議頻於賜環，不若慎於賜玦之意。且人才譬之材木，摧折甚易，長養甚難。不爲愛惜，一有緩急，難免乏才之患。臣等職司所在，不敢不深長慮也。均乞聖裁。

隆慶元年八月初二日題，奉聖旨：“是。趙大佑准終養，員缺即推補。”欽此。

議原任總督薊遼右都御史王忬復職疏

題：爲懇乞天恩，俯念先臣微功極冤，特賜昭雪，以明德意，以伸公論事。驗封清吏司案呈，奉本部送，准都察院咨，據巡按直隸監察御史郝傑呈，查勘過原任總督薊遼保定等處軍務兼理糧餉、都察院右都御史兼兵部左侍郎，今處決王忬功罪緣由。及稱王忬被虜入犯，責固難辭；歷任邊方，勞亦難泯。刑部原擬充軍，顯戮驟加，不無可憫；權奸用事，諒必有由各一節。

爲照地方失守，總兵法該重典。總督官調度失宜，止該爲民，情極重者不過充軍。所據右都御史王忬既經巡按御史郝傑查勘明白，陰受權奸之害，明收倭虜之功，死非其罪，公論共惜。合無將本官復其原職，以示昭雪。係干恩命，臣等未敢定擬。

隆慶元年八月初二日題，奉聖旨：“王忬准復原職。”欽此。

覆右給事中陸鳳儀條陳行久任慎考察疏

題：爲乞重遷轉、慎考察以裨吏治事。文選清吏司案呈，奉本部送，吏科抄出，吏科右給事中陸鳳儀題，奉聖旨："吏部知道。"欽此。欽遵，抄出送司，案呈到部。

臣等看得吏科右給事中陸鳳儀具題前因，大率二事，其一謂久任當行，其二謂考察當謹，論議剴切，深於吏治有益。查得先年諸臣悉皆久任，即如胡濙任禮部尚書二十餘年，周忱任應天巡撫一十八年，況鍾任蘇州府知府十年，在内則成寅亮之功，在外則著皐成之績，炳炳烺烺，真可觀采。蓋因彼時進者甚難，退者甚少，以故銓曹久任，若無窒碍。嘉靖四十五年以前姑未暇論，隆慶改元以來，方及數月，部院卿寺大臣或以考黜，或以論罷，不下二三十人。若非聖皇新政，廣搜巖穴，雖欲東遷西轉，南旋北移，亦不可得。臣等職司其事，蚤夜圖維，深切憂惶。大抵必欲行久任之法，先當定考察之制。譬之材木，斧斤不伐，牛羊不牧，然後可以收棟梁榱桷之用。合無斟酌本官所擬，今次外官考察，容臣等部院虚心評騭。如曰貪，必求其贓證之實；如曰酷，必求其暴虐之實；如曰不謹，必求其恣肆之實；如曰不及，必求其庸劣之實。撫按之言，得之目擊者，則以爲張本；藩臬之言，得之面質者，則以爲參考。或方岳一省全無，不必過於搜索；或庶官一省人少，不必取盈舊數。寧使不肖者遺之以俟後考，無寧使賢者黜之以枉前功。本部一面仍將各處撫按舉到地方人才，每三五省類本議覆，果有可用者，請自上裁，遇有員缺，與先經起用者酌量推補。少俟群才畢收之時，然後將久任之政斷然行之，以成雍熙之治。蓋天下之治忽係於人才，人才之盛衰關乎吏治，所以調停劑量，使之濟濟不乏者，全在我皇上一加之意而已。伏乞俯賜裁定，敕下遵行。

隆慶元年八月初九日題，奉聖旨："是。"欽此。

再議建言得罪少卿馬從謙等贈官疏

題：爲申明新詔，以廣聖恩，以昭大信事。驗封清吏司案呈，奉本部送，先該原任光禄寺少卿兼翰林院五經博士、充軍馬從謙男馬有驪，原任户部江西司員外郎、杖死申良男申去佞，原任右春坊右清紀郎兼翰林院侍書、爲民周鈇男周雲程，原任刑科右給事中、充軍張逵男張翊元，原任户科給事中、充軍常泰男常洲，各遵詔奏乞伊父恤録緣由到部。

該本部看得，馬從謙等各懷自獻之忠，咸負敢言之氣，建白雖有不同，被罪均爲可憫。查擬馬從謙、申良各贈太常寺少卿，周鈇、常泰、張逵各贈光禄寺少卿，題奉聖旨："這厮每無理，不准。"欽此。伏睹新詔内一款，自正德十六年四月以後、嘉靖四十五年十二月以前，建言得罪諸臣，遵奉遺詔，存者召用，殁者恤録。欽此。節該本部分别三等，第一等者復職贈廕，仍加諭祭，二等者復職贈廕，三等者復職贈官。其中如大理寺少卿徐文華，原以議獄得罪，擬贈僉都御史；翰林院修撰楊慎原以議禮得罪，左春坊贊善羅洪先、御史楊爵、員外郎楊繼盛，俱以建言時政得罪，各議贈光禄寺少卿。俱奉聖旨："依擬。"欽此。今少卿等官馬從謙等，建言之心，被罪之慘，與徐文華等大略相同，兹獨不蒙准贈，聖澤未周，似爲缺典等因。案呈到部。

看得自正德十六年四月以後，建言得罪諸臣，在先帝升遐遺詔既惓惓於解網之仁，在皇上登極新詔復切切於澤骨之政。即如少卿徐文華、修撰楊慎、贊善羅洪先、御史楊爵、員外郎楊繼盛等，或贈其官，或録其後，或賜謚以表其行，或給葬以安其魄，海内之人傳誦聖德，真如天覆地載，至不容口。乃今獨於少卿馬從謙，員外郎申良，給事中張逵、常泰，清紀郎周鈇五臣應得恩典不蒙准允，臣等反覆思之，不得其故。夫馬從謙以抗疏，申良以大禮，俱死於杖下。張逵、常泰以大獄，俱死於遐荒。周鈇以屢上封事，死於林壑。孤忠勁節，較之徐文華等事本相同，録恤之恩一旦懸絶至此，非惟改元新詔不信於天下，即先帝解網之仁有所及亦有所不及矣。自昔式閭表墓，非爲死者；激勸攸關，實爲生者。事有似緩而實於急者，臣等以爲此舉是也。伏望聖明特賜采覽，俯從臣等原議，仍將馬從謙等各贈一官，則汪濊之恩遍於枯朽，綸音之布堅如金石矣。臣等無任屏營懸切之至。

隆慶元年八月初九日題，奉聖旨："已有旨了罷。"欽此。

覆給事中莊國禎劾尚書郭宗皋等留用疏

題：爲憤〔一〕事罪臣不堪再用，懇乞軫念南都要地，速賜罷斥，以慎舉措，以重根本事。考功清吏司案呈，奉本部送，吏科抄出，户科給事中莊國禎題，奉聖旨："吏部知道。"欽此。欽遵，抄出送司，案呈到部。

看得户科給事中莊國禎論劾新推參贊機務、南京兵部尚書郭宗皋，總督南京糧儲、都察院右僉都御史游震得各衰庸不堪，乞要罷斥，别推才望，以充其任一節。爲照郭宗皋爲御史時抗疏直諫，爲總督時得罪權貴，兩次廷杖二百，死而復蘇，謫戍靖虜二十餘年，辛苦備嘗，機宜深諳。大同之事，止是零寇入境，原非大舉。巡按御史胡宗憲適在地方，立逼總兵官張達、副總兵林椿先帶家丁出城拒敵，大軍未至，爲賊掩襲。大同相去軍門二百餘里，比及報至，賊已回矣。宗憲自知罪狀，不敢參論督撫，惟爲總兵奏討恤典。雖經給事中唐禹風聞遥論，不過以其職任相關，固未嘗言及拿問廷杖謫戍也。歲月既深，知者甚少。頃者南京兵部尚書員缺，臣等會集三品以上官虚心評議，咸謂薊遼、宣大、陝西三邊總督見奉欽依，不許遷轉，南京軍情未定，必須就近推用，方不誤事。彼中雖有尚書劉采、吴嶽與郭宗皋，俱係新任，俱年六十之上，就中論之，諳練邊務，則宗皋爲最，且先該户、兵二部特薦，臣等故首推之。游震得久在諫垣，卓有風猷。巡撫福建，不幸繼王詢、阮鶚貪肆之後，兵食俱匱，人心解體，釀成興化之變。追論其罪，當在詢、鶚，不當在於震得。先以南京總督糧儲員缺，會議得震得雖有興化之失，乃甲兵之事，總督糧儲乃錢穀之事，才當器使，人難求備，且近該南京科道會舉，以故臣等亦首推之。今據該科論列前因，蓋以南都根本重地，兵、食二事并爲緊要，無非爲官擇人之意。但人惟求舊，新者不如舊者之練。昔人有言，使臣捕虎逐鹿，則誠老矣，使策國事，則尚少。參贊、總督之臣，均爲策國事者，即使七十之年，精力未衰，尚當留用，况二臣未至引年之時乎？伏望聖明特賜電察，將二臣仍令用心供職，以責後效。但大臣去留出自朝廷，臣等未敢定擬。

隆慶元年八月十五日題，奉聖旨："郭宗皋、游震得既精力未衰，都准留用。兵糧事重，着各上緊到任供職，不得因被論自沮，陳詞引避，以致誤事。"欽此。

議原任南京兵部尚書王軏復職疏

題：爲開讀事。驗封清吏司案呈，奉本部送，吏科抄出，總督漕運兼提督軍務、巡撫鳳陽等處地方、兵部左侍郎兼都察院右僉都御史張瀚，巡按直隸監察御史孫丕揚題，俱奉聖旨："吏部知道。"欽此。欽遵，抄出送司，案呈到部。

看得總督漕運兼提督軍務、巡撫鳳陽等處地方、兵部左侍郎兼都察院右僉都御史張瀚等會題，要將侍郎曾銑名下原坐贓銀免追，尚書王軏以禮贈葬各一節。爲照原任侍郎曾銑效忠被害，枉抑已明，節該本部題奉欽依，復職贈廕。原坐贓銀，相應備咨刑部，轉行原籍官司，免其追納，及將監併家屬盡行釋放，以恤無辜。其原任南京兵部尚書、後閑住王軏律己居官，不聞訾議，雖以小過獲罪，似無損其平生，相應復其原職，仍咨禮部議給恤典。臣等未敢定擬。

隆慶元年九月初八日題，奉聖旨："是。王軏准復原職。"欽此。

覆監察御史孫代劾少卿胡汝桂聽勘疏

題：爲奸憸銓郎冒升卿秩，懇乞聖明俯賜罷斥，以清仕路事。考功清吏司案呈，奉本部送，吏科抄出，江西道監察御史孫代題，奉聖旨："吏部知道。"欽此。欽遵，抄出送司，案呈到部。

看得江西道監察御史孫代論劾原任文選司郎中、今升提督四夷館太常寺少卿胡汝桂，險狠之心，貪邪之性，任頑父狡僕以納賄，趨閫人要津以延譽，密布籠絡之計，深藏陷穽之機，久濫銓曹，已竊名位，復叨卿寺，愈覺負乘，乞要特賜罷斥一節。爲照本部推升銓選，皆臣等堂官親爲裁決。郎中胡汝桂職任承行典選以來，不聞別議。頃者六選已完，例該敘遷。乃今御史孫代極口論列，大率言其心術奸回，計慮險詐，爲人則賣狗懸羊，陷人則八面埋伏，若果是實，委難容于堯舜之世。但中間所列事情，俱在原籍，臣等難以懸斷。合候命下，行令胡汝桂回籍聽勘，遺下少卿員缺，照例先行推補。

隆慶元年九月十四日題，奉聖旨："是。胡汝桂着回籍聽勘。"欽此。

議原任吏部尚書周用廕敘疏

題：爲懇乞天恩，比例録廕，以圖補報事。驗封清吏司案呈，奉本部送，吏科抄出，原任太子少保、吏部尚書周用嫡孫周賚奏，奉聖旨：“吏部知道。”欽此。欽遵，抄出送司。

查得先年本部尚書耿裕、倪岳、馬文升身後俱嘗廕一子做中書舍人。近年本部尚書聞淵男聞思學奏稱伊父致仕在家病故，乞要比例録廕，該本部覆題，奉世宗皇帝聖旨：“聞淵廕一子做中書舍人。”欽此。俱欽遵外。今該前因，通查案呈到部。

看得原任太子少保、吏部尚書周用嫡孫，聽用監生周賚奏稱，伊祖在任病故，乞要比例録廕中書舍人一節。爲照本官宅心謹畏，持己方嚴，總憲度而茂振風裁，掌銓曹而殫竭心力，真懷夙夜匪懈之誠，竟成鞠躬盡瘁之志。所據録廕，既經該司查有尚書耿裕、聞淵等事例，相應題請。但恩命出自朝廷，臣等未敢擅便。

隆慶元年九月三十日題，奉聖旨：“是。周用着廕一子入監讀書。”欽此。

覆都給事中王治等劾尚書郭乾等去留疏

題：爲摘議有罪督撫大臣，以振中興紀綱，以厲防邊實政事。考功清吏司案呈，奉本部送，吏科抄出，吏科等科都給事中王治、歐陽一敬等題，奉聖旨：“吏部知道。”欽此。欽遵，通抄送司，案呈到部。

看得吏、兵二科都給事中王治、歐陽一敬等交章論劾山西、薊鎮失事官員，疏内要將兵部尚書郭乾、左侍郎遲鳳翔致仕、調用。又浙江道御史凌儒等舉刺人才，亦劾尚書郭乾調用，并及巡撫江西等處地方、兵部右侍郎兼都察院右僉都御史任士憑，撫治鄖陽、都察院右僉都御史劉秉仁俱罷斥各一節。除總督等官劉燾等奉旨查勘，兵部右侍郎吴桂芳到任未久，難以議罰外。爲照尚書郭乾，守己清嚴，蒞官縝密。邊關諸務雖由本兵調度，居中制外，遥度實難。但本官見以患病乞歸，臣等又親見其形容消瘦，精神衰減，似應令其回籍調理，痊可之日另行擬用。侍郎遲鳳翔久歷邊陲，素稱清謹，頃者奉命經略，不聞大有建明，委難辭責。即今駐札昌平，奉敕防禦，且年才六十以上，止聞其母有病，不聞本官有病。虜營未遠，南山喫緊，全在此月，臨敵易將，兵家所忌，似應降俸三級，令其用心幹理，以圖後效。巡撫江西右侍郎任士憑厚重端謹，而民情少諳，坐鎮江藩之大省，殊非所宜；撫治鄖陽右僉都御史劉秉仁年壯才優，而兵略未聞，立視南陽之巨寇，全無多算：似應俱調南京衙門，以全器使之義。遺下兵部尚書，江西、鄖陽二巡撫員缺，照例速行推補。但大臣去留出自朝廷，臣等未敢定擬。

隆慶元年十月初三日題，奉聖旨："是。郭乾既有疾，准回籍調理。遲鳳翔降俸三級，照舊供職。任士憑、劉秉仁依擬調用。"欽此。

覆監察御史凌儒等會薦都御史陳其學等起用疏

題：爲舉刺人才，以備邊防，以安内地，以紓聖懷事。文選清吏司案呈，奉本部送，吏科抄出，河南等道掌道事、浙江道監察御史凌儒等題，奉聖旨："吏部知道。"欽此。欽遵，抄出送司。

查得巡撫朱笈係充軍赦回，王輪係冠帶閑住，總督陳其學係回籍聽勘，巡撫戴才、汪道昆，侍郎喻時俱係聽候别用。其吴嘉會先係爲民，隆慶元年四月，該科道等官張鹵、陳聯芳等會薦，該本部覆題，奉欽依："吴嘉會罷。"欽此。通查案呈到部。

看得河南等道掌道事、浙江道監察御史凌儒等題稱，原任三邊總督等官陳其學等七員俱堪邊防録用一節，無非以邊陲多事，督撫乏人，廣搜博采，人惟求舊之意。除吴嘉會已經奉旨報罷，汪道昆、戴才、喻時俱原係聽用人員，難以再議外。所據總督陳其學，巡撫朱笈、王輪三員，既該十三道官會舉前來，相應起用。合候命下，將陳其學等遇有相應員缺，酌量推用。及照天生人才，自足一世之用。但才有短長，當取長而舍短；事有新舊，當舍舊而圖新。即今前項所舉諸臣，或身被重劾而未經湔除，或失事重大而未曾勘結。取其一生之概薦之，固爲無忝；摘其一時之失劾之，則亦無詞。此處方薦起而彼處即劾之，彼處方薦之而此處即劾之，以致未出者憂彈畏譏，不肯彈冠；已出者惜名保節，急欲掛冠：均非聖朝之所宜有。合無今後言官薦到起用者，必須到任一年之後，果無成效，或奉職無狀，在京者聽科道官糾正，在南京者聽南京科道官糾正，在外者聽各該撫按官糾正，不止褫奪其官，仍行治罪。庶幾目見比之耳聞更真，責實比之循名尤當，不惟國體、人才可以兩全，臣等不明之咎亦可以少逭矣。

隆慶元年十月初七日題，奉聖旨："是。陳其學、朱笈、王輪准起用。"欽此。

會議監察御史李叔和劾總督劉燾等留用疏

題：爲邊臣失策，虜患可憂，議處重鎮督帥及本兵司官，豫圖内外安攘事。吏科抄出，陝西道監察御史李叔和題，奉聖旨："吏、兵二部看了來説。"欽此。欽遵，抄出到部。

看得陝西道監察御史李叔和欲將譚綸代劉燾總督，戚繼光代李世忠總兵，申維岳等拿究，何源調用一節。除兵部侍郎譚綸近奉欽依專管練兵，總兵李世忠、申維岳又該兵科别本論劾，兵部徑自議覆外。臣等會同兵部右侍郎臣吴桂芳議得，總督都御史劉燾素負才名，頗閑兵略。頃者地方失事重大，言官論列，責實難辭。但總督、巡撫畫地分守，原有成議。虜入界嶺等口，係是巡撫原分地方，且督撫見奏捷音，奉有明旨，行巡按御史查勘，功罪未明，似難輕擬。合無將劉燾容令策勵經理，稍候勘回之日，另行議奏定奪。總兵戚繼光與侍郎譚綸本同一事，譚綸既已回京，合無將戚繼光一體取回，共修戎政。遺下福建總兵員缺，兵部先行推補。職方司郎中何源年力方壯，才識亦優，況部中推選將領，俱係臣等堂官定擬，難以盡責本官。合無將何源行令照舊供職，以圖後效。

隆慶元年十月十二日題，奉聖旨："是。劉燾着策勵供職，候勘明奏請。戚繼光着取回京，何源准留用。"欽此。

請撰述新建伯王守仁等贈謚誥命疏

題：爲開讀事。驗封清吏司案呈，節該本部題，准禮部咨，該禮科等科都給事中等官辛自修等，浙江等道掌道事、河南道監察御史王好問等題稱，原任新建伯、南京兵部尚書兼都察院左都御史王守仁，少傅兼太子太傅、户部尚書、謹身殿大學士蔣冕，太子太保、吏部尚書、武英殿大學士石珤，少保兼太子太保、吏部尚書喬宇，禮部尚書汪俊，刑部尚書喻茂堅，南京兵部尚書湛若水，南京禮部右侍郎吕柟，南京刑部右侍郎周廣，詹事府少詹事兼翰林院侍讀學士黄佐，都察院右僉都御史王雲鳳各贈官緣由。又該原任太子少保、户部尚書王杲男王世泰，原任都察院右僉都御史朱方男朱繪各奏，要復父原職，已經本部題奉欽依，俱准復職訖。及查得新建伯該贈新建侯，少傅該贈少師，少保該贈少傅，太子太保該贈少保，太子少保該贈太子太保，尚書該贈太子少保，禮部侍郎該贈禮部尚書，刑部侍郎該贈都察院右都御史，少詹事該贈禮部右侍郎，右僉都御史該贈右副都御史。通查案呈到部。

看得新建伯王守仁等，生著勛庸，殁垂令譽。或輸忠仗義以定危疑，或亮采分猷以贊治化，博雅者資其黼黻之光，剛正者賴其匡持之力，職守不同，人品則一，既經言官會舉前來，相應褒録。合無俯念舊臣，特從追贈，以示清朝旌賢勸善之典等因。隆慶元年五月二十日題，奉聖旨："王守仁准贈新建侯，蔣冕少師，喬宇少傅，石珤少保，王杲太子太保，汪俊、喻茂堅、湛若水俱太子少保，吕柟禮部尚書，周廣都察院右都御史，黄佐禮部右侍郎，王雲鳳、朱方俱右副都御史。"欽此。

又該本部題同前事。内開看得大學士等官楊廷和等，或懋德弘猷夙崇海宇，或豐功偉節雅重朝端，遡其履歷之詳，均爲方正之士。先該本部題請，得復原官，後該禮部同刑部尚書林俊、南京工部尚書吴廷舉查明題准，得與祭葬，所據贈官一節，相應題請。計開：原任少師兼太子太師、吏部尚書、華蓋殿大學士楊廷和擬贈太保；太子太保、兵部尚書兼都察院左都御史王廷相，太子太保、兵部尚書聶豹，俱擬贈少保；太子少保、户部尚書梁材擬贈太子太保；兵部尚書兼右副都御史翟鵬，刑部尚書劉訒、林俊，南京工部尚書吴廷舉，俱擬贈太子少保；兵部左侍郎張漢，兵部右侍郎兼右副都御史曾銑、楊守謙，兵部右侍郎兼右僉都御史商大節，俱擬贈兵部尚書；南京工部左侍郎程文德擬贈禮部尚書；工部右侍郎江曉擬贈工部尚書；都察院右副都御史孫繼魯擬贈兵部左侍郎；南京國子監祭酒鄒守益擬贈禮部右侍郎等因。隆慶元年七月初四日題，奉聖旨："楊廷和等贈官依擬，翟鵬原以失事被逮罷。"欽此。

又該本部題，爲獻愚忠以裨新政事。准禮部咨送，該吏科左給事中陳瓚題，該本部看得，原任太子太保、兵部尚書彭澤，南京工部左侍郎何孟春，官常人品，禮部揚確已明，在彭澤則天下稱爲名卿，在何孟春則天下稱爲名士，委當厚加褒録，以示優崇。所據贈官，相應題請。計開：原任太子太保、兵部尚書彭澤擬贈少保，南京工部左侍郎何孟春擬贈禮部尚書。隆慶元年七月二十九日題，奉聖旨："彭澤准贈少保，何孟春禮部尚書。"欽此。

續准禮部咨，該翰林院遞出揭帖，賜原任新建伯王守仁謚文成，大學士楊廷和謚文忠，蔣冕謚文定，石珤謚文介，吏部尚書喬宇謚莊簡，熊浹謚恭肅，兵部尚書王廷相謚肅敏，聶豹謚貞襄，彭澤謚襄毅，户部尚書梁材謚端肅，禮部尚書汪俊謚文莊，刑部尚書林俊謚貞肅，南京工部尚書吴廷舉謚清惠，刑部左侍郎劉玉謚端毅，南京工部左侍郎何孟春謚文簡，南京禮部右侍郎吕柟謚文簡，兵部右侍郎曾銑謚襄愍，楊守謙謚恪愍，商大節謚端愍，右副都御史孫繼魯謚清愍，太僕寺卿楊最謚忠節，南京國子監祭酒鄒守益謚文莊，兵部員外郎楊繼盛謚忠愍，左春坊左贊善羅洪先謚文恭。各咨開前來，案呈到部。

看得尚書熊浹、卿楊最、員外郎楊繼盛、贊善羅洪先各贈官誥命，先該本部題請通行撰寫。所有今賜謚號，合行翰林院，查與贈官文軸一併撰寫。其新建侯王守仁等贈謚官員例應給與誥命，欲行翰林院撰文，中書舍人關軸書寫。臣等未敢擅便。

隆慶元年十月二十一日題，奉聖旨："是。"欽此。

計開：

原任新建伯、南京兵部尚書兼都察院左都御史王守仁，今贈新建侯，謚文成；

原任少師兼太子太師、吏部尚書、華蓋殿大學士楊廷和，今贈太保，謚文忠；

原任少傅兼太子太傅、户部尚書、謹身殿大學士蔣冕，今贈少師，謚文定；

原任太子太保、吏部尚書兼武英殿大學士石珤，今贈少保，謚文介；

原任少保兼太子太保、吏部尚書喬宇，今贈少傅，謚莊簡；

原任太子太保、兵部尚書兼都察院左都御史王廷相，今贈少保，謚肅敏；

原任太子太保、兵部尚書聶豹，今贈少保，謚貞襄；

原任太子太保、兵部尚書彭澤，今贈少保，謚襄毅；

原任太子少保、户部尚書梁材，今贈太子太保，謚端肅；

原任太子少保、户部尚書王杲，今贈太子太保；

原任禮部尚書汪俊，今贈太子少保，謚文莊；

原任刑部尚書林俊，今贈太子少保，謚貞肅；

原任刑部尚書喻茂堅，今贈太子少保；

原任刑部尚書劉訒，今贈太子少保；

原任南京工部尚書吴廷舉，今贈太子少保，謚清惠；

原任南京兵部尚書湛若水，今贈太子少保；

原任兵部左侍郎張漢，今贈兵部尚書；

原任刑部左侍郎劉玉，今贈刑部尚書，謚端毅；

原任南京工部左侍郎程文德，今贈禮部尚書；

原任南京工部左侍郎何孟春，今贈禮部尚書，謚文簡；

原任南京禮部右侍郎吕柟，今贈禮部尚書，謚文簡；

原任兵部右侍郎兼都察院右副都御史曾銑，今贈兵部尚書，謚襄愍；

原任兵部右侍郎兼都察院右副都御史楊守謙，今贈兵部尚書，謚恪愍；

原任兵部右侍郎兼都察院右僉都御史商大節，今贈兵部尚書，謚端愍；

原任南京刑部右侍郎周廣，今贈都察院右都御史；

原任工部右侍郎江曉，今贈工部尚書；

原任都察院右副都御史孫繼魯，今贈兵部左侍郎，謚清愍；

原任詹事府少詹事兼翰林院侍讀學士黄佐，今贈禮部右侍郎；

原任都察院右僉都御史王雲鳳，今贈都察院右副都御史；

原任都察院右僉都御史朱方，今贈都察院右副都御史；

原任南京國子監祭酒鄒守益，今贈禮部右侍郎，謚文莊。

議原任吏部侍郎董玘等贈官復職疏

題：爲開讀事。驗封清吏司案呈，奉本部送，准禮部咨，該總督浙直江西軍務、巡撫浙江地方、兵部右侍郎兼都察院右僉都御史劉畿題，奉聖旨："該部知道。"欽此。欽遵。

該本部查得，吏部左侍郎兼翰林院學士董玘，學冠詞林，行孚士論，始觸權兇而甘心見斥，繼蒙收録而秉志益堅。同官故牘之焚，意在掩瑕，竟以抗言而得止；閹寺東郊之送，至傾朝市，復能獨立而不行。乃若修兩朝之實録，則編摩獨擅於當年；掌鄉會之文衡，則掄選尚稱於今日。衹因佐銓卿貳而不通請謁，乃致見擠同儕而巧搆謗誣，然于本官身心素履略不可訾。所當念其纂修國史及經筵日講之功，重加恤典，以示優厚者也。御史黎貫、員外郎張溹、行人薛侃、編修王相，或以抗言而危身，或以忤勢而被遣，均爲忠義之臣，應霑恤録之典。俱應咨行吏部，議復原官，各加優贈等因。覆奉欽依，備咨到部送司，查得吏部侍郎兼翰林院學士該贈禮部尚書，案呈到部。

看得原任吏部左侍郎兼翰林院學士董玘、原任陝西道監察御史黎貫、禮部員外郎張溹、行人司行人薛侃、翰林院編修王相，已經撫按官極口揚確，又經禮部虚心評騭，悉與臣等所見相同，相應題請。合無將董玘照例贈官，黎貫等先行各復原職，其贈官另行題請。臣等未敢定擬。

隆慶元年十月二十六日題，奉聖旨："是。"欽此。

奉詔條陳邊計疏

題：爲欽奉聖諭條陳邊計事。准兵部咨，該内閣傳奉聖諭："朕看得東西二鎮虜寇搶殺至甚，防虜之計如何預處？卿等會文武群臣着實詳議來看。"欽此。欽遵。節該本部覆議，合再通行大小官員，攄忠殫慮，破格講求，各令刻期具奏，容臣等酌量緩急，會同内閣并五府九卿科道各官逐一詳議，列款上請，取自聖裁等因。題奉欽依，備咨前來。

臣等竊惟，狂胡匪茹，分道憑陵，東犯薊鎮則九重震驚，西犯偏關則三晋騷動，搶殺至甚，誠如聖諭。荷蒙皇上軫念生靈，日勤宵旰，特諭輔臣公同臣等詳議預防之計。臣等雖至愚極陋，目擊時艱，敢不祗承？自昔防虜，不過戰、守二端，而各邊地勢不同，戰守亦自互異。即如薊州、昌平、保定三鎮，有墻可恃，虜難保其不來，但當乘高據險，使之匹馬不入，即爲上策。山西、宣大、遼東四鎮，無墻可恃，虜難保其不入，但當堅壁清野，使之一毫不得，即爲中策。臣博、臣本固、臣士儋連日面相酌議，除重將權、明軍令、修城堡等項事宜已經各官條奏，不敢概及外，謹將東西六鎮戰守之機其大且要者列款上陳。伏望聖明特賜省覽，敕下該衙門會官詳議，裁定施行。

及照奉旨建白者，臣等之事也；詢謀參酌者，輔臣、本兵之任也；至于削去虚文、力求實效者，則總督、鎮巡、兵備、將領之責也。若使臣等言之，輔臣、本兵議之，邊臣不肯力任其事，或明肆異同，或陰行規避，紙上空談，譬之畫餠，竟何益于安攘之效？所據責成邊臣，同心寅恭，實心幹理，乃今日之第一務也。又念兵凶戰危，人情所難，朝廷所以驅策之者，惟在賞罰。有功不賞，人固弗勸；有罪不刑，人孰肯輕蹈白刃之禍哉？近歲薊鎮潘家口、磨刀谷失守，總督王忬、楊選相繼棄市，而總兵、參將、遊擊反從末減，是以今歲虜警屢稱敵戰，竟無一將請纓而死，可以見其情實矣。頃蒙宸斷，逮繫鎮巡，人心始知警惕。而副參等官田世威、劉寶、胥進忠、吴光裕等分有信地，不能固守，其罪尤重，亦當先行收問。合無將田世威等提拿到京，聽法司查照所犯一併擬罪，以爲邊臣縱寇殃民者之戒。臣等不勝懇切祈望之至。

隆慶元年十月二十九日題，奉聖旨："兵部集議來説。"欽此。

計開：

一、定薊昌守墻之議。薊、昌二鎮因山爲墻，延長幾二千里。自庚戌虜變以來，屢經修繕。河坊口、古北口、黑谷關、一片石等處拒回大虜，明有徵驗。近因猾虜潰墻，説者遂謂墻不可守，是誠因噎而廢食也。蓋前年墻子嶺失守，乃通州官軍，今歲界嶺口失守，乃河間官軍，守兵單弱，援兵不至。此調度之失宜，豈可歸罪于墻哉？合無聽總督侍郎曹邦輔督同鎮巡等官，趁此冬閑，躬履邊垣，逐一閲視，稍有不備，即爲修補。春秋兩防，將調到入衛邊兵分營配搭，每路各得一二千名，駐札適中地方，猝遇虜衆攻墻，令其併力戰守。彼仰面而攻，我乘高而擊，虜騎雖强，恐亦不能飛渡。

一、定宣府南山之議。宣府東路，咫尺昌平，其四海冶、岔道、八達嶺等處俱有通賊要路。總督軍門統領重兵拱護南山，實以陵京爲重；連年關外增設墩墻，深得重門待暴之義。近議紛紛，欲將兵馬列於張家口左右衛等處，俟其南下，方守南山，失策甚矣。合無備行總督都御史王之誥，督同鎮巡等官，今後春秋兩防仍照成議謹守南山，以慰君父宵旰之懷，不得藉口外防，致貽内患。

一、定山西擺列之議。雁門、寧武、偏頭三關，均爲山西門户。雁、寧二關，外有大同，猶稱屏障。偏頭一關，西連延綏，獨當虜衝。先年寧雁一帶添筑邊墻，增兵戍守，未爲無據。然邊長八百餘里，原守官兵民壯不滿數萬，名曰擺邊，實爲故事，固未見其倚墻拒守，如薊、昌二鎮真能遏虜之歸者也。蓋薊、昌合諸鎮之力，爲守頗易；山西止一鎮之力，爲守實難。今該給事中張齊議罷擺邊，得之目擊，非臆説者。但事在閫外，遽難遥斷。合無聽總督都御史王之誥督同鎮巡等官，虚心酌議，務求長便，具實奏聞。如果可罷，每歲秋防官軍民壯止宜屯駐適中地方，遇有虜警，相機戰守，以保萬全。

一、定保鎮防守之議。紫荊、倒馬、龍泉諸關，層峰疊嶂，頗稱天險，且籍宣大爲之屏蔽，虜若南犯諸關，勢必經由二鎮，即使介馬而馳，亦須數日可到。但當明其耳目，養其鋭氣。如果虜犯宣大，已入内邊，南窺洪蔚、保安、靈丘、廣昌等處，然後乘墻拒守，斯爲得策。近年以來，先期擺邊，不惟空勞士馬，亦且糜費芻餉。合無聽總督侍郎曹邦輔督同鎮巡等官，每遇春秋兩防，預將兵馬分定地方，照常操練，必須的有警報，方可登墻，以成以逸待勞之計。

一、定大同擣巢之議。大同地方外連朔漠，與虜爲鄰，虜犯山西、保定，勢必由之。先年總兵官梁震每遇虜入，輒率勁兵出邊擣巢，故終震之任，虜即入寇，不敢久駐，蓋牽于内顧耳。合無備行總督都御史王之誥，督同鎮巡等官，今後虜果深入，發兵擣巢。冬春虜賊馬弱之時，虜雖不犯我境，間亦擣之，亦不爲過。有功破格升賞，縱有敗衄，不當輒加開邊啓釁之罪。至于宣府，亦可倣而行之，蓋總兵官馬芳驍勇不減于震，戮力報國，此其時也。

一、定遼東積貯之議。遼東一鎮濱海鄰夷，中通一綫之路，一切兵食悉皆仰給本鎮之産。且地甚肥饒，收成常稔；但鎮人愚昧，不肯少爲積蓄之計，豐收之年，粒米狼戾，一遭凶荒，坐而待斃。如嘉靖三十八年、三十九年，人至相食。食既不足，兵自難振，何以責其敵愾之功？合無備行巡撫都御史魏學曾，督同守巡、兵備等官，多方設法，令其開墾荒蕪。每遇年豐穀賤，處發官銀，糴買收貯。仍教諭民間，照依江南規則，各自蓄積，務爲一年三年之備。惠而不費，事在可行。

覆都給事中歐陽一敬奏巡撫河南侍郎王國光催促赴任疏

題：爲仰遵聖諭，詳議督臣罪罰，均法紀，服輿情，以裨防虜大計事。考功清吏司案呈，奉本部送，吏科抄出，兵科都給事中歐陽一敬等題，奉聖旨："吏部知道。"欽此。欽遵，抄出送司，案呈到部。

看得兵科都給事中歐陽一敬等題稱，山西地方失事，要將總督王之誥分别功罪，定擬去留，及論新改巡撫河南、户部右侍郎兼都察院右僉都御史王國光病未痊可，别行推用，各一節。除王之誥已經奉旨回籍聽勘外。内王國光，先該六科十三道官張鹵、陳聯芳等交章薦其奇抱清才，沉疴就痊，已經本部題，奉欽依，酌量推用。頃因河南巡撫冀錬員缺，不候交代，臣等以本官原籍去河南止二百里，且嘗任儀封知縣，熟知河南之事，以故疏名上請，荷蒙簡用。乃今兵科又論其衰病不堪，查與會薦不同，遽難輕擬。合無催行王國光作速前去，到任管事。如果病未痊痾，聽其徑自具奏，以憑覆請定奪。

隆慶元年十一月初三日題，奉聖旨："是。"欽此。

覆都給事中王治奏原任大學士夏言等復職疏

題：爲懇祈聖明廣諡宥，禁妄乞，以昭勸懲事。驗封清吏司案呈，奉本部送，吏科抄出，吏科都給事中王治等題，奏聖旨：“該部知道。”欽此。欽遵，抄送到司。

行准本部考功清吏司付，開禮部右侍郎、原任大理寺卿朱廷立嘉靖二十八年爲糾劾奸濫卿貳，以肅官階，以愜公論事，奉世宗皇帝聖旨：“閑住。”欽此。刑部左侍郎詹瀚爲奸污不職卿貳大臣乞賜罷黜，以肅官階，以端士習事，該本部覆，奉世宗皇帝聖旨：“着致仕去。”欽此。欽遵，通查案呈到部。

看得吏科都給事中王治等題稱，欲將大學士夏言量爲雪宥，大理寺卿朱廷立、刑部侍郎詹瀚追奪閑住、致仕，各一節。除朱廷立已經閑住，無容别議外。爲照原任少師兼太子太師、吏部尚書、華蓋殿大學士夏言，遭遇先帝特達之知，舉動乖違，不能無罪。但總督曾銑議復河套，原係公事，逆臣嚴嵩誣以交結近侍，以致駢首并戮，中外咸憤其冤。即今曾銑既蒙昭雪，夏言之枉委當亟爲申理。原任刑部左侍郎詹瀚，久受夏言之卵翼，甘作嚴嵩之犬鷹，既冒致仕之榮於生前，宜加褫奪之罰於身後。合無將夏言量復原職，詹瀚追奪致仕，止與閑住。但恩威出自朝廷，臣等未敢定擬。

隆慶元年十二月十四日題，奉聖旨：“夏言准復吏部尚書，詹瀚原職着追奪。”欽此。

欽奉聖諭嚴革覲臣私交疏

題：爲欽奉聖諭事。考功清吏司案呈，奉本部送，該内閣傳奉聖諭：“朕見今年朝覲官員來京，祖宗時不許各處營求。”欽此。欽遵，恭捧到部送司，案呈到部。

臣等莊誦綸音，仰見陛下法祖圖治，慎重考課，甚盛心也。臣等職司其事，曷勝慶忭！竊見邇來時政清明，在内諸司靡不守典奉法，兢兢自持，即有營求之輩，亦自無所容力。先該臣等具題，今次部院考察，備查歷年考語，兼采輿論，從公去留。敢有央求囑托者，即係素無行檢之人，定以不謹黜退。已經奉有欽依，出榜禁約。茲載上屢宸衷，下頒明諭，臣等敬當嚴行申飭，以警人心。合候命下，通行五城巡城御史，多差兵番，密加緝訪。果有前項不肖官員仍肆營求，及假稱部院官吏、皂隸名色走空索財者，即便拿送部院，併究受囑指引打點各犯，參送法司，比照選法誆騙事例，枷號三個月，俱發烟瘴地面充軍。六科十三道官如有見聞真確者，各許指名參劾。庶幾舊章克率，新政維光，臣等膚淺固陋之罪亦可以少逭於萬一矣。

隆慶元年十二月十六日題，奉聖旨："是。考察重典，但有營求的，你每務要遵諭參治。科道官有所見聞，各即指名劾奏。"欽此。

覆都給事中王治條陳定等則以辨方面賢否疏

題：爲陳三等，以飭吏治，以廣德意事。文選清吏司案呈，奉本部送，吏科抄出，吏科都給事中王治等題，奉聖旨："吏部看了來説。"欽此。欽遵，抄出送司，案呈到部。

看得吏科都給事中王治等題稱"定等則以辨賢才"一事，欲要將方面有司定擬三等九則，填列進呈，仍發式撫按，以後照式填造，著爲定例，庶朝覲可據以拔尤優遇，激勸人心，向後可據以超升行取，久任敘升各一節。爲照人品不同，大略有是三等，誠如該科所論。但資禀本殊，學問各異。論其才，有先未諳而後練達者；論其守，有始克廉而終貪肆者。若止據一時考詞，即便填列等則，進呈御覽，欲改圖者恐無自新之路，後變節者反啓倖免之途。立法之初，必須詳慎，方免後艱。合無聽本部備將各處方面官，照依撫按奏薦到部者，不必分則，酌量分爲三等。仍行來朝兩司官，將所屬官員不分來朝與未來朝，亦酌量分爲三等，開送本部，置立堂印文簿，明白開寫，送發該司收貯。此後查訪，有先上而後中、下者，仍改上爲中、下；有先中、下而後上者，仍改中、下爲上：不以一時一事概其平生。凡遇升遷行取時，容臣等酌量前項等第，以次奏請。一面移咨都察院，轉行各該撫按衙門，今後造報賢否文册，務要明開等第，從實填注。不止方面，府正佐、州縣正官，雖首領、雜職，有則一體填入，無則缺之。如或任情徇私，含糊顛倒，悉聽臣等與該科指名參究。

隆慶元年十二月二十六日題，奉聖旨："是。"欽此。

覆左給事中孫枝等條陳久任協理文臣疏

題：爲摘陳營務，以飭戎政事。文選清吏司案呈，奉本部送，兵科抄出，巡視京營、刑科左給事中孫枝等題，奉聖旨："該部看了來説。"欽此。欽遵，抄出送司，案呈到部。

看得巡視京營、刑科等科左給事中等官孫枝等條陳，要將協理戎政大臣久任一節。爲照協理戎政大臣責任爲重，委當久任責成。但邊方多事，提兵之文臣甚多；將材難得，知兵之文臣甚少。東移西轉，其勢不得不然，要之，本非政體。合無今後遇有前缺，容臣等會同在京三品以上堂上官，悉心精選。果得其人，雖不能定以年限，亦須令其從容展布，不得數爲遷易，徒增煩擾。

隆慶二年正月十二日題，奉聖旨："是。"欽此。

議原任刑部尚書蔡雲程贈官疏

題：爲比例陳情，懇乞天恩，賜給贈謚祭葬，以光泉壤事。驗封清吏司案呈，奉本部送，准禮部咨送，原任刑部尚書、已故蔡雲程贈官緣由，到部送司。

查得嘉靖四十三年十二月内，該原任工部尚書劉麟妻王氏奏，夫致仕在家病故，乞要比例贈官等因。該本部覆，奉世宗皇帝聖旨："劉麟贈太子少保。"欽此。欽遵外。今該前因，通查案呈到部。

看得原任刑部尚書蔡雲程孫男蔡迎恩奏稱，伊祖歷官前職，丁憂服闋在家病故，乞要比例贈官一節。爲照本官性資閑雅，操履端嚴。長於文華，學憲有功於後進；明於法比，刑曹無愧於前修。所據贈官，既經查與尚書劉麟事體相同，似應題請。臣等未敢定擬。

隆慶二年正月十三日題，奉聖旨："蔡雲程准贈太子少保。"欽此。

覆監察御史王廷瞻論侍郎樊深致仕疏

題：爲衰庸大臣不堪法紀重任，懇乞聖明亟賜休致，以全晚節事。考功清吏司案呈，奉本部送，吏科抄出，巡按直隸監察御史王廷瞻題，奉聖旨："吏部知道。"欽此。欽遵，抄出到部送司，案呈到部。

看得巡按直隸監察御史王廷瞻論劾刑部左侍郎樊深年老，欲要致仕一節。爲照侍郎樊深，向在銀臺，茂著風裁，至於彈劾逆鸞一疏，尤爲人所傳誦。頃者蒙恩起用，擢貳秋卿，雖赤心尚在，報稱方殷，而皓首相侵，精力漸減，委當全其進退之義。合候命下，行令本官以禮致仕。

隆慶二年正月十九日題，奉聖旨："樊深准致仕。"欽此。

議原任通政司參議徐學詩贈官疏

題：爲懇乞聖明俯恤忠直，以勵臣工事。驗封清吏司案呈，奉本部送，准禮部咨送，原任刑部郎中徐學詩贈官緣由，到部送司。

查得隆慶元年正月内，該本部覆議得，應該恤典諸臣分别三等：典刑者上也，合當復其原職，特贈一官，厚加諭祭，仍廕一子。廷杖而死者次也，合當復其原職，量贈一官，亦廕一子。或久縶囹圄，或遠戍邊徼，或永棄草澤，終得死於牖下者，又其次也，合當復其原職，仍贈一官。又查得通政使司參議該贈中順大夫、大理寺少卿。今該前因，通查案呈到部。

看得提督軍務、巡撫浙江等處地方、都察院右僉都御史趙孔昭題稱，原任刑部郎中徐學詩，先以建言得罪，奉欽依起用，升南京通政使司右參議，在任病故，乞要贈官一節。爲照本官忠鯁之資，端嚴之行，遭際聖明御極，即蒙收用，比之身陷重辟、賫志以殁者不同，應在原擬三等之數。既經巡撫都御史趙孔昭具題前來，相應議擬。合候命下，將徐學詩追贈大理寺少卿，以慰忠魂。臣等未敢定擬。

隆慶二年正月二十七日題，奉聖旨："徐學詩准贈大理寺少卿。"欽此。

議原任巡撫大同都御史陳燿復職疏

題：爲比例懇乞天恩垂恤屈抑，以廣聖澤事。驗封清吏司案呈，奉本部送，准都察院咨，據巡按直隸監察御史周咏呈，會查得充軍已故原任巡撫大同、都察院右僉都御史陳燿復職緣由，到部送司。案查先該陳燿男生員陳莊奏，奉聖旨："吏部知道。"欽此。欽遵，已經查勘去後。今該前因，案呈到部。

看得巡按直隸監察御史周咏勘得，原任巡撫大同、都察院右僉都御史已故陳燿先年拿解充軍，與總督郭宗皋委係一事一節。爲照總兵官張達不候大軍，輕身出戰，實出巡按御史胡宗憲之主持，燿與總督侍郎郭宗皋原未與議。既〔二〕今宗皋既已復職，且以南京兵部尚書致仕，陳燿事同一體，相應准復原職。臣等未敢定擬。

隆慶二年正月二十七日題，奉聖旨："陳燿准復原職。"欽此。

議大學士徐階一品六考恩典疏

題：爲歷俸再滿九年，自劾奉職不稱，乞賜罷黜事。考功清吏司案呈，奉本部送，吏科抄出，少師兼太子太師、吏部尚書、建極殿大學士徐階奏，奉聖旨："卿輔佐先帝，久著忠誠；翊戴朕躬，勛猷益茂。兹九年再滿，朕心嘉悦，着照舊贊理，不允辭。應得恩典，吏部議擬來看。"欽此。欽遵，抄出到司。

查得嘉靖四十四年四月初五日，該司禮監官傳奉世宗皇帝聖諭："元輔階九年外又歷六年考滿，着照舊輔贊。卿等會議加恩來看。"欽此。吏、禮二部尚書嚴訥、李春芳會議，賜敕賜宴，加授特進，給與應得誥命，仍廕一子爲尚寶司丞，題奉聖旨："卿等所議恩加都可，仍加上柱國，以示朕特眷。"欽此。隨該本官具疏辭免，奉聖旨："卿忠誠公正，念切邦民，輔政多年，勛猷茂著，奏績加恩，彝典不逾。覽奏，情詞懇切，上柱國及部宴允辭，照例給與折宴銀四十兩、彩段四表裏。其餘宜悉承命，以副朕眷答忠勞至意。該部知道。"欽此。又查得嘉靖元年，先帝以大學士楊廷和有翊戴功，進封伯爵，仍廕一子爲錦衣衛指揮。後因本官辭免伯爵，又廕一子四品文職。嘉靖十八年，大學士翟鑾以巡歷九邊，廕一子做錦衣衛□〔三〕任千户。今該前因，通查案呈到部。

臣等竊惟三載考□〔四〕，三考黜陟，自唐虞至今未之有改。至於一品再歷九年，以十八年考滿者，尤爲累朝希見之事。今照少師兼太子太師、吏部尚書、建極殿大學士徐階，本以文武兼資之才，幸逢神聖迭興之會。登第以來，揚歷幾五十年；自入内閣，允稱咸有一德。中外之務沓至，襄贊之猷，悉皆立辦於一時；南北之警交馳，籌運之略，真能決勝於千里。輔佐先帝，已收求舊之功；翊戴聖皇，益闡維新之政。忠誠勛猷，誠如聖諭。嘉靖四十四年一品十五年考滿，荷蒙先帝賜敕賜宴，三代誥命，廕一子爲尚寶司司丞，又加特進，又加上柱國。于時本官過爲謙挹，多就辭免。即今再歷三年，勞績愈懋，官級既無可加，誥命亦難重給，所有恩典，似應酌□〔五〕。合無將徐階准支伯爵俸，仍廕一武職。其應廕文銜加於伊男太常寺少卿徐璠。賜敕賜宴，仍各照例舉行。但係干恩命，臣等未敢定擬。

隆慶二年二月初八日題，奉聖旨："是。輔臣階特加支伯爵俸，廕一子與做錦衣衛正千户。其應廕文銜，着以伊男徐璠升太常寺卿，仍管尚寶司事。還寫敕獎諭，賜宴禮部，以示朕眷禮至意。"欽此。

校勘記

〔一〕"憒"，疑當作"債"。

〔二〕"既"，疑當作"即"。

〔三〕□，底本漶漫不清，疑當作"實"。

〔四〕□，底本漶漫不清，疑當作"績"。

〔五〕□，底本漶漫不清，疑當作"處"。

蒲坂楊太宰獻納稿卷五

覆部院科道官會薦大理寺卿鄒應龍等酌用疏

少傅兼太子太傅、吏部尚書臣楊博等謹題：爲欽奉聖諭事。文選清吏司案呈，奉本部送，吏部抄出，户部等衙門尚書等官馬森等各題，奉聖旨："吏部知道。"欽此。欽遵，抄出送司。

查得先該兵部等衙門右侍郎等官吴桂芳等會題，該本部題，看得足兵足食，事本相須；用人理財，政當兼舉。兹者廷臣會議，欲添清理鹽法大臣，併令九卿、科道官各舉所知，誠得安攘大計。但知人甚難，求材貴廣。若止令在京九卿、科道掌印官推舉，猶非廣集衆思之意。合候命下，通行兩京九卿三品以上堂上官并各科道等官，務要矢誠秉公，廣詢博訪，果有才略過人、忠誠任事者，或堪各邊督撫之選，或堪各邊兵備之選，或堪各邊有司之選，或熟知屯鹽利弊，堪任清理屯鹽之選，無分已任去任，各另疏薦，悉聽臣等再加酌量，恭請簡用。日後所舉之人果有成績，併舉主一體升賞。如或徇私妄舉，以致僨事殃民，遵照近奉欽依事理，即將舉主重加罪罰，以示懲戒等因。題奉聖旨："是。"欽此。除通行欽遵外。今該前因，案呈到部。

看得户部等衙門尚書等官馬森等，各奏薦見任大理寺卿鄒應龍等共四十五員，臣等逐一評騭，分别邊腹、鹽屯，俱已允當。但五方之氣，雖當篤於因材；百中之能，自難拘於器使。即如先年輔臣楊一清，南人也，用之陝西，所至輒效。尚書王驥，北人也，用之雲南，隨在有功。即今舉到諸臣，揆之二臣，不宜多讓。合無將見任鄒應龍等，遇有相應員缺，容臣等不必拘定所擬資格，酌量推用，務當其才。原任順天巡撫、今聽用王輪，原任雲南參政、今聽用梅守德，原任陝西巡撫、今丁憂谷中虛，原任應天巡撫、今丁憂翁大立，原任河南布政、今丁憂朱大器，原任山東左參政、今丁憂胡涌，原任湖廣右參政、今丁憂阮文中，原任南京兵部右侍郎、今養病劉畿，原任户部右侍郎、今養病王國光，原任兩淮都轉運鹽使司運同、今不及羅拱辰，原任雲南廣南府知府、今致仕徐可久，原任宣府巡撫、今聽候别用李秋，原任南京兵部右侍郎、今聽勘陸穩，原任延綏巡撫、今聽勘王遴，原任應天巡撫、今閑住張景賢，原任浙江右參政、今不謹劉應箕，原任順天巡撫、今爲民徐紳，原任福建左參政、今爲民馮皋謨，或以事家居而例當待次，或因公落職而多出無辜，既抱登用之材，又非考察之數，亦容臣等以次起用。但進退出自朝廷，臣等未敢定擬。

隆慶二年二月初八日題，奉聖旨："是。這所舉各官，你每還要酌量任使，毋得但因曾有薦舉，一概濫用。有不稱職僨事的，并舉主一體坐罪。"欽此。

覆左給事中張齊論薊鎮督撫不和疏

題：爲重鎮督撫不和，懇乞聖明早賜議處，以慎秋防事。考功清吏司案呈，奉本部送，吏科抄出，户科左給事中張齊題，奉聖旨："吏部知道。"欽此。欽遵，抄出送司，案呈到部。

看得户科左給事中張齊題稱前因，大率謂薊遼總督侍郎曹邦輔、順天巡撫都御史劉應節彼此不和，欲要酌議調用一節。爲照二臣生則同鄉，仕則同事，素無睚眦之嫌，雅有臭蘭之好。據今參商之迹，止是調處兵備一事。在巡撫則慮之弗周，失於會同；在總督則發之太暴，殊乏含渾。要之，原係公務，非爲私争。況薊鎮地方密邇京陵，重臣更置，關涉甚重。既經該科查參前來，相應議擬。合候命下，將總督曹邦輔、巡撫劉應節嚴加戒諭，以後務要一心一德，籌畫邊計。以同舟之義，休戚相關，自當共嚴内修；以同室之義，形影相吊，自當共禦外侮。如仍各持己見，故爲矛盾，以致邊政蠱壞，本部與該科從實參奏，請旨究治。

隆慶二年三月初六日題，奉聖旨："是。"欽此。

議原任吏部尚書萬鏜等贈官疏

題：爲開讀事。驗封清吏司案呈，奉本部送，先該本部題，據巡撫江西等處地方兼理軍務、兵部右侍郎兼都察院右僉都御史任士憑，會同巡按御史蘇朝宗題稱，原任太子少保、吏部尚書萬鏜，提督雁門等關兼巡撫山西地方、都察院右副都御史江潮各應恤録等因。該本部查議得，尚書萬鏜則爲趙文華之事見惡于嚴嵩，都御史江潮則爲張寅之獄見誣于郭勛，輿論相同，誠爲冤横，合准復其原職，另行加贈。題奉聖旨："是。"欽此。欽遵，抄捧送司。查得太子少保該贈太子太保，右副都御史該贈兵部左侍郎，案呈到部。

看得原任太子少保、吏部尚書萬鏜，提督雁門等關兼巡撫山西地方、都察院右副都御史江潮，贈官既奉有欽依，相應照例題請。臣等未敢擅便。

隆慶二年三月二十二日題，奉聖旨："贈官俱依擬。"欽此。

計開：

原任太子少保、吏部尚書萬鏜擬贈太子太保；

原任提督雁門等關兼巡撫山西地方、都察院右副都御史江潮擬贈兵部左侍郎。

議建言得罪御史郭弘化等贈官疏

題：爲開讀事。驗封清吏司案呈，奉本部送，吏科抄出，巡撫江西等處地方兼理軍務、兵部右侍郎兼都察院右僉都御史任士憑，會同巡按御史蘇朝宗題稱，原任貴州道監察御史郭弘化、河南道監察御史王時柯、刑部湖廣司郎中胡璉、兵部武庫司主事余禎各應恤録。該本部議得，各官既經撫按官查舉前來，臣等再三質訪，輿論悉與相同。又該原任浙江紹興府知府黄綰男黄祈奏稱，伊父建言下獄身死，乞要恤録。行准都察院咨，據巡按河南監察御史成守節呈勘前來，該本部議得，本官氣秉剛方，心懷靖獻。在官則抗言激發，百折不回；居鄉則守己清嚴，一貧如洗。合各復其原職，另議贈官，俱經奉有欽依。查得郎中、知府該贈太常寺少卿，御史、主事該贈光禄寺少卿。案呈到部。

看得各官贈官，既經奉有欽依，相應照例題請。臣等未敢擅便。

隆慶二年三月二十二日題，奉聖旨："贈官俱依擬。"欽此。

計開：

原任刑部湖廣司郎中胡璉擬贈太常寺少卿；

原任浙江紹興府知府黄綰擬贈太常寺少卿；

原任貴州道監察御史郭弘化擬贈光禄寺少卿；

原任河南道監察御史王時柯擬贈光禄寺少卿；

原任兵部武庫司主事余禎擬贈光禄寺少卿。

議原任右都御史何塘贈官疏

題：爲再議應加恤典諸臣，以完明詔事。驗封清吏司案呈，奉本部送，准禮部咨送，原任南京都察院右都御史何塘等贈官復職緣由，到部送司。查得右都御史該贈禮部尚書。通查案呈到部。

看得原任南京都察院右都御史何塘，清嚴純雅，允爲士類之儀刑；户科都給事中張漢卿、鄭一鵬忠愛讜直，并著諫垣之風采。既經該科會舉，禮部移咨前來，委出輿論之公，相應議擬。合候命下，將何塘照例贈官，張漢卿、鄭一鵬准復原職，另行加贈。臣等未敢擅便。

隆慶二年四月初四日題，奉聖旨："是。"欽此。

議原任刑部尚書林俊贈廕疏

題：爲感激天恩，申明贈廕，以昭盛典事。驗封清吏司案呈，奉本部送，准兵部咨開，已故原任刑部尚書林俊軍功緣由，到部送司。

查得隆慶元年，該南京户科給事中岑用賓等題稱已故尚書林俊等恤典，該禮部題，奉聖旨："林俊准照例與祭葬，還與他謚。"欽此。該本部具題贈官，奉聖旨："楊廷和等贈官依擬。"欽此。將林俊贈太子少保訖。續准禮部咨，該翰林院遞出揭帖，賜刑部尚書林俊謚貞肅。該本部具題應得誥命，奉聖旨："是。"欽此。又查得本官去任年遠，以故該科原題止開原任刑部尚書，贈太子少保。今既查明，應該以太子太保加贈少保。又准考功清吏司付開，本官歷任三品至二品，俱未及三年，未曾考滿受廕等因。及查得嘉靖四十年九月内，該已故原任户部左侍郎石永男石之玉奏稱，伊父先任都御史，雖未考滿，節有軍功，乞要贈廕等因。該本部覆題，奉世宗皇帝聖旨："石永准贈右都御史，還廕一子入監讀書。"欽此。欽遵外。通查案呈到部。

看得生員林及祖告稱，伊祖林俊原任太子太保、刑部尚書。近該南京科道官交章論薦本内偶遺太子太保職銜，以致止贈太子少保，乞要加贈并乞録廕一節。爲照太子太保、刑部尚書林俊，勛猷忠節，居然一代名臣，一品雖未考滿，在江西則力抗强藩，在四川則剿除巨寇，比之侍郎石永，不可同日而語，委當釐正官銜，且加優録。合無將林俊改贈少保，并廕一子入監讀書。臣等未敢定擬。

隆慶二年四月初九日題，奉聖旨："林俊准改贈，仍廕一子入監讀書。”欽此。

覆都給事中鄭大經劾行取知縣殷登瀛調用疏

題：爲狂悖縣官妄肆陳乞，懇乞聖明究處，以肅官常事。考功清吏司案呈，奉本部送，吏科抄出，吏科都給事中鄭大經等題，奉聖旨：“吏部知道。”欽此。欽遵，抄出送司，案呈到部。

看得吏科都給事中鄭大經等參論襄城縣知縣殷登瀛狂悖，妄肆陳乞，乞要降調一節。爲照知縣殷登瀛先任海寧，屢經薦揚；近補襄城，聲稱亦著。以故本部照例題請，行取以備臺諫之選。然必待到部之日驗其年力，考其才識，察其志行，方敢擬議上請，隨材授任，非謂遽以臺諫官輕畀之也。所據本官偶以患病之故，奏乞南部以便調理，不知留曹原非卧病之所，屬部又豈俯就之官。該科即事參論，詞嚴義正，甚於吏治有關，相應酌處。合候命下，將殷登瀛仍以知縣改調，以示懲創。至於兩京六科十三道官，爲朝廷耳目之司，受國家綱紀之任，苟非器識宏遠、志向醇正之士，鮮克勝之，臣等誠不敢不慎重其選也。

隆慶二年四月二十日題，奉聖旨：“是。”欽此。

議原任兵部侍郎鮑象賢贈官疏

題：爲比例懇乞天恩，俯賜恤典，以光泉壤事。驗封清吏司案呈，奉本部送，准禮部咨送，原任兵部左侍郎鮑象賢贈官緣由，到部送司。查得嘉靖四十年九月内，該原任兵部左侍郎張珩妻王氏奏稱，伊夫歷官前職，在家病故，乞要贈官。該本部覆，奉世宗皇帝聖旨：“張珩贈工部尚書。”欽此。欽遵外。今該前因，通查案呈到部。

看得禮部咨開原任兵部左侍郎鮑象賢孫男鮑獻旌奏稱，伊祖歷官前職，致仕在家病故，乞要贈官一節。爲照本官禔身廉謹，蒞政精明。關内、山東雅著輯寧之效，滇南、廣右茂成撫剿之功，論列已經勘明，清議原無妨礙。所據贈官既經該司查有左侍郎張珩事例，似應題請。臣等未敢擅便。

隆慶二年五月初三日題，奉聖旨："鮑象賢准贈工部尚書。"欽此。

議犯贓官員不准封贈疏

題：爲比例陳情，懇乞天恩，俯容移贈，以隆恩命事。驗封清吏司案呈，奉本部送，吏科抄出，錦衣衛親軍指揮使司經歷司經歷牛應龍、鴻臚寺序班李國卿奏，俱奉聖旨："吏部知道。"欽此。欽遵，通抄到部送司。

查得《諸司職掌》内一款，凡封贈，父母曾犯十惡、奸盜、除名等項，并不許封贈。又一款，兩京官父母有犯除名等罪，不該受封者，子孫將本身誥敕比例奏乞移封，本部查例具題，取自上裁。又一款，欽奉敕諭："凡授誥敕的，其未授之先曾犯贓罪，已經赦宥，悉免追奪，若既授之後犯贓罪，雖赦宥亦該追奪，永爲定例。"欽此。欽遵。又宣德四年，節該欽奉宣宗皇帝聖旨："文官與敕誥，本是勸他爲善。舊例，犯贓的便追奪。恁吏部與三法司查，但有犯貪污罪的，將原授誥命追了，不曾給授的不與，今後只依這例。若有容隱不追的，該管官吏治罪不饒。"欽此。又行准考功清吏司付，稱原任直隸淮安府邳州睢寧縣縣丞牛孔昌，於嘉靖三十二年考察爲民；原任河南歸德府同知李應逵，於嘉靖二十五年以貪考察爲民。備付到司，通查案呈到部。

看得錦衣衛親軍指揮使司經歷司經歷牛應龍、鴻臚寺序班李國卿各奏稱，遇蒙恩詔，例應請給封典，緣伊父俱系爲民，難以題給，情願將各本身敕命移贈於父一節。爲照貪酷爲民，例不許贈，載在令甲，遵行已久。先年郎中李緋、劉雍等，主事周思久、楊芷等，各比例陳乞。該本部查得，各官所犯事情不同，權宜議覆，遂致以後奏比紛紜，貪酷爲民者往往冒濫恩典。即如近日帶俸鴻臚寺右寺丞吴自成，伊父原係爲民，近該本官具奏，雖奉欽依，尚未題請撰述。本官今升尚寶司少卿，又當加贈，尤非事體。竊惟條例所開除名等罪，不係貪酷，移封奏請者，所以廣錫類之恩；條例所開貪污等罪，即遇赦宥，仍行追奪者，所以嚴贓吏之禁。已授封者尚行追奪，未受封者豈容輕與？若俯從所請，則朝廷之名器太褻；若概從停寢，則人子之情事未伸，似應議處。合無今後内外官員應該封贈者，其父若係貪酷爲民，悉聽其子陳情，本部斟酌奏請，姑准以原職冠帶閑住，以後子官雖高，封贈止及其母，其父不得一體封贈。所據少卿吴自成、經歷牛應龍、序班李國卿之父，臣等且不敢輕擬，恭候命下之日，另行照例議覆。

隆慶二年五年初四日題，奉聖旨："是。貪酷爲民的，不拘考察、問革，都不准封贈。其有因别項爲民的，非遇大慶覃恩也不准。你部裏分别行。"欽此。

會議新建伯王守仁封爵疏

題：爲開讀事。先該吏部題，驗封清吏司案呈，奉本部送，吏科抄出，巡撫江西等處地方兼理軍務、兵部右侍郎兼都察院右僉都御史任士憑題，又該巡按浙江監察御史王得春題同前事，俱奉聖旨："吏部知道。"欽此。欽遵，抄出送司。

查得王守仁以正德十四年討平逆藩宸濠之亂，嘉靖元年該本部題，奉世宗皇帝聖旨："王守仁封新建伯，奉天翊衛推誠宣力守正文臣，特進、光禄大夫、柱國，還兼南京兵部尚書，照舊參贊機務，歲支禄米一千石，三代并妻一體追封。"欽此。嘉靖八年，爲推舉才望大臣以安地方事，該本部會題，節奉欽依，王守仁伯爵姑許終其本身。除通行欽遵外。今該前因，案呈到部。

看得爵人於朝，賞延於世，自昔聖王所不能廢。即如王守仁，削平宸濠之變，功在社稷，豈有僅封伯爵、止終其身之理？所據南北兩京科道官、江浙兩省撫按官交章論薦於四十年之後，實惟天下人心之公是。但事體重大，必須廣延衆論，本部難以獨擬。合候命下，容臣等會同五府九卿科道等官從公詳議。如果新建伯應該世襲，具實奏請，恭候宸斷等因。隆慶二年二月二十日具題，奉聖旨："是。"欽此。欽遵。臣等會同後軍都督府掌府事、太師兼太子太師、成國公臣朱希忠等，户部等衙門尚書等官臣馬森等議得，戡亂討逆者，雖人臣效忠之常；崇功懋賞者，寔國家激勸之典。已故新建伯王守仁，本以豪傑命世之才，雅負文武濟時之略。方逆濠稱兵南下也，正值武宗巡幸之時，虐焰薰灼，所至瓦解，天下之事蓋已岌矣。本爵聞變豐城，不以非其職守，急還吉安，倡義勤王。用敵間，張疑兵，得跋胡疐尾之算；攻南昌，擊樵舍，中批亢擣虚之機。未逾旬朔而元凶授首，立消東南尾大之憂；不動聲色而奸宄蕩平，坐貽宗社石磐之固。較之開國佐命，時雖不同；擬之靖遠威寧，其功尤偉。仰蒙先帝知眷，圭符剖錫之賞已榮于生前；不幸後被中傷，河山礪帶之盟尚靳于身後。此誠四十年未備之缺典，海内人心興滅繼絶，所望于皇上者誠不淺也。先該南北科道官交章騰薦，公論益明；近該江浙撫按官勘報相符，功次甚確。所據原封新建伯伯爵，臣等稽之令典，質之輿情，委應補給誥券，容其子孫承襲，以彰與國咸休、永世無窮之報。但封爵重大，係干特恩，臣等擅難定擬。

隆慶二年五月初七日題，奉聖旨："你每既説王守仁有擒逆之功，着遵先帝原封伯爵與世襲。"欽此。

議原任左都御史張永明贈官疏

題：爲比例陳情，懇乞天恩，賜給贈謚祭葬，以光泉壤事。驗封清吏司案呈，奉本部送，准禮部咨送，原任都察院左都御史、致仕今故張永明男舉人張天秩奏乞贈官緣由，到部送司。又奉本部送，吏科抄出，巡按浙江監察御史王得春題等因。奉聖旨："該部知道。"欽此。欽遵。又准禮部咨，准翰林院揭帖，賜已故左都御史張永明謚莊僖等因到司。

查得隆慶元年二月内，該已故原任刑部尚書鄭曉男鄭履淳奏稱，伊父歷官前職，奉旨閑住，後准復原職，乞要比例贈官。該本部覆奉聖旨："鄭曉准贈太子少保。"欽此。除欽遵外。今該前因，通查案呈到部。

看得原任都察院左都御史張永明男舉人張天秩奏稱，伊父歷官前職，致仕病故，乞要比例贈官一節。爲照本官，先該巡按追論其賢，欲從優厚之典；隨該禮部特覆其疏，已蒙賜謚之恩。所據贈官賜謚，事同一體，既經該司查與尚書鄭曉格例相同，似應題請。臣等未敢定擬。

隆慶二年五月二十七日題，奉聖旨："張永明准贈太子少保。"欽此。

覆兵部侍郎曹邦輔在任調理疏

題：爲患病急不能愈，恐玷清班要地，懇乞天恩放回原籍調理，儻得少愈，誓圖補報事。考功清吏司案呈，奉本部送，吏科抄出，兵部左侍郎曹邦輔奏，奉聖旨："吏部知道。"欽此。欽遵，抄出送司，案呈到部。

看得兵部左侍郎曹邦輔奏稱，患病急不能愈，恐玷清班，乞要回籍調理，儻得少愈，誓圖補報一節。爲照兵部侍郎與南北總督，律以艱大盤錯之任，雖内逸而外勞；揆以腹心掌股之分，則外輕而内重。更番出入，原係自來舊例。况本官素抱忠誠爲國之心，久負勇敢直前之氣。秋防孔棘，方望其與尚書霍冀等同心同德，以運萬全之籌，乃以微病，遽求静攝，臣等不敢輕擬。合候命下，行令曹邦輔調理痊可，即出供職，不得再四陳請，自失大義。

隆慶二年七月初十日題，奉聖旨："曹邦輔著暫調理，痊可即出供職。"欽此。

會議左給事中張齊請宣召閣部大臣面議邊政疏

題：爲灾變異常，秋防重大，懇乞聖明嚴覈當事大臣，早爲計處，以保安宗社事。吏科抄出，户科左給事中張齊題，奉聖旨："吏、兵二部看了來説。"欽此。欽遵，抄出到部。

臣等會同兵部尚書臣霍冀等，看得户科左給事中張齊具題前因，初開其端，則謂奉使大同，竊見北虜之患，莫甚於板升，石州被陷，皆此輩爲之嚮導。曾詳列其事，敕下該部，至今未見舉行。後竟其説，則欲皇上召見内閣九卿大臣，面試臧否，以爲去留。又欲吏部考覈各邊總督、巡撫，以修實政。查得板升一事，兵部去歲已經覆奉欽依，行令大同總督、鎮巡等官設法招降。見該總督陳其學題稱，欲將來降承差杜經、生員李春艷授官給賞，似已遵行，原未廢閣，無庸别議外。所據召見大臣一事，不止張齊言之，兩京科道官屢嘗建白。臣等竊惟，唐虞三代之時，聖君賢臣都喻吁咈于一堂之上，治隆化洽，至今侈爲美談。我朝二祖以及列聖，日接大臣，咨訪時政。孝宗皇帝屢召大學士劉健等、尚書劉大夏等於文華殿議事。世宗皇帝，平臺以謝遷等召見，西苑與徐階等同遊，明良之盛，千古莫及。竊詳諸臣之意，非以臣等真有嘉謀嘉猷仰裨聖治，寔欲借此以通上下闋隔之情，以訂人品邪正之略，祖述憲章，拳拳懇懇，忠藎可嘉。伏望皇上俯采群議，不時召見閣臣徐階、李春芳、陳以勤、張居正，問以保邊禦虜之計，面加裁正，亟賜施行。臣博、臣冀與臣馬森、臣高儀、臣毛愷、臣雷禮、臣王廷等，雖至愚極陋，倘蒙賜召，亦願各效一得之愚。中間材識短長，品格高下，自不能逃於天鑒，應留用者姑爲留用，應罷斥者不必聽其自陳，親定罷斥，以答天譴。至於各邊總督、巡撫，多由科道薦舉，廷臣會推，到鎮多者一年，少者僅及數月，施爲方舉，注措未周；且即目七月，正值防秋之期，若使驟爲更置，舊者百念俱灰，新者一時難至，殊犯臨敵易將之戒。合無聽兵部將日昨欽奉聖諭傳示譚綸、陳其學、王崇古等，各要著實防禦。如敢仍以虛言誤事，縱虜深入，定行重處。稍候十月初旬，秋事告畢，科道官通將諸臣逐一查訪，應留應去，指名具奏，以憑從公覆議，恭候宸斷。

隆慶二年七月初十日會題，奉聖旨："是。"欽此。

論監察御史李學道不當調任疏

題：爲門禁地方事。文選清吏司案呈，准兵部職方清吏司手本，該司禮監太監滕祥等題，節奉聖旨："李學道姑調外任，該衙門知道。"欽此。欽遵，抄送到司，案呈到部。

看得江西道試監察御史李學道被毆之時，臣等朝退，適至左掖門外，親見其公裳盡毁，身無完衣，鮮血滿顱，體無完膚，若非都督朱希孝多方營救，于時即就斃矣。數日以來，益復昏沉，不省人事，决非旬月可以完復。若使即從調處，既不能廷謝以答特異之恩，又不能赴官以效趨事之義，事體人情，似爲未便。合無將李學道暫令回籍，依親調養，平可之日另行調補，惟復念其任事之難，受禍之慘，仍以原職俯從寬宥。蓋雨露風霜皆上天之至教，升沉進退皆聖人之至仁，均非臣下所敢擅議。伏望皇上少垂省覽，早賜裁定。臣等職司所在，無任惶恐俟命之至。

隆慶二年七月十三日題，奉聖旨："已有旨了。"欽此。

覆吏部侍郎林樹聲力疾赴任疏

題：爲沉痾未痊，不能赴任，懇乞天恩，容令休致事。考功清吏司案呈，奉本部送，吏科抄出，吏部右侍郎林樹聲奏，奉聖旨："吏部知道。"欽此。欽遵。

隨該吏科參看得，侍郎林樹聲，文章學行，一世所宗；晋貳銓曹，士林推重。屢陳乞休，未爲無見；第念清朝簡畀方殷，遽爾高蹈，律以君臣之義，殊所未安。宜咨本官，速行應召，庶無乖大義，亦以答群望也。抄出行之等因。通抄送司，案呈到部。

看得右侍郎林樹聲奏稱沉痾未痊，不能赴任，乞要休致一節。爲照本官以疾請告，至再至三，具見恬退之節；但今朝政維新，銓衡事務方賴佐理。該科謂其學行文章，宜速應召，正與臣等所見相同。合候命下，行令本官力疾速來供職，不得仍行奏請，致乖大義。

隆慶二年七月十八日題，奉聖旨："林樹聲着痊可速來供職。"欽此。

覆兵部侍郎劉燾力疾赴任疏

題：爲怔忡病劇，不堪任使，懇乞天恩，准令休致事。考功清吏司案呈，奉本部送，吏科抄出，巡視陝西延綏寧夏甘肅等處邊務、兵部左侍郎兼都察院右僉都御史劉燾奏，奉聖旨："吏部知道。"欽此。欽遵。

隨該吏科參看得，本官久歷邊疆，勇略素負；晋貳兵樞，允協群望。邇因灤東失守，節經參論，遽入本兵，似非所安，故有此奏。但燾年力、才術克堪負荷，而桑榆之收，何病東隅之失也？移咨速行應召，殫攄誠悃，期協寅恭，懸斷務合機宜，坐策可收全勝，亦不辜知遇也。疆埸多故，奚必以病爲辭哉？抄出行之等因。通抄送司，案呈到部。

看得原任巡視陝西延綏寧夏甘肅等處邊務、兵部左侍郎兼都察院右僉都御史，今添注兵部左侍郎劉燾奏稱，怔忡病劇，不堪任使，乞要休致一節。爲照本官才力勇略，堪貳兵樞，誠如該科所論。即目防秋孔棘，一切邊務方賴佐理，乃以微疾，遽求休退，臣等不敢輕議。合候命下，行令劉燾力疾赴部供職，務與尚書霍冀等同心同德，以收宣猷之效，不得再行奏請，致乖大義。

隆慶二年七月二十日題，奉聖旨："是。劉燾着上緊前來供職。"欽此。

覆儹運御史蒙詔劾通判黄廷美提問疏

題：爲舉劾有司官員，以昭勸懲，以飭漕政事。考功清吏司案呈，奉本部送，吏科抄出，巡按浙江監察御史蒙詔題，奉聖旨："吏部知道。"欽此。欽遵，通抄送司。

查得本部見行事例，凡官員貪者爲民。近奉欽准事例，犯有贓私者務行提問的實，名下贓數盡行追併入官。又查得知縣謝師嚴，近該巡按浙江監察御史譚啓論劾，已經覆奉欽依，將謝師嚴革職提問訖。通查案呈到部。

看得巡按浙江監察御史蒙詔論劾湖州府通判黄廷美、武進縣知縣謝師嚴各不職，乞要提問各一節。除謝師嚴革職，行該管巡按御史提問追贓，無容别議外。爲照通判黄廷美，撫按、司府歷年考語，俱開有操履端潔，分例不染。本處巡按御史王得春近日復命，疏内亦未刺及。今據所劾贓數大多，賢否懸絶，無從中斷，必須嚴究以服其心。合候命下，將黄廷美先行革任作缺，仍行浙江巡按御史，行提本官到官，將所劾事情逐一審究。如果贓證明實，依律問擬具奏，照例盡數追贓入官，以爲改節者之戒。若係風聞虧枉，亦須從公辨理，不得拘於成案。及照天下郡縣之吏，本部雖悉心博訪，其勢自難周知，去留陟降，多以親臨上司舉劾考語爲主。乃今美刺參商，臧否矛盾，中間前廉而後貪，始勤而終怠，暫彌縫而久敗露者固難概論。即如謝師嚴、黄廷美，在御史譚啓、蒙詔，一時巡蒞，遂發其奸狀；在本管撫按、司府，終年相臨，乃溢有美詞。此是彼非，自難兩立，欲定國是，惟在於勘問之明的耳。若復依違雷同，或遷延不報，終何以示懲勸哉？是故懲貪貴嚴，持法貴平，詢事貴實，此正臣等部院與各該撫按之職。合無容本部移咨都察院，轉行各該撫按衙門，各將節年行勘提問官員逐一提吊一干人卷，虛心審究，真正者速置之法，冤横者速爲申理。文書到日，通限三個月以裏分别奏報。以後舉刺并考語，秉公稽實，以求至當，不得自作好惡之私，輕聽毁譽之言，致有後議。至於各差御史，先年題准事例，各照該管職事舉劾。都察院亦要并行申明，以一事權，庶幾公道大明，人心允服。事關吏治大機，誠非細故。

隆慶二年七月二十五日題，奉聖旨："黄廷美革了任，着巡按御史提問具奏。節年奉旨勘問官員，你部裏便行與各該撫按，務要依限分别勘明奏報。今後各差御史舉劾地方官員，只照該管職事行。"欽此。

覆都給事中龍光條陳疏

題：爲攄膚見，陳末議，以裨聖治，以效愚忠事。考功清吏司案呈，奉本部送，吏科抄出，吏科給事中龍光題，奉聖旨："該部知道。"欽此。欽遵，抄出送司，案呈到部。

看得吏科給事中龍光條陳"覈吏治"一事。爲照吏治之臧否，係民生之休戚。本部甄别去留，雖不敢不慎，大率尤以撫按舉劾、司府考語爲據，以其身當其事，目擊其人，庶幾綜劾得實，鑒别不爽也。乃今撫按、司道所憑信者，多出於各府掌印及各查盤官之口，其中或聽浮言，或泥舊履，或苟且雷同。事出於公，情猶可亮，而任情逞怨、挾私害正者往往有之，以致黑白混淆，舉措倒置，甚至一人之身，一時之事，稱之則才全德備，溢有美詞，刺之則罪貫惡盈，極其醜詆。不惟大拂乎人心，亦且有傷乎國是。所據給事中龍光開陳前因，相應通行酌議。合候命下，本部申明舊例，移咨都察院，轉行各該撫按并各守巡官，今後務要正己率屬，遍歷所屬地方，將大小官員面加考核。貪酷殃民罪著者，照例拿問參奏。其餘各官賢否，各據所見事實親手密注，不必拘於對偶。然後將司府掌印正官所報考語逐一查對，别其當否，因以觀其人之公私明暗，一併注考。不許仍委查盤官訪察，亦不必四季分造。巡撫候年終，巡按候復命之日，各類繳本部，以憑參酌施行。

再照人才不甚相遠，掄才貴於有章。舉之太濫，則冒進之門啓而人有倖心；劾之太苛，則數易之弊滋而人無固志。至於府同知以下官員，一經左調，非惟難望其遷善之徒，亦且益速其營家之念。况代者未必皆賢，紛更徒以增擾。黜者既多，遷者必驟，久任之法終於寢閣，端坐於此。合無行令撫按衙門，以後務要精舉而慎劾。舉以待夫賢能之卓異者，而尋常守職與心行未定者姑嘉獎之，以觀其後功；劾以待夫罪迹之彰顯者，而事體生疏與持守未玷者姑訓諭之，以策其前進。才識庸劣，自當改授教職、閑散。若民情政體，有不宜於此，仍宜於彼者，止宜酌量具奏，如近日汾州、忻州事例，就近互相更調。凡此數端，於甄别精明之中，寓培養渾厚之意，似皆吏治之所當飭者。臣等職司所在，不敢不盡其愚，均乞聖裁。

隆慶二年八月十七日題，奉聖旨："是。"欽此。

覆巡撫陝西都御史張祉條陳重邊吏疏

題：爲恪遵聖諭，效末議，以備采擇事。文選清吏司案呈，奉本部送，兵科抄出，巡撫陝西等處地方、都察院右僉都御史張祉題，奉聖旨："該部知道。"欽此。欽遵，抄出送司，案呈到部。

看得巡撫陝西都御史張祉條陳議處邊吏一事。看得在外兩司、守令等官均有地方之寄，而在邊諸臣尤一方修攘所繫。欲責實效，非久任無以畢其志；欲行久任，非旌獎無以慰其心。以故本部近將各官不分司道郡縣，不論正佐首領，但與地方相宜、人心相安者，資淺則加服俸，資深則升職級。如趙賢以參政管荆州府事，王尚賢以通判管安塞縣事，孫黄以同知管安定縣事，廖元以主簿管古田縣事，歷歷可指。即以趙賢言之，既以參政署管府事，接見監司，自有同僚之禮節；申呈上司，自有屬郡之體式。原無相礙，何俟申明？合無移咨都察院，轉行天下撫按衙門，以後果有不遵朝廷設官分職之意，或上凌其下，或下傲其上，分别曲直是非，指名參究。其二司、府州縣等官，不止仍加服俸，雖升俸級，亦各照舊施行，難以輒議更改。

隆慶二年八月二十三日題，奉聖旨："依擬行。"欽此。

奉詔酌擬郡邑繁簡疏

題：爲開讀事。文選清吏司案呈，伏睹詔書内一款："各處府州縣大小繁簡、衝僻難易不同，或逸而得譽，或勞而速謗，既乖黜陟之宜，遂起趨避之巧，士風日壞，吏治不修。吏部通將天下府州縣逐一品第，定爲上中下三等，遇該推升選補，量才授任，各官考語、獎薦同在優列者，先儘上等府州縣升擢行取，次及中等，次及下等。不惟視等以爲歲月之遲速，仍視等以爲官資之高下。内有以才優才短更調者，各就中酌處之。”欽此。欽遵，隨將天下府州縣大小繁簡、衝僻難易細加查訪，逐一品第，又通行各處撫按官分别開報。今已查理完備，呈乞具題，案呈到部。

臣等竊惟，士風吏治，相爲表裏，吏治不清，則士風日壞。即如郡縣，向來不分繁簡、衝僻、難易，則勞者無所勸，逸者無所懲，避繁求簡，避衝求僻，避難求易，勢所必至。以致緊要難治地方缺人整理，日漸廢弛。頃雖漸次剗革，然必法有畫一，方可行之經久。皇上登極之初，首念及此，可謂仰體天心，洞燭民隱，深得帝王之大經大法矣。臣等奉行綸音，不勝踴躍。其於各處地方，今止備核民情，未暇兼論形勢，大率以邊方殘破、遠方困憊、盗賊猖獗、灾沴頻仍、衝繁難支、刁疲難治爲上，稍易者爲中，易者爲下。每省總括數語以陳其概，細列等差以盡其詳，使一方利病宛然在目，治道緩急可指諸掌。爲守令者，果能睹邊方殘破則思保障之略，睹遠方困憊則思拯救之術，睹盗賊則思撫循而掃蕩，睹灾傷則思賑恤而安輯，睹衝繁則思愛人而節用，睹刁疲則思力本而善俗，外以是修其實政，内以是課其成功。至於推升行取，必準於此，以爲遲速高下。又念一紀之間，一方之事體更變不常，五方之民俗美惡難定，本部每十年釐正一次。今將南北直隸、浙江等一十三省府州縣上中下三等開坐進呈，恭候聖明裁定，敕下遵行。此外合行事宜，容臣等另行題請。

隆慶元年八月二十五日題，奉聖旨：“是。”欽此。

一、北直隸。臣等謹按，北直隸畿甸重地，根本係焉。永平逼近邊陲，屢遭虜患。順天役賦並繁，禁厰莊田，星羅棋布，事務掣肘，而養馬之累則諸縣同焉。河間類多水患。真定、保定路極衝繁，軍屯達塢，交錯其間，撫輯爲難，且每秋防守三關，更爲勞費。順德俗淳訟簡。大名、廣平地僻土饒，賦税易辦，長民者持廉惇儉，加意撫綏，可不勞而治矣。

一、南直隸。臣等謹按，南都根本重地，應天賦重役繁，頗爲難治。蘇、松、常均稱煩劇，蘇爲最，松次之，常又次之。至於歲遭水患，時增軍餉，則諸郡之通患也。鎮江、太平、寧國、池州、安慶民業差瘠，吏事殊簡，不甚難治。徽俗鄙吝健訟，棄本逐末，頃者且有礦寇，守令非廉而有威者，不能安於其職。江以北，廬爲善地。揚衝而俗侈。淮安轉漕，煩劇特甚。鳳陽地廣大荒，與淮北一帶不困賦而困役。徐、邳俗悍，業鹽，水陸孔道，州邑疲弊，一望蕭條，不當以江北簡易例也。

一、浙江。臣等謹按，兩浙當天下財賦之半，頃歲倭夷陸梁，東則寧、紹、台、温，西則杭、嘉、湖，諸郡邑横被蹂躪，以故增兵置帥，加賦給餉，視昔數倍。近方稍寧，議者即欲罷兵輟餉，海上卒然有警，不知何以應之。况定海係倭夷入貢之道，尤爲兩浙門户，懷安攘之遠圖者，奚容以一日忘備哉？至於杭、嘉、湖地饒多利，俗尚紛華，賦役不均，逋負日多，救弊補偏，誠爲急務。處州依山，盗礦黨與本衆，且與衢、嚴、徽州之寇聯蹤哨聚，時肆剽掠。義烏民俗獷悍，竄名兵籍，散無所歸，恐生它釁，先事預籌，不可不加之意也。

一、江西。臣等謹按，江西介吴楚、閩廣之間，土薄民勤，俗尚儉嗇，頗稱安壤。南昌省會衝煩，吉安健訟奸狡，至於豪右掣肘、田糧逋負則二郡同也。南贛密邇閩廣，巢寇時發，而贛當其衝，故軍門、兵備、參將在焉。饒州南枕彭蠡，九江東據上流，江湖水寇四出爲患，而饒郡内有藩封，邑多頑梗。瑞州地狹民頑，撫州訟繁多盗，袁州、臨江、建昌、廣信頗稱饒庶。第袁州界湖水寇當責撫臣，南贛山寇當責督臣，有司又能輕徭薄賦，養而教之，瘠土勞瘁之民庶幾其有瘳乎！

一、福建。臣等謹按，福建僻在南服，昔稱沃壤。頃緣島夷入犯，山寇内訌，地方荼毒極矣。大抵福、興、泉、漳以海爲襟，民習獷悍，而月港、海滄、詔安、漳浦、同安、福清等縣則爲溟渤要害；延、建、邵、汀以山爲枕，民多負固，而上杭、永定、大田、永安、松溪、光澤等縣則爲逋逃淵藪。福寧居通省上游，八閩喉舌；南粵係廣閩交界，倭寇巢窟。地勢民情，尤難控制。且閩中地狹人貧，殘傷之餘，錢糧無措。窺伺者未已，兵食之計不可緩也；反側者未安，綏靖之方不可後也。端本澄源，補偏捄弊，全賴有司，而風勵激勸則又繫乎撫鎮諸大吏焉。

一、湖廣。臣等謹按，湖廣襟帶江湖，澤多田少，民俗慓輕，鮮思積聚，且道通九省，冠蓋輻輳，郵驛苦之。即今宗室日繁，徭賦日重，采辦之後，財力愈難，故其民率呰窳而難治，此其大較也。武漢、德安民貧地瘠。承天陵寢所在，費冗事繁。荆、岳、潛、沔之間，頻遭水患，盜且乘之。近日鄖、襄大水，盡損田廬，則又向來未有之變。長沙地雖稍沃，稅糧甲於他所。黄州澆頑，常德困憊。辰、沅半爲賊穴，麻陽溪洞諸蠻連結永保，每肆劫争，去歲支羅之害，實緣於此。衡、永僻饒，寶慶簡静，庶幾可爲，然已非復曩時比矣。加志窮民者，其尚思援拯之策乎！

一、廣東。臣等謹按，廣東介嶺海間，昔稱饒富。然地遠法疏，官多黷貨，以致山海諸寇聯蹤嘯聚，師旅繁興，民之殘疲既極，而廣西兵餉又全仰給。近增巡撫，雖稱得策，方在經始，故廣、潮、惠、肇、南、韶諸郡盜熾事繁，選用守令爲急。雷、廉、高、瓊諸郡民淳務簡，稍爲次之。至於擇海道副使以備諸夷，擇嶺南兵備以防山寇，擇屯鹽僉事以修舉屯政、講求鹽法，庶幾南粵有息肩之日乎！

一、廣西。臣等謹按，廣西當嶺南右偏，幅員甚廣。國初以桂林爲省會，肇建靖藩。於時編氓稀少，招猺墾荒，歲久蔓延，田土半爲侵占，糧額日減，宗人日繁，禄糧軍餉，支給不敷。昔惟府江五百餘里，夷獠阻灘爲患。潯州、大藤等峽，諸蠻巢穴，其間興安、西延、陸峒與武岡接壤，爲猺盤據。又柳、慶以西捌寨者，稱盜藪耳。今則珠連繩貫，在在有之，如古田、洛容、荔浦、思恩、懷柔等縣爲其蠶食，將無民矣。寔以官多降調，惟事誅求，以致土官驕横，民散猺盛，越城劫庫，戕害方面，豈一朝一夕之故哉？故邊方之官，非才不足以戢亂，非守不足以服人，非久任不足以諳土俗而識物情，斯乃謀國者任人之責也。

一、河南。臣等謹按，河南爲諸夏中區，向稱樂土。近以宗室日蕃，黄河歲徙，禄糧工役，勞費不貲，民始不堪命矣。開封、河南、懷慶、衛輝、彰德五郡衝煩雖同，彰德間於趙魏，軍民雜處，牽制尤甚；歸德地聯數省，統轄非一，宿奸大猾，時發首難之端。南陽疲弊，且多礦盜。殷富則汝、蔡爲優，勁强則河、洛爲最。是故藩禄軍需，均當規算，第恐皮盡而毛無所附，方來之患有難言者。保釐大臣，其蚤夜慎圖之哉！

一、山東。臣等謹按，山東齊魯舊域，海岱奥區。濟、兖、東患在役重，其民頑，輕於流移；青、萊、登患在賦煩，其民悍，敢於武斷。濟南雖稱沃壤，而武、濱、霑、蒲一帶即古廣斥之地，一望白茅。兖州水陸之衝，且宗藩、河工勞費不貲。至於沂、費、郯、滕，則荒落甚矣。東昌、青州差有可觀，均非昔比。登、萊地本瘠鹵，舟車不通，雖值富歲，猶多逋負。大率濟、青依山，多礦盜；萊、登頻海，多鹽徒；臨淄之間多奸俠；單、曹之境多妖民。保釐大臣實心綏輯之外，又不可不鋭意於防練矣。

一、山西。臣等謹按，山西大同府逼臨虜穴，最苦侵暴。太原府屬，如興、嵐、岢、保、河一帶，虜一大舉，輒入其境，斷烟宿莽，蕭條甚矣。汾州宗藩，不畏國法，頗爲地方之害。潞、澤、沁、遼環列大行上下，谷深林密，盗時竊發，往歲青羊山之事可爲鑒也。平陽雖稱富庶，其實止蒲、絳、臨汾、太平、襄陵、曲沃、翼城差有可觀，地震之後，則亦大不如昔矣。是故休養内地之民，使之裕於供邊，乃一方保釐者之責。否則割肉充腹，立見其弊，可嘆也已。

一、陝西。臣等謹按，陝西内綜八郡，外控三邊，吏兹土者牧且兼帥焉，責誠艱矣。西、鳳、漢中稍稱饒裕，百需給仰，供應頗難。延慶、平凉、臨鞏逼近邊陲，虜一入，無論貲産，鋒鏑死傷之患獨先嘗焉。三邊視諸郡尤衝而勢不相貫，故甘、肅星懸於河外，寧、夏株保於横城，榆林一望虜幕，千里饋糧。獨其人輕生敢戰，相持無恐，頻年更番入衛，耗亡半矣。墮城殞將，蓋有由然。又其甚者，固原爲開府調度之中，重兵屯戍，自去秋敗績之後，懸賞選募，至今鋭士尚不滿千。若虜襲舊套直驅，踐汧、隴，薄涇、邠，窺三輔，特再晝夜力耳。鳳、沔之墟，夙多回種，而無良亡命者又多逃匿其中，立俟風塵，鼓煽而起，腹心之患，其將大乎！是故有牧帥之責者，所當觀釁而預圖也。

一、四川。臣謹按，四川西南奥區，上則松茂、建昌，番夷時肆侵暴；下則播酉、石砫，土司互爲劫掠。控制消弭，非一朝可圖者也。成都素稱沃野，賦重役繁，供億稱詘。叙州地饒，而高珙諸夷兵費不貲，且大木多産其境，采辦之擾，商民殘疲。重、夔土寇連結施州諸夷，虔劉未已，而妖人内訌，受患尤烈。保順衝疲，民樸務簡。馬湖僻小，民夷相安。龍安新造，全在經始。大抵蜀地夷漢雜處，氣習靡淳；地理遼邈，巡歷難偏〔一〕；加以大木之困、大兵之殘，民貧多盜，勢使然也。是在撫按廣于咨詢，司道勤于躬歷，督率有司，持廉省費，愛養撫綏，數年之後，或者蜀其有瘳乎！

一、雲南。臣等謹按，雲南遠在西南，漢夷雜沓，無事則互爲桀鷔，積弊然也。府屬如雲南、臨安、大理、永昌、鶴慶、楚雄，足稱沃壤。曲靖爲入滇之路，供億惟艱；武定當新造之區，安輯爲要。元江、景東、麗江、姚安、北勝、鄧川、霑益諸夷，其情叵測，鎮巡同心，恩威兼濟，方可稱治。至於旌别庶官，責在監司；撫字百姓，責在守令：惟求得人而已。

一、貴州。臣等謹按，貴州初屬四川行都司，永樂年間始建省治。官則流土相參，民則漢夷雜處，不當中土一大縣。一綫之路，外通滇南，官軍月糧仰給川、湖二省。黎平寄治湖廣五開衛。銅仁僻處萬山，逼近苗穴。都匀、程番與廣西接壤，土酋仇殺，素稱難治。鎮遠當湖廣之衝，面水背山，險頗足恃。思州、石阡孤懸一隅，勢可隱憂。惟思南城下有江，足通舟楫，商賈行旅，比之他郡，不甚蕭條。大抵貴州開省，原爲雲南，無貴州，是無雲南也。内安外攘，其撫鎮大臣之責哉！

會議清理屯鹽都御史龐尚鵬等併差疏

題：爲披瀝愚忠，直陳時政切要，以仰裨聖治事。兵科抄出，少保兼太子太保、禮部尚書、武英殿大學士張居正題，一款“固邦本”，節開屯鹽各差都御史應否取回别用，但責成于該管撫按，使之悉心清理。亦乞敕下該部，從長計議，具奏定奪等因。奉聖旨：“覽卿奏，俱深切時務，具見謀國忠懇。該部院看議行。”欽此。户科抄出，巡按直隷監察御史王嘉賓奏，爲謹陳屯鹽末議，以備采擇事。吏科抄出，户科都給事中魏時亮等題，爲懇乞聖明申飭任事臣工，共懷遠圖，酌定屯鹽大計，以裨安攘事等因。俱奉聖旨：“該部看了來説。”欽此。欽遵，通抄到部。

案查先爲陳末議，以贊時務，以求實效事。該吏科都給事中王治等條陳前事，該吏部等部覆議得，屯田鹽法，誠理財之要務；但地方隔遠，原議止差一人，其勢自難周遍。所據該科欲要分遣責成，并精選屯鹽之屬，均爲有益。合無依其所擬，吏部會舉才望素著者六員，請旨簡用三員，各以憲職分爲三差，一員管兩淮、長蘆、山東三鹽運司，兼理江北、山東、薊遼、保定、河南等處屯田；一員管兩浙、福建二鹽運司，雲南、廣東等處各提舉司，兼理江西、浙江、福建、兩廣、雲貴、湖廣、江南等處屯田；一員管河東鹽運司，陝西花馬池、四川提舉司，兼理宣大、山西、陝西、四川等處屯田。未盡事宜，聽户部備細定擬責任，請給敕書、關防，會同各該巡撫都御史、巡按巡鹽御史，以便行事等因。奉聖旨："依擬行。"欽此。欽遵，照例會同各部院寺堂上官，推舉得大理寺卿鄒應龍等俱各堪任，奉聖旨："鄒應龍升都察院左副都御史，唐繼禄本院右副都御史，龐尚鵬右僉都御史，總理各該地方屯鹽，寫敕與他。"欽此。後唐繼禄告病，復差僉都御史凌儒。俱經欽遵去後。今該前因。

臣等會同户部尚書臣馬森等、兵部尚書臣霍冀等看得，屯鹽大臣一事，在閣臣張居正，則欲從長計議；在臺臣王嘉賓，則欲取回别用；在科臣魏時亮等，則欲九邊酌用一員通管。詞雖不同，無非經國阜民、籌邊御虜之意。但惟論天下之事，無全利亦無全害；處天下之事，在治人不在治法。大臣應留應省，所謂治人是也。臺臣疏内"復本色""鑄鐵牌"，科臣疏内"慎防護""寬拋荒"，所謂治法是也。今日之議，先當以治人爲主。苟持議既定，任人既專，則一切治法不必籌之於廟堂之上，而自行于遐荒萬里之外矣。蓋九邊鹽利淵藪全在淮揚，各省屯政廢興無與邊徼。大臣專理屯政，比之軍門戎務旁午者不同；巡撫分理屯政，比之大臣隔遠遥制者迥異。參衆論而酌其中，江南、山西二處大臣似可省也，江北大臣必不可省也。臣等三部連日熟計其便，所見相同。合候命下，將江南屯鹽都御史鄒應龍、山西屯鹽都御史凌儒行令聽候别用，江北屯鹽都御史龐尚鵬照舊任事，關防不必另給，止换給敕書，内仍將九邊屯田通行管理一節一體增入。各省屯田，聽各該巡撫徑自管理，大臣不必干預。至於屯鹽應行事宜，如墩堡拋荒等項，本官悉心經畫，已具奏者不必重奏，未具奏者以次開奏。大率鹽法既清，即當巡行各邊，以爲國家經久之計，不拘二年三年，果有成效，聽户部舉奏，或璽書獎勵，或特加部銜，以示優異。但事干會議興革，臣等未敢定擬。

隆慶二年九月初六日題，奉聖旨："你每既會議停當，龐尚鵬着照舊清理各邊屯鹽，換敕與他。鄒應龍、凌儒聽候别用。"欽此。

會議誠意伯劉世延復爵疏

題：爲遵詔旨舉遺逸，以充任使，以隆聖化事。該本部題，驗封清吏司案呈，奉本部送，吏科抄出，南京科道官岑用賓等奏薦原任誠意伯劉世延，奉聖旨："該部知道。"欽此。續該原任南京後軍都督府掌府事、誠意伯，今革爵閑住劉世延奏，爲懇乞聖明原情推恩，賜復祖爵事，奉聖旨："吏部知道。"欽此。欽遵，抄送到司。

案查嘉靖四十五年五月内，該禮科都給事中辛自修題參南京後軍都督府掌府事、誠意伯劉世延奏詞欺慢，乞加究治，奉世宗皇帝聖旨："這本説的是，劉世延革了爵閑住，不許再用。"欽此。欽遵，查呈到部。

看得誠意伯復爵一事，在劉世延以情辯析，固爲陳乞之私；在南京科道官據理敷陳，寔出激勵之公。但事體重大，本部難以獨擬。合候命下，容臣等會同五府九卿科道等官，從公參酌伊祖劉基之功與劉世延之罪應否復爵，具實奏請，恭候宸斷等因。隆慶二年八月十九日具題，奉聖旨："是。"欽此。欽遵。臣等會同太師兼太子太師、後軍都督府掌府事、成國公臣朱希忠等，户部尚書臣馬森等議得，錫爵雖以詔功，而開國、繼世之不同；削爵雖以絀罪，而私罪、公過之各異。是故功懋者則爲世爵，上則爲公爲侯，次則爲伯，載在盟府，罪重者則仍議功，身免二死，子免一死，鑄在券書，自非子孫逆倫干紀，念其父祖之勛，不輕削焉。考之青田劉基，在國初時明于天文，精于戎略，佐佑聖祖，格於皇天，啓運之功，十居八九，以故稱爲子房而不名。且以其文臣守正，特封誠意伯，較之靖遠、新建，卓越多矣。乃今止以裔孫言語文字之差遽行削奪，似非崇德報功之義，所以南京科道官有此論薦。但惟劉世延性本輕浮，氣復盈滿，雖有樸樕之小才，不知岩廊之大計，必須仍加創懲，難以即爲任使。以臣等愚見，似應追叙伊祖劉基之豐功，曲宥劉世延之公過，將誠意伯准其復爵，照舊世襲。劉世延姑令帶俸閑住，候其痛洗舊愆，聿遷新善，兵部方許推用管事，庶幾功罪用舍，各有攸當。係干特恩，臣等未敢定擬。

隆慶二年九月初六日題，奉聖旨："是。劉世延准復伯爵。"欽此。

校勘記

〔一〕"偏"，疑當作"徧"。

蒲坂楊太宰獻納稿卷六

覆大學士張居正條陳時政疏

少傅兼太子太傅、吏部尚書臣楊博等謹題：爲披瀝愚忠，直陳時政切要，以仰裨聖治事。文選清吏司案呈，奉本部送，兵科抄出，少保兼太子太保、禮部尚書、武英殿大學士張居正題，奉聖旨："覽卿奏，俱深切時務，具見謀國忠懇。該部院看議行。"欽此。欽遵，抄出送司，案呈到部。

看得大學士張居正條陳諸事，剴切詳明，深中時弊，謀國忠懇，誠如聖諭。臣等幸際昌時，備位銓省，每念方今雖稱平治，中間尚有積弊成風、極重難反之事，所以挽回轉移者，全賴聖主裁斷於上。乃今閣臣有此論列，皇上慨然嘉納，亟命部院議行，此誠千載之一時也。臣等大小臣工，敢不矢竭公忠，勉修職業，以仰副我皇上明作勵精之意？除奏内事關朝廷主持斡運者，本官敷陳已極詳盡，當於聖心，臣等無容復贅，謹將所奏未盡事宜再加推衍，參以膚見，條列上請。大率稽先年之矩矱，爲今日之變通，既冀必行，且欲可久，庶幾皇上方隆之業、輔臣入告之猷均可以翊裨于萬一矣。

隆慶二年九月初十日題，奉聖旨："依擬着實舉行。"欽此。

計開：

一、省議論。看得國家之事，是非可否，原無兩在。經云："發言盈庭，誰敢執其咎？"又云："詢謀僉同。"自古未有議論不一而能成天下之事者。竊見近時建白，甲可乙否，實效鮮睹。如薊鎮練兵之事、廟堂巡邊之議，可爲鑒也。臣等謹即"省議論"一事再加參酌，列爲四款，以備采擇。

（一）軍國重務既經廷臣會議，又經部院覆准，必須寬以文法，假以歲月，久而罔效，方可徐議其後。若其所言尚未施行，不得遽有異同，反致誤事。

（一）督撫官初至地方，即便條上方略，以其文則爛然可觀，考其實則茫然無措，委非政體。今後南北及各省督撫官初至地方，除軍機重事時不容緩者照舊星馳具奏外，其餘合行事宜，必下司道再四講求，的可常行，單本具奏。不許仍前草率條陳，徒騁虛詞，竟無實效。其所屬文武人材，亦須在半年之後，考驗既真，方行舉刺。本部仍稽查各官所奏後來有無實效，其所舉劾果否允當，因以知其爲人。

（一）科道官敷陳有關國家治體者，部院作速題覆。其有窒礙難行者，亦即明白直陳可否，不得依違，一概題覆。蓋朝廷公事非一家之事，在言官固不可執己見而期於必行，在部院亦不宜持兩可而曲徇人意也。本部仍查照舊規，置建白文簿一扇，備將所上章疏一一登記，以備考覈。

（一）凡軍國大事，舊例，内閣、府部、科道等官闕下公同會議，正欲廣集衆思以昭公論，但有所見，自當面加剖析。若使口是心非，退有後言，殊非同寅和衷之義。今後廷臣議事之時，果有異同，不嫌力辯，務期協心共濟，以成國事。

一、重詔令。看得朝廷爲紀法之宗，號令之發，捷于風霆，故古者置郵傳命。《禮》稱“君言不宿於家”，其重如此。近者一應章奏旨下各部，凡係緊關事體，即時題覆，間有一二尋常條陳，或係舊例不覆，或待類覆者，各部俱有成規，未敢延遲。惟是轉行在外，撫按衙門查勘等項事務，或經年不行回報，或屢年竟不回報，轉相推諉，遂成故紙。所謂國有不伸之法，人懷不白之冤，玩愒之弊，在今日所當亟懲者也。臣等謹即“重詔令”一事再加參酌，列爲二款，以備采擇。

（一）在京各衙門，本部移文知會，今後章奏務從簡切，勿事浮文。一應覆奏，大事不過十日，小事不過五日。過期者，各堂上官即將承行官吏究治。年終各將未完事件咨呈本部，以稽勤惰。

（一）在外行勘事件，本部移咨都察院，嚴立各省住迴一定期限，轉行各處巡撫都御史、巡按御史，務要依限回報，各部仍各置號簿注銷。如過期限，撫按官將各該府州縣承行官吏罰治。或豪强抗違有司，有司抗違上官，徑自參奏。巡按未完數多，都察院遵照《憲綱》考察。巡撫未完數多，考滿之日，部院一體檢照，以別勤惰。

一、覈名實。看得國家操爵禄予奪之柄，以奔走天下之士，要不出于綜覈名實之一言。名實既辨，用舍進退，自無有不得其當者。然非行久任之法，無以別才能；非嚴考課之典，無以昭懲勸；非酌量人才，兼行循資、超擢之法，無以示低昂而彰鑑別。臣等謹即“覈名實”一事再加參酌，爲[一]一十一款，以備采擇。

（一）兩京衙門佐貳官量才擬授。正官有缺，先儘本衙門佐貳官。資望果不相應，方於別衙門佐貳官内擬授。南北督撫官果於地方相宜，不必轉動，止就彼加職，雖僉都御史洊加至尚書、宫保，亦不爲過。布、按二司，參議久者即升參政，僉事久者即升副使，一如先年之例。

（一）部院、撫按、科道或奉詔薦人，或循例薦人，但不當者，與所薦之人一體議罰。論劾不當者，照例議罰，仍將被誣之人亟爲昭雪，以彰公道。

（一）翰林、吏部今後不得仍拘舊格，挨次内轉。内轉者必須資望俱深，職務繁重，方得推舉。應外補者，一體轉補在外方面、知府等官。其科道官内外升轉，仍照嘉靖四十五年以前例行。

（一）在京各官與衙門政體相宜，在外各官與地方人情相宜，雖資序當遷，查照近例，加以職級，仍管原任事務。以後遷轉，即從加職上扣算。

（一）兩京小九卿堂上官，如太常、太僕、光禄之類，官品略同，事之繁簡亦不甚遠。今後前項衙門官既已量才授任，即就本衙門積資待遷，不復輪轉。其户、刑、工三部司屬官，舊例更調，似有重彼輕此之意，亦非事體，今後無故不得輕調。若在職勤慎、公論已孚者，與吏、禮、兵三部一體叙遷。

（一）三、六、九年考滿官到部，仍照舊例分别三等，不得概考稱職。其平常與不稱職各官内，或量行别處，或請旨罷斥。至于誥敕勛階，原係朝廷特恩，應否給與，臨期分别具題，取自上裁。

（一）兩京官員考滿，堂上官署考，務要明開或賢或否實迹，及或“稱職”或“不稱職”或“平常”字樣，不必仍用對偶，含糊塞責。

（一）内外大小官有守正得罪者，止超升一次。以後别無善狀，仍照本等資格叙用。如有罪過，公論不與，一體黜降。其以過誤遷謫者，以後别無顯過，仍照本等資格叙用。如有善狀，公論共推，一體超升。

（一）提學副使關係一方士習，如有不稱，查照先年提學副使郭持平改調分巡副使之例，量行更置，以重學校。

（一）兩京試御史，舊規考試實授，間有不稱職者，改别衙門用。今後照例遵行，以振臺綱。

（一）庶吉士近已題奉欽依，聽内閣、本部教書官、科道官訪其褊淺浮薄、懶惰不飭者，指名參奏，改除外任。不必拘定散館之時，亦不得概除科道部署，致褻名器。今後容臣等着實舉行，以端始進。

一、固邦本。看得固邦本在於安民生，民生之安，責在守令。臣等銓選之時非不加意於此，但取之於文，既無以遽信其行；辨之以貌，又無以遽知其心。至於他日，因其賢否以爲遷轉之優劣所據者，不過撫按、監司之考語而已。近來撫按、監司考語多難憑據，以愛憎爲毁譽者往往有之，以致有司虐下奉上，恬不爲怪。民生不安，職此之故。臣等謹即"固邦本"内所開慎選守令事理再加參酌，列爲四款，以備采擇。

（一）近年有司蒞任之始矯情干譽，一經薦舉，恣意放縱，無所不爲。撫按、監司雖察知其真，業已署在上考，不欲自相矛盾，遂至冒行取，得美遷，妨賢病國，情尤可惡。今後撫按官於所屬有司荐舉後果有改節易行者，務要從實參論。若敢曲加回護，故意縱奸，部院訪出，一併參治。

（一）有司官果能實心愛民，爲豪强中傷，撫按官務要多方保全。若坐視誣枉，不爲伸白，事明之日，部院指名參治。

（一）煩難地方錢糧催徵不完，户部舊例，將正官參擬降級，中間果有實心愛民者，許撫按奏保，該降級者量擬住俸，該住俸者量擬罰俸。

（一）四川、雲貴、兩廣地方，去京隔遠，行取推官、知縣到部，往往俱在考選之後，以致不得升授科道。今後果有賢能卓異者，本部查訪得實，雖一人二人，仍行題請選用。

議原任兵部侍郎陳洪謨等復職疏

題：爲再議應加恤典諸臣，以完明詔事。驗封清吏司案呈，奉本部送，吏科抄出，巡撫湖廣等處地方兼贊理軍務、都察院右僉都御史劉慤，巡按湖廣監察御史部光先題，俱奉聖旨："吏部知道。"欽此。欽遵，抄出送司。

查得原任兵部左侍郎陳洪謨，嘉靖十年七月内，兵部爲失火事，節奉世宗皇帝聖旨："陳洪謨着爲民。"欽此。又查得原任户部右侍郎余胤緒，嘉靖三十一年八月内，該鴻臚寺序班曹榮等奏爲糾儀事，節奉世宗皇帝聖旨："余胤緒不敬恩命，着革了職，冠帶閑住。"欽此。欽遵，通查案呈到部。

看得原任兵部左侍郎、後爲民陳洪謨，自刑署而荐佐本兵，才德並茂。原任户部右侍郎、後冠帶閑住余胤緒，由銓曹而督理國計，政學咸優。均係因公落職，原于清議無碍，既經撫按官會舉前來，誠於明詔事理允合。合無將各官先行復其原職，仍行禮部議給恤典。臣等未敢定擬。

隆慶二年九月二十日題，奉聖旨："是。"欽此。

議原任修撰余承勛等升職致仕疏

題：爲再議應加恤典諸臣，以完明詔事。驗封清吏司案呈，奉本部送，先該提督軍務、巡撫浙江等處地方、都察院右僉都御史趙孔昭，巡按浙江監察御史王得春會荐原任兵科給事中傅佩，巡按四川監察御史陳萬言奏薦原任翰林院修撰余承勛，乞要録用等因。本部議得，原任兵科給事中、後爲民傅佩，因扈從而劾權奸，諫垣尚存直節；原任翰林院修撰、後閑住余承勛，因議禮而遭詿誤，藝苑雅著文名。但年俱七十，難以任事。既經撫按官會舉前來，合無將各官先行復其原職，倘蒙賜允，容臣等各查引年進階致仕事例，另行題請等因。本年十月十五日奉聖旨："傅佩、余承勛各准復原職。"欽此。

查得隆慶元年四月内，該本部題，原任吏科都給事中尹相、禮科都給事中魏良弼，雖准復職，俱見年七十之上，例該引年。合無將尹相等加升太常寺少卿，就彼致仕等因。奉聖旨："是。"欽此。又查得修撰、給事中該升太常寺少卿。今該前因，通查案呈到部。

看得原任兵科給事中傅佩、翰林院修撰余承勛，近蒙聖恩，准復原職，又經該司查有尹相等事例，相應題請。合候命下，將傅佩、余承勛俱升太常寺少卿職銜，容令致仕。臣等未敢定擬。

隆慶二年十月十七日題，奉聖旨："余承勛、傅佩俱升太常寺少卿，致仕。"欽此。

議處廕官疏

題：爲議處恩廕官員事。文選清吏司案呈。照得官生、恩生官至兩京宗人府經歷，順天、應天二府治中，舊例俱升遠方知府。中間操履、幹局卓然可稱者固有，而事體不諳、持守不端者亦有之。若一概循資升轉，不惟遠方之民不得其所，其人一被論列，罪譴亦自難逭，致使朝廷之恩禮不終，先世之家聲漸隕，吏治人材，均屬未便。合無今後恩生、官生出身者，必其才行堪以牧民，方得升授知府，其餘量升内外閑散衙門職事，以全器使。及查得兩京太僕寺寺丞係正六品，五府都事應得升授；在外各都轉鹽運使司同知係從四品，宗人府經歷，順天、應天二府治中應得升授。又查得先年凡係大學士、吏部尚書子孫，不論俸資深淺，例得奏改中書舍人，量帶部銜，惟復將治中及宗人府經歷歷俸年深者，以後一併量升部銜，填注中書科辦事。呈乞議處，案呈到部。

看得民生之休戚全在守令，慎選守令，屢奉明旨。臣等每遇知府員缺，雖進士、舉人出身中，亦必查訪堪任之人，方得推用。惟官生、恩生一途，歷官至經歷、治中，舊例俱升知府，于人材既爲不便，於遠方之民尤爲不便，委非爲官擇人、因人授任之意。既經該司具呈前來，相應議處。合候命下，將官生、恩生官歷俸至六年以上者，訪其才識堪任民牧，照舊升授知府。才識稍次，量升各都轉運鹽使司同知。如果官箴無玷，仍許洊升至各鹽運使及各行太僕寺、苑馬寺少卿，雖布政司參政，亦所不吝。其餘五府都事，遇有兩京太僕寺寺丞員缺，亦許一體升用。前後歷俸通計五年之上，不論經歷、寺丞，俱照舊升授順天等府治中。治中三年考滿，若放恣頑鈍，照例考覈，或罷黜，或降調外任；若志行端雅，止是事體生疏，量升工部員外郎職銜，填注中書科辦事。以後歷至九年，再考無過，應加職級及升服俸，俱聽本部臨期酌量題請。其聽選恩生、官生，仍查先年舊規，正歷上選八年，雜歷上選十三年，方准挨次取選，庶幾待次之人少則官階不致太驟，擢用之途廣則任使不致太淆，慎民牧、重國恩、惜人才三者悉寓於其間矣。

隆慶二年十一月十二日題，奉聖旨："是。"欽此。

議原任兵部尚書金獻民等復職疏

題：爲開讀等事。驗封清吏司案呈，奉本部送，吏科抄出，巡撫四川等處地方、都察院右僉都御史陳炌題，奉聖旨："吏部知道。"欽此。又該總理糧儲、提督軍務兼巡撫應天等府地方、都察院右僉都御史林潤題，奉聖旨："該部知道。"欽此。欽遵，通抄到部送司。

查得金獻民原任兵部尚書，嘉靖四年六月，爲衰病三乞天恩休致事，奉世宗皇帝聖旨："卿典司兵政，多效勤勞，方隆委任，而乃屢疏乞休，情詞懇切，特兹俞允，給驛還鄉，有司月給食米三石，歲撥人夫四名應用，以示朝廷優待之意。吏部知道。"欽此。嘉靖七年五月，爲因灾異修省陳言，急誅奸黨，昭示國法，以弭灾變，廣求人材，計復國土，以嚴邊備，以安生民事，奉世宗皇帝聖旨："金獻民係本兵大臣，受命專征，未至地方，乃敢掠取功次，妄行報捷。本當重治，但已致仕了，運炭完日還革了職，着冠帶閑住。"欽此。陳講，原任巡撫山西右副都御史，嘉靖二十一年，該兵部爲北虜遣使求貢事，節奉世宗皇帝聖旨："陳講修築邊墻不足，以致虜寇深入，失事重大，着發回原籍爲民。"欽此。湯沐，原任大理寺卿，嘉靖六年九月，爲大獄事，節奉世宗皇帝聖旨："顔頤壽等職掌邦刑，位列大臣，却乃畏避科道，奉制推勘事情，報上不實，有負重任。顔頤壽、劉玉、王啓、劉文莊、湯沐、顧佖、汪淵俱事重，都革了職，着冠帶閑住。"欽此。余才，原任光禄寺少卿，嘉靖六年九月，爲大獄事，節奉世宗皇帝聖旨："余才逞忿横議，與孟春、閔楷、張仲賢風聲相通，同惡相濟，也都革了職閑住。"欽此。王俊民，原任吏科都給事中，嘉靖六年七月，爲傳奉事，該司禮監太監温祥傳奉世宗皇帝聖旨："前日科道官抗命欺君，朕已訪出爲首三人，吏科都給事中王俊民造言惑人，阻撓成命，御史程啓充、杜民表倡率合朋，不行糾舉，好生無理，都着錦衣衛拿來午門前，各打二十棍，送吏部着爲民。該衙門知道。"欽此。欽遵，通查案呈到部。

看得原任兵部尚書、後閑住金獻民，剛方直正，練達忠貞；原任巡撫山西、都察院右副都御史，後爲民陳講，問學宏深，才猷敏贍；原任大理寺卿、後閑住湯沐，讜言執法，真一時之典刑；原任光禄寺少卿、後閑住余才，明敏端嚴，爲諸曹之冠冕；原任吏科都給事中、後爲民王俊民，孤忠自守，獨立敢言。諸臣雖職任大小不同，皆因公事黜落，均與官常無玷，既經彼處巡撫官各舉前來，委于明詔允合。合無將各官先行復其原職，内金獻民、陳講、湯沐仍行禮部議給恤典，余才、王俊民容臣等查例另行題請。臣等未敢定擬。

隆慶二年十一月十四日題，奉聖旨："是。金獻民等准復原職。"欽此。

覆監察御史鍾沂條陳考滿規則疏

題：爲懇乞聖明定立考覈規則，以便遵守事。考功清吏司案呈，奉本部送，吏科抄出，河南道掌道事浙江道監察御史鍾沂題，奉聖旨："吏部知道。"欽此。欽遵，抄出送司，案呈到部。

看得内外官員考績之典俱有舊章，止緣舉行未至，是以旌别失真，係關吏治，誠非細故。所據御史鍾沂具奏四事，均於考覈有裨，合就開立前件，擬議上請。

隆慶二年十一月二十六日題，奉聖旨："依擬行。"欽此。

計開：

一、考覈京官。看得京官五品以下考滿到部，大率以堂官考語爲主；顧節年注考類多溢美之詞，殊失覈實之意。先該大學士張居正具題，該本部覆奉欽依，今後考滿官到部，仍照舊例分别三等，不得概考稱職。其兩京堂上官署考，亦各要明開或賢或否實迹，及"稱職""平常""不稱職"字樣，不必仍用對偶，含糊塞責。近日刑部尚書毛愷，果以郎中戴冕考注平常，一時庶官頗知警惕。御史鍾沂猶恐視爲虚文，仍踵故套，以故復有此論。合無申飭兩京各堂上官，以後務要查照近議，詳察所屬人品才行，分别注考，以爲本部并都察院覆考之據。如仍徇情溢美，致難憑信，聽吏科河南道指名參罰。

一、考覈外官。看得外官三、六年考滿，近年題准，州縣佐貳、司府衛所首領及教職、驛遞等官，俱候年終撫按類題。府州縣正官，許令滿日即具奏齎繳牌册。方面府佐，仍舊給文赴部，有事地方聽其保留。九年，通要赴部，通聽各上司并撫按官從公分别考注，報部覆考。但人情市恩遠怨，往往多署美詞，誠無足據。至於奏留官員，一向徑令復職，亦屬未盡。合無斟酌所擬，行令各撫按官每遇所屬給由，俱要從公察其貪廉勤惰，分别"稱職”“平常”“不稱職”字樣，明白開注，報部覆考。其所奏留方面府佐并府州縣正官，例該奏繳牌册者，先令帶俸管事，本部再加考覈，總候雙月引奏之時，另本題請，就彼復職。其平常、不稱職者另行議處，不得濫給恩典。各官中間有例該送河南道考者，仍各照例送考。若原來考詞溢美含糊，漫無鑒别，不分咨呈奏抄，一體參奏罰治。

一、考覈限期。看得部院考覈各官，貴於詳慎，若使引奏期迫，方纔起送過堂，委於察訪未便。合無依其所擬，以後在京給由官，無論大小，滿後十日以裏，一面移文起送，一面遵照部院常期謁見聽考，定以雙月十六日爲止，過十六日案候下次引奏。其有應赴該道考覈，規避不到者，聽其徑自參究。

一、考覈體要。看得考課之典，期於綜核名實，旌别淑慝，以昭懲勸而已。若每次拘於三等，必求其人以實之，人情政體，均有未協。合無依其所擬，以後考滿官員，部院虚心覈實，定注考詞。果多不肖，雖盡署下考，不以爲刻；果皆稱職，雖盡署上考，不以爲濫。至於中材之士，取其所長，略其所短，通候大計之日另行定奪，不必一年六次，每次搜索，以傷敦大之體。

會議革職副使張正和勘問疏

題：爲贓官未正法典，居鄉復肆悖横，懇乞聖明重治，以肅官常，以飭士行事。吏科抄出，巡按江西監察御史顧廷對題，奉聖旨：“吏部、都察院知道。”欽此。欽遵，抄出到部。

查得先該巡按湖廣監察御史唐繼禄題，爲糾劾貪縱方面官員，以肅官常事，内劾原任湖廣采木副使、今升四川參政張正和不職。該本部議覆，張正和刑法濫用，贓私狼籍，合照貪酷例革職爲民。仍行巡按御史查勘，若果核實，徑自具奏處治；若其情罪止此，亦具由報部施行等因。覆奉世宗皇帝聖旨：“是。”欽此。欽遵。今該前因。

臣等會同都察院左都御史臣王廷等看得，巡按江西監察御史顧廷對參劾原任湖廣副使升四川參政、今爲民張正和，居鄉稔惡，乞要重治，及將先任湖廣所劾贓私一併勘實追問一節。爲照張正和性本貪殘，行多暴横，官一方則爲一方之灾，居一鄉則爲一鄉之害，委當重處。但所論事情多係人命、贓私，必須勘問得實，方可明正其罪。合候命下，將張正和一面行江西巡按御史備查奏内所劾事情，先提一干人證，從公鞫審明實，依律問擬，徑自招參；一面行湖廣巡按御史，將被論前贓查勘的確，作速回奏。在湖廣者如果出自風聞，事無實迹，在江西者如果出自家衆，孽非己作，亦要虚心辨理，無致縱枉。文書到日，各限三個月以裏結正，不許遲緩。

隆慶二年十一月二十七日會題，奉聖旨："是。"欽此。

覆都給事中魏時亮條陳疏

題：爲恭遇大祀，感激愚衷，敬獻祈天永命十札，裨睿采，飭臣工，以隆萬世治安事。文選清吏司案呈，奉本部送，吏科抄出，户科都給事中魏時亮等條陳十札，奉聖旨："這所奏前五事知道了，其餘的該部看了來説。"欽此。欽遵，抄出送司，案呈到部。

看得户科都給事中魏時亮等條陳"先憂""養士""久任"三札，合就開立前件，議擬上請定奪。

隆慶二年十一月二十九日題，奉聖旨："依議行。"欽此。

計開：

六札曰先憂。看得"先憂"一札，竊惟今之知府，即漢之太守，誠爲吏民之本。若使果得其人，如先年嘉興之楊繼宗、揚州之王恕、徽州之彭澤，則撫按兩院、布按兩司均可裁省。該科欲要慎重其選，超異其升，無非重念民碞之意。但異材殊少，中材甚多，今日之計，惟當漸爲釐正之法，難以盡行畫一之政。合無以後知府有缺，照舊於内外各衙門堪任人員内揀用。其官生經歷、治中，仍酌量本部近題事理，必須堪任之人方升知府，不得一概升用。如果三年、六年政有成績，或加服俸，或升職級。其已升參政，本布政司即待以參政之體，敢有不容到任，或非禮狎侮，容臣等訪實，先以抗違明旨參奏罷斥。果有治行異等者，則升兩京京堂，或徑升各處巡撫都御史，以示優異。其餘治行平常者，止照舊例循資升用。

八札曰養士。看得"養士"一札，各處提學官，一方德教文教所係。先朝名臣，如戴珊以御史之在南畿，陳選以副使之在河南，薛瑄以僉事之在山東，首崇德行，次掄文藝，以故一時所造，類多梁楝榱桷之材。邇年以來，精於考校即爲修職，睦姻孝友，一無所問，甚至專務講論，不以躬行實踐爲事，用意徒勤，而矩矱盡失矣。該科條陳及此，誠爲清源正本之論。合無以後兩直隸提學御史，十三省提學副使、僉事，必須文行兼優、輿論推服者方得與選。不必限以三年、六年，俟其資深望重，或徑升祭酒，或量加翰林相應職事，以示風勸。不稱職者，聽本部訪實，改調别用，重者罷斥。其遼東、甘肅巡按御史兼管學政，移咨該院，一體遴選。至于一切注措，乃是提學之責，果得其人，自無不當，似不必一一爲之申飭。

九札曰久任。看得"久任"一札，國家因事立法，事體便然後可以必行，人心安然後可以常行。即如久任一節，言官屢嘗建議，本部屢嘗裁覆，見今各邊兵備官員、各省賢能守令加升職級、服俸，漸次施行。其餘則以員缺數多，不容不補；需次人衆，不能久候。欲行久任之法，事體人情，誠有當預計者。合無斟酌所擬，先將職務緊要，如兩京府尹、兩監祭酒、在外邊腹巡撫、各布政使司左布政使、兵備、提學、知府、知州、知縣賢能有聲者，方行久任，資俸已及者于本職上量加一官，以安其心。以後每歷至三年考滿，稱職者加級，異等者超擢，俱聽本部臨期酌量題請。中間有與地方人情、衙門事體見不相宜者，不妨即爲更置。此外各官且須照舊遷轉，姑待數年之後，事體既便，人心已安，進士額數有定，加納事例停止，待次之人漸少，然後可以一切通行，庶無窒礙。

覆發廣東軍餉疏

題：爲申責任以圖治安事。考功清吏司案呈，奉本部送，吏科抄出，湖廣道監察御史楊標題，奉聖旨："該部看了來説。"欽此。欽遵，抄出送司。

查得先爲兩廣軍情重大，懇乞聖明速賜究處失事人員及剿除事宜，以救危急事，該本部覆議，要行兩廣提督侍郎張瀚、巡撫都御史熊桴，即將廣東該道守巡、兵備并廣州府府縣掌印、巡捕官各查明的，一面住俸，令其立效贖罪；一面逐一評品，要見何官才力有餘，應該存留，何官才力不及，應該更易，就於附近堪任官内具名坐奏，以憑請旨銓補。節奉聖旨："該道守巡、兵備、有司等官，應該存留、更易的，著總督、撫按作速查覈具奏。"欽此。欽遵，已經移咨去後。今該前因，通查案呈到部。

看得巡按廣東監察御史楊標所奏，大意謂廣寇猖獗，率由於貪吏計行，兵威不振，欲要責成分巡、知府等官以覈吏治，慎擇兵備等官以詰戎兵各一節。爲照朝廷設官分職，凡以爲民。分巡得以按治官邪，知府得以督率屬吏，皆係自來相臨相維之規，巡按御史例當督責之事。廣東巡按缺官月久，合無聽本官速臨地方，嚴加申飭。不如約者指名奏劾，尤須實踐躬行，倡導所屬，務以安民彌盜爲事，不以簿書期會爲能。至於用兵之際，兵備等官才力不同，委當慎擇。合無查照本部題奉明旨，催行總督、撫按官，應易應留，查覈明白，作速回奏。其所議府佐等官，應該委用調補，及一切應該久任超遷事宜，悉如所擬，應具奏者以次具奏，應施行者徑自施行。然臣等竊有愚見，飭吏詰戎，固爲日後戡亂之方；給餉增儲，尤爲目前濟時之要。廣東地方邑里蕭條，庫藏空竭，即如潮州府城之外，盡爲草莽，拯溺救焚，時不容緩。臣博向在本兵，曾以福建危急，奏准發銀二十萬兩前去接濟。即今廣東之危，比之福建更爲過之。雖經議留本省應解銀兩，涓滴難以補漏；雖經查催二省原借銀兩，畫餅難以濟飢。伏望皇上敕下兵、户二部，再加查議各處銀五萬兩共十萬兩，分投差官解送廣東督撫官處隨宜支用。一則使海賊知朝廷之上多方調度，心自讋服；一則使廣人知聖皇之衷不忘遐遠，心自感奮，而封疆之臣亦得藉之以生色矣。所費甚少，所關兵機甚大，臣等無任惓惓之至。

隆慶二年十二月初二日題，奉聖旨："是。該地方未靖，每切朕懷。這給發銀兩一節，着户、兵二部即便查議來説。"欽此。

會議都給事中張鹵劾督撫官張瀚等别用疏

題：爲秋防事竣，酌議督撫諸臣，以欽承明詔事。吏科抄出，兵科都給事中張鹵等題，奉聖旨："吏、兵二部看了來説。"欽此。欽遵，抄出到部。

查得本年五月内，該巡撫大同右僉都御史劉祐自劾庸病不職。該吏部覆稱，本官頃以才望開府雲中，一切修攘之政方在振舉。即目秋防，邊陲多事，難以聽其休致。九月，該總督兩廣左侍郎張瀚奏稱積勞病劇，不能供職。該吏部覆稱，兩廣地方山猺方熾，海禍正殷，一切安攘之計全在督府。即使本官果有微疾，正當盡瘁鞠躬，豈宜遽言休致？合無行令本官力疾任事，不得再三瀆陳，自干規避之議。俱奉欽依外。今該前因。

臣等會同兵部尚書臣霍冀等看得，兵科都給事中張鹵等論劾巡撫大同地方、贊理軍務、都察院右僉都御史劉祐，總督兩廣軍務兼理糧餉兼巡撫廣西地方、兵部右侍郎兼都察院右僉都御史張瀚，各於地方不宜，乞要改任，會推才望素著者上請簡用各一節。爲照大同一鎮設在沿邊，乃北門鎖鑰之地，廣中二省設在沿海，寔南蠻襟帶之邦，巡撫、總督均爲重任。所據大同都御史劉祐、兩廣侍郎張瀚，論其人品，清望咸歸，絶無可議。但一則經時卧病，力不從心；一則屢疏乞休，志難帥氣。既經該科酌論前來，相應通行依擬。合候命下，將劉祐、張瀚俱令回籍，遇有相應員缺，另行調用。一面各會推熟諳虜情夷情官二員請旨簡命，令其作速前去，接管行事。

隆慶二年十二月初四日會題，奉聖旨："張瀚、劉祐依擬回籍聽用，員缺即便會官推補。"欽此。

覆順天巡按御史劉翾等劾兵備參政羅瑶調用疏

題：爲循例舉劾兵備官員，以圖安攘事。考功清吏司案呈，奉本部送，吏科抄出，巡按直隸監察御史劉翾題，奉聖旨："吏部知道。"欽此。又該巡按直隸等處監察御史鍾繼英題，爲循例舉刺方面官員，以昭勸懲事，奉聖旨："吏部知道。"欽此。欽遵，通抄送司，案呈到部。

看得巡按直隸監察御史劉翾、巡按直隸等處監察御史鍾繼英各題稱，欲將薊州道兵備參政羅瑶降調，或罷斥一節。爲照薊鎮各路兵備，比之别鎮不同，責任既艱，利害尤重。即如近年，密雲道盧鎰則以失事充軍，永平道沈應乾則以失事爲民，此皆别鎮未有之事。參政羅瑶在薊數年，修邊練士，多有保障之勞。若據所論即從降斥，以後人心未免解體，尤非地方之利，相應斟酌功罪，以示後勸。合候命下，將羅瑶仍以參政原職起送赴部，改調邊遠，令其策勵供職，以責後效。

隆慶二年十二月初五日題，奉聖旨："是。"欽此。

覆廣東督撫官張瀚等保留提學副使羅元禎别用疏

題：爲保留賢能提學官員事。考功清吏司案呈，奉本部送，吏科抄出，總督兩廣軍務兼理糧餉兼巡撫廣西地方、兵部左侍郎兼都察院右僉都御史張瀚，巡撫廣東地方兼贊理軍務、都察院右僉都御史熊桴題，俱奉聖旨："該部知道。"欽此。欽遵，通抄送司。

查得近該少保兼太子太保、禮部尚書、武英殿大學士張居正題"覈名實"一款，該本部議將三、六、九年考滿官到部，仍照舊例分别三等，不得概考稱職。提學副使關係一方士習，如有不稱，查照先年提學副使郭持平改調分巡副使之例，略行更置，以重學校。又該户科都給事中魏時亮題"養士"一札，該本部議覆，以後提學必須文行兼優、輿論推服者方得與選，不拘三年、六年，資深望重，或徑升祭酒，或量加翰林相應職事，以示風勸。不稱職者，聽本部訪實，量改别用，重者罷斥。又該河南道監察御史鍾沂題"考覈外官"一款，該本部議覆，今後外官考滿，撫按奏留到部者，本部再加考覈，題請復職。其平常、不稱職者，另行議處。俱奉欽依遵行外。今照廣東提學副使羅元禎三年任滿，該督撫官奏留到部，相應照例考覈。通查案呈到部。

看得總督兩廣兵部左侍郎張瀚、巡撫廣東右僉都御史熊桴各保留提學副使羅元禎賢能，乞要留任管事一節。爲照人材各有所宜，師範尤當掄簡。副使羅元禎心事光明，吏才精練，向在臺中巡鹽巡按，所至有聲。至於督學之事，原非所長。今考其在廣三年，殊於士望未孚，既經該司查有近例，似難議留復職。合候命下，將羅元禎仍以副使酌量改用，以全器使。

隆慶二年十二月初五日題，奉聖旨："是。"欽此。

覆都給事中鄭大經條陳兩廣事宜疏

題：爲議處兩廣任人事宜，併乞甄别人材，以備任用，以圖治安事。文選清吏司案呈，奉本部送，吏科抄出，吏科都給事中鄭大經等題，奉聖旨："吏部看了來説。"欽此。欽遵，抄出送司，案呈到部。

看得吏科都給事中鄭大經等具題前因，大率皆爲兩廣而發，所據"重事權""久信任""寬文法""聽委用""廣招徠""厚酬功""儲人材"七事，知之甚詳，言之甚當，合就開立前件，議擬上請。及照廣東、福建相去接壤，是誠唇齒之地。近該兵部題奉欽依，兩省夾勦，已爲得算。但廣東如右臂，福建如左臂，形既相隔，勢難相使。必須頭目、心腹爲之主持，兩臂合一，事方有濟。古云十指之更彈，不如合拳之一擊，言貴同力也。又云二則角立，三則鼎峙，言貴定於一也。以臣等愚見，合無將新任右都御史劉燾，令其兼督福建軍務，鎮巡以下官員悉聽節制。然止是夾勦海寇一事，其餘福建山寇不必管理，福建糧餉不必兼理。既不得取福建之食以濟廣兵，亦不得括福建之財以備公用。事寧之日，照舊總督兩廣。此誠審勢運機，必不可已者，伏望皇上俯賜采允，併入敕内，則閩廣生靈不勝幸甚。臣等無任惓惓之至。

隆慶二年十二月十五日題，奉聖旨："依擬行。"欽此。

計開：

一、重事權。臣等議得，總督大臣專閫一方，事權委當隆重。合無斟量原定敕諭，鎮巡不受節制者，聽劉燾指名參奏。副參游守失事，先取死罪招由，仍以軍法從事，都指揮以下徑自斬首。三省都、布、按三司等官俱聽委用，但不許令其越境參謁，妨政害治。一切軍中事務，許其便宜行事，不相中制。

一、久信任。臣等議得，閩廣之寇委與倭虜不同，出没既無定時定向，責效難以計月計日。合無聽劉燾多方籌畫，務爲一勞永逸之計。小有挫失，巡按御史并兩京科道官不得輒爲論劾，以失鎮重之體。

一、寬文法。臣等議得，成大事者難惜小費，務深文者必致罔功。操切之法，委不宜加於軍旅之際。合無聽劉燾將軍中功賞等項，遲速輕重，徑自處置。巡按御史并兩京科道官不得過爲指摘，致難展布。至於燾之奮勵澡雪，不忍自棄，該科言之已明，無容别議。

一、聽委用。臣等議得，土俗人情，生於其鄉者知之更真。若使因而委用，尤得廣集衆思之要。合無聽劉燾將彼中士夫不問顯晦，但有才略，取置軍門贊畫軍務。如果有功，指名具奏敘用，或徑復原職。

一、廣招徠。臣等議得，殲厥渠魁，脅從罔治，此誠自古平寇之長策。然必兵威大震，足以制其死命，方可行之。合無聽劉燾用計招撫，散其脅從。中果能擒斬首惡來獻者，非惟特免其罪，仍照賞格敘功。不得輕蹈覆轍，任其陽順陰逆，反爲後患。

一、厚酬功。臣等議得，重賞之下，必有勇夫。功賞委當從厚，以勵人心。所據賞格，既該兵部咨議前來，俱已停妥，合無斟酌先後事例，聽劉燾出榜曉諭廣東、福建二省。不分官兵、軍民及黨與，但能海上斬獲巨寇曾一本、林道乾首級者，賞銀一千兩，仍升實授二級；生擒者賞銀三千兩，仍升實授四級。與賊對敵，擒從賊一名，賞銀四兩；斬首一顆，賞銀二兩；衝鋒，雖無首級，奪獲一船，賞銀一百兩。其陸續擒斬，止照舊例升賞。

一、儲人材。臣等議得，天生一世之材，自足一世之用，原無取材異代之理。但奉旨所舉各官，中間議論多有未一。除才力可用、未及推補，或負有鉅材、曾經論劾者，本部置立儲材文簿一扇，先行開注外。合無仍行兩京九卿堂上官、兩京科道官并在外撫按等官，人各一疏，將前日所薦未盡者，不問資格崇卑，或所屬，或不係所屬，如果真知其賢，較量南北，文書到日，限一月以裏坐名奏薦。雖親故、讎嫌，俱不許引避，但期得人以備朝廷任使而已。至於素閑將略、可備緩急之材尤爲難得，果有其人，雖操履少疵，衆議紛紜，亦許破格疏薦。

覆監察御史張問明薦原任尚書吕光洵酌用疏

題：爲遠方任事撫臣誤中人言，懇乞聖明亟賜起用，以勵臣工，以定國是事。文選清吏司案呈，奉本部送，吏科抄出，山東道監察御史張問明題，奉聖旨："吏部知道。"欽此。欽遵，抄出送司，案呈到部。

看得山東道監察御史張問明題稱，要將原任巡撫雲南、贊理軍務、兵部尚書兼都察院右都御史吕光洵亟賜起用一節。爲照雲南巡撫二十年來更置數人，盡爲總兵劫持，紀綱大壞。尚書吕光洵自入地方，即以興廢舉墜爲己任，百凡注措，悉中機宜，夷酋既已革心，權貴不覺斂手，乃卒爲其中傷，滇人至今思之。御史張問明巡歷彼中，博采輿情，故有此奏，相應依擬。合候命下，將吕光洵遇有相應員缺酌量起用。

隆慶二年十二月十六日題，奉聖旨："是。"欽此。

覆都給事中魏時亮等起用原任給事中石星疏

題：爲恭遇大祀，感激愚衷，敬獻祈天永命十札，裨睿采，飭臣工，以隆萬世治安事。文選清吏司案呈，奉本部送，吏科抄出，户科都給事中魏時亮等條陳十札内“納諫”一札，乞敕該部，要將原任給事中石星録用，節奉聖旨：“這所奏知道了。”欽此。隨該巡按直隸監察御史張檟題，爲薦舉地方傑才，懇乞聖明亟賜召用，以廣忠益，以隆治化事等因，奉聖旨：“吏部知道。”欽此。欽遵，通抄送司，案呈到部。

看得原任吏科給事中、後爲民、今冠帶閑住石星，感奮清時，恭上封事，雖其所言不無過當，一念忠懇，似亦可亮。近該都給事中魏時亮等奏欲收録，仰蒙聖明垂鑒，亟賜温旨。御史張檟適有薦星之疏，蓋張檟巡按真定，正係石星原籍地方，足見本官被譴之後痛自循省，且才識可用，年力正强，委難終棄。合候命下，將石星遇有相應員缺聽本部酌量起用。

隆慶二年十二月十七日題，奉聖旨：“石星如何起用？都且不究。”欽此。

覆巡撫保定都御史温如璋等參知縣崔世俸等提問疏

題：爲亟斥貪縱有司，以肅吏治，以蘇民困事。考功清吏司案呈，奉本部送，吏科抄出，巡撫保定等府兼提督紫荆等關、都察院右僉都御史温如璋題。又該巡按直隸監察御史劉翾題，爲循例舉劾有司官員以飭吏治事；巡按直隸等處監察御史鍾繼英題，爲循例舉劾有司官員以昭勸懲事。俱奉聖旨：“吏部知道。”欽此。欽遵，通抄送司，案呈到部。

看得巡撫保定等府兼提督紫荆等關、都察院右僉都御史温如璋論劾肅寧縣知縣范愛、安平縣知縣崔世俸、深澤縣知縣宋之范、阜城縣知縣王臣各不職，乞要提問、罷斥、降調。巡按直隸監察御史劉翾論劾武清縣知縣今丁憂衛陽和、玉田縣知縣崔克智、深澤縣知縣宋之范、肅寧縣知縣范愛、阜城縣知縣王臣、容城縣知縣童思善、滄州知州楊府各不職，乞要罷斥、提問、降閑散、改教、調簡僻。巡按直隸等處監察御史鍾繼英論劾魚臺縣知縣宋璣、黄縣知縣張俊、肅寧縣知縣范愛、堂邑縣知縣孫達德、深澤縣知縣宋之范、齊東縣知縣喬飛鳳、商河縣知縣馬仲學各不職，乞要罷斥、降調、改教各一節。

爲照守令與民最親，貪殘誠宜亟處。但糾劾提問之例，固非嚴於畿内，寬於各省；不肖闒茸之官，亦非各省獨少，畿内獨多。順天、真定等處，自今歲考察以後，州縣正官節經論罷二十餘員，中間提問者亦多，較之各省，似有遠近疏數之殊，恐非廣大均平之體。即如論劾各官，内知縣范愛、宋之范，撫按所擬彼此互異。查其歷任未深，物議未甚，提問則情有可原，降調則才無足取。丁憂知縣衛陽和，在任方及五月，所據增税支剩之銀，原數不多。知縣崔世倖，蒞任亦僅一年，即有求索科罰之贓，事亦甚細。其餘與本部查訪大略相同，相應通行酌議。合候命下，將崔世倖、衛陽和、崔克智、宋機、張俊俱照貪例革職爲民，内崔克智仍行巡按御史提問具奏。宋之范、范愛俱照不謹例冠帶閑住。楊府、王臣、童思善、孫達德、喬飛鳳、馬仲學俱照不及例起送赴部，楊府量調簡僻，王臣、喬飛鳳改授教職，孫達德、童思善、馬仲學降閑散用。各員缺另行銓補。再照奉旨提問官員，一向多未完報，究竟其故，或官已離任，人卷難集；或事出風聞，贓證無據。遷延推避，漫無了期。非惟無以懲貪庇民，牽連詿誤，所傷益多。查得《憲綱》内一款，風憲官按臨去處，遇有貪污官員徑自拿問，五品以上具奏定奪。合無移咨都察院，申明前例，通行各該撫按官，務要各持大體，嚴糾官邪。除五品以上官員照舊奏請外，其餘貪酷顯著者徑自提問，贓私的實，然後參奏，一則法得明正，一則人無屈情，朝廷之立綱陳紀，憲臣之彰善癉惡，均有攸賴矣。

隆慶二年十二月二十日題，奉聖旨：“是。崔世俸等俱革了職爲民，崔克智還着巡按御史提問具奏，宋之范、范愛閑住。今後貪酷暴著官員該提問的，都照《憲綱》行。”欽此。

覆宣大巡按御史燕儒宦論大同都御史朱笈留用疏

題：爲酌議更調撫臣，以保重鎮，以仰贊安攘事。文選清吏司案呈，奉本部送，吏科抄出，巡按直隸監察御史燕儒宦題，奉聖旨：“吏部知道。”欽此。欽遵，抄出送司，案呈到部。

看得大同一鎮逼近豐州、威寧等處，外而虜勢益强，内而人心未定，比之别鎮，緩急不同。開府大臣固在於持鎮静之體，尤貴于有駕馭之材。頃因巡撫員缺，臣等會同九卿三品以上官，虚心評騭，咸謂見任寧夏巡撫都御史朱笈向在大同，蒞任雖淺，士心已孚，偶遭右衛之挫，衝鋒陷陣，原係總兵之職，巡撫止是贊理，以故破格推調，奉有欽依。今據御史燕儒宦所論，未嘗别有指摘，惟恐難以展布，殊爲有見。但總兵襲業一事，臣等先已慮及，即使盡係巡撫責任，律以兵家勝負之機、朝廷使過之義，亦當責其桑榆之效。伏望皇上嚴敕朱笈，令其遵奉新旨，作速前來，策勵供職。果能修攘有迹，自當久任責成。如無後效，另行議處。

隆慶二年十二月二十三日題，奉聖旨：“朱笈着遵新命上緊赴任供職。”欽此。

議原任監察御史張敕升職致仕疏

題：爲循新例，遵明詔，薦舉境内人才，以廣聖恩事。驗封清吏司案呈，奉本部送，吏科抄出，巡按直隸監察御史劉翾奏薦原任四川道監察御史張敕，乞要旌進等因。奉聖旨：“吏部知道。”欽此。欽遵，抄出送司。

本部議得，原任四川道監察御史、後爲民張敕，正色危言，臺端風裁尚在；直節勁氣，鄉評行誼甚高。既經巡按御史薦舉前來，合無先行復職。倘蒙賜允，容臣等查照引年進階致仕事例另行題請。本年正月二十七日奉聖旨："是。"欽此。查得隆慶二年十月内，該本部題，原任兵科給事中傅佩、翰林院修撰余承勛俱准復原職。續查各官俱年七十以上，量升太常寺少卿職銜致仕等因。奉聖旨："余承勛、傅佩俱升太常寺少卿致仕。"欽此。又查得御史該升太常寺少卿。今該前因，通查案呈到部。

看得原任四川道監察御史張敕，近蒙聖旨，准復原職，但見年七十之上，難以起用。既經該司查有余承勛等事例，相應題請。合候命下，將張勛量升太常寺少卿，容令致仕。臣等未敢定擬。

隆慶三年正月三十日題，奉聖旨："張敕升太常寺少卿致仕。"欽此。

校勘記

〔一〕"爲"前，疑脱一"列"字。

蒲坂楊太宰獻納稿卷七

覆通政趙灼等自陳分別去留疏

少傅兼太子太傅、吏部尚書臣楊博等謹題：爲自陳不職，乞賜罷黜，以嚴考察事。考功清吏司案呈，奉本部送，吏科抄出，通政使司提督謄黄右通政趙灼、鴻臚寺卿李用敬、大理寺左少卿王諍、大理寺右少卿顧存仁、提督四夷館太常寺少卿武金、太常寺少卿陳瓚、尚寶司掌司事太常寺少卿李鐄、太僕寺少卿李際春、太僕寺少卿董堯封、順天府府丞何起鳴各奏，奉聖旨："吏部知道。"欽此。欽遵，通抄送司。

查得先該本部題奉欽依，兩京四品以上官員丁憂者不必自陳，本部徑自議擬，具奏定奪。今照丁憂官内太僕寺少卿高應芳有議，呈乞併處，案呈到部。

看得右通政趙灼，卿李用敬，少卿王諍、顧存仁、武金、陳瓚、李鐄、李際春，府丞何起鳴，行誼俱可，職業咸修。以上九臣似宜留用。少卿董堯封操持嚴謹，資性寬和，巡蘇松則注措失中，轉京堂則輿望未協。少卿高應芳行本長厚，年亦壯强，山東之流傳固難盡信，臺端之幹理殊未有聞。以上二臣似應議處。合無將趙灼等仍留供職，董堯封改調外任，高應芳候服闋之日降調外任。臣等未敢定擬。

隆慶三年二月十三日題，奉聖旨："趙灼等著照舊供職，董堯封調外任用，高應芳降一級調外任。"欽此。

覆查盤御史馬明謨劾副使唐九德等留用疏

題：爲舉刺方面官員以飭吏治事。考功清吏司案呈，奉本部送，吏科抄出，巡按江西等處監察御史馬明謨題。又該本官題，爲舉劾有司官員以昭勸懲事。俱奉聖旨："吏部知道。"欽此。欽遵，通抄送司。

查得副使于錦於隆慶二年十二月内已升陕西布政使司右參政，知縣黄守潛近該兩廣總督張瀚論劾，已經本部議覆不謹。通查案呈到部。

看得巡按江西監察御史馬明謨，論劾福建按察司副使唐九德，江西按察司副使于錦，福建福州府知府、今升江西按察司副使胡帛，廣東廉州府同知、今升益府右長史昌應會，江西吉安府通判朱朝用，福建建寧府通判申錡，廣西桂林府通判蔣奎，江西東鄉縣知縣胡麒，廣東定安縣知縣黄守潛，廣西桂平縣知縣方若坤，廣東潯州府通判周震，福建古田縣知縣楊存禮各不職，乞要罷斥、調降、改教各一節。除知縣黄守潛已經閑住，無容别議外。爲照副使唐九德，先任漳州府，正值多故之時，負才任事，極有聲稱。但率意操切，人因過疑其心；持己方嚴，似難并呰其守。即如疏中首論一事，本府同知鄧士元既以不謹去官，復以何辭挾制？彼亦何所顧忌而用此重賄乎？謗蓋生於怨口，議實得之風聞。副使于錦雖非揮霍之才，雅稱廉平之吏，指摘數事，似屬大過。先任知府、今升副使胡帛，素有才名，所論贓私頗多，難以中斷。知縣方若坤，先據撫按、司府考語，咸謂其以嚴致怨，操守無疵；近據本省進表、兩司册開，均稱其文學優長，操持耿介。以上四員若遽黜調，不無可惜。通判周震，先經本部查訪，官箴有玷，已轉審理，亦難再議降用。其餘俱與本部查訪相同，相應通行酌擬。合候命下，將昌應會、朱朝用、申錡、蔣奎、胡麒、周震俱照不謹例行令冠帶閑住，楊存禮照不及例起送赴部，改授教職。胡帛先行革任回籍，仍將被論贓迹轉行福建撫按官，從公查勘，有無作速具奏。唐九德、于錦、方若坤容令策勵供職，以責後效。

隆慶三年二月十六日題，奉聖旨："昌應會等革了職閑住，楊存禮改用，胡帛革任回籍聽勘，唐九德等著策勵供職。"欽此。

覆都給事中鄭大經論御史譚啓等舉劾異同疏

題：爲舉刺方面官員以昭勸懲事。考功清吏司案呈，奉本部送，吏科抄出，巡按浙江監察御史譚啓題。又該本官題，爲舉劾有司官員以明勸懲事。又該吏科都給事中鄭大經等題，爲憲臣職守不殊，舉劾互異，懇乞核實以昭定論事。俱奉聖旨："吏部知道。"欽此。欽遵，通抄送司。

查得總督南京糧儲、都察院右僉都御史游震得一本，爲薦舉賢能方面官員以飭儲政事，内開浙江布政使司左布政使郭朝賓，老成清重，樸茂貞純。賢智不以先人，允得大臣之度；渾厚寔能容物，尤殫鑒别之明。雖帶管曾未多時，而文移自無滯務。豈獨南儲之是賴，式占大受之攸宜。廉勤公謹，有裨儲政，所當薦揚者也。又一本，爲公舉劾以飭儲政事，内開常州府知府許嶽，儀度貞清，風猷英發。經盤錯而操執彌堅，值衝繁而紀綱畢舉。賢能盡職，賦税如期，所當薦揚者也。又查得吏科條陳弛異同之禁，該本部議覆，今後撫按官論劾到部，惟覈當否，不責異同。又查得御史譚啓於隆慶三年二月内已升雲南僉事，推官陳文焕隆慶二年七月内升刑部福建司主事。通查案呈到部。

看得巡按浙江監察御史譚啓論劾浙江布政司左布政使郭朝賓、紹興府推官陳文焕，各事體乖違，乞要罰治。直隸常州府知府許嶽才識庸劣，乞要降調。及據吏科都給事中鄭大經等題稱，御史譚啓與總督糧儲都御史游震得各舉劾布政使郭朝賓、知府許嶽互有異同，乞要查覈當否，量加罰治。嗣後舉劾果有甚不諧于公評者，仍照原行事例别議示創各一節。爲照憲臣糾劾之體，固當各照職事，不得泛及其他，尤當論人大節，不宜搜求其細。布政使郭朝賓、知府許嶽查據節年考語，參之輿論，咸謂職守無虧，所據都御史游震得保舉之詞，似爲得當。而御史譚啓所論郭朝賓及陳文焕拘泥成案，一概催徵，原與官守無疵。其論許嶽寬免吏罪，稽遲解銀，似亦搜求太過，遽議罰治降調，殊非事體。合無將郭朝賓、陳文焕俱令照舊供職，許嶽行令策勵供職，以責後效。御史譚啓前後糾劾固多不諧公論，該科欲要量加罰治，亦不爲過。但本官職司耳目，且已經外補，合無俯從寬宥，惟復別有定奪。再照《憲綱》所載，風憲官舉劾不當，以失職論。若私搜求細事及糾言不實者抵罪，凡以重事權、飭吏治也。乃今該科欲要慎重舉刺以持大體，尤爲有見。合候命下，移咨都察院申明前例，通行各處撫按衙門，一體遵照施行。

隆慶三年二月十九日題，奉聖旨："是。"欽此。

覆監察御史王原相論都御史温如璋調用疏

題：爲憸惡撫臣心行污穢，蹤迹邪昧，乞賜斥逐以除奸黨事。考功清吏司案呈，奉本部送，吏科抄出，南京河南道監察御史王原相奏，奉聖旨："吏部知道。"欽此。欽遵，抄出送司，案呈到部。

看得南京河南道監察御史王原相論劾巡撫保定等府兼提督紫荆等關、都察院右僉都御史温如璋不職，欲要罷黜一節。爲照本官原係護衛之人，方伊庶人作孽之時，其家受禍甚慘，乃今謂其爲伊過付，難服其心。其餘事情，亦多出於風聞之議。但向來止以資序轉官，輿望未協，即今大計群吏，正屬自陳之時，相應照例議處。合候命下，將温如璋改調外任，遺下員缺會官推補。臣等未敢定擬。

隆慶三年二月二十二日題，奉聖旨："是。温如璋着調外任用。"欽此。

覆山東巡撫都御史姜廷頤等勘明知府宋豫卿照舊供職疏

題：爲憲臣一時舉劾互異，懇乞查覈，以昭公論，以一政體事。考功清吏司案呈，奉本部送，吏科抄出，巡撫山東等處地方兼督理營田、都察院右副都御史姜廷頤，巡按山東監察御史羅鳳翔題，俱奉聖旨："吏部知道。"欽此。欽遵，抄出送司。

查得先該吏科都給事中鄭大經等題稱，御史鍾繼英、趙岩舉劾山東東昌府知府宋豫卿互相有異，乞要查覈當否，量行罰治。該本部看得，知府宋豫卿性本方直，人疑其傲；事持大體，人病其疏。其失銀、脱獄事固有因，而人品操持似無可議。今據二臣舉刺之詞，臧否懸絶，難以中斷。既經該科糾正前來，合候命下，移咨都察院，轉行山東撫按官，一面行令宋豫卿照舊管事，一面將本官被論贓迹逐一查勘，有無的確，徑自回奏。其二臣舉刺當否，應否罰治，候勘至之日另行奏請定奪。又查得御史趙岩於隆慶三年二月内已升湖廣按察司僉事。通查案呈到部。

看得巡撫山東等處地方兼督理營田、都察院右副都御史姜廷頤，巡按山東監察御史羅鳳翔會題，東昌府知府宋豫卿被論各起事情俱查明無礙，惟失銀一項，支借還補不一，稽查久之始明。本官心迹固無疵議，而疏虞那移之罪自不能免。及稱御史鍾繼英專歷一方，以考察爲重；趙岩兼巡五省，以錢糧爲重。一舉一劾，各就所聞，第於大同大公之道不爲少間，乞要覆議一節。爲照論人當觀大節，論事當持大體。所據知府宋豫卿被論各項事情既經查明，則其操持大節果無可疵，御史鍾繼英之薦舉已得其當，而御史趙岩之論劾大爽其真，該科原議欲行罰治示戒，誠不爲過。但失銀一項那借有迹，在宋豫卿未能無致議之由，在趙岩亦止是風聞之誤，况今業已外補，似亦不必深究。合無將趙岩姑免罰治，宋豫卿行令策勵供職。臣等未敢定擬。

隆慶三年三月初二日題，奉聖旨："是。"欽此。

覆通政海瑞等自陳分别去留疏

題：爲自陳不職，乞賜罷斥，以嚴考察事。考功清吏司案呈，奉本部送，吏科抄出，南京通政司右通政海瑞、南京鴻臚寺卿史朝賓、南京太常寺少卿劉一儒、南京太僕寺少卿朱天球各奏，奉聖旨："吏部知道。"欽此。欽遵，抄出送司，案呈到部。

看得南京通政使司右通政海瑞、南京鴻臚寺卿史朝賓、南京太常寺少卿劉一儒，品格既高，才識兼裕，均當留用。南京太僕寺少卿朱天球，操持克謹，年力正强。但督學東土未見成章，向來不次之轉，輿望未協，似當酌處。合無將海瑞、史朝賓、劉一儒令其照舊供職，朱天球改調外任。臣等未敢定擬。

隆慶三年三月初四日題，奉聖旨："海瑞等著照舊供職，朱天球調外任。"欽此。

覆科道官鄭大經等劾侍郎洪朝選奏辯革職疏

題：爲被劾大臣違例妄辯，懇乞聖明究治，以肅法紀，以儆臣工事。考功清吏司案呈，奉本部送，吏科抄出，吏科都給事中鄭大經等、河南道監察御史郝傑各題，俱奉聖旨："吏部知道。"欽此。欽遵，通抄送司，案呈到部。

看得吏科都給事中鄭大經等、河南道監察御史郝傑各參稱，原任刑部侍郎、今致仕洪朝選違例妄辯，乞要重究爲民一節。爲照本官平日徒勤講學之功，臨事全無克己之實。瑣瑣歸咎屬吏，固難律以庶官奏辯之條；悻悻見於面顔，殊有失乎大臣進退之義。既經科道官交章參論前來，相應究處。合候命下，將洪朝選革去職級，姑令冠帶閑住，以爲妄肆攻訐者之戒。臣等未敢定擬。

隆慶三年三月初五日題，奉聖旨："是。洪朝選著閑住。"欽此。

覆山西屯鹽都御史凌儒自陳閑住疏

題：爲自陳不職，乞賜罷斥，以嚴考察事。考功清吏司案呈，奉本部送，吏科抄出，原任總理山西等處屯鹽、都察院右僉都御史、今聽補凌儒奏，奉聖旨："吏部知道。"欽此。欽遵，抄出送司，案呈到部。

看得原任總理山西等處屯鹽、都察院右僉都御史、今裁革聽補凌儒自陳不職，乞要罷斥一節。爲照本官筮仕而令永豐，依附權門，大逞溪壑之欲；用賄而得臺察，奔趨捷徑，不勝壟斷之心。雖有小人之才，難厠大臣之列。既經自陳，相應議黜。合候命下，將凌儒革職閑住。但憲臣去留出自朝廷，臣等未敢定擬。

隆慶三年三月初八日題，奉聖旨："凌儒着閑住。"欽此。

覆户部侍郎譚大初乞休留用疏

題：爲老病不能供職，三懇天恩容令休致事。考功清吏司案呈，奉本部送，吏科抄出，總督倉場、户部左侍郎譚大初奏，奉聖旨："吏部知道。"欽此。欽遵，抄出送司。

案查先該本官二次具奏休致，俱將奏詞立案，移咨行令本官照舊供職去後。今又再奏前因，案呈到部。

看得總督倉場、户部左侍郎譚大初奏稱老病不能供職，乞要休致一節。爲照本官始以清望起用，洊登卿貳。頃者總督倉場，剗奸革弊，輿論翕然。乃今止以家遠子幼懇求謝政，揆以公爾忘私之義，似爲未盡。所據奏詞雖已至再至三，臣等寔不敢輕擬。合候命下，行令譚大初在任調理，痊可即出供職，不得堅執懇陳，致乖大義。

隆慶三年三月初九日題，奉聖旨："譚大初准在任調理，痊可即出供職。"欽此。

覆宣大巡按御史燕儒宦劾都御史劉祐詐病褫職疏

題：爲撫臣詐病淫縱，負國欺君，懇乞聖明亟賜罷斥，以警不忠，以勵人心事。考功清吏司案呈，奉本部送，吏科抄出，巡按直隸監察御史燕儒宦題，奉聖旨："吏部知道。"欽此。欽遵，抄出送司。

案查隆慶二年十二月内，先爲秋防事竣，酌議督撫諸臣，以欽承明詔事，該兵科都給事中張鹵等論劾大同巡撫都御史劉祐不職緣由，該本部等部會題，節奉聖旨："劉祐依擬回籍聽用。"欽此。欽遵。今該前因，案呈到部。

看得巡按直隸監察御史燕儒宦參論巡撫大同、都察院右僉都御史劉祐詐疾淫縱，乞要罷斥一節。爲照本官先被該科論列，已經覆奉欽依，革任聽用。今據御史劾其納部民之女爲妾，則是荒淫詐病，明於官守行檢有礙，風紀重地，似難再留。合候命下，將劉祐革職閑住，交代畢日方許離任。及照國家之事莫重於邊鎮，人臣之罪莫大於避難。頃見各邊督撫一遇艱危，輒多稱病，既無赤心報稱之忠，尤非鞠躬盡瘁之義。甚至兩京部院大臣亦往往引疾爲詞，不思顯頎之秩、豐厚之禄、光裕之寵平日安然受之，望望而去，是何心也？合無今後各邊總督、巡撫、兵備等官，有疾不許自奏，如果是實，巡按御史勘明轉奏。若有托詐情弊，聽巡按御史從重參究。其兩京三品以上官告病，必是十分危急，本部方與具由上請，不得一概題覆，致乖大義。

隆慶三年三月十一日題，奉聖旨："劉祐着冠帶閑住。人臣之義，當委身以徇國。今後各邊督撫官如有托疾避難的，該科及各巡按御史即便參奏處治。其兩京部院大臣告病者，你部裏亦要查勘的實，不許一概題覆，致乖大義。”欽此。

覆江西巡按御史顧廷對參主事楊枘勘問疏

題：爲部臣貪縱不檢，府官抗暴無度，懇乞天恩併行處究，以肅官常事。考功清吏司案呈，奉本部送，吏科抄出，巡按江西監察御史顧廷對題，奉聖旨：“吏部知道。”欽此。欽遵，抄出送司，案呈到部。

看得巡按江西監察御史顧廷對論劾户部主事楊枘，欲要勘問，通判郭希泰欲要調用，及要將鈔關主事停差，委官管收各一節。爲照主事楊枘，先該本部訪有物議，已經考察閑住。今照御史所劾侵匿税銀，以船計之，約有數萬，大可駭異，必須行勘的實，方可明正其法。通判郭希泰原因争禮，輒敢懷私。聚衆而擅搜該關之庫，决裂紀綱；逞憤而拿問部使之人，倒置冠履。專敕既已故違，量調未盡其罪。所據巡按御史論列前因，相應議擬。合候命下，移咨都察院，轉行江西撫按衙門，會同户部接差主事，提吊該關人卷文簿到官，逐一從公查審。如果奏内税銀的係楊枘侵盗，别無屈枉，從實會奏，聽本部轉行雲南巡按御史，將本犯提解來京，押送法司，問擬追贓，以爲部臣貪縱不職者之戒。一面查究通判郭希泰，主事果有侵盗，止合申呈撫按衙門會本具奏，緣何引領衆役搜庫拿人，蕩無法紀，先行住俸，革去冠帶，不許管事，通候勘明之日一併奏請，重加處置。及照天下之事有治人，無治法。今以楊枘之貪，即欲不用部官，專用委官，不知部官未必皆不賢，委官未必皆賢。即使委官一一皆賢，亦非祖宗設官之初制。以臣等愚見，止宜救弊補偏，慎選郎吏，不當懲羹因噎，變易舊章。但係户、工二部職掌，臣等難以輕議。伏乞敕下二部掌印官，備將各鈔關事理酌處停當，徑自奏請施行。

隆慶三年三月二十五日題，奉聖旨："是。"欽此。

議原任户部侍郎孫禬贈官疏

題：爲比例陳情，懇乞天恩，俯賜贈謚祭葬恤典，以光泉壤事。驗封清吏司案呈，奉本部送，准禮部咨送，原任户部左侍郎孫禬贈官緣由到部。

查得嘉靖二十四年六月内，該原任吏部右侍郎歐陽鐸男歐陽獻奏稱，伊父歷官前職，致仕病故，乞要贈官。該本部覆奉世宗皇帝聖旨："歐陽鐸贈工部尚書。"欽此。欽遵。今該前因，通查案呈到部。

看得禮部咨開原任户部左侍郎孫禬贈官一節。爲照本官禔身嚴謹，莅政公勤。始巡按後巡撫，於東遼大著休聲；三揖進一揖退，在中朝尤全令譽。雖有人言，無干清議。所據贈官既經該司查有事例，相應題請。臣等未敢擅便。

隆慶三年三月二十六日題，奉聖旨："孫禬贈工部尚書。"欽此。

覆巡撫南贛都御史張翀自陳留用疏

題：爲自陳不職，乞賜罷黜，以公考察事。考功清吏司案呈，奉本部送，吏科抄出，巡撫南贛汀韶等處地方、提督軍務、都察院右僉都御史張翀奏，奉聖旨："吏部知道。"欽此。欽遵，抄出送司，案呈到部。

看得巡撫南贛汀韶等處地方、提督軍務、都察院右僉都御史張翀自陳不職，乞要罷黜一節。爲照本官才長經略，行茂端方，三巢已成戡定之功，兩廣更賴夾持之力，雖經自陳，仍應留用。合候命下，行令張翀照舊供職。臣等未敢定擬。

隆慶三年四月初六日題，奉聖旨："張翀著照舊供職。"欽此。

覆江西巡按御史顧廷對劾布政張柱聽勘疏

題：爲藩臣貪黷無忌，迥乖素望，懇乞聖明亟賜罷斥，以飭官箴事。考功清吏司案呈，奉本部送，吏科抄出，巡按江西監察御史顧廷對題，奉聖旨："吏部知道。"欽此。欽遵，抄出送司，案呈到部。

看得巡按江西監察御史顧廷對劾稱，江西右布政使、今升河南左布政使張柱貪黷無忌，欲要罷斥一節。爲照本官揚歷中外，素稱清正。向遭伊庶人之横，挺然不屈，時論偉之。今據所劾贓私狼藉，何其不自愛惜，一至於此？必須行勘明實，以服其心，以正其法。合候命下，一面將張柱行令回籍聽勘，員缺即行推補；一面移咨都察院，轉行江西巡撫都御史，會同巡按御史，通將奏内人卷提吊到官，逐一查究。如果是實，會本具奏，不止罷黜，仍當照例究治，以示懲戒。若係過於嚴刻，致生謗議，亦要虚心辯理，不得拘於成案。

隆慶三年四月初八日題，奉聖旨："是。"欽此。

議原任户部尚書李士翱等贈官疏

題：爲再議應加恤典諸臣以完明詔等事。驗封清吏司案呈，奉本部送，准禮部咨，送尚書等官李士翱等贈官緣由，到部送司，案呈到部。

看得户部尚書李士翱、兵部左侍郎劉源清、都察院右副都御史雒昂，服官邊腹雖異，共懷不貳之心；涖事夷險匆同，均抱無雙之節。撫按奏薦已明，禮部揚確更的。所據贈官，既經該司查例明白，相應題請。臣等未敢定擬。

隆慶三年四月初八日題，奉聖旨："李士翺等贈官俱依擬。"欽此。

計開：

原任户部尚書李士翺擬贈太子少保；

原任兵部左侍郎劉源清擬贈兵部尚書；

原任都察院右副都御史雒昂擬贈户部右侍郎。

覆吏部侍郎林樹聲養疾疏

題：爲力疾赴任，中途增劇，不能前進事。考功清吏司案呈，奉本部送，吏科抄出，總督漕運兼提督軍務、巡撫鳳陽等處地方、都察院左副都御史方廉題，奉聖旨："吏部知道。"欽此。欽遵。又該吏部右侍郎林樹聲奏，爲中途患病，十分危篤，不能赴任，再乞天恩容令休致事，奉聖旨："吏部知道。"欽此。欽遵，通抄送司。

案查先該吏部右侍郎林樹聲奏，該本部覆題，奉聖旨："林樹聲着疾痊可速來供職。"欽此。又該本官奏，該本部覆題，奉聖旨："林樹聲着上緊前來供職。"欽此。俱經備咨欽遵去後。今該前因，案呈到部。

看得總督漕運兼提督軍務、巡撫鳳陽等處地方、都察院左副都御史方廉題稱，吏部右侍郎林樹聲力疾赴任，中途增劇，乞容回籍調理，及本官自奏患病，乞要休致各一節。爲照右侍郎林樹聲力疾就道，再疏陳乞，情極懇切。既經巡撫官具奏前來，相應准理；但年華方逾六帙，文行卓冠群倫，遽欲休致，不無可惜。合候命下，行令本官回籍調理，痊可之日，本處撫按官具奏起用。

隆慶三年四月初九日題，奉聖旨："林樹聲准回籍調理。"欽此。

覆右給事中光懋條陳端士習疏

題：爲效愚忠，敷陳末議，以仰裨聖治事。文選清吏司案呈，奉本部送，吏科抄出，刑科右給事中光懋題，奉聖旨："該部知道。"欽此。欽遵，抄出送司，案呈到部。

看得右給事中光懋條陳"端士習"一款，大率謂明興以來，上無異教，下無異學。近歲乃有厭煩就簡，高自標致，一物不究，援儒歸釋，築墻開牖，引類呼朋，驥附木托，陰爲捷徑。在廷臣工已見改圖，在外之臣猶襲舊風。乞要嚴考課以責實政，重經術以定趨向各一節。爲照道若大路，學貴力行，豈容徒騁虚詞，全無實踐，雜以勢利之私，尤非道義之正。兩京臣工前時果有此風，仰賴聖明在上，敦本尚實，以故自靖自獻，靡然向化。但在外之臣未盡革心，猶有倡爲妙悟之説，流於禪寂之歸，甚至大盗附名以脱罪，白丁托庇以進身。壞之於家，難以效於天子之庭；納之於邪，何以望其名賢之業？風俗紀綱，關係不淺，誠如該科所論，相應釐正。合候命下，今後中外官員果有專事空談、不修實政者，聽吏部俱署下考。禮部仍行會試鄉試考官并提學官，士子但有上悖六經《語》《孟》之旨，下排濂洛、關閩之説者，不得收之科目，列之貢廪。如敢謬以異論刊刻成書，惑世誣民，尤爲正道之蠹，仍照祖宗朝事例，重加懲創，以示後戒。

隆慶三年四月十一日題，奉聖旨："是。"欽此。

覆禮部侍郎萬士和不當改南疏

題：爲衰才忝職，懇乞聖明簡别任使事。文選清吏司案呈，奉本部送，吏科抄出，禮部左侍郎萬士和奏，奉聖旨："吏部知道。"欽此。欽遵，抄出送司，案呈到部。

看得禮部左侍郎萬士和自求改南，推讓原任吏部左侍郎潘晟堪補其缺一節。除潘晟另行議用外。爲照本官讀書中秘，揚歷外藩，學行既優，政事亦練。向自提督倉場改貳禮部，輿論允協，乃今忽有此奏，難以准理。合候命下，行令萬士和照舊供職，不得再陳，以煩聖聽。

隆慶三年四月十一日題，奉聖旨："萬士和着照舊供職。"欽此。

覆南京兵部尚書劉采引年留用疏

題：爲因疾曠職，循例引年，以全晚節，以保餘生事。考功清吏司案呈，奉本部送，吏科抄出，參贊機務、南京兵部尚書劉采奏，奉聖旨："吏部知道。"欽此。欽遵，抄出送司，案呈到部。

看得參贊機務、南京兵部尚書劉采循例引年，乞要致仕一節。爲照本官資性端淳，注措詳敏。自筮仕州牧，至今四十餘年，清苦之操，真如一日。雖稱七十，精力未減，時方求舊，難以聽其休致。合候命下，行令劉采照舊供職，以答簡眷。但大臣進退出自朝廷。

隆慶三年四月十二日題，奉聖旨："劉采老成端謹，精力未衰，着照舊供職。"欽此。

覆給事中駱問禮奏卿張登高加職疏

題：爲懇乞聖明責忠勤，肆優暇，以勵臣節事。考功清吏司案呈，奉本部送，吏科抄出，南京刑科給事中駱問禮奏，奉聖旨："吏部知道。"欽此。欽遵，抄出送司，案呈到部。

看得南京刑科給事中駱問禮具奏前因，大率欲要將致仕南京尚寶司卿張登高加銜各一節。爲照原任南京尚寶司卿張登高，今據其衰殘之狀，固應謝政；追録其謇蹇之忠，委當晋官。既經南京該科具奏前來，相應依擬。合候命下，將張登高升授太常寺少卿，照舊致仕。臣等未敢定擬。

隆慶三年四月十二日題，奉聖旨："張登高准升太常寺少卿致仕。"欽此。

覆南京科道官張應治等劾侍郎洪朝選妄辯疏

題：爲杜私謗，植公論，以嚴察典，以端士風事。考功清吏司案呈，奉本部送，吏科抄出，南京户科等科給事中張應治等、南京江西等道試監察御史潘允哲等各奏，奉聖旨："吏部知道。"欽此。欽遵，通抄送司。

查得隆慶三年三月内，該科道等官鄭大經等參論原任刑部左侍郎洪朝選違例妄辯，已該本部覆奉聖旨："是。洪朝選着閑住。"欽此。今該前因，案呈到部。

看得南京户科等科給事中張應治等、南京江西等道試監察御史潘允哲等各參劾侍郎洪朝選妄辯緣由，張應治等又稱士習大壞，官方欠端，乞要被論官員不許挾讎傾陷各一節。爲照侍郎洪朝選動稱道義，久假時名，一被彈劾，盡露本相。不惟下犯公評，抑且上干法典。但已奉欽依閑住，無容再議。至於考察被論官員不自引咎，紛紛奏辯，搦管投牒，有同聚訟，委於明例有違、士風有玷，相應通行禁革。合候命下，今後大小臣工，言官已經論列之後，未奉朝廷處分之前，仍有暗造飛語、希圖傾陷，明具奏牘、覬望保全者，即係寡廉鮮耻、裂綱凌紀之徒，部院與科道官各加參論，照例奏請處治，以示懲戒。

隆慶三年四月十四日題，奉聖旨："是。"欽此。

覆南京巡倉御史張啓元薦提問知府衛東楚等疏

題：爲循例舉劾有司官員以昭勸懲事。考功清吏司案呈，奉本部送，吏科抄出，巡按直隸監察御史張啓元題，奉聖旨："吏部知道。"欽此。欽遵，抄出送司。

查得知府衛東楚、知縣張憲翔、原任知縣今升工部主事謝師嚴，先該巡按浙江監察御史譚啓論劾，俱經本部覆奉欽依，將衛東楚革職，張憲翔提問，俱行廬鳳巡按御史王友賢提問；謝師嚴革職，行蘇松巡按御史温如玉提問去後。今該前因，通查案呈到案〔一〕。

看得巡按直隸監察御史張啓元舉稱原任揚州府知府、今聽問衛東楚，原任武進縣知縣、今聽問謝師嚴，原任五河縣知縣、今聽問張憲翔，乞要勘明録用一節。爲照知府衛東楚，知縣謝師嚴、張憲翔久在地方，屢經旌薦，才猷均有可稱，操持未聞有議。自御史譚啓論劾以來，不止本處官寮士民極口稱屈，雖同時觀風之臣亦皆相顧駭愕，莫知所自。乃今御史張啓元獨能不避異同，爲之辯白，至謂直方取忤以致風聞，乃被劾之由。公論既已昭明，成案自難拘泥，相應催行勘處。合候命下，備咨都察院，轉行各該巡按御史，將衛東楚等原勘事情作速勘明。文書到日，限一月以裏連人起送赴部，以憑覆奏定奪。

隆慶三年四月二十一日題，奉聖旨："是。"欽此。

覆南京工部尚書林雲同引年留用疏

題：爲衰老不堪供職，循例引年，乞恩休致事。考功清吏司案呈，奉本部送，吏科抄出，南京工部尚書林雲同奏，奉聖旨："吏部知道。"欽此。欽遵，抄出送司，案呈到部。

看得南京工部尚書林雲同奏稱循例引年，乞要休致一節。爲照本官氣度端凝，操持廉正，方與尚書劉采同以耆舊并美留都，雖當引年之期，精力爽健，難以聽其休致。合候命下，行令林雲同照舊供職。但大臣進退出自朝廷，臣等未敢定擬。

隆慶三年四月二十六日題，奉聖旨："林雲同老成端慎，年力未衰，着照舊供職。"欽此。

覆監察御史劉翾條陳考選科道事宜疏

題：爲條議選授事宜，以掄真才，以贊聖治事。文選清吏司案呈，奉本部送，吏科抄出，河南道監察御史劉翾題，奉聖旨："吏部知道。"欽此。欽遵，抄出送司。

查得近該吏科都給事中鄭大經題，爲懇乞遵例選補六科員缺以備侍從等事。又准都察院咨，爲選補風憲官員以備差遣事。隨該本部題奉欽依，行取在外推官、知縣等官，與在京行人、博士、中書舍人、國子監官相兼選用去後。今該前因，查呈到部。

看得河南道監察御史劉翾條陳五事，合就開立前件，議擬上請定奪。

隆慶三年五月初二日題，奉聖旨："依擬行。"欽此。

計開：

一、申嚴課糧之額。前件，臣等看得，行取知縣，關送户部稽查錢糧，原係先今題准事例。但先年行之甚嚴，即如薛宗鎧者，已選禮科，又復發回原縣催徵，以故人心知警，公儲告完。邇來隨查隨回，竟成故事，御史所言深切時弊。合無備咨户部，查有錢糧未完者，行撫按官，務候追徵完日方許起送。司府各官不遵明例，相爲容隱，聽撫按官查實參究。果係水旱殘傷，奉詔蠲免，亦要查覈明報，以憑議處。

一、斟酌繁簡之差。前件，臣等看得，地方有繁簡，則注措有難易，委難概論。合無依其所議，候各官到部之日，會同該院，查照本部刊刻書册逐一詳覈，繁難而稱職者即列上考，簡僻而卓異者方列上考，稱量權度，以均勞逸，以愜人心。

一、覈實素考之案。前件，臣等看得，知人不易，聽言最難。節年行取官員，始而據其薦詞、考語，終而試以身言、書判，本有易簡之道。若使聽信密揭、流言，輒爲軒輊，則是朝廷耳目之任反中險人胸臆之私，臣等久已痛絶，正與御史所見相同。合無如其所擬，以後考選之時會同該院益加詳審，以求至當。

一、辯别限年之例。前件，臣等看得，欲求事君而先欺君，古之名賢深以爲耻。减年之弊，嘉靖初年絶少。自倖進之門一啓，其風始熾，延至今日，尚亦未盡止息。合無候各官行取到日，本部查其年有增減者，非惟不許與選，仍行劣處，以示懲戒。至於限年之制，祖宗蓋有深意，照舊遵行，不宜輕改。

一、調停器使之宜。前件，臣等看得，科道兩衙門均爲朝廷耳目之官，因材授任，原無低昂。合無候各官行取到日，照舊給事中本部自行考選，御史會同都察院考選，悉如御史所擬，不論原取名次先後，詳加評品。某宜於科，某宜於道，務求各當其材。但選擇雖慎，亦難必其一一稱職。廉其舉措，隨宜外轉，仍照本部舊例施行。

議原任郎中岳倫贈官疏

題：爲懇乞録遺忠以勵臣節事。驗封清吏司案呈，奉本部送，准禮部咨送，巡撫宣府等處地方、贊理軍務、都察院右僉都御史王遴奏，要將原任工部屯田司郎中岳倫恤録等因。該本部看得，本官孤忠憤激，屢上封章。首諫南巡，備歷南冠之苦；挺生北塞，允爲北土之英。但終斃牖下，查與原題次等事例相合。既經巡撫官具奏前來，相應復其原職。所有贈官另行題請等因。題奉聖旨："是。岳倫准復原職。"欽此。欽遵。查得郎中該贈太常寺少卿。案呈到部。

看得本官贈官既經奉有欽依，相應照例題請。臣等未敢擅便。

隆慶三年五月初六日題，奉聖旨："岳倫准贈太常寺少卿。"欽此。

覆貴州巡按御史王時舉劾僉事周以魯等去留疏

題：爲道府官員心迹欠明，懇乞聖明勘處，以昭勸懲事。考功清吏司案呈，奉本部送，吏科抄出，巡按貴州監察御史王時舉題，奉聖旨："吏部知道。"欽此。欽遵，抄出送司，案呈到部。

看得巡按貴州監察御史王時舉具題前因，大率謂道府官員心迹欠明，欲要將僉事周以魯降用，知府何維回籍聽勘一節。爲照僉事周以魯年力衰遲，才識庸暗，今春京考之時嘖嘖有議，已在姑留之數。乃今心術險仄，應對反覆，志不飭己，意欲陷人，難以准其降用。知府何維久牧邊府，屢列薦揚。即如打死一十七命，僉事自言止是風聞，明係裝誣，既無姓名，有何可勘，亦難令其回籍。相應通行議擬。合候命下，將周以魯行令閑住，何維照舊在彼用心供職，以保終譽。

隆慶三年五月初十日題，奉聖旨："是。周以魯着閑住。"欽此。

申救原任監察御史詹仰庇疏

題：爲臺臣愚戇不諳事體，懇乞俯賜矜宥，以隆聖治事。仰惟皇上臨御以來，每遇言官敷奏，留神省覽，輒賜允行。即使言未當理，亦下部院看詳。堯之疇咨、舜之明目再見今日，臣等躬逢其盛，何勝慶忭！昨者御史詹仰庇偶上封事，致干天怒，一時臣工相顧驚愕。連日披閱奏抄，始知再照之説果屬狂謬。海濱書生，學淺識疏，意圓語滯，心雖可亮，其事本可罪也。但惟天下之否泰係於言路之通塞，言路通則小往大來而爲泰，言路不通則大往小來而爲否。自昔臺諫未必皆賢，所言未必皆當，然必假之顔色，優之奬賞，無非廣視聽、决壅蔽，于以傾否保泰云爾。仰庇一介之微，進退死生，何足爲惜，但恐此後諸臣以言爲諱，儻有大政舛錯、大奸潛伏，誰復披瀝陳之？保身持禄，雖人臣之利；蠹民害治，非社稷之福也。臣等待罪股肱，受恩深重，不敢不效惓惓之愚。伏望皇明特垂鑒察，將詹仰庇量復一官。萬一不死，容其滌慮洗心，以昭日月照臨之明，以彰天地包含之量。仍乞明諭兩京科道官，有見必言，有言必盡。言果可采，即當行之；言不可采，亦姑置之。務以名賢蹇諤爲期，毋以仰庇譴罰爲戒。將見人知上意所嚮，自當交相感奮，争效其一得之愚矣。臣等無任屏營懇切之至。

隆慶三年五月十四日會題，奉聖旨："知道了。該衙門知道。"欽此。

再議新建伯王守仁封爵疏

題：爲懇乞聖明再議世爵大典，以服人心，以重名器事。先該本部題，該南京廣東等道試監察御史傅寵等奏，奉聖旨："該部知道。"欽此。欽遵。該本部看得，新建伯王守仁世襲一事，始而江西撫按勘議，繼而府部科道會議，揆之公論，似亦允協。乃今南京十三道官復有此奏，係干賞延重典，臣等難以獨議。合無容臣等仍照前例會官議擬等因。奉聖旨："是。"欽此。欽遵。查得誠意伯劉基食禄七百石，乃太祖欽定，靖遠伯王驥一千石，新建伯王守仁一千石，係累朝欽定，多寡不同。今該前因。

臣等會同後軍都督府掌府事、太師兼太子太師、成國公臣朱希忠等，户部尚書臣劉體乾等議得，國朝封爵之典，論功有六，曰開國，曰靖難，曰禦胡，曰平番，曰征蠻，曰捕反，而守臣死綏、兵樞宣猷、督府剿寇咸不與焉。蓋六功者關社稷之重輕，係方輿之安危，自非茅土之封不足報之。至於死綏、宣猷、剿寇則皆一身一時之事，錫以錦衣之廕則可，概欲剖符則未可也。竊照新建伯王守仁，乃正德十四年親捕反賊宸濠之功。南昌、南贛等府雖同邦域，分土分民，各有專責，提募兵而平鄰賊，不可不謂之倡義；南康、九江等處首罹荼毒，且進且攻，人心摇動，以藩府而叛朝廷，不可不謂之勁敵。出其不意，故俘獻於旬月之間，若稍懷遲疑，則賊謀益審，將不知其所終；攻其必救，故績收乎萬全之略，若少有疏虞，則賊黨益繁，自難保其必濟。膚功本自無前，奇計可以範後。靖遠、威寧姑置不論，即如寧夏安化之變，比之江西，難易迥絶，游擊仇鉞于時得封咸寧伯，人無間言。同一藩服，同一捕反，何獨於新建而疑之乎？所據南京各道御史欲要改廕錦衣，似與報功之典未盡，激勸攸關，難以輕擬。合無將王守仁男已襲新建伯王正億不必議改，以後子孫仍照臣等先次會題明旨，許其世襲。但予奪出自朝廷，臣等未敢定擬。

隆慶三年五月十八日題，奉聖旨："王守仁封爵，你每既再議明白，准照舊世襲。"欽此。

覆吏部侍郎王本固乞休留用疏

題：爲多病不能供職，懇乞天恩，容令休致事。考功清吏司案呈，奉本部送，吏科抄出，吏部左侍郎王本固奏，奉聖旨："吏部知道。"欽此。欽遵，抄出送司，案呈到部。

看得本部左侍郎王本固奏稱多病不能供職，乞要致仕一節。爲照本官性資端雅，操履清嚴。年華及艾，正當服政之時；精力稱强，豈是懸車之日？所據奏乞前因，難以輕擬。合候命下，行令王本固在任調理，痊可之日即出供職。不得再陳，致煩天聽。

隆慶三年五月二十三日題，奉聖旨："王本固准暫調理。"欽此。

覆都御史龐尚鵬等議儲養邊材疏

題：爲儲養邊才以圖安攘實效事。文選清吏司案呈，奉本部送，吏科抄出，總理江北等處鹽法兼理九邊屯田、都察院右僉都御史龐尚鵬題，奉聖旨："吏部知道。"欽此。又該巡按直隸監察御史陳于階題，爲條陳邊方要務以責實效事，奉聖旨："該部知道。"欽此。欽遵，抄出送司，案呈到部。

看得總理江北等處鹽法兼理九邊屯田、都察院右僉都御史龐尚鵬，巡按直隸監察御史陳于階各奏稱前因，臣等反復二疏，總其大意，一則欲慎選邊才，預養於未用之先；一則欲久任邊臣，優處於有功之後。其義互發，其事相須，誠有資於用人圖治之計。但兵家之指非口説之難，而身親閲歷爲難，則是儲養邊才豈止當求之郎官，凡邊境之守令正佐皆宜預行掄選；邊疆之務固貴於下能任事，尤先於上能任人，則是優處邊臣不止當隆其爵秩，凡邊事之注措區畫皆當不從中覆。合候命下，本部查照近日題覆都給事中鄭大經所奏廣儲邊才之議，催行兩京堂上、科道官及各總督、撫按官，各將所知堪任邊方督撫、兵備、守令及異途中可作佐貳者，分别南北，不拘内外大小，不論親故仇嫌，略其細疵浮議，人各一疏，坐名奏薦，總候本部登記儲才文簿，隨宜推用。應調補者優處調補，如知縣則加五品職銜，知州則加四品服俸，以至知府以上，莫不皆然。各部寺郎官堪任邊郡邊道者，即資俸未及，量爲超次轉擢，大率視處腹裏之官務加優異。以後選擢兵科給事中、兵部司屬及都察院奏差邊關巡按御史，亦隨於曾歷邊事者取用，以備他日兵備、督撫之選。其各邊督撫、兵備等官防禦獻捷及三、六、九年考滿恩例，先經題奉欽依破格升廕，俱各查照施行。如督撫官果歷任年久，奏有開疆禦胡不世之功，照依先年靖遠伯王驥、威寧伯王越事例，特請封爵，以示激勸。

仍行兵部，備咨各邊督撫重臣，一切邊防戎務聽其便宜行事，不責小挫，不奪浮言，各宜悉心殫力，上副九重宵旰之懷，下慰群黎雲霓之望，方稱委任。

隆慶三年六月初三日題，奉聖旨："依擬行。"欽此。

覆巡撫浙江都御史谷中虛論推官陳一龍留用疏

題：爲議處理刑官員事。考功清吏司案呈，奉本部送，吏科抄出，提督軍務、巡撫浙江等處地方、都察院右副都御史谷中虛題，奉聖旨："吏部知道。"欽此。欽遵，抄出送司。

查得推官陳一龍於本年四月該本部題奉欽依行取去後。今該前因，案呈到部。

看得提督軍務、巡撫浙江等處地方、都察院右副都御史谷中虛題，要將金華府推官陳一龍調用一節。爲照推官陳一龍素稱執法，偶因署印東陽，繩惡過嚴，遂致頑梗之民譟呼稱變。横亂之風，漸不可長。既經巡撫官論奏前來，相應通行議處。合候命下，一面將陳一龍酌量調用，一面移咨都察院，轉行彼處撫按官，務將首惡擒置於法，發遣烟瘴地面，以示後戒，其餘脅從之人姑不深究。不得姑息容縱，效尤松、常童生之事，自壞綱紀。

隆慶三年六月初四日題，奉聖旨："是。"欽此。

議原任少卿夏良勝等贈官疏

題：爲再議應加恤典諸臣以完明詔事。該本部題，驗封清吏司案呈，奉本部送，准禮部咨送，巡撫江西等處地方兼理軍務、都察院右副都御史劉光濟，巡按江西監察御史顧廷對各題稱，原任南京太常寺少卿夏良勝、福建漳州府推官黄直，或以議禮，或以建言，大節均有可稱，嚴譴咸非其罪。既經江西撫按官查勘明確，會薦前來，相應題請。合無將夏良勝、黄直各先復其原職，贈官另行題請等因。奉聖旨:"是。"欽此。欽遵,抄捧送司,案呈到部。

看得各官贈官既經奉有欽依,相應題請。臣等未敢擅便。

隆慶三年六月十四日題,奉聖旨:"夏良勝、黄直贈官俱依擬。"欽此。

計開:

原任南京太常寺少卿夏良勝擬贈太常寺卿;

原任福建漳州府推官黄直擬贈光禄寺少卿。

覆户部尚書劉體乾等參主事熊養中等褫職疏

題:爲司屬貪污,請正法典,以肅官常事。考功清吏司案呈,奉本部送,吏科抄出,户部尚書劉體乾等題。又該巡按直隸監察御史王友賢題,爲貪鄙部臣大肆索騙,乞賜究斥,以重兑運,以安地方事。俱奉聖旨:"吏部知道。"欽此。欽遵,通抄送司。

查得熊養中於隆慶三年四月内升户部廣西司署員外郎事主事,又查得楊枏考察,原以不謹冠帶閑住。今該前因,案呈到部。

看得户部尚書劉體乾等、巡按直隸監察御史王友賢,各參劾原任南直隸監兑、户部福建司主事,今升廣西司署員外郎事主事熊養中貪污不職,乞要查勘斥治,户部又追論主事楊枏各一節。爲照廉介當官之美行,廉耻士人之美節。二三年來,濁風頓息,清議大明,奔競之途已塞,納賄之迹絶少。詎意户部二主事不自愛惜,後先一轍。在楊枏則管鈔九江,搜括羨餘,盡入於私囊;在熊養中則監兑江北,指稱餽送,混入乎公費。蠅營罔利,視之堪憐;鼠伏乞哀,言之可耻。若不重加究治,誠恐中才之士渝行改節,益無忌憚,國體吏治,關係不輕,相應通行議擬。合候命下，將熊養中、楊柟先行革職爲民，仍咨都察院，一行巡撫鳳陽侍郎趙孔昭，會同巡按御史，將熊養中前項贓迹，一行巡撫江西都御史劉光濟，會同巡按御史并九江接管鈔關主事，將楊柟原勘贓私，文書到日，各限一月以裏勘明具奏，以憑提解來京，參送法司，問擬追贓，以示後戒。本部仍行户部，今後各關主事及各處監兑員外郎、主事，斟酌吏科都給事中鄭大經題准事理，事完回部之日，該部一體考察。果有貪迹顯著，如熊養中者，雖差尚未完，訪據的確，即行參革，選官更替。庶幾法既正而群心知警，官得人而百度自貞，舊章不必輕動，新政自爾改觀矣。

隆慶三年六月二十三日題，奉聖旨："是。熊養中、楊柟都革了職爲民，著各該撫按官作速勘明具奏。"欽此。

校勘記

〔一〕"案"，疑當作"部"。

蒲坂楊太宰獻納稿卷八

覆太僕寺卿顧存仁崇重寺丞體統疏

少傅兼太子太傅、吏部尚書臣楊博等謹題：爲明職掌，慎典守，以飭馬政，以隆治安事。文選清吏司案呈，奉本部送，准兵部咨，内開，看得太僕寺卿顧存仁所陳明職掌以專責成，要將本寺寺丞選舉才望之優者以充其任，如光禄、尚寶及南京太僕寺丞之例，各佐少卿行事，俟政績有成，一體超擢。無非崇重寺丞之權，明同寅協恭之誼，相應依擬。但設官分職，各有司存，而更易低昂，本部輒難定擬。合候命下，移咨吏部，再加詳議，題覆施行等因。題奉欽依，備咨到部送司，案呈到部。

看得太僕寺丞原係在京堂上官員，每當給由，與尚寶司丞、光禄寺丞、南京太僕寺丞俱例不考覈，體貌本自崇嚴，職守原非輕小。向因官非其人，遂致體壞於舊。或受管馬丞簿之分例而贓賄多端，或畏印馬御史之糾彈而卑諂可厭。堂卿惡之，耻與爲寮；朝紳鄙之，目爲冗散。臣等深知其弊，以故二三年來慎加掄選，即今在列者頗號得人，漸已改觀矣。該寺復有此論，無非振飭馬政之意，相應斟酌議擬。合無以後寺丞有缺，於賢能推官、知縣并見任各部主事内相兼推補。如果聲迹卓越，查照尚寶、光禄事例，在内擬升少卿等官，在外擬升副使、參議、知府、僉事等官。本寺遇有少卿員缺，許其分任三堂之事。在京則每日赴寺，升堂公座，卿與少卿處以寮寀之禮。出巡則府佐以下悉行屬官之禮，違者聽其移文本寺，具呈吏、兵二部，以憑參治。恭候命下，通行兵部、都察院，轉行各該衙門，一體欽遵施行。

隆慶三年閏六月初三日題，奉聖旨："是。"欽此。

覆盧鳳巡按御史王友賢勘明知縣張憲翔敘用疏

題：爲貪官侵欺軍餉，乞賜究問，以正紀法，以警臣工事。考功清吏司案呈，奉本部送，吏科抄出，巡按直隸監察御史王友賢題，奉聖旨："吏部知道。"欽此。欽遵，抄出送司。

查得先該巡按浙江監察御史譚啓題，該本部看得，本官論劾五湖縣知縣張憲翔侵欺抵餉税銀，妄稱修理支用，又不待查明，輒自離任赴部，乞要提究一節。爲照知縣張憲翔以舉人作縣三年，屢經撫按等官保薦九次，中間開有清介剛方，嚴明節愛，一毫紙贖不私，凡百浮費盡革等語，以故本部照例題請行取，以備考選。今據御史譚啓查出侵欺税銀，事若有據，罪當不止罷斥。但與以前薦語廉貪迥異，必須勘問明白，以服其心。合候命下，移咨都察院，轉行盧鳳巡按御史，行提本官一干人卷，虚心查審。如果欺侵有迹，徑自據法議擬奏請。若係因公支費，無損官箴，仍即起送赴部，另行定奪等因。題奉聖旨："近來有司官員，初任類能矯勵取名，既得保舉，輒便放恣，法宜查究，以懲欺僞。張憲翔著巡按御史提問具奏。"欽此。欽遵，已經行勘去後。今該前因，案呈到部。

看得巡按直隸監察御史王友賢題稱，勘過原任五河縣知縣、後行取張憲翔被劾錢糧，委無侵欺，民懷去思，官箴無議，乞要查處一節。爲照知縣張憲翔雅稱才幹，茂著公廉。止緣禮度之失，遂致劾彈之禍，五河之民憤憤不平久矣。既經該本處巡按御史勘明具題前來，公論已明，相應亟處。合候命下，將本官遇有相應京缺即行推補，以示激勸。

隆慶三年閏六月初九日題，奉聖旨："是。"欽此。

覆遼東巡按御史盛時選奏巡撫都御史魏學曾力疾任事疏

題：爲巡撫官員患病事。考功清吏司案呈，奉本部送，吏科抄出，巡按山東監察御史盛時選題，奉聖旨："吏部知道。"欽此。欽遵，抄出送司，案呈到部。

看得巡按山東監察御史盛時選題稱，巡撫遼東地方、贊理軍務、都察院右副都御史魏學曾放回養病一節。爲照巡撫魏學曾年力方强，韜鈐久諳，自入東遼以來，悉心注措，上下相安，揆以爲官擇人之義，一不宜去。且自郎署以至副都，僅僅五年，中間二代誥封，一子承廕，尤爲優異之典，據其分自當鞠躬盡瘁，原其心豈忍以私忘公？揆以人臣圖報之忠，二不宜去。雖經巡按御史代奏前來，原非沉痼之疾，即目六月，即係往年七月，防秋事重，臣等不敢輕議。合候命下，行令本官力疾視事，不得堅卧不出，再瀆天聽，以負國恩，以失人望。

隆慶三年閏六月初十日題，奉聖旨："是。"欽此。

覆都給事中鄭大經申明贈廕疏

題：爲參論違例祈恩，併乞申明定制，以杜覬倖事。驗封清吏司案呈，奉本部送，吏科抄出，吏科都給事中鄭大經等題，奉聖旨："該部看了來説。"欽此。欽遵。又奉本部送，吏科抄出，原任南京都察院已故右都御史端廷赦妻恭人夏氏奏，爲比例乞恩以圖補報事，奉聖旨："該衙門知道。"欽此。欽遵，通抄到部送司。

查得大臣贈廕恤典事例，係本部掌行。又查得弘治四年五月内，節奉孝宗皇帝聖旨："今後有乞恩贈謚的，恁部裏還要斟酌可否來説，務合公論，不許一概徇情比例濫請。該科記着。"欽此。又查得凡兩京堂上三品以上官病故，弟男比例奏請贈謚者，除謚號行禮部另行具奏，其贈官，本部查其人品、政績具題，取自上裁。又查得嘉靖二十七年，該本部申明事例，今後除奉特旨録廕外，其文職正途京堂三品以上官考滿復職，已經請給誥命者，本部查無過犯被劾，方與題請録廕。中間如有雖經被劾而公論稱屈，及不係干礙行檢者，仍行具由奏請定奪。若年遠違例，妄行陳乞者，聽該科參奏治罪等因。題奉世宗皇帝聖旨："依擬行。"欽此。又查得凡廕子未仕而故，及先由録廕而後中科目者，止許補廕一人。補廕之子又故，不許再補。今該前因，又查得抱本人係端鈳。通查案呈到部。

看得吏科都給事中鄭大經等，參論原任南京都察院右都御史端廷赦妻恭人夏氏違例祈恩，欲將抱本人參送問罪，併乞申明定例，以杜覬倖各一節。連日呼喚端鈳不到，顯是逃回原籍，除移咨都察院，轉行彼處巡按御史提問發落外。爲照京堂三品、二品官，原未被劾、考滿復職者，許廕一子入監讀書。雖經被劾，查與行檢無礙者，節奉特旨，亦廕一子入監讀書。廕子未仕而故，及已廕而中式者，止許補廕一人。載在令甲，甚爲明切。自我皇上臨御以來，因奉恩詔，往往混行陳乞，不止夏氏一人。本部痛加裁抑，該科力爲參駁，並未嘗輕與題覆。大率希澤徼福，知而故奏者固多，僻壤窮鄉，不知而誤奏者亦間有之，委應申明以□〔一〕倖途。合候命下，容臣等將前項贈廕事例刊刻揭帖，分發各處撫按衙門，通行知會。以後再敢奏擾，聽本部與該科參奏，不止罪及生者，仍將死者原官量爲削奪，以示懲戒。

隆慶三年閏六月二十四日題，奉聖旨："是。"欽此。

覆都給事中張鹵劾閑住侍郎何遷不許起用疏

題：爲預陳用人理財大要，以飭臣工，以承明詔事。考功清吏司案呈，奉本部送，吏科抄出，兵科都給事中張鹵題，奉聖旨："該部看了來説。"欽此。欽遵，抄出送司。

查得嘉靖四十一年，該刑科給事中趙灼題，爲糾劾不職臣工懷奸積蠹，懇乞聖明亟賜罷斥，以清仕路事，内開南京刑部右侍郎何遷僞學亂真，空談惑衆。撫江右而倚彭孔爲腹心，流殃全省；列薦剡而納董仕仁之賄賂，貽臭一時。行訪察於離任之時，惟圖罰贖；索關防於交代之際，專務貪求。今處比部之尊，猶放縱不檢，敢於欺天欺人而不顧焉。節奉世宗皇帝聖旨："着冠帶閑住。"欽此。除通行欽遵外。今該前因，案呈到部。

看得兵科都給事中張鹵題稱用人、理財二事，除理財户部徑自議復外，其用人大率要慎於薦舉，仍要本部將侍郎何遷再加詳議品第一節。爲照人臣之義，功莫大於薦賢，罪莫大於蔽賢。若使以不肖爲賢，不知而誤薦之則罔，知而故薦之則欺，其罪均在蔽賢之上。即如奏内侍郎何遷依附嚴嵩，蠖屈鼠伏；交結彭孔，婢膝奴顔。鄉評不齒於湖南，貪迹大彰於江右。論其品則極其低下，考其才則寔無片長。彼時清議不容，言官論劾，猶得冠帶閑住，誠爲漏網。不知都御史孫應鰲何所見聞，特行疏薦，若非鰲之黨庇，必是遷之夤緣。該科指名參奏，輿論翕然稱當。即今南北多事，奉有欽依，正在明揚之際，委當申飭以嚴稱匪其人之戒。合候命下，將何遷仍令閑住，不許再圖起用。本部通行兩京九卿、科道及各該撫按衙門，查照先今事理，較量南北，人各一疏。如果真知其賢，雖十數人亦不爲多；知之不真，雖三五人亦不爲少。不得將罪過如何遷者濫行舉薦，亦不得漫無可否，附和雷同，以負聖明側席之意。中間果有弘才異等，偶被負俗之累者，仍照本部原題事理一體開薦，以憑具奏定奪。

隆慶三年七月初七日題，奉聖旨："是。人才貴有實用。如有徇情濫舉，以致日後僨事的，查照前旨並舉主一體坐罪。"

欽此。

覆議太常寺應屬禮部疏

題：爲申明職掌以便遵守事。文選清吏司案呈，奉本部送，吏科抄出，太常寺卿陳慶等題前事。又該禮部尚書兼翰林院學士高儀等題，爲太常冗員已經奉旨裁革，寺官復行飭奏，懇乞宸斷，以杜瀆擾，以一政體事等因。俱奉聖旨："吏部知道。"欽此。欽遵，通抄到部送司。

查得弘治十三年九月初三日，吏部等衙門太子太傅、尚書等官屠滽等題，爲申明舊例以正體統事。先該太子少保、禮部尚書徐瓊等題前事，内稱太常寺卿崔志端抗違明旨，不行造報厨役文册，又要將厨餘徑自頂補。及稱該寺不係本部所屬。檢照《諸司職掌》，膳部項下俸給一條備開太常等衙門。及查洪武一十六年間欽依造報職掌文册，内開太常寺厨役四百一十名。設若不應職掌，孰敢造報？則是祖宗以來職掌已定。且該寺所行，如祭祀牲口等物及樂舞生并一應厨役，不敢自出勘合行移各該司府州縣僉補，俱開呈本部定奪，轉發施行。上下統屬，事體不紊，聖祖良法美意，萬世遵行而不可易。又查得景泰七年，本部尚書胡濙爲因厨役事，據例覆奏，奉景皇帝欽依："只依洪武年間，由禮部行，不許徑自行，有失體統。"欽此。欽遵。且胡濙係洪武年間人，歷任年久，備知洪武年間事例。若不應職掌，彼時覆奏，豈敢稱洪武、永樂年間厨役由本部定奪？照得光禄寺之于本部，太僕寺之于兵部，各安體統，罔有紛更。今太常寺與二寺事體相同，似此紛更，關係不細。如蒙乞敕各官會議明白，奏請定奪等因。奉欽依："着各官公同會議明白來説。"欽此。欽遵。隨該太常寺卿崔志端等題，爲不遵舊例，故違祖宗成法事，内稱祖宗設立太常寺，以奉天地神明，其來遠矣，未聞其有所統屬也。

《傳》云："國之大事，在祀與戎。"戎即兵部所掌，祀即本寺所司是也。太常既與兵部爲伍，則其秩難與光禄、太僕二寺相同明矣等因。奉欽依："着各官一併議了來説。"欽此。欽遵。又該户科給事中叢蘭題稱，我朝設立衙門，惟六部、都察院、通政司、大理寺各分一職，不相統屬。而太常寺、光禄寺之屬禮部，太僕寺之屬兵部，自國初至今，行移往來，名分一定。可見本寺乃祠部中之一事，與光禄寺爲膳部之一事、太僕寺爲駕部之一事相同。以此三事乃事之大者，所以又設此三寺衙門以專之耳。今太僕寺既屬兵部，光禄寺既屬禮部矣，獨太常寺與禮部齊等可乎？崔志端等乃謂本寺與光禄寺、太僕寺事體不同，不係禮部統屬，悖謬妄誕，莫甚于此。伏望皇上將崔志端等拿送法司，明正典刑，以爲將來變亂成法者之戒等因。奉欽依："是。該衙門知道。"欽此。欽遵。臣等會同後軍都督府等衙門掌府事、太師兼太子太師、英國公等官張懋等看得，禮部、太常寺節次題奏，事情大略有三，一件厨役造册，一件厨餘補役，一件衙門體統。臣等查得洪武年間事例，參詳《諸司職掌》諸書，公同議得，前二件，本寺明知禮部節奉皇上聖旨，自合遵依施行，不合故違。後一件，明知本部〔二〕事務原屬禮部，不合妄奏。所以户科給事中叢蘭劾奏本寺卿崔志端愈無忌憚，忍爲欺罔，直欲攀援六部，頡頏九卿。其餘僚佐又皆依阿朋比，釀成此舉。要將崔志端等拿送法司，明正典刑，以爲將來變亂成法者之戒，乞另選賢能以補前任等因，不爲無見。合行都察院，行提崔志端，少卿馬宗遠、黄寶，寺丞趙繼宗、王甫廣、周序、鄭常容，並提首領官吏，問擬如律。首領官吏先行發落，崔志端等通行奏請定奪等因。具題，本月十一日奉孝宗皇帝聖旨："是。崔志端等并首領官吏本當究問，且都饒這遭。"欽此。今該前因，通查案呈到部。

看得太常寺與禮部各奏前因，大率俱爲裁革冗員一事。在禮部則奉旨議處，卓有節財省費之忠；在該寺則奉職嚴恪，恐有缺人誤事之患。詞皆因公，意非徇私。但太常寺之屬禮部，乃祠部中之一事，正猶太僕寺之屬兵部，乃駕部中之一事，光禄寺之屬禮部，乃膳部中之一事。我朝設官分職，以六部爲政本，自都察院、通政司、大理寺之外，未有頡頏六部者，祖宗良法美意深且遠矣。景泰年間，尚書胡濙習知洪武以來之事；弘治年間，尚書徐瓊習知成化以前之事。今其言具在，咸謂太常寺自來屬於禮部。且彼時又經五府九卿會議，英國公張懋首爲具題，豈是雷同附和之流？孝宗皇帝特賜允可，仰見明良都俞之盛，蓋固不可謂之部屬，亦不可謂之統屬，不待今日禮部之辯已自明析。其協律郎等官，禮部所裁爲是，該寺所言爲非。即如郊天之禮，始自聖祖，國初止設官十員，不聞廢禮；於後逐漸增至二十七員，更不聞廢禮；今又增二員爲二十九員矣。是故分立九廟之後，則當添官；合九廟於太廟之後，則當減官。因時損益，自是政體。至於祠祭司與典簿廳手本不行僉名，亦自有説。六部與五府均爲文武大臣，六部二品衙門，與五府則僉名畫字；五府一品衙門，與六部則押字，不僉姓名。祠祭郎中乃大九卿，五品司屬，典簿廳典簿乃小九卿，七品首領，可以平行而漫無分别乎？變文移爲手本，一時簡便之法；行手本而不僉名，先年調停之義。原無差錯，難稱改正。合候命下，行令太常寺照舊屬之禮部，一切事宜俱照節年事例施行。存留與裁革各官，仍依本部覆題事理一體遵守。祠祭司手本，以後用印而不僉名，悉仍其舊。不得再行奏擾，仰瀆天聽。

隆慶三年七月十九日題，奉聖旨："是。"欽此。

覆南京工部尚書林雲同請老不允疏

題：爲懇乞天恩哀憐衰老，賜歸田里，以全骸骨事。考功清吏司案呈，奉本部送，吏科抄出，南京工部尚書林雲同奏，奉聖旨："吏部知道。"欽此。欽遵，抄出送司，案呈到部。

看得南京工部尚書林雲同奏稱衰老，乞賜歸田，以全骸骨一節。爲照本官年齡雖已七帙，文行卓冠群倫，向以引年乞休，已蒙温旨勉留。乃今復有此請，耆舊老成，臣等實不敢輕議。合候命下，行令林雲同照舊供職，以報國恩，以慰人望。不得再陳，重失大義。

隆慶三年八月初七日題，奉聖旨："林雲同着照舊供職。"欽此。

覆南京吏部尚書吴嶽乞休留用疏

題：爲衰病危迫，五乞天恩容令休致，以延殘息事。考功清吏司案呈，奉本部送，吏科抄出，南京吏部尚書吴嶽奏，奉聖旨："吏部知道。"欽此。欽遵，抄出送司。

案查先該本官三次具奏休致，俱該本部覆奉欽依，行令供職外，續又奏，爲衰病危迫，四乞天恩容令休致，以延殘息事，奉聖旨："卿清望素著，年力未衰，宜遵近旨供職，不准辭。吏部知道。"欽此。俱經備咨欽遵去後。今又具奏前因，通查案呈到部。

看得南京吏部尚書吴嶽五奏乞休，情詞懇切，具見恬退之義。但惟本官清望素著，年力未衰，已蒙温旨勉留。人惟求舊，臣等仍不敢輕議。合候命下，行令吴嶽照舊供職，以答天恩，以副人望。

隆慶三年八月初九日題，奉聖旨："吴嶽着照舊供職。"欽此。

覆科道官鄭大經等申嚴薦舉疏

題：爲乞嚴甄别，以辨人材，以裨聖治事。文選清吏司案呈，奉本部送，吏科抄出，吏科都給事中鄭大經題。又該河南道監察御史郝傑題，爲公用舍，惜人才，以禆吏治，以光聖政事。俱奉聖旨："吏部知道。"欽此。欽遵，抄出送司，案呈到部。

看得吏科都給事中鄭大經、河南道監察御史郝傑各具題前因，大率皆爲近日薦舉邊材一事。在鄭大經則欲從公品騭，分爲二等，在郝傑則欲詳加酌議，痛革三弊各一節。爲照求才貴廣，不當摘其細行之疵；掄才貴精，惟當取其大節之正。即如一時在廷諸臣，或同薦一人，匪爲阿黨；或獨薦一人，匪爲偏徇。要之各舉所知，以盡以人事上之義。但中間一二不無可議，或名厠考察，或行勘未完。或封疆失守，幸逭於刑書；或行履逾閑，不滿於士論。若使一概起用，未免重爲明揚之累。所據該科該道欲要嚴加甄别，無非辨人材以禆聖治之意，相應通行議擬。合候命下，將薦到各官，除見任外，但係養病、丁憂、聽勘、聽調、閑住、致仕者，逐一從公甄别，應該起用與不應起用，明白開奏，取自聖裁。仍容臣等酌量南北，隨才器使，務適其宜。以後果有巧獵虚聲、詐病規避者，定行裁抑駁究，以正士風，以清吏治。一面通行南北科道官并各處撫按官，均當以愛惜人材爲主，不得專意摶〔三〕擊，甚至參以喜怒愛憎，以負朝廷耳目之寄。事下部院，亦要從公裁覆，不得依違兩可，以負委任。其南京并各該撫按，候薦到之日另行一體甄别。庶幾所進皆賢，不賢者不得以倖進，在臣等今日可免不明之咎，在諸臣他日亦自無不任之議矣。

隆慶三年八月十三日題，奉聖旨："是。"欽此。

覆給事中駱問禮劾都御史塗澤民留用疏

題：爲亟處驕妄大臣以重要地事。考功清吏司案呈，奉〔四〕部送，吏科抄出，南京兵科署科事、南京刑科給事中駱問禮奏，奉聖旨："吏部知道。"欽此。欽遵，抄出送司，案呈到部。

看得南京兵科署科事、南京刑科給事中駱問禮劾稱，巡撫福建、都察院右僉都御史、功升右副都御史塗澤民驕恣不職，欲要亟爲議處一節。爲照都御史塗澤民頃者一二注措委涉任情，該科指名舉奏，誠不爲過。但惟巨寇初平，餘燼未熄，本官發蹤之功方蒙優録，地方安袵之休正切依賴，若使即行别處，不無可惜。伏望皇上容令照舊撫循，特勤天語，令其虚心平氣，開誠布公。人材必甄其臧否，毋徇乎喜怒之偏；兵計必審其機宜，務臻乎修攘之效。以報天恩，以慰人望。

隆慶三年八月二十七日題，奉聖旨："塗澤民着策勵供職。"欽此。

覆部院科道官薦舉尚書黄光昇等酌用疏

題：爲薦舉人材以備録用事。文選清吏司案呈，奉本部送，吏科抄出，户部等衙門尚書等官劉體乾等各題，奉聖旨："吏部知道。"欽此。欽遵，俱各通抄到部送司。

案查先該吏科都給事中鄭大經、兵科都給事中張鹵題，俱該本部覆奉欽依，通行兩京九卿、科道并在外撫按官，查照本部原覆事理，不問資格崇卑，或所屬，或不係所屬，如果真知其賢，人各一疏，薦舉前來，以備録用。已經通行去後。今該前因。

查得各官所薦，原任山西巡撫右副都御史楊巍，近已起用。

兵部左侍郎、今升南京都察院右都御史曹邦輔，總理河道右副都御史翁大立，福建巡撫右僉都御史塗澤民，四川巡撫右僉都御史嚴清，總理鹽屯右僉都御史龐尚鵬，應天巡撫右僉都御史海瑞，太常寺少卿、今給假歐陽一敬，太僕寺少卿阮文中，南京太僕寺少卿殷從儉，南京鴻臚寺卿史朝賓，户部雲南司郎中吕藿，四川司郎中袁三接，兵部職方司郎中孫應元，武庫司員外郎劉漢儒，户部雲南司員外郎吴哲，主事杜友蘭，湖廣司主事李充實，廣西司主事雒遵，兵部武選司主事韓應元，職方司主事朱潤身，工部都水司主事唐鍊、張純，南京吏部文選司郎中、今升尚寶司少卿汪宗伊，南京户部廣東司員外郎馬豸，南京刑部陝西司主事覃應元，南京太僕寺寺丞霍與瑕，福建道御史蒙詔，雲南道御史鍾繼英，湖廣左布政劉佃，廣東左布政熊汝達，福建左布政陳典，山東右布政陳瓚，陝西右布政曹金，河南右布政梁夢龍，江西按察使殷正茂，浙江按察使陳道基，湖廣按察使何寬，廣東按察使張子弘，雲南按察使徐栻，四川按察使朱綱，河南左參政孟重，四川右參政曹科，山西右參政楊錦，雲南右參政朱袗，福建右參政周賢宣，陝西右參政馮舜漁，湖廣右參政、管荆州府事趙賢，陝西副使張守中，浙江副使毛鋼、劉有誠，福建副使潘一桂，山西副使鄭洛、方逢〔五〕時、楊綵，易州副使何東序，淮揚副使傅希摯，江西副使陳萬言，山東副使喬應光、朱卿，河南副使張佳胤，山東右參議顔鯨，河南右參議董文寀，廣西右參議曹楝，湖廣右參議李堯德，四川右參議張子仁，山東僉事宋守約，山西僉事劉時秋、艾杞、崔鏞，河南僉事申佐，江西贛州府知府黄扆，浙江紹興府知府岑用賓，河南汝寧府知府史桂芳，懷慶府知府紀誠，山東東昌府知府洪忻，山西太原府知府蔡可賢，湖廣承天府知府何子壽，四川成都府知府盧仲佃，順慶府知府徐學古，直隸廣平府同知劉宗岱，直隸蘇州府同知張雲鷺，山西蒲州知州許希孟，以上八十二員俱見任。

原任甘肅巡撫右僉都御史石茂華、總理河道右副都御史潘季馴、刑部陝西司主事李材、南京江西道御史張士珮、廣東左參政謝鵬舉、山西副使周斯盛、山東副使張學顔，以上七員俱丁憂。

原任兵部左侍郎吴嘉會，南京兵部右侍郎喻時，福建巡撫右僉都御史汪道昆，順天巡撫右僉都御史徐紳、温景葵，應天巡撫右僉都御史張景賢，雲南巡撫、兵部尚書兼右都御史吕光洵，協理京營戎政右僉都御史李燧，雲南左參政梅守德，福建左參政馮皋謨，廣東副使劉穩，十一員俱係覆准起用。

原任太常寺少卿陸光祖，係另行議處。

原任兵部左侍郎吴桂芳、遲鳳翔，兵部右侍郎冀鍊，南京户部右侍郎盛汝謙，南京兵部右侍郎劉畿，河南巡撫右副都御史孟養性，河南巡撫、户部右侍郎兼右僉都御史王國光，江西道御史劉存義，以上八員俱係養病。

原任遼東巡撫右僉都御史張西銘，係聽候別用。

原任大同巡撫右僉都御史張志孝、保定巡撫右僉都御史温如璋，俱係調外任。

原任陜西參政羅瑶、福建副使唐九德，俱係改用。

原任南韶兵備副使馮謙、福建副使宋儀望，俱係聽降。

原任山東按察使謝孟金，係聽勘。

原任貴州巡撫右副都御史康朗，係覆再訪。

原任總督南京糧儲右副都御史曾于拱，係閑住。

原任刑部尚書黄光昇、貴州巡撫右副都御史陳洪濛、廣西左布政王宗沐、陜西副使張天馭、徐州兵備副使陳奎、廣東副使陳紀、山西副使廖逢節、直隸真定府趙州知州蔡懋昭，俱係致仕。

原任山西巡撫、兵部右侍郎兼右僉都御史萬恭，貴州按察使盧岐嶷，陜西左參政姚九功，俱係考察閑住。

原任順天巡撫都御史馬九德，係以邊儲虧折閑住。

原任廣西思恩府同知党緒，係被劾不謹。

原任山東左參議張問仁，係考察不謹。

原任順天巡撫都御史馬珮，係罷職。

原任遼東巡撫都御史路可由、永平副使沈應乾，俱係革職。

原任尚書兼都御史趙炳然、河南副使楊準，俱已病故。

通查案呈到部。

看得在京九卿、科道官疏薦人材，大率皆爲南北兵計。即如兩京兵部堂屬，各省鎮總督、提督、巡撫、操江、撫治，及沿邊沿海守巡、兵備等官，悉皆於中掄選。其餘不係兵計者，自難借此以圖登進。除新升侍郎楊巍與右都御史曹邦輔等八十二員俱見任，聽候以次擢用；都御史石茂華等七員係丁憂，侍郎吴桂芳等八員係養病，候其服闋、痊可酌量推用；侍郎萬恭係奉詔糾劾，考察閑住；参議張問仁係部院考察不謹；按察使盧岐嶷、參政姚九功係開讀撫按，考察閑住；同知党緒係被劾不謹，例不起用；尚書趙炳然、副使楊凖近已病故外；其餘各官相應通行甄别。合候命下，將尚書黄光昇，都御史曾于拱、陳洪濛，少卿陸光祖，副使陳奎、張天馭、陳紀、廖逄〔六〕節，知州蔡懋昭，與同先次題准起用尚書吕光洵，侍郎吴嘉會、喻時，都御史汪道坤、温景葵、張景賢、李燧、徐紳，參政梅守德、馮臯謨，副使劉穩，聽候别用。都御史張西銘遇有中外相應員缺，不必拘其原官，酌量擬用。聽調外任都御史張志孝、温如璋改調邊方。參政羅瑶聽改。副使唐九德聽降。副使馮謙、宋儀望各仍照原資遇缺銓補。按察使謝孟金，催行原勘衙門，文書到日，限一月以裏作速完報。都御史馬珮、馬九德、路可由、康朗，布政使王宗沐，副使沈應乾，雖經薦舉，緣非邊才，俱難一概起用。

隆慶三年九月初二日題，奉聖旨："這所薦人才，你部裏須要斟酌停當，見任的量才拔用，其餘的必真有邊才，方許起用，不許一概濫叙，以長奔競之風。"欽此。

覆巡撫廣東都御史熊桴養病疏

題：爲巡撫重臣患病事。考功清吏司案呈，奉本部送，吏科抄出，巡按廣東監察御史楊標題，奉聖旨："該部知道。"欽此。又該巡撫廣東地方兼贊理軍務、都察院右僉都御史熊桴奏，爲痼疾愈加沉重，曠廢職業，再乞天恩，早賜骸骨還鄉事等因。奉聖旨："吏部知道。"欽此。欽遵，通抄送司。

案查先該熊桴奏稱病勢十分危篤，該本部看得，廣東地方海寇初平，山賊尚熾，正賴督撫總理，已將奏詞立案，及咨行本官，在任隨便調理，力疾供職去後。今該前因，案呈到部。

看得巡按廣東監察御史楊標題稱，巡撫廣東右僉都御史、功升右副都御史熊桴患病，乞容回籍調治，及該本官再奏，痼疾愈加沉重，乞要骸骨還鄉一節。爲照都御史熊桴自撫廣東以來，正值群凶擾攘之際，竭精調度，元惡就擒，一應善後事宜方賴經理，乃今久患危疾，誠爲可惜。既該巡按官代奏前來，別無詐假情弊，相應依擬。合候命下，行令本官回籍調理，痊可之日有司具奏起用。遺下員缺，照例會官推補。

隆慶三年九月十四日題，奉聖旨："熊桴准回籍調理，員缺即便推補。"欽此。

覆宣大巡按御史燕儒宦申明將官有司職守疏

題：爲明職守，嚴責成，以固邊防，以保萬全事。吏科抄出，巡按直隸監察御史燕儒宦題，奉聖旨："吏、兵二部知道。"欽此。抄出到部。

卷查先准兵部咨，爲北虜衆强，大肆猖獗，兵馬寡弱，重鎮危急，懇乞天恩早賜整飭，以固邊圉等事。該鎮守大同總兵官趙岢題，該兵部覆議，若有司官平時不行修築城堡，聞報不肯嚴行收斂，以致城堡殘破、殺虜人民者，比照被賊侵入境内、擄掠人民律例，一體參治。題奉欽依，備咨前來。今該前因。

臣等會同兵部尚書臣霍冀等看得，巡按直隸監察御史燕儒宦具題前因，大率謂總兵官趙岢近議大同一鎮民堡，題准責令有司修理。如或修築不固，收斂不時，致虜攻殘，律以守備不設之罪，似爲太過。欲將前例另議上請，仍乞天語叮嚀，但有邊報，總兵官率衆堵截，虜不能入，即爲上功。賊既入境，總兵官舍生血戰，追賊出境，不得殘害地方、攻陷堡寨，即爲次功。若縱賊侵掠，觀望失機，罪難假借。其有司修築不固，收斂不早，俱聽督撫參究各一節。

爲照大同地方軍民錯居，本難齊一，而王府侍衛參於其間，尤爲作梗，以故總兵趙岢近有責成有司之議。據其心本爲救弊補偏，考其詞未免意圓語滯。蓋失陷州縣專城，自是有司之罪。若使一堡傷殘，一寨攻毁，即擬侵入境内、虜掠人民之律，不惟人情不堪，抑且國法有礙，相應通行酌議。合候命下，兵部移咨總督右都御史陳其學，備行該鎮巡官，嚴行兵備、守巡各道，文書到日爲始，屯堡仍責之軍衛，民堡仍責之有司，侍衛堡寨仍責之長史司，各一體修築。一遇有警，各照堡分分投收斂。如致誤事，督撫官即將有司、長史參究重治，不用守備不設律例。其總兵官止督軍衛堡分，不必干預有司。至於拒虜不能侵突入邊，即爲將官上功；逐虜不得殘害地方，即爲將官次功；縱虜入邊不能堵截，視虜攻陷不能救援，均屬將官失機之罪，自難推避。悉如所擬查照施行。

隆慶三年九月十八日會題，奉聖旨："是。"欽此。

議巡撫廣東都御史熊桴贈官疏

題：爲仰仗天威，官兵奮戰，生擒倭王，飛報大捷事。驗封清吏司案呈，奉本部送，准兵部咨開，巡撫廣東都御史熊桴生前獲有軍功，應該優恤等因。

案查先准文選清吏司付稱，總督兩廣福建軍務、兼理糧餉兼巡撫廣西地方、都察院右都御史兼兵部左侍郎劉燾等題，爲仰仗天威，官兵會剿海賊，生擒曾酋，斬獲醜類，飛報異常大捷，以仰紓聖明南顧事。節奉欽依，熊桴升右副都御史，廕一子入監讀書，案候在卷。今該前因，案呈到部。

看得原任巡撫廣東地方兼贊理軍務、都察院右副都御史熊桴，博大精明，忠誠慷慨。群凶就殄，方收海晏之功；一疾云亡，詎意天奪之速。以死勤事，委當特贈一官，以爲人臣致身者之勸。

隆慶三年十月十四日題，奉聖旨："熊桴贈兵部左侍郎。"欽此。

覆給事中張國彦遇詔補給敕命疏

題：爲比例陳情，懇乞推廣天恩，溥賜封典，以全人子至情，以彰聖明達孝事。驗封清吏司案呈，奉本部送，吏科抄出，兵科給事中張國彦奏，奉聖旨："吏部知道。"欽此。欽遵，抄出到部送司。

查得嘉靖七年八月内，該通政使司左參議杜柟奏稱，丁憂在京，候領勘合，恭遇恩詔，乞要比照給事中張潤身等事例，請給誥命。又該南京國子監司業江汝壁奏稱，先任翰林院編修，丁憂在家，恭遇嘉靖三年四月内恩詔，乞要比照主事汪堅等事例，請給敕命。該本部備查，天順以來丁憂、養病、給假，但係見任官員，節有准給事例。覆奉世宗皇帝聖旨："既係累朝已行之例，實我祖宗廣愛敬之意，不必變更，都准照例給與。該衙門知道。"欽此。欽遵外。又查得隆慶元年二月十七日欽奉敕諭，内開："文官一品至九品，各給與應得誥敕。"欽此。二年三月十一日詔書，内開："兩京文官一品至九品，各給與應得誥敕。"欽此。俱經通行欽遵去後。今該前因，通查案呈到部。

看得兵科給事中張國彦奏稱丁憂回籍，遇蒙隆慶元年、二年兩次恩詔，未及霑被，乞要比例請給應得敕命一節。爲照遇詔覃恩，丁憂、養病、給假官員父母均得霑被渥典，推廣愛敬，委有累朝已行之例，不止編修江汝壁一人而已。況奉有世宗皇帝明旨"不必變更，都准照例給與"，相應依擬。合候命下，將張國彥父母應得敕命查照給與，其餘丁憂、養病、給假者，果在隆慶二年三月十一日以前遇蒙恩詔，例應請給父母誥敕，候其復除之日移文到部，即與具題，不必紛紛陳奏，致煩天聽。臣等未敢定擬。

隆慶三年十月二十二日題，奉聖旨："是。"欽此。

參典史張儀誣奏司官疏

題：爲劣升官員挾私裝誣選司，大傷國體事。考功清吏司案呈。近該直隸真定府元氏縣典史張儀奏，爲遵明旨，糾官邪，明國法，正士習，殄鑽刺，以安民生事。伏蒙皇上洞燭其妄，敕下法司提問，懲奸振紀，一時人心無不稱快。但中間干係本部考察、選法二事，若不題請明白，不惟中彼污衊之私，亦且無以上彰聖世平明之治，呈乞查處，案呈到部。

臣等看得，直隸真定府元氏縣典史張儀具奏前因，信口裝誣，不下數千餘言，除瑣屑者不敢煩瀆天聽外，括其大者概有四事：其一謂行取不公，又四川人升補主事不當，皆員外郎滕伯輪之私。查得行取官員，出自部院公同查訪。于時伯輪尚任考功員外，絶無相干。其四川主事員缺，本部悉心咨議，咸謂安福縣知縣陳惟直可用。蓋陳惟直志向端謹，雅有實政，比之元氏縣知縣古之賢性氣浮華、巧獵虛聲者不同。慎簡所屬，實臣等堂官之事，伯輪有何與乎？其一謂員外郎滕伯輪私厚鄉親，將真定府知府陳奎推升副使，京考又不行考黜。查得陳奎先任知府，節經督撫、巡按、巡關等官劉燾、張師載、宋纁、董學、顔應賢、王乾章、徐爌等旌薦，隆慶元年六月，歷俸三年之上，方升徐州兵備副使。伯輪時尚任禮部主事，安得遽執吏部之權？及至京考之日，臣等部院與尚書馬森等面相訂證，謂陳奎先在户部，一無可議，以故擬注存留項下。考功司承行者，郎中李世達也，與伯輪有何與乎？其一謂員外郎滕伯輪與貪肆副使何東序表裏爲奸，營升紫荆，又替被劾都御史温如璋鑽刺打點。查得東序、伯輪既未同官，又非同科，南北隔遠，曾未識面。紫荆三關，胡虜窺伺之地，利害極重，人人畏避，真同陷穽，東序獨營求爲之，不情甚矣。且如璋以開府之臣謫調外寮，至今未補，又何用鑽刺打點乎？其一謂真定府知府陳燁、順德府知府費堯年皆稱賢能，員外郎滕伯輪不當考謫，郎中徐濬不行□〔七〕衆升遷。查得陳燁、費堯年相繼榷税杭州，物議沸騰。部院惜其年力方壯，止擬不及。本部惡其操履不端，不敢擬升。劑量斟酌，悉關激勸，與徐濬、滕伯輪有何與乎？臣等反覆參詳，止緣從公將伊劣升南京豹韜衛左倉副使，不自反己，逞肆刁潑，欲將當事之臣一網打盡。内則揭單呈堂者該司官也，以員外郎滕伯輪之謹飭而極其詆毁，以郎中徐濬之清謹而巧爲中傷。外則親臨者巡撫都御史、副使、知府也。陳奎嘗注儀考詞，有巡捕有議之語。魏尚純、張師載、温如璋、何東序俱係儀本管上司，相臨日久，必有束縛過嚴之怨。蓋屬官之于上司，有父兄子弟之義。即使張師載等如果不法，在兩京有科道官，在本處有巡按巡屯等官，自能糾舉，何俟于所屬之一典史乎？傷風敗俗，裂綱毁紀，此誠我朝二百年來未有之事。况今聖主明明于上，閣臣穆穆于下，賄賂絶迹，奔競頓息，大小臣工靡不精白一心，以承休德。乃猶駕言納賄鑽刺，略有效嚴世蕃之例，青天白日，含沙射影，竟不知其爲何心也。除儀已蒙聖明處分，不敢再議外。但惟文選司官職掌銓務，關涉頗重，連日被誣，司官心切不甘，相率求去，以後不職官員雖一人亦不敢劣升，行取官員雖一人亦不敢劣處。臣等與有統均之責，心竊憂之，相應亟行議擬。合候命下，將郎中徐濬、員外郎滕伯輪、主事陳惟直，俱令用心修職，毋以議論之訛而輒求引避，毋以求全之毁而過爲驚疑，仰戴日月之明，下盡涓塵之報，世道、銓曹不勝幸甚。

隆慶三年十一月二十一日題，奉聖旨："這事情既與徐濬等無干，着用心供職。"欽此。

奉諭自陳乞罷疏

奏：爲自陳不職，懇乞天恩亟賜罷黜，以端政本事。隆慶三年十二月初一日，該内閣大學士李春芳等傳示聖諭："近來灾異頻仍，多因部院政事不調，假公營私，聽信刁風，濫受詞訟，誣害平人，致傷和氣，着廠衛暗訪來奏。"欽此。欽遵，抄出到部。臣等捧讀再三，汗流浹踵。仰惟皇上臨御以來，敬天法祖，勤政懋學。人心既悦，天意自得，諸福之物、可致之祥理當駢至。乃今蟲蝗水患、地震木冰之灾，種種爲異，委皆部院之臣政事不調所致。竊念臣等待罪銓曹，職專甄别。不公之弊固不敢爲，不明之咎難以自文。即如大小司刑官員，如果假公營私，聽信刁風，濫受民詞，誣害平人，其人皆由臣等注擬，終而刑罰不中，始於舉錯失平，召灾致戾，臣等寔爲之首。伏望聖慈少寬斧鉞之誅，先將臣等亟賜罷黜，以答天戒，以儆臣工。臣等無任惶悚戰慄之至。

隆慶三年十二月初二日奏，奉聖旨："卿等宜安心供職，不准辭。"欽此。

覆山西巡按御史郜永春劾屯鹽都御史龐尚鵬留用疏

題：爲亟罷憸佞負國，以正士風、裨國計事。考功清吏司案呈，奉本部送，吏科抄出，巡按山西監察御史郜永春題，奉聖旨："吏部知道。"欽此。欽遵，抄出送司，案呈到部。

看得巡按山西監察御史郜永春論劾總理屯鹽、都察院右僉都御史龐尚鵬，大率謂其剛愎狡詐，凶狠機械等項，又謂其屯鹽慢不經理，專以迂瑣鄙屑、不干己事搪塞瀆奏，乞要罷斥各一節。爲照本官奉命督理屯鹽，責任甚重，事務孔殷。顧乃掇拾敉外瑣屑之事，屢瀆天聽，既詳於此，必略於彼。且性氣過剛，其政每流於苛；彈劾數多，其言自難盡當。人怨所積，物議自生。御史郜永春指摘其非，誠非過舉。但考其履歷，自筮仕縣令以至今日，中間如浙直之查盤，河南、浙江之巡按，北直隸之提學，咸有風裁。況今邊方多事，邊才難得，方當疇咨之時，遽棄跅弛之才，不無可惜。合無將龐尚鵬姑令策勵供職，務要痛自刻責，力加修省。先奏遺闕者後有所見，不妨補奏舉行；先奏窒礙者後知其誤，不妨更奏改正。非爲目前之圖，必爲經久之計；非爲一身名譽之圖，必爲九邊兵食之計。不得草率塞責，仍毛舉別事，再招後議。臣等未敢擅便定擬。

隆慶三年十二月十三日題，奉聖旨："近來吏部不查各官賢否、應去應留，專一遮避，好生欺詐。"欽此。

乞恩認罪疏

奏：爲懇乞天恩認罪事。該本部題。該巡按山西監察御史郜永春題參總理巡鹽、都察院右僉都御史龐尚鵬不職緣由，該臣等議擬，題奉聖旨："近來吏部不查各官賢否、應去應留，專一遮避，好生欺詐。"欽此。欽遵，抄捧到部。臣等仰讀綸音，不勝戰慄，不勝慚赧。竊念臣等一介書生，待罪銓曹，蚤夜兢兢，惟以不副皇上任使爲懼。即如都御史龐尚鵬自任御史以至今日，部院、科道交薦其賢，不下一二十疏。御史郜永春今次所論，止是言其心術險詐，行事乖方，并無毫髮贓私，以故臣等采之輿論，議擬策勵。且以恩威出自朝廷，恭請上裁。聖神照臨，明如日月。欺詐之事，不惟不敢，亦自不忍。但惟臣等年力衰遲，智識短淺，身在堂下，何以辨人之曲直，舉錯乖剌，罪當萬死。伏望皇上少寬斧鉞之誅，將臣等亟賜罷斥。臣等無任席藁俟命之至。

隆慶三年十二月十五日奏，奉聖旨："既認罪，楊博着致仕，堂上官姑免究，該司官罰俸半年，龐尚鵬着閑住。屯鹽事務，只着各該巡撫官着實整理，不必再差。"欽此。

校勘記

〔一〕□，底本漶漫不清，疑當作"杜"。

〔二〕"部"，疑當作"寺"。

〔三〕"摶"，疑當作"搏"。

〔四〕"奉"後，疑脱一"本"字。

〔五〕"逄"，疑當作"逢"。

〔六〕"逄"，疑當作"逢"。

〔七〕□，底本漶漫不清，疑當作"隨"。

蒲坂楊太宰獻納稿卷九

議更大選日期疏

少傅兼太子太傅、吏部尚書臣楊博等謹題：爲大選事。文選清吏司案呈，照得本部每遇雙月二十八九日，例該大選官員，本司承行，先期考舉貢監生、三考吏員、司審本稿、堂審單、説選各一日，共五日，俱在十六日之後、二十五日之前，必不可併者。今照隆慶六年六月終復該選期，緣本部印信本月十六日缺官掌管，二十一日始奉欽依，本部尚書楊博回部管事。本日具疏辭免，二十二日奉旨不允，二十四日面恩，二十五日到任。前項銓務本司向在聽候，日期已過，相應更處。查得嘉靖四十四年八月例該大選，因停封疏移至九月初四日，事體相同，呈乞比照題請等因。案呈到部。

看得前項大選事宜，既經該司查呈前來，委當更處，况有前例，相應題請。合候命下，將六月大選日期移於七月初五日，其考試、審單、説□〔一〕等項，容臣等照舊輪日舉行。

隆慶六年六月二十七日題，奉聖旨："是。"欽此。

覆河南撫按官梁夢龍等議復開封府捕盗通判疏

題：爲查復巡捕官員事。文選清吏司案呈，奉本部送，吏科抄出，巡撫河南等處地方、都察院右副都御史梁夢龍，巡按河南監察御史楊相題，俱奉聖旨："吏部知道。"欽此。欽遵，抄出送司。

案查隆慶三年十月内，該河南撫按官李邦珍等會題，裁革開封府捕盗通判一員，就令清軍同知帶管，本部覆奉欽依遵行去後。今該前因，案呈到部。

看得河南巡撫都御史梁夢龍、巡按御史楊相會題，稱開封府盜賊日繁，乞要復設通判一員，專管捕盜一節。爲照該府該在河南會城，地方闊遠，盜賊充斥。前項捕盜通判委不可缺，不知彼時何故輕易裁革，甚非政體所宜，相應通行議擬。合候命下，將河南開封府復設捕盜通判一員，令其專管巡捕事務，不許各衙門差占誤事。本部仍通行兩直隸十三省撫按官，今後裁革官員，必事體穩便，衆論僉同，的係冗員，方可具題。不然，以一人之言而革之，以一人之言而復之，或以一人之言而又革之，歲月未久，反覆不一，仰煩明旨，殊非“革而當，其悔乃亡”之義。以後果有革之不當，旋即查復者，即將原議官員悉聽本部指名參究。

隆慶六年六月二十八日題，奉聖旨：“是。”欽此。

覆山西撫按官楊綵等議行太僕寺卿量兼憲職整飭寧武等處兵備疏

題：爲僕寺閑散，酌議量帶憲職，以省冗設，以裨邊政事。文選清吏司案呈，奉本部送，吏科抄出，提督雁門等關兼巡撫山西地方、都察院右僉都御史楊綵，巡按山西監察御史桂天祥題，俱奉聖旨：“該部知道。”欽此。欽遵，抄出送司。

案查嘉靖三十八年十二月，准兵部咨，山西按察司驛傳僉事改駐札寧武關，分管兵備。及查嘉靖四十四年十月内，准兵部咨，將遼東行太僕寺少卿兼山東按察司僉事職銜，不妨原管馬政。隆慶元年正月内，又准兵部咨，將甘肅行太僕寺寺丞裁革，改設少卿，兼陝西按察司僉事。俱經題奉欽依，案候在卷。今該前因，通查案呈到部。

看得山西巡撫都御史楊綵、巡按御史桂天祥會題前因，乞要裁革寧武兵備，將行太僕寺卿兼僉事職銜，移駐寧武，帶管兵備；寺丞裁革，大同馬政令各兵備道嚴加整理各一節。臣等反覆參詳，便徵發，省冗員，免閑曠，委有三便。况見任寺卿王惟寧才力有爲，足稱任使。既經該司查有前例，相應通行依擬。合候命下，將山西行太僕寺卿王惟寧加兼按察司僉事職銜，改駐寧武關，不妨馬政，整飭中路兵備。本部給憑，仍咨該部照例請敕，令其欽遵行事。其原駐寧武兵備僉事并該寺寺丞俱行裁革，見任僉事趙世相、寺丞熊傑各令起送改選。大同馬政事務，仍行該鎮各兵備道兼理。該寺主簿、衙舍，聽撫按衙門徑自議處施行。

隆慶六年六月二十九日題，奉聖旨："是。"欽此。

議處考察京官疏

題：爲傳奉事。考功清吏司案呈，奉本部送，隆慶六年六月二十七日，該司禮監太監馮保等傳奉聖諭："朕初嗣大位，欲簡汰衆職，圖新治理。兩京五府掌印、僉書、管軍、管事公侯伯，都督，總兵，副總兵官，錦衣衛管衛事，并南北鎮撫司管事指揮以上，六部等衙門四品以上，及各總督、提督、巡撫官，俱著自陳，去留取自上裁。五品以下文職，兩京吏部、都察院會官考察，科道拾遺糾劾。俱如隆慶元年例行。"欽此。欽遵，恭捧到部送司。

查得成化十三年，該本部議得，通政使司參議，大理寺、太常寺、太僕寺寺丞，翰林院學士，光禄寺、鴻臚寺少卿、寺丞，國子監司業，欽天監監正、監副，太醫院院使、院判，上林苑監、監丞等官，雖係五品以下，俱係在京衙門堂上官員。若論堂上官，例不考覈；若論品級，例該考察。具題，節奉憲宗皇帝聖旨："各衙門堂上官，但係五品以下的，恁部裏照例會官考察。"欽此。又查得弘治元年，該翰林院掌院事少詹事兼侍講學士汪諧等奏，要將侍講等官并内閣書寫誥敕等項署正等官，會同内閣學士考察。該本部查照舊例覆題，節奉孝宗皇帝聖旨：“恁部裏還會同翰林院掌印官考察。”欽此。又查得正德十六年奉詔考察，該本部查議具題，節奉世宗皇帝聖旨：“翰林院、詹事府、春坊官并其餘帶俸官，照弘治年間例考察。”欽此。隨該翰林院侍講學士劉龍奏稱本院學士俱聽自陳，免赴部考察等因。奉欽依：“學士照例免考。劉龍着會同考察。”欽此。又查得嘉靖六年，題奉欽依：“各衙門堂上官五品以下的，都照成化以來節年舊例，你部裏會同都察院并本衙門堂上官考察。翰林院、詹事府、左右春坊、司經局等官及内閣書辦、四夷館譯字，各衙門帶俸等官，都照正德十六年事例考察。學士免考，著自陳。”欽此。又查得嘉靖二十四年，該本部題奉欽依：“這考察官員貪酷、不謹等項，部院從公考覈去留。其依附權勢、夤緣速化的，着嚴加黜汰，以正士風。其餘准議行。太醫院官照例考察。欽天監罷。”欽此。又查得文華殿、武英殿辦事各官例該考察，近年雖嘗奏乞免考，似於黜陟之典有礙，呈乞查處。通查案呈到部。

看得欽天監官、御用監等監各項匠作官，俱例不考察，難以別議外。其在京各衙門并文華、武英二殿辦事各官，欲便照例，通行將堂上五品所屬、五品以下見任帶俸公差、丁憂、養病、侍親、給假，及行查未報并隆慶三年二月以後升任等項官員，逐一備開脚色，務在二日以裏先送本部查收，約日會考。廉勤公謹、才行超卓者，遇有内外相應員缺，另行擢用。職業頗修、操履不失者，存留辦事。貪淫酷暴、罷輭無爲、素行不謹、年老有疾、浮躁淺露、才力不及衆所共知者，分別黜退降調。翰林院、詹事府、左右春坊、司經局等官，内閣書辦、四夷館譯字、各衙門帶俸等官，仍會同都察院并該衙門堂上官考察，完日通將黜調緣由奏請定奪。若有遺漏，聽科道官照例糾劾。黜退降調官員備行巡城御史、緝事衙門嚴加查究，不許潛住京師，造言生事，摭拾妄奏。違者不分有無冠帶，俱發口外爲民。一面行南京吏部，一體查照施行。臣等再惟我皇上嗣位之初，厲精圖治，親總萬機，中外仰頌聖明，真同日月。所據簡汰衆職一事，查有嘉靖、隆慶兩朝事例，委當舉行。但嘉靖元年當積弊之後，隆慶元年當積久之餘，一時考黜，老病、不謹等項種種有人。先帝臨御僅及六年，元年則奉詔考察京官，二年則朝覲考察外官，三年則遵例考察京官，四年則奉諭考察言官，五年又朝覲考察外官，六年五考，刬除殆盡。今次若使拘泥舊例，不惟善類有傷，殊非清世平明之治。合無容臣等從實考察，如老病、不謹等項果有其人，即便議黜；果無其人，寧虛其名目，不宜委曲遷就。且各衙門事有繁簡，人有純駁，難以一律，果有其人，雖汰黜數人，亦不爲多；果無其人，雖不黜一人，亦不爲少。大抵因時制宜，不貴於繁，惟貴於簡；不貴於多，惟貴於精。臣等愚見如此，併乞聖裁。

隆慶六年六月二十九日題，奉聖旨："是。卿等務要虛心甄別，毋縱匪人，毋枉善類，以稱朕簡才圖治之意。"欽此。

覆工部尚書朱衡等議河道官守久任疏

題：爲議處守河事宜以圖善後事。文選清吏司案呈，奉本部送，准工部咨，都水清吏司案呈，奉本部送，工科抄出，太子少保、本部尚書兼都察院左副都御史朱衡，總理河道兼提督軍務、兵部左侍郎兼都察院右僉都御史萬恭條爲六議等因，俱奉大行皇帝聖旨："工部知道。"欽此。欽遵，通抄到部送司。查得條陳六款内"議官守""議久任"二事，係隸吏部掌行，相應咨覆等因。咨部送司，案呈到部。

看得太子少保、工部尚書兼都察院左副都御史朱衡等所陳二事，合就開立前件，議擬上請定奪。

隆慶六年七月初五日題，奉聖旨："依議行。"欽此。

計開：

一、議官守。前件，臣等看得，官有專責，則事可責成，況今河道多艱，委難兼攝。所據尚書朱衡等要將淮安府添設同知一員，與見任通判總管河道，徐州復設判官一員，靈璧縣復設主簿一員，邳州判官減去治農管糧事務，與見任徐州州判，睢寧、宿遷縣主簿分管河道，而又分派信地，定擬駐所，事體俱屬詳妥。合無依其所擬，本部添設淮安府同知一員，復設徐州判官、靈璧縣主簿各一員，與同見任通判、州判、縣主簿等官，俱聽河道衙門查照今擬責成。内徐州判官二員，一員駐茶城，管徐州以上歷茶城境山溜涓等處河道各隄淺一段；一員駐黄鍾集，管徐州以下起至吕梁六十里一段。靈璧縣主簿駐雙溝，管吕梁起至馬家淺六十里一段。睢寧縣主簿駐王家口，管馬家淺起至邳州六十里一段。邳州判官減去治農管糧事務，駐張林鋪，管邳州起至直河六十里一段。宿遷縣主簿駐朱乙城，管直河以下至小河口七十里并小河口以下至宿遷縣一段。直河以上俱屬同知總管，直河以下俱屬通判總管，如遇有急，互相協理。以上職掌，本部登注缺册，仍明注各官文憑，通行遵守。其邳州治農管糧判官一員應否復設，備行彼處撫按官，另行查議具奏。

一、議久任。前件，臣等看得，久任之説屢經諸臣建白，本部覆議，然竟不能行者，人情、事體均有不便故耳。所據尚書朱衡等欲將河工諸臣久其事不久其官，誠爲確論。合無依其所擬，本部移咨河道衙門，每遇年終，備將管河官員通行甄别。如果熟諳河務、修守有效者，列爲上等，聽本部查議，管河主簿升管河縣丞，管河縣丞升管河州判，管河州判升管河同知〔二〕，管河同知〔三〕升管河通判。係科目出身，管河通判升管河同知，管河同知升管河僉事，遞升參議、副使，直至總理，亦不爲過。其職業頗修者，三年通叙。無益地方者，不時斥罰。行之既久，在河工則有得人之慶，在人才則無久滯之虞，調停之法，無良於此。

覆蘇松巡按御史劉曰睿論劾有司疏

題：爲舉劾有司官員以飭吏治事。考功清吏司案呈，奉本部送，吏科抄出，巡按直隸監察御史劉曰睿題，奉聖旨："該部知道。"欽此。欽遵，抄出送司。

查得本部見行事例，凡官員才力不及者，酌量調用。案呈到部。

看得巡按直隸監察御史劉曰睿論劾鎮江府同知于時保、松江府通判鄭日新改調一節。爲照同知于時保先任冀州，後任鎮江，御史陳省嘗疏薦其賢，都御史王宗沐近又特薦其才猷老練，任事實心，糧船監造，欲借專理。止緣設栅防盗，不便豪强，致成萋菲之謗。通判鄭日新勞怨不辭，廉勤茂著。歷年考詞絶無一字見訾，與今所劾亦相矛盾。若使聽其改調，似無以爲吏治之勸，相應議擬。合候命下，將于時保、鄭日新俱令照舊供職，不許因而阻喪，致招後議。本部備行彼處撫按官遵照施行。

隆慶六年七月初五日題，奉聖旨："是。"欽此。

覆巡按福建御史杜化中議僉事梁士楚等責任行勘疏

題：爲議處添注海防方面有司官員，以一事權，以專責成事。文選清吏司案呈，奉本部送，吏科抄出，巡按福建監察御史杜化中題，奉聖旨："吏部知道。"欽此。欽遵，抄出送司。

案查梁士楚於隆慶四年四月，題奉欽依添注福建按察司僉事，本年十月，該巡撫何寬題將梁士楚駐札詔安，團練民兵。又查得嘉靖四十二年三月，奉欽依將漳州府推官鄧士元添注本府同知，本官升任。隆慶二年十月，准福建巡撫塗澤民咨稱，漳州府添注同知，照舊銓補，責令專駐雲霄鎮，料理水陸軍務。俱經遵行去後。今該前因，通查案呈到部。

看得巡按福建監察御史杜化中題稱，巡海、團練勢難共處，清軍、海防事可兼攝。要將團練道僉事梁士楚以原官改巡海道，而裁去團練；以漳州府清軍同知羅拱辰兼海防，而革去清軍。及將見任巡海副使陶幼學、海防同知殷康查缺另補各一節。爲照漳南海濱之郡，屬邑不多，而憲臣并臨，同知并設，委難行事。但事干地方，未經巡撫官會奏，輒難議擬。合候命下，將御史杜化中所奏事情備行巡撫都御史殷從儉，會同巡按御史，督同司道等官再行詳議。要見梁士楚應否改福建按察司巡海道僉事，仍兼團練事務；漳州府清軍同知羅拱辰應否兼管海防，其原添注團練道、該府清軍同知俱應否裁革；見任巡海副使陶幼學、同知殷康應否候缺另補。如果無異，會本具奏；如有窒礙，亦要具由奏知。在巡按不宜專執己見，在巡撫務要廣集衆思，庶幾人無間言，事可經久。

隆慶六年七月初六日題，奉聖旨："是。"欽此。

覆右通政等官何永慶等自陳酌議去留疏

題：爲自陳不職，乞賜罷黜，以公考察事。考功清吏司案呈，奉本部送，吏科抄出，通政使司右通政等官何永慶等奏，奉聖旨："吏部知道。"欽此。欽遵，通抄送司，案呈到部。

看得通政使司右通政何永慶，提督謄黄通政使司右通政韓楫，鴻臚寺卿王之垣，大理寺左少卿劉思問、右少卿宋良佐，提督四夷館太常寺少卿劉滓、少卿陳行健，太僕寺少卿董堯封、陳聯芳、李幼滋，順天府府丞劉堯誨，各自陳不職一節。爲照王之垣、劉思問、宋良佐、陳行健、董堯封、陳聯芳、李幼滋、劉堯誨年齡方茂，職業咸修，所當留用。何永慶甘心城社，不惟大壞乎官常；絶意風雲，亦且稍干乎選法：所當重處。韓楫曾上封事，才識未見其疏通；周歲驟遷，資望有歉於輿論。劉浡知識疏淺，實非衡鑑之才；注措乖張，虚冒清華之秩：所當酌處。既經各官自陳前來，相應通行議擬。合候命下，將王之垣、劉思問、宋良佐、陳行健、董堯封、陳聯芳、李幼滋、劉堯誨容令照舊供職，何永慶照不謹事例冠帶閑住，韓楫、劉浡照不及事例降級調外。但係京堂官員，去留出自朝廷，臣等未敢定擬。

隆慶六年七月初十日題，奉聖旨："王之垣等着照舊供職，何永慶冠〔四〕帶閑住，韓楫、劉浡俱降一級調外任。"欽此。

議起用建言罪廢諸臣鄭履淳等疏

題：爲開讀事。文選清吏司案呈，伏睹詔書内一款："自嘉靖四十五年十二月以後至隆慶六年五月以前建言罪廢諸臣，吏部備查，中間如果情非挾私、才力堪用者，議擬具奏起用。"欽此。欽遵。查得原任尚寶司司丞、今爲民鄭履淳，原任户科都給事中、今爲民李巳，原任禮科左給事中、今革職陸鳳儀，原任吏科給事中、今爲民石星，原任工科給事中、今爲民陳吾德，原任雲南道監察御史、今爲民詹仰庇，俱係建言罪廢人數，相應遵詔議擬具奏。案呈到部。

臣等看得，原任尚寶司司丞等官鄭履淳、李巳、石星、陳吾德四員，仰荷先皇覆載之恩，恭效臣子曝芹之獻，其言雖不當而心本爲公，其人雖不同而才皆可用，相應准復原職者也。陸鳳儀、詹仰庇二員，或奉事不恭而迹成訛舛，或敷陳無序而志在干名；但才識尚多足取，年力均在可惜，相應另行議處者也。既經奉有前項恩詔，通應題請。合候命下，將鄭履淳等復除原職，行令到任管事，陸鳳儀等另議。

隆慶六年七月十五日題，奉聖旨："是。"欽此。

議將給事中陪補都左給事中疏

題：爲缺官事。文選清吏司案呈，准吏科手本開稱，兵科等科缺都給事中三員、左給事中三員、右給事中四員，共十員，煩爲銓補等因到司，已經呈部具題訖。隨准該科手本，開稱各科見任止左給事中三員、右給事中一員，并給事中一十二員歷俸年月日期到司。

查得右給事中員缺，應於給事中内推補外，其都給事中、左給事中應於左、右給事中内推補，正陪十二員，人數不敷，相應酌處。案呈到部。

看得六科推補之序，以左升都，以右升左，雖係成例，而一時乏人，委難盡拘。既經該司查呈前來，相應題請。合候命下，將見任左、右給事中與給事中，容臣等酌量資俸，相兼題補。

隆慶六年七月十五日題，奉聖旨："是。"欽此。

議已故大學士高儀贈官疏

題：爲病故輔臣事。驗封清吏司案呈，奉本部送，准禮部咨，該本部題，祠祭清吏司案呈，奉本部送，禮科抄出，少師兼太子太師、吏部尚書、建極殿大學士張居正題，近該太子少保、禮部尚書兼文淵閣大學士高儀在任病故，乞要贈官等因，咨部送司。

查得嘉靖二十九年，該少師兼太子太師、吏部尚書、華蓋殿大學士嚴嵩等題稱，太子太保、禮部尚書兼文淵閣大學士張治病故，乞要贈官，該本部議擬，題奉聖旨："張治准贈少保。"欽此。除欽遵外。今該前因，查呈到部。

看得禮部咨開太子少保、禮部尚書兼文淵閣大學士高儀在任病故，乞要贈官一節。爲照本官學識淵醇，性資端亮。新迪内閣，雖未紓捧日之忠；久在南宫，寔茂著格天之烈。三朝耄舊，一代名臣。所據贈官，既經該司查有前例，似應題請。但恩典出自朝廷，臣等未敢定擬。

隆慶六年七月十五日題，奉聖旨："高儀准贈太子太保。"欽此。

覆都給事中雒遵等會薦尚書劉體乾等起用疏

題：爲仰承德意，薦舉遺賢，以需簡用，以光新政事。文選清吏司案呈，奉本部送，吏科抄出，吏科都給事中雒遵等題，奉聖旨："吏部知道。"欽此。欽遵，抄出送司。

查得原任兵部右侍郎楊巍、尚寶司司丞鄭履淳、吏科給事中石星已經遵詔起用，復除原職，户科都給事中李已復除兵科都給事中，雲南道御史詹仰庇覆奉欽依，另行議處外。及查户部尚書劉體乾係閑住，户部尚書馬森、大理寺右少卿丘橓、湖廣左參政温純俱係養病，兵部尚書郭乾、南京户部尚書譚大初、南京兵部尚書劉采俱係致仕，南京糧儲都御史海瑞係裁革。通查案呈到部。

看得吏科都給事中雒遵等題奉恩詔，要將尚書等官劉體乾等，或以原官起用，或遇便缺改補，各一節。除楊巍、鄭履淳、李已、石星已經起用，詹仰庇另行議處外。爲照尚書等官劉體乾等，以累朝培養之材，當聖治維新之會，雖品局不同，均係一時之望，既經都給事中雒遵等會薦前來，相應通行題請。合候命下，將尚書劉體乾、馬森、郭乾、譚大初、劉采，都御史海瑞，少卿丘橓，參政温純，容臣等遇有相應員缺酌量推補。

隆慶六年七月十九日題，奉聖旨："是。"欽此。

覆巡撫宣府都御史吴兑自陳留用疏

題：爲自陳不職，乞賜罷斥，以新聖治事。考功清吏司案呈，奉本部送，吏科抄出，巡撫宣府等處地方、贊理軍務、都察院右僉都御史吴兑奏，奉聖旨："吏部知道。"欽此。欽遵，抄出送司，案呈到部。

看得巡撫宣府等處地方、贊理軍務、都察院右僉都御史吴兑自陳不職，乞要罷斥一節。爲照本官性資慷慨，操履清嚴。自撫上谷以來，百凡注措，悉有條貫，地方方切依賴，雖經陳乞罷免，難以輕擬。合候命下，行令吴兑照舊供職。務要感先帝超擢之恩，奮後食敬事之義。調停暫羈之虜，權而不失乎經；安戢久附之夷，動而必歸於正。南山要害，固宜戒嚴；北路户庭，尤當慎固。以久任相安，以政成自勵。

隆慶六年七月二十七日題，奉聖旨："吴兑着照舊供職。"

覆監察御史馬明謨等會薦尚書郭宗皋等起用疏

題：爲奉德意，舉逸材，以備甄録，以光聖治事。文選清吏司案呈，奉本部送，吏科抄出，陝西等道掌道事、福建道監察御史馬明謨等題，奉聖旨："吏部知道。"欽此。欽遵，抄出送司。

查得兵部右侍郎冀錬，巡撫陝西都御史張師載，大理寺丞、降廣西横州判官耿定向，陝西僉事紀大鋼，俱係養病。兵部左侍郎翁大立，係回籍聽候處分。巡撫順天都御史耿隨卿，係爲民。巡撫鳳陽都御史陳炌，係閑住。南京兵部尚書郭宗皋、南京刑部右侍郎曹三暘、陝西右參政舒化，俱係致仕。左副都御史何維柏、江西道御史劉存義、江西副使黄憲卿，俱係丁憂。大理寺卿何寬、寺丞孫丕揚，俱係回籍聽勘。吏部稽勛司主事魯邦彦，係終養。内冀錬、劉存義於隆慶三年九月，該户部尚書等官劉體乾等奏薦到部，本部覆奉欽依，痊可酌量推用。耿隨卿於六年正月，該工科給事中劉伯燮奏薦到部，本部覆奉欽依，遇有繁難員缺起用。黄憲卿於五年五月，該吏科都給事中韓楫等奏薦到部，本部覆奉欽依，候缺酌量起用。又查得孫丕揚係都給事中程文聽信罷閑知縣揭帖，挾私妄劾，今已考察閑住。何寬係御史杜化中挾私妄劾，今已考察降調。且事内將官，刑部先已審明。通查案呈到部。

看得福建道御史馬明謨等題，奉恩詔，要將侍郎等官冀鍊等共一十六員，遇有相應員缺録用一節。除冀鍊、耿隨卿、劉存義、黄憲卿俱經奉旨酌量起用，耿定向先雖養病，今在仕籍，另行推用外。爲照尚書郭宗皋等，雖品秩大小不同，均係一時之望，新政之初，委當及時録用。内何寬、孫丕揚無端受誣，公論甚明，造言者既已見黜，被言者自無可罪。既經御史馬明謨等奉詔會薦前來，相應通行議擬。合候命下，將郭宗皋、曹三暘、翁大立、張師載、何維柏、陳炌、魯邦彦、舒化、紀大鋼、何寬、孫丕揚十一員，容臣等遇有相應員缺，酌量推用。何寬、孫丕揚二員，仍移咨都察院，轉行各該巡按御史，將原勘事情不必勘擾，具由回報。

隆慶六年七月二十八日題，奉聖旨："是。"欽此。

覆巡撫順天都御史楊兆自陳留用疏

少師兼太子太師、吏部尚書臣楊博等謹題：爲自陳不職，乞賜罷斥，以新聖治事。考功清吏司案呈，奉本部送，吏科抄出，整飭薊州等處邊備兼巡撫順天等府地方、都察院右僉都御史楊兆奏，奉聖旨："吏部知道。"欽此。欽遵，抄出送司，案呈到部。

看得整飭薊州等處邊備兼巡撫順天等府地方、都察院右僉都御史楊兆自陳不職，乞要罷斥一節。爲照本官年力富强，操持清謹，自撫薊鎮以來，一切邊計處置得宜，人心翕然，雖經自陳求罷，難以輕擬。合候命下，行令楊兆照舊供職。務要益勵初忠，勉圖後效。以主兵爲經，常存一視之懷；以客兵爲權，力求萬全之計。熟夷奸狡，固當潛消；驕虜跳梁，尤宜深慮。上紓朝廷腹心之憂，下盡臣子肱股之義，方稱任使。

隆慶六年八月初一日題，奉聖旨："是。楊兆着照舊供職。"欽此。

覆巡撫保定都御史宋纁自陳留用疏

題：爲自陳不職，乞賜罷斥，以肅新政事。考功清吏司案呈，奉本部送，吏科抄出，巡撫保定等府兼提督紫荊等關、都察院右僉都御史宋纁奏，奉聖旨："吏部知道。"欽此。欽遵，抄出送司，案呈到部。

看得巡撫保定等府兼提督紫荊等關、都察院右僉都御史宋纁自陳不職，乞要罷斥一節。爲照本官廉潔無私，强明有幹，自撫畿南以來，興廢舉墜，大有可觀，雖經自陳求罷，難以輕擬。合候命下，行令宋纁照舊供職。務要以《采薇》治外，慎三關防禦之圖；以《天保》治内，嚴六郡保釐之計。必須存渾厚之體，方可保精明之功。

隆慶六年八月初一日題，奉聖旨："是。宋纁着照舊供職。"欽此。

議行取舉貢揀選州縣正官疏

題：爲議處久缺有司官員事。文選清吏司案呈，照得南北直隸、浙江等十三省見今各缺知州一十餘員、知縣一百四十餘員，久未銓補。今查在部守選進士除授將盡，八月正選舉人通無一人。歲貢又多衰邁，求之教職則歷俸尚淺，求之佐貳則考語不堪。牧民正官，難以久缺。查得弘治、正德年間，題准事例，每年大選外，遇有各處府佐、州縣正官員缺數多，照例將在部聽選，并行取臨近地方舉人、歲貢監生，揀選人物端重、學識優長者考選銓補。嘉靖四十三年、隆慶元年具題舉行，地方稱請。及查揀選事例，近年以來，止於朝覲考察之後舉行一次。案呈到部。

看得揀選之法，每遇考察後舉行一次，雖係成規，但有司正官既缺數多，一時升除不及，通融議處，委屬相應。合候命下，行文兩直隸各布政司，將舉人上選三年以上、歲貢上選六年以上者，許其起送赴部。如北直隸河南、山東、山西臨近地方，限本年十一月，其餘地方限來年三月。投文到部之日，嚴加揀選，分別銓補。以後但遇缺多，聽臣等酌量奏請，不必拘定考察舉行之例。

隆慶六年八月初二日題，奉聖旨："是。"欽此。

議都督同知李偉封伯疏

題：爲欽奉敕諭事。驗封清吏司案呈，奉本部送，隆慶六年七月三十日，伏蒙召臣等恭詣會極門，欽奉敕："吏、兵二部，朕嗣應大統，恭上兩宫聖母尊號禮成，率循我祖宗列聖舊典，加恩外戚皇親。固安伯陳景行歲加禄米一百石，伊長男陳昌言升錦衣衛指揮僉事，次男陳嘉言授錦衣衛副千户。都督同知李偉着封伯爵，給與應得誥命，伊長男李文全授錦衣衛指揮僉事，次男李文貴授錦衣衛副千户。如敕奉行。"欽此。欽遵，恭捧到部送司。

除固安伯陳景行歲加禄米移咨户部，并指揮陳昌言等聽兵部徑自議題外。查得嘉靖二年七月内，皇親陳萬言以孝潔皇后之父蒙世宗皇帝特封泰和伯，禄米一千石。又查得嘉靖十九年五月内，皇親方鋭以孝烈皇后之父蒙世宗皇帝特封安平伯，給與誥命，追贈二代。又查得隆慶元年二月内，皇親指揮杜繼宗，千户李銘、陳景行，該本部查例具題，奉穆宗皇帝聖旨："杜繼宗封慶都伯，李銘德平伯，陳景行固安伯，各如例禄米一千石。"欽此。除通行欽遵外。案呈到部。

看得皇親都督同知李偉，查與泰和伯陳萬言、德平伯李銘等事體相同，委當一體加封。但爵名併禄米數目係干特恩，臣等未敢擅擬。伏乞聖明俯賜裁定，所有應得誥命，候伯爵既定，容臣等另行題請定奪。

隆慶六年八月初二日題，奉聖旨："是。李偉封武清伯，食禄米一千石。"欽此。

議大學士張居正進勛階疏

題：爲欽奉敕諭事。稽勛清吏司案呈，奉本部送，隆慶六年七月二十六日，節該欽奉敕諭："朕恭膺天命，嗣承大寶，顧惟在京文武群臣，昔奉先帝，今事朕躬，效勞尤多，宜加特賚。文官一品至九品，各給與應得誥敕，内先已給領者與進應得勛階一等，"欽此。欽遵，抄捧到部送司。

檢照《諸司職掌》，内開凡文職官員應合授勛者，照依散官定擬，奏聞給授。正一品該授左右柱國，從一品該授柱國。查得少師兼太子太師、吏部尚書、建極殿大學士張居正一品三年考滿，已經本部請給誥命，并給授柱國訖。今奉敕諭大賚文武群臣，或蒙誥敕之榮，或被金帛之錫。獨本官職居首臣，勩勞獨茂，反無一命之恩，誠爲缺典。又查得弘治十八年武宗皇帝即位後，七月十五日手敕吏部，少師兼太子太師、吏部尚書、華蓋殿大學士劉健加左柱國，支正一品俸，與誥命，餘仍舊。嘉靖年間，少師兼太子太師、吏部尚書、華蓋殿大學士楊廷和、楊一清節蒙特恩，加授左柱國。呈乞查處等因，案呈到部。

爲照少師兼太子太師、吏部尚書、建極殿大學士張居正，弼亮三朝，儀刑百辟。贊襄先帝，格天捧日，已成保泰之功；翊戴聖皇，旋乾轉坤，益衍亨豐之烈。恭承大賚，宜有殊恩。既經查有先年少師大學士劉健等手敕加授左柱國、支正一品俸、與誥命事例，相應題請。但係干特恩，臣等未敢定擬，伏乞聖裁。

隆慶六年八月初三日題，奉聖旨："是。候敕行。"欽此。

覆巡撫山東都御史傅希摯自陳留用疏

題：爲自陳不職，乞賜罷斥，以肅新政事。考功清吏司案呈，奉本部送，吏科抄出，巡撫山東等處地方兼督理營田、都察院右僉都御史傅希摯奏，奉聖旨："吏部知道。"欽此。欽遵，抄出送司，案呈到部。

看得巡撫山東等處地方兼督理營田、都察院右僉都御史傅希摯自陳不職，乞要罷斥一節。爲照本官政迹卓異，簡命復隆，自撫東土以來，一切注措，深慰東人來蘇之望，雖經陳乞求罷，難以輕擬。合候命下，行令傅希摯照舊供職。務要撫字疲民，潛消礦寇。海運一時之權，不可少忘防倭之圖；漕運百世之經，尤當力贊修河之策。

隆慶六年八月初八日題，奉聖旨："是。傅希摯着照舊供職。"欽此。

覆監察御史胡涍等參大理寺卿陳一松罰治疏

題：爲糾參不恪大臣，乞賜罷斥，以隆祀典，以正人心事。考功清吏司案呈，奉本部送，吏科抄出，廣西等道監察御史胡涍等題，奉聖旨："吏部知道。"欽此。欽遵，抄出送司，案呈到部。

看得廣西等道監察御史胡涍等參劾大理寺卿陳一松慢神瀆

禮，肆無忌憚，乞要罷斥一節。爲照人臣之禮，入朝則當便便惟謹，入廟則當事事必問。乃今大理寺卿陳一松，旬日之間，兩致差錯，既該御史胡涍等查參前來，委當究治。但本官久在外寮，事體疏曠。一則天威之下，震懼失措；一則昏夜之間，辨别未真。且致詞一事，先已奉旨罰治。合無仍行重罰，惟復别蒙處分，伏乞聖裁。

臣等再惟長安東西二門，比之文廟，尤爲隆重。近來文武官員輿馬俱突至鹿角柞内，傘扇等項徑自穿朝往來，甚者至於門首乘坐而出，肆無忌憚，不止陳一松一人而已。若不亟加釐正，殊非尊朝廷、明等威之義。合無聽兵部出榜禁約，以後有違犯者，巡視科道官一面指名參奏，一面將跟從人役拿送法司，治罪枷號，以示懲戒，不許容縱。

隆慶六年八月初十日題，奉聖旨："陳一松姑罰俸半年。門禁依擬，有違犯的，着巡視科道官從實參拿處治，不許容縱。"欽此。

覆巡撫大同都御史劉應箕自陳留用疏

題：爲自陳不職，乞賜罷斥，以昭聖治事。考功清吏司案呈，奉本部送，吏科抄出，巡撫大同地方、贊理軍務、都察院右僉都御史劉應箕奏，奉聖旨："吏部知道。"欽此。欽遵，抄出送司，案呈到部。

看得巡撫大同地方、贊理軍務、都察院右僉都御史劉應箕自陳不職，乞要放歸田里一節。爲照本官慎於持身，敢於任事，自撫雲中以來，百凡注措，上下相安，雖經自陳求罷，難以輕擬。合候命下，行令劉應箕照舊供職。務要悉心民瘼，加意邊防。毋恃貢市之小安，頓忘修攘之大計。馭軍士則有恩有威，永消反側之心；處宗藩則不剛不柔，仰體親睦之義。

隆慶六年八月十三日題，奉聖旨："是。劉應箕着照舊供職。"欽此。

覆武清伯李偉封贈三代疏

題：爲欽奉敕諭事。驗封清吏司案呈，准中軍都督府經歷司手本，奉本府案令，准本府帶俸武清伯李偉咨，將追贈三代并本身及妻授封緣由到司。

查得先該本部題奉聖旨："是。李偉封武清伯，食禄米一千石。"欽此。已經通行欽遵去後。查得先爲傳奉事，奉世宗皇帝聖旨："皇親左都督方鋭封安平伯，給與誥命，追贈二代。"又查得泰和伯陳萬言追贈三代。案呈到部。

看得都督李偉，既經奉有前項武清伯封爵，所據誥命例該贈及三代。但先奉世宗皇帝聖旨，方鋭追贈二代，以故皇親杜繼宗、李銘、陳景行相沿，各止給二代誥命。合無將李偉准贈三代，惟復止贈二代，伏乞聖明裁定，敕下遵行。

隆慶六年八月十五日題，奉聖旨："李偉准照舊例追贈三代。"欽此。

酌議封贈事宜疏

題：爲酌議封贈事宜，以霈特恩事。驗封清吏司案呈。照得近奉敕諭："大賚在京群臣及在外督撫、兵備官員，悉與應得誥敕。"欽此。又遇恩詔："兩京文職官員未及三年考滿者，俱與應得誥敕。"欽此。除品同而職銜不同得以改給，及移封、移贈、補給本等誥敕者開載已明，無庸別議外，中間見行事例猶有未經畫一者，呈乞題請，以便遵行等因。案呈到部。

臣等仰惟皇上嗣登大寶，孝奉兩宫，旬日之間兩霈恩綸，一時臣工欽承渥典，榮被所親，是誠千載希闊之遇。臣等職守所關，敢不祗承德意。但中間事例有未畫一，反覆參詳，條爲七款。伏望聖明特垂省覽，俯賜宸斷，敕下遵守。其近日諸臣陳情各疏，如與例相合者，容臣等即爲具題撰述。未經陳情者，許本衙門移文本部，照例類題。其與例不合者，聽臣等即行停寢，不得再肆瀆奏。

隆慶六年八月十七日題，奉聖旨："大慶覃恩，爲民的准與閑住。生母并封，既無例罷。其餘依擬行。"欽此。

計開：

一、見行事例，凡封贈官員祖父官高于子孫者，得進散官一階。夫、子兩有官者，從一高者封贈。查得嘉靖三十六年二月，吏部右侍郎孫升考滿請給誥命，該本部查得，本官父孫燧原任都察院右副都御史，已贈資善大夫、禮部尚書，母楊氏已封夫人，合將孫燧進階資政大夫等因。題奉世宗皇帝聖旨："是。"欽此。前件，臣等議得，親以子貴，妻從夫榮，載在令甲。先年侍郎孫升，伊父孫燧始贈資善大夫，故得進階資政大夫；伊母楊氏已封夫人，難以加贈。合無今次遇蒙赦詔官員内，祖父與父有如孫燧者，照例進散官一階。其祖母與母即各從其夫一體封贈。

一、見行事例，丁憂、養病、給假，但係見任官員，遇蒙恩詔，准與封贈。查得嘉靖七年八月，該通政使司右參議杜柟奏稱丁憂，在京候領勘合，恭遇恩詔，乞要比照給事中張潤身等事例請給誥命。該本部備查，天順以來丁憂、養病、給假，但係見任官員，節有准給事例，題奉世宗皇帝聖旨："既係累朝已行之例，實我祖宗廣愛敬之意，不必變更，都准照例給與。"欽此。又查得隆慶三年十月，該兵科給事中張國彦奏稱丁憂回籍，遇蒙隆慶元年、二年兩次恩典，未得霑被，乞要比例請給應得敕命。該本部查照世宗皇帝明旨"不必變更，都准照例給與"，將張國彦父母敕命照例請給。其餘丁憂、養病、給假者，果在隆慶二年三月十一日以前，遇蒙恩詔，例應請給父母誥敕，候其復除之日，移文到部，即與具題，不必紛紛陳奏，致煩天聽等因。奉穆宗皇帝聖旨："是。"欽此。前件，臣等議得，丁憂、養病、給假，俱係見任官員，遇詔得與封贈，是誠祖宗廣溥愛敬之意，况奉有世宗皇帝成命，隆慶三年又經本部申明。合無今次遇蒙赦詔官員，自隆慶六年七月二十八日以前，但係丁憂、養病、給假官員應得封贈誥敕，候其復除之日，移文到部，即與具題，不必自行陳奏，煩瀆天聽。

一、見行事例，貪酷爲民者不許封贈。查得隆慶二年五月内，該尚寶司少卿吴自成、錦衣衛經歷牛應龍、序班李國卿，各奏遇詔，伊父各任同知、縣丞，考察爲民，有礙請給，乞要將本身敕命移贈于父。本部查得，貪酷爲民，例不封贈。合無内外官員應該封贈者，其父若係貪酷爲民，悉聽其子陳情，本部斟酌奏請，姑准以原職冠帶閑住。以後子孫官雖高，封贈及母，其父不得一體封贈。所據吴自成等之父，雖貪逃問革少異，其爲私罪則同，遵奉明旨，俱不當封贈。應否不准復職，止量給與冠帶閑住等因。題奉穆宗皇帝聖旨："貪酷并考察在逃及問革爲民的，既不當封贈，冠帶也不准給。"欽此。又查得隆慶三年四月，該刑部廣東司主事侯居艮等奏稱，先任知縣等官，遇詔請給敕命，乞要將伊父原任直隸邳州判官、考察爲民侯畛復職致仕。該本部議，將侯畛姑令冠帶閑住等因。題奉穆宗皇帝聖旨："是。"欽此。前件，臣等議得，貪酷不准封贈者，所以懲惡也；量與冠帶閑住者，所以廣孝也。但惟大慶覃恩，雖謫戍之徒亦從末減，高年之人尚給冠服，所據貪酷爲民官員，身作之孽既已削其仕籍，及親之寵似當慰其孝思。合無今次遇蒙赦詔官員，中間如有父祖曾犯前項罪名，許其子孫具奏陳情，停止本身封典，量准其父祖冠帶閑住，惟復遵照先帝前旨，冠帶亦不准給。

一、見行事例，四五品、六七品官不得同封。查得隆慶元年三月，該國子監司業萬浩等開送親供前來，乞要改給敕命，緣係六七品，例不重封。該本部議得，恩命特頒，臣工均被。品同者既得改給，品不同者反不得與，殊非推廣聖恩、一視同仁之義。況六七不同封，乃爲初給者而言，非爲改給。合無將萬浩等俱照見任職銜改給。此外再有相同者，照例一體題請，免致陳乞等因。題奉穆宗皇帝聖旨："是。"欽此。前件，臣等議得，四五品、六七品例不重封，舊例原爲考滿而言。至于大慶覃恩，特准改給，自難拘于常例。隆慶元年欽奉敕諭，既經本部題准；二年遇詔，又經申明。合無今次遇蒙敕詔官員内，不拘五品升四品，或六品改七品，或先已授外官封典、今升授京職者，俱照見任職銜一體改給。以後考滿等項，仍照舊例，不得妄爲援引。

一、議升授京官封典。查得隆慶元年六月，該户部左侍郎徐養正等奏稱，授官在恩詔之内，欲要請給誥命。該本部議，將南京各官並在京侍郎徐養正等，但係隆慶元年二月十七日以前升授者，誥敕俱准請給等因。題奉穆宗皇帝聖旨："是。"欽此。前件，臣等議得，兩京官員推升除授，既有成命，即係見任，以故隆慶元年本部題奉欽依，一體請給誥敕。二年遇詔，又經申明。即今兩逢大慶，尤爲非常之遇。合無將兩京官員，自隆慶六年七月二十八日以前升授者，不分已、未到任，仍照前例一體准給。至于在外兵備官員未經到任者，不許援以爲例。

一、議前母贈典。查得隆慶元年三月，該工科都給事中馮成能奏乞追贈前母羅氏。該本部議得，前母之封，令甲未載。如先年侍郎曹鼐等、近年學士蔡昂俱蒙准贈，皆係特恩。臣等竊惟，禮緣人情，恩以類錫。前母之于子，雖無撫育之恩，自父視之，其爲母一也。所據本官前母羅氏，似應一體加贈等因。題奉穆宗皇帝聖旨："准他。"欽此。前件，臣等議得，前母追贈，係出特恩。隆慶元年諸臣相繼請乞，不止馮成能一人而已。比時本部以登極覃恩，難拘常例，覆奉欽依，多從准給。至于隆慶二年，遇蒙恩詔，遂行停寢。即今兩逢大慶，所據前母追贈，似當暫爲一行。以後考滿等項，不得援以爲例。

一、議生母贈典。查得隆慶元年五月，該户部廣東司署員外郎事主事林喬相奏稱三年考滿，乞要比例追贈生母張氏。該本部議得，嫡母在，生母不得并封，嫌于以庶匹嫡，所以正分也。若生母故于嫡母之先，則幽明懸隔，無嫌可别。合無以後如遇生母先故者，一體給與贈典，不必各另陳乞，煩瀆天聽等因。題奉穆宗皇帝聖旨："准給與，仍着爲例。"欽此。前件，臣等議得，生母故在嫡母之先，許其追贈，先該本部議擬已明，奉有先帝俞旨"仍着爲例"，無庸别議。至于嫡母見在，欲要并封生母，係干成憲，臣等不敢輕議。

覆提督操江都御史張鹵自陳留用疏

題：爲自陳不職，乞賜罷黜，以新聖治事。考功清吏司案呈，奉本部送，吏科抄出，提督操江兼管巡江、南京都察院右僉都御史張鹵奏，奉聖旨："吏部知道。"欽此。欽遵，抄出送司，案呈到部。

看得提督操江兼管巡江、南京都察院右僉都御史張鹵自陳不職，乞要罷黜一節。爲照本官年力方强，才猷茂著，江防重任正賴整飭，雖經自陳求罷，似難輕擬。合候命下，行令張鹵照舊供職。

隆慶六年八月二十日題，奉聖旨："張鹵着照舊供職。"欽此。

覆南京右通政等官周詩等自陳留用疏

題：爲自陳不職，乞賜罷斥，以光新政事。考功清吏司案呈，奉本部送，吏科抄出，南京通政使司等衙門右通政等官周詩等奏，奉聖旨："吏部知道。"欽此。欽遵，通抄送司，案呈到部。

看得南京通政使司右通政周詩、南京鴻臚寺卿孫鑨、南京太常寺少卿汪宗伊、南京國子監祭酒林士章各自陳不職一節。爲照右通政周詩、卿孫鑨、少卿汪宗伊、祭酒林士章，才望方隆，職業無玷，雖經自陳求罷，俱難輕議。合候命下，行令周詩等照舊供職。

隆慶六年八月二十日題，奉聖旨："周詩等着照舊供職。"欽此。

校勘記

〔一〕□，底本漶漫不清，當作"選"。

〔二〕"同知"，疑當作"通判"。

〔三〕"同知"，疑當與下文"通判"二字互换。

〔四〕"冠"，原作"官"，據上文改。

蒲坂楊太宰獻納稿卷十

覆翰林院編修陳于陛請父新銜誥命疏

少師兼太子太師、吏部尚書臣楊博等謹題：爲比例陳情，懇乞聖明特賜推廣恩典事。驗封清吏司案呈，奉本部送，吏科抄出，翰林院編修陳于陛奏，奉聖旨："吏部知道。"欽此。欽遵，抄出送司，案呈到部。

看得翰林院編修陳于陛奏稱遇蒙恩詔，伊父陳以勤原任少傅兼太子太傅、禮部尚書、武英殿大學士，授光禄大夫、柱國，屢經賜給誥命，後加兼太子太師、吏部尚書致仕，乞要查議題請伊父新銜誥命一節。爲照大學士陳以勤歷事兩朝，咸有一德。在春宫既多啓沃之勞，入内閣更著贊襄之績。先帝優禮重臣，特加新銜，准其致仕。所有前項誥命，無庸伊子陳情，似應給與。但恩典出自朝廷，臣等未敢定擬。

隆慶六年八月二十一日題，奉聖旨："准給與。"欽此。

覆左給事中宗弘暹劾南京右都御史魏學曾仍以原職調用疏

題：爲貪縱大臣徇私壞法，懇乞聖明亟爲罷斥，以儆官邪，以正人心事。考功清吏司案呈，奉本部送，吏科抄出，刑科左給事中宗弘暹題，奉聖旨："吏部知道。"欽此。欽遵，抄出送司，案呈到部。

看得刑科左給事中宗弘暹劾稱原任吏部左侍郎、今升南京都察院右都御史魏學曾徇私壞法，乞要罷斥，以儆官邪，以正人心一節，歷陳通判趙無咎等升遷不公，事皆有據。臣博到任之後，因見物議沸騰，遂將各官應考黜者考黜，應劣處者劣處，一時速化之風居然頓息。至謂學曾親自受賄，臣等實無所聞。蓋學曾起官郎署，内轉光禄，以邊才而超拜巡撫，以邊撫而稱病求歸，彼時人即以避難議之。未幾起爲兵部，未任，輒改吏部，舍繁重而就清顯，士論不平，益復藉甚。及佐吏部，則任情縱恣，私厚親故，不止員外郎韓應嶽一人而已。鑑衡之地，豈容有此？况南臺風紀之司，既經極口論列，自難展布。恭候命下，將魏學曾以侍郎原職調用。其該科所稱建言者毋得挾私以輕瀆，被言者不必妄辨以飾非，事關大體，委當釐正，合悉如所言施行。但大臣進退出自朝廷，臣等未敢定擬。

隆慶六年八月二十五日題，奉聖旨："是。魏學曾以原職調南京用。"欽此。

覆陝西巡茶御史褚鈇劾副使等官錢進學等酌議去留疏

題：爲舉劾方面官員以昭勸懲等事。考功清吏司案呈，奉本部送，吏科抄出，巡按陝西監察御史褚鈇題，奉聖旨："吏部知道。"欽此。欽遵，抄出送司。

查得見行事例，凡官員貪者爲民，才力不及者酌量調用。又查得近奉欽准事例，凡官員犯有贓私者，務行提問的實，名下贓數盡行追併入官。又查得四川巫山縣知縣葉文炳，于隆慶六年六月已升周府審理正。通查案呈到部。

看得巡按陝西監察御史褚鈇論劾甘肅兵備道副使錢進學罷斥，原任四川按察司水利茶法道僉事、今升廣東布政司右參議周鳴塤降調，鞏昌府通判梁需，原任西安府通判、今升階州知州謝鋭，原任蘭州知州、今升慶府長史劉畿，山陽縣知縣楊勤，安化縣知縣婁炯，三水縣知縣雷辰化，四川巫山縣知縣葉文炳，廣元縣知縣寇玳罷斥，内梁需、楊勤贓多枉法，仍行提問各一節。爲照副使錢進學，守平凉尚有去後之思，任肅州頗慰來蘇之望，今稱貪酷顯著，贓[一]否懸殊，必須體勘明實，方服其心。參議周鳴塤，餘姚作縣有聲，本兵司屬無議，但防檢疏闊，性頗傲慢，似難議降，止當量調，以示懲戒。通判梁需、謝鋭，知州劉鐖，知縣楊勤、婁烱、雷辰化、葉文炳、寇玳，俱與本部查訪相同，内梁需、楊勤贓多枉法，罪難輕貸。既該巡按御史褚鈇參劾前來，相應議擬。合候命下，將錢進學先行革任，回籍聽勘，一面移咨都察院，轉行彼處巡按御史，將前劾事情逐一查明，從實參奏處置。如果屈誣，即與辨豁。周鳴塤照不及例起送赴部調用。謝鋭、劉鐖、婁烱、雷辰化、葉文炳、寇玳各照不謹事例閑住。梁需、楊勤先各革職爲民，仍行巡按御史，提問追贓具奏。遺下員缺，各另銓補。

隆慶六年八月二十七日題，奉聖旨："是。錢進學革任回籍聽勘。周鳴塤調用。謝鋭等冠帶閑住。梁需等着爲民，還行巡按御史，提問具奏。"欽此。

覆撫治鄖陽都御史凌雲翼自陳留用疏

題：爲自陳不職，乞賜罷斥，以彰新政事，考功清吏司案呈，奉本部送，吏科抄出，提督撫治鄖陽等處地方、都察院右僉都御史凌雲翼奏，奉聖旨："吏部知道。"欽此。欽遵，抄出送司，案呈到部。

看得提督撫治鄖陽等處地方、都察院右僉都御史凌雲翼自陳不職，乞要罷斥一節。爲照本官操持廉謹，幹濟精明，自撫鄖中以來，真心實意，靡廢不興，雖經自陳求罷，難以輕擬。合候命下，行令凌雲翼照舊供職。務要克詰戎兵，潛消山寇。地介四藩，統馭當爲一體；人雜九土，輯和使無二心。地方奠安，方稱任使。

隆慶六年八月二十八日題，奉聖旨："是。凌雲翼着照舊供職。"欽此。

覆巡撫應天都御史張佳胤自陳留用疏

題：爲自陳不職，懇乞天恩俯賜罷斥，以新聖政事。考功清吏司案呈，奉本部送，吏科抄出，總理糧儲、提督軍務兼巡撫應天等府地方、都察院右僉都御史張佳胤奏，奉聖旨："吏部知道。"欽此。欽遵，抄出送司，案呈到部。

看得總理糧儲、提督軍務兼巡撫應天等府地方、都察院右僉都御史張佳胤自陳不職，乞要罷斥一節。爲照本官才猷精敏，操履端嚴。開府南畿時雖未久，適遇安慶之變，即能處置得宜，大伸法紀，雖經自陳求罷，難以輕擬。合候命下，行令張佳胤照舊供職。務要内安反側之心以固根本，外勤撫字之政以惠疲癃。海汛之期固當戒嚴，江防之事尤宜詳慎。

隆慶六年八月三十日題，奉聖旨："是。張佳胤着照舊供職。"欽此。

覆議兵部右侍郎楊巍不准養病疏

題：爲母老子病，懇乞天恩，免令赴任事。考功清吏司案呈，奉本部送，吏科抄出，原任兵部右侍郎楊巍奏，奉聖旨："吏部知道。"欽此。欽遵，抄出送司，案呈到部。

看得原任兵部右侍郎楊巍奏稱母老子病，乞要免令赴任一節。爲照本官久歷邊方，諳練戎務。自養病回籍以來，部院、臺諫連章累薦，即目正在防秋，豈容以親老子病爲辭，相應議擬。合候命下，行令楊巍作速赴任管事，以報國恩，以慰人望，不得再行具奏。

隆慶六年九月初一日題，奉聖旨："是。楊巍着上緊前來供職。”欽此。

覆已故大學士高儀録廕疏

題：爲比例陳情，懇乞天恩，俯賜録廕，以圖補報事。驗封清吏司案呈，奉本部送，吏科抄出，原任太子少保、禮部尚書兼文淵閣大學士，今故高儀妻夫人鍾氏奏，奉聖旨：“吏部知道。”欽此。欽遵，抄出送司，案呈到部。

看得原任太子少保、禮部尚書兼文淵閣大學士高儀妻夫人鍾氏奏稱，伊夫在任病故，乞要比照先年大學士謝遷等事例，録廕尚寶司司丞一節。爲照閣臣身後例有録廕。查得近歲大學士張治、袁煒俱各廕一子爲中書舍人，所據大學士高儀正與二臣事體相同。既該伊妻夫人鍾氏具奏前來，相應斟酌題請。但恩典出自朝廷，臣等未敢定擬。

隆慶六年九月初四日〔二〕，奉聖旨：“高儀准廕一子中書舍人。”欽此。

覆巡撫四川都御史曾省吾自陳留用疏

題：爲遵例自陳不職，乞賜罷斥，以新聖治事。考功清吏司案呈，奉本部送，吏科抄出，巡撫四川等處地方、都察院右僉都御史曾省吾奏，奉聖旨：“吏部知道。”欽此。欽遵，抄出送司，案呈到部。

看得巡撫四川等處地方、都察院右僉都御史曾省吾自陳不職，乞要罷斥一節。爲照本官端嚴之守，縝密之才，自縣令、郎署以至藩臬，所至有聲。頃以太僕超拜川撫，士論咸謂得人。雖經自陳求罷，難以輕擬。合候命下，行令曾省吾作速前去地方，接管行事。務要痛懲貪吏，力字疲民。外而都蠻之寇撫剿並用，求久安長治之策；内而草竊之奸威惠并施，爲潛消默奪之計。

隆慶六年九月初四日題，奉聖旨："是。曾省吾着赴任供職。"欽此。

覆蘇松巡按御史李學詩論同知于時保調用疏

題：爲被論府官留任不便，懇乞聖明俯從調用，以全器使事。考功清吏司案呈，奉本部送，吏科抄出，巡按直隸監察御史李學詩題，奉聖旨："吏部知道。"欽此。欽遵，抄出送司。

案查同知于時保、通判鄭日新，近該巡按直隸監察御史劉曰睿論劾，已經本部覆奉欽依，照舊供職，移咨都察院轉行去後。今該前因，案呈到部。

看得巡按直隸監察御史李學詩題，要將松江府通判鄭日新姑議留用，鎮江府同知于時保仍議調用改選各一節。除鄭日新照舊供職，無容别議外。爲照同知于時保，先該巡按御史劉曰睿論劾，本部查其歷年考語俱優，且兩經旌薦，以故擬作存留。今據御史李學詩復論前來，大率謂其才幹雖通，性資剛愎，所見必真。臣等不敢拘泥原議，相應依擬。合候命下，行令于時保赴部照例調用，遺下同知員缺另行銓補。

隆慶六年九月初四日題，奉聖旨："是。"欽此。

覆巡撫延綏都御史郜光先自陳留用疏

題：爲自陳不職，懇乞天恩，俯賜罷斥事。考功清吏司案呈，奉本部送，吏科抄出，巡撫延綏等處地方、贊理軍務、都察院右僉都御史郜光先奏，奉聖旨："吏部知道。"欽此。欽遵，抄出送司，案呈到部。

看得巡撫延綏等處地方、贊理軍務、都察院右僉都御史郜光先自陳不職，乞要罷斥一節。爲照本官持己端嚴，涖事勤敏。自撫延中以來，互市通貢，設險修邊，一切安攘事宜既竭心思，真爲一時開府之良，雖經自陳求退，難以輕擬。合候命下，行令部光先照舊供職。務要毋恃目前之小安，力求日後之長計。西路定邊一帶接連花馬，固當預防；東路神木各城密邇偏關，尤宜慎固。

隆慶六年九月初九日題，奉聖旨："是。部光先着照舊供職。"欽此。

議衍聖公孔尚賢祖母加號太夫人疏

題：爲懇乞聖恩改加祖母封號，以廣孝治事。驗封清吏司案呈，奉本部送，吏科抄出，襲封衍聖公孔尚賢奏，奉聖旨："吏部知道。"钦此。钦遵，抄出到部送司。

查得伊祖孔聞韶、伊父孔貞幹各以襲爵後請給誥命，俱該本部題奉欽依，將伊祖母衛氏并伊母張氏俱封爲夫人訖。又檢照《諸司職掌》内，凡祖與父已死，而祖母并母見在應封，俱於夫人上加"太"字，若已亡殁者不加。又查得正德五年十月内，衍聖公孔聞韶繼嫡母袁氏封爲太夫人。通查案呈到部。

看得衍聖公孔尚賢奏，要加改祖母及母封典一節。除伊母張氏受封身故，例不加贈外。所據伊祖母衛氏見存，合加封爲衍聖公太夫人。既經該司查有前例，似應題請，但係干恩命，臣等未敢定擬。

隆慶六年九月二十五日題，奉聖旨："准他。"欽此。

會推閲視邊務大臣疏

題：爲虜衆内附，邊患稍寧，乞及時大修邊政，以永圖治安事。准兵部咨，該本部題，閲視邊務係干大計，乞要會推才望大臣三員，一員前去宣大、山西，一員前去薊遼、保定，一員前去延寧、甘固，逐一閲視等因。奉聖旨："是。着吏部會推忠實任事的三個去。”欽此。欽遵，移咨到部。

臣等照例會同各部、都察院、通政使司、大理寺三品以上堂上官，推舉得協理京營戎政、兵部左侍郎兼都察院右僉都御史王遴堪以閱視延寧、甘固，兵部右侍郎吴百朋堪以閱視宣大、山西，兵部右侍郎汪道昆堪以閱視薊遼、保定。伏乞欽命，王遴仍以原職，吴百朋、汪道昆量兼憲職，移咨該部定擬責任，請給敕書、關防。其選帶司屬并符驗、書吏等項，各該衙門徑自奏請。各令作速前去，欽遵行事，完日具奏回京。其協理戎政，就行兵部左侍郎石茂華，不妨部事，暫行帶管，候有官之日另議。

隆慶六年九月二十七日題，奉聖旨：“是。王遴着以原職，吴百朋、汪道昆俱兼都察院右僉都御史，各閱視邊務，寫敕與他。營務着石茂華暫管。”欽此。

覆太僕寺少卿等官王宗載等自陳留用疏

題：爲自陳不職，乞賜罷斥，以光新政事。考功清吏司案呈，奉本部送，吏科抄出，南京太僕寺少卿王宗載、應天府府丞楊標奏，奉聖旨：“吏部知道。”欽此。欽遵，通抄送司。

查得隆慶六年九月初六日，爲缺官事，該本部題奉欽依，王宗載改太僕寺少卿，已經札行本官欽遵去後。今該前因，案呈到部。

看得南京太僕寺少卿、今改太僕寺少卿王宗載，應天府府丞楊標，各自陳不職，乞要罷斥一節。爲照少卿王宗載、府丞楊標，一則以望而得改北寺，一則以資而初遷南府，均係一時之雋，雖經自陳求退，難以輕擬。合候命下，行令王宗載作速前來該寺，到任供職，楊標照舊供職。

隆慶六年九月二十七日題，奉聖旨：“王宗載着遵新命，楊標照舊，各供職。”欽此。

覆巡撫四川都御史劉斯潔劾右布政等官方攸績等革任聽勘疏

題：爲糾劾巨奸，以維世道，以正人心事。考功清吏司案呈，奉本部送，吏科抄出，巡撫四川等處地方、都察院右副都御史劉斯潔題，奉聖旨："吏部知道。"欽此。欽遵，抄出送司，案呈到部。

看得巡撫四川等處地方、都察院右副都御史劉斯潔題參原任布政司右布政使、今丁憂方攸績，成都府知府顧褒貪肆不職，乞要革職爲民一節。爲照右布政使方攸績、知府顧褒被劾贓私若果是實，其罪不止罷黜。但查方攸績蒞官七任，旌薦甚多，且有冰蘗之稱；顧褒到任經年，考詞咸美，且有青天之頌。今乃贓〔三〕否懸殊，必須體勘明實，方服其心，相應通行議擬。除方攸績見今丁憂，在籍聽勘外，合候命下，將顧褒先行革任。一面移咨都察院，轉行四川撫按官，會同將所劾二臣事情逐一查勘明實，參奏處置。如果屈誣，即與辨豁。遺下知府員缺，另行推補。

隆慶六年九月二十七日題，奉聖旨："方攸績、顧褒都着革任聽勘。"欽此。

覆已故大學士蔣冕録廕疏

題：爲比例陳情，懇乞天恩，俯賜補廕，以圖報稱事。驗封清吏司案呈，奉本部送，吏科抄出，少傅兼太子太傅、户部尚書、謹身殿大學士已故蔣冕嫡長孫生員蔣務樵奏，奉聖旨："吏部知道。"欽此。欽遵，抄出到部送司。

查得嘉靖十六年十月内，該已故少師兼太子太師、吏部尚書、華蓋殿大學士費宏妻封一品夫人孫氏奏稱伊夫病故，乞要比照先年大學士商輅等、近年桂萼等輔臣身後録廕，或授尚寶司司丞，或授中書舍人事例，將伊男費懋良録廕等因。本部覆題，奉世宗皇帝聖旨："費懋良准廕授尚寶司司丞。"欽此。又查得隆慶元年，爲開讀事，准禮部咨，該兩京科道官辛自修等會舉得，原任少師兼太子太師、吏部尚書、華蓋殿大學士楊廷和准給祭葬贈廕前來，比照先任大學士謝遷身後録廕事例，將楊廷和廕一子與做尚寶司司丞，已經題奉欽依，案候在卷。今該前因，通查案呈到部。

看得已故大學士蔣冕備查恩廕，原有四項，其一則吏部侍郎時廕子一人入監讀書，其二則四川、山西等處軍功廕子一人做中書舍人，其三則以翊戴功廕子一人爲五品文職，其四則身後例該有廕。除侍郎之廕已經伊男蔣履坦受職，後病故；翊戴之廕屢疏控辭，一時同事諸臣俱未承領；四川等處軍功，近該本部查照大學士梁儲、孫梁孜事例，廕其孫蔣務稼爲中書舍人：俱難再議外。爲照本官在武廟之時則有社稷之功，在世廟之時則有贊襄之功，委爲一時名臣。既經廣西布政司將伊孫蔣務樵起送前來，該司查得閣臣身後例該録廕，合無將蔣務樵量廕中書舍人。但恩典出自朝廷，臣等未敢定擬。

隆慶六年九月二十七日題，奉聖旨："蔣務樵准與做中書舍人。"欽此。

議處貪酷憲臣疏

題：爲議處貪酷僉事以重憲職事。文選清吏司案呈，照得按察司僉事風紀所係，得其人則一路蒙福，掄選不可不精；非其人則一路受害，剗除不可不早。今有河南按察司僉事夏易、陝西按察司僉事范愛衆，詳稽素履，博采輿情，咸爲貪酷顯著，且用賄奸人，挾升憲職，呈乞議黜，以振風紀。案呈到部。

看得僉事夏易百方需索，一意營求，自知縣、府同知以歷今職，酷亦有之，而貪爲甚。僉事范愛衆賦性凶狠，行事乖張，自推官、府同知以歷今職，貪亦有之，而酷爲甚。且用賄求升，明有顯迹，按察之官，豈容有此？既經該司查呈前來，相應議處。合候命下，將夏易、范愛衆俱照依貪酷事例革職爲民，員缺另行推補。

隆慶六年九月二十八日題，奉聖旨："夏易、范愛衆都着革職爲民。"欽此。

覆監察御史計坤亨論原任通政韓楫少卿呂藿存留供職疏

題：爲申飭不法遺奸，懇乞聖明重行黜斥，以彰公論，以光新化事。考功清吏司案呈，奉本部送，吏科抄出，南京浙江道監察御史計坤亨題，奉聖旨："吏部知道。"欽此。欽遵，抄出送司。

查得《宗藩條例》內一款"王親仕格"，該禮部尚書李春芳等會議得，民間連姻宗室，本爲榮寵，宜人之樂就也。近乃多方規避，以一屬王親，則例不得任京職故耳。及考先年有奏改京職，如嚴時泰；近年復有比例奏改，如王淑、王湜者。合再申明，以後除係王親同祖親枝外，其不係同祖與係同祖而妃與儀賓、郡縣鄉主君已故者，一體除授京職，以爲定例等因。題奉世宗皇帝欽依外。

又查得隆慶五年四月內，該本部題，爲條獻膚議以仰贊聖政事，准禮部咨，該吏科都給事中韓楫等題，內一款"弘登薦之例"，臣等竊睹皇上臨御以來，特俞督臣之奏請，擢久淹之宗親，志急庸賢，見超往禁，甚盛圖也。臣等查得，國朝制書原無宗親不任京官之文。《會典》既成，始有女爲王妃或夫人、男爲儀賓等項俱各見在及有子孫者不除京官之例，則夫人而下其不在禁例可知。仰惟先帝斷自宸衷，特酌會議之條，定爲宗藩之例。專言王親而不及將軍，則應禁者止爲王親，而將軍以下之親不在禁例之中；特指妃家而並去夫人，則所重者獨爲王妃，而夫人以下之親盡係開豁之數。真大公至正之典、萬世遵行之法也。合無再敕吏部查照奉行，自今除授官員，除係王親同祖親枝妃與儀賓、郡縣鄉主君未故者應禁外，其不係同祖并夫人以下之親，及係同祖而妃與儀賓、郡縣鄉主君已故者，格當内任，徑行題除；望宜京堂，直爲擢授。既不失累朝遵奉之規，又不循往年拘泥之弊矣等因。該禮部尚書潘晟等覆議得，今後升授官員，除係王親同祖親枝妃與儀賓、郡縣主未故者照例應禁外，其不係同祖與夫人以下之親，及係同祖而妃與儀賓、郡縣主已故者，一體升除在京大小官職，以爲定例。再照女爲夫人以下之親，既遵條例，在所不禁，則男爲郡縣鄉君儀賓者，亦係將軍以下之親，親屬相同，而儀賓之家獨蒙禁抑，似爲未均。合無今後郡縣鄉君儀賓之親，照依夫人以下不禁事例亦從開豁，一體升除京職，以補條例所未備之意等因。題奉穆宗皇帝聖旨："是。"欽此。欽遵，備咨到部。該掌管部事大學士高拱等看得，王親禁例開載未詳，一向遵守無據。今該科臣建議，禮部題咨前來，亦既明白。但天下官員係王親者甚多，新例一開，便當不拘内外推用，于例合否，難以一一行查，相應題請，着落各該地方官員覈實以便銓補。恭候命下，咨行各撫按衙門，備將該省鄉宦，不拘見任、聽用，凡係王親者俱各查明，要見某官有無與前例相合，應否開豁，通限文到一月以裏從實回奏等因。題奉穆宗皇帝聖旨："是。"欽此。欽遵外。

又查得本部職掌内開，正德五年署郎中等官李嵩等曾經改授各道御史。隆慶四年十二月，該吏科都給事中韓檝條陳，將員外郎、主事等官改選後，本部覆議，相應題奉欽依，將員外郎宋之韓等照例改授各科給事中。

又查得隆慶五年六月取選官員，先日已經司揀，次日例該堂揀，偶值掌管部事大學士高拱閣務有妨，分付免揀，實與原任文選司郎中吕藿無干。查得隆慶五年三月内選除教職，徐應宿原選直隸休寧縣訓導，謝來原選直隸祁門縣訓導，并無更改情節，舊案見存可查。通查案呈到部。

看得南京浙江道監察御史許坤亨參稱原任通政司右通政、今聽降調韓楫冒居諫垣，巧立詭論，將王親不分親疏，皆得混入京官之列，外官五品濫入臺省，變祖宗之成憲，壞朝廷之選法。原任太常寺提督四夷館少卿吕藿揀選官員，攬權自專，説堂免其堂揀，除授訓導既已揭榜部前，受其請托輒復改于出榜之後，廢掄才之大典，壞朝廷之大體。各要明正典刑，以懲大惡各一節。臣等反覆參詳，其論韓楫也，一則爲王親升授京職，變亂祖宗成憲。查得王親不許除授京職，祖訓雖未開載，《會典》内開載甚詳。但嘉靖年間會議《宗藩條例》，款開係王親同祖親枝應禁外，其餘悉與除豁，奉有世宗皇帝成命。韓楫建議之時，乃申明前説，禮部覆允，本部行查，皆本《宗藩條例》，而推廣之例之開，實不自楫始也。一則爲五品改選科道，大壞朝廷選法。查得五品不許改選科道，原未著在令甲。正德年間，郎中李嵩等亦嘗改授御史，律以立賢無方之意，原不爲過。但惟當楫建議之時，本部誤以市井無賴如宋之韓者得厠其間，以故人言嘖嘖，乃是用匪其人，非關選法也。其論吕藿也，一則爲大選免其堂揀，廢掄才之大典。查得司揀、堂揀，本部見行定例。隆慶五年六月大選，偶因掌管部事大學士高拱閣務相妨，暫免堂揀一次，主之在拱，似非藿之敢於攬權。一則爲除授教官既已出榜，而又取改，壞朝廷之大體。查得選除命下，出榜曉諭，本部用堂印鈐蓋，並無既出復改之事，原本原榜，見在可查。頃者奉諭考察，臣等會同該院考得，韓楫、吕藿雖有小疵，未玷大節，與一時同官之應黜者交相比量，自難一律，以故俱擬存留項下。于後韓楫以通政自陳，復該臣等擬降外任，荷蒙聖明俯賜俞允。吕藿以科道糾劾，又蒙皇上親賜裁斷，調南京用。所據御史計坤亨追論前因，臣等逐一查理明白，似難再議。合候命下，行令韓楫照依今降參議，吕藿候調有衙門，各策勵供職。但去留出自朝廷，臣等未敢定擬，伏乞聖裁。

隆慶六年十月初一日題，奉聖旨："是。"欽此。

覆太常寺少卿陳于陛自陳留用疏

題：爲自陳不職，乞賜罷斥，以光新政事。考功清吏司案呈，奉本部送，吏科抄出，太常寺少卿陳于陛奏，奉聖旨："吏部知道。"欽此。欽遵，抄出送司，案呈到部。

看得原任河南參政、新升太常寺少卿陳于陛自陳不職，乞要罷黜一節。爲照本官年力富强，才識贍敏，頃者以望内轉太常，輿論允愜，雖經自陳求罷，難以輕議。合候命下，行令陳于陛到任供職。

隆慶六年十月初三日題，奉聖旨："陳于陛着遵新命供職。"欽此。

覆原任兵部右侍郎冀鍊在籍調理疏

題：爲舊疾未痊，懇乞聖恩辭免新命事。考功清吏司案呈，奉本部送，吏科抄出，原任兵部右侍郎冀鍊題，奉聖旨："吏部知道。"欽此。欽遵，抄出送司，案呈到部。

看得原任兵部右侍郎、今改户部右侍郎冀鍊奏稱舊疾未痊，非扶不起，非杖不行，足不能逾閾，手不能梳頭，乞要容令在籍調理一節。爲照本官端雅清修，輿論咸孚，頃以言官首薦，以故臣等題推南京兵部侍郎，再改户部，無非以我皇上新政之初用人求舊之義。乃今病勢如此危亟，據其所奏，情詞懇切，相應准理。合候命下，行令冀鍊照舊在籍調理，痊可之日，本處撫按官具奏起用。遺下員缺先行推補。

隆慶六年十月初七日題，奉聖旨："是。冀鍊准在籍調理。"欽此。

議已故南京吏部尚書吴嶽贈官疏

題：爲大臣恤典事。驗封清吏司案呈，奉本部送，准禮部咨送，巡撫山東等處地方兼督理營田、都察院右僉都御史梁夢龍題稱，原任南京吏部尚書吴嶽在家病故，乞要贈官等因，備咨到部送司。查得尚書該贈太子少保。通查案呈到部。

看得禮部咨開，原任南京吏部尚書吴嶽病故，該撫按官奏舉前來，贈官移咨本部一節。爲照本官人品端方，官常嚴恪。早年北署，勵冰清玉潔之操；晚歲南遷，成風移俗易之效。所據贈官，似應題請。但恩命出自朝廷，臣等未敢定擬。

隆慶六年十月初九日題，奉聖旨："吴嶽准贈太子少保。"欽此。

議已故兵部尚書毛伯温贈官疏

題：爲比例陳情，懇乞天恩，賜録微勞，特賜恤典，以光泉壤事。驗封清吏司案呈，奉本部送，准禮部咨，送右軍都督府經歷司署經歷事都事、今告養病毛棟奏，父毛伯温原任太子太保、兵部尚書病故，乞要贈官等因。備咨到部送司。查得太子太保該贈少保。通查案呈到部。

看得禮部咨開，原任太子太保、兵部尚書毛伯温病故，伊男都事毛棟奏乞贈官一節。爲照本官才優經濟，名播華夷。東省西臺，茂著公明之望；南征北討，屢成寧輯之功。所據贈官，似應題請。但恩命出自朝廷，臣等未敢定擬。

隆慶六年十月初九日題，奉聖旨："毛伯温准贈少保。"欽此。

議慎選科道官員疏

題：爲遵奉明旨慎選科道官員事。文選清吏司案呈，該本部題，爲缺官事。看得兩京科道員缺數多，相應選補。合無查照節年舊規，將在京歷俸已及三年行人與進士出身中書舍人，并國子監博士等官，及行取起送到部各官，一併選用給事中，聽本部御史會同都察院各從公考選議擬，奏請升授等因。題奉聖旨："是。科道係朝廷耳目之官，必心術端正、事體通達的乃稱此任。你每務要從公慎選，毋致冒濫。兩京言官，職任原無輕重，今後選用升遷都一體酌量行。"欽此。欽遵，抄捧送司，案呈到部。

仰惟皇上慎重言職，涣發德音，既欲致辨於心術之微以謹其始，又欲甄别於升遷之日以善其終，誠鼓舞人材之大機也，臣等愚昧，敢不仰承？夫科道之官以耳目爲名，爲其獻可替否，有補於朝廷之聞見也。若使心術回曲，則乖異之説返以惑聖聽；事體生疏，則迂淺之謀無以裨化理。實以庸流，虚列清貫，亦奚取於耳目之義乎？以故今次臣等未選之前，質以輿論，細加查訪，必求其端正與通達之根本；取選之日，試其文詞，公同品騭，必驗其端正與通達之枝葉。再三酌量，一體注擬，未嘗過爲分别，不敢少致冒濫。但向來人情重北而輕南，大率以北多内轉，南多外轉，揆以磨世礪鈍之義，委爲未盡。既經奉有明旨，相應申明議處。合候命下，以後在京都、左右給事中得升太常少卿、太僕少卿、尚寶司卿等官，南京給事中雖無都與左右之銜，若資望相等，升遷亦如之。在京刷卷、提學、大差御史得升太僕少卿、大理寺丞、光禄少卿等官，南京御史雖無刷卷、提學之差，若資望相等，升遷亦如之。至於職業不修、罔克有終者，無論科道，不分南北，容臣等以次區處。

隆慶六年十月十一日題，奉聖旨："是。"欽此。

議推官李一中不當降級疏

題：爲給文起送事。文選清吏司案呈，奉本部送，據福建布政使司咨呈福州府推官李一中起送降用緣由，到部送司。

查得先爲被劾貪穢將領鑽刺部院大臣及司府勘問等官，致圖脱網，懇乞聖明嚴行並究，以正法紀，以昭公論事。該巡按福建監察御史杜化中題稱，要將巡撫都御史何寬罷斥，推官李一中降用等因。該本部覆題，節奉穆宗皇帝聖旨："何寬着回籍聽勘，李一中降用。"欽此。又查得爲奉德意舉逸才，以備甄録，以光聖治事。該陝西等道掌道事福建道監察御史馬明謨等題，該本部覆議得，内何寬係御史杜化中糾論，無端受誣，公論甚明。造言者既已見黜，被言者自無可罪，相應免勘，遇有相應員缺酌量推用。奉聖旨："是。"欽此。除通行欽遵外。今該前因，查得李一中與何寬係干一事。案呈到部。

看得福建福州府推官李一中，查與巡撫都御史何寬原係一事。所據造言御史杜化中既經以此考察，何寬與李一中自當昭雪。除何寬先已奉旨聽用外，合候命下，將李一中免其降級，仍以推官原職查缺改補。以後政果有成，照例推升行取，不得拘泥私言，致妨公議。

隆慶六年十月十一日題，奉聖旨："是。"欽此。

覆總理河道侍郎萬恭不准休致疏

題：爲患病不能任重，懇乞天恩，容令休致事。考功清吏司案呈，奉本部送，吏科抄出，總理河道兼提督軍務、兵部左侍郎兼都察院右僉都御史萬恭奏，奉聖旨："吏部知道。"欽此。欽遵，抄出送司，案呈到部。

看得總理河道兼提督軍務、兵部左侍郎兼都察院右僉都御史萬恭奏稱患病不能任重，乞要休致一節。爲照本官才能集事，志欲立功。協理京營，兵將皆服其制馭；撫循山右，士民咸頌其公明。頃者起用河道，又能悉心料理，卓有成效。况今運道正在大修，方當用人之際，雖經以疾求退，難以輕擬。合候命下，行令萬恭照舊供職，以副簡任之義。不宜再行具奏，致妨河務。

隆慶六年十月十一日題，奉聖旨："是。萬恭着照舊供職。"欽此。

覆應天撫按官張佳胤等議知縣鄺彭齡等免降疏

題：爲新任縣官遲違兑運，罪有可原，懇乞聖明議調以慰民心事。文選清吏司案呈，奉本部送，吏科抄出，總理糧儲、提督軍務兼巡撫應天等府地方、都察院右僉都御史張佳胤，巡按直隸監察御史李學詩題，俱奉聖旨："吏部知道。"欽此。欽遵，抄出送司。

案查隆慶六年五月内，准户部咨，查參上海縣知縣鄺彭齡、嘉定縣知縣趙舉廉漕運遲違，各照例降二級等因。題奉欽依，移咨前來，案候在卷。及查鄺彭齡到任日期，委於本年二月十二日到任。其趙舉廉未經繳報，無憑查考。又查得嘉定縣知縣員缺已於本年七月内除補王焕，上海縣知縣員缺於本年九月内調補李志學，丹陽縣知縣員缺調補尹良任，俱各給憑去後。今該前因，案呈到部。

看得巡撫應天都御史張佳胤、巡按御史李學詩會題，稱遲糧降級上海縣知縣鄺彭齡、嘉定縣知縣趙舉廉，履任日淺，情有可原，乞要姑免降調，仍將趙舉廉改補丹陽知縣，鄺彭齡照舊供職各一節。除丹陽縣知縣員缺已經調補外，所據知縣鄺彭齡等既經撫按官會題前來，其情委有可原，相應議擬。合候命下，將知縣鄺彭齡、趙舉廉姑免降調，各令本縣照舊供職。其新選上海縣知縣李志學、嘉定縣知縣王渙，查有相應員缺另行題補。

隆慶六年十月十二日題，奉聖旨："是。"欽此。

酌議養病官員違限疏

題：爲兩奉明詔，議處養病官員，以廣聖恩事。考功清吏司案呈，隆慶六年六月初十日，伏睹詔書内一款："其有以養病違限革職者，若違限未久，姑與叙用。以後仍照近題事例行。"欽此。本年七月二十八日，伏睹詔書内一款："養病、給假違限，例該罷職不叙，原不係考察黜退人數。事久論定，年力可用者，各該撫按官具以名聞吏部，再加查實，具奏定奪。"欽此。查得嘉靖八年十一月内，該都察院題，爲催取風憲官員事，奉世宗皇帝聖旨："這御史但有養病三年以上的，都革了職，着冠帶閑住。以後養病官員照這例行。"欽此。又查得本部見行事例，凡病痊官員，起文到部俱在三年之外者，革職閑住。若到部雖在三年之外、起文尚在三年之内者，准令復職。隆慶四年七月内，該掌管部事大學士高拱議得，病痊赴部，三年爲期，已甚寬假，自當遵守。近年養病諸臣中，多假托營私，或情有規避，恣意家居，及至過期，巧圖援引，甚非人臣之禮。以後務要及期赴部，方准叙用。若到部在三年之外，雖稱三年之内給文，仍照違限罷職。題奉穆宗皇帝聖旨："是。"欽此。又查得病痊鴻臚寺序班張三桁違限一個月零一十八日，郭柱違限一十三日，俱題奉欽依革職。病痊進士葉明元違限三個月零二日，聶良杞違限八個月零二十一日，俱不准付選。通查案呈到部。

臣等查得，養病官員，令甲俱以三年爲限。奉世宗皇帝之旨，違限三年以上革職閑住。若起文在三年之内者，猶准復職。奉穆宗皇帝之旨，但係三年以上，罷職不叙，雖起文在三年之内者亦不准理。頃者皇上恭臨大寶，兩降明詔，一則曰違限未久，姑與叙用；一則曰原不係考察人數，許撫按官具以名聞。大哉王言，真天地無棄物之心、帝王不求備之意也，臣等愚昧，敢不祗承？但惟前項養病官員，假病濟私者固多，真病妨公者亦有，若使一概盡從罷免，似非情法之中。除序班張三裄、郭柱，進士葉明元、聶良杞，違限未久，另行查題叙用外。合候命下，以後養病官員起文在三年之内、到部在三年之外者，該司查驗，果有本處官司印信保結，仍照舊例准其拔選，庶人才、法紀得以兩盡矣。

隆慶六年十月十二日題，奉聖旨："是。"欽此。

議處調閑官員疏

題：爲議處調閑官員以疏通選法事。文選清吏司案呈，照得本部見行事例，有司不係繁劇、才力不及者，對品改調閑散。近據兩直隸各布政司起送調閑官員，除知州以上難以别議，其通判、知縣二行在部守候，多至數十餘人，閑缺甚少，拘於對品之例，日見壅滯，乞於品級正從之間量爲議處。案呈到部。

看得官有調閑，或以負才有限，或以秉氣稍偏，揆之器使之宜，法固難變。然調必對品，人多缺少，未免日見壅滯，人情、政體委有未便。既經該司具呈前來，相應議處。合候命下，容臣等以後逐項酌量。如各府通判，正六品官也，對品調閑，則該都司、留守司各經歷、斷事。若果無缺，則從六品，如布政司經歷、理問，鹽課司提舉俱得改調，仍支正六品俸。各縣知縣，正七品官也，對品調閑，則該都司都事、副斷事，按察司經歷，苑馬寺監正。若果無缺，則從七品，如布政司都事、副理問，行太僕寺、苑馬寺各主簿，鹽課副提舉，鹽運司經歷，正八品，如按察司知事，從八品，如布政司照磨、鹽運司知事，正九品，如布政司檢校、按察司照磨，從九品，如按察司檢校，俱得改調，仍支正七品俸。到任之後，果能砥礪官箴、閑習吏治者，許撫按官與同有司一體保薦，本部仍依原品查照敘遷。

隆慶六年十月十三日題，奉聖旨："是。"欽此。

覆巡撫甘肅都御史廖逢節自陳留用疏

題：爲自陳不職，懇乞聖明早賜罷斥，以安危鎮事。考功清吏司案呈，奉本部送，吏科抄出，巡撫甘肅等處地方、贊理軍務、都察院右僉都御史廖逢節奏，奉聖旨："吏部知道。"欽此。欽遵，抄出送司，案呈到部。

看得巡撫甘肅等處地方、贊理軍務、都察院右僉都御史廖逢節自陳不職，乞要罷黜一節。爲照本官本以美器，雅務邊才。近由參政開府河西，正值套虜馳騖之際，一切注措，悉中機宜，地方晏然，允可嘉尚。雖經自陳求罷，難以輕議。合候命下，行令廖逢節照舊供職。務要興復屯田，開通水利。先守而後戰，收萬全制勝之功；足食以强兵，成五郡平寧之利。

隆慶六年十月十三日題，奉聖旨："是。廖逢節着照舊供職。"欽此。

覆原任監察御史今升參議郜永春致仕疏

題：爲在告患病危篤，不能赴任，再乞天恩，容令休致事。考功清吏司案呈，奉本部送，吏科抄出，原任河南監察御史、今升福建布政司左參議郜永春奏，奉聖旨："吏部知道。"欽此。欽遵，抄出送司。

案查先該本官具奏休致，已經本部札行作速赴任供職去後，今又再奏前因。查得本部見行事例，凡自願告退官員及有疾者，不分年歲，俱准致仕。案呈到部。

看得原任河南道監察御史、今升福建布政司左參議部永春奏稱在告患病危篤，不能赴任，乞要容令休致一節。爲照本官年力、才猷正堪效用，乃今抱此沉痾，且有不遑將母之情，兩疏乞休，誠非得已。既經該司查有前例，相應准理。合候命下，行令本官照依今升左參議職銜在籍致仕，病痊之日，本處撫按官具奏起用。遺下員缺即行推補。

隆慶六年十月十三日題，奉聖旨："是。"欽此。

覆巡撫寧夏都御史朱笈自陳留用疏

題：爲自陳不職，乞賜罷斥，以新聖治事。考功清吏司案呈，奉本部送，吏科抄出，巡撫寧夏等處地方、贊理軍務、都察院右僉都御史朱笈奏，奉聖旨："吏部知道。"欽此。欽遵，抄出送司，案呈到部。

看得巡撫寧夏等處地方、贊理軍務、都察院右僉都御史朱笈自陳不職，乞要罷斥一節。爲照本官本以長才兩撫寧夏，始而人懷去思，今而人慰來蘇，保釐之良，居然可見，雖經自陳求罷，難以輕擬。合候命下，行令朱笈照舊供職。務要西飭賀蘭之險，赤木諸口一一爲之戒嚴；東慎花馬之防，定邊諸城處處爲之謹備。毋以貢市之小安，遂忘修壤〔四〕之大計。

隆慶六年十月十四日題，奉聖旨："是。朱笈着照舊供職。"欽此。

覆南京科道官張焕等會薦尚書裴宇等起用疏

題：爲遵奉明詔薦舉遺賢，以需簡任，以裨化理事。文選清吏司案呈，奉本部送，吏科抄出，南京吏科等科署科事、南京户科給事中張焕，南京浙江等道監察御史計坤亨等奏，俱奉聖旨：“吏部知道。”欽此。欽遵，通抄到部送司。

查得南京禮部尚書裴宇，係丁憂。尹臺，係革職。禮部右侍郎丘岳，係參政改用。兵部左侍郎谷中虚、河道都御史潘季馴、山西參議查鐸，俱係閑住。屯鹽都御史龐尚鵬，係爲民。巡撫應天都御史陳道基、河南參政董德明，俱係聽勘。江西左布政侯一元，雲南左布政陳善，貴州左布政江珍，浙江右布政莫如忠，雲南右參政、升廣東按察使何鏜，浙江副使、升陝西行太僕寺卿蔡結，俱係致仕。南京廣東道御史柴祥，係終養。通查案呈到部。

看得南京六科十三道官張焕、計坤亨等，各遵詔奏薦原任尚書等官裴宇等共一十六員，乞要遇缺推用，或以原職起用各一節。除丁憂官尚書裴宇應該遇缺起用，改用官侍郎丘岳應該外官改用，聽勘官都御史陳道基、參政董德明應該勘明推用，終養官御史柴祥應該親終之日赴部，俱無容别議外。爲照尚書等官尹臺等十一員，人品、才識委皆可用，既經南京科道官張焕等奏薦前來，相應通行議擬。合候命下，將尹臺、谷中虚、潘季馴、龐尚鵬、侯一元、陳善、江珍、莫如忠、何鏜、蔡結、查鐸十一員，容臣等遇有相應員缺酌量推用。

隆慶六年十月十六日題，奉聖旨：“是。”欽此。

覆南京户部尚書曹邦輔引年不准休致疏

題：爲衰年七十，不能供職，懇乞聖恩憐准如例休致，以全晚節事。考功清吏司案呈，奉本部送，吏科抄出，南京户部尚書曹邦輔奏，奉聖旨：“吏部知道。”欽此。欽遵，抄出送司，案呈到部。

看得南京户部尚書曹邦輔奏稱衰年七十，不能供職，乞要休致一節。爲照本官性度堅貞，才識老練。向者觸忤權奸，遠投荒徼。爰自起用以來，屹然如山，氣不少挫，且年雖七十，精力全未衰減。雖經以例乞休，難以輕擬。合候命下，行令曹邦輔照舊供職。但大臣進退出自朝廷，臣等未敢定擬。

隆慶六年十月二十五日題，奉聖旨："曹邦輔着照舊供職。"欽此。

覆巡撫湖廣都御史趙賢自陳留用疏

題：爲自陳不職，乞賜罷斥，以肅吏治事。考功清吏司案呈，奉本部送，吏科抄出，巡撫湖廣等處地方兼贊理軍務、都察院右僉都御史趙賢奏，奉聖旨："吏部知道。"欽此。欽遵，抄出到部送司，案呈到部。

看得巡撫湖廣等處地方兼贊理軍務、都察院右僉都御史趙賢自陳不職，乞要罷斥一節。爲照本官操履端方，才識精敏。向以參政仍守荆州，治行裒然稱首；乃今開府於湖，甚慰人望。任雖未久，一切注措，悉中機宜。雖經自陳求罷，難以輕擬。合候命下，行令趙賢照舊供職。務要軫恤民艱，糾察吏弊。内而灾沴則首防水患，常懷拯救之心；外而苗夷則克詰戎兵，潛消負固之念。至於江寇、湖寇乃腹心之疾，尤當嚴備。

隆慶六年十月二十五日題，奉聖旨："是。趙賢着照舊供職。"欽此。

覆四川撫按官劉斯潔等裁冗員因議各處教官不當裁革疏

題：爲裁冗員，省糜費，以蘇民困事。文選清吏司案呈，奉本部送，吏科抄出，巡撫四川等處地方、都察院右副都御史劉斯潔等題，奉聖旨："吏部知道。"欽此。欽遵，抄出送司。

查得四川鹽課提舉司同提舉已於嘉靖三十八年議革住選訖。

今該前因，案呈到部。

看得四川巡撫都御史劉斯潔會同巡按御史孫濟遠題稱，要將鹽課提舉司等衙門同提舉等官俱行裁革一節。除同提舉已經住選，無容再議外。爲照官無冗閑，固理財之要；事必經久，乃立法之中。所據副提舉、都事、大使等官，徒寄空名，無所事事，裁革相應。至如各州學訓導，位卑禄薄，所省無幾。近日南北州縣學校，偶因學正、教諭、訓導咸缺，不得已以年長生員署篆，春秋丁祭，甚至無官分獻，殊非愛禮存羊之義。况今歲就教貢士多至八百餘人，近又開有恩貢，明年就教之數計不止此。選法壅滯，亦當曲爲變通。既該四川撫按官會題前來，相應併行議處。合候命下，將四川鹽課提舉司副提舉一員，天全招討經歷司都事一員，雜造局、碉門茶馬司各官吏，俱准裁革。見任各官免其起送，聽候改補。吏典行令改撥。司局印記另行奏繳。其崇慶等州儒學訓導，仍令照舊。本部備將各處裁革過教官逐一酌量，何處仍當復設，何處不必再設，另行具奏定奪。

隆慶六年十月二十五日題，奉聖旨："是。"欽此。

嚴催提勘官員疏

題：爲遵奉明旨嚴催提勘官員，以正法紀事。考功清吏司案呈，奉本部送，先該本部題，爲亟處貪暴州官，以肅吏治，以安民生事。該巡按湖廣監察御史舒鰲題參隨州知州周行貪酷顯著，該本部議擬，將周行先行革職爲民，仍行巡按御史提問具奏等因。奉聖旨："周行着革了職爲民，巡按御史提問具奏。近來有旨提勘官員，日久俱不見奏報，貪吏無所懲戒，虧枉久不獲伸，撫按官所幹何事？你部裏便行與他每，着上緊從實完報。有推委故縱的，查參來説。"欽此。欽遵，抄捧送司。

查得嘉靖三十年四月内，該本部題，爲催勘廣東廣州府知府曹逵被劾緣由，内開近來積弊，聽勘官員往往遷延歲月，經營求解，而承勘之人亦依違觀望，不肯完結，若非避嫌，即屬回護，其爲背公黨私一也。合無今後查有此等，容臣等并該科參究等因。奉世宗皇帝聖旨："是。"欽此。又查得隆慶二年七月内，該本部題覆巡按浙江監察御史蒙詔論劾湖州府通判黄廷美緣由，内開即如通判黄廷美，在御史蒙詔，一時巡蒞，遂能發其奸狀；在本管撫按、司道，終年相臨，乃溢有美詞。此是彼非，自難兩立，欲定國是，惟在于勘問之明的耳。若復依違雷同，或遷延不報，終何以示勸懲哉？是故懲貪貴嚴，持法貴平，詢事貴實，此正臣等部院與各該撫按之職。合無容本部移咨都察院，轉行各該撫按衙門，各將節年行勘提問官員逐一提吊人卷，虚心審究，真正者速置之法，冤横者速爲申理。文書到日，通限三個月以裏分别奏報等因。節奉穆宗皇帝聖旨："黄廷美革了任，着巡按御史提問具奏。節年奉旨勘問官員，你部裏便行與各該撫按，務要依限分别勘明奏報。"欽此。除通行欽遵外。今該前因，查呈到部。

看得貪酷官員革職爲民，仍行提問者，所以嚴奸惡之防。被論官員勒令回籍聽候查勘者，所以求是非之實。若使撫按、憲臣祗承明命，奉行惟謹，非惟大奸大惡不敢縱肆，亦且公是公非得以昭明。乃今或因官已離任，人卷難集；或以事出風聞，贓證無據。先後推延，漫無了期。即如近歲五河縣知縣張憲翔横被污衊，于時臣等立限催勘，毫無干涉。即今憲翔見任御史，儹運有聲。竊計被勘官員如憲翔者恐亦不少，各該撫按公然廢閣，貪吏無所懲戒，虧枉久不獲伸，誠如聖諭。合無容臣等移咨都察院，通行天下撫按衙門，自本年十月以前至嘉靖三十年五月以後，不拘京官、外官，凡奉旨聽勘并提問未完者逐一查出，除先係聽勘，續以考察黜退不論外，其餘應勘應提問者，一面分委廉幹官員，提吊一應人卷逐一審究。贓證俱明、情罪無枉者，依律問擬，各另回奏；事出虧枉，或病故年久者，明白奏請定奪。一面將原奉勘合撮其緊關情節開造文册，内開一件，爲某事，該某官某人論劾某官某人何項事情。前件下注某年某月該都御史某人或御史某人奉到咨札，轉行某司道官某人，行委某府州縣官某人勘問，某年某月呈詳到院，爲因何故未曾回奏緣由。一樣三本，一送本部，一送都察院，一送吏科查考。如或仍前推諉故縱，容臣等與該科遵奉明旨參奏究治，庶奸惡得以速懲，善類不致終枉，吏治、國法兩有所裨矣。

隆慶六年十一月初七日題，奉聖旨："是。"欽此。

校勘記

〔一〕"贓"，疑當作"臧"。

〔二〕"日"後，疑脱一"題"字。

〔三〕"贓"，疑當作"臧"。

〔四〕"壤"，疑當作"攘"。

山右叢書　山右歷史文化研究院　編

楊博奏疏集 中

[明]楊博　撰　　張志江　點校

上海古籍出版社

楊襄毅公本兵疏議

〔明〕楊　博　撰

張志江　點校

點校説明

《楊襄毅公本兵疏議》二十四卷，明楊博撰。

《楊襄毅公本兵疏議》係楊博著作中篇幅最多的一種，現存明萬曆十四年師貞堂刻本，是目前所能見到的最早的版本。今人劉明陽所藏明刊本《楊襄毅公奏疏》中有《楊襄毅公本兵奏疏》十二卷，實乃《楊襄毅公本兵疏議》的節本，篇目、文字均有删減。《楊襄毅公本兵疏議》，自嘉靖三十四年四月至三十五年正月爲卷三，又自嘉靖三十八年十二月至四十五年十月爲卷十七，復自隆慶五年七月至六年六月爲卷四，總計二十四卷，五十餘萬字。内容跨越明嘉靖，隆慶兩朝前後十餘年的歷史，涉及當時軍事領域的方方面面，北拒蒙達，東抗倭寇，外防强敵，内遏民變，幾乎無所不包。該書既是研究楊博生平和思想的第一手資料，也是研究明代軍事和邊防的珍貴史料。此次點校，即以明萬曆十四年師貞堂刻本爲底本，參校以劉明陽所藏《楊襄毅公本兵奏疏》十二卷本（簡稱“十二卷本”），以及明陳子龍等《明經世文編》等書所選載的楊博的部分奏疏。

《楊襄毅公本兵疏議》序

大司馬掌邦政，海宇賴之統平，《傳》言“雎鳩氏”，《書》稱“圻父”，是本兵之重繇來遠矣。居是任者亦廪廪乎難哉！雖征伐自天子出，所張皇六師，翼我王化，大司馬寔朝夕焉。一詰兵戎，飭闔轂，呼吸間萬變充斥於前，隨攄所蘊蓄，屬草方略爲請，内外諸司拱受約，若驂在靳，泥在埏埴，悉累息莫敢吐一語。溯昔肅皇帝聖武當天，英斷若神，群下震慴，奔走奉職，每少當意旨，即樞筦、封疆間。重臣大吏所仔肩時事，一迷錯不任，輒下吏議，未嘗寬文假借。獨襄毅公抗疏所陳，天顔開霽。其諸散見叙述無論已，如嘉靖癸亥歲，邊關守臣不戒，北虜烽火達近郊，訛贗繁興，上下駭愕。當宁宵旰靡醳，稍稍督過節鉞諸軍事者，屢札下輔臣，恚引庚戌時事，幾甚危。是役也，公屹然中立，策走强胡，威擿僨帥，望戢群議，蓋悟帝心，舉世所恇擾失據者，畫精慮郤，神閒氣定，汛掃如林，腥膻盡裹旃遁去，奠我國家如覆盂，而夷運熸頽，以迄今日，不偉乎社稷功哉！繼事莊皇帝，迨我今皇上，勛高九塞，望重三朝，故歷祀建白、覆議諸疏總列爲二十四卷，皆不假諮諏，無俟研構，纚纚累數十萬餘言，經緯繡錯，批導森羅。其中德威之揚厲，戰守之關鑰，賞罰之幾鑒，軍師戍卒，山川要害，有按圖布算之不能探其微，桂海冰天之莫得窮其畔岸者。事種種别，言人人殊，悉擷要挈綱，胡則胡，倭則倭，大叩大應，小叩小應。如懸河下瀉注而不竭；如飛龍、神鵬振迅扶摇於烟雲九萬里外，難於控摶；如挽大屈破金注之的，應弦𢿱標，一無虚發。炳炳烺烺，前凌往喆，有董廣川之閎衍而不病於牽綴，有賈洛陽之讜直峰距而不過於湍駛危激，有陸蘇州之露悃款、任謇諤而盡剗其邅迴鬱抑之氣。披衿誦，惟神與偕游，不必探禹穴、浮汶涉泗而窮壤指掌，不必攷丘乘、熟諳《司馬法》而大略淵回，所光輔當代，隆暎後人，豈其微哉！試觀鉛槧家秘思姸辭，誠穆如清風，燦若繁華，然實用或柄〔一〕鑿而難入，通方乃罣〔二〕閡而不讎，將汗充奚裨焉？於乎！國存蓍鑑，家獲拱璧，即舄奕千百世，圖治安者布此方册可鏡已。士君子展采錯事，既不幸而不得周旋上下，挾策一時，亦復幸而遂卒業是編，可桀護終承耶！襄毅公正位大司馬，拜總百官，屢進傅師，時既久，位益崇，績蓋天下而莫與疇，其仰膺聖眷綦隆，訢合魚水如一日。猗與庥哉！自奄忽歸道山後，今幾春秋，繼衡夏省盡壯猶鉅公，已更僕十數易，而曾不得一報政，少畢所事。既慨得君之難，而復三致意於是編矣。汶也，瀛濱一豎儒耳，誤廁公國士之遇，更以通家子承望顔色，執役郎署日，壹嘗受命霍大司馬思齋公，概出前編，濫竽校讎，兹何年耶！乃冢嗣少司徒本庵公年誼締交，不以汶爲不肖，復屬申一言於末簡，俯卬今昔，殷殷愴怳，有懷焉。公兩位大宰，天下仰爲周爲傅，業有鴻紀，即督臨九塞，經略長籌，日星於昭，兹並缺而不録，亦愍乎簡脱罪者。惟曰録本兵，則微言本兵，佗所未備，寔諸大夫有述矣。

萬曆十四年歲次丙戌七月朔旦，賜進士出身、中憲大夫、奉命巡撫陝〔三〕西地方、都察院右僉都御史年家後學瀛海李汶拜手謹撰

校勘記

〔一〕“柄”，疑當作“枘”。

〔二〕“罣”，疑當作“窒”。

〔三〕“陝”，原訛作“陜”。下同改，不再一一出校。

恭請先襄毅公《本兵疏議》序狀

先公弱冠起家嘉靖己丑進士，歷知陝之盩厔、長安縣，洊升職方郎中。己亥，從相國翟文懿公鑾閲視九邊，歸握司篆者四年餘，著《職方郎官草》，憲副暘谷王公叔杲序而刻之大名郡中。癸卯，稍遷山東督學副使、管糧參政。丙午，拜右僉都御史，巡撫甘肅，功晋右副都御史，以内艱解任，著《甘肅奏議》，刻于甘，前侍御蒙泉包公節序之。壬子，起爲兵部侍郎，尋出而經略薊、保兩鎮邊務，著《經略疏稿》，憲副子〔一〕石畢公竟容刻于易州，司空古和雷公禮序之。逾年，總督薊遼、保定軍務。甲寅，録古北禦虜功，升右都御史。乙卯春，召爲兵部尚書。先公控辭，肅皇帝曰："卿久歷邊務，才猷素著，本兵重任，特兹簡用。"明年，以外艱歸。戊午春，奪情起復，仍舊職。旋奉手詔："且著總督宣大、山西軍務，少寧回部。"是年十月，兵垣請還部任，上若曰："某盡心邊務，方在理中，加太子太保，待來冬回部。"著《督府奏議》，門人知縣王君緯刻于鄢陵，司寇春岡劉公訒序之。己未夏，薊鎮失守，閫臣被逮，復改總督薊遼、保定軍務，併前任爲《兩督奏議》，門人知縣高君大化刻于江陰，學士水南張公袞序之。是冬，兵垣再申前請，上曰："某回部，有成命。"甫抵國門，即手諭吏部曰："某總督邊務，赤心幹理而平，特加少保，示朕眷獎。"再入本兵，八歷寒暑。仰蒙世廟知遇，欲易宣、大督臣，則曰："自某入，胡奴日伺墻外窺伺，松何不理?"欲起王襄毅公，則曰："戎贊之用，須要如某者，不得，則起邦瑞。"來問秋防之計，曰："自某入，我每慮邊務，可語某早定計以遏之。"因風占之異曰："轉〔二〕諭某，示諸〔三〕，内戢凶賊，外嚴邊備。”先公每讀綸音，輒感激流涕。丙寅之冬，始改吏部尚書，居無何，肅皇帝龍馭上賓矣。先公繼事莊皇帝，以一品九載考績加少傅兼太子太傅。己巳冬，忤旨致仕，手輯大宰封事爲《獻納稿》，都憲廬山張公佳胤刻于姑蘇，鳳洲王公世貞序諸首。辛未春，詔起于家，以原官管理兵部事。先公再疏陳情，力辭衰病。上若曰：“卿兩朝耆宿，才德兼優，本兵重任，特兹起用。”又曰：“朕以卿忠猷素著，本兵重任，特用委托。今邊方多事，秋防在邇，大臣義不可辭。”先公力疾入朝。明年壬申夏，恭遇聖上光膺大寶，首詔先公回吏部。未幾，以一品四考加少師兼太子太師。癸酉秋，謝病歸。甲戌八月，不幸終于正寢。訃聞，上深加悼惜，特贈太傅，賜謚襄毅。嗚呼痛哉！先公服官中外，所至輒有建白，悉蒙名公鋟梓以傳，獨《本兵疏議》卷帙頗繁，向未成編，大懼久而泯没，于是受命家兄，抆淚彙次。爰自嘉靖三十四年四月至三十五年正月爲卷者三，又自嘉靖三十八年十二月至四十五年十月爲卷者一十有七，復自隆慶五年七月至六年六月爲卷者四，總題曰《楊襄毅公本兵疏議》。痛惟先公生平宦業半在樞莞，始爲郎署，繼任卿貳，晚年猶以大宰視大司馬事，手削奏牘，累數萬言，而是集搜選僅存什之三四，然率關軍國大計爾。伏望皇輔相公閣下視政之暇留神披閲，寵錫金玉，弁諸簡端，庶一字之褒榮逾華衮，先公疇昔立言之志托以不朽矣。孤等不勝籲天懇禱之至。

萬曆三年秋八月望日，孤子楊俊士稽顙百拜謹狀

校勘記

〔一〕“子”，疑當作“梓”。明雷禮《經略疏稿序》：“憲副梓石畢君素慕公者，詮次刻識，屬以序。”明夏浚《月川類草》卷十有《答畢梓石憲副》。

〔二〕“轉”，疑當作“傳”。明徐學聚《國朝典彙》卷一百十四：“（嘉靖）四十二年二月，京師大風。上諭閣臣曰：‘今日之風占主兵火，似不可以常視。其傳諭博，示諸臣，内戢凶賊，外嚴邊備。’”

〔三〕“諸”下，據文意似脱一“臣”字。同上書。

楊襄毅公本兵疏議卷一

覆監察御史徐敦奏責成浙直等處巡按御史監軍紀功總督等官亟剿倭寇疏

兵部尚書臣楊博等謹題：爲海寇猖獗日甚，地方十分危急，懇乞聖明選差監軍官員，酌處撫臣信地，以肅人心，以期剿平事，職方清吏司案呈，奉本部送，兵科抄出，南京江西道試監察御史徐敦奏，奉聖旨："兵部看了來説。"欽此。抄出送司。卷查先該河南道監察御史錢鯨題，爲陳末議以固海防，以殄滅倭夷事，内一款"差紀功以肅軍政"，該本部覆議得，國家凡遇用兵，例差科道官各一員前去紀功，凡以肅軍容而防奸弊也。今日江南之事，苦於官多、困於供億極矣，况地連三省，寇之往來無常，而用兵戰守亦非歲時可議遽罷也，使差官久駐地方，恐未爲便。但本官痛恨各官壅蔽，故欲專差科道以稽查，其實意非不美。合無另請敕書一道，行南直隸、浙江、福建各巡按御史，悉照本官所議嚴行糾察，以警官頑，等因。奉聖旨："准議。"欽此。已經通行欽遵去後。今該前因，查呈到部。

看得南京江西道試監察御史徐敦具奏前因，極言倭寇猖獗，地方危急，敷陳剿平之略，大概有二，其一欲差科道官監軍紀功，其二欲將浙江巡撫都御史移駐福建漳泉，反覆辯析，無非因倭奴驕縱之極，憤兵威積怯之久，其意甚善，其論甚詳。但科道監軍紀功一節，先該御史錢鯨建議，已經本部覆奉欽依，另請敕書，齎赴各該巡按御史嚴加糾察，難以別議外。至於福建漳泉雖稱淵藪之地，而浙江嘉湖久罹剥膚之灾，即今賊勢方張，兵力新集，急則治標，浙江之巡撫勢難輕動；緩則治本，福建之料理似亦當先。合候命下，備咨都察院，馬上差人齎文交與南直隸、浙江巡按御史，即便遵照敕諭事理監軍紀功，不許徇情蔽護。其漳泉經略保甲、控制要害事宜，仍行福建巡按御史，嚴督守巡、海道、府州縣等官加意舉行。賊果剿平有效，并論福建諸臣之功；賊如滋蔓罔功，併治福建諸臣之罪。再照自有倭患以來，不苦於不戰，而苦於無可戰之兵；不苦於無兵，而苦於少知兵之將。即如山東民兵，非不驍健可用，但以將領非人，調度失策，遂至一敗塗地，不可救藥。即今狼兵已到，正屬决戰之時，當思臨事之懼。若使督撫諸臣不以覆轍爲戒，輕易調弄，地方安危在此一舉。伏望皇上天語丁寧總督官張經，巡撫官李天寵、周珫，毋惑於人言，毋狃於己見，必使主客官兵、人情地利一一熟貫於胸中。戰期於必勝，方爲進剿之圖；守期於必固，毋爲輕率之計。仍須再三申明賞規，功成之日，在客兵則録其奮勇敵愾之功，在主兵則録其哨探嚮導之功，彼此協力，不相携二。庶幾人心振勵，慰九重眷顧之懷；掃蕩有期，荅一方倒懸之望。如督撫各懷意見，不肯同心，或當戰不戰，或不當戰而戰，阻撓掣肘，致誤機宜，聽巡按御史從重查參，國典具存，臣等亦不敢重自依違，以誤大計。

嘉靖三十四年四月初二日題，奉聖旨："是。"欽此。

覆議裁革山東河南前營民兵徵銀疏

題：爲稽實政以責成功，以均節財用事，職方清吏司案呈，奉本部送，兵科抄出，巡撫山東等處地方、都察院右副都御史劉采題，奉聖旨："兵部知道。"欽此。欽遵，查覆間，又准河南布政使司咨呈，前事，等因，通送到司，案呈到部。

看得巡撫山東都御史劉采題稱，欲將前營民兵每名徵解工食三十六兩，自嘉靖三十四年夏季爲始，每年二次解部，本非常額，暫行二年，另奏處豁。及行總督薊遼、保定衙門，免行徵調戍邊後營民兵二千名、步隊一千名，照舊存留，聽臣訓練，每遇防秋，隨臣駐札臨德等處，聽候入衛。前營步隊一千名，併入臨清防守。其統領民兵參將革回别用，德州兵備照舊存留。及據河南布政使司咨呈，内稱河南民兵每名每歲軍裝、工食銀三十兩，今派三十六兩，民力不堪，乞要止徵三十兩各一節。爲照山東、河南二處民兵，原因庚戌虜患之後漸次增設，無非大振威聲、防護畿甸之意。三四年來，工食之費用爲多，閭閻之愁苦特甚。始而選民爲兵，猶爲有名；既而免兵徵銀，殊爲無謂。在山東則欲止徵二年，在河南則欲量減六兩，其情甚切，其言有據。若使得寬一分，小民自受一分之賜，所據兩營民兵，不止前營該罷，雖後營亦當裁省。但薊鎮今歲虜患比之往歲不同，審時度勢，冷口、白羊之調恐難遽已。及查得二處巡撫此外再無可領之兵，難以責其照舊入援。况山東、河南相去薊鎮往返幾三千里，地方隔遠，未免緩不及事，相應通行議處。合候命下，備行山東都御史劉采、河南都御史鄒守愚，各將原議民兵銀兩免其徵解，以蘇民困。其後營民兵三千，臨期各令副使、參將統領，聽總督侍郎王忬徑自徵調，分布防邊，稍候虜警緩日，本部另行議奏。劉采、鄒守愚防秋之日止在本處嚴加備禦，雖有警報，不必前來策應。

嘉靖三十四年四月初九日題，奉聖旨："是。"欽此。

開陳防守薊鎮事宜責成邊臣疏

題：爲預計虜情，廣集兵糧，以尊京師，以安畿甸重地事，職方清吏司案呈，近該總督薊遼侍郎王忬揭稱，朵顏諸夷相繼從虜，千里邊關俱與大虜爲鄰，今秋事勢迥異往年，若不大破常格，廣集兵糧，恐有東西受敵之患。本職昨疏請兵，亦尚未勾分布，今應作速會議，一面催調陝西人馬四枝兼程入關，以便調度，等因。查得先奉本部送，兵科抄出，該總督侍郎王忬題，爲虜勢猖獗，懇乞天恩挑選精壯邊兵，以備急調分布截殺事，内稱欲於大同選兵三千，延綏募兵一千，并將宣大遊擊楊世臣、胡吉兵馬再加挑選，務足三千之數。見在延綏陳□〔一〕一枝暫留防秋，破格發銀給賞，等因。又該提督趙卿題，爲審事機，預設備，增兵禦虜，以防未然，以固根本事，内稱欲再調邊兵四枝，專聽總督調遣以防薊鎮，原調陝西四枝親自統領，專護京師、陵寢，等因。俱奉聖旨："兵部知道。"欽此。又該巡撫宣府都御史劉廷臣題，爲計處增修阨塞以預防虜患事，内稱欲將懷來大山口逶迤起伏至隆永抵四海治、黄花鎮接界鎮南墩一帶隘口，借支官銀及時修理，等因。奉聖旨："户、兵二部知道。"欽此。又該巡撫山西都御史王崇題，爲傳報賊情，整兵聽援事，内稱欲將老營堡、北樓口遊兵應否應援薊鎮早爲定議，等因。奉聖旨："該部知道。"欽此。欽遵，通抄送司，呈乞一併查議，案呈到部。

臣等看得，蠢兹醜虜，自嘉靖二十九年潰關之後，無日不垂涎薊鎮。以耳目之所睹記，三十三年二月則一窺河坊，九月則再犯古北；三十四年二月則一犯馬蘭，三月則再窺古北。仰仗聖皇在上，玄威震疊，或力戰大挫其鋒，或不戰自屈其兵，或乍進即遭其衄，或欲犯先伐其謀，神功聖德，百萬生靈不勝慶忭。但今秋之事，虜既積忿日久，必求一逞，委於往歲不同。觀其收把總伯言帖忽思諸部，則撤我古北之藩籬；收流河諸部，則撤我馬蘭之藩籬；收影克脱力諸部，則撤我冷口、喜峰之藩籬。千里邊關，與虜爲鄰，誠如總督侍郎王忬所論。臣等竊惟，今之所以重薊鎮者，非爲薊鎮，實爲京師故。京師四方之極，君父在上，元氣腹心，不可不爲深長之慮。以故臣等愚見，先以尊京師爲主，而尊京師之要，固非城外列營，城門列兵，徒爲文具而已。古北、石塘第一緊要，則亟當議守；其次則當守馬蘭；次則當守黄花、居庸、横嶺、鎮邊；次則當守喜峰、冷口；次則當守金水、馬水、紫荆、倒馬。蓋密邇京師則虜患剥膚，漸遠京師則虜患剥床，先後緩急之序不得不然。臣等謹將應行事宜參酌諸臣之議列款上陳，極知疏昧不協機宜，待罪本兵，與有修攘之責，不敢緘默。伏望皇上俯賜采覽，敕下遵行。仍乞天語丁寧總督王忬、許論，巡撫吴嘉會、艾希淳、劉廷臣、蘇志皋、王崇、齊宗道，各將防秋應議事件查照往年舊規以次議奏，庶幾群策群力，交相效用，足爲先事之防，不致後時之失矣。

嘉靖三十四年四月十四日題，奉聖旨："這所議防守薊鎮事宜，著總督、鎮巡官加意幹理，不許怠視。其餘依擬行。"欽此。

一、議添調邊兵。臣等議得，薊鎮設立總督，兼調遼保、陝西、宣大人馬合力防守，原是借股肱之力爲腹心之助。庚戌之後，調兵多至二十四枝，以後漸次議掣。去歲見調者，遼東遊兵三枝，軍門標下遼兵一千，延綏二枝，固原一枝，寧夏一枝，山東、河南各一枝，保定遊兵二枝，民兵一枝，軍門標下保兵一千，宣、大遊兵各一枝，而白羊口、大水峪、曹家寨遊兵不在此數。若使各兵果皆精强，一人一馬可用，自亦足勾戰守。但調來之兵，問其名則有，問其實則無，所以總督侍郎王忬又欲選調大同邊兵三千。本官近日巡撫彼中，頗得士心，兵將貴於相識，似應依其所擬。合無本部選差司屬官一員前去該鎮，會同巡撫都御史齊宗道、總兵官焦澤并守巡、兵備道，於大同左、右、威、平等衛及得勝、鎮羌、高山等極邊城堡，不分正奇、遊援，但係慣戰精勇軍人，挑選三千名。司屬官與巡撫都御史計議何官可領，不拘見任、閑住，先舉二員開報本部，以憑坐名題請。軍選完日，備造文册，送部稽考。本部即於附近州縣寄養馬内調取三千匹，前赴紫荆關約期兑給。一面預行工部，合用盔甲、器械各處備三千件副，兵過京師，照名驗給。其革任參將麻禄、孫寶，緣事參將麻隆、朱雲漢，各許帶領家丁，隨營立功贖罪。至於陝西陳言遊兵，既留防秋，若再於黄甫川募兵一千，不惟緩不及事，延綏十分空虚，亦當長顧却慮，似難别議。

一、議陝兵賞賚。臣等議得，陝西遊擊陳言下遊兵一枝，忠勇驍健，以一當十，臣博總督之時往來調度，殊得其力。所據總督侍郎王忬欲要仍留防秋，揆之人情雖已不堪，要之邊計誠爲首務，體情恤私，賞賚之典似難吝惜。合無備行户部，議支帑銀，差官運送王忬處，官一員賞銀三兩，軍一名賞銀二兩，事完造册奏繳。至於行糧、料草，俱要給與本色，倒死馬匹、盔甲，官爲破格查處，以示憫恤之意。候防秋畢日，放回休息，明年免其徵調。其新到陝兵勞逸不同，自難援以爲例。

一、議宣、大入衛兵馬。臣等議得，宣、大入衛兵馬，大同則遊擊胡吉，宣府則遊擊楊世臣，名雖三千，其實不滿一千之數，至於有馬者，不及二三百名，狼藉至極。所據總督侍郎王忬欲要各令補足三千，無非責實效以飭邊政之意。合無聽本部差去司官會同宣、大鎮巡官并守巡、兵備官，即於各營挑選精鋭，輳付二營，務足三千之數，開造文册，送部稽考。

一、議保定入衛兵馬。臣等議得，保定入衛兵馬，例該民兵一枝、遊兵二枝、軍門標下兵一千，共一萬人，大率不堪。即如近日總兵李賢領兵應援，行至良鄉，步軍挑擔盔甲，不成行伍；馬匹瘡瘸羸瘦，倒死相望。即目薊鎮虜患方殷，既難減調，必須嚴加整飭。合無備行巡撫都御史艾希淳，會同總兵官李賢，督同井陘、易州、大名三兵備道，逐一揀選，務要人馬强壯，聽總督侍郎王忬臨期徵調。兵過涿州，本部選差司屬官一員前去查點，中間如有應處事情，巡撫都御史及早奏請。其餘留守本鎮人馬，亦當徑自簡閲，毋恃其不來，恃吾有以待之可也。

一、議遼東總兵兵馬。臣等議得，遼東地方止是防冬、防春，全不防秋，以故七月、八月、九月虜患不在遼廣，而在寧前。臣博總督之時，已嘗題奉俞旨，將該鎮總兵官調住寧前地方，一遇冷口、喜峰有警，不必再候明文，星馳會合薊兵截殺。無警則聲勢相倚，有警則緩急足恃，兩爲有益。合無自七月初一日爲始，仍令總兵官殷尚質統領正兵專住寧前一帶，一面差人於冷口探聽，果有的警，徑自入關應援。合用糧料、草束，巡撫都御史蘇志皋會行遼東管糧郎中并分巡遼海、東寧道預處，不致臨期缺乏，有誤軍餉。

一、議山西遊兵。臣等議得，山西地方相去薊州委爲隔遠，其老營堡與北樓口遊兵二枝，即如今春調援薊鎮，不速進則不能及虜，徒疲士馬，若速進則千里兼程，法蹶上將，進退無益，誠如巡撫都御史王崇所論。合無從長定議，將老營堡、北樓口遊兵二枝止在本鎮利器抹〔二〕馬，一以防守本鎮，一以應援紫荆，以後薊鎮有警，不必遠來策應。

一、議居庸裏口。臣等議得，居庸裏口，如横嶺、鎮邊、火石嶺、唐兒庵等處，或原無墻塹，或有墻不堪，萬一醜虜自懷來衝突而來，越過鎮邊、長峪，即係鞏華、昌平地方，事之可慮，不減古北。合無備行巡撫都御史吴嘉會、副總兵祝福、僉事馬珮、參將張堅，趁今閑暇，一面徑自修浚，一面將合動官銀、合修工程詳議具奏。總督侍郎王忬仍要往來督視，其口裏城垣、堡寨傾圮甚多，酌量緩急，以次整頓，不得有誤防秋。

一、議居庸外口。臣等議得，居庸關外自懷來大山口逶迤起伏至隆永抵四海冶、黄花鎮接界鎮南墩止，俱係屏蔽京師、拱護陵寢重地，去歲雨水異常，一切阸塞衝塌殆盡，趁今閑暇，正當整頓之時。所據都御史劉廷臣欲將西路修邊銀四萬兩内動支一萬八千九百九十兩，委官折放糧米并鹽菜等項支用，專一修理前項邊隘，以後照數具奏請補。隨該臣等會同户部尚書方鈍等議得，中間處分俱已周悉，合無悉依所擬，備行劉廷臣并總兵官歐陽安，督同該路參守等官，將本路見在無馬并所在按伏、守口及鎮城各營衛無馬雜役等項官軍通行查出，委官管領，分派工程丈尺，如法修築。工完，聽巡按御史閲視明白，將修過工程、動過銀兩造册奏繳，效勞、誤事人員分别處置。以後薊兵謹守内口，宣兵謹守外口，同心併力，庶爲有濟。但惟此等事情必須劉廷臣與僉事朱笈親住懷來、隆慶，悉心綜理，總督尚書許論加意督併，本部仍差司屬官一員前去不時體勘，方臻實效。不然轉盼防秋，未免又致誤事。

一、議紫荆諸口。臣等議得，紫荆、倒馬諸關，馬水、金水、白石諸口，先該臣博總督之時題奉俞旨，給發官銀修理，即今尚未就緒。若使古北、鎮邊一帶防禦謹嚴，賊必西窺諸口無疑，萬一潰口而入，京師未免震動。即目融和，正當動工之時，合無備行都御史艾希淳，督同副使程紳、俞憲作速修理，務要牢實堅固，足堪保障。艾希淳仍要暫住易州或保定府，躬親督視。工完，查照原行事理造册奏繳。不得直至秋近，方云某事未備，某工未完，藉口免咎，致誤大事。

一、議各處廢將。臣等議得，廢閑將官，臣博總督之時題奉俞旨，止將所屬三鎮者取赴軍門聽用，于時每一隘口各委一員領兵擺守，已有成效。但人數有限，地方廣遠，相應博取以備任使。合無通行延綏、山西、大同、宣府、遼東、保定并在京營衛，但係廢將，不拘充軍、立功、爲民、閑住等項，在京者聽本部，在外者聽各該巡撫都御史選送薊遼軍門，從宜委用，合用廪給并家丁口糧、馬匹料草照例支給，有功具奏升賞，仍酌量録用，以示激勸。

一、議獨石哨探。臣等議得，賊犯薊州，必由宣府獨石、大山墩等處。若使參將果能加意哨探，虜情預知，所關不淺，所謂"大同得其情，宣府得其形"者是已。合無備行巡撫都御史劉廷臣、總兵歐陽安，嚴行獨石參將張縉，選差的當人役，不必拘於一處，多方哨探，但有重大蹤迹，一面飛報本部，一面飛報薊鎮。如果哨報明的，薊鎮保全無虞，獨石參將照依軍功升賞，夜不收人等升一級，仍賞銀二十兩。如失於哨報，致誤機宜，參將聽臣等查參，從重治罪，夜不收人等，宣、大總督拿至軍門，各以軍法從事。

一、議處遼東土兵。臣等議得，遼東兵馬多半調援薊鎮，而本鎮土兵慣戰可用，臣博總督之時已嘗會同巡撫都御史蘇志皋具奏工部，欲各給以盔甲、器械，令其家自爲守，人自爲戰。該部查無事例，遂竟停寢。此事不費斗糧，坐收無限之兵，極爲急務。合無仍行蘇志皋，會同巡按御史陳瓚，督同守巡、兵備等官，將前項土兵遂一查出，籍名在官，不必輕易調動，令其各守本堡，有功與官軍一體升賞，隨處皆兵，可使制挺鞭撻夷虜，不必全藉軍器。事完，將選過姓名造册，送部稽考。

一、議總督責任。臣等議得，今歲見調并存留邊兵，且無言保定并主兵，即如陜兵五枝該一萬五千名，遼兵三枝及總兵官殷尚質一枝并軍門標下一千該一萬三千名，大同新添一枝該三千名，宣、大遊兵二枝該六千名，通計三萬七千名。先年提督衙門自分彼此，不曰專守京師，則曰專守陵寢，不知謹守關隘，正爲京師、陵寢，豈有邊關既潰，提督獨能拒戰之理？況今趙卿素負清勇，正當與王忬同心報國，共濟邊猷。合無申明提督敕諭，一應兵馬悉聽王忬調遣，其宣、大遊兵二枝應在關外、關内，亦聽王忬臨期酌處，庶幾臂指可使，氣脉相通。

覆兩廣提督侍郎鮑象賢等軍功升賞疏

題：爲擒獲海洋强賊類報功次事，職方清吏司案呈，奉本部送，兵科抄出，提督兩廣軍務兼理巡撫、兵部右侍郎兼都察院右僉都御史鮑象賢，鎮守兩廣地方總兵官、征蠻將軍、定西侯蔣傅題，俱奉聖旨："兵部知道。"欽此。欽遵，通抄送司。卷查先爲剿除積年稔惡劇賊等事，該提督兩廣軍務、兵部右侍郎應檟等題，該本部覆題〔三〕，聖旨："這劇寇剿平，各官效有勞績。應檟廕一子送監讀書，與顧寰各賞銀四十兩、紵絲二表裏。茅坤升二級，王寵、鍾坤秀各升一級，朱昇賞銀十兩，張謙升一級，致仕吴通照例給賞。其餘依擬行。"欽此。俱經通行欽遵去後。今該前因，查呈到部。

看得提督侍郎鮑象賢等題稱，劇賊徐銓、方武、陳時傑、謝明、陳權等，俱係剿敗賊首何亞八等同黨、大賊首王五峰等分枝，糾合倭夷，縱横海上。陳文伯、李明貴等乘機崛起，嘯聚猖獗。各該官兵前後擒斬，通計一千二百餘名顆，瀚海之濱頗稱安靖。及稱副使汪柏，僉事杜璁、經彦寀、尤瑛，參議王宗沐，參將張裕、鍾坤秀，調度防禦，多方統督；指揮黑孟陽、王沛，原任備倭蔡禎，督戰身先，屢收奇績；通判汪應奎、知縣方攸躋，招撫脅從，兩擒突寇：俱當優録。布政使王鈁、張元冲，知府謝彬、羅一鶚、張子弘，料理軍餉，區晝兵防，所當通叙。乞要查議升賞。又稱黑孟陽先該巡按御史王紹元參劾提問，事出風聞，仍要免提，復其原任。又該鮑象賢、蔣傅各題稱，慶遠地方皂嶺坂、荒龍樓、東甌、南卿等村首賊黄父將、藍强王、黄千二、韋公敦等劫奪府庫，乞塚盗屍，阻截江道，鉤劫船隻，積年賊蹯，糾寓前黨，攻打鄉村，燒屋殺人，縱横荼毒，禍淫一方。隨委分守右參議陳善、原任柳慶等處參將戚振，及調東蘭州土官男韋起雲，各統領軍兵直搗巢穴，各能遵令奮勇，擒斬賊級共四百五十七名顆，醜類殲滅，地方安靖，江道疏通。及稱陳善、戚振紀律嚴明，綜理詳慎；土官男韋起雲繼承職業，今又獲有前功，給與實授官職以勵人心各一節。爲照劇賊徐銓、方武等，本以華人，乃敢悖逆天道，勾引倭奴，流毒海方，罪不容誅。各官同心戮力，以次剿滅，前後擒斬一千二百有奇，雖係大賊王五峰等餘黨，要之皆爲地方巨患。至於廣西慶遠之捷，又擒斬賊級四百五十七名顆，一併計之，則一千六百有奇，此誠兩廣少見之事。所據提督軍務右侍郎鮑象賢、鎮守兩廣定西侯蔣傅綜理有方，調度得策。群凶授首，悉由經理之功；二省輯寧，咸賴發蹤之略。比之提督應檟，近年之功多而且奇，相應優論。副使汪柏，參議陳善，參將戚振，僉事杜璁、經彦采、尤瑛，參議王宗沐，參將張裕、鍾坤秀，指揮使黑孟陽，指揮同知王沛，署都指揮僉事蔡禎，通判汪應奎，知縣方攸躋，上〔四〕官男韋起雲，督戰撫處，屢成俘斬，相應首論。内汪柏、陳善、戚振、韋起雲功尤懋著，黑孟陽奉旨提問，俱難概議。布政使王紡、張元冲，知府謝彬、羅一鸑、張子弘，軍計兵餉，均有裨益，相應次論。齎奏指揮陶金，百户吴通、郭中、秦録，服有勤勞，亦應併論。既經巡按御史郭文周、李一經覆勘明實，係干激勸，委當通行叙論。合候命下，將鮑象賢厚加麼賚，蔣傅厚加升賞，汪柏、陳善、戚振量加升賞，杜璁、經彦采、尤瑛、王宗沐、汪應奎、方攸躋各升俸一級，張裕、鍾坤秀、王沛、蔡禎各升署職一級。黑孟陽免提，仍復原任。王紡、張元冲、謝彬、羅一鸑、張子弘量加賞賚，陶金、吴通、郭中、秦録照例給賞。韋起雲咨行吏部再加查議，如果相應，免其赴京，就彼准與該州署知州職事。其餘有功人員，查照覈册，另行具奏。

嘉靖三十四年四月十八日題，奉聖旨："這擒獲海賊功次，鮑象賢廕一子入監讀書，蔣傳加太子太保，還各賞銀三十兩、紵絲二表裏。汪柏等各升一級，杜璁等各升俸一級，張裕等各升署職一級。黑孟陽免提，准復原任。王鈁等各賞銀十兩。其餘依擬。"欽此。

覆蘇松巡按御史周如斗條陳海防疏

題：爲議處海防，以固重地，以圖久安事，職方清吏司案呈，奉本部送，户科抄出，巡按直隸監察御史周如斗題，奉聖旨："該部知道。"欽此。欽遵，抄出送司，案呈到部。看得巡按直隸監察御史周如斗因蘇松等處倭寇爲患奏處四事，均於防倭有益，合就開立前件，議擬上請，伏乞聖明裁定。

嘉靖三十四年四月二十三日題，奉聖旨："准議。"欽此。

一、會剿以取全勝。臣等看得，蘇、松、嘉、湖壤地相接，倭奴一出乎此，即入乎彼，事同輔車，形若唇齒，其一應戰守機宜全在同心協力，聲勢相倚。近日設立總督大臣居中調度，正是收涣合離以一事權之意。若使浙西兵備、參將等官聽南直隸撫按節制，南直隸海防、備倭等官聽浙江撫按節制，未免政出多門，萬一意見不同，反爲兵家所忌。合無備行總督張經，會行南直隸、浙江巡撫都御史，嚴飭各該兵備、海防、副總兵、參將等官，各照信地防守。如應該會剿，務要相度時宜，互相聯絡。寇退，毋徒逐之出境，務追至其不可追之地；寇至，毋徒截之使不入吾境，務截其所俱當截之路。悉如所議施行。如敢仍前自分彼此，致誤軍機，聽巡按衙門指名參奏。

一、嚴令以飭軍旅。臣等看得，旗牌之設，所以肅軍令而嚴紀律，上仗天威，下一衆志，關係甚重，是故總督、提督、總兵并領兵將官得而有之，雖巡撫都御史亦未嘗輕給。若將旗牌寄之文臣，每兵一枝設一文臣監之，似於舊例有礙。但政貴任人，不專任法。即如吴江之戰，任環以周琉之令遂能轉敗爲勝，豈有責任重大如總督者反不能行？是特在於一振汛〔五〕之間耳。合無備行總督張經，以後務要威愛相濟，平時操練，嚴整軍法，如有臨陣退縮不肯用命者，遵照敕諭，即以軍法從事，必使官軍畏我而不畏敵，方克有濟。其中論功行賞事宜，大率賞當自賤、罰當自貴之意，悉如所議施行。

一、慎守以固海防。臣等看得，防守貴於周密，分布在據要害，所據本官奏稱前因，誠爲得其肯綮。合無備行總督張經及各該撫操等官，趁今兵力四集之時，一面相機征剿以圖殄滅，一面審度地利，於金山青村、南匯一帶嚴行修復營寨、團堡，不得徒爲文具。其餘巡行、防禦、住札、夾擊、糾察等項事宜，事在彼中，悉聽各官從宜施行。

一、足兵以充武備。臣等看得，本官題稱，前事，大意謂由前則土兵之盛緩急獲濟，由後則軍伍之充永遠有賴，無非激勸人心、掃蕩妖氛之意。除改編軍伍，先該本部題奉欽依，以後不許比例改編，以杜竄避，難以別議。及查舉人、監生、吏承、耆民人等，殺賊獲功，本部會同吏部另議外。其腹裏各縣照例徵銀，解發沿海縣分雇募沿海之民，令清軍同知等官常川操練，相機剿禦一節，不知人情、事體有無便利。合無備行總督張經，會同彼處撫按官徑自酌處，一面移咨本部查考。

會議征倭賞格疏

題：爲懇乞聖明定立賞格，以平倭患事，先該兵部題，職方清吏司案呈。照得倭寇賞格節經都御史王忬等建議，覆奉欽依，但中間如致仕官、舉人、監生、生員及軍民人等獲有功級者尚多，議處未詳，呈乞施行，等因。案呈到部。

臣等看得，江南財賦與西北戎馬相爲表裏，故財賦充則戎馬精强，財賦缺則戎馬削弱。外之攘却與内之安戢互爲依輔，外攘則内自奠安，外擾則内難底寧。譬之人之一身，耳目手足缺一不可。乃今倭奴無狀，騷動南服，即如浙江、南直隸等處，城郭半爲丘墟，田畝多成草萊，誠爲腹心之灾，不止門庭之寇。二三年間，雖稱决戰，原無可戰之兵，以故彼酋任意縱横，全無歸意。兼之中國無賴之人爲之嚮導，爲之爪牙，禍同火燃，未見熄滅之期。臣等一念至此，誓不與賊共戴天日。所幸狼兵、土兵漸次調集，地方鄉兵以父兄子弟之讎，忿心切齒，各求一戰。今日急務，全在申明賞罰。除明罰敕法，總督軍門自當遵照敕諭施行外，所據賞功一事，必須賞不逾時，人心方知激勸。臣等議得，文職如致仕官、監生、生員、吏承、陰醫人等下至小民，武職如小旗、總旗、百户、千户、指揮、都指揮人等下至軍舍，但能獲有倭功者，即與甄録。吏、兵兩部各印發空名札付五百張，各置號簿一扇，馬上差人交與總督軍務右都御史張經收貯，聽其酌量功次，定擬官職，填注札付之内，一面用印鈐蓋，一面挨次附簿。其札付有功之人執赴該部，即與選用。所據賞格行准吏部咨議前來，理合開坐上請，但事體重大，臣等不敢定擬，伏乞聖明俯賜裁允，敕下遵行，地方幸甚，等因。題奉聖旨："目今狼兵、土兵調集數多，費用、糧餉不貲，各官正宜設法併力剿賊。這所擬雖是破格懸賞，但處置未善，恐致誣殺冒功，反滋弊端。你每還會同吏部，都察院，吏、兵二科從長詳計來説。”欽此。欽遵，抄出到部。

臣等會同太子少保、吏部尚書兼翰林院學士臣李默等、都察院左都御史臣周延等、吏科都給事中臣謝登之等、兵科都給事中臣李用敬等議得，用兵之要莫先於賞罰，激勸之機尤貴於明信，故曰“賞當其功”，又曰“賞不逾時”。是雖兵家常談，自古聖王磨世礪鈍，要之不能外此。自有倭患以來，地方當事之臣率多彌文以免罪，捏報以邀功，退縮以苟全，暗劣以失計，以致彼夷狂悖，任意縱横，上勞聖皇宵旰之懷，下重生靈荼毒之慘，江南之民肝腦塗地者二三年矣。先該臣博等以兵力雖集，兵威未振，狼兵、土兵其勢既難久留，耆民、鄉兵其志似猶未叶，必須振勵人心，方能立收群醜。且查得總督張經、巡按御史周如斗先後建白，俱以懸賞爲言。二臣親在地方，見之既真，言之頗詳。以故咨於吏部臣默等，首議文職賞格；歷檢舊章，臣博等次議武職賞格；又以事體重大，不敢定擬，恭請宸斷。荷蒙皇上聖神文武，洞燭機宜，惟恐真僞之失實，反致勸懲之無據，敕下臣等，從長詳計，臣等愚昧，實所不及。臣等竊惟，一法既立，一弊自生，大而殺降，小而買功，不止南方爲然，但係用兵去處俱有此弊。是以祖宗舊制，責差科道官或就令巡按御史紀功，正所以舉正欺罔，革除奸蠹。况今南直隸、浙江巡按奉有專敕，紀嚴功罪，地方公論昭如日月，少有欺蔽，不惟不敢不糾，自亦不忍不糾。振肅綱紀，嚴明功賞，此其領要。臣等謹將原議文職、武職賞格查據舊典，參酌時宜，逐一申明，開坐上請。伏乞敕下總督軍務右都御史張經，巡撫浙江、應天右僉都御史周琉、李天寵，各要協心併力，早靖妖氛，以慰我皇上南顧之憂。如或徇情行私，不能殄滅賊寇，反致賊寇之滋蔓；不能激勵人心，反致人心之解體。但有買功賣功并殺降情弊，聽巡按御史從實糾論，國典具存，自難輕貸。其吏、兵二部空頭札付不必印給，止令獲功之人赴巡按衙門紀驗明白，備云賞格，給與印信執照，免再覈勘，庶法行自近，法立而人知守，政出於一，人存而政自修，地方幸甚。

嘉靖三十四年四月二十五日會題，奉聖旨："目今正在用兵進剿，這所議待報另行。"欽此。

一、吏部文職。合無斟酌節年邊功事例，今後如舉人、監生斬獲真正倭賊首級一顆，係依親者免其坐監歷事，就與上選，已上選者即許起送聽選。其斬獲三顆以上者，仍於本等資格外官内優等叙用，願京職者不拘品級，照考定次第銓授。其承差斬獲首級三顆以上，聽缺者免其在外歷役，起送赴部辦事；見役者起送赴部，免其辦事，即與選用。其吏農斬獲首級三顆以上，候缺者免其一考、二考，起送赴部，免其辦事，就撥當該；見役者不論一考、二考，起送赴部，免其辦事、當該，照例考試上選。其省祭官選期尚遠、未奉行取者，即許起送赴部聽選，已行取者即與選用，俱於本等資格上加升一級。其陰醫等官斬獲首級三顆以上，量加品官服色，仍取一子充附學生員。其各罷閑官員，若能斬獲首級三顆以上，爲民閑住者與致仕，係致仕者於原職上加升一級，照舊致仕，仍各取一子充增廣生員。以上各該人員，如獲功及數而不願前項升用并不及數者，聽照軍職升級事例升賞。如舉人、監生部下獲功與擒斬隨從强賊并陣亡者，俱照兵部議定賞格事例施行。中間如有謀勇出群，能擒斬船主、渠魁及大夥頭目，聽總督官奏報，到日另議，超格題請升賞。

一、兵部武職。查得倭功近已題准照依邊功事例升級、世襲，合無斟酌節年事例，今後小旗、總旗、百户、千户、指揮及軍舍、餘丁并沿海耆民人等，斬獲真正倭賊首級一顆，俱升一級世襲，不願升者賞銀五十兩。擒斬隨從强賊三名顆并陣亡者，亦升一級世襲。如不係對敵，止是緝捕三名者，照依舊例升一級，不准世襲。不及三名者給賞。副總兵部下得功二百顆以上，參將、都指揮部下一百五十顆以上，把總、指揮部下六十顆以上，千、百户部下二十顆以上，皆得升級。中間如有謀勇出衆，能擒斬船主、渠魁及大夥頭目，聽總督官奏報，至日另議，超格題請升賞。

覆薊遼總督侍郎王忬條陳防秋〔六〕事宜疏

題：爲議處防秋事宜，以備戰守事，職方清吏司案呈，奉本部送，兵科抄出，總督薊遼保定等處軍務兼理糧餉、兵部左侍郎兼都察院右副都御史王忬題，奉聖旨："兵部知道。"欽此。抄出送司，案呈到部。臣等看得，總督薊遼侍郎王忬題稱防秋事宜俱中肯綮，合就開立前件，議擬上請，恭候命下，備咨王忬等欽遵施行。

嘉靖三十四年五月初三日題，奉聖旨："是。"欽此。

一、列戍守。臣等看得，倚墻拒守，事半功倍，遼東自有節年成規，難以别議。薊、保二鎮東起山海，西止故關，延袤二千餘里，一處失守，與無守同，委當廣集兵馬，逐區嚴備。合無備行王忬，如議施行。其大同新選兵馬三千，仍聽本部明文徵調。但兵難遥度，機難預定，未盡事宜聽其臨時徑自調度，不必拘於原議。

一、聽權駐。臣等看得，冷口、喜峰諸隘俱在東區，且係屬夷入貢大路，以故先年巡撫衙門設於遵化。近日改駐薊州，相去頗遠，平時鼓輯之寄，臨警决斷之權，委無所屬。合無將巡撫照舊改居遵化，防秋時月遵奉明旨仍住昌平，恭護陵寢、京師。如果居庸無警，古北有警，聽其往來調度。其餘事宜，悉如王忬所議施行。

一、據險要。臣等看得，薊保、宣大勢如唇齒，彼此協力拒守，非爲本鎮，全爲京師、陵寢。以故王忬謂有地在宣大而險在内者則應移宣大之兵併守於内，有地在薊保而險在外者則應移薊保之兵併守於外，似亦得其要領。但止言大略，未見料理之詳。況本官自謂"容臣查明形便，徑自移咨區處"，合無通行許論、王忬，會議停當，徑自具奏。

一、專責成。臣等看得，不惜勞費，遠調客兵，正欲藉其敵愾之力，若使窺避逗遛，誠爲無益有損。王忬欲將客兵縱賊入邊與本鎮官同罪，遇有功次比照本鎮官升賞，每加一等論之，切中其弊，處之甚得其法。合無備行本官，悉如所議施行。

一、張兵聲。臣等看得，變當預圖，兵貴先聲。徵調遼東兵馬與本鎮兵馬，六月中旬異道出邊，同時耀武，誠伐謀之上策，臣博去歲亦嘗行之。但事當持重，合無止在本邊適中去處札營分練，屬夷耳目極多，自能傳布虜營，不必遠出邊外，致有别虞。

一、撫屬夷。臣等看得，三衛屬夷自來爲我藩籬，耳目所寄，關係不輕。近日與虜或結爲婚姻，或爲之嚮導，迹雖可駭，情非得已。王忬所議可謂深得治以不治之法，合無悉如本官所議施行。其撫夷錢糧，臣博在鎮時已親見其缺乏之甚，聽巡撫官作速具奏，該部早爲處給。

議宣府陣亡參將李光啓等恤典疏

題：爲賊虜犯邊，損折將領，殺傷官軍，乞賜究治誤事臣工，以振邊境事，職方清吏司案呈，該巡按直隸監察御史李鳳毛題，稱達賊侵犯宣府青邊口堡，參將李光啓等對敵陣亡。該本部覆題，節奉聖旨："李光啓等應得恤典，查例來看。"欽此。查得本年三月内，爲邊臣怠玩，縱賊入境，損折將領，殘害地方，懇乞天威速加究治事，該巡按直隸監察御史龐俊等題，稱達賊侵犯薊鎮寬佃峪地方，欲要將陣亡參將趙傾葵查照先年山西參將張世忠事例贈謚、建祠、録廕，千總李湘、褚文明等厚加襲升，等因。該本部覆題，奉聖旨："趙傾葵力戰陣亡，准贈都督同知，仍廕一子爲副千户世襲，李湘等贈官、加襲、立祠都准擬行。"欽此。通查案呈到部。

臣等看得，各邊將官每遇虜至不過嬰城以自保，結營以苟全，及至虜退，又多彌文以免罪，妄報以邀功，習以成風，不可救藥。今據宣府中路參將李光啓，早閑將略，夙負雄名。耳聞羽檄，輒跨馬以先登；身陷重圍，猶揮戈而力戰。忠勇著聞，首當優録。操守黄添祥、把總王永始終全敵愾之節。千總尚真併伊男尚志，父子奮結纓之義：其忠均不可泯。仰蒙聖明在上，以事干激勸，特命臣等將應得恤典查例來看。臣等謹查得，李光啓比與參將趙傾葵，黄添祥等比與千總李湘等，事例委果相同。合候命下，將李光啓優贈一官，另廕一子爲副千户世襲，仍立祠死所，歲時祭祀。操守指揮黄添祥、千總指揮尚真俱贈都指揮僉事，與把總王永行各該衛所，將應襲兒男保送赴部，各於祖職上加升三級世襲。舍人尚志原未授職，合無量贈一官，俱附入李光啓祠内配享，以爲邊臣死事者之勸。王永止開把總，不知是指揮或千户，難議贈官，併其餘開報未盡人員，通聽巡按御史查覈，至日另行具奏。

嘉靖三十四年五月十二日題，奉聖旨："李光啓贈都督同知，仍廕一子爲正千户世襲，黄添祥等贈官、加廕併立祠都依擬行。

尚志贈指揮僉事，准附祀。”欽此。

條議平倭方略責成督撫等官疏

題：爲申議南倭事宜，以勵人心，以圖後效事，職方清吏司案呈。照得南直隸、浙江倭患方殷，總督、參將等官近已易置，正軍務更新之會，浙江之平望小醜雖除，松江之柘林故巢尚在，所有應行事宜呈乞議處，案呈到部。

臣等看得，自有倭患以來，我皇上矜憫元元，日勤宵旰，躬叩上玄，遣祭東海，神謀淵慮，風動南服，至於選將調兵，寬征懸賞，凡所以爲安攘計者，靡事不周，靡思不到。奉命征討之臣，理當不憚勤勞，不遑夙夜，汛掃妖氛，以慰上心，以答群望。乃今金山之衄遠近震駭，我兵遲回太甚，方議會勦，賊即出我不意，殊死以戰，在賊則爲先則制人，在我則犯爲人所制之戒。麥田伏兵，忽然衝突，我兵哨報全疏，墮其術中，在賊則爲多方誤之，在我則犯先爲不可勝之戒。漳兵不戰而却，狼兵戰而失利，奪我盔甲，因而被執。在我則主客不協，以勞待逸；在賊則奇正並用，變客爲主。屢失機宜，言之可恨。伏蒙聖明在上，洞燭其情，將總督張經、參將湯克寬杻解赴京，副總兵俞大猷褫奪其職，威若雷霆，恩同覆幬，蠢爾鯨鯢，自當立見夷滅，東南生靈不勝幸甚。臣等切惟，琴瑟不調，甚者必解而更張之，難以膠柱。總督周珫新承簡命，正矢心圖報之秋，除用兵機宜事在閫外，臣等難以遥制，至於紀綱、兵食，帥臣所不敢專者，謹用條爲六事，上塵天聽。伏望皇上俯賜采覽，敕下遵行，臣等不任惶悚俟命之至。

嘉靖三十四年五月十八日題，奉聖旨：“這所議都准行。”

欽此。

一、三軍之命係於主將，今之總督即其人也，上仗天威，下一衆志，全在紀律嚴明，使兵畏我而不畏敵，方能成功。試觀近日舉動，因循姑息，一無可觀。若以事體掣肘、人心懈弛爲詞，不知吴江之戰兵備任環以巡撫之令即能轉敗爲勝，政貴任人，不專任法，是誠在於一振汛〔七〕之間耳。周琉既奉新命，務要欽遵敕諭，果有阻撓軍機不用命者，即以軍法從事，毋牽於情，毋怵於勢，毋惑於浮言，毋狃於己見，莅事之初，精采百倍，庶幾可以收拾人心，决勝夷裔。

一、狼兵頃雖少衄，大衆尚在。自古用兵，兵識將意，將識士情，未有主、客扞格可以建功立業者。俞大猷兼統狼兵，誠爲失策之甚，至於湖廣土兵，似亦漫無統紀。查得總兵官沈希儀、副總兵何卿俱素負重望，乃使僅領數百家丁，隨行逐隊，殊非委任責成之義。合無將沈希儀、何卿各以原職請敕一道，沈希儀專領廣兵，岑大禄、岑大壽、白泫、鄒繼芳等悉屬管攝。何卿專領湖兵，彭藎臣、彭翼南等悉屬管攝。與巡撫官會同行事，仍聽總督節制。總督相度賊勢，不拘南直隸江南江北并浙江地方，責令二臣互相應援，畫地以守，一切陸戰盡以付之，有功升賞，誤事黜罰。如沈希儀、何卿未到，總督從宜調度，不必拘泥。副總兵俞大猷查照原擬責任專管水戰，頃者賊自海洋而來，未見大猷略展一籌，此乃收功桑榆之時，如仍前玩愒，國典具在，難以輕貸。其餘主兵，悉聽總督徑自酌處，務中肯綮，不許再誤。

一、政不在兵而在於將，兵不貴多而貴於精。即今各處調到客兵似亦不少，止緣當事之臣全無紀律，上下解體，若使綱紀不明，法令不行，雖百萬之兵何濟於事？巡按御史胡宗憲欲要廣調精兵，博選大將，前來策應，無非欲圖萬全之意。合無聽總督周琉會集各官，即查兩廣再有何項官兵，一面徑自徵調，選委本處將官，不拘見任、閑住，從宜委用。本部仍移文兩廣提督官，不許占吝阻撓，致誤軍機。周琉仍明諭瓦氏，以爲汝等世官厚禄，國恩當報。近日父兄、子弟、親戚爲賊所陷，私讎當復。部下果有報效之人，不拘數目，徑許添調前來，戮力平賊。合用衣糧，官爲處給，不必自備。

一、金山之衄，節據總督、撫按官開稱被賊敵敗，又云彼此各有殺傷，又云頭目鍾富輕出陣亡。地方官員止知畏罪隱匿，不知各該官軍敵愾之忠，係干激勸，難以輕泯。合無將鍾富聽總督官先給棺斂銀二十兩，應得恤典作速議奏。其餘陣亡，係客兵者給銀三兩，主兵者給銀二兩，少見吊死問孤之義。事完，將用過銀兩、給過姓名造册奏繳。撫按官仍於死所親爲致祭，以慰幽魂。

一、調到客兵，或金山一戰而告衄，或嘉興屢戰而告捷，僅可以爲目前之圖，久之則師老財匱，不可爲常。至於本處土兵，咸謂柔脆難用，不知吴越之兵昔人常以之横行天下，號爲慓悍。誠使得轉弱爲强之勢，乘因敗爲功之機，責成知府、知州、知縣團結教習，漸成精鋭。家自爲戰，可以消其從賊之心；人自爲守，可以爲我敵愾之用。無論往事，即如欒陵小縣，知縣許逵一加整飭，勁兵雲集，流賊瓦解，何嘗遠借客兵？此事屢經諸臣建白，本部覆議，日復一日，竟無實效，凡以總督官督責之未至耳，周琉務要刻意舉行。至於祖宗海防舊制，亦當以次修復，毋爲一時之計，當爲千百年永圖。

一、師行糧從，軍中首務，故餉缺則無以爲養兵之費，兵少則無以爲制賊之具。總督張經欲要行令鄰省協濟，廣東布政司支板木軍餉銀二十萬，福建布政司支堪動銀十萬，江西、湖廣二布政司查見在銀兩盈縮之數量爲支解，似亦勢不容已。合無聽户部遵奉明旨，會同臣等作速計議。此外再有何項錢糧可以動支，一併查處具奏。

覆陜西總督都御史賈應春勘議三鎮修邊疏

題：爲欽奉聖諭事，職方清吏司案呈，奉本部送，兵科抄出，總督陜西三邊軍務、都察院右都御史兼兵部右侍郎賈應春題，奉聖旨："兵部知道。"欽此。欽遵，抄出送司，卷查原行事理相同，案呈到部。

看得總督陜西三邊軍務、右都御史賈應春題稱，大意謂延綏西路邊墻，自定邊營瓦楂梁墩起至龍州城止，實該築墻三百一十一里有零，嘉靖二十九年修完三十餘里，以後因各鎮兵馬挑殘停工未修，欲要審度時勢，酌量定擬各一節。爲照前項邊墻之修，非爲延綏，寔爲全陜保障，欲止則前工盡棄，欲速則勢不能達。總督賈應春謂年歲之豐凶不可預期，邊境之寧否不可預料，兵夫之多寡不可預派，做工之時月不可預期，嚴行陜西、延綏、寧夏鎮巡官，悉照原議協心共理，務期三四年間完此大工。巡撫王輪謂天下之事以漸則積成，土工之舉剋期則激衆，風雨陰晴不可必者天之時，逃亡疾病不能齊者人之力，鳥驚雲散難以度者虜之情。二臣之言委曲詳盡，臣等無容別議。合候命下，備行總督賈應春并都御史唐時英、王輪、王夢弼，將未完邊墻及時修築。不許自分彼此，毋爲一鎮之圖，當爲三鎮之計；不許徒事靡文，毋爲一時之圖，當爲百年之計。錢糧、人工及添築柳樹澗、喁口二堡并其餘事宜，悉如今議施行。每年間總督官具完過工程、支過錢糧數目開坐奏聞，本部照依薊鎮修邊事例議擬上請，行巡按御史即行查勘。得尺則尺，得寸則寸，如果有益地方，雖三四年内完報亦不爲遲。三鎮巡撫都御史如敢互相矛盾，致誤邊務，聽總督官先行舉奏。

嘉靖三十四年五月十九日題，奉聖旨："是。"欽此。

覆工部侍郎趙文華論湖兵有功行賞疏

題：爲急報大捷事，職方清吏司案呈，奉本部送，兵科抄出，工部右侍郎趙文華題，奉聖旨："兵部知道。"欽此。抄出送司，案呈到部。

臣等看得，前項嘉興之捷，即金山突入之賊，仰仗聖皇在上，誠感玄穹，威如震電，斬獲倭首一千數百有奇。兵備任環又於常熟縣地方斬獲一百二十餘顆，生擒一名，燒毁倭船二十七隻。東南生靈感戴天恩，不勝幸甚。但在浙江則餘黨之流遁猶未盡除，在松江則舊巢之元凶居然尚在，即今兵威稍揚，人心正奮，相應乘勝逐北，以靖地方。合候命下，本部馬上差人齎文交與總督侍郎周珫、巡撫都御史李天寵等，務要相量機宜，獎率官兵，痛加剿殺，以雪神人之忿，不得狃於一勝，怠玩廢弛，致棄前功。及照去歲古北之役，荷蒙聖慈軫念，將兵特頒賞犒，一時人心感奮，竟成拒虜之功。臣博於時待罪地方，目擊其事，真鼓舞群情之大機。所據侍郎趙文華、御史胡宗憲協忠效勞，已蒙恩賚，合無將各該有功客兵永順宣慰彭翼南、保靖宣慰彭藎臣、統領狼兵遊擊鄒繼芳、保靖官生彭守忠先行獎賞，其東蘭、那地、南丹、歸順四州領兵頭目，聽總督官從重犒賞。

嘉靖三十四年五月二十一日題，奉聖旨：“是。彭翼南等各賞銀二十兩、紵絲二表裏。”欽此。

覆工部侍郎趙文華論總督侍郎周琉等功罪疏

題：爲續報軍情事，職方清吏司案呈，奉本部送，兵科抄出，工部右侍郎趙文華題，奉聖旨：“兵部参看了來説。”欽此。抄出送司，案呈到部。

臣等看得，工部右侍郎趙文華具題前因，論倭奴强弱之形，陳諸臣欺懦之罪，述湖兵鏖戰之勇，薦御史忠智之賢，殊無粉飾之詞，深得察視之體。除参將湯克寬已經拿問，宣慰彭翼南、彭蓋臣先蒙恩賚，俱難别議外。参照總理糧儲、提督軍務兼巡撫應天等府地方、都察院右僉都御史，今升總督軍務、兵部右侍郎周琉，攘功冒賞，玩寇殃民。率意分兵，立致搗巢之無據；甘心擁衆，坐令餘孽之復張。統領狼兵遊擊將軍白泫，有金山戍守之責，無鐵馬先登之志。始而鋭士突出，全乏振勵；既而零賊奔潰，大失機宜。蘇松海防僉事董邦政，叨升憲職，苦無軍功。六合之遁避，迹涉畏難；二千之隱匿，情屬欺蔽。以上三臣職任雖各不同，誤事均爲有罪。但自嘉興告捷之後，兵威已揚，人心正奮，且周琉新承簡命，見奉明旨，令其運謀督將，大加剿滅，似應使過以責後效。伏望皇上將周琉、白泫、董邦政先行革職，戴罪平賊，惟復拿解究問。其御史胡宗憲效忠宣力，荷蒙特賞，聽其糾察諸臣，早成掃蕩之功，以報聖恩，以靖地方，吏部遇有相應員缺，仍即不次擢用。

嘉靖三十四年五月二十八日題，奉聖旨：“周琉統領重兵，不能擒斬逸賊，致折將官，好生玩法，本都當拿問，但念用人緊急，周琉姑住了俸，白泫、董邦政革去職級，充爲事官，都著戴罪殺賊，如再怠縱不宥。胡宗憲候論功之日不次擢用他。趙文華著照前旨，竭忠督討，各官誤事的務要從實參來，勿畏避。"欽此。

覆監察御史金淛論浙直等處功罪督責疏

題：爲倭寇臨城，萬分危急等事，職方清吏司案呈，奉本部送，兵科抄出，巡按直隸監察御史金淛題，奉聖旨："兵部知道。"欽此。欽遵，抄出送司，案呈到部。

看得巡按直隸監察御史金淛具題前因，大率通論浙江、南直隸獲功、失事之詳。中間如平望之捷甫聞而婁門之警隨報，將兵之勇方鋭而遊擊之軀已殞，以火攻而反貽自焚之禍，以水攻而或致胥溺之危，舊賊未平，新賊日至，東南之事不勝可憂，聞見真切，敷陳明備。即今總督、巡撫方承簡命，狼兵、湖兵已久調集，天語之叮嚀至再至三，地方之患害剥床剥膚，正當痛加振飭以收桑榆之功，不宜仍復玩愒以取誅夷之罪。除備行總督侍郎周琉，巡撫都御史陳儒、曹邦輔、李天寵，嚴督總兵官沈希儀、副總兵何卿，統領調到狼、湖官兵，副總兵俞大猷統領水兵，并各該主、客領兵官員，一面於沿海處所嚴加把截，勿使新到倭船登岸劫掠，一面直搗舊穴，務使倭奴進無所入之途，退遭殺戮之慘，刻期掃蕩，以紓我皇上南顧之憂。

嘉靖三十四年六月初七日題，奉聖旨："是。"欽此。

覆巡撫延綏都御史王輪請調内兵輪戍本鎮疏

題：爲極邊重鎮缺兵防守，懇乞天恩俯采愚見，以備不虞事，職方清吏司案呈，奉本部送，兵科抄出，巡撫延綏等處地方、都察院右僉都御史王輪題，奉聖旨："兵部知道。"欽此。欽遵，抄出送司，案呈到部。

看得巡撫延綏都御史王輪具題前因，大意謂本鎮兵馬選調入衛，見在兵馬寡少，足營軍則城堡失守，實城堡則營堡疏缺，酋慧日生，機巧時變，殷憂内焚，思圖善後。其一欲選取腹裏之民壯，其二欲查調下班之官軍，審時度勢，皆不容已。況陝西地方以延綏爲門户，以八府爲堂室，移堂室之人以守門户，委難憚勞惜費，相應通行依擬。合候命下，移咨總督右都御史賈應春再加酌議，如果相應，會同延綏都御史王輪、陝西都御史唐時英，將陝西各府民壯，除臨、鞏二府外，其西鳳等府民壯十分爲率選取三分，督修器械，津貼盤費，府委總管官一員，每年六月以後統赴延綏，聽候鎮巡官分布守堡，十月放歸。其陝西下班官軍，俱聽延綏都御史查明數目，亦限六月戍邊，領班都司統領，十月放歸。候入衛官軍存留本鎮之日，二事俱各停止。

嘉靖三十四年六月初九日題，奉聖旨："是。"欽此。

覆山東撫按官劉采等奏報倭寇防禦疏

題：爲飛報倭寇登岸事，職方清吏司案呈，奉本部送，兵科抄出，巡撫山東等處地方、都察院右副都御史劉采，巡按山東監察御史雍焯題，俱奉聖旨："兵部知道。"欽此。通抄送司，案呈到部。

看得前項倭奴約有百人，突至日照縣地方，緣山東與南直隸唇齒相連，一水之地，出彼入此，勢所必至，决不可以爲偶然之故玩弛忘備。及查得山東沿海一帶曠野平原居民鮮少，比之江南不同。在我則萬馬並馳，長技可施；在賊則一登於岸，短兵無用。往年東遼成功，具有明效。但恐當事之臣循習故常，未免重遭患害，相應通行申飭。合候命下，備行巡撫都御史劉采，嚴督都司守巡、兵備等官，將各州縣搶〔八〕手整搠停當，差人於海上往來巡哨。遇有賊到，如果登岸，一面焚燒其船，絶其歸路，一面會兵大加剿滅，一以安東土之民，一以雪南土之憤，功成之日自當破格升賞。如或觀望退縮，玩寇誤事，國典具存，難以輕貸。

嘉靖三十四年六月十三日題，奉聖旨："是。"欽此。

覆巡撫應天都御史周珫請兵剿倭疏

題：爲舊賊未殄，新賊復來，擁衆渡浦，流劫内地，懇乞天恩亟發精兵，大加誅勦，以寧地方事，職方清吏司案呈，奉本部送，兵科抄出，總理糧儲、提督軍務兼巡撫應天等處地方、都察院右僉都御史周琉題，奉聖旨："兵部知道。"欽此。欽遵，抄出送司，案呈到部。

看得巡撫應天等府地方都御史、今升總督軍務兵部右侍郎周琉具題前因，大意謂蘇松地方舊賊未殄，新賊復來，擁衆渡浦，流劫内地，欲要調發水陸官兵一二萬員名，坐委謀勇將官統領，及按察司有風力官監督，定與限期，兼程前來，併力勦賊一節。爲照前項倭奴，既稱日益猖獗，調兵增餉均不容已。先據巡按御史周如斗、崔棟連章具奏，已經臣等請調兩廣、湖廣、四川等處之兵，各委慣戰將官統領，并按察司官監督，刻期前進，奉有俞旨，别難再議。但地方相去隔遠，一時不能卒至，若使當事諸臣不以見在之兵運謀戮力，大加勦滅，假以等候調兵爲詞，退縮觀望，譬之積火已燃，方行鑿井，未免重致誤事，相應通行申飭。合候命下，備行總督周琉，巡撫曹邦輔、李天寵、陳儒，分布主、客官兵，儘力戰守。何卿、沈希儀新奉敕諭，專管狼、湖之兵，二臣素負時名，務要大攄籌畫，與俞大猷水陸夾攻，共成掃蕩之功。决不可坐待新調之兵，摇惑衆心，殃民玩寇。本部仍一面馬上差人前去四川、湖廣、兩廣，各督催兵馬起行，取具提督談愷，巡撫羅廷繡、汪大受發過兵數、日期，具實回奏。

嘉靖三十四年六月十三日題，奉聖旨："是。"欽此。

覆工部侍郎趙文華論湖兵浙直功罪疏

題：爲再報軍情事，職方清吏司案呈，奉本部送，兵科抄出，工部右侍郎趙文華奏，奉聖旨："兵部看了來説。"欽此。抄出送司，案呈到部。

看得工部右侍郎趙文華具奏前因，大意謂宣慰彭藎臣等報效之勤、參將盧鏜等轉戰之苦、當事諸臣欺慢之罪，欲將先今所奏通行議擬，亟賜恩勞、究治一節。爲照倭奴之警，自前日嘉興之捷言之則當甄録其功，自近日蘇松之衄言之則當區別其罪。緣巡按御史覈勘未到，且狂賊見在地方尚未寧息，一經論功之後，別有罪狀，難以議處。内保靖宣慰使彭藎臣、永順宣慰司廕襲冠帶官舍彭翼南，既稱報效之勤，似當先行叙論，以慰其心。永順宣慰彭明輔、保靖廕襲生員彭守忠遠發勁兵，功亦可録。至於地方當事諸臣，如總督張經已經拿問，周琉與巡撫李天寵已經革職爲民，副總兵俞大猷、僉事董邦政等已經革充爲事官，同知都文奎等已經提問。趙文華職專視察，不知聖明俱已處分，故有此奏。况近奉俞旨，易置督撫，增添兵糧，申明賞罰，宸謀聖慮，無不曲盡，是在當事諸臣協忠戮力，共成汛掃，難以遥制。合候命下，將彭藎臣、彭明輔賜敕奬勵，仍各重加賞賚。彭翼南就與實授，彭守忠給與冠帶，并其餘諸臣，通候事寧之日查據功罪，一併議奏定奪。一面備行趙文華，悉心督察，仍會同新任總督、巡撫等官楊宜、曹邦輔、胡宗憲并總兵官沈希儀、副總兵何卿，大加振奮，刻期平賊，以慰皇上南顧之懷。其柘林巢穴，賊既盡數奔突而出，亦要設法先行占據，令其退無所歸。仍查巢之左右前後如何設伏置陷，以誤我師，一一得其情實，以後用兵庶好調度。七團、八團等處但有零賊，亦須設法雕剿，小戰既利，大戰自勇。爲事官俞大猷遵奉本部題准事理，專管水戰，遇有舊賊出洋、新賊入境，即便相機堵遏。如總督、撫操等官再致誤事，國典具存，難以輕貸。本部仍咨都察院，轉行彼處巡按御史，速查奏内所稱蘇城之寇的係何人以火器、火藥委諸賊中，乍浦海上福蒼等船七十餘隻緣由[九]被賊燒毁，即將失事、不忠人員指名参奏。彭翼南既蒙特恩，益當勉圖報效，不可縱容土兵騷擾地方。

嘉靖三十四年六月十九日題，奉聖旨："是。彭藎臣、彭明輔寫敕奬勵，還各賞銀二十兩、紵絲一表裏。彭翼南准與實授，彭守忠給與冠帶。福蒼兵船被毁，失事人員著巡按御史從實查明具奏。"欽此。

校勘記

〔一〕□，底本漶漫不清，據十二卷本當作"言"。

〔二〕"抹"，疑當作"秣"。

〔三〕"題"下漶漫不清，似當有一"奉"字或"節奉"二字。

〔四〕"上"，十二卷本作"土"，是。

〔五〕"汛"，疑當作"訊"。《公羊傳・莊公八年》"出曰祠兵，入曰振旅"漢何休注："將入嫌於廢之，故以振訊士衆言之。"

〔六〕"秋"，底本卷首原目録作"守"。

〔七〕"汛"，疑當作"訊"。

〔八〕"搶"，疑當作"槍"。《宋史・兵志五》："東路槍手，自至和初立爲土丁之額，農隙肄業一月，乃古者寓兵於農之策也。"明崇禎刻本明陳子龍《明經世文編》卷二百三十七曾銑《議收復河套疏》："臣願練兵六萬，再調山東槍手二千。"

〔九〕"緣由"二字，據文意似當在下文"被賊燒毁"之後。

楊襄毅公本兵疏議卷二

覆監察御史徐栻建言責成督撫等官防倭疏

兵部尚書臣楊博等謹題：爲東南被倭地方貽害日久，懇乞天恩速賜申督將官愈加戒嚴，以盡殄宿寇，以永安財賦重地事，職方清吏司案呈，奉本部送，兵科抄出，南京湖廣道監察御史徐栻奏，奉聖旨："該部知道。"欽此。欽遵，抄出送司，案呈到部。

看得南京湖廣道監察御史徐栻奏稱，倭寇攻圍浙直地方，猖恣奔軼，大約條奏七事，有欲行於目前者二，曰"任將"，曰"料敵"；有欲行於事寧之後者三，曰"節財用"，曰"處客兵"，曰"散黨餘〔一〕"；有欲臨期議請而行者二，曰"遣使宣諭"，曰"經制海防"。言之甚詳，慮之頗遠，無非欲殄除醜類、計安地方之意。但遣使宣諭，關係國體，至於敕諭附之朝鮮，其勢爲難。既有總督文臣，若又添設總督武臣，事體未免掣肘。況沈希儀、何卿近日各奉專敕，與巡撫都御史會同行事，二臣夙抱忠猷，必能共濟時艱，俱難別議外。其言"料敵"，委犯知彼知己之戒。其言"處客兵"，在我委犯久暴師之戒。其"節財用"，尤爲清源正本之論。至於"消散黨與"、"經制海防"，查與先後諸臣建白大略相同，相應通行擬議。合候命下，本部移咨總督軍務侍郎楊宜，會同各該巡撫、操江等官，查照御史徐栻所議事理，應徑行者徑自施行，應奏請者詳議奏請，不得玩愒因循，徒爲文具。

嘉靖三十四年六月二十日題，奉聖旨："是。"欽此。

覆都給事中丘預達等責成邊臣防守邊鎮疏

題：爲邊報日至，乞敕該部亟處孤危重鎮，以圖安攘事，職方清吏司案呈，奉本部送，兵科抄出，兵科都給事中丘預達等題，奉聖旨："該部知道。"欽此。欽遵，抄出送司，案呈到部。

看得兵科都給事中丘預達等具題前因，大率謂宣、大二鎮外扼强虜，内壯關輔，事勢可憂，宣府爲甚，欲要從宜計處，或發帑銀數萬兩，或運京倉米數萬石，再行賑恤。其防秋事宜，大要不出戰、守二者，通行各鎮著實舉行各一節。除事關錢糧，户部徑自查議外，爲照宣、大二鎮切鄰虜境，虜若由大同而來，則可以突入紫荆、倒馬、龍泉諸關；虜若由宣府而來，則可以突入鎮邊、常峪、横嶺諸口。由永寧、四海冶而南，則可以突入黄花、渤海；由獨石、開平而東，則可以突入古北、石塘。以畿甸言之，勢成唇齒；以京師言之，患切腹心。即今兵馬饑疲，地方凋敝，戰則力不能支，守則險無可恃，自春徂夏，往來侵軼不止十次，防秋在近，誠如都給事中丘預達等所慮。但一應事宜節經臣等議擬具題，奉有俞旨，全在當事之臣悉心戮力，相應通行申飭。合候命下，移咨總督宣大尚書許論、薊遼侍郎王忬，會行各該鎮巡等官，嚴督大小將領，倍加防禦。如賊犯居庸、紫荆，則宣大總督追躡於外，薊遼總督拒守於内；賊犯古北、冷口，則王忬、吴嘉會倚墻拒守。必如去歲，匹馬不使入邊，方爲上策。一面各將防秋事宜節其要語，刊刻成書，分發大小官員，令其便於遵守。功成之日，朝廷自有重大升賞，難以吝惜。如或玩愒誤事，聽臣等與該科具實參奏，應罷斥者罷斥，應拿問者拿問。總督官亦要遵照敕諭，嚴明賞罰，使官軍畏我而不畏敵，方能制勝，不得姑息目前，徒爲文具。

嘉靖三十四年六月二十四日題，奉聖旨："是。"欽此。

議〔二〕常熟縣陣亡知縣王鈇等恤典疏

題：爲急報陣亡官員事，職方清吏司案呈，奉本部送，兵科抄出，巡按直隸監察御史金淛題，奉聖旨："該部看了來說。"欽此。欽遵，抄出送司。查得先年棗强縣知縣段豸與大勢强賊劉七等對敵，被賊殺死，奉武宗皇帝聖旨："段豸率領民兵登城禦賊，親冒矢石，不避難險，賊已挫衄，但衆寡不敵，力盡被害，義烈可嘉。特贈太僕寺少卿，與祭一壇，仍著有司立祠，春秋祭祀，還廕他男一人做錦衣衛世襲百户。"欽此。又查得近日崇明縣知縣唐一岑領兵迎戰倭賊殺死，節奉聖旨："唐一岑死事可憫，准贈光禄寺寺丞，立祠、廕子准行。"欽此。俱經通行欽遵外。今該前因，查呈到部。

看得巡按直隸監察御史金淛具題前因，大率言蘇、松、淮、揚等處倭寇猖獗，在昆山一處雖獲功數百餘級，在常熟諸縣則見衄五、六、七次，及稱常熟縣知縣王鈇忠誠素著，文武兼優，鄉宦參政錢泮義率鄉人，志存滅賊，追賊到於上塘港口，俱被殺死一節。爲照知縣王鈇、參政錢泮，身統孤兵，手刃逆賊。忠貫金石，大讋外醜之心；氣作江河，允壯中華之盛。一則有民社之司，兵敗而死，於義自安；一則忿鄉土之厄，見危授命，其志可憫。既經御史金淛具題前來，該司查有段豸、唐一岑事例，若不先行甄録，無以彰前勸後。合候命下，將王鈇、錢泮各厚贈一官，量與世廕，一面立祀死所，歲時並祭，仍各附入鄉賢、名宦祠内，以示優異。

嘉靖三十四年六月二十四日題，奉聖旨："這各官奮不顧身，追賊敵戰，死事可憫。王鈇贈太僕寺少卿，錢泮贈光禄寺卿，各賜祭一壇，還各廕一子，與做錦衣衛世襲百户，立祠依擬行。"欽此。

覆南京兵部尚書張時徹等告急徵兵疏

題：爲節報倭寇劫掠，乞嚴防剿，以固根本等事，職方清吏司案呈，奉本部送，兵科抄出，南京兵部等衙門尚書等官張時徹等題，俱奉聖旨："兵部知道。"欽此。欽遵，抄出送司，案呈到部。

看得南京兵部等衙門尚書等官張時徹等具題前因，大率惟恐倭奴逼近南京，欲嚴防剿以固根本，患已剥床，不得不爲戰守之圖。除徵調兩廣、湖廣等處官兵先已題奉明旨，難以别議外。其一欲敕總督、操江等官督發軍兵，緣南京在城兵素稱脆弱，孝陵之兵徒爲充數，萬一密邇郊圻，委當深慮。合無備行總督楊宜、巡撫曹邦輔、操江史褒善，但通南京要路俱要多方設備。如果侵犯京畿，速調狼、土等兵會合剿殺，借股肱之力爲腹心之助，毋得時刻延緩，坐失事機。其二欲以總兵沈希儀、石邦憲，副總兵何卿推補南京五府僉書。緣沈希儀、何卿近奉敕諭，專管狼兵、土兵，石邦憲貴州夷情重大，俱難擅動。况近日已將通州副總兵段堂推補南京左府僉書，彼中不知，故有此奏。合無聽張時徹將段堂從宜委用，無事則操練兵馬，防守城池，有警則統領官兵，隨賊剿殺。其三謂曹松所統孝陵軍餘三千員名無濟於事。合無仍行張時徹等再加詳議，如何處置方爲兵將之實，應徑行者徑自舉行，應具奏者星夜具奏。但事體重大，臣等不敢定擬，均乞聖裁。

嘉靖三十四年六月二十八日題，奉聖旨："是。"欽此。

覆監察御史葉恩等極言倭患責成諸臣剿逐疏

題：爲倭寇愈肆猖獗，殘害地方，懇乞天恩速賜督責剿除，以伸國威，以救東南生靈事，職方清吏司案呈，奉本部送，兵科抄出，南京河南道監察御史葉恩奏，前事。又該南京湖廣道監察御史徐栻奏，爲倭寇深入猖獗，攻圍城池，損傷將官，懇乞聖明亟賜查究處恤，以責實效，以振國威事。俱奉聖旨："兵部知道。"欽此。欽遵，通抄送司，案呈到部。

看得南京河南道監察御史葉恩、南京湖廣道監察御史徐栻交章具題前因，大率皆言蘇松地方倭奴十分猖獗。在葉恩則欲速行總督、巡撫等官，同心戮力，必使賊首成擒，妖氛蕩息。其平望之捷，論戰則敗浮於勝，論功則得不償失，各該巡按御史務要從公查勘，分别功罪，具實上聞。遊擊周藩、知縣王鈇、鄉官錢泮破格優恤，斯昭勸懲之機。在徐栻則欲巡按御史查究海口失誤信地之官，并查前後大小諸臣條陳海防事宜地方官曾否遵行，有無功效。周藩、王鈇、錢泮褒崇、贈謚、録廕、立祠，超格優恤，以爲文臣武將之勸。南京與在外軍衛有司俱要嚴防門禁，毋使奸細乘間各一節。除周藩、王鈇、錢泮荷蒙聖明恩數異常，遠近聞之，無不感泣，再難别議外。臣等竊惟，自有倭患以來，文具雖多，實效鮮著，是故賞功罰罪，督餉調兵，憫死恤傷，以振九有之紀綱者，廟堂之事也。仰蒙聖明在上，惠覃八埏，明見萬里，即如治總督張經、周琉等之罪狀，録周藩、王鈇等之死事，調兵遠及於蜀廣，理餉下及於椒木，付趙文華以督察之權，分沈希儀、何卿、俞大猷以水陸之任，瓦氏之兵寸長亦録，鍾富之死一夫不棄，神謀聖算，可謂靡事不周，靡思不到矣。至於練兵厲士，運謀設策，明瞭設險，以相一時之機宜，自是總督、撫操等官之事。試觀諸臣，兵果精練，守果堅持，戰果驍勇，如錢泮、王鈇；哨果明的，如燭照數計。徒爲紙上之多文，全無境内之少效，一見負荷之重，力不能爲，則翻然求去，誤國殃民，誠可痛恨。所據御史葉恩、徐栻所奏，詞雖不同，大要欲責效以滅殘醜之意，相應議擬題請。合候命下，備行總督楊宜，巡撫曹邦輔、胡宗憲，操江史褒善等，俱要仰思聖明簡任之恩、生靈塗炭之甚，痛將浮文盡行刊削，一以殺賊報國爲主，功成名立，身受旌賞，乃爲上策。其次即當委身致命，誓不與賊共戴天日。如或泄泄效尤，概如往時，不惟立致人言，自亦難逃天譴。一面備咨都察院，轉行各該巡按御史，將平望功次并各起失事，及查一切平倭事宜曾否奉行，作速勘明，分別功罪，具實回奏。其南京并各該州縣嚴明門禁事關涉機要，誠非細故，悉如徐栻所議，一一舉行。

嘉靖三十四年六月二十九日題，奉聖旨："是。"欽此。

覆宣大巡按御史李鳳毛責成邊臣用間購逆疏

題：爲虜謀異常，人心危疑，乞敕當事諸臣飭備修戎，殄滅禍本，以保重鎮事，職方清吏司案呈，奉本部送，兵科抄出，巡按直隸監察御史李鳳毛題，奉聖旨："兵部看了來説。"欽此。欽遵，抄出送司，案呈到部。

臣等看得，巡按直隸監察御史李鳳毛具題前因，大意謂虜酋俺答等爲謀異常，皆逆賊丘富、周原等教令爲之，又以左道邪謀誘哄邊民，二賊不去，禍本不除，兩鎮之事不知所終，欲行總督、巡撫，專委副使楊順前往左右二衛地方，相機設處，專理其事一節。爲照宣、大二鎮乃京師之藩屏，二鎮不固，則門户既已疏虞，堂室自難安妥。以故自我祖宗及我皇上臨御以來，於宣、大地方尤爲注意，非徒爲宣、大計，寔爲京師計也。乃今自春徂夏，始而數犯宣府，幾震居庸、鎮邊；繼而屢擾大同，將及紫荆、倒馬。攻墩攻堡，日異月殊；左道邪謀，神出鬼没。蠢爾俺答，何能及此，寔皆逆賊丘富、周原教令爲之，忘中國生養之恩，爲外虜腹心之用。御史李鳳毛論之甚詳，言之甚切，臣等反覆參詳，不勝憤激。所據副使楊順，既能慷慨自許，施爲措置必有可觀，况總督尚書許論夙抱壯猷，巡撫都御史齊宗道明習邊計，委任責成，自能戮力同心，消除禍本，相應通行議處。合候命下，備行許論、齊宗道，會行楊順，專住大同左右衛城經理前事，或密用間諜，或明示招致，果使二逆就擒，或彼逆悔禍，自能投順，事成之日，朝廷自有破格升賞。本部一面於馬價銀内動支一萬兩，差官運送許論處，專備楊順伺間取用，不許别項支銷。及照二人同心，可以斷金；機事不密，則其害成。念惟此舉關涉頗重，倘蒙聖明俞允，臣等移文督撫、兵備，用人之際，口授方略，不許見之文移，以致軍情漏泄。該科亦不必傳貼邸報。

嘉靖三十四年七月初三日題，奉聖旨："是。"欽此。

覆議常鎮兵備副使王崇古兼管溧陽等處疏

題：爲懇乞聖裁添設兵備，以固根本重地事，職方清吏司案呈，奉本部送，吏科抄出，巡按直隸監察御史邊毅題，奉聖旨："兵部知道。"欽此。欽遵，抄出送司。查得先爲比例添設重地兵備官員以裨安攘事，已將常、鎮二府添設兵備官一員，住札常、鎮二府地方，往來整兵，東鎮海洋，北護腹心，督截一帶江洋，與蘇松兵備、江北海防互爲犄角，仍管轄所屬地方招選義男，整理兵餉，置造舟楫、器械，修浚城池，演習水戰，往來巡行，仍聽總督、操撫等衙門節制。其府衛官員查照各省屬官禮體遵行，不許抗違阻撓。題奉欽依，通行去後。今該前因，查呈到部。

看得東南江防、海道，自我祖宗以來，上江自九江以至安慶，下江自鎮江以至太倉，各有御史一員、兵備一員，又有操江都御史一員，體國經野，設官分職，已屬詳密。但今倭奴無狀，日肆跳梁，彼既分道窺伺，我當隨處戒備，以故近日江北則增設淮揚海防，江南則增設常鎮兵備，審時度勢，不得不然。御史邊毅又欲與溧陽地方添設兵備副使，蓋因賊據太湖，南可以窺湖州，北可以窺宜興，去溧陽不過百里，溧陽去南京僅二百里，控其要害，重其彈壓，其慮甚深，其言甚詳。但溧陽與常、鎮相去密邇，兵備王崇古素負重名，新膺簡命，可以兼理其事，似不必再增一官以滋煩擾。合候命下，本部將常鎮兵備責任另爲定擬，換敕一道，齎付副使王崇古欽遵行事，除常、鎮二府照舊外，仍不時於溧陽縣住札，應天府溧陽、溧水、句容、高淳四縣併屬管理，即將建陽、宣州、新安三衛止留城守，每衛各選驍勇二三千名，指揮、千百户擇其堪充將領者定委數員部署管領。如軍數不足，於各衛强壯軍餘并於徽、寧、池、太等府民兵内揀取，居常無事則督率操練，一遇寇入則相機截剿。候事寧之日，查照原議奏請裁革。

嘉靖三十四年七月初六日題，奉聖旨："是。"欽此。

覆宣大總督尚書許論請懸賞格購擒虜酋疏

題：爲走回人口供報夷情，懇乞天恩嚴行擒捕妖逆，以拔禍本事，職方清吏司案呈，奉本部送，兵科抄出，總督宣大山西等處地方軍務兼理糧餉、兵部尚書兼都察院右副都御史許論題，奉聖旨："兵部看了來説。"欽此。抄出送司。卷查先爲擒獲首惡逆賊事，該本部會題，節奉欽依："覽奏生擒逆賊王三等，朕心嘉悦。劉伏玘賞銀一千兩，於應襲上加升五級。"欽此。又爲北虜縛獻妖逆事，該兵部左侍郎史道題，稱嘉靖三十年四月内大同開市，後五月内虜被妖逆蕭芹等誘惑入邊，連犯二次。隨差通事王相等前去俺答營内，素〔三〕要蕭芹。俺答令家人儻兀、楊達子等四十人隨同脱脱、丫頭智，假以賣馬名色，伴送蕭芹前到鎮羌堡邊外。小旗時義將蕭芹采住，與同總旗楊鎮，通事王相、張彦文當即綁縛拿解前來。本部覆題，節奉欽依："時義升指揮僉事，賞銀一百兩。楊鎮、王相、張彦文各升一級，賞銀十兩。"欽此。今該前因，通查案呈到部。

看得總督尚書許論具題前因，查與巡按御史李鳳毛所題大略相同。切緣近日宣大地方，西則有酋首俺答、小把都兒，東則有酋首辛愛、大把都兒，凶横奸狡，俱在吉囊之上。逆賊丘富、周原乃敢忍心害理，爲之腹心。脅從吕廷桓、趙全、喬三等，乃敢背義忘恩，爲之羽翼。以故雲中、上谷之間，無論春夏，日肆侵軼，地方孤危之狀，人心杌捏〔四〕之情，邊臣言之尚有未盡，臣等聞之無任憂惶。所據總督尚書許論欲要再加詳議，定擬賞格一節，無非激勵人心、消除禍本之意，係干重大邊情，相應參酌舊章，議擬題請。合候命下，備行總督許論、巡撫齊宗道、兵備楊順，叶心戮力，不拘利誘間取、計擒力捕，但期早爲擒獲，以正國典，以快人心。一應人等能斬獲俺答、把都兒、辛愛大頭兒首級來獻者，封以伯爵，賞銀一萬兩，授以坐營坐府職銜管事。若能斬獲丘富、周原首級來獻者，不分首從，授以指揮僉事，各賞銀三百兩。若能斬獲吕廷桓等首級來獻者，爲首升三級，賞銀五十兩；爲從升一級，賞銀三十兩。若在虜華人及丘富、周原或能悔禍斬獲俺答等，一體升賞。若丘富、周原、吕廷桓等徒身來歸，雖無功級，赦其罪狀，仍量爲録用。生員張蕙身繫虜庭，心在王室，間關告變，九死一生，忠義委可嘉尚。總督官先賞銀三十兩，仍授以附近衛所所鎮撫之職，就留置軍門隨宜委用。一面行移鎮巡、兵備，將静樂縣妖賊盧山佛等設法擒拿，毋致滋蔓。但賞罰出自朝廷，臣等不致〔五〕定擬。

嘉靖三十四年七月初六日題，奉聖旨："是。張蕙准授所鎮撫。"欽此。

覆蘇松巡按御史周如斗請添參將疏

題：爲添設將官以安地方事，職方清吏司案呈，奉本部送，兵科抄出，巡按直隸監察御史周如斗題，奉聖旨："該部知道。"

欽此。欽遵，抄出送司，案呈到部。

看得巡按直隸監察御史周如斗題稱，瓜儀、鎮江，留都之咽喉；江陰、常熟，蘇松之門户；吴松所，又内地之區要；金山，松海之邊疆。乞要於瓜儀、鎮江、江陰、常熟、金山等處添設參將三員。爲照祖宗舊制，自廣東、福建、浙江、南直隸以至山東，俱是沿海一帶建置衛所并備倭都司，控其要害，原無腹裏地方遍設將官之事。但今倭奴驕横，日異月殊，蘇杭都會之區殘壞已極，湖松財賦之所充斥特甚，以故御史周如斗博采輿情，欲於瓜儀、鎮江、江陰、常熟、金山等處添設參將三員，寔惟補偏救敝、萬不得已之圖。臣等就三參而論之，儀真見有守備，又隸江北巡撫，仍當附之通泰參將併理。至於蘇、松二府，合將備倭官改設參將一員，常、鎮二府合設參將一員，大約俱與兵備副使會同行事，文武兼資，戰守有賴，揆之事體，似爲穩便。合候命下，將金山備倭都司裁革，蘇、松二府改設參將一員，常、鎮二府暫設參將一員，各住札適中地方，一應戰守并操練民兵、沙兵等項悉聽本官從宜處置，凡事與兵備副使會同計議停當而行，仍聽總督、巡撫、副總兵節制。各該守備、把總等官俱聽本官鈐束。本部推舉相應官員，請旨簡用，定擬責任，各請敕一道，齎付本官欽遵行事，合用符驗、旗牌照例請給。應該於何處募軍并募軍銀兩何項出辦，聽總督楊宜徑自查處。草創之初未盡事宜，楊宜與巡撫都御史叶心計議，以次具奏。事寧之日，常鎮參將即行裁革。

嘉靖三十四年七月十四日題，奉聖旨："准議。"欽此。

覆湖廣總督侍郎馮岳等勦撫苗寇功賞疏

題：爲撫處重大苗情，以靖邊患事，職方清吏司案呈，奉本部送，兵科抄出，總督湖廣川貴軍務、兵部右侍郎兼都察院右僉都御史馮岳題，前事，又該本官與同巡撫貴州等處地方兼理軍務、都察院右僉都御史張鶚翼，巡按貴州監察御史陳效古各題，爲勦撫久叛惡苗以安地方事，俱奉聖旨："兵部知道。"欽此。通送到司，案呈到部。

看得總督湖廣川貴軍務侍郎馮岳題稱撫處過播州等處苗夷緣由，要將土民任宸等押赴市曹梟首示衆，楊烈、羅綺、楊世臣、楊贇、安珫等，吴坤、趙懋、王紳、李將等俱行巡按御史查照雲貴事例徑自提問歸結，三牌阿項、吴平章等，七牌潘潤等照舊安插，隨事效勞官員特加甄録，并善後一應事宜均乞議處。及稱撫勦過西楊小平茶等寨惡苗獲功、失事人員，乞要查議各一節。爲照播州夷醜任宸等因事讎殺，兵連禍結，小平茶惡苗龍老狗等倚恃天險，負固不服，罪惡俱已貫盈，流毒遍於三省。撫之則乍臣乍叛，徒損國威；勦之則積餉調兵，所費無量。在平茶止動雕勦，其患尤輕；在播州須動專征，其事甚大。地方控訴之人連章累牘，本部申飭之文至再至三，玩日愒月，竟無有肯任之者。乃今總督侍郎馮岳撫勦允中乎機宜，先之以振旅之威；忠信大行於荒徼，申之以招徠之化。不費斗糧，播州元凶授首；特傳寸檄，平苗茶寇歸心。論功本出於一時，行賞當兼乎二事。巡撫貴州都御史張鶚翼叶心調度，師出有名；併力經營，功收不戰。原任巡撫四川都御史張臯、巡撫湖廣都御史汪大受與有勘處之勞，並收還定之勳。以上三臣相應甄論。其餘效勞官員，查據總督馮岳所奏，當以總兵官石邦憲、副使劉望之、參議萬文彩、僉事劉景韶爲首，而何自然、趙希夔等之功，楊烈、羅綺等之罪，中間分别俱□〔六〕明當，相應通行依擬。合候命下，將馮岳特加升廕，張鶚翼優加升賞，張臬、汪大受厚加恩賚，石邦憲、劉望之、萬文彩、劉景韶四員量加升賞，都司何自然，守備潘雄、吴繼祖，指揮錢鳳翔、楊鳳鳴、耿光、陳桂，千户安大朝八員量加升級，副使趙希夔量加升俸，参將曹宗岱厚加賞賚，布政高翀，参政林懋和、萬虞愷，副使熊逵、謝東山，顧問僉事于錦，少卿孫璧，参將李英、孫賢、丘潤，知府吴江，守備張大儒，指揮王廷光，千户林選、李香，舍人李玉一十七員名量加賞賚。各土官舍羅傑、楊炯、李松三名免其赴京，就彼准給冠帶。書吏董卿、鄒大緒、黄詔、黄萬表，承差楊紹孜、李薦俱候外考外歷滿日起送赴部，另行查議。百户周俸，總督軍門照例犒賞。都司徐效節，指揮周哲、曹松，千户李時芳四員准其贖罪。千户郭禎行貴州巡按御史，楊烈、羅綺、楊世臣、楊贇、安珫等與吴坤、趙懋、王紳、李蔣等行四川巡按御史，查照雲貴事例各提問明白，奏請發落。任宸等會審無異，處决梟示。三牌阿項、吴平章等，七牌潘潤等照舊安插，務令得所。其播州善後之策大約四事，其一建立哨堡以扼險阻，其二更置参將以便統馭，其三添設流官以肅政紀，其四責成該道以時巡歷，計慮周詳，曲處穩便。至於“更置参守”、“添設流官”二事，尤中肯綮。合無將近年裁革銅仁参將照舊復設，移住石阡，本部推舉謀勇人員前去任事。思石守備移於龍泉長官司住札，兼制播州，與参將彼此控馭。参將原發符驗、旗牌見在，就彼查領，仍各奏改敕書一道。在貴州則思石、都清二守備，并思南、石阡二府所屬各長官司，黄平守禦千户所并水西、沙溪、紅邊、乖西等地方悉以屬之。在四川則重慶衛、播州宣慰司及黄平等二安撫司、真州等六長官司悉以屬之。在湖廣則偏橋衛所屬湄潭、金條等四十八旗屯，鎮遠衛所屬金鵬、路瀨、底干、地施、鐵廠等屯悉以屬之。地方大小苗情，悉聽本參從宜處置。一面移咨吏部，於重慶府添設管糧兼管巡苗通判一員，令其與龍泉守備同城居住，奏内一應事宜悉如馮岳原議施行。

嘉靖三十四年七月十五日題，奉聖旨："馮岳廕一子送監讀書，張鶚翼升俸一級，併張臬、汪大受各賞銀三十兩、紵絲二表裏，石邦憲、劉望之等併何自然等各升一級，趙希夔升俸一級，曹宗岱賞銀二十兩，高翀等各十兩，吴江等各五兩。李香等，總督衙門分别犒賞，羅傑等准給與冠帶，郭禎并楊烈等各該巡按御史提了問，任宸等會審處決，其餘依擬。"欽此。

覆南京兵部尚書張時徹等選兵防護孝陵疏

題：爲急修武備以便防禦事，職方清吏司案呈，奉本部送，兵科抄出，南京兵部等衙門參贊機務尚書等官張時徹等題，奉聖旨："該部知道。"欽此。欽遵，抄出送司。

查得先爲前事，該南京左軍都督府掌府事豐潤伯曹松奏，稱孝陵衛見有空閒舍餘三千一百餘名，欲要會選添設防守。該本部議得，南京孝陵係祖宗根本重地，近因倭寇緊急，本部題奉欽依，行令本爵專管防護，今據奏稱前因，無非修武備以振軍威之意。但係干創始，必須詢謀僉同，事體方無窒礙。合行南京兵部，會同内外守備、參贊等官并户、工二部，科道衙門，即查前項舍餘應否揀選，以後地方平寧，或常川設立，或仍行疏放，具實回奏。見今倭寇方熾，合聽曹松權爲督練以備緩急，不許因而誤事。嘉靖三十四年五月初一日題，奉聖旨："是。"欽此。又爲議處備倭事宜以固根本重地事，該南京兵部等衙門署部事、南京户部尚書孫應奎等題，稱孝陵遠在城外，雖有豐潤伯曹松管領官軍防護，必須於正軍、舍餘内選擇三千，聽本爵演習。該本部議得，即今倭寇奔潰，密邇留都，所據孝陵委當重加戒備。尚書孫應奎等會題前因，無非臨事而懼之意。合行南京兵部，將孝陵衛正軍内選五百名，舍餘内選二千五百名，聽曹松管領操練，仍行科道并司屬官點閘。嘉靖三十四年五月十八日題，奉聖旨："是。"欽此。已經通行去後。今該前因，案呈到部。

看得孝陵選軍一事，始而有豐潤伯曹松之奏，繼而有尚書孫應奎之奏，即今尚書張時徹等又有此奏，中間事體雖詳略不同，大率皆欲恪遵成祖明旨，專備奉祀，不許别項差占之意。至於補偏救敝，仰承皇上孝思之誼，張時徹等所議比之二臣尤爲明備，相應通行依擬。合候命下，備行南京兵部，委賢能司屬官，會同科道等官，查照先今事理，正軍選五百名，餘丁選二千五百名頂補正軍，共三千名，專一食糧差操，仍聽曹松照舊管理。每千名設千總一員，五百名設把總官一員。以後地方平寧，不許輕易廢撤。其餘鉦鼓、旗幟，動支草場租銀等項事宜，悉如原議施行。曹松既膺簡命，自當極力振舉，大濟時艱，不得循襲故常，有誤大計。

嘉靖三十四年七月十五日題，奉聖旨："是。"欽此。

覆南京兵部尚書張時徹等差官廣東募兵疏

題：爲急募精兵，以備戰守，以固重地事，職方清吏司案呈，奉本部送，兵科抄出，南京兵部尚書張時徹等題，奉聖旨："兵部知道。"欽此。欽遵，抄出送司，案呈到部。

看得南京兵部尚書張時徹等具題前因，大意惟恐倭賊突至留都，欲選精壯餘丁補伍以備守城，募廣東新會、順德民兵以備出戰，中間計處俱已周悉。除選補餘丁一事先已覆議，申飭督撫等官調度兵馬，拱衛京師，屢經奉有俞旨外，所據募兵銀兩并坐名選差司官事宜相應通行依擬。合候命下，備行南京兵部，札行主事吴一瀾，帶領草場銀一萬八千兩前去廣東，會同彼處撫按官，著落兵備、守巡等官叶心召募慣戰民兵三千，每名各給衣裝、安家銀六兩，令其自備鋒利器械，添差知兵守巡官一員，作速監督經過地方，照調兵事例給與糧賞，應付船隻，馳至南京，聽候分布截殺。其分領哨隊官員，聽監督官從宜委用。兵貴精練，不許以老弱充數；兵貴神速，不得以遲緩誤事。至京之日，每名日給工食銀四分，仍不時量爲犒賞，一應住止、醫藥等項俱要處置停當，以慰其心，以作其氣。其南京兵部銀兩，以後止許本部動支，年終造册奏繳，别部不得奏討。司官如不足用，許於各部徑自選委，有功之日一體甄録。如或自分彼此，希圖規避，許張時徹等從實參究施行。

嘉靖三十四年七月十九日題，奉聖旨："是。"欽此。

覆巡撫山西侍郎王崇論遊兵免援延鎮疏

題：爲走回人口供報緊急夷情事，職方清吏司案呈，奉本部送，兵科抄出，提督雁門等關兼巡撫山西地方、兵部左侍郎兼都察院右副都御史王崇題，奉聖旨："兵部知道。"欽此。抄出送司。卷查先該巡撫延綏都御史王輪題，前事，該本部議擬，如賊侵犯，調集附近兵馬協力截堵，等因。又爲預計虜情，廣集兵糧，以尊京師，以安畿甸重地事，該本部條議，將老營堡、北樓口遊兵二枝，一以防守本鎮，一以應援紫荆，以後薊鎮有警不必策應，等因。俱經題奉欽依，通行去後。今該前因，通查案呈到部。

看得巡撫山西侍郎王崇具題前因，大率謂山西三關止設有老營堡、北樓口遊兵二枝，既有策應宣大之文，又承入援紫荆之命，東逐西馳，已自難支，復欲應援延綏，非惟轉掔惟艱，竊恐顧此失彼，欲要請明以便調遣一節。爲照延綏、山西地方接攘〔七〕，勢如唇齒，原設遊兵彼此交相應援，敕諭開載詳明。但宣府、大同，京師之門户；紫荆、倒馬，京師之肘腋。斟酌輕重緩急，山西之兵止當東援宣大、紫荆，事體甚明，若使再援延綏，顧此失彼，誠如侍郎王崇所慮。既該本官具題前來，相應依擬題請。合候命下，本部備咨王崇，查照先今事理，將前項遊兵二枝加意整搠。如遇宣大、紫荆有警，悉聽總督尚書許論徑自調度截殺。其延綏縱有警報，免行徵調。

嘉靖三十四年七月十九日題，奉聖旨："是。"欽此。

覆給事中湯日新省調客兵團練土兵疏

題：爲議處東南兵政，以裨安攘事，職方清吏司案呈，奉本部送，兵科抄出，禮科給事中湯日新題，奉聖旨："兵部看了來説。"欽此。欽遵，抄出送司，案呈到部。

看得禮科給事中湯日新具題前因，大意謂四川、松潘等處之兵不可輕調，備言其不可者有七，欲要酌量調停，申明前議，團練土著之人以資戰守，及要將沿海衛所軍士亟爲清查，仍要通行各省，將例應充軍人犯定發沿海衛分各一節。爲照千里徵兵，兵家所忌，且無言松潘調兵相去隔遠，即如狼兵、土兵往返之間，各亦不下數千餘里。臣等待罪本兵，非敢不爲深長之慮，急則治標，其勢不得不然。先據御史周如斗送到何卿揭帖，欲調川兵，總計軍數苦不爲多，俱係何卿舊日部曲，律以兵將相識之義、臂指相使之情，自難裁省。且何卿近奉敕諭，兼管湖廣土兵，即今土兵既已聽還，再無别兵可用。頃者御史李秋議調酉陽冉、高之兵，即係何卿原調之數，計奉俞旨已及兩月，各兵久當就道，若使中途阻歸，未免益滋勞擾。至於教練鄉兵，事半功倍，可謂知要之言，節經本部題奉欽依，督催文移不下一二十次，每次不下千數百言。當事諸臣玩日愒月，止以虚文塞責，未見成效，誠如給事中湯日新所論，其沿海衛所徒懸尺籍，委果空虚。所據“清查舊額”、“改發新充”二事，救弊補偏，相應通行依擬。合候命下，移咨總督侍郎楊宜，將何卿原前開調川兵差人催取，至日交付本官統領，相機截殺，以後松潘等處之兵再不許輕易奏調。一面會同巡撫都御史曹邦輔、胡宗憲，嚴行兵備、海防、軍衛有司等官，一意召募鄉兵，設法教練，稽查額軍，嚴文勾補，務濟實用，不許專恃調兵，坐貽民患。通限兩月以裏，巡撫官各將練過鄉兵、清過額兵緣由具實回奏。績用有成，容臣等請旨獎飭。如仍前欺玩，參奏治罪。一面通行南直隸、浙江、江西、湖廣、福建、廣東、廣西等處巡撫都御史，無巡撫處巡按御史，暫將例應邊遠充軍人犯俱發浙直沿海衛所以實行伍，候事寧之日另議停止。

嘉靖三十四年七月二十三日題，奉聖旨：“是。”欽此。

議蘇松兵備參政任環等軍功升賞疏

題：爲捷音事，職方清吏司案呈，奉本部送，兵科抄出，工部右侍郎趙文華題，奉聖旨："兵部看了來説。"欽此。欽遵，抄出送司，案呈到部。

看得工部右侍郎趙文華具題前因，大率謂先次則原任太倉州知州熊桴等擒斬賊級一百三十餘名顆，後次則嘉定縣知縣楊旦等擒斬賊級一百五十名顆，雖由各官自奮，皆參政任環統率訓作所致，乞要將任環授以欽降官銜，如武職遊擊之任，熊桴准補董邦政僉事員缺，楊旦欽命加褒，其餘有功官員并陣亡人等早加激勸各一節。爲照參政任環義動三軍，身經百戰。一生九死，倭奴共憚其威名；萬瘁千勞，部曲均切于感憤。奇計每聞，膚功屢奏，委應顯擢。但王親不許京職，事在吏部；文職改授武銜，查無舊章。僉事董邦政見任管事，聽降知州熊桴無缺可以升補。其知縣楊旦，把總楊尚英、劉堂、王應麟、田應山，判官張大倫，典史鄭灼等同心協力，共成此捷，既該侍郎趙文華甄别明白，具題前來，俱已允當，相應通行依擬。合候命下，將任環厚加升賞，照舊管理兵備事務，或照大同知府王誥事例，特廕一子爲原籍衛分百户，就令隨軍殺賊。熊桴准復原職，量升蘇、松二府府佐職銜，仍留教練沙兵，以爲任環臂指之用。楊旦優加賞賚，候積有年勞不次擢用。楊尚英、劉堂各升二級。王應麟量升一級。田應山、鄭灼免其軍罪，各給冠帶。張大倫等總督軍門優加賞犒，仍咨行吏部遇缺升用。陣亡水兵陳欽、程六與被傷張子春等先行優恤。其稱有功官軍早加激勸一事，誠得"賞不逾時"之意，但近來倭功節據督撫等官所奏，或首級數目多寡不同；或交戰日期前後互異；或隱匿失事，專一張大其功；或畏避罪愆，人各自立門户。臣等每遇奏到，不敢憑信，輒行巡按御史紀勘，至今未見回奏。若使總類一疏，頭緒繁多，益無可完之期。合無催行浙江，南直隸江南、江北御史，各將本地方功罪逐起勘明，各另奏報。臣等參詳無異，即與議覆賞格，既得速行恩典，不至冒濫，似爲長便。臣等再惟賊雖狂悖，得利思歸，人情之常，但因風汛未順，不免於此留滯。在我防禦之法，賊若屯結不動，則當力爲搗巢，切勿觀望。賊若仍行流劫，則當痛加剿殺，無容畏縮。趙文華謂賊有退意，胡宗憲謂賊數不多，果如二臣所言，其勢比之前日似有可爲。合無備行總督楊宜等，作速定擬，務見底績。一則江南千百萬户生靈急當置之袵席之上，一則京師四百萬糧儲不宜仍爲豁免之圖，民情國計，關係不輕，全在當事諸臣加意振飭。如仍前玩愒，則張經、李天寵之罪狀具在，可以爲鑒。

嘉靖三十四年七月二十七日題。奉聖旨："任環廕一子，與做原籍衛所副千户，隨軍殺賊。熊桴升蘇州府同知添注，教練鄉兵。楊尚英等升二級。王應麟升一級。田應山等准免軍罪，給與冠帶。楊旦賞銀二十兩，張大倫十五兩。這賊日久未平，著督撫官等加意逐剿以靖地方，不許玩怠。"欽此。

覆巡江御史金淛等請懸賞格購倭逆首疏

題：爲逆賊罪惡著明，亂本已得，懇乞宸斷昭揭討賊大義，以定人心，以彰聖武，以肅清江海事，職方清吏司案呈，奉本部送，兵科抄出，巡按直隸監察御史金淛題，前事，又該巡按直隸監察御史陶承學奏爲計剿海寇以急救生靈，保安地方事，俱奉聖旨："兵部知道。"欽此。欽遵，通抄送司，案呈到部。

看得巡按直隸監察御史金淛、陶承學具題前因，在金淛則謂王五峰久住日本，主使入寇；在陶承學則謂王直主謀煽禍，連歲不已。俱要懸立爵賞，俘馘賊首，無非消除禍本、肅清大憝之意。查得王直即王五峰，本以華人，甘爲夷役。剽掠海上，潛行鬼蜮之謀；荼毒海邦，公肆虎狼之暴。往時傳説之流言若不足憑，于今真倭之供由良有可據。但昭揭黄榜，事體重大，擅難輕議。合無備行總督楊宜，巡撫胡宗憲、曹邦輔、陳儒，各將王直罪惡刊刻榜文，傳示邊海州縣，多方設策，早正國法，以快人心。一應人等有能斬獲王直首級來獻者，查照宣、大近題事例，封以伯爵，賞銀一萬兩，授以坐營坐府職銜管事。有能斬獲黨惡如明山和尚者，不分首從，各授以指揮僉事，各賞銀三百兩。在倭華人或能悔罪，將王直斬獲來降者，一體升賞。如王直果能悔禍，徒身歸降，聽總督官酌量奏請，恭候聖裁。至於金淛所謂"責成督撫大臣，以圖撫剿萬全之功，不使倖功於旦夕；久任將領有司，以期有勇知方之績，不使玩愒於代遷"，深中一時用兵之弊。合無悉如原擬，備行督撫等官查照施行。其陶承學欲將兩京十三省及緣事在見監大小武臣許令殺賊贖罪，必須求其實效，不可令其倖免。合無通行各處，將本犯仍舊監候，果有弟男、家丁情願報效者，許具告本部或總督軍門，令其隨軍殺賊。充軍者以擒斬十名顆爲率，充軍永不襲替者以二十名顆爲率，死罪者以三十名顆爲率，候紀功官覈勘至日請旨贖罪。陶承學又欲公侯、勛戚、世臣畜養家丁以圖協剿，中間恐亦有力不能辦之人，似難一概責備。合無通行魏國公徐鵬舉等，有能號召義勇、督率家丁效用者，不拘多寡，許開送南京兵部，編入各營，一體操練，遇警分布防守，有功之日具奏獎賞。如不念國事，占吝不發，科道官從實參究。但前項事體俱屬重大，臣等不敢定擬。

嘉靖三十四年八月十二日題，奉聖旨："是。各處緣事大小武職准殺賊贖罪，重犯死罪的不准行。"欽此。

覆督察軍務侍郎趙文華條陳海防疏

題：爲條陳會議海防長策事，職方清吏司案呈，奉本部送，兵科抄出，督察軍務、工部右侍郎趙文華題，奉聖旨："該部看了來説。"欽此。欽遵，抄出送司，案呈到部。

看得督察軍務、工部右侍郎趙文華題稱修復海防，釐爲五事，臣等反覆參詳，均係平倭長策，蓋不欲鏖戰於海上，直欲邀擊於海中，比之制禦北虜，守大邊而不守次邊者事體相同，誠得先則制人之義。但事務繁多，惟恐不便聖覽，謹將原議列爲五款，開立前件，議擬上請。伏望皇上俯賜采覽，敕下遵行，地方幸甚。

嘉靖三十四年八月二十八日題，奉聖旨："准議。"欽此。

一、國家防海之制。臣等議得，國初更番出洋之制極爲盡善，至於列船港次，猶之棄門户而守堂室，浸失初意，救弊補偏，急當講畫無疑。所據侍郎趙文華欲分乍浦之船以守海上揚山，蘇松之船以守馬迹，定海之船以守大衢，三山品峙，哨守相聯，既無淺閣之虞，又無[八]避風之處，委爲有據。又欲副總兵屯外泊陳錢諸島，尤足以扼賊三路之衝。合無悉如所擬，備行督察、總督、巡撫、總兵、副總兵、兵備等官，會同集議，務要允中機宜，以復祖宗出洋之制。其中果有未盡事宜，聽其徑自酌處。

一、總兵駐札海上。臣等議得，南之禦倭必資於船，猶北之禦虜必資於墻塹、車騎，勢不可缺，不妨多備。所據侍郎趙文華今議之船，見造則有福清等船，調取則有廣東新會横江船、東莞大烏尾船，又有寧、紹、台、温捕魚海船，及下八山捕魚等船，又有蘇、松捕魚沙船。緣廣船恐緩不及事，魚船恐妨廢生理，必須處置得宜，方無遺慮。合無悉如所議，備行督察、總督、巡撫、總兵、副總兵等官，一面催調廣船，一面嚴督海道查處漁船。此外不知再該造船若干，錢糧應於何處出辦，備細會奏，以憑議處施行。

一、直隸與浙，名雖異地。臣等議得，浙、直俱連大海，一水之地，委當總作一家計處，必須共守陳錢諸島，分守馬迹等三道，事方周匝。所據侍郎趙文華欲要總兵官正副二員分住金山、臨山要會之地，先守陳錢，參將分畫三道馬迹等山，各督信地，審時度勢，委不容已。合無將副總兵俞大猷仍住金山，再添總兵官一員住札臨山，東可以控蘇、松，南可以控浙、福。本部會推相應官二員，請旨簡用，充總兵官，總理浙、直海防軍務，住守臨山地方，定擬責任，請敕一道，令其欽遵行事，合用符驗、旗牌、關防照例請給。副總兵以下俱聽節制。未盡事宜，仍聽督察、督撫等官查明具奏。

一、海上既備。臣等議得，國初沿海一帶軍伍充足，今議修復舊伍，誠爲要務。但鄉兵選足一萬，歲支半糧，不知應於何項出辦。合無備行督察、總督、巡撫、巡按等官，定委兩司該道官作速查議，要見鄉兵一萬，月給半糧，每年總該若干，應於何處處給。南方地無遺利，閑田世少，若議清查，未免反滋侵擾之弊，似當停寢。其餘事宜，悉如所議施行。

一、出入波濤。臣等議得，賞當其功，則人心知勸，故功既有等，賞自有差。合無今後官軍於海裏獲功，每倭首一顆，爲首者准升二級，爲從者照舊給賞。若無首級，止獲賊船，亦以大小論級。總兵等官能使賊船不能登岸，即以保障論功，斬獲首級數多，臨期奏請，超格升賞。候倭患寧日，此例停止。其多處行糧一節，事在彼中，悉聽督察、總督、巡撫等官徑自施行。

議留漕運總兵官萬表力疾督運疏

題：爲乞憐病患，容臣調治，以圖後報，免誤國計事，職方清吏司案呈，奉本部送，兵科抄出，提督漕運、鎮守淮安地方總兵官、南京中軍都督府署都督僉事萬表奏，奉聖旨："兵部知道。"欽此。欽遵，抄出送司，案呈到部。

看得提督漕運、鎮守淮安地方總兵官萬表奏稱病勢日重，醫藥弗效，乞要回籍調治一節。爲照總兵官萬表清苦之操，經濟之才，雅與鎮遠侯顧寰先後齊名，在任則淮人戴之，離任則淮人思之，即今倭奴未靖，掃蕩爲急，不止漕運一事藉賴本官而已，所據引疾求退，情雖迫切，查無撫按衙門代奏，似難准理。合候命下，行令萬表不妨原務隨便調理，如果疾未痊可，一應運務暫行參將黄印，嚴督官軍刻期前進，不許再行瀆奏。

嘉靖三十四年八月二十八日題，奉聖旨："漕運重事，非疾人可理，萬表准回籍調治，員缺即推相應的來看。"欽此。

覆南京兵部尚書張時徹等倭寇京城功罪疏

題：爲飛報賊情事，職方清吏司案呈，奉本部送，兵科抄出，南京兵部等衙門尚書等官張時徹等題，奉聖旨："兵部知道。"欽此。又該南京兵科署科事、南京户科給事中朱文漢奏，爲劇倭餘黨逼犯京城，戮殺將領，乞賜嚴敕文武大臣亟行剿滅，以杜後患，以安根本事，奉聖旨："兵部看了來説。"欽此。又該南京、浙江等道署道事，本道試監察御史侯東萊等奏，爲飛報緊急賊情事，奉聖旨："兵部知道。"欽此。又該兵科都給事中丘預達等題，爲倭患重大，乞賜嚴敕臣工亟加平剿，以固根本重地事，奉聖旨："兵部看了來説。"欽此。欽遵，通送到司，案呈到部。

看得南京兵部等衙門尚書等官張時徹等，兵科都給事中丘預達等，南京兵科署科事、南京户科給事中朱文漢，南京浙江等道署道事、本道試監察御史侯東萊等各具陳前因，大率言倭寇奔突南京城外，大肆猖獗，把總指揮朱襄、蔣升，千户姜誠，百户唐音俱被殺死，張時徹乞要將朱襄等照例升級、褒恤，陣亡勇士、官軍給埋葬之資，有功把總徐衡、軍人李堂等給賞，退走官軍查究。朱文漢謂把總王漢之罪狀爲甚，把總朱襄等之死事可憫，欲將朱襄等照議加恤典。仍申臨陣先退之律，有功者明立賞格，授以官職；不幸而死，厚給金帛，查取無礙洲田及還官牧地授之一頃半頃。朱文漢、侯東萊等又欲要戒諭南京兵部、户部、總督、巡撫、操江等官，整搠兵馬，設備戒嚴，遇警策應。丘預達等謂南畿之寇不除，則柘林之賊愈肆，柘林之黨未滅，則沿海内外諸凡不逞之徒乘釁竊發，不知所終，欲要南京兵部及總督、撫操等官彼此協心，以收平蕩。四川兵到，令何卿併力征剿，乃罔後艱。及要將張時徹、朱岳、柳震特降綸音，重加戒飭，徽、寧、太平三府各州縣文武官員，行巡按御史從實參治各一節。爲照前項倭奴數苦不多，爰自紹興潰圍而出，中經徽、寧、太平，突至南京，格鬥轉戰，不下三千餘里，即今奔入溧水，尚無掃蕩之期，事出創聞，情可駭異。柘林巢穴之區既當掃除，南京根本之地尤當戒備，所據有功、陣亡官軍并防守事宜，既該各官交章具題前來，相應通行議擬。合候命下，將指揮朱襄、蔣升，千户姜誠，百户唐音應襲兒男起送赴部，照例各升世襲二級，仍立祠死所，歲時致祭。陣亡勇士、官軍并有功把總徐衡、軍人李堂等，聽南京兵部動支官銀，分等恤賞。退走官軍，各先以軍法究治，以後有功，查照節年題准事例升賞。臨陣退縮，依律斬首。陣亡者厚加優恤，果有閒田，酌量撥給，以周其家。本部移咨張時徹，會行内外守備及南京户部，查照節奉欽依事理，將京城内外兵糧、防禦事宜悉心經畫。一面咨行總督侍郎楊宜，巡撫都御史曹邦輔、陳儒，操江都御史史褒善，各遵照敕諭，嚴督大小官員，將柘林之賊協力防禦。其紹興流來作惡倭賊，限在日下務要擒獲，以靖地方。賊經徽、寧、太平府衛州縣，有無重大失事，備行各該巡按御史分投查勘，有功有罪人員并王漢作速具奏。及照參贊機務、南京兵部尚書張時徹，南京守備、司禮監太監郭璈、何綬，南京守備、掌南京中軍都督府事撫寧侯朱岳，協同守備兼管南京右軍都督府事安遠侯柳震，均有守備之責，難逃誤事之罪。丘預達等念其任淺，止欲重加戒飭。張時徹等心不自安，故欲力求罷免。但廢弛之餘已嘗連章經畫，倉皇之際又能極力拒堵，情似可原。伏望皇上俯念緊急用人之際，將各官降旨切責，以責後效。

嘉靖三十四年九月初一日題，奉聖旨："朱襄等死事可憫，伊男准照例升襲二級，立祠罷。張時徹另議來説，郭璈等姑免究，朱岳等罰住禄俸兩個月，其餘依擬。"欽此。

覆左給事中楊允繩請禁苞苴專平倭寇疏

題：爲海寇猖亂日久，師老無功，懇乞聖明亟新將習，根極弊源，以幸生民，以安宗社事，職方清吏司案呈，奉本部送，兵科抄出，户科左給事中楊允繩題，奉聖旨："兵部看了來説。"欽此。欽遵，抄出送司，案呈到部。

看得户科左給事中楊允繩具題前因，反覆敷陳，雖不下千言，遡其大略，則有二事：其一論在外之弊，謂用兵必先擇將，將苟得人，謀與法、制，三者皆具，欲要督撫、將臣以全制勝，紀功御史奏報罪功不許隱蔽。其二論在内之弊，謂督撫等官到任有謝禮，送揭則有候禮，皆取司府州縣，以故官司蔑法誤事，威令不行，修攘罔效，欲要廠衛、該科等衙門一體訪奏，當事大臣正己奉公各一節。爲照蠢爾倭奴呼朋引類，侵擾江左者今已三年，在蘇、松、嘉、湖等處則積屍成丘，流血成河，備極慘毒之狀；在兩廣、川湖諸省則財匱於徵輸，兵疲於調遣，不勝騷動之憂。仰蒙聖皇在上，軫念元元，日勤宵旰，更置督撫重臣以提其綱，分别副參裨將以承其目，一切機宜悉關宸衷。在廷臣則當夙夜匪懈以宣其猷，在外臣則當盡瘁鞠躬以宣其力，若猶取有司之財充關節之用，滅紀蕩法，委不容於堯舜之世。所據給事中楊允繩極口論列，義正詞嚴，是誠清源端本之論。臣等待罪本兵，與有選將之責，除督率司屬痛自修省外，伏望皇上敕下在廷大臣，各要洗心滌慮，正己奉公，一切交際悉從謝却，以杜請托之私，以彰表帥之體。本部通行廠衛并五城巡視御史，遇有各處公差人役果有通賄情節，嚴加訪拿，干礙職官從實參究。一面轉行南京科道官并各省巡按御史，備查督撫等官，今後果於司府州縣括取官銀以充私費，或有司官科剋小民，浸潤督撫，許不時指名參奏。其奏内所稱督撫、將官精選訓練，多立哨探，圖寫地形，以全制勝，毋日事徵兵，毋掇拾章奏，巡按官奏報功罪務要明實數事，俱切中時弊。合無悉如所擬，備行侍郎楊宜等查照遵行。

嘉靖三十四年九月初六日題，奉聖旨："是。"欽此。

覆大同鎮巡官齊宗道等傳報虜情隄備薊鎮疏

題：爲緊急聲息事，職方清吏司案呈，奉本部送，兵科抄出，巡撫大同地方、贊理軍務、都察院右僉都御史齊宗道，征西前將軍、鎮守大同地方總兵官、左軍都督府都督同知韓承慶題，俱奉聖旨："兵部知道。"欽此。欽遵，抄出送司，案呈到部。

看得巡撫大同都御史齊宗道等會題，稱邊外達賊約有十萬，勢犯寧虜堡，一萬餘騎已從左衛黑龍王西空進入，往正南行走，後有灰塵不斷一節。爲照變當預圖，兵貴審勢，不預圖則倉皇倥偬之際徒爲文具，不審勢則先後緩急之序盡失機宜。先據薊州、宣大揭報，賊欲三道入搶，一窺居庸，一窺古北，一窺冷口。臣等以聖皇在上，京師爲重，以故與總督許論、王忬往復咨議，大要以固守關隘爲主，許論移住懷來以衛陵寢，王忬仍住密雲以便東西調度，都御史吴嘉會專任[九]昌平，總兵官周益昌專住馬蘭谷，又將遼東總兵官殷尚質調住冷口，都御史蘇志皋調住山海關外，其餘分守各口副、參、遊、守等官星羅棋布，處處周匝。賊虜覘知有備，自七月以至八月下旬蜂屯威寧海子一帶，牽制我師，意在乘虚，奸狡之狀迥異疇昔，乃今竟自大同西衛而入，其爲侵軼山西無疑。但恐仍倣前年故智，或分趨蔚州，或分趨渾源，則紫荆之東、居庸之西不無可虞；或打來孫、把都兒果由古北、冷口分道而入，則薊鎮之事更當深慮。合無嚴行王忬，相度賊勢，多方布置，見今擺邊人馬不可輕撤，必使彼虜匹馬不得入邊，方爲上策。本部一面咨行許論及大同都御史齊宗道、副總兵田世威，山西都御史王崇、總兵官李賢，保定都御史艾希淳、總兵官龔業，同心戮力，守者務成保障之功以圖萬全，戰者務收斬獲之績以期三捷，賊退之後，朝廷自有重大升賞。如或怠緩誤事，國典具存，難以輕貸。其大同新任總兵官趙卿與提督蕭漢交代明白，即便星馳赴任，不得遲緩。

嘉靖三十四年九月初六日題，奉聖旨："是。"欽此。

覆宣府鎮巡官劉廷臣等請處李家莊屬夷疏

題：爲叛華投虜，誘引犯邊，搶奪馬牛、財物，擒逆首以靖疆場事，職方清吏司案呈，奉本部送，兵科抄出，巡撫宣府等處地方、贊理軍務、都察院右副都御史劉廷臣，鎮朔將軍、鎮守宣府總兵官歐陽安題，俱奉聖旨："兵部知道。"欽此。欽遵，抄出送司，案呈到部。

臣等看得，中國之於夷狄，順則撫之以恩，叛則振之以威，雖稱治以不治，而制禦之方不容偏廢。即如李家莊屬夷，效忠宣力，如鼠和、史大官兒者僅有數人，至於包藏禍心、騷動地方者十常八九。以故宣府之事，醜虜之患雖大而常少，屬夷之害雖小而常多，伏禍隱憂，不可不早爲之所。所據巡撫都御史劉廷臣等欲將羊羔子會審處决，仍行東北二路參將，令其按季聽調撫賞一節，中間處置悉合機宜，相應通行依擬。合候命下，備行宣大巡按御史，將羊羔子再審無異，依律處决，仍將首級梟掛沿邊，以示懲戒。一面行移許論、劉廷臣、歐陽安，今後必須按季方許調集撫賞，果有如鼠和之效順，不妨從重犒賞；如羊羔子之作孽，亦要設法擒拿。此外或妄行求討，或別生事端，不許輕易准從，以啓戎心。總督、鎮巡官職專邊政，各當極力主持，以嚴夷夏之防，以修威信之紀，日後儻致釀成大患，責有所歸。

嘉靖三十四年九月初九日題，奉聖旨："羊羔子依律處決。"欽此。

覆蘇松巡按御史周如斗申飭督撫亟勦殘倭疏

題：爲境内寇勢漸殄，餘孽尚留，懇乞天威申諭督撫諸臣嚴行盡勦，以安重地事，職方清吏司案呈，奉本部送，兵科抄出，巡按直隸監察御史周如斗題，奉聖旨："兵部知道。"欽此。欽遵，抄出送司，案呈到部。

看得巡按直隸監察御史周如斗具題前因，大率嚴催督撫等官，將各起倭寇陸續擒斬數多，風濤覆溺者無算，誠皇上聖德格天，以致天神協助所致。但尚留柘林、沙上者一千餘人，登岸潛住民居者三百餘人，欲要浙、直兩省合攻一節。臣等反覆參詳，賊之情狀如在目前。蓋蘇州之境與嘉、湖相爲唇齒，柘林巢穴不除，則嘉、湖之流劫未已；今歲之事與來歲相爲倚伏，今歲兵威不振，則來歲之延蔓益滋。臣等先已慮及於此，節次題奉欽依亟處柘林之賊，查與御史周如斗所議大略相同，相應通行申飭。合候命下，備行總督侍郎楊宜，督率兵將，隨宜調度。都御史曹邦輔住札松江，由北路督兵。都御史胡宗憲住札平湖，由西路督兵。水陸並進柘林，務期一鼓擒之。其自浙中流至南京之賊，不知此時何在，亦要設法搜勦，以絶禍端。一應軍務悉聽侍郎趙文華從實督察，不許自分彼此，養寇殃民，坐失事機。

嘉靖三十四年九月初九日題，奉聖旨："是。"欽此。

覆致仕南京光禄寺卿張衮條陳禦倭五事疏

題：爲献末議，靖醜夷，安東南，以上慰聖心事，職方清吏司案呈，奉本部送，兵科抄出，原任南京光禄寺卿、今致仕張衮奏，奉聖旨："該部看了來説。"欽此。欽遵，抄出送司，案呈到部。

看得原任南京光禄寺卿、今致仕張衮因倭寇侵犯浙直地方條奏五事，俱於海防有益，相應開立前件，議擬上請。伏望皇上俯賜裁允，敕下督將等官欽遵施行。

嘉靖三十四年九月初十日題，奉聖旨："准議行。"欽此。

一曰選將帥。臣等看得，三軍之命懸於一將，將得其人，則凡用間設伏、賞功罰罪，一切機宜悉中肯綮，全勝在我，敵無不破。所據本官具奏前因，誠爲要務。見今總副、參守等官荷蒙聖明簡用，更置一新，合無悉如所議，備行各官宣猷宣力，廓清大憝，以稱今日推轂之意，不得因循玩愒，自干天憲。

二曰修團結。臣等看得，團結鄉兵，不惟省目前調兵供億之費，亦可爲日後地方永遠之圖，節經本部題奉欽依，連章累牘，諄復懇切，未見成效，相應通行申飭。合無備咨督撫等官，查照先今事理著實舉行。有司如果團練有法，兵皆可用，具實保薦，不次擢用。若仍前視爲文具，議奏罷斥，以示懲戒。

三曰審形勢。臣等看得，金山、乍浦壤地相接，倭奴一出乎彼，即入乎此，形若唇齒，委當併守。至於常熟之福山港、三丈浦，江陰之蔛橋、蔡港，俱係要害，兵無常守，亦所當慮。但金山備倭近改參將，常、鎮又添參將一員，金山、臨山又設有正、副總兵二員，事已周匝，似難别議。合無備行督撫、總副等官，同心協力，嚴加拒堵，不得自分彼此，坐失事機。

四曰明官守。臣等看得，守令之官最爲親民，但有興除，朝發夕至。本官所謂“今之守令非不皭然稱賢，但心不任事。至如城郭以下廢墜當修，備豫當計，以爲擾民召謗，一切置之不問”，深中時弊。况今倭寇殘虐，流離瑣尾之民尤當加意撫恤。合無備行總督、撫按等官，嚴行令各該有司查照所議一一舉行，違者指實參奏。

五曰防隱憂。臣等看得，兵荒之際，民不聊生，始而爲賊威所脅，終而爲賊利所誘，不得不相率從賊。在我供億浩繁，誅求入骨，隱憂伏禍，委當深慮。合無依其所奏，備行督撫等官，行令有司招徠安輯，收拾人心。至於糧差等項，亦要酌量徵派，不許擅自抽徵，致貽後患。

覆浙直總督侍郎楊宜請調兵食疏

題：爲陳乞調發將領、軍餉、長技，以振兵威事，職方清吏司案呈，奉本部送，兵科抄出，總督南直隸浙江福建等處軍務、南京兵部右侍郎兼都察院右僉都御史楊宜題，奉聖旨：“該部知道。”欽此。欽遵，抄出送司，案呈到部。

看得總督軍務侍郎楊宜條陳三事，除“那借官銀充餉”移咨户部查議外，其“調用邊方將材”、“調用邊箭長技”皆係禦倭要務，相應開立前件，議擬上請，伏乞聖裁。

嘉靖三十四年九月十一日題，奉聖旨：“准議。”欽此。

一、調用邊方將材。臣等看得，侍郎楊宜欲要調用西北將領以備平倭之用，蓋見江南兵將脆弱，不堪驅策，故有此奏。但各邊將領見任者有地方之責，難以輕動；廢棄者多係被論罪謫，或緣事未結之人，未經旌薦，亦難輒便收用。况南北風氣不同，習性亦異，北産南用，人情、事體自不相宜。合無備行楊宜，就於彼中選取將材，委用教習。昔吴在三國，偏安江右，尚且猛士如雲，謀臣如雨。聖朝全盛之時，動稱乏人，殊可駭異。亟宜搜訪處置，仍具由咨部查考。

一、調用邊箭長技。臣等看得，侍郎楊宜欲要順天、保定二巡撫衙門於民兵内擇選善用邊箭者一千名，差官押送軍前分發各營一節，先該御史李秋建議，本部覆議，候九月終旬，將見在防秋山東、保定客兵内請給犒賞，量發二枝前去勦殺，已經奉有明旨。合無斟酌前議，聽本部移咨總督侍郎王忬，於順天、保定共選取慣使邊箭民兵一千名，大約保定八百名，順天二百名，坐委相應官員，統領前去，聽候彼中教練應用。原編工食照常給與，以爲安家之資，浙、直巡撫官每名再各處給官銀三兩，以爲修裝之費。其山東民兵，楊宜既稱徑自調取二千，本部原議民兵不必再發，以省供億。

議大同陣亡參將丁碧恤典疏

題：爲大虜入境，損折將領，乞賜戒諭督撫重臣運謀逐勦，以勵後效，以保地方事，職方清吏司案呈，奉本部送，兵科抄出，巡按直隸監察御史李鳳毛題，奉聖旨："兵部知道。"欽此。欽遵，抄出送司，案呈到部。

看得巡按御史李鳳毛題稱，大同西路參將丁碧在於地名馬家窊山坡與賊對敵，奮力大呼，突入賊陣，被賊射中右眼，貫顱而死。及稱本官素負忠義，清慎著聞，乞要亟賜褒録；巡撫齊宗道、總督許論天語戒飭各一節。爲照邇來將領怯懦成風，每遇賊至，不嬰城以自保，即結營以自全，止爲一身規避之謀，不顧萬姓荼毒之慘。今據參將丁碧敢以一旅之孤兵，力抗方張之黠虜。射貫頭顱，捐軀之勇益奮；身膏草野，敢死之氣猶生：委應照例先行優録。總督尚書許論、巡撫齊宗道均有禦虜之責，首遭損將之禍，任雖不同，責俱難辭。但此時賊方深入，勢頗重大，經畫調度，間不容髮，既該御史李鳳毛論列前來，相應通行議處。合候命下，將丁碧贈爲都督同知，另廕一子爲正千户世襲，立祠死所，歲時致祭，以爲邊臣死事者之勸。仍乞天語嚴諭許論、齊宗道，務要督率將領，隨賊向往相機截殺，以蓋前愆，以收後效。賊退之日，聽巡按御史稽查功次，一併具奏。

嘉靖三十四年九月十八日題，奉聖旨："是。丁碧准贈都督同知，廕一子，與做正千户世襲，立祠致祭依擬。許論等著督率將兵相機殺賊，不許誤事。"欽此。

校勘記

〔一〕"餘"，疑當作"與"。

〔二〕"議"，底本卷首原目録作"覆"，十二卷本亦作"議"。

〔三〕"素"，疑當作"索"。

〔四〕"捝"，疑當作"棿"。

〔五〕"致"，十二卷本作"敢"，是。

〔六〕□，底本漶漫不清，據十二卷本當作"已"。

〔七〕"攘"，十二卷本作"壤"，是。

〔八〕"無"，據明陳子龍等《明經世文編》卷之二百七十五楊博《覆督察軍務侍郎趙文華條陳海防疏》當作"有"。

〔九〕"任"，疑當作"住"。

楊襄毅公本兵疏議卷三

覆浙江參將盧鏜等功罪互異勘究疏

兵部尚書臣楊博等謹題：爲糾劾武備官員擁衆逐賊，故不剿捕，遺害鄰境，乞賜重加究治，以警人心等事，職方清吏司案呈，奉本部送，兵科抄出，巡按直隸監察御史張雲路、徐敦題，俱奉聖旨："兵部看了來説。"欽此。又該提督軍務兼巡撫浙江并福興泉漳地方、都察院右僉都御史胡宗憲題，爲巢賊遁出海洋，官軍奮勇克捷事，奉聖旨："兵部知道。"欽此。欽遵，通抄送司。

查得先該巡按直隸監察御史孫慎題，爲海洋倭寇屢次攻劫，類參失事官員以明國法事，該本部議擬覆題，節奉聖旨："盧鏜革去冠帶，戴罪殺賊。"欽此。又該巡按浙江監察御史胡宗憲題，爲零賊奔突地方，戕殺憲臣，乞賜究治失事官員以懲不恪事，該本部議擬覆題，節奉聖旨："盧鏜降實職二級，照舊革去冠帶管事。"欽此。又該吏部咨，爲海賊侵犯兩浙，生民受害極慘，乞賜嚴究失事官員以安地方事，該巡按浙江監察御史胡宗憲題，該吏部覆議，節奉聖旨："是。羅拱辰既有前功，著降二級。"欽此。通查案呈到部。

看得分守寧紹台温參將、今革去冠帶盧鏜，在直隸御史張雲路、徐敦則謂其嫁禍鄰境，欲治縱賊遺患之罪；在浙江都御史胡宗憲則謂其深入虎穴，欲録衝冒鋒敵〔一〕之功；侍郎趙文華亦極稱盧鏜斬獲數多。緣前項倭奴原自紹興潰圍而出，流劫而來，始而過越徽、寧，直抵留都，繼而突入漂〔二〕水，復寇蘇州，爲首和尚雖被我兵戳死，黨與迄今尚未盡絶。先該本部議擬覆題，已蒙聖明將盧鏜降實職二級，若果勒馬而還，致賊感恩，則是忍心害理，死有餘辜。但事干兩省，若非直隸出自風聞，必係浙江涉相回護，相應嚴加勘處。合候命下，備行總督侍郎楊宜，會同浙江、南直隸各該巡按御史從實查勘，要見盧鏜與僉事羅拱辰原領兵馬若干，是否與賊交通，致賊感恩，先後立功果否多至一千餘級，雖經降革即今仍該作何究治，星馳具奏，以憑覆議定奪。其胡宗憲所稱副使劉起宗、備倭王沛、千户吴憲、武生朱先等之功，并督撫各官具奏功次，本部轉催巡按御史各另勘報，不許遲緩。

嘉靖三十四年九月十八日題，奉聖旨："是。盧鏜等事情，着總督、巡按等官從實查勘來説。"欽此。

覆薊遼總督侍郎王忬
哨報虜情嚴加隄備疏

題：爲哨探緊急虜情事，職方清吏司案呈，奉本部送，兵科抄出，總督薊遼保定等處軍務兼理糧餉、兵部左侍郎兼都察院右副都御史王忬題，奉聖旨："兵部知道。"欽此。欽遵，抄出送司，案呈到部。

看得總督薊遼保定軍務侍郎王忬題稱，大虜俺答等由大同深入山西，洪州之賊見保鎮有備，不敢南向，惟打來孫諸部垂涎古北、冷口一帶，事在緊急各一節。爲照薊鎮事體比之宣、大不同，宣、大去京頗遠，即有緩急，兵食調度猶或可及。至於薊鎮，朝入邊陲，夕達畿甸。二十九年縱之突入，則患在剥膚，遠近騷動；三十三年拒之遁退，則暫得息肩，旂裘震讋。臣等深鑒前事，每與督撫諸臣往復咨議，大率以預伐虜謀，使之不敢近邊，方爲上策；擁衆攻邊，阻之使不得入，斯爲中策；坐視其入，即成斬俘之功，猶爲下策。總督王忬、巡撫吴嘉會深以臣等所言爲然，以故涉秋以來，二臣振勵之詞不絶於口，傳報之使接踵於道，宣猷宣力，良可嘉尚。但今洪州之虜早已歸巢，山西之虜漸將出境，東方傳報又復紛紛而至，若果糾合諸部連營侵軼，關係不輕，與其臨事而失防，不若先事而多備，相應通行申飭。合候命下，備行王忬、吴嘉會，督率提督蕭漢，總兵官周益昌、殷尚質等，照依分定地方晝夜戒嚴，必使匹馬不能入邊，方稱聖皇委任責成之意。防秋畢日，容臣等查據今春保障之功一併論敘。總督官仍要明諭諸將，令其益加奮迅，以收後效。如或因循誤事，國典具存，臣等亦不敢重自依違，以誤大計。

嘉靖三十四年九月十九日題，奉聖旨："是。"欽此。

覆薊遼總督侍郎王忬遼鎮告急疏

題：爲遼鎮請兵應援事，職方清吏司案呈，奉本部送，兵科抄出，總督薊遼保定等處軍務兼理糧餉、兵部左侍郎兼都察院右副都御史王忬題，奉聖旨："兵部知道。"欽此。欽遵，通抄送司，案呈到部。

看得蠢兹醜虜，在西則俺答諸部，在東則打來孫諸部，自入秋以來即欲會合一處侵擾薊鎮，窺伺畿輔，因見薊鎮兵馬嚴密，以故西部分犯山西、宣府，東部分犯遼東。切緣遼東地方每當秋深卑濕泥淖，胡騎難馳，所在城堡堅完高厚，攻圍不便，以戰以守，均有可恃。但入衛之兵今歲多至二萬有奇，見在彼處兵馬委果數少，雖該總督軍門摘發總兵殷尚質前去策應，猶恐緩不及事，且義州地方密邇薊鎮，萬一擁衆近關，則一片石、大毛山一帶隨處可入，尤當深慮，相應通行申飭。合候命下，備行總督侍郎王忬，相機調度，在遼東止當責其謹守地方，務成保障之功；在薊州不可輕撤兵馬，以致乘虛之擾。巡撫都御史蘇志皋候殷尚質兵到，如果賊未出境，隨賊截剿，以寡擊衆。賊退之日，總督官從實具奏，以憑覆議。

嘉靖三十四年九月二十四日題，奉聖旨："是。"欽此。

奏報薊遼督臣統兵拒堵昌平虜寇疏

題：爲總督重臣統兵截殺事，職方清吏司案呈，奉本部送，准總督薊遼保定等處軍務兼理糧餉、兵部左侍郎兼都察院右副都御史王忬揭帖，前事，到部送司，案呈到部。

看得前項達賊大營屯住懷來等處，分遣精騎突攻居庸以西唐兒庵一帶邊墻，仰仗玄威振疊，官軍拒堵，不得深入。臣等猶慮督、撫二臣不在昌平，事無統紀，萬一人心懈弛，關係匪輕，當即馬上差人執牌遍諭，大意謂各該主、客將兵受國厚恩，宣猷宣力，正在此時，宜各照分定地方，應拒堵者拒堵，應策應者策應，必使匹馬不得入邊，方爲首功，自有去歲古北口升賞事例。若因循誤事，憲典具存，難以輕貸。今據總督侍郎王忬先發遊擊陳言兵馬三千前來應援，復自密雲親詣昌平相機調度，必能上紓聖皇北顧之憂，除候有緩急另行具奏外。

嘉靖三十四年九月二十七日題，奉聖旨："是。"欽此。

請命薊遼總督侍郎王忬堵截昌平虜寇疏

題：爲達賊攻墻，官軍對敵，奪獲達馬等事，職方清吏司案呈，奉本部送，據署統領民兵，原任参將、都指揮僉事張勛揭帖，前事，又奉本部送，據昌平兵備僉事馬佩揭帖，所報虜情與前相同，通送到司，案呈到部。

看得居庸以西黑冲峪、柳樹窪攻墻之賊，查與唐兒庵、大石溝之賊俱係同日出没，其勢重大，其謀奸狡。副總兵祝福，参將張堅、張勛、蕭寶、陸禎等不惟拒之使不得入，且奪獲馬匹。兵備僉事馬佩先期督修墻塹，臨警調度兵食，保障之功均爲可嘉。但前賊尚在邊外，向往未定，除備行總督侍郎王忬等，嚴加堵截，務保萬全外。

嘉靖三十四年九月二十七日題，奉聖旨："是。着王忬等嚴加堵截。"欽此。

奏報昌平虜寇退遁疏

題：爲仰仗天威，大舉達虜退遁事，職方清吏司案呈，奉本部送，據固原遊擊將軍、署都指揮僉事李嵩塘報，前事，等因。案查先奉本部送，准總督薊遼保定軍務侍郎王忬揭帖，爲大舉緊急虜情事，又奉本部送，據分守居庸關等處、署都指揮僉事吴守直呈，爲緊急聲息事，通送到司，案呈到部。

看得居庸關以西唐兒庵、柳樹窪等處去鎮邊城十里，去鞏華城六七十里，先年原無邊墻限隔，以故猾虜覘知，率衆數萬突來侵軼。不知臣等早已題奉欽依，墻塹近已漸完，無墻去處品窖、木簽色色俱備，然猶以兵寡虜衆，不敢保其萬全。仰仗聖皇在上，玄貺眷錫，玄威震疊，我兵死傷者止三四人，賊之被我火炮，死傷甚多，望風北遁，喙息弗遑，聿成保障之功，稍有俘獲之績，比之去歲古北之事大略相同。除候遠出宣府境外另行具奏外。

嘉靖三十四年九月二十八日題，奉聖旨："知道了。"欽此。

覆宣大巡按御史李鳳毛查究宣府失報虜情疏

題：爲傳報緊急聲息事，職方清吏司案呈，奉本部送，兵科抄出，巡按直隸監察御史李鳳毛題，奉聖旨："兵部知道。"欽此。欽遵，抄出送司，案呈到部。

看得巡按直隸監察御史李鳳毛具題前項聲息，止言賊犯宣府之略，至於賊攻居庸關唐兒庵一帶，本官因隔在外，尚且不知。切緣宣府、昌平二鎮相爲脣齒，昌平以宣府爲門户，宣府以昌平爲堂室，門户既嚴，堂室方固。昨者賊以數萬之衆突入龍門境内，信宿之間即達居庸近地，宣府烽火通失傳報。萬一潰墻而入，南則宫闕，北則陵寢，關係重大，不在古北之下。臣等一念至此，不勝悚息，所據地方官員相應查明究治。合候命下，備咨都察院，轉行御史李鳳毛，逐一查勘，要見賊數實有若干，何月何日由何地方進入，緣何不行傳報，經過地方曾否殺虜人畜、攻圍堡寨，官軍曾否對敵，有無重大失事，有功有罪人員分别具奏。其昌平鎮保障之功與宣府自不相掩，聽總督侍郎王忬、巡撫侍郎吴嘉會會同具奏，以憑議擬升賞。

嘉靖三十四年九月二十九日題，奉聖旨："是。"欽此。

覆鳳陽撫按官陳儒等會保總兵官萬表起用疏

題：爲保留漕臣，以裨國計事，職方清吏司案呈，奉本部送，兵科抄出，總督漕運兼巡撫鳳陽等處地方、都察院右都御史陳儒，巡按直隸監察御史吴百朋題，俱奉聖旨："該部知道。"欽此。欽遵，通抄送司，案呈到部。

看得原任提督漕運兼鎮安[三]淮安總兵官、都督僉事萬表，近奉明旨，准其養病。今據巡撫都御史陳儒、巡按御史吴百朋交章極稱其賢，且謂其步履雖艱，漕務不廢，即今東南多事，選將爲急，似難聽其閑散。合候命下，將萬表附記將材簿内，遇有相應員缺仍爲推用。

嘉靖三十四年十月十三日題，奉聖旨："是。"欽此。

覆蘇松巡按御史周如斗論罷都督何卿等疏

題：爲流寇盡殄，聚寇尚存，懇乞嚴諭督撫重臣，罷黜老懦將官，以飭武備，以剿殘寇事，職方清吏司案呈，奉本部送，兵科抄出，巡按直隸監察御史周如斗題，奉聖旨："兵部看了來説。"欽此。欽遵，抄出送司，案呈到部。

看得巡按直隸監察御史周如斗具題前因，大意謂蘇州之寇盡行斬獲，陶宅之寇黨與日多，欲要嚴催督撫諸臣併力圖之。及稱都督何卿、沈希儀年老力衰，神昏智怠，均之無益實用，所當罷黜各一節，具見本官急於討賊之義。緣前項屯住之賊節該臣等題奉欽依刻期進剿，至今未見蕩平，近據侍郎趙文華謂草茂水深，正在會處，況督察、督撫、巡按一時俱在松江，滅此殘寇而後朝食，各官忠藎之志諒亦相同。伏望皇上特降嚴旨，令其同心戮力，早成擒俘之功，以靖地方，以絶後患。如或因循觀望，坐失事機，聽督察、巡按官從實糾奏，不許畏避，有誤大計。其何卿之在川蜀，沈希儀之在兩廣，俱素著威名，乃今一籌不展，輿論共棄。若果年力衰邁，情由可原；如或懷奸避難，故作無能之狀，以覬安便之圖，則是忍心害理，罪不容誅。合無將何卿解其浙直總兵見任，員缺另行推補，仍將本官都督職銜先行革去，聽四川原問衙門查照彼中事理從實體勘，參奏究治。都督沈希儀已經替職致仕，虚冒國恩，尤可痛惡，合將都督職銜一體革黜，令其回衛閑住，庶將來將領不致效尤。但恩威出自朝廷。

嘉靖三十四年十月十三日題，奉聖旨："是。這地方殘寇，着督察、督撫官等作急剿殺盡絶，不許玩怠。何卿、沈希儀都革了職級，回衛閑住。"欽此。

覆督察總督等官論陶宅等處功罪查勘疏

題：爲剿獲劇賊軍情事，職方清吏司案呈，奉本部送，兵科抄出，督察軍務、工部右侍郎趙文華奏，奉聖旨："兵部看了來説。"欽此。又該總理糧儲、提督軍務兼巡撫應天等府地方、都察院右僉都御史曹邦輔題，爲仰仗天威，官兵奮勇剿除撞過留都極惡倭寇事，總督南直隸浙江福建等處軍務、南京兵部右侍郎兼都察院右僉都御史楊宜題，爲極悍倭夷深入内地，仰仗天威，剿除已盡事，俱奉聖旨："兵部知道。"欽此。欽遵，通抄送司，案呈到部。

看得督察軍務右侍郎趙文華具奏前因，大意謂陶宅鎮之賊尚未剿滅，督兵親至松江，札候日久，僉事董邦政故違節制，趨易避難，都御史曹邦輔不急民艱，炫名失實，皆於閫寄各昧機宜。及該總督軍務侍郎楊宜題稱，今革職把總婁宇調度由人，斬獲功級，可以准贖。董邦政故違節制，雖有獻馘之微功，難掩養寇之重罪，念在緊急之際，姑令戴罪殺賊。侍郎趙文華、都御史曹邦輔等功不可掩各一節。臣等反覆參詳，文華所謂"趨易"者蓋指蘇州之寇而言，所謂"避難"者蓋指陶宅之寇而言，緣前項二寇聲勢相倚，均稱窮寇，不宜以難易概論。若使合而爲一，以流劫者之强横濟屯聚者之衆多，未免益復滋蔓。乃今蘇州之寇剿無孑遺，陶宅之寇自是勢孤氣沮，削平有日。先據都御史曹邦輔奏到董邦政等功次，查得督察、總督未見會奏，已經備行巡按御史查勘。乃今侍郎趙文華、楊宜復有此論，在軍門係干軍機，若使違令而不治，則無以振肅人心；在巡撫係干功賞，若使有功而不録，則無以激勵衆志。事體關涉，均非細故，相應通行議處。合候命下，將董邦政、婁宇俱令戴罪，務將陶宅之賊上緊剿滅，事寧之日一併查議。其趙文華、曹邦輔等功該優録，備行巡按御史作速勘明，分別具奏，以憑議擬升賞。

嘉靖三十四年十月十三日題，奉聖旨："是。"欽此。

覆議遼鎮義州地方功罪疏

題：爲捷音事，職方清吏司案呈，奉本部送，兵科抄出，總督薊遼保定等處軍務兼理糧餉、兵部左侍郎兼都察院右副都御史王忬，巡撫遼東地方、贊理軍務、都察院右僉都御史蘇志皋，征虜前將軍、鎮守遼東總兵官、署都督僉事殷尚質題，前事，巡按山東監察御史陳瓚題，爲胡虜深入，殘害地方，辱國殃民，乞究治失事重臣以振國威事，俱奉聖旨："兵部知道。"欽此。欽遵，通抄送司，案呈到部。

看得遼東總督、鎮巡、巡按等官王忬等連章具題，大率言達虜打來孫等糾合醜類，突入遼東義州等處地方，搶掠人口，殺傷官軍。各該官兵堵截出境，斬獲首級一百四十九顆，奪獲達馬三百二十四匹、夷器等件數多。在總督、鎮巡王忬等則歷叙各官斬獲之功，在巡按御史陳瓚則極言地方傷殘之狀，要將總兵殷尚質重究，巡撫蘇志皋革任，總督王忬戒飭各一節。爲照薊鎮地方，自嘉靖二十九年虜患之後，繹騷畿輔，震動京師，事體重大，比之别鎮不同，以故特設重臣總督軍務，敕内明開遼、保二鎮聽其調遣，無非借股肱之力爲腹心之助。所據侍郎王忬之多調遼兵乃其職任，原無可罪。至於鎮、巡二臣先事歉於多算，臨警不能萬全，委爲失職。但總兵官殷尚質節制悉由於軍門，應援難拘於專閫，巡撫都御史蘇志皋雖有贊理之責，屢陳兵寡之奏，情俱可原。况斬獲虜首多至一百四十有奇，奪獲虜馬多至三百二十有奇，若果不係捏報，其功似亦可録。及照虜經去處，殺掠之慘勢所必有；兵刃相接，挫衄之事似不爲虚。巡按御史職司風紀，因事論劾，具見風裁所在，必須逐一體勘的實，庶幾功罪攸明，勸懲斯當。合候命下，將殷尚質、蘇志皋姑免究治，令其策勵鎮巡地方，以責後效。仍容臣等備咨都察院，轉行彼處巡按御史，速將前項賊經地方從實體勘，要見斬獲首級是否真正達賊，殺虜人畜若干，攻毁堡寨若干，殺死官軍若干，奪去官馬若干，干礙副、參、遊、守等官從實參奏。但恩威出自朝廷，臣等不敢定擬。

嘉靖三十四年十月二十四日題，奉聖旨："是。殷尚質、蘇志皋姑免究，着策勵供職。"欽此。

覆都給事中丘預達等論總兵官萬表解任疏

題：爲江南倭患未平，乞賜亟黜久病將臣，以圖安攘事，職方清吏司案呈，奉本部送，兵科抄出，兵科都給事中丘預達等題，奉聖旨："兵部看了來説。"欽此。欽遵，抄出送司，案呈到部。

看得兵科都給事中丘預達等題稱，新推浙直總兵萬表衰頽不振，務外不情，欲要亟賜罷斥，另推才略忠勇者俾充是選一節。爲照都督萬表生長海濱，歷官江介，浙直之道里、險夷無不周知，浙直之勇士、沙民多爲依附。去歲統兵與賊接戰，曾中流矢，軍旅之事似亦閑習。近據鳳陽巡撫都御史陳儒、巡按御史吴百朋交章力薦其賢，且稱其步履雖艱，運務不廢。臣等以爲撫按官與之同處一方，知之必真，以故題奉欽依，候缺推用。尋遇浙直缺總兵官，遂即會同府部科道等官，將本官推舉上請，荷蒙簡用。乃今該科論其素抱荏苒，不堪驅策。但病之真僞未可遥斷，若候勘報至日方行處分，見今倭患未平，地方正在用兵之際，未免妨廢戎務，相應酌處。合候命下，先將浙直總兵員缺會官推補，一面行移浙江撫按，將萬表從實查勘，要見是否有病，即今有無痊可，應否别用，具由回奏，以憑覆議定奪。

嘉靖三十四年十一月初四日題，奉聖旨："是。"欽此。

覆給事中夏栻等參督察等官奏報欺怠疏

題：爲殘寇復肆猖獗，官兵各遭挫敗，大臣欺怠不忠，奏報無實，乞賜究治，以振軍威，以彰聖斷事，職方清吏司案呈，奉本部送，兵科抄出，兵科給事中夏栻題，奉聖旨："該部看了來説。"欽此。又奉本部送，兵科抄出，巡按浙江監察御史趙孔昭題，爲進剿倭寇事，奉聖旨："兵部知道。"欽此。欽遵，通抄送司，案呈到部。

看得給事中夏栻具題前因，極言浙江巡撫都御史胡宗憲、應天巡撫都御史曹邦輔、總督侍郎楊宜、督察侍郎趙文華欺怠不忠，奏報不實，要行勘處。巡按浙江監察御史趙孔昭題稱陶宅二次敗衄緣由，欲要丁寧楊宜、曹邦輔、胡宗憲同心協力，務成大計，陣亡指揮姚泓、邵昇重加褒恤各一節。爲照前項倭寇屯住陶宅，未見剿滅。仰蒙聖皇在上，日勤宵旰，天語丁寧，至再至三，乃今當事諸臣動失機宜，兩遭挫衄之咎。據給事中夏栻之言得於所聞，以爲奏報未至，詳悉難知。據御史趙孔昭之言得於所見，以爲正在督兵進剿之時，功罪尚未可執，姑候事寧另行參奏。詞雖不一，無非慎重功罪以勵人心之意，相應一併議擬。合候命下，轉行巡按御史周如斗、趙孔昭，會同體勘，要見陶宅之寇實有若干，各官奏報緣何不實，是否欺怠，彼時應否進剿，的係何人定計，何官後期，何兵挫敗，將領有無損傷，失事有無重大，作速具奏，以憑覆議定奪。夏栻又謂趙文華務秉忠貞，勿事掩飾，督討有功，與督撫同賞；委任有負，與督撫同罪。蓋因趙文華特膺知眷，視師一方，以故責成獨至。容臣等備行前去，令其益勵初忠，督察必公，毋安於雷同，督討必慎，務集乎衆思，以副聖懷，以慰地方倒懸之望。其指揮邵昇、姚泓死事之烈委可嘉尚，合無各取應襲兒男照例襲升二級，以示激勸。

嘉靖三十四年十一月初四日題，奉聖旨："是。"欽此。

覆宣大薊遼等處總督尚書許論等獻捷升賞疏

題：爲捷音事，職方清吏司案呈，奉本部送，兵科抄出，總督宣大山西等處地方軍務兼理糧餉、兵部尚書兼都察院右副都御史許論，巡撫大同地方、贊理軍務、都察院右僉都御史齊宗道，鎮朔將軍、鎮守宣府總兵官、中軍都督府署都督僉事歐陽安，巡撫宣府等處地方、贊理軍務、都察院右副都御史劉廷臣各題，爲捷音事。提督雁門等關兼巡撫山西地方、兵部左侍郎兼都察院右副都御史王崇題，爲大舉達賊入犯，官軍奮勇血戰，獲功報捷事。總督薊遼保定等處軍務兼理糧餉、兵部左侍郎兼都察院右副都御史王忬，整飭薊州等處邊備兼巡撫順天等府地方、兵部右侍郎兼都察院右僉都御史吴嘉會題，爲大虜突至攻墻，仰仗天威，官軍奮勇敵退，保障京陵重地事。又該王忬、吴嘉會與同鎮守薊州永平山海等處地方總兵官、前軍都督府都督同知周益昌題，爲大虜乘秋糾衆謀窺薊鎮，仰仗天威，官軍勠力拒守遠遁事。俱奉聖旨："兵部知道。"欽此。通抄送司。

卷查先爲大虜擁衆東寇，仰仗天威，嚴布官軍，堵截持久，遠遁功收不戰事，該總督侍郎王忬、巡撫侍郎吴嘉會題，稱本年二月内虜酋把都兒、辛愛、打來孫諸部糾結近邊，日夜爲謀，必圖一騁，督率官軍，極力拒守，幸保無虞。所據先任總督軍務右都御史、今升兵部尚書楊博料敵明如觀火，應變决若江河。威惠素孚于官軍，防禦得其死力；經略曲盡于邊鄙，調度中乎機宜。逆折初至之鋒，俾絶可乘之隙，功當首論也。并各該效勞人員，欲要分别等第升賞一節。該本部議照，蠢兹醜虜自春徂夏，如果窺伺薊鎮，月無虚日，萬一得遂所謀，未免繹騷畿輔，震動京師。乃今相持數月，竟保無虞，徙薪曲突之功委當甄録。但即目正在防秋，若使賞典一行，未免人心弛縱，兵驕之戒亦當深慮。係干激勸，相應議擬。合候命下，備行王忬等，明諭主、客兵將，以爲時當早秋，各要益勵前功，力收後效。如果竟保無虞，防秋畢日，查照去春河坊口事例，即當一併論叙。其王忬、吴嘉會、周益昌更須仰思聖明眷遇之恩，下念生靈懇切之望，一切邊計協心整飭，聿修門户之防，用成堂室之固，朝廷自有重大升賞。所據奏抄通行案候在部，另議施行，等因。奉聖旨："是。"欽此。已經案候在卷，通查案呈到部。

看得宣大、薊遼總督、撫鎮等官許論、王忬等交章具題前因，在宣大總督則極言官軍斬獲之功，在薊遼總督則歷叙地方保障之略。臣等逐一參詳，今歲虜情委與往歲不同。粤自古北失利之後，春初既糾合醜類窺伺郊關，秋近遂分遣奸宄往來畿甸，西部之虜蜂屯威寧海子一帶經月不移，東部之虜蟻聚一馬兔、舊大寧一帶三時未散，悖逆天道，罪不容誅。已而知我有備，東部者不得已而分犯遼東，西部者不得已而分犯山西，又自宣府北境掩至居庸關外，擁衆攻墻，勢極猖獗。若使得遂狂謀，利害緩急不在去秋古北之下，萬一潰墻而入，臣等與邊臣萬死何足以贖！乃今宣大總督許論奮勇血戰，斬獲虜首多至五百三十餘級。薊遼總督王忬多方拒守，千里邊關萬無一失。以守則一矢不遺，遠邁漢師；以戰則一月三捷，有光《周雅》。是豈人力所能爲哉？寔由我聖皇在上，誠感上玄，協百靈而助順；惠流下土，罄九有以同歡。尚書許論謂道參天地，治冠百王。精誠一念，上格於穹窿；皇極庶徵，旁流於荒徼。侍郎王忬謂玄貺昭靈，助百萬無形之兵甲；王氣葱欝，壯山川甫繕之金湯。允矣不戰屈人，偉哉萬全取勝。二臣之論，極爲明盡。臣等待罪本兵，目擊玄功，躬逢盛事，不敢隱蔽。伏望聖明擇吉恭舉謝玄之典以答玄貺，敕下禮部具儀奏請祇告宗廟、社稷，以彰我皇上格天紹祖之烈，臣等不勝懇切祈望之至。其一時效勞諸臣雖不敢貪天之功以爲己功，既該各官具題前來，係干激勸，似當分別酌議。在外宣力之臣，如總督宣大山西等處軍務、兵部尚書兼都察院右副都御史許論，深憤狂虜之憑陵，躬冒矢石而膚功屢奏。總督薊遼保定等處軍務、兵部左侍郎兼都察院右副都御史王忬，惟恐郊圻之震動，心懷忠藎而壯略獨閑。在論則當録征戰之功，較之威寧、柳溝真不多讓；在忬則當録保障之功，比之河坊、古北猶爲過之。以上二臣合無超格升賞，仍爲廕敘。整飭薊州邊備兼巡撫順天、兵部右侍郎兼都察院右僉都御史吴嘉會，鎮守薊州總兵官、都督同知周益昌，忠勤廉靖，戮力同心，共成薊鎮萬全之功。至於昌平唐兒庵之役，先時謹飭邊備，臨警調度兵機，則吴嘉會之勞尤難概論。巡撫大同、都察院右僉都御史齊宗道，時無總兵，獨當邊寄，據其朔州劫營之績，不減許論，若謂虜自左衛而入，既無可拒之墻塹，又無可恃之兵馬，則獨苦之心亦當特亮。以上三臣合無同加升廕。鎮守宣府總兵官、署都督僉事歐陽安，巡撫宣府、都察院右副都御史劉廷臣，虜之出入雖悉由本境，浹旬調度，竟成擒斬之功。提督雁門等關兼巡撫山西、兵部左侍郎兼都察院右副都御史王崇，虜之出没雖不能周全，連歲區畫，難掩勤勞之績。總督尚書許論謂歐陽安力遏猖狂之勢，劉廷臣多資保障之功，巡按御史劉應熊亦謂王崇經理不遺乎餘力。合無將歐陽安准復原降職級，劉廷臣准復俸級，王崇量加升俸，仍各加恩賚。統論各該將領、兵備諸臣，如代領大同總兵官正兵、協同鎮守大同左副總兵官田世威，暫領宣大總督軍門標兵、分守大同東路參將馬芳，統領宣大總督軍門標兵、遊擊將軍劉環，軍門標兵營把總胡鎮、補兒害、葛奈、拜言兔、王孟夏，宣府巡撫都察院標下把總王林，身經百戰，驍雄特冠乎三軍。分守鎮邊城參將張堅、密雲兵備參政李蓁、朔州兵備副使楊順、昌平兵備僉事馬珮，功底萬全，保障獨難于諸鎮。以上十三員合無超格升賞，内張堅父子遏虜尤爲卓越，似應别爲縻叙以示優異。鎮守昌平副總兵祝福，堅守一隅，拒堵甚力，合無量加升賞。宣大副總兵張琮，參將尚表、張勛，遊擊趙臣、李章、劉漢、張問政，軍門標下把總趙鎮、馮大威，朔州守備周卿，宣府中軍指揮陳鎮、李尚文，監生楊汲，義勇趙俸、弋仁，摧鋒陷陣，聿成俘馘之勛。宣大軍門中軍官曹鎮、薊遼軍門中軍官張倫，執鋭披堅，汛掃妖氛之氣。以上一十七員合無重加升級，内張倫仍照王忬等所擬并節次軍功改授武職。薊州兵備副使趙忻，副總兵吴珮、羅文豸，參將楊照、蔣承勛、武勛、綫世禄、劉淮，遊擊尹秉衡、許棠、王允中、張璣、張九思、楊舟、李洲，河南民兵參將胡永錫、僉事陳夢鶴，山東民兵參將唐玉，副使張祉，原任參將陸禎、張元勛、蕭竇，見任守備盧柟、詹承恩、張紹祖、李康民，分守信地，竟保無虞。遼東副總兵王重禄，遊擊胡堯勛、閻懋官、羅九皋，延固宣大遊擊陳言、孫邦、馮大綸、孫時謙、李嵩、楊世臣、胡朝，往來應援，軍聲丕振。以上三十七員合無量升職級，内陸禎等仍遇缺推用。原任總兵官吴鼎等二十員咸知使過之義，均成敵愾之功，合無厚加賞賚，内閑住者附薄〔四〕酌量叙用，充軍者免其發遣，就留軍門立功。其吴鼎功不滿數，相應紀録，以俟併論。原任提督軍務、今改大同總兵官趙卿，原任分守密雲、今升保定總兵官龔業，見任提督軍務、署都督僉事蕭漢，宣大參將翟欽等十一員，兵部主事桂嘉孝，宣大管糧郎中睢明才、黄㝘，薊州管糧郎中高光，昌平主事冀鍊，密雲主事劉魯生，冀北道守巡、參議薛騰蛟，僉事莫璿，口北道守巡、參議張鎬、朱笈，大同知府郭邦光，薊州巡撫中軍官毛紹忠，宣府參將張縉，或總理糧餉，或整飭邊防，或領兵策應，均效勤勞，合無量加賞賚。宣大都指揮等官徐枝等十八員，軍門鎮巡旗牌頭目等官張世勛等六十一員，朔州知州吴應軫，随軍管餉、河南府同知孫昺，密雲管糧通判洪溉，居庸分守等官吴守直等十二員，原任副、參、遊、守等官童升等三十一員，千把總、中軍等官周乾等一百二十八員，監督旗牌等官張書紳等四十二員，或執旗督陣，或監視工程，或收保有方，或防守無失，勞亦可録，合無備行各軍門，動支官銀分别犒賞。各該報捷人員羅相等七員名照例升賞。宣大軍門標下通事、軍丁并遊擊官軍，轉戰千里，晝夜未嘗解甲。薊州昌平守墻、應援官軍，勞苦經年，風雨尤爲荷戈。合無俯就許論、王忬所請，於太僕寺馬價内動支二萬五千兩，内五千兩發許論，二萬兩發王忬，令其徑自分别賞勞，事完造册奏繳。各該督撫、總兵下令典、掾史徐文等十名，均有書辦之勞，合無與同本部經該吏役，容臣等另行查議。薊鎮被殺夜不收郭六兒等四名、昌平陣亡軍人郝堂等三名，殞身鋒鏑，情亦可憫，合無比照古北口陣亡軍人張馬馬等事例，各升百户世襲。大同、山西失事參將王鈺等，并宣大獲功、陣亡、被傷官軍，備行各該巡按御史覈實具奏，誤事人員併行參究。巡按御史李鳳毛、黄國用，兵科都給事中丘預達等，格于近例，不敢概議。但御史于業、何廷鈺職司巡關，王忬謂其敕法戒嚴，應否褒録，取自上裁，合無量加恩賚，以酬其勞。在内宣猷之臣，如大學士嚴嵩、徐階、李本，夙夜寅清，力贊篤恭之化，朝夕獻納，坐收安攘之功，内嚴嵩元老壯猷，勞勩多年，尤當特論，合無各加升廕。成國公朱希忠、安平伯方承裕、左都督陸炳、吏部尚書李默、禮部尚書王用賓，同寅畏以贊玄，各協恭而體國，内陸炳加意邊陲，預伐虜謀，其功茂著，合無各加升賞。撰文、吏部侍郎郭朴等五員，久從事於清華，每區畫於邊計，合無厚加賞賚。總督京營戎政、鎮遠侯顧寰，協理戎政、兵部右侍郎謝九儀，志切籌邊，軍聲丕振；户部尚書方鈍，總督太倉、户部右侍郎盧紳憂先國計，士氣歡騰；合無各加賞賚。但恩典出自朝廷。

嘉靖三十四年十一月初六日題，奉聖旨："秋防事畢，邊臣堵截斬獲，效有功勞。許論加太子太保，尚書兼官仍舊，王忬升右都御史兼兵部左侍郎，各廕一子與做正千户。吴嘉會升二品服俸，周益昌升右都督，各廕一子副千户。齊宗道升右副都御史，歐陽安、劉廷臣准復原降級俸，王崇廕一子副千户，田世威等各升二級。張堅升都督同知，廕一子百户。以上俱照舊總督、鎮巡，廕官俱填注原籍衛所。李蓁升按察使，楊順右參政，馬珮右參議，俱照舊兵備。張琮等各升一級，張倫准改武職，祝福并趙忻等各升俸一級。吴鼎等各賞銀二十兩，趙卿等各十五兩，徐枝等各該總督軍門分别犒賞。奏捷人員各升一級。賞軍銀兩准給發。郭六兒等照例升級，王鈺等巡按御史查明具奏。楊博加太子少保，廕一子入監讀書。翁溥、沈良才各升俸一級，賞銀二十兩。宋國華升俸一級。顧寰、謝九儀、方鈍、盧紳各賞銀二十兩、二表裏，于業、何廷鈺各十五兩、一表裏。其餘依擬。告謝宗廟、社稷恐背本，仍首謝天地爲禮。"欽此。

謝加太子少保廕子疏

太子少保、兵部尚書臣楊博謹奏：爲恭謝天恩事。近因秋防事畢，邊方底寧，荷蒙聖恩，加臣太子少保，廕一子入監讀書。隨該臣具疏辭免，奉聖旨："加恩已有成命了，不允辭。吏部知道。"欽此。欽遵，除赴鴻臚寺報名廷謝外。

臣不勝隕越，不勝感戴，謹稽首頓首陳謝者。伏以皇威震疊，坐收全勝之功；帝德含弘，晋錫特隆之典。寵膺宫保，深愧躐榮；慶衍章縫，更慚裕後。感深肌骨，報乏涓埃。恭惟皇上道合重玄，誠孚大素，干羽之舞復見虞廷，撻伐之威重光《周雅》。燕雲並捷，歡聲雷動於寰中；檀薊齊寧，喜氣風行乎塞外。信非人力，實出天功。臣本以寒素，洊歷清華。往在邊陲，未建修攘之效；頃參樞府，徒懷瘝曠之憂。詎期駑質，載荷鴻私。官聯東觀，彌親日月之光華；裔出西秦，益覺乾坤之浩蕩。遜避弗能，驚惶莫措，臣敢不早夜服官，獨竭駑駘之力；晨夕教子，同輸葵藿之忠。惟有赤心，相期皓首。伏願帝圖天廣，聖壽日升。永奠中華，致五兵於不試；廓清朔漠，合萬國以來王。臣無任受恩感激屏營悚息之至。

嘉靖三十四年十一月十四日奏，奉聖旨："覽卿奏謝，知道了。禮部知道。"欽此。

覆給事中孫濬申明督察督撫等官事權疏

題：爲搗除賊巢事，職方清吏司案呈，奉本部送，准吏部咨，該吏部等部會題，先該督察軍務、工部右侍郎趙文華題參總督楊宜等，又該吏科給事中孫濬題，爲懇乞聖明慎更易，專責成，以圖實效，以靖地方事，俱奉聖旨："吏、兵二部看了來說。"欽此。

覆議得，孫濬題稱事權歸一，責成既專，自無彼此牽制之患。方今督察司稽課，而戰守大機當决之總督；巡撫兼提督，而行伍專職當責之總兵；督撫統大綱，而城池、倉庫、奉行、策應當付之有司。不然權分勢軋，人皆掣肘，無以自售其長。欲下該部申明事權，督率不嚴，方略不慎，罪坐總督；錢糧不敷，調遣無法，罪坐巡撫；戰陣退縮，馭士委靡，罪坐總兵；策應不前，境内殘破，罪坐郡縣；檢察無實，功罪不明，或昧機專斷，狃見强人，以致挫敗，罪坐督察。蓋欲明事權以便責成，尤爲有見。合無仍從兵部查照原擬責任，與孫濬前項所議斟酌停當，上請宸斷，敕下各官遵奉施行，則兵權歸一，事體不紊，而東南兵患庶或可以消弭矣，等因。題奉聖旨："是。曹邦輔姑准存留，策勵供職，與楊宜協心平賊，不許致誤事機。"欽此。咨部送司，案呈到部。

看得吏科給事中孫濬具題前因，無非因殘寇未平，委任責成之意。查得各官原擬職任，督察主於竭忠討賊，從實奏報；總督主於調度官軍，指授方略；巡撫主於提督軍務，措處糧餉；總兵主於設法教練，身親戰陣；至於有司之責，在於保安地方，固守城池。既經吏部移咨前來，相應通行申飭。合候命下，本部備行督察、總督、巡撫、總兵等官，各照敕諭事理并孫濬所議一體遵行。其稱督率不嚴，方略不慎，錢糧不敷，調遣無法，昧機專斷，狃見强人，各官身任大臣，與有安危之責，不惟不當爲之，亦必不忍爲之。但事在彼中，俱候巡按御史查勘至日具奏定奪。

嘉靖三十四年十一月二十一日題，奉聖旨："是。"欽此。

覆光禄寺卿章焕條上平倭方略疏

題：爲極陳倭情，防遠患，以圖久安事，職方清吏司案呈，奉本部送，兵科抄出，光禄寺卿章焕奏，奉聖旨："該部看了來説。"欽此。欽遵，抄出送司，案呈到部。

看得光禄寺卿章焕具奏前因，反覆敷陳，不下千言，大率欲築城繕堡，增設縣令，至於所言未安八事俱有條貫，乞要查議一節。爲照蠢爾倭奴，侵擾浙直已逾三年，在彼則以奇貨視我，倏來倏去，未聞掃蕩之期；在我則以殘寇視彼，或作或輟，不見修攘之效。要之南倭與北虜事體不同，北虜雖蜂屯蟻聚，出没有時；南倭則鬼術神奸，操縱難測。寺卿章焕生長吴中，且目擊其患，以故極口論列，憂之甚切，處之甚詳。臣等竊惟，經理海防有善後之良圖，有目前之急務。調兵遣將以殄遺孽，此急則治標之義；繕堡增官以培元氣，此緩則治本之義。但江南守令自祖宗以來建置已定，一旦欲以一縣分置數令，事體重大。即如青浦一縣，議之數年方成，尋以不便又復裁省。若處處添令，臣等誠不敢輕議。至於廣築城堡，并奏内條列事宜，戰守均爲有益，相應議擬酌處。合候命下，備咨總督侍郎楊宜，巡撫都御史曹邦輔、胡宗憲，將本官所奏八事逐一從長計議，要見如何統兵馭兵、調兵募兵，如何練兵屯兵、行兵養兵，務要去其弊端，求其實效，逐一具由回奏。一面備查沿海地方原前有何墩堡，即今有無見在，應該如何處修，合用錢糧或南京兵部，或廣東、福建諸省有何官銀可以借支，明白奏請。其民間城堡，擇其要害去處，着落府州縣掌印等官省令居人自行隨便修築，雖不能如邊墻周匝，拒之使不得入，有一城則有一城之利，有一堡則有一堡之利。其不可修築去處，亦不必一概强民，致生嗟怨。

嘉靖三十四年閏十一月十五日題，奉聖旨："准議。"欽此。

覆督察侍郎趙文華等報新倭合寇督勦疏

題：爲奏報軍情事，職方清吏司案呈，奉本部送，兵科抄出，督察軍務、工部右侍郎趙文華奏，前事，總督南直隸浙江福建等處軍務、南京兵部右侍郎兼都察院右僉都御史楊宜題，爲飛報緊急賊情事，俱奉聖旨：“兵部知道。”欽此。又該巡按直隸監察御史邵惟中奏，爲宿寇未除，新寇日至，懇乞嚴飭督撫諸臣，申明戰守事宜，以靖地方事，奉聖旨：“該部看了來説。”欽此。欽遵，通抄送司，案呈到部。

看得督察軍務、工部右侍郎趙文華，總督軍務、南京兵部右侍郎楊宜，巡按直隸監察御史邵惟中交章奏題前因，大率言宿寇未除，新賊日至，聚泊川沙窪一帶，深入擾害亦所難料。以臣等愚見，倭奴之來也以春，其去也以秋，乘風潮之便以爲出没。乃今十月以後，舟艘漸多，此必向來之寇因見官兵四集，潛住海島，既而緩我日久，又復突至。若使延入春深，呼朋引類，未免益復滋蔓。御史邵惟中欲要嚴飭督撫諸臣，申明戰守以責實效，深爲有見。但制勝之事在於兵將，用兵之機貴於協同。即今四川、湖廣、山東之兵以次俱到，虎旅雲集，正一鼓擒賊之時。在趙文華則謂賊雖稱衆，不及客兵數倍，欲行進勦，奏捷闕廷。在楊宜則欲十圍五攻，因敵設策，通候獲功，另行具奏。其氣甚壯，臣等無容別議。伏望皇上天語叮嚀諸臣，并總兵官劉遠，副總兵俞大猷、何卿，無以小勝爲得，務成萬全之策；無以少敗爲挫，力求汛掃之計。謀斷相資，以先國家之急；將相和調，以拯生靈之患。功成之日，自有殊典。若仍復失事，國典具存，無詞可諉。其邵惟中所言揀選民兵一事，節經本部題奉欽依，要之提綱挈領，全在兵備，合無嚴行蘇松參政任環、常鎮副使王崇古加意整飭。本部咨行吏部，照依蘇州熊桴事例，於松江府添設同知一員專管民兵，其日省、月試、季報、歲報事宜悉如今議施行。邵惟中又欲各省撫按衙門自參遊以至千、百户等官，自武舉以至舍人、總小旗等項，求其年力相當、謀勇素著者，一省各舉數人，起送軍門，以充偏裨、把總、操巡等項應用，無非廣收群策群力之意。合無備行西北各鎮撫按官，不拘見任、閑住、充軍、爲民，各另查舉，起送赴部，酌量選用。内甘肅、寧夏、固原相去太遠，不必一概混舉。

嘉靖三十四年閏十一月二十二日題，奉聖旨："這奏内宿寇未除，新賊日至，地方何時得寧？楊宜等着協心設謀，剋期蕩平。如再坐視誤事，重罪不宥。其餘依擬。"欽此。

覆督察侍郎趙文華區處海防請下督撫勘議疏

題：爲奉敕區處海防，因地制禦事，職方清吏司案呈，奉本部送，兵科抄出，督察軍務、工部右侍郎趙文華奏，奉聖旨："兵部看了來説。"欽此。欽遵，抄出送司，案呈到部。

看得督察軍務、工部右侍郎趙文華具奏區處海防三事，在松江則主於守，在浙江則主於攻，在福建則主於撫，三者並行，可以制勝不窮。臣等反覆參詳，要之三省地方戰守相須，撫剿兼用，不可偏廢，本官欲爲善後之圖，以故各舉所重而特言之。其言松江之守，大率要召集鄉民，且耕且守，令熟知土俗閒致鄉官俾領其事。但鄉官原無事權，又非督撫諸臣所當管攝，彼此意見不同，將來反致掣肘。合無備行巡撫都御史曹邦輔，會同巡按御史，再查彼處果有逃民田土，許其召人承種，三十畝出兵一名，止免雜差，審據人情願與不願，徑自酌處施行。如果原主復業，聽其自種。中間別有窒礙，不必依違，明白回奏。其言浙江之戰，因食於地而食自充，大率欲於福寧山，温州南紀、東落、中界、大小門山，台州玉環山、丕山，寧波九山，周圍塗地不下百十萬畝，開墾漸廣，養兵奚啻萬人，是亦一策，但不知有田無田。合無備行浙江巡撫都御史胡宗憲，會同巡按，即查前項地方，如果有田可耕，設法召人屯種，量地給兵，或五十畝，或百畝。其立所設司、水寨船哨等項應否查復舊制，質之人情，詢之土俗，從實議奏。其言福建之撫，大率欲要暫設經略、總督，專官彼地，嚴爲譏察。所調用海船實貨編號，以次挨放，助裝充餉，惟無號者禁捕之。其直隸提督管直隸軍門之事，浙江提督管浙江軍門之事，不逼不疏，事乃可理。緣時方用兵，更置官守恐非其時，合無將福建譏察事宜嚴行該管漳泉兵備副使悉心經理，督撫官悉心綜核，務臻實效。其餘事宜，候地方稍寧，侍郎楊宜會同撫按官從長會議具奏。

嘉靖三十四年閏十一月二十六日題，奉聖旨："是。"欽此。

覆南京兵部尚書張鏊等請定營名疏

題：爲恭請欽定營名，以飭武備，以裨安攘事，職方清吏司案呈，奉本部送，兵科抄出，南京兵部尚書張鏊等題，奉聖旨："兵部知道。"欽此。欽遵，抄出送司，案呈到部。

看得南京兵部尚書張鏊等題稱，要將新設二營擬名欽定一節。爲照南京前項二營，在都督段堂統領者則爲防守京城，在豐潤伯曹松統領者則爲拱護陵寢，事體均屬隆重，但無營名，似爲未便。伏望聖明特賜裁定，頒示本部，移咨該部欽遵施行。

嘉靖三十四年十二月初一日題，奉聖旨："營名與做振武。"欽此。

奏報蘇松等處征倭獲功疏

題：爲擒斬倭寇事，職方清吏司案呈，奉本部送，准總督南直隸浙江福建等處軍務、南京兵部右侍郎兼都察院右僉都御史楊宜揭帖，前事，等因，送司，案呈到部。

臣等看得，蘇松之倭，其一在周浦，其二在川沙窪，盤據日久，極爲地方之害。在周浦者，近該川兵擣其巢穴，掃蕩一空。在川沙窪者，畏我兵威，相繼開洋。督察侍郎趙文華、總督侍郎楊宜、巡撫都御史曹邦輔又復督率兵將邀之海中，斬獲甚多，餘賊自焚其舟，奔入浦東。除嚴行各官乘勝剿殺，務期削平，以慰聖心外。

嘉靖三十四年十二月初十日題，奉聖旨："知道了。"欽此。

會議監察御史徐栻請命廷臣條上平倭方略薦舉人才疏

題：爲東南用兵日久，督撫、將臣數易無功，懇乞聖斷博資才略，以備安攘大計事，吏科抄出，南京湖廣道監察御史徐栻奏，奉聖旨："該部看了來説。"欽此。欽遵，抄出送司，案呈到部。

臣等會同太子少保、吏部尚書兼翰林院學士臣李默等看得，南京湖廣道監察御史徐栻具奏前因，大率欲要會議平倭長策，會舉文武長材，其意甚善，其論甚詳。臣等切惟，倭奴爲患，積有歲年，仰蒙聖皇在上，軫念東南，時勤宵旰，調兵遠及於川廣，徵需不遺乎椒木。即如增官設將、築城建堡一切事宜，或因言官之建白，或因本部之議請，乾剛離照，悉賜允行。頃者當事諸臣雖將周浦、川沙窪之賊統兵剿殺，目前一勝之功不足深恃，春來萬全之略急當預圖。所據御史徐栻所陳二事，一欲廣集衆思，使群策畢陳；一欲博收人望，使群力畢舉。三年之艾，自今畜之，委爲可及，相應通行議擬。合候命下，移咨在京府部院寺各衙門堂上及科道等官，但有裨於禦倭，或軍中機宜，或民間利病，或應守要害，或未明職掌，或鄉兵作何訓練，或客兵作何調用，或錢糧作何處給，不拘一事二事，通限半月以裏，各令悉心條奏，兵部逐一參酌。果有前時未及敷陳、即今亟當釐正者，以次覆奏，恭請聖裁。至於薦用文武材略之臣以濟時艱，均爲要務，通行在京三品以上大臣，不論見任、休致、侍養及因公詿誤人員，但不係考察罷斥者，如果德望素孚，兵戎諳練，每一衙門疏名會薦，文職聽吏部，武職聽兵部，各查訪相同，遇缺酌量叙用。仍咨南京兵部，轉行彼處官，備陳所見，訪舉所知，一體星馳具奏。

嘉靖三十四年十二月十一日題，奉聖旨："是。"欽此。

覆宣大總督尚書許論等招徠降人疏

題：爲招降事，職方清吏司案呈，奉本部送，兵科抄出，總督宣大山西等處地方軍務兼理糧餉、太子太保、兵部尚書兼都察院右副都御史許論等題，奉聖旨："兵部知道。"欽此。欽遵，通抄送司。卷查先該總督宣大山西軍務尚書許論題，爲走回人口供報夷情，懇乞天恩嚴行擒捕妖逆以拔禍本事，本部議擬，生員張蕙忠義可嘉，總督官先賞銀三十兩，仍授以附近衛所所鎮撫之職，就留置軍門隨宜委用。覆題，奉聖旨："是。張蕙准授所鎮撫。"欽此。已經通行去後。今該前因，查呈到部。

看得大同總督、撫鎮等官尚書許論等題稱，督同副使楊順、副總兵官田世威多方誘問，差把總、旗牌、官役郭葆等各詣沿邊加意招徠。而王安素在丘富帳下使用，聞招來歸，志節可嘉。祝希孟原係周原送回試我之人，未見誠僞。乞要將王安照例少加恩典，郭葆等量行犒賞，祝希孟先行量加優恤，俟周原果能束身來歸，另行併議各一節。查得招降之舉，原爲剿除首惡，潛消禍本。今據所奏，王安雖係脅從之徒，一旦向道回心，束身歸命，委與張蕙事體相同。但祝希孟係周原使來之人，中間情節難保其終，既該總督、鎮巡等官會題前來，招致之始不妨從厚，相應通行議擬。合候命下，將王安授以附近衛所所鎮撫之職，移咨許論，動支官銀三十兩給賞，就留軍門隨宜委用，仍將郭葆等分别犒賞。祝希孟量加優恤，以後周原如果來降，别無詐假，另行一併具奏。

嘉靖三十四年十二月十三日題，奉聖旨："是。"欽此。

議已故右都御史張岳軍功録廕疏

題：爲比例陳情，懇乞天恩叙勞録廕，以圖補報事，職方清吏司案呈，准吏部驗封清吏司手本，奉本部送，吏科抄出，福建泉州府惠安縣民張寯奏，奉聖旨："該部知道。"欽此。粘連原抄送司。

查得嘉靖二十年六月該參贊軍務、兵部尚書毛伯温題稱，參政張岳隨征安南，統督效勞，分理有功。該本部覆題，節奉聖旨："張岳升俸一級，賞銀二十兩、紵絲二表裏。"欽此。嘉靖二十一年正月該提督兩廣軍務右都御史蔡經題稱，參政張岳督兵征剿廣東崖州黎寇，斬獲首級二千餘顆。該本部覆題，節奉聖旨："張岳賞銀三十兩、紵絲二表裏，還升俸一級。"欽此。嘉靖二十五年三月該提督兩廣軍務都御史張岳題稱，征剿德慶封川賊寇，斬獲首級二千五百七十四名顆。該本部覆題，節奉聖旨："張岳升兵部右侍郎，賞銀五十兩、紵絲四表裏。"欽此。本年九月該提督兩廣軍務都御史張岳題稱，督兵征剿廣西柳州府地方賊寇，斬獲首級四千八十四名顆。該本部覆題，節奉聖旨："張岳升俸一級，賞銀五十兩、紵絲四表裏。"欽此。嘉靖二十七年七月該提督兩廣軍務侍郎張岳題稱，督兵征剿廣西賀縣、廣東連山縣等處賊巢，斬獲首、從賊三千一十九名顆。該本部覆題，節奉聖旨："張岳升都察院右都御史，賞銀五十兩、紵絲四表裏。"欽此。嘉靖三十二年十二月該巡按四川監察御史王本固勘報，原任總督湖廣川貴軍務右都御史、續降兵部右侍郎、今已故張岳似當寬其罪而追録其功。該本部覆題，節奉聖旨："張岳准復原職。"欽此。又查得原任總督陝西三邊軍務尚書王以旂、巡撫延綏都御史張愚俱在任病故，積有軍功，奏行本部，覆題奉欽依，各廕一子送監讀書。俱經通行欽遵外。今該前因，通查案呈到部。

看得福建惠安縣民張寯奏稱，伊父張岳歷升總督湖廣川貴軍務、右都御史，在任病故，積有軍功，乞要比照張愚、王以旂事例録廕一節。爲照原任總督湖廣川貴軍務、都察院右都御史張岳，提兵已逾十年，獲功不止萬級，經略之迹遍滿邊陲，廉正之聲洋溢海宇，勞瘁而卒，可謂以死勤事者矣，既經該司查有前例，相應議擬題請。合候命下，將張岳量加録廕，以爲邊臣效忠者之勸。

嘉靖三十四年十二月十四日題，奉聖旨："張岳既有軍功，准廕一子入監讀書。"欽此。

覆鳳陽巡按御史吴百朋勘明原任巡撫侍郎鄭曉等征倭軍功升賞疏

題：爲仰仗天威剿逐倭寇事，職方清吏司案呈，奉本部送，兵科抄出，巡按直隸監察御史吴百朋題，奉聖旨："該部看了來説。"欽此。欽遵，抄出送司，案呈到部。

看得巡按直隸監察御史吴百朋題稱，江北淮揚地方有功、失事人員委官查勘是實。及稱海防兵備、右參政兼副使張景賢所當重加升賞；原任參將喬基、張恒所當録用，而喬基升任仍當給賞；徐州兵備副使劉天授、原任揚州府知府吴桂芳、淮安府知府蔡揚金所當重加升俸；淮安府同知劉一中，通州同知印宷，海門縣典史余廷舜、吕四場，副使李政，宿州衛百户伯永福，鎮撫吕圻，邳州衛義勇官王大文所當升賞；周家橋把總張應詔等九員所當量行犒賞；淮安衛軍罪指揮周官遽難准贖；鹽城所軍罪百户吴郁既免其罪，仍當升賞；通州等所千户秦鵬、朱雄、王文高、楊豸所當嚴行提問；壽州衛指揮戈揚等十四員、巡檢耿光庭等三員所當量行降罰；東海把總楊天駿等十五員所當以功贖罪；狼山巡檢尹奈、伊男尹仕義所當破格褒恤，贈官録子。及稱原任巡撫、兵部右侍郎兼右僉都御史鄭曉所當特行甄録各一節。爲照淮揚地方帶江濱海，前項倭奴或南自蘇松而來，連舟不絶；或西自通州而來，百十爲群。殺傷之慘，遠近震警；焚劫之餘，室廬蕩析。一時將領脆弱，營伍空虚，苦不足恃。所賴原任巡撫侍郎鄭曉每事經畫，多方調度。狼山巨捷，一矢不遺；日照逋奴，片帆未返。臺中之薦揚累牘連編，民間之歌頌塞衢盈道，比之江南得不償失者迥不相同，相應首論。參政張景賢、副使劉天授宣猷宣力，並著勤勞，而張景賢之功尤當特論。其餘有功參將張恒等、有罪千户秦鵬等并死事巡檢尹奈，既該巡按直隸監察御史吴百朋勘明奏報前來，斟酌重輕俱已允當，内喬基雖經革任，功亦難泯，相應通行議擬。合候命下，將鄭曉厚加升賞，仍與録廕；張景賢重加升賞；張恒附簿録用，與喬基各加賞賚；劉天授、吴桂芳、蔡揚金量升俸級；劉一中、印宷、余廷舜、李政、伯永福、吕圻各量加升級；王大文授以附近衛所所鎮撫；張應詔等九員聽巡撫官分别犒賞；周官免其發遣，軍門聽用；吴郁免其軍罪，仍加升級；秦鵬、朱雄、王文高、楊豸并耿光庭等三員，通行巡按御史提問具奏；指揮戈揚等十四員名量加降級；把總楊天駿等十五員名免其究問；陣亡巡檢尹奈優爲贈官，查給官[五]殮銀五十兩，伊男尹仕義照例給與冠帶，免其雜差。

嘉靖三十四年十二月十四日題，奉聖旨："鄭曉升二品服色、俸級，賞銀三十兩、紵絲二表裏。張景賢升一級，銀二十兩、一表裏。張恒、喬基各賞銀二十兩。劉天授等升俸一級。劉一中等各升一級。王大文准與做所鎮撫。張應詔等，巡撫衙門分别犒賞。吴郁升一級。秦鵬等、耿光庭等，巡按御史提了問。戈揚等各降一級。楊天駿等免究。尹奈准贈光禄寺署丞，伊男仍給與冠帶。其餘依擬。"欽此。

覆給事中徐師曾等查究川兵戕殺江西護官疏

題：爲敷陳末議，酌處川兵殺掠事宜，以昭憲典，以弭變亂事，職方清吏司案呈，奉本部送，兵科抄出，兵科給事中徐師曾題，奉聖旨："兵部知道。"欽此。查得先於兵科抄出，巡撫江西等處地方、都察院右僉都御史蔡克廉，巡按江西監察御史高鏞各題，爲川兵逞凶殺死護送武職官員事，奉聖旨："該部知道。"欽此。欽遵，通抄送司，案呈到部。

看得前項川兵多係蕃落之種，獷猂難制，乃今經過九江，虜掠船隻，殺死職官，明法敕罰，自難輕縱。在給事中徐師曾則欲專治造意之人，在撫按官蔡克廉、高鏞則欲查究爲首之徒，以臣等愚見，律以"殲厥渠魁"之義，二者均不可赦，至於寬假脅從以安反側之心，誠爲有見，相應通行依擬。合候命下，移咨總督侍郎楊宜，督同副總兵何卿，務將首惡之人不分造意、下手密切訪拿明實，監候奏請，以憑覆議，大率多不過三四人。一面宣布朝廷德意，以爲群愚無知，姑不深究，各要努力殺賊以報聖恩，不許互相驚疑，自干重典。其僉事焦希程、遊擊曹克新鈐束無方，均屬有罪，合無重加罰治。

嘉靖三十四年十二月十七日題，奉聖旨："是。焦希程等各罰俸三個月。"欽此。

覆巡撫應天都御史曹邦輔條陳兵食事宜疏

題：爲議處地方時務事宜，以裨安攘事，職方清吏司案呈，奉本部送，兵科抄出，總理糧儲、提督軍務兼巡撫應天等府地方、都察院右僉都御史曹邦輔題，奉聖旨："該部知道。"欽此。欽遵，抄出送司，案呈到部。

看得巡撫應天都御史曹邦輔具題三事，大率欲請軍餉以成足兵足食之功，固海防以收地利人和之效。本官身任地方之責，兵馬、錢糧皆其職掌，慮軍門之供億各省徵解不前，憤我兵之敗衄沿海隄防久廢，當事諸臣各執意見，每生異同，以故兵戎倥傯之中有此論列。但就三事而論之，錢糧爲急，所據奏留明年起運銀四十四萬餘兩，并要嚴催原奉欽依各省借支及提編均徭銀兩，委不容緩。伏乞敕下該部，速爲通融議處，共濟時艱。其"遏患以海備爲上"、"變虚怯爲强實"二事均爲禦倭要務，合就開立前件，議擬上請，伏乞聖裁。

嘉靖三十四年十二月二十三日題，奉聖旨："准議行。錢糧着户部議處來説。"欽此。

一曰遏患以海備爲上。臣等看得，都御史曹邦輔議"遏患以海備爲上"一節，深得捍外衛内、以逸待勞之意。但欲於海塘加築女墻，誠恐地里延袤，既難於成，軍民鮮少，又難於守。且春夏之交，南方雨水連綿，泥土潤濕，甚易傾頽，虚費徒勞，似難輕舉。至於立墩設鋪、列營置寨，此係修復祖宗舊制，即今錢糧未敷，餘孽未殄，姑待稍寧之日另議。其餘水路把守之制，區别甚明，合無悉如所議施行。

一曰變虚怯爲强實。臣等看得，都御史曹邦輔議“變虚怯爲强實”一節，極言東南水澤之鄉，我兵涉水過港，直迫賊巢，至則無以展足，衆不能持久，而陷於進退維谷之地，欲要臨機應變以圖萬全，可謂得其肯綮。本官又謂主帥和於上，然後士卒和於下，此誠端本清源之論。合無備行督撫、副參等官，俱要虚心爲國，協和共事，將挫不動，浮言不惑，機宜欲秘，功罪欲明，以鼓三軍之氣，以收萬全之功。其臨機決策，悉如所議施行。

覆督察侍郎趙文華等切責督撫平倭疏

題：爲奏報軍情事，職方清吏司案呈，奉本部送，兵科抄出，督察軍務、工部右侍郎趙文華奏，奉聖旨：“兵部知道。”欽此。又該巡按直隸監察御史周如斗題，爲狂寇離巢出海，又復登岸，兵將失事，乞賜戒責督撫諸臣，以圖後效，以安地方事，奉聖旨：“兵部看了來説。”欽此。又該總督南直隸浙江福建等處軍務、南京兵部右侍郎兼都察院右僉都御史楊宜題，爲夷兵臨陣退縮，致傷官軍事，奉聖旨：“兵部知道。”欽此。欽遵，通抄送司，案呈到部。

看得督察軍務侍郎趙文華、巡按直隸監察御史周如斗、總督軍務侍郎楊宜各具題前因，大率言川兵近日挫衄之故，侍郎趙文華則欲叮嚀督撫大臣，土兵到日，精明紀律以收全勝。在御史周如斗則欲將侍郎楊宜、都御史曹邦輔量加戒飭，遊擊曹克新量行究治，陣亡千户李燦、百户鄭彦昇量行褒録。在侍郎楊宜則欲將李燦、鄭彦昇贈官升襲；退回之兵若果不能强留，理諭遣歸；遊擊曹克新可爲勇將，以功免究留用。爲照前項倭奴盤據周浦、川沙窪一帶，日益滋蔓，時出剽劫，每勤聖皇宵旰之懷，深切生靈荼毒之害。各該官兵一戰于周浦，賊巢一空；再追于川沙窪，賊舟飛遁；三邀于寶山海中，賊膽斯寒。若使度勢審機，不輕舉動，蕞爾窮寇，自當坐收全功。顧乃止知欲速之成，全無臨事之懼，致使川兵旋敗，幾棄前功。雖兵之勝負不可爲常，而衆之死生難以辭責。但今兵力四集，合謀進剿，寔惟其時。御史周如斗謂人心之屬望方殷，地方之機宜甚亟。侍郎趙文華又揭稱，閏月二十六日山東之兵設伏浦東，屢戰屢捷，賊計窘迫，蕩平可期。若果不虛其事，又在川兵失利之後。伏望皇上俯從御史所議，將楊宜、曹邦輔嚴加戒飭，令其益奮忠勇，廣收群策。量敵而進，毋輕試賊鋒；相機而動，毋重墮賊計。務期一鼓剿滅，以成萬全之功。其川兵應留應放，聽總督官徑自便宜處置。原任遊擊曹克新既稱勇將，姑免究治，仍留軍門委用，以贖前罪。陣亡千户李燦贈指揮僉事，試百户鄭彦昇贈副千户，仍移文各該衛所，將應襲兒男保送赴部，照例襲升。

嘉靖三十四年十二月二十四日題，奉聖旨："是。楊宜、曹邦輔着策勵設謀平賊，不許怠誤。曹克新姑免究。李燦、鄭彦昇贈官、升襲俱依擬。"欽此。

覆宣大巡按御史李鳳毛優録家丁董一奎疏

題：爲大舉達賊入境搶掠，官軍堵截，不敢南下，恭慰聖懷事，職方清吏司案呈，奉本部送，兵科抄出，巡按直隸監察御史李鳳毛題，奉聖旨："這所奏董一奎獲功奇偉，便當嘉獎爲勸，兵部看擬來説。"欽此。欽遵，抄出送司，案呈到部。

臣等看得，前項達虜擁衆數萬，突入宣府境内，明係乘我不備，意在深入。各該官兵乃能極力堵截，不使南下，真足以仰慰聖皇宵旰之懷。内家丁董一奎，既該御史李鳳毛題稱斬獲酋首，功委異常，相應先行嘉獎以示激勸。合候命下，將董一奎授以百户職銜，填注附近衛所，仍行總督軍門賞銀一百兩，令其領兵殺賊以圖後效。其餘有功官軍，候巡按御史覈勘至日，另行具奏升賞。

嘉靖三十四年十二月二十六日題，奉聖旨："是。董一奎准與做百户，賞銀一百兩。"欽此。

校勘記

〔一〕"敵"，疑當作"鏑"。

〔二〕"漂"，十二卷本作"溧"，是。

〔三〕"安"，疑當作"守"。

〔四〕"薄"，疑當作"簿"。

〔五〕"官"，疑當作"棺"。

覆宣大總督都御史張松條陳邊務疏

少保兼太子太保、兵部尚書臣楊博等謹題：爲攄愚忠，飭邊備，以防虜患，以安重鎮事，職方清吏司案呈，奉本部送，兵科抄出，總督宣大山西等處地方軍務兼理糧餉、都察院右副都御史張松題，奉聖旨："該部知道。"欽此。欽遵，抄出送司，案呈到部。看得總督宣大山西軍務、右副都御史張松條陳五事均切邊計，相應開立前件，擬議上請定奪。

嘉靖三十八年十二月十九日題，奉聖旨："依擬行。"欽此。

一、兼用馬、步以實營陣。看得馬、步相兼，自昔用兵之長略，原無止用馬軍，不用步軍之理，事在閫外，自難遥制。至於馱載盔甲，本官欲要五人爲伍，用馬一匹，無非憫恤步軍，補偏救弊。合無悉如所擬，通行督屬三鎮從實舉行，違誤阻撓者，聽其徑自參究。

一、修舉兵車等營以備衝戰。看得兵車之制，自昔記之，先年總督尚書余子俊用之宣大，屢建奇功。子俊嘗謂"運無足之城，策不飼之馬"，誠爲至論。所據本官具題前因，深得子俊之遺意。合無悉如所擬，通行彼處撫鎮等官，在大同則將原置左右衛兵車移於鎮城，在宣府則將隳廢兵車，在山西則將棄置鹿角、榨木如法速整，各選老成廢將管領，時加操演，以後果收成效，聽巡撫衙門保薦叙用。

一、議處援兵以保危鎮。看得薊州一鎮，内拱京師，猶之腹心，以宣大爲左掖，以遼東爲右掖，以故先年設立宣府遊兵一枝、大同遊兵二枝，專一入衛。况本部原議止令近關駐札，相機進止，事本圓融，勢非拘泥。合無仍行二鎮撫鎮官，將前項遊兵遵照節奉欽依選補足數，於來歲正月抵關駐札。如薊鎮有警、宣鎮無事，照舊入衛；如宣鎮有警、薊鎮無事，隨方策應。要之均爲畿輔，難以自分彼此。

一、議處村堡以資保障。看得修築堡寨，誠爲守邊要務，一應事宜本官議處已明，無容別議。至於責成三鎮撫鎮、守巡、兵備一節，尤爲得策。合無悉如所擬，勒限完報，仍聽巡按御史查覈具奏，以憑升賞。

一、乞奬忠勇以激勵人心。看得壯夫龐鐸，捐貲率衆，力抗强胡，天照一堡，卒賴保全，功甚可嘉。合無授以冠帶總旗，就注蔚州衛所，仍令管理本堡，以爲忠勇者之勸。

覆視軍情官右通政唐順之海防經略疏

題：爲條陳海防經略事，職方清吏司案呈，奉本部送，兵科抄出，視軍情官、通政使司右通政唐順之題，奉聖旨："該部看了來説。"欽此。欽遵，抄出送司，案呈到部。看得視軍情官、右通政唐順之條陳"禦海洋"等事，本官奉命巡行，得之目擊，比之遥度億説者不同，相應開立前件，議擬上請定奪。

嘉靖三十九年二月初一日題，奉聖旨："依擬行。"欽此。

一、禦海洋。看得據險守要，兵家上算。崇明諸沙、舟山諸山皆海賊入寇之路，本官欲令各官分駐其地，正與西北諸邊出境截虜相類，深得先則制人之術。合無備行浙直督撫等官，每於春汛之期，哨果有警，行令蘇松兵備或海道，内選取一員暫駐舟山。總兵、副總兵相度機宜，往來海洋，督率各總分守、會哨。如或疏虞，致賊入港登岸，以次論罪，悉如今議。其衝擊來船功次委與擊其惰歸者不同，今後有能於新至真倭内斬獲首級一顆者，給銀二十五兩，以示優異。至於視軍情官原係一時權宜，若使得人常如唐順之，自當坐收三片之捷，否則事體未免掣肘，似應停設。

一、固海岸。看得賊既不能禦之於海，則當□之於岸。沿海一帶，休戚相關，若使自分秦越，或不行拒堵，或不相策應，希免己責，貽人以禍，均屬誤事。本官欲要力除舊套，交相坐罪，深得責成之意。合無備行浙直、福建督撫等官，悉如所議施行。若賊已下船，果有衝阻，遏使之不得登岸深入者，雖無首級，照依題准奇功事例升賞。

一、圖海外。看得倭賊入寇多由我民爲之勾引，蓋逋逃不歸則禍本未拔，東南委無息肩之期。合無備行各該督撫等官，多方招徠，務使不逞之徒以次歸正。其入貢一節，聽禮部徑自查議。

一、定軍制。看得今之用兵大率有三：曰練，曰募，曰調。本官謂以練兵爲實事，以募兵爲權宜，以調兵爲奇道，遠募不如近募，多調不如少調，反覆辯析，明白痛切。合無備行浙直、福建督撫等官，遵照節奉明旨，務以團練土兵爲主。如果日下不堪戰守，早爲計議，某處某兵可調，某處某兵可募，應徑行者徑自酌行，應具奏者以次具奏。俟土兵練成，即爲停罷。

一、鼓軍氣。看得本官所議"鼓軍氣"一節，其詞甚嚴，其義甚正，真足以振頹靡之習，收敵愾之效。但事在閫外，合無備行總督等官，果有怯懦觀望者，聽以軍法從事，不得過爲姑息，亦不許專擅妄戮，反傷和氣。

一、復舊制。看得沿海備倭之制，祖宗設置甚詳，但時平易玩，歲久漸弛。本官歷數舊制，如水寨、軍伍、屯田、市舶，均係良法，委當修復。合無通行浙直、福建、廣東督撫各官逐項查議，務令人情、事體俱得其宜，不失祖宗建置之初意，作速具奏，以憑覆請。

一、别人才。看得將領勇怯，一方安危所係，况在海防，尤爲喫緊。本官條列浙直總兵盧鏜、副總兵劉顯所宜久任，革任寧紹參將戚繼光、見監原任通泰參將黑孟陽似應使過，狼山副總兵曹克新宜投閑散。除曹克新近該巡撫都御史李遂參論，已經聽調外，合無將盧鏜、劉顯久任責成；戚繼光准其贖罪，遇缺酌用；黑孟陽提問畢日另行議處。

一、定廟謨。看得外患未息，内變日生，即如近日縛官劫獄，是皆履霜之漸。本官欲要備講招懷撫諭之略、防海固圉之機，委爲長慮，但事在彼中，殊非廟堂所能懸斷。合無通行浙直、福建督撫等官，從長計議，備細具奏。其内外大小臣工果有制倭長策，亦聽各另條陳，廣集衆思。

會議薊鎮督撫官許論等添設兵備憲臣監督疏

題：爲陳愚見以飭邊務事，兵科抄出，總督薊遼保定等處軍務兼理糧餉、太子太保、兵部尚書兼都察院左副都御史許論，整飭薊州等處邊備兼巡撫順天等府地方、都察院右僉都御史張玭題，俱奉聖旨："該部知道。"欽此。欽遵，通抄到部。

臣等會同吏部尚書臣吴鵬、左侍郎臣郭朴、右侍郎臣馮天馭議得，薊州、昌平二鎮近在畿輔，乃腹心元氣之地，比之他鎮迥不相同，雖經設有兵備三員，地方廣遠，顧理不周。臣博總督之時，暫委别道分區管理，是乃權宜之策。許論、張玭今欲再添兵備二員，畫地責成，實爲經久之計，相應通行依擬。合候命下，吏部於懷柔、永平各推舉相應官二員請旨簡用，與原設密雲、薊州、昌平三處兵備照依後開定擬地方請换敕書，欽遵行事，一切撫夷、修邊事宜悉屬管理，仍聽總督、巡撫官節制。守邊之日稽查奸弊，監督戰守，主、客大小將領如有臨陣退縮及不公不法，俱許指實參究，謀勇勤勞者具呈督撫衙門甄别奏請。新添兵備合用關防，行移禮部查議鑄給。其衙舍、吏書、門皂等項，移咨彼中徑自酌處。

嘉靖三十九年二月初一日題，奉聖旨："是。"欽此。

一、原設昌平兵備副使一員，今擬管理居庸、鎮邊城二區，監督副、參等官，仍管昌平一州并各陵衛所。

一、擬設懷柔兵備副使一員，管理黄花鎮，石塘嶺二區，監督副、參等官，駐懷柔縣，列銜山西，分管通州、懷柔縣、順義縣、通州左衛、通州右衛、神武中衛、定邊衛、營州左屯衛、渤海守禦千户所。

一、原設密雲兵備副使一員，今擬管理古北、墻子嶺二區，監督副、參等官，分管密雲縣、三河縣、寶坻縣、香河縣、平谷縣、玉田縣、密雲中衛、密雲後衛、興州左屯衛、興州後屯衛、營州中屯衛、營州前屯衛、營州後屯衛、梁城守禦千户所。

一、原設薊州兵備副使一員，今擬管理馬蘭谷、太平寨二區，監督副、參等官，分管薊州、遵化縣、豐潤縣、遷安縣、薊州衛、營州右屯衛、鎮朔衛、遵化衛、東勝右衛、忠義中衛、興州右屯衛、興州前屯衛、開平中屯衛、寬河守禦千户所。

一、議設永平兵備副使一員，管理燕河營、石門寨二區，監督副、參等官，駐永平府，列銜山東，分管永平府、灤州、樂亭縣、昌黎縣、盧龍縣、撫寧縣、永平衛、盧龍衛、東勝左衛、撫寧衛、山海衛。

會議浙直總督都御史胡宗憲計獲逆寇王直升賞疏

題：爲仰仗玄威，計獲巨寇，懇乞天恩優録效勞有功人員，以勵將來事，先該兵部題，職方清吏司案呈，奉本部送，兵科抄出，總督浙直福建等處軍務兼巡撫浙江地方、都察院右都御史兼兵部右侍郎胡宗憲題，奉聖旨：“兵部看議來説。”欽此。欽遵，抄出送司。

卷查先爲逆賊罪惡著明，亂本已得，懇乞宸斷昭揭討賊大義，以定人心，以彰聖武，以肅清江海事，該巡按直隸監察御史金澍、陶承學各題稱，逆賊王直久住日本，主謀煽禍，連歲不已，俱要懸立爵賞，俘馘賊首，等因。該本部覆議，備行各該督撫等官，各將王直罪惡刊刻榜文，傳示邊海州縣，多方設策，早正國法，以快人心。一應人等有能斬獲王直首級來獻者，查照宣大近題事例封以伯爵，賞銀一萬兩，授以坐營坐府職銜管事。在倭華人或能悔罪，將王直斬獲來降者，一體升賞，等因。奉聖旨：“是。”欽此。已經通行欽遵去後。今該前因，查呈到部。

臣等看得，逆酋王直等背華向夷，罪惡深重，一旦爲我用間擒獲，寘諸法典，是皆我皇上之功，一時諸臣何敢言勞。但彼時奉有欽依，懸賞甚重，若竟置之不叙，倭患未寧，恐無以爲方來之勸，事干功賞，相應廣集衆思，以昭公是。合候命下，容臣等會同九卿并六科、十三道掌印官逐一計處明白，斟酌具奏，恭候聖裁。嘉靖三十八年十二月二十四日題，奉聖旨：“是。”欽此。欽遵，抄捧到部。

臣等會同吏部等衙門尚書等官臣吴鵬等看得，逆犯王直等本以華人，甘爲夷黨。糾集醜類，始惟作孽於島中；勾引狂奴，竟至流毒於海上。出師命將，上廑九重南顧之懷；屠邑攻城，下貽四省東隅之失。于時言官建白，兵部議覆，深惟除惡務本之意，不吝萬金封爵之賞。仰荷聖明躬叩上穹，惠流下土。大張天憲，今已明正其辜；默運玄威，早爲陰奪其魄。十年巨寇，一旦成擒，神謀聖武，臣等淺昧，何所揄揚，所據一時當事諸臣決策陳力，勞亦難泯。除功非應録者不議外，其在外宣力，如總督軍務、都察院右都御史兼兵部右侍郎胡宗憲，職專閫外，權重師中，張兵拒險而籌畫惟精，用間設謀而計處允當，功委非常，賞當從重。但今江海妖氛未見盡熄，正屬本官殫力設謀、刻期蕩平之日，似應酌處。至於地方文武諸臣各奮忠勇，共冒艱危，或承調委而遠涉鯨波，或授方略而深入虎穴，或極口誘之使之畏而弗犯，或以身殉之使之信而不疑，職固不同，功亦有間。如原任副總兵、今升浙直總兵官盧鏜，中軍坐營官、都指揮戴冲霄，紹興府通判吴成器委當優録。原任浙江參政、後升巡撫都御史王詢，原任浙直總兵官俞大猷，原任兵備副使、今升湖廣參政陳元珂，原任參將戚繼光，原任都指揮、後升參將張四維，原任中書、今升評事羅龍文，中軍把總指揮陳光祖、楊永昌，納級指揮朱尚禮、童華、邵岳、謝天與，生員蔣洲、陳可願、方大忠，義士胡節中，武生朱見委亦當録。原任參政、今升按察使胡堯臣，副使李景萃，僉事李三畏，都指揮王欽，原任守備何本源委當併叙。内俞大猷見發立功，戴冲霄、戚繼光、張四維、陳光祖、蔣洲、胡節中、何本源俱係提問人數，似應准贖。其戴冲霄、戚繼光、陳光祖功浮於罪，似當别處。朱尚禮、童華、邵岳冒險誘賊，仍當叙録。内納級指揮夏正捐軀死事，忠勇可嘉，委當厚恤。臣等逐一參詳，輿論既同，相應通行議擬。合候命下，將胡宗憲特加升廕，盧鏜、吴成器量升職級，王詢、陳元琦、羅龍文、楊永昌、謝天與、陳可願、方大忠、朱見重加賞賚，胡堯臣、李景萃、李三畏、王欽量加賞賚，俞大猷免其立功，戴冲霄、戚繼光、張四維、陳光祖、蔣洲、胡節中、何本源俱免提問，内戴冲霄、戚繼光、陳光祖仍聽兵部量行録用。朱尚禮、童華、邵岳量升副千户，銓注附近衛所。夏正贈以都指揮使，伊男廕與千户，以勵忠魂。仍行胡宗憲，仰感皇上副托之隆，下慰生靈懸切之望，廣集群策，益竭丹誠，務將餘寇逐剿，以靖地方。及照在内宣猷，如大學士嚴嵩，精忠獨秉，力殫入告之猷，勝算全收，坐致外攘之績，功當首論。大學士徐階、李本二公弘化而咸有一德，千里決勝而共成萬全，功當並論。均係密勿重臣，簡在聖心，所有優録殊典，臣等未敢定擬，通乞聖裁。

嘉靖三十九年二月初六日題，奉聖旨："這逆賊擒獲實荷玄佑，你每議功全不奏請舉謝，豈人心歟？胡宗憲矢心爲國，殫竭忠謀，勞績殊常，宜加顯擢以示激勸，着加太子太保、左都御史兼兵部左侍郎，照舊總督，還廕一子與做錦衣衛副千户。盧鏜、王詢并吴成器各升二級，陳元珂等各賞銀二十兩，胡堯臣等各十兩，俞大猷并戴冲霄等准贖，朱尚禮等各升原籍衛所副千户。夏正捨身爲質，死事可憫，贈都指揮使，廕一子與做正千户。"欽此。

覆陜西總督侍郎魏謙吉等議處甘肅逃夷疏

題：爲處置逃來回夷，以安地方事，職方清吏司案呈，奉本部送，兵科抄出，總督陜西三邊軍務、兵部右侍郎兼都察院右僉都御史魏謙吉，巡撫甘肅等處地方、都察院右僉都御史胡汝霖，巡按陝西監察御史甄敬等題，俱奉聖旨："兵部知道。"欽此。抄出送司。

卷查先爲議處安插逃來回夷以弭後患事，該陝西督撫等官侍郎王夢弼等題，稱逃來回夷虎爾的等逃來求生，乞要再加議處安插。隨該本部議，將虎爾的等六十四名口，内係哈密屬夷者許令拜言孛剌等鈐束，或收充夷軍；若係土魯番者亦須厚其廩餼，俾之得所，待回夷隨市及朝貢之期處給衣糧，帶回本國，等因。覆奉欽依，已經通行欽遵去後。今該前因，查呈到部。

看得陝西總督、撫鎮、巡按等官侍郎魏謙吉等題稱，回夷陸續逃來肅州，積至五百餘名，合無暫安甘、肅二處夷廠及分發各堡，令其傭工自食，聽候隨市及進貢夷人回日一併撫遣出關各一節。爲照前項回夷凶狂奸狡，乍叛乍從，既稱窮來歸我，若拒之不納，則非聖皇撫字之仁；若處之太疏，則失中國制禦之義。所據總督侍郎魏謙吉等具題前因，威惠並施，弛張兼用，俱已允當，無容别議。合候命下，移咨魏謙吉，會同撫鎮、巡按等官胡汝霖等，查照今議，速將各夷暫發甘、肅二處夷廠，依附進存回夷度日，或分發各堡，令其傭工自食，仍候隨市及貢夷回日一併撫遣出關。果有不願歸者，臨期另爲具奏。一面行令撫夷官通時加戒諭各夷，不許生事作孽，自干法典。

嘉靖三十九年二月初十日題，奉聖旨："是。"欽此。

覆南京科道官郭斗等勘明南京府部訐奏疏

題：爲申明職掌，乞復成法，定紊亂，以固根本事，職方清吏司案呈，奉本部送，兵科抄出，南京兵科等衙門署科事、南京户科給事中等官郭斗等題，奉聖旨："兵部知道。"欽此。又該南京守備、掌南京中軍都督府事、太子太保、魏國公徐鵬舉奏，爲懇乞天恩俯賜洞察，以正國法，以明心迹事，奉聖旨："該部知道。"欽此。通抄送司。

卷查先該南京中軍都督等府掌府事、太子太保、魏國公等官徐鵬舉等與同南京兵部尚書張鏊等訐奏前事。該本部看得，府部相維，各有職掌；文武共濟，不宜忿争。今據所奏，在徐鵬舉等則謂張鏊各項事務干礙成法，若果是實，責固難辭；在張鏊則謂前項事務俱奉明旨，若使不虚，又非其罪。但事在彼中，關涉國體，必須查覈明的，方可讋服其心。合候命下，本部備行南京兵科，會同科道等官，即將二臣所奏事情從公體勘，務要分别是非，從實具奏，等因。題奉聖旨："是。"欽此。欽遵，備行去後。今該前因，案呈到部。

臣等看得，南京兵科等衙門給事中郭斗等所勘及守備魏國公徐鵬舉等所辯事情，查其原奏，雖係鵬舉及尚書張鏊交口分析之詞；究其禍端，實皆誠意伯劉世延明挾己私，陰假衆論，爲此睚眥。雖起于小嫌，欺誑實關乎大節，若使所奏不虚，罪應有歸，今既勘稱無據，法當反坐。况留都乃根本重地，各官爲保釐大臣，必須分别處分，國體、人情方爲穩便。伏望皇上將劉世延革任閑住，仍加罰治，併乞天語叮嚀徐鵬舉、張鏊，嚴加飭戒，令其上感聖明委任之隆，下思同事寅恭之義，以後一應事宜謀斷相資，毋惑於私言，可否相濟，務成乎公務。如或自行胸臆，妄生嫌疑，聽南京科道官指實查參，從重究治。

嘉靖三十九年二月二十五日題，奉聖旨："劉世延革任閑住，徐鵬舉、張鏊着協心供職，不許妄生嫌疑。"欽此。

覆議户部樽節邊費三事疏

題：爲欽奉聖諭事，職方清吏司案呈，奉本部送，准户部咨送到司，案呈到部。

看得兵馬、錢糧，事本相須，當作一家計算，故古之論政者先言足食而後言足兵，先言去兵而後言去食，緩急輕重，炯然甚明。所據户部咨稱“慎調遣”、“重按伏”、“汰冗食”三事，要行本部詳議，具見廣集衆思以裕財用之意。臣等忘其愚陋，謹用開立前件，擬議上請。伏乞聖明裁定，敕下各該總督、鎮巡等官欽遵舉行。

嘉靖三十九年二月二十七日題，奉聖旨：“依擬行。”欽此。

一、慎調遣。議得調遣之舉本非得已，蓋緣本地兵力寡少，遇有重大聲息，不能不調。若使哨探明的，徵調得宜，不惟芻糧一無虚費，亦且戰守均爲有益。但邇年邊臣多事張皇，偶有小警，輒行請調，恣目前侵冒之奸，爲日後掩飾之計，誠如該部所擬，相應通行申飭。合候命下，移咨各邊督撫等官，各將本鎮兵馬嚴加操練，務致精强，遇有警報，相機堵截。不許輒張虚聲，妄議調遣。果有大舉之信，徑自斟酌，量行調援，亦不得因而藉口，反誤軍機。如或不念國計，悉聽各該巡按御史指實參奏，重加究治。

一、重按伏。議得按伏之舉，蓋因虜之零騎出没靡常，乃先伏兵要路以俟撲剿，是誠先則制人之義。但邇來各該將領貪懦居半，賊未至則虚增軍數，肆其溪壑之欲；賊既至則實避凶鋒，輒爲保全之計。在公儲有損，在邊計無益，相應通行申飭。合候命下，移咨各邊督撫等官，今後不許輕議按伏。如果的有警報，應該按伏，取具領兵將官兵馬數目。如果虚捏冒破，備行守巡、兵備等官逐一查點，聽各該巡按御史及管糧郎中指名查參，支過錢糧即於領軍將官名下照數追陪，或拿解至京，從重治罪，以示後戒。

一、汰冗食。議得國家養育邊軍極其優厚，故居則有月糧，出則有行糧，寒則有冬衣、布花，至於獲功則又有重大升賞，無非欲其精健以爲敵愾耳。乃今老弱參雜，所養非其所用之地，逃亡捏冒，該部論之已詳，有名而無其實，相應通行申飭。合候命下，移咨各邊督撫等官，各選風力守巡、兵備官員，遵照前議，親歷各該城堡，將見在兵馬逐一查驗，精壯者照舊存留，老弱不堪者盡行沙汰。户内果有壯丁，准當收補。其軍士逃亡，馬匹倒死，即行開除。如敢仍前作弊以蠹邊儲，聽各該巡按御史參究查治。

覆南京内外守備等官報振武營兵作亂處分疏

題：爲總督糧儲官掯勒月糧激變事，職方清吏司案呈，奉本部送，兵科抄出，南京内外守備司禮監等衙門太監等官何綬等題，又該南京兵部尚書張鏊等題，爲總督糧儲勒減軍糧激變事，俱奉聖旨："兵部看了來説。"欽此。抄出送司，案呈到部。

看得南京營兵本以柔脆之質，原無驕悍之習，乃今一唱群和，蜂起作孽。攻圍公署，忘朝廷豢養之恩；戕辱部臣，成冠裳倒置之禍。履霜堅冰，真不可長。今據彼中所奏，大率皆謂督餉官員激變所致。但内守備太監何綬、外守備魏國公徐鵬舉、協同守備臨淮侯李庭竹、參贊機務南京兵部尚書張鏊，并營操等官都督僉事徐珏、署都督僉事程規等，職任不同，均有統御之責。事之由起，咎固有歸；兵之不戢，罪難别諉。南京兵部右侍郎李遂雖見佐乎本兵，原無關於機務，似應分别議處。伏望皇上將何綬、徐鵬舉、李庭竹、張鏊并提督營務、坐營管操官員嚴加切責，令其戴罪管事，一應内外兵食事宜會同侍郎李遂及南京户部掌印官便宜處置。仍督同都督徐珏等，不必株蔓，果係首惡，務要擒捕停當，置之法典，以全國體。其餘人等但係脅從，務要曉譬明白，悉從寬假，以收人心。其徐珏存留在彼，員缺暫停推補，候地方平寧，有無功次可録，一併回奏本部。一面轉行南京兵科，會同科道掌印官，將前項兵變始末根因再查的確，月糧、妻糧果否勒減，即今作何議補，應參人員從實參究，以憑覆請。

嘉靖三十九年三月初七日題，奉聖旨："是。這營兵聚衆圍逼部臣，必有不得已之情，總督官勒減月糧緣由着南京户科從實查明具奏。何綬、徐鵬舉、李庭竹、張鏊俱有守備責任，不能管戢，都當究治，且着戴罪辦事，與同李遂撫按軍民，凡事許便宜處置。各營軍士平日受朝廷糧賞惠養，輒敢不畏法度，本都當重處，爲首的着坐營管軍官查出治罪，其餘的姑念激變所致，俱與赦免。南京兵部仍出給榜文曉諭。"欽此。

覆南京科道官楊銓等參内外守備等官罪狀疏

題：爲總督大臣違誤月糧，激變軍士，懇乞聖明亟賜究治失事官員，以彰國法，以安根本重地事，職方清吏司案呈，奉本部送，兵科抄出，南京浙江等道署道事、本道試監察御史劉行素，巡按直隸監察御史胡應文，南京巡視京城、江西道試監察御史趙時齊奏，俱奉聖旨："吏、兵二部看了來説。"欽此。又該南京兵科等科署科事、南京吏科給事中楊銓等奏，爲偏刻大臣遲誤月糧，激變軍士，致傷國體，懇乞聖明飭治疏怠官員，以肅兵紀，以杜後患事，奉聖旨："這所奏，吏、兵二部看了來説。蔡克廉卧病廢事，着革了職閑住，員缺便推堪任的來看。"欽此。又該南京兵部等衙門尚書等官張鏊等題，爲保留賢能將官事，奉聖旨："兵部知道。"欽此。通抄送司，案呈到部。

看得南京浙江等道署道事御史劉行素等、巡按直隸監察御史胡應文、巡視京城御史趙時齊、南京兵科等科給事中楊銓等各題奏，前事，大率言南京營軍逼死部臣，皆由減扣月糧激變，南京户部尚書蔡克廉罪則難逭，户部尚書馬坤法應追論，該司員外方攸躋、主事安謙法當并論，提督振武營都督徐珏、程規所當究治，守備太監何綬、魏國公徐鵬舉、參贊機務尚書張鏊、右侍郎李遂所當薄治。及該南京兵部等衙門尚書等官張鏊等題稱，原任分理振武營務都督僉事、今被論徐珏才猷忠勇，會委巡視，擒獲乘機搶虜之人一十餘名，捕斬惡首一名，餘皆奔遁，人心遂定，乞要照舊留用各一節。除查係文職者，吏部徑自議覆外，爲照南京營兵之變雖起於旦夕，而釀禍之由寔積有歲年，鼓噪之衆無異邊陲，根本之地爲之騷動，内外守備等官何綬等已經本部覆奉欽依，嚴加切責，戴罪辦事。今據南京科道等官楊銓、劉行素等交章論列前來，如内守備太監何綬、外守備魏國公徐鵬舉、協同守備臨淮侯李庭竹，久叨鎖鑰之寄，均非統御之才。防微杜漸，不聞消弭於平時；傷重損威，祇見張皇於臨事。提督振武營署都督僉事程規、都督僉事徐珏，職在兼營，奉有專敕。豺狼滿道，任其蹢躅之凶；虎兕出柙，難辭典守之罪。但徐珏先經論劾，擒斬僅有微功，程規任方閲月，兵將尚未相識，相應分别議擬。伏望皇上將何綬、徐鵬舉、李庭竹聽其自陳，恭候宸斷；程規先行住俸；徐珏照舊留用，務要會同程規，欽遵明旨，擒捕首惡，以靖地方：通候事寧之日一併議奏。

嘉靖三十九年三月十一日題，奉聖旨："何綬、徐鵬舉、李庭竹、張鏊都着自陳。程規住了俸，着戴罪管事。徐珏姑准留用。"欽此。

覆南京守備太監何綬等參坐營等官罪狀疏

題：爲乞恩認罪，并參誤事官員，以懲怠玩事，職方清吏司案呈，奉本部送，兵科抄出，南京司禮監等衙門太監等官何綬等題，奉聖旨："兵部參看來説。"欽此。抄出送司，案呈到部。

看得南京守備、司禮監等衙門太監等官何綬等題稱，南京各營軍士聚衆圍逼部臣身死，參稱各營坐營把總及提督、都督官員俱各有罪，乞要詳議分別一節。除徐珏、程規已經別本議覆外，參照南京大教場坐營、署都指揮僉事張鵬，把總指揮朱元、楊澤、董舉、劉漢、楊漢，小教場把總指揮潘清、崔立、沈沂，神機營坐營、以都指揮體統行事、署指揮同知程鵬，把總指揮李承宗，振武營坐營、署都指揮僉事華恩，把總指揮徐衡、張勛、祈山、别胤、錢文、凌芝、張應科、劉勛、賈萬、靳文、逮鎮、魏鎬、史臣、許國，新江口把總指揮孫有、馬桂、童錦，明知下情，故不上達。忍心坐視，行小人樂禍之私；袖手旁觀，致大臣伏屍之慘。内朱元之規避，程鵬、許國、童錦、崔立之逃匿尤可痛恨，若不分別處置，以後地方有事，仿效成風，何以示戒？合候命下，將朱元先行革去見任并實職，程鵬、許國、童錦、崔立通行革任，俱聽南京法司從重提問，徑自具奏，遺下員缺查照推補。張鵬等二十四員既稱倉卒之際奔走宣勞，各於實職上量加降級。

嘉靖三十九年三月十一日題，奉聖旨："朱元革去職任，程鵬等都革了任，着南京法司提問具奏，張鵬等各降一級。"欽此。

覆浙江巡按御史周斯盛整飭海防疏

題：爲哨報海洋重大賊情事，職方清吏司案呈，奉本部送，兵科抄出，巡按浙江監察御史周斯盛題，奉聖旨："兵部知道。"欽此。抄出送司，案呈到部。

看得巡按浙江監察御史周斯盛題稱，普陀外洋有倭船三隻，傳説倭賊造船大舉入寇。及稱人心玩愒，蓋由賞罰不明，乞行總督胡宗憲嚴督水陸官兵擊剿。如有失事，以次論罪；立有功次，查實賞録。及要將失事人員處以軍法各一節。爲照倭奴航海以來，深入浙直、閩廣等處，肆行剽劫，兼之内逆勾引，往往得利而歸。夷性貪殘，未嘗一日不思入犯之計，乃今春初即肆窺伺，據其傳報，聲勢漸張，委非往歲可比。但今見在之船數本不多，未到之船蹤尚未定，若使當事諸臣及早圖維，不惟内地傷殘可以獲免，而彼之方至者亦自將少阻矣。所據巡按御史周斯盛具題前因，分别水陸之兵，申明賞罰之典，極爲痛切，相應通行議擬。合候命下，移咨浙直總督胡宗憲、福建巡撫劉燾、應天巡撫翁大立、鳳陽巡撫唐順之，嚴督總副、參遊、海防、兵備等官，各於緊要海口分屯把截，以防突犯，仍要領駕兵船出洋會哨，與其擊之於岸上，不若邀之於海中。如或自分彼此，不行應援，聽各該巡按御史查照水陸責任，分别參究，治以重罪。果有奇功并擒斬功級，作速覈實具奏，以憑升賞。其失事人員犯該情罪深重者，聽總督軍門先以軍法處治，不得容其事後賄功以圖倖免。大抵治倭之道，先在自治，法紀果明，賞格果當，人心無有不奮之理。人心既奮，蠢爾小夷，臣等知其不足滅矣。

嘉靖三十九年三月十七日題，奉聖旨："是。"欽此。

覆都給事中王文炳等弭盜安民疏

題：爲倭寇猖獗，懇乞聖明申飭督撫臣工速加剿除，以靖地方事，職方清吏司案呈，奉本部送，兵科抄出，兵科都給事中王文炳等題，奉聖旨："兵部知道。"欽此。欽遵，抄出送司，案呈到部。

看得兵科都給事中王文炳等具題，大率謂閩廣之倭奴奔突方熾，蘇揚之兵卒相繼作孽，欲行各該督撫等官速行剿捕、安集，并欲臣等計議安民養兵，免徵調之繁，絶寇盜之源各一節。臣等竊惟，東南地方素稱富庶，自倭夷侵擾以來，數年之間漸就蕭索。始而流毒於浙之東西，繼而突及於江之南北。八閩之殘暴，軍書方間；兩廣之猖獗，羽檄又至。乘機構會，雖間有俘獲之功；勞師費財，竟未見廓清之效。外攘可虞，内變載作。所據該科論列前因，誠地方至計。但防倭事宜節經本部議奏、臣工建白，言之不爲不詳，慮之不爲不周，若使當事諸臣矢心圖維，事事有備，自當坐收成績。臣等謹依所奏逐一開坐，上瀆天聽，伏望聖明叮嚀督撫諸臣，令其竭忠殫慮，共濟時艱，不得徒爲文具，玩愒歲月。其福建、廣東流劫舊倭，容臣等咨行總督浙直福建都御史胡宗憲、巡撫福建都御史劉燾、提督兩廣侍郎鄭絅，上緊剿滅，以靖地方。如敢仍前怠緩，聽臣等與該科指實參奏，以俟聖斷。

嘉靖三十九年三月十八日題，奉聖旨："安民在守令得人，近年各官恣意貪殘剥害，以致百姓困苦，這所議是。吏部、都察院便行文與各該撫按官，將司府州縣正佐等官嚴加考察，貪暴殃民的限一月内奏來處治。其餘依擬行。"欽此。

一、何以安民。議得自倭患以來，兵荒相繼，十室九空。征斂百出，不止提編之苦；剥削萬狀，誠爲激變之由。皮盡而毛無所附，良可痛心。合無備行總督、撫按官，督同司道府州縣官，務將殘民多方撫字，一切無名之征以次停罷，被灾地方應作何賑貸、作何蠲免，具實奏請，聽候户部處分。其大小職官黷貨害民者，文書到日，限一月以裏各取大甚三四人指名參論，請旨拿究。大抵爲政在人，政貪則民殘，政清則民安，提綱挈領，此爲首務。

一、何以免徵調之繁。議得遠調客兵，不如團練鄉兵，此誠不易之論。況所調狼、土等兵凶狠狂悖，十倍倭奴，總督既不能節制其將，將領又不能約束其兵，如近日川貴總督侍郎石永所奏可以爲鑒。但議者動以鄉兵爲怯懦，緩急難恃，不知近日浙江、揚州之變多係土人，何其勇於私鬥而怯於公戰哉！是在處置之得宜耳。合無備行督撫等官，嚴督各該海防、兵備、守巡，將各處鄉兵，係隸行伍者責成軍衛，募自民間者責成有司，如法團練，務求實用。至於客兵，仍遵明旨，不許輕調騷繹地方，以重民患。

一、何以絶寇盗之源。議得蠢爾倭奴敢肆流劫者，皆緣我之内逆爲之嚮導也。倭奴非内逆無以逞狼貪之志，内逆非倭奴無以遂鼠竊之謀，必須禁捕内逆，方可消除外寇。合無備行督撫等官，責令軍衛有司將沿海居民逐一清查，造册在官，稽其生理，時加約束。敢有仍前不悛，從倭爲逆者，許令同里之人赴官首告，即于犯人名下追銀三十兩充賞，本犯從重處治。至於各處無賴之徒竄名軍中，巧立報效、贊畫名色，平時則坐糜公廩，有事則争冒首功，妄言休咎，蠱惑人心，造捏是非，把持官府，無寇之形，有寇之實，比諸内外二逆，爲害尤劇。合無聽本部轉行各該巡按御史，備查軍前一應報效、立功、武生、占候、醫卜各項人役，即日勒令回籍，功次不明者通行查革。大抵賞功固當從重，無功難以受賞，賞格既明，人心自奮，拔本塞源，此爲要務。

覆雲南鎮巡官沐朝弼等戒諭緬酋悔禍自新疏

題：爲地方重大夷情事，職方清吏司案呈，奉本部送，兵科抄出，鎮守雲南總兵官、征南將軍、黔國公沐朝弼，巡撫雲南地方、贊理軍務、都察院右副都御史游居敬，巡按雲南監察御史王大任題，俱奉聖旨："該部知道。"欽此。欽遵，通抄送司。卷查先該雲南撫按、總兵等官王昺等具題，該部議行，會同從長計議，悉心體勘莽酋吞併釁端，各整精兵，相機剿殺。欽遵去後。今該前因，查呈到部。

看得黔國公沐朝弼、巡撫都御史游居敬、巡按御史王大任各題稱，緬酋莽噠喇始因讎害諸夷，繹騷内地，繼而畏威遠遁，邊圉已寧，乞要特寬既往，許其自新，及申飭漢、土官軍嚴加防禦各一節。爲照馭夷之方固當示以不治，守邊之道尤當謹於未萌。所據緬酋莽噠喇震讋之狀雖云可諒，狂悖之罪本不容誅，若使輒爲解嚴，漫然無備，萬一别啓戎心，關係不輕。雲南守臣具題前因，夷情邊計俱已周悉，臣等無容别議。合候命下，移咨巡撫都御史游居敬，會行總兵官沐朝弼，宣揚朝廷恩威，務令緬酋益加悔悟，各安生理，毋得冥頑弗率，自取剿滅。一面督行三司守巡、兵備等官，申飭漢、土官軍，時加防禦，無墮彼計。一面傳論車里、老撾、木邦、隴川、千崖、萬甸等司土官、土舍人等，不許交通結納，自相讎害，如或違犯，悉聽鎮巡官拿究重治。

嘉靖三十九年三月二十三日題，奉聖旨："是。"欽此。

遵諭條上弭盜六事疏

題：爲傳奉事，職方清吏司案呈，奉本部送，嘉靖三十九年三月二十五日申時，該司禮監太監黄錦於迎和門傳奉聖旨："朕聞各處强賊甚多，何有司者欺心坐視，全不經理？兵部便行文與各該巡撫官，便着嚴督有司撫緝擒捕，務要靖除。如仍前怠視的，從實參究處治。"欽此。已該本部即日通行各該巡撫官欽遵施行外，所有撫緝擒捕應行事宜乞爲議處，案呈到部。

臣等議得，致盜之由在於賦繁役重，弭盜之方貴乎正本清源。邇來各處地方蜂起爲盜，大則劫庫戕官，小則傷人黷貨，推求其故，實皆各該有司貪殘無狀、忍心坐視所致。其在南畿則選退水兵，流落無歸，其在北畿則饑饉荐臻，艱窘無賴，以故比之别省爲害尤極。仰蒙聖皇在上，特勞宸衷，俯降綸音。憫其無知之愚，首欲撫緝；恐其迷復之凶，方議擒捕。仁至義盡，臣等愚昧，實所不及。謹將應行事宜列爲六款，開坐上聞，伏乞敕下各該巡撫官，督同守巡、兵備、軍衛有司等官從實舉行，備將靖除過緣由每月終具實回奏。如敢仍前怠玩，容臣等與該科查參究治。

嘉靖三十九年三月二十六日題，奉聖旨："是。"欽此。

一、罷無名之征。臣等看得，各處地方兵荒積歲，民不聊生，應辦差税尚且催科不前，重於額外之征，如提編、河夫、修邊、買馬等項，其繁如蝟。官以集事爲能，專務菙〔一〕楚；民以偷生爲重，相率流移，聚而爲盗，勢所必至。合無通行各該巡撫官，今後非奉明旨，一夫不許擅撥，一錢不許擅科，各將停罷過差徭明白具奏。

一、開自新之路。臣等看得，各處盗賊本係良民，止因饑寒所迫自罹法網，必須解釋脅從，方可搜捕渠魁。合無備行巡撫官，刊示曉諭，大意謂："汝等原係良善，衣食不給，荒落至此。即今皇恩如天，深憐汝等無辜，汝等各宜仰體聖懷，共圖自新，歸復原業。貧不能歸者，聽所在入籍，或投充軍役，以示存恤。如敢稔惡不悛，梟首之例具載典章，自難輕貸。"至於江南水兵，原係無籍棍徒希餉應募，一旦裁革，無所資藉，因而流劫江湖之間，如近日泰興縣者是其一也。文書到日，巡撫官即將精壯者通行查出，仍與收伍，一以網羅奸宄，一以潛消隱患。

一、議賑恤之方。臣等看得，弭盗莫先於安民，安民當先於賑貸。京城饑民仰荷聖慈軫念，發帑救恤，遠邇喧傳，感戴皇恩，真同覆幬。所據在外軍民均係朝廷赤子，似當一視同仁。如蒙敕下户部，備行各處巡撫官，各將撫屬地方通行查勘，何處灾傷重大應該大賑，何處灾傷稍緩應該量賑。一面動支倉庫，不拘銀米，先行賑貸；一面具實回奏，聽候議處。其無灾去處，不許一概舉行，徒爲糜費。

一、稽查巡捕人役。臣等看得，軍衛有司俱設有巡捕職官，統領軍丁、民壯，專一捕盗。近年以來漸就廢弛，甚至拏獲真正强盗，受財脱放，不能弭盗而反爲盗，情殊可惡。合無備行各處巡撫官，各查撫屬地方軍衛有司見任捕盗官職名，及查應捕軍丁民快見在若干，逐一整頓停當，一面咨部知會，一面令其悉心聽理。遇有賊盗，小則徑自擒拿，大則申報合干上司，發兵剿捕。

如敢隱匿不報，仍前怠玩，徑自拏問究治。

一、責成監司守令。臣等看得，各省布、按二司守巡并兵備、府州縣等官，職在撫安地方，禁戢奸盗。邇來專事逢迎，反將弭盗一事視爲末務，失職曠官，誠如聖諭。合無請旨責成各官，令其洗心滌慮，一變舊習。在守巡、兵備則嚴飭官兵，往來巡歷；在府州縣正官則慎固封守，用心防禦。若縱容盗賊，不行擒捕，十名以上，州縣掌印、巡捕官住俸戴罪；五十名以上，降俸一級，立功自贖；百名以上，并將守巡、兵備官参奏處治。

一、定立賞功規格。臣等看得，剿捕賊盗，升賞雖有舊例，日久未經申明，人心無所激勸。合無通行各處巡撫官，今後所屬地方果有强盗，聚至十人以上，凶惡顯著，曾經對敵，當陣生擒二名及斬首二顆者，准升一級，不願升者賞銀三十兩。若不係臨陣，止係緝捕者，每名顆賞銀十兩。拿獲竊盗一名者，賞銀五兩。夥内能自相擒斬者，免其本罪，仍一體升賞。經該官員酌量録叙。應賞銀兩，先儘贓銀，不敷之數於無礙銀内動支。

覆南京兵部尚書張鏊等擒獲叛兵周山等疏

題：爲擒首惡以安重地事，職方清吏司案呈，奉本部送，兵科抄出，南京兵部等衙門尚書等官張鏊等題，奉聖旨："兵部看了來説。"欽此。欽遵，抄出送司。卷查先爲總督糧儲掯勒月糧激變事，該南京内外守備太監何綬等題，該本部議擬覆題，節奉聖旨："各營軍士平日受朝廷糧賞惠養，輒敢不畏法度，本都當重處，爲首的着坐營管軍官查出治罪，其餘的姑念激變所致，俱與赦免，南京兵部出給榜文曉諭。"欽此。已經通行欽遵外。今該前因，查呈到部。

看得南京營兵本以烏合，原非虎旅。豐儲坐食，受朝廷養育之恩；沃土安居，無邊陲征戍之苦。不能感奮效忠，外靜倭氛，乃敢于白晝大都之中脱巾群噪，戕辱部臣。據城勾虜，雖少異雲朔之凶；越貨傷人，寔不減甘涼之變。律以“無將之戒”，即使通行誅夷亦不爲過。仰蒙聖皇在上，好生之心，乾坤合德；燭微之智，日月同明。憫其無知，止欲擒其首惡；開其自新，遂盡赦其脅從。至仁大義，招揭無遺，遂令渠魁相繼就縛，一時根本之地倏爾輯寧，四方觀望之情居然消弭，地方幸甚，臣等幸甚。其所據逆犯周山、蔡忠、劉鑾、滕彪、顧山、陳官三、鄭計、孫鮑惠、褚號、金嚴甫、張玉、馬紀、繆鸞、劉華、夏鐸、李伸、李文昇、祝昶、朱受兒、謝學、錢用、江伏住、江甫、蔣貴、葛貴二十五名，罪惡深重，難以輕貸，合行南京兵部，會同内外守備、三法司堂上官并掌科掌道官，文書到日，再審無異，即便押赴市曹依律處决。中間果有監故者，一體斬首，梟掛作孽去處，以示懲戒。脱逃唐四兒懸賞搆捕，務在得獲。其餘無名者縱有脱漏，欽遵明旨，悉行宥免，以後不許諸人挾讎攀告，致生疑懼，南京兵部仍出給大字榜文，明白曉諭。

嘉靖三十九年四月初二日題，奉聖旨：“這件事情，還着三法司會同科道官等再詳議來説。”欽此。

會議監察御史趙時齊等參南京内外守備等官分别去留疏

題：爲錢糧匱乏，軍士驕縱，懇乞聖明速賜處分，以安根本重地事，户科抄出，南京江西等道掌道事、試監察御史趙時齊等題，奉聖旨："該部看了來説。"欽此。欽遵，抄捧到部。

臣等會同太子太保、吏部尚書臣吴鵬等看得，南京江西等道掌道事、試監察御史趙時齊等具奏前因，大意謂兵、食二事所當處分，及稱參贊機務、南京兵部尚書張鏊量行調用，内守備太監何綬老疾外，守備魏國公徐鵬舉、協同守備臨淮侯李庭竹闒茸，乞要更選各一節。除事關錢糧，移咨户部徑自議覆外。爲照尚書張鏊素稱清謹，本無顯過，祇緣地方之事起自倉卒，應變才略委非所長，根本重地以難復任。魏國公徐鵬舉年雖近暮，精力尚强，且久守留都，人心頗服，似應勉留。臨淮侯李庭竹本以常流冒功重寄，既已傷重損威，更難展布，似應罷斥。但各官先奉明旨戴罪辦事，繼復令其自陳以俟宸斷，即今地方多事，全賴重臣，通應亟行議擬。合候命下，將張鏊行令回籍，聽候調用，李庭竹革任閑住，遺下員缺容臣等會同推補。徐鵬舉仍令策勵供職，以俟後效。其稱營軍散處、操練之法，事在彼中，聽内外守備官徑自計處，具由回奏。太監何綬查係内臣，去留出自朝廷，臣等不敢定擬。

嘉靖三十九年四月初二日題，奉聖旨："是。何綬降三級退了，徐鵬舉着用心策勵供職，李庭竹革任閑住，張鏊着致仕。江東改南京兵部尚書，加太子少保，參贊機務，寫敕與他，着上緊去。"欽此。

覆貴州巡按御史鍾沂條議飭治土司疏

題：爲飭治土司以靖邊境事，職方清吏司案呈，奉本部送，兵科抄出，巡按貴州監察御史鍾沂題，奉聖旨："該部知道。"

欽此。欽遵，抄出送司，案呈到部。看得貴州地方號稱荒服，自我聖朝啓運以來漸被聲教，張官置吏，幾于中州相等。流官之外，所以又設宣慰、宣撫、安撫等司，正欲以夷治夷，共圖保障。所據巡按御史鍾沂條議飭治土司事宜，夷俗、政體委有裨益，相應開立前件，議擬上請定奪。

嘉靖三十九年四月十三日題，奉聖旨："是。"欽此。

一、禁苛罰以奠民居。看得前項夷民窮瘁至極，所在土官乃敢公肆貪殘，全無忌憚，良以法紀不明之故，相應嚴加禁戢。合候命下，本部移咨巡撫都御史高翀，及咨都察院轉行巡按御史，嚴行各該守巡、司道等官，多方傳諭各該土官人等，務遵朝廷律例，悔過自新，痛革宿弊。敢有仍前縱令目把、總小牌人等巧立名色，恣肆非法，科罰土民，下及鷄豚，貽患地方者，許撫按等官先將目把人等徑自拿究，正罪發遣。其各土官爲害事情，悉聽核實具奏，以憑覆請，追奪降級，以彰國典。其有用心撫字，使夷民得所者，亦要一體獎勵，明昭激勸。

一、絶借兵以遏亂略。看得土司設立兵馬，原爲保安境土。借兵助逆已干擅調之律，乘機肆掠又犯縱軍之例，相應亟爲禁革。合候命下，本部移咨巡撫都御史高翀，及咨都察院轉行巡按御史，嚴諭土官、頭目、馬頭人等，自今以後務要各遵約束以保信地，除奉有明文調取者即行策應，敢有仍前恃强輒興事端，借兵讎殺，貽害地方者，撫按等官即時拿究，酌量所犯重輕，照依律例問擬罪名，星馳具奏，以憑覆請定奪。

一、定官印以一事權。看得土官襲替載在令典，承襲則有預勘之文，妄保則有發戍之例，兵隨印轉，皆自朝廷總之，豈容任情争奪，以致兵連禍結之弊，相應通行申明。合候命下，本部備行巡撫都御史高翀，及咨都察院轉行巡按御史及都、布、按三司守巡該道，今後遇有土官襲替，悉依御史鍾沂所奏重覆勘結，類奏定奪。如有不應承襲而妄行詐冒，或官印既定而擅行争奪，及通事、把事人等敢有撥置作奸者，照依明例，問發極邊烟瘴地方充軍，以示懲戒。

覆漕運都御史章焕條議經略河南四事疏

題：爲略陳中原事體，以備聖明采擇事，職方清吏司案呈，奉本部送，兵科抄出，總督漕運、都察院右副都御史章焕奏，奉聖旨："該部看了來説。"欽此。欽遵，抄出送司，案呈到部。

看得總督漕運都御史章焕具奏前因，大率言中原之患在於妖民、盗賊相煽而起，故備述隱伏之情，兼陳預圖之策。爲照河南地方，乃周、鄭、陳、宋之故墟，黠悍之風至今未殄。頃歲賦役繁興，民已不堪；徵調頻仍，兵又告疲。以故妖言煽動，賊寇縱横，其迹甚秘，其患無形，誠有如本官所論，厝火之警殊爲可憂，徙薪之計急當早圖。合候命下，本部移咨河南巡撫都御史，内修明作之功，外存敦大之體，相機舉措，大率以撫輯殘民爲主。所有"屯重兵"、"收梟俊"、"察險隘"、"時巡歷"四事相應開立前件，議擬上請定奪。

嘉靖三十九年四月十三日題，奉聖旨："依擬行。"欽此。

一曰屯重兵。看得屯重兵以壓奸宄，誠爲保護都會至計。但更張之初駭人耳目，善始既難，設立之後供億不貲，善後不易，相應酌議。合無備咨巡撫都御史張永明，將各該衛所城操軍人，在省城者責成都司，在外衛者責成兵備，着實訓練，務使人皆精强，足備緩急。其春秋班軍雖稱强半在外，歸伍之日一體操練。如有玩愒因循、徒爲文具者，即便具實參奏。至于州縣民快，乃古人寓兵于農之意，最爲良法，亦要一體整肅，務臻實效。

二曰收梟俊。看得御得其道，狙詐可使，梟俊之人委當早處。合無備咨巡撫都御史張永明，通查所屬地方，果有梟俊，先補民兵，其次則補民壯，收之既得其人，養之又有其具，人自樂從，事方經久。

三曰察險隘。看得草竊之奸每憑地利，萬一竊據其中，如往年石城、青羊之變，勞師費財，動經數年，方始蕩平。所據河南、直隸、山東、陝西之交，山澤阻深，奸宄窟穴，誠當深慮。合無備咨各該巡撫都御史，責成所在兵備、守巡等官，各將所屬險隘地方親詣體勘，徑自計處，務期默奪潛消以絶禍端，仍行具由回奏。

四曰時巡歷。看得各省守巡、兵備等官職司撫安地方，禁戢奸盜，巡歷一事，具載《憲綱》。但邇年以來專務逢迎，通衢衝道歲時或至，僻壤遐陬足迹不臨，張官置吏之義，體國經野之方，兩失之矣，所據前事正與“弭盜”款内所議相同。合無備行都察院，通行各該巡撫都御史、巡按御史，查照先今事理，責成各官，令其洗心滌慮，一革舊習。在守巡，兵備則嚴飭官兵，往來巡歷。在府州縣正官則慎固封守，用心防禦。若縱容賊盜，不行擒捕，十名以上，州縣掌印官住俸戴罪；五十名以上，降俸一級，立功自贖；百名以上，將守巡、兵備官參奏處治。

覆宣大總督都御史張松等條陳防秋邊務疏

題：爲陳時弊，度虜情，慮貽將來大患，懇乞聖明申敕臣工，務懷永圖，責實效，以保萬世治安事，職方清吏司案呈，奉本部送，兵科抄出，總督宣大山西等處地方軍務兼理糧餉、都察院右副都御史張松，巡撫宣府等處地方、贊理軍務、都察院右僉都御史遲鳳翔題，俱奉聖旨：“該部知道。”欽此。欽遵，抄出送司，案呈到部。

看得總督宣大山西軍務、右副都御史張松等條陳防秋事宜，及該張松謂三鎮地方綿遠，調度號令，近則易於施行，遠則勢不相及，乞要議擬各一節。爲照朝廷設置邊臣，閫外之權最爲隆重，一切機宜，在鎮巡固有分理之責，在軍門實爲總攝之地。方圉遠近，變雖不可預圖；調度方略，責似難以别諉。合候命下，移咨總督都御史葛縉，力肩重任，惟懷永圖。審機決策，合三鎮爲一體；早見預待，收千里於萬全。毋詳於近，毋略於遠，方稱聖明委任之意。其巡撫、總兵官各有分方之責，自合周防曲慮，聿成安内攘外之功。中間地方如果隔遠，軍門難以遥制者，遇有警報，一面從宜調度，一面移文知會，亦不得藉口指示，致誤軍機。所據條陳“議戰守”、“慎分防”二事，相應開立前件，議擬上請定奪。

嘉靖三十九年四月十五日題，奉聖旨：“依擬行。”欽此。

一、議戰守。看得分布兵馬，各守信地，或以堵截，或以應援，隨方開陳，極爲明悉。至於慎重南路以防紫荆，哨備獨石以護薊鎮，尤爲有見，合無悉如所議施行。但虜情叵測，兵難拘泥，總督、鎮巡官呼吸之間，仍要隨機應變，不得專持成議。

一、慎分防。看得居庸、南山一帶地接陵京，首當防禦。頃年題奉欽依，防秋之期，總督官統領標兵移駐懷來，總攝諸軍，巡撫官統領標兵并東路遊兵，督同兵備道駐札岔道、懷來，甚得重手足以衛腹心之義。其新舊遊兵分駐西北二路，五路參將各防信地，礦兵一千分布東路，仍照原議支糧，俱應申飭。至于欲將奇兵駐札鎮城一節，又在于臨期酌量，難以鼓瑟膠柱，合無悉如所擬徑自施行。

覆宣大巡按御史王汝正覈實大同邊工升賞疏

題：爲邊備積壞，虜患日深，懇乞聖明早賜經略，以圖萬世治安事，職方清吏司案呈，奉本部送，兵科抄出，巡按直隸監察御史王汝正奏，奉聖旨："該部知道。"欽此。欽遵，抄出送司。

卷查先爲前事，該總督宣大山西等處軍務、都察院右副都御史張松題，稱修完大同西、中二路邊墻一百六十餘里，創建大堡二座并壕塹、墩臺，及稱先任總督尚書楊博，給事中鄭茂，御史欒尚約、王汝正均爲可録，非敢僭議。大同巡撫李文進、先鎮守大同總兵官張承勛，均當首論，相應厚加升賞。郎中魏學曾、副使王之誥、僉事王彙征、參議楊守愚、副總兵趙岢、知府劉衍祚功當優論，亦應厚加升賞。領兵修守參將孫吴、王允亨、朱雲漢，總提調原任參將、今充爲事官孫麒，原任遊擊、今充軍李世賢，守備戴恩、馮詔，革任參將麻禄，原任參將、今充軍王鈺，原任遊擊、今充軍王良臣，中軍原任副總兵王尚忠，致仕參將陳力，聽調遊擊趙伯勛，中軍吕勇，通判張天愛、宋莅，經歷郭邦輔、劉寓安、耿士毅功爲次論，相應量加升賞。并其餘效勞人員分别等第。巡撫大同右僉都御史李文進題稱，總督張松豐勛茂績，非敢僭議，去任副使楊師震似應厚加升賞，等因。

該本部覆議，爲照大同一鎮與虜爲鄰，而西、中二路尤孤懸塞外，自昔所恃以爲守者，惟邊墻與墩堡耳。比年以來，虜賊之所攻毁，風雨之所摧殘，所存無幾，遂令胡馬得以長驅，如往歲右衛之困，蓋亦危於累卵矣。仰荷聖明留神西顧，特爲簡任大臣經略其地，復蒙特納言官之議，大發帑銀，修築邊墻，改建墩堡。而一時大小臣工各能仰體聖心，竭盡忠悃，以監督者殫其力，以防護者輸其謀，通計所修邊墻一百六十餘里，而創建大堡、挑浚長壕又不可以枚舉。遂令二路城堡聯絡，烽火嚴明，耕牧漸興，商販亦通，零寇因而不犯，内地恃以無恐，蓋屹然雲西之保障也。况修復之議制若涉於因舊，而版築之勞功實倍于更新，及查其改建、挑浚多出原議之外，而工力節省又在常額之中，其勞誠有足加者，通應叙録以昭激勸。如先任總督尚書楊博，忠存體國，志切籌邊。一意撫綏，雖驅之力役，而民皆子來；多方搜括，至爲之節縮，而視若家務。經始之初已忘其勞，告完之日咸頌其績，功當首論。但本官品級已崇，似難議升，然功在邊陲，宜加録廕。今總督都御史張松，雖莅任日淺，而安攘之心較若畫一，經略之策克成厥終，則宜優論。巡撫都御史李文進，鼓舞衆士，雖經始而勿亟，嘗歷諸艱，至垂成而匪懈，當爲重録。總兵官張承勛固效有勤勞，但先因地方失事重大，督撫等官俱行參論，已荷皇慈矜宥，容令戴罪，近又荷聖明移守薊鎮，立功准贖，似應酌處。副總兵趙岢，協心飭備，鋭意修防，亦當併論。郎中魏學曾，會計甚詳，供億無缺；副使王之誥、僉事王彙征、參議楊守愚、去任副使楊師震，協心匡濟，竭力經營；知府劉衍祚，率作宣勤，供億不匱：亦當次論。參將等官孫吴等，或監督工程而防護有賴，或總理錢糧而供費不糜，俱宜量叙。再照給事中鄭茂，御史欒尚約、王汝正，奉使而首建乎嘉猷，省方而維持乎風紀，共成安攘之大計，竟立華夏之巨防，拘例固難擅議，論功皆不可掩。既該各官具題前來，委應依擬以示激勸，但修過邊工、用過錢糧未經覈實，遽難題請。合無恭候命下，本部移咨都察院，轉行巡按御史，將大同右衛等處修過邊工有無堅固，用過錢糧有無冒破，并效勞有功人員一一覈勘明實，作速具奏前來，以憑覆議，上請升賞，等因。該本部左侍郎江東等題，奉聖旨："是。"欽此。又查得先該本部題，爲分别將領功罪以昭勸懲事，節奉聖旨："張承勛着革去都督職銜，戴罪防秋。"欽此。除通行欽遵外，通查案呈到部。

臣等看得，大同地方川原平衍，在九邊中最稱難守。至於中、西二路，密邇虜巢，較之全鎮尤號孤懸。嘉靖三十七年以前，墻垣傾圮，蕩無捍蔽，以致俺酋生心，日肆憑陵，右衛、雲川首遭圍困之苦，威平、井朔幾成草萊之區。仰蒙聖皇在上，時勤西顧。逐虜入餉，大收汛掃之功；發帑鳩材，茂弘修繕之略。各該邊臣乃能恭體聖心，蚤夜匪懈，通計補修完邊墻一百六十餘里，添築墩堡一百二十餘座，工甚堅高，財復節省，既經巡按御史覈勘前來，所據一時效勞官員，除監工、旗牌等官張勛等一千五百七十六員名已經督撫衙門徑自犒勞，參將王允亨近已病故外，如巡撫大同右僉都御史李文進，先任鎮守大同、今改薊鎮總兵官張承勛，心力殫竭，樹百年夷夏之巨防，似應首論。查勘邊事給事中鄭茂，巡按御史欒尚約、王汝正，後先條畫，成一鎮安攘之偉績，似應同論。協守大同左副總兵官趙岢、整飭大同左衛兵備原任副使楊師震、見任僉事王彙征、整飭朔州兵備副使王之誥、總理糧儲户部郎中魏學曾、分守冀北道右參議楊守愚、大同府知府劉衍祚，均有規畫之勞，竟成設險之功。内趙岢、王彙征精勤懋著，似應優論。見任參將孫吴，守備馮詔，升任守備戴恩，原任參將朱雲漢、麻禄，原任參將、今充爲事官孫麒，原任參遊、今充軍李世賢、王鈺、王良臣，軍門中軍官、原任副總兵王尚忠，致仕參將陳力，巡撫中軍官、原任遊繫趙伯勛，鎮城中軍坐營官吕勇，通判張天愛、宋茝，經歷郭邦輔、劉寓安、耿士毅，均爲有功。内孫麒、李世賢、王鈺、王良臣，其勞爲最，似應别論。見任坐營官任漢、原章、秦松，守備楊縉、黄文、宋麒、李志韓，原任參將余勛、羅恭、朱漢、麻隆、李璋，原任遊擊鄭捷、丁堅福，原任都司張濟、秦鎮，原任坐營官楊德、常鋭，原任守備任中道、邢堂、張勇、王鑵、卞實、曹昶、魏棟、儲臣、劉忠、孫繼業、姜威、吕和、王力、胡進，總督、撫鎮衙門書辦、吏典、承差、寫字、陰陽、醫生章文涣、范澄、吕世安、師禮、楊名、王天福、賈天錫、趙禎、劉朝，恩貢汝儼、胡文相、杜文朝、王良臣、張宗仁、蔣尚善、吴永寵、任經、宋文奇、金孟春、原開三等，功亦當論。見任守備蔣譚、卜大經，原任守操趙鎮、翟羽鳳、陳夢麒、李漢卿、王臣、鄭重、沈繼武、牛相、魏卿、劉斌、孫顯宗、鄭魁、王承恩、徐陞、李章、詹輝，千把總官李桂、王大海、王堂、李進、劉本經、王朝臣、陳鎮、朱臣、儲邦、王三接、張戢、段英、馬洪、劉君寵、蔚璽、麻錦、王楠、麻詔、孫國臣、盛鎮、王璽、張原、杲堂、尹國斌、張鐸、原開四等，似亦難泯。臣等逐一參詳，俱已允當，係干激勸，相應通行議擬。合候命下，將李文進特加升賞，張承勛復其都督職銜，鄭茂、樂尚約、王汝正重加賞賚，趙岢、王彙征量升職級，楊師震、王之誥、魏學曾、楊守愚、劉衍祚同加賞賚，孫吴、馮詔、戴恩、朱雲漢、麻禄、王尚忠、陳力、趙伯勛、吕勇、張天愛、宋莅、郭邦輔、劉寓安、耿士毅量加賞賚，孫麒准復原職。李世賢、王鈺、王良臣免其充軍，就撥宣大軍門立功自效。任漢等五十一員名、蔣譚等四十三員，通行總督都御史葛縉從重賞犒。但恩典出自朝廷。

嘉靖三十九年四月二十五日題，奉聖旨："這修築邊墻、墩堡，各官效有勤勞。李文進升右副都御史，照舊巡撫。張承勛准復原職。鄭茂、樂尚約、王汝正各賞銀二十兩、紵絲一表裏。趙岢、王彙征各升一級。楊師震等各賞銀十兩。孫吴等各五兩。孫麒、李世賢等依擬。任漢等、蔣譚等，總督軍門犒賞。"欽此。

覆薊遼總督尚書許論等議防遼鎮前屯地方疏

題：爲大虜再犯，暫退出邊，聲勢重大，乞請發兵防救，以保危鎮事，職方清吏司案呈，奉本部送，兵科抄出，總督薊遼保定等處軍務兼理糧餉、太子太保、兵部尚書兼都察院左副都御史許論，巡按山東監察御史史官，巡撫遼東地方兼贊理軍務、都察院右僉都御史侯汝諒，鎮守遼東總兵官、都督僉事楊照題，俱奉聖旨："户、兵二部知道。"欽此。欽遵，通抄送司，案呈到部。

看得遼東總督、撫鎮、巡按等官尚書許論等具題前因，大率言遼東殘破，虜患緊急，欲要查處兵糧各一節。爲照遼東地方連歲荒歉，死者過半，近又加以虜酋之擾，入春以來月無虚日。至于前屯一帶乃一鎮咽喉之地，胡騎不時剽掠，行旅因而斷絶，且自中前所失守之後，人心皇皇，重以攻堡爲懼，所據今日防禦之略，似當先以前屯爲急。合候命下，移咨總督尚書許論，嚴行總兵官楊照、巡撫都御史侯汝諒，即將發回兵馬并見在兵馬分布前屯一帶，但有零寇抄掠相機雕剿，小敵不怯，大敵可懲，地方之事自當漸有端緒。一面將各該堡寨設法修理，賊若大至則協力固守，不貴三捷之功，惟爲萬全之計。本部先發馬價銀三萬兩，聽巡撫衙門給軍買馬以壯軍威，以後不許援以爲例。此外一切方略，應徑行者徑自施行，應具奏者作速具奏。

嘉靖三十九年五月十一日題，奉聖旨："是。"欽此。

校勘記

〔一〕"䈂"，十二卷本作"箠"，是。

楊襄毅公本兵疏議卷五

覆巡撫雲南都御史游居敬請征叛夷阿堂疏

少保兼太子太保、兵部尚書臣楊博等謹題：爲逆賊悖違勘撫，屢次聚衆越境搶劫，乞行毗連該省會調重兵征剿，以彰國法事，職方清吏司案呈，奉本部送，兵科抄出，巡撫雲南等處地方兼贊理軍務、都察院右副都御史游居敬題，奉聖旨："該部知道。"欽此。欽遵，抄出送司。

卷查先該四川、雲南東川、曲靖軍民等府，霑益、羅雄等州土舍土官禄位安九鼎、者浚各奏稱苗裔阿堂等叛逆殺害等情，節該本部備咨雲貴、四川各巡撫衙門，會同查勘應否動調官兵，作何剿撫，施行去後。今該前因，查呈到部。

臣等看得，東川逆賊阿堂，本以漏網之屬，敢肆滔天之惡，盜印謀官，殺人劫寨。奸囚主母，王法之所必誅；荼毒生靈，人情之所共憤。名雖聽撫以緩征討之師，實肆劫奪以濟溪壑之欲，雲南撫臣言之甚詳。若不早爲計處，履霜堅冰，殊爲可慮，相應通行議擬。合候命下，備行雲南、四川、貴州三省巡撫都御史，即便會同嚴督各該兵備、守巡等道，親詣東川適中地方，速將阿堂等叛逆事情依法勘處，文書到日，限兩月以裏具實回奏。如敢仍前狂逆，川貴總督、總兵官并各該巡撫官查照游居敬所議，選調官兵，刻期夾攻，務將阿堂等元凶黨惡搜捕盡絶，以安地方良善之民，不得妄殺。禄氏之後，另行查議。兵備、守巡，都司參將、守備等官，若或自分彼此，不聽節制，及違誤進兵，總督侍郎黄光昇亦要從重參治。應動軍餉、犒銀等項徑自便益處給，不相遥制。本部一面移咨都察院，轉行巡按雲南、四川、貴州各監察御史，通候事寧之日，備將剿撫獲功、失事官員勘明具奏，以憑覆請定奪。

嘉靖三十九年五月十七日題，奉聖旨："是。"欽此。

覆巡撫福建都御史劉燾議分將兵信地疏

題：爲定兵糧以圖久安長治事，職方清吏司案呈，奉本部送，兵科抄出，提督軍務兼巡撫福建地方、都察院右僉都御史劉燾題，奉聖旨："該部看議來説。"欽此。欽遵，抄出送司，案呈到部。

臣等看議得，邇來守臣不稽本處之尺籍，動輒請兵；不考本處之經費，動輒請糧。繁言複詞，上貽君父宵旰之懷；棄實循名，下失臣子勤瘁之義。今據福建巡撫都御史劉燾所論，其言兵則有水兵，有陸兵，集一省之兵不再徵調；其言糧有民兵之糧，有軍兵之糧，措一省之糧不必加派。其言戰則有海上之水戰，有岸上之陸戰；其言守則有海上、岸上之守，有城廓、鄉村之守。字字有據，鑿鑿可行，誠八閩保障之長策，信一時經略之至計。臣等反覆披閲，深以地方得人爲慶，相應通行議擬。合候命下，將見在參將謝恩改爲北路，住札福寧州；侯熙改爲中路，住札興化府；趙文奎改爲南路，住札漳州府。查擬責任，换敕行事。仍將總督備倭改爲摽下遊擊將軍，推舉相應官二員請旨簡用，合用敕書、符驗、旗牌照例請給。備倭指揮張弼暫回原衛聽候别用。其餘設立營寨等項一切事宜，悉如所奏從實舉行。

嘉靖三十九年五月二十三日題，奉聖旨："是。"欽此。

覆都給事中王文炳等查革冒濫軍功疏

題：爲正事規，清冒濫，以重恩典，以勵人心事，職方清吏司案呈，奉本部送，兵科抄出，兵科都給事中王文炳等題，奉聖旨："兵部看了來説。"欽此。抄出送司。

卷查先該遼東撫鎮官侯汝諒等題，爲達賊節次入犯，官軍奮勇迎敵，斬獲首級等事，内稱瀋陽中衛撫順千户所寄住民人陳文舉爲首、陳學爲從，陳文爵爲首、陳賢爲從，共斬首二顆。又該延綏撫鎮官董威等題，爲黠虜節次侵犯，官軍奮勇拒堵，斬獲首級等事，内稱浙江金華府東陽縣義勇官趙鶚斬首二顆。俱經本部備咨都察院，轉行各該巡按御史查覈去後。今該前因，查呈到部。

臣等看得，兵科都給事中王文炳等題稱，查得遼東撫鎮官侯汝諒等所奏獲功首從俱係千百户、總小旗等項，内有陳文舉、陳文爵係寄住民人；延綏撫鎮官董威等所奏獲功首從亦俱本處人員，内有趙鶚係浙江金華府義勇官：俱屬夤緣詐冒功次。乞要逐一查革，仍嚴行各邊清正夙弊各一節。爲照國家之制極嚴世禄，武選之法最重首功，蓋緣出入鋒鏑之間，死生在於呼吸，以故特隆酬報之恩，子孫得以廕襲。先該兵科具題，本部議覆，欲行巡按御史，備查無籍之徒，大昭剗革之政。仰蒙聖皇在上，俯賜俞允，不意遼東、延綏二鎮首犯其禁。即如陳文舉、陳學、陳文爵、陳賢，既係寄住，蹤迹委屬不明；義勇官趙鶚籍在浙江，夤緣益復大著。所據巡撫都御史侯汝諒、董威，總兵官楊照、李輔，不知而輒爲之奏，是爲不明；知而故爲之奏，是謂不公。若不亟行究問，即今南倭北虜正在猖獗，灰一時忠勇之心，壞百年磨勵之典，誠非細故，相應通行議擬。合候命下，將侯汝諒、董威、楊照、李輔重加切責，一面備行遼東、陝西巡按御史，即將陳文學、陳文爵、趙鶚等五名通提問罪，前後所獲功次盡爲查革，差人解回原籍，以爲欺罔者之戒。本部通行各邊總督、鎮巡等官，今後務要上體聖心，下恤公議，有功雖微賤必録，無功雖貴勢必削。如敢容情徇私，聽臣等與該科指實參奏。見在地方果有妄冒之徒，一體查明革發，仍要開具姓名，作速回奏。

嘉靖三十九年五月二十七日題，奉聖旨："是。侯汝諒、董威等姑各罰俸二個月，陳文舉等并趙鶚革去功次，著各該巡按御史通提問擬具奏。"欽此。

覆甘肅撫鎮官胡汝霖等俘虜軍功升賞疏

題：爲達賊侵犯，官軍奮勇屢捷，斬獲首級，奪獲達馬、夷器等事，職方清吏司案呈，奉本部送，兵科抄出，巡撫甘肅等處地方、都察院右僉都御史胡汝霖，平羌將軍、鎮守甘肅總兵官、都督僉事徐仁題，俱奉聖旨："兵部知道。"欽此。通抄送司，案呈到部。

看得甘肅撫鎮等官都御史胡汝霖等題稱，節次斬獲强壯虜首一百二十一顆，奪獲達馬、夷器不等。防守百户井濟律當重治，但賊衆兵寡，情有可原。及稱不敢有違近例，互相稱引各一節。爲照甘肅一鎮，斗絶羌胡之中，其在九邊最爲險遠，近又加以俺答之擾，倏入倏出，目中全無五郡。所賴總督、鎮巡諸臣協心調度，將領等官極力驅逐，先後斬獲首級總計一百二十餘顆，大警旃裘之心，少紓華夏之氣，允可嘉尚。但近奉明旨，法當行勘，相應通行議擬。合候命下，移咨都察院，轉行甘肅巡按御史，即將前項獲功人員作速查勘明白，陣亡、有功將兵分别應升應賞等第，傷故人役照例優恤，百户井濟行提到官，并失事、匿報人員應参應問，作速具奏定奪。效用屬番聽撫鎮官動支庫貯茶斤、米布、牛酒徑自從重給賞，以示激勸。及照總督侍郎魏謙吉、鎮守總兵官徐仁、巡撫都御史胡汝霖，適當地方凋弊之時，力爲兵食經略之計。屢戰屢捷，其功非出於倖成；多方多算，其心本竭乎忠赤。雖拘於近例，不敢互相稱引，臣等虚心評隲，自難輕泯。合無將魏謙吉、徐仁、胡汝霖各升俸級，仍厚加賞賚。

嘉靖三十九年六月初六日題，奉聖旨："是。魏謙吉、徐仁、胡汝霖各升俸一級，還各賞銀二十兩、紵絲二表裏。"欽此。

覆寧夏撫鎮官霍冀等免選遊兵令奇兵入衛疏

題：爲邊鎮營伍空虚，懇乞聖明免選遊兵，以安重鎮事，職方清吏司案呈，奉本部送，兵科抄出，巡撫寧夏等處地方、都察院右僉都御史霍冀，征西將軍、鎮守寧夏總兵官趙應題，俱奉聖旨："兵部知道。"欽此。通抄送司。卷查嘉靖三十八年四月内該總督陝西侍郎魏謙吉題稱，甘州見報緊急聲息，乞要行令寧夏鎮巡官，先將副總兵吴徵人馬摘發二千統赴甘州策應，等因。又該巡撫寧夏都御史霍冀題，要將入衛遊兵，下班者十月掣放，上班者二月起程，如係防冬者，亦許於次年正、二月酌量緩急早爲掣放，等因。節該本部覆奉欽依，通行欽遵外。今該前因，查呈到部。

看得寧夏撫鎮官都御史霍冀等題稱，本鎮兵少，要將增選遊兵一枝停免挑選，調去莊、凉本鎮奇兵盡數掣回，責令副總兵統領，以後分爲三班，輪番入衛，及稱下班遊兵不許别鎮濫行調遣。爲照寧夏地方孤懸河外，山後之虜窺伺於西，河套之虜住牧於東，在各邊中最爲衝險，且原額兵馬數本不多，近又加以入衛之役，益復削弱。所據撫鎮官霍冀等具題前因，新兵既不增加，舊兵又得輪换，一舉兩得，相應通行依擬。合候命下，移咨總督都御史郭乾，查照所議事理，將原調應援莊、凉副總兵吴徵奇兵盡數掣回該鎮休息。不敷之數仍於各營兵馬内轃足三千，與原選遊兵二枝分作三班，輪流入衛，以均勞逸。如或甘肅聲息重大，聽軍門另議别兵調遣，以後鄰鎮有警，亦不許輒調此兵。大抵陝西三邊去京甚遠，閫外之事全在總督相度機宜，本部難以遥制。

嘉靖三十九年六月初九日題，奉聖旨："是。"欽此。

覆甘肅巡按御史王好問責成邊臣預防虜患疏

題：爲聲息重大，乞敕邊臣早爲防慮，以弭虜患，以保孤鎮事，職方清吏司案呈，奉本部送，兵科抄出，巡按陝西監察御史王好問題，奉聖旨："該部知道。"欽此。抄出送司。卷查先該巡按陝西監察御史甄敬題稱，大賊侵犯莊、浪等處地方，乞要本部速籌制禦，嚴行防範，等因。該本部覆奉欽依，已經咨行陝西督撫等官侍郎魏謙言等嚴加防範去後。今該前因，查呈到部。

看得巡按陝西監察御史王好問題稱，套虜移住山後，部落益繁；俺酋竊據西海，猖獗尤甚。乞要速籌制禦，嚴行總督、鎮巡等官，共濟協心，早爲議處一節。爲照甘肅地方三面臨敵，中通一綫之路。山川隔遠，自昔號爲孤懸；戎虜交馳，于今更切剥膚。御史王好問目擊其患，預爲先事制人之計，憂深思遠，其言有理，相應速爲議擬。合候命下，本部馬上差人移咨總督都御史郭乾，公同甘肅撫鎮等官，查照往歲巡按御史甄敬等條奏、節該本部覆議制禦機宜，嚴督副參、遊守等官，各將所部兵馬分布通賊要路，嚴加隄備。遇有警急，一面調兵截殺，一面星馳具奏，仍傳報鄰近關鎮一體策應，務要聲勢聯絡，不得自分彼此，致誤事機。合用器械、糧餉等項預爲處備，毋致臨期匱乏。如敢玩愒觀望，聽總督、巡按官指實參奏。大抵河右之事先守而後議戰，足食而自足兵。臣博巡撫之時固嘗開浚河渠以興屯政，修築墩堡以圖收保，以忠而勵壯勇，以義而結屬番，虜若小出則勒兵以挫其鋭，虜若大舉則堅壁以老其師，行之數年，頗見成效。合行巡撫都御史胡汝霖逐一稽查，廢墜者及時修復，停閣者因事振舉，不爲一時之計而爲百年之計，不爲一方之計而爲五郡之計，方爲萬全。

嘉靖三十九年六月十二日題，奉聖旨："是。"欽此。

覆薊遼總督尚書許論等一片石拒虜功賞疏

題：爲大虜分犯内地，仰仗天威，官軍奮勇拒堵敵退，保全畿輔重地事，職方清吏司案呈，奉本部送，兵科抄出，總督薊遼保定等處軍務兼理糧餉、太子太保、兵部尚書兼都察院左副都御史許論，整飭薊州等處邊備兼巡撫順天等府地方、都察院右僉都御史張玭題，俱奉聖旨："兵部知道。"欽此。欽遵，通抄送司，案呈到部。

看得總督薊遼保定等處軍務尚書許論題稱，虜賊把都兒、辛愛等，自正月初爲屬夷影克等勾引，全營東徙，覘知我邊嚴密，逼至一片石等關，百計力攻，帶傷而遁。督撫、總副、巡關、兵備等官雖有效勞，不敢擅叙。及稱參將佟登、遊擊胡堯勛、提調谷承功、原任守備牛相功當首論，遊擊周邦、郭琥，原任守備凃永貴、楊維藩功當次論，王客、千把總、操夜等官楊大鵬等一十八員亦當叙，及出哨被殺夜不收劉良等八名、被傷軍人蘇澤等三名均爲可憫，中軍等官王臣等十員名分别犒賞各一節。爲照往時薊鎮雖有春警，大率倏聚倏散。今歲則自正月至於夏四月，糾衆窺伺，殆無虚日。在東則把都兒專意聽信影克，百計攻衝；在西則黄台吉假以收搶紅花，多方振撼。幸賴聖皇在上，玄休默相，二千里之守已保萬全，一片石之戰足稱一捷。所據總督尚書許論仰荷君父委任之隆，曲盡臣子靖共之義，往來營擅而起處弗遑，料理兵食而巨細畢舉。巡撫都御史張玭、總兵官張承勛、永平兵備副使温景葵，同心决策，動中機宜之會。參將佟登等四員、周邦等四員、楊大鵬等一十八員、王臣等十員名，戮力拒堵，咸成保障之功。是雖職任大小不同，係干激勸，相應通行議擬。合候命下，將許論特加奬賞，張玭、張承勛厚加賞賚，佟登、胡堯勛、谷承功量加升級，牛相准贖軍罪，温景葵、周邦、郭琥、凃永貴、楊維藩量加賞賚。楊大鵬等一十八員、王臣等十員名，俱聽總督軍門動支官銀從重犒賞。被殺夜不收劉良等、被傷軍人蘇澤等，移咨都察院，轉行巡按御史，覈實册報，照例升賞優恤。

嘉靖三十九年六月十二日題，奉聖旨："許論賞銀三十兩、紵絲二表裏，張玭等各賞銀二十兩、二表裏，佟登等各升一級，牛相准贖，温景葵等各賞銀十兩，楊大鵬等并王臣等總督軍門犒賞。"欽此。

覆宣大總督都御史葛縉等報大同出塞獻捷疏

題：爲捷音事，職方清吏司案呈，奉本部送，兵科抄出，總督宣大山西等處地方軍務兼理糧餉、都察院左副都御史葛縉，巡撫大同地方、贊理軍務、都察院右副都御史李文進，征西前將軍、鎮守大同等處地方總兵官、中軍都督府署都督僉事劉漢題，同前事，俱奉聖旨："兵部看了來説。"欽此。欽遵，抄出送司，隨該本司案呈，本部具題。臣等議得，大同右衛孤懸絶塞，實爲三鎮門户，而豐州又在右衛之外，山川環合，水泉甘美，逆賊丘富向來據爲巢穴，連歲勾虜攻圍右衛，一方之人危如壘卵。向使右衛失守，西至寧雁，東至雲朔，均無安枕之期。仰賴聖明在上，軫念邊陲，繼理擒逆之諭至再至三，至於逐虜入餉、建堡增墩，更置將吏、申明賞罰，一切機宜悉由宸斷。於時醜虜驚遁，右衛保全，然猶住牧豐州，不時剽掠。乃今總督葛縉、巡撫李文進會行總兵官劉漢簡集驍果，以六月十八日出邊，直抵豐州，深入虎穴，當將賊巢焚毁，賊黨俘戮，二十三日凱還入邊，震讋旃裘之心，發舒華夏之氣，誠爲卓異。先年總兵梁震雖常出塞，然一至玉林川僅五十里，再至會寧灣亦僅百里，未有今日往返七百餘里者也。玉林之戰一百二級，會寧之戰一百四級，亦未有今日功至一百五十者也。臣等切惟，豐州之捷本於右衛，右衛之平裁自聖心，自我成祖三犁虜穴以來，二百年間窮追遠涉再見此舉，寔我皇上中興之成功也。况逆犯王直浙江擒獲，明正法典，海波一清。近日虜酋數萬突至薊鎮，總督許論督兵戰守，功收萬全。適當萬壽無疆之期，北虜、南倭屢建奇功，寔皆聖德協天、聖敬格帝，九穹垂祐、百神效靈所致。臣等待罪本兵，遭逢盛事，不勝欣慶。伏望皇上卜吉恭舉謝典以答玄貺，其中外效勞獲功人員容臣等分别查議，另行具奏，以俟聖明裁奪，臣等無任惓惓懇祈之至，等因。奉聖旨："這效勞獲功人員，你每分别定擬來説。"欽此。欽遵，抄出送司。查得《大明會典》内一款："一、報捷官舍人等以擒斬虜賊多寡爲等第，七十名顆以上賞衣服一套；九十五名顆以上賞鈔一千貫，升一級；一百一十名顆以上賞衣服一套，升試所鎮撫。"欽此。又查得總督軍門差指揮同知李春實，總兵衙門差總旗張保，巡撫衙門差總旗劉原各報捷音。通查案呈到部。

臣等議得，宣大總督、鎮巡等官都御史葛縉等題稱，本年六月十八日官軍出邊，直至豐州，二十三日方始入邊，生擒、斬首一百五十名顆，奪獲馬駝牛羊一百二十五匹隻、夷器七百餘件枝，當將賊巢焚毁一空。仰贊皇上帝力難名，神功莫測，祝虔有典，殷禮肇稱。及稱内閣元輔贊襄密勿，早定經綸，并將一時獲功人員逐一叙及各一節。爲照前項捷音宣威沙漠，寔皆皇上玄功，中外諸臣原無狗馬之勞，荷蒙聖慈在上，特賜甄録，天地浩蕩之恩，均切感激。臣等遵奉明旨，謹議得，在外獲功如總督軍務左副都御史葛縉，新承簡命，早負壯猷，指授方略而動中機宜，督發將兵而争相感奮。鎮守總兵官署都督僉事劉漢，智稱多算，平居料敵如神；勇冠三軍，臨陣先登若虎。巡撫右副都御史李文進，志意深長，才思縝密。頻年經理，抱卧薪嘗膽之忠；一戰功成，實指示發縱之略。以上三臣功當同論，而劉漢尤爲稱首。威遠參將麻禄，標下參將王孟夏，鎮川守備劉本經，聽勘原任遊擊徐欽，坐營守備千把總補兒害、葛奈、黄國相、潘忠等一十八員，各奮鷹楊之勇，並當豕牙之凶，部下俘馘雖云不一，要之同入虎穴，當爲一等。内麻禄、王孟夏、劉本經、徐欽、補兒害、葛奈率衆當先，黄國相孤軍殿後，其功尤偉。協守副總兵、參將、守備等官趙岢等三十八員，革任參遊、守操等官李官等一十六員，策應雖在中途，馳驅均出外徼，效死竭忠，當爲二等。原任總兵官俞大猷，户部管糧郎中魏學曾，兵備、守巡副使王之誥，參議楊守愚，僉事王彙征、董邦政，大同府知府劉衍祚，管糧通判李春芳、陳文周，或運謀設策而毫釐無遺，或儲餉詰戎而巨細畢舉，功亦當論。内俞大猷、魏學曾、王之誥尤當優處。遠征將士三千餘名則艱關轉戰，哨探、通事高虎等則預得虜形，内外書辦、當該寫本、占卜人等章文焕、賈天錫等則勞心文牒，陣亡官軍張戢等六員名則殞身草野，原差右衛體勘指揮張大用、百户謝麟與有首事之勞，其功均不可泯。生擒賊首李自橋等四名，背華從虜，罪不容誅。從賊李玉兒等一十六名終屬賊黨，被虜漢人劉永富等四十七名情本可矜：相應通行議擬。合候命下，將劉漢超格升廕，仍加賞賚。葛縉、李文進同加升賞，麻禄、王孟夏、劉本經、補兒害、葛柰、黄國相重加升賞。徐欽免其勘問，并朱漢俱准復職，仍附簿録用。張奉、卞實准其贖罪。潘忠等一十八員各重加升級，趙岢等三十八員各量加升級，李官等一十六員各加賞賚。内聽勘、爲事、充軍者准與紀録，仍查發軍門一體立功。俞大猷量復祖職，魏學曾、王之誥各升俸級，楊守愚、王彙征、董邦政、劉衍祚、李春芳、陳文周、張大用、謝麟各量加賞賚。陣亡張戢等照例各襲升二級，仍各給棺殮銀二十兩。獲功首從并出塞官軍及通事高虎等，寫本、占卜賈天錫等，聽本部於太僕寺馬價銀内動支一萬兩解赴軍門，分别犒賞，事完造册奏繳。書吏章文焕等、本部該吏周文易等，免考免辦，事在吏部。逆賊李自橋等處决，安置寧家，事在刑部。各令移咨，徑自議奏。報捷人員李春實、張寶〔一〕、劉原照例升賞。仍咨都察院，轉行巡按御史，將有功首從官軍嚴加覈勘，限一月以裏，并有無隱匿别項情弊通行具奏。及照在内效勞，如大學士嚴嵩、徐階、李本，夙夜寅清，入贊篤恭之化；始終籌畫，外成掃蕩之功。内嚴嵩忠誠茂著，密勿尤多。内直成國公朱希忠，禮部尚書吴山，撰文吏部左侍郎郭朴，禮部左侍郎茅瓚，右侍郎袁煒，翰林院學士嚴訥、李春芳、董份，外攘内安，均有翊贊之功，亦應酬奬。至於臣與職方司屬涓塵未效，徒切屏營。但恩威出自朝廷，臣等不敢定擬，通乞聖裁。

嘉靖三十九年七月十六日題，奉聖旨："這出邊擒斬數多，功可加録。劉漢升都督同知，廕一子本衛所千户；葛縉升兵部右侍郎兼右僉都御史，照舊管事；李文進廕一子入監：還各賞銀三十兩、紵絲二表裏。麻禄等各升二級，賞銀二十兩。徐欽、朱漢、張奉等依擬，潘忠等各升二級，趙岢等各升俸一級，李官等各賞銀十兩，俞大猷准復祖職，魏學曾等各升俸一級，楊守愚等各賞銀五兩，李自橋等各處決安置，馬價銀准給發，其餘依議行。楊博賞銀三十兩、紵絲二表裏，該司官各銀五兩。"欽此。

覆給事中周京振紀綱以肅軍政疏

題：爲申明舊例，陳愚見，以隆聖治事，職方清吏司案呈，奉本部送，吏科抄出，南京禮科給事中周京奏，奉聖旨："該部知道。"欽此。欽遵，抄出送司，案呈到部。

看得南京禮科給事中周京條陳振紀綱以肅軍旅之政一事，臣等看得，南京地方，祖宗設立内外守備、參贊等官，文武並用，謀斷相資，誠爲萬年經久之計。頃者一二臣工曠職廢事，已蒙皇上出自宸衷，悉從更置，惟魏國公徐鵬舉則獨見留用，蓋以其世守留都，群情帖服。至於尚書江東南行之時，又蒙天語諄諄，訓義教忠，炳如日星，此正諸臣誓心圖報之秋。所據給事中周京具題前因，無非攸奠南本之意。合無備行内外守備、參贊等官，自今伊始，務要同寅協恭，形迹頓忘；振紀持綱，弛張有要。曉以忠義，外消驕悍之習；時其賞糧，内足俯育之願。平居則嚴加操練，不爲苟且悦人之計；臨警則早爲督發，務存敵愾死長之心。遲以歲月，世變風移，自臻成效。各官如敢處置乖方，或彼此掣肘，悉聽南京科道官從實糾奏。

嘉靖三十九年八月二十三日題，奉聖旨："依擬行。"欽此。

覆薊鎮閲視郎中王叔果分別公〔二〕罪議處職守疏

題：爲遵照舊規，請明調遣，以重防秋事，職方清吏司案呈，奉本部送，兵科抄出，兵部職方清吏司署郎中事主事王叔果題，奉聖旨："兵部看了來説。"欽此。欽遵，抄出送司。

卷查先該本部職方清吏司署郎中徐善慶題，該本部覆題，奉聖旨："是。方振、柴良弼各降署級二級，李珍等罰俸半年，黄演降俸一級，馬芳等着總督軍門獎賞，祝福、曹勛准復原級。"欽此。又查爲前事，該本部題，稱薊鎮閲視兵馬又係差官之期，查得本部職方清吏司署郎中事主事王叔果在任，堪以差委前去該鎮，悉照上年舊例，會同巡撫都御史及公同各兵備官照區嚴加點閲，事完不必造册，止要徑自從實回奏，等因。題奉聖旨："是。"欽此。俱經通行欽遵去後。今該前因，通查案呈到部。

看得署郎中王叔果題稱，奉敕前往薊鎮，會同巡撫、兵備照依區分躬親校閲，總一鎮十區新舊主兵之數，與郎中徐善慶上年造到册籍大略相符，具見督臣許論、總兵官張承勛振勵之功。及稱副總兵祝福、雷龍，參將仇巳、魯聰，遊擊胡鎮、王倫，分守宋蘭，補練有功，所當褒賞。署參將黄演、坐營官柴良弼，所當復其俸級。參將黄龍，提調把總徐勛、潘駿、吴從堯、劉世武所當罷斥。遊擊崔經、周孚先、白琮、張勛、吴銓所當更置。内張勛、吴銓新任，或行戒飭。昌平提督雲冒似爲冗員，决宜裁革。欲要該鎮督撫諸臣嚴督各該將領著實訓練，并與新舊、主客未妥事宜從長計處各一節。爲照薊鎮之事，大要以練主兵爲根本，以調客兵爲權宜。先該本部題奉欽依，期以三年，教練有成。即今已經二年，止稱軍容可觀，未見精練，倘遇警急，實難全恃。所據總副、參遊、守備、提調等官，玩愒之罪本自難辭，振勵之功原無可録，若使概爲獎賞，不無冒濫。至於昌平提督，内而拱衛京師，外爲應援各鎮，不爲昌平一處而設。但既有副總兵，又有提督，同處一城，委爲冗員，似當裁併。及查得副總兵祝福，清謹鎮静，雖稱賢將，威名、資望尚在提督雲冒之下。係干重務，相應通行議擬。合候命下，將雲冒改充總兵官，鎮守居庸、昌平等處地方，仍兼提督邊兵，總領黄花、居庸、鎮邊等區兵馬并入衛遊擊兵馬，無事則從宜修守，有警則隨方策應，仍聽總督節制，凡事與巡撫都御史會同計議而行，合用敕書、符驗、關防等項查照請給。祝福遇有相應員缺，即爲推用。雷龍等六員姑免究治，黄演、柴良弼原降俸級不准開復，黄龍等四員各加降俸，徐勛等四員各加降級，張勛、吴銓各加罰治。其鎮邊城、曹家寨、大水峪三枝遊兵應否另議，主兵脆弱應該振飭，新兵驕縱應該處置，俱聽總督尚書許論會同巡撫都御史張玭從長計處，條列具奏，以憑覆議。明年五月，本部仍差郎中一員前去閲視，若使再無成效，併將總督、鎮巡等官通行參究。

嘉靖三十九年八月二十八日題，奉聖旨："是。薊鎮練兵，屢有旨著實舉行，今經三年，兵未見堪用，顯是各官不行用心，且姑記著，明年閱視再無成效，該科查參治罪。雲冒准改總兵官，鎮守居庸、昌平等處地方，寫敕與他。祝福并雷龍等、黄演等依擬。黄龍等降俸一級，徐勛等各降一級，張勛等各罰俸兩個月。”欽此。

覆順天巡按御史鄭存仁等勘明河坊口拒虜功賞疏

題：爲大虜非時突犯重地，仰仗天威，官軍奮勇血戰敵退，以保萬全事，職方清吏司案呈，奉本部送，兵科抄出，巡按直隸監察御史鄭存仁、巡按直隸監察御史彭繼業題，俱奉聖旨：“兵部知道。”欽此。又該總督薊遼保定等處軍務兼理糧餉、太子太保、兵部尚書兼都察院左副都御史許論題，爲大虜糾衆非時突犯重地，仰仗天威，官軍奮勇出墻血戰拒堵，大遭挫衄退遁，功收萬全事，與同整飭薊州等處邊備兼巡撫順天等府地方、都察院右僉都御史張玭，鎮守薊州永平山海等處地方總兵官、中軍都督府都督同知張承勛題，俱奉聖旨：“兵部知道。”欽此。欽遵，通抄送司。

查得總督許論差承差姜松，巡撫張玭差百户宋儒，總兵官張承勛差百户李相各來報捷，及查得《大明會典》内一款：“一、報捷官舍人等以擒斬虜賊多寡爲等第，七十名顆以上賞衣服一套；九十五名顆以上賞鈔一千貫，升一級；一百一十名顆以上賞衣服一套，升試所鎮撫。”欽此。又查得嘉靖三十三年本部議，准薊州保障之功，各該人員所報捷音雖無首級數目，但督撫等官各照頭功升賞，似當與一百名顆以上者同論，等因。通查案呈到部。

看得巡按直隸監察御史鄭存仁、巡關御史彭繼業各題稱，查勘過本年七月初一等日大舉達賊攻犯河坊口等處，官軍奮勇敵退，各該邊臣相應甄録各一節。爲照薊州一鎮地當畿甸，其功不在俘獲，全在保障，殊與各邊不同。而虜之劫制屬夷，四時窺伺，亦與各邊迥異。即如今歲三月之中則窺一片石，七月之初則窺河坊口，□〔三〕欲乘我不意，攻我不備。仰賴聖皇在上，玄休默佑，天威震疊，彼虜大遭挫衄，相率北歸，保障之功具有明徵。所據總督尚書許論蒙恩起用以來，數月之間卧不貼席，食不甘味，一切戰守機宜曲慮周思，靡所不至。總兵官張承勛、巡撫都御史張玭，又能同心叶力，悉聽軍門指授，文武和調，允爲一時之盛。今次之捷事出萬全，委爲異常，既經巡按御史鄭存仁、巡關御史彭繼業并將一時效勞人員勘明前來，臣等逐一參詳，俱已允當。但查得獨石參將吕淵哨報的確，功亦難泯，相應通行議擬。合候命下，將許論特加獎賞，張承勛重加賞賚，張玭同加賞賚，遊擊胡鎮重加升級，參將李意，遊擊王倫、白允中、高汝泰，署遊擊黄金各加升級，兵備副使張邦彦併加賞賚，參將吕淵，中軍官王臣、竇淮量加賞賚，指揮馬承胤遇缺推用。原任守備魏棟免其軍罪，充爲事官立功。旗牌、千總等官亢大章等，俱聽許論查照原奏姓名，動支官銀分别犒賞。報捷人員姜松等照例升賞。内外當該令典張邦義等咨行吏部，徑自議處。獲功并陣亡人員、哨夜官軍，轉行巡按御史作速造册具奏，本部仍動馬價銀五千兩解送許論處，給賞延綏、寧夏入衛并主兵出口力戰等項官軍以慰其勞。

嘉靖三十九年九月十二日題，奉聖旨："各官出邊堵截，效有勤勞。許論賞銀三十兩、紵絲二表裏，寫敕奬勵。張承勛二十兩、二表裏，張玭二十兩、一表裏，胡鎮升三級，李意等各升一級，張邦彦銀十五兩，吕淵等各十兩。其餘依擬。"欽此。

覆宣大總督侍郎葛縉酌議應援山西疏

題：爲大舉虜賊擁衆深入關南，懇乞早賜援兵，以救灾傷地方事，職方清吏司案呈，奉本部送，兵科抄出，總督宣大山西等處地方軍務兼理糧餉、兵部右侍郎兼都察院右僉都御史葛縉題，奉聖旨："兵部知道。"欽此。抄出送司，案呈到部。

看得山西虜情，總督侍郎葛縉先將宣大人馬盡數督發前去應援，本官提兵又親至廣武站，調度戰守，已中機宜。今若不量地勢遠近，將薊鎮入衛之兵又議調發，不惟虚勞，且增實費。况東虜打來孫等見有傳報，欲犯冷口等處，切恐西援既不相及，東守反致有失，事體不便。止有保定兵馬與山西密邇，似應相機處發。合候命下，本部馬上差人齎文交與都御史董威、總兵官孫勇，會度虜情，果與本鎮無礙，酌量發兵出關策應。文書到日，如賊已退回，不必輕動。

嘉靖三十九年九月二十日題，奉聖旨："是。"欽此。

覆協理戎政尚書王邦瑞條陳營務疏

題：爲申明營務，以尊聖制，以期實用事，職方清吏司案呈，奉本部送，兵科抄出，協理京營戎政兵部尚書王邦瑞題，奉聖旨："兵部看了來説。"欽此。欽遵，抄出送司，案呈到部。

看得協理京營戎政本部尚書王邦瑞所陳五事，均爲詰戎要務，相應開立前件，擬議上請定奪。

嘉靖三十九年九月二十二日題，奉聖旨："依擬行。"欽此。

一、紀戎政以尊聖制。臣等竊惟，團營兵制肇自二祖，盡善盡美。景泰以後，間多更置。至我皇上，神武中興，大修戎政，始復國初三營之舊，一代令典委當編勒以垂永久。合無勘[四]酌所擬，本部選委才識精敏司屬官一員，備考經制始末，集成一帙，刊刻分布本營大小將領共爲遵守，以後不許輕議紛更。

一、嚴清理以足軍伍。查得南北直隸并十三省各自差御史一員清理軍伍，係是舊例。先該本部移咨都察院查處，該院因地方有事，且在道御史不敷差用，以故題奉欽依，暫爲停差，似難再議。合無遵照近奉明旨，仍免差官，嚴行各該巡按御史，督同布、按二司清軍道并各府清軍同知，悉心清理，務臻實效。如仍前廢閣，聽本部從實查參究治。

一、分正備以足原營。大率謂神樞、神機二營餘下將官十員，所統兵馬不足一枝之數，若將五軍營備兵通行揀選撥補，選剩者仍發本營收充備兵，委爲有益。合無移文總協大臣，會同巡視科道，將五軍營備兵再行揀選，交與神樞、神機二營餘下將官十員，每員各全管領三千員名，餘剩之數仍發五軍營收充備兵。與先次選定將官三十員，共兵三十枝，各要用心操練，精勇者作爲前鋒，遇有警急，以次聽征。中間將官如有怯懦不堪，容臣等另行議處。

一、募家丁以倡勇敢。蓋緣京軍怯弱，不足爲恃，欲借家丁驍健，爲之鼓倡，甚爲有益。合無依其所據[五]，移文總協大臣，會同巡視科道，將在營各將官下家丁嚴行挑選，係邊方推用，或籍雖腹裏，曾任邊方者，每員准二十名，每人月給米二石，仍給犒賞銀五兩，於太僕寺馬價或本營籽粒銀内動支。務要曾經戰陣之人方許存留，但係在營召募者通行革退。至于三營老弱軍士，盡數查出，面加沙汰，就將户丁替役，仍嚴禁各衛所官吏，不許刁難索騙，如違，聽巡視科道指實參究。一面備咨南京兵部，轉行五府都督僉書，每員下不拘名數，各許多募邊人以爲家丁，糧賞悉照彼中事例。

一、惜戰馬以壯軍威。大要營中欲給馬六千匹，查得太僕寺見馬僅四千匹，且半係薊遼軍門奏借防秋之數，即使盡數兑發，尚不彀用。况營中之馬，舊者不行愛養，日見倒傷；新者雖稱膘壯，旋即虺隤。本官根極弊源，言之甚當，臣等無容别議。合無移文總協大臣，會同巡視科道，嚴督各該將領，將見在馬匹用心喂養，不許作踐。極貧軍士無力養馬者，亦許更替。本部一面咨行户部，將久欠料草盡數補給，以後支放草束務足斤數。先於太僕寺未發去寄養馬内量處一千匹查給營軍，候來歲頭運、二運馬到再爲議給。其椿朋銀兩，本營與户部曾否解寺，本部各另移文，務查明的，以修實政。

預料陝西大虜出邊疏

題：爲傳報大虜入境緊急聲息事，職方清吏司案呈，奉本部送，據巡按陝西監察御史李秋揭帖，到部送司，案呈到部。

看得北虜種類雖繁，其在九邊以黄河爲界，河之西爲延綏、寧夏，每秋入犯者乃吉囊之部落，河之東爲山西、宣大，每秋入犯者乃俺答、黄台吉之部落，地方相去本爲隔遠。頃者河東之虜自大同突入山西，官兵隨在拒堵，僅及數日，盡皆北遁，宣大總督侍郎葛縉等奏報甚明。今據陝西巡按御史李秋所奏，乃是河西之虜，内稱侵犯米脂等處，查係延綏邊邑，離京畿三千里。又查入犯之期爲九月十七等日，尚係深秋之時，迄今已經一月，醜虜之志止在搶掠，似難久住，此時必已出邊。但性同犬羊，狡猾叵測，復寇之舉，勢自難保。除臣等馬上差人賫文交與陜西三邊總督郭乾、延綏巡撫孫慎，速查前賊，如尚未退，調集官兵大加剿殺，以伸華夏之威。文書到日，如果先已退歸，慎固封守，務保萬全。仍轉行御史李秋，查勘賊經地方有無失事、獲功，備將各官功罪作速具奏。

嘉靖三十九年十月初八日題，奉聖旨："是。"欽此。

酌議景王之國事宜疏

題：爲欽奉事，武選等清吏司案呈，奉本部送，准禮部咨，嘉靖三十九年十月初五日該内閣傳示聖諭："祖宗大制，景王府造成數年，當令之國，如何不舉行?"欽此。隨該臣等具題，奉聖旨："是。著查擬具儀來看。"欽此。欽遵，臣等爲照，親王之國，典禮隆重，凡一應事宜必先期戒備。今奉有明旨，合行各該衙門，將府中應設文武官員、内官内使、護衛旗校人役及儀仗、禄米、船隻等項，俱遵照祖制、《會典》預先選撥、造辦，待有次第，行欽天監擇日，徑自題請。其告廟、辭陵、朝見等項儀注，臣等一面查擬開坐上請，通行各該衙門欽遵施行。嘉靖三十九年十月初六日，少保兼太子太保、本部尚書、翰林院學士吴山等題，奉聖旨："是。"欽此。欽遵，咨部送司，案呈到部。

看得景王之國，典禮委屬隆重，既該禮部題奉欽依，備咨前來，所有本部應行事宜，臣等檢閱舊例，逐一參酌明白，合就開坐上請。

嘉靖三十九年十月初九日題，奉聖旨："是。"欽此。

一、查得親王之國，例該揀選誠實的當官二十七員改充儀衛司及群牧所、典仗所官，仍撥校尉六百名、軍一千名、背什物軍一百名、馬一百匹隨侍應用。今該景王之國，合無查照前例，於在京各衛所多餘帶俸并京營見操官内選取二十七員，另行開奏除授，其群牧所軍一千名、背什物軍一百名於在京衛分處撥，校尉六百名於錦衣衛選撥，務要人人精壯，編定總小甲送用。一面札行太僕寺，於順天府屬寄養馬内調取一百匹，送御馬監印烙，給與背什物軍士兑領騎坐，俱屬本府長史司帶管，差撥隨侍。

一、查得淮王等王之國，本部查照韓王之國給與雙馬、單馬起船符驗三道事例，奏奉宣宗皇帝聖旨：“且只與他單馬起船的符驗。”欽此。續該益王之國，本部查照前例，奏准給領去後。今該景王之國，合無斟酌前例，行移尚寶司，轉行内府印綬監，關給雙馬、單馬起船符驗三道前去應用。

一、查得先該淮府等府長史司説稱，各王殿下帶去多人，討轎擡送通州上船，無轎撥用，欲於順天府辦車裝送，奏奉宣宗皇帝聖旨：“是。與他車。”欽此。續該益王等王之國，本部查照前例，題准行移起撥裝送去後。今該景王之國，合無斟酌前例，本部行移順天府，起撥車輛，相兼裝送。本部仍委司屬官一員，預先整點，務要足用。其本府官員、軍校，查照先年題准事例，官照合得車數，軍校每四人車一輛，每車於順天府無礙銀内支給二兩四錢，令其自雇。合用廪糧通計程途，咨行户部，總於京倉支給。

一、查得先該淮王等王之國，欽奉宣宗皇帝聖旨：“各王之國合用船隻等項，著侍郎王驥、許廊去通州河下打點擺佈，不要誤了。”欽此。及查得德王之國，該太監許安傳奉聖旨：“通州張家灣伺候船隻，差長隨二員，該管主事、員外即今便下去打點。”欽此。今該景王之國，合無查照前例，本部與工部先差司屬官各一員，仍各請差堂上官一員、内監官一員，前去通州，督同分守等官，將見在河下聽差馬快、船隻打點整理。如有不敷，照依先年事例，將附近衛分順回糧船及張家灣至德州一帶灣泊軍民船隻催拽前來，接濟應用。其軍民船照依料數，五百料者給米十石，四百料者八石，三百料者七石，二百料者六石，一百料者五石，以作脚價，仍計程給與口糧，俱行户部於通州、直沽等倉關支。

一、查得親王之國，合用軍民、人夫，例該在内行順天府屬州縣并五軍都督府屬衛所及府軍等衛，在外行各該巡撫都御史轉行所屬整點聽用。今該景王之國，合無查照前例，通行前項各該衙門遵奉施行，不許違誤。

一、查得親王之國，例該拽船人夫，王并妃所坐黄船，每隻下水五十名，上水八十名。其餘裝載物件船，每隻上水二十五名，下水十五名。本府官員船上水二十名，軍校船上水十名，下水俱五名。今該景王之國，合無照例遵行。

覆福建巡按御史徐仲楫請命督撫等官剿賊疏

題：爲再報地方賊情事，職方清吏司案呈，奉本部送，兵科抄出，巡按福建監察御史徐仲楫題，奉聖旨："兵部知道。"欽此。抄出送司，案呈到部。

看得巡按福建監察御史徐仲楫具題前因，大率謂福建地方海寇、山寇内外流毒，將遍八閩，欲要督撫大臣戮力蕩平一節。爲照前項賊徒廣兵初止三百，後至沙縣等處，輒增數倍。殘倭初僅七百，延及安溪等處，數逾四千。明係本省之人互相勾煽，借寇爲資，不止手足之疾，誠爲腹心之患，委當及早剿平，以靖地方。合候命下，備咨總督尚書胡宗憲、巡撫都御史劉燾，嚴督守巡、兵備、參守、府縣等官設法掃平。中間果有脅從之人，聽其自首，與免本罪，查發寧家。但係首惡，務要擒置法典，不宜輕縱。事寧之日，有罪有功人員通聽巡按御史徐仲楫從實回奏，恭候宸斷。

嘉靖三十九年十月十三日題，奉聖旨："是。"欽此。

覆南京兵部尚書江東等條議南本修戎八事疏

題：爲遵奉明旨，悉心參理，修戎務，以奠邦本事，職方清吏司案呈，奉本部送，兵科抄出，參贊機務、太子太保、南京兵部尚書江東等題，奉聖旨："兵部看了來説。"欽此。抄出送司，案呈到部。

看得太子少保、南京兵部尚書江東等條陳八事，均係南本修戎要務，合就開立前件，議擬上請定奪。

嘉靖三十九年十月二十二日題，奉聖旨："依擬行。"欽此。

一、釐宿弊以治軍旅。看得兩京並建，南京尤爲根本，祖宗建置各營屯以宿兵，寔居中制外之至計。乃今玩愒日久，百弊叢生，至於脱巾之變突然而作，尤可駭異，委當急爲振刷，遵照舊制，同寅協恭。合無依其所擬，備咨南京兵部，會同内外守備，責令提督、營衛等官，將各營殷富人丁并役占軍餘盡數查出，填實行伍，仍要加意撫恤，不許科剋殘暴。各官如果修舉職業，旌薦擢用，闒茸貪婪者指名劾奏。務期上下相安，恩威允濟。

一、立賞罰以作士氣。看得南京營中操練，往時悉爲故事，今當改弦易轍之時，正惟信賞必罰之會，委當急爲修舉。合無依其所擬，備咨南京兵部，准於賞功銀内酌量動支，分發各營，會同内外守備定立賞罰條格，每遇操練日期，查照今議從實行之，以昭懲勸。

一、分信地以便戍守。看得兵家之事以地利爲本，必須預識于平時，方可責成于臨事，所據南京險要處所委當及早規畫。合無依其所擬，備行南京兵部，會同守備選委知兵文武官員，將各該地方逐一備將偏歷，應該張疑設伏，用騎用步，預爲講求停當。仍定議信地，無事則合營團練，有警則分道按伏，務臻實效。

一、清行伍以紀軍實。看得南京軍士替補復役，既稱姓名不一，混淆難辨，委當急爲查理。合無依其所擬，備咨南京兵部，會同内外守備，行令該營官員，每遇朔望各將逃亡、事故軍士查照今議備造文册，送職方司收貯具告。替補、復役等項，先行驗軍主事揭查無異，方行該管衛所勘保，該司檢對停當，徑自查處，大約尺籍既明，奸弊自息。

一、議馬匹以壯軍威。看得衝鋒陷陣，莫利于馬。各營馬匹既稱尪羸，不堪騎征，委當急爲查處。合無依其所擬，備咨南京兵部，會同内外守備，即將見在各營馬匹逐一揀驗，但係不堪，盡行易賣。照依今議，馬價添作一十五兩，給發馬户，責令收買膘壯好馬，印給精强軍士騎操，不許别項差占，以致倒損。

一、置火器以振兵聲。看得火器之中惟鳥嘴銃最爲利便，既稱各營置造不多，委當急爲添置。合無依其所擬，備咨南京兵部，會同内外守備，即支軍器銀兩，委官置造，分發應用。

一、革冗役以恤民隱。看得南京地方軍民正差之外，又有各項雜差，殊爲無名之征，人情既稱不堪，委當急爲查革。合無依其所擬，備咨南京兵部，查照尚書潘潢題准事理，將在京五城地方、上江二縣一切差役悉行裁免，仍會行各該衙門一體遵行。如有踵習夙弊者，聽科道官指實糾奏。其餘登簿、稽考等項事宜，務要從實舉行。

一、寬場租以蘇民困。看得草場租銀原有定額，又經侍郎萬鏜清查，題有明例，即今逐畝加增，係干民瘼，委當急爲釐正。合無斟酌所擬，咨行南京兵部，轉行各衛，將前銀除三十八年、九年已徵外，其四十年以後，仍照舊額徵收，但係新增者盡行除免，以廣厚下安宅之政。

覆操江都御史等官喻時等捕盗安民疏

題：爲緝獲重大賊首事，職方清吏司案呈，奉本部送，兵科抄出，提督操江兼管巡江、南京都察院右僉都御史喻時題，前事，提督軍務兼巡撫鳳陽等處地方、都察院右僉都御史劉景韶題，爲拿獲賊首，消弭禍本以安地方事，巡按直隸監察御史陳志題，爲陳言地方賊情，乞敕臣工亟圖内治以戒不虞事，奉聖旨："兵部知道。"欽此。又該總督浙直福建等處軍務兼巡撫浙江地方、太子太保、兵部尚書兼都察院右都御史胡宗憲題，爲拿獲賊首，消弭禍本以安地方事，奉聖旨："兵部看議來説。"欽此。通抄送司，案呈到部。

看得總督浙直福建軍務尚書胡宗憲等具題前因，大率言賊首汪燃等惑衆倡亂，雖經首發拿問，但此輩素稱無賴，縱其仇扳，恐致枉累。及據供稱，曾給假批招募山東、河南、太行等處好漢，欲要各該撫按衙門緝捕。巡按御史陳志則稱所屬州縣節有盗賊之警，倭患雖平，内治尤急，乞行督撫軍門，沙汰隱匿罪名、投首立功贊畫等項人役，及時張皇撫緝地方各一節。爲照犯人汪燃等，本以庸流，投充贊畫，適兵旅之解嚴，幸地方之有變，乃敢詐作公移，招誘徒黨，明出狂妄之言，陰行要盟之約。據稱僞捏山東等處招兵文移，若使不虚，尤爲悖戾。係干地方，相應通行議擬。合候命下，移咨山東、陝西、河南各該巡撫都御史，分投差人在於所屬地方嚴加緝訪，果有前項賫文募兵奸人，即便拿究。及咨巡撫鳳陽都御史劉景韶，查照御史陳志所議，將投充逋亡之徒悉行祛革，瘡痍之民加意撫綏，流劫私鹽之盗多方緝捕以靖地方。本部仍咨都察院，轉行南直隸巡按御史，將汪燃等通提到官，毋拘成案，虚心研究，如果證據明實，依律問擬，不許聽其扳陷無辜，以致枉濫。一面行令各該兵備時巡所屬，制遏奸宄。仍或曠職廢事，本處巡按御史指名參究。

嘉靖三十九年十月二十五日題，奉聖旨："是。"欽此。

覆宣大總督撫按等官奏報功罪互異勘問疏

題：爲大虜入境犯關，仰仗天威，官軍奮勇鏖戰克捷，斬獲首級，奪獲達馬、夷器、頭畜事，職方清吏司案呈，奉本部送，兵科抄出，總督宣大山西等處地方軍務兼理糧餉、兵部右侍郎兼都察院右僉都御史葛縉題，奉聖旨："兵部知道。"欽此。又該巡撫大同右副都御史李文進、鎮守總兵官劉漢各題，爲大舉達賊糾衆入犯，仰仗天威，官軍奮擊，斬獲首級，奪獲戰馬事，提督雁門等關兼巡撫山西地方、都察院右副都御史孟淮題，爲仰仗皇威玄佑，速退酋虜，克成大捷事，巡按山西監察御史欒尚約題，爲虜寇深入，乞賜究治失事官員事，俱奉聖旨："兵部知道。"欽此。通抄送司。又奉本部送，該通政使司連狀送，據原任應天巡撫、今充朔州衛軍曹邦輔告，爲垂憐斬首，乞賜辯明，以圖補報事，山西承宣布政使司整飭大同左衛等處兵備、右參議兼按察司僉事王彙征揭帖，爲大虜攻圍，城池萬分危急，仰仗天威，設謀敵退，保全數萬生靈事，等因，到部，通送到司。

卷查先該總督宣大山西軍務侍郎葛縉題，爲貪懦主將大弛戎旅，假道追賊，畏威遠遁，乞賜重加究治，以懲積弊，以飭邊防事，該本部議擬覆題，奉聖旨："王懷邦革去職任，著巡按御史提了，從重問擬具奏。"欽此。又該巡按直隸監察御史王汝正題，爲大虜入犯，守邊將領堵截無謀，懇乞聖明究治以肅邊備事，該本部議擬覆題，奉聖旨："劉漢革去都督職銜，仍與孫吴、趙岢聽勘。李坤等，巡按御史提問具奏。"欽此。俱經通行欽遵外。今該前因，查呈到部。

看得大同、山西相爲唇齒，山西視大同爲大門，虜入大門則當治大同之罪，宣大諸臣中間戰守有功者又當甄録其功；大同視山西爲二門，虜入山西則當治山西之罪，山西諸臣中間戰守有功者亦難輕泯其功：此兩鎮地形之大略、功罪之斷案也。今據總督侍郎葛縉、巡撫大同都御史李文進、巡撫山西都御史孟淮則極言斬捕首虜之多，巡按山西御史欒尚約、巡按宣大御史王汝正則概言地方傷殘之狀，且葛縉、欒尚約、王汝正專言總兵官王懷邦、劉漢等之罪，欒尚約又併罪孟淮，在孟淮則亟稱王懷邦之功，功罪頓殊，是非迥異，折中持衡，憑何爲據？臣等竊惟，功疑固當惟重，不應爲無功之賞；罪疑固當惟輕，不應失有罪之刑。必須就彼覈勘明的，一以服邊臣之心，一以肅邊方之紀，方可議擬。合候命下，備咨都察院，轉行御史欒尚約、王汝正，查照先今事理，即將山西、大同事情毋分彼此，公同查勘，應提問者徑自提問，應散拘者散行拘問，要見賊經地方有無殺虜人畜、攻毁城堡、損傷官軍，是否重大失事，斬獲首級果否真正强壯，或剿奪壯夫之功，何官運謀設策、何官衝鋒陷陣應該升賞，何官調度不前、何官臨陣退後應該治罪，何官功重罪微應該准贖，何官罪重功微應該紀録，逐一參酌停當，有功有罪人員造册，一併具奏。

嘉靖三十九年十月三十日題，奉聖旨“是。”欽此。

覆雲南總兵官沐朝弼請罷巡撫贊理軍務疏

題：爲奸貪撫臣因受土官賄賂擅動兵戈，代報私讎，激變邊徼，乞恩究治以安地方事，職方清吏司案呈，奉本部送，兵科抄出，鎮守雲南總兵官、征南將軍、黔國公沐朝弼奏，奉聖旨：“游居敬已有旨拿了。這所奏贊理軍務等項事宜，兵部查議來説。”欽此。欽遵，抄出送司。

查得先該巡撫雲南都御史游居敬題，爲逆賊悖違勘撫，屢次聚衆越境搶劫，乞行毗連該省會調重兵征剿以彰國法事。該本部議，行川貴總督及雲南、川貴各巡撫都御史并各該巡按御史，速將阿堂等叛逆事情依法勘處，限兩月以裏具奏，等因。題奉欽依，通行欽遵外。又爲急缺邊方巡撫官員事，該吏部等衙門會題，内稱雲南地方號稱簡僻，巡撫責任本爲易稱，但今土夷搆亂，戕害守臣，天討所加，事體重大，巡撫責任似宜委重。合無比照湖廣、貴州事例，於“巡撫”上量加“兼理軍務”字樣以便行事，事寧照舊，等因。節奉聖旨：“鮑象賢著以原職巡撫雲南地方兼贊理軍務，寫敕與他。”欽此。今該前因，查呈到部。

看得鎮守雲南總兵官、黔國公沐朝弼具奏前因，大率謂巡撫游居敬貪功生事，擅調官軍，蕩費錢糧，乞要明正其罪，及分别調兵體統并勘處逆酋阿堂等各一節。除游居敬奉旨拿解，無容再議外，爲照雲南巡撫，例該户部請敕，後因元江之變，吏部等衙門始題奉欽依暫加“贊理軍務”，事寧照舊。既該總兵官沐朝弼具奏前來，查與原議相同，相應酌處。合候命下，本部移咨巡撫雲南都御史蔣宗魯，會行總兵官沐朝弼，以後地方一應軍機遵行本爵制敕，務要彼此計議停當，應徑行者會行所司，應具奏者會本具奏，不許違拗偏執，有誤大計。其巡撫職任除去“贊理軍務”，咨行户部另换敕諭，欽遵行事。阿堂等叛逆事情，仍行川貴、雲南總督、鎮守、撫按等官，悉照先奉明旨作速勘處，如限回奏。

嘉靖三十九年十一月二十六日題，奉聖旨：“是。”欽此。

考選錦衣衛南北鎮撫司等官黜退疏

題：爲考選軍政官員事，武選清吏司案呈。照得南北鎮撫司并象房、千户所官不該自陳，例該本部會同錦衣衛堂上掌印正官，逐一訪其平日履歷、行檢，如果公論不協者，開具實[六]論奏。即今正在考選，乞爲查處，等因。案呈到部。

臣等從公會考得，南北鎮撫司與同馴象所各掌印、僉書等官，除尚堪供職者不議外，如南鎮撫司掌印指揮僉事張鎧，年老目昏，殊絶官常之望；縱妻虐子，全失天性之恩。僉書指揮同知戴仁，素履之咎大拂乎輿情，衰邁之年久妨乎賢路。張濂孝道既虧，官箴亦壞，整日惟知私營，經年不赴公座。指揮僉事劉卿歐詈父妾，具見忘親之罪；欺凌母弟，弗思鞠子之哀。鄭承宗放歌縱飲而威儀已失，挾妓宣淫而廉耻盡喪。張璽昔任東廠，貪暴有聲；今在南司，乖戾無狀。以上六臣相應革任閑住帶俸者也。但係近侍人員，臣等不敢定擬。

嘉靖三十九年十二月十三日題，奉聖旨：“張鎧等俱革任閑住。”欽此。

覆錦衣衛僉書官自陳分别去留疏

題：爲自陳不職，乞賜罷斥，以公考察事，武選清吏司案呈，奉本部送，兵科抄出，錦衣衛管衛事、後軍都督府右都督黄浦等奏，俱奉聖旨：“兵部知道。”欽此。欽遵，通抄送司，案呈到部。

看得錦衣衛堂上官體貌隆重，必得精敏端方之人方稱任使，臣等虚心評品，不敢不慎。除右都督黄浦歷任尚淺，指揮使許瑒、高鵬奉職無疵〔七〕，合當議留外，如指揮使張爵、周京，行檢雖修，年齡已邁，所當令其致仕者也。右都督麥祥譽望不足服人，庸劣每致誤事。指揮僉事郭朝廉性資貪戾，大拂輿情；疾病侵尋，難以自振：所當革任帶俸者也。但均係近侍官員，去留出自朝廷。

嘉靖三十九年十二月十四日題，奉聖旨：“黄浦、許瑒、高鵬照舊供職，張爵、周京著致仕，麦祥、郭朝廉革任帶俸。”欽此。

覆左軍都督等府管府事侯伯自陳分别去留疏

題：爲自陳不職，遵例乞恩辭免府任，以裨聖治事，武選清吏司案呈，奉本部送，兵科抄出，左軍都督府管府事寧陽侯陳維藩，右軍都督府管府事永康侯徐喬松，中軍都督府管府事南寧伯毛邦器，前軍都督府管府事寧晋伯劉斌、本府管府事兼理紅盔將軍安鄉伯張鐸，後軍都督府管府事豐城侯李儒、本府管府事宣城伯衛守正，府軍前衛掌衛事、後軍都督府帶俸興安伯徐夢暘各奏，俱奉聖旨："兵部知道。"欽此。通抄送司，案呈到部。

看得五軍都督府僉書并府軍前衛掌衛官雖事務繁簡不同，均爲重職，臣等虚心評品，不敢不慎。除右府僉書永康侯徐喬松，中府僉書南寧伯毛邦器，前府僉書安鄉伯張鐸，後府僉書豐城侯李儒、宣城伯衛守正年力正强，幹濟亦稱，俱應存留供職者也。如管府軍前衛事興安伯徐夢暘，迷心酒色而百務廢弛，肆意誅求而群情怨詈。左府僉書寧陽侯陳維藩、前府僉書寧晋伯劉斌，舉止輕跳，甚不雅於班行；資性疏庸，全未聞乎兵政：俱應革任閑住者也。但勛戚大臣去留出自朝廷。

嘉靖三十九年十二月十四日題，奉聖旨："徐喬松、毛邦器、張鐸、李儒、衛守正照舊供職，徐夢暘、陳維藩、劉斌革任閑住。"欽此。

覆廣東巡按御史潘季馴請命督臣亟剿賊寇疏

題：爲强賊四起，執官越城，大肆猖獗，乞恩申明剿撫事宜，嚴敕提督重臣移鎮失事地方，以安人心，以救生靈事，職方清吏司案呈，奉本部送，兵科抄出，巡按廣東監察御史潘季馴題，奉聖旨："兵部知道。"欽此。欽遵，抄出送司，案呈到部。

看得巡按廣東御史潘季馴題稱，廣東潮陽等處山賊數千，執官攻城，流劫海豐、碣石、歸善等處，毒痛慘烈，勢甚重大，乞要切責督撫軍門，親督官兵星馳各該地方，尅期剿滅一節。爲照廣東地方連歲山賊劫掠爲患，乃今入城執官，肆無忌憚，人心爲之動摇，法紀因而蕩廢，御史所言明白痛切，軍門若使照常遥制，永無寧謐之期，相應通行議擬。合候命下，本部馬上差人賫文交與提督侍郎鄭絅、總兵官平江伯陳王謨，文書到日，作速親詣前項作患地方，會同南贛都御史楊伊志，嚴督該道守巡、參備等官，選調將兵，立限追剿，務在盡絶。中間若有被虜脅從投降之人，悉聽從宜招撫安插，既不許因事姑息，縱惡長奸，亦不得概無分别，混玉爲石。如敢仍前玩愒，聽彼處巡按御史從實參究。通候事寧之日，將各起失事、獲功人員分别具奏，以憑覆請定奪。

嘉靖三十九年十二月十五日題，奉聖旨："是。"欽此。

覆科道官王鶴等拾遺安鄉伯張鐸等閑住疏

題：爲考選軍政官員事，武選清吏司案呈，奉本部送，兵科抄出，兵科等科都給事中等官王鶴等題，前事，又該貴州等道監察御史楊儲等題，爲遵明旨，公拾遺，以肅軍政事，俱奉聖旨："兵部知道。"欽此。欽遵，通抄送司，案呈到部。

看得五府僉書、錦衣衛南鎮撫司及象房等官均爲重職，臣等竊計人才難得，以故考選之時止各去其太甚者數人。今科道官王鶴、楊儲等又將安鄉伯張鐸，指揮張子中、高鳳，都督程規交章論列前來，委與公議有□，難以留用。合候命下，將張鐸、張子中、高鳳、程規俱革任閑住，員缺應補者照例推補。

嘉靖三十九年十二月二十日題，奉聖旨："是。張鐸、張子中、高鳳、程規俱革任閑住。"欽此。

校勘記

〔一〕“寶”，上文作“保”。

〔二〕“公”，底本卷首原目録爲“功”。

〔三〕□，底本漶漫不清，據十二卷本當作“實”。

〔四〕“勘”，疑當作“斟”。

〔五〕“據”，疑當作“擬”。

〔六〕“實”下，據文意似當有一“迹”字。《永樂大典》卷之二千六百九：“奸惡必合糾言者，開具實迹糾言；寃抑必合辯明者，詳察情狀辯明。”本書卷之十七《考選錦衣衛南北鎮撫司等官黜退疏》：“如果公論不協者，開具寔迹論奏。”

〔七〕“疪”，疑當作“疵”。

覆南畿印馬御史羅復條陳馬政疏

少保兼太子太保、兵部尚書臣楊博等謹題：爲遵成法，革時弊，以修舉馬政事，車駕清吏司案呈，奉本部送，兵科抄出，巡按直隸監察御史羅復題，奉聖旨："該部知道。"欽此。欽遵，抄出送司，案呈到部。

看得巡按直隸監察御史羅復條陳四事，合就開立前件，議擬上請定奪。

嘉靖四十年正月二十四日題，奉聖旨："是。"欽此。

一、平馬價以便輸納。看得御史羅復所陳，大率欲要以後將江南、江北馬匹通准折色，每匹徵銀二十四兩，無非寬恤民隱之意。但本色馬匹原係祖宗舊制，暫改折色，不過補偏救弊之權，似難輕爲變更。合無斟酌所擬，移咨都察院，轉行御史羅復，將南直隸四十年以後備用馬匹原係本色者照舊解俵，本色暫改折色者每匹止徵銀二十四兩，以爲定規，以蘇民困。

一、寬馬額以還逃移。看得御史羅復所陳，大率謂淮安府屬十一州縣以水灾、倭患人户消耗大半，而養馬解俵如前，近又加以計馬餉軍之累，驅民逃移，詞甚激切。合無斟酌所擬，備咨都察院，轉行御史羅復，本部仍行南京太僕寺，備查見在之民，令其養馬解俵，其餘逃户種折暫行豁免，候歸復之日悉仍其舊。州縣正官三年之内招完流移，方許升遷。至於軍餉，事在彼中，備行彼處巡撫衙門，再行查議應否，徑自回奏。

一、禁調撥以蕃孳息。看得御史羅復所陳，大率因南直隸種馬連年借與民兵騎征，倒失數多，急當禁革，無非愛惜馬力之意。合無依其所擬，今後應天、廬鳳巡撫衙門不許調撥種馬。如果倉卒有警，准於偏僻州縣該年里甲馬匹内通融量撥。仍要嚴禁州縣官，不得將種馬私借走遞，如違，從重究治。

一、清場租以免拋荒。看得御史羅復所陳，大率欲將無爲州程文四等所佃草場除去新增，或量減三分之二，和州加增銀七百四十餘兩即與除豁。又查得該州平坦可耕荒地七十餘頃，可得租銀二百八十有奇，比之原租止減三百四十有奇。其三十二年以後拖欠租銀，姑照舊額責限完納。中間辯析甚爲明切，况節經撫按衙門丈量的實，無容別議。合無依其所擬，備行各該撫按官，將前項草場應納應豁租銀查處停當，備造文册，徑自會奏。

覆巡撫南贛都御史范欽報功行勘疏

題：爲募兵猖亂事，職方清吏司案呈，奉本部送，兵科抄出，巡撫南贛汀漳等處地方、提督軍務、都察院右副都御史范欽題，奉聖旨："兵部知道。"欽此。欽遵，抄出送司，案呈到部。

看得巡撫南贛汀漳都御史范欽題稱，募兵猖亂，始自劫掠福建閩清縣庫，并沿途鄉村肆行流劫，又突入江西新城等縣，敵殺官兵，虜掠人財，流毒地方。今已拿獲賊首馮天爵、梁寬，各該凌遲處死，賊從馮勝等六十五名，各該强盗得財斬罪，仍該照例梟示。及稱南韶兵備副使賀鏤勞宜嘉録，韶州知府張景逵、通判王授、推官陸經、南雄知府章接等功亦可尚各一節。爲照前項劇賊起自福建，延及江西，彼時巡按御史鄭本立止參福建巡撫劉燾、江西巡撫張元冲，並未言及南贛巡撫，不知地方與南贛有無相干。若地方相干，則今日之功止當贖其罪；若地方無干，則今日之功寔當懋其賞。且馮天爵、馮勝等均係重刑，賀鏤等事干激勸，未經勘明，輒難輕爲議擬。合候命下，移咨都察院，轉行彼處巡按御史，備查馮天爵、馮勝等是否真正强賊，應否處决、梟示，范欽并賀鏤等，或先罪後功，或有功無罪，即今應該作何處分，文書到日，限一月以裏從實具奏，以憑覆請定奪。

嘉靖四十年正月二十八日題，奉聖旨："是。"欽此。

覆宣大總督都御史李文進條陳邊計疏

題：爲遵敕諭，竭愚忠，經略邊備，以圖安攘事，職方清吏司案呈，奉本部送，兵科抄出，總督宣大山西等處地方軍務兼理糧餉、都察院右副都御史李文進題，奉聖旨："該部知道。"欽此。欽遵，抄出送司，案呈到部。

看得總督宣大山西軍務右副都御史李文進條陳六事均切邊計，相應逐一議擬，上請定奪。

嘉靖四十年二月十八日題，奉聖旨："依擬行。"欽此。

一、申明大計以伐虜謀。看得搗巢之法大率有二，其一則覘虜醜之入，急搗其巢以牽其内顧；其一則乘虜馬之弱，分搗其巢以制其不及。邇來邊臣往往行之，未嘗遥制，即如近日大同、豐州之捷是已。但恐計慮不周，輕舉妄動，匪徒無益而反害之。合無通行九邊總督、鎮巡等官，悉照李文進所議，相機進止，以伸撻伐之威，以收全勝之略，方爲上策。

一、同心經略以圖安攘。看得事不同心則功用弗奏，况於軍旅之事尤其大者。總兵、巡撫受總督節制，敕諭甚明，往年撫臣一抗軍門，即蒙聖明拿問，紀綱所在，不容毫髮僭差。合無悉如李文進所議，通行九邊，以後敢有互相齟齬者，聽各該總督官指名參奏。

一、内外應援以分虜勢。看得朝廷設立總督，兼統三鎮，一應兵馬調度均係閫外之責，聽其指揮者則當旌薦，違其節制者則當論劾，職守所在，難以假借。合無悉如李文進所議，從實舉行，不得遲回觀望，自誤機宜。

一、廣練兵車以便追逐。看得兵車之制，居則以爲營衛，戰則以備衝突，委爲長技。近日大同教練既稱有效，合無通行三鎮巡撫都御史，悉照李文進所議，行令各路參將等官，各將步兵着實如法訓練，務令諸藝俱精，不拘多寡，各爲一營，量給火器，防守本路，不許諸營選調。各該撫臣各將練過步兵限五月以裏徑自回奏。

一、勤練騎兵以振威武。看得兵以訓練而精，三鎮騎兵操演無法，積廢日久，委非安内攘外之計。合無通行三鎮鎮巡等官，悉照李文進所議，從實簡練，務臻實效。其大同演武教場遷移鎮城之北，不知果否相應，行移鎮巡官再行踏勘，徑自修舉。

一、慎固南山以嚴封守。看得南山一帶地接陵京，委爲要地。合無備行薊鎮鎮巡官，查照李文進所議，申飭各該將領，加謹防禦南山。内垣如果應該修繕，即便會同巡關御史勘議修築。其宣府聯墩墻垣，原奉欽依節年修舉，緣何停寢，并宣府全鎮外護内防一應事宜，悉聽總督官作速開坐具奏。

遵諭戒備兵火疏

題：爲欽奉聖諭事，職方清吏司案呈，奉本部送，嘉靖四十年二月十九日寅刻，該内閣傳示聖諭：“今日之風占謂兵火，似不可常看，轉〔一〕諭博，示諸〔二〕，内戢凶賊，外嚴邊備。”欽此。欽遵，抄捧到部送司，案呈到部。

臣等仰惟，皇上偶因風異，特注宸衷，既軫内宄，復念外孽，申飭臣等以安攘之事，臣等捧讀綸音，不勝感仰。即目内地雖稱荒歉，荷蒙天恩，救饑恤窮，輕徭薄賦，不止京城内外，其大河東西、大江南北俱各宴然無警。惟是外之邊備，自正月以來，在薊鎮則節據薊遼總督尚書許論傳報，虜酋把都兒、辛愛糾合東虜土蠻欲犯古北口、大水峪等處。已該臣等嚴行許論，徵調主、客兵馬，見今分墻拒守。咨行户部，處發銀十萬兩以爲糧餉之費。虜知有備，遲回白草川一帶，尚在窺伺，未見發作。在大同則節據總督都御史李文進傳報，虜酋俺答已自西海東還，住牧豐州，聲言欲犯左衛、右衛地方。臣等先亦屢行李文進，選調官軍，相機戰守，本部處發馬價，户部議發軍餉。又行大同巡撫楊選，將右衛廢閑將官尚表等坐委分守城池，撫戢黎庶。一切先防之事不敢不盡，除遵奉聖諭，通行京城巡捕及腹裏巡撫、兵備等官并各邊督撫、總兵等官，各將兵火事宜仍嚴加戒備，務保無虞外。伏望皇上少紓聖懷，臣等下情無任懇切祈望之至。

嘉靖四十年二月十九日題，奉聖旨：“是。”欽此。

遵諭申飭邊備疏

題：爲傳奉聖諭事，該本部題，職方清吏司案呈，奉本部送，嘉靖四十年二月二十七日酉刻，該内閣傳奉聖諭：“今日又大風，止及旬日，不可不爲慮。昨兵部回云，各邊皆備，無足爲念，恐未宜如是言。”欽此。欽遵，傳奉送司，案呈到部。

臣等仰惟，聖皇在上，軫念邊服，時勤宵旰。頃因風變異常，旬日之間兩勤天語，神謀遠慮，即始見終，無不曲盡，臣等愚昧，敢不仰承。竊見今之夷情迥異往昔，往歲春二三月草枯馬弱，止能淺入，不能深入；止能小舉，不能大舉。乃今一變其局，往往乘春入犯，薊州、右衛尤爲特甚，蓋古北與虜一墻僅隔，右衛與虜三面爲鄰。前蒙聖諭，已該臣等不次移文程督邊臣，大小邊臣佩服綸音，早夜經營，自不容緩。節據薊遼總督尚書許論報稱，黄台吉頭目大同通漢謀犯古北，台吉之婦孽只謂我邊知覺，追取大通，大通不從，奪其戰馬四匹，方始罷歸。近日又屬夷五百擐甲扣關，乞討月賞。臣料此賊敢爲狂悖，必有大兵徐出其後，或以此牽制我兵，别由大水峪、石塘嶺間道而來，亦未可知。已經備咨許論，令其東自山海，西至居庸，處處爲備，毋墮虜計。又據宣大總督都御史李文進條列戰守事宜，及請糧請馬、易置將領、練習兵車等疏，先後議覆，俱奉俞旨。其餘事在瑣屑，臣等隨事與之往來咨議，不敢一一仰瀆天聽。但猾虜之患每出於不測，制勝之兵當謹於未戰，備而又備，方保萬全，誠如聖諭。除再行各邊總督、鎮巡、兵備等官，仰體宸衷，加意嚴備外，臣等無任惶悚屏營之至。

嘉靖四十年二月二十八日題，奉聖旨："是。"欽此。

覆參贊機務尚書江東議定營務職守疏

題：爲遵照舊制舉行會議，以修戎務，以圖永安事，職方清吏司案呈，奉本部送，兵科抄出，參贊機務、太子少保、南京兵部尚書江東等題，奉聖旨："該部知道。"欽此。欽遵，抄出送司，案呈到部。

看得參贊機務、南京兵部尚書江東等條列八事，在坐營把衛、隊總官員，則議稱修飭營務、持身無議者獎薦升擢，廢弛職業、不行改圖者戒劾參問；在各營軍士，則議稱起操入營不得作樂喧嘩，錯亂不到，操畢不許離伍攙隊、飲酒肆擾，如有故違，查照懲治：乞要議行遵守一節。爲照南本修戎之事，固在兵將約束，兵將之要，全在紀綱。今據該部所陳，大率首欲將領修職以服人心，次欲軍士守法以明國憲，議論俱已明切。以臣等愚見，内外守備諸臣叶恭同寅，以端正本尤爲先務，相應通行議擬。合候命下，本部移咨南京兵部，會同内外守備、參贊等官，務要謀斷相資，可否相濟，仍仰遵聖諭，共成忠義之風。以後但有違拗者，應以軍法究治，徑自究治；應以參奏，指名參奏。不得玩愒縱容，以貽後患。

嘉靖四十年三月初一日題，奉聖旨："是。"欽此。

覆巡撫大同都御史楊選條陳邊計疏

題：爲攄愚忠，乞聖鑒，以圖勉立後效事，職方清吏司案呈，奉本部送，兵科抄出，巡撫大同地方、贊理軍務、都察院右僉都御史楊選題，奉聖旨："該部知道。"欽此。抄出送司，案呈到部。

看得巡撫大同都御史楊選條陳四事均切邊計，合就議擬，上請定奪。

嘉靖四十年三月初二日題，奉聖旨："依擬行。"欽此。

一、固修築以衛生靈。看得堅壁清野，守邊要務，其在大同尤爲喫緊，蓋川原平衍既不能遏虜之入，兵馬凋殘又無以挫虜之鋭，必須城堡高堅，壕墻闊厚，方收保障之利，本官所奏允爲實政。合無備行宣大、山西總督、巡撫等官，乘此春融，即將三鎮應修城堡壕塹、應用錢糧器械及一切事宜速爲修舉。至于乘隙血戰以挫其鋒，分責守堡以定其賞，悉如原議，徑自施行。及照築堡不如築墩，堡之費多大而難守，墩之費少小而易成，臣博往年巡撫甘肅，嘗一行之，頗收成效。若于各堡之内將四面角墩增築高厚，虜勢雖重，併力守墩，似亦不能遽克。

一、察人言以堅謀議。看得兵以詭道制勝，自古皆然。近來禦虜多循舊套，不敢展布，間有一二舉動異常，物議輒興，是以人懷顧忌，灰志士之心，長狂虜之氣，所關非淺。合無悉如本官所議，今後該鎮事宜，或戰或守，用奇用間，俱聽從長處置，務中機宜。果能建立奇勛，聽臣等指實奏請，優加恩典。

一、議久任以期成務。看得官必久任，政方有成。顧久任之説，節經建議，方行即寢，蓋以窮邊絶塞，烽火驚心，速化之圖，賢者不免。本官既欲修舉邊防，各該文武官員自當協力共濟，難拘常調。除大小將領不敢輕動外，合無移咨吏部，將朔州左衛兩兵備、守巡，冀北二道藩臬并沿邊有司等官各令久任，資序應遷并有功等項悉照所擬加俸加級，毋輕升調。中間若有志向灰頹、甘心苞苴者，亦聽撫按官不時參治。

一、慎調用以圖真材。看得人材難得，軍旅之才尤爲難得。即今大同地方千瘡百孔，所賴分理安攘者全在將領、有司。苟非諳練于平時，豈能應變于臨事。除選將一事本部徑自酌處外，合無查照本官所議，移咨吏部，今後凡遇該鎮有司員缺，查與鄰近見任精力官員，係科目出身者，對職改調，應遷之時少加優異，以示激勸，庶幾人樂效用，邊政自舉。

覆宣大總督都御史李文進議還勸貸銀兩疏

題：爲乞賜補給借貸，以勸忠義，以勵人心事，職方清吏司案呈，奉本部送，准户部咨，該總督宣大山西等處地方軍務兼理糧餉、都察院右副都御史李文進題，奉聖旨："户部知道。"欽此。欽遵，抄出到部。

看得舍餘馮瑹等於醜虜圍城、軍民顛沛之時，乃能捐財救急，義可嘉尚，所借之數應合照數補還。但恐貴部先曾處給，未免重複，擬合查處。爲此合咨前去，煩將前項銀兩，如未議處，咨回本部題補；如已經處補，希由咨示，等因。咨部送司。卷查嘉靖三十七年十月該通政使司連狀送，據大同右、玉林二衛舍餘馮瑹等告，爲大虜久困邊城，官軍缺乏月糧，勸借富户銀粟充算月糧等事，本部備咨宣大總督軍門議給去後。嘉靖三十八年十月又該通政使司連狀送，據馮瑹等告，爲乞討勸借銀粟，累告議准未足，再乞明示事，内稱瑹等具狀告，行兵部，移咨總督、巡撫衙門，轉行兵備道，議明詳允，已領銀一千四兩、段二百五十疋，共作銀二千四兩之數，行本城守備馮詔照數給散，尚欠前銀七千餘兩，仍咨宣大軍門酌量處給去後。今准前因，案呈到部。

看得前項銀兩，比因虜攻右衛之時，勸借富民之有餘，周濟貧丁之不足，本爲善政，若使不爲處給，以後地方有事，信義已失，斗粟粒米，誰肯甘心輸之？所惜者小，所失者大。臣博往在彼中，深知其詳，相應急爲議處。合候命下，將本部近日發去右衛買馬銀内准動一萬兩，聽巡撫都御史楊選扣算明白，作速補還，取領附卷，剩銀并不堪段疋，俱送總督軍門賞功支用。

嘉靖四十年三月十五日題，奉聖旨："是。"欽此。

覆左給事中魏元吉責成參贊尚書江東禁戢營兵疏

題：爲敷陳時政急務，以裨聖治事，職方清吏司案呈，奉本部送，户科抄出，刑科左給事中魏元吉題，奉聖旨："該部看了來説。"欽此。欽遵，抄出送司。

卷查先該南京兵部尚書江東等題，爲議併營伍事，内稱議將南京振武營兵分隸各營，乞要會同南京府部九卿大臣、科道等官詳議具奏。已該本部覆議，題奉欽依，備行會同計議去後。今該前因，查呈到部。

看得刑科左給事中魏元吉具題前因，大率謂南京振武營軍士縱肆日甚，副總兵劉顯堪任都督，該營軍士似應分散，欲行尚書江東殫竭謀猷以壓衆心，以消顯患。及稱地方灾傷，養馬之役暫且停止，及秋再議徵解各一節。爲照國家撫馭軍士，不過恩威兩端。時給月糧，歲給布花，有功則照例升賞，死事則從重恤録，無非字之以仁，使之不忍欺；怠惰則小懲，玩肆則大誡，作奸犯科則改調遐荒，無將不道則立置大辟，無非裁之以義，使之不敢欺。勢本相須，理難偏廢。所據南京振武營軍士自去歲變後，在户部則糧賞及時，全無遲減；在兵部則差操有期，極其寛平。正當效義奮忠，同報皇恩，乃敢恃頑負凶，自干天憲。今據言官所論，或於對部而射箭，或於職官而綑駡，或搶掠於大都，或劫奪於村市，或創立百傑之會，或妄張無名之帖，履霜堅冰，漸不可長。但中間守法之人十尚八九，首當分别，不可混玉爲石。其餘冥行妄作固爲可惡，若使追其既往，又非與之更始之義。係干綱紀，相應通行議擬。伏望皇上天語丁寧江東，務要仰思朝廷簡任之隆，下盡臣子勤瘁之義，會同内外守備官，殫竭忠猷，申明法紀。軍之善者，則反覆教詔，令其益思向上；軍之惡者，則懇切戒諭，令其各知自新。以後但有不法，輕則以軍法究治，重則調發邊衛。或敢肆悖逆，即便拿送法司，問置重典。既不許輕舉妄動以失人心，亦不許沽恩養禍以壞政體。文書到日，限三個月以裏，聽南京科道官將江東等振飭過緣由從實奏聞。若仍前玩愒，亦聽科道官會本參劾。其都督徐珏，改任南京右軍都督府僉書，以補李光榮之缺。徐珏之缺應否代以劉顯，容臣等另行開奏。至於振武營應散應留，仍行江東，查照先今事理，會議上請。其北直隸、山東、河南地方委果灾傷，備用馬匹通行各該巡撫都御史斟酌輕重，徑自議處。

嘉靖四十年三月二十二日題，奉聖旨："是。江東受朕簡任，不能宣布朝廷恩威，訓以忠義，却乃專事姑息，以致營軍仍前悖肆，便着會同守備等官申明法紀，嚴加禁治，再似這等不宥。徐珏依擬改用。"欽此。

覆都給事中王鶴等論遼東鎮巡官楊照侯汝諒互相訐奏革任聽勘疏

題：爲鎮巡重臣不諳大體，懷私忿争，懇乞聖明早賜議處，以安邊鎮事，職方清吏司案呈，奉本部送，兵科抄出，兵科都給事中王鶴等題，奉聖旨："該部知道。"欽此。欽遵，抄出送司。

查得先該征虜前將軍、鎮守遼東總兵官楊照奏，爲撫臣驕縱，懷挾私讎，窘辱執拗，恐誤地方，懇乞天恩罷臣職守，以快衆憤，以安重鎮事，奉聖旨："該部知道。"欽此。又該巡撫遼東地方兼贊理軍務、都察院右僉都御史侯汝諒題，爲奸惡將官假故辭難，大肆欺罔，裝誣撫臣，懇乞天恩俯賜懲究，以肅紀綱以戒將來事，奉聖旨："該部知道。"欽此。通抄送司，案呈到部。

看得兵科都給事中王鶴等參稱，遼東總兵官楊照勇略未聞而輕佻有徵，譎詐叵測而規避日甚，實非大將之材。巡撫都御史侯汝諒執守有餘而通變不足，志向雖勤而才力未逮，亦忝重臣之任。二人嫌疑已深，搆隙日久，終不能改心易慮，共竭忠赤，乞要行令回籍聽勘，彼此訐奏事情聽彼處巡按御史逐一查明，徑自奏請各一節。爲照遼東地方自嘉靖三十七年以來屢屢失事，小者姑未暇論，重且大者多至二十餘次，中間如陣亡遊擊賈冕、備禦韓懋功，殺死進貢夷人都督八名，搶去敕書十道，事干國體，鎮巡重臣一籌不展，百務盡隳，正當洗心滌慮以蓋前愆，不宜挾詐懷私自干清議。所據總兵官楊照，明知罪狀之多，欲行規避；故爲訐奏之舉，妄肆譸張。都御史侯汝諒徒能持己，不善處人，禍孽雖非自作，辯析亦失大體。交口污衊，其論未定；靦顔猜忌，共事爲難。况人臣之義，職在封疆，當以身許國，若使見害則避，見利則趨，甚不容於聖明之世，既經該科參論前來，委爲有見，相應通行議擬。合候命下，將楊照、侯汝諒先行革任回籍聽勘，遺下員缺各另會官推補。一面備咨都察院，轉行遼東巡按御史，將各所奏事情逐一查勘，務見是非明白，就將失事情罪計其任事年月，何項罪在總兵，何項罪在巡撫，一併分别從重參究，不許故持兩可，蠹壞法紀。其楊照、侯汝諒亦要杜門省咎以待勘覆，如敢再行奏擾，容臣等參奏拿問。仍乞天語叮嚀各邊鎮巡等官，以後務要同寅協恭，仰報國恩，如有不諳大體，私相攻訐者，通聽該科并巡按御史指名參劾。

嘉靖四十年四月初二日題，奉聖旨："是。楊照、侯汝諒都革任回籍聽勘，員缺即推補。"欽此。

覆宣大總督都御史李文進等會議邊防疏

題：爲傳奉聖諭，經理要防，以備不虞事，職方清吏司案呈，奉本部送，兵科抄出，總督宣大山西等處地方軍務兼理糧餉、都察院右副都御史李文進，巡撫宣府等處地方、贊理軍務、都察院右僉都御史遲鳳翔題，俱奉聖旨："該部知道。"欽此。欽遵，抄出送司，案呈到部。

看得總督宣大山西軍務右副都御史李文進等條陳四事，俱於邊計有益。但南山一帶，外則防禦之責在於宣鎮，内則防禦之責在於薊鎮，一切修築事宜必須兩鎮計議相同，方免彼此推調之患。伏乞皇上敕下總督尚書許論等、都御史李文進等，查照款内事理會於境上，面相商確，作速具奏定奪。

嘉靖四十年四月初二日題，奉聖旨："依擬行。"欽此。

一、南山一帶。看得南山一帶拱衛畿輔，委爲第一重地，墩臺添築，不妨嚴密，如各官所議，行令宣府鎮巡官，趁今春暖，及時修舉，務堪保障。合用銀兩查照舊例，以十分爲率，本部於馬價内出銀二分半，户部出銀七分半，各差官解赴該鎮應用。至於款内薊鎮應修墻墩，仍聽許論、李文進會勘具奏。

一、聯墩之設。看得聯墩之設，總督許論向在宣大軍門，固嘗經始建置，利害知之必真，兩墩之間應否添築墻垣并未盡事宜，合行許論，會同李文進作速具奏。其應用南鐵，本部移咨工部，除年例之外多爲處發，差官解赴宣鎮打造。

一、懷來平川。看得防邊禦虜，全在將領得人，所據各官具奏前因，隨材器使，委爲有見。合無依其所擬，將宋蘭改宣府東路參將，李世忠仍以遊擊職銜管理兵車，董一奎以參將職銜管練遊兵。本部備查原擬責任，各請敕一道，令其欽遵行事，合用符驗、旗牌照例就彼交代。其奏討馬匹，於太僕寺寄養馬内量給一千匹，差官解赴該鎮，兑給各軍騎征。

一、永寧縣。看得永寧地方最當衝險，必須城垣堅固，防守得人，方保無虞。除知縣移咨吏部查議外，所據該城坍塌處所，行令參守等官上緊修砌完固。未運銀八千兩，行移該部作速查發。至於欲將榆林驛調入岔道等項事宜，斟量允當，合無悉如所議施行。

議單本襲替武官雙月類題疏

題：爲武官襲替事，武選清吏司案呈。照得武官襲替、優給，各該都司、衛所保送兒男到部，每雙月一選，内有犯該充軍爲民、降級調衛、立功陣亡、傳乞緝捕、升廕功、升未任、棄小就大、借職退還、武舉納級、推升流官等項，俱該大選後單本具題，每次不下五六十疏，參差不齊，煩瀆聖聽，殊非政體，呈乞酌處，案呈到部。

看得前項單本襲替官舍雖係舊規，但人各一疏，仰煩宸斷，委非慎重皇言之意，既經該司具呈前來，相應議擬。合候命下，以後應該單本官舍，俟大選畢，於次月初十日備將各父祖緊關情節開款，類總具題，庶爲長便。

嘉靖四十年四月十五日題，奉聖旨：“是。”欽此。

覆薊遼總督尚書許論議宣府聯墩不當棄疏

題：爲傳奉聖論，經理要防，以備不虞事，職方清吏司案呈，奉本部送，兵科抄出，總督薊遼保定等處軍務兼理糧餉、太子太保、兵部尚書兼都察院左副都御史許論題，奉聖旨："兵部看議來説。"欽此。欽遵，抄出送司，案呈到部。

看得宣府、昌平二鎮相爲唇齒，在宣府則整飭山北以爲外門，在昌平則整飭山南以爲内户，比之古北、石塘與虜止隔一墻者形勢不同。近該本部題奉欽依，欲令兩鎮總督面會境上，無非一家計算之意。但今秋防漸近，議論未一，彼此耽延，未免反致誤事。至於聯墩之不可棄，非惟許論知之甚詳、言之甚切，臣博向在彼中，寔深知之，廢强半之工，失萬全之險，律以天時地利之義，均爲有礙，相應通行議擬。合候命下，移咨宣府總督、巡撫官李文進等，先將聯墩查照原設舊制亟爲修補，守軍處給行糧、火器，專官較閲等項以次舉行。如果財力不敷，應該作何處分，徑自具奏。其山南山北修守事宜，兩鎮各自爲計，不必面會，以後如有疏漏，聽臣等查參究治。

嘉靖四十年五月十四日題，奉聖旨："是。"欽此。

覆雲南巡按御史王大任查處土夷阿堂遺孽疏

題：爲土人計殺賊首，懇乞聖明早賜議處地方，以安人心事，職方清吏司案呈，奉本部送，兵科抄出，巡按雲南監察御史王大任題，奉聖旨："兵部知道。"欽此。欽遵，抄出送司，案呈到部。

看得巡按御史王大任題稱，東川土夷阿堂刺死，伊男獻出，及稱地方殘傷，該府印信三顆俱被土官私分，缺官管束，乞要查追安萬銓陰據東川實迹、府印下落，及委官招撫殘傷人民，查訪禄氏宗枝襲職，守備仇爵擅給銀兩，提審者阿易等有無收領，及阿堂男阿哲作何安置，一併查議一節。爲照土酋阿堂，情雖報復私讎，迹已干犯公法。始而剿之有名，實是過舉；終而處之失當，遂至罔功。既稱被人用計刺死，足爲地方之慶。但印信給付未明，事涉隱禍；錢糧開報太濫，理難遽從。既該巡按御史王大任具題前來，相應通行議擬。合候命下，本部移咨總督川貴侍郎黄光昇并各該撫按等官，嚴查宣慰安萬銓有無希圖東川情節，該府印信見在何處，經歷司照磨所印信緣何擅自私分，務見下落。四川撫按官一面會委文武職官親詣東川，將殘傷人民多方招撫，一面訪取土人素所推服禄氏宗枝一人，保勘明白，承襲祖職。并提審者阿易等曾否收受守備仇爵軍餉銀一千兩，如果原未收受，顯是本官破冒，徑自參提。及查阿堂男阿哲實年幾歲，應該作何安置。一併勘處停當，作速具奏，以憑覆請定奪。

嘉靖四十年五月十四日題，奉聖旨："是。"欽此。

覆監察御史唐繼禄條陳修邊詰戎疏

題：爲仰體聖心，陳末議，以修人事，以隆天眷事，職方清吏司案呈，奉本部送，户科抄出，廣東道監察御史唐繼禄題，奉聖旨："該部看了來說。"欽此。欽遵，抄出送司，案呈到部。

看得廣東道監察御史唐繼禄條陳修邊防、詰戎兵二事，均於安攘有益，合就開立前件，議擬上請定奪。

嘉靖四十年五月十五日題，奉聖旨："依擬行。"欽此。

一、比年黠虜恣肆，看得各邊墩堡，以之傳報烽燧則爲我之耳目，以之收斂人畜則爲我之屏翰，關係甚重，節經邊臣建言，本部覆議，責成督撫等官乘時修繕，其説已詳。但或因錢糧不敷而力不能爲，或因虜騎充斥而勢不可爲，或因委官不才而不知所爲，圮壞之事往往有之。内地妖逆從而爲虜嚮導，避堅攻瑕，避實擊虚，邊報孔棘，坐此故耳。御史唐繼禄言及於此，無非先於自治之義。合無備行各處總督、鎮巡衙門，督同守巡、兵備及各該將領，備查境内墩堡堪守若干，損壞若干。已經具奏者，併工修築；未經具奏者，一面勘議，一面先行修築。務在秋防之前逐一完固，以爲永逸之計。果有前項奸狡之徒，是乃亂臣賊子，人人得而誅之，即便具實奏聞，明正其罪。但須審鞫允當，不可濫及無辜，反傷和氣。

一、詰戎所以戒不虞，看得國家養兵本以衛民，非以病民。南中軍士素稱脆弱，往因倭奴之擾見其不足爲恃，始爲召募之舉，遂使無賴惡少得以竄名其間，官司失於制御，漸成驕悍。即如南京、蘇州、福建各營之兵是已，不能禦寇，反爲内寇，不能宣威，反損國威，言之可恨。給事中魏元吉先嘗言之，已蒙聖明俯納其議，嚴旨申飭。御史唐繼禄今又言之，無非振肅綱維之意。合無通行南京兵部并各該督撫等官，務要仰體宸衷，大伸軍法。以後各軍果能奮忠效義者，豐其糧賞，恤其勤勞，以盡憫下之仁。若使不知省改，仍前悖逆，輕則治以軍法，重則查照本部原議，改調邊衛，甚則寘諸重典，以示懲戒。

覆浙直總督尚書胡宗憲等三省夾剿山寇疏

題：爲乞行剿除山寇巢穴，以靖地方事，職方清吏司案呈，奉本部送，兵科抄出，總督浙直福建等處軍務兼巡撫浙江地方、太子太保、兵部尚書兼都察院右都御史胡宗憲，提督軍務兼巡撫福建等處地方、都察院右副都御史劉燾題，俱奉聖旨："兵部知道。"欽此。欽遵，抄出送司，案呈到部。

看得總督浙直福建尚書胡宗憲、巡撫福建都御史劉燾各題稱，廣東饒平縣賊首張璉等、大埔縣賊首蕭雪峰等、程鄉縣賊首林朝曦等，糾衆侵越汀、漳二府各縣，賊方四散劫掠日久，各賊巢穴在於廣東，必須絶其盗源，禍患可息一節。爲照前項賊徒往來福廣境上，兵至則遁入巢穴，兵退則復肆剽掠，作患日久，地方漸不能堪，必須各該督撫等官不分彼此，叶心剿捕，事方有濟。合候命下，移咨總督浙直尚書胡宗憲、提督兩廣侍郎鄭絅、總兵官陳王謨、巡撫南贛都御史楊伊志、巡撫福建都御史劉燾，從長計議，嚴督參將并該道守巡、兵備、守備等官，選調精兵，應該搗其巢穴者，多方搜剿，使之入無所據，應該防其攻劫者，隨處奮擊，使之出無所獲，務絶禍端以安黎庶。本部一面轉行巡按廣東、福建、江西各監察御史，通候事寧之日，將獲功、失事人員分别等第，造册具奏。如再行玩愒，養奸蓄寇，先行從實參究，以憑覆請定奪。

嘉靖四十年五月二十五日題，奉聖旨："是。"欽此。

覆南京科道官楊銓等論參贊尚書江東别用疏

題：爲營軍大肆狂悖，毆傷職官，乞賜亟黜惽謬本兵大臣，併懲營軍首惡，以肅兵紀，以安地方事，職方清吏司案呈，奉本部送，兵科抄出，南京兵科等科署科事、南京吏科給事中楊銓等奏，又該南京浙江等道監察御史劉行素等奏，爲營軍聚衆，毆傷職官，乞賜亟斥庸昏本兵大臣，早選才望，以鎮肅人心，以安根本重地事，俱奉聖旨："兵部看了來説。"欽此。又該南京兵部等衙門太子少保、尚書等官江東等題，爲地方事，奉聖旨："兵部知道。"欽此。欽遵，通抄送司，案呈到部。

看得南京兵科等科署科事、吏科給事中楊銓等，南京浙江等道監察御史劉行素等，南京兵部等衙門尚書等官江東等各題奏前因，大率謂池河新營兵變，綑打千户吴欽，皆由本兵申革幫丁所致。在楊銓、劉行素等則稱尚書江東威令不行，輕信妄爲，查革幫丁，貽禍地方，乞要亟賜罷黜，惟復取回别用，及要將倡亂首惡依律治罪，并行當事諸臣欽承威命。在江東等則稱千户吴欽申革幫丁，該司方議清理，尚未呈堂，各軍輒行凌辱職官，法委難容，及揭開擒獲首惡九名，并將千户吴欽、把總余忠等查參前來各一節。爲照池河地方去南京二百餘里，飛熊、英武、廣武三衛雖隸南京，自來開設江北，原與振武營兵不相干涉，乃今不畏法紀，聚衆吶喊，綑打職官，搶劫財貨，已成不道之辜，豈止無將之戒？雖稱拿獲九人，中間不無漏網，當此人情縱肆之時，必須重懲，難以輕貸。尚書江東，始因議革供丁，責固難諉；終能計擒首惡，情似可原。但參贊重臣全在威望，而才識猶似次之，既經言官極口論列，損威傷重，以後自難展布，相應與事内各官通行議擬題請。合候命下，移咨吏部，將江東取回别用，員缺先行推補。把總余忠，衛總吴大有、侯俊、韋堂，中軍楊鉞，百户仲瑶俱革去見任，不許管軍管事。一面將見獲犯人邢思、劉奉、趙亮、熊爵、用住兒、史均、臧秀、欽英、胡堂并千户吴欽通送南京法司審究明白，問擬具奏。一面備行内外守備等官魏國公徐鵬舉等，坐委都督吴瑛、劉顯，坐營官張光大，再查前項首惡果有遺漏，徑自拿送法司，一併究治。其餘脅從之人，始〔三〕從寬假，各軍供丁照舊幫貼。既不許輕易查革，嚴急以失衆心；亦不許聽從影射，姑息以傷政體。仍出給簡易告示，明諭知之。

嘉靖四十年五月二十五日題，奉聖旨："是。江東着回籍聽候别用，員缺吏部便會推堪任的來看。"欽此。

覆巡視京營御史張九功條陳捕盜恤軍疏

題：爲仰遵明旨，敷陳時弊，以回天意，以隆聖化事，職方清吏司案呈，奉本部送，兵科抄出，巡視京營、河南道監察御史張九功題，奉聖旨："該部知道。"欽此。欽遵，抄出送司，案呈到部。

看得河南道監察御史張九功所陳"平盗賊以安地方"委於弭盗有益，"恤營軍以蓄國威"又經戎政大臣查議相同，合就開立前件，議擬上請定奪。

嘉靖四十年閏五月初二日題，奉聖旨："依擬行。"欽此。

一、平盗賊以安地方。看得荒年多盗，勢所必至。仰蒙皇上屢勤聖諭，敕下臣等，責令所在官司撫戢擒捕，神謀聖算，仁義並施，一時臣工奉行惟謹。今據山西沁州、定襄等處有賊聚衆數百，戕殺千户，淫虜婦女，失事不爲不重，彼處守臣不見奏報，萬一釀成大寇，勞費不貲。巡視御史張九功舉以爲言，無非除暴安民之計。合無依其所擬，一面備行山西巡撫官，量調官兵，刻期搜剿，不許玩寇以致滋漫。巡按御史先將應參應問人員作速查明，星馳回奏。本部一面通行各處撫按官，但有草寇生發，務要設法擒捕，仍具由奏知。如敢效尤山西，隱匿不報，聽臣等與該科指名參究。

一、恤營軍以蓄國威。看得京營患病官軍幾至二千餘名，呻吟就斃，誠可矜憫，巡視御史張九功舉以爲言，誠足以廣我皇上軫念元元之仁。既經戎政大臣查議前來，合無依其所擬，先於支出太僕寺修置金鼓、旗幟等項子粒銀二千五百兩，定委副將等官再加查審，作速動支，每軍一名給銀三錢，每官一員給銀五錢，以濟貧病。銀果不敷，容臣等徑自另行處給。其官軍雖病，家道殷富，自能處辦藥餌者，不許一概混支。事完之日，造册送部查考。

覆南京都督劉顯量帶親兵隨營操練疏

題：爲懇乞天恩假權宜，宣國威，以安根本事，職方清吏司案呈，奉本部送，兵科抄出，協守浙直地方副總兵官、署都指揮僉事劉顯奏，奉聖旨："兵部知道。"欽此。欽遵，抄出送司，案呈到部。

看得協守浙直副總兵劉顯奏稱，升授南京中軍都督府提督振武營，乞要帶領川兵二千名隨營同軍操練一節。爲照兵、將固貴相識，兵食尤當早計。都督劉顯素與川兵上下服習，真有以臂使指之義，若使帶入南都，隨營操練，内外緩急，均爲有益。但彼中原無前項兵糧，以後供饋不繼，未免反致失所，作事謀始，相應從宜議擬。合候命下，移咨南京兵部，轉行都督劉顯，將原領川兵聽其揀選五百名，帶赴該營，同軍操練，應得糧餉照例支給。其餘一千五百名盡數交與新任副總兵楊尚英，統領戰守，仍聽劉顯便宜從事，徑自調用。

嘉靖四十年閏五月十二日題，奉聖旨："是。"欽此。

覆左給事中張益等增定參贊尚書職掌疏

題：爲乞賜酌處事宜，以固留都根本事，職方清吏司案呈，奉本部送，兵科抄出，兵科署科事、左給事中張益等題，奉聖旨："兵部看了來説。"欽此。欽遵，抄出送司。

卷查先該本部議題，節奉聖旨："張鏊且着戴罪辦事，與同李遂撫安軍民，凡事許便宜處置。"欽此。欽遵，今該前因，查呈到部。

看得兵科署科事、左給事中張益等題稱，南京兵部尚書參贊機務，一遇警急則皆略守備而責參贊，不可不重其職掌，乞要從長議擬，於參贊敕内事體不便者稍爲更易，舊日所無者稍爲增入各一節。爲照南京兵部尚書職在參贊，與内外守備均有保釐之責，原奉敕諭開載已明。頃因地方多事，督責之議全在參贊，若不重其事權，其勢自難展布，該科欲要從長議擬，委爲得其領要。查得各處多有因事增敕事例，相應斟酌題請。合候命下，備咨南京兵部，轉行南京五府僉書都督，既分管振武、神機、大小教場，以後俱聽參贊節制。應天、淮揚巡撫都御史凡事與參贊叶同計議而行，副總兵、參遊、兵備等官俱聽參贊委用，未盡事宜，悉聽參贊便宜處置。本部仍將前項職掌行移内府、翰林院，除原敕照舊外，另請敕諭一道，給付新任尚書李遂欽遵行事，平寧之日，徑自奏繳。

嘉靖四十年閏五月十五日題，奉聖旨："依議行。"欽此。

議起用閑住公侯伯使過疏

題：爲急缺勛戚推用事，武選清吏司案呈。照得南京左府、右府缺掌印官，又缺操江武臣，北京五府僉書官，左府、右府各缺一員，前府缺二員，例該於公侯伯内推用，查得勛戚簿内通無相應者，呈乞查處，案呈到部。

看得兩京五府掌印、僉書，南京守備、操江，兩廣、湖廣總兵，舊例俱於公侯伯内推用。緣各爵人數本少，兼之未任者則少不更事，不堪推舉，已任者則多被論劾，不應推舉，該司既稱乏人，委當酌議題請。合候命下，容臣等於革任公侯伯内查有因公罷閑，原與行檢無礙者，各另疏名請旨簡用，令其洗心策勵，以蓋前愆，以收後效。其坐府僉書，照舊將資深都督相兼推用。本部一面通行兩京科道官，速查各爵，果有才能卓異堪以大用者，會本旌薦，附簿聽候，庶幾公論有歸，人思感奮，干城腹心之臣自當以漸而出矣。

嘉靖四十年閏五月二十日題，奉聖旨："是。"欽此。

嚴查延綏鎮城饑民倡亂疏

題：爲異省趁食饑民乘夜搶奪財物、米糧，當遣官兵即時追捕肆散，以安地方事，職方清吏司案呈，奉本部送，准巡撫延綏等處地方、都察院右僉都御史孫慎，鎮守延綏總兵官孫勇揭帖，通送到司，案呈到部。

看得延綏鎮城閏五月十九日昏夜劫掠之變，雖稱四外流食之人乘機搶奪，豈無一二土著參與其間？彼時止有總兵官孫勇、都御史孫慎差人禁緝，其副總兵張琮，遊擊時達、范國輔、陳力同處一城，緣何杜門坐視，不行擒捕？顯有避難縱惡之迹，全無竭忠任事之義，罪狀昭彰，難以輕貸。乃今歸咎於巡捕之官，聊以塞責，殊失法典。係干地方，相應通行議擬。合候命下，移咨總督都御史程軏、巡撫都御史孫慎，公同總兵官孫勇，務將倡禍首惡搜訪，贓私下落追究，明實從重問擬，會同具奏。其餘脅從之人出給簡明告示，姑從寬假。中間雖係首惡，有能連贓出首者，亦准開釋，不必深究。一面移咨都察院，轉行陝西巡按御史，速查前事是否饑民乘夜搶掠，有無別項大奸巨惡隱蔽不舉。張琮、時達、范國輔、陳力先行住俸，立限擒賊。通候事完，或有罪無功，或有功無罪，或功罪相準，從實回奏，務使將官欺慢者無以苟容，奸凶恣縱者重以爲戒，方見振飭綱維、修明國體之意。其鎮巡標下官并都司、衛所等官孫慎、孫勇，仍要嚴加查究，當夜何官見在公所協心擒賊，何官不在公所忍心自保，應軍法處置者重加懲治，應參奏者指名參奏。

嘉靖四十年六月十五日題，奉聖旨：“是。”欽此。

覆給事中徐鼎條陳海防疏

題：爲罄愚衷，陳末議，以裨東南大計事，職方清吏司案呈，奉本部送，兵科抄出，禮科給事中徐鼎題，奉聖旨："該部知道。"欽此。欽遵，抄出送司，案呈到部。

看得禮科給事中徐鼎條陳四事，均於東海戎政有益，合就開立前件，議擬上請定奪。

嘉靖四十年六月十五日題，奉聖旨："依擬行。"欽此。

一、練土著。看得土著之兵，人情、地形素所服習，故能以主待客，以逸待勞，比之遠調客兵，利害懸絶。節經言官建白，本部議覆，責成當事諸臣加意團練，奉有俞旨，其説已詳，查與給事中徐鼎所言大略相同。合無依其所擬，備行各該總督、鎮巡衙門，督同守巡、兵備、參遊、守把及軍衛有司等官，各將所轄水陸之兵不拘召募，逐一簡選精鋭，沙汰老弱，及時操練，務使人人可用，不致空費糧賞。本部一面移咨都察院，轉行各該巡按御史，巡歷所至，即查彼處土兵曾否教練，有成效者具實旌薦，因循誤事者指名參奏。其選雇一節，不知原題何項銀兩，見在何處收貯，悉聽各官徑自酌量施行。

一、明職守。看得職守定則事有責成，信地明則人難推諉。即今閩廣山海寇盗並騖交馳，爲患不輕，南贛、兩廣軍門互相推調，以致賊勢日熾，寔因職守不明之故，給事中徐鼎舉以爲言，切中其病。合無依其所擬，備行福建、兩廣、南贛各都御史，各照原擬責任及所轄地方，嚴督海道、兵備、守巡、參將、府縣等官，務將前項盗賊多方剿捕，刻期盡絶。如若仍前推托，殃民玩寇，容臣等并該科從重參究。

一、核功罪。看得激勸人心固在賞罰之當，嚴明賞罰全據功罪之實。地方官員失事則掩千以爲百，獲功則以一而爲十，斬獲至多，臨陣甚少，給事中徐鼎舉以爲言，不止閩廣，是誠沿邊沿海積習之弊。合無依其所擬，備行總督、提督軍門，嚴行兵備將領等官，今後地方失事及斬獲首級，一應有功有罪人員務要從實開報，本部覆行巡按御史逐一覈勘。如敢蹈習舊弊，隱罪張功，有乖賞罰，聽本部與該科從實參奏。

一、赦逋逃。看得沿海小民迫於饑寒，相聚爲盜，實非本心，若不開其自新之路，則黨類日繁，爲患愈甚。給事中徐鼎舉以爲言，無非弭盜安民之計。合無依其所擬，備行各該總督、撫按衙門，除大奸巨惡律法難容者自有常刑外，其餘脅從之徒悉聽從宜招撫，令其歸還復業，仍出給簡明告示，各許自首免罪，不許互相告訐。至於興販魚鹽，些須生理不在禁例者，不得一概阻塞。

覆宣大總督都御史李文進等李莊屬夷功賞疏

題：爲仰仗天威，撫處屬夷，剿除衆虜，納款效順事，職方清吏司案呈，奉本部送，兵科抄出，總督宣大山西等處地方軍務兼理糧餉、都察院右副都御史李文進，巡撫宣府等處地方、贊理軍務、都察院右僉都御史遲鳳翔題，俱奉聖旨：“該部知道。”欽此。欽遵，抄出送司，案呈到部。

看得總督宣大山西軍務都御史李文進、巡撫宣府都御史遲鳳翔各題稱，屬夷史氏兄弟斬獲虜首一十餘人、黨類百有餘衆，及稱參將呂淵、原任參將周一元、守備高卿、原任守備韓尚忠、撫夷官劉潤均當獎賞，屬夷史大、史二、桃花帶等賞當從厚，乞要將吕淵等量賞，各該屬夷分别厚賚，史大、史二量請職銜，令其管束諸夷各一節。除職銜不敢輕議外，爲照屬夷史大等邇年以來雖聽招撫，乍叛乍臣，不足爲恃，乃今苦虜侵暴，一旦翻然改圖，互相讎殺，忠順之心雖云難保其終，效用之迹似當即與其進。參守等官吕淵等往來撫處，均有微勞，既該督撫官李文進等會題前來，事干夷情，相應通行議擬。合候命下，將史大照依都督影克事例，給賞織金紵絲衣一套、綵段二表裹，史二給賞綵段二表裹，仍與桃花帶等，并吕淵、周一元、高卿、韓尚忠、劉潤，聽李文進、遲鳳翔動支官銀從重獎勞。在夷人務使極其歡感，以堅圖報之心；在將領務要甄别公平，以絶觖望之念。一面宣諭史大等仰戴聖恩，以後鈐束部落，永爲藩蘺，不許陽順陰逆，自干天譴。

嘉靖四十年六月二十一日題，奉聖旨："是。史大賞織金紵絲衣一套、綵段二表裹，史二綵段二表裹，仍與桃花帶等并吕淵等獎勞。"欽此。

覆江福等處撫按官奏報賊情責限協力剿平疏

題：爲地方賊情事，職方清吏司案呈，奉本部送，兵科抄出，巡撫江西等處地方、都察院右副都御史張元冲題，奉聖旨："兵部看了來説。"欽此。又該巡按福建監察御史李廷龍題，爲續報地方賊情事，提督軍務兼巡撫福建等處地方、都察院右副都御史劉燾題，爲飛報山寇流突地方事，俱奉聖旨："該部知道。"欽此。欽遵，通抄送司。

卷查先該巡撫福建都御史劉燾題稱，賊首張璉、蕭雪峰等流犯汀漳地方，原係南贛軍門專責。該本部議，行南贛、兩廣軍門，查照原擬責任，多方搜剿。又該巡按御史李廷龍題稱，福、興、漳、泉殘倭未除，延、建、汀、邵山賊盤據，乞要申敕都御史劉燾，會同南贛都御史楊伊志，互相應援。該本部議，行福建、南贛各都御史，併力剿捕，限九月以裏務期盡絶。又該禮科給事中徐鼎條陳一款“明職守”内稱，福建海寇未靖，則責福建軍門及巡視海道；如饒平山寇未除，則責兩廣、汀贛軍門及分巡漳南、嶺東二道。又該本部議，行福建、南贛、兩廣都御史，各照所轄地方剿捕。俱經節奉欽依，通行欽遵去後。今該前因，通查案呈到部。

看得巡撫江西都御史張元冲等具題前因，大率皆謂閩廣之賊，在張元冲，則稱賊由寧化、光澤等處窺越新城、廣昌，從汀漳、雩都等處覬攻萬安、泰和，欲行福建、南贛軍門協策芟治，如驅近江西地方，行臣會同夾擊；在福建巡按御史李廷龍，則稱建寧以外無處無賊；在巡撫都御史劉燾，則稱各賊多係年凶乏食，相率竊掠府縣，從宜招撫，勢必解散各一節。臣等逐一參詳，張元冲所論正因閩廣之賊突入江西境内，恐其醜類嘯聚，連結未已，意欲早爲驅除，以絶堅冰之漸。至於福建之事則患在剥膚，汀、漳、興、泉盡爲豺虎之穴。巡撫之言似猶未盡，巡按之言則因事直陳，明白痛切。所據巡撫都御史劉燾、提督都御史楊伊志玩愒之咎均屬難辭，若不嚴加究處，三省生靈永無安枕之期，相應通行議擬。合候命下。將劉燾照舊住俸，楊伊志住俸戴罪，本部馬上齎文交與劉燾、楊伊志并兩廣提督侍郎張臯、總兵官陳王謨、江西巡撫都御史張元冲，各照原擬責任及所轄地方，矢心協力，督率參遊、守巡、兵備等官，選調勁兵，分投剿捕。廣東則當絶其源，福建則當塞其流，江西則當遏其波，照依近奉欽依，通限九月以裏平寧回奏。一面轉行福建、廣東、江西巡按御史，各要隨軍紀驗，不許轉委別官，事寧之日，通將失事、獲功人員覈實具奏。一面移咨總督浙直福建尚書胡宗憲，酌量賊勢急緩，或應指授方略，或應發兵應援，事在閫外，徑自便宜施行。

嘉靖四十年七月初三日題，奉聖旨："是。這賊寇猖獗，三省地方受害甚慘，各官不行用心設法剿平，好生怠玩，且都着戴罪供職殺賊，限九月内奏報寧息。如再誤事，各該巡按御史指名從實參奏重治。"欽此。

覆江西巡按御史段顧言等飛報賊情協剿疏

題：爲盜賊猖獗，陣亡方面等官，伏乞聖明褒録忠勇，嚴處督撫諸臣，併速議調兵會剿，以靖地方大患事，職方清吏司案呈，奉本部送，兵科抄出，巡按江西監察御史段顧言題，奉聖旨："兵部便看了來説。"欽此。又該巡按福建監察御史李廷龍題，爲再報地方賊情事，奉聖旨："該部知道。"欽此。

案照先該巡按江西監察御史段顧言，巡撫江西等處地方、都察院右副都御史張元冲題，爲緊急賊情事，俱奉聖旨："兵部便看了來説。"欽此。欽遵，通抄到部送司。查得正德七年七月内，該總制江西等處地方軍務左都御史陳金等題，爲緊急賊情事，内稱江西按察司副使周憲領兵在華林山殺賊三十餘人，被賊殺死，伊男周幹隨父身死，通判汪穎被傷猶戰，俱宜褒録，及參稱都指揮胡玉、參議沈煉等失事縁由。該本部覆議得，副使周憲亡身殉國，忠節可嘉，伊男周幹隨父傷死，孝義可取，委宜褒録；通判汪穎面被鎗傷，力戰却賊，亦可嘉獎；被殺兵便人等合行原籍官司恤其家屬，免其差徭；被傷者仍各給與湯藥。都指揮胡玉、參議沈煉、副總兵張勇及三司掌印、領兵官俱各有罪，總制都御史陳金，鎮守太監黎安，巡按紀功御史江萬實、曹倣亦難辭責。奉武宗皇帝聖旨："是。周憲亡身死難，周幹赴鬥被害，父死于忠，子死于孝，情俱可憫。周憲贈本司按察使，與他謚并祭葬，還廕一子做百户世襲。周幹孝烈，着有司旌表門閭。汪穎面已被傷，猶能力戰，升二級。其餘陣亡、征傷兵便人等，都依擬優恤，務使各沾實惠。胡玉等畏懼退縮，不行策應，依擬提問，着戴罪殺賊，事寧之日，分別功罪，明白奏來定奪。張勇及三司掌印、領兵官都住了俸，并鎮巡官，着陳金上緊督率，用心滅賊，以圖後效。本處有交通賊犯，挑送鹽米上寨的，務要根究得獲，照依近日直隸地方王欽等通賊事例凌遲處死，决不輕貸。"欽此。查呈到部。

看得巡按江西御史段顧言題稱，閩廣山賊流犯江西太和、永豐等處，副使汪一中，指揮王應鵬，千户陳策、唐鼎陣亡，僉事王應時被執。參稱提督南贛都御史楊伊志玩寇殃民，罪當首論；江西巡撫都御史張元冲貽害縱奸，法當并論；分守南贛參將谷暘按兵引避，所當拿問；建撫守備李寧積玩成風，亦當重處。乞要將前項各官分別查處，并將兩廣、福建各軍門追究致寇之由、縱寇之罪；江西巡撫加添提督軍務職銜，請給旗牌；陣亡副使汪一中立祠贈官，仍廕其後；指揮王應鵬等一體祀贈；重傷僉事王應時果得生還，量加擢用。又稱官軍調遣，果能衝鋒破敵，即有損傷，亦寬其罪。如或按兵畏縮，致殘地方，即非信地，必重以罰。其在軍門、巡撫諸臣，縱容姑息，即坐以玩寇之罪。又該巡撫江西都御史張元冲題稱，與巡按所言大略相同。又該巡按福建御史李廷龍題稱，賊將鎮海衛城攻破等情各一節。

爲照前項賊徒，大率出自廣東，横於福建，加以贛州諸洞巨奸爲之羽翼，亡命惡少爲之腹心，乃敢肆無忌憚，深入江西吉安等處，抗敵官兵，戕辱方面，其勢已成乎堅冰，其患非止於滋蔓。在今日所最急者，賞罰不可不明，任用不可不當，事權不可不重。至於究本窮源，廣東、福建尤爲基禍之首。所據巡按御史段顧言、李廷龍等具題前因，敷陳明悉，相應通行議擬。合候命下，將副使汪一中照依先年副使周憲陣亡事例厚贈一官，賜給祭葬，仍加世廕。僉事王應時斟酌通判汪穎被傷事例，量與文廕，移咨吏部，不次擢用。指揮王應鵬，千户唐鼎、陳策，行令該衛所將應襲兒男保送赴部，各襲升二級，仍先處給官〔四〕殮銀三十兩，給驛回籍安葬。其餘獲功、失事、陣亡，應優恤者從重優恤，應覈實者作速具奏。其江西各該守巡、兵備，都司掌印、僉書，府縣衛并廣東、福建惠、潮、汀、漳、建、邵等處兵備、守巡、守備等官通行住俸戴罪。仍於江西添設僉書都司一員，聽候委用領兵。本部一面馬上差人齎文交與兩廣、福建、江西、南贛各該督撫侍郎、都御史，調集勁兵，併力夾攻，遵依欽限，務在九月以裏剿除盡絶以靖地方，敢有互相推調者，即便從重參究。江西巡撫都御史暫加贊理軍務職銜，換給敕書，請給旗牌，欽遵行事。福建、江西、廣東巡按御史各請敕一道，照依題准事理，隨軍紀功，不許轉委别官。一面備行總督浙直福建尚書胡宗憲兼督江西軍務，或應設法拒堵，或應發兵應援，悉聽相機處置，仍請敕一道，增擬職任，事寧之日，通行照舊。其地方土人有能擒斬賊級者，與官軍一體升賞。獲賊貨物盡數給與本人，官司不許侵扣。中間果有豪傑，力能號召多人報效者，聽巡撫官加以頭目名色，以便録用。官軍以後衝鋒破敵者，雖有損傷，亦免治罪；畏縮觀望者，即非信地，重加究罰，悉照北方規格施行。

及照提督南贛都御史楊伊志，御史段顧言則欲首論；巡撫江西都御史張元冲，御史段顧言則欲併論；巡撫福建都御史劉燾，御史段顧言則欲追論：雖失事情狀不同，均爲有罪。内劉燾素閑兵略，年力方剛；楊伊志徒持清謹，振勵無望；張元冲則在二臣之間。合無將楊伊志革任聽勘，員缺會官推補；劉燾、張元冲一體住俸戴罪，以責後效。參將谷暘、守備李寧玩寇殃民，罪惡深重，委當拿解來京，從重治罪。

嘉靖四十年七月初七日題，奉聖旨："這各官失事，楊伊志革任回籍聽勘，員缺便推補。張元冲住了俸，劉燾先已住俸，且姑留用，都著戴罪殺賊。江西都司革俸，贛、吉、撫、建、惠、潮、汀、漳、建、邵十府，凡賊經由併入犯之處守巡、兵備、守備、府縣衛所官等都住了俸，吏、兵二部便查各官職名開具奏來，通候賊平之日，分別奏請定奪。谷暘、李寧，巡按御史拿解來京問。張元諭、楊應東、陽冲、劉良翰、丁鑑，巡撫衙門提問具奏。各缺先補。胡宗憲着兼節制江西地方，相機發兵應援，江西巡撫暫加兼理軍務，都寫敕與他。其餘准議行。汪一中死事可憫，贈光禄寺卿，廕一子與做錦衣衛百户，還與他祭葬立祠。王應鵬、唐鼎、陳策贈官、升襲照例行。王應時升二級用。"欽此。

覆宣大巡按御史董學等論大同出塞功罪疏

題：爲貪肆邊將失律喪師，懇乞聖明重加究治，以昭法紀，以安邊疆事，職方清吏司案呈，奉本部送，兵科抄出，巡按直隸監察御史董學題，又該總督宣大山西等處地方軍務兼理糧餉、都察院右副都御史李文進，巡撫大同地方、贊理軍務、都察院右僉都御史楊選題，爲官軍出塞剿捕叛逆，生擒斬獲事，俱奉聖旨：

“兵部知道。”欽此。隨該兵科參看得，巡撫都御史楊選，會同鎮守大同總兵官、都督僉事劉漢題，爲官軍出塞勦捕叛逆，生擒斬獲事一節，爲照李從陽等係漢人，思家投降，趙大賢等捉鎖而歸，與擒獲虜賊不同，安得分首從論功？板升之事亦爲倉皇失計，所損已多，中間不無支吾。況動調官軍一千五百員名，所獲叛丁一十二名口，斬首四顆，陣亡官軍一十六員名，水渰死家丁一十九名，在陣射死官馬四十二匹，渰死馬三十六匹，則功不掩過，得不償失矣。合行抄出議處施行，等因。通抄送司，案呈到部。

看得巡按直隸監察御史董學參稱，大同總兵官劉漢輕率寡謀，邀功塞外，聞衆虜之追而坐失應援，取板升之敗而昭著莫掩；巡撫楊選職叨贊理而任武夫之貪肆；總督李文進任專督率而恣將領之自專。乞要將劉漢亟爲罷斥，或重加罰治，李文進等量加戒飭。又該總督、撫鎮等官右副都御史李文進等各題稱，官軍出邊至豐州大小板升等處，渡河搗巢，共擒斬二十四名口顆，陣亡官軍譚道等一十六員名，渰死官軍擺言等一十九員名，射死官馬四十二匹，渰死三十六匹，被傷官軍一十五員名，乞要照例升賞優恤，生擒真虜、叛逆家屬，行巡按御史勘明具奏，及該兵科參出議處各一節。爲照蠢兹醜虜，始因逆賊丘富勾引，爲害已久，近又加以老營堡叛丁同惡相濟，羽翼益繁。乘時搗巢以挫其勢，近歲節奉明旨，不爲過舉，但兵家之事貴於萬全，出塞之危全賴一將。乃今總兵官劉漢始而人謀不臧，擁重兵以觀望，繼而天時未順，致半渡之渰傷，雖有斬獲之微功，難免喪失之重咎。所據巡按御史董學欲將本官罷黜，或重加罰治，并兵科參出前因，無非振飭法紀之意。即目秋氣漸高，正當臨敵之時，相應與督撫二臣通行議擬。合候命下，將劉漢住俸戴罪，稍候防秋畢日，斟酌功罪，另行計處。楊選、李文進量加戒飭。一面移咨總督李文進、巡撫陳其學，務要嚴戒將領，日後不得輕率邀功；申飭邊防，日下猶恐中其報復。一面移咨都察院，轉行宣大巡按御史，將前項渡河擒斬首級，并生擒真虜、叛逆家屬作速查驗，中間投降之人與擒斬不同，應否録功，其渰没官軍，據督撫則稱不滿二十人，據巡按則稱數百人，人數懸絶，務要逐一勘究歸一，應參應問人員從實分别，具奏定奪。

嘉靖四十年七月十六日題，奉聖旨："是。劉漢住了俸，戴罪殺賊。楊選、李文進，著策勵供職。"欽此。

覆巡撫陝西都御史裴紳省城添設參將疏

題：爲添設將領，專任責成，以禦虜患事，職方清吏司案呈，奉本部送，兵科抄出，巡撫陝西等處地方、都察院右僉都御史裴紳題，奉聖旨："兵部知道。"欽此。抄出送司，案呈到部。

看得巡撫陝西都御史裴紳題稱，陝西省城止有都司，無一將領，軍威不振，乞要添設參將一員以備虜患一節。爲照陝西會城自鎮守移住固原以來，各該官軍既無專將統領，委難責成，即今彼中虜情日增月益，選將練兵，亟當計處。所據都御史裴紳具題前因，審時度勢，委非得已，相應通行依擬。合候命下，將陝西會省添設參將一員，本部推選謀勇堪任者上請簡用，就將見選西安左等四衛官軍與同巡撫標下馬軍通共三千名交付統領，無事專住省城如法訓練，有警專聽巡撫調遣截殺。合用敕書、符驗、旗牌等項照例請給。

嘉靖四十年八月十五日題，奉聖旨："是。"欽此。

校勘記

〔一〕"轉"，疑當作"傳"。

〔二〕"諸"下，據文意似脱一"臣"字。

〔三〕"始"，疑當作"姑"。

〔四〕"官"，疑當作"棺"。

楊襄毅公本兵疏議卷七

遵諭條上定策遏虜疏

少保兼太子太保、兵部尚書臣楊博等謹題：爲欽奉聖諭事，職方清吏司案呈，奉本部送，該内閣傳奉聖諭："自博入，我每慮邊務。今秋必有擾者，可語博早定策以遏之。"欽此。欽遵，傳奉到部，除先已具由回奏外，所有定策事宜呈乞查處，案呈到部。

看得醜虜入犯多在凉爽之時，防禦機宜貴審急緩之勢。今之九邊，大率以薊鎮爲第一，蓋腹心既安，四肢自無可慮，以故廣調各鎮之兵爲之戍守，多發度支之糧爲之饋給，精選驍健之將爲之捍禦。仰蒙聖皇在上，深思遠慮，靡所不至，臣等何容别議。今據宣大總督李文進所奏，止是永邵保、兀慎、擺腰三部之賊，其酋首俺答、黄台吉、把都兒并東虜土蠻俱各未見蹤迹。鷙鳥將飛，必戢其翼，甚當爲薊鎮之慮。臣等謹將大同、薊鎮應行事宜不揣愚陋開坐上請，伏乞聖明俯賜采覽，早爲允行，地方幸甚。

嘉靖四十年八月十六日題，奉聖旨："這所奏事宜都依議行。主、客錢糧缺乏，着户部即便給發前去，不許誤事。"欽此。

一、大同所犯之賊數本不多，本鎮兵馬已該總督李文進先期分布，似爲有備。臣等近又移文巡撫都御史陳其學、總兵官劉漢，令其堅壁清野以固其守，設伏出奇以挫其鋒，分精兵以搗其巢，簡惡少以邀其馬，隨機應變之策聽其徑自處置，計料此虜〔一〕日下必當遠遁。所據李文進所討宣府遊擊孫輔、大同遊擊周資文入衛遊兵二枝，另本酌量議處。

一、賊犯薊鎮，必由白草川、三間房一帶，嘯探一節全在宣府獨石參將，蓋薊鎮止得其情，獨石則得其形，知之既早，豫於古北、黄花鎮等處加謹防禦，所謂"先則制人"，自保無虞。合無容臣等仍行宣大總督都御史李文進、巡撫都御史遲鳳翔、總兵官李賢，督率參將劉國，多差的當人役遠爲嘯探，但有東行蹤迹，即便飛報本部，以憑調度。嘯探的確，防秋畢日，參將官重加升賞。如或怠緩誤事，與薊鎮將兵一體治罪。

一、薊鎮各區，先該臣博總督之時，每區定擬兵備副使僉事一員爲之監督，連歲督臣行臣之計，日益詳密。但防秋之後未曾定擬賞罰，誠恐人心懈弛，關係不輕。合無容臣等備行總督都御史楊選、巡撫都御史張玭，嚴行副使温景葵、紀公巡、栗永禄、李尚智、張邦彦、伊介夫，各照地方用心督理，一切兵糧事宜悉聽徑自區處，督撫官不得遥制。如果禦虜有功，或虜知有備，不敢窺伺，督撫官從實具奏，以憑甄録。怠緩誤事，查參究治。

一、昌平鎮居庸、鎮邊、黄花鎮三區與宣府懷來、延慶、永寧、四海冶相爲唇齒，宣大總督每當秋近移住懷來，正爲南山之備。但事在兩鎮，未免互分彼此，必須聲勢聯合，事方有濟。合無容臣等備行宣大總督都御史李文進，仍駐懷來，如果賊犯薊鎮古北口一帶，宣府别無聲息，即便多發精兵星馳援應；若止犯延、永，逼近南山，就將各支兵馬分屯薊鎮墻上，協力固守。但使匹馬不得入關，即爲首功。

一、薊鎮總督、巡撫揭報本部，每以主、客兵馬錢糧十分缺乏爲詞，事在户部，臣等不知其詳，審據公差人役皆稱見差科道查勘，户部候查明之日方議處發。但今事在燃眉，師行糧從，時不可缺。合無容臣等備行該部，將昌平、薊州二鎮不拘銀兩、漕糧作速運發，以備目前之用，稍候科道查勘畢日，一併計算。

一、薊鎮燕河、冷口一帶逼近遼東，虜若自東入犯薊鎮，督撫官相去隔遠，調度自不能及，即使有兵可發，千里赴援，不惟無以濟事，亦非兵家常算。合無容臣等備行遼東都御史吉澄，會行總兵官雲冒，即將本處兵馬整搠停當，如果虜犯燕河等處，不必候調，徑自領兵前來策應。有功，與薊鎮將兵一體升賞；遷延僨事，與薊鎮將兵一體黜罰。

遵諭申飭京邊備虜疏

題：爲欽奉聖諭事，職方清吏司案呈，奉本部送，嘉靖四十年九月初三日寅時，該内閣傳奉聖諭："北賊爲患計深，不可常視，本兵不之慮何也？原内逆多了而胡不足較？今還須加兵堅守，亦不可輕戰，京營亦要備。"欽此。欽遵，傳奉到部。隨奉本部送，兵科抄出，巡按直隸監察御史董學題，爲傳報虜寇異常聲息，深爲可慮，懇乞聖明嚴敕督撫諸臣竭力隄備，以安重鎮，以固屏藩事，奉聖旨："兵部知道。"欽此。抄送到司，案呈到部。

看得蠢兹醜虜，夏月會住青山之後，其謀甚深；秋杪分屯宣大之間，其蹤漸露。大率窺伺薊鎮，以爲聲西擊東之計。仰蒙聖皇在上，深慮今秋有擾，敕下臣博定策遏之。隨該臣將應行事宜開坐具題，悉蒙俞允，以故薊鎮昌平、紫荆、倒馬一帶兵馬分布極其嚴密。賊知深入爲難，七月、八月遲回不動。乃今九月，一股數千窺宣府馬營等堡，昨據總督李文進揭報，有賊答話説要搶屬夷，又説要搶薊鎮，多半出邊，勢已回營。一股二萬窺大同平虜等處，昨據總督李文進揭報，一半仍在邊外，尚無向往的信，原非大舉。臣等連日與總督李文進往來計議，賊在大同者，已行副總兵趙岢兵阻其北，總兵吴徵等兵遏其南，總兵劉漢等兵防其東，參將田世威伏兵白石嶺擊其惰歸，參將孫吴留守右衛，參將馮詔留守左衛。賊在宣府者，分發總兵李賢正兵一枝，北至雕鶚，同遊兵迎擊。又恐果與屬夷讎殺，相去四海冶、黄花鎮尤近，故留副總兵馬芳，參將王孟夏、董一奎之兵，仍爲南山之備。本部申飭文移日凡數次，彼處督撫等官亦各早夜戒嚴，不敢怠視。兹蒙聖諭"還須加兵堅守，不可輕戰，京營亦要備"，仰見皇上神謨淵慮，洞燭虜情。既欲堅壁固壘，外收邊圉萬全之功；又欲居重馭輕，内爲戎政三營之備。臣等愚昧，實所不及。但臣等所竊慮者，時已秋深，賊蹤雖在宣大，乍進乍退，猶爲剥床之灾；賊意實在薊保，蜮出鬼没，未免剥膚之害：相應一體申飭。合候命下，通行總督宣大都御史李文進，嚴督宣府總兵官李賢、巡撫都御史遲鳳翔，大同總兵官劉漢、巡撫都御史陳其學，山西總兵官吴徵、巡撫都御史楊宗氣，各照分定兵馬，再加精兵，亟爲戰守。賊雖示弱誘我，切不可輕與之戰以墮賊計。本部一面備行戎政大臣顧寰、王邦瑞，速將京營兵馬通行整搠，要見何枝堪以出戰，何將統領；何枝堪以拒守，何將統領。即今正係常操之期，務要人人精練，先行開報本部，以憑酌議。一面備行總督薊遼都御史楊選，督率薊鎮鎮巡官張承勛、何淮、張玭，保定鎮巡官祝福、毛愷，照依本部近議款内事理一一舉行，分墻守禦，常如虜在目前；差人出境於孛河車、小興州、舊開平、三間房、白草川不時接嘯，賊但有東行之信，星飛馳報。直至十月初旬，氣寒冰凍，方可解嚴。如敢怠緩誤事，容臣等從實參究重治。

嘉靖四十年九月初三日題，奉聖旨："是。著各該督撫官等加謹備守，不許怠忽。"欽此。

覆宣大總督都御史李文進奏報宣府虜情疏

題：爲達賊入邊事，職方清吏司案呈，奉本部送，兵科抄出，總督宣大山西等處地方軍務兼理糧餉、都察院右副都御史李文進題，奉聖旨："兵部知道。"欽此。欽遵，抄出送司，案呈到部。

看得總督都御史李文進具題前因，大率謂宣府馬營地方有賊萬餘，逐草漸南，半入邊内，若非西掠懷、保，必是東讎屬夷，相機剿逐出邊另題一節。切詳前項醜虜，始而佯爲打牲以示住牧之意，繼而欲搶屬夷以復盜馬之讎，乃今移營漸南，若自長安嶺而下逼近懷、保，雖有總督、鎮巡等官俱在彼中，虜情叵測，且南山、馬水一帶俱當過防。合候命下，備行總督李文進、總兵李賢、巡撫遲鳳翔，督率副總兵馬芳，參將王孟夏、董一奎等，多方逐剿，務令早出外境，毋貽民害。一面移咨順天巡撫都御史張玭、總兵官何淮，保定巡撫都御史毛愷、總兵官祝福，一體戒嚴。大抵口北主於固守，清野堅壁，以收萬全之功；口南主於拒守，依墻扼隘，毋令匹馬之入：皆爲上策。如可擣巢，再加計議，照依大同事體，選差驍健，乘空出邊，剿其老小，是亦攻其必救之策。事在閫外，本部難以遥制，徑自相機施行。如敢怠忽誤事，容臣等查參究治。

嘉靖四十年九月初九日題，奉聖旨："是。"欽此。

遵諭申飭薊鎮宣大等處守禦疏

題：爲傳奉聖諭事，職方清吏司案呈，奉本部送，嘉靖四十年九月十三日申刻，該内閣傳奉聖諭："我聞虜犯，今已入久，惟邊各少備，賊略忌之，可於諸城堡遍給火器以禦。仍要堅守，不可輕戰，以仰奉天保神扶者。或閣中示博行。"欽此。欽遵，抄捧到部送司，案呈到部。

臣等看得，今歲虜謀如果異常，在西者則分入宣雲以誘我薊西之兵，在東者則分屯遼右以窺我薊東之怠，大意垂涎畿甸，欲爲深入之計。仰蒙聖皇在上，屢垂嚴諭，内而京師三營，外而薊、保兩鎮，炮火之聲晝夜不絶，戍守之卒遠近相望，已得伐謀之策，漸消希覬之念。即觀近日古北口出嘯夜不收劉全報稱，嘯至屬夷伯彦帖忽思營内，備聞酋首把都兒曾差達子往馬蘭峪、墻子嶺、古北口探看道路，俱稱各區人馬防的甚緊，决搶不得，把都兒遂會黄台吉西犯可嗑套去訖。可嗑套者，蓋謂宣、大也。况今九月將半，秋色無多，即使中懷奸險，糾衆復東，塞外早寒，氣凝冰結，似亦無能有爲。至於大同威遠之虜，總督李文進揭稱，本月初八日一半已上平虜西山，去邊止三十里；宣府馬營之虜，總督李文進揭稱，新舊之賊漸自馬營移至赤城，將犯懷來、大小白陽一帶：則嘯者所云"西犯可嗑套"者，似亦不虚也。臣等竊惟，宣、大兩鎮防禦事宜，如調山西之兵搗豐州之巢，謹南山之守集寄養之馬，移巡撫陳其學於左衛，留總督李文進於懷來，節該本部具題，奉有俞旨，無容别議。玆蒙聖諭，欲要各城堡遍給火器堅守，不可輕戰，是誠禦虜切要之務。臣等待罪本兵，不勝感激，除備咨工部，將大同、宣府二鎮城堡即日多發各樣火器、火藥，差官運送，前去撫鎮衙門交割，一面通行總督、鎮巡等官，用心堅守，不許輕戰，以仰奉天保神扶外。

嘉靖四十年九月十三日題，奉聖旨："是。薊鎮火器，著工部一併作速多發。"欽此。

覆薊鎮閱視郎中許汝驥分別功罪條陳事宜疏

題：爲遵照舊規，請明調遣，以重防秋事，職方清吏司案呈，奉本部送，兵科抄出，兵部職方清吏司署郎中事主事許汝驥題，奉聖旨："兵部看議來説。"欽此。欽遵，卷查嘉靖三十九年該兵部署郎中王叔果題，前事，本部覆題，奉聖旨："是。薊鎮練兵，屢有旨着實舉行，今經三年，兵未見堪用，顯是各官不行用心，且姑記着，明年閱視再無成效，該科查參治罪。雲冒准改總兵，鎮守居庸、昌平等處地方，寫敕與他。祝福并雷龍等、黄演等依擬，黄龍等各降俸一級，徐勛等各降一級，張勛等各罰俸兩個月。"欽此。又查得嘉靖四十年五月該本部題，爲前事，内稱薊鎮閲視兵馬又係差官之期，查得本部職方清吏司署郎中事主事許汝驥在任，堪以差委前去該鎮，悉照上年舊例，會同巡撫都御史，公同各兵備官，照區嚴加點閲，事完不必造册，徑自從實回奏，等因。題奉聖旨："是。"欽此。又查爲邊鎮錢糧虚糜數多，乞賜查究并敕該部預爲經畫以圖安攘大計事，該户科都給事中鄭茂等題。本部覆議，移文總督、鎮巡官，嚴督各該將領，速將本鎮主兵逐一補練，毋視虚文，務臻實效。一面札行郎中許汝驥，遍歷各區，嚴加點閲，要見何區精强，何區疲弱，分别等第，從實具奏。如果仍前怠玩，應參人員指名查參，干礙總督、鎮巡一體奏聞，聽候宸斷，等因。題奉聖旨："是。"欽此。俱經通行欽遵去後。今該前因，通查案呈到部。

看得本部署郎中許汝驥具題前因，大率謂奉敕前往薊鎮，逐區躬親校閱，總一鎮十區新舊、主客之數，始而根極弊源，反覆敷陳補練不成之故，繼而條陳補兵、練兵之法，及經略軍制、馬政、將領等項事宜，仍要備行總督楊選、巡撫張玭，嚴行各兵備副使，督率將官，如法訓練，務臻實效一節。爲照薊鎮主兵節奉欽依，差官閱視，期以三年訓練有成。去歲郎中王叔果事完回奏，止稱軍容可觀。荷蒙聖恩，將各官姑記其罪，明年無效，聽該科查參。即今又經一年，參詳郎中許汝驥之奏，似猶未見精練，蓋由該鎮害練之弊未去，補練之法未行，日復一日，徒爲文具，主兵無時可用，客兵何時可撤，總督、鎮巡、參遊、兵備等官玩愒之罪均屬難辭。係干地方重計，相應通行議擬。合候命下，將張承勛革任閑住，所劾贓私備行順天巡按御史勘問具奏，遺下員缺先行會官推補。總督尚書許論、巡撫都御史張玭各加究治。副總兵袁正、李意，參將時鑾、黄演、郭琥、魯聰、黄龍、董麒、申維岳、仇巳、佟登、胡鎮，遊擊方振、王倫、劉國賓、胡燦、楊真、周孚先、夏宗禹、崔桂，守備管儒、王治道、茂涇、楊四畏、丁添福、周德、陳馮吉、張國卿、程燮、汪洋，提調王旌、王允文、張廉、楊維奇、劉經、王化熙、趙州、武世忠、劉汝弼、劉豸、趙雲龍、李思忠、康斗南、張斌、李蓁、蕭繼英、楊舜耕、徐勛、田貢、宫麒，把總周乾、楊俊、孫光祖、周淮，分守林爵，各於實職上重加降級。兵備副使張邦彦、栗永禄、紀公巡、李尚智、温景葵各加罰治。一面移咨新任總督都御史楊選，嚴督鎮巡、兵備等官，督率將領，查照節奉欽依，將各區兵士應補者按籍收伍，應練者着實訓練，再無成效，通行重究。及照郎中許汝驥條陳事宜，未經款列，不便聖覽，臣等謹用分别開坐，恭候宸斷。

嘉靖四十年九月十三日題，奉聖旨："先年有旨，薊鎮調兵非經久之計，練補土兵以免常調邊兵。總督、鎮巡等官全不用心，每歲只靠調兵，費用錢糧，坐困供餉，何有紀極？今又三年，差官閲視，却稱照舊不堪戰守，各官不以明旨爲重，好生欺肆。許論已革任，待查明錢糧，一併處治。張承勛革去職任，巡按御史提了，所劾贓私究問明白來説。張玭姑降一級，調外任。員缺各便推補。袁正等各降實級三級，姑留供職。張邦彦等姑各罰俸半年。著楊選嚴加督率訓練，若再無效重治。其餘准議行。"欽此。

一、查處軍餘。看得軍人之有軍餘，原爲備繼補之數，必須盡麗尺籍，稽查方有憑據。近日邊將往往私自役占，衛所官員又巧立名目，阿意奉承，以致下情怨苦，隱避脱漏，一遇缺伍，乏人頂補。即今正當審編徭役之時，相應依擬清查。合無移咨督撫衙門，嚴行各區兵備等官，督率衛所，拘集餘丁，從實查審。果係各軍弟男子侄，逐一登名在册，遇有逃亡、事故，按册頂補。如敢仍前隱漏，徑以軍法重治。

一、查處城操。看得城操官軍，所以防護城池，干係匪輕。邇來該鎮或役於權勢，或占於官府，以致守禦無人，相應依擬禁革。合無移咨督撫衙門，嚴行各區兵備等官，通將各處城操官軍逐一點查，務要常川在城防守。其各衙門聽事、答應舍人、箭手、牢子、伴當等項悉令革退，先將革過姓名造册，送部查考。

一、查處募兵。看得薊鎮新募遊兵五枝，原議停免河南入衛之兵，歲解工食銀兩給爲安家之需。近來該省不能如期徵解，以致各軍未沾實惠。除昌平一枝隨衛食糧，安家銀兩停革，通州一枝改入京營，無容别議外，其密雲、永平、遵化三枝相應通行酌處。合無移咨督撫衙門，即行兵備等官，將前項遊兵三枝查照今議逐一嚴審，何爲土著，歲應給銀伍錢，何爲流寓，歲應給銀一兩五錢，徑自施行。本部一面備行河南巡撫都御史，將扣補餘銀作速徵解順天巡撫衙門收貯，專備募兵支用，不許別項那借。

一、查處職守。看得督撫大臣遇有斬獲，不得與總兵同賞，臣博嘗力言之，此蓋可行於宣大、陝西、遼東諸邊耳，若夫薊鎮，拒守之功全在總督，不可一概而論。今稱督撫不宜與總兵同賞，難以如擬。至謂兵備、憲臣不可使鎮守督之，副參有缺不可使憲臣署之，誠爲有理。合無移咨督撫衙門，以後一應軍機，兵備副使惟聽督撫官節制，鎮守衙門毋得牽制。副参有缺，止宜於武臣中選署，不許仍前乖剌，以紊職守。

一、查處占役。看得薊鎮總兵挑選各區之兵常住三屯，誠爲弊政。至於内外跟隨軍伴等項載在條例，各有定數，私占多役尤非事體，相應一併查革。合無移咨總督軍門，即行鎮守官，將本營所選尖兒手壯士等項盡數掣回，交與各區將領各自操守。其各衙門占役軍伴亦令逐名查出，通行着伍。如總兵仍前選調，聽彼處巡按御史指名參究。

一、查處冗員。看得總督軍門中軍原係軍門隨宜委用，陝西、宣大事體相同，本部難以推舉。至於各處廢棄各官在彼聽用，委爲振武營兵之害，相應通行查處。合無移咨軍門，將聽用各官通行試驗，謀勇可用照舊留用，怯懦無爲盡數革退，仍具由咨部查考。

一、查處督責。看得事有章程，則稽查自易。薊鎮各區遵奉欽依，置立格眼文簿，兵馬多寡、錢糧盈縮之數一閲可知，委爲簡便之法，但恐所司奉行未至，徒爲文具。合無移咨督撫衙門，責成兵備等官，查照郎中許汝驥所議徑自稽考，務臻實效。

一、查處賞罰。看得激勸人心，全在賞罰。薊州一鎮逼近京畿，大率以拒守爲首功，以斬伐爲次功。嘉靖三十二年古北口拒虜之功，已經本部題奉欽依，准其世襲，事體已定，但恐歲月既久，不能人人盡知，相應通行申飭。合無移咨督撫衙門，即行將領等官，各將本區廣備嚴守。如果禦虜有功，從實具奏，雖無擒斬，所升職級一體世襲。其嘯夜人等嘯報大舉得實，即同擒斬之功。如敢怠緩誤事，國典具在，自難輕貸。

一、查處事權。看得涿鹿遊兵應援鎮邊城，昌平遊兵應援黄花鎮，振武營遊兵應援石塘嶺，各有信地，不容改移。昌平、懷柔兵備道無事之時雖不相關，一遇應援，本地即當與領兵參遊官會同行事，豈容互分彼此，相應通行申飭。合無備咨總督軍門，嚴督鎮巡官，即行各區參遊等官，照舊防守信地，凡事與該道公同計議而行，不得偏執己見，致誤事機。其鎮邊城錢糧，宣府應否查盤，移咨户部徑自議處。

一、查處規模。看得軍士操備雖在營區，食糧則由衛所，自是祖宗舊制。乃今薊鎮之軍，該營徑自收糧，白頭文移，委難稽查。合無移咨督撫衙門，作速查議，以復舊規。如或别有窒礙，照依副使温景葵所呈，權借附近衛所印信以防奸欺，似亦一策。

一、查處戰臺。看得修築戰臺，耳目既明，腹心自固，誠爲保障至計，必須附近墻垣方得地利，更番戍守方爲人和，原非空費徒勞，難以因噎廢食，相應通行申飭。合無移咨督撫衙門，嚴行兵備等官，將各區戰臺逐一查理，已完者加意備守，未完者作速修築，務要附近塞垣，以求實用。

一、查處軍制。看得長陵等八衛、隆慶衛及遵化等三衛、寬河所之軍多隱於京差，黄花鎮班軍獨得休息；墻子嶺三百餘人原係山海正軍，宜掣回本衛，另召土著以補；建昌營與冷口相近，宜備冷口，不當援太平寨；石匣與古北口相近，宜備古北，不當援墻子嶺；大寧都司宜改遊擊，古北口寄操家丁宜屬參將。一切事宜俱在彼中，相應通行勘處。合無備咨督撫衙門，將前項軍制逐一會議停當，作速回奏。

一、查處馬政。看得買馬之費全藉樁朋銀兩，自當以時追徵，一以懲軍士之怠，一以充軍國之需，關係甚重。乃今鎮守等官自行追取，以致侵剋多端，馬政不修，職此之故，相應急爲釐正。合無備咨督撫衙門嚴加禁約，以後樁朋等銀務要各道兵備副使立限追完，各另解道，遇有缺馬，幫輳買補，仍將三十九年十二月以前通行查明有無拖欠、侵冒情弊，咨報查考。

一、查處撫賞。看得三衛屬夷非我族類，其心自異，撫賞一節不過羈縻之術，提綱挈領，全在官得其人，事方有濟。合無備咨總督、鎮巡等官，督同參將、提調等官，遵照本部節奉欽依内事理，每遇屬夷到邊，務要宣諭朝廷恩威，使知感戴，方行撫賞。如敢撲捉要求，即便發兵剿殺，不許專事姑息，以滋後患。其久任推補事宜，本部自當斟酌處置。

一、查處將領。看得該鎮將領既經本官得之目擊，舉刺前來，與本部查訪大略相同，相應通行依擬。合無將袁正、仇巳、郭琥、魯聰、林爵、佟登、時鑾、程爕、楊四畏、康斗南、趙雲龍、鄭賓、王廷棟、張涇、程照、黄演、黄龍、周孚先俱附記在簿，酌量推用。内黄演、黄龍、周孚先補練未精，不准復俸。王化熙量調腹裏別用。劉富、張昆、谷承功革任閑住，員缺推補。竇淮、凃永貴、柴良弼革去管事，行令回衛帶俸差操。褚章、顧大魁、焦勛，仍行巡按御史提問具奏。

覆巡視西關御史黄紀請敕邊臣併守南山疏

題：爲虜賊擁衆深入，聲勢重大，懇乞聖斷嚴敕督撫、鎮守臣工併力截殺，以固邊防，以安重地事，職方清吏司案呈，奉本部送，該巡按直隸監察御史黄紀揭帖，到部送司，案呈到部。

看得巡按御史黄紀具揭前因，大率謂大同、宣府之虜兩處竊發，宣府者已落懷來川，當防南山，欲要總督、撫鎮諸臣據險堅守，協心驅逐各一節。除大同威遠之虜先已出境，無容别議外，爲照宣府之虜雖已落川，止是乘機搶掠，原無深入之意。臣等以其逼近南山，已經分布宣大總督都御史李文進屯兵隆慶，宣府總兵官李賢屯兵岔道，宣府巡撫都御史遲鳳翔屯兵沙城，宣府副總兵馬芳等屯兵土木、永寧、沙城等處，其所以防外者俱已周匝。又經分布順天巡撫都御史張玭、昌平兵備副使栗永禄、陜西副總兵周欽屯兵鎮邊城，昌平總兵官何淮屯兵居庸關，遊擊崔桂、柴芝屯兵黄花鎮，薊遼總督楊選今日又自密雲提兵而至，其所以防内者亦無滲漏。所據巡按御史黄紀揭報前因，無非事求萬全之意，相應通行議擬。合候命下，備行宣、薊各總督、鎮巡等官，務要同心協力，毋分彼此，早逐出境，以靖地方。本部一面行令密雲兵備副使李尚智、懷柔兵備副使張邦彦等一體固守，毋墮此賊聲西擊東之計。

嘉靖四十年九月十六日題，奉聖旨："是。着各該地方官協力防守，不許誤事。"欽此。

覆宣大總督都御史李文進報虜出邊嚴後備疏

題：爲達賊出境事，職方清吏司案呈，奉本部送，兵科抄出，總督宣大山西等處地方軍務兼理糧餉、都察院右副都御史李文進題，奉聖旨："兵部知道。"欽此。抄出，到部送司，案呈到部。

看得前項達賊雖已盡出大同之境，即目秋尚未盡，既稱小掠而去，乘時復犯，勢所必有。近日鎮巡等官但遇賊入，未聞設法剿逐，不曰討兵，即曰討糧，臨渴掘井，殊爲可厭。况事當豫立，變貴先圖，趁今烟塵少靖，相應急爲查處。合候命下，備咨總督都御史李文進、巡撫都御史陳其學、總兵官劉漢，速將兵糧事宜逐件備細酌處明白，作速具奏，不得仍爲含糊之詞以誤邊計。其總兵官劉漢，今次賊入專事虚文，一籌未展，移咨都察院，轉行宣大巡按御史，通將虜賊出没并失事輕重查勘明白，從實參究。

嘉靖四十年九月十八日題，奉聖旨："是。"欽此。

覆宣大巡按御史董學等報虜復入戒嚴疏

題：爲傳報虜賊擁衆復入，爲患日深，懇乞聖明嚴敕督撫諸臣協力議處防守事宜，以固重鎮事，職方清吏司案呈，奉本部送，該巡按直隸監察御史董學揭帖，前事，又該總督宣大山西等處地方軍務兼理糧餉、都察院右副都御史李文進揭，爲達賊出邊未久，復行聚衆入犯事，又該大同撫鎮官陳其學等揭報相同，等因，到部送司，案呈到部。

看得大同威遠之賊，昨者初出大邊，臣等即嘗慮其復犯，已經題奉欽依，備行總督、鎮巡等官計處兵糧，早爲隄備。乃今巡按御史董學、總督都御史李文進等所報，果從大同左衛突犯。草枯雪落，雖非侵軼之時；蟻聚蜂屯，當爲驅逐之計。除總督都御史李文進統領標兵王孟夏等已自懷來兼程西向，本部仍行總兵官劉漢、巡撫都御史陳其學等相機戰守，及行山西總兵官吴徵等發兵策應外。

嘉靖四十年九月二十八日題，奉聖旨："這賊非時聚衆復入，着李文進等加兵慎守，相機剿逐，不許怠誤。"欽此。

奉旨條上破格整理薊鎮兵食疏

題：爲敷陳地方敝狀，仰祈聖鑒，以圖善後事，職方清吏司案呈，奉本部送，該本部題，本司案呈，奉本部送，兵科抄出，總督薊遼保定等處軍務兼理糧餉、都察院右副都御史楊選題，奉聖旨："這所陳薊鎮敝狀，前官全不經心，日事因循，即今當何整理？兵部悉心議處，開具奏來。"欽此。該本部覆題，奉聖旨："薊鎮督撫官等，每遇有警輒張皇告急，惟調客兵防守，圖保目前無事，日延一日，何有爲國忠計者？邊兵一節初只權宜之行，今已調十一年，未見減撤，又重加挑選，此則何時而止？不但供餉增費，人情、政體皆非所宜。這所議不過循常題覆，目今如何練主兵，方可免調邊兵，卿博歷任兹鎮，宜竭盡忠謀，大破常格整理，還着别議來説。"欽此。欽遵，抄出送司，案呈到部。

臣等竊惟，昌、薊二鎮近在畿輔，實爲腹心之地，粤自庚戌虜變以來，遠調客兵，分番入衛，原非經久之計。臣博經略之時，奏稱薊鎮之事當以練主兵爲根本，調客兵爲權宜。于後郎中唐順之經略，又奏稱主兵練成一枝，當減客兵一枝。非臣二人之私言，實爲衆人之公議。乃今督撫等官，或玩愒而人事不修，或灾沴而天時未順，以致練兵之舉十年罔效，閲兵之使三出無功，誠可駭嘆。仰蒙聖皇在上，淵慮深思，長駕遠馭，既將誤事之臣各加黜罰，又欲本兵之臣破格議處，特念臣博嘗歷兹鎮，明旨叮嚀，曷啻面命！臣博雖至愚極陋，敢不仰承萬一，連日謹與臣縉共攄一得，條爲十事，極知兵馬、錢糧各有攸司，切緣事體重大，不敢避忌，固臣等狗馬之心，亦臣等之分也。臣等無任隕越俟命之至。

嘉靖四十年十月初一日題，奉聖旨："這事宜卿等既議停當，都准行。工部銀兩准暫借用，候補還，差官已别有旨了。"欽此。

一、各區主兵雖有總副、參遊等官職專選練，若非兵備副使爲之監督，事權既輕，賞犒無措，日復一日，全乏實效。臣等悉心圖維，必須易轍改弦，方能興廢舉墜。查得永平兵備副使温景葵、昌平兵備副使栗永禄、懷柔兵備副使張邦彦、密雲兵備副使李尚智、薊州兵備副使紀公巡，才識操履俱極一時之選，相應久任責成。合無備行各官，將所管區分主兵通行搜選，設法教練，仍將敕諭各另换給一道，備將選練主兵緣由開載於内。一年之内練有成效，不次擢用；因循不振，從重降罰。及照各官年資已深，若使遷轉别處，新任之人事體不能周知，誤事不淺。本部一面移咨吏部，備查各官年資，如果相應者擬升參政職銜，仍兼僉事，管理兵備；年資未深者職銜照舊。公差科道等官，雖有查盤等項事情，不許輕易委用，致妨正務。巡撫官月一閲視，總督官兩月一視。合用犒賞銀錢等項，准於督撫、兵備贓罰銀内動支，免其解京。本部仍發銀二萬兩，分發各道，添轃犒賞。大率軍以十人爲率，八人習火器，二人習弓矢。若使人人火器精熟，倚墻拒守，自當萬全。

一、陝西固原、寧夏、延綏三處客兵，比之宣大尤爲寫遠，十餘年來往奔馳，疲勞極矣。但主兵教練未成，若使遽爲撤去，一有急緩，未免失措，相應通行酌議。合無移咨總督都御史楊選，將延綏遊擊時達所統遊兵一千五百名，既稱不成行伍，查照總督尚書許論原議，以後免其徵調。其延寧、固原各枝照舊調發。本部一面咨行陝西督撫等官，將該班官軍用心揀選，俱用馬軍，不用步軍。馬匹、軍器如果不敷，作速奏請，聽本部與工部處發。兵行之日，巡按御史坐委守巡、兵備該道查點明白，具由奏知。候四十一年以後主兵練成，每年遞減一枝，以示休息。其山西、山東、保定、遼東、宣府、大同應調之兵，不得援以爲例。

一、陝西等處邊兵既欲漸撤，各區擺守之兵恐不足用。查得京師三營自我皇上更定之後，戎政大臣顧寰、王邦瑞悉心整理，大有次第，相應酌量調發。合無備行戎政大臣，選兵四枝，專在居庸、鎮邊二區防春，正月十五日啓行，三月終旬回營。再發兵四枝，專在居庸、鎮邊二區防秋，七月十五日啓行，九月終旬回營。每枝三千名，止用馬軍三百以備傳報，其餘二千七百俱用步軍。其步軍盔甲、器械，上邊之日暫借闔營之馬馱送，班滿，盔甲、器械交付該區參將、分守官收貯，以備次班應用，免致往返勞費。春防用參將尹秉衡、曹鎮，佐擊王國、柴愚管領，秋防用參將楊正、方圓，佐擊劉臣、錢炳管領，居常則督軍操練火器，及期則督軍肅隊以行。若果臨期無警，聽總督官具實奏請，另議進止。參遊官到鎮，悉聽總督、巡撫節制，不許抗違。

一、該鎮糧餉雖有總督兼理於上，郎中、主事分承於下，緣彼此原非專屬，甲可乙否，動見牴牾。自昔用兵，固未有食不足而兵足之理。臣等悉心圖維，必須該部大臣專一督餉，則職掌既明，施爲自易。合無移咨户部，於本部左右侍郎内奏差一員，量兼憲職，請給敕諭、關防、書吏，前去薊州住札，專一管理昌、薊二鎮主、客二項錢糧，并查催各省拖欠民運。各區錢糧但有不足，兵備副使即便呈請督餉衙門處發。一年滿日，另差侍郎前去，二三年間事體停妥，總督官照舊兼理，侍郎不必再差。見今年成豐稔，正當收買之時，若果户部帑銀不敷，工部借銀十三萬兩，户部發銀十萬兩，交與侍郎帶去，或補主兵之糧，或給客兵之糧，或召買新鮮米豆安置倉厫以備支用，務要區處得宜，不致浪費。兵備將領、軍衛有司等官悉聽節制，公勤者從實舉薦，怠弛者從重參奏，一切侵漁奸弊悉聽侍郎區處，庶幾士嘻馬騰，以之練兵則兵可强，以之禦虜則虜自戢，提綱挈領，此其首務。

一、火器，中國長技，在各邊用之於戰，其利什一；在薊鎮用之於守，其利什九。仰蒙皇上洞悉邊計，頃者敕下臣博，速將宣大、薊鎮多發火器。臣等奉行惟謹，俱已陸續督發。但先年所發之數似亦不少，該鎮漫無章程，有用之物置之無用，殊爲可惜，相應立法稽考。合無移咨總督都御史楊選、巡撫都御史徐紳，將各區先發、今發火器火藥通行查出，備造循環文簿二本，每季終差人賫送工部倒换。如果見在火器火藥尚不足用，即便會同具奏，聽候再處。其本處歲造火器火藥亦要一體查明，附入簿内。

一、各區主兵近來分布不一，或今歲在此區，明歲又在彼區，防春又在此區，防秋又在彼區，以致軍士地方險易不能熟知，東奔西馳，殊無固志。至於寧山等衛班軍輪戍薊鎮，即同主兵，相應一體整理。合無移咨總督都御史楊選，即將各區主兵公同鎮巡、兵備等官分派停當，一面具數咨部，一面出給簡易告示，諭衆知之，以後不許輕易調動。其應援客兵聽其臨時斟酌，不在此限。本部一面咨行各該巡撫都御史，各將寧山等衛班軍，遇有逃故者先於别項軍内選補，務足原額。每軍啓行之日各先處給月糧三個月，具由奏知。如敢仍前玩愒，聽薊鎮總督官從實參究。

一、兵家之法，先則制人，後則爲人所制。薊鎮雖稱專一擺守墻垣，賊果臨墻，患已剥膚，終非萬全之計。出奇以制之，多方以誤之，封疆之臣自當加意整飭。合無移咨總督都御史楊選，即將邊墻之外逐一踏勘，要見何處可以火攻，何處可以水攻，何處平夷應該剷削，何處險隘應該堵塞，近則十數里，遠則一二十里、五七十里，要在因地制形，以爲墻之藩籬。至於應嘯人役果能嘯探明的，即照近日題准事例實升職級，仍重加犒賞。犒賞之費於撫夷銀内動支，銀如不敷，再行奏請。至於州縣村落多無城堡，亦當一體修繕。臣博往年巡撫甘肅，嘗創爲墩院之法，其費甚簡，其益頗多。容臣畫成圖式，咨送楊選，以次整頓，但成一處，即有一處之益，不必欲速，務求遠利。

一、山海、一片石等處相去薊州數百餘里，軍士本色月糧俱於薊州倉關支，甚爲不便。雖有委官總領，無力轉運，只得就彼減價糶賣，兼之委官任意侵漁，及至到營，每軍僅得銀一錢二錢而已。臣博總督之時已嘗題准，令其本、折隨宜兼支，頗聞管糧郎中泥於舊例，至今未見遵行。臣等以爲政貴宜民，法當通變，軍欲折色，我即以折色給之，却將遺下本色查給附近倉口軍士，遠者近者均爲有益，亦何憚而不爲？合無移咨督餉侍郎，到鎮之日加意一處，仍備細回奏。

一、朶顔三衛屬夷撫賞之舉雖不可廢，各該將領向因無處措辦，未免剥及貧軍，蠹壞操練，此爲第一弊政。況彼夷乍臣乍叛，全不足恃，必須恩威並行，使其既知所感，又知所畏，方能經久。合無備咨總督都御史楊選，今後夷人安心向化者，該入貢則聽其入貢，該撫賞則優爲撫賞。如敢入邊剽竊，或在邊外撲殺應嘯人役，即便着落夷中頭目將賊人賊贓盡數獻出，以正法典。如果負固不服，相機發兵，設法勦捕，不得駕言誘殺撲殺，以致肆無忌憚。合用撫賞銀兩，每年户部出銀一萬兩，本部出銀五千兩，共銀一萬五千兩，與同本處香錢等項相兼凑支。將領如再科軍一錢，輕則降級，重則調發口北極邊衛分，以示懲戒。以後一切工役不必累軍，銷其鋭氣。

一、廢棄將領，欲其使功，不如使過。即如近日原任總兵官姜應熊與同遊擊胡鎮岔道一戰，大挫賊鋒，是其明驗。必須多方搜取，置之軍門，方收群力群策之效。合無移咨總督都御史楊選，速將各邊廢棄將官徑自選取，有智識者則用之練兵，有勇略者則用之禦虜，隨才器使，各盡其長，有功之日指名具奏，以憑擢用。其見在軍門怯懦不才者，即日分別革退，以除振武主兵之害。

覆薊遼總督都御史楊選請移邊關戍兵外防疏

題：爲除内口，補外口以便防守事，職方清吏司案呈，奉本部送，兵科抄出，總督薊遼保定等處軍務兼理糧餉、都察院右副都御史楊選題，奉聖旨："該部知道。"欽此。抄出，到部送司，案呈到部。

看得總督都御史楊選題稱，紫荆盤石、烟薫崖，居庸小嶺、響閘等處，原設官軍防守内口，殊爲無益，欲要移駐浮圖峪、八達嶺等口外垣防守一節。爲照各關以外口爲門户，以内口爲堂室，門户既嚴，堂室自固。即如紫荆、居庸一帶，既設有浮圖峪、八達嶺等處外口爲屏蔽，其盤石嶺等内口官軍殊係冗設，若使一加轉移，委爲有益，既該總督官具題前來，相應通行勘處。合候命下，移咨順天巡撫都御史徐紳、保定巡撫都御史毛愷，會同總兵官何淮、祝福，備行兵備該道，各照所管地方逐一踏勘。但有如前不係緊關内口，量留官軍數名住守、傳報，其餘通行移駐外口，添併防禦，遺下營房、地土徑自議處停當，務令人心樂從，勿致失所。其衝要内口，不得概議輕裁。事完，通將添過革過隘口、留過移過官軍備造花名文册，咨送軍門，類奏青册，送部查考。

嘉靖四十年十月初九日題，奉聖旨：“是。”欽此。

覆已故兵部左侍郎張珩軍功録廕疏

題：爲比例陳情，懇乞天恩俯賜恤典，以光泉壤事，職方清吏司案呈，奉本部送，准吏部咨，前事，等因，咨部送司。

查得嘉靖三十二年六月内，該總督陝西三邊軍務、太子太保、兵部尚書王以旂題稱，巡撫延綏都御史張愚在任病故，乞要録廕其子，等因。該本部覆題，奉聖旨：“張愚既有邊功，伊男准録廕，送監讀書。”欽此。欽遵，今該前因，查呈到部。

看得吏部咨稱，原任兵部左侍郎張珩守制病故，已經題奉欽依，准與祭葬、贈謚，所據録廕咨行本部施行一節。爲照已故侍郎張珩，歷任三邊，功勤懋著，且任内督勵官軍，生擒達賊五名，斬獲番達首級四百三十顆。至於土魯番納款，振揚國威之功，尤不容泯。所據録廕伊子，既經該司查有張愚事例，相應題請。合候命下，將張珩量爲録廕，以示激勸。

嘉靖四十年十月初九日題，奉聖旨：“張珩既有邊功，伊男准録廕，送監讀書。”欽此。

覆巡視西關御史黄紀等覈勘昌平岔道功賞疏

題：爲官軍奮勇策應戰退虜衆事，職方清吏司案呈，奉本部送，兵科抄出，巡按直隸監察御史黄紀題，前事，又該總督薊遼保定等處軍務兼理糧餉、都察院右副都御史楊選題，爲查明禦虜有功官軍，乞恩甄録事，俱奉聖旨："兵部知道。"欽此。欽遵，通抄送司，案呈到部。

看得巡按直隸監察御史黄紀題稱，查勘過本年九月内大舉達賊攻犯岔道等處，官軍各用槍炮拒回，及稱軍門標下參將胡鎮、原任總兵官姜應熊功當首論，昌平總兵何淮，軍門標下中軍、原任參將李康民，原任遊擊竇淮，居庸關分守林爵功當次論，參將胡鎮下家丁白天福、胡天福，管家丁把總馬勛、李鼎，總兵何淮下家丁何廷胡等功當併論，總督薊遼軍務右副都御史楊選功勞特異，宣府總兵官李賢、昌平兵備副使栗永禄均屬有功，乞要將胡鎮、姜應熊特加甄録，何淮等量加甄録，白天福等優賞，陣亡、被傷家丁姜霓等優恤。及稱姜應熊原任寧夏總兵，參問未結，似當容其贖罪。又該總督薊遼軍務右副都御史楊選具題，大略相同，内稱旗牌官魏棟所宜併録，保定兵一千名，中軍、千把總等官所宜通録各一節。

爲照蠢兹醜虜，往歲秋高止在懷、永、隆、保之間，咫尺居庸，未敢突犯。乃今深入岔道，相去居庸正關僅三十里，雖金湯之險勢難遽越，而繹騷之患不可不慮。恭惟聖皇在上，天語叮嚀，至再至三。各該將領仰仗玄威，恪遵廟算，一戰之功足寒虜膽。巡關御史黄紀親莅其地，得之目擊，比之常時虚文挩報者迥不相同。所據效勞人員，如總督薊遼軍務都御史楊選，兼程赴急，調度允中機宜。鎮守宣府總兵官李賢、昌平總兵官何淮〔二〕、兵備副使栗永禄，合謀决勝，指授不避艱險。軍門標下參將胡鎮、原任總兵官姜應熊，一則志存滅虜，能脱危將之倒懸，一則奮不顧身，躬犯强胡之血刃，均抱萬夫之勇，大伸九伐之威。既將家丁人等併勘明白，具題前來，事干激勸，相應通行議擬。合候命下，將楊選重加升俸，仍加賞賚。胡鎮超格升賞。姜應熊免其提問，准以祖職遇缺推用，仍重加賞賚。李賢、何淮、栗永禄、李康民、竇淮、林爵量加升俸。家丁白天福等，把總馬勛、李鼎重加升級，不願升者賞銀一百兩。旗牌官魏楝量復祖職，仍聽軍門各重加犒賞。保定兵一千名及家丁并中軍、千把總等官量加犒賞。陣亡家丁、軍人姜霓等六名，兒男各准襲升二級。被傷家丁姜山等七名厚加優恤。但恩典出自朝廷。

嘉靖四十年十月初十日題。奉聖旨："楊選升兵部右侍郎兼右僉都御史，照舊總督，賞銀四十兩、紵絲三表裏。胡鎮升二級，姜應熊免提問，准復職推用，還各賞銀三十兩、二表裏。李賢等各升俸一級。白天福等、馬勛等各升一級。其餘都依擬行。本兵效勞，楊博賞銀二十兩，葛縉、郭乾各十五兩，俱一表裏。"欽此。

請催江西守臣依限平賊起復副使譚綸統兵疏

題：爲江西賊情過限未見平寧，乞爲查催，以靖地方事，職方清吏司案呈。照得江西流賊節該本部題奉欽依，定限九月以裏平寧回奏，即今十月將半，尚無消息，呈乞查催，等因。案呈到部。

看得江西賊情與北虜之事迥不相同，北邊諸虜入犯有定時，防禦有信地，因時戒嚴，畫地分守，自可收功。至於江西之賊，始於南贛有巢之孽，濟以廣西無歸之兵，本地惡少因而煽動，蟻聚蜂屯，勢漸燎原。節該本部題奉欽依，請敕總督浙直尚書胡宗憲兼制江西，督兵會勦，又行南京兵部尚書李遂發兵策應，又將巡撫江西都御史兼理軍務，江西、福建、廣東各監察御史隨軍紀功，江西分巡湖西道加添兵備職銜，江西都司添設領兵僉書，萬安縣添設守備，又將太僕寺寺丞趙鏄所議保甲之法備行整飭，又將失事參將谷陽守備李寧，都司王瑞、張啓謨拿解來京。一切撫剿事宜，通聽胡宗憲與提督兩廣侍郎張臬、巡撫福建都御史劉燾、巡撫江西都御史胡松、提督南贛都御史陸穩相機會行。仰惟聖皇在上，軫念生靈，日勤南顧，廟堂籌策似已明盡。乃今十月將半，未見平寧之奏，且張元冲、楊伊志已經聽勘革任，胡松、陸穩未見接管任事。潢池小警，雖同遊釜之魚；右江大邦，難容入市之虎。所據該司乞要查催，委當亟處。合候命下，本部馬上差人賫文交與胡宗憲、張臬、劉燾、胡松、陸穩，各照本部題准事理，督率兵將，矢心協力，刻期蕩平。即今欽限九月已過，以後比照邊方事例，每半月將已獲流賊若干、未獲若干、平寧過地方幾處、未平幾處各另從實具奏，通候事寧覆請定奪，如敢仍前玩愒，從重究治。

及照巡按江西御史段顧言生長邊陲，素閑韜略，邇來疏議洞悉賊情，既受監軍之責，事干兵機者當與督撫等官公同計議，不得互分彼此，功成之日，不拘巡按常例，一體甄録。原任浙江巡視海道副使、今回原籍撫州守制譚綸，訓練土兵，久著勞績，即今胡宗憲所統多係本官訓練之人，兵將相習，勢同臂指，玆當桑梓腹心之虞，必切痛憤。本部備行胡宗憲，或將本官延置軍門，資其贊畫，或暫令起復，責其任事，徑自奏請定奪。

再照閩廣之賊所倚重者，數巢穴耳，其大者在福建則有上杭、峰頭、永春、蓬壺，在贛州則有岑崗、下歷，在廣東則有潮州、大埔、程鄉、饒平等處，今雖越境劫掠，不無身家累念。若得一二驍將統領勁兵乘虚擣瑕，在我則攻其必救，在賊則勢必内顧，蕩平之略，似亦一策。但道理隔越，兵難遥度，全在督撫等官徑自計處，本部不相遥制，通乞聖裁。

嘉靖四十年十月十一日題，奉聖旨："是。這賊猖獗日甚，地方官通不用心，欺天禍國可歟？着胡宗憲作速前去，督率各該巡撫等官刻期平勦。如或仍前玩視，參來重治。段顧言着協計用兵，有功一體升賞。譚綸准起復，統領浙兵殺賊。"欽此。

嚴催浙直總督尚書胡宗憲躬詣江西勦賊疏

題：爲軍務事，職方清吏司案呈，奉本部送，兵科抄出，總督浙直福建江西等處軍務兼巡撫浙江地方、太子太保、兵部尚書兼都察院右都御史胡宗憲題，奉聖旨："兵部知道。"欽此。欽遵，抄出送司，案呈到部。

看得總督浙直尚書胡宗憲題稱，廣賊袁三等千餘自福建流入浙江龍泉地方，勢甚猖獗，欲要先殄此賊，繼驅流寇一節。爲照前項狼兵，先在江右殘破城池，繼流閩中，肆行劫掠，乃今一股復入浙江龍泉等處。計浙江之兵力勦滅零醜，勢如破竹；查江西之劇寇分擾全省，禍尚燎原。既該總督尚書胡宗憲具題前來，相應通行議擬。合候命下，本部馬上差人齎文交與胡宗憲，一面督率兵將，將廣賊袁三等作速擒捕以靖浙方，一面仍遵明旨，親詣江西有賊地方，嚴督各該提督、巡撫等官刻期蕩平，不得顧此失彼，有負委任。

嘉靖四十年十月二十日題，奉聖旨："是。"欽此。

覆給事中曾濂條陳江西撫剿事宜疏

題：爲江右賊勢愈熾，懇乞聖明申敕總督重臣督兵速剿，敬陳末議，計安地方事，職方清吏司案呈，奉本部送，兵科抄出，禮科給事中曾濂題，奉聖旨："該部知道。"欽此。欽遵，抄出送司，案呈到部。

看得禮科給事中曾濂題稱，江西賊勢猖獗，乞要申飭總督尚書胡宗憲督兵會剿，南京兵部相機策應，及條陳事宜各一節。除胡宗憲親詣江西、南京兵部發兵策應節經奉有欽依，無容別議外，所據條陳事宜合就開立前件，議擬上請定奪。

嘉靖四十年十月二十二日題，奉聖旨："准議。"欽此。

一、議事權。看得南贛提督開府一方，控制四省，事權委當隆重。自先年都御史王守仁請給令旗、令牌以來，至今新舊交承，事體已定。所據該科欲照御史穆相題准事例，各省相連地方但係賊情與南贛等府干涉者，聽其督責料理，殊爲責成之意。合無移咨提督南贛軍務都御史陸穩，遵奉敕書内事理，查照責任，除民情不預外，凡一應地方，雖非專轄，但係盜賊重情干涉南贛者，悉聽從宜整理，軍衛有司不許仍前推阻，違者參究。其應與江西巡撫計議者，仍要計議而行。

一、定剿撫。看得弭盜之方，不過剿、撫二策。江西、閩廣之寇倡亂，賊首罪惡已盈，法所不赦。其地方脅從之民、巢洞未出之徒，黑白自分，難以一概窮治。節該本部議，行總督浙直尚書胡宗憲，親詣江西，會行兩廣、福建、江西、南贛各該巡撫、提督官，從宜撫剿，仍出給簡易榜文，罪止渠魁，罔治脅從，一切事宜與該科所議大略相同。至於搗巢之説，雖云乘虛攻瑕，亦止及於作亂之巢，非是株連無辜。合無備咨胡宗憲等，查照本部先今題准事理，參酌該科所議，相機剿撫，務中機宜。

一、禁奸慝。看得保甲委爲弭盗安民之法、拔本塞源之計，先該太僕寺寺丞趙鏄具題，本部議覆，備行各省撫按官，將本官所議督同府衛州縣從實修舉，查與該科所議相同。但恐有司視爲虚文，小民難與慮始，相應申飭。合無仍行各省撫按衙門，專一責成軍衛有司，不分城市鄉村、居民行商，逐一挨次編排，某爲户長，某爲牌長，某係何等生理，某地方有無盜賊，日省月報，但有小寇，即令互相舉覺，違者連坐。務在合於人情，宜於土俗，不致騷擾。

覆巡視西關御史黄紀條陳整理薊鎮三事疏

題：爲虜賊退遁，乞及時振飭邊防，以圖治安事，職方清吏司案呈，奉本部送，兵科抄出，巡按直隸監察御史黄紀題，奉聖旨："兵部知道。"欽此。欽遵，抄出送司，案呈到部。

看得巡按直隸御史黄紀題稱條陳薊鎮三事，具見本官未雨桑土之思，甚於邊務有益，合就開立前件，議擬上請定奪。

嘉靖四十年十月二十四日題，奉聖旨："是。"欽此。

一、訓練之方。看得禦虜長技，火器爲上，弓矢次之，刀劍又次之。緣薊鎮、昌平主於倚墻固守，故本部之議特欲多習火器。至於應援之兵，出關逐虜主於戰，弓矢、刀劍委不容少。御史黄紀與本部所見各得其一，要之兼總條貫，方爲萬全。合無申飭督撫衙門，督率兵備等官，各照所管區分，守墻者仍照本部原議，以十人爲率，八人火器，二人弓矢；出戰者不拘火器、弓矢、刀劍，通行練習。仍選邊兵武藝最優者數十人立爲教師，厚加優給，務期人人精熟，足堪戰守，庶幾邊兵可以漸撤，錢糧不致妄費。

一、調遣之宜。看得三營之兵，自我皇上更定之後，戎政大臣悉心整飭，不分頭撥、次撥，已經選成三十枝，比之往歲，殊不相同。近議更番調遣，專守居庸、鎮邊二區，無非漸掣邊兵之計。御史黄紀既稱中間老弱未汰，役占未清，相應申飭。合無備行戎政衙門，會同巡視京營科道，查照黄紀所議，將三營軍士通行揀選，除明年春防、秋防八枝已定外，四十二年再輪八枝，四十三年再輪八枝，周而復始，不惟勞逸適均，人人奮勵，戎務自當振舉。

一、防守之要。看得宣、大二鎮乃薊、保之門户，門户既嚴，堂室自固。近日沿邊一帶營堡墩臺多被虜賊攻毁，以致突入威遠、右衛、懷來、龍門等處，不能防禦。御史黄紀謂欲嚴薊鎮，當急宣、大，殊爲得其要領。合無備咨總督都御史李文進，即行宣府、大同鎮巡等官，查照黄紀所議，趁今秋防已畢，邊境無事，各將沿邊城堡墩臺逐一查勘，見存若干，攻毁若干，應該作何修葺，合用錢糧作速具奏，以憑議覆。如或因循玩愒，有誤邊計，聽本部與該科從重參究。

覆巡撫鳳陽都御史喻時嚴飭春防疏

題：爲懇乞天恩豫討將官，以壯軍威，以弭倭患事，職方清吏司案呈，奉本部送，兵科抄出，總督漕運兼提督軍務、巡撫鳳陽等處地方、都察院右副都御史喻時題，奉聖旨："兵部知道。"欽此。欽遵，抄出送司。

卷查先該兵科都給事中張益等題，該本部覆奉欽依，備行南京兵部尚書李遂，計議都督劉顯應否領兵前去江西策應，如果應發徑自起發外，查呈到部。

看得巡撫鳳陽都御史喻時題稱，南京中軍都督府都督僉書劉顯，忠鯁節義，武班獨步，鳳淮要郡兵力单弱，乞要將劉顯於來春移駐儀真、揚州等處扼要據險一節。爲照都督劉顯，先因南京多事推管營兵，近以江西有警復候策應，節經奉有欽依，似難别議。且淮揚地方自前歲告捷之後烽燧罕聞，思患預防固爲萬全之圖，設官分職自有畫一之計，所據都御史喻時具題前因，相應亟爲議擬。合候命下，移咨都御史喻時，嚴督副總兵郭震等，速將來春風汛事宜及早計議。倭如不來則已，來則何處可以水擊，使之片帆不得近岸；何處可以陸擊，使之一人不能生還。方略定於平時，運用妙於臨事，上報國恩，下慰民望，不得藉口討將討兵，自誤機宜。

嘉靖四十年十一月十一日題，奉聖旨："是。"欽此。

覆都給事中張益等請覈宣大陝西邊臣秋防功罪以重春防疏

題：爲乞敕總督、鎮巡等官預備防春，以禦虜患，及查議邊務事，職方清吏司案呈，奉本部送，兵科抄出，兵科都給事中張益等題，奉聖旨："兵部知道。"欽此。抄出送司，案呈到部。

看得兵科都給事中張益等具題，大率謂今秋虜衆雖稱出邊，時每進搶，瞬息春到，必求大逞，乞要嚴敕宣大、陝西各該總督、鎮巡等官先事預防。及稱大同地方守備劉晋臣被縛，延寧等處大虜進境數次，總督、巡撫率相隱匿。及要將總督李文進、程軏，巡撫陳其學、謝淮、孫慎等孰爲盡心失策，及總副、參遊等官有無失事情罪，原任總兵官劉漢、趙應勘問事情，通行巡按御史，分别參奏。以後查勘功罪，俱聽御史覈實，不許掩飾各一節。爲照蠢兹醜虜，自黄河以西侵入我境，則延寧總督、撫鎮之責；自黄河以東侵入我境，則宣大總督、撫鎮之責。往時止於防秋，今則無分冬春，一體戒嚴；往時止於搶掠，今則專攻墩堡，多方騷擾。各該官員始爲隄備不嚴，既而調度失策，職任所在，委難辭責。除陝西總督都御史程軏，延寧巡撫都御史孫慎、謝淮，見該巡按陝西御史董鯤另本參論，吏部會同臣等議覆外，所據宣大總督都御史李文進，久在開府，機宜漸熟，大同巡撫都御史陳其學新入雲中，忠猷夙抱，似難輕棄。該科具題，無非慎重閫寄之意。至於查勘功罪，付之分巡，委有扶同之弊，相應通行議擬。合候命下，移咨都察院，轉行宣大、陝西各該巡按御史，查照該科今議并本部節行事理，通將各起賊經地方嚴加查覈，總副、參遊等官孰爲有功，孰爲失事，李文進、陳其學有無干礙，通限一月以裏從實回奏。劉漢、趙應所犯事情，一併作速勘問。今後各邊功罪，悉聽巡按御史紀驗覈實，督撫官不許仍稱該道查明，以滋欺隱之弊。一面咨行各該總督、鎮巡等官，乘此虜退之時，悉心春防，兵糧不敷作何處置，墻堡未完作何修葺，應奏請者徑自奏請，應施行者徑自施行。務要先事有備，伐虜之謀；不宜後時無功，墮虜之計。

嘉靖四十年十二月十七日題，奉聖旨："是。"欽此。

請究山東等處隱匿賊情疏

題：爲查究地方盜賊事，職方清吏司案呈。照得先該本部爲傳奉事，奉聖旨：“朕聞各處强賊甚多，何有司者欺心坐視，全不經理？兵部便行文與各該巡撫官，便着嚴督有司撫緝擒捕，務要靖除。如仍前怠視的，從實參究處治。”欽此。欽遵，隨該本部將撫緝擒捕事宜條議上陳，已經奉有欽依通行外。查得入冬已來，訪知山東滕縣等處大盜行劫，甚至戳傷會試舉人；直隸順義等縣劇賊嘯聚，甚至突入近京地方。順義之賊已經本部指授方略，備行薊遼總督侍郎楊選、巡撫都御史徐紳、兵備副使張邦彦等并提督巡捕都督馬陽輝等，相繼擒獲，餘黨解散。其山東之賊，近據巡撫都御史謝東山題稱，並無盗賊生發，顯有隱匿情弊，呈乞查處，案呈到部。

看得畿輔地方乃京師之肘腋，山東地方爲南北之咽喉，均屬緊要。臣等自奉聖諭以來，節行各處巡撫、兵備等官設法剿捕，至於畿内、山東，尤嘗[三]注意。蓋外之夷狄，内之盗賊，其害惟均，撲滅於早則爲履霜，其力甚易；撲滅稍遲則爲堅冰，其力甚難。所據山東之賊喧騰遠近，聲勢頗張，而巡撫所報乃稱並無一賊，其爲有司隱蔽，不言可知，事在彼中，相應通行勘處。合候命下，本部馬上差人咨行山東巡撫都御史謝東山，再查果有賊徒，督率兵備、州縣等官設法擒捕。有罪官員應住俸者照例住俸，應拿問者徑自拿問。既不可過於嚴急，亦不可專事姑息。一面移咨都察院，轉行山東巡按御史，自本年十月初一日起至十二月終止通行查勘，要見某處某賊劫掠，曾否擒獲，有無申報，即今道路果否通行，干礙巡撫、兵備等官，從實參究。其順義之賊，雖稱漸寧，巢穴仍在薊州盤山、平谷葫蘆峪一帶，督撫官楊選等亦要多方搜訪，痛加剿除。其京城内外，仍聽臣等督率提督、參將、把總等官晝夜戒嚴，以絶奸萌，以安黎庶。

嘉靖四十年十二月十七日題，奉聖旨：“是。山東及近京地方盗賊肆行，巡撫官緣何未見奏報？顯是隱匿。着各該巡按御史從實查參具奏，仍作速剿捕，不許怠玩。”欽此。

議發京兵輪戍薊鎮疏

題：爲虜賊退遁，及時整飭邊防，以圖治安事，職方清吏司案呈，奉本部送，兵科抄出，總督京營戎政、太子太保、鎮遠侯顧寰等題，奉聖旨：“這營兵出邊防守，與原議減邊兵數多三枝應否遣去，兵部還詳議來説。”欽此。欽遵，抄出送司，案呈到部。

看得京營之兵頻年坐食，漸成驕惰。近議揀選四枝戍守居庸、鎮邊二區，其説有四：其一則京兵習見烽燧，慣經勞苦，可以轉弱爲强；其二則居庸、鎮邊原有懷、保在外，警報絶少，即使有警，去京不及百里，朝發而夕可至，比之遠調宣大、保定之兵，勞費懸絶；其三則春防之月，該鎮止留邊兵三枝，一有聲息，居庸、鎮邊未免分置邊兵，兵分力弱，顧理不周，若得京兵戍守二區，邊兵自當專管古北、泠口緊要去處，在此則爲虚聲，在彼則得實用；其四則臣等原題，若果臨期無警，聽總督官具實奏請，另議進止，即如來春果無警急，京兵自難輕發，所省錢糧更爲不貲。所據戎政大臣顧寰等具題前來，相應通行計處。合候命下，備行戎政衙門，查照本部原議，將參將尹秉衡等所領防春官軍四枝整搠停當，敕書、旗牌、炮火等項，本部預行該部請給。稍待來春，居庸、鎮邊果有警報，容臣等再行斟酌，或量發二枝，或全發四枝，具由奏知。如果無警，通不必發，務中機宜，仰體我皇上節財省費至意。一面移咨總督侍郎楊選，必須宣府實有聲息，方許請兵，不宜無事張皇，自誤邊計。

嘉靖四十年十二月十九日題，奉聖旨：“這營兵聽候薊鎮探有的實警報，方許題請，量發一二枝防守。邊臣不許虛聲張皇請兵，徒增餉費，無濟實用。”欽此。

覆南京科道官馬出圖等論巡撫福建都御史劉燾調用疏

題：爲倭寇猖獗，閩中地方十分危急，懇乞聖明亟下該部議處，仍敕當事臣工刻期剿蕩，以救生靈，以隆聖治事，職方清吏司案呈，奉本部送，兵科抄出，南京户科等科給事中馬出圖等、南京貴州等道監察御史王宗徐等奏，俱奉聖旨：“兵部看了來説。”欽此。欽遵，抄出送司，案呈到部。

看得南京户科等科給事中馬出圖等、南京貴州等道監察御史王宗徐等交章論列，大率謂福建所屬八府無處非賊，欲要將巡撫都御史劉燾亟爲處分或督[四]調度，并敕尚書胡宗憲留心經理各一節。爲照福建地方，海寇、山賊日見滋蔓，即今興、泉等府半成賊墟，事勢艱虞，誠如言官所論。巡撫都御史劉燾素負忠勇，閩海兩年，出入兵革之間，儘效勤勞。但原係北人，南方風氣果不相宜，即使嚴加督責，恐亦終難責效。總督尚書胡宗憲，福建地方原屬節制，即今江西、浙江漸就平寧，自當專意經理福建之事。係干軍務，相應通行議擬。合候命下，行令劉燾回籍聽候，遇有西北相應員缺，酌量别用，遺下福建巡撫，吏部會選附近知兵官員請旨簡用，本部馬上差人齎文前去，催促到任，令其公同總督尚書胡宗憲，嚴督兵備、參守等官，不分山寇、海賊作速擒捕，尅期剿蕩。其應調應募兵馬、應處錢糧，一切事宜悉聽會議停當，徑自奏請，既不必拘於成命，致誤機宜，亦不許藉口隔遠，坐視不理。一面移咨都察院，轉行彼處巡按御史，遵奉欽依，隨軍紀驗。各官如敢仍前玩寇殃民，即便指名查参，以憑重究。

嘉靖四十年十二月二十二日題，奉聖旨："福建寇賊猖獗日甚，失陷數處城池，流劫鄰省。劉燾巡撫兩年，未見剿平，好生有負委任，本當治罪，你每既説風土不宜，姑着調外任用，員缺吏部便推堪任的來看。"欽此。

校勘記

〔一〕"慮"，據明陳子龍《明經世文編》卷二百七十六楊博《遵諭條上定策遏虜疏》當作"虜"，十二卷本亦作"虜"。

〔二〕"准"，十二卷本作"淮"，是。

〔三〕"嘗"，疑當作"當"。

〔四〕"督"前，據文意似脱一"催"字。明萬曆刻本明張瀚《臺省疏稿》卷六《海上擒獲捷音疏》："各官兵遵奉總督軍門催督調度，於初六日在虎頭門外，自寅至午，與賊大戰十數合。"本書卷之八《議遣都督劉顯等總兵征剿廣福等處逆賊疏》："悉蒙俯賜俞允，已經馬上差人不時賫文催督。"

楊襄毅公本兵疏議卷八

覆給事中王治申明督撫總兵等官職掌疏

少保兼太子太保、兵部尚書臣楊博等謹題：爲陳愚見以裨聖治事，職方清吏司案呈，奉本部送，准吏部咨，該吏科給事中王治題，奉聖旨："該部知道。"欽此。咨部送司。

卷查先爲遵奉敕諭經略大同邊務事，該總督宣大山西軍務、太子少保、本部尚書楊博條陳一款"申明職守"内稱，各邊以後遇有斬獲之功，以親臨戰陣爲主，首叙總兵之功，督撫止於賞賚。如偏裨有功，總兵官不在戰陣，亦止議賞。本兵與巡按御史通不許論功。已經覆奉欽依通行欽遵外，今該前因，查呈到部。

看得吏科給事中王治所題，極稱邊臣欺詐驕縱之弊，乞要申明職務，禁止宴樂各一節。爲照各督撫、鎮巡等官，每遇虜警往往互相隱匿，不以實報，其弊在於職守不明，文臣有冒功之望，武臣懷畏罪之心，臣博往年經略宣大之時已嘗備細言之。至於大張宴會，備極侈奢，雖未必各鎮皆然，揆之禮法，均爲未當。所據給事中王治具題前因，無非整飭邊紀之意，相應通行釐正。合候命下，備行各邊總督、鎮巡等官，各照原議職守分任責成。督撫官督率兵備等官，專任兵糧之責。總兵官督率參遊等官，專任戰鬥之責。今後遇有軍功，巡按御史備查，總兵以下果係親臨戰陣方論首功，督撫文臣、總兵官不曾臨陣者俱止議賞。虜至之時，地方有無攻毁殺擄，務要從實奏報，不許止報斬獲。虜退之時，軍民作何犒賞優恤，務要加意處置，不許張筵宴樂。如再仍前欺詐驕縱，悉聽巡按御史指名查參，以憑究治。

嘉靖四十一年正月初九日題，奉聖旨："是。"欽此。

覆陝西督撫官程軏等傳報虜情申飭後備疏

題：爲達賊入犯事，職方清吏司案呈，奉本部送，兵科抄出，總督陝西三邊軍務、都察院右副都御史程軏題，奉聖旨："兵部知道。"欽此。又該巡撫陝西等處地方、都察院右僉都御史裴紳揭帖，爲傳報緊急聲息事，揭報到部送司，案呈到部。

看得陝西督撫都御史程軏等題揭，内稱本年十一月二十四日達賊五千餘騎從寧夏安定堡進入鐵柱泉等處搶掠一節。爲照前項達虜，入冬以來聯營叠帳，俱在花馬池一帶墻外住牧，時遣零騎，乍出乍没。乃今擁衆五千，深入鐵柱泉等處，草枯冰凍，猖獗未已，甚非虜情之常。目今之計，第一在於錢糧不乏，第二在於督撫得人。總督程軏近奉明旨，革任閑住。新推總督喻時相去頗遠，誠恐程軏坐待交承，漫不經理，未免重致誤事，相應通行申飭。合候命下，移咨程軏，嚴行寧夏固原鎮巡等官，文書到日，賊如尚未出境，督率参遊、守備等官，各照信地相機戰守，併力驅逐；如賊先已出境，即將應修邊墻、應繕墩堡及早議處，合用錢糧查照先奉欽依事理，於陝西布政司官銀内那借應用。一面移咨都察院，轉行陝西巡按御史，將賊經地方逐一查勘，要見有無殺傷官軍、搶虜人畜、攻毁城堡，應参應問人員從實回奏。本部一面馬上差人催促喻時作速到任，接管行事。

嘉靖四十一年正月初十日題，奉聖旨："是。"欽此。

議發馬價銀兩買給宣大薊鎮軍民牛種疏

題：爲雪澤普降，乞恩處給牛種，以修農政，以惠邊人事，職方清吏司案呈。照得即目天降大雪，審據宣大、薊鎮公差員役俱稱霑足，但恐邊人缺乏牛種，足食足兵，事體相關，呈乞查處，案呈到部。

臣等仰惟，皇上誠感上玄，惠流下土，玆者履端伊始，雪澤屢降，真爲盈尺之祥，行見千箱之慶。但宣府、大同、薊鎮三處逼鄰虜境，十室九空，即目春融，正當佈種之時，或有牛無種，或有種無牛，遷延過時，自絶秋成之望。臣博向在右衛，固嘗目擊其苦。若使因天之時，順地之利，稍爲處給，計種一石，可得子粒數石，富民以裕國，足食以强兵，比之歲荒召買之費、月糧折支之艱，曷啻倍蓰？户部帑銀見稱缺乏，本部馬價數雖不多，尚可措置，係干邊計，不敢自分彼此，相應通行議擬。合候命下，札行太僕寺，於馬價銀内動支三萬兩，宣府、大同、薊鎮各發一萬兩，差官分解巡撫都御史趙孔昭、陳其學、徐紳處，責委各該守巡、兵備等官收買各樣種子，沿邊軍民中審其十分貧乏者分等查給，合用牛隻官爲勸借，令其趁時佈種，秋成之日抵斗還官，另立小倉收貯，專備來年給種支用。巡撫衙門仍置循環文簿二扇，年終赴部倒换查考。

嘉靖四十一年正月十一日題，奉聖旨："這所奏足見用心邊政，銀兩准給發各鎮，着實舉行。"欽此。

覆宣大總督都御史李文進等奏報逆富殛死疏

題：爲仰仗天威，逆賊伏誅事，職方清吏司案呈，奉本部送，兵科抄出，總督宣大山西等處地方軍務兼理糧餉、都察院右副都御史李文進，巡撫大同地方、贊理軍務、都察院右僉都御史陳其學題，俱奉聖旨："兵部知道。"欽此。抄出送司，案呈到部。

看得大同督撫官都御史李文進等題稱，四十年十一月初八日，逆賊丘富攻榆坡等墩，官軍射傷，回營身故。又據窑子頭墩軍王成報稱達賊叫哇四傳説丘富病死緣由，及稱參將麻禄等似應録賞，降人聶良儒并各墩探報人等亦應量賞，被執今回劉晋臣等似應曲宥優録各一節。爲照逆賊丘富，本以華人，甘爲虜役。攻圍右衛，戕數萬之生靈；騷擾西京，竭五郡之膏血。彌天之罪，罄竹難書；蓋世之惡，擢髮未盡。仰仗聖皇在上，加意邊民。上祈玄穹之祐，靈貺允孚；下懸伯爵之賞，罪人果得。神奪其魄，值黄風蔽日之辰；天厭其凶，當朔易玄冬之候。身屍爲虜焚燒，立成灰燼；妻孥被虜淫蕩，坐見陵夷。神功聖武，臣等淺昧，何所揄揚！伏望擇日謝玄，以答上天之眷，以慰邊士之心，臣等無任惓惓懇切之至。及照總督都御史李文進、巡撫都御史陳其學，屢建搗巢之議，同懷報國之忠，執馘之功雖未有成，擒逆之略亦難輕泯，似應各加賞賚。參將麻禄等并降人聶良儒及各墩嘯報人等，通聽軍門分别犒賞。守備劉晋臣，始而力戰被擒，終能奉身歸正，情委可原，似應免究。

嘉靖四十一年正月十五日題，奉聖旨："這逆賊背華導虜，擾害邊境，罪不容誅。兹賴上天肆殛，誠當仰感，謝典候旨行。李文進、陳其學各賞銀二十兩、紵絲二表裏，麻禄等着軍門分别犒賞，劉晋臣准免究。”欽此。

再議巡撫江西都御史胡松[一]會兵合剿事宜疏

題：爲乞審事體、酌時宜，以申嚴軍政、弭塞禍源事，職方清吏司案呈，該巡撫江西等處地方兼理軍務、都察院右副都御史胡松題，内一款“申明夾攻以一事體”，該本部議覆，題奉聖旨：“會兵合剿事宜還詳計來説，其餘依議行。”欽此。欽遵，抄捧送司。

案查先該巡按江西監察御史段顧言題開，欲要四省督撫諸臣同心共力，定約興師，早圖大舉，抑或以四省道路相去甚遠，約會頗難，欲要本部議覆，廣兵自某月日某處進，閩兵自某月日某處進，南贛之兵自某月日某處進，江西、浙江之兵作何赴援防遏，各定以欽限，不得違誤，等因。該本部議得，合無馬上差人齎文交與總督浙直江西尚書胡宗憲、提督兩廣侍郎張臬、巡撫福建都御史游震得、巡撫江西都御史胡松、提督南贛都御史陸穩，各要同心協力，約會停當，廣兵、閩兵、南贛兵俱限明年二月，各酌量要害處所，相機進剿。江西、浙江發兵應援防遏。事在閫外，應剿應撫并未盡事理，悉聽彼中酌量，本部不相遥制。題奉聖旨：“各省會兵進剿事宜，各該督撫官計處停當，協力舉行，務在賊寇盡絶，地方寧静。或推諉誤事，着胡宗憲及各該紀功巡按御史參奏治罪。”欽此。欽遵外，今該前因，案呈到部。

看得會兵合剿一事，本部先揆其端，猶爲億度之詞；御史段顧言後竟其說，得之聞見之切。顧言之意，大率謂四省相去甚遠，約會頗難，欲將廣兵、閩兵、南贛之兵各定日期，各自某處進入，蓋因閩、廣、南贛俱有賊巢，我兵一時並剿，使其彼此不相顧盼，不能奔逸。在我則千里之遠，聲勢聯絡，勢不同而心同；在彼則一膜之隔，氣脉斷絶，人雖多而寡助。已蒙聖明俞允，令其計議停當，協力舉行，固非爲四省之兵同搗一巢也。事不由於中覆，兵實付於外閫。至於浙江、江西之兵，止言應援防遏，不言進剿，乃因彼處原無賊巢，其理可以概見。臣等反覆參詳，御史段顧言、都御史胡松先後所議不甚相悖，即今江西地方雖稱暫寧，閩、廣巢賊居然尚在，譬之洪水，上流方在洶湃，下流難免衝突，或塞其源，或殺其勢，無容但已。但用兵之事不難於人力，而難於同心，臣等謹將應行事宜忘其愚陋開坐上請，伏望皇上俯賜裁定，敕下遵行，地方幸甚。

嘉靖四十一年正月二十八日題，奉聖旨："依議行。段顧言巡按事畢，准留紀功，協贊兵事。"欽此。

一、正賊名。臣等議得，用兵之法，殲厥渠魁，脅從罔治。今之巢賊，在南贛則程鄉林朝曦戕殺憲臣；在廣東則饒平張璉僭擬明號，大埔蕭雪峰比周爲黨；在福建則上杭李占春、蓬壺〔二〕吕尚四攻陷城池：國典昭然，罪不容貸。其餘未動諸巢與脅從之徒情尚可矜，似難概行搜剿。御史段顧言謂一散則爲百姓，原非怙終，意誠有見於此。合無移咨胡宗憲、張臬、陸穩、游震得，各將前項作孽賊巢會定月日各另進剿，務擒真正首惡，以正法典。其未動諸巢并脅從之徒出給告示，令其安心樂業，果能自相攻殺，擒斬來降，亦聽一體奏請，厚加獎賞。

一、計征調。臣等議得，三省閩、廣、南贛雖稱各另搗巢，中間兵力多寡强弱，參差不齊，謂之會剿者，正欲裒多益寡，轉弱爲强。且恐彼賊一見大兵，奔突鄰境，其鄰境果能同心戮力，因而遏巢〔三〕，使其進無所趨，退無所據，方協天討之義。合無備行胡宗憲、張臬，會同胡松、游震得、陸穩、段顧言，各將本處兵馬逐一料理，要見今攻某巢，計用兵力若干，見有若干，不足若干，應於何鎮調取，浙江、江西之兵應該就近應援何處不至老師費財。一面徑行，一面具由奏知。其汀州、邵武、建寧三府，正是賊入江西要路，仍聽游震得行漳南、武平、建寧等道兵備等官，如有遇賊流到彼處，極力堵截，仍行馳報江西湖東守巡官，合兵夾剿。如再玩寇殃鄰，聽段顧言指名參究。

一、定協計。臣等議得，搗巢之議詳於御史段顧言，且屢有建白，計料賊情如指諸掌。本官仰奉明旨，協計用兵，正在運籌之際，即今巡按事務一年已滿，御史陳志近去接管，無容別議。合無仍留本官在彼駐札，專一紀功，一切軍機悉與胡宗憲、張臬等計議而行，江西善後事宜與胡松計議，以次會奏。中間如有推奸避事、養寇殃民者，聽從實糾舉。賊平之日，遵照欽依，與督撫官一體升賞。

一、嚴禁戢。臣等議得，各省所調之兵經過地方輒肆騷動，即如近日狼兵，爲害不淺，蓋緣調發之時既無的數可以稽查，往回之際又無專官爲之統攝，或肆行搶掠，未受平賊之利，先罹調兵之害，言之可痛。合無移咨軍門，如遇調取浙江、閩廣等兵，務將選定名數先期移文經過地方官司知會，以便應付，仍選委風力守巡官一員督押。各兵到彼，悉聽各該軍門從宜分布，撤回之日，照前管押，迤邐出境。敢有仍前生事擾人者，聽督押守巡官照依軍法從重處治。其經過所司合用供應，亦要預先處備，及時給散，以慰遠征之苦，不許稽留，致起爭擾。

一、處錢糧。臣等議得，用兵之要全在足食。節該提督南贛都御史陸穩等題稱，每省用兵各約費錢糧十萬，欲將所轄南雄商税、潮州鹽税各借支二萬。及查得兩廣、南贛軍餉，近年俱議解京，以致彼中束手，别無所措，及至官兵調到，張口待哺，似非空言所能鼓動。臣等所謂“不難于兵力，而難于財力”者，正謂此也。但事在户部，臣等不知其詳，與其遠請帑銀，不若近留軍餉，一則可以振勵人心，一則可以修明兵政。合無咨行該部，速議具奏。

遵諭申飭京城巡捕事宜疏

題：爲欽奉聖諭事，職方清吏司案呈，奉本部送，准本部左侍郎葛縉咨，該内閣傳奉聖諭："朕聞京城之内近多凶盗，縉當加意督衛，于玄都四圍夜尤警巡。希孝官校可着夜分派數十名，于橋西地守巡。示二臣知。"欽此。除本職欽遵加意督衛外，合咨本部，煩爲查照施行，等因。到部送司，案呈到部。

臣等看得，京城内外自雪澤降後督捕頗嚴，止是近日兔兒山馬房失盗，查係三河縣地方，去京一百餘里，屢經本部會同錦衣衛掌衛事都督朱希孝，督率各該兵守等官，陸續拿獲强盗王英并蕭大義，各另題知，見送法司收問。臣等竊計，輦轂之下，九州四海之人悉萃於此，中間詐僞奸盗之徒委當慎防以絶禍萌，所據一應防守事宜相應通行議擬。合候命下，備行提督巡捕都督馬陽輝，督率參將、把總等官，嚴加巡緝，務期民安盗息，仰副我皇上軫念至意。臣等無任悚息之至。

嘉靖四十一年二月初十日題，奉聖旨："依議行。"欽此。

一、巡捕馬匹，原額五千六百四十一匹，見在止有三千七百七十六匹，較之原額尚少三分之一。除居常巡警外，防秋之日用塘馬傳報，隆冬之月用馬軍按伏，差用繁劇，不敷分布。合無聽本部札付太僕寺，於各州縣寄養馬内調取一千五百匹，兑與無馬官軍騎操，嚴行提督馬陽輝，責令各軍用心喂養，不許剋減、顧覓，自取罪究。

一、巡捕官軍，原額一萬員名，見在止有七千一百餘名，雖經本部札委職方司郎中周鑑專管勾補，一時不能卒完。查得先年事例，多於營内取撥，合無聽本部備行戎政大臣顧寰、江東，先將在營精壯官軍量撥二千員名，交付提督馬陽輝管領，相兼舊軍，一體巡緝。不敷之數，候有清到軍士，陸續再發。

一、巡捕官軍，先年提督巡捕都督桂勇具奏，該本部覆題，一應捕盗人員，果係凶惡强賊聚至百人以上，一日之内臨陣對敵，擒斬三名顆，爲首者照依弘治年間事例升一級，不賞，爲從者每名顆賞銀五兩。其有對敵臨時被賊殺死者，子孫亦升一級。若係拿獲積年劇賊一名者，賞銀十兩。陸續緝捕强賊并妖言賊人者，每名賞銀五兩。三人同獲一名均分。每年終，提督官將部下功次通行具奏，本部行查原問招由明白，不分擒斬、緝捕，委官每名賞銀二兩，把總官每名賞銀一兩；提督官每十名顆賞銀十兩，一百名顆賞銀二十兩，二百名顆臨時奏請，量加升用。前項銀兩，先將見獲贓銀儘數充賞，不敷之數，行太僕寺，於收貯缺官、皂隸銀内查給。奉聖旨："是。獲功的准照例給賞。"欽此。即今數年未曾舉行，人心似無激勸。合無聽本部札行太僕寺，將收貯缺官銀每年動支五百兩，發武庫司寄庫。以後官軍果能擒獲凶惡强賊并拒捕斬獲積年劇賊及妖言等項賊徒，先儘所獲贓銀充賞，如或不足，就以前項官銀給賞，開造文册查考。不敷再支，多餘留湊下年支用。每年終仍將類報盗賊起數行查招由明白，通行題請，照例給賞。若巡邏不嚴，剿捕無功，致賊滋蔓，貽害地方，并妄報功次者，悉聽本部與該科指實參治。

一、京城内外多有無藉之徒私自潛住，仰仗聖明在上，雖無別虞，先年有例禁戢，不爲無意，即今盗警未息，似當一體查處。合無聽本部備行廠衛衙門、巡城御史及提督巡捕官、五城兵馬司，各照地方，將罷閑官吏并一切豪俠可疑之人盡數逐回原籍，不許一人潛住。兵牌、鄰里如敢縱容不舉，查出通行問發。但不許因而騙詐平民，自取罪究。

開陳防剿南北寇虜要務疏

題：爲計處邊務，以防兵寇事，職方清吏司案呈。照得近日風沙、地震相繼迭見，大率兵寇之象。在東南則廣東、福建、江西等處狂寇竊發，正值春汛之後；在西北則薊遼、雲朔諸邊驕胡窺伺，又當春暖之時，呈乞通行申飭，案呈到部。

臣等切惟，天道上睿〔四〕而風沙爲異，地道下凝而震動失常，以陰干陽，委屬兵寇爲患之象。仰蒙皇上至誠玄德，獨契天心，上天垂示，何啻面命？雖神武自昭不殺之威，而修禳當爲先事之備。臣等待罪本兵，至愚極陋，兹蒙天語叮嚀，令其計處，敢不悉心議擬，仰承萬一。所據東南狂寇、西北驕虜，一切防剿事宜，除已經題奉俞旨者不敢再瀆外，謹掇其大且要者開坐上請。伏望俯賜采覽，敕下遵行，上答天庥，下修人事，地方幸甚。

嘉靖四十一年二月十二日題，奉聖旨：“這防剿事宜都依議行。”欽此。

一、東南狂寇，第一則饒平張璉，其次則程鄉林朝曦、大埔蕭雪峰、上杭李占春、蓬壺〔五〕吕尚四。蓋張璉者，本以編民，曾充斗庫，乃敢占據山寨，多築城堡。近交廣東，陰爲招撫之計；遠攻江右，肆其溪壑之欲。蜮出鬼没，奸狡至極。臣等連日以來朝官内訪其熟知彼中賊情者，與之商確，頗得其詳。各該村落原與賊巢相去不遠，愚民畏死，不過苟免從逆，至於忠順朝廷之心人人有之。見今提督兩廣侍郎張臬徵調狼兵十萬，刻期搜剿，大軍所至，勢如破竹。目前所最急者概有四事：其一重兵先當壓境，聲罪致討。一面出給簡易榜文，曉諭脅從之人，聽其首官，給與免死票帖，隨宜安插。其二則傳諭賊巢以内之人，許其立功自贖，能將賊首擒斬來獻者重加賞賚，仍許奏請，厚與一官。其三則明開賊首，原係窮凶，决在不赦，使其黨與各知罪人所在，自相携二。其四脅從既散，賊首如果尚未就戮，然後乘其勢孤，督率官兵，一鼓擒之。在我兵則事出萬全，收張弛有道之功；在我民則仁活萬命，免玉石俱焚之慘。不特張璉一巢，其餘有名四巢，事體大略相同。合無聽臣等通行尚書胡宗憲，侍郎張臬，平江伯陳王謨，都御史游震得、陸穩、胡松，計議施行，未盡事宜相機區處，不相遥制。本部仍照江西事例印押空名札付三百張，賫送張臬收貯，遇有義勇人役堪充千把總頭目者酌量填給，令其冠帶，以示激勸，事完造册奏繳。至於議留廣東、南贛軍餉、鹽課一節，係干用兵機要，仍乞聖明俯從臣等原議，敕下户部，及早覆請定奪。

一、西北驕虜，在宣大、薊鎮則爲俺答、辛愛、把都兒、土蠻，在遼東則爲虎哈喇赤，在陝西則爲吉能，至於老撒脱秃、小一千、兀慎、擺腰、王文、打賴等部，猶爲小種。比年以來，不止秋高入犯，一入春月輒行侵軼。陝西爲遠，宣大、遼東稍遠，惟薊州一鎮切近畿甸，尤爲喫緊，而古北、燕石二區逼鄰虜巢，倏忽即至。近該户部議得，有警方許調兵，審時度勢，自是緩不及事。合無聽臣等移咨總督侍郎楊選，目下先將遼東一枝、大同二枝分投徵調，宣府、定州、保河各兵再酌緩急以次徵調，其良涿一營并鞏華各區遊兵候警另調。京營之兵遵照明旨，必須實有警急，方許題請量發。腹心之地，比之四肢不同。寧可爲先事之圖，不宜貽後時之悔。宣府、大同、遼東、山西四鎮總督李文進，巡撫陳其學、趙孔昭、楊宗氣、吉澄，公同總兵官姜應熊、馬芳等方在整飭，無容别議。至於陝西延、寧、固原三鎮，自去歲地震之變，邊墻倒壞，以致虜賊常住邊内，極其騷擾，趁今春暖，正當修舉之時。而新推總督都御史喻時，頃因淮揚賊情奉旨回話，雖有舊任總督程軏在彼，人心解體，難以展布。仰乞聖明敕下喻時，一面星馳前去陝西，即與程軏交代任事，一面作速回話，恭候宸斷。閫外之寄，關涉爲重，早到地方一日，則有一日之益，臣等不勝大願。

覆兩廣提督侍郎張臬等請剿逆賊張璉等疏

題：爲乞請急調大兵剿滅屢招屢叛巨賊，以救十分孤危城池，以靖地方大患事，職方清吏司案呈，奉本部送，兵科抄出，提督兩廣軍務兼理巡撫、兵部右侍郎兼都察院右僉都御史張臬，鎮守兩廣地方總兵官、征蠻將軍平江伯陳王謨題，俱奉聖旨："這地方寇患，兵部便看了來説。"欽此。抄出送司。查得前事，先該本部併將巡按廣東監察御史蔡結所題三省督撫官移鎮信地一本通行議覆，未奉明旨，今該前因，查呈到部。

看得兩廣提督、總兵等官侍郎張臬等所題廣東饒平縣賊首張璉一事，臣等先於本月二十三日據各官開送揭帖到部，查係緊急賊情，惟恐延緩。隨該臣等議得，賊首張璉，本以編民，曾充斗級，乃敢廣糾黨與，大肆凶殘。陽爲聽撫，緩我征剿之師；陰蓄逆謀，徐爲拒守之備。即其根據，雖近在饒平一縣之間；究其蔓延，寔遠出閩、江二省之外。臣等奮心切齒，誓不與此賊共戴天日，以故將兵糧、戰守事宜節次具題，悉蒙聖明俯賜俞允。見今提督侍郎張臬、總兵官平江伯陳王謨調集狼兵十萬，刻期舉事。在張臬等則欲兵分六哨，在御史蔡結則欲移鎮信地，無非用兵機要，相應通行依擬。合候命下，本部馬上差人賫文交與張臬并福建都御史游震得、南贛都御史陸穩，各照所定適中地方，張臬於潮州，游震得於漳州，陸穩於永定，隨宜駐札，併力進剿。一面移咨江西巡撫都御史胡松知會，屯守要害以防流突之寇。其餘增兵、應援、把截一切機宜，事在閫外，悉聽各官相機施行，本部不相遥制，等因。具本題請，恭候明旨。伏望皇上俯賜裁定，敕下通行，臣等無任惶悚俟命之至。

嘉靖四十一年二月二十四日題，奉聖旨："是。著張臬等協力進剿，務在刻期平定地方，不許延玩。"欽此。

覆貴州巡按御史巫繼咸等勘明苗功升賞疏

題：爲仰仗天威，蕩平苗患，查明功罪，以勵人心，以重邊防事，職方清吏司案呈，奉本部送，兵科抄出，巡按貴州監察御史巫繼咸題，前事，又該總督湖廣川貴軍務、都察院右副都御史、今調外任用董威題，爲仰仗天威擒獲元惡，剿平逆苗，邊患悉除，地方安寧事，與同巡撫貴州等處地方兼理軍務、都察院右僉都御史趙鉞題，俱奉聖旨："該部知道。"欽此。欽遵，通抄送司。

卷查先該總督湖廣川貴軍務、兵部右侍郎兼都察院右僉都御史黄光昇題，爲請乞亟張軍威，以禦苗患，以安生靈事，内稱擒獲惡苗張問及未獲韓甸緣由，節該本部題奉欽依，將總兵官石邦憲准其以功贖罪，嚴令督兵搜剿，果能擒獲韓甸，剿平諸苗，另行議功。陣亡守備葉勛、百户魏國相，伊男各襲升二級。俱經通行欽遵外。今該前因，查呈到部。

看得巡按貴州監察御史巫繼咸題稱，播州容山司叛惡土舍韓甸竊據一方，流毒三省。各該官軍力戰焚巢，生擒韓甸等三十八名，斬獲賊級一百四十八名顆、韓甸妻小九名，并將助惡景洞、白土等寨俘馘數多，地方平寧。及稱鎮守貴州總兵官石邦憲所當准贖，仍加爵廕。副使張廷柏、李心學，參議徐敦，僉事胡直所當升賞，内張廷柏、徐敦勞勣尤多。布政使楊守約、參議程時思、副使况叔祺所當擢用。參將汪輔、署參將徐效節、守備安大朝、知府符仕、原任守備宋奎、推官劉蘭所當重賞。冠帶舍人石山所當升級。土同知蒙繼武所當併論完銷，伊男蒙天眷所當給與冠帶。土舍吴允熙所當叙録。土舍楊通一所當准贖，仍量加責治。指揮李九霄等八員名通當升級。原任守備史淮，立功鎮撫楊表、軍人鐵冠所當併贖。原任守備韓文等十一員所當量賞。陣亡千户郭繼武所當録廕。知府袁成能功浮於罪，亦當量賞。知縣趙本情有可原，所當改調。原任都指揮張時舉、指揮張世勛、百户譚時所當提問。總督湖廣川貴侍郎、今升南京户部尚書黄光昇所當准贖，或量行切責。總督都御史董威功當首論。原任巡撫貴州都御史、今升南京大理寺卿鮑道明，新任巡撫貴州都御史趙鉞功當併論。原任參將、今聽勘郭元所當免罪，仍令回衛。

又該總督董威、巡撫趙鉞各具題，大略相同，乞要將布政使李遷、張希舉、楊應奇，參議陳紹儒，僉事金世龍重賞，通判韓紹奕，知州李廷詔，指揮楊仲、楊顯量賞，巡按貴州御史巫繼咸，巡撫湖廣都御史張雨，巡按湖廣御史姜儆，巡撫四川、今升湖廣川貴總督都御史羅崇奎，巡按四川御史陳瓚叙録，督撫、總兵當該羅榮等役滿收選各一節。爲照逆舍韓甸，始而篡立奪印，已屬狂悖；繼而糾聚生苗，大肆凶殘。禍積廿年之久，重貽三省之灾。節該本部題奉欽依，責成督撫軍門協力搜剿，刻期蕩平。仰賴皇上文武聖神，玄威遠布，以故將士用命，渠魁授首，積歲之凶孽盡爲掃除，諸洞之頑苗悉見底定。所據一時效勞人員，除巡按御史巫繼咸等例不論功，布政使楊守約、張希舉近該吏部考察革任，楊應奇病故，無容别議外，如總督都御史董威，巡撫都御史鮑道明、趙鉞、張雨，新任總督都御史羅崇奎，兵糧計處，調度允中乎機宜；總兵都督同知石邦憲，鋒鏑躬親，威信大行於荒徼。即其執訊獲醜之奇，均有攘外安内之績，既該巡按貴州監察御史巫繼咸、總督都御史董威等具題前來，内董威見在聽調，御史謂其功當首録，黄光昇先已升任，御史謂其罪當准贖，并奏内應録應叙人員，相應通行議擬。合候命下，將董威量復原職，回籍候用。黄光昇免其究治。石邦憲特加升級，仍與鮑道明、趙鉞重加賞賚。張雨、羅崇奎、李心學、胡直、程時思、况叔祺同加賞賚。張廷柏、徐敦、石山、李九霄等八員名各加升級。李遷、陳紹儒、金世龍、汪輔、徐效節、安大朝、符仕、宋奎、李廷詔、楊仲、楊顯、劉蘭量加賞賚。蒙天眷量給冠帶，仍與蒙繼武、吴允熙、韓文等十一員并袁成能俱聽軍門分别犒賞。史淮、楊表、鐵冠、楊通一准其贖罪，仍聽軍門量加戒治。陣亡千户郭繼武，照例兒男襲升二級。張時舉、張世勛聽巡按御史提問具奏。郭元回衛閑住。趙本移咨吏部，酌量調用。羅榮等通候役滿起送收選。韓甸、潘繼舜等，撫按官再審無異，會官處决，仍與已故潘仲林等分送各寨，一併梟示。莫氏、韓四兒徑自定發安置。

嘉靖四十一年三月初四日題，奉聖旨："是。苗患蕩平，各官效勞。董威准復原職候用。黄光昇免究。石邦憲升右都督，同鮑道明、趙鉞各賞銀二十兩、紵絲二表裏。張雨、羅崇奎各十五兩、一表裏，李心學等各十兩、一表裏，張廷柏等各升俸一級，李遷等各賞銀十兩。其餘都依擬行。韓甸等依律會決，莫氏等定發安置。”欽此。

覆浙直總督尚書胡宗憲經略江西善後事宜疏

題：爲經略江西善後事宜，以圖安攘事，職方清吏司案呈，奉本部送，兵科抄出，總督浙直福建江西等處軍務兼巡撫浙江地方、少保兼太子太保、兵部尚書兼都察院右都御史胡宗憲題，奉聖旨：“該部看了來説。”欽此。欽遵，抄出送司，案呈到部。

看得江西全省近雖暫寧，方來之患委當預處，所據總督軍務尚書胡宗憲條陳四事，無非地方善後之計，合就開立前件，議擬上請定奪。

嘉靖四十一年三月十四日題，奉聖旨：“准議。”欽此。

一曰議將。看得總督尚書胡宗憲所題，大率欲要南贛改設副總兵，以吉安守備屬之；建撫改設參將，以鉛山守備屬之；會城添設遊擊如故；鄱陽守備亦改參將名色，專練舟師，控制九江一路；仍要將原任遊擊王應岐、原任副總兵湯克寬宥罪用之，無非□□〔六〕責成之意。查得王應岐、湯克寬雄名勇略，委難終棄，但王應岐見問充軍，湯克寬見問死罪，移咨法司另行酌議外。至於增設將官，委干興革，輿論必須僉同，事體方可經久。合無移咨胡宗憲，仍會巡撫都御史胡松、提督都御史陸穩、紀功御史段顧言、巡按御史陳志，逐一詳議停妥，文書到日，限半月以裏作速回奏。

二曰議兵。看得總督尚書胡宗憲所題，大率謂江西主、客之兵，主兵除一萬三千外，尚少四千，聽巡撫衙門選募客兵，力不能支，聽其再發標兵赴彼應援。緣前項將官既屬會議，則主兵之事仍當備行前去一併議處，庶幾兵將相資，不致矛盾。至於調遣客兵，事在閫外，悉聽胡宗憲如擬施行，未盡事宜徑自酌處，不相遥制。

三曰議賞格。看得總督尚書胡宗憲所題，先該巡撫江西都御史胡松具題，已經本部議得，合行移咨江西、南贛各軍門，以後平定流賊，一人就陣爲首擒斬有名劇賊一名顆者，升實授一級，不願升者賞銀三十兩。以次劇賊，一名顆者升署一級，不願升者賞銀十五兩；二名顆者升實授一級，不願升者賞銀三十兩。從賊，一名顆者，賞銀十兩；二名顆者升署一級，不願升者賞銀二十兩；三名顆者升實授一級，不願升者賞銀三十兩；擒斬六名至九名顆者，止升實授二級、署一級，餘功扣賞；不及六名顆者，除升實授一級、署一級之外，扣算賞銀。如二人、三人、四人、五人就陣共擒斬有名劇賊，及以次劇賊一名至二名、三名顆者，查照前例，給賞均分。如就陣與賊對敵陣亡者，不分官軍，俱升實授一級。以上俱准世襲。其不係臨陣，一人有能捕獲以次劇賊，一名顆者亦升署一級，不願升者賞銀十二兩；二名顆者升實授一級，不願升者賞銀二十四兩。從賊，一名顆者賞銀八兩，二名顆者升署一級，三名顆者升實授一級，不願升者照數扣算，遞加給賞。其領兵把總等官，部下擒斬有名劇賊三名顆以上者升實授一級，從賊五十名顆以上者升署一級，三百名顆以上者升實授一級，不及數者量賞。以上俱不准世襲。奉有欽依通行去後。今查所奏大略相同，合無申飭江西、南贛、兩廣軍門，備刊榜文，懸示衆知，果有功級，查照升賞。

四曰議報效。看得總督尚書胡宗憲所題，切緣江西地方雖稱承平日久，民不知兵，然世家義士目擊桑梓之患，感激報效，理必有之。至於盜賊黨與悔罪求生，尤當推廣其路，令其自新。合無移咨江西、南贛各軍門，以後遇有本省世家大族集練家丁，自備糧餉，情願殺賊報效者，不拘生員、舉監、武生、義士，悉聽收置軍門，從宜委用，有功之日照例升賞。若止倡率一方，保護鄉井，獲有首級者，一體升賞。雖無首級，先聲震壓，致賊遠遁者，督撫衙門分别犒賞，爲首之人仍給冠帶。其不能自備糧餉，假此名色，希圖冒濫，因而武斷鄉曲，生事害人者，嚴加革治。各省軍門仍大張榜諭各起賊黨，如有此起能擒殺彼起，或三起、四起以至十餘起併衆投降，及倡亂首惡除饒平張璉外，其餘果能悔罪自新、領衆來降者，撫按官審實無異，准贖原罪，仍量加獎勸。

再議遼東防禦事宜疏

題：爲大虜入犯，官軍拒敵出境事，職方清吏司案呈，奉本部送，該本部題，准巡撫遼東地方兼贊理軍務、都察院右僉都御史吉澄揭帖。

看得巡撫遼東都御史吉澄揭報虜情，大率欲催促新任總兵官吴瑛到任管事，又欲總督軍門多發勁兵援應。查得吴瑛近日過山海關，漸入廣寧。巡按御史王得春因候交代，住札前屯，故奏報在先。巡撫都御史吉澄開府廣寧，爲虜所隔，不知吴瑛已到，以故至今方有此奏，大率原是一事。但虜雖退遁，尚在近境住牧，防範機宜時不可緩。除遵照先奉欽依，仍行總督侍郎楊選，雖經發去遊擊何垚遊兵一枝，日下應否再發兵馬，徑自相機施行，務要計處得宜，不得坐視彼患，及顧彼失此外。奉聖旨："這地方吉澄奏稱危急已甚，所當亟處。吴瑛果能勝任否，併防禦事宜，你每還悉心計議來説。"欽此。又奉本部送，兵科抄出，巡撫遼東都御史吉澄題，爲大虜用計蠶食，攻克營堡，地方危迫，懇乞天恩速發勁兵拯救生靈事，奉聖旨："兵部看了來説。"欽此。通抄送司，案呈到部。

看得遼東地方先年豐稔，號爲樂土，以故馬健兵精，在九邊中稱爲第一。邇因旱魃相仍，債帥相繼。顆粒未收，甚至父子相食；科剋未已，甚至室廬盡蕩。大虜猖獗，每覘我之虚實；屬夷狂悖，反爲虜之嚮導。近日土蠻屯住老河，欲窺薊鎮，後因薊鎮有備，移營遼東前屯一帶，攻毀城堡，殺虜人畜。即今土蠻雖稱退遁，而朵顔三衛并小一千部落假借聲勢，時遣零騎入境侵擾，又不止爲虜嚮導而已。臣等連日屢與總督侍郎楊選往來咨議，楊選亦將應議事宜揭報前來。有一時防零寇之計，暫調精兵是已；有經時防大虜之計，增兵設險是已。大率二事相爲表裏，不剿零騎，則雖欲增兵設險必爲所擾；若果零寇不擾，預防大虜之計自當漸有頭緒。臣等遵奉聖旨，逐一參酌停當，謹用開坐上請。伏乞皇上俯賜采覽，敕下遵行，地方幸甚。

嘉靖四十一年四月十一日題，奉聖旨："這所議准行。目今遼鎮告急，還着會推才望大臣一員前去督視整理。"欽此。

一、見任總兵官吴瑛老成驍健，一時號爲宿將，都督李賢、總兵馬芳等共讓其賢。近因該鎮總兵員缺，臣等已將吴瑛會官推補，即今初到地方，正在整飭。據舊資則人望頗愜，論新功則爲日未久，且臨敵易將，兵家所忌，似應令其用心供職。果能安邊却虜，立有奇功，容臣等奏請加秩升俸，久任責成。如或怠職誤事，聽彼處巡按御史廉實參究。

一、前屯一帶見有零寇阻絶經行，小敵之辱，大敵之怯，急當剿捕無疑。合無照依總督侍郎楊選所議，除先發遊擊何垚遊兵一枝外，再將軍門標下遊兵胡鎮一枝作速督發出關，分住前屯、寧遠等處，遇有零寇，多方搜剿。有功之日，比之地方主兵加等升賞。稍候寧謐，方許掣回。

一、前屯一帶係咽喉之地，咽喉不通，關涉不淺。雖經督發客兵前去策應，仍須鎮巡大臣親詣調度，方爲得策。合無備行總兵官吴瑛、巡撫吉澄，暫住前屯、寧遠等處，遇有零寇則相機剿捕凶殘，果無零寇則及時整飭邊備。自今四月至五月、六月，正當可爲之時，一切軍務，應徑行者徑自舉行，應奏請者作速開奏，卧薪嘗膽，不宜須臾怠緩，各具到彼日期先行回奏。

一、遼東步兵四千名，每歲調援薊鎮，以致本處極其空虚。合無照依總督侍郎楊選所議，今秋暫免入衛，聽鎮巡官吴瑛、吉澄從宜分住前屯、廣寧一帶，相兼客兵，剿捕零寇，仍聽鎮巡官便益施行。

一、遼東入衛馬兵既不敢輕撤，似當另募馬兵一枝，專爲前屯一帶之備。合無照依總督侍郎楊選所議，聽彼處鎮巡官於前屯一帶招募精壯遊兵三千名，即便從實查議，要見募軍該用銀若干，買馬該用銀若干，糧草應於何項内撥補，何官驍勇堪充遊擊統領。文書到日，限半月以裏作速會奏。

一、遼東前屯一帶修邊、修臺一事，先該巡撫都御史侯汝諒、吉澄勘報，已該本部覆奉欽依，共該發銀一十萬七千二百四十五兩五錢。本部銀二萬六千八百一十一兩三錢七分五釐，已經差官解到該鎮，取有咨文在卷。户部該銀八萬四百三十四兩一錢二分五釐，未見發去。合無聽本部移文該部，刻期處發以濟燃眉之急。仍行吉澄、吴瑛，候山海關至廣寧一路墻臺完備之日，方許以次接修各路。

一、火器火藥，中國長技。去秋薊鎮有警，仰蒙皇上特敕該部多發前去，以故軍威丕震，虜勢頓挫。遼東事體大略相同，合無聽本部移咨工部，將庫貯各樣火器并火藥即便差官運送該鎮，轉發各該營堡應用。仍咨吉澄，照依薊鎮事例，通將先今發去火器火藥盡行查出，備造循環文簿二本，每季終差人齎送工部倒换，以便稽考。

一、海西并朵顔三衛屬夷，先年撫賞得宜，常爲我用。近來每遇開市，少不遂意，或群聚叫囂，或盤據道路，乘機勾引，深爲可憂。但撫賞之費，帑銀既難請發，該鎮又無措處，近日巡撫吉澄條陳，欲要議覆八里鋪商税，亦是一策。合無移咨户部，速爲議覆。

覆西關巡視御史郝傑條陳邊務疏

題：爲陳末議，以正憲綱，以裨邊務事，職方清吏司案呈，奉本部送，刑科抄出，巡按直隸監察御史郝傑題，奉聖旨："該部知道。"欽此。欽遵，抄出送司，案呈到部。

看得巡按直隸監察御史郝傑條陳四事，合就開立前件，議擬上請定奪。

嘉靖四十一年四月二十五日題，奉聖旨："是。"欽此。

一、申法禁以責將令。看得各邊總督，諸將有罪輒曲爲彌縫，諸將無功乃妄爲捏報，其弊則誠有之。臣博往在宣大，已嘗極言其詳，奉有明旨。至於武臣問發充軍立功，却又展轉夤緣，揆之法典，委屬有違。合無備行各邊督撫官，各照原議職守，專一稽查錢糧，督催戰陣。遇有軍功，巡按御史備查明白，俱止議賞，不得概升職級。節年充軍將官，巡按御史盡數查出，通行發遣，取具配所回文，申達本部，以憑查考。所在官司容隱不解，即以枉法論罪。立功人員臨陣斬獲，仍聽御史查覈的實，方准議贖。如敢仍前買功冒賞，從重究治。

一、清武職以革冒濫。看得各邊武官，身未經戰，往往買功冒升，甚至市井無賴之徒亦得紆金衣紫，不惟名器有玷，誠爲激勸無方。本官所論，無非慎重爵賞之意，但欲要專差該科給事中或風力御史數員詣邊清查，似難輕議。合無移咨都察院，轉行各該巡按御史，嚴行各該都司等官，通將各衛所見在官員，上自都指揮，下至總小旗，除祖職應該承襲外，但係近年新功，不拘已未襲替，通行查覈，孰爲真正，孰爲冒濫，徑自造册具奏。本部仍照見行條例，分别應革應襲，覆請定奪。各該衛所有知而不舉及朦朧回報者，聽巡按御史指名參究，仍以冒保事例坐罪治之。

一、實行伍以壯兵威。看得各邊軍士日見單弱，每遇調遣，輒稱不敷。本官所謂"投充"、"選補"、"虚糜"等項，委爲切中弊源。至於將領剥削，爲害尤甚。但又欲差給事中數員，亦難輕議。合無止行總督軍門，嚴行各該鎮巡等官，各將所管軍士通行查理，逃亡者嚴加勾補，影射者盡令還役，總兵、參遊等官跟隨人役，俱照條例定數，不許例外投充。督撫標下軍士，止將餘丁召補，不許營中挑選。召募各枝遊兵，俱要籍貫明白，不許概收無籍。各該將領以後務要加意撫恤，刻自愛惜，如敢仍前侵削，聽巡撫指名查參，從重究治，仍記其罪狀，永不叙用。

一、嚴盤詰以重關隘。看得居庸、紫荆、倒馬三關均屬要害，近日關吏疏漏，以致往來之人，或負擔遊食通無批引，或驛遞官司徑給執照，防奸禦暴，委當嚴加禁革。合無備咨督撫衙門，嚴行各關參守等官，每遇出入人役，務要嚴加盤詰，所執文引驗果撫按、三司及府州縣正官給付者，方准放行，其餘經歷、巡司、驛遞衙門所給批照，通行阻回。把守人役敢有受財賣放者，從重究治。以後腹裏地方捉獲奸細，審果某口進入，經該官員一體連坐。

覆都給事中張益等責成總督尚書胡宗憲亟平福建山海寇患疏

題：爲福建山海寇患日甚，乞賜議處以安東南事，職方清吏司案呈，奉本部送，兵科抄出，兵科都給事中張益等題，奉聖旨："兵部知道。"欽此。欽遵，抄出送司。

卷查先該南京科道等官給事中馬出圖等題，該本部議得，總督尚書胡宗憲，福建地方原屬節制，即今江浙漸寧，自當專理其事。已經覆奉欽依，備行胡宗憲，將該省兵糧事宜會議停當，徑自奏請，通行欽遵外。今該前因，案呈到部。

看得兵科都給事中張益等題稱，福建地方寇患日甚，官軍玩愒，乞要特敕總督胡宗憲悉心經略一節。爲照福建地方，外則山海之寇日見熾昌，内則玩愒之卒時干法紀，事勢艱虞，誠如該科所論。總督胡宗憲威名素著，福建原係節制，責自難諉，節該本部題奉欽依，專一責成，正與該科所見相同。但胡宗憲近日奏内略陳患病之狀，似有因而求去之意，節鉞大臣受國厚恩，不宜如此，相應通行申飭。合候命下，備行胡宗憲，會同巡撫都御史游震得，查照本部先今題准事理，將福建一應事宜悉心經理，糧餉不敷作何處置，兵力不振作何練募，官軍玩愒作何懲創，山海寇盜作何剿除，悉聽會議停當，應奏請者作速奏請，應施行者徑自施行。即目浙直如果無事，即便親詣福建，刻期蕩平，不得藉口隔遠，坐視民患。

嘉靖四十一年四月二十七日題，奉聖旨："准議行。"欽此。

覆宣大總督尚書江東條陳禦虜方略疏

題：爲遵明命，議軍務，攘虜患，以安内地事，職方清吏司案呈，奉本部送，兵科抄出，總督宣大山西等處地方軍務兼理糧餉、太子少保、兵部尚書兼都察院左副都御史江東題，奉聖旨："該部知道。"欽此。欽遵，抄出送司。

卷查先該總督宣大山西軍務都御史李文進等題，條陳大同議處兵馬等四事，又該本官題，條陳修築宣府獨石等處城堡墩臺等六事，俱經本部議覆，節奉欽依，備行各該督撫等官欽遵外。今該前因，案呈到部。

看得總督宣大山西軍務尚書江東具題前因，大率謂宣、大、山西三鎮虜患頻仍，城堡攻毀，始而條陳十事，以爲存保邊堡之計，繼而欲敕各該鎮巡并集廷臣會議，以盡戰守安攘之策各一節。爲照宣、大、山西三鎮，年來驕虜不時窺伺，兼以内地奸逆交相勾引，以致沿邊墻墩、堡寨半爲攻毀，烽燧因而不明，保障無從攸賴。即今盛夏，相去秋期尚有三月，及時整飭，殊不容緩，所據保全邊堡一事，委爲目今首務，既該總督尚書江東具題十事前來，通行依擬。至於欲要内外諸臣會議具奏，固是廣集衆思之意。但江東久歷邊方，素諳戎務，皇上親灑宸瀚，副以閫外重任，正欲其裁定石畫，以爲强固之計。若使諸臣遥度億説，耳聞不如目見之詳，且恐言人人殊，益難折衷。合候命下，移咨江東，督同宣大、山西各該鎮巡等官，一面將本部先經題准總督李文進等條陳事理作速舉行，一面將各鎮未盡事宜博采輿論，參以己見，每事各具一疏，計處詳悉，作速具奏，以憑覆請定奪。

嘉靖四十一年五月初一日題，奉聖旨："是。"欽此。

議遣都督劉顯等總兵征剿廣福等處逆賊疏

題：爲仰仗天威，急剿叛逆，以靖地方事，職方清吏司案呈。照得廣東饒平等處逆賊張璉等，節經本部將一應兵食、戰守事宜題奉欽依，馬上差官賫文前去督催行事。先據提督兩廣侍郎張臬奏稱，本年三月十六日進兵，近據提督南贛都御史陸穩奏稱，比因狼兵徵調不齊，改於四月十八日進兵，前後不一，不知此時竟作何狀。且福建之賊山、海二種蔓延未已，呈乞通行查處，案呈到部。

看得廣東、福建二省雖云均有賊寇，而廣東張璉則狂悖僭逆，尤爲不道之極。臣等待罪本兵，奮心切齒，誓不與此賊共戴天日，以故將兵糧、戰守事宜節次具題，悉蒙俯賜俞允，已經馬上差人不時賫文催督。續據彼中回奏，亦稱見調狼兵一十餘萬，定於三月十六日進兵，因狼兵未齊，又改四月十八日進兵，曠日持久，未見捷報，至勞皇上軫念南服，時勤宵旰，臣等職在運籌，不勝慚悚。大抵廣東之境方在進兵，固不可逆料其無功，過爲先時之慮；亦不宜坐視其誤事，以貽後時之憂。提督兩廣侍郎張臬、總兵官平江伯陳王謨、提督南贛都御史陸穩，封疆事重，雖各不敢不勉，以臣等愚見，當此劻勷之時，必須群力群策，兼收並蓄，方保萬全。臣等切見見任南京坐府署都督僉事劉顯，往來江海，甚有威名，一時勇將莫之或先；見任南贛參將俞大猷，曾官兩廣，雅負壯猷，一時智將無出其右。若將二臣用之廣東，謀斷相資，弛張相濟，必有可觀。伏望皇上俯采臣等末議，將劉顯以原任署都督僉事充總兵官，帶領見在部下之兵，俞大猷以原職署都指揮僉事充副總兵，量帶南贛參兵前赴廣東，會同張臬、陳王謨、陸穩，兼同調到狼兵，速將張璉等巢穴刻期掃平，合用敕書、旗牌等項照例請給。如果二臣未到，地方賊已先平，即便徑赴福建，會同巡撫都御史游震得，就將福建山、海之賊設法剿滅。果能立有奇功，容臣等具奏，不次升擢。如敢因循怠肆，與鎮巡官一體究治。臣等又惟，二臣此行實補鎮巡官之所不及，原爲相濟而非相病也，若使鎮巡等官自懷意見，甲可乙否，未免反致齟齬，爲害不輕。合無將紀功御史段顧言添請敕一道，令其親詣廣東，兼紀廣東功罪，鎮巡官與二臣彼此和衷則已，萬一二臣或欲兵船而鎮巡阻撓其兵，或欲糧餉而鎮巡阻撓其食，或欲嚮導而鎮巡阻撓其機，悉聽段顧言從實參究，定行拿問。臣等所見如此，千慮之一，罔知攸裁，無任惶悚俟命之至。

嘉靖四十一年五月初三日題，奉聖旨："都依議行。劉顯等著上緊前去進剿，不許怠誤。"欽此。

覆山西巡鹽御史王諍禁治礦徒疏

題：爲驅剿礦賊，以保全地方事，職方清吏司案呈，奉本部送，兵科抄出，巡按山西監察御史王諍題，奉聖旨："該部知道。"欽此。欽遵，抄出送司，案呈到部。

看得巡按山西監察御史王諍題稱，河南澠池等處礦徒横行，越河至山西夏縣等處劫掠，各該地方等官無人防禦，乞要速行河南、山西撫按，督令守巡協力驅剿，失事人員具實糾劾各一節。爲照山西夏縣地方偶露礦沙，愚民趨利，遂成禍本，在山西居人則糾合河南礦徒以助遠聲，在河南礦徒則交結山西居人以爲嚮導，遂致兩河之間騷然靡寧，甚至殺人劫貨，肆無忌憚。大抵目前之計，第一該封閉礦穴，第二該禁止私渡，至於河南官司不行約束之罪，尤當查究，相應通行議擬。合候命下，本部備行山西撫按官，先將礦穴多方填塞，不許一人私自開取，沿河居人不許擅造船隻，私渡礦徒。再有礦徒越過河北，坐委參議張學顏督兵剿捕。頗聞學顏履任以來大有風力，近日削平沁水之寇，其功甚偉，若使悉心經理，必有成效。一面行移河南巡撫官，設法禁治礦徒，毋令過河。其守巡、府州縣等官如敢仍前怠惰誤事，即便指名參究，事寧之日，聽山西、河南巡按御史并巡鹽御史王諍廉其功罪，從實具奏。

嘉靖四十一年五月初三日題，奉聖旨："是。"欽此。

覆給事中李邦義責成督撫等官亟剿逆賊疏

題：爲東南劇賊未見平寧，懇乞聖明申飭督撫諸臣，毋分彼此，毋落常套，悉心剿滅，以靖地方事，職方清吏司案呈，奉本部送，兵科抄出，兵科給事中李邦義題，奉聖旨："兵部知道。"欽此。欽遵，抄出送司。

卷查先該提督兩廣軍務、兵部右侍郎張臬，鎮守兩廣總兵官平江伯陳王謨題，内稱會兵進剿巨賊張璉等緣由，該本部覆奉欽依，備行兩廣侍郎張臬移住惠潮地方，福建巡撫游震得移住漳州，南贛巡撫陸穩移住永定，就近調度，刻期進剿。隨該南贛都御史陸穩題稱會兵於四月十八日進剿張璉等緣由在卷。今該前因，查呈到部。

看得兵科給事中李邦義題稱，廣東賊首張璉等黨合諸巢，禍延廣東、福建、江西三省，參詳所奏，大略有三：其一則恐各官不肯叶心，甲可乙否，難成掃蕩之功；其二則恐各官不量天時，蹈危履險，反資驕横之勢；其三則恐各官邀功生事，妄殺平民，大傷天地之和。其詞甚詳，其意甚善。蓋邦義乃廣東人也，韜鈐之略既曾留心，桑梓之患尤爲切齒。但前項事情仰蒙皇上天語叮嚀，臣等節經覆奉俞旨，申飭之文連編累牘，督催之使肩摩踵接，初據奏限進兵在三月十六日，近據奏限進兵在四月十八日。事關兵機，相應再行議擬。合候命下，本部馬上差人齎文交與提督兩廣侍郎張臬、巡撫福建都御史游震得、巡撫南贛都御史陸穩，查照本部先今題准事理，各駐原定地方，同心協力，上緊征剿。其福建殘寇，仍聽總督胡宗憲嚴行地方官員設法防禦，不許互相推諉，顧此失彼。如果賊勢重大，一時遽難盡除，亦要劑量停當，徑自會奏。既不許虚文從事，顛倒功罪，亦不許拘泥不通，老師費財。本部一面備咨都察院，轉行巡按廣東、福建、江西各監察并紀功御史，仍遵照原敕事理隨軍紀驗，平寧之日通將有功人員分别具奏，以憑覆請定奪。

嘉靖四十一年五月初三日題，奉聖旨："是。"欽此。

覆成國公朱希忠議處柴炭商人疏

題：爲柴炭商人事，武選清吏司案呈，奉本部送，兵科抄出，後軍都督府掌府事、太傅兼太子太師、成國公朱希忠奏，奉聖旨："兵部、都察院看議來説。"欽此。欽遵，抄出，到部送司。行准後軍都督府經歷司手本，回稱本府所屬在京武成中等一十八衛，在外保定左等六十八衛所，每年舊額出辦供應内府惜薪司柴二百三十萬斤，每斤價銀四釐；炭二百萬斤，每斤價銀八釐；荆條一萬斤，每斤價銀七釐；蘆葦五萬斤，每斤價銀五釐；本色楊木長柴三萬斤。額辦内府内官監黄穰苗一萬一千斤，每斤價銀五釐；馬連根五百斤，每斤價銀一錢四釐；蘆葦六百束，每束價銀二錢三分；藸稭七百束，每束價銀一錢八分。本府每年題准通行各該衛所徵銀，俱限八月以裏解府貯庫。本府原額商人二十四名，自備資本，陸續置辦柴炭、蘆葦、荆條，運赴惜薪司上納，出給紅票，到府查照紅票内上納過柴炭、蘆葦、荆條斤兩、數目，本府照數發銀給商。其商人供辦年久，舊規本府密訪選補。四十年十二月内，據舊商具告消乏。本府照得，於五城地方原無統轄，人户之殷富與否難以周知，欲行審派，誠爲未便。比照户、工二部商人事例，三年一次，五城御史選編。題奉聖旨："這該府商人，准三年一次五城御史審編更换，都察院知道。"欽此。隨該五城御史審編開送新商二十二名到府，内有重役，職官累次送回各城更换，尚未有序，等因，到司，案呈到部。

看得後軍都督府掌府事、太傅兼太子太師、成國公朱希忠奏稱，御史顔鯨極論商人受累，欲要本府差的當武官二員賫銀收買，乞要從常會處一節。爲照前項柴炭等項專供内府惜薪司之用，事體重大，時不可缺。舊例額派在京在外武成中等八十六衛徵納銀兩以爲買辦之具，復於京城地方召選富商以專買辦之役，二百年間不聞别議。臣等入官之初，親見一商有缺，諸人群聚争之，乃今但聞籍名，愁苦悲號，如就死地，甚至携家共逃，委身自盡，言之可痛，見之可傷。御史顔鯨欲要改差武職，固是補偏救弊之策，猶非端本窮源之論。臣等博采輿情，參酌膚見，大抵今日之事不在免商人之差，而在體商人之情。先年商人有利而無害，故其趨事也如順水而下，公私均便；近年商人有害而無利，故其趨事也如激水而上，公私咸詘。至於各衛應辦銀兩，其逋負者十常八九，該府雖欲以時處給，勢自稱難。若不急爲釐正，不惟小民之疾苦無由申達，抑且勛臣之公廉無從暴白，相應酌處。合候命下，將在京武成中等一十八衛應徵柴炭等項銀兩，行令各衛掌印官照舊按月辦納，在外保定左、通州左等六十八衛所，移咨順天、保定巡撫都御史，各另督催。如原銀未完，就於别項銀兩先行借轃，每年務在八月以裏差官解府，先赴巡視京營科道官處掛號畢，即赴該府收貯。如有過限不解以致供用缺乏，悉聽巡視科道指名參治。一面備行五城御史，以後三年一次審編，審編既定，該府不得輒爲更易。商人柴炭等項相兼派納，不許專納一項，以致偏累。買完之日，亦赴科道掛號，内府比號相同，出給完票。每月十日一次，該府首領官移文科道，將應給銀兩公同驗放，其勒詐常例等項盡行革除，一洗積弊。内外官吏、伴當人等如敢仍前故違，不止科道查參，即許被害之人徑自陳訴。

嘉靖四十一年五月初四日題，奉聖旨："是。"欽此。

議徵永順宣慰司土兵征剿廣東逆賊疏

題：爲仰仗天威，急剿叛逆，以靖地方事，職方清吏司案呈。照得廣東饒平等處逆賊張璉等，近該本部題奉欽依，選推總兵官劉顯、副總兵官俞大猷，統領部兵、參兵前去廣東，會同總鎮、提督等官刻期掃平。如果賊平，即赴福建截殺。但各官所領之兵數本不多，雖稱調到狼兵聽其分布，終非頭目手足之義。兵家之事，貴於未戰，呈乞再爲查處，案呈到部。

看得逆賊張璉等，狂悖之極已非一日，削平之舉當圖萬全。提督侍郎張臬、總兵官平江伯陳王謨見調狼兵十萬，刻期進剿。臣等慮其群策群力尚未兼收，以故題奉欽依，特遣總兵官劉顯、副總兵官俞大猷統領親兵前去接濟，又令御史段顧言前去紀功。仰仗聖皇在上，玄威震疊，蠢兹小醜自當授首。但劉顯所統部兵、俞大猷所帶參兵大約不滿二千，若待事有急緩方議添兵，相去隔遠，一時不能卒至。臣等切見湖廣永順宣慰司帶銜布政司參政彭翼南，世受國恩，素閑家教，往年浙中倭警，黄港涇、沈家莊之捷甚賴其力，即今廣中多事，正本官勠力圖報之秋。合無容臣等馬上差人移文湖廣總督、鎮巡官，即行彭翼南，將永順宣慰司所屬土兵通行挑選精鋭者二萬名，整搠停當，親自統領，聽本部備行劉顯、俞大猷酌量具奏，如是必欲調兵，本部差官賫文到彼，彭翼南方許啓行。如賊已平寧，兵不必調，亦候二臣奏至，容臣等將彭翼南具實奏請，特賜金幣，以爲效忠之勸。本部一面行湖廣督撫官，仍照例坐委按察司風力官一員隨軍監督，不許沿途騷擾。各兵到彼，悉聽劉顯、俞大猷督率夾剿。合用行糧、犒賞等項，巡撫官速行各該官司預爲處備，隨到隨給。其保靖兵一枝，查得彭藎臣已故，遺有孤孫，方在童年，無人管束，中間果有情願隨軍報效者，亦許本司把目人等分領前去，仍聽彭翼南節制，有功之日一體升賞。大抵今議永保之兵，一則先期挑選，可免臨時張皇；一則候警起發，不致虚糜饋餉。在廣東進兵之前，可以壯我兵之先聲；在廣東進兵之後，可以收我兵之後效。臣等愚見如此，伏乞聖明俯賜裁定，臣等無任惶悚俟命之至。

嘉靖四十一年五月初九日題，奉聖旨："是。"欽此。

覆兩廣總兵官陳王謨等分哨進兵剿賊疏

題：爲乞請急調大兵，剿滅巨賊，以救十分孤危城池，以靖地方大患事，職方清吏司案呈，奉本部送，該鎮守兩廣地方總兵官、征蠻將軍、平江伯陳王謨，提督兩廣軍務、兵部右侍郎兼都察院右僉都御史張臬揭帖，前事，通送到司，案呈到部。

看得兩廣總兵官陳王謨、提督侍郎張臬揭報前因，大意謂饒平、大埔二縣逆賊張璉等極惡窮凶，悖逆已甚，見今調到漢、達、土官軍兵、打手、銃手人等，酌量派爲五大哨。中大哨東蘭、向武、奉議三州土官目兵等共一萬五千有奇，内分四小哨，俱從烏槎等處進剿；後大哨那地、田州二州土官目兵等共一萬五千八百有奇，内分三小哨，俱從大埔等縣進剿；右大哨思明、歸順、下石西、遷隆、江州、都康等府州峒土官目兵等共一萬三千七百有奇，内分二小哨，俱從湖寮等處進剿；前大哨泗城、鎮安、上林等府州司土官目兵等共一萬一千有奇，内分二小哨，俱從饒平縣教場等處進剿；左大哨東莞、烏艚、哨馬等船後生、兵夫人等共一萬一千四百有奇，俱於潮州府附近黄山坑暫札。又約會江西、南贛、福建各軍門，督發平和、詔安二哨官兵，剋定四月十八日卯時一齊抵巢，按圖夾攻。又恐玉石俱焚，妄殺平人，各給榜示，招散脅從，有能執縛元惡張璉等，許以重賞，仍奏請量升官職。中間如紀功、監督、統督、錢糧一切事宜，據其揭報似屬詳明，但兵家之事朝夕異宜，俱非臣等所敢遥制。除馬上差官賫文前去鎮巡等官處，如擬施行，務期元惡就擒，小民安堵，以慰我皇上南顧之懷外。

嘉靖四十一年五月初十日題，奉聖旨："是。着鎮巡官刻期剿平具奏。"欽此。

議發馬價銀兩買給遼東軍民種子疏

題：爲遼寇少寧，乞恩處給種子，及時佈種事，職方清吏司案呈。照得遼東地方，自督視軍情、本部左侍郎葛縉出關以來，零寇遠遁，商旅通行，且雨澤霑足，田土膏腴，但居人貧苦，多無種子，呈乞查處，案呈到部。

看得遼東一鎮素稱富庶，乃今十室九空，蕭條特甚，大要其端有二，其一則連年亢旱，不能耕斂；其二則諸虜侵軼，不敢耕斂。玆者仰賴聖皇在上，誠感玄穹，天雨時若；特遣大臣，天威丕振。計今五月、六月，尚可佈種穈子。但所在軍民十分貧窘，或有牛無種，或有種無牛，棲息閭閻，徒切慨嘆。臣等私憂過計，若使得如臣等春初宣大、薊州之議，各給以種，所費不多，所利甚大，相應速爲酌處。合候命下，本部札行太僕寺，於馬價銀内動支一萬兩，差官解送侍郎葛縉，會同巡撫都御史吉澄，責成守巡、兵備等官，不分遼東、遼西，委官收買穈種，量其家力，分等借給，合用牛隻，官爲勸處，令其趁時耕種。秋成之日抵斗還官，另立小倉收貯，專備來年給種支用。

嘉靖四十一年五月十三日題，奉聖旨：“是。”欽此。

校勘記

〔一〕“胡松”，底本卷首原目録作“胡汝松”，十二卷本亦作“胡松”。

〔二〕“壼”，十二卷本作“壺”，是。

〔三〕“巢”，疑當作“剿”。

〔四〕“睿”，疑當作“應”。（明）陳子龍《明經世文編》卷五十三劉健《灾異論新政疏》："窃聞陽主剛健，陰主柔弱；陽主開明，陰主暗昧。人事下乖，天道上應，必然之禮也。"

〔五〕"壼"，十二卷本作"壺"，是。

〔六〕□□，底本漶漫不清，據十二卷本當作"掄將"。

楊襄毅公本兵疏議卷九

覆巡撫南贛都御史陸穩等議立鎮建官疏

少保兼太子太保、兵部尚書臣楊博等謹題：爲添設縣治并請置總兵官，以杜三省盗源事，職方清吏司案呈，奉本部送，兵科抄出，巡撫南贛汀漳等處地方、提督軍務、都察院右副都御史陸穩題，奉聖旨："該部知道。"欽此。又該巡按江西監察御史段顧言題，爲乞增置文武將吏，重彈壓以專責成事，奉聖旨："兵部知道。"欽此。欽遵，通抄送司，案呈到部。

看得巡撫南贛汀漳等處右副都御史陸穩、巡按江西監察御史段顧言各題稱，潮、汀、南、贛，三省之交，去各道府、鎮巡衙門甚遠，藏奸伏慝，乞要與程鄉、興寧等四縣連界處所創立鎮城，添設副總兵。在巡撫，則欲就以南贛參將俞大猷充任，參將員缺不必推補，止補守備一員，并添設縣學。在御史，則欲于新立鎮城再添設兵備一員，汀漳緊要地方添設參將或遊擊一員，長沙營、羊角堡各添設把總一員，廣東添設巡撫，江西袁、吉添設兵備各一節。除設立縣治係户部，儒學係禮部，移咨該部徑自議覆外，爲照程鄉、興寧、安遠、武平四縣接界地方分屬三省，該管官司相去寫遠，號令不及，奸宄易生。先年雖有通判之議，事權未重，委難展布。所據添設副總兵及兵備、把總等官并南贛止設守備等項事宜，審時度勢，俱非獲已。至于袁、吉一路，又湖、粤往來要冲，先事之備尤當預講。既該撫按等官都御史陸穩等具題前來，計處已當；但段顧言欲於廣東添設巡撫、汀漳添設參將二事，查得廣西有可用之兵而無糧，廣東有可資之糧而無兵，先年止設提督兼理巡撫，蓋有深意，汀漳近日既已設有副總兵，所據參遊似難再設，相應通行議擬。合候命下，將程鄉、興寧等四縣適中處所創立鎮城，伏乞欽賜營名，添設副總兵一員，候副總兵俞大猷征剿廣東、福建回日，就充其任，專一駐札該城。一面於南贛、南韶、惠潮、汀漳、柳桂、撫州各府州縣募兵，并旗軍内撥給五千名。南贛、汀漳、惠潮各參備等官俱聽節制，平時嚴行巡緝，有警隨宜調遣。合用敕書、旗牌、關防通行請給。南贛參將改設守備，長沙營、羊角水堡各添設把總一員，鎮城仍添設兵備一員，移咨吏部徑自推補。其袁、吉一路兵備，止將江西屯田僉事加增兵備職銜，移駐袁州，本部各另定擬責任。應請敕者照例請給，應札付者徑自札付，合用俸糧、柴薪、公廨、鋪舍等項，悉聽撫按官以次修舉。

嘉靖四十一年五月十六日題，奉聖旨："准議行。營名與做'伸威'。"欽此。

申飭兩廣等處督撫諸臣乘勝亟剿逆寇疏

題：爲督撫諸臣重蒙恩賚，懇乞天語申飭，以收全捷事，職方清吏司案呈。照得近日平和之捷首挫賊鋒，仰蒙皇上敕下本部，將效勞諸臣通行加賞，此誠玄謀淵算、鼓舞激勵之大機也。但恐人心懈弛，狃於小勝，反妨大計，呈乞申飭，案呈到部。

看得朝廷之上宰制宇内，全在賞罰二典，有功者雖微必賞，賞不逾時，固不以罪而掩其功；有罰〔一〕者雖微必罰，罰不遷刻，亦不以功而略其罪。譬之持衡，因物低昂，何容心焉？頃者逆璉無狀，攻擾平和，一時諸臣乃能攄忠宣力，挫其鋒鋭，不過封疆之常職耳。我皇上乃曲垂軫念，遍加賞賚，遠近聞之，翕然稱慶，以爲注措如此，蠢兹狂悖不足滅矣。但臣等偶有愚見，人心多狃於一勝，兵家貴出於萬全。即今大兵雲集，正當會剿之時，若使督撫諸臣乘此一捷之威，犁巢掃穴，從重論叙，固難吝惜。萬一驕於前功，漫無後效，則其上負聖恩，下失民望，其罪自無容辭，謹始慮終，委當通行申飭。合候命下，本部馬上差人齎文交與提督兩廣侍郎張臬、總兵官平江伯陳王謨、提督南贛都御史陸穩、副總兵俞大猷等，既蒙雨露之恩，賞賚異常，務要會同總兵官劉顯，同心協力。或臨兵索戰，分何精鋭制彼方張之勢；或堅壁不出，作何計處免致老我之師。務將逆賊張璉等刻期蕩平而後朝食，有功之日定行超格升賞。如或因循玩愒，致誤地方，雷霆之威，國典具在，有非臣等所敢言者，均乞聖裁。

嘉靖四十一年五月二十一日題，奉聖旨："便行與督撫等官，協心剿滅逆賊以靖地方，不許玩愒取罪。"欽此。

覆督視督撫等官侍郎葛縉等遼東獻捷升賞疏

題：爲仰仗天威，官軍奮勇斬獲達賊首級數多，飛報捷音事，職方清吏司案呈，奉本部送，兵科抄出，督視遼東軍務、兵部左侍郎兼都察院右僉都御史葛縉，總督薊遼保定等處軍務兼理糧餉、兵部右侍郎兼都察院右僉都御史楊選，巡撫遼東地方兼贊理軍務、都察院右僉都御史吉澄題，俱奉聖旨："兵部看了來説。"欽此。通抄送司。

查得《大明會典》内一款："一、報捷官舍人等以擒斬虜賊多寡爲等第，七十名顆以上賞衣服一套；九十五名顆以上賞鈔一千貫，升一級；一百一十名顆以上賞衣服一套，升試所鎮撫。"欽此。又查得督視侍郎葛縉差千户李茂，總督侍郎楊選差承差崔錫，巡撫都御史吉澄差百户王璽，鎮守總兵官吴瑛差千户郭勛各報捷音。通查案呈到部。

看得督視遼東軍情、本部左侍郎葛縉題稱，本年五月初九等日，達賊二股從東州堡、撫順等處進入搶掠。官軍奮勇，斬獲首級一百四十九顆，奪獲達馬五十七匹、夷器不計其數，各賊退遁出境。及稱巡撫都御史吉澄、副總兵黑春所當首録，遊擊徐維忠、備禦劉普所當併録，總兵官吴瑛所當重賞，分巡僉事張邦土、分守參議張廷槐所當併賞，總督侍郎楊選、本部郎中張志孝所當另録。及該總督、撫鎮等官侍郎楊選、都御史吉澄、總兵官吴瑛所奏，查與葛縉大略相同，内稱督視侍郎葛縉功當首論，巡按御史楊柏、户部郎中趙賢勞皆有與各一節。除巡按御史例不論功外，爲照遼東地方，頻年以來水旱相仍，兵食俱困。在五路軍民，則微萌殘孽，僅存生息；在三面夷虜，則交馳並鶩，極其殘傷。告急之文無減右衛之役，窘迫之狀真成左輔之憂。仰賴聖明在上，穆然遠覽，特遣重臣出關督視，一切兵糧、修築事宜悉從擘畫，宸謀允臧，玄威丕振，以致官軍奮勇，斬首多至一百四十有奇，寔惟九邊少見之事。大舉之酋既已喙息弗遑，小窺之醜自當遁避不暇，神功聖武，臣等淺昧，曷所揄揚。伏望皇上擇日謝玄，以昭休貺，以慰群情，臣等無任懸切瞻仰之至。所據一時效勞人員，如督視侍郎葛縉，臨邊未及閱月，幹理真無停時，任事之忠殊爲可尚，克捷之功寔當首稱。其餘總督、撫鎮等官楊選等，既該葛縉分別明白，具題前來，係干激勸，相應通行議擬。合候命下，將葛縉重加獎賞，楊選、吉澄、吴瑛重加賞賚，張志孝同加賞賚，黑春超格升賞，徐維忠、劉普重加升賞，張邦土、張廷槐、趙賢量加賞賚，差來人役照例升賞。其餘獲功人役備咨都察院，轉行彼處巡按御史，覈册至日另議甄録，惟復將葛縉等照例通候勘明一併議處。及照首級一百一十顆以上，例該宣捷，恭遇免朝，合無暫從停免，均乞聖裁。

嘉靖四十一年五月二十四日題，奉聖旨："是。這斬獲數多，仰賴上玄洪佑，人得用力。葛縉、楊選、吉澄、吴瑛各賞銀五十兩、紵絲二表裏。張志孝銀十兩、一表裏。黑春升三級，還賞銀三十兩、紵絲二表裏。徐維忠、劉普升二級，銀二十兩、一表裏。張邦土等各銀五兩。"欽此。

覆山東巡按御史劉存義條陳飭海防嚴界限疏

題：爲敷陳末議，豫安重地事，職方清吏司案呈，奉本部送，户科抄出，巡按山東監察御史劉存義題，奉聖旨："該部看了來説。"欽此。欽遵，抄出送司，案呈到部。

看得巡按山東監察御史劉存義條陳二事，合就開立前件，議擬上請定奪。

嘉靖四十一年六月初一日題，奉聖旨："准議行。"欽此。

一、飭海防以戒不虞。臣等看得，山東海防邇年以來疏略特甚，在衛官軍苦於京操之繁難，沿海奸民樂於通遼之便利，萬一倭夷因而出没，亡命爲之引誘，地方伏禍，委在可慮，所據御史劉存義所論，無非思患預防之意。合無依其所擬，移咨山東巡撫都御史，督同守巡、巡察、備倭等官，趁今無事之時，將海防一應事宜從長計處，衛所凋殘作何整飭，兵馬單弱作何補湊，城堡圮壞作何修繕，錢糧匱缺作何處置，應奏請者作速奏請，應施行者徑自施行。以後沿海小民私自通遼者嚴加禁革，各島夷人出沒生事者即便剿除。如敢仍前玩愒，悉聽巡按御史從實參究。

一、嚴界限以責防守。臣等看得，山東地方與南北直隸、河南三省接壤，封疆之臣無事則漫無經畫，有警則互相推調，殊非事體，所據御史劉存義所論，無非畫地責成之意。合無依其所擬，備行南北直隸、河南、山東各巡撫都御史，通將所轄接境界限各委賢能官員會同查明，刊立界至，責令各該府州縣衛所掌印、巡捕等官，各照定界加意防守，或申明保甲，或互相聲援，不許自分彼此。如再仍前玩愒，以致地方失事，聽各該巡按御史查究所由，一體從重參治。

議遼東陣亡副總兵黑春恤典疏

題：爲聲息事，職方清吏司案呈，奉本部送，准督視遼東軍情、兵部左侍郎兼都察院右僉都御史葛縉揭帖，到部送司。

卷查先該巡按直隸監察御史楊惟平題，内開建昌副總兵蔣承勛陣亡，該本部覆奉聖旨："蔣承勛死事可憫，贈都督同知，廕一子與做正千户世襲，立祠、升襲俱照例行。"欽此。今該前因，查呈到部。

看得近來邊將每遇虜入，往往嬰城堅壁，不肯一戰，以致虜勢益驕，我兵日怯。今遼陽副總兵黑春，生長塞外，義勇天植，考其歷官以來，每出必戰，每戰必勝，夷情亦甚憚之。即如近日撫順之捷，斬獲多至一百四十有奇，荷蒙皇上俯垂軫念，特升三級。本官感戴天恩，方圖報稱，不意五月二十一日復遇大虜，力戰死之，一念之精忠可以動天地，可以質鬼神，一時之雄略可以勵諸邊，可以讋群醜。若待勘明至日方行録恤，似不足以慰其忠魂。既該督視侍郎葛縉揭報前來，又經該司查有蔣承勛事例，相應通行議擬。合候命下，將黑春贈都督同知，另廕一子與做正千户世襲，仍立祠死所，歲時致祭。應襲兒男照例襲升三級。巡撫衙門先給棺殮銀五十兩以示優異。及照副總兵既缺，彼中兵馬無人統束，關涉甚重。侍郎葛縉欲將寧前遊擊楊照、獨石參將劉國、燕河營副總兵佟登升調前缺。三人者委爲可用之材，但獨石、燕河均屬重地，劉國、佟登似難輕動，合無將遊擊楊照以都指揮僉事充分守遼陽副總兵，本部備查原擬責任，請給敕書一道，齎赴本官欽遵行事，合用符驗、旗牌就彼交代。一面移咨都察院，轉行巡按御史楊柏，通將賊經地方逐一查勘，失事、獲功人員應參應録，從實回奏，并將楊照原勘事情一併勘報。遺下遊擊員缺，另行推補。

嘉靖四十一年六月初五日題，奉聖旨："是。黑春奮勇力戰，死事可憫，准贈都督同知，廕一子與做正千户世襲，立祠、升襲俱照例行。堪任副總兵的，你部裏還酌議來説。"欽此。

覆都給事中張益等論遼東損將罰治邊臣疏

題：爲遼東被賊殺死總兵、把總官，乞賜亟罪邊臣事，職方清吏司案呈，奉本部送，兵科抄出，兵科都給事中張益等題，奉聖旨："兵部知道。"欽此。又奉本部送，該本部題，准督視遼東軍情、兵部左侍郎兼都察院右僉都御史葛縉揭帖，爲聲息事，内稱本年五月内，達賊從遼陽湯站堡地方媳婦山入境攻鳳凰城，副總兵黑春對敵陣亡。

查得新推寧前遊擊楊照、獨石參將劉國、燕河營副總兵佟登堪以升調，乞要就近速補以濟緩急，等因。該本部議得，獨石、燕河均屬重地，劉國、佟登似難輕動，合無將遊擊楊照以署都指揮僉事充分守遼陽副總兵，原劾事情仍聽巡按御史作速勘報。節奉聖旨："堪任副總兵的，你部裏還酌議來説。"欽此。抄捧送司，案呈到部。

看得本年五月二十一日，遼陽媳婦山鳳凰城地方副總兵黑春陣亡，于時督視、鎮巡官見奉明旨，俱駐札寧前一帶修築墩堡，一在遼河之東，一在遼河之西，相去八九百里，縱使一聞警報星馳應援，固已緩不及事，止緣封疆諸臣前日奏捷，既嘗以職事而受其賞，今日失事，自當以職事而同其罰。内侍郎葛縉督視軍情，雖與該鎮有間，責亦難辭。該科通將各官并楊照、張承勛參論前來，具見謹邊政、飭國體之意。爲照楊照，賦性乖僻，所至於人争論，粗心浮氣，誠爲可惡，但其操守未失，勇略亦著，該鎮人心頗歸向之。葛縉、吉澄等屢薦其賢，無非爲地方使過之意。臣等待罪本兵，每遇各鎮將領員缺，大率多用守臣薦舉之人，一則以所聞不如所見之真，一則以守臣利害切身，自舉其屬，必然詳慎。即如近日福建副總兵以總督胡宗憲之薦而用楊縉，延綏副總兵以巡撫孫慎之薦而用徐仁，開誠布公，不敢不勉。兹者遼陽副總兵一事，伏蒙皇上特命臣等酌議，仰見宸衷所注，慎重邊臣，相應與鎮巡等官通行議擬題請。合候命下，將葛縉特加戒飭，楊選量加罰治，吴瑛、吉澄重加罰治。本部移咨都察院，轉行遼東巡按御史楊柏，通將賊經地方逐一查勘，要見損傷官軍若干，搶擄人畜若干，應參應録人員分别明白，從實回奏。其張承勛原未授有官職，止是宣大軍門隨宜委用。合無將楊照革去署都指揮職銜，充爲事官，暫管分守遼陽副總兵事，候勘明之日果無干礙，或立有奇功，聽督撫官另行奏請。如或玩愒罔效，一體重治。惟復將楊照罷斥聽勘，副總兵員缺另行照例推補，均乞聖裁。

嘉靖四十一年六月初八日題，奉聖旨："是。葛縉著用心督視。楊選罰俸一個月，吴瑛、吉澄兩個月。楊照准充爲事官，管副總兵事。"欽此。

覆江西紀功御史段顧言等飛報擒獲逆賊張璉等恭請獻俘并議處善後事宜疏

題：爲仰仗天威，逆賊授首，恭先飛報捷音，上慰聖懷南顧事，職方清吏司案呈，奉本部送，兵科抄出，巡按江西監察御史段顧言題，又該巡撫南贛汀漳等處地方、提督軍務、都察院右副都御史陸穩題，爲擒獲謀反大逆賊首，飛報捷音事，俱奉聖旨："兵部看了來説。"欽此。欽遵，抄出送司。

卷查先該提督兩廣侍郎張臬題，内稱會剿之兵分爲六哨並進，等因。該本部覆奉欽依，馬上差人齎文交與張臬并南贛都御史陸穩、福建都御史游震得，各照所定適中地方隨宜駐札，併力進剿。又該本部題，議將署都督僉事劉顯充總兵官，署都指揮僉事俞大猷充副總兵官，帶領部兵、參兵前去廣東，會同張臬、陳王謨、陸穩，速將張璉等巢穴刻期搗滅。如果賊平，徑赴福建征剿山海寇盜。奉聖旨："都依議行。劉顯等著上緊前去進剿，不許怠緩。"欽此。俱經欽遵外，今該前因，查呈到部。

看得江西等處紀功監察御史段顧言、提督南贛汀漳右副都御史陸穩各題稱擒獲逆賊張璉、蕭雪峰等緣由，在御史又要行令兩廣侍郎張臬，將張璉等綁赴京師，明正典刑，或以道遠疏虞，别有處分各一節。爲照廣東逆賊張璉，本以編民，曾充斗庫。多招亡叛，明懷不軌之謀；妄自尊崇，大犯無將之戒。或開科取士而鼓動人心，或僭號紀元而擅專刑殺。攻城破縣，千里爲之丘墟；鑄印授官，一方因而嚮應。蓋世之惡覆載不容，滔天之罪神人共憤。其次則蕭雪峰，再次則羅袍、楊舜，並立稱雄，相助爲虐，論情殊無可原，據法均在不赦，封疆之臣不能及早撲滅，遺禍養患者已數年矣。仰賴聖皇在上，俯納侍郎張臬等之奏，赫然一怒，屢敕臣等嚴行閩、廣、南贛諸臣，刻期進剿。玄威丕振，諸蠻寒膽於南邦；聖武聿昭，二凶授首於北闕。一舉而漳南告捷，渠魁張璉等居然就縛，斬首二百餘級；再舉而嶺外奏功，賊首蕭雪峰等以次成擒，斬首七十餘級。御史段顧言謂鋒刃無過殺之慘，玉石無俱焚之殃，上天之和氣不干，下民之生業允奠，誠爲確論。臣等竊惟此舉寰宇快睹，夷夏欣仰，誠爲非常之事，伏望皇上擇日謝玄，以答上穹之眷，以慰率土之心，臣等無任惓惓懇祈之至。及照逆賊張璉、蕭雪峰，元惡大憝，委與尋常强賊不同，合無照依段顧言所議，行令張臬等檻解來京，處以極刑，獻俘傳首，仍候禮部臨期具議，開奏定奪。羅袍、楊舜姑令就彼會官處決。再照彼中逆首雖已成擒，諸巢之孽尚未盡除，歸正之衆尚未計處，功罪人員尚未勘報，是三事者係干地方，俱不容緩。合無聽本部一面移咨都察院，轉行紀功御史段顧言，會同江西、福建、廣東各該巡按御史，先將有功有罪者逐一覈勘明實，應録應究，作速具奏，不得遲緩。一面移咨兩廣、福建、江西各軍門，公同協贊段顧言、副將俞大猷等，乘此全勝之威，即將諸巢刻期蕩平，投降之人隨宜安插。既不宜輕縱伏虎，自貽伊慼，亦不宜妄鋤嘉穀，以失群望。一切善後事宜，應徑行者徑自舉行，應會奏者作速會奏。其段顧言、俞大猷通候廣東事寧之日另行議處，劉顯仍照本部題准事理徑赴福建，會同巡撫都御史游震得、副總兵楊縉，務將山海之賊設法剿滅，立有奇功，通行録叙。再照各該奏報人員，奔馳萬里，勤勞可憫，況事體重大，尤當優異。合無照依一百二十顆以上奏捷事例，稍候張臬疏到，容臣等併行具題，以示激勸。

嘉靖四十一年六月十七日題，奉聖旨："都依擬。"欽此。本月十九日午時，該内閣傳奉聖諭："獻俘一事，祖宗久年不行。趙文華以假賊作功，瀆朝堂而火。此地自進大報香帛之處，或夫平一國，或用其儀。今此大逆草邪，初只因臣下欲灾患多，欺誹君上，漢武、梁人比近。汝等定伐，果就擒矣，即彼地刑之，首梟三省，以雪民怨爲正。"欽此。

覆薊遼總督侍郎楊選等條陳薊鎮防秋事宜疏

題：爲陳時弊，度虜情，慮貽將來大患，懇乞聖明申敕臣工，務懷永圖，責實效，以保萬世治安事，職方清吏司案呈，奉本部送，兵科抄出，總督薊遼保定等處軍務兼理糧餉、兵部右侍郎兼都察院右僉都御史楊選，整飭薊州等處邊備兼巡撫順天等府地方、都察院右僉都御史徐紳題，俱奉聖旨："該部知道。"欽此。通抄送司，案呈到部。

看得總督楊選等條陳防秋事宜三事，合就開立前件，議擬上請定奪。

嘉靖四十一年七月初四日題，奉聖旨："是。"欽此。

一、免定居以待策應。看得薊州巡撫每年防秋移駐昌平，所以防衛京陵，干係甚重。但驕虜之情委難測度，兵家之算貴於活動，合無移咨巡撫徐紳，今歲防秋之時不必拘泥移駐昌平，斟酌隨機應援。冷口有警，則駐冷口；昌平有警，則駐昌平。不得顧此失彼，責有所歸。

一、議遼兵以資應援。看得石門一區切近畿輔，委爲重地，况遼東入衛兵馬原多係分布本區之數。合無移咨總督楊選，除遼東原留步兵四千不調外，其馬兵三千見駐寧遠者，如果石門一區有警，聽其調入應援；若石門無警，或别區有警，不許一概輕調。

一、定功次以便防守。看得該鎮地方首當畿甸之衝，其功不在俘獲，全在保障，原與各邊不同。合無移咨總督楊選、巡撫徐紳，遵照本部先今題奉欽依事理，申諭該鎮將士，以後大虜侵犯，果能奮力堵回者，雖無擒斬，照依嘉靖三十三年古北口事例一體論功世襲。如有貪割首級，致賊深入失事者，雖有擒斬之功，仍行論罪。

覆宣大總督尚書江東等報虜入邊隄備疏

題：爲聲息事，職方清吏司案呈，奉本部送，准總督宣大山西等處地方軍務兼理糧餉、太子少保、兵部尚書兼都察院左副都御史江東，巡撫大同地方、贊理軍務、都察院右僉都御史陳其學揭帖，前事，巡按直隸監察御史董學揭帖，爲傳報大舉聲息事，等因，通送到司，案呈到部。

看得即目秋氣尚淺，殘暑未退，原非醜虜深入之時，乃今突至大同陽和地方，其志雖欲搡搶我田，其意實欲牽制我師。既該總督尚書江東、巡撫都御史陳其學、巡按御史董學具報前來，中間總督所稱發兵、戰守事宜俱已得策。臣等竊計，此虜旦夕必當出境，但惟節鉞重臣此時貴在特〔二〕重，一意宣府南山之備。若將勁兵盡發於西，萬一別虜分道東下，首尾自難相應，腹心重地，關係不輕，相應通行申飭。合候命下，本部馬上差人齎文交與江東，文書到日，如果賊未出邊，仍住宣府，就近調度，不止洪、蔚，雖靈丘、廣昌一帶，亦當約會保定鎮巡官表裏防範，務保萬全。如使賊已出境，星馳前赴懷來，與同總兵官馬芳、巡撫都御史趙孔昭同心協力，急爲居庸、四海冶、永寧之備，不得爲賊所誘，顧彼失此，有誤大計。

嘉靖四十一年七月二十九日題，奉聖旨："是。"欽此。

議分布西北防秋兵馬疏

題：爲嚴飭西北兵馬，以重防秋事，職方清吏司案呈，奉本部送，准總督薊遼保定等處軍務兼理糧餉、兵部右侍郎兼都察院右僉都御史楊選揭帖，又准提督雁門等關兼巡撫山西地方、都察院右僉都御史楊宗氣咨，爲聲息事，等因，通送到司，案呈到部。

臣等竊料，今秋虜情，第一則垂涎薊鎮，其次則側目山西，蓋緣宣、大二鎮蕭條之甚無可劫掠，保定三關阨隘之險難以突入，以故薊鎮、山西雖春夏之交，猶當戒嚴，況茲秋高月朗，萬一不慎，未免墮其計中。臣等待罪本兵，蚤夜籌畫，食寢並廢，已經節次申飭各該總督、鎮巡官。在薊鎮則畫地分區，步兵拒墻擺守，騎兵按伏援應，以守爲戰。在宣府則山南山北添布兵馬，在大同則遠哨廣備，清野堅壁，在山西則嚴拒陽方等口，在保定則分防紫荊等關，以戰爲守。又慮獨石、三間房、白草川一帶實賊虜入薊必由之路，責成參將劉國多方哨探，不時馳報。又恐畿輔地方倘有緊急，各處之兵不能卒至，備行宣大總督江東，移駐懷來，以備南山一帶；宣府鎮巡官馬芳、趙孔昭移駐隆慶，以便星馳抵關；大同鎮巡官姜應熊、陳其學候報移駐懷來，以便馳入居庸；山西鎮巡官吴徵、楊宗氣候報移駐廣昌，一以馳入紫荆，一以聽援宣鎮；保定巡撫李遷移駐易州，總兵官祝福移駐浮圖峪，以便馳入涿州。京營選定兵馬三枝，如果有警，處給盔甲，一面啓行，一面奏知。至於一切戰守機宜，臣等逐一參酌，徑自舉行，不敢一一煩瀆天聽。

嘉靖四十一年八月初二日題，奉聖旨："是。還行與各該總督、鎮巡等官，相機防禦，不許怠誤。"欽此。

覆巡撫甘肅都御史戴才莊浪土兵倡亂懲戒疏

題：爲將領等官過嚴，以致土軍鼓衆擅離營伍，懇乞聖斷，以肅軍政事，職方清吏司案呈，奉本部送，兵科抄出，巡撫甘肅等處地方、都察院右僉都御史戴才題，奉聖旨："兵部看了來説。"欽此。抄出送司，案呈到部。

看得巡撫甘肅都御史戴才題稱本年三月内莊浪土軍馬宗、李住兒等擅離營伍緣由，及參土官指揮魯東患病剋減，監督倉場通判張相刑罰過重，分守莊浪參將孟宷乖方太甚，遂至沸騰，乞要將魯東姑加戒飭，仍令指揮魯相、百户哈聰協同管理，孟宷、張相量爲改調，或通行罷斥，馬宗、李住兒提問各一節。爲照前項土軍鼓惑有衆，擅離營伍，中間作倡之人非但馬宗、李住兒二人而已，驕悍之習漸不可長，所據土官指揮魯東、通判張相、參將孟宷責雖難辭，若將各官即加調黜，上下之分益復凌替，以後各邊肆行效尤，何以禁治？干係紀綱，相應通行議擬。合候命下，移咨都御史戴才，將魯東量加戒飭，仍令魯相、哈聰協同管事，鈐束土軍。孟寀、張相聽本部與吏部酌量年資，應升應調，各另議處。遺漏首惡姑不追究，其馬宗、李住兒，撫鎮衙門徑自拿問治罪，不得姑息因循，自壞法典。

嘉靖四十一年九月十四日題，奉聖旨："是。"欽此。

覆右給事中張鳴瑞追論南北誤事邊臣褫奪疏

題：爲陳膚見以備采擇事，職方清吏司案呈，奉本部送，吏科抄出，工科右給事中張鳴瑞題，奉聖旨："該部看了來說。"欽此。欽遵，抄出送司，案呈到部。

看得工科右給事中張鳴瑞所陳專責成以免分遣一事，大率謂各邊督撫等官徒知擁位糜禄，視如傳舍，全不整理，及至有事，則又遣官代理，不追曠職之罪，欲要已後邊事如前者，追惟禍本，壞自某人，尚存者拿解問擬，已故者褫奪官爵，恩廕者革去，祭葬者追還各一節。爲照朝廷設官分職，各有攸司。耕當問奴，織當問婢，耕而無獲則罪坐於奴，織而無衣則罪坐於婢，未有耕織無功，使人代理，奴與婢反得袖手旁觀者也。各處總督、巡撫，雖有南北不同，均受皇上重托，乃敢因循玩愒，坐壞兵事，及至狼狽，却令部臣爲之經略，事體、人情委屬乖舛。除遼東連歲瓦解，薊鎮諸兵雲集，難以照常責備外，其餘省鎮委如該科所論。合無通行申飭各邊總督、鎮巡等官，查照原擬責任，各將邊務加意整理，錢糧不敷作何處置，兵馬不鋭作何補練，墻垣不備作何修葺，將領不材作何更置，倭、虜未靖作何驅逐，務臻實效，毋事虚文。以後如再僨事，聽各巡按御史從實參奏，恭候宸斷。及照彰往所以詔來，懲前乃以警後。以臣等耳目之所睹記，在北方壞事，無如原任總督陝西三邊軍務、兵部右侍郎、今病故魏謙吉，初在甘肅、山西兩鎮巡撫，大肆貪殘，及至開府固原，不理邊務，專事苴苞，以致大虜深入花馬池一帶，極其蹂踐。謙吉方且多方用賄，以求内轉，天奪其魄，客死中途，士論快之。於後不聞追論，乃贈都察院右都御史矣，又廕一子入監讀書矣，又給祭葬矣。該科所謂"當追奪於身後"者，正此一臣也。在南方壞事，無如提督軍務兼巡撫福建等處地方、都察院右僉都御史王詢，始以參政，一味孤〔三〕媚，遂得超升巡撫。莅事之後百計惟貪，一籌不展，以致八閩群縣半成丘墟。詢見公論不容，詐病求免，富甲一方，士論鄙之。于後不聞追論，乃安享三品服色矣，回籍之後又升副都御史矣，今又將圖起用矣。該科所謂"當追奪於生前"者正此一臣也。伏望聖明俯賜裁允，將王詢削去官職，列之編民，魏謙吉所得贈廕、祭葬通行追奪，以爲負國不忠者之戒。此外仍有失職冒榮如二臣者，悉聽科道官從實糾論，以定官常，以正法典。

嘉靖四十一年九月十七日題，奉聖旨："是。朝廷待臣下恩禮不薄，却乃有等負上誤事的，本當重處，姑依擬，王詢著爲民，不許朦朧起用，魏謙吉贈廕、祭葬都追奪了。各邊兵務，你部裏便行與鎮巡等官加意整理。"欽此。

覆督視侍郎葛縉責成邊臣繼理工程疏

題：爲恭進《全遼圖説》，以備繼理工程事，職方清吏司案呈，奉本部送，兵科抄出，督視遼東軍情、兵部左侍郎兼都察院右僉都御史葛縉題，奉聖旨："兵部看了來説。"欽此。欽遵，抄出送司，案呈到部。

看得督視遼東軍情、兵部左侍郎兼都察院右僉都御史葛縉題稱，督修過遼東河西緊要臺堡，畫圖貼説，乞要備行巡撫都御史吉澄，將未修墻臺酌量衝緩以爲先後，并要敕下薊遼總督加意總理各一節。爲照遼東地方，二三年來凋殘至極，荷蒙皇上軫念邊腹，特遣重臣親詣督視，河西一帶緊要臺堡既稱俱已告完，其餘未修墻臺、壕塹自是彼中督撫之事，况今天年稍豐，兵氣漸揚，委當修舉之時。所據侍郎葛縉畫圖貼説具題前因，無非求其善後之意，相應通行議擬。合候命下，本部一面移咨彼處巡撫都御史，查照葛縉《圖説》事理，通將該鎮未修墻臺酌量衝緩，稍待明年春暖即行整理，合用工費就於見今修築賞功餘剩銀五萬餘兩内先行動支，不敷之數徑自請討。仍要選委廉幹官員分區經理，守巡各道不時督察，務使絲毫悉無侵冒，寸尺足堪保障，方爲有益。一面移咨薊遼總督侍郎楊選，薊鎮事體重大，固當常在目前；遼東事勢劻勷，不宜置之度外。錢糧出入，工程修舉，亦須加意稽察，方稱委任。

嘉靖四十一年九月二十一日題，奉聖旨："是。"欽此。

覆右給事中張鳴瑞酌議平倭賞格疏

題：爲陳膚見以備采擇事，武選清吏司案呈，奉本部送，吏科抄出，工科右給事中張鳴瑞題，奉聖旨："該部看了來説。"欽此。欽遵，抄出送司。

查得平倭事例，凡水陸主客官軍、民快，臨陣擒斬有名真倭賊首一名顆者，升授三級，不願升者賞銀一百五十兩；獲真倭從賊一名顆并陣亡者，升授一級，不願升者賞銀五十兩；獲漢人脅從賊一名顆者，升署一級，不願升者賞銀二十兩。如在海洋遇賊，有能邀擊沉溺舡隻，或追逐登山，使賊不得近港；如賊已近港，有能奮勇堵截，使賊不得登岸；如賊既登岸，有能衝鋒破陣，奪其聲勢，或追出境，或逼下舡，使地方不致被禍；或所部兵少而擒斬多者：均以奇功論，聽總督即時具題，紀功巡按作速勘報，超格升賞。如武將自守備、把總以下，文官自海防、民兵同知以下，所領軍民兵勇五百名，部下臨陣擒斬真倭，每五名顆升一級，十名顆加一級；一千名，部下每五名顆升署一級，十名顆升實授一級。各以則例遞升，至三級而止，等因。題奉聖旨："這條陳事件，你每既會議停當，依擬行。"欽此。又查得《大明會典》内開：各衛指揮、千百户獲倭舡一艘及賊者升一級，賞銀五十兩、鈔五十錠，在舡軍士生擒、殺獲倭賊一人者賞銀五十兩，陸地交戰生擒、殺獲一人者賞銀二十兩。擒斬達賊一名顆，爲首升一級，不賞；爲從及傷故者給賞，不升。又查得堂稿，二人共擒斬達賊一名顆，爲首與陣亡人員俱升實授一級，擒斬爲首不願升者，照例賞銀五十兩。通查案呈到部。

看得工科右給事中張鳴瑞條陳，分南北以定賞格，欲要酌議，以南方首級之三準北方之一，又或升賞雖同，革去世襲，以示區别一節。爲照平倭賞格，先年《會典》所載寔萬世畫一之規，近日廷臣題議乃一時權宜之政。在舊典則區别水陸而給賞，要以示錫予之嚴；在新例則概及脅從以升級，無非昭激勸之義。蓋緣比時倭患方殷，人心畏縮，懸重賞以賈忠勇，因勢利導，不爲過舉。但今法久弊滋，該科所謂"冒濫之弊"誠爲有之。臣等竊惟，賞以酬功，無功者固不宜濫及；功疑惟重，有功者亦不宜輕棄。今查浙江之功升過三十餘員，江南之功升過四十餘員，江北之功升過二百四十餘員，其他如王江涇、乍浦之捷，徐明山、王直之擒者，功案尚多，屢經行勘，未見册報。若不分真贋一概裁削，效死者未免解體；若不嚴查覈經年停閣，希功者終懷觀望：相應通行酌處。合候命下，移咨都察院，轉行浙江、南直三處巡按御史，將前項各起獲功已經升賞人員逐一清查，要見何功爲難，當與《會典》殺獲倭舡及賊者同科；何功稍易，當與《會典》殺倭一人者同科；何功爲真倭，應准世襲；何功爲脅從，止終本身；何人冒濫，應該褫奪。各另造册，具奏定奪。其行勘未到者，查係真功，即便照例回奏；查係冒功，一面除名，一面奏知。文書到日，通限三月以裏，務期至當極公，不必避嫌遠怨。以後所獲功次悉照《會典》定議，有能擒斬有名真倭、劇寇、酋首一級者，照《會典》殺獲倭舡及賊者升一級，賞銀五十兩、鈔五十錠事例升賞；擒斬真倭從賊一級者，照《會典》殺倭一人者賞銀五十兩事例，願升者依北虜一名顆升一級，不願升者賞銀五十兩；擒斬漢人脅從者，止與給賞，不升。如有冒報功次，妄殺平民，聽覈功御史指實參奏。其例前獲功并升過職級者，候子孫襲替之日照例議處，庶法令齊一，士心感激。

嘉靖四十一年九月二十一日題，奉聖旨："是。"欽此。

覆監察御史林潤練鄉兵刷剩丁疏

題：爲際遇明時，竭愚忠，以少圖報塞事，職方清吏司案呈，奉本部送，兵科抄出，巡按直隸監察御史林潤題，奉聖旨："該部看了來説。"欽此。欽遵，抄出送司。

卷查先該巡按直隸監察御史張九功條陳一款"練鄉兵以省調遣"，該本部覆奉欽依，備行各該督撫官著實舉行。又爲懇乞聖慈憫念地方灾傷，俯賜停免額外加徵府第工銀，以蘇民困，以固邦本事，該刑部等衙門左侍郎等官趙大佑等題，節該本部覆奉欽依，備行河南撫按官，將伊府護衛旗軍、儀衛司校尉，照依原額，於正、餘丁内揀選精壯者二千六百名，令其守禦宿衛。每名仍量留供丁三名以爲軍裝之資，其餘剩丁盡數查出，俱發洛陽縣收籍，編入圖甲，納糧當差。俱經通行欽遵外。續准禮部咨，爲懇乞天恩赦宥，垂念親親，憐憫宗室力微勢孤，曲賜再造天恩，免動欽賜工價，修理已成墻垣前門，並乞存留衛司餘丁，免放遵奉勘合選買宫人，以全親親、國體事，該伊王典楧奏，該禮部覆稱，其護衛餘丁事隸兵部掌行，移咨徑自議覆外，奉聖旨："墻垣照前旨改正，宫人併餘丁准照舊。"欽此。備咨前來，今該前因，查呈到部。

看得巡按御史林潤具題前因，大率謂宗藩禄米日繁，各處軍兵不練，伊府違慢事情，乞要各該衙門詳議施行各一節。爲照團練鄉兵，免徵客戍，節該本部覆奉欽依，備行各該督撫等官著實舉行。目今浙江地方頗有成效，其餘各省玩愒如故，甚至軍數消耗，糧食虚冒，委當查究，但欲差科道官分按校閲，似爲多事。至於伊府旗軍、校尉額數，先該本部議擬，奉有欽依，以後朦朧奏請，相應釐正。合候命下，移咨各省督撫官，查照本部節經題行事理，督率兵備、軍衛等官，各將土著鄉兵加意團練，武藝閑習者編入行伍，敢勇出衆者立爲隊長，務使人人精鋭，皆可即戎，毋得視爲文具。仍咨都察院，轉行各該巡按御史，每遇巡歷地方，吊取衛所册籍從實校閲，果有成功，具奏升賞。中間若有老弱、逃亡、虚冒糧餉者盡行查革，干礙職官一體參究。其伊府旗校，仍照本部原議，於正、餘丁内揀選精壯者二千六百名，令其守禦宿衛。每名量留供丁三名，其餘剩餘丁盡數查發洛陽縣收籍，編入圖甲，納糧當差。該府如敢占吝不發，撫按即便從實糾奏。撫按官如或容情不舉，聽兩京科道官通將撫按一併糾奏。

嘉靖四十一年九月二十四日題，奉聖旨："是。伊府旗校、剩丁，著照原議查發當差，不許占吝。"欽此。

覆湖廣總督都御史羅崇奎勘明播州宣慰司仍隸四川管轄疏

題：爲解釋紛争，以安地方事，職方清吏司案呈，奉本部送，兵科抄出，總督湖廣川貴軍務、都察院右副都御史羅崇奎題，奉聖旨："兵部知道。"欽此。抄出送司，案呈到部。

看得總督湖廣川貴軍務右副都御史羅崇奎題稱查勘過播州土司緣由，乞要將播州司仍隸四川，分屬川東守巡重夔兵備三道管轄，其貴州思石兵備照舊兼制，仍於敕内假之事權以便彈壓各一節。爲照播州土司，自來雖隸四川，然地方坐落去四川甚遠，去貴州爲近，地方錢糧不輸納於貴州，乃輸納於四川。皇上登極之初，明見萬里，已將播州改屬思石兵備道併管，兩省兼制，甚得分職經野之意。但播州之土官樂於縱逸，屢有浮言；貴州之兵道苦無事權，每見掣肘。守臣交口辨析，幾成聚訟；奸逆屬目觀望，大肆陸梁：國體、人情可謂兩失之矣。既該總督都御史羅崇奎具題前來，計處明悉，相應通行議擬。合候命下，將播州宣慰司照舊仍隸四川，分屬川東守巡重夔兵備三道管轄，一應進貢表文、襲替等項照舊綜理。其貴州思石兵備道，仍令兼制播酉、平邑等土司，催徵糧馬，問理詞訟，操練軍兵，剿除賊盜，糾查奸弊。事干夷情，小則徑自拿問處治，大則具呈總督、撫按衙門參奏。本部請換敕書一道，備將前項事情增載於内，齎付思石兵備道欽遵行事。一面移咨羅崇奎，將宣慰楊烈等嚴加切責，永爲遵守。以後再敢執迷不悟，藉口四川所屬，不服思石鈐束，國典具存，决不輕貸。其兩省該道，凡事俱要協和計議以靖地方，不得自分彼此，致妨大計，違者亦聽巡按御史指名參究。

嘉靖四十一年九月二十四日題，奉聖旨："是。"欽此。

覆薊鎮督撫官楊選等請命憲臣閱兵驗補練疏

題：爲申議補練主兵及减調客兵事宜，以便遵守事，職方清吏司案呈，奉本部送，兵科抄出，總督薊遼保定等處軍務兼理糧餉、兵部右侍郎兼都察院右僉都御史楊選，整飭薊州等處邊備兼巡撫順天等府地方、都察院右僉都御史徐紳題，俱奉聖旨："兵部看了來說。"欽此。通抄送司，案呈到部。

看得總督軍務右侍郎楊選、巡撫右僉都御史徐紳各題稱薊鎮補兵、練兵與客兵减調事宜，欲要行令巡按、巡關御史再加閱視，各該降級將官應否復職，斟酌題請各一節。爲照薊鎮補練主兵一事，去歲仰蒙皇上長駕遠馭，既將舊任諸臣通行降罰，又令新任督臣嚴加訓練，一時人心甚知警惕。但自去歲九月以來，至今又將一年，若不舉行閱視，勤者無以自見，惰者得以苟容，玩日愒月，殊無振勵之期。既該督撫官侍郎楊選等具題前來，係干邊政，相應依擬。合候命下，移咨都察院，轉行順天巡按御史，會同東西巡關御史，親詣各區嚴加簡閱。每區要見主兵已補若干，未補若干，已練若干，未練若干，何區精强堪以禦虜，何區脆弱不堪禦虜，何將訓練有功應該優録，降級者應否復職，何將訓練無功應該究治，降級者仍當照舊，通候防秋畢日，并將總督、鎮巡、兵備等官分别回奏。其楊選等條陳三事，合就開立前件，議擬上請定奪。

嘉靖四十一年九月二十七日題，奉聖旨："是。"欽此。

一、補兵之宜。看得薊鎮標、遊策應之兵，多係各區主守之額，一向未經頂補原缺，以致清勾紛紛，難充實數。合無備行督撫官，照依所擬，通查該鎮之兵，不分主守、標遊，總計合額若干，應補若干，見缺若干。其見在標兵項下者，就行查入各區册内充頂額數，以後不得重復勾擾。至於日後清勾之法，委爲經久之規，亦聽彼中徑自議處施行。

一、練兵之宜。看得激勸人心在公賞罰，欲行賞罰在定等則。該鎮上自副總，下至提調，均有練兵之責。但所統之兵多寡不一，所練之藝高下不齊，以致官有遷轉，任有久近，委難一概定其賞罰。合無備行巡按、巡關御史，目下閲視之時，務要分别人數多寡，較其司射司器之藝以爲差等，辨其兼管分管之責以爲次第。某官在任最久，賞罰宜重；某官在任未久，賞罰宜輕。逐一分别，從實具奏，以昭勸懲。

一、邊兵難減之説。看得遞減邊兵，本部原爲主兵練成而言。但薊鎮之事委非往時可比，地勢之難徧，人事之難測，誠如督撫官所論。合無備行巡按、巡關御史，目下閲視之時，要見各區兵馬已未訓練，果否足恃，入衛邊兵應否遞減，毋拘成議，務垂永圖，徑自回奏，以憑覆議。

覆宣大巡按御史董學責成督撫等官剿虜疏

題：爲大舉虜賊東西夾犯，事勢孔棘，懇乞聖恩嚴敕總督大臣會兵剿逐事，職方清吏司案呈，奉本部送，該巡按直隸監察御史董學揭帖，前事，又准總督宣大山西等處地方軍務兼理糧餉、太子少保、兵部尚書兼都察院左副都御史江東揭帖，爲聲息事，等因，送司，案呈到部。

看得蠢兹醜虜，今秋垂涎者全在薊鎮，以故於大同地方乍進乍退，實欲誘我兵馬盡數西援，方馳騁於東，後見薊鎮之備極其嚴密，于今冬月已臨，擁衆復入新平、天城等處。臣等計料此虜，草既焚燒，馬無所食，壁又堅固，野無所掠，在臨邊則必謀攻邊墩，在近邊則必謀攻邊堡，急當發兵逐剿以靖地方。合候命下，馬上差人移文總督尚書江東，趁今南山稍静，多發兵馬，於順聖川東西城及懷安、天城、陽和一帶隨處設伏。如遇分犯各堡，應守則守，必使萬無一失，應戰則戰，務期一日三捷，方稱聖明委任至意。一面備行宣府總兵官馬芳、巡撫都御史趙孔昭，相機截剿，一面通行保定總兵官祝福、巡撫都御史李遷，嚴謹關隘，以防意外之虞。即今天氣尚暖，畿輔爲重，江東仍駐懷來，另候緩急以爲進止。

嘉靖四十一年十月初八日題，奉聖旨：“是。著江東等各相機戰守，不許疏怠，仍行薊鎮嚴行隄備。”欽此。

覆江廣等處紀功御史段顧言等覈勘剿平逆寇張璉等功賞疏

題：爲仰仗天威，平逆功成，謹遵敕諭核實上請，伏乞聖明俯賜勸懲，以彰國典事，職方清吏司案呈，奉本部送，兵科抄出，江西廣東等處紀功監察御史段顧言題；又該提督兩廣軍務兼理巡撫、兵部右侍郎兼都察院右僉都御史張臬題，爲剿平逆寇，查覈功罪以明賞罰事；總督浙直福建江西等處軍務兼巡撫浙江地方、少保兼太子太保、兵部尚書兼都察院右都御史胡宗憲題，爲仰仗玄威，三省會舉搗巢，飛報捷音事；巡撫南贛汀漳等處地方、提督軍務、都察院右副都御史陸穩題，爲三省奉旨會剿逆寇巢穴報捷事；提督軍務兼巡撫福建地方、都察院右僉都御史游震得題，爲三省奉旨會剿逆寇搗巢報捷事。俱奉聖旨："兵部知道。"欽此。欽遵，通抄送司。

卷查先該巡按江西監察御史段顧言題，爲仰仗天威，逆賊授首，恭先飛報捷音，上慰聖懷南顧事；巡撫南贛汀漳都御史陸穩題，爲擒獲謀反大逆賊首，飛報捷音事；提督兩廣軍務、兵部右侍郎張臬，鎮守兩廣總兵官、征蠻將軍平江伯陳王謨會題，爲飛報擒獲反賊捷音事。節經本部覆奉欽依，移咨都察院，轉行紀功御史段顧言，會同廣東、江西、福建各該巡按御史，通將各省有功有罪人員逐一覈勘的實，作速具奏。報捷人員，在張臬則差吏目李時中、舍人劉瑞，陳王謨則差舍人夏國紳、馮潔，在陸穩則差承差鄒海，在段顧言則差署指揮僉事黎承、承差方子明，通候覈勘至日，照例具題以示激勸。

又該本部題，爲江西賊情過限，未見平寧，乞爲查催以靖地方事；又爲仰仗天威，急剿叛逆以靖地方事。俱經題奉欽依，將御史段顧言仍留江西監軍，兼紀廣東功罪，功成之日，不拘巡按常例，一體甄録。又該本部題，議得總兵官劉顯、副總兵俞大猷統兵不滿二千。隨經題奉欽依，備行湖廣總督、鎮巡官，即行參政彭翼南，將永、保二司土兵挑選二萬，整搠停當，聽本部齎文啓行。如賊已平，兵不必調，亦聽本部將彭翼南具實奏請，特賜金幣，以爲效忠之勸。

又查得《大明會典》内一款："報捷官舍人等以擒斬虜賊多寡爲等第，七十名顆以上賞鈔一千貫、衣服一套，九十五名顆以上升一級，一百一十名顆以上賞衣服一套，升試所鎮撫。"欽此。

俱經通行欽遵外。今該前因，通查案呈到部。

看得江西廣東等處紀功監察御史段顧言題稱，查勘過廣東、南贛等處擒獲賊首張璉、蕭雪峰等各該效勞人員有功有罪緣由，及稱督撫、鎮守諸臣，如尚書胡宗憲，侍郎張臬，都御史陸穩、胡松，平江伯陳王謨功當重録。都御史游震得功過相準。副使馮皋謨，參議皇甫涣，僉事金淛、賀涇、盧岐嶷、張冕，知府何鏜、桂嘉孝，副總兵王寵、俞大猷，參將張四維、門崇文、祝明、鍾坤秀，都司謝敕，冠帶把總陳其可所當首録。參政譚綸、趙鏘、賀鏤、陳惟舉、邵楩，參議秦宗道，同知吕天恩、毛汝麒，推官劉宗寅、鄧士元、周弘祖、汪若泮，知州畢竟立，副總兵楊縉，都司王鋭，遊擊盧錡，原任參將丁僅，原任都司來熙，把總傅應嘉所當併録，内賀鏤軍前身故，所當録恤。南京兵部尚書李遂，中府署都督僉事、今充總兵官劉顯均乞聖鑒。新民郭玉鏡、江滿清、劉剛等計獲張璉，原擬重賞、授官，應否俯從，或别加議處。及參稱指揮嚴愷等所當提問。又該兩廣提督侍郎張臬、總兵官陳王謨、浙直總督尚書胡宗憲、南贛提督都御史陸穩、江西巡撫都御史胡松各具題，與御史段顧言大略相同。在張臬則又稱布政使徐霈、參將金堂、參議蔡文、僉事夏栻勤勞獨至，副使陶大年、莊朝賓，原任參將張裕，知府顧言等所當均叙。生員謝弋鳳、軍人畢鉉共能計獲謀主，畢鉉已授冠帶總旗，謝弋鳳合當特授一職。同知吕天恩、知州畢竟立曉暢戎務，應升本省或廣西各相應憲職。舉人吴與言已行禮奬、建坊。郭玉鏡等已准贖罪，重賞冠帶。藺州土官男韋應龍、向武州土知州黄仲金并男黄九疇應否量加服色、實授。原任僉事齊遇等所當免究，指揮馮良佐等所當准贖。在胡宗憲、陸穩則又稱參政張瀚，參議黄朏，僉事譚臬，都司李涇，知府楊世芳、楊敷、周璞等功當同論。在胡松則又稱參政陳大賓、副使陳柯、參議崔都、僉事崔近思、都司王鋭、把總郭成所當優録，知府張國珍、劉炌所當嘉録各一節。

除巡按御史例不論功，舉人吴與言已經軍門禮獎、建坊，巡撫游震得功過相準，并其餘功疑者俱不敢概及外，爲照廣東之捷，二逆就縛，四省敉寧，寔皆我皇上神籌獨得、廟略無遺所致，玄功顯赫，薄海内外罔不震讋，一時封疆諸臣果有何勞？但既該御史段顧言、侍郎張臬等交章具題前來，臣等逐一參詳，大率督鎮等官親臨巢穴者當爲首功，偏裨、司道戮力宣猷者當爲次功，督撫等官遥制應援者當爲又次之功。即如提督兩廣軍務侍郎張臬，方膺專閫之寄，即發竊伏之奸。提一億之精兵，渠魁落膽；宣九重之德意，脅從歸心。鎮守兩廣總兵官平江伯陳王謨，精兵壯盛，意氣安閑。既能同心於提督，全無忌刻之私；不聞異見於偏裨，雅有含弘之度。以上二臣功當首論。提督南贛軍務右副都御史陸穩，有料敵之明，有知人之智。善用俞參將之謀，免玉石俱焚之慘；能通段御史之志，成弛張兼濟之勛。原任紀功御史、今升浙江副使段顧言，擲作金聲，動成石畫，計處兵間之事如在目前，協贊閫外之機運諸掌上。以上二臣功當同論。總督浙直江福軍務尚書胡宗憲、巡撫江西都御史胡松，雖無蹈危履險之迹，均有指示發蹤之略。以上二臣功亦當論。其餘隨軍效勞，文臣如副使馮皋謨等，武臣如副總兵俞大猷等，均有可録。係干激勸，相應通行議擬。合候命下，將張臬、陳王謨特加升賞，仍與録廕。陸穩、段顧言厚加升賞，俞大猷、張四維、門崇文、馮皋謨、金淛、賀涇、盧峻嶷、何鏜同加升賞，張冕、桂嘉孝、王寵、祝明、鍾坤秀、謝敕、陳其可、趙鏘、吕天恩、毛汝麒、劉宗寅、鄧士元、周弘祖、汪若泮、畢竟立、楊縉、王鋭、盧錡、丁僅、來熙、傅應嘉量加升賞。吕天恩、畢竟立仍咨吏部，注擬兩廣相應衙門以便效用。胡宗憲、胡松厚加賞賚，譚綸、陳柯同加奬賞，劉顯、陳惟舉、邵梗、秦宗道、徐霈、金堂、蔡文、夏栻、陶大年、莊朝賓、張瀚、黄朏、譚臬、陳大賓、崔都、崔近思、郭成、張國珍、劉炌、李涇、楊世芳、楊敷、周璞厚加賞賚。内馮皋謨、金淛、張冕、趙鏘、陳柯、桂嘉孝、邵梗、何鏜、張四維仍與顧言等俱准開俸。參政賀鏤死事可憫，量贈一官。謝弋鳳設謀可嘉，量授所鎮撫，填注附近原籍衛分。原任僉事等官齊遇等十一員、指揮等官馮良佐等九員准其贖罪。原任參將等官張裕等一百二十二員，各該總督軍門分别犒賞。指揮嚴愷等十二員，各該巡按御史提問具奏。報捷人員吏目李時忠等照例各升三級，仍各賞衣服一套。掾史薛紹等移咨吏部，查例施行。再照新民郭玉鏡、江滿清、劉剛等計獲張璉之功亦難輕泯，合無准其贖罪，仍聽軍門就彼填注札付，給與冠帶，充爲千總，以圖後效。及照湖廣永、保二司土兵，雖未啓行，亦有微勞，合無遵照原奉欽依事内量賜金幣以慰其心，仍令該管督撫嚴加禁諭，不許越境生事。其廣東土官韋應龍、黄仲金等應否升賞，仍聽張臬分别具奏，另行議處。但恩威出自朝廷。

嘉靖四十一年十月初八日題，奉聖旨："這逆賊就擒，各官效有勞績。張臬升右都御史，廕一子入監讀書；陳王謨加太子太保，廕一子與做錦衣衛百户：各照舊提督、鎮守。陸穩升兵部右侍郎兼右僉都御史，照舊巡撫。段顧言於今職上升一級，俞大猷等各升一級，張冕等升俸一級。胡宗憲賞銀五十兩、紵絲四表裏，胡松四十兩、三表裏，譚綸等三十兩、二表裏，劉顯等二十兩、一表裏。賀鏤贈光禄寺卿。齊遇等免究。馮良佐等准贖罪。張裕等，軍門分别犒賞。嚴愷等，各該巡按御史提了問。永、保二司官各賞銀三十兩、紵絲二表裏。其餘依擬。"欽此。

覆江西巡按御史段顧言勘明流賊功罪升賞疏

題：爲地方節次失事，類覈各官功罪據實上請，伏乞聖明通賜勸懲，飭國法，以肅人心事，職方清吏司案呈，奉本部送，兵科抄出，巡按江西監察御史段顧言題，奉聖旨："兵部知道。"欽此。欽遵，抄出送司，案呈到部。

看得巡按江西監察御史段顧言題稱，查勘過江西地方節□[四]流寇入境各該官員功罪緣由。除總督胡宗憲、提督陸穩、副總兵俞大猷廣東功次内俱已論叙，及各官功罪已經先行賞罰過者并例不當論功者俱無容别議外。爲照江西地方節被流寇爲害，仰賴聖皇在上，玄威遠布，以故將兵用命，克致平寧，所據效勞人員既該紀功御史段顧言具題前來，内巡撫都御史胡松選兵選將，盡除積歲之妖氛；兵備副使陳柯宣力宣猷，竟收一時之偉績；參政譚綸墨縗從戎，赤心任事：紀功官既稱其設謀督守，保障有賴，似難輕泯。御史段顧言廣東之捷猶爲一節，江西之靖乃其全功。係干激勸，相應通行優叙。合候命下，將胡松、陳柯同加升賞。段顧言量加賞賚，移咨吏部，遵照欽升一級，注擬相應職銜。譚綸量加升級，候服闋之日叙用。知府謝鵬舉，知縣樂舜賓、陳瓚，千户劉添榮、賈勇、陳倫、王孚、余涵、黄允中重加賞賚。指揮張斌等二十四員准其開俸。參議楊守魯、僉事李正彝、知府等官陳元琰等四十二員免其究治。千户陳試、蕭珍、石壁照舊住俸。知府江珍照依才力不及事例移咨吏部酌量調用。百户程寵照例贈正千户，伊男保送赴部，襲升二級。巡檢黄尚正、劉茂照例，伊男准給冠帶，仍免本身差役。千户潘吉等十員，巡撫衙門分别奬賞。百户等官陳澤等三十三員，巡按御史提問具奏。

嘉靖四十一年十月初十日題，奉聖旨："這地方流寇蕩平，胡松升兵部右侍郎兼右僉都御史，照舊巡撫。陳柯、譚綸各升一級。段顧言賞銀十五兩、紵絲一表裹。謝鵬舉等各二十兩、一表裹。張斌等准開俸。楊守魯等免究。陳試等照舊住俸。江珍送部調用。陳澤等，巡按御史提了問。其餘依擬。"欽此。

遵諭預飭春防疏

題：爲欽奉聖諭事，職方清吏司案呈，奉本部送，嘉靖四十一年十月十八日卯時，該内閣傳奉聖諭："至於北賊，亦要嚴防。"欽此。傳奉到部送司，案呈到部。

臣等看得，即目冬寒，草枯水凍，東則薊、遼二鎮，西則陝西三邊，全無警報。宣、雲地方雖有散寇出没，止在沿邊。昨據總兵官馬芳等揭報，已趨柴溝北山。仰仗聖皇在上，玄威遠布，今歲之事頗爲寧謐。但猾虜之情譎詐更爲不常，守邊之略須臾不容少間，嚴防之諭，誠如聖慮。除馬上賚文通行陝西、宣大、薊遼總督等官，督率兵將，悉心防禦。毋恃冬之不來，亟爲明春之備；無以虜之已去，速圖去後之策。慎而又慎，務保萬全。

嘉靖四十一年十月十八日題，奉聖旨："是。"欽此。

遵諭議靖南北寇虜疏

題：爲欽奉聖諭事，職方清吏司案呈，奉本部送，嘉靖四十一年十月二十二日，該内閣傳奉聖諭："南孽北氛未靖盡，所司要計處。"欽此。欽遵，傳捧到部送司，案呈到部。

臣等看得，倭虜之患、寇盗之警，自昔盛世所不能免。是故虞舜之時，初則"猾夏"，後則"來王"。周宣之時，始則"匪茹"，終則"來威"：顧所以制禦之者如何耳。即如今歲，南有逆璉跳梁於廣中，日弄潢池之兵；北有逆富縱横於漠外，時肆侵軼之計。軍書疊至，羽檄交馳，不可謂之無事矣。仰賴聖皇在上，玄威震慴，廟算淵微，富既就殪，璉亦成擒，三軍知必勝之方，四海見永清之路。臣等待罪本兵，目擊捷音，無任欣慶。但北之秋防雖畢，轉盼入春，亟當爲防春之備；南之大憝雖靖，餘孽尚在，不可無掃蕩之圖。大抵北之患大，猶之癰疽也，及其未潰而消之，爲力頗難；南之患小，猶之癬疥也，乘其未盛而除之，爲力則易。兹蒙天語叮嚀，責令臣等計處，聖神文武，動出萬全，臣等愚昧，敢不仰承，謹將南孽北氛大且要者上請，伏望俯賜采覽，敕下遵行，地方幸甚，臣等幸甚。

嘉靖四十一年十二月二十二日題，奉聖旨："是。"欽此。

一、南方之孽，在廣東則張璉、蕭雪峰、林朝曦、王伯宣、謝高、山子、李逢時、黄景政、詹世旺、徐東洲，在福建則李占春、吕尚四、江一峰、蔡錦塘、許六使、鄧惠銓，在江西則李文彪、謝允樟、賴清規，節據各該鎮巡等官奏報，前項各起賊寇俱已擒滅，林朝曦一個見在立功，李文彪三巢近行勘處。所據未獲餘孽，如廣兵袁三等，雖非大患，若不早爲驅除，寡而能衆，弱而能强，未免將來益復滋蔓。况總督尚書胡宗憲見在福建，專爲親剿閩寇，相去甚便。合無容臣等嚴行胡宗憲并右都御史張臬，平江伯陳王謨，侍郎陸穩、胡松，都御史游震得，總兵官劉顯，副總兵俞大猷、楊縉，督率將兵，先將袁三等多方搜剿，其餘但係有名巨寇，果未盡靖，趁今兵威振揚，相機區處。中間若有脅從之徒，一體撫恤，以廣我皇上惠愛元元之意。如果地方全寧，原無别警，亦要從實回奏。

一、北方之氛，大率以防守薊鎮爲重，至於宣大、山西則薊鎮之右腋，遼東則薊鎮之左腋，陝西三邊雖如四肢，疾痛相關，均不可緩。即目冬寒，固爲小妥，來歲春明，殊可深憂。蓋今秋虜所垂涎專在薊鎮，既不得逞，其心未肯但已。合無容臣等移咨總督侍郎楊選，目下先將應留入衛兵馬與同各區主兵加意整飭，器械不備作何處給，錢糧不敷作何處置，墩堡未完作何修葺，應徑行者徑自舉行，應呈奏者以次呈奏，寧爲先事之圖，毋貽後時之悔。宣府、大同、山西三鎮總督江東，巡撫陳其學、趙孔昭、楊宗氣，趁今虜退，一應戰守事宜各要從長區處。其遼東地方，先該本部侍郎葛縉已將廣寧以西墩堡修理完備，其廣寧以東墩堡，督撫官仍要及時營繕，不許玩愒。至於陝西三鎮，苦於入衛頻仍，各城戰馬倒損數多，已該臣於别本内議發太僕寺馬價銀四萬餘兩買補馬匹，專備入衛軍士騎征。但惟各邊之事，一切機宜俱在閫外，必須督撫官加意舉行，方爲有濟。如敢徒事虚文，不修實政，聽臣等與該科指名參究。

覆江西巡按御史陳志請勦鄰境山海賊寇疏

題：爲閩省山海賊寇縱横未已，地方萬分傷殘，復害鄰境，懇乞聖明申飭將臣恪遵明旨速勦，督撫諸臣加意經略，以救生民事，職方清吏司案呈，奉本部送，兵科抄出，巡按江西監察御史陳志題，奉聖旨："兵部知道。"欽此。欽遵，抄出，到部送司。

卷查先爲欽奉聖諭事，該本部題，議得福建延建等處未獲餘孽，如廣兵袁三等，仍嚴行總督尚書胡宗憲并右都御史張臬，平江伯陳王謨，侍郎陸穩，都御史游震得，總兵官劉顯，副總兵俞大猷、楊縉會兵夾剿，奉聖旨："是。"欽此。又爲捷音事，該征剿廣福南贛等處地方總兵官、南京中軍都督府僉書、署都督僉事劉顯奏，該本部議得，福建等處各該守臣自分彼此，賊稍急惟恐客兵之不來，少緩惟恐客兵之不去，人情、兵計均屬未妥。本部仍行劉顯，即便前去，會同游震得、胡松、陸穩、俞大猷、楊縉，將延建餘賊作速剿除。各該撫鎮等官仍要於劉顯虚心協謀，共成大事。奉聖旨："是。"欽此。俱經通行欽遵去後，今該前因，查呈到部。

看得巡按江西監察御史陳志題稱，福建建寧、興化地方殘寇未寧，總兵劉顯、副總兵俞大猷已奉明旨前去會剿，近因巡撫游震得屢咨阻止，遲疑不進，乞要申飭劉顯直抵興、建設法征剿，俞大猷令從漳、泉相機夾剿。及稱原任參將侯熙坐視殃民，所當追論，并要轉行巡撫游震得，將殘傷地方軫恤懷來，總督胡宗憲親往福建督行剿賊各一節。除侯熙先已革任，無容別議外，爲照福建賊情，節該本部議，行總督尚書胡宗憲親詣地方督剿，總兵官劉顯、副總兵俞大猷會兵叶剿，俱已奉有欽依。昨據南贛都御史陸穩揭稱，程鄉賊首林朝曦已經生擒。今日總督尚書胡宗憲又揭稱，浙兵援福，一月之間轉戰千里，八年積寇一朝而盡。計其功次，似在御史陳志具奏之後。但叛兵袁三尚未剿除，相應通行申飭。合候命下，本部仍行游震得，公同劉顯、俞大猷再加查勘，如果建、延、興、福等處尚有山海餘寇，并將袁三等作速剿除，徑自回奏。提督等官務要協心計議，共成大事，不得自分彼此，阻撓軍機。參遊等官務要摧鋒陷陣，方爲首功，不得拘泥招安，以滋民患，違者俱聽巡按御史指名參究。至於該省賊經處所凋殘至極，加意拊循，全在巡撫踏勘灾傷，寬免徵役，斥逐貪暴，一切善後事宜，應行應奏者悉聽游震得早爲計處，以副委任。此後地方如果十分平寧，御史陳志即將劉顯官兵一面隨宜安插，一面作速具奏，候有明旨處分，方許出境。

嘉靖四十一年十一月初六日題，奉聖旨："是。"欽此。

校勘記

〔一〕"罰"，疑當作"罪"。

〔二〕"特"，疑當作"持"。

〔三〕"孤"，疑當作"狐"。

〔四〕□，底本漶漫不清，據十二卷本當作"起"。

楊襄毅公本兵疏議卷十

議寧夏陣亡副總兵王勛恤典疏

少保兼太子太保、兵部尚書臣楊博等謹題：爲酋虜大舉侵犯，官軍奮勇敵退，打死逆黨等衆，奪獲枸杆等器，輒復入寇復讎事，職方清吏司案呈，奉本部送，准總督陝西三邊軍務、都察院右副都御史喻時揭帖，前事，又准巡撫寧夏等處地方、都察院右僉都御史毛鵬揭帖，爲大舉達虜擁衆攻邊，官軍拒堵，損折將領事，又該巡按陝西監察御史鮑承廕揭帖，爲傳報大虜入境十分緊急聲息事，等因，通送到司。

卷查先該巡按直隸監察御史楊惟平題，内開建昌副總兵蔣承勛陣亡，該本部覆奉聖旨："蔣承勛死事可憫，贈都督同知，廕一子與做正千户世襲，立祠、升襲俱照例行。"欽此。已經通行欽遵外。今該前因，查呈到部。

看得總督陝西三邊軍務都御史喻時揭稱，本年十月内大虜擁衆十萬，撲至寧夏興武營安定堡地方，衝突攻墻，官軍拒敵，打死賊人數百，奔入清水營鹹溝邊内，意圖復讎。巡撫寧夏都御史毛鵬揭稱，達賊自清水營清字十七鋪攻墻，副總兵王勛對敵陣亡，乞要照例優恤，贈官、廕祠。巡按陝西監察御史鮑承廕揭稱，大舉達賊由寧夏清水營鹹溝兒進境，深入紅崖堡大營等處，逼近固原，勢甚猖獗，嚴行兵備將領相機戰守，有功有罪查明另奏各一節。爲照陝西三邊，今歲秋深全無警報，入冬十月乃復擁衆十萬，於寧夏興武營等處東西攻墻。副總兵王勛獨能奮不顧身，力戰而歿，忠勇之略委可嘉尚。況今前賊既稱南下韋州、固原一帶，均屬可慮。以天時、常理度之，草枯水凍，自難久持；以虜情變詐觀之，狼貪虎噬，原無厭足：相應急爲議處，合候命下，將王勛照依蔣承勛事例贈都督同知，另廕一子與做正千户世襲，仍立祠死所，歲時致祭。應襲兒男襲升三級，巡撫衙門先給棺殮銀五十兩以示優恤。本部一面馬上差人移文總督喻時、巡撫毛鵬，文書到日，如果前賊尚不出境，即便督率各該將領併力驅逐。一面移咨都察院，轉行彼處巡按御史，通將賊經處所逐一查勘，要見地方有無隱匿重大情節，損折將領是否止於奏内之數，失事人員應參應問，作速回奏。

嘉靖四十一年十一月十九日題，奉聖旨："是。王勛准贈都督同知，廕子、立祠等項照例行。"欽此。

覆江廣紀功御史段顧言等奏知縣徐甫宰軍功升職疏

題：爲仰仗神武，劇賊相繼生獲，三省地方寧靖事，職方清吏司案呈，奉本部送，兵科抄出，江西廣東等處紀功監察御史段顧言題，前事，又該巡撫南贛汀漳等處地方、提督軍務、都察院右副都御史陸穩題，爲仰仗天威，擒獲劇惡賊首，飛報會剿全捷事，又該巡撫江西等處地方兼理軍務、都察院右副都御史胡松題，爲計擒有名劇賊，禍源盡塞，人心稱快事，俱奉聖旨："兵部知道。"欽此。欽遵，抄出送司，案呈到部。

看得江西廣東等處紀功監察御史段顧言、巡撫南贛汀漳都御史陸穩、巡撫江西都御史胡松各題稱嘉靖四十一年十月内官軍生擒程鄉賊首林朝曦緣由，内稱賊首林朝曦係干大惡，應否比照張璉等例極刑梟示，知縣徐甫宰功當首録，乞要比照浙直董邦政等例超升僉事，或仍行取擢用，各該功罪查實另請一節。爲照程鄉賊首林朝曦，雄據一方，禍流三省。向突入於江西，憲臣被害；今奔移於廣東，黎庶弗寧。僭據之罪雖在張璉之下，豪横之惡寔出張璉之上，論者謂璉雖就縛，曦猶漏網，東南之事終屬未靖，良有見爾。仰賴聖皇在上，神武丕昭，玄威遠布，將兵用命，氛祲全銷。一時效勞人員，如知縣徐甫宰，官雖縣正，才本師中，操縱悉中乎機宜，威信素孚於衆志，功當首論。御史段顧言欲要超加升用，不爲過舉。其餘有功人員副使馮皋謨等，雖該督撫等官具奏前來，紀功御史尚未勘到，相應通行議擬。合候命下，將徐甫宰移咨吏部，查照董邦政、趙大河事例，注擬廣東相應職銜，令其任事。林朝曦，提督、撫按官就彼處决，徑自梟示。馮皋謨等仍候段顧言另奏至日分别升賞。

嘉靖四十一年十一月二十三日題，奉聖旨："是。"欽此。

覆江廣紀功御史段顧言條陳三省善後事宜疏

題：爲遵奉欽依條陳三省善後事宜，伏乞聖明采擇，以裨化理事，職方清吏司案呈，奉本部送，兵科抄出，江西廣東等處紀功監察御史段顧言題，奉聖旨："該部知道。"欽此。欽遵，抄出送司，案呈到部。

看得江西廣東等處紀功監察御史段顧言條陳三省善後事宜六事，合就開立前件，議擬上請定奪。

嘉靖四十一年十一月二十五日題，奉聖旨："分守官既有敕書、關防，不必兼憲職。其餘都准議行。"欽此。

一、重事權以均節制。看得福建汀、漳，廣東潮、惠、雄、韶，湖廣郴、桂既聽南贛軍門節制，復聽各省兼制，前人立法自有深意，蓋南贛軍門所專督者山寇一事耳。乃若汀、漳、潮、惠則有倭寇，郴、桂則有苗情，自是各省督撫之事，似難分割而治。所據前項地方專聽南贛軍門節制，并兼制四省三司，更總督職銜，揆之事體，均屬未妥。合無移咨南贛軍門，查照原擬責任，所轄地方除民情不預外，一應軍馬、錢糧悉聽便宜處置。都、布、按三司，守巡、兵備、軍衛有司，事干軍機，文書到日，一面遵奉作速施行，一面轉達本省撫按知會，不許仍前牽制違誤，違者悉聽參究。其事體重大，應與各省鎮巡官計議者，仍要計議而行，不得自分彼此。

一、定分轄以聯職守。看得南贛軍門控連四省，各該兵備、守巡有事方來一見，無事若不相涉，殊非事體。至於各官應管信地、應修責任必須分畫一定，方得責成之意。合無移咨南贛軍門，通行廣東嶺東、嶺南，福建巡海、漳南，湖廣上湖南等道兵備、有司等官，即今事平之後，仍要悉聽節制，一應軍馬、錢糧事宜，或應面授方略，或應移文請詳，俱照本處軍門事體行事。如敢仍前阻撓，即便指名查參，以憑究治。其嶺東分守道移駐龍川，專管北路一帶，所轄惠州府博羅、歸善、河源、龍川、和平、長樂、興寧及潮州府屬程鄉；新縣分巡道仍駐潮陽，專管南路一帶，所轄潮州府饒平、大埔、海陽、潮陽、揭陽、惠來并新立二縣及惠州府屬海豐各縣。一應錢糧、兵馬各照所管地方，平時預爲料理，有事各自徵調，不必仍前會同，彼此牽制。分守官照例請給敕書、關防，移咨吏部，量兼憲職，以便行事。其嶺北、嶺南守巡道亦該移駐該管地方以便調度，仍咨軍門定擬具奏。

一、扼險要以塞釁源。看得廣東嶺脚社、黄岡鎮、月港三處俱係險要地方，必須設官控制，方保無虞。合無依其所擬，將嶺脚社添設把總官一員、戍兵五百名，兼管水窖、烏槎、小篆、象湖等處，仍聽伸威營副總兵及潮州參將節制。潮州守備移駐黄岡鎮，與原設捕盗通判會同管事。詔安所聽南赣軍門選委才幹所官一員，專管巡捕，令其往來月港、梅嶺，常川邏候。其月港添設縣治，移咨户部，徑自議覆。

一、移巡司以便捕詰。看得廣東白堠、大産、雲落徑、鵝埠嶺、烏槎、虎頭砂、潘田、磁竈村等處俱係要害，合無依其所擬，將前項地方各設巡司一所、巡檢官一員，合用弓兵、官廨等項，聽總鎮官酌量處置。驛丞何奇，御史既稱可用，移咨吏部，改升鵝埠嶺巡檢，就令管事。楓洋巡檢司移駐海陽白水村，闢望巡檢司移駐饒平東隴，長塔埔巡檢司仍移回舊地以便盤詰。饒平縣縣丞移駐大城所，與該所軍官公用〔一〕管事。豪居通判令駐清遠，往來松口、逕心等處不時巡緝。其松口、松源添設縣治，移咨户部，徑自議覆。

一、更戍守以嚴海防。看得廣東南澳處所實番船往來之衝，軍門原委把總官一員，令其駐札本地，扼險戍守，不知何年潛移柘林，棄險於賊，委爲失策。合無移咨兩廣總鎮官，將南澳大金門把總仍舊移駐南澳地方，督率官軍，修補戰船，專備海賊出入之防。本澳未填一穴，即便設法填塞，永絶禍源。仍於大城所官軍量撥二百名，委官屯戍上里處所，以塞由陸桴海之區。俱聽分巡海道及漳州參將節制。其海上除違禁貨物外，一切魚販、絲布小利任其往來貿易，不得一概阻革，以絶民生。

一、肅部曲以利戰守。看得江西、閩粤等處參遊、備總等官多係近年添設，所領之兵未有定營，那移作弊，委當釐正。合無備行各該總鎮、提督衙門，通將各路參將、遊擊、守備、把總等官所統兵馬，照依地方事例分爲奇、正、援、遊。大率總兵營爲正兵，副總兵營爲奇兵，參將營爲援兵，遊擊營爲遊兵，就於各軍衛所册籍内注定某户某人世充某將某營兵，不許仍前朦朧作弊。仍嚴督各該守巡、兵備，親自會同各該將領，所轄營兵通加挑選，酌量營所衝緩分撥。應得兵數勒定册籍，本道本營本衛所府州縣各存其一，以備查考。至於將領賢否，撫按官務要公同舉劾，升遷久任，本部自當酌量録用。

覆兩廣提督侍郎張臬條陳善後事宜疏

題：爲議處兵後地方，以圖治安事，職方清吏司案呈，奉本部送，兵科抄出，提督兩廣軍務兼理巡撫、兵部右侍郎兼都察院右僉都御史張臬題，奉聖旨："該部知道。"欽此。欽遵，抄出送司，案呈到部。

看得提督兩廣軍務兵部侍郎張臬條陳四事，内有與紀功御史段顧言相同者，合就開立前件，議擬上請定奪。

嘉靖四十一年二月初九日題，奉聖旨："准依議行。"欽此。

專任責成者二。看得提督所稱，除嶺東守巡道，先該御史段顧言具題，本部覆奉明旨"分守官既有敕書、關防，不必兼憲職，其餘都准議行"外，所據該縣東、西、北三路通判、同知畫地責成等項事宜，中間計處俱已周匝，合悉如擬施行。

建立城館者八。看得提督所稱，其嶺脚社、大城所等處大率與該道原議相同，其木梏地方亦設一館，提督所議更爲周匝，合悉如擬施行。驛丞何奇，先該御史段顧言具題，已升鵝埠嶺巡檢，難以再議。

移設巡司者七。看得提督所稱，除潘田、虎頭沙、烏槎營、磁竈村設添巡司，楓洋、闢望、吉安改移巡司，俱與御史段顧言所陳相同，已經奉有欽依外，其議復東隴水寨并修築三河埠驛館二件，中間掣調官軍、區處錢糧等項計議周匝，合悉如擬施行。

議處官兵者二。看得提督所稱，切緣黄岡見在目兵一枝雖稱忠勇，但本總黄仲實年方六歲，勢難鈐束，御史段顧言亦謂不可常留。至於歸善、和平原抽民壯委當議處，嶺東守巡隨捕軍兵委當改撥。合無移咨總鎮官，督行該道參將官，通將應守黄岡目兵每年輪流更番换撥。黄仲實一枝，軍門厚加賞犒，省令回還，毋得偏累。潮州府原抽歸善、和平二縣民壯八十名，掣回該縣守城、團操，聽將該府庫貯海、潮、揭三縣秋糧銀兩餘下二千就行動支雇募以補前數。其分守道聽於長樂兵内，分巡道聽於潮州兵内，就近各分撥一千名，餘下一千仍屬惠潮參將統領。至於訓練、稽查事宜，俱聽各道徑自施行。

覆延綏撫鎮官孫慎等出塞搗巢獻捷疏

題：爲恭報捷音事，職方清吏司案呈，奉本部送，兵科抄出，巡撫延綏等處地方、都察院右僉都御史孫慎，鎮西將軍、鎮守延綏總兵官、署都督僉事趙岢題，俱奉聖旨："兵部知道。"欽此。通抄送司。

卷查嘉靖三十九年七月該總督宣大都御史葛縉題，爲捷音事，内稱督令官軍出邊，擒斬達賊首級一百五十名顆。該本部覆奉欽依："將總兵官劉漢升都督同知，廕一子本衛所千户，總督都御史葛縉升兵部右侍郎，巡撫都御史李文進廕一子入監，還各賞銀三十兩、紵絲二表裏。參將麻禄等各升二級，賞銀二十兩。遊擊徐欽等各升二級，副總兵趙岢等升俸一級，革任參將李官等各賞銀十兩。"欽此。通行欽遵外。今該前因，查呈到部。

看得延綏鎮巡官都御史孫慎等題稱，嘉靖四十一年十月内，督率官軍分道出邊擣巢，斬獲達賊首級一百八十三顆，奪獲達馬四百九匹，駝牛八十六隻，夷器、達箭二千四百三十四副件枝。及稱總督都御史喻時功當首論，巡撫延綏都御史孫慎功當優論，鎮守延綏總兵官趙岢功當同論，分守定邊副總兵徐仁亦當同論。延安遊擊牛秉忠，原任參將劉定，原任遊擊李希靖、周池正，兵營千總史臣例該升級，仍當重賞。内李希靖見議立功，劉定爲因詿誤見行參提。副總兵張琮功亦當録，原任副總兵雷龍，參將許忠、艾梓，延綏遊擊宋章，原任參將劉楫、高汝泰功當併録，靖邊管糧道僉事陰秉暘功當重論，署榆林管糧道、綏德州知州劉相功亦可録，總督喻時等下令典〔二〕金宗誠等五名亦應查擬。乞要將前效勞人員先擬升賞，李希靖、劉定應否准贖免提，獲功官軍仍行巡按御史查勘各一節。爲照延寧一帶逼臨虜巢，即令〔三〕寒冬十月糾衆十萬，忽自寧夏清水營等處潰墻南下。總督與延綏鎮巡官俱能同心計議，分兵擣巢，斬首一百八十餘顆，馬匹、駝牛、夷器等項奪獲倍之，殊得兵家攻其所必救之意。且荒漠之外功次極真，絶無殺降之弊；偏裨之將帶傷甚衆，足昭敵愾之忠。除喻時固原失事頗重，功罪相參，已經罰治，令史金宗誠等原無可録外，所據總兵官趙岢、巡撫都御史孫慎，既經該司查有前例，自當以親臨戰陣者爲首，而遥制者次之。事干激勸，相應通行議擬。合候命下，將趙岢重加升賞，孫慎量與廕叙，徐仁、牛秉忠、周池、史臣同加升賞，張琮、劉楫、許忠、高汝泰、陰秉暘重加賞賚，雷龍、艾梓、宋章、劉相量加賞賚，李希靖、劉定先行重賞。李希靖原係立功人員，准其贖罪，遇缺推用。劉定所犯事情贓雖不多，恐礙邊方錢糧，應否免提，轉行彼處巡按御史，文書到日，限一月以裏勘明回奏。陣亡、有功等項官軍造册奏繳，鎮巡衙門差來奏捷人役照依《會典》一百一十名顆以上事例另行升賞。但恩威出自朝廷。

嘉靖四十一年十二月二十三日題，奉聖旨："是。這出邊擒斬數多，趙岢升都督同知，孫慎廕一子入監讀書，還各賞銀三十兩、紵絲二表裏。徐仁等各升二級，賞銀十兩、一表裏。張琮等各二十兩、一表裏。雷龍等各十兩。李希靖、劉定身被重傷，都准贖罪，遇缺推用，還各賞銀二十兩。"欽此。

議處兵食恢復福建興化府治疏

題：爲再處福建兵食，以期剿滅倭奴事，職方清吏司案呈。照得倭寇襲破福建興化等城，已該本部將應行事宜題奉欽依欽遵外。目前之計，首該足兵，兵不嫌於精鋭；次該足食，食最貴於充盈。呈乞查處，案呈到部。

看得福建地方倭寇猖獗，堅城襲陷。彼所利者在于子女、玉帛，雖無占據之圖；我所恃者在於食足兵强，方伸敵愾之氣。所據該司欲要再爲查處，無非憤激於中，亟求掃蕩之意，相應通行議擬。合候命下，馬上差人移咨巡撫江西侍郎胡松，除催促參政譚綸帶領浙兵前去截殺外，再於本省見在兵内選撥一枝，責委驍勇將官統領，速赴福建，與譚綸協心計議，相機剿逐，聽巡撫游震得節制調度，不許自分彼此。其廣東大山兩折，四面無風，中藏千船，實爲此倭淵藪。本部仍咨兩廣提督都御史張臬等，一面調集彼處官兵搗其巢穴，使其進無所據，退無所歸，以絶禍端，一面開具的確緣由星馳奏知。南京户部見今積有折草銀兩，於内動支十萬兩，聽本部差官一員，南京户部差官一員，解送游震得處相兼支用。本部於太僕寺馬價銀内再行帹備十萬兩，聽候緩急以次督發，庶幾天威振揚，人心踴躍，臣等竊計此賊不足滅矣。

嘉靖四十二年正月二十五日題，奉聖旨："是。銀兩便差官解去應用。南澳賊藪，著張臬等督兵剿滅具奏。"欽此。

覆巡撫浙江侍郎趙炳然請會剿鄰境山海寇疏

題：爲鄰寇衝犯，勢甚猖獗，懇乞天恩早賜會剿，以安地方事，職方清吏司案呈，奉本部送，兵科抄出，該提督軍務、巡撫浙江地方、兵部右侍郎兼都察院右僉都御史趙炳然題，奉聖旨："兵部看了來説。"欽此。抄出送司，案呈到部。

看得提督軍務、巡撫浙江地方、兵部右侍郎趙炳然具題前因，大意謂福建倭寇、山寇事關兩省，勢難合一，欲要與福建巡撫分兵遣將，剋期進剿，并要責成台金嚴參將戚繼光權宜兼統兩鎮之兵各一節。爲照侍郎趙炳然，初至浙江，即抱震鄰之慮；併憂福建，欲爲夾剿之圖。實有共成安攘之心，全無自分彼此之意。臣等反覆所奏，見其鋭然任事，深爲地方得人是慶。但戚繼光近日已升福建副總兵，兼統温台，正與本官所論不約而同，事切燃眉，相應亟爲議擬。合候命下，備行侍郎趙炳然，會同福建巡撫都御史游震得，總兵官劉顯、俞大猷等，調度戚繼光，帶領義烏等項兵馬隨賊逐剿。福建賊勢猖獗，先除福建之賊。萬一突至浙江，亦要隨賊向往，速爲撲滅。合用軍餉照依題准事理，浙江七分，福建三分，不許推諉。賊平之日，浙江巡撫與福建官兵一體論功。本部一面移文兩廣提督都御史張臬、江西巡撫侍郎胡松，亦要與福建巡撫叶心併力，同濟時難。若使廣東、江西、浙江三省處處截剿，此賊既無所據，又無所歸，釜中之魚，自當糜爛。臣等膚見如此，均乞聖裁。

嘉靖四十二年二月初四日題，奉聖旨："是。"欽此。

請命征勦總兵官劉顯節制福建主客官兵疏

題：爲軍務事，職方清吏司案呈，奉本部送，據征勦廣福南贛等處地方總兵官、南京中軍都督府僉書、署都督僉事劉顯揭帖，到部送司，案呈到部。

看得征勦廣福南贛等處地方總兵官劉顯揭稱，督同把總郭成等，於十二月初十日二更時分攻入興化城内，殺傷倭賊千餘，横屍滿地，救出困憊之民萬數，欲要添兵二萬，主、客官兵悉聽其節制一節。切詳前項倭奴，既入興化城内，往來縱横，其城已爲虎穴矣。總兵劉顯乃稱督率把總郭成等乘夜進城，大振兵威，若果不虛，忠勇之略殊可嘉尚。臣等自聞警報以來，議發銀三十萬兩，户、工二部又將椒木、贓罰等項通准支用，軍餉稍爲有備。又嘗議調浙江義烏之兵、江西驍勁之兵、參政譚綸之兵前赴應援，又令廣東提督張臬勦滅南澳之巢，兵勢似亦可觀。但患在剥膚，事切燃眉，倘可少裨時艱，不嫌多算，所據總兵官劉顯揭報前因，相應再爲酌處。合候命下，馬上差人移咨兩廣提督都御史張臬，於廣西狼兵内精選六千名，分爲二枝，各委驍將統領，速詣福建，交付劉顯調度。劉顯仍差一官前去廣東，會同彼處官司從實搜選，止貴於精，不貴於多。其各項官兵，除浙江、江西巡撫會勦之兵、總兵官俞大猷標下之兵、參政譚綸所領浙兵專聽游震得節制，俱難屬之劉顯外，其餘福建主、客官兵，自副總兵戚繼光而下悉聽劉顯節制，敢有抗違，應參奏者指名參奏，應處置者軍法處置。

嘉靖四十二年二月初五日題，奉聖旨："是。這會勦主、客官兵都著聽游震得、劉顯節制。"欽此。

覆北畿印馬御史吴守條陳馬政疏

題：爲敷陳愚見，整飭馬政，以裨重計事，車駕清吏司案呈，奉本部送，兵科抄出，巡按直隸監察御史吴守題，奉聖旨："兵部看了來説。"欽此。欽遵，抄出送司，案呈到部。

看得巡按直隸監察御史吴守條陳七事均於馬政有益，合就開立前件，議擬上請定奪。

嘉靖四十二年二月初六日題，奉聖旨："依議行。"欽此。

一、併差限以專督察。看得種馬、寄養二事印烙、點驗本相關涉，今既兼統於印馬御史，乃復各另請給敕書，一在三年之後，一在一年之終，以致官守靡定，吏弊益滋。御史吴守欲要合爲一差，共請敕書一道，繳敕復命俱候三年，事體簡明，委可經久。合無備咨都察院，轉行南、北印馬御史，以後種馬、備用不分本、折，照舊管理，大率以三年爲限，先期三月備呈都察院題請，新官到日，交代明白方許回京復命。北印馬御史仍兼管寄養。各止用敕書一道，本部定擬責任，行移翰林院通行換給。

一、裁冗員以專責成。看得國家設立州縣管馬官員，專爲種馬孳牧。正德元年，御史王濟建議，謂雖有種馬之名而無種馬之實，徒有孳生之名而無孳生之用。本部覆奉欽依，不必較其駒之有無，亦不必印烙，每年備用馬匹，止令一郡之内各照丁田議令朋納本色或折色大馬一匹。騍駒之責，佐貳官既無所與；備用之馬，掌印官自可責成。御史吴守謂寄養州縣管馬官多屬貪徒，百端需擾，要將管馬佐貳官裁革，悉令掌印官兼理其事，誠爲有見。臣等再三咨訪，不止寄養州縣，所據南北種馬州縣事體皆同，難以去彼存此。合無移咨吏部、都察院，將南北直隸、河南、山東種馬寄養地方，除各府管馬通判照舊存留以總其綱外，其餘州縣管馬官，不分同知、判官、縣丞、主簿，盡行裁革，送部別用。一切馬政責令各掌印官兼理，止許點視種馬，不許騷擾騍駒。遇解俵之期，各州縣差能幹陰醫官一員、該吏一名管押，或本或折，赴該府通判處點驗，堪中足色，倒換府批，徑自解部。各府通判及州縣掌印官三年考滿，吏部移文本部查考。如有推調廢弛者，查照弘治九年題准錢糧、軍伍事例，不許考滿。果能修舉馬政，聽撫按、印馬御史旌薦升用。

一、酌審編以便寄養。看得順天、保定、河間所屬州縣寄養之馬，原額四萬六千六十三匹，近以瘠地抛荒、窮民流移，以故州縣絶無上户派養，累及單丁。御史吴守欲要抛荒之地通融酌減，止派三萬匹，無非救濟時艱之意。合無聽北印馬御史會同各該撫按衙門，選委廉幹官員，照依今議作速審編，大約總計止用三萬匹，此外不許多派。承委官員務要秉公持正，不許容情作弊。事完造册，送部查考。以後該派折色、本色，容臣等臨期酌量，多派折色，少派本色，則寄養之馬自當漸減。

一、選解俵以充備用。查得本部題准派馬事例，本色馬務要揀選身高四尺，兒馬五歲、騸馬八歲以下方許起俵。近年以來，狡猾減價買抵，或權豪囑托换易，以致馬匹矮小，大半不堪。御史吴守謂與其驗退於到寺之日，不若精選於起俵之初，甚爲有理。合無通行南、北印馬御史，會同各該撫按衙門，行令各府州縣，以後起俵備用本色馬，每匹定銀二十七兩，内二十二兩買馬，五兩充爲路費，此外不許分毫科取。其馬務要中式，各該掌印官親驗停當，解部發寺交收。果有驗多中選且無虧欠者，少卿等官會呈本部，咨送吏部旌擢。仍襲前弊者，參奏罷黜。至於兜攬、抵易等弊，各該衙門以後通行嚴禁。

一、蠲積逋以蘇民困。查得四十一年十月内該太僕寺少卿劉朝佐條陳，要將各州縣倒失變賣馬價，三十二年、三十三年全免，二十四年至三十一年量徵四分，三十四年至三十六年徵解六分，三十七年至四十一年屢歲豐收，仍議全徵。本部覆奉欽依，照數徵解去後。御史吴守謂節年拖欠馬價數多，一時追併，民力不支，欲將二十四年至三十四年盡行蠲免，仍將三十五年至四十一年拖欠分爲三分，每〔四〕帶徵一分，三年之内陸續徵完，無非寬恤民窮之意。合無除四十二年該比拖欠，不許怠緩，照依户部題准徵糧事例遵行外，其二十四年至三十四年通行蠲免，三十五年至四十一年拖欠分數，每年帶徵一分，悉如所議施行。

一、定群醫以袪夙弊。看得國家養馬，編立群長以司馬之牧，僉報獸醫以治馬之疾，當初立法未爲不善，乃今無賴之徒營充群醫，以致奸蠹百出。御史吴守謂群醫之説無益有損，欲求專醫，各里僉定一名，按月稽察勤惰。至於群長，每里止編五名，每年每里一名，均切時弊，合無悉如所議施行。

一、酌徵派以釐積弊。看得各該府州縣派取内府酒醋局驢銀，供辦太僕寺春秋馬祭，以至比較循環、參提官吏、取役門隸、點視罰贖等項，公用之數無幾，私斂之費十倍，蠹政殃民，莫此爲極。御史吴守欲行省革，深中弊源。合無轉行印馬衙門，會同撫按衙門，并札付太僕寺，轉行各該府州縣，内局牛驢銀以後止許照價徵解。其太僕寺春秋供祭，除良卿〔五〕、涿州、宛平、大興、保定、香河、永清、漷縣等八處衝繁、褊稀不派外，其餘通州、寶坻、密雲、順義、武清、三河、懷柔、玉田、固安、遵化、東安、豐潤、薊州、房山、霸州、文安、平谷、昌平、大城等十九州縣，一如本寺卿唐寛近日議呈事理，每歲止輪一處赴寺給領庫銀，置辦祭品。至於比較等項，悉照原議俱從省便，違者聽本部參究治罪。

會議驛傳銀兩免扣解部疏

題：爲條處驛傳事宜，以蘇困敝事，該本部題，車駕清吏司案呈，奉本部送，兵科抄出，整飭薊州等處邊備兼巡撫順天等府地方、都察院右僉都御史徐紳題，奉聖旨："兵部知道。"欽此。欽遵，抄出送司，案呈到部。

看得順天各屬扣解銀兩，乃一時權宜之法，不知軍餉、驛傳各有攸司，即使驛遞衙門果能盡省供費，取以濟邊，有何不可？乃今錢糧雖減，供費如舊，以致小民膏脂重覆朘剥，各處奏報、文移讀之可痛，不止順天一處而已。合無通行天下撫按官員，自嘉靖四十二年以後免其扣解，照舊存留各驛遞支用。其四十一年以前者亦要清查明白，各另開坐奏知，等因。節奉聖旨："這本内扣解銀兩一件，你每還會同户部詳議來説。"欽此。卷查嘉靖三十七年四月内准户部咨，爲傳奉聖諭事，該本部覆議，裁省馬匹，通行各該撫按衙門，逐一備查馬驢，某驛若干，每頭匹價銀若干。查照原額，係衝要者量減十分之三，不係衝要者量減十分之五，通扣減除銀兩解送户部以充邊儲。節奉聖旨："是。裁省座船、馬匹都准行。額徵銀兩，巡按御史逐一查明，不許延緩。"欽此。又查得嘉靖四十年正月内該巡撫保定都御史霍冀咨稱，會同巡按御史丘文學查議，乞將三十九年分各驛土民馬驢工料并支應銀兩并以後年分通免扣減，等因。在卷。本年七月内該山東兗州府昌平驛馬夫朱茂奏稱，驛遞疲敝，又奉新例將臣工食以十減三，館庫銀以十減五，難以應役，乞要照舊補給，等因。咨行彼處撫按衙門議報去後。又查得嘉靖四十一年十月内該户部題，爲欽奉聖諭事，内稱清查驛遞銀兩，先該吏部等衙門會議酌處驛遞，通行各該撫按，備查各該驛遞，船隻、人夫、馬匹各該若干，某項應減若干，應留若干，逐一查議回報。其鋪陳不論水陸、南北，見在者聽用，未造者暫行停造。前項減裁、停造船隻、頭匹、夫役、鋪陳等項價銀，各司府盡數起解太倉以備邊餉，題奉欽依，通行欽遵訖。但前項銀兩節次行催，未據開有額數，本部無憑查考，以致混亂欺隱，或廢閣停徵，或那移别用，徒有虚名，無濟實用，相應題請清查。合候命下，本部移咨浙江等省、南北直隸各巡撫都御史，及咨都察院，轉行各巡按御史，遵照會議題准事理，將前項裁減驛遞銀兩逐一清查。要見原額馬價若干，裁減若干；協濟馬價若干，裁減若干；驢頭若干，裁減若干；船隻若干，裁減若干；鋪陳、家火若干，裁減若干；館夫、水夫若干，裁減若干。分析明白，造册送部，以憑稽查催取。仍嚴督司府，定要每年于上半年將前項銀兩作速起解，不得延緩及私自那移，别項支用。題奉聖旨："這所奏都准行。一應額派及濟邊錢糧，著各該撫按官嚴督完解。"欽此。今該前因，臣等會同太子少保、户部尚書高燿等議得，軍餉不足，則士氣餒而國家之藩籬不固；驛傳不通，則行旅滯而國家之氣脉攸關。覈之二者，均非細務。即自嘉靖三十七年扣解以來，其利於軍餉者十之一二，其害於驛傳者十之八九，大率各處徵解到部，一年多者八九萬兩，少僅四五萬兩，以之供邊，九牛之一毛爾。至於驛傳，則十夫九逃，十馬九缺，十驛九閑。近日倭奴襲破福建興化等城，齎奏人役四十餘日方始至京，問其遲留之故，則云所在驛分如入無人之境，既乏口糧，又乏脚力，風塵徒步，不勝苦楚。在廷大臣嘗任巡撫者，臣等亦嘗一一咨問，咸謂驛傳錢糧雖云扣解，彼處官司未免重徵赔補。方今賦繁役重，民瘼艱難，寬一分則受一分之益，增一分則受一分之累，萬一不堪朘削，相聚爲盜，則又臣等本兵之責矣。臣等兩部再三虚心酌量，仍當復舊爲便。恭候命下，通行天下撫按官，將扣解銀兩自嘉靖四十二年爲始不必解部，存留各驛遞支用。四十一年以前者照依户部原議，各另清查明白，要見某年實該扣銀若干，解過若干，未解若干，作速追完，仍解户部，不許那移别用并侵冒作弊，備細開坐，具由奏知。再照各處驛遞錢糧既復，供應自裕，以後若遇探報聲息并公差員役經過，驗有齎執火牌、勘合，作速查照應付，不得時刻遲留。至於聲息之事，尤爲緊要。各軍門差出探報軍役，止許起馬從陸，以便飛馳；不許乘船由水，以免風阻。必是陸路不通之處，方可從船，但可通陸，各驛遞不許濫應船隻，違者悉聽撫按并該道官從重究治。

嘉靖四十二年二月初八日題，奉聖旨："是。這驛遞銀兩准免扣解。你每還行與各處撫按，責令該道官著實查理，不許侵濫。如該道官坐視故縱，指名參奏處治。"欽此。

會議京營操練神器
關領交納定期疏

題：爲懇乞天恩查收神器，申明舊例，以重軍機事，准總督京營戎政、太子太保、鎮遠侯顧寰等手本，先該兵仗局署局事長隨徐州等題，奉聖旨："兵、工二部看了來説。"欽此。已經備行查議去後。

今准前因，臣等會同太子太傅、工部尚書臣雷禮等議得，祖宗舊制，火器火藥，無事藏之内庫，乃防微杜漸之常經；開操領之外營，實夕習朝演之權宜。但歇操之後不行交還，將領之罪自難輕貸；常操之時每日交還，士卒之苦日不暇給。既經戎政大臣酌處前來，相應通行議擬。合候命下，本部轉行該營，凡遇開操之日，應用火器先行移文工部及該局知會，至期照常委官關領，住操之日即行交收。如有遺失，於原領委官名下嚴限查追，仍加究治。其原領未交軍器，戎政大臣作速督催交納，果有推調侵没者，指名参奏，聽候聖裁。其蓋造廠房以便收貯一節，委爲簡便，合悉如擬舉行。

嘉靖四十二年二月二十六日題，奉聖旨："是。原領軍器，著作速查催交納。"欽此。

請命右都御史張臬總督廣閩軍務剿除閩寇疏

題：爲賊勢日益侵横，撫臣支持無策，懇乞聖明早賜破格議處兵糧，以保東南重地事，職方清吏司案呈，奉本部送，兵科抄出，巡按福建監察御史李邦珍題，前事，提督軍務兼巡撫福建地方、都察院右僉都御史游震得題，爲倭賊重大，兵糧匱乏，地方萬分危急，懇乞天恩亟議經略以圖治安事，俱奉聖旨："兵部知道。"欽此。又該南京兵科等科給事中范宗吴等奏，爲倭賊陷據郡城，懇乞聖明查究失事官員，併議調處兵糧以救海隅生命事，南京江西等道監察御史張士佩等奏，爲倭夷陷據郡城，乞賜究治失事官員，選任重臣，調兵處餉，亟行剿滅以救生靈事，俱奉聖旨："該部知道。"欽此。欽遵，通抄送司，案呈到部。

看得福建倭寇，臣等自聞警報以來蚤夜圖惟，不遑寧處，隨將應調官兵、應發糧餉、應添將領出格計處，已經節奉欽依，查與巡按御史李邦珍等所奏大略相同。至於巡撫游震得，始於臨敵，忌於易將，故令住俸戴罪以冀後效，今稱束手無策，一籌莫展，難以仍留任事。臣等又竊見提督兩廣右都御史張臬，去歲既擒張璉，又擒林朝曦，十月間又於潮州地方殺敗大勢倭賊，斬首七百餘級，見今南澳一空，南人甚服。本部近議徵調廣西狼兵六千，分爲二枝，若得張臬總領兼制，威望素著，足以坐收掃蕩，一時經略大臣無出其右，相應與總兵劉顯、參政翁時器、參將畢高通行議擬。合候命下，將游震得革去職任，回籍聽勘。劉顯戴罪殺賊。翁時器、畢高，轉行彼處巡按御史，提解來京，依律問擬。一面將各起失陷城池官員，不分三司、府衛州縣通行查明，應參奏者指實參奏，應提問者徑自提問，以正法紀，以肅人心。仍將張臬添請敕書一道，令其暫管總督閩廣軍務，親詣福建調度兵食，一應事宜悉聽便宜處置，賊未平則爲力戰之圖，賊已平則爲善後之計。福建鎮巡并副參、遊守、三司、守巡、兵備等官及劉顯悉聽節制，抗違阻撓者許以軍法從事。浙江、江西應調官兵移文調取，巡撫趙炳然、胡松各要遵奉明旨，協心共事。如果賊勢窘迫，突還惠潮，張臬即便隨賊驅剿，早使開洋，以絶四省之患。本官見住潮州，相去福建一日二日之程，浹旬可至，其機甚速，其勢甚便。候賊平之日，照舊回鎮梧州，提督兩廣軍務，原敕差人徑自進繳。臣等愚見如此，伏乞聖裁。

嘉靖四十二年二月二十六日題，奉聖旨：“是。張臬著總督廣閩軍務，用心調度以靖地方，寫敕與他。游震得革了職，回籍聽勘，員缺即推補。劉顯准戴罪殺賊。翁時器、畢高，巡按御史提解來京問。”欽此。

覆都給事中丘橓等申飭福建諸臣亟剿倭寇疏

題：爲閩寇陷據府治，地方失事異常，懇乞宸斷，嚴法紀，重責成，以大彰天討事，職方清吏司案呈，奉本部送，兵科抄出，兵科都給事中丘橓等題，奉聖旨："兵部知道。"欽此。又該吏科給事中魏時亮題，爲仰體聖心，乞賜議處閩寇，早振天威，大彰安攘事，奉聖旨："該部看了來説。"欽此。欽遵，抄出送司。

卷查先該巡撫福建都御史游震得題，該本部覆奉明旨："將游震得等都住了俸，戴罪殺賊，督令副總兵戚繼光，參政譚綸，領兵遊擊、充爲事官鄧城等各統兵協剿。"浙直税契各項銀兩及本部借處南京户、兵二部銀二十萬兩，已經差官解送游震得處交割應用。本部又於馬價銀兩轃處一十萬兩，聽候以次督發。又該本部題，爲再處福建兵食以期剿滅倭奴事，題奉欽依，馬上差人齎文巡撫江西侍郎胡松，催促參政譚綸帶領浙兵前去截殺，再於本省見在兵内選撥一枝相機剿逐。又行兩廣都御史張臬，調集彼處官兵，搗其南澳巢穴，以絶禍端。又該征剿廣福南贛等處總兵官、署都督僉事劉顯揭帖，爲軍務事，該本部題奉欽依，備行兩廣都御史張臬，於廣西狼兵内精選六千名，分委驍將統領，速詣福建交割，游震得、劉顯節制調度。又該巡按福建御史李邦珍題，該本部覆奉欽依，將游震得革職回籍聽勘，劉顯准戴罪殺賊，翁時器、畢高提解來京問。各起失陷城池官員，不分三司、府衛州縣通行查明，應參奏者參奏，應提問者提問。議將提督兩廣都御史張臬添請敕諭一道，令其暫管總督廣閩軍務，往來福建，調度兵食以靖地方。俱經通行欽遵去後。今該前因，通查案呈到部。

看得兵科都給事中丘橓等題，節據福建撫按具題，倭寇萬餘攻陷興化府治，及稱地方當事諸臣烏能辭咎，并訪得近年海上用兵皆爲虚文搪塞，支吾張大，希圖掩罪冒功，乞要嚴行鎮巡等官，乘今兵餉新集，務要設法刻期蕩平，失事各官方准贖罪。吏科給事中魏時亮題稱，興化之賊連破諸縣，復破府城，處處皆盈，人人自危，乃條列數事上陳各一節。爲照福建倭奴之變，始而攻破衛城，繼而攻破縣城，今又襲破府城，群凶之虐焰蔽天，一方之文獻掃地，失事異常，誠如各官所論。但閫外之責既已付之總督，閩中之事自當漸免紛擾，所據奏内一應事宜，係干廟謀者應該酌議，係干軍機者應該聽其自處，方見不從中覆之意。合候命下，移咨右都御史張臬，即便督率總兵官劉顯、俞大猷，巡撫都御史譚綸，力除舊套，大破常格，乘我兵餉新集，相度賊勢，以次驅剿。該科所言懸賞廣間、重兵壓城、疑兵據險，及固圉之圖、分合之策、調借之力等項方略，徑自酌量，便宜從事，本部不相遥制。闔省士夫中間有能倡義率人保障城池者，查照今議具奏旌賞，果有激變者一體糾論。所調之兵，未入閩境，各省巡撫官自行處給糧賞；已入閩境，福建巡撫官方行處給糧賞。至於條議兵食一事，本部移文兩京九卿、科道，各處撫按，擘畫利害，各另疏陳，咨文至日，通限兩月以裏回奏。其搜舉伏逸一事，一面通行各該撫按官，密訪智勇絶人及精通天文兵法，不拘山林、廢閑，各以所長疏名會奏，仍聽本部照依南北地方分送委用，試有成效，以漸録用。既可收豪雋之材，兼以消豪俠之黨，似緩實急，相應亟爲舉行。其戚繼光等升犒之典，通候賊平之日一併甄録，以示激勸。

嘉靖四十二年三月初五日題，奉聖旨："是。"欽此。

覆巡撫雲南都御史曹忭等奏武定府夷情疏

題：爲地方夷情事，職方清吏司案呈，奉本部送，兵科抄出，巡撫雲南等處地方、都察院右副都御史曹忭，巡按雲南監察御史孫用，鎮守雲南總兵官、征南將軍、黔國公沐朝弼題，俱奉聖旨："該部知道。"欽此。通抄送司。

卷查先據雲南武定軍民府土官知府鳳索林奏，爲逆黨朋謀，僞捏兵部札付，詐傳聖旨，結搆賊兵，抄殺人財，謀官搶印，懇乞天恩急救倒懸以安地方生靈事，奏奉聖旨："兵部知道。"欽此。又該鎮守雲南總兵官黔國公沐朝弼揭帖，爲地方事，内稱土酋鳳繼祖謀印殺害緣由。已該本部備行彼處撫按勘處去後。今該前因，查呈到部。

看得雲南巡撫都御史曹忭、鎮守總兵官沐朝弼、巡按御史孫用各題稱武定土酋鳳繼祖冒官奪印、興兵倡亂緣由。在鎮巡，則言鳳索林賦性柔懦，抱印二次奔省，恐致疏虞，暫委都司斷事劉欽鶴護管，令鳳索林自便安插，聽候勘處，開諭瞿氏遵守國法，戒阻鳳繼祖，不許妄爲，仍令瞿氏招戢夷民，暫理地方捕務。如土官廢事年老，就委流官署管，土官止是巡捕鈐束夷民。在巡按御史孫用，則言鳳繼祖始捏奏搆兵，繼敗盟稱亂，若置不究，恐諸巢效尤，乞要嚴行撫鎮等官，將逆酋鳳繼祖并惡黨董章等應撫應剿作速據法撲滅，并要將該府印信比照蒙化、景東二府佐貳流官掌管事例，推補風力同知一員前來管理。另查鳳氏倫序相應之人承襲，鳳索林應否行令致仕，仍乞天語叮嚀川貴撫按，戒諭貴州宣慰安萬銓等土官，不許陰行黨助各一節。除流官同知移咨吏部選補外，爲照前項夷情，始於姑婦不睦，變起一家之中；成於行逆謀奪，禍延四境之外。况武定近在鎮城肘腋之間，而鎮城宜爲武定腹心之地，鎮巡官同握重兵，見住彼中，若不早爲計處，恐致方來滋蔓之患。合候命下，備咨巡撫都御史曹忭，會同總兵官沐朝弼，即將前事速爲酌議，或應撫處，或應剿殺，務要上申國法，下服人情，徑自施行，以求穩便，不得草略了事，反啓群夷觀望之漸。其鳳索林應否致仕，鳳氏倫序應該何人承襲，該府印信應否照例流官掌管，逐一查明，開奏定奪。本部一面移咨川貴總督、巡撫等官，嚴諭宣慰安萬銓、安國亨并建昌、會川各該土官，不許陰行黨助，縱惡倡亂，自貽嚴譴。

嘉靖四十二年三月十一日題，奉聖旨："是。"欽此。

覆巡撫福建都御史游震得條陳三事疏

題：爲獻愚衷，以備采擇，以安地方事，職方清吏司案呈，奉本部送，兵科抄出，提督軍務兼巡撫福建地方、都察院右僉都御史游震得題，奉聖旨："該部看了來説。"欽此。欽遵，抄出送司，案呈到部。

看得巡撫福建都御史游震得條陳三事，合就開立前件，議擬上請定奪。

嘉靖四十二年四月初五日題，奉聖旨："是。各處功次着巡按御史依限勘報，不許遲延。"欽此。

一曰任將蓄兵。查得戚繼光升副總兵，協守温、處、福、寧等處，胡守仁准充巡撫摽下把總，各令召募義□兵勇，星馳統領殺賊，正是聯合二鎮，便於調兵之勇，乃以相濟，非以相病，已經奉有欽依，無容別議。但兩廣右都御史張臬既已兼督福建，劉顯、戚繼光均在軍門節制之内，其戚繼光以後不必再聽劉顯節制，免致掣肘。

一曰圖任重臣。看得兩廣都御史張臬，已奉欽依暫管廣閩軍務。乃今都御史游震得乞要簡命重臣，將南澳地方親臨經略，并責成漳潮有司協心撫順，務使兵强食足，以備緩急，仍要持重以安地方，正是總督之責。合無移咨張臬，將應勦應撫等項事宜從長計議，便宜施行。

一曰時覈功賞。查得勘報功次遲延月日，不止福建，大率各鎮皆然。臣等以爲，功若詐冒，則當直數其惡，明正其罪；功若真正，則當勘不遷刻，賞不逾時。若使延久不報，本部何從而覆擬，有灰壯勇之心，大傷國家之體。合無移咨都察院，通行各處巡按御史，今後動調大兵如福建者，各要隨軍紀功，其餘相去出巡地方隔遠者，亦要嚴行各道，文書到日，大功限兩月以裏勘報，小功限一月以裏勘報。一面各將節年奉到勘功勘合專置文簿二扇送都察院，循去環來倒换，都察院案候，回道之日，以此別其勤惰。如司道府縣承勘稽違，就聽各該巡按御史指名查參。

會議宣府督撫官江東等議修南山墩墻疏

題：爲勘議南山，嚴衝隘以防關輔，衛陵京以保永安事，兵科抄出，總督宣大山西等處地方軍務兼理糧餉、太子少保、兵部尚書兼都察院右副都御史江東，巡撫宣府等處地方、贊理軍務、都察院右僉都御史趙孔昭題，俱奉聖旨："該部看了來説。"欽此。欽遵，抄出到部。

卷查近該户部會題，内稱各邊支費浩繁，額徵錢糧不敷，以致草料缺乏，馬匹倒損，不得實用。議將太僕寺馬價銀自嘉靖四十二年爲始，每年動支三萬三千兩，轉送户部，發太倉銀庫交收，專備宣大年例草料支用，每年務必足數，以三年爲期，至四十四年停止，等因。奉聖旨："是。"欽此。欽遵外，今該前因。

臣等會同太子少保、户部尚書臣高燿等看得，宣府督撫官尚書江東等題稱，會議得懷來等五城修補聯墩大墻，添築營城圍墻，增築墩臺，合用口糧二萬二千七百石、鹽菜銀一萬九千八百兩，乞要户、兵二部各照分數早賜解發前來，趁此四、五、六月之間，量其所急，先爲興修各一節。爲照宣府南山一帶，近連畿甸，内拱陵京，揆以腹心、肘腋之義，關涉極重。即如近日柳溝之警，幾犯内地，是其明驗。以故臣博總督之時，議於聯墩之内增置大墻，不惟門户之防，實爲堂室之計。自臣博回部以來，因循日久，未見告成。乃今總督尚書江東等鋭意興修，一以壯南山之形勝，一以重北門之鎖鑰，老成壯猷，深可嘉尚，况工程、財力一切事宜會同計處，俱已周悉，相應通行依擬。合候命下，本部移咨江東，督同巡撫都御史趙孔昭、總兵官馬芳，責成原任總兵官張承勛等用心綜理，查照原議，趁今天時融和，刻期動土，務要堅固牢實，足堪保障。合用銀兩，兵部與户部各照原議分出。但今户部屢稱缺乏，兵部先於太僕寺馬價銀動支四萬兩，差官解赴該鎮巡撫官處，口糧、鹽菜就於此中支用，不必借用民運。除兵部該銀一萬二千兩外，其二萬八千兩就作兵部應解户部嘉靖四十二年馬價之數。前項銀兩如不敷用，許於本鎮該追浥瀾〔六〕、侵盜、虧折、短少糧七千六百石有零内嚴限追完轉用。如仍不敷，督撫官計算明白，再行請討。先舉墻工，次及營城、墩墻、墩臺，通候工完之日，巡按御史查覈明白，效勞、誤事人員一併分别具奏，以示激勸。

嘉靖四十二年四月初九日題，奉聖旨："是。這墩墻既稱關係重要，准給發銀兩修築，著江東用心督理，務期足堪保障。"欽此。

覆福建巡按御史李邦珍查參興化府等處失守官員及議陣亡府同知奚世亮等恤典疏

題：爲盜賊猖獗，連破城池，類參失事官員，以正法典事，職方清吏司案呈，奉本部送，兵科抄出，巡按福建監察御史李邦珍題，奉聖旨："兵部知道。"欽此。欽遵，抄出送司。

卷查節經本部題奉欽依，將陣亡同知黄釧贈右參議，廕一子入監讀書。知縣李堯卿贈太僕寺寺丞，廕一子入監讀書。指揮童乾震、千户戴洪各應襲兒男保送赴部，襲升二級。主簿畢清、監生謝志望俱贈太僕寺寺丞，各廕一子入監讀書。巡檢張璉，伊男准給冠帶，仍免本身差役。俱經通行欽遵外。今該前因，通查案呈到部。

看得巡按福建監察御史李邦珍題稱，福建地方無處無賊，旬月之間連破五城，興化一郡傷殘獨慘。且賊自月朔薄城，至月晦而陷，雖云外援不力，亦緣内備不嚴。及參稱分守中路參將畢高、分守福寧道參政翁時器罪當首坐，興化衛掌印指揮等官徐將、興化府通判李邦光等九員宜服上刑，興化衛指揮等官胡紳等二十五員俱應罰治，征剿廣福總兵官劉顯，分守南贛副總兵俞大猷，鎮守福建副總兵楊縉，分守北路參將、充爲事官黎鵬舉俱應併究，巡撫南贛都御史陸穩仍當戒飭，巡撫福建都御史游震得先已參論，福建行都司等官張僑等十七員亦當併究，福建都司掌印兼管遊擊、署都指揮同知徐高，行都司掌印、署都指揮僉事馮文焯，帶管分巡、建寧道副使余曰德，建寧府知府楊一鶚，分巡興泉兵備道右參議兼僉事萬民英，分守建寧道右參議秦宗道，巡視海道副使邵梗，分巡福州兵備道副使汪道昆，分巡漳南兵備道僉事金淛，分巡武平道僉事曾一經，福建左布政使曾于拱，署按察司印、右布政使盧夢陽分別罰治。及稱同知奚世亮，指揮張光祚，千户魯思亮、邵于蕃，副千户張珊，知縣周尚友，縣丞葉德良、徐九經，訓導盧學顔，驛丞任柏，大使李倫、李景美俱應量爲優恤各一節。除游震得革去職任聽勘，翁時器、畢高提解來京問，劉顯戴罪殺賊，無容再議外。爲照福建地方，倭寇與山寇往來縱横，聲勢相倚，連破五城，興化尤慘。各該官員平時守備不設，臨警觀望不前。專閫寄者有偷生之心，徒擁兵以自衛；司城守者無效死之志，竟保軀以求全。遂使衣冠禮樂之區變爲鯨鯢虎兕之穴，殃民誤國，情罪深重，既經巡按御史李邦珍分别明白，查參前來，相應通行議擬。合候命下，將徐將等九員轉行彼處巡按御史提解來京，與翁時器、畢高一併依律問擬。胡紳等二十五員、楊縉等二員、張僑等十七員，仍行巡按御史李邦珍徑自提問，分别具奏。俞大猷戴罪殺賊，徐高等九員重加罰治，曾于拱、盧夢陽量加罰治，陸穩行令策勵供職。守城被殺同知奚世亮，照依黄釧事例贈右參議，廕一子入監讀書。知縣周尚友照依李堯卿事例，縣丞葉德良、徐九經照依主簿畢清事例，訓導盧學顔照依監生謝志望事例，俱贈太僕寺寺丞，各廕一子入監讀書。指揮張光祚，千户曾思亮、邵于蕃、張珊照依童乾震、戴洪事例，將各應襲兒男保送赴部，襲升二級。驛丞任柏，大使李倫、李景美照依巡檢張璉事例，伊男准給冠帶，仍免本身差役。

嘉靖四十二年四月十四日題，奉聖旨："是。徐將等，巡按御史提解來京問。胡紳等就彼提問具奏，俞大猷姑准戴罪殺賊。

徐高等各罰俸半年，曾于拱、盧夢陽各二個月。陸穩著策勵供職。奚世亮等贈廕都照例行。”欽此。

覆巡撫南贛侍郎陸穩等議勦撫三巢劇賊疏

題：爲三巢劇賊出劫，官兵追遁，併議勘處，以圖善後事，職方清吏司案呈，奉本部送，兵科抄出，巡撫南贛汀漳等處地方、提督軍務、兵部右侍郎兼都察院右僉都御史陸穩，巡按江西監察御史陳志題，俱奉聖旨：“兵部知道。”欽此。欽遵，通抄送司，案呈到部。

看得三巢賊寇賴清規、李文彪、謝允樟等，在南贛都御史陸穩，大意謂近日出巢流劫，起於容歡奏詰，至於僭竊事情，勘無實迹。欲要查照本部前議，大揭榜文，明開朝廷好生之德，曉諭禍福，許其悔罪投降，比照饒平新民郭玉鏡事例，准其贖罪，填注札付，給與冠帶，充爲千長。餘黨免死，聽其解散。若不向化，會議兵糧，另行具奏。在江西巡按御史陳志，大意謂李文彪因容歡奏詰益自疑畏，賴清規因葉楷妄稱報效擒殺伊男，又因安遠熊本紹將其部下吴京墀擒解邀功，謝允樟則爲二巢締結，相爲嚮應，乞要陸穩加意經略，將葉楷等正其啓釁之罪各一節。爲照三巢之寇，時出流劫，固不得號爲良民；原未僭竊，亦不宜誣爲逆黨。或撫或勦，全在當事之臣處置得宜與不得宜故耳。即如容歡所奏既稱不實，自不足以讋服彼賊之心；葉楷所爲輕易究治，又適足以張大彼賊之勢。抑揚輕重，間不容髮。查得江西新任巡撫都御史周相威名壯猷，三巢之人素所憚服，相應亟行勘處。合候命下，移咨周相，會同陸穩，備將前項賊情根究始末。如果應撫，一面徑自撫處，一面奏知。如果應剿，即將合用兵糧會議停妥，作速上聞，一鼓擒之，以正法典，以靖地方。其葉楷等應該作何發落，亦就明白計處。務期上伸國體，下杜釁端，方稱朝廷委任責成之意。

嘉靖四十二年四月二十六日題，奉聖旨："是。"欽此。

覆巡撫浙江侍郎趙炳然條議海防疏

題：爲陳末議以裨海防事，職方清吏司案呈，奉本部送，兵科抄出，提督軍務、巡撫浙江地方、兵部右侍郎兼都察院右僉都御史趙炳然題，奉聖旨："兵部看了來説。"欽此。欽遵，抄出送司，案呈到部。

看得巡撫浙江右侍郎趙炳然條陳八事，均係地方要務，合就開立前件，議擬上請。及照揀任守令，責以民兵保甲之法，乃安内之長圖；整頓衛所，責以軍民戰守之宜，寔攘外之永計。修沿海鱗次之兵，則在陸有備；嚴出洋戰船之制，則在水有備。但雖概陳其大綱，尚未盡詳其節目。况北自江北、江南、浙江以達福建、廣東，一水相通，大率事體無異，合無通行各該督撫等官，將前項事宜文書到日限一月以裏各另備細議奏，務成石畫，不爲畫餅，方稱長便。

嘉靖四十二年五月初一日題，奉聖旨："准議行。"欽此。

一曰定兵額。大意謂浙江領兵千把總、領哨等官俱無體統，欲將陸兵倣古什伍之制以次編立，臂指相使，無非振飭軍紀之意。合無依其所擬，備行本官，督同將領、兵備等官，將各該陸兵逐一挨次編立營伍，選委總哨、管隊等官，責成分管，通屬主將，居常隨宜操練，有警相機戰守。

二曰振軍伍。大意謂浙江軍衛狼狽日久，尺籍空存，欲要將該省軍丁通行挑選頂補，無非充實行伍之意。合無依其所擬，備行本官，嚴督二司清軍及都司操捕等官，將所屬衛所分投委官吊查卷册，實在軍丁通融挑選，老弱不堪者即於本衛所頂補，逃亡故絶者就將鄰近衛分餘丁抵補，編成行伍，及時操練。至於追屯糧、革役占等項事宜，悉聽徑自舉行。

三曰練民兵。大意謂浙江民壯、弓兵本爲防盗餙奸而設，邇來官司役占，不行選練，無非弭盗安民之意。合無依其所擬，備行本官，嚴行兵備等官，將各道見在民壯、弓兵通行查出，逐一揀選精壯，責令掌印、巡捕等官時常操練，該道仍不時閲視。有警與同官軍併力戰守，有功與官軍一體升賞。如或仍前役占，不行操練，悉聽撫按官指名參究。

四曰立保甲。先該本部節據言官建議，題奉欽依，備行兩直隸、十三省，各隨人情、土俗從實舉行，查與本官所見相同。合無依其所擬，備行本官，照依節行事理，嚴督守巡、兵海等道，各將府州縣城市鄉村，不拘大小，軍民逐一挨次編排，某爲甲長，某爲保長，責令互相譏察，仍要各置器械，有警互相救應。不許容留來歷不明之人潛住，違者連坐。至於山麓海畔各有巨姓大族，有能自相連合、拒寇保家者，亦要編立族長，其防禦、賞罰俱與保甲相同，但不許出官打卯、迎送勾攝，以致反成騷動。

五曰明職掌。大意謂浙江一省，總兵、參將、海道、兵備等官雖各分屬地方，有警臨時，多致推諉，欲要將文武官員申明職守，無非分任責成之意。合無依其所擬，備行本官，行令總兵、參將、海道、守備等官，以後將官，平居則悉心操練，該道止許閲視；遇警則奮力攻剿，該道止許監督。不拘水陸，一體遵行。至於分別功罪并省城添兵防守等項事宜，徑自從實舉行。

六曰分統轄。大意謂浙直所設總兵、副總兵官二員，總督既已裁革，總、副自難兼制，欲要畫地專統，無非責成捍禦之意。合無依其所擬，備行浙直巡撫都御史，以後將見任總兵官楊尚英專管浙江一應水陸兵務，副總兵王應麟專管南直隸一應水陸兵務。如遇鄰省有警，不分水陸，互相應援。如或自分彼此，觀望誤事，聽各該撫按官指名參究。二官合用敕書，本部另行給换，原敕徑自奏繳。

七曰嚴哨應。大意謂浙江將領哨探、策應俱無法紀，欲要申明哨應以飭海防，無非明耳目以求知彼之意。合無依其所擬，備行本官，行令各該海防等道，監督、總參等官，陸兵專責以守險，水兵專責以出洋，嚴加哨探，有警互相聲援，務使水陸官兵同心共濟，以收戰功。如或將領哨探不時，策應不前，互相推諉觀望，悉聽巡撫官應究問者按以軍法，應參究者從重參治。

八曰公賞罰。大意謂督撫不當與將領同其功罪，其在部下尤當賞不遺賤，罰必自近，無非鼓舞將兵之意。臣博總督宣大之時已嘗具題，本部覆奉欽依，查與本官所奏更爲詳察。南北事體大略相同，合無備行本官，以後遇有斬獲之功，則以親臨戰陣爲主，首叙總兵之功，督撫止於加賞。如偏裨有功，總兵不在戰陣，亦止議賞。本兵與巡按御史通不許論功。失事有罪，亦以將領爲首。其部下之人，但有功級俱當從重論叙，不宜輕遺微賤以失士心。

覆福建巡按御史李邦珍等倭寇陷平海衛城疏

題：爲飛報盜賊日熾，誘殺將官，復陷城池事，職方清吏司案呈，奉本部送，兵科抄出，巡按福建監察御史李邦珍，提督軍務兼巡撫福建地方、都察院右僉都御史游震得題，俱奉聖旨："兵部知道。"欽此。欽遵，抄出送司。

卷查先該巡按福建監察御史李邦珍題，該本部覆奉欽依，將陣亡遊擊倪祿立祠祭祀以慰忠魂，應襲兒男保送赴部，襲升二級。俱經通行欽遵去後。今該前因，查呈到部。

看得巡按福建監察御史李邦珍題稱，福建倭賊、土寇日肆猖熾，寧德、平海相繼攻破。及稱催促總兵官俞大猷、副總兵戚繼光星馳入援，署都指揮歐陽深督兵迎敵，被賊設伏，抵敵陣亡。乞要督責各該將官協力防剿，并查明平海城内官員存亡、印信下落，另行參叙。巡撫福建都御史游震得題稱，前倭二夥，北則福寧登岸，攻破壽寧、政和二縣；南則福清登岸，攻襲興化府城，乃今奔突。寧德縣城先因殘破，修築未完，被賊復陷。平海衛城孤在海濱，賊屯出洋要路，相繼襲陷。并參稱總兵官俞大猷、副總兵戚繼光、浙江遊擊何本源相應查究。陣亡署都指揮僉事歐陽深憤賊未平，竟成死事之忠，相應厚加褒録。泉州衛應襲舍人周岳鎮、武舉生薛天申懷忠死難，相應勘明併録各一節。爲照福建地方，海外新來之倭奴日益猖獗，境内無賴之土賊時復滋蔓，府縣之城節被攻殘，軍衛之城又復襲陷。但查前項事情俱在三月以前，即今兵馬、錢糧計時已到，既經彼處撫按官具題前來，相應通行亟處。合候命下，本部馬上差人齎文交與總督廣閩都御史張臬、巡撫福建都御史譚綸、總兵官劉顯，督率兵備、參守等官，矢心協力，速將見在賊寇通限一月以裏即爲蕩平，毋得養寇殃民，自取嚴譴。一面行令俞大猷照舊戴罪殺賊，戚繼光星馳統兵，戮力進剿。何本源，仍行浙江巡按御史查究明白，徑自參奏。及照陣亡署都指揮僉事歐陽深，本以文儒，力任武事，且能家散萬金，身留一劍，死事之忠，委不容泯，比照倪祿事例立祠祭祀，仍給棺殮銀五十兩，伊男保送赴部，與做世襲指揮僉事。

舍人周岳鎮、武舉生薛天申，稍候覈勘至日一體優録。

嘉靖四十二年五月初一日題，奉聖旨："是。這賊寇著張臬、譚綸嚴督劉顯等協力剿殺，刻期蕩平。俞大猷姑准戴罪立功。何本源，巡按御史提問具奏。其餘依擬。"欽此。

校勘記

〔一〕"用"，疑當作"同"。

〔二〕"典"，疑當作"史"。

〔三〕"令"，疑當作"今"。

〔四〕"每"下，據文意似當有一"年"字。

〔五〕"卿"，疑當作"鄉"。

〔六〕"瀾"，疑當作"爛"。

楊襄毅公本兵疏議卷十一

覆給事中鄧楚望條陳除廣福等處盜賊窩主裁革錦衣衛冒濫官校疏

少保兼太子太保、兵部尚書臣楊博等謹題：爲際遇明時，仰體聖心，摘陳急務，以少圖報塞事，職方清吏司案呈，奉本部送，户科抄出，禮科給事中鄧楚望題，奉聖旨："該部知道。"欽此。抄出送司，案呈到部。

看得禮科給事中鄧楚望條列"處窩户"、"酌冗官"二事，合行開立前件，議擬上請定奪。

嘉靖四十二年五月十八日題，奉聖旨："准議行。"欽此。

一、處窩户以圖東南之急。先該臣等題奉欽依，備行總督廣閩軍務都御史張臬、巡撫福建都御史譚綸，督率副總、參遊等官，協心併力，務將見在倭奴刻期蕩平。境内土賊并通番窩户，應招撫者則招撫之，開其自新之路；應剿捕者則剿捕之，不爲姑息之計。并將福建漳之月港、廣東潮之南澳搗其巢穴，使之出無所恃，入無所歸。仍嚴督南澳、月港等處把總等官，督率官軍，修補戰船，專備倭奴出入之防。及查賊船據澳處所原有三穴，會議填塞二穴，未填一穴，行令設法填塞以絶禍源，要害處所分屯戍以塞嚮導，俱經通行去後。乃今本官條陳前因，悉中肯綮，查與本部原議大略相同，相應嚴行申飭，務臻實效。

一、酌冗官以濟財用之急。看得錦衣衛官校，自正德十六年釐革之後，節經言官建議，本部一行於嘉靖二十二年，再行於嘉靖三十一年。校尉一節，近於嘉靖四十年又嘗行之。建議者每欲救弊補偏，舉行者率多掛一漏萬。該衛四十一年造到查理官員文册，千、百户等官開稱一千一百四十二員，旗役文册總、小旗開稱二千四百九十名，校尉開稱六千八百六十二名，支米五斗各項旗校開稱七百六十五名。竊惟該衛係近侍衙門，一應上直、當駕等項時不可缺，軍功、世襲、皇親、廕授等項例不得減。但中間流雜人衆，或有冒籍充投，夤緣升官，如張立之類；或有京衛隨藩，歸乃乞恩，如先年劉浩之類；或有以奏帶升官，如先年李忠之類；或有以報捷填注，如先年柳雲之類：委當稽察。合無行移本衛堂上官，查照給事中鄧楚望奏内事理，除軍功、世襲、皇親、廕授無容另議外，其冒籍頂役、藩府歸乞、奏帶升級、報捷填注四項務要逐一清查明白，徑自具奏。

覆給事中馮成能儲養世胄團練鄉兵疏

題：爲量時審勢，講求兵食之源，以效愚衷，以裨聖治事，職方清吏司案呈，奉本部送，兵科抄出，刑科給事中馮成能題，奉聖旨：“該部看了來説。”欽此。欽遵，抄出送司，案呈到部。

看得刑科給事中馮成能題稱，閩中海孽、江廣山戎横行繹騷，兵食俱匱，欲要將勛戚子弟應襲舍餘，内則養之武學，外則寄之儒學，以待不次之擢。團練鄉兵專責各府清軍同知，又擇指揮、千百户各分哨隊，經畫賞罰，練有成功，撫按保升本處兵備、指揮以下，各加升録。如其罔效，貶黜罰治各一節。爲照儲將材以備緩急，練土兵以待戰守，均當預定於無事之時，方能收效於有事之日。若將不素儲而取之倉卒，所用非其所養，必成顛隕；兵不夙練而調之鄰封，所得不償所失，反致繹騷。乃今給事中馮成能具題前因，委爲一時長計。但在外十三省幼官應襲舍餘俱由提學收送儒學作養，在内兩京勛戚子弟應襲舍餘俱在國子監習禮。武學肄業，既有會舉之例，又設武舉之科，遴選搜羅似已周悉，相應通行申飭。合候命下，本部備行南北直隸、各省撫鎮等官，并咨都察院，專札兩直隸提學御史，轉行各該巡按御史，責成所在提學官，將所屬内各應襲舍餘及采搜豪俊之士嚴加考驗，收寄在學，時訓月校，果有忠義謀勇出衆者，據其實迹類報本部，聽候酌議。其團練土兵專責各府清軍同知管理，直隸州分就令州同知管理，以後自非十分緊急，不許徵調鄰兵。其指揮、千百户分哨經理，一切激勸事宜悉如所擬施行。及照已經承襲公侯伯并公侯伯應襲受爵之後，舊例推用五府掌印、僉書、提督、總兵等官，事權甚重，切緣邇年以來漸成驕惰，習禮全事虚文，即戎絶無實效。合無通行在京五府，將近年襲爵未經管事、年三十五以下，及各爵應襲不拘年齒長幼俱送京營，聽戎政文武大臣定以日期，隨營較射，仍授以《武經七書》、《百將傳》等書，令其熟讀細講。每人仍撥給軍伴十名，聽其跟用。戎政衙門先將收營姓名具奏，每歲終巡視，京營科道官仍别其勤惰勇怯，開坐奏知。

嘉靖四十二年五月二十三日題，奉聖旨："是。"欽此。

覆巡撫浙江侍郎趙炳然剿倭兩報捷音行賞疏

題：爲飛報捷音事，職方清吏司案呈，奉本部送，兵科抄出，提督軍務、巡撫浙江地方、兵部右侍郎兼都察院右僉都御史趙炳然題，又題爲再報捷音事，俱奉聖旨："兵部知道。"欽此。

欽遵，通抄送司，案呈到部。

看得巡撫浙江地方、兵部右侍郎趙炳然題稱，本年四月十七并二十二等日，倭賊分投流突金鄉、石坪等處，各該官兵併力逐剿，通共斬獲倭級二百餘顆一節。爲照前項倭奴，大勢雖在閩中，近已連遭挫衄，餘黨突至浙上，意在乘我疏虞。乃今提督巡撫浙江侍郎趙炳然誓竭忠猷，力圖攘却。躬親調度，旬日之間兩見捷音；口受機宜，二百之孽片帆未返。較之遥制省城、因人成事者迥不相同，相應先行録叙，以示優異。合候命下，將趙炳然重加獎賞。其餘有功、誤事人員移咨都察院，轉行彼處巡按御史，逐一查勘明實，分別具奏。一面移咨趙炳然，嚴督官兵，仍爲後備，務保萬全。

嘉靖四十二年六月初二日題，奉聖旨："是。趙炳然督剿倭寇，一月兩捷，賞銀四十兩、彩段二表裏，着用心飭備，以副委任。"欽此。

覆巡撫浙江侍郎趙炳然剿平鄰境倭寇覈勘疏

題：爲仰仗天威，剿平鄰省經年巨寇，飛報捷音事，職方清吏司案呈，奉本部送，兵科抄出，提督軍務、巡撫浙江地方、兵部右侍郎兼都察院右僉都御史趙炳然題，奉聖旨："兵部看了來説。"欽此。抄出送司。

卷查先該巡撫浙江侍郎趙炳然題稱，福建壽寧倭賊突犯處州慶元縣地方，隨被官兵剿敗，退遁福安等處。該本部覆奉欽依，行令閩浙督撫等官會兵剿除去後。今該前因，案呈到部。

看得巡撫浙江侍郎趙炳然題稱，福建原攻破壽寧、政和二縣倭賊流至福寧州流江、沙埕，結巢肆掠，與浙接壤。本官親臨温州，調度水陸兵將約會夾剿，一鼓殲滅，通共擒斬倭賊首級一百六十二名顆，打沉燒毀并奪獲賊船共七十五隻、倭器一千八百四十五件，救回被虜人口一千九十四名口一節。爲照前項倭奴，自去歲入犯福建，始而攻破壽寧、政和縣治，繼而侵犯松溪、慶元地方，結巢流江、沙埕，四出劫掠，一無忌憚。乃今浙江巡撫侍郎趙炳然，先事既議夾攻，全無爾我之分；臨機決策奮擊，寔舒華夏之氣。通計奪獲倭船七十五隻，擒斬倭賊首級一百六十有奇，救回福建被虜人口一千九十四名口，不惟威振夷方，抑且惠及鄰境，據其功出於常職之外，計其賞難拘常例之中，事干激勸，相應議擬。合候命下，本部移咨都察院，轉行彼處巡按御史，將趙炳然前項奇功并一應獲功效勞人員逐一查勘明實，分别具奏，以憑通行升賞。見獲人口作速送回福建，給親完聚，福建巡撫都御史仍將收過人口開坐奏知。

嘉靖四十二年六月初十日題，奉聖旨："是。這有功人員着巡按御史上緊查明具奏。"欽此。

覆巡撫福建都御史譚綸恢復興化府治獻捷疏

題：爲仰仗玄威，剿滅原襲府衛城池大勢倭寇，恭先飛報異常捷音，上慰聖懷萬里南顧事，職方清吏司案呈，奉本部送，兵科抄出，提督軍務兼巡撫福建地方、都察院右僉都御史譚綸題，又題爲水陸官兵剿殺新舊倭寇捷音事，俱奉聖旨："兵部看了來説。"欽此。又該巡按福建監察御史李邦珍題，爲接報倭情事，奉聖旨："兵部知道。"欽此。欽遵，抄出送司，案呈到部。

看得巡撫福建都御史譚綸題稱，本年四月内督同各兵備道親至渚林，會集三大營官兵，以副總兵戚繼光兵爲中哨，總兵官劉顯兵爲左哨，總兵官俞大猷兵爲右哨。中哨首當衝鋒，魚貫而進，直薄賊巢，斬獲真倭首級二千二百有奇，火焚、刃傷、墮崖、蹈海死者難以數計，奪回被虜男婦三千餘人、衛所印信一十五顆，即今福州以南郡縣並無一賊，及叙列獲功文武諸臣，乞要優録。又該本官題稱，副總兵戚繼光、副使汪道昆等各發兵分伏要害，俘斬首級一百四十五顆，生擒二十六名，陣亡、被傷兵夫一十六名。又該御史李邦珍題稱，原在浙江金鄉地方倭寇棄船登岸，突到福寧州桐山、金溪等處剿掠，乞要嚴行各官乘勝殲滅各一節。爲照福建倭患，起自嘉靖三十五年，舊寇方剿，新寇復來，東隅少寧，西隅又失。始而劫掠村莊，四野一空；已而攻陷城池，闔省盡震。竟至興化之變，從來未見；衣冠之禍，慘毒極矣。仰賴聖皇在上，誠感玄穹，威行海表。一鼓而斬首三千，十年之間方有此捷；九重而垂念萬里，八閩之遠果見攸寧。信非人力之顯能，實出神功之默相。臣等目擊盛事，不盡揄揚，伏望擇日謝玄以答禧貺，臣等無任懇祈之至。至於一時效勞人員，如巡撫福建都察院右僉都御史譚綸，初承簡命，久負時名。躬歷戎行，文臣而任武將之事；心懷忠藎，一日而收數歲之功。分守副總兵官、署都督僉事戚繼光，貌僅中人，勇逾萬夫。超距先登，獨入豺狼之穴；挺身力戰，共稱熊羆之才。以上二臣功當首論。征倭總兵官、署都督僉事劉顯，鎮守總兵官、署都督僉事俞大猷，分營並進，桓桓之氣可嘉；列閫專征，表表之名無忝。以上二臣功當次論。副使汪道昆、參議萬民英、原任參政翁時器，出入鋒刃，不避艱危。以上三臣功當同論。把總胡守仁、郭成、樂瑣、陳倉、楊文、陳其可、蔣伯清、傅應嘉，指揮魏宗瀚，名色把總朱相、包堂、郭文、劉添慶、劉添榮、劉招桂、龔仁、褚應宿、俞義重、俞義安，或血戰争先，或效死恐後。以上一十九員功當優論。報效義士許朝光、劉文敬，邀賊歸路，壯我軍威，當與胡守仁等一併優論。巡撫江西侍郎胡松、提督南贛侍郎陸穩、巡撫浙江侍郎趙炳然，遣精鋭而千里赴援，屈群力而一時助順。以上三臣功亦當論。福建按察使萬衣，左布政使曾于拱，運使何思贊，知府易道談，知縣鮑宗沂、任春元，經歷王坊，縣丞王繼祖、陳永，運司同知劉汝順，千長胡世、杜招，或裕餉紀功於軍前，或屯兵分守於信地，均效勤勞，功亦難泯。其報捷人役，自當比照一百二十顆以上事例併行録叙。事干激勸，相應通行議擬。合候命下，將譚綸、戚繼光特加升賞，戚繼光仍加廕叙。劉顯、俞大猷重加升賞，汪道昆、萬民英量加升賞，胡守仁、郭成等一十九員并許朝光、劉文敬同加升賞，胡松、陸穩、趙炳然重加賞賚，萬衣等一十二員量加賞賚。報捷承差盧灼、舍人狄泗照例各升三級，仍賞衣服一套。陣亡兵夫，巡撫衙門從厚優恤。有功有罪人員仍咨都察院，轉行彼處巡按御史，覈勘明實，分別具奏。其續到零倭，備咨總督都御史張臬，公同譚綸，嚴督各該將領等官乘勝殄滅，毋墮前功，毋貽後患。及照原任巡撫都御史、今聽勘游震得，在譚綸則稱其交代而面授方略。原任參政、今提解來京翁時器，在譚綸則稱其隨軍而戴罪殺賊。合無併行巡按御史，將游震得備查先今功罪，從公勘議，應該作何發落，徑自具奏。翁時器仍照前旨提解來京，聽本部移咨法司一併問擬。既不宜以功略罪，亦不當以罪掩功。但恩威出自朝廷，臣等未敢定擬。

嘉靖四十二年六月十四日題，奉聖旨："是。天地宗廟垂祐，八閩底寧。各官協謀戮力，擒斬倭寇數多，功委可加。譚綸升右副都御史，照舊巡撫；戚繼光升署都督同知，廕一子與做原衛正千户：還各賞銀三十兩、紵絲二表裏。劉顯效勞日久，着於祖職上升二級，與俞大猷各賞銀二十兩、紵絲一表裏。汪道昆募兵督戰，升一級；萬民英升俸一級：各賞銀十五兩、一表裏。胡守仁等各升二級。許朝光、劉文敬與做原籍所鎮撫，與胡守仁等各賞銀十兩。趙炳然、胡松、陸穩各賞銀三十兩、紵絲二表裏。萬衣等各十五兩。其餘都依擬。”欽此。

覆右給事中孫枝條陳重巡視嚴比試疏

題：爲酌時宜，陳臆見，以仰裨聖政萬一事，職方清吏司案呈，奉本部送，吏科抄出，户科右給事中孫枝題，奉聖旨：“該部看了來説。”欽此。欽遵，抄出送司，案呈到部。

看得户科右給事中孫枝條陳二事，合就開立前件，議擬上請定奪。

嘉靖四十二年九月初一日題，奉聖旨：“是。這納級指揮例着便停止。”欽此。

一、重巡視以固海防。看得户科右給事中孫枝題稱，各該海防、督撫軍門每擇省城腹裏住札，沿海要區慢不巡視，以致人心玩愒，戰備廢弛，欲要申飭督撫，甚得提綱絜領之意，且福建地方近已平寧，善後之計相應一體處分。合無依其所擬，本部通行各該督撫等官，務將沿海通賊要區不時親詣閱歷，兵卒寡弱作何選練，險要疏缺作何扼守，錢糧匱乏作何處給，戰哨船隻作何增減，村鎮城堡作何修築，一應戰守事宜俱要從長計處，經久可行，應施行者徑自施行，應具奏者各另具奏。至於風汛時月，大率與北邊秋防相類，尤爲喫緊，督撫官如再不行躬巡調度，仍復臨事支吾，聽科道官并彼處巡按御史指實參究。

一、覈比試以作將材。看得比試之法載在令甲，總之以都督府，定之以給事中，守之以錦衣衛。每馳馬越一墻一溝，箭俱中，鎗不避，利便者，鳴鑼二聲爲雙收，一聲者爲單收，不鳴者爲不中。初比不中者食半俸，再比不中降充軍。此洪武二十七年之令也。一次不中發開平，再試不中發交趾，三試不中發烟瘴地面，俱充軍，别選子弟襲職。此永樂六年之令也。至永樂十年復舊制，三比不中者發充軍。正統年間，令比試違限三年以上住俸二年，二年以上住俸一年，一年以上住俸半年。弘治六年，令比試不中者悉照永樂十年例行。正德六年，令父祖一輩未比住俸三年，二輩、三輩住俸四年，四輩以上止於五年。至嘉靖十八年，復申明弘治六年之令。二十年，又有掌印參提、降罰之條。節年事例最爲嚴重，邇年以來奉行者各□〔一〕姑息之念，應比者積成苟且之風，溝墻雇馬□□□同之弊，誠如該科所論。查得先年題准應襲兒男并幼官，兩京衛所送武學，本部、南京兵部主之，外衛送各府州縣學，提學、守巡等官試之，正爲比試而設。臣等竊謂，考校之條不飭則教不行於平日，父祖之罰太輕則人巧避於終身，委當通行議處。合無移文中軍都督府及給事中、錦衣衛，今後比試務要遵照《大明會典》，馳越墻溝，中箭使鎗，雙收單收，一一如式。其伐鼓、鳴鑼、雇馬等弊嚴行禁治，不得仍前姑息從事。并行總督戎政大臣，每遇雙月比試之日，選撥壯馬十匹，委官點赴教場，聽監試官臨時分給官舍輪騎馳射。仍咨都察院，轉行各省巡按御史，及行五府所屬京衛并各都司所屬衛所及在京上直衛所，通將襲過軍職二十歲至六十歲中有未經比試及比試不中盡行查出，在京限本年十二月，南京、南北直隸、陝西、山西、山東、河南、浙江、江西、湖廣、福建、廣東、廣西、四川、雲南、貴州、遼東、宣大，文書到日，通限一年之内起送赴比。過限隱匿不送者，巡按衙門先將各都司、衛所掌印官指名參罰，一面坐名呈院咨部，以憑處置。除兩京武學，本部與南京兵部申飭，外衛聽提學衙門，通將應襲舍人及幼官年二十五歲以下，務要嚴行衛所、府州縣正官及各教官，用心訓練，校藝之後親赴教場，如法比試，量行賞罰，庶廩禄不至虛糜，將材可得實用。及照納級指揮，大則有守備、把總之望，小則有掌印、僉書之任，所關選法不小。即今大工、橋工俱完，各邊軍餉漸省，前項納級指揮乞敕户、工二部即行停止。以前納過指揮，原係軍職照常選用。中間有以監生、民人加納，曾經升用，或撫按保舉，或武舉中式者照舊管事。未經推用、未經保薦者，不分指揮、千户俱各革去管事。果有奇謀異材，如歐陽深、劉顯之數，撫按方許明白薦舉，不在限内。

議遼東陣亡總兵官楊照恤典疏

題：爲達賊入犯，官軍奮勇追敵，陣亡總兵官員事，職方清吏司案呈，奉本部送，兵科抄出，巡按山東監察御史黄襄題，巡撫遼東地方兼贊理軍務、都察院右僉都御史王之誥題，爲急缺主將，乞賜早爲推補以安重鎮事，總督薊遼保定等處軍務兼理糧餉、兵部右侍郎兼都察院右僉都御史楊選題，爲軍情事，俱奉聖旨："兵部知道。"欽此。欽遵，通抄送司。

卷查先該遼東總兵官殷尚質陣亡，該本部議擬，題奉聖旨："殷尚質遇虜敵戰，死事可憫，贈少保、左都督，廕一子與做指揮同知世襲，賜謚、立祠、祭葬照例行。"欽此。已經通行外，今該前因，查呈到部。

看得巡按山東監察御史黄襄、巡撫遼東都御史王之誥、總督薊遼侍郎楊選各題稱，本年八月十九等日，達賊侵犯廣寧鎮夷堡地方，總兵官楊照與賊對敵陣亡，乞要將楊照照例贈廕，員缺急補。楊選又稱，王之誥先期往金州等處巡歷未回，事出倉卒，未經會擬各一節。爲照總兵官楊照，驍雄宿望，統馭長才。深感聖皇起廢之恩，誓九死以圖報；不忍地方受禍之慘，故一戰而云亡。即其數月之間功成三捷，據其一生之概威振群胡。在本官則完名全節，不負韜鈐之寄；在部卒則巷哭里踊，真同父母之思。既經總督、撫按官具題前來，相應從厚議擬。合候命下，將楊照比照殷尚質事例，加贈、賜謚、塋葬，仍廕子立祠，歲時致祭，以慰忠魂。其應襲兒男，行令該衛保送赴部，照例襲升三級。所有員缺，本部即查謀勇官員會官推補，一面移咨都察院，轉行巡按御史黄襄，速將失事、有功人員作速查明，應參應録，從實具奏，以憑覆請定奪。

嘉靖四十二年九月十二日題，奉聖旨："是。楊照奮勇殺賊，捐軀可憫，着贈少保、左都督，廕一子與做指揮同知世襲，賜謚、立祠、祭葬等都照例行。"欽此。

遵諭戒嚴邊備疏

題：爲欽奉聖諭事，職方清吏司案呈，奉本部送，嘉靖四十二年九月二十日寅時，該内閣傳奉聖諭："我見風異兩作矣，倏起自北來，當承愛示，内火須慎，邊犯宜備，具楊照可見。"欽此。欽遵，傳奉到部送司，案呈到部。

臣等仰惟，皇上聖神文武，加意邊陲，兩因風色之異常，特感天心之愛示，敕下臣等宜備邊犯。查得入秋以來，節該臣等深以畿甸爲重，西則屢行總督尚書江東駐札懷來，專備南山一帶。自四海冶起至鎮邊城止，聯墩大墻併力修繕，俱已完固。宣府總兵官馬芳、巡撫都御史楊巍統率各枝兵馬，俱隨江東在彼防禦。其居庸關、黄花鎮、渤海所裏口密邇陵寢，又有昌平總兵官何淮、兵備副使栗永禄等晝夜戒嚴，不敢少怠。東則屢行總督侍郎楊選駐札密雲，專備古北口一帶。自山海關起至石塘嶺止，又有薊鎮總兵官孫臏，巡撫都御史徐紳，兵備副使張邦彦、盧鎰、紀公巡、温景葵等各領主、客官兵分區防守。臣等申飭文移不下二三十次。即目九月將盡，天氣漸冷，百穀告成，地草半枯，蠢兹醜虜，似非深入之時。但宣府、大同二鎮切近虜巢，遼東一鎮三面臨夷，陝西延綏、甘肅、寧夏、固原四鎮，酋首俺答久已移營西向，侵軼之患雖在十月以後，仍當過慎。除臣等馬上差人再行江東、楊選并陝西總督都御史郭乾一體嚴備，務保無虞。

嘉靖四十二年九月二十日題，奉聖旨："是。"欽此。

覆太僕寺卿劉畿等條陳馬政疏

題：爲條陳馬政利弊，懇乞聖斷，以清弊源，以責實效事，車駕清吏司案呈，奉本部送，兵科抄出，太僕寺卿劉畿等題，奉聖旨："兵部看了來説。"欽此。欽遵，抄出送司，案呈到部。

看得太僕寺卿劉畿等條陳八事，委爲馬政至計，合就開立前件，議擬上請定奪。

嘉靖四十二年九月二十二日題，奉聖旨："准議行。"欽此。

一、停冗官。大率謂本寺政務漸簡，見任寺丞三員足以任事，欲將見缺三員暫行停補，無非節財省官之意。合無依其所擬，移咨吏部，將寺丞見缺三員免行推補，以後事務若無甚繁，不必再議添設。

一、禁科擾。大率謂本寺直堂皂隸欲要另行酌處。切緣舊規，皂隸或取之寄養州縣，或取之解俵州縣，既非徭役之正，實開科派之端，委當釐正。及查本寺原有直堂十名、直廳二名。合無斟酌所擬，比照通政使司事例，以後皂隸，卿二十名，少卿十名，寄養少卿量加三名，寺丞五名。每名每年准銀十兩，自嘉靖四十三年爲始，俱於各省解到缺官銀内動支，雇人應役。該寺舊有直堂、直廳一十二名，通融輳用，不許重支。其原取皂役地方通行除豁，有司如敢仍前科擾，聽該寺參呈本部，重加究治。

一、清紙贖。大率欲將紙贖立法稽查，貯庫買馬，就作本寺公用，一舉兩得，委爲有益。合無依其所擬，咨行各該撫按衙門，轉行各屬，將該寺并寄養紙贖通行查明，置立循環文簿，一切倒换等項事宜悉照所擬施行。該寺并寄養少卿公用每年共該銀二百六十兩，自嘉靖四十三年爲始，就於常盈庫紙贖銀内支用，年終備將支過數目呈部查考。

一、專責成。大率欲要州縣掌印官專管馬政，無非委任責成之意。合無依其所擬，咨行各該撫按衙門，嚴行各該掌印官，以後務要遵照近日題准事例親管馬政，應解馬匹、馬價、子粒、租税銀兩依期起解。如敢仍前違玩及轉委他官，聽該寺指名呈部，照例參究。

一、慎驗收。大率欲將本色馬匹必須揀選身高四尺，兒馬五歲、騸馬八歲以下方許起俵。每府各降官尺，令其依式製造，分發州縣驗買解俵，以省到寺駁回之費。如果驗退數多，查照馬政條例，將管馬通判、州縣掌印官參究。如有權貴抵换及各該有司侵剋，群醫、馬販交通作弊者，併行參究。簡易可行，公私均便，合無悉如所擬施行。

一、嚴寄養。大率欲要查驗馬匹，注册調兑，及嚴禁一應養馬奸弊，并令提督少卿巡歷比較，舉行獎勵，年終一行，合用禮儀，毋擾馬户，委於寄養有益。合無通行撫按衙門，嚴行寄養州縣掌印官，備將本處馬匹不時查點，堪兑不堪兑辨驗明白，雙月備造月報文册送寺，以憑調兑。如有造報遲違、開注不實、調兑之時退回數多者，聽本部及該寺參究。其餘禁革奸弊、少卿巡歷、舉行旌奬等項，悉如所擬施行。

一、平出納。大率欲將本寺法子改造，其改折馬價，州縣止令僉取殷實馬户四名或二名管解，深於事體、民情兩爲有益。合無依其所擬，轉行京營、科道官，同本部主事，將太倉、本寺二庫法子面加較量輕重。如果不同，移咨工部，另行改造給發。見貯在庫銀兩即用新給法子逐一覆兑明白，徑自具題，以便出放。一面通行各府州縣，以後起解馬價，止于馬户内僉取家道殷實者，多則四名，少則二名，公同解馬官吏解納。

一、均借兑。大率欲將借兑馬匹挨名派調，如果不堪，責令雇覓好馬抵借。及令河南、山東少助七府，或將七府馬匹量攤入河南、山東馬内，固是均平齊一之意；但備用馬匹額數已定，此減彼增，未免又成紛擾，況種馬調兑出自一時權宜，原非舊例。合無斟酌所擬，以後七府種馬免其調用，每年止於寄養馬内題定數目，挨次借調，行令各府州縣務要勞逸適均，不許豪猾馬户夤緣脱免，以致偏累。

覆福建撫按官譚綸等條陳善後事宜疏

題：爲地方倭寇暫寧，條陳善後事宜，以圖治安事，職方清吏司案呈，奉本部送，兵科抄出，提督軍務兼巡撫福建地方、都察院右僉都御史譚綸，巡按福建監察御史李邦珍題，俱奉聖旨："該部看了來説。"欽此。欽遵，抄出送司，案呈到部。

看得福建撫按官譚綸、李邦珍會陳五事，委爲八閩善後之策，合就開立前件，議擬上請定奪。

嘉靖四十二年十月初三日題，奉聖旨："這本内所擬失陷城池罪例，你部裏還會同三法司詳議來説。其餘都准行。"欽此。

一、議復水寨以扼外洋。大率欲照舊制，以烽火門、南山日〔二〕、浯嶼三舩爲正兵，銅山、小峑〔三〕二舩爲遊兵，隨舉原任守備秦經國等五員各堪任使，中間酌量才器，尤爲允當，臣等無容别議。合候命下，將千户傅應加充小峑把總，指揮僉事魏宗瀚充烽火門把總，百户鄧銓充銅山把總，原任指揮、今降正千户秦經國充浯嶼把總，千户羅繼祖充南日山把總。内係千户、百户者量升署指揮僉事，本部給與札付，仍各照例以都指揮體統行事。其餘分信地、明斥堠、嚴會哨、殿功罪等項事宜，悉如所擬徑自施行。

一、議處兵將以責實效。大率欲將副總兵官戚繼光用爲福建總兵官，俞大猷仍回伸威營，與南贛軍門事權一體，在福建止管汀、漳二府山寇。福建三路參將改爲守備，隨舉把總指揮胡守仁等三員，及要添設總兵官下坐營都司一員、把總二員，并將遊擊員缺各舉一人前來，悉皆得之目擊，臣等無容别議。合候命下，將副總兵戚繼光改爲鎮守福建總兵官，管領福、興、漳、泉、延、建、邵武、福寧、金、温九府一州。其總兵官俞大猷仍回伸威營照舊鎮守，止管汀、漳二府山寇。本部定擬責任，各另請换敕諭行事。把總指揮胡守仁充中路守備，領兵指揮王如龍充北路守備，福建都司署都指揮僉事耿宗元仍以原職帶管南路守備，各照原分信地，俱聽總兵、巡撫官及統督監軍道節制。添設坐營都司以北路守備羅章充補，統領標兵把總二員以指揮陳濠、金科充補，遊擊員缺以江西南湖守備李超量升署都指揮僉事充補。應請敕者照例請敕，應給札者徑自給札。其餘開設鎮宇、教場、公署，分布、合營等項事宜，悉聽巡撫官徑自酌處施行。

一、議處客兵以備常戍。大率欲將前項浙兵分爲上下二班，每班務足九千名。上班七月初一日爲始，分布教練，以防小汛。下班者以七月初一爲始，差官押送回籍，至十月初旬聽各把總統領上班，以防春汛，汛畢仍於六月終散回。又以前班兵夫限七月初旬上班，以防秋汛。及要浙江巡撫等官一體優恤人情、兵政。計處停妥，臣等無容別議。合候命下，備行福建該管官，查照原擬徑自施行。一面移咨浙江巡撫侍郎趙炳然，通行該道及府縣等官，以後務要一體存恤，把總等官敢有變亂行伍、違誤戍期及私赴他處投用者，查出從重究治。

一、團練主兵以固根本。大率欲將各縣額設民壯責成守巡、兵備，該道嚴督府縣掌印、巡捕等官通行查出，汰其老弱，補以精悍，給以甲兵，編成隊伍，分爲班次，一班屬之該縣掌印官訓練防守，一班屬之巡捕官赴府團操。每府仍聽撫按官會委知兵武職一員充把總名色統督，該府掌印官監督，該道以時閲視，別其勤惰賞罰。小警則各自戰守，大警則互相應援。食不重費，兵自可足，允爲地方長久之計。合候命下，備咨福建撫鎮等官，嚴行守巡、兵備等道，府縣掌印、巡捕等官，務將原額民壯通加精選，編定班次，着實舉行。敢有仍前因循誤事者，聽撫按官查參究治。

一、申明職守以振頑惰。大率欲要申明條例，分別職守，凡沿海及腹裏府州縣與衛所同住一城及衛所自住一城者，若遇攻圍不能固守，衛所掌印、捕盗俱照守邊將帥失陷城寨者律斬。其府州縣捕盗、掌印官不能協守者，俱起送吏部，降一級別用。如鎮海等衛、定海等所官軍自住一城，無居民相錯者，責之該衛掌印、捕盗官，編定精壯食糧官軍署名防守，其不食糧軍餘、舍餘亦要編派協助。衛所與府州縣同住一城者，亦照例編定，先儘官軍，後以機兵及居民湊補。若有失事，悉照前例分别擬罪。如賊勢重大，攻圍緊急，許赴附近守備處請發援兵，依期嚮往。如援兵過期不至，因而失陷者，領兵官亦照律擬罪。若爲賊所襲，原非攻破，止罪坐本衛所官。劑量斟酌，情法兩盡。但係干刑名，臣等未敢輕議。合候命下，移咨刑部，會同都察院、大理寺徑自議擬，具奏定奪。

奉旨再議總兵官劉顯等功賞疏

題：爲廣寇餘孽流劫江閩，官兵屢戰大勝，飛報捷音事，職方清吏司案呈，該本部題，先該巡撫南贛汀漳等處地方、提督軍務、兵部右侍郎兼都察院右僉都御史陸穩，總督廣閩軍務兼巡撫兩廣地方、都察院右都御史張臬題，該本部議擬覆題，節奉聖旨："是。劉顯等升賞與今功次是否一事，你部裏還查明來説。"欽此。欽遵，抄捧送司。

卷查先該本部議得，見任南京坐府署都督僉事劉顯以原職充總兵官，南贛參將俞大猷以原職署都指揮僉事充副總兵，前去廣東，將張璉等巢穴刻期掃平。如廣賊已平，即便徑赴福建，就將山海之賊設法剿滅。題奉聖旨："都依議行。劉顯等着上緊前去進剿，不許怠誤。"欽此。又該江西廣東紀功監察御史段顧言題，爲仰仗天威，平逆功成事，該本部覆奉欽依："俞大猷升一級，劉顯賞銀二十兩、一表裏。"欽此。又該巡撫福建都御史譚綸題，爲剿滅原襲府衛城池大勢倭寇，恭先飛報異常捷音事，該本部覆奉欽依："劉顯着於祖職上升二級，與俞大猷各賞銀二十兩、紵絲一表裏。"欽此。又該總督廣閩軍務都御史張臬題，爲官兵剿平原襲府衛城池倭寇事，該本部覆奉欽依："梁守愚賞銀十兩。"

欽此。節經通行欽遵去後。今該前因，查呈到部。

臣等看得，總兵官劉顯、俞大猷欽奉敕諭，廣東、福建等處山寇、倭寇均有剿平之責，所據賊首温鑑、梁道輝等原係張璉、林朝曦餘黨。據今擒捕之功，與張璉、林朝曦似爲二事；遡前狂悖之罪，與張璉、林朝曦本係一事。况近日福建之捷，各官又蒙大賚，天恩隆重，至再至三。提督侍郎陸穩原奏之内，除去福建巡撫都御史譚綸、江西巡撫侍郎胡松之賞，意誠有見於此。但功疑惟重，激勸攸關，合無仍將劉顯、俞大猷各加賞賚，梁守愚量加賞賚。但恩典出自朝廷。

嘉靖四十二年十月初五日題，奉聖旨："是。劉顯、俞大猷各賞銀二十兩、紵絲二表裏，梁守愚十兩、一表裏。"欽此。

覆給事中歐陽一敬申明緝訪事宜疏

題：爲攄竭愚衷，酌處緝訪事宜，以廣聖恩事，武選清吏司案呈，奉本部送，兵科抄出，刑科給事中歐陽一敬題，奉聖旨："該部知道。"欽此。欽遵，抄出送司。

查得《邦政》内，弘治二年該禮科給事中韓重等題，本部覆議具題，節奉孝宗皇帝聖旨："是。拿强盗的應捕人員舊不該升，今定與例，果係賊衆勢凶，登時捉獲三名，爲首下手的准升一級，爲從者給賞。不係應捕人員，也要登時捉獲。及打劫後三個月以裏緝獲的量升一級，其餘月久的給賞。比因拿賊已升了的，以後捉獲功次仍照宣德年間例止給賞。但有違例乞保升的，科道官指實奏來處治。"欽此。又查得正德十六年，該兵科題，該本部議擬，今後但有捉獲强盗，果係登時捉獲，贓仗見存，已經法司問擬明白無冤者，將問過備細招由及應捕人等姓名粘連，本部附卷案候，每三年一次，通將前項捕盜人役查照捉獲强盜名數照依舊例類奏升賞，等因。節奉聖旨："是。"欽此。又查得嘉靖二十七年堂稿内，爲照例三年類奏等事，覆議得，先年本部題議，行令廠衛衙門，今後每年終將各項獲功之人職役、姓名、勞績、緣由、首後〔四〕、的數備造文册，用印鈐蓋，開送本部，附簿登記，候至三年類奏，下之本部，查對相同，仍行法司覈實，應升應賞，遵照格例議擬覆奏。提督官酌量升賞，取自上裁。間有奇功異績，荷蒙優録，出於一時特恩者，毋輒援引陳乞，以瀆成憲。該衛鎮撫司鞫問各項罪犯事完，具奏之日止開獲功人員的確首從、名數，用備查考，毋輒議及升賞，以紊常期。伏候命下，備行廠衛衙門一體永爲遵守。奉聖旨："這賞格依今查擬，永爲定例。違例的着該科糾奏。"欽此。欽遵外。今該前因，查呈到部。

看得刑科給事中歐陽一敬具題前因，大率謂一時廠衛、法司諸臣仰承休德，刑期無冤。但緝訪止屬風聞，每獲一犯即紀一功，雖有兵部覆勘，不過查例升授。欲要今後待法司成獄方許紀功，每當類奏，該部同廠衛會題，仍敕兵、刑二部勘對明白，請旨升賞各一節。爲照廠衛衙門職專緝捕奸盗并機密等項重務，載在敕諭。提督官及辦事官校間有奇功，荷蒙不時升賞，出自特恩。至於三年類奏，法司覈實，本部方議升賞，乃係見行事例。所據給事中歐陽一敬所論詞多剴切，無非申明舊典之意。查得自本年正月以來，廠衛兩衙門並無一功具奏到部，一時諸臣仰承休德，刑期無冤，該科已經備言，臣等無容别議。但先年之弊政可以爲鑒，後時之弊端不可不防，係干刑賞，相應議擬。合候命下，移文廠衛衙門，今後緝訪奸盗，一一遵照敕諭，緝捕功次，除訪獲機密重情，奉有特旨者各另題覆外，其餘妖言、强盗等項俱送法司審擬無冤，照依舊例，每年逐一將各起招由略節，類咨本部備照，通候三年本部備行法司覈查明白，類本具奏，明開某人項下獲某功次，法司問擬某罪，除三年之内已經升授者難以再議，其餘通行覆議，上請定奪。中間如有冤抑，悉聽法司不拘成案徑自辯理。

嘉靖四十二年十月初十日題，奉聖旨："是。"欽此。

會議失陷城池罪例疏

題：爲地方倭寇暫寧，條陳善後事宜，以圖治安事，先該兵部題，兵科抄出，提督軍務兼巡撫福建地方、都察院右僉都御史譚綸，巡按福建監察御史李邦珍會題内一款"申明職守以振頑惰"，該本部覆議，題奉聖旨："這本内所擬失陷城池罪例，你部裏還會同三法司詳議來説。其餘都准行。"欽此。

欽遵，臣等遵奉明旨，會同刑部尚書臣黄光昇等、都察院左都御史臣張永明等、大理寺卿臣遲鳳翔等議得，失陷城池一事，在律止概言主將，而未及副參、遊守、都司等官之詳，在例止歸咎武職而薄其守巡、兵備、有司之罪，但中間責任不能盡同。即如同一州縣，有與衛所同住一城者，有不同住一城者，有一城兩縣、三縣者；同一守巡、兵備，有遥制其屬者，有身住其地者。兼之守巡、兵備、有司一聞警報，有避賊潛匿者，有棄城逃走者，必須逐一分别停妥，情法方得兩盡。查得《問刑條例》"續議軍政"條下一款："凡沿邊沿海及腹裏府州縣與衛所同住一城者及衛所自住一城者，若遇大虜及盗賊生發攻圍，不能固守，或棄城逃走，或開門延賊，致賊進入，殺擄男婦三十人以上者，燒毁官民房屋，衛所掌印官與專一捕盗官俱比照守邊將帥失陷城寨者律斬。其府州縣掌印官及捕盜官與衛所同住一城者，不能竭力協守，俱起送吏部，降一級別用。其餘府州縣不分各邊、腹裏，原無設有衛所，但有專城之責者，若有前項失事，掌印、捕盜者俱比照牧民官激變良民因而失陷城池律斬罪。其自來不曾建立城池，與雖設有城池，被賊潛蹤隱迹，設計越城，進入劫盜，事出不測，雖有前項失事，俱不得比用此律，守巡、兵備止於參究治罪，量事情輕重臨時奏請定奪。”切詳此例見今雖在遵行，但棄城逃走，失陷城池，府州縣掌印、捕盜官止降一級別用，守巡、兵備官止於參究治罪，情重罪輕，殊爲未妥。合無今後不分沿邊、沿海、腹裏，都司、衛所自住一城，及與府州縣同住一城，但遇賊寇攻城，不行固守，或先期避出，或臨時棄去，致賊入城，及守備不設，爲賊掩襲而入，殺擄男婦三十人以上，焚燒官民房屋者，都司并各該城分衛所掌印與專一捕盜官，俱比照守邊將帥失陷城寨者律斬，同住府州縣掌印與專一捕盜官不行固守而輒棄去失陷者，亦比問斬。若在城固守，止因防禦不固失陷者，比照守邊將帥被賊侵入境内擄掠人民者律發邊遠充軍。若兩縣與衛所同城者，止以賊從某縣所管城分突入，掌印與專一捕盜官各照前二項治罪。其餘府州縣佐貳首領官，但有分守信地，致賊於所守去處攻打掩襲入城者，亦比照被賊侵入擄掠之律充軍。若各城原無設有都司、衛所，而府州縣職守專城，但有前項失事者，不分不行固守棄去及守備不設，各掌印并專一捕盜官俱比照守邊將帥失陷城寨律斬。若兩縣同住府城，亦止以賊從某縣所管城分突入，掌印與專一捕盜官各照前比問斬罪。其餘府州縣佐貳首領官，但有分守信地，被賊於所守去處入城者，并各州縣自來不曾設有城池，被賊攻入劫殺焚燒者，亦比照被賊侵入擄掠律充軍。其守巡、兵備官駐札該城，先期托故遠出，臨時潛蹤避匿，及守備不設以致失陷者，亦比照守邊將帥被賊侵入境内擄掠人民律充軍。守巡原無定駐，止是遥制失陷者，參奏爲民。仍將先議《兵律·軍政》下續行條例“沿邊沿海失陷城寨”一條删去不用，將今議定之例通行内外問刑衙門，刻入《兵律·軍政》條下，永爲遵守。

嘉靖四十二年十月十五日題，奉聖旨：“是。你每既會議停當，着著爲例。”欽此。

奉旨條上戰守方略疏

題：爲遵奉明旨，條議戰守事宜，以禦虜患事，職方清吏司案呈，奉本部送，該本部題稱虜賊突入墻子嶺緣由，奉聖旨：“這虜賊既已内犯，着馬上行與楊選，督兵戮力勦殺。馬芳、姜應熊，你部裏速調入援。其餘戰守事宜便條具來行。”欽此。欽遵，抄捧到部送司，案呈到部。

臣等看得，前項醜虜既已突入墻子嶺，切近三河、平谷等縣，一應戰守機要，除已經本部具題，奉有欽依外，其餘應行事宜合就議擬開坐，上請定奪。

嘉靖四十二年十月二十二日題，奉聖旨：“這所擬事宜都准行，賞格便出榜曉諭。”欽此。

一、賊既入境，薊、昌二鎮擺墻拒守之兵俱已無濟於事。合無速行總督楊選，督同總兵官孫臏、何淮，巡撫都御史徐紳，將見在各枝主、客官兵通行調集，分爲三路，一路隨賊所至截勦，一路不拘京城四外有警無警分布擺守，一路不拘陵寢有警無警分布防護，務要盡心戮力，早逐出境。有功之日具奏升賞，怠緩誤事者，國典具存，自難輕貸。

一、賊虜既入薊境，宣、大地方自無别警，除已調宣府總兵官馬芳統兵六千員名，大同總兵官姜應熊統兵三千員名，各入關應援外，所有宣、大標兵并遊兵俱當徵調以濟緩急。合無速行總督尚書江東，作速起發入關。其江東應否親統前來，聽其酌量彼中急緩，徑自計處。

一、保定所轄紫荊諸關已無別警，除總兵官祝福先已調來薊鎮外，合無速行都御史李遷，將見在漢、達官軍通行調齊，親自統領前赴良鄉一帶，聽候應援。

一、京營官軍，除該營徑自具題，一應城守事宜俱已詳備外，但查虜賊原自薊鎮發作，城東與城北仍屬喫緊。合無備行戎政大臣顧寰、喻時，於東、北二方多發勁兵，協力防禦。二臣亦要不時往來綜理，以伐虜謀。其内外城守自有英國公張溶、本部侍郎胡松相兼調度，應徑行者徑自施行。

一、各枝兵馬既經調集，師行糧從，理當預備。合無咨行户部，於昌平、通州、良鄉、順義等州縣，但係適中去處，各多備糧草以爲軍馬經行支用。

一、城守大臣舊例動支官銀四千兩，專備犒賞支用，其在目下委爲急務。合無札行太僕寺，於馬價銀内動支四千兩，送英國公張溶、侍郎胡松收貯應用。事寧之日，如支用不盡，或全未支用，仍行還官。

一、昌平陵寢，無警之先已該臣等預先行總兵官何淮、兵備參政栗永禄，將居庸、鎮邊二區擺守官軍俱已分布拱護外，但事體隆重，兵不嫌於多調。合無速行黄花鎮參將申維岳、兵備參政栗永禄，將該區擺守應援兵馬盡行調赴昌平，聽何淮等相兼守視。

一、通州地方糧米船隻均屬緊要，其張家灣一帶尤商賈輻輳之所。除差人口報該州，已經知州張守中等嚴謹防禦外，合無速行總督楊選，再添勁兵一枝前去協守，以圖萬全。

一、攻其必救，兵家所急。虜賊既已擁衆而來，未免遺有老小在營，若使宣、大二鎮各行搗巢，自足制其内顧。合無速行大同都御史劉燾、宣府都御史楊巍，責令將領選差敢死之士分投徑入賊巢，或殺其首級，或趕其頭畜，以伸華夏之氣，各另具由奏知本部。仍行楊巍，先將此意傳播賊營，令其牽制内顧。

一、賊虜擁衆突入，神人共憤，即今官兵雲集，中間豈無忠勇之士，相應立法激勸。合無不爲常例，一應人等但能斬獲虜首一顆者，照例賞銀五十兩，願升者升一級。斬獲小頭目一顆者，賞銀一百兩，願升者升二級。斬獲大頭目，如辛愛、把都兒者，賞銀五百兩，大升三級。各該總督、鎮巡等官明白諭衆知之。

覆都給事中丘橓等條陳禦虜事宜疏

題：爲條陳禦虜事略，以少裨安攘事，職方清吏司案呈，奉本部送，兵科抄出，兵科等科都給事中等官丘橓等題，奉聖旨："兵部便看了來説。"欽此。欽遵，抄出送司，案呈到部。

看得兵科等科都給事中丘橓等條陳禦虜事宜，均爲目前要務，合就開立前件，議擬上請定奪。

嘉靖四十二年十二〔五〕月二十四日題，奉聖旨："准議行。"欽此。

一、遣大臣以控要地，大率欲要通州、昌平各差大臣一員前去防守。除昌平猛將見奉聖諭，該本部議用總兵官劉漢外，查得順天巡撫都御史徐紳昨晚已隨總督楊選趨東直門，後因總兵官胡鎮中路與賊交戰，復回通州。該州原係本官所管地方，即使與總督同行，不過隨行逐隊，無益於事。合無就留徐紳專守通州并張家灣一帶，見在官兵徑自酌量留用。其先前發去京兵一枝，亦聽徐紳調度。

一、嚴巡捕以消内萌，大率欲要嚴謹巡捕。先該臣等備行提督馬陽輝，不拘常規，將内班、尖哨通行調集，分布内外各該地方，晝夜巡視，已經本官將撥過官軍數目開呈在卷。合無就行馬陽輝并本部巡捕郎中朱裳，用心督理，各該倉場尤當謹備風火。仍行廠衛、五城兵馬等衙門，一體巡緝，以消内宄，以靖外患。

一、速飛報以諳虜情，大率欲嚴謹傳報，此誠軍中之要務。查得今次狡虜自入墻子嶺之後，因亂山崎嶇，結營二日，方始開搶，以故道路少阻，消息不通。合無容臣等通行總督、鎮巡等官，多差乖覺夜不收人等不時哨探，虜之一動一静皆來傳報，庶我之耳目既明，調度自便。

一、截歸路以收邊功，大率欲要邀其歸路，此誠兵家之上算。竊料得此虜在西必由高崖等口以出宣府，在東必由石塘、古北二口以出興州，再東則由舊路或馬蘭一區以出流河。合無預行總督宣大尚書江東、巡撫宣府都御史楊巍於高崖口内外，石塘嶺參將董麒、兵備參政張邦彦於大水谷、白馬關等處，古北口參將郭琥、兵備副使盧鎰於古北口、龍王峪等處，薊州兵備副使紀公巡於馬蘭峪等處，多設勁兵，或衝其前，或截其後，務成三捷之功。

遵諭饋餉戰將營中疏

題：爲傳奉事，職方清吏司案呈，奉本部送。本年十月二十六日酉時，於迎和門該司禮監太監黄錦傳奉聖旨："胡鎮見在通州河東追賊，便差官一員於通州倉多支糧料，就於楊選、徐紳營内撥軍運送與他，令奮勇剿殺，有功重加升賞。兵部知道。”欽此。欽遵，傳奉到部送司，案呈到部。

看得原任副總兵、今升總兵官胡鎮，節該總督侍郎楊選報稱斬獲首級不多，奪回人口、生畜甚多，又稱連日與賊在河東血戰，被賊砍傷二刀，見今正當交戰，忠勇之略殊爲可嘉。荷蒙皇上念其敵愾之勞，恤其缺食之苦，特令臣等差官前去通州運送糧料，諸將聞之，有不感激思奮者是無人心也。但與胡鎮一時同戰諸將，如參將黄演、王孟夏、白文智，遊擊王世英、馬承徹、石玉、李世倫等，莫不争先迎敵，賊雖四圍齊撲，各將親率精悍火器手更番打射，打死達子無數。賊見我兵猛勇，時將精騎更番衝突，亦不敢開營。其總兵孫臏、遊擊趙溱往來轉戰，至今尚無下落。據其感恩圖報之心，似亦不在胡鎮之下，所據前項糧料相應一體處給。合候命下，本部札委佐擊將軍金璋前去通州，公同户部管糧官，督同知州張守中，即將見在糧料多多運至胡鎮等戰場，以濟其急。如果熟食可處，處給熟食，更爲便利。仍行總督楊選、巡撫徐紳撥軍護送，務保無虞。各官如能立有奇功，朝廷自有重大升賞。退縮觀望，國典具在，自難輕貸。

嘉靖四十二年十月二十六日題，奉聖旨：“是。這同戰諸將一體運給糧料，委官着便去。”欽此。

奉旨查勘保定總兵官祝福入援後至疏

題：爲護衛重城事，職方清吏司案呈，奉本部送，兵科抄出，總督宣大山西等處地方兼薊保軍務兼理糧餉、太子少保、兵部尚書兼都察院左副都御史江東題，奉聖旨：“是。保定去京師比宣大爲近，祝福如何入援獨遲？兵部便查明來説。”欽此。抄出送司，案呈到部。

臣等遵奉明旨，查得總兵官祝福，賊虜未入墻子嶺之先，已該臣等調至良鄉縣聽候；賊虜既入墻子嶺之後，又該總督楊選調至石匣營截殺。久在應援之列，緣無遷延之事，以故臣等今日覆議犒賞，開於宣、大二鎮諸營之後。即今本官見在城外，合無遵奉特旨，即令其於通州地方應援胡鎮，惟復别有處分，伏乞聖裁。

嘉靖四十二年十月二十六日題，奉聖旨：“是。祝福既無遷延情弊，准照姜應熊例給賞。”欽此。

遵諭分兵護守陵寢疏

題：爲傳奉聖諭事，職方清吏司案呈，先該本部題，該内閣傳奉聖諭：“馬芳當留此處戰守，陵寢更一猛將。”欽此。欽遵，除選差原任總兵官劉漢前去外。今據鎮守昌平總兵官何淮呈稱，會同劉漢，將調到邊兵并永鞏等營官軍分布於外，京營兵馬四枝分布於内，其山後將黄花鎮守備邵良移住黑山寨，拒堵樓子峪、鐫關兒等處，晝夜加謹防禦。本職與劉漢統領援兵，於適中衝要喫緊東山口列營，往來調度，等因。到部送司，案呈到部。看得護陵官軍，仰蒙皇上遣發，原任總兵官劉漢會同總兵官何淮、兵備參政粟永禄逐一分布明白，爲此具本題知。

嘉靖四十二年十月二十七日題，奉聖旨：“知道了。”欽此。

分布兵馬責成戰守疏

題：爲整搠兵馬，分布險要，務期剿殺，以伸華氣事，職方清吏司案呈。照得醜虜連日被我官軍血戰追逐，雖已出境，但天時尚暖，地利相近，不可不防，呈乞查處，案呈到部。

看得前項醜虜悖逆天道，突犯近圻。頃賴皇上聖神文武，洞燭機宜。上感玄穹，有雨施風作之異；下憂黎庶，示陳兵選將之方。以致官軍奮勇，孤山等處既血戰於先，古北等處又邀擊於後。即目虜雖出境，在我隄備不容時刻怠緩。合候命下，移咨總督尚書江東，速將後開官軍分布停妥，應守者令其晝地拒守，應戰者令其環甲待戰，應發還者早爲發還以省日費，稍候總督劉燾至日交代明白，另行奏請定奪。

嘉靖四十二年十一月初二日題，奉聖旨："宣、大二鎮無官，芳、應熊着急回鎮。其餘依擬速行。"欽此。

一、議處本地主兵。合行總督尚書江東，將古北、石塘、黄花、馬蘭峪、墻子嶺、太平寨、燕河營、居庸關、鎮邊城各區主兵，督同巡撫都御史温景葵、總兵官胡鎮，照舊分布防守，而古北、石塘、黄花鎮、墻子嶺四區尤爲喫緊，必須天寒河凍，方可解嚴。

一、議處入衛舊兵。合行總督尚書江東，督同巡撫都御史温景葵、總兵官胡鎮，即將宣、大等處原先入衛官兵通行查明，應晝守者令其晝守，應出戰者悉聽胡鎮團聚操練，專備截殺，務期士氣大揚，兵威丕振。

一、議處新調援兵。合行總督尚書江東，督同巡撫都御史温景葵、總兵官胡鎮，即將新調宣府、大同、保定、山西、遼東兵馬通行查明，應畫守者令其添守各區，應出戰者悉聽胡鎮團聚操練，專備截殺，務要仰感皇上賚恤之恩，彼此協力，共奏膚功。中間如有弱兵弱馬應該發還者，徑自發還。

一、議處京營官兵。合行總督尚書江東，督同巡撫都御史温景葵，總兵官胡鎮、何淮，即將京營守陵兵四枝并密雲截殺兵二枝通行放回。其總兵官劉漢兵馬照舊於昌平操練，另候進止。

條上經略薊鎮善後十事疏

題：爲經略薊鎮善後事宜，以弭虜患事，職方清吏司案呈。照得醜虜匪茹，突至近圻，今雖追逐出境，善後之策呈乞早處，案呈到部。

臣等竊惟，薊、昌密邇京陵，自庚戌虜變以來，議守之計獨詳，議戰之計稍略。即如昨者三河、平谷之警，仰仗聖皇在上，玄威震疊，風雨助順，恩遇優隆，兵將争先，以致孤山之連戰、古北之一擊，誠自來未有之事。但各兵一時雖稱雲集，多係宣大、遼保、山西之人，無警常使候援則勢有不能，臨警方行徵調則緩不及事，其在今日，必須别爲規格，方克有濟。臣等待罪本兵，不揣揜[六]淺，僭陳十事，伏望皇上俯賜采覽，敕下遵行。本部備行總督都御史劉燾、巡撫都御史温景葵，仍將未盡事宜作速會奏定奪。

嘉靖四十二年十一月初四日題，奉聖旨："是。這所議便行與薊鎮并宣大、三邊各總督、鎮巡等官着實舉行，應計處的及未盡的作速具奏，不許怠玩誤事。"欽此。

一、議處督總標下親兵。臣等議得，近日胡鎮孤山之戰，多得標兵之力。但軍門舊設標兵止有一枝，其總兵、巡撫原無標兵。以臣等愚見，此等勁兵必須新舊總設五枝，計該一萬五千名，操演精熟，方得實用。合無將總督劉燾下再添標兵一枝，總兵胡鎮、何淮，巡撫温景葵下各設標兵一枝，每枝務足三千名，或於各區見兵内挑其精鋭，或於各處家丁、壯漢内多方招募，合用銀兩就於山東、河南民兵銀内動支，不敷之數作速具奏，聽本部與户部會同計處。臣等又惟，經始之初全在得人，除參將王孟夏見管總督標兵外，查得參將黄演堪管總督下新添標兵，守備董一元堪管總兵胡鎮下新添標兵，原任參將李康民堪管巡撫温景葵下新添標兵，遊擊王世英堪管總兵何淮下新添標兵，一切應行事宜就聽黄演等以次經理。此後遇有警報，總兵官胡鎮即將五枝合爲一營，相機剿殺，即使援兵未至，庶亦不至誤事。各官敕書、旗牌等項照例請給，原係參將者仍以參將管遊擊事務，不係參將者量升署都指揮僉事，充遊擊將軍。

一、議處各鎮入衛邊兵。臣等議得，延綏、寧夏、固原、宣府、大同、遼東、保定七鎮入衛兵馬，初調之時人强馬壯，甚於薊鎮有濟。即如嘉靖三十三年，臣博在古北口等處與虜相持，大率多得邊兵之力。乃今因循既久，人心玩愒，徒有三千兵馬之名，殊無三千兵馬之實。或以老弱參與其間，兵爲疲兵；或以尪羸苟充其數，馬爲弱馬。往返奔馳，徒勞無益。合無備行各該總督、鎮巡、兵備等官，今後入衛之兵務要揀選好軍、好馬，方許調遣起行。到薊之日，本部選差風力司屬官一員前去點閱，如敢仍蹈夙弊，容臣等指名參奏，重加究治。

一、議處鄰鎮添調援兵。臣等議得，薊鎮與宣府、遼東、保定相去最近，其次則大同，山西。即如近日三河、平谷之警，雖因臣等預先徵調，實以地里稍近，故不及旬日士馬雲集。但中間精强者固有，疲弱亦居其半，相應通行整飭。合無備行各該總督、鎮巡、兵備等官，各將正兵、遊兵逐一揀閱，軍與馬務足三千之數。如軍不足，應該招募，其銀兩於何項内動支；馬不足，或本色、折色，應於何項内處辦。文書到日，限半月以裏各另回奏，聽本部與户部會同計處。若果士馬精强，在本鎮可以壯邊圉之威聲，在薊鎮自當收應援之寔效。

一、議處薊鎮總兵駐札地方。臣等議得，薊鎮總兵官先年駐札三屯營，專爲朵顔三衛撫賞，即今古北口、石塘嶺等處既稱虜衝，在總兵職任於撫夷爲緩，於剿虜爲急，緣三屯營相去軍門數百餘里，遇有警報，自是無濟緩急。查得石匣營實當密雲、古北、石塘、墻子嶺四處適中之地，合無於防春防秋之日總兵移於石匣營駐札，帶領正兵并新募總兵下標兵相機戰守，夏冬無事仍回三屯營操備，庶與軍門聲勢聯絡，氣脉通貫。

一、議處墻内險隘設伏。臣等議得，古北諸區墻内，如潮河川等處多有險隘可據，即如近日參將郭琥伏炮一擊，狂賊落膽。若使各區但有險隘去處諸將盡能如此，虜之入也可以扼其吭，虜之出也可以攻其心，比之角力血戰者，難易自别。合無備行總督劉燾、總兵胡鎮、巡撫温景葵，嚴督各區副參等官，各將本區險隘去處或暗設地坑，或多置伏炮，或以水攻，或以火攻，一面各另畫一水墨小圖送部查考，一面刻期舉行。如敢違誤，指名查參，以憑請旨拿問。兵法所謂“多方以誤之”者，譬之醫家用藥，未必方方皆中，但中一方即爲對病。

一、議處入衛邊兵糧賞。臣等議得，各邊入衛之兵遠離鄉井，辛勤萬狀，必須優其糧賞，方能鼓其敵愾之氣。往年糧料充足，賞賚隆渥，以故士嘻馬騰，足堪戰守。乃今應得糧料既給不以時，散兵賞賜又歲加減削，以致諸軍往往私賣戰馬以充食用，殊非事體。合無備行總督劉燾，會同巡撫温景葵，督同薊鎮昌密管糧郎中并各該兵備等官從長計議，糧料應否加增，或通給本色，賞賜應否復舊，或量爲從厚，作速回奏，聽臣等與户部會同酌處。

一、議處宣遼境外哨探。臣等議得，西虜俺答、把都兒、黄台吉之巢在宣大邊外，東虜土蠻、黑石炭之巢在遼東邊外，一則山川隔遠，難於預得其形，一則屬夷勾煽，多致反覆其説。先年建議之臣謂大同得其情，宣府得其形，薊鎮不過因魔問病，誠爲確論。即如頃者虜患，半月之前宣府獨石境外先已瞭見，以故臣等得以預調邊兵，足爲明驗。除遼東原係軍門節制外，合無將獨石參將兼聽薊遼總督節制，如遇白草川、三間房等處哨見虜形，即便飛報薊遼總督軍門。薊鎮有功，則與之同賞；如或誤事，一體治罪。仍增入參將敕内，另行换給。參將既與薊鎮休戚相關，則耳目自明，以戰以守，均爲有賴。

一、議處州縣軍民屯堡。臣等議得，收保之法，大者爲城，其次爲堡，再次爲墩，雖大小不同，必須高堅深厚，方能賴其保障。臣博往年巡撫甘肅，嘗創爲墩院之法，大率每村一二十家，共築墩院一座，或有力者能家築一座亦從其便。嘉靖二十九年虜犯涼州，毫毛未嘗有失，以逸待勞，以飽待饑，其計莫善於此。合無容臣等將墩院之式畫成紙圖，咨送巡撫温景葵處，令其督率兵備、府州縣等官，責令居民於土脉融和之日以次舉行，務使愚民各知墩院之設，全爲生我，非爲勞我，庶幾人心歡動，工效可稽。其原設堡寨亦要通行查明，但有不堪去處，一體修理完固。未盡事宜，聽温景葵徑自區處。

一、議處薊鎮獲功賞格。臣等議得，薊鎮、昌平密邇陵京，比之各邊緩急不同，醜虜侵軼，勢必聚衆方敢深入，亦與各邊零散頓異。以故先年本部題准，賊入内地與邊方升賞不同，拒賊不得入邊，雖無斬獲，亦准一體世襲，意誠有見於此。合無今後除村莊壯夫零斬賊級，仍照舊例升賞外，其官兵與賊大衆血戰，臨陣斬獲，如胡鎮等近日之功者，願升者超升二級，不願升者賞銀五十兩，所獲馬匹、夷器等項，盡數給與本人充賞。各邊不得援以爲例。

一、議處朵顔三衛夷種。臣等議得，朵顔三衛夷人邇來陽順陰逆，專一爲虜嚮導，雖即掃蕩巢穴，不爲過舉。但中間情狀不一，有畏虜勢而屈從者，有得虜情而傳報者，玉石不分，又非國家懷柔之意。合無聽總督、鎮巡官榜諭朵顔三衛都督等官："汝等父祖皆知敬奉天道，護衛朝廷，故與汝土地，賜汝敕印，每來朝貢則厚加賞賚，恩德如天。夫何汝等後人翻向北虜，甚至勾引入寇。此皆出自傳聞之語，不敢輕奏朝廷。今後爾等各宜照汝父祖效忠守法，如遇俺答、黄台吉等到你營内，果能設計擒斬，函首來獻，定行奏聞朝廷，給與萬金。從此曉諭之後，如仍前悖逆，彼時剿汝，不要後悔。"總督、鎮巡官一面將曉諭過緣由咨部查考，一面將應撫應剿事宜明白具奏定奪。

校勘記

〔一〕□，底本漶漫不清，據文意似當作"存"。

〔二〕"南山日"，疑當作"南日山"。本書本卷本文："千户羅繼祖充南日山把總。"《明史・兵志三》："分福建之福、興爲一路，領以參將，駐福寧，水防自流江、烽火門、俞山、小埕至南日山；漳、泉爲一路，領以參將，駐詔安，水防自南日山至浯嶼、銅山、玄鐘、走馬溪、安邊館。水陸兵皆聽節制。"

〔三〕"峑"，疑當作"埕"。同上文。

〔四〕"後"，疑當作"從"。

〔五〕"二"，據文意似衍。

〔六〕"拚"，疑當作"姘"。

楊襄毅公本兵疏議卷十二

遵諭會官集計邊務疏

少保兼太子太保、兵部尚書臣楊博等謹題：爲傳奉聖諭事，該兵部題，職方清吏司案呈，奉本部送，本年十一月初九日酉時，該内閣傳奉聖諭："擇將練兵，今須集計，及三衛之夷亦要一處，導彼狂肆皆此物，不知博有何見。"欽此。欽遵，傳奉到部送司，案呈到部。

臣等看得，國之大事，莫先於戎。臣之抱忠，各攄所見。蠢兹醜虜，仰仗皇上玄威震疊，雖已遠遁，善後之策亟當早圖。兹蒙聖諭，將擇將練兵事宜特令臣等集計，臣等待罪本兵，正欲廣集衆思，不勝欣慶，不勝感激。除會集五府九卿大臣并六科、十三道掌印官另行計處會題外，查得朵顔三衛夷人，本月初四日先該臣等條議十事内一款"議處朵顔三衛夷種"，已經奉有欽依，通行欽遵外。臣等竊聞，堯舜之時，"分北三苗，庶績咸熙"，蓋言三苗之中善惡不一，其善者即留之，其不善者則去之，以故勸懲既明，恩威自著，兩階干羽之舞，光映簡册，凡以處置得宜故爾。即今聖神在上，遠過堯舜，而三衛夷人近在郊圻之外，比之苗民尤爲不同。但中間固有背華而勾虜作逆者，亦有效順而傳報虜情者，若使一概剿滅，殊非天地包函之義。况此輩獸心狼子，全視我之强弱以爲順逆，若使我將果擇，我兵果練，東西二虜可以鞭撻，惟此小夷，自當震讋弗遑，譬之元氣既壯，邪沴必消。臣博以爲，我皇上今日擇將練兵之計，聖謀神算，乃其第一義也。即今總督都御史劉燾、總兵官胡鎮、巡撫都御史温景葵俱當開府莅任之初，正屬夷情觀望之會，合無通行各官，仍照臣等原議，將三衛都督等官明白宣諭，即將勾虜作逆者訪究的確姓名，責令本管都督綁縛獻出，都督重加升賞，夷犯置諸重典，以示懲戒。如或都督自行勾虜，或將手下作逆之人不行獻出，革去官職，絶其通貢。如果情罪深重，仍要據實奏請，以憑剿處。至於向化之夷，又當多方撫字，每遇叩闕入貢，則豐其廪餼，厚其賞賚，使之退無後言。或遇走報虜情，則待之以誠，犒之以禮，使之樂於效命。中間果能將西虜辛愛、把都兒，東虜土蠻設法擒挈，函首來獻者，優以萬金之賞。庶幾善者既知所勸，惡者自無所容，不惟足以服彼夷之心，亦自可以消彼夷之黨，度勢審時，似得“分北三苗”之義。臣之愚見如此，未敢謂其允合機宜，伏望聖旨俯賜裁定，敕下遵行，惟復會官集議，一併具奏定奪，等因。本月十一日題，奉聖旨：“還都會官集計來説。”欽此。欽遵，抄捧到部，行准府部院寺及科道官各將擇將練兵應行事宜具揭前來。

臣等會同後軍都督府掌府事、太師兼太子太師、成國公臣朱希忠等，吏部尚書兼翰林院學士臣嚴訥等議得，頃者醜虜匪茹，突至畿輔，仰仗皇上聖神文武，誠感玄穹。風雨交助，大伸撻伐之威；兵將咸集，實落氊裘之膽。初潰衄於孤山，後驚怖於古北，扶傷救死，狼籍而還，此誠二百年來未有之事。但惟聖王之於夷狄，視之真如禽獸。來則禦之，以爲外攘之國；去則備之，以修内治之政。要之期於奠安中夏，使之不敢侵軼，乃上策爾。兹蒙聖諭，以擇將練兵責令臣等集計，此誠堯舜總章博訪、四夷來王之盛心也，臣等淺昧，敢不仰承萬一。大抵邊方大計，無過擇將、練兵二事。二事之中，擇將尤爲要務，蓋將既得人，則戰守機宜無不曲中，不止於練兵一節而已。但擇將須重其事權，牽合而遥制，均不能展其揮霍之材；練兵須明其賞罰，有罰而無賞，終無以作其奮迅之氣。用是臣等各攄一得，集爲一十四事。至於三衛夷人，臣等覆將兵部原議面加參酌，一併開坐上請，伏乞聖明俯賜采覽，敕下遵行。臣等又惟，因事建白，持議於巖廊者，臣等之事也；隨事宣力，奉行于封疆者，邊臣之事也。若使臣等言之，邊臣不能行之，竟成畫餅，曷濟饑渴？臣等目擊往事，又不能不竊懼焉。仍望皇上申飭總督都御史劉燾、總兵官胡鎮、巡撫都御史温景葵，當此新任之初，將臣等所議并兵部原議十事逐一舉行，意見相同者星夜回奏，意見未同者明白執奏，臣等與兵部原議所未及者作速條上方略，不必掇拾浮文，止要剴切事體，聽兵部以次覆奏定奪，庶幾實政既修，實效自著，而我皇上宵旰之懷亦可以少舒矣。

嘉靖四十二年十一月十二日題，奉聖旨："是。尹秉衡、劉漢依擬用。奏内事宜係薊鎮的便行與劉燾等，務在着實舉行，清查役占尤要先行之。司道如或因循虚飾，兵部及該科不時指名參劾。其'查處將領'、'申明體統'二條，仍行各邊一體施行。薊鎮并宣府添設兵備官數多，於邊事有損無益，吏部查議裁減來説。錢糧着户部，戎政着總督、協理官各計處條奏。"欽此。

一、更置大將。計議得各鎮總兵即古之大將，關係甚重。方今見任之中，如宣府馬芳、薊鎮胡鎮、大同姜應熊、延綏趙岢、遼東佟登、山西董一奎、寧夏吴鼎、甘肅吕經、固原許經，俱稱一時之選，而保定祝福則清謹有餘，機警稍劣，昌平何淮則邊事雖熟，年齡漸邁，相應急爲更置。查得京營副將尹秉衡，宣大軍門標下管遊擊事、原任總兵官劉漢驍健絶倫，近因薊鎮之警，一戰一守均爲有賴。合無將尹秉衡仍以署都督僉事充鎮守保定總兵官，劉漢量復署都督僉事，充鎮守昌平總兵官，合用敕書、旗牌、關防等項照例查處，仍令刻期任事，以爲春防之備。其祝福、何淮聽候别用。以後舉用總兵，無拘於資格，毋牽以文法，略其微瑕，取其大節，庶幾閫外之權得以展布。

一、查處將領。計議得薊、昌二鎮，自總兵外有副參，有遊守，有提調、領班，雖大小不同，均有戰守之責。除墻子嶺參將戴恩、提調劉健俱係新任，無容别議，合無備行總督劉燾、總兵胡鎮、巡撫温景葵，即將薊、昌見任將領，上自副參、遊守，下至提調、領班，通行甄别，要見某人謀勇堪以留用，某人怯懦不堪留用，遺下員缺就該何人頂補，逐一開坐，限半月以裏會本回奏。如果人皆稱職，亦要明白咨部，不必過於搜索，以失器使之義。其各該中軍、千總等官，以後俱聽總兵徑自選用，係標下者，總兵公同該管參遊，係各區者，總兵會同巡撫，務要至公至當，巡按、巡關、兵備俱不許干預。

一、慎嚴薦舉。計議得用將當因其才，薦賢貴考其實。近年兵部推用將官，止憑總督、撫按等官薦剡，但各官中間擄〔一〕實奏薦者固多，而一時咨訪未周，以致司道府州得以愛憎參於其間者蓋亦有之。不知一方軍政係於一人之身，誤用一人，貽害一方，所係誠非細故。合無聽兵部備行總督、撫按等官，以後薦舉將才，要見某人驍勇，曾在某處血戰，某人練達，曾歷某事有功，某人待〔二〕廉而收士卒之望，某人知兵而爲節制之師，考詞明白直書，不得仍擬四六，牽合對偶，徒充觀美之具。文書到日，限一月以裏作速回奏。果有忠義謀勇、文武兼資者，另作一等，特本會薦。如或仍蹈夙弊，舉錯顛倒，聽兵部并該科指名參治。

一、斟酌任用。計議得今之將材各有所長，固有善於攻擊而不識一丁者，亦有富於韜鈐而射不穿扎者，必須隨材器使，方克有濟。合無聽兵部以後推舉大小將領，務要悉心酌量，如領兵出戰則用勇將，如設險守垣則用智將，長於吏事則用爲都司，未歷邊事則處之兵備，上自指揮、千户，下至百户、鎮撫，俱許推用。行伍之中果有超群異材，各該總督、撫按官聽總副、參遊各舉所知，如果相同，尤當大破常格，一體奏薦，聽兵部以次議處。

一、廣搜散將。計議得各鎮閑散將官固多贓私狼籍、怯懦無爲之人，中間豈無年力尚强、誤遭萋菲而見逐，驍雄有略、偶以數奇而失事者？即今虜患孔棘，若使終於棄置，不無可惜。合無聽兵部通行各邊督撫、巡按等官，文書到日，限一月以裏各將境内散將，不拘充軍、爲民、立功、閑住，行總兵、司道官，逐一呈舉總督、撫按處。如果年力精壯、謀勇過人，查訪相同，從實疏薦，明開某人係某總兵薦，某人係某司道薦，以後不稱所舉，或別有請托情弊，就將原舉之人併行究治。兵部隨將舉到官員酌量奏請，令其帶領家丁，自備鞍馬，給文起送薊遼軍門，分發各營立功自效，果能建有奇功，方淮〔三〕贖罪。總兵、司道不許避嫌遠怨，故稱絶無可薦之人，致快〔四〕邊事。

一、申明體統。計議得總兵官原係大將，例得便宜行事，至于裨將，敕内亦各明開，軍士不用命者，許以軍法從事。邇年以來法紀廢弛，人心怠玩，以致每遇臨敵，全無臂指相承之義。合無申明法紀，以後總兵、偏裨俱要遵照敕諭，振揚軍威，但有抗違軍令者，即便處以軍法。其沿邊兵備與將領相與，務要彼此諧和，不許淩駕欺肆，因而中傷。府州縣官見總兵官，各執以鎮屬之禮，應該收保等項，俱聽總兵調度，違者徑自參究。

一、操練主兵。計議得練兵之法全在練膽，膽氣既充，勇力自倍。近歲薊鎮教練漸見有成，即如胡鎮孤山之力戰、郭琥古北之伏擊，部下之人半皆土著，足爲明驗。除兵部新議標兵，各有將領，方在整飭外，合無聽兵部備行總督劉燾〔五〕，督同鎮巡官胡鎮、温景葵，將各鎮入衛邊兵無事之時酌量屯駐各區，每營選撥精於技藝邊兵三五百人，令其相兼教習本區之人，每十人中八人習火器，二人習弓矢，務期人人精熟，以收實效。至於家丁一節，比之官軍更爲得力，薊鎮不拘副參、遊守、提調等官，俱許自募家丁，報名在官，一體給與糧餉，每員下雖至二三百人，亦不爲多。本部仍行河南、山東都御史，將民兵工食每名各增銀三兩，就連原額之數總解薊遼軍門，公同巡撫官，查議每年總副、參遊等官下各給若干，以爲操練犒賞之用。昔賢守邊，椎牛享士，不問費之出入，意誠有見於此。

一、練習鄉兵。計議得鄉村壯夫，近日如馬房等處則斬獲酋首，三河、平谷等處則争報首功，乃知慷慨悲歌，自是燕趙之俗。若使各處鄉兵練習有成，家自爲守，人自爲戰，比之官兵，勞費迥不相同。合無聽兵部備行薊鎮總督、鎮巡、兵備等官，專委能幹有司官員，將鄉村壯夫設立隊長、隊副，無事聽其各自生理，有警責其保守本村。果能斬有虜首一顆，願升者照例升級，不願升者賞銀五十兩，奪獲馬匹、夷器盡數給賞。果能擒斬酋首，照依近日題准事例，超格升賞。合用器械，即將歲徵軍三民七免行解部，就彼打造應用。但不許有司點查比較，反成騷動。

一、清查役占。計議得薊、昌二鎮主兵，連年補練召募，雖未盡足原額，亦有十萬之外。但各該衙門役占太多，以故食糧則有名，出戰則無實，若不備加清查，千瘡百孔，爲害不淺。合無聽兵部備行總督劉燾，督同鎮巡、將領、兵備官員，將各區主兵見在人數逐一清查，實在若干，某人等騎兵，某人等步兵，某人等哨守，某人等雜差，果有役占，作速還伍。如敢堅〔六〕吝不發，聽巡按、巡關御史指名參奏。

一、充裕糧餉。計議得兵馬、錢糧當作一家計算。即今薊、昌二鎮新增標兵并防春之兵，合用錢糧、馬匹通當早處。除馬匹兵部先已題奉明旨另行整備外，合無聽户部速行總督劉燾、巡撫温景葵，即查新添標兵四枝軍馬該用糧料、草束各若干，明年防春錢糧見在若干，是否足用，不敷若干，應該作何添給，旬日以裏明白回奏。應該足餉理財，一應事宜聽户部酌量議處，另行奏請。

一、預備火器。計議得中國長技莫先於火器，近日胡鎮、王孟夏等猝遇大虜，往來轉戰，全得其力。守墻、衝鋒均當多備，中間如快鎗、毒火飛炮、鳥嘴銃等項尤爲便利。合無聽工部備行總督劉燾，督同鎮巡官胡鎮、温景葵，選委能幹官四五員，分投前去各區各營，將見在火器分别守墻、出戰二項，要見堪用若干，缺少若干，開具總數，作速回報，工部如數給發。其合用盔甲亦要先期請討，聽工部徑自處給。

一、議處外口。計議得薊、昌二鎮因山爲墻，延長二千餘里，節年修繕雖稱苟完，然一墻之外即爲屬夷營帳，殊非重關壘〔七〕嶂、先則制人之義。合無聽兵部備行總督劉燾，督同鎮巡官胡鎮、温景葵，選委熟知地里廢閑軍職十數員各另分管一區，會同本區副參、遊守、提調等官，親詣口外，逐一踏勘。或因山設墩以明耳目，或因水設柞以阻虜騎，或占據山梁爲我戰地，或伏毒泉流絶彼汲道，或廣植樹木，或挑鑿品窖，凡可增置重險處所，各令畫一水墨小圖，陸續封送兵部稽考。若果建置有方，一可以遏狂虜之衝突，一可以絶屬夷之窺伺。

一、議處邊吏。計議得順、永二府府州縣掌印、佐貳首領官，切鄰關塞，平居有選練鄉兵之責，有整辦錢糧之責，有修理堡寨之責，臨警有守保之責，有城守之責，有零戰之責，必須性資警敏、氣魄揮弘之人方克濟事。即如知州張守中近日防守通州，卓有成效，足可驗已。合無聽吏部速行總督、撫按官，即將二府有司通行甄别，要見某人堪當邊任，相應久任責成，候其積有年勞，或增俸，或加秩，明白開列；某人不堪邊任，相應改調别處。文書到日，限二十日以裏作速回奏。遺下員缺，吏部照依三途並用事例，不拘科貢、吏員出身，惟取其材識；不拘其資格，以次銓補。

一、查議京營。計議得京營官兵，昨者之警，用之列營，僅有可觀；用之赴鬥，全不足恃。若不亟爲整飭，百萬糧餉空爾糜費，殊爲可惜。合無聽兵部備行戎政大臣顧寰、喻時，即將原堪出戰之兵再行揀選，且無言多，但得精兵一二萬人，緩急亦自有濟。府議欲分正兵、備兵。科議欲將兵分三等，老弱者爲下等，照舊存恤；少壯者爲中等，衣糧稍豐；勇敢出衆者爲上等，衣糧加豐。亦要一併計處明白，開坐具奏。

一、議處三衛。計議得朵顔三衛，先該兵部議奏，具揭前來。臣等面加酌議，中間種類繁多，善惡參差，委難一概誅夷。稽古堯舜之分北三苗，仰觀我皇上之處置三衛，神聖本同一揆，廣運自難二道。合無仍照兵部原議，擇將練兵，修我內治，彈壓其心。一面備行總督、鎮巡等官，將三衛都督等官明白宣諭，各將勾虜作逆者訪究的確姓名，責令本管都督綁縛獻出，都督重加升賞，夷犯置諸重典，以示懲戒。如或都督自行勾虜，或將部下作逆之人不行獻出，革其官職，絶其通貢。如果情罪深重，仍要據實奏請，以憑剿處。至於向化之夷，又當多方撫字，每遇叩關入貢，則豐其廪餼，厚其賞賚，使之退無後言；或遇走報虜情，則待之以誠，犒之以禮，使之樂於效命。果能將東西酋首辛愛等函首來獻，不吝萬金之賞。總督、鎮巡官務要安詳嚴重，既不宜傷於刻削，有失衆心，亦不宜過於姑息，滋其狂肆。但干係夷情，事體重大，伏乞聖裁。

覆宣大總督尚書江東叙宣大入援戰功升賞疏

題：爲仰仗天威，官兵奮勇敵戰，斬獲首級，奪獲戰馬、人畜、夷器等事，職方清吏司案呈，奉本部送，兵科抄出，總督宣大山西等處地方兼薊保軍務兼理糧餉、太子少保、兵部尚書兼都察院左副都御史江東題，奉聖旨："兵部看擬來説。"欽此。欽遵，抄出送司，案呈到部。

看得總督宣大山西等處地方兼薊保軍務、太子少保、兵部尚書江東題稱虜賊擁衆突入薊鎮順義等處，宣大各營應援官軍與賊拒堵邀擊，斬獲首級，奪獲馬匹、夷器等件緣由，及稱鎮守大同總兵官姜應熊功居一等，副總兵麻禄、遊擊麻錦功居二等，北路參將劉國，中路參將李印，東路參將方振，山西參將吴嵩，大同遊擊王國勛，宣府遊擊劉定、牛相，保定總兵官祝福功居三等，原任總兵、今充軍歐陽安，參將羅恭、高延齡、王臣、周應岐、白琮、葉經文，旗牌官李鳳、牛柏、聶繼先、楊蘭、劉勝、狄英、張海、吉仲庫、張仕藝、唐增、常鋭、王希增、徐傑、李英、方鎮功居四等，宣府總兵官馬芳標下原任總兵劉漢，原任總兵、聽勘張承勛勞宜並論，京營副將尹秉衡、參將戴恩，保定巡撫都御史李遷，兵備副使劉應節、嚴清亦宜併叙。其各營管領前鋒、原任參將劉卿等一十一員，中軍李爵等五員勞不可泯，并獲功願升楊天伏等二十名，願贖谷本源、高尚恩，均乞查議各一節。除尹秉衡、戴恩已經賞賚外，爲照薊鎮之警，虜初以爲時已十月，兵必解嚴，意在乘我不備，以逞跳梁之計。方至孤山，總兵官胡鎮既奮不顧身，督率諸將與之血戰。回至密雲石匣，總督江東新承簡命，又親統官兵與之邀擊。一時群醜斃於鋒敵[八]之下者曷啻千計，此皆我皇上明德格天而萬靈助順，武功動地而諸將争先。火炮齊發，不啻迅雷之震警；風雨交加，真賴玄穹之鑒佑。簡書日至，赫然礪斧揮戈之文；犒賞宵臨，大增挾纊投醪之氣。快犬羊之落魄，生者帶傷，死者枕籍，誠二百年未有之功；喜士馬之歡騰，揮刀直前，裹鎗力戰，舒萬億人不平之憤。神功偉略，臣等淺昧，何所揄揚！伏望皇上擇日謝玄，以答洪眷，以慰群情，臣等無任惓惓懇祈之至。至於一時諸臣，不敢貪天功以爲己力，事干激勸，亦當甄叙。即如總督尚書江東，心誠報國，意切攘胡。久駐懷來，已憂畿甸；偶聞警報，隨至郊關。即順義河防之嚴，先聲已振；乃牛欄誅斬之烈，虜勢遂摧。躬環甲胄，且行且戰於密雲；口授韜鈐，有獲有俘於石匣。功本奇特，首應優論。其總兵官姜應熊等，雖主將、裨將不同，均效矢石之勞，共成敵愾之績。既該江東覈勘明實，具題前來，相應通行議擬。合候命下，將江東特加升廕，賜敕奬勵。姜應熊厚加升賞。馬芳、劉漢、麻禄、麻錦、張承勛同加升賞。劉國、李印、方振、吴嵩、王國勛、劉定、牛相、祝福厚加賞賚。歐陽安等二十二員并李遷、劉應節、嚴清量加賞賚。李爵等五員，軍門分别犒賞。劉卿等一十一員，照依斬獲事例，與同獲功官軍人等一體另行升賞。谷本源、高尚忠准與贖罪。

嘉靖四十二年十一月十二日題，奉聖旨："朕仰荷上天垂祐，虜賊退遁，入援官軍宜加恩勞。江東加太子太保，廕一子入監讀書。姜應熊於祖職上升二級，馬芳一級，各賞銀三十兩、紵絲二表裏。劉漢等各一級，與劉國等各賞銀二十兩、一表裏。歐陽安等各十兩。張承勛部下斬獲數多，遇缺酌量推補。其餘依擬。"欽此。

請命薊鎮總兵官節制客兵疏

題：爲亟重薊鎮總兵事權，以定安攘大計事，職方清吏司案呈。照得薊鎮總兵官事權甚輕，兼之各處調到客兵全不遵其約束，遇有警急，必須呈請軍門，相去隔遠，多致延誤，名雖大將，實與裨將無異，呈乞查處，案呈到部。

看得薊鎮總兵官荷蒙聖明特用胡鎮，是誠一時之虎將，允爲得人。但總兵事權向來本輕，兼之陝西、宣大、遼保調到官兵，其分則迭爲賓主，其情則視同秦越，每當虜警，總兵雖奮勇直前，客兵乃逡巡退後，十指更彈，豈若合拳之一擊？所據該司欲要亟重總兵事權一節，委爲根極領要之論。合候命下，移咨總督都御史劉燾，備行總兵官胡鎮，以後除本鎮副參、遊守自有體統外，其延綏、寧夏、固原、大同、宣府、遼東、保定等處，或入衛，或應援，不分副參、遊守，悉聽本官節制，應擺守者徑自分布督守，應出戰者徑自隨營督戰。敢有仍前抗違，阻撓行事，一面以軍法處置，一面指名參奏，以憑拿問。本部仍將前項事宜開送翰林院，另撰專敕一道，齎付本官欽遵行事，庶幾將權既重，將領自新，而我皇上簡任責成之意始不負矣，伏乞聖裁。

嘉靖四十二年十一月十二日題，奉聖旨："是。這各處入衛官軍俱聽總兵節制，遇有警急，許徑自調遣，平時照舊規行。"欽此。

覆巡撫遼東都御史王之誥請給陣亡總兵官楊照遺母養贍疏

題：爲陣亡將領母老無依，懇乞天恩俯賜養贍，以慰忠魂，以勵人心事，武選清吏司案呈，奉本部送，兵科抄出，巡撫遼東地方兼贊理軍務、都察院右僉都御史王之誥題，奉聖旨："兵部知道。"欽此。抄出送司，案呈到部。

看得巡撫遼東都御史王之誥題稱，陣亡總兵官楊照既無兄弟，又鮮子息，二母無依，乞要月給米數石以資養贍，量復其户下數丁以供薪水一節。爲照總兵官楊照盡忠報國，誠爲可憫，下無一男，上遺二母，委應優恤。既經巡撫都御史王之誥具題前來，相應議擬。合候命下，將楊照二母每月各給米三石，各量復户丁三名，以爲供養之資。

嘉靖四十二年十一月十三日題，奉聖旨："是。"欽此。

條議宣大兵政責成邊臣防虜復讎疏

題：爲議處宣大兵政，以防狡虜事，職方清吏司案呈。照得宣府、大同兩鎮逼臨虜巢，侵軼之舉無論冬夏。近日出邊搗巢，共斬虜首一百四十餘級，天威雖彰於外境，人事當慎其内防，呈乞查處，案呈到部。

看得攻其必救，固兵家之上策；先則制人，尤防邊之多算。宣、大搗巢之功，仰仗皇上玄威遠布，幕南一空，真足以寒旃裘之膽而舒華夏之氣矣。但犬羊之性，在彼本自貪殘；熊羆之臣，在我亟當振勵。所據戰守事宜切於目前者理合開坐上請，恭候宸斷。

嘉靖四十二年十一月十七日題，奉聖旨："是。"欽此。

一、宣府南山一帶逼近畿甸，居庸之北聯墩墻壕近已修繕完備，居庸之南内有鎮邊大墻可以戰守。合無備行總督、鎮巡等官江東等，不時差人遠哨，但有侵軼消息，一面將南山先行拒堵，務令匹馬不得近墻，一面速報昌平鎮巡官，將居庸、黄花鎮二區多方擺守，關内關外務要叶心宣力，共圖萬全。

一、兵須精選方得實用。宣、大見在兵馬，即觀近日入援之數强弱參差，以之臨敵無濟急緩。合無備行總兵官馬芳、姜應熊，速行副參、遊守等官，各將堪戰之兵逐一選出，聽候總兵合營截殺。遺下不堪戰之兵，方作守城守堡之用。

一、大將軍等炮，昨者參將郭琥用之古北，賊已落膽，則知火器一事乃禦虜之上計。合無備行總督、鎮巡等官江東等，於賊經窄路多方藏伏，待時而發，一擊而中，可傷千人，十擊而中，可傷萬人，比之弓矢刀劍，迥不相同。先將設備緣由報部稽考。

一、時方冬月，野無青草，虜知難相搶掠，未免攻困城堡。合無備行總督、鎮巡等官江東等，速將不堪堡寨通行歸併，可守堡寨多發火器，多備磚石，仍將步軍預先分派停當，某城若干，某人領之，某堡若干，某人領之，但有入犯消息，刻期督發。遇大衆攻圍，則入而拒守；遇零寇突擾，則出而邀擊。備而又備，以收實效。

一、虜果入犯，聽宣大總督、鎮巡等官江東等飛報，薊鎮總督官哨探古北口一帶無警，速發邊兵二枝出關追剿，助其威聲。所謂邊兵者，非守黄花、居庸、鎮邊三區之兵，乃密雲一帶多餘之兵。務要計處周悉，在外不輕調，調必得用；在内不輕發，發必成功。

遵諭謹備兵火疏

題：爲傳奉聖諭事，職方清吏司案呈，奉本部送，嘉靖四十二年十一月二十四日，該内閣傳奉聖諭："昨又風作，不似時令，還要謹兵火。"欽此。欽遵，傳奉到部送司，案呈到部。

臣等看得，昨者風作有聲，不似時令，兵火之謹，誠如聖慮。在東則薊鎮、遼東，在西則大同、宣府，脣齒畿甸，均稱重地。節蒙天語叮嚀，臣等仰承宸算，申飭之文至再至三。至於陝西四鎮，雖相去頗遠，安攘之圖，同當戒慎。除馬上差人通行各該總督、鎮巡等官，悉心整飭邊務，以備不虞，仍行五城兵馬司，各於京城内外嚴防火患外。

嘉靖四十二年十一月二十四日題。奉聖旨："知道了。"欽此。

開查薊鎮題准事宜責成總督鎮巡諸臣整飭疏

題：爲開查薊鎮題准事宜，以修邊政事，職方清吏司案呈。照得薊鎮一切戰守、兵馬事宜，節經本部題奉欽依，除事涉瑣屑者難以概行外，即目總督、總兵、巡撫俱係新任之初，誠恐文移浩繁，一時未諳始末，未免停閣遲滯，呈乞查處，案呈到部。

看得薊鎮戰守、兵馬事宜，雖經本部節次題奉欽依，但總督、總兵、巡撫俱係新任，文移之浩繁未及詳閲，事情之顛末自難洞徹。臣等謹擇其要開坐上請，伏乞敕下總督都御史劉燾、總兵官胡鎮、巡撫都御史温景葵，逐一作速整飭，完日各另回奏。

嘉靖四十二年十一月二十四日題，奉聖旨："是。這所開并前二次事宜，都着劉燾、胡鎮、温景葵着實速行。如别有意見，即便奏請，不許遲誤。"欽此。

一、通州地方密邇京師，運道、倉庾均屬重計，至於張家一灣尤爲財貨之地。雖經設有參將，但近日防秋，又行調守邊垣，以致倉卒遇警，旋發京兵，事體未便。且原議募兵一千，舊兵二千，共足三千名，亦當查處。合行劉燾等，即查募兵一千曾否告完，催行密雲兵備道，會同參將選募教練，以後防春防秋，止在本城并張家灣一帶防守，不許再調防邊，以致兩相耽誤。本部仍行各該衙門，一切雜差通行除免，養其鋭氣。

一、山西入衛民兵三千名，先該本部題准免其入衛，自嘉靖四十一年爲始，每歲每名量徵工食銀五兩，共銀一萬五千兩，解送薊鎮軍門，轉發密雲兵備道收貯，修造盔甲、器械，給發各區軍士應用。不知四十一年、四十二年銀曾否解到，修過盔甲、器械若干，支過銀兩若干，見在若干，合行劉燾等，作速查明回奏。

一、曹家寨原議募兵三千名，就於曹家寨搭蓋營房住札。石門寨募軍一千名，就於山海關住札。先該本部題准，每軍當年給安家銀五兩，第二年給銀二兩，第三年給銀一兩。不知前項軍士召募已完未完，銀兩何項動支，事體有無穩便，合行劉燾等，作速查明回奏。

一、潘家口與喜峰口關外，天設灤河之險，形勝可據。先該本部題准，增修邊墻五百丈、臨河墩臺一座，合用銀兩於修邊銀内動支。其應該設險去處，仍聽陸續勘議。合行劉燾等，即查前工曾否修完，仍將各區應該設險去處通行會勘明白，作速具奏。

一、宣鎮東路境界至鎮南墩止，薊鎮渤海所北界至火焰墩止，二墩相去中間空地三十里未有管束。先該本部議，於適中之地兩鎮分修墻垣，共爲一邊，極屬喫緊。合行劉燾，會同宣大總督尚書江東，刻期整理完固，各令具由回奏。

一、薊鎮總兵下標兵寡少，先該本部題准，於馬蘭谷、太平、燕河、石匣四區通查遠年逃故缺絶二千名，設法召募，以爲選鋒。每軍初年給安家銀二兩，於河南、山東民兵工食銀兩内支給。今總兵新添標兵一枝，係干一事。合行劉燾等，即查前項軍士二千名向來曾否募完，如果已完，應否就作新添標兵之數，徑自施行，不必回奏。

一、薊鎮各區，西則古北口最爲要害，東則太平寨最爲要害。原議以馬蘭谷改參將，却以副總兵職銜加于古北口分守，節制曹家寨、石匣營兩遊擊；以燕河營改參將，却以副總兵職銜加於太平寨分守，使之叶同總兵撫賞貢夷。不知事體有無相應，合行劉燾等查議會奏。如果事體窒礙，亦要明白咨部查考。

一、薊鎮補兵練兵事宜，先該本部題准，行巡按、巡關御史再加閱視。即今虜警方寧，且總督、鎮巡官俱係新任，正當整飭之時，相應酌處。合咨都察院，轉行巡按御史董堯封、巡關御史黄洋，查照先今事理，稍待來春三月以後逐一閱視明白，徑自回奏。

一、薊鎮之兵，數逾九萬，籍有三等。先該本部題准，請敕兩關御史兼理清軍事務，通將各區分守并標、遊等兵三項各造清册三本。其係編發抽垛者，將應繼弟男不拘隨伍與原衛俱許開報的名，各另造於本軍之下，以後遇缺據籍頂補，不必再用清勾。其係召募者，該管官按季開報，止給募軍銀二兩。仍將邊軍逃故并解補多寡各責成該管將領并衛所等官，年終復命，分别功罪。以後續差御史查照接管，合咨都察院，轉行巡關御史黄洋、孫丕揚欽遵舉行，各令回奏。

一、古北、石塘二區軍士逃故八千餘名，若待清勾，一時不能告完。先該本部題准，出給榜文，不拘年月久近及本身、親屬通許告首，仍免問罪。審係丁力精壯，取具里鄰結狀，徑自解補，收操之日即與食糧。老弱不堪者，許報弟男子侄頂補，一體優恤。合行劉燾等，速行該區參將，各查前項軍士首過若干，曾否從實舉行，具由回奏。

覆太僕寺卿劉畿等條議寄養馬政疏

題：爲馬匹缺乏，懇乞聖斷早賜區畫，以嚴武備事，車駕清吏司案呈，奉本部送，兵科抄出，太僕寺卿劉畿等題，奉聖旨："這所奏，兵部看了來説。寄養馬匹倒失既已數多，見在不堪兑的又幾及十分之四，馬政何以廢弛至此？一併查處具奏。"欽此。抄出送司，行據太僕寺將計處事宜開款具呈，到部送司，案呈到部。

看得太僕寺卿劉畿具題前因，大率謂見在寄養馬匹數少，欲將收買、改派二事併舉，要將馬價銀兩備查節年借支別費，應還寺者督催還寺，不係買馬者不得一概准給一節。爲照節年寄養馬匹不下二三十萬，見在者任其倒失既不稽考，倒失者應納價銀又不追徵，以真定諸府良民之膏血，填順、河二府奸民之溝壑，千瘡百孔，廢壞至極。臣等近日題奉欽依，責差少卿劉朝佐、主事郭廷臣親詣各該州縣通行整理，意蓋有見於此。所據該寺原議，大率不過改派本色、發銀買馬二事。切緣買馬一事騷擾閭閻，無益有損，惟有改派本色一事原係舊例，相應依擬。合候命下，本部速行北直隸、山東、河南巡撫都御史，及咨都察院，轉行北印馬御史，將嘉靖四十三年分備用馬匹，除沂、費、郯、滕、嶧五處折價外，其餘仍照四十一年以前舊例全徵本色，解部發寺，以備調兑。其折色銀兩，以後容臣等酌量事情重輕，應動支者量爲動支，不應動支者自難輕動。其各部借過者移文清查，不許再借以誤軍國大計。及照該寺雖將計處馬政事宜呈報前來，以臣等愚見，有治人無治法，未有政得其人而法不舉者，故斷然以少卿之專督、印馬御史之監覈以爲首務，合就一併開坐上請，恭候宸斷。

嘉靖四十二年十一月二十九日題，奉聖旨："這馬政事宜，你部裏并各官都要着實舉行。"欽此。

一、專敕寄養少卿。查得該寺雖有少卿專管寄養，緣敕書原不坐名，挨次輪管，有同傳舍，且經年全未巡莅，以致州縣官民肆無忌憚，廢弛之由正坐於此。合無以後行令該寺少卿一員專管寄養，不許相沿交代，每年巡莅二次，上半年以二月爲期，四月回寺。如有瘦損不堪兑者，聽將管馬官照例決打定限，下次設法喂養驗膘。下半年以八月爲期，十月回寺。如馬仍瘦損，仍行決打，年終類參。每次巡莅回日，備造文册一本，送部查考。見管少卿劉朝佐換給坐名敕書一道，欽遵行事。

一、責成印馬御史。查得印馬御史，近該本部題奉欽依，兼管備用、寄養二事，然寄養止爲馬價一節，原未及於本色。合無移咨都察院，轉行北印馬御史，以後將寄養本色馬匹并追徵馬價通行管理，每年終將查處過事宜造册一本，送部查考，應參應問官員，會同少卿一體參問。

一、督責州縣正官。查得綜理稽查全在各州縣掌印官，先該本寺具題，本部覆議，掌印官於雙月查驗馬匹，堪兑不堪兑俱要開注，職守已明，無容別議。止因該寺雖有薦劾之例，向未舉行，以致人心玩愒，全未奮勵。合無每年終仍聽該寺會同提督少卿并印馬御史，將各州縣掌印官及各府管馬通判從公甄别。如倒失及不堪數少者，指名薦奬，本部移咨吏部，俸深者照例升用，俸淺者量爲加俸。倒失及不堪數多者，據實參劾，查照舊例，以十分爲率，不及五分以上，應住俸者住俸，應降級者降級，明白開奏，以示懲勸。

一、計處倒失追賠。查得倒失馬匹，舊例俱問罪，追補本色，故種馬倒失，州縣即行追補，向無拖欠。合無將寄養馬匹斟酌前例，自嘉靖四十三年爲始，領養十年以下，未經借兑倒失者，追補合式大馬，解寺印烙，仍發領養，姑免問罪。領養十年以上，馬齒已老倒失者追銀一十二兩。曾經借兑退回者仍照近例。交還之日原兑官驗係瘸瞎損傷，餧養不痊，曾經入册者，臨時與中途倒失，止追皮張銀四錢；領回三月之内倒失，加追肉臟銀伍錢；領回三月之外倒失，追銀五兩。如驗係膘息少減，尚堪餧養，不注入册者，查照借兑次數，借兑一二次倒失者，照保定事例追銀十兩；借兑三次以上倒失者，照遼東事例追銀七兩。

一、查處變賣馬價。查得嘉靖七年奏准，差太僕寺少卿，督同府州縣掌印、管馬官，將寄養馬匹通行查點，果有不堪兑軍者，分别所養年分變賣。合無自嘉靖四十三年爲始，聽該管少卿徑自分别，領養必須十年以上者方許變賣。仍查曾否兑借，如兑借一次、二次者，照保定事例追銀十兩；兑借三次以上者，照遼東事例追銀七兩；未經兑借者，照十年以上倒失事例追銀一十二兩。其堪養之馬，責令用心餧養，不許一概變賣，以滋奸弊。

一、查處寄養馬户。查得舊例，有地五十畝者免其納糧，止養馬一匹，以丁糧多者編充馬頭，專一養馬，餘令津貼錢鈔以備倒失買補之用，不許輪流。如有□〔九〕前輪流及令孤寡殘疾一概出辦者，發邊衛充軍，事例甚嚴，相應申明。合無嚴行各州縣掌印官，痛革冒充、花分等弊，務將糧多者充爲馬頭，地畝如不足數，方以中、下户津貼錢鈔，不許輪流餧養。地賣馬存者，斷令買地人户領養。至於倒失變賣馬價，載在敕内，遇赦不免，今後無故不得輒行奏免，違者聽本部與該科參究。

覆薊鎮督撫官劉燾等條議善後事宜疏

題：爲經略薊鎮善後事宜，以弭虜患事，職方清吏司案呈，奉本部送，兵科抄出，總督薊遼保定等處軍務兼理糧餉、都察院右副都御史劉燾，整飭薊州等處邊備兼巡撫順天等府地方、都察院右僉都御史温景葵題，俱奉聖旨："兵部看了來説。"欽此。通抄送司，案呈到部。

看得總督薊遼軍務都御史劉燾等所陳四事，皆以臣等原議因而推廣其説，無非兵食、戰守之計，合就開立前件，議擬上請定奪。

嘉靖四十二年十二月初二日題，奉聖旨："這本内干係錢糧的，還會同户部計處歸一來説。其餘依擬行。"欽此。

一、議處督總標下親兵。看得總督、鎮巡官籌慮俱已周悉，合無聽本部將應發馬一萬七千六百二十八匹，候調有軍士，但彀二三百名，即行太僕寺以次兑給，務足所討之數。一面移咨工部，將盔甲、弓箭、腰刀各一萬九百九十七副并改造工價刻期速發。一面移咨户部，將募兵銀五萬四千九百八十五兩先於别衙門權爲借給，月糧、行糧、料草仍行徑自計處。其餘議留民兵銀兩等項事宜，悉如所擬施行。

一、議處入衛邊兵糧賞。看得總督、鎮巡官謂昔厚今薄，與臣等原議相同，合咨户部作速查議。其糧料、草束，無事本、折間支，有警本、折聽便，亦聽該部一併議處。至於節制各鎮客兵、整飭京營戎政，均係根極領要之論，本部即行戎政大臣，將原議選兵六枝務期人人可用，以修實政。邊將如不敷，行本部另行推舉。

一、議處宣、遼境外哨探。看得總督、鎮巡官俱謂借鄰邊之耳目爲薊鎮之聞見，誠先機預防之一助，事體已明，無容再議。至於搗巢一節，本部節經題奉欽依，近因虜警又行宣、大二鎮分投出剿，果得虜首一百四十餘顆，足爲明驗。合無通行宣大、遼東鎮巡等官，以後不分春夏秋冬，勢有可乘，即便出邊雕剿，首級照例升賞，趕獲牛馬盡數給與原獲之人充賞。

一、議處朵顔三衛夷種。看得總督、鎮巡官欲將墻子嶺境外住牧夷人革其撫賞，不許仍舊盤據。果能悔禍，擒獻勾引之人，照舊與開撫賞，仍奏請升擢。查與臣等"分北三苗"之義大率相同，事在閫外，且干係夷情，合聽彼中徑自相機施行。

以上所議者皆今日之急務，但畿甸之地非同别鎮，不在一擊之功，當收萬全之略，况倚墻而戰，譬之鬥者拒高以凌下，其勢自易。以臣等愚見，仍當戰於沿邊，使之必不得入，方爲上策。

覆總督戎政鎮遠侯顧寰等條陳營務疏

題：爲傳奉聖諭事，職方清吏司案呈，奉本部送，兵科抄出，該總督京營戎政、太子太保、鎮遠侯顧寰等題，奉聖旨："兵部看了來説。"欽此。欽遵，抄出送司，案呈到部。

看得總督京營戎政、太子太保、鎮遠侯顧寰等奉旨條陳八事，臣等逐一參詳，均非浮泛之論。但該營兵馬，在内有城守之責，在外有征剿之責。必須人人可用，方不空費糧餉之需；必須字字舉行，方能有禆軍國之政。伏望皇上申飭總、協二臣，竭精殫力，祛去常套，務見實效，以副簡任責成至意。

嘉靖四十二年十二月初三日題，奉聖旨："是。京營係兵戎之本，這選練事宜務在實行，不許徒只説過，有負委任。"欽此。

一、精挑選之法。看得兵不貴多而貴於精。今欲挑選頭等軍士一萬八千名，分爲六枝，選委邊將六員統領，事已周悉。合無依其所擬，聽該營先將邊將姓名坐委具奏，如營中官不敷用，移文本部另行推舉。六將官下家丁准各增十名，馬匹候兵果練成處給。

一、核操練之實。看得列營放炮，不過修舉故事，空費無益，空勞無補。合無依其所擬，聽該營通行各將領，以後分投督率，或以銀牌教演弓矢，或立賞格教習火炮，果有成效，本管官咨部推用。其往時因襲營規一切停罷。

一、作將士之氣。看得在外總兵等官體統，本部先已具題，奉有欽依。所據京營將官事同一體，合無申明新例，副將、參遊與京官無相統攝者，處以賓禮，中途相遇不必隱避。如違，聽本部并該營查參究治。

一、明補替之例。看得召募軍士，若使通准替補，未免多費糧餉，今議稍加調停，以爲適中。合無依其所擬，除召募在逃者照例不准外，其在營病故，或爲他事因而住糧者，俱赴本部告明，病故者各以精壯親餘頂補，爲事者許其出首復役。

一、禁奸詭之習。看得將官果有奸贓，參後方得行提。近來不分已未參奏，甚至兵馬司奉有各衙門明文，徑自差人守提，將氣索然，甚乖事體。合無以後將官有犯，各該衙門會同戎政衙門查究明白，方許參提。

一、專兵車之教。看得兵車之製，止則爲營，行則爲陣，乃自昔兵家所不廢者，但須委任得人，方克有濟。合無聽該營自選諳練將官一員，先於工部量取一營之車，召選各處熟知兵車人役用心教習，果有成效，奏請多備。如查無相應將官，移文本部另行推舉。

一、預器械之設。看得盔甲、器械預先整辦，委得有備無患之意。合無依其所擬，備咨工部查處施行。

一、定編派之規。看得列營守城，官軍預先編派，不致臨時倉皇。合無依其所擬，備行該營編派，完日開造文册二本，一留該營，一送本部稽考。

遵諭葬祭陣亡戰士疏

題：爲傳奉聖諭事，職方清吏司案呈，奉本部送，據本部武選清吏司署員外郎事主事毛綱呈，前事，到部送司。

案查先於嘉靖四十二年十一月二十四日，於迎和門該文書房王本傳奉聖旨："近日陣亡士卒聞猶暴露原野，朕甚憫焉，便差屬官一員前去，督同彼處有司悉行埋掩，仍動支官錢，總設一祭以慰幽魂。其孫臏之死，猶有知罪畏法之意，着與恤典三分之一。兵部知道。"欽此。欽遵，已經札委本官去後。今該前因，查呈到部。

看得前項陣亡士卒，仰蒙聖明特垂軫念，掩其屍不令暴露以召天地之和，祭其魂使有所歸以作忠勇之氣，幽則眷及枯骨，明則風行絶塞，臣等待罪本兵，躬逢其盛，無任欣荷。

嘉靖四十二年十二月初五日題，奉聖旨："知道了。"欽此。

會議薊鎮主客兵餉疏

題：爲經略薊鎮善後事宜，以弭虜患事，先該兵部題覆薊鎮總督、鎮巡等官都御史劉燾等條陳事宜，節奉聖旨："這本内干係錢糧的，還會同户部計處歸一來說。"欽此。欽遵，抄捧到部。臣等會同太子少保、户部尚書高燿等，謹將本内干係錢糧二條逐一面加酌議，俱已歸一，合就開立前件，議擬上請定奪。

嘉靖四十二年十二月初九日題，奉聖旨："這錢糧你每既會議歸一，都准行。"欽此。

一、議處督總標下親兵。查得薊鎮舊例，主兵月糧，上半年本色，本色不敷，每石折銀六錢五分；下半年折色，每石折銀四錢五分。有馬軍士，每年夏秋自行牧放，春冬支給料豆，大月九斗，小月八斗七升。至於調遣、按伏、有警騎征，出百里之外，行糧本、折間支。支本色之日，每軍給米一升五合，每馬豆三升、草一束；支折色之日，每軍米折銀一分五毫，豆折銀一分二厘，草折銀一分七厘。嘉靖三十四年該督撫題，要將主兵調守三四十里及六七十里之外者，准令半支。該户部議覆，調遣五十里以外者，係防秋之日，果有賊勢壓境，晝夜擺守，准間日半支，稍緩即止，五十里以下不准支給。若果與賊對壘相持，事勢急迫，半支者暫准全支，不支者暫准半支，賊退即止。已經題奉欽依，通行欽遵外。今該總督劉燾等題稱，新募軍一萬九百九十七名，添馬一萬七千六百二十八匹，應發行月糧、料草合照前例，就於年終將新募新添軍馬各實在數目查算的確，併入會計數内具奏，以憑户部給發。如會計之後續有召募，至二三百名，聽督撫咨報，另行添給。其民兵工食見在銀五萬九千四百九十兩一錢照舊存留，以備操練、製器之用。募軍銀五萬四千九百八十五兩，兵部借給一半，該銀二萬七千四百九十二兩五錢，户部借給一半，該銀二萬七千四百九十二兩五錢，先行解發。一面嚴催河南四十二年以前拖欠民兵工食，各照補還。山西額解民兵工食銀一萬五千兩并山東、河南每名新增三兩，聽解軍門，爲操練、犒賞及修理器械支用。河南額解四萬二千兩、山東額解二萬六千兩，仍解户部，轉發管糧郎中，爲標兵糧料支用。

一、議處入衛邊兵糧賞。查得薊鎮嘉靖二十九年以後各邊入衛官軍，初以往返寒苦告討賞賚，事體未定，多寡不一。至三十八年，該户部議將延綏、寧夏等營每官賞銀一兩，每軍賞銀五錢，宣大、遼東等營每官賞銀七錢，每軍賞銀四錢，節經題奉欽依，遵行至今。其行糧、料草，每軍日支米一升五合，每馬日支料三升、草一束，俱本、折間支，米折銀一分五毫，豆折銀一分二厘，草折銀一分七厘，原有舊例。今督撫劉燾等欲將賞賚加厚，及要糧料乾潔，無事照舊本、折間支，有警本、折聽從軍便，無非優厚軍士之意，相應議處。以後各邊入衛官軍，延綏、寧固路遠者，舊規每官一員賞銀一兩，今再加二錢，共賞銀一兩二錢；每軍一名賞銀五錢，今再加二錢，共賞銀七錢。宣大、遼東輪流换班者，舊規每官一員賞銀七錢，今再加二錢，共賞銀九錢；每軍一名賞銀四錢，今再加二錢，共賞銀六錢。其召買糧料、草束務要乾潔堪用，無事之時照舊本、折間支，果係有警應援，與賊對敵，本、折聽從軍便，折色仍照例折給，不必照依時估，致生覬望。

覆薊州鎮巡官胡鎮等覈勘禦虜軍功升賞疏

題：爲傳奉事，職方清吏司案呈，奉本部送，兵科抄出，鎮守薊州永平山海等處地方總兵官、前軍都督府都督同知胡鎮題，奉聖旨："兵部看擬來説。"欽此。又該整飭薊州等處邊備兼巡撫順天等府地方、都察院右僉都御史温景葵，巡按直隸監察御史董堯封各題，同前事，俱奉聖旨："兵部知道。"欽此。通抄送司，案呈到部。

看得鎮守薊州總兵官都督同知胡鎮、巡撫順天等府右僉都御史温景葵、巡按直隸監察御史董堯封各具題，前事，大率言會同查勘過薊鎮獲功緣由。爲照薊鎮墻子嶺之警，明係邊臣失守所致，于時彼虜猖獗，我兵觀望，遠近警惶，罔知攸止。仰賴聖皇在上，神謀淵算，誠感玄穹，既將總兵官胡鎮頒賜銀兩、襲衣，又將本官特升都督同知。犒賞之使四出，項背相望；蒭粟之旨屢下，綸綍交孚。覆載之德乾元坤厚，合兩儀而同功；勸懲之典雨露雷霆，實並行而不悖。以故敢死之士前呼後奮，捐生之將西剿東擊。計自孤山以至古北，總兵胡鎮等與總督江東始終不下一二十戰，蠢兹醜虜，可謂狼狽而歸矣。内外大小臣工獲睹玄庥，同切仰感，所據一時諸臣固不敢貪天之功，事干激勸，亦當甄叙。除總督尚書江東先已升廕，原任參將李康民近復其參將，管理薊鎮巡撫標兵，總兵官孫臏已蒙特恩，贈都督僉事，廕一子做百户外，其餘有功人員既該鎮巡官胡鎮、温景葵，巡按御史董堯封勘報前來，中間品第俱已停妥；但當陣血戰、出邊追剿二項之功極爲難得，至於途剿零散之功，爲力頗易，自難概論，相應通行議擬。合候命下，將總兵官胡鎮、古北口參將郭琥超格升賞，入衛遊擊楊縉、石玉、李世倫厚加升賞，參將等官王孟夏、李裕信等三十五員各加升級，原任通州知州、今升兵備僉事張守中，見任平谷縣知縣任彬量升俸級，内王孟夏、李裕信、張守中、任彬，仍與副總兵等官袁正等三員優加賞賚。原任總兵、參將等官王繼祖、李輔、徐致中、徐枝，或行提未結，或原係死罪，或見在充軍，事體輕重不同，仍行巡按御史，各查所犯情罪明白，速議定奪。陣亡入衛遊擊趙溱，比照遊擊張紘事例，贈都督同知，另廕一子爲正千户世襲，仍立祠死所，歲時致祭。陣亡官文雄等十六員各升三級，陣亡胡鎮下親丁張鎮等三十六名并旗軍各升二級。其在陣并出邊斬首一顆，願升者照新例升二級，内係酋首者升三級；願賞者給銀五十兩。途剿首級一顆，願升者照舊例升一級，願賞者給銀三十兩，願贖者查議准贖。

嘉靖四十二年十二月十一日題，奉聖旨："這功次你每既分别明白，胡鎮、郭琥各升三級，楊縉等各二級，王孟夏等各一級，王孟夏、李裕信還各賞銀十五兩。張守中、任彬各升俸一級，與袁正等各賞銀十兩。王繼祖等，巡按御史查議具奏。其餘依擬。"欽此。

遵諭急整邊備疏

題：爲傳奉聖諭事，職方清吏司案呈，奉本部送。嘉靖四十二年十二月二十三日，該内閣傳奉聖諭："鎮報當急整備才好。"欽此。傳奉到部，隨該總督薊遼保定等處軍務兼理糧餉、都察院右副都御史劉燾揭，爲預飭薊鎮春防事，等因，到部送司。

案查先該本部看得，東西二虜住牧宣大、遼東境外，雖當春淺草枯之時，屢肆鼠竊狗偷之計，况來歲閏有二月，轉盼之間正月即至，戰守之策委當早爲申飭。合候命下，本部一面移文總督薊遼都御史劉燾、薊鎮總兵官胡鎮、昌平總兵官劉漢、巡撫都御史温景葵，督同副參、遊守、兵備等官，要見防春兵馬主兵應該作何分派擺守，邊兵應該作何分派策應；何區極衝，兵當加厚；何區次衝，兵當稍厚；口裏口外，火器應該作何安置。文書到日，限半月以裏開坐回奏。一面移文總督宣大尚書江東，宣府總兵官馬芳、巡撫都御史楊巍，大同總兵官姜應熊、巡撫都御史張邦彦，遼東總兵官佟登、巡撫都御史王之誥，督同副參、遊守、兵備等官，選差乖覺家丁、夜不收，分投於三間房、白草川、大青山板升及東虜住牧地方多方哨探，但有聚兵消息，即便飛報薊鎮，仍自本年十二月十五日以後每十日境外哨探有無賊迹緣由依限奏報。其宣、大入衛官兵，雖經放回休息，原議正月抵關住札，并行江東等加意整搠，聽候劉燾徑自調遣。上自總督、鎮巡，下及副參、遊守，世受國恩，均有安攘之責，務要攄忠戮力，仰慰聖皇宵旰之懷。如敢自分彼此，致誤事機，聽臣等與該科指名參奏處置。其宣大、遼保、山西新選應援兵馬亦要一體整搠，以爲先事之備，等因。已經題奉欽依，通行去後。今該前因，查呈到部。

看得東西二虜，在春則於二月、三月窺伺薊鎮，亦有正月突至，如往歲黑峪關之事者；在秋則於八月、九月窺伺薊鎮，亦有十月突至，如今歲墻子嶺之事者。非時入寇，掩我不備，此乃犬羊狡詐之常。臣等先亦熟慮及此，已經題奉欽依，嚴行總督都御史劉燾、總兵官胡鎮、巡撫都御史温景葵，將防春事宜作速會奏。兹蒙聖明因鎮之報敕下臣等，當急整備，神謀淵算，臣等恭捧，無任感激。所據總督劉燾等開列兵馬似已周悉，但標兵選募一時不能遽齊，合無於臣等題准宣大、山西援兵内，宣府正、奇、遊兵五枝共該一萬五千名，大同正、遊兵四枝共該一萬二千名，山西正、遊兵三枝共該九千名，速行江東，一面整搠停當，一面差人遠哨，但有醜虜東過白草川、三間房消息，不必候調，即便統率入關，分道策應。本部仍行保定鎮巡官尹秉衡、魏尚純，遼東鎮巡官佟登、王之誥，各將本鎮應援兵馬整搠停當，作速奏報，以憑另行調遣。其宣大兵馬先儘南山，保定兵馬先儘馬水口，必須二處絶無警報，薊鎮的有警報，方可啓行。既不宜觀望坐失薊鎮之事機，亦不宜輕率以誤本鎮之事務。至於劉燾等所稱邊墻以内設立窩鋪、官廳，邊墻以外設立壕塹，遇石斬崖，遇土掘坑，不分主、客官兵，各照依信地及時修理，尤爲得策，合悉如擬施行。伏望皇上申飭文武大小諸臣，務要同心戮力，共弭虜患。如敢自分彼此，偏徇牽制，恣肆怠緩，悉聽巡按、巡關御史參奏拏問，重加究治，以爲不忠者之戒。

嘉靖四十二年十二月二十三日題，奉聖旨："是。春防伊邇，這事宜各該總督、鎮巡等官作速力行，保固邊圉。如敢推調玩弛，重治不饒。"欽此。

會議總督戎政鎮遠侯顧寰留用以責後效疏

題：爲閫帥、寺卿不堪要任，懇乞聖斷亟賜罷黜，以勵人心，以敦實治事，先該兵部題，該刑科左給事中王楷參稱，總督京營戎政、太子太保、鎮遠侯顧寰不職，乞要罷黜一節。爲照京營戎政廢弛固已有年，緩急不足爲恃，該科歸咎總督之臣，殊非過論。但惟鎮遠侯顧寰，歷官中外，久稱廉謹，即今該營兵士樂其不擾，似亦相安，若能加振勵之功，自當著明作之效。況今春防在近，一切戰守事宜奉有欽依，方在整飭，應否去留，出自朝廷，臣等未敢定擬。及照推舉將官一事，臣等惟恐不明不公，有負皇上委任，雖嘗於廷議之時再三咨問，未盡廣集衆思之意。合無以後有缺，先期開報應會官員，各舉所知，具揭送部，聽臣等酌議停當，然後照例會推。奉聖旨："是。京營重務，總督須得其人。顧寰應否留用，及中外有堪是任的，你部裏還會多官慎評公舉來説。"欽此。欽遵，抄出到部。

臣等會同後軍都督府掌府事、太師兼太子太師成國公臣朱希忠等、吏部尚書兼翰林院學士臣嚴訥等議得，總督京營戎政、太子太保、鎮遠侯顧寰，敦大頗得軍心，廉靖久孚士論。責以衝鋒破敵，委非所長；使之居重馭輕，尚在可用。一時勛臣，似無出其右者。伏望皇上特加戒諭，令其策勵供職，以修戎政，以報國恩，惟復别蒙聖裁。及照右府所舉英國公張溶、定國公徐延德，見在掌管印信，難以輕動；平江伯陳王謨贓私狼籍，方在革任；通政使司所舉誠意伯劉世延，少年負氣，仍當歷練：俱難别議。至於六科、十三道官所舉保定總兵官尹秉衡、古北口副總兵郭琥、原任遊擊將軍盧國讓，及臣本部所舉西寧侯宋天馴，原任大同總兵官、今謫戍韓承慶，雖才器大小不同，均在可用。合無將尹秉衡等五員遇有營中相應員缺酌量推用，内謫戍者照依總兵吴瑛事例充爲事官，有功之日方准復職，庶幾裨將之用漸可得人，大將之選自當不乏矣。

嘉靖四十二年十二月二十四日題，奉聖旨："是。顧寰既僉謂尚在可用，着照舊策勵供職。尹秉衡等依擬。"欽此。

覆順天巡按御史董堯封條陳薊鎮邊務疏

題：爲陳言邊務，以懲夙弊，以飭武備事，職方清吏司案呈，奉本部送，兵科抄出，巡按直隸監察御史董堯封題，奉聖旨："兵部看了來説。"欽此。欽遵，抄出送司，案呈到部。

看得巡按直隸監察御史董堯封條陳六事，均於薊鎮邊務有益，合就開立前件，議擬上請定奪。

嘉靖四十二年十二月二十六日題，奉聖旨："准議行。內撫軍士事宜，還着劉燾等條具奏請。"欽此。

一曰懲往事以杜欺玩。大率謂有哨報之欺玩，有守堵之欺玩，有追賊之欺玩，有虜退之欺玩，欲要總督、鎮巡官痛加釐革。蓋因本官巡莅地方，得之目擊，以故言之親切。往者既不可追，來者悉當爲戒。合無依其所擬，備行總督劉燾，督同鎮巡等官，將前項四端欺玩痛加懲革。以後如敢仍前恣肆，應以軍法處治者徑以軍法處治，應參拏者指名參拏。

二曰申法令以飭將領。大率言薊鎮法令不明，將領玩縱，欲要嚴行總督、鎮巡衙門，備查所屬將領，果能補練兵馬、撫恤軍士則優處之，即有不及，姑示寬假；若慢事剋軍，無益補練，斷之以法。反覆開陳，深中肯綮。合無依其所擬，備行總督劉燾，督同鎮巡等官，悉照所議從實舉行。果有仍前故〔一〇〕肆，有誤邊防者，據實參拏，不得姑息因循，致誤大計。

三曰撫軍士以來召募。大率言近日召募，久無一至，蓋由將官平日撫禦失宜所致，欲要總督、鎮巡衙門嚴禁將官，勿擅私役，勿減衣糧，爲召來材勇之地，深切時弊。合無依其所擬，備行總督劉燾，督同鎮巡等官，嚴禁各該將領，不許私自擅役軍丁，致妨操練；衣糧等項不許虧減，務令得所。如有仍蹈前弊者，悉聽督撫、巡按官指名參治。

四曰禁暴掠以安居民。大率言官軍多習故態，暴掠多端，欲要嚴行禁諭以安地方，不能禦寇反以爲寇，深可痛惡。合無依其所擬，備行總督劉燾，嚴行各該將官，今後不問本鎮及應援官軍，所過州縣如有仍前暴掠者，徑以軍法處治。若有將官知而故縱，一體坐罪。

五曰習營壘以保士卒。大率言近來諸將號令不齊，以致戰陣失利，欲要乘補練之時嚴加訓習以保萬全，是誠兵家之上算。合無依其所擬，備行總督劉燾，督同鎮巡官，嚴行各該將領，乘今補練，各將戰陣機宜并一切應敵長技訓習精熟，務使臂指相應，戰守均利，以收實效。

六曰預應援以固内地。大率欲要將近邊内地預計虜賊必窺處所，分投設伏，相機戰守，無非保全地方之至計。合無依其所擬，備行總督、鎮巡官，嚴行各該將領、提調等官，通將分管地方每於防秋之時預先相度衝緩并各兵强弱，某處應該設伏，某處應該設疑，仍量主、客將領之材略、州縣之大小因才授責，一一處分停當，遇警相機分剿，事寧之後一體覈實，分別功罪，以示賞罰。

覆薊遼總督都御史劉燾申嚴軍令疏

題：爲申軍令以圖戰守事，職方清吏司案呈，奉本部送，兵科抄出，總督薊遼保定等處軍務兼理糧餉、都察院右副都御史劉燾題，奉聖旨："兵部看了來説。"欽此。欽遵，抄出送司，案呈到部。

看得總督薊遼軍務右副都御史劉燾具題前因，大率言薊鎮將兵號令未申，人心不齊，教練之時營哨隊伍之制不定，對壘之際分合進止之令不明，欲要詳議，注爲定例，通行遵守一節。爲照邊方之事固在於地利，尤貴於人和。和輯人心，賞罰號令均當明信。若使號令不明，人心不齊，用之以守，雖重關疊嶂不過險易之常；用之以戰，雖帶甲連營何益勝負之數。况薊、昌二鎮適當虜警之餘，群策未協，群力未一，振勵之方預見早圖，尤不容緩。所據總督劉燾議題前因，委爲軍中第一要務，相應通行依擬。合候命下，移咨總督劉燾，督同鎮巡官胡鎮、温景葵，通行各該將領等官，查照所議分定營哨、隊伍，平時加意訓練，遇敵各照議定軍令戮力戰守。如戰全勝，查係某哨隊當先，將首功之人定行上賞。萬一不勝，查係某哨隊，先退之人定行重罰。如損失一將領，罪坐於該營哨官；如損折一哨官，罪坐於該哨隊長；如損折一隊長，罪坐於該隊衆軍。俱要查爲首先退者，申以軍法處治。至於十路分布防禦，不論主兵、客兵，各照信地，協力拒守。如有疏虞，亦照營哨、隊伍一體重究。將領臨陣退縮及調遣後期，或行伍不整、軍數不實者，悉聽總督、鎮巡官參劾，治以重典。有能效忠宣力、出奇致勝者，亦聽總督、鎮巡官特本薦奬，以示激勸。總督軍門先行出給簡明告示，諭衆知之。曉諭之後，如敢危言鼓壞人心，使氣抗違軍令，或稱病求歸，或怠玩不理，副參以下先行指名參究，以憑拏問。

嘉靖四十二年十二月二十七日題，奉聖旨："是。"欽此。

校勘記

〔一〕"攎"，疑當作"據"。

〔二〕“待”，疑當作“持”。

〔三〕“淮”，十二卷本作“准”，是。

〔四〕“快”，十二卷本作“悮”，是。

〔五〕“劉壽”，疑當作“劉燾”。

〔六〕“堅”，疑當作“占”。本書卷九《覆監察御史林潤練鄉兵刷剩丁疏》：“該府如敢占吝不發，撫按即便從實糾奏。”

〔七〕“壘”，疑當作“疊”。

〔八〕“敵”，疑當作“鏑”。

〔九〕□，底本漶漫不清，據十二卷本當作“仍”。

〔一〇〕“故”，疑當作“放”。

山右叢書　山右歷史文化研究院　編

楊博奏疏集 下

［明］楊博　撰　　張志江　點校

上海古籍出版社

楊襄毅公本兵疏議卷十三

遵諭嚴防薊鎮邊備疏

少保兼太子太保、兵部尚書臣楊博等謹題：爲傳奉聖諭事，職方清吏司案呈，奉本部送。該内閣傳奉聖諭："兵理可用心否？十路可聞二三齊否？不過往來文書。昨二次風異，必非無應恩示，宜小心。"欽此。欽遵，傳奉到部送司，案呈到部。

臣等捧讀聖諭，仰見皇上留意邊警，至精至密，無任欽服。查得薊遼總督都御史劉燾原題十路客兵正月入關，宣大總督尚書江東見將大同、宣府、山西三鎮援兵具奏整搠，又奏稱賊虜俱在大同邊外住牧，候哨有東過白草川、三間房消息即便入關策應。内外防禦之略日慎一日，不敢少怠，除通行劉燾等小心嚴備，宣、薊二鎮總督但有奏到事宜，臣等即時議覆，務保萬全。

嘉靖四十三年正月初七日題，奉聖旨："是。邊防當慎，朕已屢下諭，便行與劉燾等，悉心幹理，仍行京營，一體上緊選練，各不許以虚文取罪。"欽此。

覆巡撫保定都御史魏尚純酌議春防兵馬疏

題：爲懇乞天恩，計處防春兵馬，以弭虜患事，職方清吏司案呈，奉本部送，兵科抄出，巡撫保定等府兼提督紫荆等關、都察院右副都御史魏尚純題，奉聖旨："兵部知道。"欽此。欽遵，抄出送司，案呈到部。

看得保定一鎮原無防春事例，若論地方衝緩，則馬水口逼近保安，第一該防。至於紫荆、倒馬二關，大舉之寇多由大同突入，計二關至邊五六百里，候其入邊方行擺守，亦不爲遲，相應通行酌處。合候命下，備行都御史魏尚純、總兵官尹秉衡，即將馬水口應擺兵馬於正月終旬上邊，其餘紫荆、倒馬應擺兵馬俱在本處練候，一面差人於大同遠哨，果有大舉入邊消息，作速督發，一體擺守。若賊虜大勢東過白草川、三間房一帶，則是的犯薊鎮，又聽總督劉燾相機調援，共保萬全。

嘉靖四十三年正月十七日題，奉聖旨："是。着鎮巡官於宣大地方先時遠哨，酌量緩急發兵防守。"欽此。

請命薊鎮邊臣哨報虜情疏

題：爲申嚴薊鎮哨探，以圖萬全事，職方清吏司案呈。照得西虜辛愛等，該宣大總督、鎮巡官十日一奏，東虜土蠻等，該遼東鎮巡官十日一奏，俱經奉有欽依通行外。所據薊鎮若不嚴加探哨，止以耳目寄之别鎮，萬一誤事，干係匪輕，乞爲查處，案呈到部。

看得薊鎮哨探一事，委當一體舉行。合候命下，行移總督都御史劉燾、總兵官胡鎮、巡撫都御史温景葵，通行十路副參等官，各差的當人役出境遠哨，自正月二十五日爲始，每十日將有無虜情緣由照依宣大、遼東事例各另具奏，不許疏怠遲緩，及妄捝捕風捉影之言，致誤大計。

嘉靖四十三年正月十九日題，奉聖旨："是。着劉燾、胡鎮、温景葵嚴行各路將官，差人遠哨虜情，照例奏報。"欽此。

覆薊鎮督撫官劉燾等條議撫恤軍情事宜疏

題：爲陳言邊務，以懲夙弊，以飭武備事，職方清吏司案呈，奉本部送，兵科抄出，總督薊遼保定等處軍務兼理糧餉、都察院右副都御史劉燾題，奉聖旨："户、兵二部看了來説。"欽此。又該整飭薊州等處邊備兼巡撫順天等府地方、都察院右僉都御史温景葵題，奉聖旨："户、兵二部看了來説。本内將官白文智、傅津、郭琥、佟登、張懋勛能計處撫恤軍士，各賞銀二十兩、紵絲二表裏。"欽此。欽遵，通抄送司，案呈到部。

看得總督薊遼軍務右副都御史劉燾、巡撫順天等府右僉都御史温景葵等具題四事，大率均係恤軍事宜，合就開立前件，議擬上請定奪。

嘉靖四十三年正月二十五日題，奉聖旨："依議行。"欽此。

一、總督都御史劉燾所題，大率欲要將各營軍士照册查出，精壯者盡發營操，老弱者選補牢伴，查照題准事例定擬名數，一應打柴與鋄銀、挑繡之匠嚴加禁革各一節，委得正本清源之意。合無移咨總督劉燾、巡撫温景葵，通行各路將領，各將本營食糧軍士照册查出，搜選精壯者盡發營操以備戰守，老弱者即充牢伴以備差遣。仍遵照先年題准事例，鎮守總兵每員軍伴二十四名，副總兵每員二十名，分守、參將、遊擊十八名，守備每員十二名。提調以都指揮體統行事，與守備職銜、責任相同者，每員十名。坐營中軍比照各衛管事指揮，每員四名。管操、領哨等官，每員二名。其打木、擔柴、鋄銀、挑繡等匠通行查革，敢有分外多占者，悉聽督撫官坐贓參問。至於定議把式、較射鎗箭、置簿稽查等項事宜，悉如所擬施行。

一、總督都御史劉燾所題，大率欲要廣召募以備緩急，急抽選以圖經久，厚撫恤以免逃亡各一節，中間議處俱已周悉。合無依其所擬，備行總督劉燾、巡撫温景葵，一面差委能幹官員出關分投召選，合用安家銀兩照依所擬之數酌量查給。本部仍行各鎮督撫衙門，行令各該地方，如有願赴薊鎮投軍者不許阻留，彼此同心，共濟其事。一面行令薊鎮沿邊軍衛有司，因其地方大小，定以抽選人數，原額均徭不得累及見在人户，所遺均徭改撥富庶地方。一面行令各該將領置立點軍文簿二扇，將所管軍士嘉靖四十三年爲始，分别舊管、新收、開除、實在四行，逐款明白按月登記循環簿内，赴總督軍門倒换，查考軍數之盈縮，定將領之賢否，仍聽巡按、巡關御史出巡之日稽查舉刺以修實政。

一、巡撫都御史温景葵所題，大率言參將白文智議開煤窑，抽取課銀，得策之上；副總兵傅津議采柴草，易賣價值，得策之中；參將郭琥議將米糧放於酒房，銀兩放於鋪户，量取利息，得策之下。要之皆爲撫賞，除采柴恐開私役之端，放債近於市井之習，俱難依行外，合無備行總督劉燾、巡撫温景葵，行令各路將領等官，隨其所在，各將興利事宜果有如白文智開取煤窑者議呈督撫衙門，逐一詳酌施行。公用銀兩再不敷用，徑自會題，聽本部與户部另處。如有踵襲前弊及科派、剋減等項，悉聽督撫官并巡按、巡關御史指名參治。

一、巡撫都御史温景葵所題，大率言營中出差、力作、邊功者皆貧軍，科斂不加、袖手高坐者皆富輩，欲要今後各官軍伴止於三等軍士照例取用，不許占用殷實得過之人，其餘匠作、護敕、種地等項名色盡數革除一節，查與總督劉燾前款所題大略相同，合無一體嚴行申飭。至於各該家丁既有行糧、月糧，又有關領馬匹，不許以兑馬爲名占軍幫貼。凡有應修工程及不得已灘〔一〕派，一例均平，不得徇私偏累。中間如有怙惡不悛，仍前私占，致妨操練，或貽累衆軍者，聽督撫官從重處置，該管官併行參究。

分布援兵豫備薊鎮調遣疏

題：爲預布援兵，以重春防，以保萬全事，職方清吏司案呈。先該本部具題，内一款“一、議處鄰境添調援兵”，節該總督宣大尚書江東等、巡撫保定都御史魏尚純等各將整搠過援兵緣由會題前來。即目正月將盡，二月倏臨，在東虜則仰仗玄威，追逐遠遁，石門諸路已收保障之功；在西虜則結聚近境，乘隙窺伺，古北諸口當嚴防禦之略。所據鄰境援兵不嫌於多，多多益善，呈乞查處，案呈到部。

看得薊鎮地方近在畿甸，比之别鎮迥不相同。虜未至則當悉心盡守，以伐其謀；虜已至則當竭力堵截，以屈其力：大率地利、人力二者均不可少。除總督劉燾先將十路兵馬分布停妥，見今次第入關且修且守外，所據臣等之原議鄰鎮援兵，宣府五枝共該一萬五千名，大同三枝兵共該九千名，山西三枝共該九千名，保定三枝共該三千名，遼東一枝共該三千名，通共三萬九千名，相應預爲定擬。合候命下，備咨江東、魏尚純并遼東巡撫都御史王之誥，各照後開事宜，嚴行各將查照遵行。無警則仍在原地駐札聽候，萬一有過白草川、三間房之訊，不必聽調，徑自入關，庶幾士馬雲集，戰守允賴。

嘉靖四十三年正月二十九日題，奉聖旨：“是。”欽此。

一、宣府總兵官馬芳，已經臣等調在懷來駐札，果有東警，即便統領所部正兵三千員名并東路遊擊麻錦下遊兵三千員名、宣府新遊擊崔世榮下遊兵三千員名作速入居庸關，或應防守各路，或應防守郊圻，悉聽總督劉燾徑自分布。

一、大同總兵官姜應熊，已經臣等調在懷安駐札，果有東警，即便統領所部正兵三千員名作速入居庸關，仍將本鎮東路遊兵三千員名一併帶領入關，悉聽總督劉燾徑自分布。

一、保定總兵官尹秉衡見在保定駐候，果有東警，即便統領所部標兵三千員名，由涿州、良鄉前進，聽候總督劉燾徑自分布。

一、遼東總兵官佟登，已經臣等調在寧前駐札，果有西警，即便統領所部正兵三千員名作速入山海關，聽總督劉燾分布東路，公同石門、燕河、太平三路參將白文智等隨賊向往，協力防守。

一、山西總兵官董一奎，已經臣等調在順聖東城駐札，果有東警，即便統領所部正兵三千員名作速入居庸關，仍將本鎮遊兵一營三千員名一併帶領入關，悉聽總督劉燾徑自分布。

一、宣府副總兵麻禄，已經臣等調在永寧駐札，果有東警，即便統領所部奇兵三千員名作速入居庸關，聽總督劉燾徑自分布。

一、總督尚書江東見在懷來駐札，果有東警，即便統領標兵三千員名并大同西路遊兵三千員名、山西援兵三千員名速赴居庸關，相機進止，以示犄角之勢。前項各起援兵，有功與薊鎮將領同其升賞，有罪與薊鎮將領同其譴罰。

一、保定都御史魏尚純，如果有警，徑趨涿州、良鄉等處。遼東巡撫都御史王之誥，如果有警，徑趨山海等處。其大同巡撫都御史張邦彦、山西巡撫都御史楊宗氣、宣府巡撫都御史楊巍一面各守本鎮，一面選差勁兵，分擣虜巢，牽其内顧。

覆山東巡按御史高應芳議處報效人役疏

題：爲議處地方事宜，以裨安攘大計事，職方清吏司案呈，奉本部送，兵科抄出，巡按山東監察御史高應芳題，奉聖旨："兵部知道。"欽此。欽遵，抄出送司，案呈到部。

看得巡按山東監察御史高應芳題稱，訪得濮州原任守備、今充軍陳良謨，在淄川縣與生員王勛、司守約、司守敬、王汝弼、牛在峰、畢聳、程章、丁汝勉、劉課召募精兵四千，一聞虜警，踴躍争赴，及至事平，隨即散伏。即今古北揀練用人之際，乞將陳良謨、司守敬、王勛充冠帶把總名目，行令山東巡撫張鑑出榜宥其私自糾衆罪名，給文赴薊鎮軍門聽用。其餘情願報效者一體收送，就令陳良謨、司守敬等管領。果能殺賊立功，照例升賞。知縣許遷職擅出私交，合應提問各一節。爲照前項願報效人役，警至而募兵趨赴，似有敵愾之心；警退而束身歸散，原無携二之迹。但未奉官司明文，事屬專擅，堅冰之漸委當預防。既該巡按御史高應芳具題前來，相應通行議擬。合候命下，移咨巡撫都御史張鑑，即將陳良謨、司守敬、王勛俱各授以冠帶把總名目，專聽民兵參將李洲節制，仍將義勇四千名造册在官，省令照常生理。如遇薊鎮防秋，果有自備鞍馬、口糧，願從民兵報效者，巡撫官查理明白，交付李洲統領報效；不願者不宜强逼。有功之日，與官軍一體升賞。知縣許遷職私交有罪，緣事本因公，姑免提問，移咨都察院，轉行高應芳，量加戒飭，以示後戒。

嘉靖四十三年二月初二日題，奉聖旨："是。"欽此。

覆監察御史王汝正條議邊務疏

題：爲陳愚見，議兵食，以圖内治，以安重鎮事，職方清吏司案呈，奉本部送，兵科抄出，浙江道監察御史王汝正題，奉聖旨："該部看了來説。邊餉奸弊多端，尤須詳計嚴禁，以副朝廷任官養兵之意。"欽此。欽遵，抄出送司，案呈到部。

看得浙江道監察御史王汝正條陳五事，合就開立前件，議擬上請定奪。

嘉靖四十三年二月初六日題，奉聖旨："兵備道以飭兵保固地方爲職，有功既與將官同賞，豈得不同其罰？着照劉燾近題准分路事理行。其餘依擬。"欽此。

一、預傳報以圖收斂。蓋有鑒於去冬之事，若果傳報得早，多方收保，全活必多。合無備咨總督劉燾，督同鎮巡官胡鎮、温景葵，通行各路將領，如遇春秋兩防，多差的當人役遠爲哨探，果有入犯消息，着落該道兵備官預先傳報，責令有司製火牌十餘面，差陰陽、義官分投各路傳示鄉民，早爲收斂以保萬全，違者查究坐罪。

二、設奇兵以剿零寇。大率欲要遇賊入境，主將領兵結營，與賊相持，仍選驍將，專領勁兵，四散分掠零騎，邀截剿殺，是亦兵家之一策。合無備行總督劉燾，督同鎮巡官胡鎮、温景葵，今後遇賊入境，主將一面領兵拒堵，一面分遣驍將出奇取道，趨赴所掠地方，或夜擊賊營，或邀截零騎，隨機應變，務收全功。如或觀望誤事，聽總督官徑以軍法從事。

三、議守城以保郡縣。蓋因邇來虜賊一見野無可掠，輒肆攻城之計，即如平谷之事，可以爲鑒。合無備咨總督劉燾、巡撫温景葵，通行各該兵備道，責令守備、有司等官各將守城軍役從實操練，并將城中壯丁盡數查出，與守城軍役各備精利器械，每城分爲四面，每面設火器若干，并派定垛口地方，開造文册。無事之日，守備官止許操練軍役，不許騷擾居民；有警之時會同有司，照依編定地方上城分守。如無守備，州縣就令有司、衛官一體舉行。

四、禁科剋以恤邊軍。近該巡撫順天都御史温景葵具題，本部覆奉欽依，極爲詳備，查與御史王汝正所見大略相同。合無備咨總督劉燾，督同鎮巡官胡鎮、温景葵，今後有事巡邊，一毫不許取辦軍士，仍通行各道并各該將官，凡遇經過營堡，除應支糧餉外，不許分外索取下程。如無糧餉者，各令自備蒭糧，或准動自理紙贖，委官供應，亦要出示嚴禁各旗牌人等，不許騷擾地方。各處守堡等官亦不許指稱科派。違者聽巡按、巡關御史訪拏，坐贓重治。

五、明職守以專責成。大率欲將各兵備官無事令其查理兵食，遇警守歛保守。至於邊墻失守，不得與將官一例同責，深爲有理。合無斟酌所擬，備咨總督劉燾、巡撫温景葵，行令各兵備官，無警每年正月半上邊，三月盡下邊，七月初上邊，九月盡下邊，各照區分撫處夷情，聽理詞訟，選練人馬，修理關營、墩墻、城池、堡寨，管理神器、甲仗，修蓋營房、倉庫，預備主、客糧餉，稽查一切奸弊。如有邊工未就之緒及間閱兵馬諸務，仍選委州縣才能正官一員前去代理。及將所管區分主兵通行搜選，公同該路將領設法教練，遇警收歛人畜，處置行糧，監督戰守，主、客大小將領如有臨陣退縮及不公不法，俱許指實參究。其謀勇勤勞者，具呈督撫衙門甄别奏請，仍聽總督、巡撫官節制。萬一邊關失守，不得與將官一概坐罪。各道敕書通行换給。

覆都給事中邢守庭等條議春防邊務疏

題：爲敷陳末議，以備春防采擇事，職方清吏司案呈，奉本部送，兵科抄出，兵科都給事中邢守庭等題，奉聖旨：“該部看了來説。”欽此。欽遵，抄出送司，案呈到部。看得兵科都給事中邢守庭等條陳三事，合就開立前件，議擬上請定奪。

嘉靖四十三年二月初六日題，奉聖旨：“軍令必嚴乃能制勝，各鎮將領但有抗違玩愒的，着總督、鎮巡官指名參奏，以憑重治。降敕、差官不必行，其餘依擬。”欽此。

一、申節制以一士心。臣等議得，防邊之要，第一在於號令嚴明，其次在於賞罰明信。號令明則大將之威行於外而人知畏讋，賞罰信則朝廷之政定於一而人有勸懲。除薊鎮拒堵之功雖無首級者一體世廕，哨探之使能得的訊者即與升賞，節經奉有欽依，無容別議外，所據副參、遊守等官自有虜患以來怠玩成風，鮮遵約束，誠如該科所論。合無依其所擬，備行翰林院，查照今議，專撰敕諭一道，本部選差司屬官一員前去薊鎮宣布德音，嚴令各該將領，一切戰守機宜悉聽總督、鎮巡節制。敢有抗違玩愒者，輕則以軍法從事，重則指名參奏，拏解來京，置之法典。庶幾臂指可成，腹心自固，提綱挈領，無過於此。

一、分駐札以固重鎮。臣等議得，陽和一城，在内則當宣、大之中，在外則爲華夏之限。總督駐於懷來，勢既不能西顧；巡撫近在雲中，事自可以兼防。該科所論，無非圖維萬全之意。合無備行總督江東，嚴行陽和兵備副使、分守參將，督率各城守備、把總等官，居常加謹哨備，有警相機堵剿。大同巡撫都御史不時往來巡莅，修明邊政。候薊鎮寧謐，江東照舊駐札陽和，控制三鎮。

一、遵明旨以修實政。臣等議得，薊、遼去京師爲近，寔有申畫郊圻之責；陝西四鎮與山西一鎮去京師雖遠，亦有慎固封守之寄。大抵均承簡命，分閫一方。力求實效，尚恐職業之弗修；苟事虛文，必致邊政之大壞：委當通行申飭。合無移文各鎮總督、鎮巡官，查照該科所議，即將一切防禦事宜遵奉明旨從實舉行，不得玩愒因循，自貽罪戾。違者聽巡按御史與本部指名參治。至於守衛官軍苦於役占之多，全無嚴肅之體，合行巡視科道并本部郎中陳詔，晝夜點查，以祛夙弊。其都給事中邢守庭原定牌面式樣，務要速爲制造，通完之日，郎中陳詔呈部查考。

覆薊遼總督都御史劉燾等一片石拒虜功賞疏

題：爲欽奉明旨，分别堵截有功官員等第事，職方清吏司案呈，奉本部送，兵科抄出，總督薊遼保定等處軍務兼理糧餉、都察院右副都御史劉燾題，奉聖旨："軍功論賞，除總督、鎮巡外，其餘文武官非實在地方戰守者不宜濫預。這本内所開的，兵部還斟酌定擬來説。"欽此。又該鎮守薊州永平山海等處地方總兵官、前軍都督府都督同知胡鎮題，内稱巡按御史董堯封、巡按御史黄泮，法紀素行于諸將，風裁久動乎三軍，不戒以孚，戎有攸賴。總督軍務右副都御史劉燾，任事纔方三月而軍令維新，決策每求萬全而人心丕應。一聞喜峰之報，即遣大將以東馳；再聞義院之傳，復遣標兵而聲援。功成有自，發縱居先。但御史係朝廷耳目之官，總督乃地方共事之長，節奉禁例，俱不得互相稱引，並不敢論。巡撫右僉都御史温景葵，爲地方保障，不辭晝夜籌畫之勞；知將卒甘苦，不惜千金鼓舞之費。號令多施於平日，調度克濟于臨時。虜謀未發而機先得，使諸路之防在在有備；警報方聞而氣已奪，驅見敵之士個個争先。似其指縱之功，誠不在摧鋒之下。此一臣者又非臣敢擅言也。奉聖旨："兵部知道。"欽此。又該整飭薊州等處邊備兼巡撫順天等府地方、都察院右僉都御史温景葵題，内稱鎮守總兵官都督同知胡鎮，心恒許國，志切吞胡。聞報長驅，三晝夜而行八百里路；望風直擣，一咆哮而却數萬賊兵。始于黄土嶺之摧鋒，氊裘膽落；既而山海關之遣將，羊犬計窮。允矣無怠而無荒，誠哉有謀而有勇。似此土嶺之烈，無忝土墻之功，此一臣者所當首論，以備㢠賚者也。奉聖旨："兵部知道。"欽此。欽遵，通抄送司，案呈到部。

看得總督薊遼保定軍務右副都御史劉燾題稱，查勘過本年正月内一片石等處官軍堵回大虜獲功緣由，及稱鎮守薊州總兵官都督同知胡鎮所當㢠賚，石門寨參將白文智所當出格升賞，總兵官標下遊擊董一元、山海守備趙雲龍厚加升賞，守山海關主事商誥、薊州兵備帶管永平道右參政紀公巡所當甄録，固原遊擊周池，白文智下親丁白武卿、白棟、白漢、白勛、白潤，中軍黄都，千總楊秉中、江川，提調馬文龍，趙雲龍下親丁趙雲鳳、趙雲海、趙應捷，中軍符楨，指揮施國藩、石寶、任鶴年、王傑，經歷魏公道，胡鎮下親丁胡天福、胡天禄、陳平、郭大勛、劉從武、楊天伏、陳海、蘇子中、賈倫、王宗儒，前鋒官陳嘉猷、王光祖、薛論道、丁從化，中軍劉九經，千把總梅應春、孫世勛、宫麒，董一元下千總李芝，石門寨隨伍官李福，北水關百户虞政所當通論升賞，内白武卿、趙雲鳳尤宜優厚。燕河營副總兵傅津，永平遊擊張懋勛，聽用原任參將徐枝，軍門標下振武營參將帶管中軍事李勇，巡撫標下中軍、原任參將徐致中，石門寨武舉官郭江，三屯營武舉官毛希遂量加升賞。建昌營參將尤月，遊擊李著，巡撫標下參將李康民，太平寨參將時鑾，馬蘭谷千總閻儒，軍門標下參將黄演、王孟夏，寧夏遊擊石玉，一片石提調王庭楝，千總王世爵，黄土嶺管操官吕納，守關官解性，大青山守關官田登，董一元下中軍黄升，喜峰口守備羅端，義院口提調王允文，管夜不收官朱添福等二十八員，原任遊擊竇淮、原任都司姚允中、三屯營管領家丁百長官王自進等二十七名所當賞勞。令典張相等五名准容比例。哨夜張才等五名探報得實，通應犒賞。被傷軍丁郭勛等三十六名奮不顧身，通行優恤。石門寨、山海關各主兵，三屯營標兵，固原營援兵通應加犒。乞要再加詳議，照例酌量升賞、犒勞、優恤。其餘獲功、陣亡人等，通行巡按衙門勘明具奏，另行升賞。及該巡撫都御史温景葵備言總督劉燾之功，以爲地方共事之長，總督都御史劉燾備言巡撫温景葵之功，以爲地方共事之臣，不敢互相稱引各一節。爲照蠢爾東胡，爲謀奸猾，方當草枯馬弱之時，欲逞虎噬狼貪之計。幸賴皇上聖武布昭，玄威震疊，預飭春防之淵略，屢勤兵理之德音，天風昭示于先時，海波效靈于臨事。始攻黄土嶺，參將白文智首挫其鋒；繼攻一片石，總兵胡鎮中殺其勢；再攻山海關，守備趙雲龍後擊其歸。數萬之虜狼狽而退，千里之邊安堵如舊。伏望聖明擇日謝玄以答庥貺，仍乞敕下禮部，奏遣彼處巡撫官祭告海神，以昭百靈助順之效。至於地方文武官員宜加恩勞，誠如聖諭，既經總督、鎮巡劉燾等分别等第，會題前來，臣等復加酌擬。除原非戰守及巡按、巡關御史例不論功，俱不敢濫擬外，總督右副都御史劉燾、巡撫右僉都御史温景葵，身雖未莅於三軍，心實已竭乎百慮；總兵官都督同知胡鎮，聞警而率衆先登，遇敵而誓死轉戰：相應與參將白文智等一體優録，以示激勸。合候命下，將劉燾重加升賞，胡鎮特加蔭賚，温景葵同加升賞，白文智、趙雲龍、董一元超格升賞，商誥量加升賞。紀公巡量升俸級，仍加賞賚。白武卿、趙雲鳳重加升級，周池、白棟等三十八員名各加升級。傅津、張懋勛、徐枝厚加賞賚，尤月、羅端、王允文量加賞賚。朱添福等二十八員名，總督軍門分別犒賞。陣亡旗軍范勛等四名照例襲升二級，被傷旗軍郭勛等三十六名照例優恤。哨夜張才等五名哨探明的，戰守有賴，各加升級。仍與石門寨、山海關各主兵，三屯營標兵并固原營援兵動支太僕寺馬價銀八千兩，解送軍門，分別賞勞。斬獲首級，聽巡按御史覈實明白，另行升賞。

嘉靖四十三年二月十一日題，奉聖旨："朕荷皇穹眷佑，狡虜退遁，邊境載寧。祭告海神，着禮部奏舉。有功人員，你每既酌擬停當，劉燾升兵部右侍郎兼都察院右僉都御史，照舊總督，還賞銀四十兩、紵絲二表裏。胡鎮黁一子與做錦衣衛署百户，温景葵升俸二級，各賞銀三十兩、紵絲二表裏。白文智、趙雲龍、董一元各升三級，賞銀二十兩、一表裏。商誥升一級，紀公巡升俸一級，各賞銀十兩。白武卿、趙雲鳳與做原衛所鎮撫。周池等、張才等各升一級。傅津等各賞銀十五兩。尤月等各十兩。其餘依擬。"欽此。

覆江西巡按御史陳志覈實叛兵袁三功賞疏

題：爲流寇突犯鄰省，深入鄱湖，乞敕撫操諸臣合兵夾剿，以靖地方事，職方清吏司案呈，奉本部送，兵科抄出，巡按江西監察御史陳志題，奉聖旨："該部知道。"欽此。欽遵，抄出送司，案呈到部。

看得巡按江西監察御史陳志題稱，廣賊袁三餘黨流毒地方，各該官兵生擒一百二十六名，斬首九十一顆。及稱参政王應時，副使塗澤民、陶承學，参議陳宗虞、崔都，僉事盧岐嶷、崔近思、祝繼志，把總樂埧所當首録，都督僉事劉顯，参將梁守愚，遊擊將軍盧錡，知府劉炌，同知楊侃、袁珠，通判畢效欽、舒鎏、梁繼芳、何諮，推官楊徵，守備李超、吴國，指揮曹清，知縣游日章、高岡、王葵，千户劉添榮等六員所當併録，百户馬效龍、丁沂相應免究。及稱原任巡撫江西右副都御史、今升兵部左侍郎胡松，謀成多算，功收萬全各一節。爲照叛兵袁三等，自嘉靖四十年五月背叛流劫以來，直至江西，陽稱投兵，陰實爲亂。江西撫按官察知其情，差官伴送浙江軍門收用。行至玉山縣地方，遷延不進，肆行焚劫，上饒、永豐二縣俱被延害，縱横五十餘日，糾連數千餘衆，因而劫掠福建建陽、崇安，流漫延平、汀漳等處，勾連逆賊張璉，幾破漳郡。後又突至泉州、順昌、甌寧，據險團結，欲過分水等關入湖入江以爲巢穴。巡撫都御史胡松乃能一面具題，一面分遣勁兵數枝，遠出建陽、崇安，合圍夾擊，賊始挫衄。削群凶覬覦之迹，消二省荼毒之患，所據一時效勞人員既該巡按官覈勘前來。内胡松督偏裨以出境，先則制人，已奪狂悖之心；分諸道而防湖，隨處皆兵，茂建擒俘之績。御史陳志以爲“謀成多算，功收萬全”，殊非過論。王應時雖以别事革任閑住，其功亦難獨泯。係干激勸，相應通行議擬。合候命下，將胡松厚加升俸，以示勵奬。崔都、樂埧、崔近思量加升賞，王應時重加賞賚，劉顯、塗澤民、陶承學、陳宗虞、盧岐嶷、祝繼志量加賞賚。梁守愚等二十二員，巡撫衙門分别犒賞。丁沂准其贖罪，馬效龍免其究治。

嘉靖四十三年二月十五日題，奉聖旨：“是。胡松升俸一級，賞銀二十兩。崔都等各升俸一級，還與王應時、劉顯等各賞銀十兩。其餘依擬。”欽此。

覆宣大巡按御史成守節覈實宣府搗巢功賞疏

題：爲奏報捷音，以慰聖懷事，職方清吏司案呈，奉本部送，兵科抄出，巡按直隸監察御史成守節奏，奉聖旨："兵部知道。"欽此。欽遵，抄出送司，案呈到部。

看得巡按直隸監察御史成守節奏稱，查勘過嘉靖四十二年十月内官軍從宣府西路膳房堡等處出邊搗巢，斬首、生擒一百三十餘名顆。及稱軍門標下中軍、原任參將吕淵，巡撫標下把總、原任參將丁淳，軍門標下千總葛奈，并把總張士英、劉敖、劉付擺、言都、王朝陽、石天爵、黄伏、劉倉，正兵營把總馬虎、張雄、武藍、李東羊、閻縉、黑曉虎、車燒化，俱查部下首級多寡，照例升賞，内葛奈、馬虎、燒化尤當重加升賞。軍門標下原任總兵官劉漢、正兵營坐營馮大威、管領家丁千總方時春均當收録。西路參將李官、膳房堡守備劉淳所當量賞。總督尚書江東、巡撫都御史楊巍、鎮守總兵官馬芳所當併加賞賚，内楊巍尤宜崇厚。陣亡軍丁楊禄等、獲功官軍趙紀等俱當照例升録。生擒達婦努賣等四口亦應併議各一節。爲照蠢兹驕虜，擁精悍之衆突入薊鎮，全無内顧之憂。宣府總督、鎮巡等官乃能仰仗玄威，恪遵明旨，督兵出塞，搗其巢穴，斬首多至一百三十名顆，攻其必救，甚得兵家之算。所據有功人員，既該巡按御史成守節勘實具奏前來，相應通行依擬。合候命下，將江東、馬芳、劉漢重加賞賚，楊巍量加升賞，葛奈、馬虎、燒化重加升賞，李官、劉淳量加賞賚。吕淵等十八員并陣亡軍丁楊禄等、獲功官軍趙紀等，查照覈册另行升賞。報捷人員李英、李相、王大鎮照例升賞。生擒達婦努賣等四口，既係在巢擒來，轉行彼處巡按御史，或應處決，或應給配，明白回奏。但恩威出自朝廷。

嘉靖四十三年二月十五日題，奉聖旨："是。江東賞銀三十兩、紵絲二表裏，馬芳、劉漢各二十兩、一表裏。楊巍升俸二級。葛奈等各升二級，賞銀十兩。李官、劉淳各十五兩。其餘依擬。"欽此。

覆巡撫福建都御史譚綸請自募浙兵征倭疏

題：爲仰仗玄威，官兵屢戰克捷，救全垂破縣城，并議增兵大加剿殺，以伸國威事，職方清吏司案呈，奉本部送，兵科抄出，提督軍務兼巡撫福建地方、都察院右副都御史譚綸題，奉聖旨："兵部看了來説。"欽此。欽遵，抄出送司。卷查先該巡撫福建都御史譚綸題，該本部覆奉欽依，移咨浙江巡撫衙門，將下班義烏之兵聽其徑自調用。如果以後賊勢重大，福建軍門於温、台二府從便召募，浙江不得阻遏。已經通行欽遵去後。今該前因，查呈到部。

看得巡撫福建都御史譚綸題稱，新倭萬餘攻劫仙遊等縣，該臣分調各路水陸官兵，通計前後擒斬賊級一千四百一十六顆，與賊大戰，保全縣城。前賊數尚萬人，標下浙兵上班數止六千，賊衆兵寡，急難濟事，乞要自備錢糧，委官於浙江金、處、台、温有兵地方召募精鋭六千名，赴閩應援，照例更番各一節。爲照福建地方，倭寇前歲興化之警固稱恣肆，今歲仙遊之變更切猖狂。所賴官兵奮勇，迥異疇昔，或邀之於海，或截之於陸，或直搗其巢穴，或力攻其精鋭，獲一千餘四百之級，解五十日重圍之苦，殊可嘉尚。但賊氣雖奪，賊黨尚衆，欲要廣募浙兵，無非早求掃蕩之意，相應亟爲依擬。合候命下，本部移咨浙江巡撫衙門，聽福建軍門自備錢糧，委官於金、處、台、温有兵地方隨宜選募精鋭六千名，兼程赴閩，防剿倭寇。其餘更番事宜，悉聽便宜施行。其獲功、失事人員，移咨都察院，轉行福建巡按御史覈勘明實，分别具奏。及照浙江巡撫侍郎趙炳然，素懷無我之心，兼抱濟時之略，即今鄰境既稱危急，纓冠披髮，曷俟於言，但恐司道府縣自分彼此，互相阻撓，未免有誤機宜。本官務要一面出給簡易告示，嚴加禁緝，一面將選募過兵數并起程日期具由奏報。

嘉靖四十三年二月二十九日題，奉聖旨："是。"欽此。

覆雲南巡按御史王諍撫處土酋鳳繼祖功罪疏

題：爲仰仗玄威，撫處土酋，并查各官功罪，請乞聖斷事，職方清吏司案呈，奉本部送，兵科抄出，巡按雲南監察御史王諍題，奉聖旨："該部知道。"欽此。欽遵，抄出送司。

卷查先該巡按雲南監察御史孫用題，爲地方夷情事。該本部看得，致仕女官瞿氏始因妄奏飾非，繼而抗違稱亂，及稱鳳索林聽信奸人撥制，故違上司斷案，均當有罪。及參瀾滄兵備副使殷正茂、分守右參議歸大道、分巡僉事蕭鳴邦、署都指揮僉事王世科各有統領之責，均無指授之籌。但各官莅任未久，履險不辭，所當姑容戴罪殺賊，以責後效。及行新任巡撫敖宗慶、總兵官沐朝弼，督責各官戴罪搆捕首惡鳳繼祖，明正典刑以絶禍本。并將該府應否築城、設禦、建學與應用錢糧、調撥官軍等項會議題請。仍行續差巡按御史將女官瞿氏、鳳索林提問如律，等因。奉聖旨："是。"欽此。已經通行欽遵去後。今該前因，查呈到部。

看得巡按雲南監察御史王諍題稱，都指揮僉事王世科等督兵擒剿，鳳繼祖畏威悔過，輸心歸服，已經安插撫處，仍給本犯免死執照。及稱副使等官殷正茂等似當准其後功以贖前罪，瞿氏、鳳索林等另行提問具奏各一節。爲照土酋鳳繼祖始緣姑婦之不和，繼因奸逆之勾扇，倡亂一方，罪當百死。但今披髮縞衣，哀悔之意頗真；插血贖金，震讐之狀可憫。總兵等官撫順夷情，隨宜安插，處置似已得宜。至於副使殷正茂、參議歸大道、僉事蕭鳴邦、都指揮僉事王世科、守備金堂、同知江應昴雖有後功，僅償前罪。既經巡按御史具題前來，相應通行依擬。合候命下，備行巡撫雲南都御史吕光洵，會同總兵官沐朝弼、巡按御史王諍，即將鳳繼祖嚴加戒諭，以後務要遵守國法，潛消家難。如敢再肆狂悖，定行處以重典，以示懲戒。其殷正茂等免其究問。但恩威出自朝廷。

嘉靖四十三年二月二十九日題，奉聖旨："是。"欽此。

議福建陣亡知縣魏文瑞卹典責成亟剿山寇疏

題：爲地方賊情事，職方清吏司案呈，奉本部送，兵科抄出，巡撫南贛汀漳等處地方、提督軍務、都察院右僉都御史吴百朋題，奉聖旨："兵部知道。"欽此。又該提督軍務兼巡撫福建地方、都察院右副都御史譚綸題，爲縣官督兵剿賊，奮勇陣亡，乞賜卹典以勸忠義事，與巡按福建監察御史李邦珍題，俱奉聖旨："該部知道。"欽此。通抄送司。

卷查先該巡按直隸監察御史周如斗題，該本部覆議，將陣亡知縣錢錞量贈京職，立祠死所，歲時致祭，仍廕一子入監讀書。

節奉聖旨："錢錞准贈光禄寺少卿，廕子、立祠照例行。"欽此。除通行欽遵外。今該前因，查呈到部。

看得提督南贛都御史吴百朋、巡撫福建都御史譚論、巡按福建監察御史李邦珍各題稱，汀、漳二處草賊蘇阿普等近又竊發，目下調兵圍殺，雖有斬獲，未見蕩平，欲照分地合兵夾剿。已獲賊首賴忠潭、巫二妹與賊總鄧全寬等四十餘名，監候處决。及稱漳平知縣魏文瑞剿賊陣亡，欲要贈録，失事僉事黎元等姑令戴罪殺賊各一節。爲照知縣魏文瑞，本以紳佩之流，敢當軍旅之任，死節之忠，誠可嘉尚。賊首賴忠潭等繹騷地方，罪在不赦，既稱擒獲，委當亟正法典。僉事黎元等誤事有罪，但今賊情未寧，似當責其後效。既該提督都御史吴百朋等題參前來，相應通行議擬。合候命下，移咨南贛、福建巡撫都御史，調集兵糧，刻期進剿，在永安、大田等縣者責成武平兵備道，在龍巖、漳平、連城等縣者責成漳南兵備道，務期蚤爲掃蕩，以靖地方。魏文瑞照錢錞事例贈官、立祠，仍廕一子入監讀書。黎元與同知尹尚賢、劉宗寅，知縣劉源涌、許尚静等姑令住俸，戴罪殺賊。其餘有功有罪人員，通候事寧之日併查奏報。賴忠潭等，巡按御史就彼處决，徑自梟示。

嘉靖四十三年閏二月二十一日題，奉聖旨："是。這山寇着吴百朋、譚綸嚴督各該兵備官刻期剿滅，以靖地方。黎元、尹尚賢等姑住了俸，戴罪殺賊。"欽此。

覆兩廣提督侍郎吴桂芳征剿倭寇報捷疏

題：爲飛報征倭大捷事，職方清吏司案呈，奉本部送，兵科抄出，提督兩廣軍務兼理巡撫、兵部右侍郎兼都察院右僉都御史吴桂芳題，奉聖旨："兵部看了來説。"欽此。欽遵，抄出送司，案呈到部。

看得提督兩廣軍務右侍郎吴桂芳題稱，潮州大圍倭寇屯聚日久，督調各路官兵及報效新撫花腰蜂，即伍端等，連破三巢，斬獲、燒毁共四百餘名顆，除一面親督官兵進剿大巢各一節。爲照前項倭奴連營結巢，流毒惠、潮之境，爲日已久。侍郎吴桂芳初至地方，即能督率兵將，連下三巢。用撫民以使過，犄角之形已成；收群力而策勛，破竹之勢自易。新撫花腰蜂，即伍端，湔洗舊惡，樹立新功，鼓舞招徠，雖出自總兵吴繼爵、俞大猷，僉事徐甫宰，而一念向化之誠，亦難輕泯。但餘孽尚未盡滅，拯溺救焚，不容少緩；謀事貴於有終，搆會乘機，亟當早圖：相應催行勘處。合候命下，本部馬上差人移咨吴桂芳，會同總兵官吴繼爵、俞大猷，巡撫南贛都御史吴百朋，親詣彼中，嚴督各路兵將并報效伍端等，速將見在倭寇設法搜剿，務期片帆不返，孑遺無存，方稱朝廷委任責成至意。一面咨行都察院，轉行彼處巡按御史，通候事寧之日將有功吴桂芳等并伍端應該作何録叙，有罪人員應該作何究處，通行回奏，以示激勸。

嘉靖四十三年三月十五日題，奉聖旨："廣東倭寇連年征剿無功，吴桂芳、吴繼爵乃於新任即有此捷，各賞銀二十兩、紵絲二表裏。着會同吴百朋、俞大猷，嚴督各路官兵，乘機蕩平以紓民患。其餘依擬。"欽此。

覆巡撫福建都御史譚綸等征剿倭寇報捷疏

題：爲仰仗玄威，官兵追剿大勢倭賊，三戰三捷，地方底寧事，職方清吏司案呈，奉本部送，兵科抄出，提督軍務兼巡撫福建地方、都察院右副都御史譚綸題，奉聖旨："兵部看了來説。"欽此。又該巡按福建監察御史李邦珍揭帖，爲仰仗廟謨，官兵剿敗倭寇出遁事，等因，到部，通送到司，案呈到部。

看得巡撫福建都御史譚綸題稱，山寇結連萬倭，大舉入寇，擁衆攻城。官兵一破之仙遊，再破之同安，三破之漳浦，先後斬獲二千有奇，焚溺、毒死稱是，目今境内並無一賊，地方已寧。及稱鎮守總兵官戚繼光功當首論，按察使汪道昆、巡海副使周賢宣功當次論，守備等官王如龍等二十四員所當通論，其餘功罪官兵另行論叙，及該巡按御史李邦珍揭報相同各一節。爲照前項倭奴，始而虐焰方張，踵興化之故智，久困仙遊；繼而奸謀未遂，知漳泉之殷富，遂出長泰。群醜縱横，八閩騷動。仰仗聖皇在上，玄威遠震，我兵奮勵，三戰三捷，斬獲之級多至二千有餘，焚溺、毒死者不計其數，雖有殘孽逃入鄰境廣東，遊魂落魄，極其狼籍，是誠十年未有之功。所據總兵官戚繼光、巡撫都御史譚綸，文武相資，謀勇交濟。在戚繼光則臨敵制勝，不遺餘力，時出奇正之方；在譚綸則應變隨機，不遺餘算，親履阽危之險。臣等待罪本兵，目擊盛事，深爲朝廷得人稱慶。至於按察使汪道昆等、守備王如龍等之功，既該譚綸具題前來，係干激勸，相應勘處。合候命下，將戚繼光、譚綸先行厚加賞賚，仍於汪道昆等、王如龍等移咨都察院，轉行彼處巡按御史，勘明之日仍爲優叙。其餘有功有罪人員，亦聽御史一併覈勘，造册奏繳。

嘉靖四十三年四月初四日題，奉聖旨："是。這各官剿倭屢捷，斬獲數多，譚綸、戚繼光各先賞銀三十兩、紵絲二表裏，仍候汪道昆等、王如龍等勘報至日一併録叙。"欽此。

覆薊遼總督侍郎劉燾春防解嚴疏

題：爲議撤防春兵馬事，職方清吏司案呈，奉本部送，兵科抄出，總督薊遼保定等處軍務兼理糧餉、兵部右侍郎兼都察院右僉都御史劉燾題，奉聖旨："兵部看了來說。"欽此。抄出送司，案呈到部。

看得總督薊遼保定軍務右侍郎劉燾題稱，春防既過，胡馬已羸，各路主、客官軍效勞日久，欲要撤放休息以備秋防一節。爲照即目初夏，天氣漸炎，審時度勢，前項官軍委當撤放。但虜情奸狡，迥異疇昔，寧爲先事之過防，無致後時之有失。係干邊計，相應通行議擬。合候命下，移文侍郎劉燾、總兵官胡鎮、巡撫都御史温景葵，文書到日，即將主、客官軍應放者查照舊規及時撤放，養其鋭氣，以備秋防之用；應留者分布緊要隘口，加謹隄備。一面差人遠哨，常如虜在目前，以圖萬全。及照防秋客兵到鎮之日，原奉欽依，本部差郎中一員前去點視。既有總督大臣在彼，郎中似不必差。合無悉聽劉燾徑自點視，分別精强單弱，具由回奏。

嘉靖四十三年四月十二日題，奉聖旨："是。着劉燾督率鎮巡等官，用心隄備遠哨，務保萬全。"欽此。

覆監察工程科道官鄧楚望等議折班軍銀兩疏

題：爲因事感奮，申明人臣效忠之義，共修實政，以圖補報事，職方清吏司案呈，奉本部送，准工部咨，該監察工程、禮科等衙門左給事中等官鄧楚望等題，奉聖旨："該部看了來説。"欽此。欽遵，咨部送司。

卷查先該兵科左給事中陳嘉謨題，爲陳末議以裨國計事，内一款"補逃軍以祛積弊"，凡三都司各衛所該班逃軍俱要嚴拘正身，不許撥補旗户。如無正身，即將各逃軍名下糧銀完追原數，解部應用，等因。隨該本部覆奉欽依通行外。今該前因，查呈到部。

看得監察工程左給事中鄧楚望、監察御史劉思問題稱，凡遇工作，多用班軍以省夫役，及要將中都之軍暫免赴操，各量追班銀并行糧解部以廣雇募一節。爲照祖宗設置班軍，强幹弱枝，專爲兵務，不爲工作。若使改追班銀，以後相沿歲久，未免盡廢舊制。但中都留守一司委果軍到甚少，甚至有全衛全所俱不到者，在今日正當爲補偏救弊之圖，不當爲因噎廢食之計。既該科道官鄧楚望等具題前來，無非祛夙蠹以修實政之意，相應通行議擬。合候命下，本部移文鳳陽撫按，嚴督各該兵備道，先將今年該班官軍作速查催，務要盡數赴京，不許短少一人。合用月糧，差官各另起解，以憑委官給散。其領班都司并指揮、千户等官，果有包貼等項情弊，應挐問者徑自挐問，應參奏者從實參奏。其節年逃故軍人，照數扣除糧銀并追罰工銀兩，一併解部以備募夫之用。以後各處工役，仍聽戎政大臣多撥班軍，以十分爲率，務足一半，以省雇夫之費。

嘉靖四十三年四月十九日題，奉聖旨："是。"欽此。

覆給事中趙格條陳時務疏

題：爲酌陳時政，以效愚忠事，職方清吏司案呈，奉本部送，兵科抄出，兵科給事中趙格題，奉聖旨："該部知道。"欽此。欽遵，抄出送司，案呈到部。看得兵科給事中趙格條議四事，合就開立前件，議擬上請定奪。

嘉靖四十三年四月二十八日題，奉聖旨："依議行。"欽此。

一曰肅巡察以固根本。看得詰奸刑暴，本部職任，至於嚴肅京師以爲四方之極，尤爲根極要領之論。頃者妖逆吕愷等雖已擒獲，置之法典，而中外竊伏之徒尤多有之。求之太深，則反側之子無以自安；置之不問，則作孽之人無從示戒。合無依其所擬，本部通行廠衛并巡捕、提督官，及咨都察院，轉行巡城御史，嚴行五城兵馬司，多方禁約。但有前項不逞者，即便挨拏究治，不得互相容隱，釀成大患。一面移文鳳陽、山東、河南各撫按官，查照先今事理，出示曉諭，以爲朝廷所治者止是吕愷等一起，其餘悉聽出首免罪。

二曰慎招安以正民風。看得山東義勇陳良謨一事，原因去歲薊鎮虜患私糾淄川之人，欲要殺賊報效，已而聞虜北遁，旋即散歸。問其名則爲敵愾，原無携二之情；據其迹則爲擅專，當慎冰霜之慮。以故撫按官張鑑、高應芳題議，將陳良謨等三名量加冠帶把總名色，候防秋之日，與同民兵一體防邊。已經覆奉欽依，事體甚明，比之招安盜賊，迥不相同。今若再行究問，未免無事生擾。合無備行新任巡撫侍郎鮑象賢，遵奉敕諭，照常安輯地方，其周顯宗并司守敬等不必查究，仍明諭諸人知之。

三曰明職守以策事功。看得該科所論，大率謂賞有所專重，督撫不得以濫及；罰有所必施，將士不容以輕貸：無非慎重功罪之意。先該臣博總督宣大之時題議，本兵與巡按御史不許論功，蓋本兵有議擬功罪之責，若使論功，則未免交相欺蔽。已經奉有欽依，相應一體申明，以便遵守。合無依其所擬，通行各該督撫，不得互相標榜，輒與諸將同賞，失事自偏裨而下悉聽參奏，聽候宸斷。中間果有勤勞懋著者，聖明在上，自有特恩。若因循推諉及失誤事機，俱聽科道官指實參究。其本兵與巡按御史以後通不許論功，致傷大體。

四曰酌驛傳以正體統。看得奉旨給驛，乃朝廷一時特恩，領敕官不支廩米，亦車駕節年定例，俱難輕易變更。至於勘合之假借、冒濫，誠如該科所論。緣本部但起勘合俱憑各衙門印信文移，中間真僞不能一一辨析。合無通行府部并在京大小衙門，以後必須真正公幹，方許移文過部，聽該司查審明白，方行准給。合用夫馬照例填寫，不許多加一夫一馬。如違，悉聽該科指名参治。一面通行各該督撫、巡按等官，將編去勘合，或百道，或五十道，填用將盡，先期將用過勘合數目及差過各員役姓名、緣由一併繳部，方准再給。遺下未繳之數，另文銷繳，不許徇情市恩，任其假借，自取罪戾。年終造册類奏，青册送部及該科查照，仍各出給簡易告示，申諭各該有司、驛遞等官，但有例外阿意承奉及勢要人員例外索騙者，俱許所在官司一體申究。

覆監察御史董文寀條陳邊務疏

題：爲敷陳末議，以仰裨聖治事，職方清吏司案呈，奉本部送，户科抄出，河南道監察御史董文寀題，奉聖旨："該部看了來説。"欽此。欽遵，抄出送司，案呈到部。

看得河南道御史董文寀條陳五事，均係防邊要務，而"敦叶恭"一事尤切時弊，合就開立前件，議擬上請定奪。

嘉靖四十三年五月二十九日題，奉聖旨："依議行。"欽此。

一、崇節約以省民財。大率欲要責成各處撫按，一以儉約率下，旗幟、鼓吹悉行痛革，夫皂、廩給之類僅取足用，仍定爲條格，立爲循環，各另確守，季終調查。所言懇切，深於民瘼、吏治有益。至於責成撫按，尤爲正己率屬之至論，若使撫按官果能允蹈力行，司府州縣自然隨風感動，經行官使亦當聞風歛迹，轉移之間，關涉不淺。合無通行天下撫按官，查照今議，各要先以崇高節儉爲本，旗幟、鼓吹痛加禁革，夫馬、廩皂照例給撥，軍衛有司、驛遞衙門敢有不行遵依，阿諛奉承，徑自究治，情重指名參奏，罷黜示戒。經過公使如敢需索恣肆，不分勛戚、京堂、科道、部屬，一體查參。

一、給關防以覈軍餉。爲照國初所設總兵官得有印信，謂之掛印將軍。以後添設總兵官，旋給關防，不稱將軍，止稱鎮守，蓋即古人虎符之意，重事權也。至於副參以下，原無關防，間有一二給者，始於浙江之倭患，終於江西之山寇，一時從宜，難以爲例，以故臣等近將江浙參將但有關防者題奉欽依盡行繳回，似難再議。合無備行各處總督、撫按衙門，行令各該副參、遊守等官，一切文移遵照本部題准事理，俱於所在兵備、分巡處掛號，以防奸弊，以明心迹。至於實收勘合等項，悉照御史董文寀今議，聽總督、撫按衙門徑自立法稽考。

一、重哨探以鼓軍心。大率欲將出哨人役特加厚養，別立賞格，無非明我耳目、知彼知己之意。但哨夜被賊殺死，不候覈册，自有升級之例。殺死而無子孫者，每遇歲終又有類祭之恩，似難別議。但薊州一鎮與獨石一路事關畿輔，比之別邊不同，合無斟酌所擬，通行各處總督、鎮巡、副參、遊守等官，以後應差哨夜軍丁，務要時其衣糧，厚其賞犒。果能傳報的實，防守有賴，各邊者升世襲一級，薊鎮、獨石者升世襲二級。遭虜被殺，各邊者升世襲一級，賞銀五兩、布五疋，薊鎮、獨石者升世襲二級，賞銀十兩、布十疋。各役如敢不行哨探，虛捏誤事，聽該管官痛以軍法重治，或令常川哨守，以示懲戒。

一、議修守以嚴防禦。大率謂薊鎮之事，修守第一，戰剿次之，反覆辨析，極爲有理。但自去冬虜患以後，該鎮總督、鎮巡官蚤夜圖維，不遑寧處，事當求其萬全，功難虧於一簣，相應仍加申飭。合無備行總督劉燾，巡撫温景葵，總兵胡鎮、劉漢，趁今無警，各將修過邊工時加葺補，未修邊工急爲料理，一切撫夷、儲餉應行事宜，不遺餘力，不遺餘算，方副聖明簡任責成至意。

一、敦協恭以盡圖報。看得御史董文寀所題，詞嚴義正，極其詳盡，大率分文武爲殊途而交相侵軋，以儀文爲正務而動懷疑忌，假齟嫌爲題目而故求脱免，此三事者寔皆受病之源。即今聖明在上，正當寅恭和衷之時，使有若人者參於其間，不良不忠，未免妨政害治。合無通行各邊總督、鎮巡、副參、遊守、司府衛所州縣等官，以後務要先公後私，先人後己，同心以體國，虛心以議事，公心以用人，實心以從政，一切兵食事宜廣集衆思，不許偏徇己見。言之苟當，雖出自小卒亦宜曲從；言之無章，雖出自大帥，亦當寢革。如敢仍前恣肆，但如董文寀所論，在外聽巡按、巡關御史，在内聽兩京科道官參奏，罪坐所由。果有規避實迹，不止罷黜，拏解來京，從重問擬。

覆廣東撫按總兵等官
吴桂芳等報海兵作亂疏

題：爲飛報海兵激變事，職方清吏司案呈，奉本部送，兵科抄出，提督兩廣軍務兼理巡撫、兵部右侍郎兼都察院右僉都御史吴桂芳題，奉聖旨："兵部知道。"欽此。該兵科參看得，爲照對君之詞自宜從實，海兵既已揚波大變，豈甘束手無爲也？據巡按陳道基之奏，盛言其劫村殺人，焚舟掠財，民人流離，室家傾蕩，其詞不一。吴桂芳乃絶無隻字稱慘，且謂城外居民幸保無虞。相背若此，將誰欺乎？恐素負雅望者不應有此舉也，宜從抄出，行使聞之，等因。又該巡按廣東監察御史陳道基題，爲走報變亂兵船事，又該鎮守兩廣地方總兵官、征蠻將軍、恭順侯吴繼爵與吴桂芳題，同前事，俱奉聖旨："兵部知道。"欽此。欽遵，通抄送司，案呈到部。

看得廣東撫按、總兵等官吴桂芳等各題稱，柘林哨兵日久乏食，率黨猖亂。在吴桂芳，則稱帶管海道副使方逢時失於督催，兵備僉事徐甫宰失於彌處，知府何寵久安玩忽，該哨指揮韓朝陽、千户耿斌素失軍心，而韓朝陽又與于英致基禍釁，其情尤重。及自稱職守不得，咎亦難辭，欲要移鎮廣城，相機剿撫。在陳道基，則稱韓朝陽、耿斌馭兵無法，分受贓私；碣石哨指揮李茂材、南頭哨指揮孫良冒領餉銀，輕舟遠遁：俱應重究。司府捕盗等官另行參奏，仍速行兩廣督撫等官集兵剿滅各一節。爲照兩廣軍民久疲兵燹，各該兵備、有司等官加意撫戢，猶恐或生別虞。乃今處置失宜，工食不以時給，致成内變。在敢行猖亂之徒罪不容誅，在失誤軍餉之官法當併究。既該督總、巡按具題前來，係干腹心之患，相應亟處。合候命下，移咨吴桂芳，會同吴繼爵、俞大猷，將前項叛兵調集兵船剋期掃蕩。大率必行剿除者在於首惡，首惡果能洗心納款，具由奏請；姑從寬假者在於脅從，脅從果能擒獲首惡出獻，一體録叙。仍將應得工食照數補給，不得專一招撫爲名，以致首惡漏網，以滋方來延蔓之禍。一面移咨都察院，轉行巡按廣東御史，將韓朝陽等行提到官，從重問擬。副使方逢時等先各住俸，戴罪殺賊。其餘違誤官員，通候事寧之日分别具奏。

嘉靖四十三年五月二十九日題，奉聖旨："是。韓朝陽等并何寵、于英，巡按御史提問具奏。方逢時、徐甫宰，着住了俸，戴罪殺賊。”欽此。

請命薊遼宣大總督大臣分布防秋兵馬疏

題：爲預處畿輔兩腋兵馬，以慎秋防事，職方清吏司案呈。照得今歲春防，仰仗聖皇在上，玄威震疊，自一片石逐剿之後，正月至五月連閏，半年絶無警報。即目六月初臨，去七月僅有一月，所據内而薊遼、保定兵馬應該總督侍郎劉燾分布，外而山西、大同、宣府兵馬應該總督尚書江東分布。近該宣府巡撫都御史李秋、宣大巡按御史成守節具題邊務，中間言及調遣兵馬，所見各殊。大抵邊務當集衆思，固不宜執泥乎己見；邊政當求體要，亦不宜依違乎人情。今之邊政體要，孰有過於總督大臣者？在本部難制外閫之事，在督撫則無中覆之虞，必須二處總督將防秋兵馬斟量停妥，作速具奏，庶不誤大計。案呈到部。

看得春防告謐，實皆仰藉乎天威；秋期倐臨，亟當力修乎人事。所據該司呈稱分布兵馬一節，委屬總督大臣之責，相應通行議處。合候命下，備咨江東、劉燾，各將主、客兵馬照依往年事例酌量分布，文書到日，限旬日以裏列款具奏。劉燾仍將十路未修險隘作速修理，務期堅完高厚，足堪保障。江東仍將山西、大同、宣府三鎮援兵，除原係入衛者劉燾徑自調遣外，其餘正、奇、遊兵，如薊鎮全無警報，該在何處住札，如薊鎮的有警報，該調何處駐札，必須内不失薊鎮之防，外不誤本鎮之事，方爲上策。至於保定總兵官切鄰靈、廣，無容別議。遼東總兵官密邇山海，應否遇警調至寧前，亦聽劉燾一併查議定奪。

嘉靖四十三年六月初二日題，奉聖旨："是。這調兵事宜，著江東、劉燾便會同各鎮巡官計議停當具奏。"欽此。

覆薊遼總督侍郎劉燾酌議屬夷撫賞疏

題：爲庸懦將官撫禦失宜，乞賜究治，以飭邊防事，職方清吏司案呈，奉本部送，兵科抄出，總督薊遼保定等處軍務兼理糧餉、兵部右侍郎兼都察院右僉都御史劉燾題，奉聖旨："兵部知道。"欽此。抄出送司，案呈到部。

看得總督薊遼侍郎劉燾題稱，墻子嶺屬夷撲捉官軍俱行送還，欲將該路迤西撫賞事宜比照東路事體務要相同，及行各路將領嚴加隄備一節。爲照薊鎮地方，一墻之外即爲三衛巢穴。先年夷情效順，不惟不敢勾虜，但有醜虜入犯之訊，即能叩關馳報，是以撫賞之舉答其忠勤，非無謂也。乃自庚戌以來，虜每憑陵，夷輒爲之嚮導。在彼猶以撫賞爲應得，不知果有何勞；在我猶以撫賞爲常例，不知費有何益。但中間部落繁多，尚有向化之人，若使一概革罷，政體、夷情均爲有礙。既該總督侍郎劉燾具題前來，相應通行議擬。合候命下，移咨劉燾，公同薊鎮巡撫都御史温景葵，總兵官胡鎮、劉漢，督同該道兵備官，將古北口迤西各路撫賞事宜酌量豐約，務與東路事體相同。仍要先布朝廷恩威、殺伐利害，大率謂今秋虜未侵犯，果能傳報的確，虜將侵犯，果能叶力拒堵，不止照常撫賞，仍當破格升賞。若敢效尤墻子嶺去冬之事，先將撫賞革除，大發天兵前來搜剿。一面通行各路將領，嚴加設備。譬之人身，元氣既壯，邪氣難侵。不得專恃撫賞，廢弛邊政，傷重損威，自取罪戾。

嘉靖四十三年六月初三日題，奉聖旨："是。撫賞不可專恃，還着劉燾嚴督鎮巡等官，修舉戰守諸務以固邊防。"欽此。

覆宣大總督尚書江東等條議山西防秋事宜疏

題：爲陳時弊，度虜情，慮貽將來大患，懇乞聖明申飭臣工，務懷永圖，責實效，以保萬世治安事，職方清吏司案呈，奉本部送，兵科抄出，總督宣大山西等處地方軍務兼理糧餉、太子太保、兵部尚書兼都察院左副都御史江東，提督雁門等關兼巡撫山西地方、都察院右僉都御史楊宗氣題，俱奉聖旨："兵部知道。"欽此。欽遵，通抄送司，案呈到部。

看得總督宣大山西軍務尚書江東、巡撫山西右僉都御史楊宗氣條陳二事，均於防秋有益，合就開立前件，議擬上請定奪。

嘉靖四十三年六月初五日題，奉聖旨："依議行。"欽此。

一、復馬政以恤邊兵。看得各邊椿朋、肉臟等銀專爲買補馬匹之用，法久弊滋，有名無實。先該巡撫葛縉題准，該鎮倒死馬匹先儘本軍椿、臟，餘照司隊攤銀朋合買補，是亦補偏救弊之一端。但朋銀徵解額數有常，攤銀朋買多寡無定，如遇倒死數多，未免概要買補，苦累軍士，誠如督撫官江東等所論。合無移咨各官，通行該鎮營城，自今四十三年秋冬爲始，以後免其攤銀買馬，仍照舊例，領養者按月出備朋銀，倒失者照數追賠椿、臟等銀，俱解行太僕寺，貯庫聽候買馬。仍嚴行各該守巡、兵備道，每季終將所轄營城應徵應解銀兩逐一查覈，不許侵費、延捱。如遇買馬之時，選委廉能官員，協同該寺寺丞，揀買膘壯好馬，親自驗印，給軍騎操，毋令瘦弱充數。如有仍前違慢及虛文塘〔二〕

塞者，聽本部及該科指名參究。

一、擬監督以慎邊防。看得分委方面官員監督防秋，起自偏頭之老營堡，止於平刑之石窑庵，雖係節年舊規，緣邊關兵備原有專責，即使別道暫行參理，彼此相形，動見掣肘。臣博向在軍門，親見別道各官人人以爲不便。合無備行總督尚書江東、巡撫都御史楊宗氣，止行雁門、岢嵐、寧武兵備官，遵照敕諭事理將一應防守事宜矢心整理，聿修職業。其各道官不必前去，反致多事。至於取用廢將、布置兵馬等項事宜，悉聽徑自舉行

覆巡撫雲南都御史吕光詢等報霑益州構兵疏

題：爲異省土官擅兵越境，攻城劫掠，謀占鄰封地土，懇乞天恩亟賜究治，及裁革土職，以絶釁端，以安邊方事，職方清吏司案呈，奉本部送，兵科抄出，巡撫雲南等處地方、都察院右都御史吕光洵等題，奉聖旨："兵部知道。"欽此。欽遵，通抄送司，案呈到部。

看得雲南撫鎮、巡按等官吕光洵等各題稱，霑益州已故土官安九鼎妻安素儀，先因招贅致啓宣慰安萬銓、安國亨挾私興兵，驚擾地方，及稱安九鼎族内故絶，欲改設流官，仍要行貴州巡撫衙門，將安萬銓等嚴加戒飭，黨惡安三等挐究如律各一節。爲照雲南霑益州與貴州水西宣慰司，封壤特近，雖有唇齒之形；疆理各殊，原非鈐轄之地。即使土婦安素儀淫蕩沉酣，不修婦道，昏庸怯懦，不稱官常，自有雲南鎮巡官，輕則徑行詰責，重則奏聞區處，與貴州絶無干涉。乃今突入鄰境，劫寨殺人，名駕納婦存孤之詞，實負擅兵搆怨之咎。但爲首作梗者原係舍目安三、王承

誥等，貴州巡撫果曾差旗牌官撫諭不聽，自當具實參奏，事經月久，亦不見到，中間安萬銓、安國亨容縱之情尚未明的。係干夷情，相應通行議擬。合候命下，移文貴州巡撫都御史吴維嶽、總兵官石邦憲、巡按御史部光先就近查究，要見安萬銓、安國亨有無主使重情，果如雲南守臣所奏，作速查參，以正法典，不許徇情回護。一面將首惡安三、王承誥等逐一追回，行按察司提問招報，其餘脅從之徒姑不深究。本部仍行雲南巡撫都御史吕光洵、總兵官沐朝弼、巡按御史王諍，再查安九鼎族内有無承襲之人，應否照依阿迷州事例改設流官，安素儀既令退閑，應否照依武職妻優養事例從厚優養，使之得所。其安三等能聽貴州約束息兵則已，如敢仍前恣肆，即便會調各土官兵刻期搜剿，以靖地方。通候事完之日，一併回奏。

嘉靖四十三年六月初五日題，奉聖旨："是。"欽此。

校勘記

〔一〕"灘"，疑當作"攤"。

〔二〕"塘"，疑當作"搪"。

楊襄毅公本兵疏議卷十四

請諭雲南守臣協心平賊并命撫臣贊理軍務疏

少保兼太子太保、兵部尚書臣楊博等謹題：爲地方賊情事，職方清吏司案呈，奉本部送，兵科抄出，巡撫雲南等處地方、都察院右都御史吕光洵，鎮守雲南總兵官、征南將軍、黔國公沐朝弼，巡按雲南監察御史王諍題，俱奉聖旨："兵部知道。"欽此。又該兵科都給事中邢守庭等題，爲滇省夷賊爲患，懇乞天語切責重臣以安重鎮事，奉聖旨："兵部看了來説。"欽此。又該鎮守雲南總兵官、征南將軍、黔國公沐朝弼奏，爲懇乞天恩，俯憐世鎮孤臣，早賜宸斷，以彰國法，以昭公道，以安邊方事，奉聖旨："該部知道。"欽此。欽遵，通抄送司，案呈到部。

看得雲南南安、易門等處賊情一事，去歲已發其端，雖經官司從宜撫處，未得停妥。仰蒙聖皇在上，明見萬里，俯從吏部等衙門之奏，特將工部左侍郎吕光洵升都察院右都御史，令其前去巡撫。光洵以今年閏二月馳至地方，三月即有前項之變，雖稱調集土兵擒獲二十餘名，其餘尚在流劫，未見戡定。該科欲要光洵及今升任之初整飭振刷，無非重加責成之意。傳來總府賊書，事之虚實，固難盡信。管莊、催莊員役倚勢作威，乘時射利，誠如該科所論。總府世守雲南，專管軍務，巡撫都御史每事與之計議，謂之贊理軍務，且無言元江之例。即如京營，既有鎮遠侯顧寰，又有叶理都御史；南京既有魏國公徐鵬舉，又有參贊尚書；兩廣既有恭順侯吴繼爵，又有提督侍郎：本以相濟，原非相病。

該科今議，查與巡按王諍之言大略相同。雲南自來以夷攻夷，積歲驕蹇，未免指大於股。撫按官選練衛所官兵之策，深得强幹弱枝之意。係干邊政夷情，相應通行議擬。合候命下，行移巡撫都御史吕光洵、總兵官沐朝弼、巡按御史王諍，嚴督守巡各道，調集各土官兵，務將首惡設法擒剿，以靖地方。其餘脅從之徒，姑不深究，中間有能擒獲首惡送官者，准與贖罪，仍加賞勞。總府管莊、催莊員役，巡按御史從實查究，如果生事害人，賊書不虚，逐名提問，重加究治。該府不許占吝阿庇，自干清議。若係賊書詐僞，不宜輕易理論，以傷大臣之體，以中小人之私，大率至明至公，方協輿論。鎮巡官一面將省城各衛所及在外各衛所正軍、軍餘盡數清出，嚴加訓練，以備征調，事完造册奏繳。總府欽賜莊田照舊徑行徵租，但須嚴戢下人，恬静不擾，以安世禄之寵。萬一不行斂戢，激變小民，國典具存，自難假借。本部備行翰林院，將雲南巡撫敕内增入“贊理軍務”字樣，齎赴吕光洵欽遵行事，合用旗牌行移該部照例請給。及照協恭乃人臣之體，雷同非國家之福，若使緊關大事不論可否盡行依違，瑣屑小事不分是非輒肆争辯，在中土小臣固爲不可，在邊徼大臣尤爲不可。臣等竊見吕光洵莅鎮之初原無過舉，及查總兵沐朝弼具奏之詞大率不情，但惟義在同舟，動見訾戾，揆之事體，殊可駭愕。該科謂吕光洵理有所不合，不必屑屑於將迎；法有所必伸，不必規規於顧忌：意誠有見於此。伏望皇上嚴飭二臣，以後務要忠貞相勵，謀斷相資，先公而後私，先人而後己，專意平賊，毋營家計。如再仍前矛盾，致誤邊事，聽巡按御史罪坐所由，從實參究。

嘉靖四十三年六月初六日題，奉聖旨：“是。”欽此。

覆巡視京營科道官辛自修等條陳營務疏

題：爲春操已畢，據事陳言，以圖武備萬全事，職方清吏司案呈，奉本部送，兵科抄出，巡視京營、吏科等衙門左給事中等官辛自修等題，又該御馬監提督勇士四衛營太監陳憲題，爲申明舊例，充實禁兵，以崇侍衛，以壯國威事，俱奉聖旨："兵部看了來説。"欽此。欽遵，通抄送司，案呈到部。

看得巡視京營左給事中等官辛自修等條陳五事，均於安攘有益，合就開立前件，併提督太監陳憲所題一體議擬，上請定奪。

嘉靖四十三年六月初七日題，奉聖旨："依擬行。"欽此。

一、精練步騎。看得巡視科道官辛自修等所陳，大率欲將戰兵六枝、車兵十枝嚴加揀閲，亟行操演，中間舉行犒賞，尤得鼓舞人心之要。合無依其所擬，移文總協大臣，趁今秋操之時嚴行各營副將孫吴、任勇等，通將所部兵馬分别步、騎，要見何人堪作選鋒，何人堪備駐守，一切操演事宜悉聽諸將便宜行事，務使步騎相兼，奇正迭用，耳目明于旗鼓，前後熟於指麾。其操練兵車，亦要不失止則爲營、行則爲陣之意。以後果有成效，科道官按時較閲，動支子粒銀兩分等賞勸。如敢因循玩愒，指名參究，以示懲戒。諸將果有奇謀異見，不時開送戎政大臣并科道處，以備采用。切不宜駕言不便，功則歸己，過則歸人，以傷大體。

一、補給馬匹。看得巡視科道官辛自修等所陳，大率要將三大等營兵車十枝、出戰六枝及各枝内召募家丁通行補給馬匹，無非整飭戰守之意。但近日戎政大臣討補馬匹，已該本部題奉欽依，出戰六枝較之别營稍爲緊要，每枝除見馬外各與補足一千五百匹，專聽征調。家丁馬匹臨期就於此中選兑，事完交還。其餘各枝另候補給。况營中之馬旋給旋倒，無濟實用，必須講求養馬之法，方可議處給馬之事。合無行移給事中辛自修等，備查該營節年領過馬匹若干，倒死若干，見在若干，必須如何處置馬匹方免倒死，備將事例查明，從長具奏定奪。

一、申明事權。看得巡視科道官辛自修等所陳，大率謂四衛營官軍、勇士厖惰不堪，欲要責成提督痛懲舊弊，及該太監陳憲反覆辨論，欲要補足原額。查得騰驤四衛原係朝廷禁軍，一應操練、委管事宜例該本監提調，科道官自難干預。但兵貴於精，不貴於多。見在之兵方議振刷，未見改弦；不敷之兵又復添補，徒爲畫餅。合無斟酌所擬，行移該監太監陳憲，趁今新任之初，務將該營中軍、坐營等官從公推舉，應操軍勇等役如法訓練，在勇士營者必使武藝精通，在四衛營者必使弓馬閑習，以示居重馭輕之意。候其果有成效，聽本部將原缺人役陸續驗補。其餘椿朋、子粒事干錢糧者，仍聽科道官照舊查理。

一、專重巡捕。看得巡視科道官辛自修等所陳，大率謂京城内外地廣軍少，欲將新抽操軍三千仍舊夜巡。查得巡捕官軍原爲緝捕奸宄而設，近日新選三千另行操練，乃一時防禦之微意。但因將領匪人，竟成虚文，止應故事，甚至役占家丁，縱容頭目，一切弊端誠如科道官所論。合無依其所擬，札行本部督捕郎中楊吉，公同新任提督任俊，將前項操軍三千名盡數查出，與同别軍分爲兩班，通令巡捕，通行操練。假如一班上班，上班者嚴督夜巡；一班下班，下班者酌量操練。提督、參將等官各要親加巡歷，敢有仍前私占軍役、縱放科害者，聽本部委官并科道官指實參究。地方但有失盗，該管把總即便開報本部，嚴爲緝捕。本部委官仍置立簿籍，明白開寫，以便稽考。不止把總、參將，如果失事數多，定將提督官一併參究。

一、清解馬價。看得巡視科道官辛自修等所陳，大率謂近來解官類多侵欺，欲要鑄造銅法，慎選解官，無非防革奸弊之意。合無依其所擬，行令太僕寺，動支馬價銀兩，會同巡視科道官，比照該寺新鑄銅法，一樣鑄造八副，每副定以五百兩爲率，背鑿各官花押。以後各邊鎮奏請馬價，本部選委各衛掌印指揮或經歷一員赴寺領解。該寺即將所鑄銅法每五百兩一秤，督令解官自行敲針取平，不許該庫官吏高下其手。兑完，就將銅法隨銀封去。本部行移各鎮，預造大天秤一架，待銀到日，或送兵備道，或委附近州縣正官，驗明封去銅法，亦照五百兩一秤總收。事完，仍封原法，責付解官齎回送寺。如果正數短少，即係解官侵盗，一面就令如數賠補，一面咨部以憑參究。

覆兩廣提督侍郎吴桂芳等潮州征倭獻捷疏

題：爲大勢倭奴新舊合夥，仰仗天威，官軍奮勇血戰，飛報異常捷音事，職方清吏司案呈，奉本部送，兵科抄出，提督兩廣軍務兼理巡撫、兵部右侍郎兼都察院右僉都御史吴桂芳，巡撫南贛汀漳等處地方、提督軍務、都察院右僉都御史吴百朋，鎮守兩廣地方總兵官、征蠻將軍、恭順侯吴繼爵各題，同前事，俱奉聖旨："兵部知道。"欽此。欽遵，通抄送司，案呈到部。

看得提督兩廣軍務侍郎吴桂芳等題稱，潮州倭寇流突滅水地方，我軍一鼓盡滅，俘馘、焚蕩約計二千，雖有逋亡漏網，數亦不多。及稱總兵官俞大猷忠奮激烈，樹此偉績，僉事徐甫宰督兵轉餉，參將王詔、門崇文轉戰分猷，勤勞特著，乞要先行加賞各一節。爲照前項倭奴，始而屯聚烏石，仍襲興化之故智；繼而流突減水，全恃潮海之結巢。乃今我兵一鼓其氣，斬獲、焚燒數至二千之上，雖有餘孽鳥驚魚散，極其狼狽，福建掃蕩之功誠爲第一，廣東此功即爲次之。仰仗我聖皇在上，一德格天，百蠻落魄，濱海生靈不勝欣慶。一時效勞人員，如侍郎吴桂芳，總兵官俞大猷、吴繼爵，都御史吴百朋，文武同心，謀勇相濟。在提督則懸賞鼓衆，算無遺策；在總兵則誓死殉師，克收全捷。即觀先後于襄之績，具見東南得人之盛。至於僉事徐甫宰等、參將王詔等之功，既該吴桂芳等具題前來，係干激勸，相應通行依擬。合候命下，將吴桂芳、俞大猷、吴繼爵先行重加賞賚，吴百朋同加賞賚，徐甫宰、王詔、門崇文量加賞賚。未盡賊孽，仍行吴桂芳等嚴督各該將領刻期搜剿，必使蕩無焦〔一〕類，方稱寧謐。其餘有功有罪人員，移咨都察院，轉行巡按廣東御史作速覈勘，奏至之日，仍將吴桂芳等一併甄録。

嘉靖四十三年六月初七日題，奉聖旨："是。吴桂芳、俞大猷、吴繼爵各賞銀三十兩、紵絲二表裏，吴百朋二十兩、二表裏，徐甫宰等各十兩、一表裏。未殄倭寇，着上緊督兵剿滅，以靖地方。"欽此。

覆宣大總督尚書江東分布防秋兵馬疏

題：爲預處畿輔兩腋兵馬，以慎秋防事，職方清吏司案呈，奉本部送，准總督宣大山西等處地方軍務兼理糧餉、太子太保、兵部尚書兼都察院左副都御史江東揭帖，前事，等因，揭部送司，案呈到部。

臣等看得，宣、大、山西三鎮防秋兵馬較之薊鎮事體不同，蓋薊鎮止防本處，宣大、山西則近衛南山，遠援薊鎮，其爲經略尤當嚴密。今據總督尚書江東所議，三鎮兵馬無事則據險守要，餉不妄費，足張撻伐之威；有警則應變隨機，兵不告勞，甚得夾持之力。至於宣鎮之保南山，山大之援宣鎮，三鎮之援薊鎮，區畫極周，圓融不滯，譬之長山蛇勢，首動尾應，誠得兵家之上算。係干邊計，相應亟爲議擬。合候命下，備行江東，通行鎮巡等官馬芳、姜應熊、董一奎、李秋、張邦彦、楊宗氣查照遵行，各另具由回奏。其副總兵麻禄而下，各將遵行過緣由呈部查考。中間果有未盡事宜，悉聽各官開報軍門，虚心酌量，從長計處。不得臨事張皇，議論紛紜，致妨大事。

嘉靖四十三年六月十七日題，奉聖旨："這所議都准行，還着江東於防秋畢日將鎮巡等官分別有無違誤具奏。"欽此。

覆薊遼總督侍郎劉燾分布防秋兵馬疏

題：爲預處畿輔兩腋兵馬，以慎秋防事，職方清吏司案呈，奉本部送，准總督薊遼保定等處軍務兼理糧餉、兵部右侍郎兼都察院右僉都御史劉燾揭帖，前事，等因，到部送司，案呈到部。

臣等看得，薊州一鎮防秋之時，無警則當修理邊隘以爲守禦之本，有警則當布列信地以成保障之功，大率不過二端而已。今據總督侍郎劉燾所議，就薊、保、遼三鎮而言，分列緩急，不差毫釐；就薊州一鎮而言，權度輕重，不失尺寸。至於一營策應，一路策應，一鎮策應，三端明白痛切，尤臣等意見之所不及。係干邊計，相應亟爲議擬。合候命下，移咨劉燾，通行鎮巡官胡鎮、劉漢、温景葵查照遵行，仍各具由回奏。其副總兵袁正而下，各具遵行過緣由申呈本部稽考。未盡事宜，各官果有所見，揭報軍門，虚心酌議，應徑行者徑自舉行，應具題者不妨再題，務期衆思以集，萬全可保，方爲上策。

嘉靖四十三年六月十七日題，奉聖旨："這所議都准行，還着劉燾於防秋畢日將鎮巡等官分别有無違誤具奏。"欽此。

覆宣大巡按御史成守節條陳邊務疏

題：爲陳末議以裨邊計事，職方清吏司案呈，奉本部送，兵科抄出，巡按直隸監察御史成守節題，奉聖旨："兵部知道。"欽此。欽遵，抄出送司，案呈到部。看得巡按直隸監察御史成守節條陳七事，均於邊防有益，合就開立前件，議擬上請定奪。

嘉靖四十三年六月二十八日題，奉聖旨："依議行。"欽此。

一曰防邊。大率言宣大總督舊駐陽和適均，近駐懷來太偏，欲要仍駐陽和，無非欲其居中調度、兼理三鎮之意。查得先該總督尚書江東因見去冬虜酋西還，密邇南山，以故題奉欽依暫軍懷來。以後接連防春，苦無閑暇，即今轉盼又入秋月，若使回軍陽和，徒勞往復。合無備行江東，稍候防秋畢日，照舊駐札陽和，總領三鎮戎務，防春防秋仍軍懷來。其餘冬、夏二時，若果南山陡有非常警急，隨機應變，聽江東徑自酌處，本部難以遥制。

二曰節財。大率言邊方哨探不真，調遣不時，靡費爲甚，欲要痛加議處，調停兵食以修實政，其意甚善。合無依其所擬，備行各鎮總督，將探報虜情一事專責各該總兵官，督率各路將官，以後務要哨探明的，方許呈報軍門調遣兵馬，以圖萬全，以省多費。如敢仍前希圖放馬，或以無而報有，或以少而報多，妄張聲勢，耗竭錢糧，悉聽巡按與總督、巡撫指名參究。

三曰馭將。大率謂將領不同，駕馭亦異，欲將僨事有罪者嚴加發遣，釁緣桀驁者痛加裁抑，無非恐成尾大不掉之意。但今聖明在上，百度惟熙，即如往歲，納賄、循情一切弊端剗除殆盡，至於不測之恩、不測之辱出自宸衷，又皆一時鼓舞微權，難以拘於常調。合無斟酌所擬，移咨各該總督、鎮巡等官，今後大小將領，除斬獲真正功級、犯有重大情罪者無容輕議外，其充軍、調衛等項，必須逐名發遣，候到衛所，方准立功贖罪。修邊修堡，果有積勞，必行巡按御史勘明論叙。各該有司官員，係本鎮者，總兵官處以鎮屬之禮；隔鎮者原無統攝，亦不得妄自驕蹇。一應民事，將領不許干與。果有肆意結交，子弟、家人潛住京城内外者，廠衛、緝事衙門即便訪拏究治，干礙將官一體參究。

四曰責成。大率謂宣、大、山西三鎮兵馬固不許誤薊鎮之援，亦不許失本鎮之防，查與本部原議并總督尚書江東近日分布兵馬所議大略相同。但畿輔事重，果有警急，總督自難株守關外。合無備行江東，臨期酌量，徑自施行。至於各鎮邊臣假以客兵爲由，坐視本鎮之事，真如秦越，情殊可惡，以後如果失城陷堡，不分已承調遣、未承調遣，一體坐罪。

五曰練兵。大率言宣大兵將自巡按閲視之外，未聞一至教場操練，欲要通將軍士、旗牌等役勾補招選，務足原數，立法訓練，俾堪戰守，其論甚詳，深中邊鎮因襲之弊。合無依其所擬，備行總督、鎮巡等官，嚴督所屬將領，各將軍士、旗牌原數招補充足，器械、馬匹之類編定班號。除輪該防守者不誤班期，通將下班人馬責赴教場，比試弓馬，演放火器，一應操規從實修舉。武藝優熟、人馬精强者厚加奬賞，驕惰不悛、違誤操期者重加懲究。如敢傳造飛語，中傷將領，悉聽總督軍門嚴以軍法處治。

六曰築堡。大率謂各鎮村堡近多毀壞，以致虜每入犯，稱言易搶，欲要嚴行各鎮，計處修築以便固守，無非家自爲戰、人自爲守之意。合無依其所擬，備行宣大、薊鎮總督、鎮巡等官，各將鎮城四外村堡逐一踏勘，悉心計處，有難守者併爲一堡，有可守者自爲一堡，舊有殘壞者再加高厚，原未設立者相地創修，務求堅固牢實，足堪保障。其保定、山西、山東等處近邊近海地方，通行各該巡撫衙門，督率兵備、守巡等道，查照所議斟酌舉行。

七曰協心。大率謂各鎮督撫諸臣人懷意見，事多矛盾，反覆辨論，詞甚激切。近日御史董文寀、董堯封、宋纁、陳省先後建言，不約而同，臣等心竊怪之。天下之事，成於同而敗於異。成於同者，非和光之同，乃矢心之同也。敗於異者。非特立之異，乃矯情之異也。自昔名賢，或先國家之急而後私讎，或上殿相争如虎，下殿不失和氣，載在史册，燦然可考。諸臣不能景行，已爲自棄，聖明在上，軒黄、堯舜忍負之乎？合無依其所擬，申飭各邊總督、鎮巡、將領等官，以後務要痛自猛省，追蹤前哲。果有利則歸己、害則委人，私嫌不解、公事盡廢等項，悉聽巡按御史查究所由，指名參究。

覆遼東巡按御史黄襄勘明長安等堡功賞疏

題：爲仰仗天威，醜虜敗遁，飛報捷音事，職方清吏司案呈，奉本部送，兵科抄出，巡按山東監察御史黄襄奏，奉聖旨："兵部知道。"欽此。欽遵，抄出送司。查得先爲欽奉聖諭事，該本部題，原任大同總兵官、今謫戍韓承慶堪補神機營副將，奉欽依："韓承慶充爲事官，管副將事。"欽此。又爲主將督兵出邊殺賊陣亡，糾劾誤事官員，乞賜重加究治事，該巡按山東監察御史黄襄題，本部覆奉欽依，將遊擊綫補衮革任，仍行提問。又查督撫、總兵原差試百户張世勛、孔思魯、潘贇奏報一百一十二名顆功本，又差試百户張世勛、冠帶武舉馮夢暘、副千户潘良臣奏報一百七十二顆功本，又差舍餘劉墀、承差孫琦、百户姚天與奏報三百七十顆功本，今功既勘明白，例應併録。通查案呈到部。

看得巡按山東御史黄襄奏稱，查勘過嘉靖四十二年十二月二十八等日，達賊糾衆節次侵犯遼東長安等堡地方，各該官軍奮勇血戰，一月之内三奏捷音，通共六百五十四名顆。及稱原署副總兵事、今管京營副將韓承慶，先任開原參將、今升副總兵郭江，先任寧前遊擊、今升參將楊四畏，原管選鋒千總、今升遊擊萬國，原任廣寧遊擊綫補衮，原任瀋陽遊擊宿仰辰，坐營中軍李成梁，靉陽守備劉普，海蓋參將趙伯勛，原任副總兵馮登等，見任備禦劉成武、高雲衢等，千夫長李禄等，各應分别升賞，内緣事者准其贖罪。巡撫都御史王之誥、鎮守總兵官佟登所當優録，總督侍郎劉燾所當併録，等因。又該本官參稱，長安等堡誤事千户等官王臣等所當提問，鎮守總兵佟登、巡撫都御史王之誥所當量免，參將楊四畏等功浮於罪，仍當録功各一節。除綫補衮另俟勘問外，爲照遼東地方三面臨夷，論其强弱，則北虜强而東夷弱；叙其功次，則東夷易而北虜難。所據前項三捷，既經巡按御史黄襄勘明具奏前來，臣等逐一參詳，長安堡之功當爲第一，靉陽之功次之，撫順之功又次之，相應與奏捷人員并長安堡失事人員通行議擬，以示激勸。合候命下，將劉燾重加奬賞，佟登、王之誥特加升賞。韓承慶革去爲事官名色，准復祖職。郭江、楊四畏、萬國、李成梁、劉普、趙伯勛等二十五員各加升賞，劉成武等二十六員量加升賞。李禄等十名各加升級，仍給冠帶。宿仰宸、馮登等八員名准其贖罪，高雲衢等十三員免其究治，奏捷人員張世勛等八員名照例升賞。有罪王臣等二十二員，移咨都察院，轉行接管巡按御史李輔，通提到官，問擬具奏。其獲功、陣亡官軍，照册另行升録。

嘉靖四十三年六月二十八日題，奉聖旨："這功次你部裏既查擬明白，劉燾賞銀四十兩、紵絲二表裏。佟登升署都督同知，王之誥升都察院右副都御史，還各賞銀二十兩、紵絲二表裏，照舊鎮巡地方。韓承慶准復祖職。郭江等各升一級，賞銀十兩。劉承武等、李禄等各升一級。王臣等，巡按御史提問具奏。其餘依擬。"欽此。

覆山西撫按官楊宗氣等請設官防礦疏

題：爲嚴禁礦賊，以安地方事，職方清吏司案呈，奉本部送，兵科抄出，提督雁門等關兼巡撫山西地方、都察院右副都御史楊宗氣，巡按山西監察御史楊衍慶題，俱奉聖旨："該部知道。"欽此。通抄送司，案呈到部。

看得巡撫山西右副都御史楊宗氣、巡按山西監察御史楊衍慶各題稱，兩省礦賊嘯聚，官兵擒勦已平，但恐既散復聚，要行各撫按嚴督防禦。及稱太原府同知李春賦性忠勇，乞改平陽府清軍同知，帶管礦洞各一節。爲照前項礦賊，乘機竊空，雖小人趨利之常；拒捕公行，寔大盗作奸之漸。即今雖稱平寧，善後之計委當亟處。所據太原府同知李春，性既忠誠，才復警敏，韜鈐之略先已試于霍州，奠清之功自當成於夏縣，既該撫按官楊宗氣等會保前來，相應通行議擬。合候命下，備行山西、河南巡撫衙門同加嚴備。在河南者，督令河南等道防守沿河津渡一帶，以杜外賊北向之源。在山西者，督令河東等道責委近礦州縣晝夜巡緝，以杜内賊交煽之禍。如敢疏防僨事，悉聽各該巡按御史查究所由，指名參奏。至於更易李春，係干文職，移咨吏部，徑自議題施行。

嘉靖四十三年六月二十八日題，奉聖旨："是。"欽此。

覆巡撫保定都御史張師載分布援守兵馬疏

題：爲懇乞天恩，預擬兵馬，固關隘，以防虜患事，職方清吏司案呈，奉本部送，准巡撫保定等府兼提督紫荆等關、都察院右僉都御史張師載揭帖，前事，到部送司，案呈到部。

看得巡撫保定都御史張師載揭稱，該鎮防秋兵馬查照上年事規酌量增減，分布防禦。及稱馬水口、浮圖峪二處尤爲喫緊，欲於總兵尹秉衡、守備張功援兵二枝量留一枝以便策應各一節。爲照保定一鎮，外控三關，内領諸郡，寔爲畿輔右腋重地。所據前項兵馬，分布既有信地，策應又有專責。扼險守要，已得常勝之形；應變隨機，全無牽制之患。况薊、保地方相去密邇，均係總督軍門所轄。正兵、民兵二枝雖稱援兵，直遇薊警方行徵調，决不誤事，比之宣大、山西，遠近不同。係干秋防，相應通行議擬。合候命下，移咨總督侍郎劉燾，公同巡撫張師載、總兵尹秉衡，所議嚴行各該將領，照依所守信地用心防守，務保萬全。原議入援兵馬二枝，如果薊鎮寂無聲息，自難輕動；如果擁衆臨塞，總督官先調民兵一枝前來援應；如果擁衆入塞，保定總兵官不必候調，徑自隨賊截剿。若使薊鎮無警，賊營自宣大而入，漸近紫荆、馬水等處，總督官仍當督兵調度，以示一體之義。事在閫外，俱聽臨期相機徑自施行。

嘉靖四十三年六月三十日題，奉聖旨："是。"欽此。

覆都給事中邢守庭等請敕薊鎮督撫官協恭疏

題：爲時值秋防，懇乞聖明嚴敕薊鎮大小臣工悉心備禦，以靖邊疆事，職方清吏司案呈，奉本部送，兵科抄出，兵科都給事中邢守庭等題，奉聖旨："兵部看了來説。"欽此。欽遵，抄出送司，案呈到部。

看得兵科都給事中邢守庭等具題前因，撮其綱領，大率有六，其一則欲據險堵截；其二則欲分地擺守；其三則欲嚴明哨探；其四則欲巡按、巡關御史駐札要地，監臨督率；其五則欲宣大、山西、陜西總督、鎮巡等官一體戒嚴；其六則欲總督侍郎劉燾、巡撫都御史温景葵同心戮力，共濟交歡。臣等反覆披閲，字字有據，鑿鑿可行，而責成薊鎮總撫協恭一節尤爲確論。邊方之事，全在得人。一得其人，則諸廢盡舉；一失其人，則百蠹咸生。即今邊臣，總督即古都護、總管、使相之職，巡撫即古御史中丞、監軍之任，二臣同舟濟水，同室救焚，休戚本自相關，秦越難以相視，乃今彼此矛盾，動見齟齬，抑亦惑之甚矣。臣等先因御史董堯封等因事具奏，覆議之言正與該科所見相同，伏望皇上申飭二臣，務要一湔舊過，百倍新功。己之忿悁[二]可逞，聖明之恩豈宜仰負？己之胸臆可行，朝野之望豈宜輕失？己之驕蹇可肆，閭閻之苦豈宜坐視？有一於此，國典具存，自難輕貸。至於督撫二臣果能同心幹濟，拒險嚴哨，分守等項事宜不勞餘力，自當振起。本部一面備行前去，令其一如該科所擬從實舉行。一面移咨都察院，轉行順天巡按、巡關御史，分駐緊要城堡，用心督察，防秋畢日方許回京。一面通行陝西總督右都御史郭乾等并遼東撫鎮官王之誥等，一體戒嚴，務期九塞廓清，共成安攘之計。

嘉靖四十三年七月初一日題，奉聖旨："是。"欽此。

會議京營戎政核實十事疏

題：爲懇乞聖明申飭戎政大臣勉圖實務，以重秋防事，准吏部咨，該本部會題，吏科抄出，巡視京營、吏科等衙門左給事中等官辛自修等題參總督京營戎政、太子太保、鎮遠侯顧寰，協理京營戎政、都察院右僉都御史李燧不職緣由，奉聖旨："京營固本制外，所係匪輕，顧寰、李燧，吏、兵二部慎評來説。一應戎政，兵部會同該營悉心計處，從實奏對，以保萬全。"欽此。欽遵會議，覆奉聖旨："顧寰准照舊供職，着竭忠務實，振舉戎政，以仰報朝廷再留之恩。李燧依擬，堪是任的便會推兩三員來看。"欽此。備咨到部。

臣等會同總督京營戎政、太子太保、鎮遠侯顧寰，巡視京營、吏科左給事中辛自修，河南道監察御史劉存義議得，京營之兵專爲京師而設，祖宗居重馭輕，强幹弱枝，意甚深遠。邊關之事責之邊兵，所以張京兵之羽翼；京師之事責之營兵，所以壯邊兵之根本。氣脉相通，聲勢相倚。即如去冬變生倉卒，請調紛紛，以致戎政二臣莫知適從。欲聽其徵調，則腹心爲重，調去一枝，京城便少一枝之用；欲阻其徵調，則口語横生，一人倡之，百人從而和之。即今正值防秋，臣等以爲先當定其規模，中外之臣始便遵守。除通州、昌平原係京師肩背肘腋，遇有警急，酌量分發策應，已於後開款内備陳外，其餘密雲、順義、三河、良、涿等處，雖有警急，上聽總督軍門徑發邊兵策應，不得仍前輕討京兵，致誤大計。及照事不在於文具，政當廣集衆思。所據營中一應事宜，臣等遵奉明旨，始而通行副參、佐擊官各另開報，繼而會同巡視科道官同加參酌，連日悉心計處，總得十事，不敢不從實奏對，伏望皇上俯賜采覽，敕下遵行。

嘉靖四十三年七月二十四日題，奉聖旨："這戎政事宜，你每既會議條對，都着實舉行，以裨安攘大計。"欽此。

一、核操練之實。會議得治兵之法有合操，有分練。合操而不分練，無以熟其技藝之能；分練而不合操，無以盡其營陣之變。二者並行，方克有濟。即今下操之法，列行而立，舉炮而行，主將入營，諸軍環立，中軍者進曰稟事件，主案者進曰行文書，常套既畢，方始開操，曠日廢時，以致將疲士怠，未執弓矢，未持火器，而精力已先竭矣。僅舉合操，惟日不足，又何暇及於分練哉？合無以後合操之日不必分練，分練之日不必合操，每月以初一、初八、十五、二十三四日爲期，戎政二臣五鼓入營，總閲一次。軍士先期至教場，列隊而坐，相去五尺，一炮起，二炮列營，三炮開操，照依舊規操畢，方演技藝。不拘火器、弓矢，俱懸銀牌爲的，中者即以銀牌賞之，不中者酌量懲治。科道不時巡視，聽從其便。其餘二十六日，戎政二臣至營，中軍止舉炮三聲。炮畢，官軍分入各營，聽本管將官自行操練，大率弓矢、火器亦俱以銀牌爲的，中者給之。將官下若干人射打，中軍、千總、把總、管隊下若干人射打，預先分定，各另演放，務盡以一教十、以十教百、以百教千之義。戎政二臣與巡視科道不必同在一處，隨意各入一營，親爲較閲，除中者亦賞銀牌外，不中者酌量懲治。管教官旗，各以所教之人中的多寡分别明白，動支子粒銀兩買辦花紅，聽戎政、科道官會定賞格，當面賞勞。少俟各營操畢，中軍再舉炮三聲，軍士以次出營，戎政二臣然後料理文書。軍士乘朝氣之鋭，免久立之勞，得早散之便，一舉三得，人心自然踴躍。

一、核戰守之實。會議得京、邊之兵雖一，戰守之用各殊，蓋邊兵主於戰而守在其中，京兵主於守而戰在其中。邊兵戰於外，則奮其敵愾而手足之義明；京兵守於内，則嚴其彈壓而腹心之體正。近日議者多欲遠調京兵與虜角戰，不知倉卒之際尚當廣集邊兵以衛京師，豈有反調京兵外出之理？合無今後有警，除南有重城，事勢稍緩，不必設營外，東自東便門起，迤邐而西至西便門止，即以車營十枝酌量分布。大率東、北二面爲急，用車營八枝；西面稍緩，用車營二枝。每枝實營盤一處，虚營盤二處，略如布棋之勢，去城雖遠，不過一里二里。其戰兵六枝，將副將四員城東、城北、城西、城南各屯一枝，聯絡札營，不必太遠，緊在關厢之外，聽臣等相度賊勢，專備城内城外調度應援。餘下參佐二枝，俱隨臣等戎政二臣同駐適中去處，一應軍中事宜，臣等得以面相計議。外壯車營聲勢，内助都城防守，庶爲兩便。萬一通州、昌平請討兵馬，即將參佐二枝分發策應。若非十分警急，不必輕發，徒爲勞費。

一、核將領之實。會議得即今京營諸將，或取其久諳邊務，或取其屢有戰功，可謂極一時之選矣，顧乃逐隊隨行，全無表見，豈邊關爲易而京營獨難哉？臣等以爲不能協和故也。每議一事，面相從矣，復退而相訾；每練一兵，詞相詡矣，復陰以求勝。操練無效，則曰主帥之令不敢少違；及使盡言，又逡巡而掩口。攻刺無術，則曰祖宗之制不敢少變；及使議法，止跼蹐而俯躬。矜己之廉以驕人，發人之私以揚己。夫不和於衆，不可以師，上負聖恩，中違將令，下失軍心，則將焉用彼哉？合無以後容臣等戎政二臣將各官痛加戒飭，務期視國若家，視軍如子，視賊如仇，上下同心，内外戮力，以慰宵旰之懷。如敢仍蹈前弊，及摇惑軍心、阻撓軍機者，容臣等科道官從重參治，以爲人臣不忠之戒。至於一切營務，統領于上，總其大綱者，臣等戎政二臣之事；分理于下，條其小紀者，諸將之事。舊規，一決一罰、一鞭一撻皆臣等任之，諸將拱手受成而已，甚非所以重將權、明政體也。今後合營之事臣等戎政二臣主之，各營之事各將主之，若身之使臂，若臂之使指，有兼督之簡易，無掣肘之嫌疑，方爲長便。

一、核軍士之實。會議得莫難於練兵，尤難於選軍，固有選時强壯而練時衰疲者，亦有選時精鋭而練時疾病者，故選軍以備練軍之用，練軍以寓選軍之法，二者不可偏廢也。今選軍已半年矣，能無衰疲、疾病者厠于其中乎？合無容臣等戎政二臣於每操練之時嚴行各營將官詳加閲視，但有衰病軍士即行摘出，换作城守備兵。營中挑選精强者，不必類行，隨缺隨補。是無日不練，無日不選，行之既久，人人皆可練，人人皆可選矣。

一、核論議之實。會議得三軍之心至難齊一，論議不宜太多，法令不宜太煩。即如近日營政，或軍分三等，而朝改夕更；或將列各營，而東移西調。譬之醫家處方既定，不俟奏效，輒爲易方；奕者布勢方成，不待終局，輒爲變勢。施於一人尚難行之，而況億萬之衆哉？合無以後京營一切號令，未定之前，不害于同，不嫌於異；既定之後，姑令遵守，以考成功。若今日曰當因，明日曰當革，一人曰當守，一人曰當戰，横議紛紜，揆之政體，甚爲錯謬。況謀事貴廣，處事貴决，持不斷之意，集盈庭之言，何時議論方已哉？此於軍務極爲喫緊。

一、核火器之實。會議得京營原選戰兵六枝、兵車十枝，全賴火器以爲長技。製造不精，則器不成用，每致反傷；給發不速，則器不相習，必致誤事。巡守官軍尚可陸續處給，惟戰兵、車兵一十六枝時不可緩。每兵車一營約用一位〔三〕炮三百二十位、夾靶鎗一千桿，每出戰一營約用連珠炮一百位、夾靶鎗一千三百桿，總該二萬一千六百位桿，鉛子隨火器倍給。合無聽臣等備行工部，春秋兩防查照前數盡行領出，責令軍士常川演放，遇晚收於德勝、安定二門新設庫内，試驗堅好者留營備用，損壞不堪者送曰〔四〕該局即便改造，以革異日混給之弊。畢日，通行交還該局。

一、核兵車之實。會議得兵車之設較之馬兵十分省便，但運用驅馳，不無損壞。若毁輪敗轅，腐繩朽索，與無車同耳。合無每年春秋二防，容臣等戎政二臣備查各車營，輪轅有無堅緻，繩索有無牢固。如有不堪及缺少者，備行工部，不時修理，方得實用。

一、核城守之實。會議得都城正陽、崇文、宣武三門外有重城，每門止用軍二百名，共六百名，各委號頭一員，統率把總管領。其餘六門并重城七門，每門官軍五百名，共三千五百名，與同各該守門官軍相兼守把。都城敵臺一百二座，每座軍十名，共軍一千二十名；垛口六千四百處，每口軍一名，共軍六千四百名。重城敵臺五十七座，每座軍五名，共軍二百八十五名；垛口八千九百九十二處，每口軍一名，共軍八千九百九十二名。臨期如有事故，聽臣等戎政二臣即於班軍内照缺撥補。每門將官一員，督率千把總官管領，晝夜巡警，悉聽欽命大臣調度。本營一面預造花名文册，不僉月日，逃故者明注其下，以革臨時混淆之弊。

一、核彈壓之實。會議得都城内鼓樓，東西二處，四牌樓二處，東安門、西安門大街二處，左右長安門大街二處，東西江米巷口二處，共十處。每處軍伍百名，共軍五千名，各委中軍、千把總官管領，聽候調用。東西仍各總委將官一員，往來提調。重城内猪市口東西二處，每處軍五百名，左安門、東便門適中處軍五百名，右安門、西便門適中處軍五百名，永定門内東西兩處，每處軍五百名，共三千名，各委中軍、千把總管領擺列，仍總委將官一員往來提調。二項遊兵俱於三等城守軍人内選用。如或不足，即於班軍内挑選强壯者相兼守城，替出三等軍人，都充前項之數，一以潛消奸宄，一以聽候策應。

一、核哨探之實。會議得京營事體雖與邊鎮不同，春秋兩防，虜情急緩均當預聞。若止憑邊鎮傳報，則是全寄耳目於人，萬一爲其所誑，誤事不淺。近例，各邊夜不收哨探明實、防禦有賴者升實授一級，陷殁者升署一級，被傷者量賞，委爲鼓動人心之要。合無每當春二三月、秋八九月，容臣等戎政二臣於各官家丁内慎選道路熟知、年力精壯者，齎執火牌，前去薊鎮、宣大沿邊，分投哨探，果能哨探明實，或被殺被傷，照依邊鎮一體升級加賞，以示激勸。

覆巡視東關御史陳省條議薊鎮防秋事宜疏

題：爲條陳薊鎮秋防事宜，以備采擇，以裨治安事，職方清吏司案呈，奉本部送，兵科抄出，巡按直隸監察御史陳省題，奉聖旨："兵部看了來説。"欽此。欽遵，抄出送司，案呈到部。

看得巡按直隸監察御史陳省條陳防秋三事，均係邊方要務，合就開立前件，議擬上請定奪。

嘉靖四十三年七月二十四日題，奉聖旨："依擬行。"欽此。

一議責成將領。大略謂薊鎮主、客將官偷安僨事，規避成風，往往致有疏失，欲要痛鑒前非，重加懲創，及責兵備該道一體幹辦。查得該鎮十路，東自山海關、石門寨起，西至黄花鎮、鎮邊城止，近該總督侍郎劉燾分布防秋兵馬，擘畫險夷，坐委將兵，俱已詳盡。但將官不無勤惰，防守自有疏密，以故御史陳省仍欲責備以求萬全。至於中間指摘弊源，申明憲典，詞嚴義正，尤爲要務。合無移咨劉燾，督同總兵官胡鎮、巡撫温景葵，通將各路兵將時加稽考，要見某路人馬精壯，設備周匝，足堪保障；某路人馬衰疲，設備疏漏，不稱委任。無事之時，查其弓矢、火器有無利鈍；有警之際，察其調度料理有無勇怯。逐一分别詳明，或先事更置，或後事舉劾，悉聽徑自酌處。敢有仍造“鐵冠”之言蠱惑衆心，及結知權貴、不遵約束者，許總督、撫按、巡關不時參論，或徑聽總督處以軍法，或速請明旨加以重典。見任兵備俱極一時之選，宣力宣猷，自無待於諄復，各宜查照陳省所議，徑自力行，以圖報稱。

一議激勸軍士。大略謂往時官軍擺守信地，紀載不明，功罪無據，以致賞罰溷淆，欲將薊鎮分布官軍姓名各照墻垛備造圖册，以便查覈。至于責成修守、申明賞罰之事，種種可行。除犒賞銀兩本部先已議奉欽依給發外，合無依其所擬，備咨總督劉燾，通行鎮巡等官，除守邊將士遵照題定諸路分布修守外，仍將官軍姓名備開文册，要見某軍所藝某器，所守某垛，原係某主、客官軍，今該某將官領轄，一樣二本，一送巡按，一送巡關各御史處，以備巡歷點閘。無事則稽其工程、器械，分别懲戒；有警則查其堵截、拒守，照例題録。其軍門、總兵分撥策應標、遊將士，亦要與巡按、巡關御史一體知會，以便稽考。

一議庸劣提調。大率謂見任各口提調李文等怯懦卑猥，欲要更换，并稱廢棄立功將領王繼祖等營冒功次，及要罷革，時正防秋，所言均與邊政有益。准總督侍郎劉燾咨稱指揮甯子周、柴良弼俱堪任用，巡撫都御史温景葵揭稱百户陳耀謀勇可觀。合無斟酌所擬，將李文、胡永昌、周良相先行革任，陳耀即補冷口，柴良弼即補青山口，甯子周即補大安口各提調員缺，内陳耀量升署指揮僉事，仍俱照例以都指揮體統行事。至於原任總兵王繼祖，參將徐致中、嚴瞻、馮詔，既稱贓迹狼籍，曾經敗衄，各令隨伍立功，不得濫與管軍管事，致滋冒功之弊。以後散將必須查其年力精壯、行檢無虧者，方許委用。

覆兩廣提督侍郎吴桂芳等潮惠征倭獻捷疏

題：爲仰仗天威，官兵奮勇剿倭，一陣斬首千級，地方平寧，再報異常大捷事，職方清吏司案呈，奉本部送，兵科抄出，提督兩廣軍務兼理巡撫、兵部右侍郎兼都察院右僉都御史吴桂芳，巡撫南贛汀漳等處地方、提督軍務、都察院右僉都御史吴百朋，鎮守兩廣地方總兵官、征蠻將軍、恭順侯吴繼爵各題，同前事，俱奉聖旨："兵部看了來説。"欽此。通抄送司，案呈到部。

看得提督兩廣右侍郎吴桂芳、鎮守兩廣總兵官恭順侯吴繼爵、巡撫南贛都御史吴百朋會題，稱閩中流來倭寇二萬餘徒，侵犯潮惠地方，隨督各該官兵併力協謀，通計擒斬二千四百四十名顆，奪回被虜男婦三十名口，餘黨奔海開洋，盡被風雷擊覆，即今廣東寧謐。及該侍郎吴桂芳揭稱，今次之捷，湯克寬允爲摧陷元功各一節。爲照前項倭奴，爰自福建流入潮惠之境，糾結山寇、土寇，往來奔突，極其猖獗。侍郎吴桂芳、巡撫吴百朋、總兵官吴繼爵乃能公同總兵官俞大猷，督同原任副總兵湯克寬、見任參將王詔并各路官軍，一破於金錫，再破於息坑，三破於雲落逕諸處。天威震疊，風雷擊没者不下萬餘；士氣維揚，擒斬捷報者幾及三千。廣中自有倭患以來未見有此，若候勘至方行甄録，未免遲滯。係干激勸，相應亟行議擬。合候命下，將吴桂芳、俞大猷、吴繼爵重加賞賚，吴百朋、王詔同加賞賚，湯克寬先復祖職。一應有功、效勞人員移咨都察院，轉行廣東、江西巡按御史，刻期勘明，造册奏繳，以憑與吴桂芳等仍加録叙。

嘉靖四十三年九月初六日題，奉聖旨："是。這斬獲倭寇數多，功委可嘉。吴桂芳、俞大猷、吴繼爵各賞銀四十兩、紵絲二表裏，吴百朋三十兩、二表裏，王詔二十兩、一表裏，湯克寬准先復祖職，一應有功人員著各該巡按御史作速勘報。"欽此。

覆巡撫遼東都御史王之誥議設險山參將疏

題：爲議處東南極邊要害，添設兵將，控扼虜衝，預防外患，以永安重鎮事，職方清吏司案呈，奉本部送，兵科抄出，巡撫遼東地方兼贊理軍務、都察院右僉都御史王之誥題，奉聖旨："該部看了來説。"欽此。欽遵，抄出送司，案呈到部。

看得巡撫遼東右僉都御史王之誥會同鎮守總兵官□[五]登、巡按監察御史李輔具題前因，大率言遼陽東南一帶險山等處城堡兵馬單薄，虜常侵犯，又值朝鮮入貢之路，雖有副總兵調度，相去隔遠，應援不及，欲要於險山添設參將一員，召募軍馬三千名駐札前項地方，管理鎮東等一十三處城堡，及舉原任遊擊徐九齡，并開列未盡事宜各一節。爲照靉陽、險山一帶，地廣山深，在内則逋逃淵藪，在外則夷虜襟喉，極稱要害，且與遼陽副總兵相距寫遠，一時顧理委屬難周。所據都御史王之誥等具題添設參將一事，博采閭閻之情，參詳寺道之義，募軍買馬俱已成章，除器理儲無不曲盡，一時撫臣經略優長如之誥者委不多見。至於遊擊徐九齡，原係病痊官員，別無違礙，既該指名奏薦前來，相應一併議擬。合候命下，將徐九齡即以原職充險山參將，分守鎮東等一十三處城堡，仍聽總督、鎮巡官節制。本部查擬責任，請敕一道，賫付本官欽遵行事，合用符驗、旗牌行移各該衙門照例請給。其餘十事開立前件，恭候宸斷。

嘉靖四十三年九月十五日題，奉聖旨："是。徐九齡依擬用，所議十事俱准行。"欽此。

一、分守地方。欲要於遼陽副總兵所轄三十七城堡内分撥險山、靉陽一帶一十三處城堡，責令新設參將管理，清河、鹻場等處二十五〔六〕城堡仍聽副總兵管理，據其擘畫俱已詳明。合無依其所擬，將副總兵郭江、參將徐九齡敕書應换給者换給，應請給者請給，賫付各官，欽遵行事。

一、分兵協守。欲要將該營新軍三千名分撥寧東堡，其餘一千四百名仍隨參將操練，臂指相使，深得體要。合無依其所擬分布防守，遇有大舉深入，仍聽參將隨宜調遣。

一、修復廢堡。欲於媳婦山堡改名寧東，仍要撥軍修守，委官管攝，俱已停妥。合無依其所擬，選委相應官員以次修理，仍將委過官員職名類報查考。

一、裁革提調。欲要將險山、江沿二提調議革，該堡軍馬并聽守堡官參守調度，官既不冗，兵有所歸。合無依其所擬，查照施行。其所革提調官如果尚堪任使，徑自從宜委用。

一、衣裝房田。欲要將寧前支剩募軍銀兩，新軍每名給銀三兩以充衣裝，起房一間以爲棲止，并議及將官公舍、軍士營田，有居有業，且耕且守，俱屬詳盡。合無依其所擬，將前項銀兩准其照數支給，官軍公廨房屋如法蓋造。其荒閑田土任從各軍儘力開種，永不起科。

一、馬匹軍器。看得新軍騎征馬匹，既有本部原發馬價樽節之數，合無依其所擬，動支收買，給軍騎征。其不敷三百匹，聽巡撫衙門徑自計處。

一、修復關門。欲要將甜水站迤東連山關廨計處修理，并議委官照舊驗放，深得尊中國、讐外裔之義。合無依其所擬，將關門、公舍及時修設，盤驗官軍廉選委用。工完之日遇有入貢陪臣，一應報名等項事宜，悉要查復舊規，不許因隨襲訛，致傷大體。

一、修復虎牢。欲要於靉陽迤東東州一帶隘口，外設木柞，内挑坑塹，仍照韓承慶虎牢規制興廢舉墜，深於戰守有益。合無依其所擬，係江沿一帶者責令徐九齡，係東州一帶者責令郭江，督率官軍，如法建置。

一、添設山墩。欲要於寧東一帶一十三處山谷擇其高險，添設木墩，撥軍傳報，無非明我耳目之意。合無依其所擬，備行新設參將徐九齡，通查前項高險山谷，照依井欄木墩，如法添置，撥軍瞭望。

一、新軍寄籍。欲要將應募軍人各隨附近衛所經歷司寄籍，並免一切雜役，杜絶原户扳擾，處置俱已得宜。合無依其所擬，將一應新軍不拘流移、商客人等，各照占定田産就近開報。如係南衛地方者就於南衛經歷司，係遼陽六衛者就於六衛經歷司，各將正、幫軍丁明造一册，送部查考。不許該管官司及原籍户丁扳扯差役，違者聽巡撫衙門徑自究處。

覆都給事中邢守庭等申明禁例疏

題：爲摘陳職掌事務，懇乞聖明申嚴禁例，以示法守事，武選清吏司案呈，奉本部送，兵科抄出，兵科都給事中邢守庭等題，奉聖旨：“兵部看了來説。”欽此。欽遵，抄出送司，案呈到部。

看得兵科都給事中邢守庭等條陳事宜，均於本部職務有益，合就摘開前件，議擬上請定奪。

嘉靖四十三年九月十七日題，奉聖旨：“依擬行。”欽此。

一曰申明勘報之條。看得南北功次及失事、立功事例，節年開例甚明。即如北方真正虜酋加升三級，斬獲强壯實職一級，幼小者給賞。南功真正倭酋實職一級，强壯從倭升署一級，其餘量賞。失事、立功之人勘明發伍，方准贖録。指揮四名顆，千户三名顆，百户二名顆，准復原職，少不及數，以次量復。部下之功，每五名准復一級。祇緣文移多涉遷延，以致人心遂懷觀望，或開陳功伐，或希圖録贖，誠如該科所論。合無移咨都察院，轉行各該巡按御史，并咨總督、鎮巡等官，今後凡勘一應功次，文書到日，責令承委司道遵照本部題准事理，通限兩月以裏據實開報，要見某功奇異應該超録，某功真正應該升録，某係前後親功應該併録，某係陣亡嫡親子侄、兄弟應該襲升。查覈既定，即與造册奏繳，不得延捱日久，令其紛擾。其失事、立功人員，除迹涉誤累、法可矜原者許酌量委用，其犯該損失、觀望等項重罪，務要定衛發遣，方准隨伍立功。若事未勘明，遽圖委用，及原無斬獲與一切修理、巡緝之勞，妄求世襲，或自陳勞績，希免罪辟者，悉聽臣等與該科指實參究。

二曰申明妄奏之條。看得頃因醜虜匪茹，不得不廣集衆思，但有一才一藝者，本部必加驗試，分送各鎮，隨宜委用。乃今尚有前項人員，仍復剽竊浮言，逞携伎倆，尋常火器、車營、塹墻、縳馬之類，輒敢仰塵天聽，甚至有汲引罷閑官員，開謄書目，希圖倖進，如鎮江府吏役孫漢者，交臂接踵，殊爲可厭。合無今後一應建議、報效人員，止許據所知見開送本部，詳加校驗，如有可行，即時咨送各該軍門以收實效，不許奏擾。中間事體窒礙、識見粗淺者，原詞立案，勒限責令回籍。如敢潛住京師，聽本部及廠衛衙門拿究治罪。

三曰申明帶銜之條。看得國初設立武職，惟都督職爲最崇，不宜輕假。正德十六年題准，今後五府都督等官必是都指揮使累積軍功，勛庸顯著，及譽望超卓，在人耳目者，方許擬升，不得如前，都指揮使獲功一級即升都督僉事。向來遵奉，並無冒濫，止有中外奏帶、併功升級與奉旨録廕子侄二節委當亟爲釐正。合無今後但遇録廕，有親子、弟侄者，每官各廕一人，不許併授。如止有一人，再無親子、弟侄者，併至指揮使而止，止在本所帶俸，不得概升都指揮使、都督職銜，以致混淆名器。錦衣衛係親軍侍衛衙門，各衛官員無故不許濫入。南北鎮撫司掌印、僉書員缺，該衛題行本部，照例查擬相應官二員，請旨簡用。如臣等不能執持，自壞法紀，亦聽該科不時參究。

四曰申明襲替之條。看得各該都司、衛所襲替給養官舍，例該保結到府，轉行本部，查照黄選功次選授。先因各府屬吏故意留難，故有五日送部之限。猶恐任情洗改，又有赴部驗文之例。而五府屬吏乃敢視令甲爲虚文，以舍人爲奇貨，有賄者則立爲轉文，無賄者則多方刁勒，或一月兩月，甚至半年之上，以致遠方之人稱貸乞丐，殊非國家體恤武臣之意。至於解軍違限有何大罪而罰取贖金，進表都司專爲聖節而逮繫僕從，吏初參則收公堂三十金，官坐府則送茶錢五金，弊端種種，誠有如該科所論。合無備行五府掌印官，以後務要嚴禁屬吏，如遇襲替官舍到府，五日之内即與起文過部。如果違至十日之外，聽武選司開送兵科，該吏徑送法司究問，首領官請旨處治。其餘茶果分例等項痛如剗革。若仍蹈前弊，該科訪實，徑自指名參奏。

覆陝西總督都御史郭乾請加陝西總兵官銜疏

題：爲查議鎮守職銜，以便調度，以一軍務事，職方清吏司案呈，奉本部送，兵科抄出，總督陝西三邊軍務、都察院右都御史兼兵部右侍郎郭乾題，奉聖旨："兵部知道。"欽此。欽遵，抄出送司。

卷查嘉靖二十一年三月内，該提督雁門等關兼巡撫山西地方、都察院右副都御史劉臬題，將偏頭關副總兵改充總兵官，移置寧武，使之居中調度，東西策應。又查得嘉靖三十九年八月内，該本部職方清吏司署郎中王叔果題稱，昌平既有副總兵，又有提督，同處一城，委爲冗員，似當裁併，乞將提督雲冒改充總兵官，鎮守居庸、昌平等處地方各，等因。俱該本部議擬，覆奉欽依，通行欽遵去後。今該前因，通查案呈到部。

看得總督陝西三邊軍務右都御史郭乾題稱，陝西原設鎮守署都督僉事，舊住省城，道路適均。後因邊警頻仍，改駐固原，事權未重，乞要比照薊州、山西兩鎮事例，將陝西鎮守官加與總兵官職銜，以便調度一節。爲照陝西鎮守雖非掛印，委與山西、昌平二鎮事體相同，既該總督官具題前來，相應依擬。合候命下，將新任鎮守陝西地方署都督僉事郭江照例加與總兵官名銜，本部備查原擬責任，增入制敕，齎付本官欽遵行事。原給關防照舊用使，不必另换。

嘉靖四十三年十月初八日題，奉聖旨："是。"欽此。

覆都給事中邢守庭等參山西失機嚴行勘究疏

題：爲邊關失事，懇乞聖明嚴行查覈，以肅國法事，職方清吏司案呈，奉本部送，兵科抄出，兵科都給事中邢守庭等題，奉聖旨："兵部知道。"欽此。又該巡按山西監察御史楊衍慶揭，爲達虜突犯，損折將領，乞賜查究誤事官員事。通送到司，案呈到部。

看得兵科都給事中邢守庭等、巡按山西監察御史楊衍慶各題揭前因，大率謂本年十月二十四日達賊突犯山西周家山、蕨菜卯等處，遊擊梁平、守備祁謀并千把總等官俱各對敵折傷。在邢守庭等則稱賊自前月二十四日入犯，至今月初三日出邊，狂悖固非一朝，劫攻必非一處，將領捐軀，軍士斃鏑，或不止此，要行巡按御史逐一查勘，指實參論。在楊衍慶則參稱偏頭關參將朱瀚所當重究，山西總兵官董一奎所當併究，巡撫都御史楊宗氣所當量加戒諭各一節。爲照今歲自春徂秋，九邊悉無警報，惟自山西地方十月將終獨遭虜患。二將既折，部曲之傷殘必多；一旬方出，閭閻之蹂踐難免。巡按御史楊衍慶止以折將一事參究有罪人員，以故兵科都給事中邢守庭等欲要從實查勘，殊爲有見，相應通行依擬。合候命下，移咨都察院，轉行彼處巡按御史，親詣被虜地方逐一嚴查，要見達虜實有若干，原從何處入邊，何處出邊，經過村落殺虜人口、頭畜實有若干，遊擊梁平、守備祁謀等是否輕率，應否録恤，遥制指授如總督，居中調度如巡撫，親臨戰陳如總兵、參遊、守備，文書到日，限半月以裏作速分別查參，以憑覆請定奪。

嘉靖四十三年十一月十九日題，奉聖旨："是。"欽此。

覆南贛江西撫臣論知縣王化軍功并妻死節疏

題：爲飛報擒獲屢年積惡巨寇，甄拔有功官員事，職方清吏司案呈，奉本部送，兵科抄出，巡撫南贛汀漳等處地方、提督軍務、都察院右僉都御史吴百朋題，前事，巡撫江西等處地方兼理軍務、都察院右副都御史周相題，爲飛報擒獲屢年稔惡巨寇捷音事，俱奉聖旨："兵部知道。"欽此。欽遵，通抄送司，案呈到部。

看得巡撫南贛汀漳都御史吴百朋、巡撫江西都御史周相各題稱，南詔賊首梁國相與今被斬獲賊總梁統等，叛招糾衆，劫剠害人。平遠縣知縣王化親督鄉兵，擒獲渠魁，其妻計氏誤傳聞夫遇害，遂自刎死。在吴百朋則要將王化比照龍南縣知縣龔有成事例重知升録，計氏照例旌表立祠，及將饒平知縣管惟乾量加賞賚。在周相則稱右參政劉光濟、兵備副使李佑、知縣王化俱功當首論，計氏例當表揚各一節。除劉光濟、李佑候巡按御史勘至另議外，爲照山賊梁國相等稱亂一方，流毒三省，其罪委在不赦。知縣王化督兵擒獲，猶爲人臣不二其心之常；伊妻計氏聞變捐生，更得婦人從一而終之義。既該巡撫都御史吴百朋、周相具題前來，事干激勸，相應通行議擬。合候命下，將王化先行重加賞賚，管惟乾量加賞賚，仍咨吏部，將王化查照龔有成事例升授府同知職銜，掌管縣事。計氏移咨禮部，旌表立祠，以示崇異。賊首梁國相、丘萬里等，備咨都察院，轉行江西巡按御史，會官處決，照例梟示。未獲餘孽，聽吴百朋、周相嚴督各該兵備

□□〔七〕官軍刻期剿絶以靖地方。但恩威出自朝廷。

嘉靖四十三年十二月十六日題，奉聖旨："是。王化賞銀二十兩，管惟乾十兩。未獲餘孽，着吴百朋、周相嚴督各該兵備將領刻期剿滅，以靖地方。"欽此。

覆右給事中張岳條陳公選將覈差遣疏

題：爲酌論時宜，相期誠心圖報，以光昭聖治事，職方清吏司案呈，奉本部送，兵科抄出，刑科右給事中張岳題，奉聖旨："該部知道。"欽此。抄出送司，案呈到部。看得刑科右給事中張岳條陳"公輿論"、"覈部差"二事，合就開立前件，議擬上請定奪。

嘉靖四十三年十二月十七日題，奉聖旨："依議行。"欽此。

何謂"公輿論"？看得右給事中張岳所陳，大率謂會推將官，如任俊瞳昏，黄印狡猾，郭江矇瞍，韓承慶聾聵，聊且塞責一時。欲要行令各衙門大小臣工各舉所知，俱從本部推訪并開列，日米〔八〕月會，時計歲成，議論殊爲詳悉。但掄選將材，當論其内之謀勇，不當論其外之形狀。古之人固有雙足俱無、坐籌輜車，單目僅存、立功衝陷者，均皆不失爲名將。即如總兵官郭江，一目爲虜所射，雖云微眇；百戰而氣不衰，允矣雄材。節該巡按御史黄襄等奏保之詞至不容口，用之陝西鎮守，似爲相宜。副總兵韓承慶，威望清聲，武弁翹楚。未推之先，巡撫王之誥則揭稱用之遼東方當其才；既推之後，巡撫王之誥則揭稱韓帥之用東人甚服。一方有賴，重聽無妨。總兵官黄印，領運既久，物議未聞，循資雖已改官，陳情旋即養痾。提督任俊，直戇忤時，沉淪積歲。始以人望收録，冀其作爲；乃今自行玩愒，不聞振勵。以上四臣，臣等虚心評品，固不敢依違言官以求同，亦不敢偏執己見以立異，要之期於允愜輿論而已。除黄印難以再議外，合無將郭江、韓承慶令其照舊供職，任俊革任閑住，員缺會官推補。至於所稱按歷日時各舉將材，無非廣搜博訪以備干城之意。臣等再四參詳，政貴體要，方可經久。合無斟酌所擬，自嘉靖四十四年爲始，通行九卿、科道官，每歲於春防未事之前、秋防既畢之後，不拘見任未任、在京在外，各據見聞，自爲一疏，要見某宜邊方，某宜腹裏，某宜沿江，某宜沿海，分别奏薦，俱候抄下本部，分送該司，附之南北將材簿内，遇有員缺，聽臣等以次推補。猶恐各該衙門過爲遠嫌，不肯舉行，又在該科嚴加稽考，務臻實效。

何謂"覈部差"？看得右給事中張岳所陳，大率謂本部誥命、柴薪、軍册、軍單差遣部屬數多，有妨職業。除軍册、軍單自來未曾差官，柴薪因今歲借過馬價六萬餘兩，照常奏差主事二員，事完自當停止，俱難别議外，所據武官誥命，委與文官不同。文官各自一誥，有人祇領。武官接輩續誥，無人祇領，向來題奉欽依，歲差司屬二員分投頒給，無非慎重絲綸之意。但惟本衙門之官坐差已涉過多，别衙門之官借差更屬無謂，即如先年中書舍人夏道南等俱嘗借討此差，相應通行釐正。合無斟酌所議，以後每歲止差一員，減去一員，於本部司屬及辦事進士内酌用，仍定與限期，違限參奏。其中書、都事，此後通不許差，以定職守，以省勞費。

覆都給事中邢守庭等再參山西失機併勘疏

題：爲達虜再入西犯，懇乞嚴敕邊臣亟加剿逐，併究怠玩人員事，職方清吏司案呈，奉本部送，兵科抄出，兵科都給事中邢守庭等題，又該巡按山西監察御史楊衍慶題，爲聲息事，俱奉聖旨："兵部知道。"欽此。通抄送司，案呈到部。

臣等看得兵科都給事中邢守庭等題稱，醜虜再犯山西，深入興、嵐一帶，乞要嚴行總督、鎮巡等官痛加剪刈，并查勘經過失事地方情罪，及該巡按御史楊衍慶題稱，欲要速調鄰兵援剿各一節。爲照山西地方未及兩月，兩遭虜患，顯是總督、鎮巡等官防範疏略，醜虜覘知無備，敢行侵軼，先次失事之罪尚未勘明，今次失事之重可以概見。尚書江東雖經報稱前賊回到三井地方，勢將出邊，事在剥膚，相應亟爲議處。合候命下，本部馬上差人齎文交與江東，即將所題大同正、遊兵馬，督令總兵官姜應熊等、巡撫侍郎萬恭，公同總兵官董一奎，嚴督各路主、鄰兵馬，責令參遊、守備等官馬舉等隨賊遏剿，以收桑榆之功，不許自分彼此，致誤事機。其董一奎先行住俸，聽其戴罪殺賊，果能立有奇功，一併酌議。一面移咨都察院，轉行山西、宣大巡按御史，通將虜賊進入道路、經掠地方各該人員失事重輕嚴加覈勘，賊退之日各另奏報，應参應問人員照例施行。其原任巡撫都御史楊宗氣，要見何月何日與萬恭交代先今事情，亦聽查明一併具奏。

嘉靖四十三年十二月二十九日題，奉聖旨："是。"欽此。

校勘記

〔一〕"焦"，疑當作"噍"。

〔二〕"倢"，疑當作"憶"。

〔三〕"一位"，明陳子龍等《明經世文編》卷之二百七十六楊博《會議京營戎政核實十事疏》作"連珠"。

〔四〕"曰"，據同上書當作"回"，十二卷本亦作"回"。

〔五〕□，底本漶漫不清，據十二卷本當作“佟”。

〔六〕“五”，疑當作“四”。

〔七〕□□，底本漶漫不清，據十二卷本當作“將領”。

〔八〕“米”，十二卷本作“采”，是。

楊襄毅公本兵疏議卷十五

責成宣大山遼四鎮邊臣修築墩堡疏

少保兼太子太保、兵部尚書臣楊博等謹題：爲預飭重鎮春防，亟行修守事，職方清吏司案呈。照得京師地方以薊鎮、昌平、遼東爲左輔，以宣府、大同、山西爲右輔。制馭夷虜之方，薊鎮、昌平自爲一局，主於修墻設險，而戰寓於其中，見今總督劉燾公同鎮巡等官加意舉行，無容別議。宣府、大同、山西、遼東同爲一局，修墻設險，僅可阻遏零騎，虜若拆墻突入，地敞兵寡，勢自難禦。在沿邊則當整飭烽墩以明耳目，在近邊則當修築墩堡以便收保。所謂“堅壁清野”，必須壁既稱堅，然後野可望清，近日山西兩次之警可以爲鑒。即今春和土融，呈乞通行四鎮一體查處以消虜患，等因。案呈到部。

看得宣、大、山、遼四鎮墩堡，或原設而年久傾頹，或新設而被虜攻毀，或散居原未設堡，或倚山聊爲小塞，或藏之窑洞，或伏之窨窖，官府全不經心，小民多屬無力，橫被搶殺，甘心坐視。臣博昔巡撫甘肅，創爲墩院之制，中爲一墩，四面築一小城，極寬不過十丈，費少易成，地狹易守，虜嘗擁衆數萬突入凉州，一無所掠，卓有明驗。所據該司具呈前因，甚於地方有益，相應依擬題請。合候命下，移咨總督宣大尚書江東、巡撫山西侍郎萬恭、宣府都御史李秋、大同都御史張邦彦、遼東都御史劉應節，各將沿邊火墩并近邊軍民墩堡分委守巡、兵備司道并文武官員速行估勘。原有損壞者因而修理，原未設立者從而添築。如堡大人少，則止據堡之一二角墩。軍民有力，則令其自築；軍民十分無力，即將合用銀兩逐一估計，明白具奏前來，以憑處發。大抵此舉全是巡撫之責，果能處置得宜，在官使無虚費，在民使免騷擾，在虜使無侵軼，方稱聖皇委任責成至意。文書到日，通限半月以裏，每衛每所每州每縣各另畫一水墨小圖，并委過官員職名，巡撫衙門徑自咨部查考。一面移咨都察院，轉行各該巡按御史，候工完之日親詣查勘。如果足堪保障，即將總督、鎮巡等官具奏獎賞。若以虚文塞責，全無成效，一體指名參奏。

嘉靖四十四年正月十二日題，奉聖旨："是。着各該督撫官從實速行。"欽此。

覆山西巡按御史楊衍慶條陳邊務疏

題：爲敷陳邊務，以飭武備，以安重鎮事，職方清吏司案呈，奉本部送，兵科抄出，巡按山西監察御史楊衍慶題，奉聖旨："兵部知道。"欽此。抄出送司，案呈到部。

看得巡按山西御史楊衍慶條陳五事，蓋有感於山西先次之失，欲爲善後之計，疏方議覆而後警又至，合就開立前件，議擬上請定奪。

嘉靖四十四年正月十二日題，奉聖旨："依擬行。"欽此。

一、簡將領以責成功。大率欲將三關將領查訪選擇，及稱偏關參將朱瀚懦弱無策，欲得忠勇之士以充其任，相應依擬。合無將朱瀚先行革任，仍就彼監候，以聽别卷問擬，遺下員缺移咨總督尚書江東、巡撫侍郎馬[一]恭，會同巡按御史楊衍慶，速舉謀勇堪任之人前來，以憑坐補。其餘闔鎮大小將官仍各逐一查訪，要見某人當留，某人當罷，某人當調用，某人堪頂補，文書到日，限半月以裏分别明白，各另具奏。

一、選士卒以實營伍。大率言三關兵馬撫綏無法，致有逃亡，欲要精加選補，丁絶召募，仍諭將領撫馭存恤，及要查處錢糧、馬匹、器械等件。此係閫外諸臣應行職務，顯是相率廢弛，徒爲文具。合無依其所擬，移咨巡撫侍郎萬恭，通查本鎮各營軍馬，嚴責該管兵備各道，逐一按册挨營細加點選，少壯堪役者照舊存留，者〔二〕弱逃故者多方勾募，務要各足原額之數。仍曉諭該營將領用心操練，加意撫綏，錢糧缺乏以時請給，器械朽鈍照數造補。以後軍士逃亡，器甲虧欠，聽撫按官不時閲視，從實參究。

一、肅隊伍以嚴紀律。大率言三關軍士惟正兵一營頗爲整肅，其餘營伍不相識認，不成行列，欲要編定隊伍，嚴加選練，無非奮武振旅之意。合無依其所擬，移咨巡撫侍郎萬恭，會同總兵官董一奎，通行大小將領，各將新選兵馬編列隊伍，設法操練，務期一人教十，十人教百，百人教千，盡袪舊習，聿新士氣。通限三月以裏，巡撫親行操試，將領等官操有成效者疏名旌薦，肆行玩愒者即時糾論，以憑處置。

一、修堡砦以防衝突。大率謂沿邊堡砦頹缺塌壞，不堪防禦，及至寇入，民各逃竄，欲要通行查處，亟爲修理，查與臣等别本所議宣、大、山、遼四鎮修理墩堡事體相同，無容别議。

一、嚴烽堠以便收斂。大率謂沿邊墩軍縱放貿易，傳報不明，緣此失事，欲要撥補墩軍，委官提調稽查，傳報收斂，委得修明耳目之意。合無依其所擬，移咨巡撫侍郎萬恭，會同總兵官董一奎，嚴責各該將領，通將所屬邊墩盡數查出，每墩撥軍務足十名，選委勤慎官數員分地提調，各軍日夜輪流瞭望傳報。如有怠誤，提墩官並該管將領各照地方坐以失誤軍機重罪。但惟前項墩軍，孤懸虜境，九死一生，最爲可憫，一切衣糧、賞犒等項又在巡撫曲爲議處，以示優厚。

覆薊遼總督侍郎劉燾分布防春兵馬發犒銀疏

題：爲分布兵馬，以飭春防事，職方清吏司案呈，奉本部送，兵科抄出，總督薊遼保定等處軍務兼理糧餉、兵部右侍郎兼都察院右僉都御史劉燾題，奉聖旨："兵部看了來説。"欽此。欽遵，抄出送司，案呈到部。

臣等看得，薊鎮地方密邇屬夷，唇齒宣大，節年防春查與防秋事體大略相同，無警則當爲修守之圖，有警則當爲戰守之備，日惟戒嚴，時難怠緩。所據總督侍郎劉燾具題前因，十路之内既有總督、鎮巡督理於上，大綱已舉；又有兵備、副參、遊守分理於下，節目更詳。至於操練參將王孟夏等兵馬以防堵截，尤爲萬全之慮。係干邊計，相應亟爲議擬。合候命下，備行劉燾，通行鎮巡等官胡鎮、劉漢、温景葵查照遵行，仍各具由回奏。其副總兵郭琥而下，各具遵行過緣由申呈本部查考。各該大小將領、兵備該道如有不行用心監督致誤事機者，聽劉燾照依秋防事例一體參究。及照各該官軍戮力修繕，固其服役之常，激勵人心，似不可無憫勞之典。查得防秋支剩賞銀止有一萬九千二百餘兩，似不敷用，合無聽本部再發馬價銀一萬兩，差官解送劉燾處聽候支用，事完一併造册奏繳。

嘉靖四十四年正月十四日題，奉聖旨："是。"欽此。

覆巡撫山西侍郎萬恭議添副總兵請給旗牌疏

題：爲急陳山西善後事宜，起積弱，以圖久安事，職方清吏司案呈，奉本部送，兵科抄出，提督雁門等關兼巡撫山西地方、兵部左侍郎兼都察院右僉都御史萬恭題，奉聖旨："該部看了來説。"欽此。欽遵，抄出送司，案呈到部。

看得巡撫山西左侍郎萬恭條陳二事，均切山西善後之計，相應開立前件，議擬上請定奪。

嘉靖四十四年正月十六日題，奉聖旨："依議行。"欽此。

一、復副將以便控制。大率謂山西原設副總兵一員，駐札偏關，後因虜犯關南，遂議不用。近日總兵官防秋之日移駐蔚州，竟以邊防付之參將等官，法令不行，顧此失彼，欲要復設副總兵官一員，募兵三千名，專駐老營地方，與同總兵官分任援守。查得山西地方，雁門、寧武之外藉有大同屏蔽，原無虜警，止是偏、老之間遇冬防河，以故額設副總兵一員，駐札偏關。于後大同失守，寧、雁多事，方改副總兵爲總兵，移駐寧武，非裁革也。所據巡撫萬恭欲要仍設副總兵一員，增兵添餉，理似稱難；度勢審時，機不容緩。合無依其所擬，將老營舊有遊兵聽遊擊照舊統領，仍於該營添設副總兵一員，選募奇兵三千名，以備本鎮防河防邊之用。就行萬恭，會同總督尚書江東，查舉謀勇相應官二員徑自具奏，合用敕書、符驗、旗牌照例請給，一切應行事宜、住札責任，本部查照原題事理定擬明白，令其欽遵行事。其募兵一節，仍咨萬恭多方召選，加意操備，務期士馬精强，俱堪寔用。合用安家銀兩、公廨、營房、衣甲等項，亦聽萬恭從長議處。

一、請旗牌以便提督。大率謂山西先年總督駐朔州，總兵駐寧武，各有旗牌，得便監督。邇年總督移駐懷來，總兵聽援薊鎮，一遇聲息，往返稽誤，欲要比照江浙、保定巡撫事例，特假旗牌以便提督。爲照山西地方，邇年以來醜虜不時侵軼，極稱多事，比之江浙等處更爲不同，巡撫大臣開府一方，任大責重，自當有節鉞之寄，固不在於總督駐懷來、總兵援薊鎮而已。合無依其所擬，移咨工部，將令旗、令牌各量給四面副件，本部馬上差官齎送萬恭軍前，祗領收用。其餘腹裏省分原無虜情倭患者，不得援以爲例。

覆蘇松巡按御史温如璋議處海防疏

題：爲敷陳愚見，議處江南兵食，以飭重計事，職方清吏司案呈，奉本部送，兵科抄出，巡按直隸監察御史温如璋題，奉聖旨："該部看了來説。"欽此。欽遵，抄出送司，案呈到部。

看得巡按直隸御史温如璋條陳海防三事，合就開立前件，議擬上請定奪。

嘉靖四十四年正月十七日題，奉聖旨："依擬行。"欽此。

一、修城堡以防要害。大率欲於川沙、吴淞之間修築旱寨舊城，以防嘉定、上海之虞，劉家河港口再建小堡一所，七了、白茆等處各設水船旱柵，以防太倉諸涇分路之寇，開陳甚明，擘畫甚詳，無容别議。合無依其所擬，移咨應天巡撫衙門，將旱寨舊城相宜增築，軍士營房查照修蓋，即於總兵營内撥軍五百名，選委廉勇指揮一員統領，常川防□[三]，務使川沙、吴淞一帶血脉貫通。仍於劉家河港口擇揀高阜處所立一小堡，責令鎮海衛官軍瞭守。七了、白茆等處各設兵舡旱栅，互相傳應，務使太倉、嘉定一帶聲勢連絡。合用銀兩，聽巡撫都御史於積有兵糧銀内隨宜支用。

一、裁武冗以專職守。大率欲將蘇松參將復駐金山，團練該衛各總，并調度蘇、松二府地方。柘林把總調在崇明，統兵防守。金山遊擊即行裁革。查得崇明一縣四隅濱海，三面臨沙，西連七了、白茆緊要門户，先議移駐參將，提兵彈壓，未必無據。柘林把總已并青村，今又調於崇明，則青村之去柘林，與柘林之距金山，不止五六十里，事干海防，似難遥度。合無移咨應天巡撫衙門，會同巡按御史，查照原題事理從長體勘，要見參將改駐金山，崇明應否止用把總防守，所留兵船應得若干；柘林把總青村應否又調崇明；遊擊裁革之後，如遇海汛沓來作何策應。文書到日，限一月以裏明白回奏，以憑裁革。

一、聯備禦以固海防。大率欲將浙直會哨兵船通行三軍門置立哨簿，委官稽查。在狼山、福山者遠哨於崇明，在松江、嘉興者深探於外洋，互相策應，共保地方。果能不分彼此，一體相成，事方有濟。合無依其所擬，移咨浙直三處巡撫都御史，責成各該將領，照依所管地方，各將分哨船隻、承委官軍逐一備造花名文册，一樣二本，明開月日，填給字號，分發兵備嚴行查點，按季倒换。係狼山、福山船隻哨至崇明而專守三片沙一帶，係松江、嘉興船隻哨至外洋而會守獨山一帶，務使風汛之時同心探報以明耳目，有警之際併力遏截以守腹心。如江北兵船不至三沙，浙直兵船不會獨山，不拘大汛小汛、有事無事，各以守備不嚴、逗遛觀望之律重加治罪。該道兵備不能詳加稽考，亦聽撫按衙門一體參究。

覆都給事中邢守庭等條議〔四〕慎防邊覈冒功疏

題：爲鑒近弊，以飭春防，以勵邊臣事，職方清吏司案呈，奉本部送，兵科抄出，兵科都給事中邢守庭等題，奉聖旨："兵部看了來説。"欽此。欽遵，抄出送司，案呈到部。

看得兵科都給事中邢守庭等具題前因，大率言各邊因習之弊其失有二，一謂運籌未周，蓋指遼東、山西二鎮兩爲虜誘致失事機，欲要通加防禦；一謂報功未實，蓋指南北報效人員依憑鑽刺，冒饕功級，欲要細加考覈各一節。爲照邇年以來虜情狡詐，大異疇昔，或聲西而擊東，或避實而擊虚。往時秋高方犯，乃今秋犯未已，至於春犯，春犯未已，至於冬犯，如鬼如魅，倏忽莫測。在我當事諸臣猶復拘泥常規，不爲綢繆桑土之計，疏略怠緩，墮其術中。至於各邊報功人員，原係廣收群力之意，中間懦而無爲、貪而冒功者勢所必有，即今時政清明，百弊盡剗，似難藏污納垢。既經該科具題前來，一則專爲攘外之圖，一則兼寓修内之計，辭剴意切，相應通行依擬。合候命下，移文薊遼、宣大、山西、陝西九鎮各該總督、鎮巡等官，查照該科所議，趁今春和，務要先事設防，預行哨探，一應戰守機要必詳必慎，共保萬全。本部與該科節年所議事宜，容臣等遂一查明，備行前去，令其遵行，各另回奏，不許徒爲文具。一面通行南北總督、鎮巡，各將見在聽用人員試驗武藝、韜略，應存留者存留，應黜革者黜革。以後效用人員具告到部，聽本部審係三次武舉或異常謀勇，方准咨送。其錦衣衛官校人員委有侍衛之責，不得仍行告擾。總督、鎮巡衙門如敢徇情故違，徑收此等之人，令其作弊，在外聽巡按御史，在京聽本部與該科參奏處置。

嘉靖四十四年正月二十六日題，奉聖旨："是。"欽此。

覆都給事中邢守庭等論兩廣督臣奏報不實疏

題：爲山寇爲患日久，重臣奏報影射，乞賜究治，以示懲戒事，職方清吏司案呈，奉本部送，兵科抄出，兵科都給事中邢守庭等題，奉聖旨："兵部看了來説。"欽此。欽遵，抄出送司。

卷查先該提督兩廣軍務右侍郎吴桂芳等題，爲懇乞天恩優録死事將官以勵忠勇事，該本部議，將賀鐸比照任鑾事例贈都指揮使，兒男襲升二級，蔡允元比照夏正事例贈指揮使，兒男廕所鎮撫，仍建祠死所，以示優異。僉事劉穩、知府吕天恩先行住俸，令其戴罪殺賊。未獲賊首，備咨吴桂芳、吴百朋，務要協心戮力，嚴督各該兵備、將領等官刻期蕩平，作速回奏，不得養寇殃民，自取嚴譴。覆奉聖旨："是。劉穩、吕天恩住了俸，戴罪殺賊。未獲賊首，吴桂芳、吴百朋嚴督各該兵備、將領等官刻期擒剿以靖地方。"欽此。通行欽遵外。今該前因，通查案呈到部。

看得兵科都給事中邢守庭等題稱，兩廣提督吴桂芳、總兵官吴繼爵、南贛提督吴百朋，頃因南韶賊首馬五聚衆二千，流劫兩府，乃止題守備賀鐸、指揮蔡允元之死，并不及民間戕殺虜掠之禍。及稱吴桂芳，前次叛兵焚劫廣東省外，桂芳以無虞爲言，該科參抄發部，足爲斷案，乞要將吴桂芳等分别議處，或量加罰治。未獲馬五并餘黨嚴行督撫、鎮巡、兵備等官刻期蕩掃，務絶禍胎。仍行巡按御史，即將傷殘地方違誤人員細查覈奏各一節。除賀鐸、蔡允元已經廕叙，無容别議外，爲照賞罰各有攸歸，功罪原不相掩，以廣東別寇言之，屢成擒斬，吴桂芳等自有不可泯之功；以南韶山寇言之，奏報影射，吴桂芳等實有不容辭之罪。所據該科題參前因，詞嚴義正，三臣見之亦當心服。但荆棘正冀剪除，桑榆猶堪責望，該科所議雅與臣等所見相同，係干重臣，相應通行議擬。合候命下，將吴桂芳、吴繼爵、吴百朋各加罰治。賊寇雖報已平，賊黨恐未盡掃，本部馬上差人賫文交與吴桂芳等，仍督各該兵備、將領官員，通限二月以裹盡行剿除，以靖地方。以後但遇賊情發作，務要先行奏知，不許含糊混奏，自取重究。本部一面移咨都察院，轉行廣東巡按御史，速將前項傷殘地方違誤人員備細查明，作速回奏。

嘉靖四十四年二月初五日題，奉聖旨："是。吴繼爵罰住禄米，吴桂芳、吴百朋罰俸各二個月，未平賊黨着上緊剿滅以靖地方。"欽此。

覆山西巡按督撫等官奏報功罪互異勘問疏

題：爲大虜入境，乞賜查究失事官員，以肅邊防事，職方清吏司案呈，奉本部送，兵科抄出，巡按山西監察御史楊衍慶題，前事。總督宣大山西等處地方軍務兼理糧餉、太子太保、兵部尚書兼都察院左副都御史江東題，爲北虜擁衆非時入寇，仰仗天威，官軍奮勇擒斬一百一十餘級，并參失事人員事。提督雁門等關兼巡撫山西地方、兵部左侍郎兼都察院右僉都御史萬恭題，爲前事。鎮守山西等處地方兼提督係〔五〕州三關總兵官、中軍都督府署都督僉事董一奎題，爲捷音事。俱奉聖旨："兵部知道。"欽此。隨該兵科參看得，鎮守山西總兵署都督僉事董一奎題爲捷音事一節，爲照山西連遭大虜，則其地方荼毒之慘有未易悉數者，近聞静樂、興、嵐等縣僅存城内居民耳，乃猶昂昂然奏稱捷音。夫如此而謂之捷，必如何而始爲失事也？狂悖若斯，宜從抄出，嚴究施行，等因。又該總督宣大山西尚書江東題，爲遵例出塞搗巢，仰仗天威，官軍奮勇斬獲首級，奪獲馬牛夷器事。巡撫大同地方、贊理軍務、都察院右僉都御史張邦彦，征西前將軍、鎮守大同等處地方總兵官、前軍都督府左都督姜應熊各題，同前事。俱奉聖旨："兵部知道。"欽此。又准巡撫山西侍郎萬恭揭帖，内開董帥不可别處，此人能殺賊，又有調度，昨各關厢無恙，乃彼之功。罰其罪，録其功，乃是事體。昨按院驗功俱實，董帥必宜留之久任，等因。抄送到部，通送到司，案呈到部。

看得山西、大同巡按、總督、撫鎮等官各具題前因，大率言四十三年十二月十四等日，大虜侵犯山南老營堡、龍鬚墩等處地方，山西督撫預計於大同撫鎮乘機發兵，出塞搗巢，牽虜内顧，遂於二十八日追逐出邊。在山西地方，巡按御史楊衍慶、總督尚書江東則參稱，參將朱瀚、守備方時春等所當重究，總兵官董一奎、巡撫侍郎萬恭亦當究治。及該萬恭稱董一奎功罪相當，及自劾以謝地方。在大同官軍，總督尚書江東與巡撫都御史張邦彦、鎮守總兵官姜應熊則稱威遠參將崔世榮、北東路參將楊縉、北西路參將崔應奇、中路參將張咸各督馬步官軍，俱從雲石堡等處出塞搗巢，斬獲首級二十一顆，奪獲達馬騾駝等項三百九十餘頭匹，欲將有功人員早爲覈□〔六〕，具奏升賞各一節。爲照山西一鎮，未及兩月兩遭虜患，始而兵將半折，大損國威，繼而劫掠一空，重殘民命，地方荼毒之慘所不忍言，諸臣怠玩之罪更復何説。先該兵科都給事中邢守庭等具題，該本部議，將總兵官董一奎先行住俸，戴罪殺賊。又該巡按山西御史楊衍慶别本論劾參將朱瀚，本部議擬革任監候。所據各官具題前因，臣等逐一參詳，山西雖稱擒斬，其罪什九，其功什一，要之巡按所論爲是。中間如總兵官董一奎，身爲主帥，罪更難辭，乃敢不自引咎，妄報捷音，該科謂其狂悖，深得其情。但巡撫侍郎萬恭再三稱其驍勇調度，必欲留之，巡按亦止欲重究，不言革任，無非因春防在近，使功使過之意，相應一併通行議擬。合候命下，將王玉姑准贖罪。董一奎革去都督職銜，仍於實職上重加降級。江東量加罰治，萬恭免究，方時春革任推補。一面移咨都察院，轉行山西、宣大巡按御史，通將前項失事人員朱瀚等及虜賊出入經過地方嚴加查勘。要見某爲有罪無功，或功難掩罪；某爲有功無罪，或罪浮於功；某爲功過相準，情有可原；某爲得失俱無，法應免究；山西境内功級、大同境外功級是否真正，應否録叙。文書到日，限一月以裏并原任巡撫都御史楊宗氣分別回奏。但恩威出自朝廷。

嘉靖四十四年二月初六日題，奉聖旨："是。董一奎革了都督職銜，仍於實職上降二級。江東罰俸一個月，萬恭姑免究。山西邊備久弛，著悉心修舉，以保固重鎮。"欽此。

覆宣大總督尚書江東分布兵馬防守南山疏

題：爲預布南山兵馬，以飭春防事，職方清吏司案呈，奉本部送，兵科抄出，總督宣大山西等處地方軍務兼理糧餉、太子太保、兵部尚書兼都察院左副都御史江東題，奉聖旨："兵部知道。"欽此。欽遵，抄出送司，案呈到部。

看得宣大、山西地方密邇虜營，襟帶畿甸。無事則當遠加哨探，明我耳目，以修衝阨之險；有警則當互相聯絡，齊我心力，以杜窺伺之奸。所據總督尚書江東具題前因，就宣鎮而言，主帥調度于中，撫鎮分防于外，勢若輔車，緩急既可以相濟；就三鎮而言，撫鎮提調于上，將領環布于下，形同比櫛，大小又足以相維。至於馬芳之護南山，姜應熊之駐隆慶，董一奎之駐保安，首尾連應，尤爲萬全之慮。既不失薊鎮之事機，又不誤本鎮之事務，俱與本部原議相同。係干邊計，相應通行依擬。合候命下，備行江東，通行鎮巡等官馬芳、姜應熊、董一奎、李秋、張邦彦、萬恭，悉照所擬，一面遵行，一面回奏。副總兵張世俊而下，各將遵行過緣由呈部查考。各該大小將領及兵備道等官敢有不行用心監督，及時修備，致誤邊事者，俱聽總督江東參奏處置。其馬水口、浮圖、紫荆一帶地方，移咨保定鎮巡官尹秉衡、張師載，及時修飭，共圖保障，徑自奏知。其老營堡遊兵一枝，凋殘之後方在振飭，今歲春秋兩防暫免徵調，姑候來歲另行議處。

嘉靖四十四年二月初九日題，奉聖旨："是。"欽此。

請因風霾申嚴邊備疏

題：爲邊務事，職方清吏司案呈。照得本年二月十四日午後風霾陡作，恐有邊患，呈乞查處，案呈到部。

看得蠢兹醜虜，每當春淺秋深之時輒行窺伺。去歲仰仗聖皇在上，神謀淵慮，周悉萬全。乃今時值春防，忽睹風色之異，臣等待罪本兵，與有内戢凶賊、外嚴邊備之寄，不勝屏營。除一面咨行薊遼總督侍郎劉燾、宣大總督尚書江東，嚴督各該鎮巡等官，將防春事宜加意整飭，選差的當夜丁分番哨探，省令主、客將兵晝夜戒嚴，常如虜在目前。應擺邊者，畫地拒守，務保萬全；應策應者，擐甲待戰，務成三捷。一面札行巡捕提督郭震并五城兵馬司，曉諭地方居民謹慎灯火，緝捕盗賊，巡捕官軍各照信地萬分嚴備外。伏望皇上少紓聖懷，以承玄祐，臣等下情無任懇切祈望之至。

嘉靖四十四年二月十五日題，奉聖旨："是。知道了。"欽此。

覆廣西巡按御史黄洋報寇戕參政黎民衷等疏

題：爲飛報强賊越城劫庫，殺死方面官員事，職方清吏司案呈，奉本部送，兵科抄出，巡按廣西監察御史黄洋題，奉聖旨："兵部知道。"欽此。欽遵，抄出送司，案呈到部。

看得巡按廣西御史黄洋題稱，强賊攻劫布政司庫藏銀兩，殺死提督糧儲右參政黎民衷并守宿兵隸，鎮守廣西副總兵王寵、分巡桂林撫夷僉事朱安期、都司署都指揮僉事袁爵及府衛各巡捕官員，平時失於戒嚴，臨變不能堵截，乞要嚴督各官將前賊追捕，及查明之日另行參論各一節。爲照廣西會城既有總兵、都司統攝兵馬，又有布、按、府、縣管理城池，諸蠻雖稱連絡於外，百司自當彈壓於中。乃今萬無一備，致使强賊越城而入，劫庫而出，殺死方面官員，如蹈無人之境，失職誤事，罪復何辭？頗聞亦有無賴宗室爲之内應。係干地方，相應通行議擬。合候命下，本部馬上差人齎文交與提督兩廣侍郎吴桂芳、總兵官吴繼爵，會同巡按御史黄洋，先將副總兵王寵、僉事朱安期、都司袁爵及府衛巡捕官戴罪住俸，仍自文書到日爲始，限半月以裏，嚴督各官即將前賊協心緝捕，務在得獲。失事官員應參究者指名參究，應提問者徑自提問，中間果有宗室，一面啓王拘繫，一面查參，以憑處置。其參政黎民衷應否優恤，亦要一併斟酌，具奏定奪。

嘉靖四十四年二月二十一日題，奉聖旨："是。王寵等都住了俸，着戴罪緝捕賊犯，務在得獲。"欽此。

覆協理戎政尚書趙炳然條陳整飭營務疏

題：爲披瀝愚衷，備陳末議，以飭戎務事，職方清吏司案呈，奉本部送，兵科抄出，協理京營戎政、兵部尚書趙炳然題，奉聖旨："兵部看了來説。"欽此。抄出送司，案呈到部。

看得協理京營戎政、兵部尚書趙炳然條陳六事，均係補偏救弊之計。但惟戎務一事，臣工建白俱已周詳，將領因循竟無實效，尚書趙炳然以九經爲喻，必欲行之以誠，深中積習之弊，臣等謹開立前件，議擬上請。伏望聖明俯賜裁允，仍乞敕下鎮遠侯顧寰，督率副參、遊守等官從實舉行，敢有仍以虚文塞責者，悉聽巡視科道官指名參奏。

嘉靖四十四年二月二十一日題，奉聖旨："依議行。"欽此。

一曰議營陣以定操演。大率謂該營合操止於列陣開門，裝搪衝敵，不知分合變化；分操銃射止於一銃四矢、五十餘步，不能習熟及遠。亦要責令將領倣八陣五花之制以行營，加三銃三矢之數以教射，無非嚴加訓練以成節制之兵之意。但分練雖在於偏裨，指示實由於主帥，即今開操在邇，亟當整飭。合無備行尚書趙炳然，會同顧寰，悉如所擬，嚴選知兵將官從實演練。歇操之日，明開曾否習熟，具本奏知。至於銀牌，舊以三錢，今若減去三分之二，恐無以作興士氣，似當仍舊。合用鉛子、火藥，移咨工部，照數處發。

二曰練步技以全戰兵。大率謂醜虜騎射俱各利健，我軍所恃惟止火器，一遇賊警，心膽俱怯，火器易盡，以致與敵不格。欲要效宋人麻扎刀之制，分教戰兵各習短器。既有弓矢、火器推之於遠，又有短兵擊之於近，議處詳密，委得制虜之方。合無依其所擬，備行總協大臣，責令各營將領通查所部步兵，除弓矢、火器隨役演射外，其一應長刀利鎗、鈎鐮瀼〔七〕牌之類，各擇教師分投習演，務使擊刺攻殺，百發百中，方見成效。合用兵器，移咨工部照數造辦。犒賞銀每年原定六千兩，今再增銀四千兩，共一萬兩，俱於子粒銀内動發，年終支用，如有餘剩，扣作下年支用。

三曰增戰兵以固車營。大率謂原議戰兵、車兵相爲騁衛，今車兵已足十枝，戰兵止有六枝，似爲缺典，欲要於兵車營内增用馬、步戰兵，城守兵内選添戰兵四枝，共合十枝之數，軍馬既不加多，營戰又得相濟，一轉移之間允中機宜。令〔八〕無悉如所擬，備行總協大臣，即將車兵十枝備加查算，除挽車、銃射之外，其餘俱選作戰兵，仍於城守軍内擇其精壯者，共足戰兵四枝之數。所選兵内，善騎射者給與馬匹，習兵器者給與器械，務照車兵之例一體操演。該管將官各宜實心督理，求臻成效，不得因循玩愒，自干法譴。中間果能立有勞績，聽本部不次擢用。

四曰實行伍以壯城守。大率謂備兵十枝額數不足，行伍不振，欲要清勾揀選，比與車兵一例操練一節，既可以壯城守之威，亦可以備征調之選，一舉兩得。合無依其所擬，備行總協大臣，即將備兵一萬數内嚴加選補，如有欠少，亟行清查，開報本部，責令管軍主事多爲驗發。中間年力精壯，堪以訓練者給與什物、器械，量撥馬匹，與同車營之兵一體操演。合用月糧造送户部，先將清補過數目備造清册，送本部查考。

五曰足班軍以充拱衛。大率謂河南、山東、鳳陽三都司春秋兩班官軍每每失誤班次，中途逃脱，一事虛文，兩相躲閃，欲要申明舊制，責備兵備、都司點查督解，巡撫、巡按查實題奏，發營發操俱要照例查考一節。查得節年事例，軍一班不到者罰班半年，軍兩班、官一班不到者發附近居庸等關罰班半年，官兩班、軍三班不到者發邊衛罰班一年。其全班不到，掌印、札付官各提解來京，降一級，調發邊衛。少軍分數，掌印、札付官與該省都司住俸、降調各有差等。軍人止罰工銀，按月追辦。遵行已久，俱爲詳慎。但官軍起程，題報雖由撫按，其處給月糧、補發額數實在兵備、都司，尚書趙炳然欲要申明法制，嚴加督發，無非居重馭輕之意。合無依其所擬，通行河南、山東、鳳陽撫按衙門，自今四十四年爲始，責令該管兵備等官務要遵照前例，着實舉行。軍數不足，挨户清理；月糧不給，委官追解。一遇上班之期，先行點完，責付札付解官，同赴撫按衙門掛號，即行起身，不得止以虛文塞責。都司、衛所等官如敢踵襲前弊，聽撫按據實參論。不到官軍，仍照前例問擬，追銀解部。至於官軍到部報名，嚴加點發，該營撥派班操。班滿之日，掣有該營府批，本部方行給批迴照，以便查考。

六曰録久勞以示鼓舞。大率謂三營號頭、千把總等官數多，升薦不及，無以鼓舞，欲要年終類造考語，科道差滿保薦，以備推録，無非激勵武弁、作養將材之意。但科道雖該保薦，每薦僅一二人；戎政雖注考詞，歲終多未造報。即使造報，亦未甄别明白，有礙推用。合無斟酌所擬，備行總協大臣，即將前項各官不職者不時論革外，果有善加訓練、勉修職業者，每半年一次開揭送部，要見某人堪任邊方，某人堪任腹裏，某人□□□□，以憑酌處。其年終揭帖不必泛造。巡視科□□□□期亦要一體保薦，自難遠避嫌疑。

覆四川撫按官谷中虚等報龍州土酋作亂疏

題：爲地方事，職方清吏司案呈，奉本部送，兵科抄出，巡撫湖廣等處地方兼贊理軍務、都察院右僉都御史、暫管原任巡撫四川事谷中虚，巡按四川監察御史鄭洛題，同前事，又該谷中虚揭帖，爲土官大肆悖逆，調集官兵擒剿以安地方事，鄭洛題，爲悖逆土官拘辱將領，勾引番夷，懇乞天恩亟爲擒剿以安地方以伸國法事，俱奉聖旨："兵部知道。"欽此。欽遵，通抄送司，案呈到部。

看得巡撫湖廣都御史、暫管原任巡撫四川事谷中虚，巡按四川監察御史鄭洛各題稱，龍州土酋薛兆乾凶狡異常，紨縛参將賀麟見，殺害土官僉事王爗，占據城池，攻打關堡，阻遏糧運，勾引番夷，劫奪銀扛，濫殺無辜。及稱見行各該官兵堵截番夷，相機擒剿，参將賀麟見疏虞失事，僉事趙教處置失宜，與其餘有罪人員俱候薛兆乾獲日一併查究。巡按御史鄭洛又稱，地方之變實由該道，揆厥亂源，於谷中虚似無干涉，仍乞轉行撫臣，量集官兵擒剿各一節。爲照土酋薛兆乾止緣攻訐之小忿，敢肆悖逆之大惡，殺害同寮，拘囚將領，勾引番夷，占據城池，已成不道之辜，豈但無將之戒。即今本犯尚未明正典刑，若將参將賀麟見、僉事趙教先行查究，揆之法紀，殊爲蕩然。且巡撫谷中虚忠誠才猷，蜀人信服，雖經改任湖廣，必須嚴加責成，方可平寧。係干地方，相應通行議擬。合候命下，移咨都御史谷中虚，會同巡按御史鄭洛，督同三司將領，查照分定兵馬、道路，相度機宜，務將逆首薛兆乾立限擒剿，其餘脅從之徒，不分漢人、夷人，俱不深究。夥内諸人能將薛兆乾擒獲獻出者，寬其罪狀，仍加升賞。合用兵糧，悉聽隨宜酌處。参將賀麟見、僉事趙教并其餘失事有罪人員，通候事寧之日一併議奏。其谷中虚必須罪人既得，方許離任，即使巡撫都御史劉自强已到地方，亦要協同調度，共成掃蕩。如果文書到日谷中虚先已交代出境，劉自强徑自調度，不許因而推延，坐誤事機。

嘉靖四十四年二月二十九日題，奉聖旨："是。這土酋著劉自强會同巡按御史嚴督三司將領，立限擒捕，以靖地方。"欽此。

遵諭因火備兵疏

題：爲欽奉聖諭事。本月初三日該内閣傳奉聖諭："昨火委非常，人事尤不宜不慎。"欽此。欽遵，傳奉到部送司，案呈到部。

臣等仰惟，皇上以昨者之火出自非常，人事不宜不慎，此誠聖人事事有備、有備無患之意，臣等愚昧，敢不祗承。除通行五城兵馬司曉示居民，謹慎燈火，巡捕提督郭震率領把總等官蚤夜防範外，但惟風色之異非火即兵，即目春深，正屬醜虜窺伺之時。入春以來，節經臣等具奏，在薊鎮則分布主、客兵馬且修且守，在宣大則督勵大小將兵日密日嚴，至於遼、保二鎮，陝西四鎮，一體申飭，不敢怠緩，務盡慎修人事之實。伏望皇上少紓聖懷，以答玄佑，臣等無任惶悚懇切之至。

嘉靖四十四年三月初三日題，奉聖旨："各着比常加慎，務期寧静。"欽此。

覆巡視西關御史孫丕揚條陳薊鎮邊務疏

題：爲懇乞聖明申飭邊臣，及是時以修戎政事，職方清吏司案呈，奉本部送，兵科抄出，巡按直隸監察御史孫丕揚題，奉聖旨："兵部看了來説。"欽此。欽遵，抄出送司，案呈到部。

看得巡按直隸監察御史孫丕揚具題三事，均與薊鎮邊計有益，合就開立前件，議擬上請定奪。

嘉靖四十四年三月初五日題，奉聖旨："依議行。"欽此。

一曰軍士之疾苦不可不恤。大率謂薊鎮各營軍士公差私役，行伍空虚，賞夷官錢，月糧侵剋，欲要定爲監臨之制，嚴革支放之奸，不惟軍士得受實惠，抑且軍數不致虚文，其意甚善，其法甚詳。合無依其所擬，備行薊鎮督撫衙門，嚴行各該兵備、將領等官，以後月糧支放務要分地監臨。如兵備駐札處所，則會同參遊，委官點驗監放；通判駐札處所，則會同參遊，身親唱名給散。若原無理餉官員，如黄花鎮、三屯營諸處，亦聽巡撫衙門臨時分委附近州縣廉幹官員協同支散。一應逃亡軍士，扣除糧餉，盡行還官，作正支銷。每月將放過數目開報巡按、巡關御史查考。前項軍職與監臨官員，如有仍行侵冒、寬縱等弊，悉聽參奏處治。

二曰關營之訓練不可不實。大率謂薊鎮關營軍士，御史閲視，歲止一次，將領僥倖，計免百端，欲要照依閲視之制，行令該道兵備、將領各隨月時較試，以憑稽考賞罰。不惟薊、昌二鎮可行，其在各邊亦當一體通行整飭。合無推廣所擬，一面轉行各該巡按、巡關御史，歲一閲視，具實回奏。一面備行薊鎮、昌平、宣大、遼東、山西、保定、延綏、甘肅、寧夏、固原督撫衙門，通行各該兵備、將領等官，嚴查該管營伍，各加較閲。參遊將領月一舉行，該路兵備季終舉行，閲過分數開報巡按、巡關御史，以定賞罰，以備舉劾。該營將官尤宜身先士卒，躬習武藝，以爲衆倡。若有違誤閲期及虚應了事者，聽巡按、巡關御史不時參論，以憑重治。

三曰邊圉之隄防不可不嚴。大率謂石塘嶺、潮河川諸處，冷口、灤河一帶地方，各當山水衝流，勢難堵理，慮恐窺犯，欲要議處修築，設險防守，及責成總督、鎮巡、參遊、兵備諸臣綜理查勘，無非慮恐人心懈弛，益加振勵之意。合無依其所擬，備行總督劉燾、總兵官胡鎮、巡撫温景葵，督率各該兵備、參遊等官，通查河流要害處所，相度地形，各因水勢，宜砌石者叠爲隄障以備衝突，宜蓄水者鑿爲瀦陂以防潰决，務使人馬不通，水路無害，堅緻高厚，足堪保障。如有坍塌損壞，兵備道不時巡歷，該管將領即加修理。每季終各將行過緣由奏知，仍聽巡按、巡關御史一總閲勘。

覆遼東巡按御史李輔條陳邊務疏

題：爲攄竭愚忠，條陳邊務，以隆萬世治安事，職方清吏司案呈，奉本部送，兵科抄出，巡按山東監察御史李輔題，奉聖旨："該部知道。"欽此。欽遵，抄出送司，案呈到部。

看得巡按山東監察御史李輔條陳四事，均係邊方要務，合就開立前件，議擬上請定奪。

嘉靖四十四年三月初九日題，奉聖旨："依議行。"欽此。

一、修邊墻。大略謂遼東沿邊墻垣盡皆坍塌，近雖築有邊臺，無濟實用，欲將全鎮邊墻分作四段，修理工役分作四年，并議墻外賺坑錢糧、人夫，歷歷有據，相應會計停妥，及時舉行。合無依其所擬，備行總督劉燾、巡撫張西銘、總兵官佟登，會同巡按御史李輔，通將前項邊墻從實踏勘。要見某爲極衝，如寧前、錦義，委該先修；某爲次衝，如海州、遼陽，委該次修；某爲少緩，如開原一帶，委該後修。應用錢糧若干，作何處給；應用人夫若干，作何處用。防守、修墻官軍作何調發，并設置賺坑，委官督理。一應未盡事宜逐一詳議停當，畫圖貼説，作速會奏，以憑覆請定奪。

一、併遊兵。大略謂該鎮入衛遊擊軍馬駐札遼陽，地方隔離，薊鎮窵遠，一經調集，往返奔勞，士馬疲損，欲將寧前遊兵一枝改補入衛，并防抄路零寇，極言其利有四。查得遼東遊兵二枝，原奉欽依，各有專地，今若減去一枝，以後寧前有警應援不及，未免又煩議處。合無備行總督劉燾、巡撫張西銘、總兵官佟登，即將遼陽遊兵并寧前遊兵二枝照依陝西、宣大事例，俱作入衛之兵，輪流入衛。如每年春防用遼陽遊兵，秋防則用寧前遊兵，周而復始。合用敕書，本部查照換給，以便欽遵行事。

一、實要地。大率謂該鎮寧前地方乃遼東緊要咽喉，節年行伍空費，醜虜窺犯，欲將該鎮歷年解去各衛新軍歸併填實，并行順天等處，見問軍犯依擬定發，無非充實行伍之意。合無依其所擬，備行順天、河南、陝西、山東、山西等處撫按衙門，今後凡有犯該充軍人犯，除永遠罪重者仍照各地方編發外，一應終身軍犯該發遼東者，俱編發寧前衛所收充軍。一面咨行巡撫張西銘，會同巡按御史李輔，將該鎮迤東各衛歷年解去新軍盡數查出，轉發寧前著伍填住。至於分別精强等第給糧、差遣等項事宜，悉如所擬徑自施行。及照寧前各衛與山海關止隔一墻，各處充軍人犯多係無賴之徒，越關脱逃，勢所必有。合無札行該關主事孫應元，嚴加禁詰，果有私逃者，查出重治，仍押發彼處官司，守取回照查考。

一、明賞罰。大略謂邊方將領犯罪未結，又復夤緣升用；獲功軍士給賞遲緩，致有冒買弊端。欲將緣事將領勘明收録，獲功軍士給銀待賞。除賞功銀兩係隸禮部，移咨徑自查議外。查得各處軍門立功與起用廢閑將領，節經本部題奉欽依，俱係勘明原罪、劾無贓犯之人，南北獲功人員又有欽限覈勘，日期遠者兩個月，近者一個月以裏，候議升録，俱經通行遵依去後。御史李輔復行論列，無非慎明功過之意。合無依其所擬，備行各邊總督、巡撫衙門，通將在任將領與立功、報效人員查有先任緣事未經結絶者，俱聽原問衙門通行勘理。係見任者抄由發落，干礙事重，發回歸結；係報效者徑自發回歸結。如敢占吝不發及曲爲回護，巡按御史指名參奏。南北各處功次文書到日，仍照本部原限勘報。各該承委司道延遲不勘，亦聽巡按從實參論。

覆宣大巡按御史
胡維新條陳邊務疏

題：爲際聖世，竭愚忠，以裨邊政事，職方清吏司案呈，奉本部送，兵科抄出，巡按直隸監察御史胡維新題，奉聖旨："兵部知道。"欽此。欽遵，抄出送司，案呈到部。

看得巡按直隸監察御史胡維新條陳八事，均於邊防有益，相應開立前件，議擬上請定奪。

嘉靖四十四年三月初九日題，奉聖旨："楊宗氣、張循着回籍聽勘，其餘依擬行。"欽此。

一、議撫賞以結夷心。大率謂四海冶沿邊等處屬夷每年撫賞官銀止于一千二百餘兩，銀少夷多，數不足用，此外扣除軍糧，輳補費用，以致承委之人侵欺剥削，欲要預爲措置，親行給散，以示實惠，無非攘外安内之意。合無依其所擬，備行宣府巡撫都御史李秋、總兵官馬芳，將該鎮應賞夷人種落，買辦牛羊、段布合用銀兩通行計算，要見原額官銀若干，即今所費若干。如有不足，許於商稅、地租銀兩照數補給。如再不敷，具由奏請。一應撫賞之物，嚴行承委官員預期買辦，俱赴巡按御史查驗明白，轉發該道參將官收貯。一遇該賞之時，總兵官會同該道，親詣地方，逐一唱名撫散。其扣軍月糧補賞之弊，務要痛加禁革。該管官員、通夜人等，敢有仍前虚冒、任意侵欺者，坐贓治罪。

一、慎咨送以節浮費。大率謂各邊軍門咨送人員，名爲報效贊畫，實乃虚費廩糧，夤緣升賞，欲要本部嚴加考試，該鎮總督、撫按分別勤惰，委得杜絶倖進之意。但查報效人員節經兵科具題，本部覆奉欽依，通行總督、鎮巡，各將見在員役試驗武藝、韜略，應存應黜，徑自處置。以後具告人員，本部審係三次武舉及異常謀勇方准咨送。其錦衣衛官校人等俱有侍衛之責，不得仍行告擾。已經通行欽遵去後，查與御史胡維新所奏大略相同。合無斟酌所議，移咨都察院，轉行沿邊沿海巡按御史，會同總督、巡撫官，通將本鎮聽用人員嚴加試驗，應留應革，從實舉行，仍另本具由回奏。以後果有奇謀異材堪以委用者，聽本部奏奉明旨，方許咨送，以杜紛紛告擾之弊。

一、嚴閲視以臻實效。大略謂宣大之兵居常無教，臨陣無法，以致見虜輒懼，禦侮難支，欲要比照薊鎮補練事例，着落巡按御史，或差部屬一員，各行閲視，查與本部議覆御史孫丕揚之奏事體相同。合無申明前議，移咨都察院，轉行巡按宣大御史，將二鎮兵馬照依薊鎮補練事例，每年於春防畢日，各隨軍士習定武藝逐一嚴加較閲，要見某營射打分數爲多，某營將領爲優，某鎮積分爲少，某鎮將領不肖，分别上、中、下等次第，酌量升賞、降罰輕重，具實奏請。其參遊將領月一閲視，該路兵備季一閲視，悉如御史孫丕揚新議施行。一面移咨總督、鎮巡等官悉心幹理，中間果有虚應故事者，悉聽巡按御史一體參治。其部屬官不必議差。

一、明職掌以慎官守。大率謂沿邊參遊、都司、管屯、巡捕、各衛佐二等官，不辨軍民職務，濫接詞訟，妄行追罰，以致地方貽害，軍民殘累，欲要申明條例，嚴加禁止，無非釐革貪殘之意。合無依其所擬，通行各邊督撫衙門，今後但係刑名事情、軍民詞訟，俱要批行各該兵備、守巡道從公勘理，不得概委軍職，妄肆問罰，贖取贓賄。仍嚴行軍衛各該大小掌印、軍政等官，各照職掌體統分理屯種、清軍事務，其餘一應佐二官不許擅自接受，掌印官不得輒行分斷。中間敢有强攬受理、希圖科罰者，兵備、守巡道即指實查舉，聽巡按御史從重參究。

一、期同心以革弊習。大率謂宣大、山西各鎮脣齒相連，當事臣工、將帥不能同舟共濟，各别彼此，致誤事機，欲要申諭督撫諸臣，身先爲倡，開誠布公，總副將領戮力相濟，反覆開陳，深中二鎮積習之弊，且與本部節經題奉欽依事體相同。合無依其所擬，備行總督、鎮巡衙門并各該大小將領，今後務要秉公敦誼，協力齊心，在一鎮則切同室之戚，在各鎮則敦比鄰之好，無事則上下相歡，有警則彼此策應，共保萬全。果有妬功嫉能、通賄嫁禍致壞邊事者，悉聽巡按御史指名參奏，輕則提問，重則拿解處置，以示懲戒。

一、均戍卒以節勞逸。大率謂南山聯墩戍卒不分警報有無，虚費行糧，且多賣放，欲要於冬夏無警之時，在墩分爲班次，下班停止行糧，管墩把總等官量減數員，殊得節勞省費之意。合無依其所擬，備行宣府總督、鎮巡等官，將南山四海冶等處守墩軍人，春秋有警之時各要嚴加稽查，全班擺守，其餘夏深冬殘遠爲哨探，如果實無北虜住牧蹤迹，酌量衝緩，或令分班，或令半支，并管墩把總官員應否量減數員，徑自施行。平時如敢公行賣放，臨期如敢故行冒支，悉聽管糧衙門查究處治。

一、嚴勸懲以鼓士氣。大率謂去歲山西老營堡之寇勢極猖獗，遊擊梁平、守備祁謀力戰陣亡，情當優恤。巡撫楊宗氣、副使張循反欲坐梁平、祁謀以輕率之罪，以掩己之失事。欲要將梁平、祁謀之死查明，早賜恤典，楊宗氣等分别究黜，毋使再濫仕籍。查得前項事宜，先該巡按御史楊衍慶、兵科都給事中邢守庭等先後具題，節經本部覆奉欽依，備行巡按御史立限查勘，未見回奏。合無將楊宗氣、張循行令回籍聽勘，一面移咨都察院，轉行巡按山西御史，查照先今事理，備將遊擊梁平、守備祁謀陣亡情節速行勘報，應得恤典即與同起死事官軍一併議奏。其楊宗氣、張循有無隱匿等項情弊，并地方誤事人員，亦要一體分别具奏，不許延緩。

一、謹修築以固疆圉。大率謂宣、大二鎮該修墩堡數多，止有守巡六道，顧慮不周，河南班價銀兩料理不給，欲要比照陝西城堡道專設一官以便監督，量借各項銀兩以爲工費。除修工銀兩先該臣等議題，聽總督江東等分委各道估計開數另行處發，其軍門果有地租數萬，都司果有注調等銀，亦聽督撫徑自酌處外。所據添官監督一節，查得舊例，宣府止有分巡道一員，大同止有守巡道二員。近來添設四道，官已過多，分地責成，自足辦理。合無嚴行各官，督同大小文武委官及時整飭，不許因而推避，致誤邊計。

覆巡撫寧夏都御史王崇古條議邊防疏

題：爲審時度虜，預圖因革，以備戰守，以維重鎮事，職方清吏司案呈，奉本部送，兵科抄出，巡撫寧夏等處地方、都察院右僉都御史王崇古題，奉聖旨："該部看了來説。"欽此。欽遵，抄出送司，案呈到部。

看得巡撫寧夏都御史王崇古條陳三事，均切西夏要務，合就開立前件，議擬上請定奪。

嘉靖四十四年四月初八日題，奉聖旨："依議行。"欽此。

一、度虜勢以預秋防。大率謂本鎮孤懸，諸虜盤據，往歲防秋止備河東一路，恐秋高馬肥，套虜東犯大墻，山後虜酋西犯沿山諸口，則中衛與固、靖、蘭、鞏皆可就至，欲將秋防各營兵馬照今分布要害，畫地自守，入衛回鎮奇兵令在城休養，以備各路策應。如兵馬不敷，聽軍門將固原、洮河各兵調發擺守。查得寧夏一鎮，河東、河西均係軍門所轄，先年專重河東花馬池一帶防守，以故河西鎮城一帶極其空疏。所據巡撫此議似爲明盡，但兵家之事貴于未戰，閫外之機難以遥度。合無備行總督都御史郭乾，督同王崇古及總兵官吴鼎，將分布兵馬一事再行計議，務要周悉萬全，不致顧彼失此。一面徑行，一面具由回奏。

一、請給馬價，專備入衛。大率謂該鎮來歲入衛遊兵約該補馬二千餘匹，本鎮無從處給，乞要給發馬價銀兩，或于陜西苑馬寺銀内輳發買補。以後入衛兵馬回日，在京在途倒死者，或給補寄養馬匹，或給馬價領回收買；回鎮倒死者，自行輳買。查得該鎮入衛兵馬，節經本部議發苑馬寺茶馬，又將陜西三鎮入衛遊兵總發馬價銀四萬二千三百六十兩，其在薊鎮又題補過官軍倒死馬一千二百匹，來歲馬價似難再發。但入衛之兵關係重大，撫臣之議極其詳懇，似難拘於常例。合無於太僕寺馬價銀内動支二萬兩，差官運送王崇古處，收買膘壯好馬二千匹，補給來歲入衛官軍騎征，事完造册奏繳，青册送部。以後缺馬，本鎮自行處補，不得再行奏討。

一、議使過以恤遣調。大率謂寧夏邊地衝難，乏人委用，欲要比照近議起廢事例，將該鎮各衛先以才勇著名將領、節被地方失事罪犯充發別鎮，中間年力精壯、情罪頗輕、才勇可用者取回，發原衛充軍委用，責效自贖。查得該鎮原係極邊去處，該充附近軍者定之本處衛分，於例自無相妨；該充邊遠軍者定之本鎮稍遠衛分，於法亦足示戒。但罪犯輕重不同，委難概處。合無斟酌所擬，備行巡撫王崇古，將本鎮將官見充別鎮軍者通行查出，必須止是因公詿誤或地方失事者，方許移咨各該巡撫衙門取回本鎮，仍充軍役，量行委用，果能建立奇功，照例贖叙。如或年久無功，或再犯别罪，仍發原定衛所照舊充軍。一面將取回姓名開坐所犯事由，具奏查考。其稱以後本鎮爲事、充軍、立功職官俱聽該部調發本鎮各衛所充軍、立功，陝西撫按衙門以後遇有本鎮各衛軍餘犯該調衛充軍人犯，即於本鎮各衛充調以實行伍，似無窒礙，悉如所擬，一體施行。

覆巡撫四川都御史谷中虚擒龍州土酋叙功疏

題：爲仰仗天威，官兵全捷，逆酋擒獲，地方已寧，分别功罪，以昭勸懲事，職方清吏司案呈，奉本部送，兵科抄出，巡撫湖廣等處地方兼贊理軍務、都察院右僉都御史、暫管原任巡撫四川事谷中虚題，奉聖旨："兵部知道。"欽此。欽遵，抄出送司。

卷查嘉靖四十四年二月内本部題，爲地方事，該巡撫湖廣都御史、暫管原任巡撫四川事谷中虚，巡按四川監察御史鄭洛各題稱，龍州土酋薛兆乾聚兵占據城池，攻打關堡，勾引番夷，濫殺無辜，等因。該本部議擬，覆奉欽依，咨行調兵擒勦去後。今該前因，通查案呈到部。

看得巡撫湖廣都御史、暫管原任巡撫四川事谷中虚題稱，龍州土酋薛兆乾大肆悖逆，封授僞官，聚兵攻堡，據險稱亂，阻遏糧運，煽動諸番。會同巡按四川監察御史鄭洛，督同三司將領，調集官兵，分哨並進，奪險搗巢，生擒酋首薛兆乾，并同謀惡黨擒斬殆盡，地方已寧。參稱東路左參將賀麟見奸佞猾柔，反覆規避；兵備僉事趙教存心刻深，行事乖僻；龍州把總指揮使石存仁，管操千户程逵、王良臣，百户盛恩、謝仁，王官知事康時寧均有防守之責，難逭失事之愆。及稱巡按御史鄭洛監察有功，四川都司署都指揮僉事王詔，原任副總兵程規，帶管松潘兵備、布政司右參政魏文焲所當升賞，原任都指揮田茂盛等、布政司分守川西道右參政孫應鰲等均當優賚各一節。除巡按御史例不論功外，爲照逆酋薛兆乾世受國恩，自干天憲。拘將攻城，明犯無將之戒；通番阻餉，大彰不道之心。巡撫都御史谷中虚乃能督率官屬，矢心戮力，多方搜勦，未及月餘，元惡就擒，地方賴以安全，番夷因而屏息，功當首録。至於一時效勞諸臣并失事人員，相應通行議處。合候命下，將谷中虚先行重加賞賚，以示優異。本部移咨都察院，轉行四川巡按御史，即查王詔、程規、魏文焲應否升賞，田茂盛、孫應鰲等應否賞賚，一面將薛兆乾并有名逆黨查照律例從重問擬，一面將賀麟見、趙教、石存仁、程逵、王良臣、盛恩、謝仁、康時寧行提問罪，獲功、陣亡、中傷員役逐一勘明，一併造册具奏。但恩威出自朝廷。

嘉靖四十四年四月初九日題，奉聖旨："是。谷中虚賞銀二十兩、紵絲二表裏。賀麟見等，巡按御史提問具奏。"欽此。

覆陝西總督都御史郭乾等延寧二鎮獻捷疏

題：爲恭報捷音事，職方清吏司案呈，奉本部送，兵科抄出，總督陝西三邊軍務、都察院右都御史兼兵部右侍郎郭乾題，奉聖旨："兵部看了來説。"欽此。又該巡撫延綏等處地方、都察院右僉都御史胡志夔，鎮西將軍、鎮守延綏總兵官、中軍都督府都督同知趙岢各題，同前事，總督陝西三邊軍務、都察院右都御史兼兵部右侍郎郭乾題，爲套虜窺邊，撲殺哨役官軍，遵例搗巢克捷事，巡撫寧夏等處地方、都察院右僉都御史王崇古題，爲套虜擁衆踏冰，分道窺邊，撲殺哨役官軍，遵奉欽依搗巢血戰，斬獲首級，奪獲戰馬、夷器，大致克捷事，征西將軍、鎮守寧夏總兵官、指揮僉事吴鼎題，俱奉聖旨："兵部知道。"欽此。隨該兵科參看得，鎮守寧夏總兵官吴鼎、巡撫寧夏右僉都御史王崇古各題前因，爲照推援叙述，交互薦揚，奉有明禁，各宜遵守，今寧夏鎮巡官何乃復蹈往非，自相褒美？在巡撫則盛稱總督之績，已屬乖違，而且以總督與總兵並言，益非體統。然巡撫有綜覈之責，猶之可也，而吴鼎藉以會稿效尤，狂悖甚矣，安有節制於人者反薦其大帥，獻諛嘵嘵不置口乎？此非清時所宜者也。合從抄出，行令省改，所獲功級仍嚴查的實施行，等因。通抄送司。查得《大明會典》内一款："一、報捷官舍人等以擒斬虜賊多寡爲等第，七十名顆以上賞衣服一套；九十五名顆以上賞鈔一千貫，升一級；一百一十名顆以上賞衣服一套，升試所鎮撫。”欽此。今該前因，案呈到部。

看得總督陝西三邊軍務右都御史郭乾、巡撫延綏右僉都御史胡志夔、鎮守延綏總兵官都督同知趙岢各題稱，本年二月初八日督發官兵出邊搗巢，得獲酋首哱羅台吉，斬獲首級一百三十四顆，奪獲達馬駝牛四百餘隻頭匹、夷器二千五百餘件。在總督郭乾，要將巡撫胡志夔、總兵趙岢分別甄録，獲功、陣亡官軍轉行巡按御史查勘升賞。在巡撫胡志夔、總兵趙岢，俱稱總督郭乾功當首論，榆林邊備僉事曾震、副參等官何其昌等均當優敘，并要行巡按御史分別查勘。又該總督右都御史郭乾、巡撫寧夏右僉都御史王崇古、鎮守寧夏總兵官指揮僉事吴鼎各題稱，本年正月十六日督發官兵出邊搗巢，斬獲首級七十一顆，奪獲戰馬六十餘匹，收獲夷器九百四十餘件。在總督郭乾，要將巡撫王崇古優録，總兵吴鼎姑復原職，獲功、陣亡官軍查勘升賞。在巡撫王崇古、總兵吴鼎，俱稱總督郭乾功當首論，總理糧儲户部郎中蔡國熙、寧夏兵糧道僉事謝莆、參將等官吴嵩等、書吏掾史俱應分別甄録，并要將獲功官軍覈勘升賞各一節。除書吏近奉明旨不許論功外，爲照延、寧二鎮出邊搗巢之功，在延綏多至一百三十名顆以上則爲大捷，在寧夏已至七十名顆以上則爲小捷，均與《會典》開載相同，例當宣捷。但總督、鎮巡互相稱奬，委非政體所宜，寧夏既承訛於先，延綏又襲謬於後，該科據事查參，詞嚴義正。係干激勸，相應通行議擬，合候命下，將郭乾特加賞賚，趙岢、胡志夔重加賞賚，吴鼎、王崇古同加賞賚。一面移咨都察院，轉行彼處巡按御史，通將總督、鎮巡并將領、守巡等官逐一查議，要見何官已賞，仍該升級，何官止該升級，何官止該賞賚，何官應該准贖，何官應該叙録，并要將獲功、陣亡、中傷員役覈勘明白，一併具奏。其總督、鎮巡衙門奏捷官承，少候功次勘明之日，照依《會典》事例另行分别升賞。本部仍通行南北督撫、總兵等官，以後獲功不許彼此交叙，有傷大體。但恩威出自朝廷。

嘉靖四十四年四月十八日題，奉聖旨："是。郭乾賞銀四十兩、紵絲二表裏，趙岢、胡志夔各三十兩、二表裏，吴鼎、王崇古各二十兩、二表裏，功次着巡按御史上緊勘報。近來奏捷官升賞太濫，你每還查議來説。"欽此。

覆福建巡按御史陳萬言等報賊首吴平叛招疏

題：爲賊黨叛招，敗遁出海，乞敕閩、廣二省督撫諸臣及早協剿，以安地方事，職方清吏司案呈，奉本部送，兵科抄出，巡按福建監察御史陳萬言題，奉聖旨："兵部看了來説。"欽此。又該提督軍務兼巡撫福建地方、都察院右僉都御史汪道昆題，爲類報賊情事，又該本官題，爲捷音事，俱奉聖旨："兵部知道。"欽此。欽遵，通抄送司。

卷查先該提督兩廣右侍郎吴桂芳咨，爲飛報海洋强賊事，内稱賊首吴平等背招復叛，劫掠沿海地方。已經本部通行兩廣、南贛、福建各巡撫衙門，會同各總兵官協剿去後。今該前因，查呈到部。

看得巡按福建御史陳萬言、巡撫都御史汪道昆各題稱，原撫賊首吴平等據巢叛招，糾衆劫掠，乞要嚴行廣、閩督撫諸臣會同協剿，及稱總兵官戚繼光等監督兵舡，擒斬賊徒，巢穴悉平各一節。爲照逆賊吴平等陰逆陽順，乍叛乍臣，在福建雖巢穴悉平，在廣東則黨與甚衆。二省均係朝廷地方，出此入彼，難以鄰境爲墪；各官均係朝廷臣子，同休共戚，當以滅賊爲期。係干兵機，相應亟爲議擬。合候命下，本部馬上差人移咨侍郎吴桂芳，巡撫吴百朋、汪道昆，會同鎮守總兵官吴繼爵、俞大猷、戚繼光等，嚴督水陸大小將領，統率精鋭軍兵，各於通賊要路協力夾剿。其吴平或生擒，或斬首，務見下落，以除禍根，不得再以招撫爲詞，因循玩愒，貽害地方。一面出給告示，曉諭賊黨，有能擒縛吴平，率衆來降者，免其罪狀，仍議獎犒。一面備咨都察院，轉行各該巡按御史，親行監督，事寧之日，通將有功有罪人員分别具奏。見今用兵之際，中間果有不肯協心、逗遛觀望者，先行指名參奏，以憑究治。其雲霄鎮應否發兵一枝，與同詔安縣機兵嚴加防守，亦聽汪道昆、戚繼光從長計處，會奏定奪。

嘉靖四十四年四月十八日題，奉聖旨："是。這强賊着各該督撫等官協力夾剿，以靖地方，不許妄分彼此，及以招安爲名，養寇貽患。"欽此。

校勘記

〔一〕"馬"，疑當作"萬"。舊鈔本明徐日久《五邊典則》卷十："四十四年五月，山西巡撫侍郎萬恭奏。"本書本卷《責成宣大山遼四鎮邊臣修築墩堡疏》："合候命下，移咨總督宣大尚書江東、巡撫山西侍郎萬恭、宣府都御史李秋、大同都御史張邦彦、遼東都御史劉應節。"

〔二〕"者"，十二卷本作"老"，是。

〔三〕□，底本漶漫不清，據文意似當作"哨"。《四庫全書》本明鄭若曾《江南經略》卷三下《劉家河險要説》："須分撥重兵於此防哨，遏賊於上游，策之上也。"本書本卷《覆給事中周舜岳條議嚴外禦覈首功疏》："欲要申飭南北將官，嚴加訓練、防哨。"

〔四〕"議"，底本卷首原目録作"陳"，十二卷本亦作"議"。

〔五〕"係"，疑當作"代"。明范守己《明肅皇外史》卷二十一："提督代州三關副總兵丁璋率師至寧武關東北石湖嶺，遇虜力戰死之。"

〔六〕□，底本漶漫不清，據文意似當作“實”。

〔七〕“瀼”，疑當作“滚”。明陳子龍《明經世文編》卷二百五十二趙炳然《爲披瀝愚衷備陳末議以飭戎務事》：“短兵，即今之長刀利鎗、鈎鐮滚牌之類是也。”

〔八〕“令”，疑當作“合”。

覆雲南巡按御史王諍勘明叛賊李向陽功賞疏

少保兼太子太保、兵部尚書臣楊博等謹題：爲仰仗天威剿平夷寇，地方寧謐事，職方清吏司案呈，奉本部送，兵科抄出，巡按雲南監察御史王諍題，奉聖旨："兵部知道。"欽此。欽遵，抄出送司，案呈到部。

看得巡按雲南監察御史王諍題稱，叛賊李向陽及賊徒者索撒、魯頗等撲滅俱盡，及稱參議盧岐嶷、僉事胡庭蘭所當特加超擢，兵備僉事蕭鳴邦所當循資擢用，迤西守備金堂、原任都指揮潘雄所當録用，迤東守備李九霄功過相準，霑平守備龐繼先功績無聞，旗牌官李宗培、馬應龍、鍾應鳴所當犒賞，百户徐高、戴廷惠等所當姑容，指揮胡大賓、袁位、段彬、趙國相，千户鄧惟揚、方承爵、諸愛，百户劉萬鍾、張廷美，指揮王存孝，冠帶總旗舒言均當擢用，推官趙龍、知州周一鳳、典史劉堯明亦各效勞，土官鳳索林、禄紹先、者濬均當獎賞，土官縣丞王一心、土舍禄應宗相應准贖，知州容學周所當調簡，指揮郭振，千百户江漢、陳大策、范譽等均當提問。巡撫右都御史吕光洵克振臺綱，大樹偉績，所宜優録。總兵官黔國公沐朝弼釁有由起，功會適成，仍宜獎賚各一節。除巡按雖有調度之功，例不該叙外。爲照雲南地方遠在萬里之外，極其孤懸，乃今群逆蜂起，禍結兵連，若非巡撫都御史吕光洵發謀出慮，動中機宜，西南重鎮幾致摇動，掃蕩之功委難輕泯。總兵官沐朝弼，其釁由己而作，其功因人而成，得不償失，始迷終悟，但係節鉞重臣，當存體貌，以示觀瞻。至於一時效勞人員，既該巡按御史王諍一併甄别，具題前來，係干激勸，相應通行依擬。合候命下，將吕光洵優加升賞，沐朝弼特加賞賚，盧岐嶷、胡庭蘭各重加升賞，蕭鳴邦、趙龍、周一鳳、劉堯明各量加升賞。容學周移咨吏部，量調簡僻地方。金堂、潘雄、胡大賓、袁位、段彬、趙國相、鄧惟揚、方承爵、諸愛、劉萬鍾、張廷美、王存孝，本部附記在簿，酌量推用。舒言、李宗培、馬應龍、鍾應鳴、鳳索林、禄紹先、者濬俱聽巡撫衙門動支官銀徑自奬賞，李九霄免其究問，徐高、戴廷惠等容令供職，王一心、禄應宗准其贖罪。龐繼先革任回衛閑住，員缺推補。郭振、陳大策、江漢、范譽等移咨都察院、轉行彼處巡按御史，通提到官，問擬具奏。

嘉靖四十四年四月二十六日題，奉聖旨："是。這西南重鎮既已底寧，吕光洵升兵部尚書兼都察院右都御史，照舊巡撫地方。沐朝弼准贖罪，還賞銀三十兩、紵絲二表裏。盧岐嶷升二級，蕭鳴邦等各一級。胡庭蘭已閑住，賞銀二十兩。郭振等着巡按御史提問具奏。"欽此。

覆四川巡按御史鄭洛申飭三省撫臣夾剿疏

題：爲積惡土寇貽患地方，乞賜剿除，兼議善後，以伸國法，以裨安攘事，職方清吏司案呈，奉本部送，兵科抄出，巡按四川監察御史鄭洛題，奉聖旨："兵部看了來説。"欽此。欽遵，抄出送司。

卷查嘉靖四十三年九月内該巡撫四川都御史谷中虚題，爲查勘土夷讎殺事，内稱土寇黄中占據山寨，流劫奉、雲、萬三縣地方，節據萬縣民杜顯、石砫宣撫司舍人馬斗斛等奏，行撫按衙門會勘，俱行荆南、川東各道，督同兩省委官守備指揮童養廉等拘押黄中，從公勘問。如不聽撫勘，仍復聚劫，另行擒剿。施州守備鍾曉、指揮童養廉黨惡玩寇，以致殃民，另行查參，等因。到部。隨該本部備行四川、湖廣撫按衙門，務將該犯黄中多方緝獲，勘問回奏。如有主使容縱，不聽撫勘，一面將鍾曉、童養廉作速查参，一面即督各處勁兵相機□剿去後。今該前因，查呈到部。

看得巡按四川監察御史鄭洛題稱，土寇黄中占據支羅山寨，殺虜千家，流毒三縣，又與賊犯覃正秀等號爲三寨，相倚稱雄。在建始縣民向述、黄潮與施南土司覃諒、覃宁争田讎殺，釁端未已。乞要轉行四川、湖廣撫臣并貴州兼制湖北、川東都御史，切責該道親詣地方，協謀酌處，事寧之日，并將近年監生申潮所奏及節年建白經理事宜速爲會議各一節。爲照土寇黄中凶悖之狀昭昭在人耳目，無容細論，止因川、湖二省自分彼此，而湖廣諸道耽延之情更屬可惡。即今湖廣巡撫都御史谷中虚入仕四川，具知夷情，四川巡撫都御史劉自强初至四川，方修撫政，以故巡按御史鄭洛特有此奏。地方重計，全在得人，審時度勢，殊不容緩，相應亟爲議擬。合候命下，本部馬上差人移文交與四川巡撫劉自强、湖廣巡撫谷中虚、貴州巡撫兼制湖北川東吴維嶽，會同各該巡按御史，嚴行守巡、兵備各道参守等官，各提重兵，親詣鄰近地方，將黄中責令指揮童養廉等親入賊寨，諭以利害，務將本犯縛出送官，違法事情逐□〔一〕體勘，應陪償者從公追陪，應問發者依律問擬。仍曉示一應脅從土司夷人，今次姑置勿論，以後各宜安分樂業，保守身家，毋得怙終不悛，自干誅戮。如果黄中及諸土人等仍前冥頑，即便分遣兵將，協力剿除。大抵此舉全是巡撫與該道之責，必須示以必剿，徐從撫處，方足爲恩；屯以重兵，明示彈壓，方能奪氣。各該承委人員如有踵習夙弊，觀望怠緩，致失機宜者，先行指名參論，事寧之日，聽巡按御史將一應有功有罪人員分别具奏。其地方一切善後事宜，三省撫按拘集施州、清源、奉萬等處耆民，將監生申潮陳奏及節年建白事件通行會議，要見某縣今該改併，某縣今該仍舊，某處應設某官，其官應轄某處，從長計處，務求民情、夷俗兩不相妨，會本具奏，以憑覆議定奪。

嘉靖四十四年四月二十七日題，奉聖旨："是。這地方賊情着各該巡撫都御史協心督率所屬，共圖平靖，不許仍前推諉。承委人員但有觀望怠玩的，即便指名參奏處治。"欽此。

奉旨切責宣大山西三鎮撫臣戴罪修邊疏

題：爲預飭重鎮春防，亟行修守事，職方清吏司案呈，奉本部送，兵科抄出，巡撫宣府等處地方、贊理軍務、都察院右僉都御史李秋題，奉聖旨："這修理墩堡原爲預飭春防，如何正月奉旨，到今四月將終方行奏報？顯是巡撫等官不以邊務爲念，兵部參看來説。"欽此。欽遵抄出，到部送司，案呈到部。

看得巡撫宣府都御史李秋估勘過宣府鎮城并五路衝險處所各項應修築城堡墩臺工程，支給口糧、鹽菜、工料銀兩，共該三萬九千二百有奇，及民力自修，量加犒賞等費，乞要早賜解發，着令各道參守、掌印等官上緊興修，務要刻期報完。及稱板搭峪堡係北路咽喉之地，該道議要添設官兵，并乞覆議，及奉旨參看一節。爲照前項邊工，本部正月即行具題，專爲防春，該鎮四月方行回奏，已將仲夏，遲緩之罪委屬難辭。參照巡撫宣府等處地方、贊理軍務、都察院右僉都御史李秋等，五路相去不遠，即使悉心勘議，不過兩旬之間，九重特旨甚嚴，乃敢任意稽延，至於三月之外，職守既以有虧，情法自難輕貸。至於承委守巡、兵備等官，誤事之罪更當究治。合候命下，將李秋并承行司道將領通行住俸，本部會同户部，不必泥於舊例三□[二]之數，本部於馬價銀内動支二萬兩，户部發銀二萬兩，共四萬兩，各差官解赴巡撫衙門，查照工程大小、地勢衝緩，責令各該兵備、守巡等道及參守、掌印等官，各照派定區路上緊修築。大略定以三限，先儘極衝，後及次衝，最後方及稍衝，務在秋防以前通行完報。其工必須堅固牢實，足堪保障，不得苟且因仍，空爲縻費。總督江東、巡撫李秋仍不時巡歷，親行督察，以别勤惰。各該監督司道、大小將領果有怠緩之尤者，先行指名參奏。自修墩堡軍民合用犒賞銀兩，聽江東、李秋徑自酌量動支犒賞。大堡選擇行止端正、衆人信服者一人，立爲守堡官名色，給與冠帶，令其鈐束堡人，不時修守，果有軍功，一體録叙。小堡亦擇一人，立爲堡長名色，准給與方巾青衣，如州縣里老之例。工完之日，通聽巡按御史逐一覈勘明實，分别具奏。其板搭堡添設官兵，控扼要路，亦聽江東、李秋徑自酌量，添守施行。及照大同、山西二鎮至今尚未奏到，罪與宣府相同。但山西巡撫侍郎萬恭到任日淺，合無將大同巡撫張邦彦并大同、山西經該守巡司道等官一體住俸，萬恭姑行戒諭。

嘉靖四十四年五月初一日題，奉聖旨："是。這各官怠緩邊務，本當重究，但念秋防在邇，李秋等、張邦彦等都着住了俸，上緊幹理。如仍違誤，及或虚文塞責，你部裏并該科即便參奏處治。萬恭既任淺，着策勵供職。"欽此。

奉旨酌議報捷人員升賞疏

題：爲恭報捷音事，職方清吏司案呈，奉本部送。近該延綏、寧夏奏報北虜捷音，該本部議擬覆題，奉聖旨："是。郭乾賞銀四十兩、紵絲二表裏，趙岢、胡志夔各三十兩、二表裏，吴鼎、王崇古各二十兩、二表裏，功次着巡按御史上緊勘報。近來奏捷官升賞太濫，你每還查議來説。"欽此。欽遵，抄捧送司。

查得《大明會典》内一款："一、報捷官舍人等以擒斬虜賊多寡爲等第，七十名顆以上賞衣服一套；九十五名顆以上賞鈔一千貫，升一級；一百一十名顆以上賞衣服一套，升試所鎮撫。别種賊寇遞加，女直三倍，番賊、苗蠻六倍，反賊十倍。"欽此。查呈到部。

臣等遵奉明旨議得，功宜惟重，固不可吝惜以失酬報之典；賞當其功，亦不宜冒濫以開僥倖之端。即如報捷人員，計其功次之名顆雖若相同，較其賊勢之難易原非一律，以故本部臨時斟酌。在總督、鎮巡等官多止賞賚，而報捷人員却仍照例升級，輕重失倫，委不足以示勸。合無以後南北奏捷到部，聽臣等先照功次定擬總督、鎮巡等官升賞，然後以升賞厚薄徐論報捷者之功。且如一百一十名顆以上，總督、鎮巡等官或升或廕，報捷者照例升以鎮撫，賞衣服一套。若使總督、鎮巡等官止於賞賚，報捷者亦止賞衣服，不許升級。庶幾權始得中，賞不至僭。仰乞聖明俯賜裁定，敕下遵行。

嘉靖四十四年五月初二日題，奉聖旨："是。"欽此。

覆浙江鳳陽等處撫臣哨報倭警通行隄備疏

題：爲哨報海洋賊舡事，職方清吏司案呈，奉本部送，准提督軍務、巡撫浙江地方、都察院右副都御史劉畿揭帖，前事，又該總督漕運兼提督軍務、巡撫鳳陽等處地方、户部右侍郎兼都察院右僉都御史王廷揭，爲飛報倭情事，等因，通送到司，案呈到部。

看得前項倭寇，在浙江者雖稱出海拒之，不得登岸；在江北者雖稱分兵勦之，務期盡絶。但惟四月、五月正當春汛之期，今乃二處警報先後俱至。據其見在之數，似若不多；察其糾合之形，其勢必衆。江南與江北唇齒相關，廣東與福建輔車相倚，大率一水之間，出此入彼，原無限隔，必須通行嚴備，方保萬全。合候命下，本部馬上差人移文鳳陽巡撫王廷、副總兵王應麟，督率將兵，先將登岸之倭作速勦捕，務使一人不留，片帆不返，方爲上策。一面分行江南巡撫周如斗、副總兵郭成，浙江巡撫劉畿、總兵官劉顯，兩廣提督吴桂芳、總兵官吴繼爵，福建巡撫汪道昆、總兵官戚繼光，各差的當兵舡，各於海洋遠哨，仍多布兵舡於緊要海島，但有蹤迹，即便相機邀擊。拒之於海，比之拒之於陸者事半功倍，全在諸臣加意整頓，以挫賊鋒。浙江寧波尤倭酋密邇之地，欲得其情，全在浙江哨探。以後劉畿、劉顯但有哨到倭情，一面具奏，一面馳報江南、江北、廣東、福建四處，令其及早隄備，不得自分彼此，致誤事機。

嘉靖四十四年五月初三日題，奉聖旨："是。這倭寇着王廷等嚴督將兵作速勦捕，仍行浙、直、閩、廣鎮巡等官，各相機戰守，協力夾攻。如或怠違誤事，重治不宥。”欽此。

覆巡撫山西侍郎萬恭議修沿河墩墻及鄰堡疏

題：爲查議修復久廢邊防，以永保治安事，職方清吏司案呈，奉本部送，兵科抄出，提督雁門等關兼巡撫山西地方、兵部左侍郎兼都察院右僉都御史萬恭題，奉聖旨：“兵部看了來説。”欽此。抄出送司，案呈到部。

看得巡撫山西侍郎萬恭具題前因，大率欲於河邊險崖一帶修設墩墻，四時防守，老營迤東乃河一帶修復墩堡，兩鎮聯禦，及指摘各處利害，區處合用夫糧各一節。爲照山西河曲一帶密邇套虜，先年打冰之議，疏略爲甚；大同乃河諸堡唇齒兩鎮，近日棄而弗守，血脉不通。但河墻工役係山西巡撫之專責，既有定議，即可施行；乃河地方係大同久廢之荒墟，未經會同，尚當勘處。既該本官具題前來，相應通行議擬。合候命下，一面移咨萬恭，即將沿河險崖、石門、隘口等處照依派定工程、坐定字號、委定官員，趁今土融，起撥軍夫，亟行修築，合用銀兩聽於各府司道贓罰支用，務在冰凍以前通行完報。本部一面移咨總督江東、巡撫張邦彦，會同萬恭，各委司道親詣適中處所，將乃河左右舊有墩堡逐一踏勘，隔别道理逐一丈量，要見某處宜修築邊墻，某處宜修築墩堡，某堡用銀若干，某軍應該何處備禦，班軍應否撥用，折糧銀兩應否借支，該衛屯田應否給軍承種，該徵租税應否照軍派納，逐一從長議處，務使經久可行，以盡協恭體國之意。文書到日，限六月初旬具由回奏，不得各生意見，自分彼此，致誤防邊大計。

嘉靖四十四年五月初七日題，奉聖旨："是。這沿河墩墻着萬恭即便興工修築。乃河地方修守事宜，江東、張邦彦會同萬恭，依限勘處停當奏請，不許遲誤。"欽此。

覆宣大總督尚書江東等酌議板升歸正人疏

題：爲投降事，職方清吏司案呈，奉本部送，兵科抄出，總督宣大山西等處地方軍務兼理糧餉、太子太保、兵部尚書兼都察院左副都御史江東，征西前將軍、鎮守大同等處地方總兵官、前軍都督府左都督姜應熊，巡撫大同地方、贊理軍務、都察院右僉都御史張邦彦題，俱奉聖旨："兵部知道。"欽此。通抄送司，案呈到部。

看得大同總督、鎮巡官江東、姜應熊、張邦彦等題稱板升李自馨等欲要率衆投降一節，臣等逐一參詳，守巡、兵道熟計虜情，謂降亦擾，不降亦擾，擾亦防，不擾亦防，此數言者誠爲確論。總督、鎮巡逆料人言，謂或歸咎於拒降所致，或借口於招降爲媒，或責備於區處無方，此三説者具見苦心。大抵虜人求入我邊謂之投降，漢人復入我邊謂之歸正。乃今李自馨等既以歸正而來，聖皇在上，天覆地載，元元赤子，何忍拒之？但其中情僞尚不可知，此外機宜均難懸斷。合候命下，移咨尚書江東，嚴督總兵官姜應熊、巡撫都御史張邦彦，切不宜差人深入虜營以啓釁端，止將李自馨善加安置，静以待之。李自馨等如果率衆來歸，即便細加譯審，必須的係漢人，方許入邊。應該如何安插，應該如何升賞，應該如何防範，便宜處置者徑自處置，請旨處置者星馳會奏。至於真虜，雖幼男婦女，一人一口不許輕易放入。如果李自馨等别有阻礙，不能即來，置之不問，惟當謹我邊備。

嘉靖四十四年五月二十日題，奉聖旨："是。"欽此。

覆蘇松撫按官周如斗等報三沙禦倭捷音疏

題：爲倭寇突犯海沙，仰仗天威，官兵會勦全捷事，職方清吏司案呈，奉本部送，兵科抄出，總理糧儲、提督軍務兼巡撫應天等府、都察院右僉都御史周如斗，巡按直隸監察御史温如璋，巡按直隸監察御史尹校題，爲捷報斬獲倭舡、首級事，俱奉聖旨："兵部知道。"欽此。欽遵，通抄送司，案呈到部。

看得巡撫應天都御史周如斗、巡按直隸監察御史温如璋、巡江御史尹校各題稱，本年四月十五日倭寇突犯三沙等處地方，分布官兵四面攻勦，擒斬真倭首級一百一十三名顆，縱火焚燒倭舡，奪獲被虜男婦、夷器、倭衣等項。在周如斗，則稱御史温如璋聞報宣猷，調遣兵將，副使耿隨卿督調有方，副總兵郭成身先士卒，參將田應山、都司邵應魁、把總朱冕等協力攻勦，同知劉一麟督理有叙。在温如璋，則稱副總兵郭成斬獲大捷，奇功可録；都司邵應魁擒斬數多，功罪相準；把總曾勇等罪多功微，仍宜重論各一節。爲照前項倭奴適當春汛之月，連艅突犯，意欲乘我不備，大肆摽掠地方。文武官員乃能出奇制勝，竟成大捷，一時掃蕩之功殊可加尚。既該撫按等官周如斗等具題前來，係干激勸，相應通行議擬。合候命下，將郭成重加賞賚，耿隨卿同加賞賚，田應山、朱冕量加賞賚。其邵應魁、曾勇等并一應獲功、失事人員，通咨都察院，轉行彼處巡按御史嚴加查覈，要見某該准贖，某該録叙，某爲首功，某應重論，分别等第，造册具奏。及照巡撫都御史周如斗偶以公務不在，夙有分布調度之勞，假令失事，自當責備，其功臣等誠不敢略。巡按御史温如璋偶以巡撫不在，身任分布調度之責，雖有明例不許論功，其勞臣等又不敢蔽。係干恩典，均乞聖裁。

嘉靖四十四年五月二十八日題，奉聖旨："是。郭成賞銀二十兩，耿隨卿十五兩，田應山、朱冕各十兩。周如斗既夙有分布調度之勞，温如璋能代巡撫任事，各賞銀二十兩、紵絲二表裏。"欽此。

覆巡撫浙江都御史劉畿報定海禦倭捷音疏

題：爲恭報捷音事，職方清吏司案呈，奉本部送，兵科抄出，提督軍務、巡撫浙江地方、都察院右副都御史劉畿題，奉聖旨："兵部知道。"欽此。欽遵，抄出送司。

卷查先該浙直撫按都御史劉畿等題，爲哨報海洋賊舡事，該本部覆奉聖旨："是。這倭寇着王廷等嚴督將兵作速勦捕。仍行浙、直、閩、廣鎮巡等官，各相機戰守，協力夾攻。如或怠違誤事，重治不宥。"欽此。已經通行欽遵去後。今該前因，案呈到部。

看得提督軍務巡撫浙江都御史劉畿題稱，本年四月十五等日倭賊乘舡突犯，隨被官兵堵阻南遁，人民安堵各一節。爲照前項倭奴乘此春汛之期，倏經往來，如鬼如魅。都御史劉畿、總兵官劉顯乃能先時有備，臨事有方，定海等處既首挫其鋒，懸山等洋又盡奪其魄，一時擒斬之級委可嘉尚。既該劉畿具題前來，係干激勸，相應與獲功人員通行議擬。合候命下，將劉畿、劉顯先行厚加賞賚，仍咨都察院，轉行彼處巡按御史從公體勘，要見倭舡實有若干，從何港口進入，官兵對敵有無殺傷，斬獲倭首是否真正，有無隱匿别項失事情弊，獲功、效勞員役一併覈實，分别具奏。

嘉靖四十四年五月二十八日題，奉聖旨："是。劉畿、劉顯各賞銀二十兩、紵絲二表裏。"欽此。

覆巡撫山西侍郎萬恭條陳三關事宜疏

題：爲條陳三關通變事宜，以圖久安事，職方清吏司案呈，奉本部送，兵科抄出，提督雁門等關兼巡撫山西地方、兵部左侍郎兼都察院右僉都御史萬恭題，奉聖旨："該部看了來説。"欽此。欽遵，抄出到部送司，案呈到部。

看得巡撫山西侍郎萬恭條陳六事，均切三關要務，合就開立前件，議擬上請定奪。

嘉靖四十四年五月二十八日題，奉聖旨："計處邊事，須求有益。這本内'勾充'一件，你每既説是實政，還會同該科詳議具奏。其餘依擬行。"欽此。

一曰議聯絡。大率謂九邊將領一遇虜犯，束手旁觀，按兵坐視。欲要通檄總督、鎮巡等官，果有黠虜大舉消息，左右境鎮不待調遣，各以馬軍策應，賊退之日聽巡按御史覈實功罪，委爲聯屬邊防之意。但薊、昌二鎮腹心重地，難與諸鎮概論；春秋兩防急緩不同，自當從長議處。况遊擊敕内原有應援鄰境之文，專制閫外尤是總督軍門之任。合無斟酌所擬，除薊、昌二鎮不必應援外，通行各邊總督、鎮巡衙門及各該大小衙門將領等官，今後春淺秋深，如遇大虜侵犯消息，各要嚴加哨探，必須真知本鎮絶無虜蹤，方許先以步軍分布要害，防禦本境，仍不待調遣，總督官即行鎮巡官揀選精鋭馬軍邀擊。如賊犯山西，大同則應之於東，延綏則應之於西。如賊犯宣府，北路、東中二路各出奇兵援之。推之各鎮各路，莫不皆然。賊退之日，聽該鎮巡按御史分别功罪。既不宜舍己之田以失本鎮之防，亦不宜秦越之視以昧共濟之義，違者仍聽巡按御史指名參治。

一曰議防守。大率謂三關擺邊之軍，其患在於邊長人寡，賊萃我散，以致往往不格。欲要遵奉墩院之制，因墻修築墩院。至於守墩即以守墻，修墩即以修墻，修時亦守，守時亦修。此數言者□〔三〕爲確論，合無悉如所擬從實舉行。

一曰議勾充。大率清勾軍士旋復逃亡，欲要移文兩京各省清軍官員，每三年一次清解，不必僉發軍丁，止追衣裝銀兩，解赴布政司，發邊召募土著，頂名操備，委爲實政。但恐相沿日久，反致埋没，銀兩既無完解之益，軍伍遂成廢弛之患，係干兵制，難以輕議。合無聽本部仍照舊例轉行各該巡按御史，嚴加清勾，不許徒爲文具。

一曰議接濟。大率謂三關馬匹缺少數多，欲將先年本部議開軍職犯該邊方立功納銀納馬贖罪并各衛軍餘上納知印、承差、吏典二款事例照舊開納，及不許上銀，止從本色，以補各營急缺馬匹。查得前項事例先以停止，但今山西三關兵荒之餘戰馬半耗，委當多方處補。合無斟酌所擬，行令巡撫萬恭，再將前例督行山西布政司，出示該鎮，再開三年，止許照例納銀貯庫，相兼該鎮椿棚〔四〕等銀，分發守巡兵道，陸續收買膘壯馬匹，驗印給軍，限滿停止。别省别鎮不許援以爲例。

一曰議揀選。大率欲將三關軍士分布上中下三等，給與馬匹、器械，以備選鋒、列營、城守之用。查得揀選軍士正是鎮巡之責，今欲軍門嚴行將領，無非慎重其事、務求實效之意。合無依其所擬，移咨總督江東，備行山西總兵等官，趁今秋防以前，務將各營軍馬精加揀選，照依等第分别操練。以後不必定以五年爲限，每當春秋二防，遇有老弱即便沙汰，一如京營操中寓選、選中寓操之意。

一曰議招回。大率謂頻年虜入内地搶去人口各懷故土，衹被虜羈，不能展脱，欲要擴議賞格，優録招回之人，及分别酋首、謀主，併明我耳目等第。查得先該總督尚書許論題，該本部覆奉欽依"有能斬獲俺答、把都兒大頭兒首級來獻者，封以伯爵，賞銀一萬兩。斬獲丘富、周原首級來獻者，爲首升三級，賞銀五十兩；爲從升一級，賞銀三十兩"，俱與萬恭所議相同。合無申飭各邊總督、鎮巡等官，明諭沿邊大小將領，不拘漢人、虜人，果能密切擒斬虜酋等項，定照上等事例一體升賞。各該將領仍要加意招徠，用心接引，遂我人歸向之人〔五〕，散彼虜逼脅之黨，方稱任使。如或明肆阻攔，或暗行戕殺，俱聽督撫衙門，輕則以軍法究處，重則以處置憲典，以示後戒。

覆給事中周舜岳條議嚴外禦覈首功疏

題：爲陳愚忠以備聖明采擇事，職方清吏司案呈，奉本部送，吏科抄出，禮科給事中周舜岳題，奉聖旨："該部看了來説。"欽此。抄出送司，案呈到部。

看得禮科給事中周舜岳條陳二事係干邊計，合就開立前件，議擬上請定奪。

嘉靖四十四年六月初七日題，奉聖旨："依議行。"欽此。

一、嚴外禦。看得給事中周舜岳所陳，大略謂近日海防、邊備法紀未屬，以致寇至遷延内地劫掠，欲要申飭南北將官，嚴加訓練、防哨。查得先爲欽奉聖諭事，該本部條陳，宣、大各鎮以戰爲守，薊鎮地方以守爲戰，但使馬匹不能入關即爲首功。又爲哨報海洋賊舡事，該本部覆議，移文浙直、福建、兩廣等處，多布兵舡，有警邀擊，拒之於海，比拒之於陸者事半功倍，全在當事諸臣加意整頓，以挫賊鋒。俱經題奉欽依，通行欽遵去後。查與給事中周舜岳所論大略相同，合無依其所擬，申飭南北沿海沿邊總督、鎮巡等官，查照先今議覆事理，嚴行大小將領，申嚴號令，謹慎烽堠。在沿海一帶出洋會哨，務使倭奴片帆不得進港；在沿邊一帶相機截剿，務使醜虜匹馬不得入邊。雖無擒斬，即准首功。如或飄流奔散，突犯鄰境，亦要互相傳報，提兵應援。不得自分彼此，致誤事機，違者悉聽各該巡按御史查參重究。

一、覈首功。看得給事中周舜岳所陳，大略謂近日斬獲倭、虜首級及有名賊首，曲折多端，真僞莫辯，欲要後倭、達爲從之賞，重衝堅陷陣之功，并以行師遲速後先以定功罪賞罰。查得北方達賊功次止以强壯、幼小分别升賞，原無從達之例。南方倭功，近該給事中張鳴瑞具題，本部覆議，務要分别難易，以定升賞。合無斟酌前議，通將南功見勘到部者駁行各該巡按御史，逐一查勘，要見某人所獲倭功爲難該升，某人所獲倭功爲易該賞，并未勘到者，亦照此例從實造册奏繳。至於摧鋒陷陣之功，止可責之將領，難以責之部曲。若將領勇敢，即以首功論之，其餘軍衆仍照首級名數甄録；將領退却，即以觀望罪之，所部軍人仍得以親斬功級甄録。其一切草寇竊發，務以平蕩之日爲期方議升賞，不得比照倭、虜首級濫奏捷音。各該監督官員如有紀驗不實，辯别不真，致使功罪混淆者，又在巡按官指名查參，以憑究治。

議遼東陣亡參將綫補衮等恤典疏

題：爲血戰將官被傷身死，乞賜優録，以慰忠魂，以勵人心事，職方清吏司案呈，奉本部送，兵科抄出，巡按山東監察御史李輔，總督薊遼保定等處軍務兼理糧餉、兵部右侍郎兼都察院右僉都御史劉燾，巡撫遼東地方兼贊理軍務、都察院右僉都御史張西銘，征虜前將軍、鎮守遼東總兵官、署都督同知佟登題，同前事，俱奉聖旨："兵部知道。"欽此。欽遵，通抄送司，案呈到部。

看得總督薊遼軍務侍郎劉燾、巡撫遼東都御史張西銘、鎮守總兵官佟登、巡按山東監察御史李輔各題前因，大率謂本年三等月内大虜侵犯寧前、鎮武二處地方，參將綫補衮、遊擊楊維藩與賊對敵，被傷身死緣由。巡撫張西銘等則稱遊擊楊維藩見危授命，情極可憫，隨營守堡把總等官章承祖等同有死綏之忠。御史李輔則稱參將綫補衮奮勇血戰，面中二矢，當時悶絶，偶獲暫蘇，回營身故，乞將本官與陣亡者一例立廟、祭贈、升廕。遊擊楊維藩捐軀血戰，援寡陣亡各一節。爲照參將綫補衮黄土臺之戰親斬酋首二人，遊擊楊維藩鎮武堡之圍手刃點虜數輩，地方保全，寔皆二將血戰之功。内綫補衮裹瘡極苦，垂死復蘇，身雖歿於回營之後，忠寔奮於結纓之前，委當與楊維藩出格褒恤，以慰英魂。係干激勸，相應通行議擬。合候命下，將綫補衮、楊維藩各贈都督僉事職銜，應襲兒男各襲升三級世襲，仍立祠死所。巡撫衙門仍各處給銀四十兩，以備棺殮之資。其誤事備禦等官苟麒等，轉行彼處巡按御史通提到官，依律問擬。陣亡官軍章承祖等應該作何優恤，有無隱匿重大失事，干礙誤事人員一併覈勘明實，造册具奏。

嘉靖四十四年六月初七日題，奉聖旨："是。綫補衮、楊維藩各效忠血戰，身殞可憫，贈廕、立祠等項俱依擬行。苟麒等，巡按御史提問具奏。"欽此。

奉旨會議勾補軍丁責成撫臣管理疏

題：爲條陳三關通變事宜，以圖久安事。照得先該提督雁門等關兼巡撫山西地方、兵部左侍郎兼都察院右僉都御史萬恭題，該本部覆奉聖旨："計處邊事，須求有益，這本内'勾充'一件，你每既説是實政，還會同該科詳議具奏。其餘依擬行。"欽此。

臣等會同兵科都給事中邢守庭等議得，各邊軍士自國初以來編發、罪發，雖頭項不同，均是募民以實塞下之意。歲月既深，人情遂玩。或厄於旱荒，衣食不給；或苦於掊剋，啓處弗遑。老者以死，壯者以逃，遂致敵愾乏人，捍禦就廢，以故巡撫侍郎萬恭感時憤激，有此衣裝銀兩之議。但事必稽諸國體方可經行，政必愜於民情始能垂久。臣等再三籌度，似應仍以勾丁爲正。即如山西一省，州縣九十有奇，每州每縣，雁門、偏頭、寧武三關之軍，多者六七百名，少者不下四五百名，通以五百名計之，可得四萬餘名，往時止令巡按御史帶管清補。今若比照薊鎮兩關事例，就令巡撫管理，都臺嚴重，令自易行；人性堅剛，邊又得用。軍士以衛所爲家，父兄子弟在焉；以州縣爲老家，族姓在焉。關營之軍有缺，先當於衛所捉補。司其事者，掌印指揮、千户之責。若照薊鎮事例，定爲舉刺賞罰，掌印指揮、千户自當悉心幹理，不敢違誤。至於兩京各省，仍當一體清理，得一人則有一人之用，得十人則有十人之用。要之，不若整理本省之軍，尤爲便利。合無備行萬恭，督同布、按二司清軍官并守巡、兵備道，先將三關逃軍通行查明，衛所有丁者於衛所勾補，衛所無丁者於州縣勾補，年終備將補過軍士造册送部查考。一面將州縣、衛所掌印官，查其勾補有成并全不勾補者，指名舉刺，以憑旌賞降罰，以示激勸。本部仍行兩京十三省巡按御史，將山西缺伍之軍各另嚴加清勾，遠者限半年以裹，近者限三個月以裹，將解過軍士備細奏報，以憑轉行萬恭，各查有無到邊，從實回奏。臣等遵奉特旨，不敢不悉心計處以求有益。但識見媕淺，深切悚惶，伏乞聖明俯賜裁定，敕下遵行，臣等幸甚，地方幸甚。

嘉靖四十四年六月初八日題，奉聖旨："是。"欽此。

覆都給事中邢守庭等請戒諭邊臣實心任事疏

題：爲秋防在邇，懇乞聖明嚴敕邊鎮文武重臣純心任事，竭力圖報，以靖疆圉，以保久安長治事，職方清吏司案呈，奉本部送，兵科抄出，兵科都給事中邢守庭等題，奉聖旨："該部看了來説。"欽此。欽遵，抄出送司，案呈到部。

看得兵科都給事中邢守庭等具題前因，大率謂各邊文武臣工近日之患有二，一謂志於功名者弛節於晚年，一謂志於富貴者逾閑於小德，欲要申飭九邊總督、鎮巡等官，自今各要效力效謀，任事任怨，及借宣大、山西近奉修邊嚴旨爲喻，凡有規畫，必求實用各一節。爲照東南沿海一帶專爲備倭，春汛急而秋汛爲緩；西北沿邊一帶專爲備虜，春防緩而秋防爲急。自總督、巡撫以至守巡、兵備，職司運籌；自總兵、副總兵以至參遊、守備，職司敵愾。仰仗聖皇在上，威震八荒，明見萬里。在文臣果有才望，雖資序尚淺，即置之開府之列，勞則有賞，功則有升，考滿又別有賜廕之典；在武臣果有謀勇，雖罪廢方及，即授以專閫之寄，戰則有賞，傷則有升，陣亡又特加優異之恩。一時諸臣，輸忠圖報者固多其人，而挾私廢公者亦誠有之。苟延歲月，持禄保位，是爲自暴之臣。詐爲沉痾，求釋重負，是爲自便之臣。故與同儕因事忿争，微罪而去，是爲飾詐之臣。過爲自汙，明示狼藉，終身禁錮，是爲懷奸之臣。有一於此，豈止不可以言純德，真不容於堯舜之世。所據該科具題前因，清源正本，誠爲切要之論，相應通行申飭，以修實政。合候命下，本部備行南北各處總督、鎮巡等官，以後痛加循省，倘如該科所言，亟行改圖，一切地方事務務要真心實意，任怨任勞，不得避難推艱，徒事玩愒。違者，在外聽巡按御史，在京聽科道及臣等指名參奏，重加處治。及照事莫大於邊防，亦莫急於邊防，即如宣、大、山西三鎮近奉明旨，各將應修工程躬親督理，漸有次第。但惟“敏則有功”，固不可遲延以誤事；誕則罔功，尤不宜草率以了事。合無仍行邊臣，各照原奉敕内開載條件，應舉行者徑自舉行，應奏請者作速奏請。大小邊工必須牢實堅固，足堪保障，不許止以紙上虚文重誤大計。

嘉靖四十四年六月十四日題，奉聖旨：“是。今後各處總督、鎮巡等官如有不實心任事及設計規避的，都著指名參奏，拏來重治。”欽此。

覆巡撫山西侍郎萬恭責成沿邊有司收保及嚴究失機將官疏

題：爲專責戰守，共圖保障事，職方清吏司案呈，奉本部送，兵科抄出，提督雁門等關兼巡撫山西地方、兵部左侍郎兼都察院右僉都御史萬恭題，奉聖旨："兵部知道。"欽此。抄出送司，案呈到部。

看得巡撫山西左侍郎萬恭具題前因，大率有二，其一欲將防守、哨探事宜責成府州縣衛所掌印、巡捕官，其二欲將失事將領先行拘禁，候旨歸結。蓋因虜警方入之時，有司官員諉罪，將領漫不經心；虜警既退之後，任意逃匿，不行正法。所言痛切，深中一時之弊，不止山西一鎮爲然，九邊莫不皆然。□〔六〕干邊計，相應通行嚴飭。合候命下，移咨宣大、山西、薊遼、陝西各鎮總督、鎮巡等官，一面嚴督各該將領，趁今秋防之期，選差乖覺通夜時加哨探，無警操練軍馬，有警相機戰守。一面督行守巡、兵備各道，照依所管地方，嚴行府州縣衛所掌印、巡捕官，但有城池處所，即將歇班民壯、射操軍餘各整搠派定，分城防守。於内再挑伶俐中用之人，專在總副衙門、兵備各道探聽，但遇有警急，飛報本管掌印、巡捕等官，督令軍壯固守城池，仍傳示墩堡居民人等一體收保，不許專靠將官，坐視殘害。違者，守巡、兵備、知府以上，督撫官會同參究；府佐、州縣衛所官，督撫官徑以軍法拿問。一面嚴諭各該將領，今後地方重大失事，應該參提者先送按察司拘禁，候旨問理，如敢私自逃回，從重併究。一面聽萬恭將山西已前失事各將逐一查明，要見某人已經提問明白，某人提問未到，徑自回奏，以憑稽考。

嘉靖四十四年六月二十九日題，奉聖旨："是。這所奏著各該總督、鎮巡等官協心從實行。"欽此。

覆巡撫鳳陽侍郎王廷請定會哨三沙防海疏

題：爲申明防海信地，以便遵守，以禦虜患事，職方清吏司案呈，奉本部送，兵科抄出，總督漕運兼提督軍務、巡撫鳳陽等處地方、户部右侍郎兼都察院右僉都御史王廷題，奉聖旨："兵部知道。"欽此。欽遵，抄出送司。

卷查先爲陳愚見，議處江南兵食以飭重計事，該巡按直隸監察御史温如璋題，該本部議擬，覆奉欽依，已經通行欽遵去後。今該前因，查呈到部。

看得巡撫鳳陽户部侍郎王廷具題前因，大率謂江南江北各有信地，正當會哨於三沙，不當會剿於三沙。蓋會哨可行者，風濤雖遠，兵船易辨，可以明我之耳目；會剿難行者，風濤隔遠，兵船難辨，先當守我之腹心。其理甚明，其詞甚正，相應通行議擬。合候命下，移咨應天、鳳陽巡撫衙門，查照先今題定事理，嚴督所屬將領，每遇風汛之月，多方防禦，毋致疏虞。其褚家一沙，沙南沙北照舊分防；崇明一帶，或春或秋照舊會哨。如果賊勢重大，逼近留都，江南江北巡撫并操江都御史交相援應。其餘小警，不必會剿，各守信地，永爲遵守。

嘉靖四十四年六月二十九日題，奉聖旨："是。"欽此。

覆陝西總督都御史郭乾等甘肅鎮獻捷疏

題：爲大虜侵犯，官軍奮勇追擊，大致克捷事，職方清吏司案呈，奉本部送，兵科抄出，總督陝西三邊軍務、都察院右都御史兼兵部右侍郎郭乾，巡撫甘肅等處地方、都察院右僉都御史戴才題，俱奉聖旨："兵部知道。"欽此。通抄送司，案呈到部。

看得總督陝西三邊軍務右都御史郭乾、巡撫甘肅右僉都御史戴才各題稱，本年四月内提調各該將領，統兵於舊四墩、沙窩及抹山等處，與賊對敵，斬獲首級九十六顆，奪獲達馬駝騾八十三匹隻頭、夷器一千四百六十頂件副枝，及前月斬首二十八顆。在郭乾則稱戴才運籌伐謀，致兹克捷，甘州副總兵劉承業、鎮番參將楊真、甘肅遊擊劉霈、原任遊擊胡璉、肅州參將白允中同獲功級，俱可嘉尚，乞要分别甄録各一節。爲照甘肅地方三面臨夷，中通一綫之路，甚爲孤懸。近日套虜住牧莊、涼山後，不時侵軼，更屬多事。總督、巡撫等官乃能督調官兵，分行雕剿，斬首多至一百二十四顆有奇，内伸撻伐之威，外挫桀驁之氣，一時效勞諸臣均可嘉尚。係干激勸，相應通行議擬。合候命下，戴才、劉承業先行重加賞賚，楊真、劉霈、胡璉、白允中量加賞賚。一面移咨都察院，轉行巡按御史，通將前項有功文武官員逐一查議，要見某官已賞，仍該升録，某官止該升録，某官止該賞賚，某官應贖，某官應叙，并獲功、陣亡、中傷員役與哨實夜丁作速覈實，一併具奏。差來奏捷人役，候功次勘明之日，照依近奉明旨另行議録。及照總督軍務右都御史郭乾，先以陝西巡撫初督三邊軍務，後以本部侍郎再督三邊軍務，數年之間勤勞備至。即如近日延綏鎮則一成一百三十四顆之捷，寧夏鎮則再成七十一顆之捷，甘肅鎮則三成一百二十四顆之捷，通計三捷，共得虜首三百二十九顆，發蹤指示之功殊難輕泯，稍候巡按勘明之日并議升廕，以示優異。

嘉靖四十四年七月初三日題，奉聖旨："是。戴才、劉承業各先賞銀二十兩、紵絲二表裏，楊真等各十兩、一表裏。郭乾三鎮功次，候勘明一併奏請加恩。"欽此。

覆巡撫福建都御史汪道昆奏福寧俘倭捷音疏

題：爲仰仗玄威，調度分部官兵，剿滅各起倭賊，類報捷音事，職方清吏司案呈，奉本部送，兵科抄出，提督軍務兼巡撫福建地方、都察院右僉都御史汪道昆題，奉聖旨："兵部知道。"欽此。抄出送司，案呈到部。

看得巡撫福建都御史汪道昆題稱，本年四等月内倭舡十餘隻駕至福寧州地方，參將李超、烽火門把總魏宗瀚各督兵夾剿，前後擒斬共計二百一十一名顆，并擒獲原犯永寧倭級一百三名顆，即今搜捕殆盡，境内俱已無虞各一節。爲照前項倭奴原自浙江江南江北迤邐而來，所至之處俱被我兵奮勇剿殺，其勢不得不至福建。總兵官戚繼光、巡撫都御史汪道昆乃能鼓倡官軍，或剿於永寧，或剿於福寧，斬獲之功多至三百有奇，允可嘉尚。係干激勸，相應通行議擬。合候命下，將戚繼光、汪道昆先行厚加賞賚，李超、魏宗瀚同加賞賚。一面移咨都察院，轉行福建巡按御史，仍行勘叙，其餘有功有罪人員一併覈實具奏。

嘉靖四十四年七月初三日題，奉聖旨："是。戚繼光、汪道昆各賞銀二十兩、紵絲二表裏，李超、魏宗瀚各十五兩、一表裏。”欽此。

清查畿内牧馬草場以充京營薊鎮將官養廉疏

題：爲清查存留牧馬草場事，車駕清吏司案呈，奉本部送，准總督京營戎政、太子太保、鎮遠侯顧寰等手本，到部送司，案呈到部。

看得京營牧馬草場先年開設，俱在近京州縣，東則薊州、霸州、三河、固安、香河等處，西則定興、安肅、新城、新安、雄縣等處，通計一萬一千七百四十八頃有奇。中間雖有召人佃種之數，僅及三分之一，其餘地土仍各存留牧馬。自嘉靖二十九年以來，虜警日殷，春防秋防，時無暇休。牧馬之事，官既未遑舉行；牧馬之田，民遂因而占種。若不及時清查，歲月益深，愈難稽考。況京營與薊鎮將領原無養廉之資，寒苦特甚，若將前地暫改徵租，分給諸將，是爲一舉兩得。既經該營造册前來，相應議擬。合候命下，移咨都察院，轉行管理屯田御史王廷瞻，會同總督侍郎劉燾、巡撫都御史温景葵，督同兵備副使等官黄中、羅瑶、沈應時、張守中、宋儀望，各照所屬地方，選委廉幹文武職官分投查勘，要見某州縣該營原地若干，已經徵租若干，未經徵租若干，未經徵租内堪以耕種者實有若干，見今某人等承種。自嘉靖四十五年爲始，每畝照例徵銀三分，以前花利姑免追補。如敢倚稱權要，不行吐退，或假寫文契，希圖混賴，應拏問者徑自拏問，應參奏者指名參奏。所得租銀每年總有若干，容臣等通融酌量，分給京營、薊鎮二處將官，以爲薪水之費。稍候虜警平寧，照舊出場牧馬。如有水衝沙壓或鹻薄不堪者，亦要逐一開造明白。文書到日，通限兩個月以裏一併造册奏繳，青册送部查考。

嘉靖四十四年七月初九日題，奉聖旨："是。"欽此。

覆宣大總督尚書江東等會議乃河等堡建置疏

題：爲查議修復久廢邊防，以永保治安事，職方清吏司案呈，奉本部送，兵科抄出，總督宣大山西等處地方軍務兼理糧餉、太子太保、兵部尚書兼都察院左副都御史江東，巡撫大同地方、贊理軍務、都察院右僉都御史張邦彦，提督雁門等關兼巡撫山西地方、兵部左侍郎兼都察院右僉都御史萬恭題，俱奉聖旨："兵部知道。"欽此。欽遵，通抄送司。

卷查先爲前事，該巡撫山西左侍郎萬恭題，本部議，行總督江東、巡撫張邦彦，會同萬恭，各委司道親詣適中處所，將乃河左右舊有墩堡逐一踏勘，隔別道里逐一丈量，要見某處宜修築邊墻，某處宜修築墩堡，某墩用軍若干，某軍應該何處備禦，班軍應否撥用，折糧銀兩應否借支，該衛屯田應否給軍承種，該徵租税應否照軍派納，逐一從長議處，務使經久可行，以盡協恭體國之意。文書到日，限六月初旬具由回奏，不得各生意見，自分彼此，致誤防邊大計。覆奉欽依，通行欽遵去後。今該前因，查呈到部。

看得大同、山西督撫官尚書江東等各具題，勘議過二鎮平虜城、老營堡適中之地，相應修復乃河、賈家圪坨、顧家店民堡三處，接火墩臺一十八座，并議展班價、撥補軍士等項事宜，俱已詳盡。但惟頭緒繁多，誠恐不便聖覽，謹用摘其要領各立前件，議擬上請，恭候命下之日移咨尚書江東、侍郎萬恭、都御史張邦彦，嚴督所屬副總兵孫吴、參將高卿，各照擬定地方、分定工程、會定事理，逐一從實舉行。事完之日，二巡撫具由回奏，仍聽巡按御史覈實造册奏繳，青册送部查考。其會哨虜情，聽二鎮鎮巡官徑自稽查，互相傳報，務期彼此共爲耳目，以嚴先事之備。

嘉靖四十四年七月十二日題，奉聖旨："依擬行。"欽此。

一議工程。大略謂乃河極衝，賈家圪坨次衝，顧家店稍緩，欲移乃河、顧家店於平曠川地，堡增闊大，移賈家圪坨於山梁處所，堡量稍減，再於三堡適中添築接火墩臺一十二座，計處停妥，無容别議。合無悉如所擬，分行副總兵孫吴、參將高卿，各照地方，副總兵自鴨子坪墩起工，參將自荷葉墩起工，不必拘定月分，但遇虜警稍緩、人力方便、風雨不侵、天時順利之時相機舉行，不宜急遽，不宜草略。各堡原議角墩二座，再加二座，各堡外各再加護堡斜墩四座，壕底闊一丈，壕面闊二丈，仍設攔馬小墻一道，照依本部近日咨去式樣一同修築。其各墩名目各照原有地名，難以另改。

一議分隸。大率謂乃河、顧家店軍餘俱係朔州平虜一衛，應屬大同西路參將管轄，賈家圪坨、乃河迤西地方改屬老營堡總兵管轄，體國經野，可謂適中。合無悉如所擬，行令孫吴、高卿管理施行。

一議錢糧。大略謂扣留嘉靖四十四年山西班價支用已盡，欲要再扣四十五年班銀以資供用，事在可行。合無依其所擬，備行山西巡撫衙門，照例扣解。其四十六年以後，軍人仍舊上班。乃河、賈家圪坨二處堡大費多，准用銀三千兩。顧家店堡少費省，准用銀六百兩。倘有不敷，臨期酌量添加。但本部今議加角墩六座、斜角墩一十二座之費，聽二巡撫官一面區處，一面咨部知會。

一議兵戍。大略欲於賈家圪坨募軍五百，乃河堡於朔州衛井坪所撥軍五百，各給安家銀三兩。乃河、賈家圪坨二堡各設操守官一員，修設衙門，令其住止。顧家店於附近住種之人填實，給銀二兩。並議三處敵臺、瓮城木料等費，再該銀九百兩，俱已停妥。合悉如擬施行，巡撫衙門仍將選委過操守官職名咨部查考。顧家店附近居民原無月糧，乃河軍糧應隨衛所關領，賈家圪坨軍糧、布花銀兩准於班價内支給，就附奇兵項下，永爲遵守。其火墩應撥哨守軍五名并三堡合用傳報馬匹未見議及，聽督撫官徑自查明，咨部計處。

一議勾考。大略謂修築工程、軍人糧餉合用班價銀兩，著落副總兵孫吴、參將高卿出入支給，仍委該道文職兼同查理，可謂精覈之極。合無依其所擬，備行大同、山西巡撫衙門，各委該道官分督稽查，事完造册，呈報軍門查考。

一地糧徵派。大略謂朔州各衛所屯田地久抛荒，錢糧拖欠，欲要於乃河、賈家圪坨兩處，軍人住居已定、開墾成熟方行起科徵納，委得安新集、闢草萊之意。合無依其所擬，責令該堡軍人儘力開耕，果能成熟，糧草仍行蠲免，五年以後方許收糧。該衛軍人不得即行告推糧税，逼令逃竄。

覆宣大總督尚書江東等分布兵馬申嚴軍法疏

題：爲分布防秋兵馬事，職方清吏司案呈，奉本部送，兵科抄出，總督宣大山西等處地方軍務兼理糧餉、太子太保、兵部尚書兼都察院左副都御史江東題，奉聖旨："兵部知道。"欽此。又據鎮朔將軍、鎮守宣府總兵官、左軍都督府左都督馬芳呈，爲怯懦將官避難懷奸，不行進兵，乞賜究治以戒將來事，等因，通送到司，案呈到部。

看得宣、大、山西三鎮地方，邊境蜒長，醜虜蟻聚，防秋事體較之别鎮尤當嚴慎。所據總督尚書江東具題前因，兵馬分布雖與往年相同，將領責成則與往年迥異。在一鎮則正兵之防守、奇兵之援截、主帥之調度既已綱舉目張，在三鎮則本鎮之屯駐、鄰境之應援、薊鎮之調遣又復條分縷析。哨探一事專委三鎮總兵，尤得領要。係干邊計，相應通行議擬。合候命下，備行江東，嚴行鎮巡等官馬芳、姜應熊、董一奎、李秋、張邦彦、萬恭，查照所擬，一面遵行，一面回奏。副總兵張世俊而下，各將遵行過緣由呈部查考。及照軍法以極嚴爲主，軍令以必行爲尚。仰惟聖恩優渥，真同雨露，諸將但有微功，悉從優賞。至于退縮逗遛之罪，或勘議遲延於前，或末減脱免於後，遂使懷奸之徒相率觀望，若止令其解任，反中推避之奸。即如宣府總兵官馬芳所呈副總兵崔應奇、遊擊盧國讓是其尤也。尚書江東今欲嚴飭當事諸臣同心叶力，意非不美，未免仍成文具，必須懲一戒百，風示諸邊以昭鼓倡。伏望皇上敕下江東，先將崔應奇、盧國讓拏至軍門，各以軍法從重懲治，仍取重辟招由，姑令住俸，戴罪防秋，有功准贖，無功一併究問。本部仍通行南北總督，一體振飭，不得專事姑息，庶幾兵威可揚，人心知警，區區倭、虜，自當有殄滅之期矣。

嘉靖四十四年七月十三日題，奉聖旨："是。崔應奇、盧國讓既懷奸避難，著江東以軍法從重懲治，仍取重辟招由，候防秋畢日奏請。"欽此。

覆宣大總督尚書江東等嚴究失機將官疏

題：爲虜賊非時入犯，將領不能攻戰，乞賜究治，以嚴邊防事，職方清吏司案呈，奉本部送，兵科抄出，總督宣大山西等處地方軍務兼理糧餉、太子太保、兵部尚書兼都察院左副都御史江東題，奉聖旨："兵部看了來説。"欽此。又該巡按直隸監察御史胡維新揭帖，到部，通送到司。

卷查近據鎮守宣府總兵官馬芳呈，該本部議，將副總兵崔應奇、遊擊盧國讓先行挐至軍門，各以軍法從重懲治，仍取重辟招由，姑令住俸，戴罪防秋，有功准贖，無功一併究問。奉有明旨，通行欽遵外。今該前因，查呈到部。

看得總督宣大山西軍務尚書江東題參宣府副總兵崔應奇、遊擊盧國讓，大同遊擊張鑑、劉淳，徒擁虎旅，未奮鷙擊。總兵官馬芳、姜應熊，行令悉心協力，整飭武備。遊擊補於漢免究。及該巡按御史胡維新揭稱相同，又稱江東與宣府巡撫都御史李秋、大同巡撫張邦彦失事難諉，罪責當加各一節。臣等反覆其事，數千虜騎勢非虎視，本有可戰之機；兩鎮邊兵迹異烏合，全無敢戰之意。不止裨將逗遛退縮，其在主將，或偶因河漲藉口遏虜之南，或適遇修工駕言逐虜之北，盡屬虚文，何關實用？國典所在，均當重懲。秋防在即，似應酌議，除崔應奇、盧國讓奉旨處分外，合候命下，將張鑑、劉淳聽江東挐至軍門，各以軍法分别懲治，仍取重辟招由，令其戴罪防秋，有功准贖，無功一體究治。馬芳、姜應熊重加降罰，李秋、張邦彦重加罰治。江東督兵親至楊家堡，比之坐視不理者有間，似應與補於漢姑免究治。但恩威出自朝廷。

嘉靖四十四年七月二十一日題，奉聖旨："是。張鑑、劉淳照崔應奇等例行。今次沿邊城堡既無損失，江東著策勵供職。馬芳、姜應熊、李秋、張邦彦各著戴罪防秋，候事畢你部裏分別奏請。補於漢免究。"欽此。

請究薊鎮箭桿嶺屬夷殺掠人口疏

題：爲邊方誤事雖小，關係爲重，乞賜查究，以肅秋防事，職方清吏司案呈，奉本部送，准總督薊遼保定等處軍務兼理糧餉、兵部右侍郎兼都察院右僉都御史劉燾，整飭薊州等處邊備兼巡撫順天等府地方、都察院右僉都御史温景葵，巡按直隸監察御史孫丕揚，巡按直隸監察御史梅惟和揭帖，俱爲屬夷乘夜殺掠人口事，等因，到部，通送到司。爲照前項虜賊戕擄之數雖止數人，適當防秋之時，顯是各官全不戒備，呈乞重加究治以肅邊防，仍乞將修守事宜嚴行督撫等官，作速整頓以保萬全，案呈到部。

看得薊鎮各區，比年以來經營修繕頗稱周密，乃今二三零虜偶乘昏夜，于箭桿嶺極險之處扒越而入，若使各該官軍防守謹嚴，何至有此疏失？況係巡撫都御史温景葵所分信地，誤事之罪比之總督、總兵尤爲不同。即今八月，正值大虜垂涎之際，既經該司具呈前來，委當從重究處。除百户常維禎先已自盡難以別議，修守事宜嚴行督撫衙門亟爲查處外，合候命下，將參將王治道、遊擊柴芝，聽總督劉燾提至軍門，重加戒飭，住支俸糧，戴罪防秋。王統拿至軍門，先以軍法懲治，仍各取誤事招由。百户俞景龍，勒限緝拏，一體處置。通候防秋畢日分別功罪，具奏定奪。巡撫温景葵量加罰治，副使沈應乾重加罰治，總督劉燾、總兵胡鎮姑免罰治。各要仰體聖皇宵旰之懷，申飭十路將領。不止晝防，其夜防尤爲喫緊；不止平坦之處當防，其險阨之處尤恐疏漏。伐虜之謀，折虜之氣，方爲上策。一面差人前去虜營，查究作反者是何部落，令其獻出，以正法典。如敢抗違隱蔽，定行發兵剿殺。或革其入貢，或絶其討賞，不宜再示姑息以傷國體。

嘉靖四十四年八月初二日題，奉聖旨："是。王治道、柴芝、王統依擬行。俞景龍著勒限緝拿，務在得獲。劉燾、胡鎮姑免究。温景葵罰俸二個月，沈應乾三個月。都著戴罪防秋，候事畢之日你部裏分别奏請。"欽此。

覆提督兩廣侍郎吴桂芳等請速〔七〕行土官賞罰疏

題：爲懇乞天恩摘行土官賞罰，以便地方緊急調遣事，職方清吏司案呈，奉本部送，兵科抄出，提督兩廣軍務兼理巡撫、兵部右侍郎兼都察院右僉都御史吴桂芳題，奉聖旨："兵部看了來説。"欽此。欽遵，抄出送司。

卷查先該本官題，爲倭寇蕩滅，地方平寧，飛報捷音，查覈功罪，以彰勸懲以勵人心事。内稱田州土官知州岑大禄、向武州土官知州黄仲金、官孫黄瑾領奉議州兵，向武州土官男黄九疇、上林縣土官男黄廷綸、下雷峒峒長許國仁、暫給冠帶男許宗廕久安封土，策勵從征，功爲可録，相應從厚獎賞。内岑大禄兵無虚數，功亦獨多，相應諭令再立戰功，特請加給服色。下雷峒峒長許國仁、男許宗廕，父子董師，誓死不辭，據告欲改屬南寧府流官衙門統轄，加辦糧馬，免屬鎮安府土轄，以便出兵聽調，相應准理，以責後效。已經咨行都察院，轉行彼處巡按御史勘議，未報，今該前因，案呈到部。

看得提督兩廣軍務兵部右侍郎吴桂芳題稱，田州土官知州岑大禄、向武州土官知州黄仲金、官孫黄瑾領奉議州兵，向武州土官男黄九疇、上林縣土官男黄廷綸、下雷峒峒長許國仁、暫給冠帶男許宗廕奉調有功，應從分别賞叙。東蘭州土官知州韋應龍、歸順州土官男岑嘉、那地州署土官知州羅忠輔奉調不至，應從准贖戒革。仍乞著爲定例，以後經調土官目兵别爲一疏各一節。爲照漢官、土官均係朝廷臣子，承調宣力乃其職分之常。但漢官例有升廕，必須覈實，以昭賞當其功之義；土官止於獎賞，委當速處，以見賞不逾時之恩。所據田州土官知州岑大禄等功罪，既該提督侍郎吴桂芳甄别前來，相應通行依擬。合候命下，將岑大禄重加賞賚，黄仲金、黄瑾、黄九疇、黄廷綸、許國仁、許宗廕同加賞賚。内岑大禄候再有戰功另加服色，以示優異。韋應龍、岑嘉、羅忠輔准贖前罪，仍移咨吴桂芳，提取到官，各行戒處。一面作一簡明文移，備行各該土官，務要仰戴朝廷威德，凡遇征調，遵照原取數目、原定限期揀選精壯土兵，督率前來，以備征剿。如敢故違，不行趨赴，或將不堪之兵充數塞責，輕則聽吴桂芳等拏至軍門以軍法處治，重則照依征調違期律例參奏擬罪。以後土官有功，提督官另本具題，以憑即行議覆。但恩威出自朝廷。

嘉靖四十四年八月初四日題，奉聖旨：“是。岑大禄賞銀二十兩、紵絲二表裏，候再有戰功奏請加恩。黄仲金等各十五兩、一表裏。韋應龍等，著吴桂芳行提戒處具奏。”欽此。

覆宣大巡按御史胡維新傳報虜情通行隄備疏

題：爲零賊不時侵犯，大虜復壓邊境，懇乞聖明嚴諭邊臣運謀逐剿事，職方清吏司案呈，奉本部送，兵科抄出，巡按直隸監察御史胡維新題，奉聖旨："兵部知道。"欽此。欽遵，抄出送司。

卷查先該總督尚書江東等揭報，前事，已經通行隄備去後。今該前因，案呈到部。

看得前項虜警，在宣府者止於揉田，在大同者已見攻墩。秋高月朗，雖其入犯之時；決策審圖，當爲外逐之計。除宣府揉田者昨已出境，無容別議外，所據大同之警，恐不止垂涎應州一川，轉而之東可以侵軼洪、蔚諸城，轉而之西可以突犯山西一鎮，轉而之南可以窺伺紫荆諸關，相應通行嚴備。合候命下，本部馬上差人齎文交與總督尚書江東，督同大同鎮巡官再查，此虜如果止在沿邊攻墩，分遣精兵晝夜撓之，令其早爲出邊。如犯應州、山西、宣府，督同該鎮鎮巡官相機戰守。務要計出萬全，戰成三捷，不許仍襲舊套，迎虜而入，送虜而出，重貽邊患。本部一面備行保定巡撫張師載、總兵官尹秉衡，即將紫荆、倒馬、馬水、浮圖峪、白石口等處逐一分兵擺守以示犄角之勢，多差的當人役出關遠哨以明耳目，仍不時報部，以憑轉行總督劉燾酌量策應。

嘉靖四十四年八月十六日題，奉聖旨："是。"欽此。

覆巡撫山西侍郎萬恭請遲擺邊兵馬節餉疏

題：爲分布防秋兵馬事，職方清吏司案呈，奉本部送，兵科抄出，提督雁門等關兼巡撫山西地方、兵部左侍郎兼都察院右僉都御史萬恭題，奉聖旨："兵部知道。"欽此。抄出送司，案呈到部。

看得巡撫山西左侍郎萬恭具題前因，大率謂該鎮防秋兵馬俱已分布停當。稱本鎮往年擺邊始於六月，撤〔八〕邊終於九月，今秋虜情尚早，不敢空費，約於八月初一日赴邊，可省行糧八萬餘兩，以備十月緊急及作來秋客兵支用，仍乞永爲定例一節。爲照各鎮防秋事體，料敵爲上，節餉次之。今歲侍郎萬恭乃能參酌虜情，將擺邊兵馬易於八月初旬，在官軍既省久戍之勞，在糧料足備方來之用，一時壯猷，極可嘉尚。但兵貴相機，似難遂爲定例。係干邊務，相應通行酌議。合候命下，移咨萬恭，將所省擺邊兵馬六月、七月錢糧八萬餘兩准作今歲冬月之用，如果哨無警報，留作來歲秋冬之用，悉如所擬施行。以後擺邊不必拘泥月分，但以虜情急緩爲序。如虜報孔棘，雖早一月、二月上邊，虜情實緩，雖遲一月、二月下邊，俱無不可，惟在動中機宜，務保萬全。

嘉靖四十四年八月二十日題，奉聖旨："是。"欽此。

覆薊遼總督侍郎劉燾酌議行邊疏

題：爲懇乞聖明立催文武重臣各行邊塞，以嚴秋防事，職方清吏司案呈，奉本部送，兵科抄出，總督薊遼保定等處軍務兼理糧餉、兵部右侍郎兼都察院右僉都御史劉燾題，奉聖旨：“兵部看了來説。”欽此。抄出送司，案呈到部。

看得薊鎮地方，每年防秋防春，總督、鎮巡同駐密雲，居中調度，乃嘉靖二十九年以後總督何棟之舊議；總督、鎮巡分駐各路，晝地修守，乃嘉靖四十二年以後總督劉燾之新議。果無大警，如劉燾之議，各有專責，修守有功者賞之，防守無狀者罪之，近日燕河之失，罰治止於巡撫而不及督鎮者是也。果有大警，如何棟之議，廣集衆思，提其綱者升之，理其目者賞之，先年古北之捷升廕先及總督、鎮巡而後及副、參、遊者是也。二者交相爲用，原非相悖。先該巡按御史孫丕揚題催文武重臣赴邊巡歷，乃就劉燾新議而推廣之。但密雲雖稱鎮城，原係極邊，以故臣等覆議，不云高坐鎮城，止云高坐内地，蓋以通州、薊州、永平等處則爲内地，以見密雲非内地耳，事體分析已屬甚明。既該總督侍郎劉燾復題前來，相應亟行議擬。合候命下，備行劉燾并巡撫都御史温景葵，總兵官胡鎮、劉漢，以後春秋兩防仍照劉燾新議，分路修守。劉燾不時巡行古北三路，以振軍威，巡後仍回密雲。如遇大舉，總督、鎮巡會集一處，同心戮力，以靖地方。不許膠柱鼓瑟，重誤邊計。其下邊之期，雖定以四月、九月，若使有警，春直至五月，秋直至十月，自難惜費，全在總督臨時酌量，臣等不相遥制。

嘉靖四十四年八月二十三日題，奉聖旨：“是。”欽此。

校勘記

〔一〕□，底本漶漫不清，據十二卷本當作“一”。

〔二〕□，底本漶漫不清，據文意疑當作“萬”。

〔三〕□，底本漶漫不清，據（明）陳子龍《明經世文編》卷之二百七十六楊博《覆巡撫山西侍郎萬恭條陳三關事宜疏》當作“誠”，十二卷本亦作“誠”。

〔四〕“棚”，同上書作“朋”，是。

〔五〕“人”，同上書作“心”，是。

〔六〕□，底本漶漫不清，據十二卷本當作“係”。

〔七〕底本卷首原目録“請”下無“速”字，十二卷本“請”下有“速”字。

〔八〕“撤”，據明陳子龍等《明經世文編》卷之二百七十七楊博《覆巡撫山西侍郎萬恭請遲擺邊兵馬節餉疏》當作“撤”。

楊襄毅公本兵疏議卷十七

覆巡視皇城科道官趙格等申嚴門禁需索疏

少保兼太子太保、兵部尚書臣楊博等謹題：爲門禁事，車駕清吏司案呈，奉本部送，兵科抄出，吏科等衙門右給事中等官趙格等題，奉聖旨："兵部看了來説。"欽此。欽遵，抄出送司。

卷查洪武二十七年十二月内奉太宗[一]高皇帝聖旨："榜例一，凡當直之時守門，本日外人於内辦事，事畢仍於本門還。若自本門入，不自本門出，不問是何等人，却被别門擒拿，將所入之門守直官軍俱各處以重刑。"又查得成化七年十二月内該英國公等官張懋等題稱，皇城門禁至爲緊要，近來守衛官軍多有雇人應點，隨即散出。行術并買賣諸色人等出入内府，奸宄莫辯。今後守衛官軍務遵祖宗榜例，嚴加搜檢，但有無名之人及假帶牌面者，就便拿送法司究治。又查得弘治元年七月内該刑科給事中韓祐題稱，入朝官吏、監生，除服飭可驗，無牌面者不許一人冒入。又查得嘉靖九年八月内該羽林前衛指揮僉事喬松奏稱，近年以來守衛官員因聽守門内官節制，任其各項差索，致令守衛不專，門禁欠嚴，刁頑奸潑之徒乘機混入禁地。守門内官惟知需索賄賂，故縱出入，所以掣肘難行，大壞守衛舊規，剥削軍士，逼逃大半，等因。又查得嘉靖二十三年八月内該禮科給事中查秉彝題稱，皇城四門設立厨房，守衛軍士做造飯食，内官科索大小網巾錢、聽事火頭錢。或留占役，或奪銅牌不與，或將紅鋪占住，逐軍在外，索看鋪錢。少不如意，待交班之時即將官軍逐打，不容接班，反行虚詞參害。乞要嚴加禁約，等因。俱經題奉欽依，通行欽遵外。今該前因，查呈到部。

看得吏科等衙門右給事中等官趙格等題稱，西安門失盗千年吊一副，欲要將守衛指揮、千百户等官王江、王忠、趙珊等法司提問，仍要本部將禁約逐一申明，嚴加關防，各衙門置造木牌，辯驗放入，一應貨賣、藝卜之人不許擅入禁地。及行司禮監，將各門内臣科害官軍等弊通行禁革，内臣孔英、劉憲、齊進罰治以警其餘各一節。爲照尊隆之地莫先於皇城，守衛之司莫切於門禁。官軍厚其優恤，使之得所，方可責其效勞；朝市辦其等威，使之有章，方能嚴其防範。恭誦聖祖初年之榜例，仰讀皇上節年之明旨，凛如斧鉞，昭如日星。乃今沿習既久，玩愒易生，在内府禁地則往來如雲，不止官吏、匠校，甚至商販、藝術之人，無所不到。在守門内官則掊剋成風，不止月糧、月米，甚至網巾、煤炭等錢，無所不取。遂致法紀廢弛，奸宄恣肆。既經巡視科道等官趙格等參題前來，委當嚴加申飭。合候命下，本部備行司禮監，將西安門内商販、藝術之人作速逐出。如敢不行遵奉，巡視科道等官一面拿究治罪，一面查審貨物原是何門而入，就將經該内臣一體參奏。仍通行各門内臣，以後網巾、茶果、煤炭、直米等項盡行禁革，一錢不許科索，一官不許凌虐，違者許被害之人赴巡視科道等官告理。孔英、劉憲、齊進，聽司禮監奏請發落，以示懲戒。門禁每日啓閉以時，不必置造木牌，止要嚴加關防。其守門官軍亦不許怠玩誤事，巡視科道并本部委官糾視鬧點，比常務要加緊，果有違犯，查照律例從重處置。其五府、巡城，侯伯、都督等官，止許督視，不必點閘，十羊九牧，反成紛擾。本部備出榜文禁約，於皇城各門張掛曉諭。王江、王忠、趙珊等，咨送法司徑自問罪。及照科道等官又稱，每門三十餘員，索銀三十餘兩，顯是各門内臣添設太多，仍乞敕下司禮監，備查原額若干，新添若干，即今應該作何議處，徑自具奏定奪。

嘉靖四十四年八月二十七日題，奉聖旨："是。"欽此。

會議真定府擒獲妖逆馬相等罪名論功行賞疏

題：爲擒獲大夥妖逆事，該兵部題，職方清吏司案呈，奉本部送，兵科抄出，巡撫保定等府兼提督紫荆等關、都察院右僉都御史張師載，巡按直隸監察御史董學、孫丕揚題，俱奉聖旨："兵部知道。"欽此。欽遵，通抄送司，案呈到部。

看得前項逆犯蹤迹昭彰，罪惡深重。以情處分脅從，隸於本部；以法處决渠魁，隸於法司。必須會議僉同，事體方得歸一。合候命下，容臣等會同刑部，逐一議擬停當，具奏定奪，等因。奉聖旨："是。"欽此。查得《大明律》内一款："凡謀反及大逆，但共謀者不分首從皆凌遲處死。祖父、父、子、孫、兄弟，及同居之人，不分異姓，及伯叔父、兄弟之子，不限籍之同異，年十六以上，不論篤疾、廢疾，皆斬。其十五以下，及母女、妻妾、姊妹，若子之妻妾，給付功臣之家爲奴。財産入官。若女許嫁已定歸其夫，子、侄、孫過房與人，及聘妻未成者，俱不追坐。知情故縱隱藏者斬。"又一款："凡造讖諱、妖書、妖言及傳用惑衆者皆斬。若私有妖書，隱藏不送官者杖一百，徒三年。"今該前因。

臣等會同刑部尚書臣黄光昇等看得，前項逆犯本以無知，敢行不道。殺人祭旗，妄逞小人之計；索財犒士，僭稱大寶之年。立馬相爲天王，呼孫氏爲聖母。拒敵官兵，全無忌憚；列營原野，大肆猖狂。據其惡迹，與劉六、劉七相同；考之刑章，非妖書、妖言可盡。仰賴聖皇在上，雷驚電掃，一鼓擒之，遠近得免荼毒之厄，朝野俱切昇平之慶。一時地方官員，如巡撫都御史張師載，巡按御史董學、孫丕揚，副使孫一正，調度防範，有發縱指示之勞。巡捕典史陳萬卷，數戰數克，抱陷陣衝鋒之略。地方張平，罵賊就死，成慷慨殺身之節：均可嘉尚。除巡按例不論功，不敢概議外，係干重大刑賞，相應亟行議擬。合候命下，將張師載優加賞賚，孫一正量加賞賚。陳萬卷重加賞賚，移咨吏部，超升府佐之職，以示優異。張平贈作正千户，巡撫衙門處給棺殮銀三十兩，仍廕一子爲附近衛所冠帶總旗。其餘有功中軍官曹世德等并失事有罪人員，轉行各該巡按御史，作速查明具奏。本部一面通行北直隸、順天、山東、河南四處巡撫官，各出簡易榜文明白曉諭，奏内有名者，或係仇攀，許本人自行出首，即與辯理；或係詭捏，聽官司從實申呈，即行除豁。奏内無名者，傳誦妖書若能自行焚毁，悉置不問，官司亦不許因而羅織，驚擾愚民。其見在馬相等七十三名口、監故王相等十名，罪在不赦，撫按官文書到日會同凌遲，已死者銼屍示衆，以盡本法。律該連坐者，必須的親，與律相合，方許具招奏請。若是無籍，或單丁，或獨户，不得旁及平人。其李學詩、孫氏二人罪大極惡，務要多方拿獲，以正典刑。

嘉靖四十四年八月二十八日題，奉聖旨："是。張師載賞銀三十兩、紵絲二表裏，孫一正二十兩、一表裏，陳萬卷十五兩。馬相等著撫按官便會同决了。李學詩、孫氏上緊緝拿具奏。"欽此。

覆都給事中邢守庭等請寬損軍律覈失陷罪疏

題：爲胡虜屢窺宣大，出入無時，懇乞聖明切責邊臣抵力備禦，并究失事人員事，職方清吏司案呈，奉本部送，兵科抄出，兵科都給事中邢守庭等題，奉聖旨："兵部看了來説。"欽此。欽遵，抄出送司，案呈到部。

看得兵科都給事中邢守庭等具題前因，乃因宣大虜賊出没不時，欲圖善後之計，大率有二：其一則極言諸將怯懦不戰，欲要不以暫去爲可幸，當以復來爲可虞，至欲遵照近例，不罪損傷，尤得鼓倡忠勇之機；其二則欲備查兩鎮虜經地方損失多寡、違誤重輕，至欲墩堡攻劫，一體查究，深中邊臣欺肆之弊。蓋將官藉口不戰，全在損軍之律；邊臣指言揉田，以掩攻毁之失。臣等先已洞燭其弊，屢行申飭，該科反覆言之，更爲明切，相應通行議擬。合候命下，移咨總督尚書江東，嚴督宣府鎮巡官馬芳、李秋，大同鎮巡官姜應熊、張邦彦等，即今正當秋深之時，務要多方籌畫。虜未至則擐甲枕戈，必思食其肉，寢其皮；虜既至則出奇制勝，使之進無據，退無歸。果能斬馘搴旗，多有俘獲，超格升賞、廕恤，俱難吝惜，即使損傷軍馬，亦免追論。一面移咨都察院，轉行彼處巡按御史，立限查勘，要見入秋以來宣大虜入幾次，何處敦〔二〕堡攻毁，何處墩堡保全，何處搶虜人畜爲多，何處搶虜人畜爲少，何處止是揉田，原未攻毁墩堡，何人情在可原，何人違誤爲甚，逐一分别具奏，以憑覆議，上請定奪。

嘉靖四十四年九月初三日題，奉聖旨："是。"欽此。

覆北畿印馬御史顧廷對條議寄養馬政疏

題：爲申紀法，飭人心，急釐極敝馬政，以裨大計事，車駕清吏司案呈，奉本部送，兵科抄出，巡按直隸等處監察御史顧廷對題，奉聖旨："兵部知道。"欽此。欽遵，抄出送司，案呈到部。

看得巡按直隸監察御史顧廷對敷陳五事，大率皆爲寄養而發，救偏補弊，均於馬政有益，合就開立前件，議擬上請定奪。

嘉靖四十四年九月十二日題，奉聖旨："是。閻應武罰俸二個月，邢元徹一個月，劉文彬著送部降用。"欽此。

一、時巡歷以稽成效。大率謂印馬御史該管地方闊遠，三年始巡一週，曠日持久，人心玩怠，欲要三年之内巡歷兩徧，具見恪修職業以求實效之意。合無依其所擬，行令本官不拘種馬、寄養，三年之内務要巡歷二次。案候新差御史命下之日，本部移文内府、翰林院，增入敕内，一體欽遵，以爲定例。

一、嚴罰治以策怠玩。大率謂寄養馬匹地方有司玩愒，以致瘦損數多，欲要分等究治，無非肅法紀以懲時廢之意。合無依其所擬，將密雲縣知縣邢元徹量加罰治，順義縣知縣閻應武重加罰治，三河縣知縣劉文彬起送吏部，降級别用。其餘未經巡莅州縣，但有怠玩如劉文彬者，聽其不時參奏。以後巡歷所至，先查比膘息之肥瘦，然後查比倒失之多寡，務要提綱挈領，以修實政。

一、復專官以備職守。大率謂寄養馬匹地方裁革管馬佐貳官，專責掌印正官，不惟事廢於兼攝之難周，亦且弊滋於轉委之未當，欲要照舊除選專官，但有貪污，即行拿問。查得州縣管馬官員，先該印馬御史吴守具奏，本部覆奉欽依，通行裁革，責成掌印官員。蓋一方之事全在知州、知縣，若果得人，則無利不興，無弊不革；不得其人，即使六事各設一官，祇見繁擾。御史顧廷對前款所列，欲要謫罰正官，意已有見於此。合無仍照本部原議，責成知州、知縣，克修馬政者指名薦奏，不行修職或大肆貪婪應拿問者即便拿問，應參黜者指名參黜。

一、慎俵納以清弊源。大率謂解納馬匹積弊多端，在民則聽其侵剋、包攬，在官則失於濫收、抵易，以致收俵之馬發之寄養多不中用。欲要太僕寺驗收合式大馬，矮小不堪者即行追究，仍將馬匹補换，一切侵攬、抵易等弊通行嚴禁。查得本部題准事例，各處本色馬匹俱要揀選身高四尺，兒馬五歲、騸馬八歲以下，方許起俵。乃今本官極陳弊源，欲行釐正，一時太僕又皆新任，勵精之初。合無依所[三]所擬，行令該寺以後驗收馬匹，務要遵照節題事理，揀選身高四尺、年齒相應，方准收納。但有矮小不堪，即追究原解人役。在京、在外果有積棍、馬販包攬、侵剋等弊，嚴行緝拿，參送法司，從重問罪，仍將馬匹退回補换，不得徇私聽囑。本官職司風紀，亦要將侵剋、包攬之弊嚴加訪禁。各該衙門但有仍蹈前弊者，聽本部與本官徑自參奏。

一、清户籍以杜虚耗。大率謂寄養人户編審無法，派養不均，以致馬多耗損，要將各該馬户立法審編，分定户則，酌量派養，不使偏累，無非體恤民隱以示均平之意。查得寄養州縣，先該御史吴守題，地土、人户減少，領養馬匹數多，貧民受累，馬匹消耗，議將寄養馬匹減派二萬，養馬地土照數審編，不許多派。覆奉欽依，通行印馬御史，會同撫按衙門審編去後，爲月未久，弊復種種，此皆承委官員苟且完事之故。合無斟酌所擬，仍令本官會同各該撫按衙門，選委廉幹掌印官，照依所議從實審編，通限兩月以裏造册完報。如敢不行悉心，仍前虚玩，本官即便指名參究。

覆宣大巡按御史胡維新報虜情請薊鎮嚴備疏

題：爲大舉聲息事，職方清吏司案呈，奉本部送，兵科抄出，巡按直隸監察御史胡維新題，奉聖旨："兵部知道。"欽此。抄出送司。

查得先該總督宣大山西軍務尚書江東揭稱虜情，該本部看得，西虜俺答自八月以來聚兵大同邊外，節經本部不次移文，多方隄備，乃今果露形于玉林城之西，復列營于威遠邊之内，非近犯大同朔、應，即遠犯山西寧、雁，萬一山西攻墻不克，移營而東，則平刑、倒馬、浮圖、插箭一帶均爲可慮。即目秋氣正深，月明弓勁，正屬彼虜馳騁之時，不得不爲深長之慮。除咨行總督江東，巡撫張邦彦、李秋、萬恭、張師載，會同總兵官姜應熊、馬芳、董一奎、尹秉衡，一體戒嚴，共保萬全外。奉聖旨："是。著各該總督、鎮巡等官嚴行隄備，不許怠誤。"欽此。已經通行欽遵外。今該前因，案呈到部。

看得巡按直隸監察御史胡維新所題大同前項虜情，查與總督尚書江東所報大略相同。虜若止在大邊，則當揚兵耀武以伐其南下之謀；虜若突入二邊，則當振旅堅壁以速其北歸之念。已經題奉明旨，無容別議，除再行申飭外。臣等竊見，薊州一鎮腹心重地，比之宣大不同，即今虜蹤雖在大同，誠恐聲西擊東。先該臣等節行總督侍郎劉燾分駐古北等三路，總兵官胡鎮分駐太平等二路，巡撫都御史温景葵分駐燕河等二路，總兵官劉漢分駐黄花等三路，在日前雖已嚴未然之防，在日下尤當爲臨事之懼。合無容臣等仍行劉燾等，慎而益慎，嚴而益嚴，即使目不交睫，身不解甲，喫緊時月止有九月半月、十月一月。功成萬全，則國恩自在；事或一失，則國典攸存。大抵宣、大、山西三鎮無墻可守，虜難保其不來，必使隻輪匹馬不能入邊，方爲上策。

嘉靖四十四年九月十六日題，奉聖旨："是。邊備寧過於勞于先，勝似成功于後。著劉燾等嚴督鎮巡、兵備等官，協心預防，務保萬全。"欽此。

覆巡撫延綏都御史胡志夔傳報大虜隄備疏

題：爲大舉達賊入境事，職方清吏司案呈，奉本部送，准巡撫延綏等處地方、都察院右僉都御史胡志夔揭帖，前事，揭報到部送司，案呈到部。

看得河東、河西俱係西虜，往歲無春無秋合營窺伺薊鎮。今歲入秋以來分爲二股，一股突犯山西，一股突犯延綏。即今山西之虜已經打退，未得入邊。延綏之虜方自龍州無墻去處進入，節經本部移文總督都御史郭乾、巡撫都御史胡志夔，申飭將領，倍加戒嚴；傳示州縣，預行收斂。又經行令總兵官趙岢統領官軍，前往鎮静一帶防禦，正與虜入之處相值。况郭乾見駐花馬池，隔離龍州殊爲不遠，軍門調度尤爲便利。除馬上差人行郭乾等，叶力剿逐，不許怠緩，文書到日，如果虜已出邊，具由奏知外。

嘉靖四十四年九月二十二日題，奉聖旨：“是。”欽此。

會議雲南巡按御史王諍參黔國公沐朝弼疏

題：爲群奸撥置，功臣上違敕諭，下虐良民，積怨漸深，叛亂屢作，懇乞聖裁，以預圖久安事，該兵部題，職方清吏司案呈，奉本部送，兵科抄出，巡按雲南監察御史王諍題，奉聖旨：“兵部看了來説。”欽此。欽遵，抄出送司，案呈到部。

看得御史王諍所參鎮守雲南總兵官、黔國公沐朝弼違法多端，臣等逐節看詳，中間處分占據莊田，其事隸於户部，究問撥置群奸，其事隸於都察院，必須會議僉同，事體方得歸一。合候命下，容臣等會同户部、都察院，逐一議擬停妥具奏。題奉聖旨："是。"欽此。卷查先該鎮守雲南總兵官、征南將軍、黔國公沐朝弼奏，爲懇乞天恩俯憐萬里邊臣，准復祖父舊規，以重地方以全體面事，奉聖旨："總兵府係軍機衙門，陳氏著照王氏等例，撫按差官護送，同伊子喪柩回南京安葬、住守，養贍田產仍舊給與。該部知道。"欽此。已經兵部移咨都察院，轉行雲南巡按御史，會同巡撫衙門，將陳氏照王氏等事例，作速差官護送，同伊子融、鞏二柩回還南京安葬、住守，其合用養贍田產照例施行，徑自回奏。又查得先該巡按雲南監察御史孫用題，爲懇乞宸斷功臣田產以全恩義以杜争端事，該户部覆議得，合行雲南撫按官，會集都、布、按三司及府縣掌印官再行勘議，或將陳氏田產遵奉敕書仍照原經勘斷數目給與管業，或以陳氏孀居南京住守，將南京附近蘇州、鳳陽等處莊田子粒内每年撥給銀米，如數供給，則宜繳還陳氏原奉敕書，務要剖析明白，計處停當，定爲歸一之論，毋持兩可之辭，徑自上請定奪。奉聖旨："是。著巡按官作速勘處，不許仍以兩可之詞瀆奏。"欽此。至今未見回奏。今該前因。

臣等會同太子少保、户部尚書臣高耀等，都察院左都御史臣張永明等看得，御史王諍具題，極口論列黔國公沐朝弼可駭十事，及參稱本爵世受國恩，罔修職業，聽群小之撥置，致百事之乖張。違上之命以行其私，臣節何在？奪兄之產而囚其嫂，天理難容。民怨深入於骨髓，而播惡罔休；莊田徧遶於全滇，而好奪不已。每言鐵券可憑，雖殺人其何罪；豈知衆怒難犯，將啓釁於無窮。欲要從長查訪，覆議施行一節。爲照黔國公擁旄建節，世守滇南，以德惠撫民，民甚愛之；以威武鎮夷，夷甚畏之。二百年來内安外攘，在各鎮中裒然稱首。乃今總兵官沐朝弼大殞家聲，重干國憲。人心携二，恐成瓦解之虞；天紀乖違，不止墻鬩之變。即如御史所言，令其閑住，别選宗枝或侯伯賢者以領鎮事，亦不爲過。但惟後效可期，適丁方壯之年；先烈猶存，當盡議功之律。臣等再三斟量，相應亟爲議擬。合候命下，備行巡撫尚書吕光洵，會同巡按御史劉思問，文書到日，即將太夫人李氏、夫人陳氏選差的當員役護送南京，其或應給與原管莊産，或應給與養贍銀米，查照户部題奉聖旨，一面徑自歸一處分，一面具由回奏，不許仍爲兩可之辭。管莊人役盡行查革，不分欽賜、實買之田，籍付有司徵租類解。占奪、投獻者，查給原主。雲龍州錢糧作速退還，奏内横列栅欄責令拆毁，擅留内使責令遣逐，“西王”謬稱責令釐正。撥置有名人犯蔣旭、李洲、陳恩、范譽、潘冕、太增、蔣鑑、李和、汪時雨、陳大策十人，巡按御史逐一查問，應發遣者徑自發遣，應奏請者奏請定奪，其餘群小姑免究問。仍乞天語叮嚀，將沐朝弼重加戒飭，或量停禄米，候二年、三年改過自新，撫按官具奏議處。

嘉靖四十四年九月二十五日題，奉聖旨：“是。沐朝弼爲國重臣，所宜敬上惠下，以付恩遇，却乃不遵禮法，事多僭肆，聽憑撥置，虐害小民。本當重處，姑念世勛，罰住禄米二年。如不省改，撫按官指實參奏。”欽此。

覆福廣撫按官汪道昆等督兵會剿叛賊吴平疏

題：爲會剿海中大勢劇賊事，職方清吏司案呈，奉本部送，兵科抄出，提督軍務兼巡撫福建地方、都察院右僉都御史汪道昆題，奉聖旨："兵部如道。"欽此。又該巡按福建監察御史陳萬言題，爲再報大夥賊情，查參失事官員以昭法典事，奉聖旨："兵部看了來説。"欽此。又該提督兩廣軍務兼理巡撫、兵部右侍郎吴桂芳揭帖，爲遵奉明旨，督發大勢官兵出海會勦劇賊事，等因，到部，通送到司。

卷查先該福建撫按官汪道昆等揭帖，爲急報海洋賊情事。該本部覆議得，逆賊吴平等先以招撫誑我，陽順陰逆；後以奔突擾我，東出西没。大率皆因兩省各官自分彼此，不肯協心之故。合候命下，賫文交與兩廣侍郎吴桂芳，總兵官吴繼爵、俞大猷，福建巡撫汪道昆、總兵官戚繼光，務要嚴責水陸兵船各於通賊要路分布夾勦。如賊掠廣東沿海地方，則以廣兵擊其前，福兵躡其後；賊戀南澳，則以水兵撓之，陸兵截之；如賊仍在福建地方，則多備廣船前來策應。如三月之内不能擒勦吴平，聽廣東、福建巡按御史先將鎮巡、總督諸臣指名參究，等因。題奉聖旨："是。這海寇著各官嚴督將兵協心夾勦以靖地方，不許推調誤事。"欽此。已經通行欽遵外。今該前因，查呈到部。

看得閩廣撫按官汪道昆等題稱，山賊吴平等由廣而閩，招集海賊，敵殺官兵。在汪道昆則稱要催行廣東鎮巡，速督兵船會勦。在陳萬言則稱要將朱璣原任把總職銜先行削除，另推相應官員銓補；王毫協總，聽軍門徑自另委，仍候擒歸重究；傅應嘉、鄧銓姑令戴罪殺賊，無功另行提問；仍乞嚴催廣東鎮巡速發兵船，星馳策應夾勦。在吴桂芳則揭稱即今兵船畢發，計日抵潮各一節。爲照把總朱璣、王毫之被執已傷國體，都司傅應嘉、鄧銓之折兵更損軍威，事體已明，無容别議。但吴平一事彼此推延，罪未有歸，二省均有按臣，必須會同具奏，事體方定，人心方服，相應亟行勘處。合候命下，將朱璣把總職銜先行削除，員缺另行推補。王毫協總職務，軍門徑自另委，擒歸之日從重究罪。

傅應嘉、鄧銓戴罪殺賊，如再無功，巡按御史徑自提問。一面移咨兩廣侍郎吴桂芳，總兵官吴繼爵、俞大猷，速將辦有兵船一一督發，分投併進；福建巡撫汪道昆、總兵官戚繼光，速將辦有兵船再加整頓，剋期會進。各赴漳、潮通賊要路，照依元次分定信地併力夾攻，務期蕩平，不得自相掣肘，致誤事機。一面移咨都察院，轉行福建、廣東巡按御史，親自監督。如果兵船到有先後，軍數查有參差，二巡按即將誤事官員不分彼此司道、將領指名會本參論，以憑處治。賊平之日，通將前項有功有罪人員覈勘明實，分別具奏。

嘉靖四十四年九月二十五日題，奉聖旨："是。夾剿已有明旨，兩省官如敢推調遷延，著巡按御史從實参奏處治。"欽此。

覆巡視西關御史顔應賢申飭薊鎮守邊要務疏

題：爲秋防將竣，再乞申飭慎守事宜，以遏虜情，以圖萬全事，職方清吏司案呈，奉本部送，兵科抄出，巡按直隸監察御史顔應賢題，奉聖旨："兵部看了來説。"欽此。抄捧送司。

卷查先該總督薊遼侍郎劉燾題，該本部覆議，備行劉燾并巡撫温景葵，總兵胡鎮、劉漢，以後春秋兩防下邊之期雖定以四月、九日〔四〕，若使有警，春直至五月，秋直至十月，自難惜費，全在總督臨時酌量，臣等不相遥制。已經題奉欽依，欽遵去後。今該前因，查呈到部。

看得巡按直隸御史顔應賢具題前因，大略有三：其一謂薊、昌二鎮撤防爲難，欲要申飭當事臣工，酌量主、客官軍，先後掣放，計料虜情，深爲有見。合無備行總督劉燾，查照本部節行事理，差人遠爲哨探。如無虜訊，將應撤官兵先客後主，直至十月將終，以次撤放。如果彼時仍有警報，徑自酌處，本部不相遥制。其二謂鎮邊、居庸、黄花等路，糜子、水門、川草、石塘等峪，各處主兵上邊修守，例無行糧，甚爲可憫，欲要客兵撤後量給行糧。臣等竊惟，官軍修工，勞苦相同，難以拘於地方遠近。合無備行劉燾，以後但係修工官軍，不分主客、遠近，一體給與行糧賞犒，或量行減給，或别有窒礙，具由咨部，以憑會同户部另行議處。其三謂渤海慕田等峪、開連等口官軍駕言修工，乏人巡守，欲要鑒於墻子、燕河之失，責成將領、官軍畫地巡邏，蓋嘗目擊其弊，故有此論。合無備行劉燾，轉行鎮巡、兵備等官，行令各路將領，各將金鐃、木柝、更籌、爐炬之類處給完備，親行督率主、客軍士晝夜巡警。無事則用援兵輪緝，正兵修工；有警則用正兵分巡，援兵策應。總督、鎮巡等官仍照分定路分不時巡歷，以修實政。臣等再惟，即目十月，相去隆冬不滿四十餘日。近奉明旨："邊備寧過於勞于先，勝似成功于後。"欽此。欽遵。此誠薊、昌二鎮保安邊圉之長策，臣等愚昧，更復何言？惟當申飭劉燾等仰遵聖算，期保萬全，臣等無任臨事惓惓之至。

嘉靖四十四年十月初二日題。奉聖旨："是。著劉燾遵照前旨，督率鎮巡、兵備等官，遠哨慎防以固邊圉，不許怠誤。"欽此。

覆宣大巡按御史胡維新條列兩鎮積弊疏

題：爲集輿論，列邊情，以光昭無疆聖治事，職方清吏司案呈，奉本部送，兵科抄出，巡按直隸監察御史胡維新題，奉聖旨："該部看了來説。"欽此。欽遵，抄出送司，案呈到部。

看得巡按直隸監察御史胡維新條陳七事，俱與邊防有益，合就開立前件，議擬上請定奪。

嘉靖四十四年十月初七日題，奉聖旨："依擬行。"欽此。

一、改駐札以保要害。大率謂天城地方虜勢益猖，修守日廢，欲將朔州兵備道暫移天城，會同參將及時整飭，反復辯析，極爲明切。但總督軍門春秋兩防多在懷來，參將先已移駐天城，若再將兵備移去，遺下陽和，未免空虚，根本之地尤當深慮。合無斟酌所擬，將朔州兵備仍駐陽和，以後不時巡莅天城，以謹東防。年來殘破之極，趁今秋事告畢，即便先詣彼中，會同副總兵趙伯勛，查照所議，破格整頓。兵馬疲鈍作何訓練，墻塹傾圮作何修築，軍人逃竄作何招徠，居民疑畏作何安輯，錢糧未充作何儲備，火器未足作何處給，盔甲未贍作何辦造，應奏處者具呈督撫議奏，應給處者徑自施行。如果應該巡莅之時怠玩不出，聽巡按御史訪實參究。其總督、巡撫亦要往來巡歷，以示以身倡率之義。

一、處嫌疑以安地方。大率謂原任總督、今充代州衛軍楊順交結權奸，濁亂邊政，興販私貨，占種公田，濳用關節，欲要遠加謫遣，追奪功廕。但軍犯改調遠地，必須情罪相當方服其心，似難輕動。合無斟酌所擬，移咨都察院，轉行巡按宣大御史，將楊順行提到官，要見平民是否殘傷以裝功級，邊儲是否盗冒以充囊橐，來降是否殺害以快虜心，并奏内一切事情逐一審究明實，如果違法重大，具招奏請，以俟宸斷。

一、禁交結以杜厲階。大率謂大同大邊墩臺擺哨官軍通同接手送脚之輩，濳以紅布、鈔葉、針梳等物私行貿易，透漏關防，及指操守、守備等官事迹顯著，欲要督撫諸臣嚴加禁治。查得大同墩軍交通北虜自來有之，臣□[五]昔任總督之時嚴加禁戢，一時頗知畏憚。乃今不止墩軍通虜，守備、操守等官公然通虜；不止大同通虜，宣府近亦通虜矣。夷夏大防，奔潰無極，深可痛恨。合無依其所擬，備行宣大總督并二鎮巡撫，會同巡按御史，先將守備閃元勛、操守余可述嚴加查勘，依律重擬，以示懲戒。仍查照先今事理，嚴督各道，將沿邊該撥哨軍上班下班之時細加搜檢，本等衣裝、器械之外，不許夾帶别物，違者即以通虜之律治罪。干礙職官，從實奏請，置諸重典，以示懲戒。

一、定墩堡以固保障。大率謂宣大各處墩堡慮有損壞，管理人員慮有因循，欲要分理各路通判掌管修補，司道親行較驗，巡撫巡歷勸戒。查得巡撫出邊，一切軍務、民事均當整飭，不止墩堡一事。通判職務頗簡，使之綜理墩堡，委爲有益。合無依其所擬，備行都御史李秋、張邦彦，責令各該司道分行各路通判，公同州縣、衛所等官，各將所管地方修完墩堡、壕塹嚴督堡長及時修浚，務要堅固，選定民兵及時訓練，務要精强。該管官司不時巡歷，親行督責。巡撫除春秋兩防自難輕動，其餘季分亦要逐一巡歷，以修邊政，不許專坐鎮城，持禄養望。

一、飭督撫以振紀綱。大率謂沿邊督撫諸臣體統不振立，舉動不光明，法令不嚴肅，奏報不真切，乞要叮嚀，鼓舞振作，以懲夙弊，詞嚴意正，極爲痛切。查得總督權兼文武閫外重臣，巡撫政轄兵民臺端要職，朝廷之上既不輕以與人，當事諸臣自合忠以報國。但今新任總督方及振勵之初，見任巡撫又值淬勵之後，難以一概申飭。合無依其所擬，通行各邊督撫，如果體統未立，務加振作；舉動未公，務加表正；法令未嚴，務加整飭；奏報未真，務加綜覈。毋以小忿而亂大謀，毋執己見而干公議，毋事姑息而長驕悍。旌旗改觀，烽烟頓息，方副聖明委任責成至意。中間如或因仍舊習，不思振刷，悉聽各該巡按御史指名參奏。

一、免抽選以嚴守備。大率謂各邊堡有馬壯軍俱被督鎮抽作標兵，輪班買閑，寄名冒費，止遺老弱步軍，戰守不敷，欲要盡數歸還，整搠戰守，另行衛所挑選，并議清革幼軍，及論賊勢衆寡以定將領功罪。查得軍門標兵應援三鎮，總兵正兵彈壓一方，干係均屬重大，邊堡軍士如果殘缺，亦係總督、總兵之責，必須計處周匝，難以顧此失彼。合無移咨新任總督官，督同宣大二鎮撫鎮官從長經理，務使標兵、堡兵應戰應守兩無妨害，方爲上策。止〔六〕於清查存恤幼軍以省糧餉，分別賊勢多少以定功罪，允爲有見，亦容臣等備行管軍、問刑衙門一體遵守。

一、清場地以興馬政。大率謂宣府鎮原有牧馬草場地畝，軍士牧放馬匹，采取備冬草束。邇年牧采例廢，冬無積芻，至今折價，貧軍餧養不給，馬匹多致耗損。欲要責成巡撫，清查堪種者召種徵租，不堪者仍令牧采，積草備用，興廢舉墜，深於馬政有益。合無依其所擬，移咨巡撫都御史李秋，文書至日，限兩月以裏，將該鎮原額牧馬場地，備行該道選委能幹官員盡行查出，逐一丈量明白。原係開熟并堪以開墾者，通行召人承種，每畝定擬租數，貼助喂馬。不堪開墾者，仍令各軍隨便牧放，照例采曬草束，如法堆積，聽候委官收掌，以供冬春支用。

覆蘇松巡按御史温如璋勘明三沙倭功升賞疏

題：爲紀功事，職方清吏司案呈，奉本部送，兵科抄出，巡按直隸監察御史温如璋題，奉聖旨："該部知道。"欽此。抄出送司。

卷查先該提督軍務、巡撫浙江都御史劉畿題，爲哨報海洋賊舡事，總督漕運、巡撫鳳陽、户部右侍郎王廷題，爲飛報賊情事，巡按直隸御史尚德恒、朱炳如各題，同前事，該本部覆奉聖旨：“是。這倭寇著王廷等嚴督將兵作速剿捕，仍行浙、直、閩、廣鎮巡等官，相機戰守，協力夾攻。如或怠違誤事，重治不宥。”欽此。又該提督軍務、巡撫應天都御史周如斗，巡按直隸御史温如璋各題報前項倭情，該本部查與浙江江北撫按先題事理係干一事，俱經通行各該巡撫、總兵等官作速剿捕去後。續該周如斗、温如璋與同巡江御史尹校各題，爲倭寇突犯海沙，仰仗天威，官兵會剿全捷事，俱該本部覆議，題奉聖旨：“是。郭成賞銀二十兩，耿隨卿十五兩，田應山、朱冕各十兩。周如斗既夙有分布調度之勞，温如璋能代巡撫任事，各賞銀二十兩、紵絲二表裏。”欽此。欽遵去後。今該前因，通查案呈到部。

看得巡按直隸監察御史温如璋題稱，本年四月十六等日，倭寇突犯三沙等處地方，官兵剿獲功級，查勘明實，分别造册查録。及稱副總兵郭成身冒矢石，親獲功級，所當照功首録。參將田應山奮勇斬獲，與把總朱冕有功，相應併録。把總車梁，千百户與遥授等官徐正、吕崇舟等二十六員同應紀録。李峨、劉重光原係立功人員，各獲功級，通應升贖。把總曾勇、千户儲元縱賊觀望，都司邵應魁、百户高於山、指揮陳大綸失事，均當重究。内都司邵應魁親斬二顆，部下擒斬二十一名顆，又犁沉二舡，所當贖叙。巡撫都御史周如斗戰勝成功，兵備副使耿隨卿身冒風濤，同知劉一麟身親輸運，俱應升賞各一節。爲照前項功次，全是巡按御史温如璋調度之功，蓋巡撫周如斗偶以公務不在地方，若使巡按拘泥職守，不肯身任其事，呼吸之間，安危得失所繫不輕。今既勘明回奏前來，除周如斗先已欽賞，難以再議外，所據温如璋并獲功、失事文武人員干涉激勸，相應通行議擬。合候命下，將温如璋移咨吏部，併叙年資，候有相應京缺推用。耿隨卿量加升級，劉一麟重加賞賚。郭成、田應山、朱冕、車梁、徐正、吕崇舟等二十六員名，通候覈册到日，查照功次另行議升。内郭成等親斬首級，既稱昭昭在人耳目，准於實職上録叙，難拘領兵官不許報功之例。李峨、劉重光、邵應魁先准贖罪，餘功仍照册開再議。曾勇、儲元、高於山、陳大綸，移咨都察院，轉行彼處巡按御史，行提到官，分別重輕，問擬具奏。

嘉靖四十四年十一月初一日題，奉聖旨："是。温如璋候有相應京缺推用，耿隨卿升一級，劉一麟賞銀十五兩，曾勇等著巡按御史提問具奏。"欽此。

覆巡撫山西〔七〕侍郎萬恭叙西溝口戰功行賞疏

題：爲達賊大舉入寇，仰仗天威，官軍出境戰守，一騎不得入邊，大遭挫遁，乞恩優異有功、陣亡人員，以伸華氣事，職方清吏司案呈，奉本部送，兵科抄出，提督雁門等關兼巡撫山西地方、兵部左侍郎兼都察院右僉都御史萬恭題，奉聖旨："兵部知道。"欽此。欽遵，抄出送司，案呈到部。

看得巡撫山西左侍郎萬恭題稱本年九月十一等日達賊侵犯本鎮利民西溝口等處地方獲功、陣亡等項緣由，及稱總兵官董一奎功當首論，把總趙竭忠功當特論，陣亡指揮郭維藩并趙宗漢等俱應優恤，其餘功罪人員并行巡按御史逐一勘報各一節。爲照山西地方連歲迭遭虜患，既不能謹守關隘使之不入，又不能整搠兵馬逐之速出，積衰已久，莫可救藥。巡撫侍郎萬恭乃今申飭司道，督率將領，拒於墻内，已成萬全之功；戰於墻外，尤見三捷之略。生者誓與賊而俱死，死者真雖死而猶生，一時之茂績委可嘉尚。係干激勸，相應通行議擬。合候命下，將萬恭、董一奎重加賞賚，趙竭忠先行賞賚。郭維藩贈都指揮同知，另廕一子做副千户，仍立祠死所以慰忠魂。趙宗漢等各將應襲兒男襲升一級。一面移咨都察院，轉行彼處巡按御史，通將前項有功有罪人員逐一覈勘，要見某人功多仍該升級，某人功少止該給賞，某人功浮於罪應該准贖，某人罪浮於功應該罰治，并賊經地方失事重輕、應參應問人員作速併奏。

嘉靖四十四年十一月初三日題，奉聖旨："是。萬恭、董一奎各賞銀三十兩、紵絲二表裏，趙竭忠十兩、一表裏，其餘依擬。"欽此。

覆宣大總督尚書趙炳然論總兵姜應熊通虜疏

題：爲急議主將，以圖戰守，以固重鎮事，職方清吏司案呈，奉本部送，兵科抄出，總督宣大山西等處地方軍務兼理糧餉、兵部尚書兼都察院右都御史趙炳然題，奉聖旨："兵部看了來説。"欽此。欽遵，抄捧送司，案呈到部。

看得總督宣大山西軍務、兵部尚書趙炳然具題前因，大略謂大同總兵姜應熊怯懦不勇，交通不忠，殃民誤國，亟宜罷革。及稱昌平總兵劉漢驍勇慣戰，機智超群，堪以代任各一節。爲照大同通虜之弊，往歲止是沿邊墩軍爲之，夷夏大防，已成決裂。乃今總兵官姜應熊身任大將，手握重兵，甘心爲此和戎之計，殃民誤國，誠如總督大臣所論。但總兵劉漢鎮守昌平，出自特簡，似難輕易更置。係干重計，相應通行議擬。合候命下，將姜應熊先行革去職任，一面移咨總督尚書趙炳然，提至軍門，追問通虜情節，要見周清秘計何爲而從，朔州傷殘何由而致，并一切貪殘罪狀，通究明白，從實回奏。遺下大同總兵官員缺，容臣等會官另行推補。

嘉靖四十四年十一月初十日題，奉聖旨："是。姜應熊著革了職任，著總督軍門提問具奏，員缺即推補。"欽此。

覆兩廣提督侍郎吴桂芳等報古田賊寇省城疏

題：爲飛報强賊越城，官軍奮勇敵退，擒斬功次事，職方清吏司案呈，奉本部送，兵科抄出，提督兩廣軍務兼理巡撫、兵部右侍郎兼都察院右僉都御史吴桂芳，鎮守兩廣總兵官、征蠻將軍、恭順侯吴繼爵題，俱奉聖旨："兵部知道。"欽此。抄出送司。

卷查先爲查參地方失盗官員，懇乞聖慈優録死事藩臣以昭懲勸事，該本部覆議，廣西古田、永福各處賊首凑合行劫，及將失事人員查參，題奉聖旨："是。陳其樂罰俸一個月，王寵於實職上降二級。金□、袁爵革了任，還與王冕、成相等著巡按御史提問具奏。近來司道、府州縣官往往隱弊盗賊，養寇殃民，今後撫按務要嚴加訪究，應拿問的徑自拿問，應奏請的指實參奏，以憑拿解來京，從重處治。如撫按姑息容縱，你部裏并科道一併糾劾。"欽此。已經欽遵外，今該前因，查呈到部。

看得提督兩廣侍郎吴桂芳、鎮守總兵官吴繼爵各題稱，本年八月二十二日，强賊糾衆越入廣西省城，攻打布政司大門，當被署印參議向淇督同官吏、兵快奮力抵敵，擒獲賊首韋扶枝等，餘賊輒奔。靖江王府副總兵門崇文等督兵敵殺，賊方退遁。尋復帶兵縋城追捕，各有擒斬五十餘功。除未獲賊徒設法緝捕，獲功、失事人員分别議處，及征勦事宜另行各一節。爲照廣西古田之賊，一自去歲得利之後，乃敢乘夜糾衆，復肆行劫。一時擒斬之略，雖似振揚；合城騷動之患，殊可駭嘆。若不亟爲議處，厝火必致燎原，養癰終成潰决，係干地方，難以憚勞惜費。合候命下，將副總兵門崇文，守備卜愼，文昌門、東江橋巡捕官員通行住俸，令其戴罪捕賊。一面移咨提督侍郎吴桂芳，會同總兵官吴繼爵，公同守巡、司道、將領等官，務將前賊責限拿獲，正諸法典，以示懲戒。其征勦古田之議亦要從長計議，應需軍餉作何措處，應用軍馬作何調遣，誘引奸宄作何訪拿，進勦機宜作何分布，文書到日，限兩月以裏列款回奏。一面移咨都察院，轉行彼處巡按御史，先查越城賊數計有若干，擒獲賊級是否真正，失事人員除門崇文等之外再有何人，應參應問，徑自照例施行。

嘉靖四十四年十一月十一日題，奉聖旨："是。這賊犯著吴桂芳、吴繼爵督率司道、將領等官責限嚴拿，務在得獲。門崇文等都住了俸，戴罪緝捕。"欽此。

會議巡撫河南侍郎
遲鳳翔擒獲妖犯功罪疏

題：爲捉獲妖犯事，兵科抄出，巡撫河南等處地方、户部右侍郎兼都察院右僉都御史、今改刑部右侍郎遲鳳翔題，奉聖旨："兵部會同法司看了來説。"欽此。又准本官咨，爲捉獲妖犯首惡以靖地方事，等因，到部。

臣等會同刑部尚書臣黄光昇等看得，巡撫河南右侍郎遲鳳翔題稱拿問得白蓮教首惡原忠仁等傳用邪術、搆謀不軌等項招罪緣由，及稱濟瀆廟祀每年軍民會集，易起禍端，并要禁革，年例香銀一體停止。續該本官咨稱，首惡李應乾并妻王氏、蘇氏，男小靈哥及妖黨劉天壽、段海、蘇偏、丁喜兒、李仲金等俱於山西吉州捉獲各一節。爲照逆首李應乾，妄蓄不軌之謀已經十年，傳布無端之教不止四省。望門投止，所在即與藏匿；隨地爲家，是處皆其黨類。根連株繫，官司之搜捕雖嚴；鬼出神没，蹤迹之往來極密。乃今調度擒之，禍本已除。至於原忠仁等，雖罪犯輕重不同，不過應乾之餘孽耳。臣等逐一參詳律例，俱合無容别議。除李應乾、劉天壽等見奉明旨，都察院徑自議覆外，所據一時劾〔八〕勞官員，如巡撫遲鳳翔則功當稱首，參議朱卿、僉事董文寀、知府孟重則功即次之，約長曹思明，吏張堯仕、王鑒，鄉兵楊公明、薛用，其功均當録之。係干重大刑賞，相應通行議擬。合候命下，將遲鳳翔重加賞賚，朱卿、董文寀、孟重同加賞賚，曹思明授以附近衛所冠帶總旗。張堯仕、王鑒免其當該官辦省祭，即與收選。楊公明、薛用各贈做千户，巡撫衙門各處給棺殮銀三十兩，仍各廕一子與做附近衛所冠帶總旗。原忠仁等二十一名口，文書到日，撫按官會審處决。内郭朗、蘇大京、李文照仍於人烟輳集處所梟首示衆。原忠仁、曹貢家産、妻小變賣入官，湛金等二十六名照例遷發。吴天爵等十名定擬配所，徒年限滿疏放。孟子林等六名依律的决。招内有名妖犯俞卿等，備行南北直隸、山東、山西各撫按衙門，嚴督守巡、兵備各道，責令府衛、州縣掌印、巡捕等官多方設法，務期擒捕，以正法典。一面出給簡明告示，遍行曉諭，但有被其誑惑，未經出名及今次有名者，果能悔過自新，並將妖書妖言赴官出首，俱准免罪，仍量給賞犒，以示反正之勸。其濟瀆廟祀，分行各省一體嚴禁，不許仍前叫佛焚香，重起禍端。年例香税銀兩，移咨户部，盡行查革。

嘉靖四十四年十一月二十三日題，奉聖旨："是。遲鳳翔賞銀二十兩、紵絲二表裏，朱卿等各十兩、一表裏。原忠仁等，著撫按官會審處決。内郭朗等依律梟示。其餘都依擬。”欽此。

覆宣大總督尚書趙炳然計處新平等堡戰守疏

題：爲急處危城，以保外藩，以全内地事，職方清吏司案呈，奉本部送，兵科抄出，總督宣大山西等處地方軍務兼理糧餉、兵部尚書兼都察院右都御史趙炳然題，奉聖旨：“兵部知道。”欽此。抄出送司，案呈到部。

看得新平、保平、平遠三堡密邇虜巢，屢遭圍困，實當宣、大二鎮之間。迤西陽和賴有軍門彈壓，可以無恐；迤東洗馬林、柴溝堡一帶唇齒三堡，孤懸無倚，彼此利害大略相同。二鎮協心之議固爲遠慮，二路戰守之備仍當預圖。既該總督尚書趙炳然具題，相應亟行議擬。合候命下，備行總督趙炳然，會同宣大鎮巡、巡按等官，將三堡戰守事宜從長酌處，要見尋常賊患作何協守，緊急秋防作何策應，兵糧缺少作何運濟。在天城難以路遠置之度外，在宣鎮難以隔鎮漫不經心，兩鎮鎮巡務期協心調度於上，兩處參守務期併力救援於下，方保萬全。其三堡屯守官軍遇有虜警，亦要一體傳報，不許過爲分別，致誤邊計。其洗馬林等堡應否再添參將一員，如果應添，兵馬該於何處取撥，中間未盡事宜計議停當，作速會奏，以憑覆請定奪。

嘉靖四十四年十一月二十三日題，奉聖旨：“是。”欽此。

會議原任總兵劉顯充爲事官暫管浙江鎮守疏

題：爲急缺將領官員事，該兵部題，職方清吏司案呈，奉本部送，准提督軍務、巡撫浙江地方、都察院右副都御史劉畿咨，前事，又該本官揭稱，今春劉顯海上功次查勘已明，巡按衙門見今具奏，等因，通送到司，案呈到部。

看得巡撫浙江右副都御史劉畿會同巡按御史龐尚鵬咨稱，浙江總兵官員缺，雖據蘇松副總兵郭成、温處參將吴國俱堪充任，又稱郭成難以舍彼就此，吴國年資尚淺，欲將劉顯戴罪管事，及揭稱劉顯倭功見今勘明一節。參詳撫按衙門所議，大率仍欲復用劉顯。但鎮守總兵例該會官推補，劉顯方在聽勘，事體有無相應，固非臣等所敢徑擬。合候命下，容臣等會同府部科道等官從公酌議，具奏定奪。嘉靖四十四年十一月二十四日題，奉聖旨："是。"欽此。查得先爲糾劾總兵官員貪淫暴横，冒奪功級，隱匿失事，懇乞聖明重加究治以警將來事，該巡按浙江監察御史黄廷聘題，該兵部覆題，將劉顯先行革任聽勘，轉行浙江接管巡按御史從實參奏。一面移咨浙江巡撫都御史劉畿，會同巡按御史龐尚鵬，先將總兵員缺查舉相應官二員，咨部推補。奉聖旨："是。"欽此。除通行欽遵外。今該前因。臣等會同後軍都督府掌府事、太師兼太子太師、成國公臣朱希忠等，太子太保、吏部尚書兼翰林院學士臣郭朴等議得，原任浙江總兵官、今聽勘劉顯，論其行，不止小德出入，大德逾閑亦所必有；論其才，不止陸戰便利，水戰習熟尤其所長。先巡按御史黄廷聘極口指摘，固是明法之體；今巡撫都御史劉畿、巡按御史龐尚鵬交口保留，無非使過之義。但罪狀未明，若令仍守舊職，非惟榮寵難以冒竊，亦且事體終未穩妥，臣等再三斟量，似應議處。合候命下，將劉顯照依遼東總兵官楊照事例，革去都督職銜，充爲事官，暫管浙江總兵事務。一面聽都察院札行巡按御史龐尚鵬，會同都御史劉畿，候春防畢日從公勘議，要見劉顯原劾事情，或有罪無功不該准贖，或功罪相準應該准贖，是否貪淫暴横、冒奪功次，有無隱匿失事重情，應該作何處置，徑自回奏。

嘉靖四十四年十一月二十七日題，奉聖旨："是。劉顯著充爲事官，暫管浙江總兵事務。"欽此。

考選錦衣衛南北鎮撫司等官黜退疏

題：爲考選軍政官員事，武選清吏司案呈，照得南北鎮撫司并馴象千户所官不該自陳，例該本部會同錦衣衛堂上掌印正官，逐一訪其平日履歷、行檢，如果公論不協者，開具寔迹論奏，即今正在考選，乞爲查處，等因，案呈到部。

臣等從公會考得，南鎮撫司與馴象所各掌印、僉書等官，除南鎮撫司管司事、都指揮僉事袁憲文少年不檢，比昵匪人，姑俟後效，其餘堪以供職亦不議外。如南鎮撫司管事、指揮同知游鉉，指揮僉事潘德徵，提督象房事、指揮僉事鄭瓏，年當衰老，病復侵尋。以上三臣均當勒令致仕者也。南鎮撫管司事、指揮使魏大經，酷以濟貪，巧能飾詐，理刑則京師之居民多受其害，管木則通州之富户盡被其殃。指揮同知田昂，一官空冒，百事無能，終夜荒淫而明娶妓女，經年沉湎而久曠官常。指揮僉事徐纘勛，倚勛閥而作威，男僕女僕杖斃無數；賄權奸而致貴，官居家居隨處有疵。以上三臣均當革任閑住者也。南鎮撫司掌司事、指揮僉事趙虎，負性執拗，行事乖張。冒躋清華，殊玷從龍之選；立身貪肆，常聞老虎之謡。北鎮撫司掌司事、指揮同知仝天爵，雖稱舊瑜，難掩新瑕。昔也貧而廉，僦屋數椽已自有餘；今也富而侈，堂高數仞猶若不足。以上二臣過愆不同，年力尚可，均當革去掌印，聽其自新别議者也。俱係近侍人員，臣等不敢定擬。

嘉靖四十四年十二月初二日題，奉聖旨：“是。游鉉等著致仕，魏大經等革了任閑住，袁憲文、趙虎、仝天爵依擬。”欽此。

覆四川撫按官劉自强等報妖賊蔡伯貫作亂疏

題：爲地方事，職方清吏司案呈，奉本部送，准巡撫四川等處地方、都察院右副都御史劉自强揭帖，前事，又該巡按四川監察御史李廷龍揭帖，爲群寇連襲數城，漸肆猖獗，參查失事官員，乞敕撫臣亟圖撲滅以奠遐方事，等因，到部，通送到司，案呈到部。

看得四川撫按官劉自强等揭帖前因，參詳妖首蔡伯貫等，本以漏網之賊，敢肆滔天之惡。綁官劫庫，州縣多被傷殘；放火殺人，軍民盡皆騷動。罪在必誅，法難輕貸。但地方見今用兵，若將失事各官通行提問，未免缺人誤事。且巡撫劉自强雖升户部侍郎，必須多方調度，力蓋前愆，亦難輕易離任。事干重大，相應亟行議擬。合候命下，將巡撫劉自强，副使周鎬，參議余田，僉事喬應光，知府程學博，通判郭雲鳳，知縣王德立、孫世傳通行住俸，責令戴罪捕賊。一面聽劉自强會同巡按御史李廷龍，調取附近官兵、土兵，行令都司管籥督同府州縣巡捕官兵隨賊剿捕，務在得獲真正首惡蔡伯貫、田紞、余積福等，明正典刑，追究贓印。一面出給簡明告示，徧加曉諭，大略謂今番緝捕止是首犯蔡伯貫等，其脅從之徒并無知爲賊所逼不能自由者俱許投首免罪，果能擒斬首惡送官，准贖其罪，仍加升賞。及照支羅土寇黄中，近該湖廣巡撫谷中虚題稱業已就縛，合無添調見剿黄中之兵，抄出賊前，奮勇夾擊。未盡事宜，悉聽劉自强便宜處置。事寧之日，方許交代。其各處缺少官員，本部查照原擬，移咨吏部徑自銓補。本部一面差官催取新任都御史速赴四川，不許遷延。如用譚綸，免其候代，仍乞特降明旨，以便遵守。

嘉靖四十四年十二月二十日題，奉聖旨："是。劉自强等都住了俸，著戴罪殺賊。"欽此。

給[九]四川撫臣旗牌亟剿妖賊蔡伯貫疏

題：爲續報地方賊情，乞賜究治失事官員，以肅臣工事，職方清吏司案呈，奉本部送，該巡按四川監察御史李廷龍揭帖，前事，到部送司。

卷查近爲地方事，該四川撫按官都御史劉自强等揭稱，賊首蔡伯貫等糾衆破城，綁官劫殺，等因。該本部議，將巡撫劉自强、副使周鎬等通行住俸，戴罪會兵捕賊。題奉聖旨："是。劉自强等都住了俸，著戴罪殺賊。"欽此。已經通行欽遵去後。今該前因，查呈到部。

看得巡按四川監察御史李廷龍揭稱，賊首蔡伯貫等糾衆連破七城，及參滎昌等縣署印、巡捕、推官等官張文龍等並宜查究，巡撫四川都御史劉自强所宜警戒，四川都司僉書、署都指揮僉事陳實麒罷黜，仍嚴諭劉自强，督率將卒，刻期滅賊，并將賊首李同轉行山西撫按衙門嚴拿各一節。除巡撫劉自强等已奉欽依住俸，戴罪殺賊，無容再議外。爲照賊首蔡伯貫等，本以李應乾之黨突起川蜀，連破七城，雖釜中之魚終歸於爛，而匣出之虎自當早擒。查得四川巡撫都御史雖贊理軍務，事權頗輕；貴州鎮守總兵官近在鄰封，威名久著。誠恐前賊延蔓月久，貽患地方，相應再行議擬。合候命下，將陳實麒革去職任，充爲事官，令其隨軍自贖，員缺先行推補。張文龍等遵照前旨，住俸殺賊，通候事寧之日，應參應贖，一併議奏。其巡撫都御史，查照雲南等處事例給與旗牌，一切兵食聽其便宜從事。仍酌量賊勢緩急，賊勢若緩，止用本處之兵；賊勢果急，即便馬上差人調取總兵官石邦憲，帶領勁兵，并添調湖廣土兵前來會同剿捕。本部一面移文石邦憲及湖廣巡撫都御史，各另整兵待調，務期有濟機宜，不致費財勞師，方爲上策。其建昌原任都司孫元韜、忠州所指揮伯世臂俱各才勇可稱，巡撫官徑自調取委用。至於李同，即李應乾別名，已經河南拿獲，奉旨凌遲處死，亦宜速諭諸賊，令其寒心，徐收破竹之效。

嘉靖四十四年十二月二十三日題，奉聖旨："這地方既有兵事，巡撫官准照例給與旗牌，著上緊剿賊以靖地方。陳實麒革去職任，充爲事官，隨軍立功贖罪。其餘依擬。"欽此。

覆宣大總督尚書
趙炳然經略邊務疏

題：爲經略重鎮邊務，以亟圖安攘大計事，職方清吏司案呈，奉本部送，兵科抄出，總督宣大山西等處地方軍務兼理糧餉、兵部尚書兼都察院右都御史趙炳然題，奉聖旨："兵部看了來説。”欽此。欽遵，抄出送司，案呈到部。看得總督宣大山西軍務尚書趙炳然條陳“選練戰兵”等四事，合就開立前件，議擬上請定奪。

嘉靖四十四年十二月二十三日題，奉聖旨：“依議行。”欽此。

一、選練戰兵。大率謂宣、大二鎮軍馬器械不充，難以練習；地租銀兩多欠，不便犒賞。欲將千把總、管隊官員揀選更換，家丁、正遊軍士更替清補，快鎗、火器、弓矢等藝擇人教演，隨兵精怯舉刺獎責，遇虜多寡調遣策應，及要請銀一萬兩，預備賞犒。除選官練兵、舉劾調度一應事宜俱聽趙炳然隨宜徑自舉行外，所據銀兩委應處給。合無依其所擬，本部札行太僕寺，不拘户、兵二部三七分出常例，權於馬價銀内動支一萬兩，差官解送該鎮，聽趙炳然酌量所費，分貯陽和、懷來等處，以爲驗級、賑犒等項應用。

一、修葺墩臺。大率謂宣、大二鎮墩臺無制，率難守瞭；傳報不明，卒難收斂。欲將宣府五路、大同一鎮應幫應拆墩壕定爲畫一之制，增修瞭守，及責成該管官員，懲治失誤墩軍，無非修明耳目之意。合無依其所擬，備行巡撫李秋、張邦彦，將宣府改添墩臺一百三十六座、瓮城一十座、石墻一道，大同墩臺九十餘座、雙壕一道，俱照依原定尺丈、數目，豫備磚灰、石料，趁明春二月土融之時及期興造，用備春防。合用口糧、鹽菜、銀兩、銃炮、火藥等器，俱聽户、工二部一一照數給發。所修墩臺、墻院務要高堅，壕塹、品窖務要深闊，女墻、銃眼務要寬朗，以便射打，以圖保障，不得仍前徒足數目，無益邊備。應用井灶、柴草隨宜處給，仍將守墩軍役選擇堪用之人，分爲班次，輪流戍守。如敢失誤傳接以致疏虞，該地方墩軍輕則量情責罰，重則以軍法處置，干礙職官，一體參究。各該軍人果能傳報的實，效勞日久，亦要分別賞犒，以示激勸。

一、查給馬匹。大率謂宣、大二鎮缺馬數多，要行量補本色馬三千匹，分給正、奇、遊兵入衛及各城堡緊要官軍騎征。查得宣、大二鎮自四十二年至四十四年以内，本部給發過本、折馬匹通計二萬一千有奇，今又奏數多，本難盡給，但今春防在邇，不當拘於常格。合無每鎮各給本色馬一千五百匹，本部委官公同分管寺丞押赴居庸關，聽趙炳然先行分給二鎮緊要官軍領騎。每鎮折色馬一千五百匹，每匹折銀一十二兩，共該銀三萬六千兩，本部分解二鎮巡撫官處收買好馬，陸續給軍騎征。

一、督責實效。大率謂宣大、山西各鎮將領怯弱欺詐，掩飾舊套，以致戰守之間兩無成效，欲要嚴行申飭，平日養精蓄鋭，遇虜以奇取勝，及分別功績、罪狀指陳論劾，委得修舉實政之意。合無依其所擬，備行趙炳然，會行宣大、山西鎮巡等官，當此新政之初大加振作，通將各該大小將領嚴行曉諭，墩堡、壕塹務要高厚深闊，士卒、馬匹務要訓練精鋭，火藥、器械務要習演成熟，必求事事有備，件件足用。一遇有警，調度賊勢，或戰或守，或奇或正，務使醜虜進無所掠，退遭挫衄，方爲實效，不論功級多寡有無，俱聽督撫官具實論叙。如或仍事虚文，致誤事機，亦要不時指名論劾，以憑處治。

覆巡撫山西侍郎萬恭叙修理省城尚義人員疏

題：爲修理久廢城工，乞恩優異尚義人員事，職方清吏司案呈，奉本部送，兵科抄出，提督雁門等關兼巡撫山西地方、兵部左侍郎兼都察院右僉都御史萬恭題，奉聖旨："兵部知道。"欽此。抄出送司，案呈到部。

看得巡撫山西左侍郎萬恭題稱，山西省城城樓及南關敵臺風雨摧殘頹廢，胡馬可登，庫藏空虚，計無所出，設處鼓勸，上自親郡王府、宗室，下至鄉宦、舉監，聞風嚮應，捐財修築，及今半載，俱各修完，乞要將晋王并各郡王、宗室及秩崇鄉宦分别獎賞，卑官、士庶人等酌量旌異各一節。除見任官員，文職如布政吴三樂等，武職如參將王玉等，雖各捐俸鳩工，俱有地方責任，似難概議。所據前項輸財助工親王、宗室及地方官員、人役，既該侍郎萬恭具題開報前來，及查册内晋王捐銀千兩，認修大城樓五座，費多工大，當爲一等。寧化王同長子知爐、長孫新壟等，寧河王同弟兄子侄方山王府宗室知烞等，各修小樓二座，工費次之，當爲二等。寧化王府宗室表槭等、知覺等，河東王長子知熻、靈丘王府宗室知晉等，新化王府宗室慎鏡、慎鋷，晋庶府宗室奇減、知烙等，各修小樓一座，工費又次之，當爲三等。鄉宦原任御史張梯，督率居民楊文通、李一性等，管修敵臺樓一十七座，工費亦大，當爲一等。府丞孫允中、知州傅霖、原任總兵許經、千户王貞吉、推封副使王尚智、原任參將劉繼先、候缺審理張汝志、典仗張汝忠，各修小樓一座，工費次之，當爲二等。署丞侯汝謙助銀一十二兩，知縣劉光助銀一十兩，知府唐頤助銀五兩，舉人張衆善等助銀八兩，當爲三等。民人張檠、劉鎮共修敵臺樓一座，當爲三等之上。其餘在任文武官員、辯復承吏、贖罪人等，俱各修理有差，相應通行議擬，以示激勸。合候命下，將晋王特加敕獎，寧化王同子知爐與宗室知烞等、表槭等併入王敕，一體獎諭。張梯，巡撫官置立服義牌匾，厚備羊酒、彩段迎送。孫允中、傅霖、許經、王貞吉、王尚智、劉繼先、張汝志、張汝忠亦置服義牌匾，量備羊酒、花紅迎送。張檠、劉鎮併侯汝謙、劉光、唐頤、張衆善等及楊文通等、李一性等，徑自酌量犒賞。温知新等、許川等、張福厚等，悉聽查照原擬徑自施行。

嘉靖四十四年十二月二十三日題，奉聖旨："是。"欽此。

覆左軍都督等府僉書侯伯自陳分别去留疏

題：爲自陳不職，懇乞天恩辭免府任，以裨聖治事，武選清吏司案呈，奉本部送，兵科抄出，左軍都督等府管府事、廣寧伯劉允中等奏，俱奉聖旨："兵部知道。"欽此。欽遵，通抄送司，案呈到部。

看得五軍都督府僉書并府軍前衛掌衛官及專管紅盔官，雖事務繁簡不同，均爲重職，臣等虚心評品，不敢不慎。如左府僉書廣寧伯劉允中、定西侯蔣佑，右府僉書□〔一〇〕城伯張熊、南寧伯毛國器，中府僉書武進伯朱承勛，前府僉書新寧伯譚功承、署都督僉事周于德，後府僉書都督僉事徐珏，管理紅盔將軍懷寧侯孫世忠，府軍前衛掌衛事安鄉伯張鋐，以上十臣職業頗修，所當留用者也。又如中府僉書應城伯孫文棟，華胄可惜，青年自棄。出差則騷擾地方，所至真如虎吻；署府則需索官舍，所取及於蠅頭。後府僉書惠安伯張元善，本以刻薄之資，全失勛伐之體。用官刑而考訊平人，圖賴財物；引私僕而欺打僚友，倚恃豪雄。管理紅盔將軍清平伯吴家彦酗酒廢政，使氣凌人。搶惠安伯之騾，彼此交哄，幾成後變；奪巡捕軍之馬，往來搆訟，有玷先風。以上三臣職業不修，所當革任閑住者也。但勛戚大臣去留出自朝廷。

嘉靖四十四年十二月二十三日題，奉聖旨："劉允中等照舊供職，孫文棟、張元善、吴家彦革任閑住。"欽此。

校勘記

〔一〕“宗”，疑當作“祖”。

〔二〕“敦”，疑當作“墩”。

〔三〕“所”，疑當作“其”。

〔四〕“日”，疑當作“月”。

〔五〕□，底本漶漫不清，據十二卷本當作“博”。

〔六〕“止”，疑當作“至”。

〔七〕“巡撫山西”，底本卷首原目録作“山西巡撫”，十二卷本亦作“巡撫山西”。

〔八〕“劾”，十二卷本作“效”，是。

〔九〕“給”，底本卷首原目録爲“請給”。

〔一〇〕□，底本漶漫不清，據十二卷本當作“彭”。

楊襄毅公本兵疏議卷十八

請重參贊機務南京兵部尚書事權疏

少保兼太子太保、兵部尚書臣楊博等謹題：爲議處南京參贊事權，以備倭患事，職方清吏司案呈。照得南京兵部尚書，先該兵科具題，欲要增重事權，本部議擬覆題，奉旨增敕一道，止爲内地賊情，後因事寧，已經奏繳。查得振武等營官兵原爲倭患而設，去歲倭奴突患蘇松、淮揚之境，密邇南京，未免震驚，必須長顧却慮，以爲經久之計，庶保萬全，呈乞查處，案呈到部。

看得南京根本重地，先因倭奴突至城外，以故添設振武等營，各以五府都督領之。緣府、部衙門相等，原無統攝，且内而操江都御史，外而巡撫都御史，事體俱不相關，倉卒有警，參贊尚書坐致束手。先年雖增敕諭一道，止爲内地賊情，旋即奏繳。即今倭患未已，先事之圖不可不慎，既經該司具呈前來，相應題請。合候命下，移咨南京兵部，轉行南京五府僉書，都督既分管振武、神機、大小教場，以後俱屬參贊節制。操江都御史、應天巡撫都御史，凡事與參贊協同計議而行。副總兵、參遊、兵備等官俱聽參贊委用。未盡事宜，悉聽參贊從宜處置。本部行移翰林院，除原敕照舊外，另請敕諭一道，給付新任尚書胡松欽遵行事，不必奏繳。

嘉靖四十五年正月十二日題，奉聖旨："是。"欽此。

分布薊鎮防春兵馬并稽犒賞銀兩疏

題：爲分布防春兵馬事，職方清吏司案呈，奉本部送，准總督薊遼保定等處軍務兼理糧餉、兵部右侍郎兼都察院右僉都御史劉燾揭帖，前事，到部送司，案呈到部。

看得總督侍郎劉燾所揭分布防春兵馬，大略謂十路之中，地形有險夷，則其勢有衝緩；一路之中，警報有大小，則其機有急緩。無警而守，則分兵以爲正；有警而戰，則合兵以爲奇。議論井井，比之四十三年、四十四年防春之計更爲精密。但官兵修邊，連歲勤苦，不知犒賞銀兩有無足用，相應亟行議擬。合候命下，備行劉燾，通行鎮巡等官胡鎮、劉漢、佟登、耿隨卿，查照今議遵行，仍各具由回奏。其副總兵申維岳而下，各具遵行過緣由申呈本部查考。各該大小將領、兵備該道如有不行用心監督，致誤事機者，悉聽劉燾一體參究。仍行劉燾，備查本部原發犒賞銀兩見在若干，果否足勾春秋兩防支用，具由咨部，以憑處發，不得惜費，吝於咨請。一面差人分番遠哨，務得虜情，明耳目以重腹心，萬保無虞，方爲上策。

嘉靖四十五年正月十三日題，奉聖旨："是。這防春事宜著劉燾督率鎮巡等官各務實行。"欽此。

覆福建撫按官報逆賊吴平遁海督責擒剿疏

題：爲官兵搗巢，殘賊復遁，查參水陸失事官員事，職方清吏司案呈，奉本部送，據巡按福建監察御史陳萬言揭帖，又該提督軍務兼巡撫福建地方、都察院右僉都御史汪道昆揭，爲走報賊情事，到部，通送到司，案呈到部。

看得福建撫按官各揭前因，大率謂南澳吴平潰圍越遁，高、雷地方水兵不行併堵；尋復寇掠，陳、饒等處陸兵不克遏截。在御史陳萬言，則稱廣東參將湯克寬、原任都司白瀚紀，福建都司傅應嘉、參將李超、把總羅繼祖罪當首論，饒平知縣管惟乾、廣東哨官楊儼、鎮撫俞盛罪當次論，鎮守惠潮總兵官俞大猷罪當罷黜。及稱兩廣侍郎吴桂芳、總兵官吴繼爵，福建巡撫汪道昆、總兵官戚繼光俱勛庸勞苦，未可遽議。在都御史汪道昆，則稱參將李超孤軍遇寇，僅足相當，都司傅應嘉違律從兵，卒與同敗，相應併論，及各要再行閩、廣督撫諸臣刻期窮剿各一節。爲照海賊吴平等竊據山澳，流劫潮漳，閩、廣二鎮均爲心腹之疾，乃今三捷方就，一簣終虧，餘黨雖以削平，首惡竟致奔潰，死灰復燃，釜魚竟逝，殊可駭嘆。臣等參詳各官情罪，其在水兵，下門當爲第一；其在陸兵，違律罪即次之。巡按御史獨責備於俞大猷，要行罷黜，亦不爲過。但地方正在用兵，與其臨敵易將，不若使過責功，相應議擬。合候命下，將俞大猷先行革去都督職銜，仍與湯克寬、白瀚紀、傅應嘉、李超、羅繼祖、管惟乾、楊儼、俞盛各將俸糧住支，責令戴罪殺賊，立功自贖。一面移咨侍郎吴桂芳、巡撫汪道昆，會同總兵官吴繼爵、戚繼光，務要乘賊既敗之後，各照原議兵舡、軍馬分數，就以湯克寬、李超等統領前去，分投夾剿，無分水陸，務底蕩平。如敢仍前參差不一，逗遛不進，聽提督參贊衙門先以軍法綑打，具實參奏處置。其湯克寬先已推補狼山副總兵，吴平未獲，不許交代赴任。一面移咨都察院，轉行廣東、福建巡按御史，各就附近地方親行監督，要見某處官軍精整，某處官軍疏怠，某省兵舡前進，某省兵舡觀望，先將承委將領、官員參論拿究，仍相機調度，併力夾擊，以靖地方。事寧之日，通將前項有罪將官并以後有功人員一併分別從實具奏。

嘉靖四十五年正月二十二日題，奉聖旨："是。俞大猷姑著住了俸，與湯克寬等戴罪殺賊。"欽此。

覆都給事中邢守庭等請飭邊臣加慎春防疏

題：爲申飭邊臣加慎春防，以保萬全事，職方清吏司案呈，奉本部送，兵科抄出，兵科都給事中邢守庭等題，奉聖旨："兵部看了來説。"欽此。欽遵，抄出送司，案呈到部。

看得春防事宜，在薊、昌二鎮者，先該總督侍郎劉燾列款具題，已奉欽依；在宣、大、山西三鎮者，見該總督尚書趙炳然列款具題，正在議覆。乃今兵科復有申飭之奏，蓋因聖諭諄切，惟恐邊臣一時怠緩，致勞宵旰之意。臣等摘其大要，其一謂薊鎮士卒横暴居民，總督、監司不相釐禁；其一謂天城迤北虜掠百姓，將領不行追逐；其一謂各邊將官習成舊套，不肯用命對敵：均爲至許〔一〕，相應通行議擬。合候命下，備行總督劉燾、趙炳然、郭乾并各該鎮巡等官，先將節年題定邊防事務逐一著實舉行以修邊政，主、客軍士嚴加約束。在督撫不得曲爲護庇，貽害居民；在監司不得承順上官，任其殘暴。虜未入則嚴加哨探，早爲收保；虜既入則交相策應，務中機宜。大小將領遇有警報，身先士卒，努力血戰，以報國恩。如敢仍前逗遛鼠竄者，聽各該巡按御史指名參奏，照依律例置諸重典，以示懲戒。及照大同通虜一節，先該趙炳然題參總兵官姜應熊罪狀，已經行勘，未見回奏。

合無移咨都察院，轉行彼處巡按御史，會同趙炳然，即將前項事情限一月以裏從實勘報。至於天城迤北平遠、新平、保平三堡，趙炳然亦要多方振飭，以靖邊方。

嘉靖四十五年正月三十日題，奉聖旨："是。"欽此。

覆四川巡按御史李廷龍亟處支羅土寇餘黨疏

題：爲將官撫馭失策，軍兵流毒地方，乞敕兩省撫臣亟圖計處，以裨安攘事，職方清吏司案呈，奉本部送，兵科抄出，巡按四川監察御史李廷龍題，奉聖旨："兵部知道。"欽此。欽遵，抄出送司。

卷查近該巡按湖廣監察御史徐大壯題稱，土寇黄中恣肆猖獗，及參施州衛指揮童養廉、馬圖，原任荆瞿守備鍾曉私通土寇，明受贓私，等因。該本部議，將童養廉、馬圖革去管軍管事，鍾曉革去見任，一面移咨都察院，轉行湖廣巡按御史，通提到官監候。即今黄中已獲，照依原犯事理對問明白，從重問擬具奏，題奉聖旨："是。童養廉、馬圖、鍾曉，著巡按御史提問具奏。"欽此。隨經備行欽遵外。今該前因，通查案呈到部。

看得巡按四川監察御史李廷龍題稱，湖廣該省以官爲質，更令黄中投降，群凶愈肆猖獗，搶奪印信，永順土司受賄縱兵報讎。及參施州衛指揮童養廉、馬圖交通酋黨，罪積有年，所當重究。守備荆瞿指揮僉事湯世傑坐視無能，庸流莫振，鎮筸参將洪逵以官爲質，縱兵劫奪，所宜並究。乞要將童養廉等轉行彼處巡按御史提問，黄中餘寇及驕縱軍兵殺虜倪旄通行處置，搶奪印信追究下落，仍乞轉行川廣巡撫，采訪輿情停妥，會議奏請各一節。爲照支羅巨寇止一黄中，在四川剿之，固爲正中之奇；在湖廣撫之，亦是奇中之正。要之渠魁既得，大勢已定。若使湖廣計出萬全，事當録功。乃今已平之數寨未見安定，未下之餘寇未見掃除，驕縱之軍兵未見禁戢，殺虜之倪旄未見處置，以致四川巡按御史有此論列，係干地方重大賊情，相應通行議擬。合候命下，將童養廉、馬圖、鍾曉、湯世傑、洪逵移咨都察院，轉行湖廣巡按御史陳省，查照先今事理通提到官，要見何官節年縱賊，何官以官爲質，永順土司是否殺虜人財，巡司印信果係何人搶奪，逐一追究明白，併將黄中照依律例問擬回奏。一面移咨四川、湖廣巡撫都御史，會同各該巡按御史，速將黄中餘黨應剿者剿，應撫者撫，同心戮力，以靖地方。其一應善後事宜從長計議，歸一具奏。如敢自分彼此，誤事殃民，聽兩省巡按御史指名參究，以憑重治。

嘉靖四十五年二月初四日題，奉聖旨："是。這賊寇餘黨，著兩省撫按官協心相機撫剿以靖地方，不許乖違誤事。"欽此。

覆應天撫按官周如斗等請令浙江分巡官兼制徽州府地方疏

題：爲議處弭盗事宜，以保生靈，以安重地事，職方清吏司案呈，奉本部送，兵科抄出，總理糧儲、提督軍務兼巡撫應天等府地方、都察院右僉都御史周如斗，巡按直隸監察御史宋纁題，俱奉聖旨："該部知道。"欽此。通抄送司，案呈到部。

看得應天撫按官周如斗、宋纁各題稱，徽州府所屬歙、休、婺源三縣接連江浙地方，江賊、礦賊出没爲害，欲要比照九江兵備事例，將徽州府改聽浙江金衢嚴分巡道管攝，該道仍聽應天撫按節制，以便捕盗。三縣適中處所建築城堡，該府巡捕同知在彼駐札領兵。仍行饒州兵備，將沿江一帶浮賊一體緝捕各一節。爲照徽州府屬歙、休、婺源三縣萬山深邃，與江、浙二省相爲唇齒，江賊、礦賊不時出没，所據專官統攝，犬牙相制，既與饒州兵備事例相同；添兵捕剿，臂指相使，又與徽州同知職守無礙。係干地方，相應通行依擬。合候命下，將徽州府并所屬縣分改隸浙江分巡台金嚴道就近統攝，一應水陸盗賊、軍民詞訟俱聽捕理。該道仍聽應天撫按衙門節制。本部一面定擬責任，請給敕書，賫付欽遵行事。一面移咨江西巡撫都御史周如斗，轉行九江兵備道，將沿江一帶流劫浮賊公同緝捕。如敢嫁禍鄰境，悉聽各該巡按指實參論。至於專責該府同知練兵捕盗，及添設公廨、計處兵糧等項事宜，俱聽應天巡撫都御史謝登之、巡按御史宋纁徑自舉行。

嘉靖四十五年二月初六日題，奉聖旨："是。"欽此。

覆宣大總督尚書趙炳然節報虜警戒嚴疏

題：爲傳報虜情事，職方清吏司案呈，奉本部送，兵科抄出，總督宣大山西等處地方軍務兼理糧餉、兵部尚書兼都察院右都御史趙炳然題，奉聖旨："兵部看了來説。"欽此。欽遵，抄出送司。

卷查先該總督薊遼侍郎劉燾塘報，本部看得，大同先有黄台吉欲要東搶之報，而薊鎮復有他不能之報，窺伺永寧、四海冶之事似不爲虚，逼近畿輔，急當嚴備，已經通行宣大、薊遼總督、鎮巡等官多方隄備。又節該總督宣大尚書趙炳然揭帖，一稱降人供稱，把都兒分付衆達子收拾馬匹，待那個月上要搶；一稱黄台吉將兀慎家達賊調去興河聚結，要從有石頭的邊墻進搶；一稱降人供報，聽得達賊打兒漢説稱熰烟調賊，要在初八九搶大同等語。俱經本部節行各該總督、鎮巡等官加謹哨備去後。今該前因，通查案呈到部。

看得前項虜情俱出自傳報之言，既無結聚之形，又無向往之迹，或東或西，均難預定。但時方二月，正屬防春之時，委當嚴備，以保萬全。合候命下，本部馬上差人賫文交與趙炳然，一面移駐懷來，相機調度；一面轉行總兵官馬芳、孫吴、董一奎，嚴督大小將領、正遊兵馬，各照分定信地防禦策應；一面責差乖覺通夜遠行哨探，務得虜情；一面分投傳諭居民收保，堅壁清野。務使醜虜匹馬不得南下，方爲奇功。

嘉靖四十五年二月初七日題，奉聖旨："是。"欽此。

議已故宣大總督兵部尚書江東軍功録廕疏

題：爲比例懇乞天恩，俯賜祭葬、贈謚、録廕，以光泉壤事，職方清吏司案呈，奉本部送，准禮部咨，該山東等處承宣布政使司東昌府濮州朝城縣官生江至順奏，奉聖旨："禮部查例來看。"欽此。該本部覆題，奉聖旨："江東准照例與祭葬，還與他謚。"欽此。欽遵，咨部送司。

卷查嘉靖三十二年十二月内准禮部咨，内稱原任總督陝西三邊軍務、太子太保、兵部尚書王以旂在任病故，題准祭葬、與謚，移咨查照録廕，本部覆奉聖旨："王以旂既有邊功，准照例廕一子送監讀書。"欽此。欽遵訖。今准前因，查呈到部。

看得禮部咨稱，原任太子太保、兵部尚書、總督宣大山西等處軍務江東在任病故，題准祭葬、賜謚，所據贈官、録廕移咨吏、兵二部施行一節。爲照已故總督尚書江東，久膺閫寄，茂著邊功。大同右衛之解危，躬擐甲冑；蘇[二]鎮古北之逐虜，手握旌旄。雖與王以旂大略相同，而勞勚過之，既經該司查例前來，相應題請。合候命下，將江東録廕一子，送監讀書。但恩典出自朝廷。

嘉靖四十五年二月初十日題，奉聖旨："是。"欽此。

覆宣大總督尚書趙炳然責成撫臣及時修繕疏

題：爲申飭邊臣加慎春防，以保萬全事，職方清吏司案呈，奉本部送，准總督宣大山西等處地方軍務兼理糧餉、兵部尚書兼都察院右都御史趙炳然揭帖，前事，等因，到部送司，案呈到部。

看得邊方修繕，總督大臣不過提其大綱，至於分地整飭，全是巡撫諸臣之責。即如前任撫臣，明旨未督責之前，則泄泄自如，三月方行奏報；明旨既督責之後，則遑遑不暇，兩鎮立見工成：是其明驗。今春暖土融，正惟興造之時，而巡撫都御史張志孝、冀鍊又當新任之初，委宜力鑒於前，思善其後。係干邊計，相應通行依擬。合候命下，移咨總督尚書趙炳然，轉行大同巡撫張志孝、宣府巡撫冀鍊，會同該鎮總兵，督同守巡、兵備、將領、司府州縣等官，一面先將興工日期具由奏知，一面查照所管地方應修城堡、墩臺，照依議定衝緩，分定人力，派定口糧、鹽菜、銀數，親行監督，著實修築。總督、巡撫仍不時往來巡閲，嚴加稽考，務期七月終旬告完，足堪保障。巡撫官一面從實回奏，一面將修過城堡、買過糧芻、備過火器、補過馬匹及行過事宜備細造册具奏，青册送部查考。中間果有成效，悉聽總督、巡按御史覈實奏薦。如或遷延，不行修理，或修草率不堅，總督、巡按御史亦要指名論列，以憑從重究治。

嘉靖四十五年二月十一日題，奉聖旨："是。"欽此。

覆北畿印馬御史顧廷對再議寄養馬政疏

題：爲俯竭愚忠，酌議寄養馬政，以祛宿弊，以裕實用事，車駕清吏司案呈，奉本部送，兵科抄出，巡按直隸等處監察御史顧廷對題，奉聖旨："兵部看了來説。"欽此。欽遵，抄出送司，案呈到部。

看得巡按直隸監察御史顧廷對條陳六事，均於馬政有益，合就開立前件，議擬上請定奪。

嘉靖四十五年二月十四日題，奉聖旨："依議行。"欽此。

一曰順時月以定規制。看得馬厩所費，無論多寡，猶爲小節。至於團槽喂養，在邊鎮亦間有行者，行之腹裏，不知人情、事體有無穩便。改革之際，極當慎重。合無移咨順天、保定二處巡撫都御史，會同印馬御史顧廷對，先將團槽一事計議停當。如果可行，别無窒礙，備由咨部，然後徐議馬厩，以終其事。

二曰酌户額以圖實效。看得寄養人户原爲養馬而設，馬數不滿二萬，馬户多至四萬，徒存虚額，無濟實用，委當清查，以示調停。合無依其所擬，轉行印馬御史顧廷對，即將各該州縣分别上、中、下三等，酌量增減，仍查照寄養人户丁田多寡通融均派，大率止要二萬五千户實數，每年馬匹照數分派領養，編派完日造册送部備照。其不堪之馬多至一萬二千餘匹，空費喂養，應該作何處置，亦聽本官徑自議處具奏。

三曰一事例以均民便。看得倒失寄養馬匹，舊例俱是追納銀兩。近該本部議，自四十三年爲始，領養十年以下、未經借兑者，俱追補本色馬匹，姑免問罪；十年以上及曾經借兑者，方許分别年限追納銀兩。蓋以買馬爲難，追銀爲易故爾。止緣馬户作弊，往往賤買小馬，苟且充數，以致應買馬者重而反輕，應徵□〔三〕者輕而反重。御史顧廷對欲令通買本色，固爲有見，但恐人心不齊，勢難輳合，未免又啓争端。合無轉行本官，責令各該州縣以後倒失馬户應買本色者，務要收買壯大合式好馬，解赴該寺印烙，發屬寄養。該寺亦不許姑息收印，以滋弊端。其應該追銀一十二兩以下者，仍其舊貫，不必更改。

四曰蠲逋負以舒積困。看得各該寄養州縣連歲灾傷，荒疲至極，倒失馬價委果追徵不前。但恐奸頑得計，益將馬匹任意作踐，無復忌憚。合無斟酌所擬，嘉靖四十一年以前倒失者，盡數蠲免，以蘇民困；四十二年以後倒失者，立限追補。其節年變賣馬價照舊完解。印馬御史、提督少卿務要用心稽查，以革宿弊。

五曰重久任以專責成。看得太僕寺提督寄養少卿，既奉專敕，自當久任責成。合無依其所擬，移咨吏部，以後寄養少卿必須三年考滿方許升遷，遺下員缺，仍查年資相應久任者酌量銓補。

六曰通文移以聯職掌。看得太僕寺職專馬政，與印馬御史委相關涉，寺、院文移必須彼此相通，事方有濟。合無札行該寺并寄養少卿，以後一切馬政務要與印馬御史互相關白，以便考覈。其造册填注各項馬數、每年終會同查對等項事宜，悉如所擬施行。

覆南畿印馬御史周弘祖請禁奏免種馬疏

題：爲懇乞聖斷，禁妄奏，以全祖制事，車駕清吏司案呈，奉本部送，兵科抄出，巡按直隸監察御史周弘祖題，奉聖旨："兵部知道。"欽此。欽遵，抄出，到部送司。

查得馬政條例内，洪武年間設立種馬，每兒馬一匹、騍馬四匹爲一群，俱令近京人户領養。每群立一群頭，每五群立一群長，管領孳牧。洪武二十八年，革群監官，令有司提調孳牧，定以江南一十一户共養馬一匹，江北五户共養馬一匹。永樂十年，令北直隸各府州縣俱養孳牧馬匹。宣德四年，令山東濟南、兗州、東昌三府領養孳生馬匹。正統十一年，又令河南彰德、衛輝、開封三府領養孳生馬匹，永爲定例。弘治六年，本部奏定，兩京太僕寺額設種馬十二萬五千匹，更不搭配立群，及將山東、河南六府計丁養馬，北直隸真定等府、南直隸廬、鳳等府論地養馬。俱係題准事例，遵行已久，今該前因，查呈到部。

看得巡按直隸監察御史周弘祖題稱，額養種馬地方近日紛紛奏免，恐致馬政廢壞，乞要以後但有奏革種馬者立案不行，及不得更行撫按衙門查勘，或治一二以警其餘一節。爲照種馬之設，國家之軍機攸係，祖宗之典章具存。數年以前，止因御史錢嶸一啓奏免之端，遂使各處小民觀望成風，摭拾浮辭，往往比例陳乞，委當通行禁治。合候命下，移咨都察院，轉行南、北直隸印馬御史，并咨各巡撫都御史，會同巡按御史，通行所屬各府州縣，曉諭各該養馬人户，以後不許再行奏免種馬以壞舊制。如敢仍前奏擾，聽本部一面將奏辭立案不行，一面將具奏人役拿送法司，從重治罪，以示後戒。

嘉靖四十五年二月二十二日題，奉聖旨："是。"欽此。

覆給事中鄭欽等論湖川兩省報捷失實勘究疏

題：爲仰關國計，俯切民瘼，懇乞聖明並究誤事重臣，速處運道，早靖地方事，職方清吏司案呈，奉本部送，兵科抄出，户科給事中鄭欽題，奉聖旨："谷中虛、劉自强，兵部看議來説。"欽此。又該兵科都給事中邢守庭等題，爲湖、川兩省奏捷異詞，乞賜嚴行覈實，以靖餘孽，以安地方事，奉聖旨："兵部看了來説。"欽此。又該巡撫湖廣等處地方兼贊理軍務、都察院右僉都御史谷中虛題，爲官兵會剿土寇，仰仗天威，既獲渠魁，悉降餘黨，地方平靖事，又該巡撫四川等處地方、都察院右副都御史劉自强題，爲巨惡土寇貽患多年，仰仗天威，官兵夾剿已平，飛奏捷音以慰聖懷事，又該本官題，爲拿獲妖逆賊首事，俱奉聖旨："兵部知道。"欽此。欽遵，通抄送司。

卷查近該巡撫四川都御史劉自强題稱，擒獲妖賊蔡伯貫等，乞要究問擬罪；未獲賊首黄一元，拿獲之日另行具奏，等因。該本部議，將劉自强俸糧開支，候與譚綸交代畢日即便回京。一面移咨都察院，轉行四川巡按御史，將劉自强并地方官員通行查勘。其蔡伯貫等問擬明白，即便會官依律處决，具由回奏。一面移咨譚綸，速將善後事宜列款奏請。覆題，奉聖旨："是。劉自强准開俸。妖賊蔡伯貫等著便問擬明白，會官處决。"欽此。又該巡按四川監察御史李廷龍題稱，湖廣該省以官爲質，更令土寇黄中投降，群凶愈肆猖獗，搶奪巡司印信，永順土司縱兵報讎，乞要通行勘處，等因。該本部議，將指揮等官童養廉、馬圖、鍾曉、湯世傑、洪逵移咨都察院，轉行湖廣巡按御史陳省，查照先今事理通提到官，逐一追究，併將黄中照依律例問擬回奏。一面移咨四川巡撫都御史，會同各該巡按御史，速將黄中餘黨應剿者剿，應撫者撫，同心戮力，以靖地方。其一應善後事宜從長計議，歸一具奏。如敢自分彼此，誤事殃民，聽兩省巡按御史指名參究，以憑重治。覆題，奉聖旨："是。這賊寇餘黨著兩省撫按官協心相機撫剿，以靖地方，不許乖違誤事。"欽此。俱經通行欽遵去後。今該前因，通查案呈到部。

看得妖寇蔡伯貫之變乃四川一省之事，山寇黄中之變乃川、湖二省之事。蔡伯貫、黄一元等雖稱次第斬獲，先已連破七城，殺人劫庫，其事爲重。黄中、黄朝等雖稱次第歸降，見今尚有千人，依山據寨，其事不輕。臨事撫剿各别，違協心相機之旨；奏捷彼此迥異，失同寅和衷之風。所據巡撫都御史劉自强、谷中虚，既該户科給事中鄭欽、兵科都給事中邢守庭等交章論列前來，相應通行議擬。合候命下，備咨都察院，轉行四川、湖廣巡按御史，會同查勘。要見蔡伯貫連破七城，殺虜人口若干，焚劫官庫若干。黄中一事既奉明旨，會同撫剿，緣何一主於撫，一主於剿，不相關白。黄中果否面縛投見，是否以官質出。官兵曾否被賊殺傷，是否未損片甲，未折一卒。見今黄中等尚據祖師殿，巢穴是否毁平，餘黨果否安插。劉自强、谷中虚或罪浮於功，或功浮於罪，或功罪相準，應該作何處置。逐一勘明，從實回奏。如果賊尚未平，催行二臣，調兵掃除，以靖地方。如果賊已全平，聽二臣交代畢日各趨新命，到任管事，稍候勘至，有無干礙，另行定奪。其賊首黄一元照依蔡伯貫事例，問擬明白，會官處决。

嘉靖四十五年二月二十六日題，奉聖旨："是。這兵事奏報不同，著湖廣、四川巡按御史作速會勘明白題請。黃一元依擬處決。”欽此。

覆南京兵部侍郎喻時等條議添設夜巡官軍疏

題：爲比例乞撥馬、步軍夜巡，以預防盜賊，以靖地方事，職方清吏司案呈，奉本部送，兵科抄出，南京兵部等衙門右侍郎等官喻時等題，奉聖旨：“兵部知道。”欽此。抄出送司。卷查先該南京巡視京城監察御史田應弼等奏，該本部覆議行勘去後。今該前因，案呈到部。

看得南京京城内外添設夜巡事宜，既該右侍郎喻時等會處前來，相應題請。合候命下，移咨南京兵部新任尚書胡松，即將該營應撥官軍、應用馬匹，該城應役弓兵，該衛應委把總、衛總，悉照五城分定地方，每月輪定班次，應選撥者選撥，應舉行者舉行，合用口糧、料草、銀兩備咨南京户部照數支給。其提督神機營、署都督僉事昌壽，既稱營務稍簡，就令兼管巡捕。本部請换敕書一道，載入提督夜巡一項，行令本官用心總理，把總、衛總、五城兵馬等官俱受本官節制。未盡事宜，仍聽胡松以次計處。巡捕官軍，該城御史嚴加稽考，果有地方疏虞及影占軍馬、冒領錢糧等弊，即便指名參奏。其餘悉如所擬，徑自施行。

嘉靖四十五年三月初二日題，奉聖旨：“是。”欽此。

一、巡軍兩班，共該用馬、步若干名。查得留都南城地方通在城外，中城地方通在城内，東、西、北三城地方内外俱有，若照各城地方内外分派，則城内廣闊，軍馬數少，巡緝不周，難以接濟。合無將南城軍馬添撥中城廣闊地方，東、西、北三城軍馬倶止在各城内要害街衢分布巡緝。每半月更番一次，兩班共該馬、步軍一千名、馬二百匹。大教場等營軍少差多，難以摘發，合於振武營東西兩廳選用，專令夜巡，免其差操，如有事故，仍於該營照缺查補。所選兩班軍馬，每巡一年將週，南京兵部委官會同提督官行營另换更操。

一、每城每夜該用馬、步若干名。議得城内中城地方每夜用軍二百名、馬四十匹，東城地方每夜用軍一百名、馬二十匹，西城地方每夜用軍一百名、馬二十匹，北城地方每夜用軍一百名、馬二十匹。

一、人加口糧三斗，馬加料銀二錢，果否相應。查得各營軍士每年春、秋二操上役不及三月，若選充夜巡，每月上操一十五日，在冬夏不免衝寒冒暑，較之操備誠爲勞苦，委應量加優恤。查照原奏，除正糧之外，每步軍一名月加口糧三斗，或照例折銀一錢五分，每馬軍一名月加糧料銀二錢。

一、合用馬匹於何處取給。議得城内兩班共用馬二百匹，巡軍既於振武營撥選，其馬匹亦合隨營取用。

一、應否以五府提督一員坐名奏請，令其總理。查得京師巡捕既有都督總管，又有參將分管。今南京添設把總、衛總分管巡軍，而節制不專，散漫無紀，非所以重事權也。今查南京五府僉書都督各有兼管營務，惟神機營軍士不滿二千，專習火攻一藝，較之各營事務稍簡，見係後軍都督府署都督僉事昌壽提督，本官頗協軍心，合無行令不妨原務兼管夜巡，仍將應領敕書换給，添載夜巡事宜，崇以天語，令其總理。其本官既有夜巡之責，合用跟隨人役相應照例添撥一十五名、馬三匹、把總八員、衛總八員，倶合照例撥給。把總每員軍五名、馬一匹，衛總每員軍四名、馬一匹，共用軍士八十七名、馬一十九匹，仍照夜巡軍馬一體加給糧料，週年選换。至年終，都督仍開造獲過盗賊起數及有功失事人員揭帖，送南京兵部查考。

一、仍設把總幾員方勾分理。查得原奏每城選委才幹指揮各一員督率，今照各城地方曠闊，止設官一員，恐或管理不及。軍馬既有上下二班，官豈可以獨任勞逸。合無城内共設把總八員、衛總八員，分爲兩班，督率軍馬，更番巡邏。其把總不用管操人員，合於京衛掌印、僉書及武舉、會舉指揮内選其勤謹而無過者充之，衛總於各衛雜差指揮内選用，俱聽都督提調，年終聽巡城御史論舉，如有事故，照缺選補。

一、五城弓兵見有若干。查得五城兵馬司舊設弓兵多寡不等，俱不滿百名，向在各處地方巡緝，近因各衙門差用，以致事多延緩。合無盡數查發該城，與同見役弓兵照舊輪撥晝夜常川巡緝，遇有賊警，傳報官軍，併力擒捕。其兵馬司指揮等官，如遇地方有警，仍聽都督提調，平時一應事務不得干擾。

一、各衙門餘丁見有若干，即今作何議處，令其彼此歸一。查得各衛巡捕餘丁，每衛原額軍餘十名，專隨巡捕委官應役，委係多不足數，雖有巡緝之名，無救緊急之患。合無行令各衛，查照原額補足十名，每名每月量給口糧二斗，每夜責令跟隨各該巡捕委官巡緝，仍聽把總等官稽查。

覆宣大總督尚書趙炳然敘宣府戰功行賞疏

題：爲達賊入犯，官軍奮勇敵敗，斬獲首級，奪獲戰馬、夷器等事，職方清吏司案呈，奉本部送，兵科抄出，總督宣大山西等處地方軍務兼理糧餉、兵部尚書兼都察院右都御史趙炳然題，奉聖旨："兵部看了來説。"欽此。欽遵，抄出送司，案呈到部。

看得宣、大二鎮，兵勢積弱已非一日，每遇猾虜侵軼，保守部曲即爲全功，衝冒鋒敵[四]寔惟少見。仰賴聖皇在上，雷霆之威久寒旃裘之心，風沙之變屢申隄備之諭，以故總督尚書趙炳然仰承廟略，多方鼓舞，入春以來功之細者無論，正月初十日宣府副總兵任勇西陽河後口有二十一顆之捷，正月二十七日大同總兵官孫吴等弘賜堡邊外有一十六顆之捷，乃今宣府總兵官馬芳下復有三十一顆之捷。在趙炳然與馬芳，其功固當首論，而坐營官陳周，參將袁世械，守備童堂、車相，防守劉一奎，督陣旗牌魏相功俱難泯。係干激勸，相應通行議擬。合候命下，將趙炳然、馬芳先行優加獎賞，袁世械、陳周、魏相重加賞賚，童堂、車相、劉一奎聽總督軍門分别犒賞。一面移咨都察院，轉行宣大巡按御史，將前項功次從實查勘，分别首從。其馬芳、陳周、魏相亦要一併議擬，要見馬芳官已極品，應該作何優録，陳周、魏相見係充軍，應否准其贖罪，作速造册具奏。

嘉靖四十五年三月初四日題，奉聖旨："是。趙炳然賞銀五十兩、紵絲二表裏，馬芳四十兩、二表裏，袁世械等各十兩、一表裏。二鎮前後功次，著巡按御史作速查勘具奏。"欽此。

覆巡撫浙江都御史劉畿請協鄰境剿平礦寇疏

題：爲飛報地方賊情事，職方清吏司案呈，奉本部送，准提督軍務、巡撫浙江地方、都察院右副都御史劉畿揭帖，前事，到部送司，案呈到部。

看得前項礦寇突至徽州，攻破婺源縣治，節經臣等題奉明旨，備行浙江、江西、南直隸三省協力會剿，正與巡撫都御史劉繖今次所見相合。但惟浙江開化原係礦賊巢穴，且此處見有練成烏兵、坑兵，比之江西、直隸旋召之衆强弱不同，所據用兵一事必須浙江爲主，江、直贊之。况巡撫都御史劉畿素負威名，欲要親自調度，誓滅此賊，忠憤可嘉，相應亟行申飭。合候命下，本部馬上差人移咨劉畿，速督分守參政江珍、分巡僉事李毬、都司陳大成、守備盧相等，不分本省、隔省，星夜領兵隨賊追剿，務要及早蕩平以靖地方。其南直隸巡撫都御史謝登之、江西巡撫都御史周如斗亦要會同劉畿，各發勁兵，一體剿捕。如敢自分彼此，致誤事機，聽各該巡按御史指名參究。至於脅從之内委有迫脅愚民，出給簡易告示，或免死印信小帖，令其解散，即與開釋，不得一概混殺，致傷和氣。徽州築城、練兵等項事宜，催行知府何東序上緊整理。巡捕同知張子瑶既已提問，吏部先行作缺，查訪年力精壯、治有成效官員作速推補。

嘉靖四十五年三月十一日題，奉聖旨：“是。這礦賊著謝登之、周如斗會同劉畿各急發兵夾剿，不許自分彼此，縱寇殃民。”欽此。

覆左給事中馮成能督責將領六事疏

題：爲議處責成將領，以嚴飭邊防事，職方清吏司案呈，奉本部送，兵科抄出，兵科左給事中馮成能題，奉聖旨：“兵部看了來說。”欽此。欽遵，抄出送司，案呈到部。

看得兵科左給事中馮成能所陳前因，相沿之弊有六，歷歷可據，善後之實有六，鑿鑿可行，要之皆爲責成將領而發，合就開立前件，議擬上請定奪。

嘉靖四十五年三月二十八日題，奉聖旨："依擬行。"欽此。

一曰申明事權。大略欲將練兵布陣、料敵設奇之事付之大將，臨機應變、伸縮自由責之副參、遊佐等官，總督、巡撫不得牽制。但惟各邊設立總督專爲調度軍務，設立巡撫專爲贊理軍務，若不申飭明白，彼此相左，未免反成窒礙。合無今後居常防守，不拘春夏，仍聽總督大臣調度，巡撫都御史贊理。如果倉卒遇警，軍門、巡撫相去寫遠，不分總副、參遊，不必關白，徑自出兵截剿。若敢觀望退避，駕言不得自由者，悉聽總督、撫按官從實查參，各以軍法從事。

二曰選精厚犒。大略欲將軍門挑取標兵之弊盡行查革，各營將領務足原數選其勇敢，仍量給犒賞銀兩，聽將領自行賞勸。合無斟酌所擬，通將各邊總督軍門今後標兵有缺於所屬各營通融選補，不許止將一營之兵盡挑精鋭，令其削弱，不堪戰守。一面查議前項犒銀應於何項取辦，每鎮每營合該用銀若干，備咨户部并本部以憑會議，以爲經久之計。

三曰寬弛法網。大略欲緩考察之文，寬歲月之限，將領謀勇者不問性氣，主裨、參佐與部署、守巡等官相見定爲禮節。合無依其所擬，通行各該總督、撫按，今後將領功罪，守巡道自行查勘，不必委之府佐等官散拘凌辱。考察、舉劾之文亦不許偏聽所屬挾私妄舉。其總兵與巡撫，副參、遊擊與守巡、兵備，原係賓主，平揖平坐，不相遜避。守備以下與守巡、兵道原係屬官，與通判、經歷亦係賓主，自有定體。敢有妄自尊大，凌辱將領者，聽本部與該科訪實，指名參奏，輕則降調，重則罷黜，以示懲戒。

四曰重刑不赦。大略欲要申明律例，將領之逗遛觀望者拿解必刑，參遊以下具奏請决。合無依其所擬，通行各邊總督大臣，各將所屬將官嚴加省諭，使知畏法不畏敵之義。敢有臨陣逗遛、失誤軍機者，自總副以至守操，即行參奏拿問，取招奏請，必罰無赦。間有衆寡不敵、遠近不一，情可矜疑，犯該軍罪立功者，亦要問明發遣，聽其自效，以俟准贖，不得仍踵夙弊，夤緣復用。

五曰選任必精。大略欲將諸將之中嚴加甄别，摘黜交通貪肆之徒，務求忠實，以當其任。合無依其所擬，通行各該總督、撫按衙門，各將所屬見任大小將領逐一考覈，要見某人交通，某人貪肆，每鎮各擇其甚者一二人指名參奏。若一鎮之中全無此輩，亦不必過爲搜索，以傷大體。

六曰嚴核疏報。大略謂將官失事，督撫反爲掩飾，欲要嚴明賞罰，毋得雷同，以混功罪。合無依其所擬，通行各該撫按等官，以後凡遇虜情不拘輕重，功罪不拘大小，俱要從實聞奏以俟宸斷，不得聽信將官，掩飾捏報，以負聖明之知，以失重臣之體，違者聽該科并巡按御史參究。

請命浙江巡撫劉畿總督浙直江西軍務平寇疏

題：爲敷陳末見，以責成安攘事，職方清吏司案呈，奉本部送，兵科抄出，工科給事中嚴從簡題，奉聖旨："該部看了來説。"欽此。又該南京兵科等科署科事南京工科給事中甄沛等奏，爲群盗流劫畿縣，乞經畫兵鎮、戒飭臣工以圖久安事，南京福建等道監察御史劉庠等奏，爲礦賊攻劫畿縣，乞復兵備以圖久安事，巡按直隸監察御史賀賁題，爲礦寇侵犯縣治，焚掠退遁，查究失事官員，併乞聖明嚴飭撫臣急議剿絶以靖地方事，俱奉聖旨："兵部知道。"欽此。又該總理糧儲、提督軍務兼巡撫應天等府地方、都察院右僉都御史周如斗題，爲鄰省礦賊屢肆搶擄，乞加議處以安地方事，奉聖旨："兵部看了來説。"欽此。欽遵，通抄送司。

卷查先該巡撫應天都御史周如斗題，爲議處弭盗事宜以保生靈以安重地事，該本部議，將徽州府并所屬婺源三縣改隸浙江分巡台金嚴道就近統攝，覆奉欽依，請給敕書，通行欽遵外。又准應天撫按官都御史周如斗等各揭帖，爲鄰省礦賊嘯聚入犯、搶擄地方事，該本部覆奉聖旨："是。這礦賊著劉畿、周如斗協同作速剿捕，以靖地方。"欽此。又該巡撫應天都御史周如斗揭帖，爲礦賊突犯縣治，搶擄退遁等事，巡按直隸監察御史宋纁揭帖，爲鄰省礦賊攻破縣治，乞賜分别懲勸以警人心以圖保固等事，通該本部議擬，覆奉聖旨："是。周如斗罰俸一個月，何東序罰俸二個月。張子瑫等，巡按御史提問具奏。擒捕礦賊、練兵築城等項，浙直巡撫都御史各上緊行。"欽此。又該巡撫浙江都御史劉畿揭帖，爲飛報地方賊情事，等因，該本部覆題，奉聖旨："是。這礦賊著謝登之、周如斗會同劉畿各急發兵夾剿，不許自分彼此，縱寇殃民。"欽此。通行欽遵去後。今該前因，通查案呈到部。

看得工科給事中嚴從簡、南京兵科等科給事中甄沛等、南京福建等道監察御史劉庠等、巡按直隸御史賀賁、巡撫應天都御史周如斗各具題前因，大率皆謂徽州婺源與浙江開化、江西德興礦賊攻縣焚掠，欲將浙江巡撫加以總督之銜，調兵征剿，及于徽、饒等處添設兵備副使各一節。爲照前項山寇倏出倏没，未有掃蕩之期；各該官兵分土分民，原無節制之義。臣等參酌諸臣之奏，附以一得之愚，大率目下亟當舉行者，綱領有二：其一則總督軍門不可常設，不可不暫設。蓋常設則動成牽制，勢難爲久；不暫設則事無統紀，勢難相下。其二則兵備該設於浙江，不該設於直隸。蓋浙江乃盜之上源，不塞其源，其流必濫；直隸乃盜之下流，止治其流，其源難清。至於善後事宜雖稱多端，封閉雲霧山場以絶根本，禁止兵備參謁以修職業，尤爲要務。係干軍機，相應通行議擬。合候命下，將浙江巡撫都御史劉畿量加本部職銜，不妨巡撫，總督浙直江西軍務，仍督同江西巡撫都御史周如斗、應天巡撫都御史謝登之，嚴率各該兵備等道，調集三省兵馬，將前礦賊或搗巢穴，或遏奔潰，或剿捕首惡，或撫散脅從，一切戰守、兵食悉聽便宜，另請敕諭，欽遵行事，事寧照舊巡撫。徽、饒、嚴、衢四府地方添設兵備副使一員，就於浙江按察司列銜，駐札衢州，往來徽州、嚴州、饒州，不時巡歷。本部定擬責任，請給敕書一道，賫付本官欽遵行事，合用關防，移咨禮部徑自鑄給。不許各省參謁總督、撫按，致妨政務。如違，聽本部及該科訪出參奏罷斥。總督、撫按如敢不行禁止，一體重加究治。其近議台金嚴分巡道不必干預兵備事務，以後浙直三省巡撫并分巡兵備等官遇該升遷之時停其升遷，各加應得俸銜，少俟賊平另行議處。縣丞王岳，主簿詹翔鷟、劉宗賢移咨都察院，轉行應天巡按御史，一併提問。一面移咨劉畿，先將開化縣掌印、巡捕等官俸糧住支，令其戴罪殺賊。各處近山豪官、窩主勾引之徒，會同浙江巡按御史嚴行查究，盡法問擬。仍將雲霧山場嚴加封禁，以絶釁端，不許仍前聽其網利，貽害地方。其謝登之到任如果遲緩，委當量加罰治，均乞聖裁。

嘉靖四十五年三月二十八日題，奉聖旨："是。劉畿升兵部右侍郎兼都察院右僉都御史，著不妨巡撫，總督浙、直、江西軍務，上緊調集官兵，剿捕礦賊以靖地方。山場嚴加封閉，不許勢豪規利啓釁。司道官參謁廢政，不獨浙江爲然，吏部、都察院通行禁革。謝登之罰俸一個月。其餘依擬。"欽此。

覆巡撫貴州都御史陳洪濛請誅叛賊黃中疏

題：爲土寇大肆猖獗，貽患地方，撫剿成功，懇乞聖明乾斷，以正法紀事，職方清吏司案呈，奉本部送，兵科抄出，巡撫貴州兼督湖北川東等處地方、提督軍務、都察院右副都御史陳洪濛題，奉聖旨："兵部知道。"欽此。欽遵，抄出送司，案呈到部。

看得提督軍務巡撫貴州都御史陳洪濛題稱，逆寇黃中虎踞一方，跳梁廿載，所當盡法梟示。施州衛掌印指揮童養廉背恩納賄，潛爲心腹；荆瞿守備鍾曉知情受賂，陰與交歡：罪當首論。要行湖廣、四川巡按御史，紀驗功級，并將黃中與其弟、男黃金、黃洪道盡法典刑，鍾曉、童養廉招詳定擬，投降黃甲、黃講、黃洪達、黃榜等姑宥，脅從解散，原占地土没官。應否設立縣所，仍行兩省撫按衙門，選委司道官會議各一節。爲照四川、湖廣二省撫剿黃中一事，據今陳洪濛所奏，略其情之所以異，要其功之所由同，查與本部原議四川剿之固爲正中之奇、湖廣撫之亦爲奇中之正大率相同。除將奏内一切事情備行二處巡按御史一併查勘，通行回奏外，但惟逆酋黃中罪大惡極，神人共憤，若使久在囹圄，未免别生事端。合無聽湖廣巡按御史會同巡撫都御史，將黃中先行依律處决梟示，其妻男弟侄姑候勘至，另行議處。但生殺出自朝廷。

嘉靖四十五年四月初二日題，奉聖旨："是。黃中著巡按御史便會官處决梟示。"欽此。

覆給事中周世遠條陳禁剥削弭亂源二事疏

題：爲酌陳時政之要，以效愚忠，以裨聖治事，職方清吏司案呈，奉本部送，兵科抄出，禮科給事中周世遠題，奉聖旨："該部看了來説。"欽此。抄出送司，案呈到部。看得禮科給事中周世遠條陳二事俱隸本部，合就開立前件，議擬上請定奪。

嘉靖四十五年四月初七日題，奉聖旨："韓濟文并何君表，著送法司嚴行追問具奏，一應潛住人役，廠衛及五城御史訪拿究治，不許容縱。其餘依議行。"欽此。

一曰昭勸戒以除剥削之弊。大略謂南北將士習成債帥，巧肆錢神，打點承委人員，鑽刺推升美缺，要行各該總督、撫按衙門嚴加禁諭，慎重差委，本部分别保劾人員，勘核功罪。及稱遊擊韓濟文、原任總兵趙岢用賄未遂，痛應裁抑，并賫買敕札人役盡行鳌革。查得本部推用將官，在内憑巡視、科道年終奏薦，在外憑總督、撫按循例舉劾，一遇員缺，斟酌將材長短、地方遠近，疏名上請。間有一二奔競之徒，即痛加裁抑，或題奉明旨革去管事，或備行督撫從重懲治。惟求得人，不惜任怨，以故邇年以來請托無聞，固不能體國奉公，如該科所言，至于偏徇之事，聖明在上，不惟不敢，亦不忍也。據今京營遊擊韓濟文、延綏總兵趙岢所爲，該科聞見必真，似難姑置。合無將韓濟文并家人何君表通送法司，用刑追問，要見携金將欲投送何官，潛住將欲營求何事，干礙權要，一體參奏。趙岢打點一節，移咨都察院，轉行彼處巡按御史，查照先今事理，文書到日，限一月以裏從重問結，徑自回奏。本部一面通行敞[五]衛衙門及五城御史，以後地方但有潛住人役，密切訪拿，應參奏者參奏，應究治者究治。各該總督、撫按舉劾將領俱要從公體訪，據實開注；行勘事情俱要虛心研問，據法議擬。如或信任委官，事情混亂，偏執己見，舉劾異同，及容縱所屬將領、承委官役通同餽贈，如下程、贄儀之類，扣冒科斂，如分例、糧賞之類，不行指摘參論者，聽臣等與該科論究。臣等敢有一毫不公不法，悉聽科道官指名參劾。以後升用武職憑札，在京者責令面領，在外者不拘憑札多寡，每一巡撫處移咨一張，開具札憑件數、官員姓名，令其就近給付，隨即回咨本部查考。其頒給敕書，事在内府，原有題准三班舍人并新選官順賫事例，難以別議。

一曰嚴責成以弭禍亂之源。大略謂近日各處巡撫、司府州縣等官久任法壞，責成未嚴，凡事尤多蒙蔽，以致湖、川、兩廣釀成禍端，江南通、泰等處復具亂形。欲行各該巡按，將川、湖、廣、浙追查養亂官員重加參劾，通、泰有盗去所相機勦撫，申明保甲之法，舉行鄉約之會。查得久任之例、保甲之法，節該科道官具題，屢奉欽依；致盗之由，近奉明旨，通行各該撫按訪求，修政革弊。聖諭諄復洞切民隱，臣工建白深中機宜，查與該科所議大略相同。合無依其所擬，移咨都察院，轉行四川、湖廣、兩廣、浙江、南直隸各該巡按御史，如黄中、蔡伯貫、王西橋、吴平之類，各另查究玩愒怠縱起自何年，蒙蔽容隱始自何官，從實參論。南直隸通、泰、高、如等處，速將興販鹽、礦之賊痛加擒勦，結聚流移之衆善爲撫處，務期盗息民安，以慰聖懷。一面通行巡撫都御史，不拘府衛州縣城邑、遠近大小村落，俱要舉行保甲之法，使比閭族黨守望相助，不許該管官司點閘科索，反增騷動。至於鄉約之會，聖祖榜文燦然明備，全在府州縣正官加意舉行，巡按御史所至之處嚴行稽查，以修實政。

申飭河南撫輯剿捕事宜疏

題：爲欽遵聖諭，申飭撫輯剿捕事宜，以靖地方事，職方清吏司案呈。查得先奉本部送，該司禮監太監黄錦傳奉聖諭："朕聞各處强賊甚多，何有司者欺心坐視，全不經理？兵部便行文與各該巡撫官，便著嚴督有司撫緝擒捕，務要靖除。如仍前怠事的，從實參究處治。"欽此。隨該本部議覆六事，已經奉有欽依外。即今河南等府旱荒至極，人不聊生，嵩縣、盧氏一帶礦徒淵藪，萬一民窮盗起，關係不輕，呈乞議處，等因，案呈到部。

看得河南地方平原廣野，四通八達，豐裕之年，有司失於撫輯，已足致盗；凶荒之歲，窮民迫於饑餒，自是多虞。要之撫輯之仁、擒捕之義無出於聖諭之外。所據該司具呈前因，委得先事之慮，思患預防，相應亟行議擬。合候命下，移咨河南巡撫都御史孟養性，會同巡按御史，督同司道等官，速查所屬各府何處灾輕應該量賑，何處灾重應該大賑，無名之征盡爲停止，綏安之策多方講求，以恤民隱，以慰聖衷，應施行者徑自施行，應具奏者從實會奏。至於整飭兵馬，係干本部職守，就將後開事宜逐一議處，文書到日，通限二十日以裏分款回奏，不得因循玩愒，如近日南直隸徽州府、四川大足縣之事，束手無措，自取參究。

嘉靖四十五年四月十四日題，奉聖旨："是。這撫輯剿捕事宜，著撫按官作速查議奏請。"欽此。

一、汝南、河南二兵備道，雖稱不妨分巡兼理兵備，不知所領軍馬實有若干，常在何處操練，果有警報，是否精强堪以禦寇，應會鄰境何道兵備併力截殺。逐一議處停當，備細回奏。

一、睢陳兵備道，雖有見兵三千名，不知是否精强堪以禦寇，如果有警，分付何官統領，應會鄰境何道。逐一議處停當，備細回奏。

一、分巡河北道，雖兼兵備，駐札磁州，不知所領軍馬實有若干，常在何處操練，果有警報，例該會同分守道，不知有無掣肘。逐一議處停當，從實回奏。

一、睢陳參將，雖駐歸德，實當河南、南直隸二省戎馬之事，不知見在兵馬實有若干，是否精强堪以應用，果有警報，與睢陳、徐潁〔六〕二道會同行事有無便利。逐一議處停當，從實回奏。

一、汝寧守備，雖稱駐札汝寧，不知所操軍士與汝寧兵備共是一兵，或各自有兵，遇有警報，與兵備會同截殺，或專任出戰之事，見任守備杜繼宗果否堪任。一併從實回奏。

一、南陽守備提督幾衛幾所，操練何項軍馬，巡視何項礦洞，遇有警報量調何處官軍，會同何州何縣民快、火夫，見任守備姚應禎果否堪任，一併從實回奏。

一、涉縣守備原爲禦虜而設，太行南北相去邊關一二千里，不守門户而守堂奥，殊爲無謂。雖事體已定，難以裁革，至於軍馬、職守，必須另議停當，從實回奏。

一、查得歸德守備，近因睢陳參將駐札歸德，裁革已當。至於嵩縣原有守備，似當復設。應撥何衛何所軍士若干聽其管理，令其無警則駐札嵩縣守禦城池，有警則聽巡撫官調與毛葫蘆之兵，令其就近統領截殺。本部仍推邊官一員前去任事，未盡事宜逐一議處停當，從實回奏。

一、宣武等衛所見在軍士通行查出，要見守城、雜差若干，京班、宣班操備若干，見在兵備、守備下若干，兩相影射、全不當差，如已革徽府旗軍若干，應該作何處治，各州縣民壯若干，巡司弓兵若干，務使人人俱有著落，不致虚費糧餉。逐一議處停當，從實回奏。

一、見在各兵有馬無馬，有馬者果以何項錢糧養馬，缺馬者當於何項馬内撥給。其供軍餘丁，即如汝州一衛多至五千，别衛别所餘丁似亦不少，責令湊銀買馬，人情、事體有無相應。逐一議處停當，從實回奏。

會議京營科道等官參彭城衛軍士放糧毆官疏

題：爲司官監放軍糧滋弊致侮，懇乞聖明究治，以肅法紀事，兵科抄出，巡視京營、禮科等衙門右給事中等官段朝宗等題，前事，又該户科署科事給事中舒化等題，爲司官散糧被軍侮辱，懇乞聖明併賜查究以正法紀事，俱奉聖旨："兵部會同法司參看了來説。"欽此。隨准刑部咨，刑科抄出，太子太保、户部尚書高燿等題，爲議放官軍折色月糧事，奉聖旨："焦純著法司提了問。"欽此。備咨到部。行據職方清吏司署郎中事主事姜廷琺呈稱，奉本部札付，即同刑部福建清吏司署印署員外郎事主事劉得寬會問得，犯人焦純供係見任彭城衛後所百户、本所該季放糧委官，狀供嘉靖四十五年三月分，蒙户部議，將本所官軍五百六十員名應支月糧每石折銀五錢，本衛在官掌印指揮周臣呈委散拘在官指揮李敏同純前往太倉銀庫，照數關銀二百八十兩，回所鏨碎秤分。純明知軍職有犯監守盜財滿貫律該斬罪者，發邊方立功，五年滿日還職，仍於原衛所帶俸差操事例，不合故違，侵剋銀一十五兩，内將銀三兩送李敏，五錢送未到官户部書辦汪奎，一兩送未到官皂隸潘欽等，各不合接收入己，餘銀一十兩五錢純入己訖，止將銀二百六十五兩鏨分包封，每分每包各扣三四分不等。周臣亦不合失於覺察，本月二十五日朦朧稟請户部監放委官丁主事，前到靈濟宫唱名給散間，比有在官軍人吴移住、孟來福、安現領出前銀，止秤有四錢六分、四錢七分。見得侵剋太多，自合赴部陳告爲當，却各不合故違因事聚衆，將本管官毆打綁縛者俱問罪，不分首、從軍發極邊衛分充軍；若止是毆打，爲首者照前充軍問發，爲從者各枷號一個月發落事例，輒將純穿帶紗帽、圓領盡行撦碎毆打。隨蒙丁主事覺知，將純責治，其餘爲從約有四五十人，不知姓名，各四散訖。本年四月内，先蒙户部止將純參送法司。今蒙户科并巡視京營科道段給事中等將一干人證通行題參，奉聖旨"兵部會同法司參看了來説"，蒙將純等一干人犯拘提到官，從公鞫審，前情不能隱諱，所供是實，據此理合具呈，等因。

臣等會同刑部尚書臣黄光昇等參看得，軍士俯仰之資止賴糧餉，肆行侵扣者當以法懲；朝廷制馭之方全在紀綱，敢於悖違者自難情恕。所據彭城衛給散折色月糧一事，在百户焦純剋銀多至十四五兩，監守自盜官物，例該邊方立功；在營軍吴移住、孟來福、安現糾衆多至數十餘人，毆打本管官員，例該改調邊衛。指揮李敏贓私有迹，致令豪軍之驕蹇；主事丁一中綜理無法，坐視貪惡之縱横。既該科道官段朝宗、舒化、郜光先交章論列前來，又經署郎中姜廷琺、署員外郎劉得寬勘問明白，内爲從諸軍倉卒之際未曾查有姓名，若使根連株繫，不免罪及無辜，相應通行酌處。合候命下，將丁一中改調外任。李敏革去見任，於祖職上重加降級。焦純查發邊方立功，五年滿日帶俸差操，不許管軍管事。李敏、焦純贓銀各照數追完，送還户部，徑自查處。吴移住、孟來福、安現三名俱改調極邊衛分，雖遇赦宥不許回衛。一面移文戎政大臣，將彭城衛官軍通行曉諭，今次止罪首惡，其餘姑免深究，各要洗心改慮，謹守國法，毋得冥頑狂悖，自取身家之禍。一面移文户部，以後給放各項官錢，該庫必須秤對足數，不許分毫短少，選委才幹司屬官監督。衛所等官仍敢侵扣，吏卒人等仍敢需索，未發則聽其嚴加禁戢，已發則聽其呈部參究。如或縱容不舉，則是自失職守，國典具在，亦難輕貸。其書辦汪奎、皂隸潘欽等贓數不多，容臣等刑部另行問招，審允發落。掌印指揮周臣止是失於覺察，别無情弊，似當免究。

嘉靖四十五年四月十七日題，奉聖旨："是。丁一中著調外任，李敏降二級，并焦純、吴移住等俱依擬。今後給放錢糧，該部務選委司屬官監督，嚴革一應奸弊，不許容縱。"欽此。

會議疏浚京城河渠疏

題：爲循職掌，據見聞，議修復，以壯國威，以俾萬世治安事，兵科抄出，工科都給事中王元春等題，奉聖旨："兵部會同工部便看了來説。"欽此。欽遵。先該臣等見得，京城河渠多半壅淤，已經會同工部，行委本部職方清吏司署郎中姜廷珫、工部都水清吏司主事梅友松看得，自正陽門迤東起至東便門止，中間應挑浚者三分之一。自東便門迤北起至東直門止，濠身兩岸俱用全挑。自安定門東角起至德勝門迤東止，中間應挑浚者三分之二。自德勝門迤西起至水磨碓閘止，俱不用挑。自德勝門水閘迤西，濠身寬闊，應築外堤一道，高約五尺，挑深五尺，此處工力獨多。再西北應築堤三尺，疏深六尺，以引高郎橋之水。自西直門迤北起至橋止，俱用全挑。自西直門迤南起至阜城門迤北止，俱不用挑。自阜城門迤南起至西便門止，中間應挑浚者三分之一。自西便門起至宣武門迤東止，中間應挑浚者大約不上一分，等因，呈報前來，議處間，今該前因。

臣等會同少保兼太子太傅、工部尚書臣雷禮等議得，“城郭溝池以爲固”，自昔隆盛之世在所不廢，况京師根本重地，四方之極，比之省府州縣尤爲不同。乃今正陽等九門之外河渠壅淤，閘壩損壞，該科得於所見，敷陳甚明；臣等先已慮及，勘議頗悉。仰遵嚴旨，相應亟行議擬。合候命下，兵部札委主事龔蕙，工部札委員外郎沈子木，綜理其事，擇日興工。每工各委參遊官一員分理其事。合用人夫於見在班軍内撥發，備行户部，照依大工事例支給鹽糧。河内取出土渣，務要運至外岸稍遠去處，就便填塞低窪，以防雨後復衝入渠，徒勞無益。損壞閘壩，工部一面采辦石料，燒造磚、灰，以次修理。其沿河小墻并外城河渠，候前項工程完日另議施行。□□〔七〕工科奏差給事中一員，移咨都察院，札委西城□□□□□□□〔八〕，仍一面先同二部司屬親詣西山河源所在逐一踏勘，臣等覆勘，但有臨河引水灌溉田圃致塞渠流者，責令作速改正。勢豪之家如敢抗違阻撓，聽科道官指名參奏，以憑重治。以後如有損壞、低窪，照依天順六年題准事例隨即填補，不必拘定三年、五年之限。臣等兵、工二部堂上官并戎政大臣不時往來閲視，未盡事宜容臣等徑自隨宜計處，務期地利人和，仰副聖明“設儉〔九〕守國”至意，不敢草率，不敢怠緩。

嘉靖四十五年四月二十二日題，奉聖旨：“是。這城河、閘壩便擇日興工疏浚修理，勢豪抗違阻撓的，著巡督科道官指名參奏。”欽此。

覆山西總督撫按官趙炳然等處寧武所叛軍疏

題：爲棍徒作俑，乘機劫財事，職方清吏司案呈，奉本部送，兵科抄出，總督宣大山西等處地方軍務兼理糧餉、兵部尚書兼都察院右都御史趙炳然，提督雁門等關兼巡撫山西地方、都察院右僉都御史王繼洛，巡按山西監察御史陳桂題，俱奉聖旨："兵部知道。"欽此。通抄送司，案呈到部。

看得前項寧武之變，首惡既已殄滅，脅從自難深究，總兵、兵備等官典守之罪雖屬難辭，坐營、把總等官擒剿之功亦不容泯。既該總督、撫按等官尚書趙炳然等具題前來，相應通行議擬。合候命下，將兵備參議沈紹德免其究治，總兵官董一奎嚴加戒飭，守備董大衆量加罰治，王守正、李鎮等聽總督衙門分别犒賞。一面移咨都察院，轉行巡按山西御史，將郝洪行提問罪，凶逆張子智等死有餘辜，仍行斬首梟掛沿邊地方，以示懲戒。一面移咨趙炳然、王繼洛，將脅從之徒明白曉諭，使知修築城堡原爲保護軍民，首惡既已伏誅，其餘被其誑惑姑不追問，各宜洗心滌慮，保守身家，毋得冥頑狂悖，自干天憲。

嘉靖四十五年五月初五日題。奉聖旨："是。董大衆罰俸一個月，郝洪著巡按御史提問具奏。"欽此。

校勘記

〔一〕"許"，疑當作"計"。

〔二〕"蘇"，疑當作"薊"。

〔三〕□，底本漶漫不清，據文意似當作"銀"。

〔四〕"敵"，疑當作"鏑"。

〔五〕"敞"，十二卷本作"厰"，是。

〔六〕"潁"，原訛作"穎"。下同改，不再一一出校。

〔七〕□□，底本漶漫不清，據十二卷本當作"仍行"。

〔八〕□□□□□□，底本漶漫不清，據十二卷本當作"御史巡歷督察"。

〔九〕"儉"，疑當作"險"。

楊襄毅公本兵疏議卷十九

覆貴州巡按御史潘一桂條陳地方事宜疏

少保兼太子太保、兵部尚書臣楊博等謹題：爲博集輿論，勉效愚衷，以靖遐方，以裨聖治事，職方清吏司案呈，奉本部送，吏科抄出，巡按貴州監察御史潘一桂題，奉聖旨："該部知道。"欽此。欽遵，抄出送司，案呈到部。

看得巡按貴州監察御史潘一桂條陳三事，合就開立前件，議擬上請定奪。

嘉靖四十五年五月初五日題，奉聖旨："依議行。"欽此。

一、激勵官舍以圖報效。看得巡按御史潘一桂所陳，其論甚詳，其意甚善。但文武原屬二途，昏明自難一律，若使襲替之時考試不中者既發回肄業，難以策勵者又給支半俸，科條太密，不惟致犯十年革發之例，亦且深中諸吏刁索之奸，臣等不敢輕議。合無斟酌所議，移咨都察院，通行天下巡按御史，止照先年御史朱孔陽題准事例，行令各都司、府州縣、衛所，各將武職應襲兒男并已經授職年二十五以下者，通行收寄在學，講習經史，操演武藝。每季終，府州縣正官會同該衛掌印官考驗弓馬、策略，分等紀録。歲終，提學、守巡等官考試優劣，從宜賞罰，以示勸懲。

一、計處兵食以實邊備。看得巡按御史潘一桂欲將貴前等一十八衛，黄平、普市二千户所軍士原係湖廣、四川二省三户垜充節年逃故者，併行貴州管糧參政清勾一節，可謂一舉兩得。合無備行見任參政陳應和，前去湖廣、四川，不妨催徵原務兼理清軍。至於定立完欠、候代離任等項事宜，悉如所擬施行。

一、議處兼制以杜侵攬。看得巡按御史潘一桂欲將五開等衛武職襲替俱由黎平府勘結，軍政考選賢否，亦許該府填注，似爲相應。但欲各軍俱聽府官兼制，十羊九牧，殊非祖宗建設之義。合無斟酌所擬，備行湖廣、貴州撫按官，通行各該司道，以後五開等衛如遇各官襲替，俱要經該府勘明方准起送。五年考選軍政，亦聽府官填注考語。衛官既與該府政體相關，軍士一切侵攬等弊自當不令而行，不禁而戢，通變宜民，可以經久。

請備紫荆諸關防禦畿甸疏

題：爲預計虜情，戒嚴紫荆諸關，以重畿甸事，職方清吏司案呈。照得京師之左則爲薊、昌二鎮，外與宣府懷來、四海治〔一〕，遼東寧遠、前屯等處唇齒相連；京師之□〔二〕則爲紫荆、倒馬、龍泉、馬水諸關口，外與大同靈、廣，宣府保安、新城等處輔車相依。即今古北十路防禦頗嚴，南山一帶修守已密，萬一賊虜踵往歲之故智窺伺紫荆，則保定、良、涿均在可慮，呈乞查處，案呈到部。

看得保定一鎮，觀其形勢，則宣大在外，虜蹤固難卒至；論其殷富，則畿甸在内，虜心實所未忘。連歲以來專窺薊、昌二鎮，即今二鎮防守既嚴，譬之横流之水，不决於此，必决於彼，事理甚明。臣等早夜籌畫，不遑寢食，相應亟爲議擬。合候命下，一面備行總督薊遼保定侍郎劉燾，嚴督巡撫都御史張師載、總兵官尹秉衡及各該兵備，速將紫荆、倒馬、龍泉、馬水諸關口親詣體勘，要見通賊大小去處曾否逐一修完，所列主、客兵馬是否一一强壯，虜若深入，果能以戰則勝，以守則固，即今應該作何區處。文書到日，限二十日以裏具本回奏。一面咨行總督宣大尚書趙炳然，將防秋兵馬預計停當。虜若越過大同，直犯紫荆、白石口、寧静庵，山西、大同兵馬該從何路策應，虜若越過宣府，直犯馬水、金水口，宣府兵馬該從何路策應，明白奏知。太〔三〕抵居庸、南山爲重，而紫荆、馬水即次之。虜犯南山則近而易，我兵仍當堅壁以待；虜犯保鎮則遠而難，我兵□□〔四〕相機以行。全在趙炳然臨期斟均〔五〕，均非臣等所能遥制。

嘉靖四十五年五月初六日題，奉聖旨："是。"欽此。

議選練州縣民壯疏

題：爲議處州縣民壯，以修内地兵政事，職方清吏司案呈。查得弘治二年該本部題准，令天下州縣選立民壯，照依里社以爲額數。如州縣七八百里者每里僉二名，五百里者每里僉三名，三百里者每里四名，百里以上者每里五名，大約多者千有餘名，少亦不下四五百名。即今相沿日久，名在實亡，每遇地方有警，動稱無兵，必須仍復舊制，以壯兵威，以嚴内治，呈乞計處，等因，案呈到部。

看得今之郡縣即古之諸侯，昔人謂與之地土、人民而不與兵，是以匹夫而守一州，誠爲至論。弘治初年，本部尚書馬文升有見於此，選設民壯，量里社多寡爲編僉則數，遠慮深謀，真得古人寓兵於農之意。若使州縣正官果能搜選得人，訓練有法，無事可以彈壓奸宄之心，有事可以坐收擒剿之效。邇年以來浸失原意，或以之調防邊塞，或以之抽補軍役，甚者公然折銀，私自役占，徒有民壯之名，未見兵勇之實。即如近日四川、南直隸妖寇之變，攻陷城池，焚劫官庫，守土官員坐視縱横，束手無策，誠爲後車之鑒。所據該司具呈前因，相應亟爲議擬。合候[六]下，并行南北直隸并十三省巡撫都御史，轉行兵備、守巡該道，著落各府州縣掌印官，照依弘治二年事例，即查本州縣原額守城民壯若干，見在若干，逃亡未補若干，中間守邊、抽軍、折銀各若干，即今應該作何處置。或將本處見有快手、機兵等項改補，止要查復原額之數，不必多增一人，以致勞民傷財。文書到日，通限兩個月以裏開款奏聞。稍候規畫事定，編立隊伍，每五十人爲一隊，設隊長一名；一百五十人爲一總，設總管一名。專理責之州縣巡捕官，兼理責之州縣掌印官，總理責之該府掌印官。各查空閑官地一區，立爲民壯教場，春夏秋三季月操六次，至冬操三歇三，務使武藝精熟，器械修整，如遇草寇生發，即便督率剿捕。有兵備官處聽兵備官，無兵備官處聽守巡該道官，不時教閱。撫按官巡歷至處，與同衛所官軍一體操練。如果人强藝精，卓有成效，許其特爲奏薦，重加獎賞；怠玩廢弛者，指名參究。歲終，巡撫官將該管守巡、兵備、掌印、巡捕官開注勤惰，送部查考。如敢占役，查照私役軍人事例重加降罰。一整飭之間，既無增餉之勞，立見足兵之利。事關機要，伏乞聖明俯賜裁定。

嘉靖四十五年五月十二日題，奉聖旨："是。"欽此。

覆左給事中馮成能等究寧武軍變遼東叛夷疏

題：爲邊關兵士爲變，乞賜究治根由，嚴法紀，以警將來，以靖疆圉事，職方清吏司案呈，奉本部送，兵科抄出，兵科署科事左給事中馮成能等題，奉聖旨："兵部知道。"欽此。抄出送司。

卷查先該山西督撫官尚書趙炳然等題，爲棍徒作俑，乘機劫財事。本部議得，寧武之變，總兵、兵備等官典守之罪均屬難辭，查照原擬，將兵備沈紹德免究，總兵董一奎戒諭，守備董大衆罰治，旗牌郝洪提問，及曉諭脅從之人，首惡既已伏誅，其餘被其誑惑者不問。又該遼東督撫官侍郎劉燾等題，爲邊官捐軀禦虜，懇乞聖明特賜恤典以慰忠魂，併乞究治失事官員事，内稱總兵官佟登往往失事，似應併究。本部議，將陣亡備禦等官苟麒等贈官優恤，及行巡按御史，將失事官王承祖等通行提問，干礙佟登，一體勘擬。俱經覆奉欽依欽遵訖。又該遼東督撫官侍郎劉燾等題，爲達賊犯邊事。本部看得，西興堡、高橋鋪失事重大，一面行巡按御史，查勘搶殺人畜、攻破墩堡，有罪人員指名參奏，一面行督撫官，整搠軍馬，防賊再犯，務擒叛夷黄勇以絶禍端去後。今該前因，通查案呈到部。

看得兵科署科事左給事中馮成能等具題前因，大略有二，其一則謂山西寧武之變始於平日將領統馭無策所致，欲將總兵官董一奎重究，巡撫王繼洛戒飭，并查覈致變之由，禁革需求之弊；其一則謂遼東黄勇之叛止因裁革米、薪賞犒，遂致攻搶殺掠，欲將總兵官佟登究治，巡撫魏學曾速行驅剿。及分别夷夏之防、豫杜輕侮之漸各一節，均於邊計大體有關。除王繼洛新任免究外，大抵山西自老營堡軍變以來，耳目習染，漸成驕悍之風，即使將領乖張，法紀在上，豈容輒肆叛逆。遼東自黄勇逋逃以後，烟烽傳報，殊無寧息之日，要之兵馬單弱，内治不修，難以全坐勾引。但董一奎、佟登先已奉旨處分，固難别議，仍當重加申飭，以示後戒。合候命下，本部移咨山西都御史王繼洛，會同巡按御史，一面將寧武軍變一事再加體勘，果如總督前奏，遵奉欽依，脅從之徒姑從寬貸，明白省諭，令其仰感天恩，保全身家，不許冥頑負固，自干國憲。一面將董一奎嚴加戒諭，果有貪虐不法，作速改圖。如敢偃蹇如故，會本參奏，恭候宸斷。其黄勇一事，亦容本部移咨遼東都御史魏學曾，通行大小將領，嚴謹邊備，但遇夷虜侵軼，努力捍禦，如近日守備郎得功之捷，方稱委任。如或踵習夙弊，需索常例，如紙筆、節儀、狼皮、馬尾，及扣糧撫賞之類，輕則聽督撫官以軍法處置，重則拿解來京究問。其佟登果能將黄勇設法擒斬，不惟免其罪狀，仍加升賞。以後各邊來降夷人，督撫官照例起解安插，不許輕易存留，養虎遺患。

嘉靖四十五年五月十九日題，奉聖旨："是。"欽此。

會議監工科道官倪光薦等疏浚京城河渠疏

題：爲循職掌，據見聞，議修復，以壯國威，以裨萬世治安事，兵科抄出，工科等衙門左給事中等官倪光薦等題，俱爲前事，俱奉聖旨："兵、工二部看了來説。"欽此。欽遵，通抄到部。

卷查先該工科都給事中王元春等題，奉聖旨："兵部會同工部便看了來説。"欽此。隨該本部等衙門會議，外城河渠候前項工程完日另議施行，仍行工科奏差給事中一員，都察院札委西城御史巡督。一面先同二部司屬親詣西山河源所在，逐一踏勘，臣等覆勘，但有臨河引水灌溉田圃致塞渠流者，責令作速改正。勢豪之家如敢抗違阻撓，聽科道官指名參奏，以憑重治。以後如有損壞、低窪，照依天順六年題准事例隨即填補、修理，不必拘定三年、五年之限，等因。覆奉聖旨："是。這城河、閘壩便擇日興工疏浚修理。勢豪抗違阻撓的，著巡督科道官指名參奏。"欽此。已經遵行，各該衙門各委官會勘去後。今該前因。

臣等會同少保兼太子太傅、工部尚書臣雷禮等看得，巡督河工工科等衙門左給事中等官倪光薦等所題二疏：其一謂内城東、西、北三面城河無險可恃，其工固當早完；新城東、西、南三面城河護衛内城，其工亦不可緩。其二謂廣寧門迤北至西便門河形太狹，不可不處。其三謂西湖上下一帶至高梁橋閘堤壩當修，淤塞當浚，私竊盜引水利者當革當禁。要皆得之體勘之真，臣等無容覆勘，相應通行議擬。合候命下，容臣等二部亟行兵部主事龔惠、工部員外郎沈子木，嚴督在工參遊、都司札付等官，稍候内城東、西、北河身挑浚完日，先將新城三面河身河堤量照内河規制以次修舉，最後方修内城南面河工。其西便門迤南、廣渠門迤北近河隄岸獨爲窄狹，一面向外再加剷削，務使寬廣，一面用石包砌城角，以防壅决之患。官、民莊園果有妨礙者，工部給與價值，徑自拆改。青龍橋木閘薄漏不堪，工部改修減水石閘一座，高約五六尺，寬約二三尺，上加木板，酌量河水淺深、天雨多少隨時啓閉。仍定委司屬官一員，宛、大二縣各派閘夫十名管理守視。大龍王廟以下、高梁橋以上，或私置暗溝，或種植蔬菜，明係居民相沿作弊，姑免治罪，聽其自行填塞改正。工部仍添用官灰、官石如法修砌，以圖經久。西城御史出示定限，責令完報。如敢抗違，應拿問者拿問，應參奏者參奏。以後御史每季一行巡視，地方總甲每月朔望具結呈報。至於湖南一帶原係野泊，不必再行築隄。止有功德寺上下蘆葦蓊結，海潮庵左右沙土淤塞，兵部各撥軍夫另行挑浚。未盡事宜，仍聽工部隨宜舉行。及照做工官軍時當盛暑，勞苦陪〔七〕常，戎政衙門并臣等兵、工二部每月各犒賞一次。除戎政、工部各有堪動銀兩，兵部於太僕寺支取罰工銀二千兩發與職方司，坐委相應官員經理支銷。倘有不敷，再行添支，以見悦以使民之意，通乞聖裁。

嘉靖四十五年五月二十二日題，奉聖旨："是。"欽此。

覆巡撫延綏都御史王遴條陳邊務疏

題：爲重鎮危急，敷陳末議，以圖久安長治事，職方清吏司案呈，奉本部送，兵科抄出，巡撫延綏等處地方、都察院右僉都御史王遴題，奉聖旨："該部看了來説。"欽此。欽遵，抄出送司，案呈到部。

看得巡撫延綏都御史王遴條陳四事，合就開立前件，議擬上請定奪。

嘉靖四十五年五月二十六日題，奉聖旨："調兵原非可久之計，著劉燾嚴督鎮巡、兵備等官補練鎮兵，以漸減省調發。延綏遊兵且先添募一枝，其餘依擬行。"欽此。

一、量復修築城堡官員以便督責。大率謂本鎮先年設有參政、參議，專修城堡，後因裁革年久，城堡傾圮，欲要查照前例，添設府同知一員，專管修築城堡事務，委於相應。但地方廣遠，先年參政二員整理尚難，即今廢墜尤甚，同知一人豈能獨辦？合無斟酌所擬，本部移咨吏部，添設府同知二員，俱於延安府列銜，榆林鎮駐札，分管邊腹城堡修理事務，不許干預别事。應用吏書、門皂、廩糧等項，俱聽王遴隨宜查處。本官果能盡心職業，克收保障，總督、撫按官不時奏薦，照依近例徑升憲職。如或廢職怠事，致誤邊防，亦要不時参究，更置賢者，以修實政。

一、禁革調操搶兑以實營堡。大率謂本鎮邊堡軍馬近因入衛遊兵逃故補發、總兵官挑搶團操，以致各營堡空虚，哨瞭、爪探一切俱廢，欲要通行禁革，并將所調尖兒手散歸堡寨，保障地方，委於邊防有益。但言之不難，行之爲難，其責全在巡撫。合無依其所擬，備行王遴，即將總兵衙門原調尖兒手人馬查照各堡地方盡數發回，仍嚴行各該營堡將領，以後該管軍馬各要概加操練，務期一一精勇，以資戰守。不許擅自調操搶兑，以致單弱，以召虜患。其入衛遊兵軍士若有逃亡、事故者，鎮巡衙門徑於本軍户内勾補，果係丁盡户絶，亦要設法召募，充補原額，再不得指以挑選爲名，致壞邊政。

一、議處入衛遊兵以捄危急。大率謂該鎮各處兵馬僅足自禦，後因薊鎮選兵四枝入衛，及軍門抽選標兵九百，即今士馬單弱，城堡危急，欲要量減遊兵一枝，或每年發銀五萬兩，并還標兵九百。該臣等看係事在薊鎮，難以懸斷，隨經移咨前去查議。隨准總督侍郎劉燾、巡撫都御史耿隨卿咨稱，入衛遊兵未敢輕減，募軍銀兩歲有常用，止欲延綏將每年入衛遊兵每營存留三百，以抵薊鎮標兵九百之數。臣等竊惟，薊鎮入衛之兵既無減免之期，延鎮常守之兵當爲調停之計。合無斟酌所擬，備行王遴，查照薊鎮咨文事理，以後入衛之兵每營止發二千七百員名，其餘三百存留在本鎮。仍准添募遊兵二枝，合用募軍、買馬銀兩并何官堪任遊擊，會同總督、巡按衙門逐一議處明白，開坐具奏，以憑户、兵二部照例處發。

一、請遣大臣經略以定群議。大率謂該鎮節年修邊、馬價銀兩十數餘萬，見今邊墻、墩臺未完，馬匹不足，廢壞因循，積非一日，欲要請命文職大臣或科臣一員前去經略，無非親見地方大壞極弊，欲借廟堂之力早爲振飭。但惟彼中見有總督侍郎職專閫寄，巡按御史職司風憲，若再差大臣、科臣，事體反不歸一。合無斟酌所擬，備行總督侍郎陳其學，親詣延綏鎮城，會同巡撫都御史王遴、巡按御史温如玉，一面將延綏一鎮修過城堡墩臺、買過馬匹、用過錢糧從實查勘，如果干礙先任鎮巡，一體參論，一面將一切兵食、戰守事宜應該作何區處。文書到日，限一月以裏會本具奏。

覆巡視京營科道官段朝宗等條陳營務疏

題：爲陳末議，責實效，以飭營務，以重秋防事，職方清吏司案呈，奉本部送，兵科抄出，巡視京營、禮科等衙門右給事中等官段朝宗等題，奉聖旨："兵部看了來説。"欽此。抄出送司，案呈到部。

看得巡視京營、禮科等衙門右給事中等官段朝宗等條陳六事，及"清放支"之條内與本部相關者，合就開立前件，議擬上請定奪。

嘉靖四十五年五月二十七日題，奉聖旨："依議行。"欽此。

一曰嚴紀律。看得軍法以嚴爲主，無事之時若使漫無紀律，臨警之際自難免其涣散，所據巡視科道官段朝宗等具題前因，委爲營中第一要務。合無依其所擬，備行戎政大臣，嚴督各營大小將領，申飭三營官軍，今後每遇開操之時，黎明進營，巳時散營，以鼓精鋭；操中寓選，選中寓操，以收驍健；合操列營，分操習射，以精技藝。必使兵將相識，戰守咸賴，方爲實政。如有點閲不到、喧嘩失律者，輕則以軍法綑打，重則調發邊衛。其事全在戎政大臣加意振作，不得姑息。科道官從實糾論，自難假借。

二曰清放支。看得士飽馬騰，全在糧料。所據巡視科道官段朝宗等具題前因，除慎委支放官員，户部徑自議覆外，合無依其所擬，備行戎政大臣，以後遇放折糧、折草，該管指揮、千把總等官務要公同秤鑿，足數給散。敢有巧立名色，肆行科剋，如近日百户焦純者，聽科道官指實參論，以憑拿送法司，依律究問。干礙將領一體治罪。

四〔八〕曰重副任。看得京營副將，比之參遊，其職稍崇，當有節制之義，所據巡視科道官段朝宗等具題前因，臂指相使，可謂得其領要。合無依其所擬，備行戎政大臣，將副將張時春等再加酌議。某長於戰，令其提調戰兵；某長於守，令其提調車兵；某精於火器，令其提調火器。因能授任，各盡所長，具由回奏。其參遊以下，無事照常操備，一遇有警，悉聽分管副將調度，如敢阻撓牴牾，許副將參呈總協、科道處，指名論治。

五〔九〕曰慎總選。看得京營事務，將領總其大綱，千總、把總分其節目，地近職親，尤貴得人，所據巡視科道官段朝宗等具題前因，無非慎重頭領之意。合無依其所擬，備行戎政大臣，趁今歇操，將各營千把總會同科道官嚴加遴選。如有老弱、貪鄙之徒即行革黜，另擇年力精壯、行止端慎之人以補其缺。但惟此輩賢否勇怯不甚相遠，止當去其太甚。若舊者去之太頻，新者未必勝之，徒增煩擾。先將見任各官出示曉諭，即有不法，令其改圖，以後如敢仍踵夙弊，黷壞軍伍者，聽戎政大臣及科道官參奏拿問。

六〔一〇〕曰精火器。看得禦虜長技全在火器，先該臣等題議打造連珠、夾靶鎗炮，正爲防秋，所據巡視科道官段朝宗等具題前因，查與本部近議相同。合無依其所擬，備行戎政大臣，嚴督副將張時春等，將新造火器逐加試放，精鍊堪用者鑿記官匠名姓，給軍領放，間有炸壞不堪，隨時改造，務求精堅便利，不致虛費。通候見製火器完日，行令戎政大臣再加計算，果不敷用，應該作何議處，具由奏請。本部一面移咨工部，不拘連珠炮、夾靶鎗，如法打造，聽候給軍。應用鉛子、火藥、藥綫之類，亦要作速查發，以備該營防秋之用。

七[一一]曰習馬射。看得衝鋒致遠全在馬射，所據巡視科道官段朝宗等具題前因，委得禦虜機要。合無依其所擬，備行戎政大臣，督令各營大小將領，稍候秋防開操之日，將有馬官軍每五日教習馬射一次，其馬上舞刀、舞鎗等項，各隨所藝通行教演。如果騎射優長，武藝通熟，聽科道官動支該營子粒銀兩分别奬賞。騎射、武藝生疏者，亦要重加懲治，以示後戒。

八[一二]曰實城守。看得城守之兵關係最重，委當預處，所據巡視科道官段朝宗等具題前因，查與戎政大臣近題事理大略相同。合無依其所擬，備行戎政大臣，即查内城、外城防守軍人共該若干，見今在營、城守軍人計有若干，不足者該於何處取補，逐一分派停當，備造文册三本，一送兵部，一送巡視科道，一留該營備照。至於度置倉庾，領貯軍器，咨行户、工二部，徑自議處施行。

覆湖廣撫按官谷中虚等究處承天衛刁軍疏

題：爲地方事，職方清吏司案呈，奉本部送，兵科抄出，巡撫陝西地方、都察院右副都御史、暫管原任巡撫湖廣事谷中虚，巡按湖廣監察御史陳省題，俱奉聖旨："該部知道。"欽此。又該守備湖廣承天府等處地方内官監太監張方題，同前事，奉聖旨："兵部知道。"欽此。欽遵，通抄送司，案呈到部。

臣等看得，承天衛軍士告糧一事，先以忿激而毆書手，猶爲小節；後乃擁衆而詈知府，殊傷大體。府衛各官，或催科失期，或鈐束不嚴，或刑責過當，固爲有罪，而軍士之罪亦自難辭。既該巡撫、守備、巡按衙門會奏前來，係干地方，相應通行議擬。合候命下，移咨都察院，轉行巡按御史陳省，即將指揮胡炅、曹茗、朱衮，知府鄭文茂通提到官，問擬回奏。一面備行巡撫都御史谷中虛，會同守備張方，將後次爲首軍士量拿數人，各以軍法重加懲治，改調極邊衛分，以示懲戒，其餘脅從之徒姑不深究，仍嚴加省諭，令其以後謹守國法，毋得冥頑負固，自取身家之禍。

嘉靖四十五年五月二十九日題，奉聖旨："是。這軍士好生不畏法度，爲首的著撫按會同守備官嚴行拿治。胡炅等，巡按御史提問具奏。"欽此。

請命川湖新任撫臣會同按臣勘處支羅山寇疏

題：爲川湖山寇久未勘報，乞爲查催，以靖地方事，職方清吏司案呈。照得支羅山寇黄中一事，節奉明旨，行四川、湖廣巡按御史查勘，月久未見回奏，呈乞議處，案呈到部。

看得支羅山寇之變，首惡已正典刑，頗洩生靈之憤；脅從未見處分，恐生反側之虞。且□□〔一三〕有事，諸臣或坐致敗衄，罪當首論；或悉心撫剿，功當優録；或土兵效勞，如彭翼南等，尤貴處置得宜，以服其心；或逆屬投首，如黄洪道等，亦須情法允當，以昭其信。事關兩省，風係諸夷，委當早爲結正。查得四川巡撫都御史譚綸、湖廣巡撫都御史楊豫孫，新任之始既於功罪無與，夙望之隆又爲夷夏所欽，相應令其會勘。合候命下，備行譚綸、楊豫孫，會同四川巡按御史李廷龍、湖廣巡按御史陳省，即將黄中前後事情通行勘議。要見四川之剿、湖廣之撫孰是孰非，孰得孰失；何官有功，何官有罪；何官功多罪少應該准贖，何官罪多功少應該仍叙；彭翼南等是否特效勤勞，黄洪道等應該作何計處。在湖廣投降者照舊安插於湖廣地方，在四川投降者照舊安插於四川地方，巢穴固當拆毁以絶禍根，墳墓不當乞掘以傷和氣。文書到日，限一月以裏會本回奏。如或遲疑不决，以致别啓釁端，責自有歸，悉聽該科從實參究。

嘉靖四十五年六月十一日題，奉聖旨："是。"欽此。

覆宣大總督尚書趙炳然分布防秋兵馬疏

題：爲分布防秋兵馬事，職方清吏司案呈，奉本部送，兵科抄出，總督宣大山西等處地方軍務兼理糧餉、兵部尚書兼都察院右都御史趙炳然題，奉聖旨："兵部知道。"欽此。欽遵，抄出送司，案呈到部。

看得總督宣大山西軍務尚書趙炳然題稱，防秋兵馬大率兵分三等，有擺守、協守、併守之不同；將分各路，有外防、内防、夜防之不一。至於以忠義不欺爲本，以保護陵京爲重，以哨探决勝爲急，義正詞嚴，尤爲剴切，相應通行依擬。合候命下，備行趙炳然，嚴行鎮巡等官馬芳、孫吴、董一奎、冀錬、張志孝、王繼洛，查照所擬，一面著實遵行，一面具由回奏。其副總兵任勇而下，各將遵行過緣由呈部查考。若各該大小將領及兵備、司道等官敢有不忠不義致誤事機者，則是自棄聖明之世，悉聽趙炳然指名參奏。但兵無常形，機難預定，未盡事宜仍聽趙炳然臨期斟酌，臣等不敢遥制。

嘉靖四十五年六月十七日題，奉聖旨："是。著趙炳然嚴督鎮巡、兵備等官相機戰守以固秋防，但有怠違的，著便指名參治。"欽此。

覆宣大總督尚書趙炳然預計應援紫荆等關疏

題：爲預計虜情，戒嚴紫荆諸關，以重畿甸事，職方清吏司案呈，奉本部送，兵科抄出，總督宣大山西等處地方軍務兼理糧餉、兵部尚書兼都察院右都御史趙炳然題，奉聖旨："兵部看了來説。"欽此。欽遵，抄出送司，案呈到部。

看得總督宣大山西等處軍務尚書趙炳然題稱，公同宣、大、山西三鎮議處過策應紫荆、馬水之兵，或邀虜前，或尾虜後，或攻虜瑕，斟酌急緩，算無遺策。至於豫度宣東之警專意陵京，責成保鎮之臣極力修守，雖與臣等原議相同，而發明尤爲透徹，相應通行申飭。合候命下，移咨趙炳然，一面嚴行宣大、山西鎮巡等官，趁今閑暇，即將各該策應兵馬整搠停當，一面責令各鎮將領選差的當丁夜深哨遠探，先得虜情，果有侵軼紫荆、馬水等關消息，悉照今議各馳戰地，相機援應。敢有退縮觀望，如崔應奇、盧國讓者，悉聽軍門先以軍法重加處置。若虜專窺薊、昌二鎮，總督大臣止當保固陵京，防護南山，不得輕易西馳，致失東備。本部仍行保定鎮巡官張師載、尹秉衡，速將紫荆、倒馬、馬水等關口險隘去處多方修繕，查照先今事理一併回奏，不許遲緩。

嘉靖四十五年六月十七日題，奉聖旨："是。"欽此。

覆左給事中馮成能等請申飭京邊重臣防秋疏

題：爲防秋届期，懇乞申飭當事臣工竭誠悉慮，固本源，以昭安攘事，職方清吏司案呈，奉本部送，兵科抄出，兵科署科事左給事中馮成能等題，奉聖旨："兵部看了來説。"欽此。欽遵，抄出送司，案呈到部。

看得兵科左給事中馮成能所題申飭防秋，其綱領則有"孚恩信"、"振紀綱"二端，其條目則有"去貪殘"、"倡勇敢"、"一軍心"、"行賞罰"數事，其究極則歸重于京營戎政，敷陳積弊，極其剴切，臣等無容别議。但惟邊方之事，居中劑量，臣等與該科止能言之；分閫宣力，全在總督、鎮巡官加意行之。即今一切戰守事宜言之未爲不詳，若使諸臣仍襲舊套，不行幹理，竟何濟於修攘之事？臣等以爲，振肅紀綱先當自重臣始，蓋重臣果能盡統御之才，成臂指之勢，自可以上紓皇上宵旰之憂。或原無統御之才而冒榮席寵，或雖有統御之才而市恩遠怨，均不容于堯舜之世。轉盼入秋，相應亟行議擬。合候命下，備行總督劉燾、趙炳然、陳其學并各該撫鎮等官，文書到日，各要會集偏裨、官軍及家丁、通夜人等，先將紀綱一節再三曉諭，使知手足、頭目之義。若總兵不用總督之命，一面先以軍法重治，一面具實參究。副參、遊守以下不用鎮巡之命，一面先以軍法從事，一面具報軍門處置。軍夜、家丁不用本管官之命，一面先以軍法綑打，一面呈報軍門，置之死罪。其餘計處月糧、器械，犒賞、優恤軍士等項，不妨以次奏請。若至臨時方行具奏，希圖遮掩失事，國典具存，自難輕貸。以後地方有功，除照常覈勘外，果有奇功，在人耳目，别無可疑者，督撫奏到，容臣等即時覆奏，厚加升賞，以示優異。至於京營戎政，腹心之地，揆以居重御輕，軍馬當練，將領當嚴，恩信、紀綱當立，比之各邊，尤爲緊要。備行總協大臣顧寰、遲鳳翔，一體修舉。如外而總督、撫鎮，内而總協戎政，仍以利害毁譽之故不行振飭綱紀，悉聽該科與所在巡按御史不時參論，以修實政。

嘉靖四十五年六月二十四日題，奉聖旨："是。"欽此。

覆薊遼總督侍郎劉燾分布防秋兵馬疏

題：爲分布防秋兵馬事，職方清吏司案呈，奉本部送，兵科抄出，總督薊遼保定等處軍務兼理糧餉、兵部右侍郎兼都察院右僉都御史劉燾題，奉聖旨："兵部知道。"欽此。抄出送司，案呈到部。

看得總督薊遼保定軍務右侍郎劉燾所題分布防秋兵馬緣由，删去繁文，修舉實政，東警、西警調度各有專責，墻内、墻外扼守俱有成算，至於以身任薊、昌之事，先時備遼、保之兵，尤得肯綮。係干邊計，相應通行議擬。合候命下，備行劉燾，通行鎮巡等官胡鎮、劉漢、尹秉衡、王治道、耿隨卿等，督同各該兵備、司道、大小將領，各照所擬信地、所統兵馬，深哨遠探，躬親監督，務使無事之時分工修守以守則固，有警之時併力剿逐以戰則克。胡鎮、劉漢、尹秉衡、王治道、耿隨卿各另具由回奏，副總兵申維岳而下通將遵行過緣由呈部查考。各該將領、兵備等官敢有不行用心督視監理致誤機宜者，悉聽劉燾指名參究，以憑重治。

嘉靖四十五年六月二十五日題，奉聖旨："是。這防秋事宜著劉燾嚴督鎮巡、兵備等官用心幹理，但有違怠的，即便指名參治。"欽此。

覆宣大巡按御史蒙詔報虜入寇戒備疏

題：爲大舉聲息事，職方清吏司案呈，奉本部送，該巡按直隸監察御史蒙詔揭帖，前事，等因，到部送司，案呈到部。

臣等看得，即目盛夏，原非醜虜入犯之時，乃今擁衆突入宣府地方，意在乘我不備。所幸該鎮大小城堡俱已修理完固，止當多方收保以老其師，相機設伏以邀其惰。但蔚州以西則爲紫荆諸關，保安以東則爲居庸諸口，意外之防不可不慮。除馬上差人移文宣大總督尚書趙炳然、薊遼總督侍郎劉燾等酌量發兵徑自戰守，仍行大同總兵官孫吴、巡撫都御史張志孝，於天城、陽和一帶，或選勁兵奮擣巢穴，或據險隘大加遏剿，務保萬全外。

嘉靖四十五年七月初三日題，奉聖旨："是。"欽此。

覆保定督撫官劉燾等計處紫荆諸關隄備疏

題：爲預計虜情，戒嚴紫荆諸關，以重畿甸事，職方清吏司案呈，奉本部送，兵科抄出，總督薊遼保定等處軍務兼理糧餉、兵部右侍郎兼都察院右僉都御史劉燾，巡撫保定等府地方兼提督紫荆等關、都察院右僉都御史張師載題，俱奉聖旨："兵部知道。”欽此。欽遵，通抄送司，案呈到部。

看得總督薊遼保定等處軍務右侍郎劉燾、巡撫保定等府都御史張師載各題前因，大率皆爲計處紫荆、倒馬、龍泉三關而設，所據“留勁兵以壯聲勢”、“分兵備以司監臨”、“請重兵以赴應援”、“審道路以嚴堵截”四事均於邊計有益。但薊、昌二鎮拱護京陵，理當時時戒嚴，審計道路，臨警應援，乃總督侍郎劉燾之事，駐札地方委難預定。紫荆諸關千蹊萬徑，勢難一一周匝，區處財力，先事整飭，乃巡撫都御史張師載之事，空缺去處仍當早圖。秋防在近，相應亟爲議擬。合候命下，備行劉燾，一面督同總兵官尹秉衡，差人於大同、宣府沿邊爪探，果有的犯紫荆等處消息，或親見苗頭南向，即便發兵策應。大率留十路擺守之兵照舊擺守，用十路出戰之兵相機遏截。應用糧料、草束，各該管糧衙門預備以待。一面公同巡撫都御史張師載、巡關御史杜從易并尹秉衡，自井陘口起至馬水口止，逐一再加閱視，但有未周未備，責令兵備副使孫一正、沈應時、曹科、宋儀望各照分定監督地方，嚴行參守等官上緊修浚，務在八月以前堅完如法，不許徒事虚文，又如往歲墻子嶺之變，自取嚴譴。其民兵一枝，彼中既謂如左右手不可相失，亦聽劉燾徑自酌量，免其徵調，務中機宜。

嘉靖四十五年七月初四日題，奉聖旨：“是。”欽此。

遵諭防虜秋深疏

題：爲傳奉聖諭事，職方清吏司案呈，奉本部送，嘉靖四十五年七月初八日該内閣傳奉聖諭：“北賊此時乃難逞狂，不可不防於秋深也。”欽此。欽遵，傳奉到部送司，案呈到部。

臣等看得，即目雖已七月，仍屬盛夏，炎熱方隆，虜人銜之，苦不能支，其人入犯爲難；禾黍未熟，虜馬食之，因而多斃，其馬入犯爲難。乃今不忌二難，逞狂於宣府之境，度其情狀，秋深不可不防，誠如聖諭。但今歲自防春以後，臣等無日不講防秋之事。薊鎮、昌平、保定有險可據，難保虜之不來，則屢議修守，必使匹馬不能入邊，方爲上策；遼東、宣府、大同、山西無險可據，難保虜之不入，則屢議戰守，必使虜蹤早爲出邊，始爲中策。荷蒙聖明在上，雖在停禁之期，一一采覽，俯賜施行，臣等雅與邊臣不勝幸甚。即如今次宣府之警，初一日虜自西路突入，總督尚書趙炳然拒之於順聖東城，大同總兵孫吴拒之於順聖西城，宣府總兵馬芳拒之於渡口，宣府巡撫冀鍊拒之於保安，昌平總兵劉漢謹守居庸等關，保定總兵尹秉衡謹守紫荆等關，而馬芳尤力戰數合，勇氣百倍，以故醜虜蟻聚而行，狼奔而退。兵家制勝，毋恃其不來，恃吾有以待之。況秋氣漸深，以其時，以其機，自有必來之理乎！除馬上差人通行總督、鎮巡等官，加意隄備，一應軍務，已經奏准者作速遵行，未經奏准者以次奏聞，務保萬全外，伏望皇上少紓聖懷。

嘉靖四十五年七月初九日題，奉聖旨："是。"欽此。

覆宣大總督尚書趙炳然論膳房堡戰功賞賚疏

題：爲大舉達賊非時入犯，屢被官軍奮勇擊遁，甄别功罪，以示勸懲，以勵邊將事，職方清吏司案呈，奉本部送，兵科抄出，總督宣大山西等處地方軍務兼理糧餉、兵部尚書兼都察院右都御史趙炳然題，奉聖旨："兵部看了來説。"欽此。又該巡撫宣府等處地方、贊理軍務、都察院右僉都御史冀鍊題，同前事，奉聖旨："兵部知道。"欽此。欽遵，通抄送司，案呈到部。

看得總督宣大山西軍務尚書趙炳然等題稱本年七月初一日，達賊三萬餘騎從宣府萬全右衛膳房堡東空進入，分犯丁寧、水峪口等處地方，官軍、壯夫對敵，斬首一十八顆，奪獲馬牛等項，各賊敗奔出境緣由。及稱宣府總兵官馬芳血戰之功所當異録。軍門標下參將補於漢，總兵標下前鋒把總解生，中軍官焦澤、王臣，標下把總張彦、侯國均應重録。標下遊擊葛奈，宣府遊擊龐堯臣、王國勛，宣府副總兵任勇，遊擊劉寶，監督旗牌許雲鶴、計安國，原任參將馮詔，大同總兵官孫吴，遊擊范恭、戴椿、吴昆，山西北樓口參將孫鎮，均有追戰之勞。山西總兵官董一奎、中路參將李官、巡撫中軍王尚忠又當次録。西路參將劉國哨探不實，有誤軍機。南路參將應朝宗功罪相准。萬全右衛守備魏棟、膳房堡守備張臣、深井堡守備郝錦、東城守備李楹情罪次於劉國。山西老營堡遊擊黑雲龍所當重罰。獲功、陣亡等項及地方失事重輕，轉行巡按御史覈實具奏各一節。爲照前項虜情，未入之前，桑乾之水暴漲，阻其南下之謀；既入之後，深井之雨滂沱，速其北遁之念。潛消默奪，寔惟我皇上誠感玄穹所致。但惟一時諸臣，發蹤指示，當以總督尚書趙炳然爲第一，而巡撫都御史冀鍊次之。衝鋒破敵，當以總兵官馬芳爲第一，而參將補於漢、把總解生次之。同心同德，宣力宣猷，以守則爲堅壁，以戰則爲奇功，是誠數十年來未有之事。其餘有功有罪人員，既該督撫官分别明白，具奏前來，係干激勸，相應通行依擬。合候命下，將趙炳然、馬芳特加優賚，補於漢、解生重加優賚，冀鍊重加賞賚，焦澤、王臣、張彦、侯國、孫吴、葛奈、孫鎮、任勇同加賞賚，王臣仍准贖罪，董一奎、龐堯臣、王國勛、劉寶、范恭、戴椿、吴昆量加賞賚，李官、王尚忠、許雲鶴、計安國、馮詔，總督軍門分别犒賞。應朝宗免其究治，黑雲龍姑加罰治，劉國聽總督軍門先以軍法綑打，仍取重辟招由，與魏棟、張臣、郝錦、李楹俱令戴罪防秋，完日另議。一面移咨都察院，轉行宣大巡按御史，再加查勘，要見何官雖賞，仍該升級，何官功浮於罪，何官罪浮於功，何官功罪相准，一應人員及各堡獲功壯夫逐一分别等第。此外如有隱匿失事重情，亦要從實一併具奏。但恩威出自朝廷。

嘉靖四十五年七月二十日題，奉聖旨："是。趙炳然賞銀五十兩、紵絲四表裏。馬芳四十兩，冀鍊三十兩，各二表裏。補於漢、解生各三十兩、一表裏。焦澤等各二十兩，董一奎等各十兩。黑雲龍罰俸一個月。其餘依擬。應查勘分别的，著巡按御史上緊具奏。"欽此。

覆巡撫順天都御史耿隨卿等防守陵山徑路疏

題：爲遵奉欽依，奏報體勘緩急邊工，以慰聖懷事，職方清吏司案呈，奉本部送，兵科抄出，整飭薊州等處邊備兼巡撫順天等府地方、都察院右僉都御史耿隨卿題，奉聖旨："兵部知道。"欽此。又該鎮守居庸昌平等處地方總兵官、中軍都督府都督僉事劉漢揭，同前事，又該天壽山守備内官監太監張保山題，爲禁山安設榨木事，奉聖旨："兵部知道。"欽此。欽遵，通抄送司。

卷查先該總督薊遼保定軍務右侍郎劉燾題，爲申飭邊工、斟酌衝緩以求戰守萬全事。該本部覆議得，禁山一帶栽種樹株以固藩籬，收效十年之後；謊炮兒等處添布宣兵以衛門户，誠爲萬全之圖。一面備行薊遼總督劉燾、都御史耿隨卿、巡關御史杜從易，嚴督兵備僉事張問仁，會同守備太監張保山，備將禁山隘口亟行踏勘。除日下秋防仍用拗馬石、木簽外，稍候冬初，各將應用樹株相地栽種，務使錯雜成行，培植如法，足以限隔虜馬，方爲長計。仍不時差人巡視，以禁軍民盜伐，如有違犯，依律重究。一面通行宣大總督趙炳然、都御史冀鍊、總兵官馬芳，將謊炮兒等口再加查勘。如果該添官軍徑自添設，無事之時用心擺守以防奸細，有警之時併力拒堵以伐虜謀。二總督仍各具由回奏，以憑查考，等因。題奉聖旨："是。邊山樹木著通行各鎮栽種培植，如有私伐的，重行禁治。"欽此。俱經通行欽遵外。今該前因，查呈到部。

看得巡撫順天都御史耿隨卿、鎮守昌平總兵官劉漢等各題揭稱，禁山灰嶺等口安設榨木、拗石俱已完備，及稱前項各口漸通人行，仍要遵照先年題奉欽依事理，備行提督太監、總兵、兵備等官，巡視盤詰，不許軍民人等私竊出入，其白龍潭、謊炮兒等處，雖公差、哨夜亦不許擅自經由一節。爲照禁山之外，雖有宣府南山聯墩聯墻，内而沙嶺、灰嶺等處仍當設置重險，以保萬全。所據榨木一事，既該巡撫、兵備官公同守備張保山安頓停妥，無容别議。但恐奸宄之徒私竊出入，别生事端，委當禁革，以慎封守。合候命下，移咨總督劉燾、巡撫耿隨卿，會同太監張保山、總兵官劉漢，督同兵備等官，遵照先年題奉欽依事理，嚴督巡守官軍，各將本軍年貌置造紅牌一面，隨身懸帶。門家峪直通黄花鎮一路，止許直日巡軍傳報、哨夜驗實牌面批文往來公幹。其白龍潭、謊炮兒等處，雖公差、哨夜亦不許輒自經由，致成蹊徑。一切軍民人等如敢故違，聽巡視官軍捉拿到官，兵備道重加治罪，仍枷號示衆，以爲後戒。

嘉靖四十五年八月十一日題，奉聖旨："是。著各官嚴加查訪，但有私自出入禁山，及巡視官軍容隱的，即便通行重治，以慎封守。"欽此。

覆巡撫南贛都御史吴百朋請討三巢疏

題：爲乞剿逆賊稱王，急救地方大患事，職方清吏司案呈，奉本部送，兵科抄出，巡撫南贛汀漳等處地方、提督軍務、都察院右副都御史吴百朋題，奉聖旨："該部知道。"欽此。欽遵，抄出送司，案呈到部。

看得江西三巢，負固不服，乍臣乍叛，天討之所必誅，國法之所不宥。但壘有堅瑕，下歷爲堅，岑岡次之，高沙又次之；情有順逆，高沙頗順，岑岡爲逆，而下歷又逆之甚者。乃今提督都御史吴百朋不假調兵，毅然以身任之，中間方略諒已預定，本部難以遥制。合候命下，馬上差人移文吴百朋，督同參將蔡汝蘭、參政蔡文、副使李佑等，或剿或撫，相度機宜，務中肯綮。如果削平一巢，或三巢悉平，善後事宜應該作何處置，列款具奏，務爲經久之計。有功效勞人員，候巡按御史覈勘至日，容臣等酌量具題，恭候宸斷。

嘉靖四十五年八月十九日題，奉聖旨："是。"欽此。

覆福廣撫臣報平逆賊吴平嚴行按臣覈勘疏

題：爲遵奉明旨，會剿逋寇，窮追絶域，共收全功，恭報蕩平捷音事，職方清吏司案呈，奉本部送，兵科抄出，提督軍務兼巡撫福建地方、都察院右僉都御史汪道昆題，奉聖旨："兵部知道。”欽此。又該提督兩廣軍務兼理巡撫、兵部右侍郎兼都察院右僉都御史吴桂芳揭，爲探報海洋賊情，乞賜查究將領，議處責成事，等因，到部，通送到司。

卷查先爲急報海洋賊情事，該福建撫按等官都御史汪道昆等揭稱，賊首吴平等逃遁入廣，欲行廣東夾剿。該本部覆奉聖旨：“是。這海寇著各官嚴督將兵協心夾剿以靖地方，不許推調誤事。”欽此。又爲會剿海中大勢劇賊事，該閩廣撫按等官都御史汪道昆等題稱，賊首吴平由廣而閩，欲要會兵速剿。該本部覆奉聖旨：“是。夾剿已有明旨，兩省官如敢推調遷延，著巡按御史從實參奏處治。”欽此。俱經通行欽遵外。又奉本部送，准提督兩廣軍務右侍郎吴桂芳咨，爲飛報夾剿海洋劇賊全捷，擒獲首惡事，等因，到部送司。案候間，今該前因，通查案呈到部。

看得巡撫福建都御史汪道昆、提督兩廣侍郎吴桂芳各題揭前因，大率謂賊首吴平等由閩、廣遁入安南萬橋山外，參將湯克寬等分統各路官兵併力火攻，各賊焚溺無脱，擒斬賊級三百九十八名顆，吴平擊銃投水身死。在汪道昆，則稱事在海南，聽廣東御史就近查覈具奏。在吴桂芳，則稱吴平初報被擒，繼報投水，詞各含糊，并參海防參將湯克寬、福建都司傅應嘉、廣東分巡海北道僉事畢竟立，及要將傅應嘉兵船不必再赴雷、瓊，只住閩界截殺，湯克寬雇刷民舡暫行釋放，只留額兵三千剿捕各一節。爲照前項賊寇，閩廣之兵分艅追之於海，安南之兵合力拒之於陸，吴平窘迫，赴水沉溺，餘黨潰亂，駢首殲擒。據閩、廣之將領所報原同，查閩、廣之撫臣所奏略異，蓋因廣東撫臣嘗以生擒吴平移咨到部，惟恐前後矛盾，不得不爲慎重之詞。但惟各該兵舡勞費月久，如果實是蕩平，持此不决之疑，殊非兵家長計。况有功人員例當録叙，而安南恭順更難輕泯。係干激勸，相應通行勘處。合候命下，移咨都察院，轉行廣東巡按御史，嚴查吴平，如果沉海，瓊、雷、惠、潮一帶別無餘孽，即將兩省鎮巡官并參將湯克寬等分別功罪，從實具奏，安南應該作何奬賞，亦就一併議報。其湯克寬刷借民舡等項盡數撤放，不許羈留。仍聽本部將湯克寬遇有相應員缺酌量改用。

嘉靖四十五年八月二十四日題，奉聖旨："是。"欽此。

覆兩廣提督侍郎吴桂芳等剿平河源山寇疏

題：爲仰仗天威，剿平數縣積惡山寇，飛報捷音事，職方清吏司案呈，奉本部送，兵科抄出，提督兩廣軍務兼理巡撫、兵部右侍郎兼都察院右僉都御史吴桂芳，巡撫南贛汀漳等處地方、提督軍務、都察院右副都御史吴百朋，鎮守兩廣地方總兵官、征蠻將軍恭順侯吴繼爵題，俱奉聖旨："兵部知道。"欽此。通抄送司。

卷查先該提督兩廣侍郎吴桂芳、巡按廣東御史陳聯芳題，該本部看得，前項山賊流毒翁源、河源二縣之間，二縣之人如在水火，節經縣人具奏到部，臣等行移彼處官司作速勘處，竟未見有力任其事者。乃今督撫侍郎吴桂芳、總兵官吴繼爵、巡按御史陳聯芳同心協力，必欲滅此狂寇，其處已詳，其氣甚壯。係干地方重情，相應通行議擬。合候命下，本部馬上差人賫文交與吴桂芳、吴繼爵，嚴督守巡、兵備、將領等官，即將山賊官祖政等巢穴分投踏哨，合用漢、達、狼、土官兵調取到日，分布哨道，剋期夾攻。一面移咨南贛提督都御史吴百朋，督率將兵，將嶺北一帶通賊要路預行把截，以防奔突，應該應援處所一體應援。一面移咨都察院，轉行陳聯芳，親詣軍前隨軍紀功，從實回奏，等因。覆題，奉聖旨："是。這山賊著吴桂芳、吴百朋、吴繼爵各嚴督官兵作速剿滅，以靖地方。"欽此。已經通行欽遵去後。今該前因，查呈到部。

看得提督兩廣侍郎吴桂芳、鎮守總兵官吴繼爵、巡撫南贛都御史吴百朋各題稱，廣東惠州等府河源等處盤據山賊李亞元等，今被兩鎮官員分統大兵直擣巢穴，擒斬賊級一萬四百六十七名顆，俘獲賊屬一千三十九名口，奪回被虜男婦八百八十一名口，招降過脅從被虜丁口一千二百三十八名，撫處過黨與四千一百三十八名口，并得獲牲畜、器械，地方胥慶。及稱總統五哨、鎮守南贛惠潮總兵官俞大猷所當復其舊職，仍行起用。監督龍門從化哨嶺南道左參政郭應聘、監督龍南哨南贛兵備右參政李佑、監督河源哨伸威兵備副使張子弘、監督翁源哨南韶兵備副使劉穩、監統和平哨廣東副使王化、監督英德哨嶺南兵備僉事李偕、統督龍門從化哨惠潮參將王詔、統督龍南哨南贛參將蔡汝蘭、統督河源哨廣東遊擊魏宗瀚、統督翁源哨廣西遊擊戴冲霄功當首論。江西分守嶺北道右參政蔡文、廣東提督糧儲左參議許公高、廣東海道紀功副使莫抑、策應翁源哨高肇參將周嶅等，分理糧餉府同知張尚等所當升賞。廣東布政司升任左布政使萬士和，按察司按察使、今升右布政使張淵等所當賞賚。又稱前賊爲患，經該惠州府知府等官顧言等各有失事之愆，陣亡指揮同知陳希周、名色把總陳朝俱應優恤各一節。爲照前項賊徒，毒流諸縣，雄據一方，僭擬王侯，擅封官爵，滔天之惡，守臣言之已詳，臣等無容别議。即今既就蕩平，寔皆仰仗皇上玄威所致。至於各該官員效勞雖同，而苦心戮力，總兵俞大猷尤當稱首，未經覈實，遽難一概議擬。合候命下，將吴桂芳、吴繼爵、吴百朋、俞大猷先行厚加賞賚，俞大猷仍復原職，聽候别用。郭應聘、李佑、張子弘、劉穩、王化、李偕、王詔、蔡汝蘭、魏宗瀚、戴冲霄同加賞賚。其餘奏内有名官員，移咨都察院，轉行廣東巡按御史王用楨，作速查勘。要見何官功多，雖經賞賚仍該升録；何官功少，止該給賞；何官功過相當，應該准贖；何官有罪無功，應該究治。并將陣亡指揮、把總等項逐一分别等第，造册具奏。但恩典出自朝廷。

嘉靖四十五年八月二十四日題，奉聖旨："這山寇既平，吴桂芳、吴繼爵、吴百朋、俞大猷各先賞銀三十兩、紵絲二表裏。俞大猷仍復原職，聽候别用。郭應聘等各十五兩、一表裏。其餘俱依擬。"欽此。

請命雲南川貴鎮巡重臣協剿逆酋鳳繼祖等疏

題：爲久叛夷酋怙惡背撫，謀據新城，大肆猖獗，懇乞聖明切責鎮巡重臣協心剿除，以正國法，以安地方事，職方清吏司案呈，奉本部送，兵科抄出，巡按雲南監察御史劉思問題，又該巡撫雲南等處地方兼贊理軍務、兵部尚書兼都察院右都御史吕光洵題，爲久叛夷酋糾合逆黨，謀據府城，大肆猖獗，乞敕鄰省會兵征剿，以彰國法以安地方事，與同鎮守雲南總兵官、征南將軍黔國公沐朝弼題，俱奉聖旨："兵部知道。"欽此。欽遵，通抄送司，案呈到部。

看得雲南土酋鳳繼祖，本以異姓之孽，敢肆逆天之惡，擅殺人命，謀據郡城，比之往歲逼逐主母、抗敵官兵之罪，不惟不知省改，抑又過之。若使再從撫處，法紀蕩然，萬一各夷效尤，扇動之禍何時而已，其在今日必當剿捕無疑。但詳此賊之意，得利則荼毒雲南，長逞不軌之私；不得利則逋逃四川，暫爲偷生之計。必須雲、貴、四川三省同心同力，事方克濟。合候命下，本部馬上差人賫文交與鎮守總兵官沐朝弼、巡撫尚書吕光洵，查照分定哨道官兵，務將鳳繼祖或生擒或斬首以正法典，其餘脅從之徒聽其出首，與免本罪，中間有能擒斬鳳繼祖報官者，賞銀三百兩，以示優異。一面移咨四川巡撫都御史譚綸，嚴督建昌、叙瀘兵備等道，禁戢建昌、東川二處土夷，不許交通鳳賊，越界助虐，仍要發兵策應，彼此夾攻。萬一逃至彼中，即便綁縛獻出，以見恭順朝廷之意，朝廷自有重大升賞，决不吝惜。如或怙終黨比，國典具存，自難輕貸。一面移咨貴州巡撫都御史陳洪濛，速行畢節兵備道發兵會剿。建昌、叙瀘、畢節三兵備并四川行都司等衙門暫聽雲南巡撫節制，事寧照舊。其雲南省城六衛軍士，總兵、巡撫逐一清查，如何可濟目前之用，如何可謂經久之圖，徑自施行，不相遥制。大抵將相和調，士方豫附。地方之警，總兵之責爲重，而巡撫即次之；經理之要，總兵之畫既定，而巡撫即當贊之。若使彼此推延，互相觀望，本實先撥，必爲枝葉之害。以後沐朝弼、吕光洵各要切同舟之誼，奮共濟之義，毋以小嫌而蠹大計，毋以己私而壞公事，滅此狂寇，方可朝食。若使因循玩愒，坐失事機，聽巡按御史從實參奏，重加究治。

嘉靖四十五年九月初二日題，奉聖旨："是。征剿重務著鎮巡官協心幹理以靖地方，如敢以小嫌致妨大計，重罪不饒。"欽此。

覆兩廣提督侍郎吴桂芳等條議恢復古田縣疏

題：爲獞賊畏威向化，通復久陷縣治，懇乞天恩議處善後事宜，以成恢復大計事，職方清吏司案呈，奉本部送，兵科抄出，提督兩廣軍務兼理巡撫、兵部右侍郎兼都察院右僉都御史吴桂芳，鎮守兩廣地方總兵官、征蠻將軍恭順侯吴繼爵題，俱奉聖旨："兵部知道。"欽此。通抄送司，案呈到部。

看得提督兩廣軍務右侍郎吴桂芳、鎮守總兵官吴繼爵各具題前因，大率謂盤據古田獞賊，剿則動調大兵，所費甚廣，輿論不一；撫則恢復巨邑，餘力不勞，輿論僉同。遂將"撫處縣治"、"善後將領"二事審時度勢，合就開立前件，議擬上請定奪。

嘉靖四十五年九月初二日題，奉聖旨："依議行。"欽此。

一、報撫處過機宜。大率謂古田獞賊竊據縣治，近因二源兵威懼征悔禍，懇請縣官，甘輸國賦，開山通道，立堡納兵，聽撫效順，及稱典史廖元量升本縣主簿，俾終任事一節。爲照古田之議，玉石既分，順逆有狀，該縣止〔一四〕四里獞人既能請官治縣，因地認糧，典史廖元又能勞徠安戢，漸有成效，其事均可嘉尚。日後利鈍固難逆料，目前注措殊已周詳。合無依其所擬，備行吴桂芳、吴繼爵，轉行參政莊朝賓等，坐委卜禎、廖元，毋求近圖，從容經理，下四里之良獞應該作何綏以文教，鳳凰等里之逆獞應該作何奮以武衛，一以潛消舊患，一以明著新功，方爲上策。所據典史廖元升以本縣主簿，似亦相應，移咨吏部，徑自具奏。

一、議善後將領。大率謂廣西兵柄全歸撫夷司道，副總兵止管桂、平兩府，動成掣肘，欲要照依舊例，復設總兵，或仍舊副總，加重職任，添選部兵，兼制柳□□〔一五〕備、衛所，應行征剿事宜聽其從便。及稱見任副總兵門崇文近欠振揚，併擬降革以示曲全一節。爲照廣西地方先年原設總兵官一員，與巡撫都御史兩府並列，稱爲撫鎮。以後改設副總兵，官職已輕；又添撫夷道，事權更殺。即今古田之事正在整飭，而豪宗悍卒兩成杌捏〔一六〕，委當通行議處。合無斟酌所擬，將門崇文革去見任，聽調别用。該省仍照舊例設鎮守總兵官，聽本部會官推舉相應官二員，請旨簡用，量加府銜，令其兼制柳州、慶遠一帶地方。其參守、衛所各項官員，遇有征勦事情，許其便宜從事，一面先發，一面呈報軍門，不許遥制。撫夷道僉事仍聽本總會行，不許分毫專決，竟成掣肘。另擬責任，换給敕書，令其欽遵行事。其餘振兵、禁奸併查營堡、汰處虚兵等項一切古田善後事宜，俱聽新任總兵徑自舉行。

覆都給事中歐陽一敬等條議邊務疏

題：爲申明禦邊要議，以防深秋事，職方清吏司案呈，奉本部送，兵科抄出，兵科都給事中歐陽一敬等題，奉聖旨："兵部知道。"欽此。欽遵，抄出送司，案呈到部。

看得兵科都給事中歐陽一敬等所題六事，雖爲防秋而言，提綱挈領，均屬邊圉經久之計，合就開立前件，議擬上請定奪。

嘉靖四十五年九月初九日題，奉聖旨："依議行。"欽此。

一、重責主將。大率謂總兵任大責重，邇年失事之責輕於督撫，以致總兵推托懈弛，督撫曲爲庇護。地方失事，要將總兵坐以主將不固守之律，參遊等官併行處治。督撫扶同隱蔽，聽巡按御史及該科糾劾。及稱將官如有平時多過、臨時難恃者，督撫亦須不時訪劾一節，深切時弊。蓋總督、巡撫均有督察之責，總兵怯懦有罪，固不當與之同罰；總兵奮勇有功，亦不當與之同賞。秖緣各官一遇捷報，輒自認爲己有，交口推奬，惟恐不及。賞既列於上格，罰自難從末減。合無斟酌所擬，以後賊虜入境，保障有方，督撫、總兵同一論功。若總兵血戰有功，止論總兵之功，督撫不得干預。調遣失宜，錢糧無備，以致地方不守，其罪併坐督撫。若守備不嚴，紀律不肅，臨陣退縮，則總副、參遊等官之罪各當依律問遣，督撫難以併坐。所屬將領果有不職者，督撫官務要不時論劾，不得容奸養惡，重誤邊計。違者，在外聽巡按御史，在内聽臣等與該科指名參治。

二、嚴肅軍令。大率欲要申命各邊督撫、總兵官，若官軍臨陣退縮者，就陣斬之以徇，訛言惑衆者亦就斬之。蓋軍法以嚴爲主，兩軍相合，成敗之勢在於呼吸，如果退縮以阻衆氣，訛言以惑衆心，自當即於軍前明示顯戮。至於交戰之後，雖有重大罪狀，必須會審無異，奏請明白，方許處決。

三、斫劫營壘。大率謂虜賊初入與其將出，跋山履險，力索氣盡，欲要乘其困憊，分遣精鋭斫劫營壘，一以先則制人，一以擊其惰歸，均爲兵家要務。但事機之會，間不容髮，全在臨時調度，難以遥斷。合無依其所擬，備行各邊督撫、總兵等官，今後如遇虜騎突入，喘息未定，虜入勞久，困睡方濃，分遣死士，或夜斫其營，或晝擊其惰，或另發勁兵搗其巢穴，多方誤之，方爲上策。

四、鼓倡勇敢。大率欲要厚養標兵、家丁以示觀望，重賞衝鋒、獲級以樹風聲，無非倡勇敢以求滅虜之意。合無依其所擬，備行各邊督撫、總兵等官，今後各將所選標兵、所隨家丁平時厚其糧賞，豐其衣甲，以養精力。臨陣之時，果有奮勇先登，單馬斬獲者，除徑自重賞外，仍從實奏請，以憑不次升級以示優異。

五、申明法令。大率謂近時各邊將領外多通虜，内事結交，習成故套，牢不可破，欲要重加懲治。及要將總兵官姜應熊速寘法典，參將王楠、守備林鳳舉並宜問革，一則嚴夷夏之大防，一則杜奔趨之私徑，均於邊方有益。合無依其所擬，備行都察院，轉行宣大、山西各巡按御史，會同總督軍門，一面將姜應熊亟行勘問，一面將王楠、林鳳舉通提到官，照例問擬，各另奏請。仍聽本部通行各邊督撫、鎮守衙門，將前項通虜、結交情弊明示禁戢，以昭後戒。

六、勘覈功罪。大率謂比年各邊功罪勘報稽遲，欲要量地定限，通行完報，及要催查寧夏、延綏、宣府各處近日失事，查與給事中魏時亮所題"重君命以肅臣紀"之意大略相同。合無依其所擬，備行都察院，轉行宣大、陝西各巡按御史，先將宣府崑崟等處、延綏筆架城等處、寧夏鎮北關等處作速查勘。要見某處失事爲多，某官罪重；某處失事爲少，某官罪輕；某爲有功當賞，某爲有罪當罰，某爲功過相當當贖。文書到日，通限十月以裏具實回奏。一面通行南北沿邊沿海巡按御史，將本部近日開去未完勘合，但係倭、虜功罪，務照先年擬定事例，大事限二個月以裏，小事限一個月以裏，各另完奏，不得任意停閣，自取疏怠之議。

覆兩廣提督侍郎吴桂芳等報程鄉縣民作亂疏

題：爲縣卒糾賊執官據城，仰仗天威，旋就撲滅底定事，職方清吏司案呈，奉本部送，兵科抄出，提督兩廣軍務兼理巡撫、兵部右侍郎兼都察院右僉都御史吴桂芳，鎮守兩廣地方總兵官、征蠻將軍恭順侯吴繼爵題，俱奉聖旨："該部知道。"欽此。欽遵，通抄送司。

卷查近該巡按廣東監察御史陳聯芳題，爲飛報縣城變亂事情事，内稱程鄉縣强賊李大亮等占據城池，質官劫庫，殺人放火，等因。該本部覆議，馬上差人賫文交與提督侍郎吴桂芳，會同總兵官吴繼爵，一面將致賊根因從實體勘，一面將倡亂之徒再加查審。擒獲楊大總是否首惡，有無漏網，解散者是否脅從，應否免究，知縣顏若愚作何發落，地方善後事宜作何處置，從實回奏。一面移咨都察院，轉行接管巡按御史王用楨，將前後賊情嚴行查覈，要見致盗起於何人，靖盗出於何官，某人有罪，某人有功，某人功罪相當，某人功浮於罪，干礙守巡、兵備，一併查參。文書到日，立限回奏，不許延緩。題奉欽依，通行欽遵去後。今該前因，查呈到部。

臣等看得，程鄉縣知縣顏若愚如果貪殘不法，撫鎮官自當不時劾罷，以消地方之患。及至奸民作耗，執官殺吏，放火據城，不行振飭紀綱，削平叛亂，乃復先罪知縣，冠履倒置，何以善後？且該縣狼虎之穴，甲科進士資格雖優，初入仕途，事體未必熟練。係干地方，相應通行酌處。合候命下，仍咨都察院，轉行彼處巡按御史，查照先今事理，即查顏若愚是否貪殘，應該作何處置，具由回奏，不得輕易提問，蠹壞政體。一面移咨吏部，先行作缺，於附近縣分咨訪舉人出身，如近年王化、徐甫宰者，徑自調補，以後立有成效，不次擢用，以示激勸。

嘉靖四十五年九月初九日題，奉聖旨："是。"欽此。

校勘記

〔一〕"治"，十二卷本作"冶"，是。

〔二〕□，底本漶漫不清，據十二卷本當作"右"。

〔三〕"太"，十二卷本作"大"，是。

〔四〕□□，底本漶漫不清，據十二卷本當作"可以"。

〔五〕"均"，十二卷本作"酌"，是。

〔六〕"候"下，據（明）陳子龍等《明經世文編》卷之二百七十七楊博《議選練州縣民壯疏》有一“命”字，十二卷本亦有一“命”字。

〔七〕“陪”，疑當作“倍”。

〔八〕“四”，疑當作“三”。

〔九〕“五”，疑當作“四”。

〔一〇〕“六”，疑當作“五”。

〔一一〕“七”，疑當作“六”。

〔一二〕“八”，疑當作“七”。

〔一三〕□□，底本漶漫不清，據十二卷本當作“一時”。

〔一四〕“止”，疑當作“上”。明萬曆刻本明郭應聘《郭襄靖公遺集》卷十七《征復古田》：“提督吴都御史桂芳度其時未可輕舉，遣古田守備卜禎、典史廖元持文告諭之。上四里獞聽撫，請以元入縣守其地，實質之也。下六里獞逆命如故。桂芳奏升元爲本縣主簿，革副總兵，設鎮守廣西總兵官。”

〔一五〕□□，底本漶漫不清，據十二卷本當作“慶參”。

〔一六〕“捝”，疑當作“梲”。

楊襄毅公本兵疏議卷二十

覆巡撫順天都御史耿隨卿條議保甲事宜疏

少保兼太子太保、兵部尚書臣楊博等謹題：爲酌陳安民救時之要，以慰聖心，以隆聖治事，職方清吏司案呈，奉本部送，兵科抄出，整飭薊州等處邊備兼巡撫順天等府地方、都察院右僉都御史耿隨卿題，奉聖旨："兵部知道。"欽此。欽遵，抄出送司，案呈到部。

看得巡撫順天等府右僉都御史耿隨卿所陳四事均屬詳妥，至於所稱"民難慮始，可與樂成"、"不貴空言，貴臻實效"尤爲確論，合就開立前件，議擬上請定奪。

嘉靖四十五年九月初九日題，奉聖旨："這事還著巡撫官斟酌民情土俗從宜施行，勿容有司因而生擾。"欽此。

一、編保甲。欲將各州縣衛所城市、鄉村，不論軍民，不分仕宦，不遺寫遠、奇零、寄居、佃田人户，十家爲甲，甲有長，十甲爲保，保有長、副，挨次册編，逐門牌列，無事則彼此保守，有警則首尾策應，議處俱已明悉。合無依其所擬，徑自施行，果有權豪勢要阻撓抗違，悉聽兵備道參呈撫按，指名參奏，從重究治。

一、嚴譏察。欲將編定保甲人户懸掛直牌，刊刻册籍，定立條約，挨門覺察，按月關報，并講明聖諭榜文，俱已明悉。合無依其所擬，徑自施行，不許有司因而科派紙張，反爲民害。

一、明約束。欲將編定保甲人户簡選壯丁，派出門夫。丁少則三家輪應一夫，丁多則一家止於三夫，分置器械，攢造旗鑼、鐵銃，遇有盗賊，鳴鑼集甲，放銃集鄰，觀望者有罪，被盗者均賠，俱已明悉。合無依其所擬，徑自施行。其餘器械，隨其家之所有，短鎗、悶棍無所不可，不必歛錢置買，致成奸弊。

一、重責成。欲將保甲之法責委守令、掌印，巡捕官綜理於上，保甲長副分行於下，仍各隨疏失次數、捕獲名起分別賞罰革降，無非明示激勸之意。合無依其所擬，先行明白曉諭，使之人人洞悉，三月之後方可照例舉行，以免"不教而殺"之議。

覆巡撫山西都御史王繼洛議處保甲事宜疏

題：爲酌陳安民救時之要，以慰聖心，以隆聖治事，職方清吏司案呈，奉本部送，兵科抄出，提督雁門等關兼巡撫山西地方、都察院右僉都御史王繼洛題，奉聖旨："兵部知道。"欽此。抄出送司，案呈到部。

看得巡撫山西右僉都御史王繼洛所陳舉行過保甲緣由，開陳七事，中間計處俱已詳明，無容別議。至於申明鄉約之會、講讀誥諭之文，法制、教化一時並舉，尤爲革心之要。既該都御史王繼洛具題前來，相應通行依擬。合候命下，備行王繼洛，照依原開款目，嚴責司道有司，務要見之實事，不許徒事虚文，自取罪究。

嘉靖四十五年九月初九日題，奉聖旨："這所議還著巡撫官查果有益地方的從宜施行，毋得以虚文生擾。"欽此。

覆薊鎮督撫等官劉燾等論罷總兵官胡鎮疏

題：爲議處將領，以重防秋事，職方清吏司案呈，奉本部送，兵科抄出，總督薊遼保定等處軍務兼理糧餉、兵部右侍郎兼都察院右僉都御史劉燾題，奉聖旨："兵部看了來説。"欽此。又該整飭薊州等處邊備兼巡撫順天等府地方、都察院右僉都御史耿隨卿，巡按直隸監察御史鮑承廕、吴逢春各題，同前事，俱奉聖旨："兵部知道。"欽此。欽遵，通抄送司，案呈到部。

看得鎮守薊州永平山海等處地方總兵官、前軍都督府左都督胡鎮，經年卧病，整日貪求，上負九重簡任之隆，下失一鎮瞻依之望，既該督撫、巡按、巡關等官劉燾等會題前來，時正防秋，委當亟爲議處。合候命下，將胡鎮革去都督府銜，止以都指揮使職銜回衛閑住。遺下員缺，容臣等於所舉官副總兵王孟夏、任勇内再加斟量，照例會官推補。

嘉靖四十五年九月初九日題，奉聖旨："胡鎮先年效有戰功，姑著以原職養病去，員缺即推補。"欽此。

覆河南撫按官孟養性等條奏撫輯剿捕事宜疏

題：爲欽遵聖諭，申飭撫輯剿捕事宜，以靖地方事，職方清吏司案呈，奉本部送，兵科抄出，巡撫河南等處地方、都察院右副都御史孟養性，巡按河南監察御史李文續題，俱奉聖旨："兵部知道。”欽此。欽遵，通抄送司，案呈到部。

看得巡撫河南都御史孟養性、巡按御史李文續會題，稱備將本部原行事宜逐一登答前來，俱已明悉。至於“專責任以固根本”、“練主兵以免召募”、“議軍餉以備緩急”三事尤本部原議之所未及，合就逐一議擬，開立前件，上請定奪。

嘉靖四十五年九月十一日題，奉聖旨：“依議行。”欽此。

一、汝南、河南兵備二道。看得河南撫按官孟養性等題稱，汝南兵備道兵勇三千在信陽操備，精强堪用，無容别議。欲將河南兵備道所轄河南等衛所守城軍舍、河南府各州縣團操民壯分别城守、聽調名色，數内挑選三千，另爲一營，總付新設嵩縣參將統領操練，有警聽調一節。除信陽兵勇既稱精强堪用，無容别議外，合無斟酌所擬，備行都御史孟養性等，轉行兵備僉事湯彬，將所屬河南、陝州等處各衛所州縣軍舍、民壯嚴加挑選三千名，仍聽衛所州縣官隨方操練，參將不時巡操，有警調遣截殺。其餘守城軍舍、民壯不許一概混調，以致地方空虚。

一、南陽守備，一、查得歸德守備〔一〕。看得河南撫按官孟養性等題稱，河南南陽守備駐札嵩縣，所轄廣遠，不能週遍，要將守備衙門改設參將，管理河南、汝州各衛所軍舍、州縣民壯，及巡視礦洞，籍查毛兵。見在任守備姚應禎改移南陽府屬適中處所駐札，提督南陽衛所，巡邏礦洞各一節，議已周詳。但毛兵與官兵不同，遇警方可調用，若先籍名在官，恐成尾大不掉之患。合無斟酌所擬，將嵩縣改設參將一員，本部推舉素有謀勇官員前去該縣駐札，除官舍、民壯前款已經議明外，其毛葫蘆之兵必須實有警報，方許會同河南守巡二道一體調發，相機剿截。本部定擬責任，請敕一道，賫赴本官欽遵行事，合用符驗、旗牌移咨各該衙門照例處給。見任守備姚應禎改移、駐札等項事宜，悉聽孟養性等查照原議徑自施行。

一、汝寧守備。看得河南撫按官孟養性等題稱，汝寧守備有將無兵，難以緝捕，要將本府所屬民壯及汝寧千户所軍丁照舊查取三千名，聽守備杜繼忠會同巡捕、通判嚴加操練，仍聽兵備該道督調截殺一節，無非振揚兵威之意。但州縣地方相去府城遠近不一，若使常常團操，不惟人情不安，亦且事體未妥。合無備行巡撫都御史孟養性，嚴行該道，速將前項民壯、軍丁選定三千名，籍記在官，止令守備杜繼忠會同該府巡捕、通判不時親詣巡歷，往來操練，遇有警報，然後合營。在上者雖勞，在下者不擾，方可經久，全在巡撫、兵備相機行之。

一、睢陳兵備。看得河南撫按官孟養性等題稱，睢陳兵備駐札陳州，所領軍兵無官管攝，地鄰柘、潁，所接州縣不相傳報，欲要選取指揮，假以把總名色，令其管兵，該道仍會鄰境兵備道互相傳捕一節。合無依其所擬，備行河南撫按衙門，轉行兵備僉事董文寀，就於歸德、睢陳三衛各選委驍勇指揮一員，具呈撫按衙門，加以把總名色，統領前項軍壯，各在本處操練。本道不時巡操，遇警徑自調遣。一面通行南直隸、山東各巡撫衙門，轉行鄰近各道，嚴督所屬州縣，遇有盜賊生發，彼此傳報，協力緝捕。如敢故違，悉聽該道參呈各該撫按，從重治罪。

一、睢陳參將。看得河南撫按官孟養性等題稱，睢陳參將原統軍兵二千俱各精强，欲要將本參亦聽河南撫按節制一節。合無依其所擬，將睢陳參將孫易所管兵馬，不分歸德、宿州、武平等處，如遇河南有警，悉聽河南撫按衙門調度策應，不許推避。一面咨行鳳陽巡撫，備行徐、潁兵備二道，一體查照。仍候參將升遷之日增入敕内，以便遵守。

一、分巡河北道。看得河南撫按官孟養性等題稱，分巡河北兵備道所轄馬步城操軍兵分布於各府衛州縣地方，責成於各巡捕、通判、指揮等官統領操練，堪以防禦，無容别議。及稱北直隸大名、順德、廣平三府所屬邯鄲、成安各縣與彰德、衛輝境界接連，盜賊流劫，欲要比例兼制，以便捕攝一節。查得大名、河北兵備二道分民分土各有成規，似難又啓争擾之端。合無斟酌所擬，移咨保定巡撫都御史張師載，轉行大名兵備，嚴行大名、順德、廣平三府并所屬邯鄲、成安、魏、滑、肥鄉等縣，今後如遇河北地方，或盜賊流劫，或詞訟牽連，應該河北分巡、兵備勾捕者，文書到日，限十日以裏連人申解，不許仍前占吝。如敢故違，聽該道徑呈直隸撫按官處，從重究治。

一、涉縣守備。看得河南撫按官孟養性等題稱，涉縣吴兒峪係在腹裏，設有巡司巡邏，又距磁州分巡相近，要將守備改駐河北一節，一轉移之間固已得策。合無將涉縣守備裴本立改爲河北守備，在於衛輝府駐札，原管官軍、民壯，嚴行各該衛所州縣管操、巡捕等官，各在本處隨宜操練，守備不時巡操，果有警報，方聽守巡道督調分布，相機剿捕。本部定擬責任，札付本官欽遵行事，合用衙舍既有舊長史司見在，悉如原議徑自施行。

一、宣武等衛所，一、專責任以固根本。看得河南撫按官孟養性等題稱，開封府地方闊遠，奸宄四集，盜賊淵藪，要將原革徽府旗軍六百四十九名并許、祥等州縣民壯四千七百餘名與宣武等衛正、餘軍丁赴省操練，及專敕副使一員責成管理一節。除宣武衛官軍原住省城，南陽中護衛、汝州衛所官軍并許、祥等三十一州縣馬步民壯分班赴省輪操，原係舊規，俱難别議外，合無斟酌所擬，將河南按察司清軍副使加以兼管兵備職銜，請給不坐名敕書一道，不必另給關防，行令會同掌印、管操都司，將軍士、民壯各另編成一營，各委指揮一員統領，加以把總名色，管理操練，務臻實效。其已廢徽府旗軍六百四十九名，撫按官再加計議，應該改入附近何衛何所，令其輪班各赴京、宣二操，方有著落。

一、見在各兵。看得河南撫按官孟養性等題稱，宣武、陳州等九衛所操軍馬匹俱係各軍自買，原無官價，及稱要將河南、弘農二衛各量備馬五十匹，汝州衛補足原革馬七十匹，俱僉殷實軍丁自行買養一節，俱係相沿舊規，別無窒礙。合無依其所擬，備行都御史孟養性等，轉行各該司道，督令各該衛所官軍，將見在之馬用心喂養，應補之馬照數買補，無馬者不必增添，反成騷擾。

一、練主兵以免召募。看得河南撫按官孟養性等題稱，欲將河南各府州縣額設民壯通行查出，汰其老弱，補以壯丁，責令州縣正官操練，武官統練，府正官督練，司道以時閱練一節，查與本部近題事理大略相同，但綱領雖定，節目未詳。合無備行都御史孟養性等，仍照本部原議，逐州逐縣處置停當，開坐回奏。

一、議軍餉以備緩急。看得河南撫按官孟養性等題稱，欲將先年防秋民兵銀四萬二千兩存留本省，以備兵馬、糧料之資一節。查得該省民兵工食每年徵銀七萬二千餘兩，先該本部議，將四萬二千兩解赴户部，以充薊鎮標兵糧餉，不過一時權宜之計，既稱民窮財盡，前項額外之徵委當存留，以備本處應用。

覆順天巡按御史鮑承廕等參薊鎮隱匿夷情疏

題：爲將領隱匿邊情，懇乞聖明重加究治，以肅邊防事，職方清吏司案呈，奉本部送，兵科抄出，巡按直隸監察御史鮑承廕、巡按直隸監察御史吴逢春題，俱奉聖旨："兵部知道。"欽此。欽遵，通抄送司。

案查先爲夷情事，奉本部送，該總督薊遼保定等處軍務、兵部右侍郎劉燾塘報，據古北口副總兵申維岳報稱，曹家寨防守延綏遊擊高如桂營軍士，於七月二十六日巳時出黑谷關外砍采榨木，至未時分，忽遇步行達子五十餘名邊外埋伏，被瞭高軍哨見，隨即收斂，與賊對敵，射傷軍士五名，達子損傷數名，騰山跑走去訖，等因。又據遊擊高如桂所報相同。除即行該道密訪，别無隱匿情節，止因出口采木，遇賊敵回去訖，等因。該本部看得，即目正在防秋，前項達賊乃敢潛伏關外，不止邀捉樵采之人，明係探我虛實，試我勇怯，合行着落該道，即查各該軍士是否采取榨木，被傷軍人是否止於所報之數，有無别項隱匿情弊。一面通行十路副參、遊守等官，不分主、客，各照信地，再有遊賊，作何設法擒勦以絶禍端。已經通行去後。今該前因，查呈到部。

看得直隸巡按御史鮑承廕、巡關御史吴逢春各題參延綏入衛遊擊將軍高如桂役軍取木，被虜戕殺，隱匿賊情，損壞邊備，所當重究。分守古北口副總兵申維岳預戒不嚴，扶同作弊，曹家寨提調曹煥防閑志怠，呈報失期，所當罰治各一節。爲照即目秋深，薊鎮各路正當萬分戒嚴，乃今以采木之故，致令三衛屬夷殺虜官軍，小敵之屈已成大敵之辱，前車之覆當爲後車之戒，所據遊擊高如桂隱匿不報，其罪更在副總兵申維岳、提調曹煥之上，既該巡按御史鮑承廕等參論前來，相應通行議擬。合候命下，將高如桂先行住俸，令其戴罪防秋。仍咨都察院，轉行巡按御史，會同巡關御史，備行密雲兵備道，嚴查是否高如桂私采木植撥軍出口，殺虜官軍實有若干，有無商同買虜情弊，緣何不赴巡按、巡關衙門從實開報，限十月終旬指名參奏，以憑重治。申維岳、曹煥先行罰治，以示懲戒。一面移咨總督侍郎劉燾，查照本部原行事理，通行十路將領，如遇暗伏賊人，設法擒斬以申國威，不得聽其狂肆，以致方來猖獗之患。

嘉靖四十五年九月十一日題，奉聖旨："是。高如桂著住了俸，戴罪防秋。申維岳、曹渙各罰俸壹個月。"欽此。

覆巡撫宣府都御史冀鍊奬勵壯夫保守邊堡疏

題：爲懇乞聖恩崇奬義烈，以勵人心事，職方清吏司案呈，奉本部送，兵科抄出，巡撫宣府等處地方、贊理軍務、都察院右僉都御史冀鍊題，奉聖旨："兵部知道。"欽此。欽遵，抄出送司。

卷查嘉靖三十八年十二月内，該總督宣大右副都御史張松題，爲攄愚忠、飭邊備以防虜患以安重鎮事，内一款"乞奬忠勇以激勵人心"内稱，虜賊侵犯蔚州天照疃堡，壯夫龐鐸捐貲率衆，力抗强胡，一堡卒賴保全，功甚可嘉。本部議，將龐鐸授以冠帶總旗，就注蔚州衛所，仍令管理本堡。覆題，奉聖旨："俱依議。"欽此。又查得嘉靖四十二年十一月内，爲斬獲達賊首級事，據三河縣張家莊馬房居住軍人陳永福稟稱，虜賊至莊，永福領家下人丁與賊對敵，永福爲首，陳倉、陳樂、陳連爲從，共斬首三顆。本部議，將陳永福升三級，爲從陳倉等各賞銀五兩。覆題，節奉聖旨："是。"欽此。俱經通行欽遵去後。今該前因，通查案呈到部。

看得巡撫宣府右僉都御史冀鍊題稱，七月初一日，虜賊三萬由西路入犯小堡，壯夫纏道坡趙福、韓堂，南九場張伏玉、武勝，第四屯張斌、馬尚仁，辛莊堡劉玄、張武，蕭家砦王尚忠、許廷淮，暖店堡沈堂，立石溝武河，西南溝施忠，北九場李紀，或憑城擊虜，或出堡追賊，雖經會賞，猶宜叙録。西辛莊壯夫李愷挽孤摧虜，斬首斃屍，雖已給賞，猶應優録。奇兵營旗牌趙雲鶴妻陳氏，慟夫戰殞，掩户自經，雖經存恤，亦應表録。要將李愷先給冠帶，充名色把總，候再有功，即以實授。趙福等量給冠帶榮身，各管本堡。陳氏准爲旌表，以揚義烈各一節。除陳氏移咨禮部徑自議覆外，爲照壯夫李愷身被則數十鎗，手刃則七八虜，勇冠一時，聲揚五路，較之蔚州龐鐸不啻過之，若止給冠帶，似猶未盡其報，係干激勸，相應亟行議擬。合候命下，將李愷授以署所鎮撫之職，准充坐堡名色，仍提調本堡，稍候防守畢日地方無事，遇有相應員缺酌量推用。趙福、韓堂、張伏玉、武勝、張斌、馬尚仁、劉玄、張武、王尚忠、許廷淮、沈堂、武河、施忠、李紀各給冠帶榮身。趙雲鶴，巡撫衙門先給棺殮銀十兩，以示優異。

嘉靖四十五年九月十四日題，奉聖旨："是。"欽此。

覆宣大總督尚書趙炳然責成三鎮守臣戰守疏

題：爲達賊擁衆臨邊，懇乞天恩申飭邊臣極加防禦事，職方清吏司案呈，奉本部送，准總督宣大山西等處地方軍務兼理糧餉、兵部尚書兼都察院右都御史趙炳然揭帖，前事，等因，到部送司，案呈到部。

看得時已深秋，虜蹤未定。在宣府一鎮，切鄰畿甸，固當戒嚴；在山西、大同二鎮，密邇窮廬，尤難弛備。所據一切戰守事宜，總督尚書趙炳然丁寧分布俱已周詳，但以身在懷來，相去三鎮頗遠，惟恐鎮巡等官不肯悉心思患預防，故有此議。伏望皇上嚴飭大同總兵官孫吴、巡撫都御史張志孝，山西總兵官董一奎、巡撫都御史王繼洛，宣府總兵官馬芳、巡撫都御史冀鍊，各照軍門方略，同心一德，虜未入則多方以伐其謀，虜果入則力戰以決其勝。應固守者固守，必使毫毛無失；應應援者應援，必使時刻不爽。以時月論之，九月、十月最爲喫緊，而閏十月次之；以地方論之，南山爲重，山西、宣大即次之。如敢互分彼此，致誤事機，聽總督趙炳然遵照原奉明旨指名參治。

嘉靖四十五年九月十四日題，奉聖旨："是。著各該鎮巡官協心相機戰守，保固地方，不許違誤。"欽此。

覆浙直總督侍郎劉畿
條陳職守事宜疏

題：爲條陳總督事宜，懇乞聖明特賜申飭，嚴武備以弭寇患事，職方清吏司案呈，奉本部送，兵科抄出，總督浙直江西軍務兼巡撫浙江地方、兵部右侍郎兼都察院右僉都御史劉畿題，奉聖旨："兵部看了來説。"欽此。欽遵，抄出送司，案呈到部。

看得總督浙直江西軍務兵部右侍郎劉畿所陳五事，無非曰嚴職守之意，合就開列前件，議擬上請定奪。

嘉靖四十五年九月二十六日題，奉聖旨："依議行。"欽此。

一、明職掌以便督責。查得本官職任，原係總督南直隸、江西全省，非止徽、饒二府，但其所專者在於山寇，至於江寇、海寇絶不相干。合無斟酌所擬，通行直隸、江西各巡撫衙門，轉行三司兵備、守巡、總副、參遊、守把等官，以後地方遇有山寇及事干軍餉者，俱要申呈總督衙門，聽候剿捕料理。如敢仍前怠忽耽延，隱匿不報，應參應究，悉聽劉畿徑自施行。

一、練精鋭以裨實用。查得本官責任，雖專在山寇，軍旅之事委當預聞。合無依其所擬，備行直隸、江西巡撫衙門，各將府州縣衛所總副、參遊大小將領所統官民、軍兵，責令司道兵備官員，各將見在水兵、陸兵，土著、召募實在數目逐一查勘，分别勇怯、老弱等第，俱聽劉畿公同巡撫從公檢閲。務要照依地方險易、道里遠近，應添應減，一一清補，責委知兵將官統領操練，必使陸兵、水兵各得實用。合用糧餉，巡撫官徑自查處。果有不肯奉行者，不分文武官員，悉聽劉畿應究處者究處，應參奏者參奏。

一、嚴保甲以清盜源。查得保甲之法節經言官建白，本部覆議，極爲詳悉。合無依其所擬，備行劉畿，轉行直隸、江西并浙江各府州縣衛所掌印、巡捕官員，查照先今事理從實舉行。但須合於民情，宜於土俗，不致騷擾，方爲上策。

一、革冒濫以重名器一節，甚爲有理。合無依其所擬，備行劉畿，轉行南直隸、江西及福建、兩廣有事地方，以後軍門委用名色把總，務要十分慎選，須謀勇兼優爲衆所服者方可給札，立有軍功，照例升授。其人不許擅用金帶黄傘、扛擡大轎，以滋冒濫之弊，違者聽各該巡按御史訪拿究問。

一、禁妄派以蘇民困。蓋有鑒於前人之弊，痛自振刷，深於窮民有益。合無依其所擬，備行劉畿，轉行南直隸、江西二省各府州縣有司官員，通將一應舊例供應銀兩出示曉諭，悉行停革。若遇有警，應調官軍例用賞勞銀兩，所在官司查將總督贓罰照數開報申允之後，即行支給，不敷之數許將别項贓贖從便申支。不許妄加科派，肆意侵剋，違者聽劉畿與二省撫按官徑自究論。

覆給事中舒化湖廣川貴撫按官計處支羅山寇善後事宜疏

題：爲土寇已平，懇乞聖明廣恩速處，以靖地方事，職方清吏司案呈，奉本部送，兵科抄出，户科給事中舒化題，奉聖旨："兵部看了來説。"欽此。又該巡撫四川等處地方、都察院右副都御史譚綸，巡按四川監察御史李廷龍俱題，爲議設兵備官員以圖善後事，奉聖旨："該部知道。"欽此。又該巡撫陝西地方、都察院右副都御史、暫管原任巡撫湖廣事谷中虚，巡按湖廣監察御史陳省俱題，爲議處善後事宜以圖久靖地方事，巡按四川監察御史李廷龍題，爲逋寇復據山寨，漸逞異圖，乞敕兩省撫臣亟爲協心計處以安邊境事，俱奉聖旨："兵部知道。"欽此。又該巡撫貴州兼督湖北川東等處地方、提督軍務、都察院右副都御史陳洪濛揭帖，爲覈功罪、議添設以圖全蜀善後事，巡撫陝西地方、都察院右副都御史、暫管原任巡撫湖廣事谷中虚揭帖，爲地方事，等因，通送到司，案呈到部。

看得户科給事中舒化，四川撫按官譚綸、李廷龍，湖廣撫按官谷中虚、陳省，貴州巡撫陳洪濛前後六疏二揭，不下數千餘言，大率皆爲土寇黄中而發。中間舒化所陳，反復辨析，尤爲折中之論。蓋身在功罪之外者，其言公而平；身在功罪之内者，其言私而曲。臣等逐一參詳，惟知申明國是、安輯人心爲主，不敢過爲偏護以傷政體。合候命下，將川貴總督不必復設，仍令貴州巡撫都御史照舊駐札貴州省城，兼制四川、湖廣原管地方。施州見設兵備專屬湖廣撫按考覈，仍聽川貴巡撫、四川巡按節制。荆州見設巡捕、通判，改於夔州府列銜。重、夔二府分爲上、下川東二道，整飭下川東道兵備副使即兼分巡，仍駐達州，專轄夔州府衛州縣并石砫土司；分巡上川東道僉事即兼兵備，專轄重慶府衛州縣并播州、酉陽等土司。各給敕書一道，欽遵行事。分守參議駐札涪州，比照江西湖東道分守事理，請給敕書一道，兼理本州并忠州、長壽、墊江、南川、酆都、彭水、武隆、黔江九州縣刑名、甲兵之事。黄中先已處决，餘黨近已安插，不拘黄中妻子弟侄并其黨與悉免治罪，以慰小夷，以全大信。川、湖二省，一主於撫，一主於剿，彼此相資，原未相背，聽巡撫都御史譚綸、楊豫孫查照先今事理，會同各該巡按御史從實體勘，具由回奏，不宜輕信司屬懷私牽制，過爲低昂。至於湖廣所奏善後事宜，合就開立前件，一併上請，伏乞聖明俯賜裁定，敕下遵行。

嘉靖四十五年九月二十六日題，奉聖旨：“依議行。”欽此。

一、移守備。看得湖廣撫按官谷中虚等欲將施州守備移住南坪，部兵築城，以示控制，及兼轄雲、奉、萬三縣與石砫土司寨堡之在南岸者一節，查與四川撫按官譚綸等所奏大略相同。合無備行都御史楊豫孫，轉行兵備僉事李堯德，將施州守備令其前去南坪堡駐札，仍往來原管衛所督責操備，應修城池、應帶官兵、應用公廨、廩糧等件，悉照原議徑自查處。其雲、奉、萬三縣與南岸土司各寨民夷悉聽本官鈐制，敢有抗違，徑自處治。仍聽兵備衙門節制調度。本部請給敕書一道，明白開載，以便遵守。其見任守備湯世傑是否堪任，亦要從實咨部，以憑另議。

一、改屯所。看得湖廣撫按官谷中虚等欲將支羅新舊二寨改爲百户所，撥軍守禦，給田屯種，分扼險要，杜絶争端一節。合無依其所擬，備行都御史楊豫孫，轉行僉事李堯德，將支羅新舊二寨改作守禦百户所，合用官軍就行施州衛三千户所内摘發前去，以便彈壓。應用官廨、營房及給軍田土，悉如原擬施行。

一、撤戍軍。看得湖廣撫按官谷中虚等欲將施州衛原撥輪戍靖州官軍二百三十三員名撤回防守，就將銅鼓、五開等衛所軍士就近撥補一節，一舉兩便。合無依其所擬，備行都御史楊豫孫，一面將施州衛戍守靖州官軍盡數撤回，聽兵備僉事李堯德分布防守，一面將銅鼓、五開、新化、城步、天柱、汶溪等衛所軍士徑自撥補，共圖保障。

一、禁讎兵。看得湖廣撫按官谷中虛等大略謂支羅地方界在荆州之交，即今四川南岸，各寨頭人聚結讎兵，輒與慈洞溝安插夷民報復劫殺，并劫指揮孫繼芳行李，綁捉軍人張廷雲上寨，欲於川東衛選委能幹指揮坐鎮，各寨頭人不許動兵讎殺一節，查與御史李廷龍所奏大略相同。臣等竊計，夷民之讎殺起於田土之交侵，田土之侵奪由於處置之未當。合無斟酌所擬，備行都御史楊豫孫、譚綸，各就近選委府佐官一員，前去支羅交界處所，聽李堯德親詣督率，通於火焰山等寨地方逐一踏視，要見某屬三縣，某屬石砫，某屬支羅施州，講求端的，埋立灰牌，竪刻字號，永絶争端。一面於川東衛選委指揮三員，分鎮雲、萬、石砫各寨。支羅一帶地方，就聽新移守備坐鎮。仍明白曉諭各寨土民與新撫夷民，今後各要安分樂業，不許仍行讎陷，自取身家之禍。一面將劫掠指揮孫繼芳、綁縛軍人張廷雲與搶奪賊首覃正綉等項情由先行追究明白，嚴加懲治，以示後戒。

覆宣大總督尚書趙炳然報虜謀犯薊鎮隄備疏

題：爲哨報緊急聲息事，職方清吏司案呈，奉本部送，准總督宣大山西等處地方軍務兼理糧餉、兵部尚書兼都察院右都御史趙炳然揭帖，前事，等因，到部送司。

查得先准總督尚書趙炳然揭帖，爲達賊擁衆臨邊，懇乞天恩申飭邊臣等事，已經本部即時議覆，又該本官具題，見奉明旨："兵部便看了來説。"欽此。欽遵，查係一事，相應一併回奏，案呈到部。

看得總督尚書趙炳然今報虜情，既稱要搶薊鎮地方，又稱要在宣府報讎，譎詐之情雖忽忽未定，所據薊、昌二鎮腹心重地，比之宣大、山西尤爲不同，相應一體嚴備。合候命下，備咨趙炳然，嚴行獨石參將袁世械，差人遠哨，賊虜果有東向白草川、三間房蹤迹，星飛報部，不許遲緩。如果止犯宣府地方，第一謹守南山，其次則分防北、中、西三路，務保萬全。本部一面通行薊遼總督侍郎劉燾，總兵官王孟夏、劉漢，巡撫都御史耿隨卿，即將所屬古北等處十路益加固守，并將應該應援之兵悉停工作，蓄精養鋭，以備截剿。鎮巡、兵備、副參、遊守等官，不分主、客，如敢玩愒誤事，悉聽劉燾遵照原奉明旨指名參究。

嘉靖四十五年九月二十六日題，奉聖旨："是。"欽此。

覆巡撫南贛都御史吴百朋討平下歷賊巢疏

題：爲官兵血戰，搗平稱王逆賊堅巢，飛報捷音事，職方清吏司案呈，奉本部送，兵科抄出，巡撫南贛汀漳等處地方、提督軍務、都察院右副都御史吴百朋題，奉聖旨："兵部知道。"欽此。欽遵，抄出送司。

卷查先該巡撫南贛都御史吴百朋題，爲乞剿逆賊稱王，急救地方大患事，本部議擬，馬上差人移文吴百朋，督同參將蔡汝蘭，參政蔡文、李佑等，或剿或撫，相度機宜，務中肯綮。如果削平一巢，或三巢悉平，善後事宜應該作何處置，列款具奏，務爲經久之計。有功效勞人員，候巡按御史覈勘至日，容臣等酌量具題，恭候宸斷，等因。覆題，奉聖旨："是。"欽此。已經通行欽遵去後。今該前因，查呈到部。

看得巡撫南贛都御史吴百朋題稱，下歷賊首賴清規等依憑險阻，僭擬稱王，今被各官分統大兵直搗巢穴，擒獲賴清規、蕭祥鸞等三千一百四十三名顆，百年狡窟，焚剿無遺。及稱分巡嶺北道右參政兼副使李佑、分守嶺北道右參政蔡文、分守南贛參將蔡汝蘭、管安遠縣事同知李多祚所當破格超擢，南贛坐營王汝澄等六員，贛州府知府黄扆、同知趙時齊，管龍南縣事同知龔有成、推官蔡民望所當升賞，分巡湖西道僉事毛汝麒、南安府知府吴炳庶、信豐縣知縣陳瀾、贛縣知縣朱孔陽、萬安縣知縣劉繼文所當厚加賞賚。并稱已獲自盡賊首賴清規、生擒蕭祥鸞攻城殺人，罪同叛逆，欲將賴清規剖棺銼屍，蕭祥鸞等處决凌遲梟示各一節。爲照逆賊賴清規等，雄據一方，流毒三省，稱王僭號，罪大惡極。各該文武官員乃能制勝出奇，深入虎穴，擒斬之數多至三千有奇，燒焚者不計其數，各官之勞固爲可嘉，提督之功尤當稱首，係干激勸，相應亟行議擬。合候命下，將吴百朋先行賜敕獎勵，仍出格賞賚。李佑、蔡文、蔡汝蘭、李多祚重加賞賚。其餘有功效勞人員，聽吴百朋動支官銀分别獎賞。仍咨都察院，轉行江西巡按御史，再加查勘，要見某官功多，仍該升録；某官功少，止該賞勞；某官功罪相當，應該准贖；某官罪浮於功，應該究治。并但係隨征官軍，不拘大小，通行勘報，以憑議處。一面移咨吴百朋，先將見獲賊人蕭祥鸞等會同巡按御史覆審無異，即行處决。内爲首者仍與賴清規一體銼屍梟示，以示懲戒。一面將岑岡、高沙二巢應撫應剿，徑自相機施行。一面將善後事宜從長計議，列款具奏。

嘉靖四十五年九月二十七日題，奉聖旨："是。吴百朋先賞銀四十兩、紵絲二表裏，李佑等各二十兩、一表裏。有功人員，巡按御史作速查勘具奏。蕭祥鸞等，著便會官處决，内爲首的仍同賴清規銼屍梟示。"欽此。

覆議福建廣東各該總兵官鎮守地方疏

題：爲乞留大將專鎮全閩，以裨安攘事，職方清吏司案呈，奉本部送，兵科抄出，提督軍務兼巡撫福建地方、都察院右僉都御史塗澤民，巡按福建監察御史胡維新題，又該廣東惠、潮二府舉監生員馬朝用等奏，爲懇乞天恩剿賊救民事，又該廣東潮州府揭陽等縣民陳光前等奏，爲叛賊殘害地方，懇乞天恩亟賜及時剿滅以救生命事，俱奉聖旨："兵部知道。"欽此。欽遵，通抄到部送司。

查得正統十四年十一月，廣東盜賊黄蕭養作亂，欽命都督同知董興充左副總兵鎮守廣東，與同巡撫都御史楊信民討之。至景泰三年，爲因董興玩寇殃民，降作爲事官，隨軍殺賊，以署都督僉事翁信代任鎮守。通查案呈到部。

看得福建撫按官都御史塗澤民、御史胡維新會題前因，大率謂總兵官戚繼光奉旨兼管廣東惠、潮二府併伸威營，征剿廣寇吴平，今已平靖，一將兼管二省，顧理不周，乞要將戚繼光專回福建鎮守，復設伸威營總兵官，或於廣東地方專設大將，附麗撫臣，同心共事各一節。爲照福建總兵官戚繼光兼管惠、潮二府并伸威營，本出一時權宜之計，今吴平之黨既漸澌滅，廣澳之警又復發作，戚繼光委當專鎮福建，無容别議。但惟廣東地方自逆璉作孽以來，海寇風汛，猶爲有時，至於州縣山寇，狼窟鼠穴，無處無之，即觀揭陽等縣舉監人等陳奏之詞，連編累牘，讀之令人酸楚。雖嘗設有伸威營總兵官，又以南贛牽制，事權不專。況廣東總兵原有正統年間舊例，非關創始，相應復設無疑。合候命下，行令戚繼光遵照原奉敕書，專一鎮守福、興、泉、漳、延、建、邵、汀、福、寧、金、温等處地方，會同都御史塗澤民，一面將廣澳之寇作速剿除，一面將各該土兵多方訓練，以爲地方經久之計。其惠、潮并伸威營事務不必兼管。本部仍照董興等事例，於廣東復設總兵官一員，容臣等會官推舉，請旨簡用，請給敕書、符驗、旗牌，鑄給關防，令其鎮守廣東地方，與同新設巡撫都御史會同行事，聽總督節制，居常駐札潮州，統領伸威營原遺官兵操練。如遇山海别警，調集通省官軍相機剿捕，參將、守備并都司軍衛以下官員悉聽節制。未盡兵甲事宜，聽其以次經理，應具奏者另行具奏。再照南贛都御史原奉敕諭巡撫江西南安、贛州，福建汀州、漳州，廣東南雄、韶州、惠州、潮州各府及湖廣郴州地方，提督軍務，即今福建、廣東巡撫並設，惠、潮、漳州三府海寇爲多，應還二處巡撫，南安、贛州、南雄、韶州、汀州并湖廣郴州仍聽南贛巡撫照舊管理，庶山寇、海寇各有專責，不致互相推避，均乞聖明俯賜裁定。

嘉靖四十五年九月三十日題，奉聖旨："是。"欽此。

覆巡視東關御史吴逢春申嚴守墻軍士約束疏

題：爲嚴信地，申紀律，以勵人心，以安重鎮事，職方清吏司案呈，奉本部送，兵科抄出，巡按直隸監察御史吴逢春題，奉聖旨："兵部知道。"欽此。欽遵，抄出送司，案呈到部。

看得巡按直隸監察御史吴逢春具題前因，大率謂薊鎮邊墻延險，聲勢難以速達，要將守墻軍士申明號令，傳籌緊守，不許睡遁，各取隊長甘結，呈部查考，有事重處。鎮巡衙門不時差人稽察，軍士堵截有功，論擬升賞各一節。爲照薊鎮地方外連虜營，内拱畿甸，腹心重地，委當慎固封守。既該巡關御史吴逢春具題前來，深中肯綮，相應通行依擬。合候命下，移咨總督劉燾，嚴行鎮巡等官，備行十路兵備將領，通將守墻軍士申明號令，遇有哨探聲息，晝則挨牌，夜則傳籌，用心緊守，不許貪睡私逃，致誤軍機。一面將各隊五十名内取一連名甘結，呈報該管兵備，轉呈督撫及巡關衙門查考，一面責令該道公同本管將官不時查點，分別勤惰。如果容隱疏失，按地治罪。果能奮勇堵截，使虜一騎不得突入，秋防畢日，該管將領與守口官軍聽軍門查勘明白，功大者升級，功次者重賞，以示激勸。

嘉靖四十五年十月初二日題，奉聖旨："是。"欽此。

覆巡撫大同都御史張志孝議處保甲事宜疏

題：爲酌陳安民救時之要，以慰聖心，以隆聖治事，職方清吏司案呈，奉本部送，兵科抄出，巡撫大同地方、贊理軍務、都察院右僉都御史張志孝題，奉聖旨："兵部知道。"欽此。欽遵，抄出送司，案呈到部。

看得大同地方邊境延長，人情奢靡，舉行保甲，比之腹裏尤爲喫緊。所據巡撫都御史張志孝條陳五事，分别城内城外、堡大堡小，雖爲盜賊，實關戰守，相應通行依擬。合候命下，備行張志孝，照依原開款目，嚴責各該司道、軍衛有司官員，務要一一見之行事，以臻實效，不許徒爲文具，反成騷擾。

嘉靖四十五年十月初四日題，奉聖旨："依議行。"欽此。

覆浙直總督侍郎劉畿等計處徽饒兵備兵餉疏

題：爲欽奉明旨，議處善後事宜，以安三省地方事，職方清吏司案呈，奉本部送，兵科抄出，總督浙直江西軍務兼巡撫浙江地方、兵部右侍郎兼都察院右僉都御史劉畿，巡按浙江監察御史龐尚鵬，總理糧儲、提督軍務兼巡撫應天等府地方、都察院右副都御史謝登之，巡按直隸監察御史宋纁各題，奉聖旨："兵部知道。"欽此。通抄送司。卷查先該浙直撫按等官都御史劉畿等題，該本部議，行總督劉畿，權將標下義烏官兵分撥三總，責令都司陳大成帶領，前去衢州駐札防禦，并行應天、江西撫按等官會計兵食。奉聖旨："是。"欽此。已經通行去後。今該前因，查呈到部。

看得總督浙直江西軍務侍郎劉畿、巡撫應天都御史謝登之、巡按浙江監察御史龐尚鵬、巡按直隸監察御史宋纁各具題，大率謂徽饒、嚴衢兵備道應用兵食，在饒州自有本等餉費，金華應與衢、嚴相等，徽州亦止一府，委難均派，欲將都司陳大成量改職銜，統領官兵專駐衢州，年額兵餉均派徽、金、衢、嚴四府，饒州免派，海防缺兵另行選補。在謝登之等，又欲將徽州兵餉以見徵海防銀兩扣留抵用，仍要選募民壯一千，并選軍舍三百，各委官分駐操練，原議堡城不必建築各一節。爲照各官所議雖詳略不同，要之皆爲新設兵備善後之計。但中間扣留松江兵餉，未見處補明白，倭信未息，誠恐顧此失彼，相應一併議擬。合候命下，將陳大成仍以原職改爲總捕都司，令其統領三總官兵，專駐衢州分布防禦，遇有礦寇出没，公同兵備該道調度剿捕。本部另擬責任，札付本官，欽遵行事。其海防缺兵另行選補。一面移咨總督侍郎劉畿、巡撫都御史謝登之，會同巡按御史宋纁，將該道年額兵餉於徽、金、嚴、衢四府均派，饒州一府免其出辦。徽州應辦兵餉，除婺源免徵一年外，其餘協濟松江銀兩，四十五年盡留支用，以後年分土〔二〕扣該府應派之數。其松江兵餉既欲扣留，不知應於何項處補，或沙汰冗兵以減糜費，應天撫按作速議報。至於選募民壯，摘撥軍舍，委官分練，應援饒、廣，并徽州堡城不必建築等項事宜，悉如今議徑自施行。

嘉靖四十五年十月初五日題，奉聖旨："是。"欽此。

覆山東撫按官霍冀等請敕魯王退還護衛軍疏

題：爲陳末議以裨治道事，職方清吏司案呈，奉本部送，禮科抄出，巡撫山東等處地方兼督理營田、户部右侍郎兼都察院右僉都御史霍冀，巡按山東監察御史韓君恩題，俱奉聖旨："該部知道。"欽此。欽遵，通抄送司，案呈到部。

看得巡撫山東右侍郎霍冀、巡按山東監察御史韓君恩各題稱，勘議得山東魯府護衛軍餘，原奉欽依止留二千，其餘軍丁改建任城衛，徑隸都司統轄。邇來宗室生齒日繁，占役軍從過多，以致衛名徒存，軍伍久廢，欲要賜敕魯王，嚴諭各宗，將役占、投充軍從盡行退回，守巡該道將該衛見在軍丁及退回軍從查明造册，撥補運糧、操守。敢有不行首正及撥置、奏擾者，俱行拿問，干礙輔導等官，一併參治。并將原任巡撫曾都御史所題之例悉爲停寢各一節。爲照魯府護衛軍餘，除欽依存留二千名外，其餘俱該任城衛收充正軍，係干兵制，各該宗室豈容任意吝占。至於“例前”、“例後”，乃先任巡撫一時遷就之説，殊爲不通。既該撫按官議題前來，俱已穩妥，相應通行依擬。合候命下，移咨禮部，轉行翰林院，撰敕一道，頒給魯王，嚴諭各宗，今後務要遵照明旨，安分守法，通將役占、收投軍從盡數退回任城衛當差。如或仍前占吝，國典具存，自難輕貸。仍咨巡撫山東都御史洪朝選，會同巡按御史徐大壯，一向〔三〕督同東兖守巡二道，出給簡明告示，以前私自投充軍從人等，俱許赴官首正，免其治罪。一面將該衛見在軍舍餘丁及退回軍從通查明白，備造花名文册三本，一留本處備照，一本謝奏，一本送部查考。一面行令所屬問刑衙門，以後凡有問擬無力徒犯，俱解赴魯府長史司，照依弘治五年刑部題准宗室品級、從夫名數，撥給跟用，限滿釋放。願納價者，聽從其便。每月照例三錢，不許多索刁難。如徒夫撥盡，挨次聽撥。其嘉靖二十二年巡撫所題事例徑行停寢，以絶弊端。

嘉靖四十五年十月初八日題，奉聖旨：“是。”欽此。

覆陝西總督侍郎陳其學條陳邊務疏

題：爲酌時宜，陳末議，以裨邊防事，職方清吏司案呈，奉本部送，户科抄出，總督陝西三邊軍務、兵部左侍郎兼都察院右僉都御史陳其學題，奉聖旨：“該部知道。”欽此。抄出送司，案呈到部。

看得總督陝西三邊軍務左侍郎陳其學所陳五事，均係戰守要務，合就開立前件，議擬上請定奪。

嘉靖四十五年十月十七日題，奉聖旨："依議行。"欽此。

一、清逃亡以實軍伍。大率欲將陝西四鎮逃亡軍士盡數查出，分別造册，西、延、慶、漢四府，布政司官清解；平、鳳、臨、鞏四府，按察司官清解。隔别異省者，巡撫造册，兵部發單清勾。分任責成，事自有濟。合無依其所擬，備行陳其學，轉行巡撫都御史戴才、王遴、王崇古、石茂華，各將逃亡軍數備查原籍來歷及府州縣、衛所、里社名開造文册。係本省者，責成布、按清軍官分投清解；係别省者，本部照册發單清勾。至於禁革將領、衛所之科擾，稽查二司、清軍之分數，正係軍門職務，悉聽陳其學徑自施行，務臻實效。

一、補戰馬以備緩急。大率謂全陝衛所額徵椿朋、地畝銀兩，專備買補馬匹，近來侵隱弊多，追徵不前，以致戰馬缺乏。要將四十年以前拖欠者通行免徵，四十一年至四十五年止逐年挨查完欠、侵隱，四十六〔四〕以後及時徵完備用，仍呈允軍門，方許動支。置立循環，稽考完欠，旌别勤惰，殊於馬政有益。合無備行本官，通行各寺道，將全陝各該衛所額徵椿朋、地畝銀兩，應免者准與豁免，應查應徵者嚴行清查催解。其呈允支用及置設循環、稽考、旌别等項事宜，悉如所擬徑自施行。

一、責修築以圖保障。大率欲將延慶、寧固、蘭河、洮岷、甘涼等處邊腹城堡、軍民窑窨，責成守巡、兵備、軍衛有司官員踏勘修築，及處置城守壯夫軍火、器械，查與延綏巡撫近日所奏大略相同。合無依其所擬，備行陳其學，會行巡撫都御史戴才、王遴、王崇古、石茂華，各將鄰邊、腹裏城堡、墩臺、窑窨等項，責令守巡、兵備各道嚴督各該軍衛有司掌印等官，各照所管地方踏勘估計，應拆修者拆修，應幫修者幫修，應併修者併修，應增修者增修，合用錢糧、人力俱聽巡撫隨宜處給，務期高厚堅固，足堪保障。至於兵火、器械，尤要多方計處，足備應用。事完造册，送部查考。如司道官不行督催，掌印官不行督理，止以虚文塞責，以後地方失事，悉聽督撫衙門查參究治。

一、移援兵以預堵截。大率欲將固原入衛下班遊兵一枝，每歲防秋移駐保安縣界走馬城，遇有東西警隨賊應援，事在閫外，本部自難遥制。合無備行陳其學，會同巡撫都御史戴才，每年防秋之時，將入衛下班遊兵查照原議徑自移駐，應用行糧、料草早爲處備，毋致臨期缺誤。

一、議使過以資委用。大率欲將督屬將官犯該軍罪充發别省、才勇著名、情罪稍輕者取回原衛，仍充軍役，隨宜委用，無非因其地利、人情，便於使過之意。合無斟酌所擬，備行陳其學，將督屬以前軍職見充别省軍犯查果素著謀勇者移咨各該巡撫，取至軍門，令其仍以見充衛所軍人戴罪殺賊，不准改回原衛。其饒死充軍并律該遷徙、例發烟瘴二項情罪深重，亦不許一概混取，致乖法典。

覆都給事中等官歐陽一敬等參雲南鎮巡官沐朝弼等武定府失機及議陣亡僉事張澤恤典疏

題：爲稔惡鎮臣抗違明旨，致地方失事重大，懇乞聖明亟賜議處，以杜禍端，以靖遐方事，職方清吏司案呈，奉本部送，兵科抄出，兵科都給事中歐陽二〔五〕敬等題，前事。又該巡按雲南監察御史劉思問題，爲逆賊拒敵，執殺方面等官，懇乞聖明嚴究鎮巡諸臣，速行剿滅以伸國法以安地方事。巡撫雲南等處地方兼贊理軍務、兵部尚書兼都察院右都御史吕光洵題，爲仰仗天威，剿逐逆酋，保全邊城，蕩焚山寨，撫安夷民事。鎮守雲南總兵官、征南將軍、黔國公沐朝弼題，同前事。又該本官題，爲自陳地方未靖，懇乞天恩姑容戴罪以圖後效事。俱奉聖旨："兵部知道。"欽此。又該尚書吕光洵揭，爲自陳不職，乞賜罷斥以安邊徼事，等因，到部，通送到司。

卷查近該巡按雲南監察御史劉思問、雲南撫鎮官尚書吕光洵等各題，俱稱土酋鳳繼祖聚衆劫殺，謀據郡城，乞行川貴撫鎮衙門速發重兵夾剿，該本部議擬，覆奉聖旨："是。征剿重務著鎮巡官協心幹理以靖地方，如敢以小嫌致妨大計，重罪不饒。"欽此。又查得嘉靖三十年七月内，該鎮守雲南總兵官沐朝弼題稱，已故雲南左布政使徐樾慷慨殺身，勇往濱死，忠義可嘉，特乞天恩贈官録廕以表忠義，該吏部題，奉聖旨："徐樾准贈光禄卿，廕一子送監讀書。"欽此。俱經欽遵通行去後。今該前因，通查案呈到部。

看得兵科都給事中歐陽一敬等，雲南撫鎮、巡按官尚書吕光洵等各題揭前因，大率皆爲土酋鳳繼祖攻圍武定府城池，戕殺方面官員，凶殘已極，即今逃入川東地方，爲謀叵測。在歐陽一敬等，則稱沐朝弼稔積惡狀，殊負□[六]恩。會剿而調遣不時，豈得無意？失事而支吾多術，是誠何心？抗明旨而誤軍機，大無人臣之禮；懷小嫌以妨大計，深有禍心之藏。雖屬議功名例，合從取旨定奪。吕光洵動大兵而不諳主帥，殊昧事體；征土寇而致戕憲臣，重損國威。可劫非有制之兵，臨期豈易將之會？謀猷之壯何存？疏虞之罪奚逭？乞將沐朝弼革去官爵，同吕光洵戴罪併力剿賊，仍將所論朝弼事情嚴行巡按御史從實查勘。在劉思問，則稱沐朝弼，吕光洵，掌印都司徐高，監軍參政盧岐嶷，副使張天復、楊守魯，守備王存孝，指揮干鳳朝，通判周良卿，千户諸愛，指揮趙瓊，通判胡文顯均爲失事，及稱僉事張澤以死勤事，知事高心，千户劉裕、李躬行，百户李鰲等皆亡于陣，統乞照例優録。仍要嚴行雲南鎮巡官刻期剿賊，併敕四川巡撫各道禁緝土司，互擒逆酋。在吕光洵，則稱要行川貴撫鎮衙門，嚴督各道兵備，速調土官，併力夾剿，切禁水西土司，不得乘釁助逆。及自稱調度無術，疏虞難逭，乞要罷黜。在沐朝弼，則自稱地方未靖，乞寬法斧，容令戴罪，收功桑榆各一節。爲照土酋鳳繼祖雖稱逃去四川，非是畏我兵威，寔是糾彼夷黨，仍圖狂悖。一道臬臣被其屠戮，損威傷重，日下之事已可駭愕；二省土民聽其扇惑，禍結兵連，日後之事更當籌畫。所據總兵官沐朝弼屢違明旨，肆意欺公，禍心之包藏固難必於逆料，禍端之發作寔由徵調稽遲。巡撫尚書吕光洵新承贊理之命，夙負匡濟之才。臨敵而易偏將，固已爲失策；孤軍而使深入，尤爲寡算。兵科首歸罪於總兵，次及巡撫，巡按則兼論鎮巡二臣之罪，均爲有據。但今逆賊未滅，正在用人之際，相應與僉事張澤等通行議擬。合候命下，將總兵官沐朝弼，巡撫吕光洵，都司徐高，參政盧岐嶷，副使張天復、楊守魯俱住禄俸，令其戴罪殺賊，賊平之日另行酌議。守備王存孝等六員，聽巡按御史先行提問，從重治罪，仍將朝弼奏内所犯事情嚴行查勘，通候賊平之日從實回奏，以憑請旨處置。本部一面備行沐朝弼、吕光洵，查照先今欽依事理，各略小嫌，同懷大計，嚴督監督等官，各統調來各土官舍，多方攻剿，務將鳳繼祖并幫助首惡之逆逐一擒獲以正法典。一面備行川貴撫鎮衙門，分行叙瀘、建昌、畢節三道兵備，速調建昌衛土官指揮鳳氏、會川衛土官指揮撒和、東川府土婦寧著，及會里等州各土官舍併力夾剿。水西土司不許乘釁助逆，自取夷滅。張澤照依布政使徐樾事例特贈一官，仍廕一子入監讀書，巡撫衙門處給棺殮銀四十兩，給驛送還其喪。其餘陣亡官員高心、劉裕、李躬行、李鰲等，勘至之日另行録叙。地方大小官員敢有透露軍情，爲賊耳目者，不分總兵、參守，撫按官體訪真實，指名參究，置諸重典。但恩威出自朝廷。

嘉靖四十五年十月二十一日題，奉聖旨："是。沐朝弼、吕光洵并徐高等都著住了禄俸，戴罪殺賊。朝弼、光洵尤須協心督調，速靖地方，如仍敢異同誤事，重治不宥。王存孝等，巡按御史提問具奏。張澤贈光禄寺少卿。其餘依擬行。"欽此。

駁真定巡按御史黄襄論宣大總督戰功不實疏

題：爲申明奏報之規，以覈功實，以圖實效事，職方清吏司案呈，奉本部送，兵科抄出，巡按直隸監察御史黄襄題，又該總督宣大山西等處地方軍務兼理糧餉、兵部尚書兼都察院右都御史趙炳然題，爲懇乞聖慈明公論、肅紀綱以鼓舞人心、振起邊務事，俱奉聖旨："兵部知道。"欽此。欽遵，通抄送司。

卷查嘉靖四十五年六月内，爲防秋届期，懇乞申敕當事臣工竭誠悉慮，固本源以昭安攘事，該兵科署科事左給事中馮成能等題稱申飭防秋條目"去貪殘倡勇敢"、"一軍心行賞罰"數事。該本部議擬，以後地方有功，除照常覈勘外，果有奇功在人耳目，别無可疑者，督撫奏到，容臣等即時覆奏，厚加升賞以示優異。覆題，奉聖旨："是。"欽此。又查得本年七月内，爲大舉達賊非時入犯，屢被官軍奮勇擊遁，甄别功罪以示勸懲以勵邊將事，該總督宣大山西軍務尚書趙炳然等題稱七月初一日，達賊三萬餘騎從宣府膳房堡進入，分犯丁寧、水峪口等處，官軍獲功、失事緣由，本部覆題，奉聖旨："是。趙炳然賞銀五十兩、紵絲四表裏。馬芳四十兩，冀鍊三十兩，各二表裏。補於漢、解生各三十兩、一表裏。焦澤等各二十兩，董一奎等各十兩。黑雲龍罰俸一個月。其餘依擬。應查勘分別的，著巡按御史上緊具奏。”欽此。又查得本年九月内，爲申明禦邊要議以防深秋事，該兵科都給事中歐陽一敬等題稱勘覈功罪，本部議擬，備行宣大巡按御史，先將宣府崛峪等處作速查勘，文書到日，通限十月以裏具實回奏。覆題，奉聖旨：“依擬行。”欽此。俱經通行欽遵去後。今該前因，查呈到部。

臣等看得，封疆之臣各有職守，朝廷之上當明賞罰。即如南北各邊，總督除本銜外仍兼都察院副都御史或僉都御史，巡撫則專用副都御史或僉都御史，正以其職司風紀，文武將吏咸得而糾正之。若使止具倭、虜出入日期，不與功罪，未免威權漸輕，人心怠玩。御史黄襄懲於各邊舊事，不勝奮激，創爲此論，固是救弊補偏之意，但惟宣府地方密邇京師，七月初二日之警，總督、巡撫備陳諸將戰守之功，臣等詢諸往來之使，大略與督撫所奏相同，以故遵奉近日給事中馮成能題奉明旨，先行議賞，以示激勸。今據總督尚書趙炳然所辯，其詞甚壯，且本官一聞虜入，連夜提兵即至順聖東城。平時之忠誠，既保其可無欺肆；臨事之忠勇，更見其切中安攘。大率御史遠在真定，得之紫荆諸關傳報之言，蓋腹裹傳報之人不敢深入邊境，捉影捕風，以故不可盡信。係干紀綱，相應通行議擬。合候命下，備咨都察院，轉行宣大巡按御史，查照先今事理作速勘報。本部一面備行各處督撫衙門，今後遇有倭、虜之警，務要備陳功罪，聽候聖明，應處分者即爲處分，應行勘者仍行巡按御史覆勘。如或扶同將領避罪邀功，則是自棄清時，重傷大體，悉聽臣等與該科及各該巡按御史指名參究，國典具存，自難輕貸。

嘉靖四十五年十月二十一日題，奉聖旨：“是。”欽此。

覆湖廣巡按御史陳省奏報水灾請嚴邊備疏

題：爲目擊異常水灾，懇乞聖明軫念，嚴敕大小臣工修省消弭，以杜未形之患，以圖萬世治安事，職方清吏司案呈，奉本部送，准户部咨，該巡按湖廣監察御史陳省題，奉聖旨："這所奏水灾重大，一應合行事宜，户、禮、工部看了來説。"欽此。欽遵。看得巡按湖廣御史陳省題稱，湖廣各府州縣水灾異常，欲議破格蠲免、賑濟。及稱連歲灾傷，恐民窮盗起，要行各該督巡等官，撫恤流移，緝捕盗賊，謹飭邊防各一節。除錢糧本部議覆外，其係貴部掌行者合咨前去，煩爲查照施行，等因。到部送司，案呈到部。

臣等看得，内之盗賊，外之夷狄，雖明聖之世所不能免，先事消弭，臨事廓清，則當事文武各官之責。况今上天示戒，郢、襄之間水患異常，是爲陰盛，夷狄、盗賊皆陰類也，皆兵象也。巡按御史陳省舉以爲言，誠爲確論，相應通行申飭。合候命下，備行沿邊沿海并南北直隸及十三省各該總督、撫鎮等官，嚴行守巡、兵備、副參、遊守等官，務要同加修省，撫恤流移，以收人心；申明保甲，以慎守望；修復民壯，以飭兵防；深哨風汛，以嚴倭警。果有不逞之徒，必使潛消默奪，方爲上策。萬一突起草莽、海洋之中，一鼓擒之，一鯮滅之，斯爲中策。若漫不經理，任其扤捏，則基禍遺患之罪，國典具在，自難輕貸。即今雖已入冬，尚有閏月，一月不止，薊鎮仍當戒嚴，近而宣、大、山、遼，遠而延、寧、甘、固，均當一體隄備，以答天心之仁愛，以副聖明之委任，以慰黎庶之屬望。臣等愚見惓惓如此，均乞聖裁。

嘉靖四十五年十月二十二日題，奉聖旨："是。"欽此。

覆遼東督撫等官劉燾[七]等報虜犯錦州功罪疏

題：爲北虜擁衆入寇，官軍血戰，即時驅逐退遁事，職方清吏司案呈，奉本部送，兵科抄出，總督薊遼保定等處軍務兼理糧餉、兵部右侍郎兼都察院右僉都御史劉燾，巡撫遼東地方兼贊理軍務、都察院右僉都御史魏學曾，鎮守遼東總兵官、署都督僉事王治道各題，同前事。巡按山東監察御史李叔和題，爲達賊擁入腹裏，官軍追敵，陣傷將領官員事。俱奉聖旨："兵部知道。"欽此。欽遵，抄出送司。

卷查先爲北虜擁衆犯邊事，該薊遼總督、鎮巡等官侍郎劉燾等揭報達賊入犯錦州，官軍對敵出境緣由，已經本部咨行都察院，轉行彼處巡按御史查勘去後。今該前因，查呈到部。

看得遼東總督、撫鎮、巡按官侍郎劉燾等題稱，本年九月二十五日，達賊糾衆入犯錦州地方。巡撫都御史魏學曾又稱，當有總兵官王治道統率各路官兵奮勇衝鋒，與賊血戰，殺死達賊百餘，斬首一級，即時奔退出境。及稱總兵官王治道勇略威令，超絶一時；參將趙完、李思忠，原任參將杜鏜，遊擊王有臣，守備王政儼，備禦張延賞各奮勇血戰，功俱可録；陣亡指揮金輅並其餘官軍情俱可憫。要將王治道優賚，李思忠等給賞，趙完等以功准過，陣亡官軍厚擬升録，仍行巡按御史查勘，分别奏請各一節。爲照前項醜虜突犯錦州地方，當日出境，一時官軍血戰之功似不爲虚。但兩兵相接，彼此殺傷，勢所不免，其陣亡者恐不止於所報指揮金輅等之數，必須覈勘的確，方可議擬。合候命下，移咨都察院，轉行彼處巡按御史，即查前賊實有若干，是否旋入旋出，官軍果否對敵，損傷之數是否止於金輅等，逐一勘明，大率還當録其戰功，略其疏失，以倡勇敢，以服人心。如果所奏不實，失事重大，亦要從實參究，以示後戒。

嘉靖四十五年十月二十三日題，奉聖旨："是。"欽此。

覆山西巡按御史王漸等傳報虜警隄備疏

題：爲傳報緊急聲息事，職方清吏司案呈，奉本部送，該巡按山西監察御史王漸揭帖，前事，總督宣大山西等處地方軍務兼理糧餉、兵部尚書兼都察院右都御史趙炳然揭帖，爲聲息事，等因，到部送司，案呈到部。

看得山西入犯之賊，先據督撫等官趙炳然等止報三千，已經臣等計料具題，惟恐尚有別虜分道入犯，通行寧武、雁門一帶各加防範。近該總督趙炳然又報五六千騎從驢皮窑、乾溝進入，今雖俱在迤西偏關一帶，賊情叵測，極當過慎。除馬上差人移文總督趙炳然，一面謹守南山以固京陵之防，一面調度總兵官董一奎、巡撫都御史王繼洛多方拒堵，務令及早出境，毋致蔓延内地，縱寇殃民，自取罪究外。

嘉靖四十五年十月二十五日題，奉聖旨："是。知道了。"欽此。

懇乞辭免重任疏

奏：爲懇乞天恩，辭免重任事。近以吏部尚書員缺，伏奉聖旨："這首卿要至公爲國，推來三四員簡用。"欽此。隨該吏部等衙門會推相應官四員，首及于臣，題奉聖旨："楊博改吏部尚書，餘官如故。"欽此。臣聞命自天，不勝感激，不勝驚悚。伏念臣起自寒素，洊登顯頎，悉賴我皇上生成作養之恩。中間三歷邊閫，再晋孤卿，又皆御筆親擢。至於待罪本兵以來，一切機宜悉由宸算，臣不過蚤夜祗承，少圖犬馬之報。詎意天恩隆重，吏部之命猥及於臣。竊惟吏部尚書乃古冢宰之官，班先八座，職綜三銓，自非明德宿望無以堪此。臣性既庸劣，識復孱淺，衡鑑之任，實所未能。即今堯舜在上，聖神文武，知人安民，時勤淵衷，銓曹重寄，臣若冒然當之，難免負乘覆餗之咎。夫舍短取長者，聖皇器使之仁；審己量力者，人臣自處之義。此臣所以展轉於心，不能已於控辭者也。伏望聖慈察臣愚悃，收回成命，容臣仍以舊銜供職，臣無任屏營俟命之至。

嘉靖四十五年十月二十七日奏，奉聖旨："朕以卿端慎公明，銓衡重任，特慈〔八〕簡用，所辭不允。吏部知道。"欽此。

校勘記

〔一〕"一、查得歸德守備"，按此句與上下文不屬，或爲竄入。

〔二〕"土"，疑當作"止"。

〔三〕"向"，十二卷本作"面"，是。

〔四〕"四十六"後，據文意似脱一"年"字。

〔五〕"二"，十二卷本作"一"，是。

〔六〕□，底本漶漫不清，據十二卷本當作“世”。

〔七〕“劉壽”，據底本卷首原目録及下文當作“劉燾”。

〔八〕“慈”，疑當作“兹”。

楊襄毅公本兵疏議卷二十一

覆大學士高拱等建議責成宣大等七鎮邊臣及時整飭邊政疏

少傅兼太子太傅、吏部尚書、管理兵部事臣楊博等謹題：爲虜衆内附，邊患稍寧，乞及時大修邊政，以永圖治安事，職方清吏司案呈，奉本部送，兵科抄出，少師兼太子太師、吏部尚書、建極殿大學士、掌管吏部事等官高拱等題，奉聖旨："邊境既寧，邊政正宜及時修舉，覽卿等奏，具見爲國深遠忠猷，着兵部看議來行。"欽此。欽遵，抄出送司，案呈到部。

看得少師兼太子太師、吏部尚書、建極殿大學士、掌管吏部事等官高拱等題稱前因，大率謂北虜率衆款塞，稽顙稱臣，朝廷准其貢市，錫以爵賞，其説有三：一則受彼之來，則彼之嗜欲繫於我，而可免侵擾之害；一則容彼之請，則我之法制行於彼，而坐收安寧之利；一則外示羈縻，專修内治，以爲經久之謀。據今日之見行，則前二説已有成效；爲將來之大計，則後一説亟當勉圖。至其詳論内治要領，則欲乘此閒暇積錢糧，修險隘，練兵馬，整器械，開屯田，理鹽法，廣收胡馬，解散逆黨，更有沉機密畫不可明言者，皆將次第舉行。且責成本兵，與邊臣内外協心，着實整頓。仍乞敕諭邊臣及遣官閲視，比照獲功、失機，分别功罪以示勸懲各一節。除薊、遼二鎮原與西虜無與，另本議奏外。爲照自古聖王之於夷裔，不過德、威二者而已。叛則威以讋之，有防禦之經；來則德以綏之，有制馭之權。即如虜酋俺答，兵力盛强，甲於北鄙，控弦之士不可勝計，又得老把都兒、黄台吉、吉能等爲之羽翼，丘阜〔一〕、趙全、李自馨等爲之腹心，自我斬其虜使以來，宣、雲、山、陝、延、寧、甘、固之間受害甚慘，甚至攻破州郡，蹂踐郊圻，三十年間乞無寧日。所幸天伐其謀，神奪其魄，自以愛孫把漢那吉之故稽顙稱臣，惟恐或後。不煩一矢而七陲晏然，生靈免荼毒之灾；不費斗糧而群雄帖爾，士馬少調遣之擾。允協先皇之心，有光二祖之烈。此實我皇上大化神明，鴻恩博洽，聖德格天所致。而輔臣高拱、張居正、殷士儋謀斷相資，力贊其議，邊臣王崇古、劉應箕艱危不避，身任其責，功在地方，俱難輕泯。乃今櫽括經制之詳，列爲三策。由前二策權以濟變，淵深莫測，殊得惇大之體；由後一策道以守經，注措有章，足收明作之功。爲國深遠忠猷，誠如聖諭。所據奏内"積錢糧"等事，即當一一舉行，以修實政。往歲苦其侵暴，欲爲而勢有不能；今日趁此閒暇，應爲而時不可失。各邊文武諸臣與有修攘之責，果能着實修舉，著有勞績，比照擒斬事例重加升賞。如仍踵襲故套，搪塞誤事，即照失機律例從重擬罪。仍望皇上俯賜采覽，將宣、大、山西、延綏、寧夏、固原、甘肅七鎮總督、鎮巡官各賜敕一道，令其破格整飭，應便宜者便宜施行；果有改弦易轍，應奏請者明白具奏。候隆慶六年十月以後，分遣才望大臣前去閲視，從實回奏。臣等待罪本兵，叨承樞筦之寄，亦不敢不悉心程督，重負委托，自速罪戾。

隆慶五年七月二十四日題，奉聖旨："都依議着實舉行。"欽此。

一、積錢糧。臣等議得，往歲一入秋月，即將兵馬分布信地，變主爲客，糜費不貲。合無通行七鎮總督、鎮巡等官，各將各枝兵馬酌量虜情，仍照防秋舊規分布停當。無警各守禦原住地方，不許離局；有警各奔赴所分信地，不許誤事。其宣府南山一帶，照依總督王崇古題奉欽依事例，不必先期駐守。防秋畢日，果有節省錢糧，另項收貯，各置文簿一扇，開載數目。其户部應發年例銀兩逐年處發，不得因而短少。通候大臣至日閲視施行。

一、修險隘。臣等議得，以静制動，以逸待勞，修設險要，實爲防邊要務。臣博巡撫甘肅之時，督令甘州等十五衛所所在村落各築墩院。虜嘗突至涼州，守保嚴密，一無所得。且將兵馬棋布於墩院之間，于時斬獲虜首、奪獲虜馬甚多。若使各邊皆能有備，虜雖反側，何能爲哉？訪得宣府城堡稍有次第，大同則僅完十之三四，山西、固原、延寧則僅完十之一二，甘肅墩院已半就傾頹矣。合無通行七鎮總督、鎮巡、守巡、兵備等官，各將險隘城堡加意修築，高厚堅實，以圖永久。工小者聽居民自處，工大者官爲措處。如有重大工程，勘實奏請。通候大臣至日閲視施行。

一、練兵馬。臣等議得，兵馬不練，與無兵同。邇來各邊有畏軍士之訛言而全不操練者，有雖嘗操練而徒爲文具者，大抵大操不如小操，合操不如分操。合無通行七鎮總督、鎮巡等官，以後務要時加操練，一人教十，十人教百，百人教千。所在守巡、兵備等官亦要不時監督，操有成效，或全無成效，與將領一體賞罰，以示激勸。通候大臣至日閲視施行。

一、整器械。臣等議得，“器械不利，以卒與敵”，委當及時整理。但軍士貧苦，力不能辦。軍三民七，軍器雖解納工部，半多不堪。若使將價留在本處，給與軍士自行打造，公私殊爲兩便。合無備行七鎮總督、鎮巡等官，或應別項討給官錢，或應暫留軍三民七年例，各另議奏，聽工部覆議。通候大臣至日閲視施行。

一、開屯田。臣等議得，開耕屯田以資軍食，是即古人積粟塞下之意。但小民無知，惟恐糧差累及，逡巡畏縮，不敢認種。臣博巡撫甘肅之時，嘗奏奉明旨，原係抛荒者永不起科，近年抛荒者十年之後方行起科，人心躍踴，頗見成效。大抵損上益下，藏富於民，自古經國之長策。合無通行七鎮總督、鎮巡、守巡、兵備等官，照依前例，從實舉行，仍各給與明文，以爲執照。其原有水利去處，亦要設法疏通，以濟屯田之用。通候大臣至日閱視施行。

一、理鹽法。臣等議得，國初鹽法謂之“飛輓”，商人射利以輸邊，邊人得米以餬口，良法美意，無已過之。但官司畏避嫌疑，多派斗頭，以致商人不願上納，勘合徒存，置之無用，倉庾盡虚，取之不給，失策甚矣。合無備行七鎮巡撫都御史，督同守巡、兵備等官，務要設法疏通，以復國家之舊。通候大臣至日閱視施行。

一、收胡馬。臣等議得，各邊軍士缺馬甚多，有一營三千馬僅有一半者，亟當處補。除宣大、山西見該右給事中梁問孟等具題，另本議覆外，合無備行陝西、延寧、甘肅督撫等官，各將各營缺馬數目分別具奏，以憑給發馬價，務要收買膘壯好馬，事完造册奏繳，青册送部查考。通候大臣至日閱視施行。

一、散逆黨。臣等議得，逆黨不散，則勾引之福[二]蔓延未已。即如丘阜、趙全等是其明驗。合無通行宣大、山西、延寧、固原、甘肅七鎮總督、鎮巡等官，設法招徠，歲終仍照舊例，以人口多寡分别升賞。果有沉機密畫，不妨徑自酌處。通候大臣至日閱視施行。

覆右給事中梁問孟等議暫准折色馬疏

題：爲酌議馬政事宜，以裨邊儲，以蘇民困事，車駕清吏司案呈，奉本部送，兵科抄出，巡視京營、户科等衙門右給事中等官梁問孟等題，奉聖旨："兵部知道。"欽此。欽遵，抄出，到部送司。

卷查本部馬政條例，每年備用馬匹額派本、折色二萬五千匹，内取本色馬二萬匹、折色馬五千匹，本色相兼，緩急備用。今該前因，案呈到部。

看得巡視京營、户科等衙門右給事中等官梁問孟等具題前因，大率因市馬一事，因議備用馬，議寄養馬，議監牧馬，無非欲振飭馬政、蘇息民困之意。但監牧之制既卒難施行，寄養之法自遽難盡廢。惟北直隸、山東、河南三處連歲灾傷，人不聊生，若使暫准折色一年，不惟常盈庫銀可增百分之一，亦且閭閻小民得受一分之賜。况大同、宣府、山西三鎮各營軍士缺馬數多，相應通行酌處。合候命下，備咨北直隸、山東、河南巡撫都御史，將隆慶六年分應派備用馬匹俱准折色，每匹徵銀二十四兩，解部發寺收貯。以後年分，仍聽本部酌量徵派。一面先於太僕寺動支馬價銀三萬兩，大同、宣府、山西各一萬兩，差官解送巡撫都御史劉應箕、孟重、楊綵處，收買膘壯好馬，給軍騎征，事完各另造册奏繳，青册送部查考。本部仍備咨總督尚書王崇古，綜理稽查，以修邊政。

隆慶五年七月二十五日題，奉聖旨："是。"欽此。

覆給事中劉伯燮條陳斂才正名疏

題：爲懇乞聖明乘太平之運，修萬世之計，恭陳五議，以備采擇事，職方清吏司案呈，奉本部送，吏科抄出，工科給事中劉伯燮題，奉聖旨："該部知道。"欽此。欽遵，抄出送司，案呈到部。

看得工科給事中劉伯燮所陳“議斂才”、“議正名”二事，一則盡人才之長，一則崇天朝之體，合就開立前件，議擬上請定奪。

隆慶五年七月二十六日題，奉聖旨：“正名一節，只於章奏文移改正，不必榜諭。其餘依擬。”欽此。

一曰議斂才。看得武舉一科試以弓馬、文字，委不足以盡驍雄豪邁之才，兼收之策節經建白，竟未見舉到一人，海内之廣，豈真無遺才耶？給事中劉伯燮陳及于此，允於安攘有益。合無依其所擬，備行沿邊沿海督撫及各省撫按等官，多方詢訪，勿拘世類，勿限資格，或有膂力方剛，足舉千斤，或有心計特慧，能精一藝，俱許所在軍衛、州縣起送各該督府軍門，隨宜委用，試有成效，疏名奏薦。其見在行伍者，責成總副、參遊等官，各以所部指名薦舉。文書到日，通限三個月以裹，總督、撫按官各另具由回奏。

一曰議正名。仰惟我國家運際中興，時當全盛，北虜俺答畏威感德，稽顙稱臣，來王來享，真足以追美隆古之治。議者誤言和好，遂致小民無知，交相傳訛，豈惟今日名實不稱，抑且他日事體未安。和者弗臣，臣者弗和，誠如給事中劉伯燮所論。合無依其所擬，一面昭示中外，一面亟行九邊，責令督撫等官出給大字榜文，曉諭改正。一切軍民人等以後敢有仍前訛言和好者，從重處治，將領仍加等究治。

責成薊昌遼保諸鎮
邊臣及時整飭邊備疏

題：爲申飭薊、昌防秋事宜，以重根本，以保萬全事，職方清吏司案呈。照得薊、昌二鎮拱護陵京根本腹心，比之九邊，事體特重。自嘉靖庚戌以後，每歲四時無時不防，而秋防尤爲喫緊；東西二虜無歲不窺，而東虜更見垂涎。即日西虜俺酋稱臣稽顙，似無別虞；而東虜土蠻慚憤陸梁，勢必狂逞。即如今歲四月則寇連山，五月則寇盤山，六月則寇名河。計其出没之地，雖在於遼；度其奸狡之情，實在於薊。況今秋高馬壯，正係彼虜馳騁之時，寧先事而過防，無寧後時而失策，呈乞查處，案呈到部。

看得薊、昌二鎮密邇陵京，委爲根本腹心重地。以臣等耳目之所睹記，西虜侵軼者十之二三，東虜侵軼者十之八九。春防稍緩，尚當戒嚴；秋防孔亟，豈容怠誤？臣等待罪本兵，惟恐仰負委托，不敢不先事圖惟，謹將應行事宜開坐上陳。伏望皇上俯賜采覽，敕下臣等遵奉施行，地方幸甚。

隆慶五年七月二十七日題，奉聖旨："依議行。"欽此。

一、定戰守。臣等議得，薊、昌二鎮，已該總督劉應節等將各該兵馬分布停安〔三〕，題奉欽依，無容別議。但向來口語紛紛，咸以守墻爲怯。或欲墻外邀擊，猶爲害七而利三；或欲墻内奮擊，誠爲利一而害九。言之似若可聽，行之實無少效。蓋因墻拒守，兵法所謂"先處戰地而待敵者逸"，名雖善守，實爲善戰。臣博嘉靖三十二年總督之時，嘗與東虜十萬之衆相持旬日，匹馬竟未入邊，損傷虜衆不可勝計。于時虜酋打來孫，即土蠻之父，抱恨而歸。先帝誤以臣爲功，錫臣升廕。後臣復任總督，益復習明薊事，以爲必當守墻，萬無可疑。若使潰墻而戰，戰雖有功，風斯下矣，況未必能戰乎？合無備行總督劉應節，巡撫楊兆，總兵戚繼光、楊四畏，今次虜若臨墻，不拘薊東、薊西，決意拒守墻臺，以必保萬全爲主，上以答聖主東顧之懷，下以慰畿民安堵之望。賊攻去處，果能保無他虞，不分文武官軍，照依斬首事例題請升級，一體世襲。敢有訛言惑衆，破壞守墻之説者，總督官先以軍法究治，仍行解京，治以重典。

一、明應援。臣等議得，薊鎮官兵既以分布守墻，同心同力，自然可保萬全，而意外之防不可不慮。所據鄰鎮兵馬必須預擬停當，臨期方免誤事。合無行遼東撫鎮官張學顔、李成梁，保定撫鎮官宋纁、李勇，宣府撫鎮官孟重、趙岢，各將所部精鋭人馬一面時加選練，不許離局，一面差人於薊遼軍門探聽。土蠻但有侵軼古北口、石塘嶺、黄花鎮一帶消息，張學顔、宋纁、孟重仍各防守本鎮，李成梁由山海關自東而西，李勇由保定自南而北，趙岢由居庸關自西而東，宣大總督尚書王崇古亦照原奉欽依事理入關應援，大率以保護陵京爲主。至于宣府、大同之鎮城、陽和之會城，仍要多留兵將，以防西虜反側之虞。内遼、保二鎮之兵原係薊遼軍門節制，雖徑可調遣，非得仰仗天威，特勤天語，人心未免怠緩，少誤事機，關係不輕。

一、申駐守。臣等議得，昌平陵寢，通州積貯，雖事體輕重不同，均當早爲嚴備。先該吏部掌管部事大學士高拱等題注本部侍郎四員，一員協理部事，一員防守九門，一員駐守昌平，一員駐守通州，各有專責，事體已定。但去歲事出倉卒，所統之兵尚未定擬，趁今閑暇之時，相應預爲酌處。合無備行總督侍郎劉應節，巡撫都御史楊兆，總兵官戚繼光、楊四畏，會同查議，要見二侍郎駐守之日應以何項兵馬聽其調度，一面咨部知會，一面徑咨二侍郎知會。二侍郎亦要先期各赴所分地方自行料理，完日回京，直候有警，方行前去調度。

一、處京營。臣等議得，京營兵馬，祖宗設立之意原爲强幹弱枝，居重馭輕。譬之紫薇之垣，衆星環繞，不容一星失次。向來此義不明，薊鎮但有警報，即將兵馬列營城外，或一二里，或三四里，將官不過假此塞責，徒爲文具，遂致城守乏人，聊以火夫充數。萬一突有庚戌之變，城守内虚，兵馬外隔，一舉而兩失之。合無容臣等備行總督鎮遠侯顧寰、協理右都御史譚綸，即將本營將兵於教場内略照内城、外城規格逐一分派，居常設法操演，令其曉然各知信地，既不許張皇以致人心驚疑，亦不許疏略以致事體乖剌。此外，每門仍量留精兵，以備臨期相機調遣。至於郊圻之外，正係督撫、總兵信地，戰守機宜自當聽其徑自計處。

一、諭屬夷。臣等議得，朵顔三衛屬夷陽順陰逆，弱者爲東西二虜之耳目，强者爲東西二虜之羽翼，恃東虜之衆，倚西虜之强，自嘉靖庚戌以來，勾引騷擾，無歲無之，誠可痛恨。即今西虜俺答既以臣服，諸夷大失所倚，乘其氣怯之時，相應陰折其心。合無備行總督劉應節、巡撫楊兆、總兵官戚繼光，責令撫夷官通於喜峰等口明白曉諭："你每平日專倚俺答并老把都之勢，即今俺答等進貢開市，極其恭順，縱有東虜土蠻，其何能爲？土蠻今秋如敢復來擾邊，朝廷已調下數十萬人馬，痛加殺他，就令者[四]把都、黄台吉搗他巢穴，殺他老小，已都約定了。你們若能先期傳報明的，臨期協力剿殺，自當奏請，重加升賞。若傳報不的，面相欺誑，外示恭順，中懷反側，天威在上，定行一體剿殺，不要後悔。"其廣寧、開原馬市諸夷交易之時，遼東撫鎮官亦要一體曉諭，以伐其謀。

一、修内治。臣等議得，前款所陳不過防秋一時權宜之計，至於修内之策，薊、遼、保定三鎮與宣、大等七鎮事體相同，必須一體整飭，方成畫一之政。合無容臣等將大學士高拱等所議"積錢糧"、"修險隘"、"練兵馬"、"整器械"、"開屯田"、"理鹽法"、"收胡馬"、"散逆黨"等八事，通行總督侍郎劉應節，巡撫都御史楊兆、張學顔、宋纁，總兵官戚繼光、楊四畏、李成梁、李勇，督同守巡、兵備等官，各隨宜修舉。候隆慶六年十月以後，分差大臣通行閲視，具由回奏。果能着實修舉，著有勞績，比照擒斬事例重加升賞。如仍踵襲故套，搪塞誤事，即照失機律例從重擬罪。仍乞將總督、鎮巡官各賜敕諭一道，應便宜舉行者令其便宜舉行，果有改弦易轍應奏請者具奏定奪。大率薊、遼二鎮虜警未息，比之宣、大等七鎮，保定一鎮邊情稍寧者不同，閱視大臣至日亦當稍從寬假。

覆都給事中章甫端等隄備薊遼二鎮疏

題：爲據報虜情，乞飭當事臣工嚴加備禦，以圖萬全事，職方清吏司案呈，奉本部送，兵科抄出，兵科都給事中章甫端等題，奉聖旨："兵部知道。"欽此。抄出送司。

案查近該遼東撫鎮官都御史張學顏等塘報虜情事，□□□□□□□□董狐狸等要搶寧前地方，隨該本部□□□□□□□□鎮等官嚴加隄備去後。今□□□□□□□□〔五〕。

□□□〔六〕科都給事中章甫端等具題前因，大□□□□□□〔七〕虜情，要搶寧前，乞要申飭該鎮總督、撫鎮等□□□〔八〕防守一節。爲照遼東寧前地方，與薊鎮山海關、一片石一帶相爲唇齒，即今東虜迹雖向遼，志實在薊，正係聲東擊西之計。其在彼虜有可疑者三：俺答原係土蠻之屬，今既納款封王，土蠻心懷不平，勢必一逞於薊；前歲棒棰崖之敗，俺答嘗譏笑其怯，土蠻含羞數年，必將發憤于一旦；往時開原、廣寧二市，每市多至二三千人，今歲至多不過二三百人，糾衆之狀居然可見。其在我邊可慮者亦有三：邊人無知，以爲西虜既服，可以晏然無事，不知西虜犯薊者爲少，東虜犯薊者爲多，豈可以西虜之服遂忘東備？又謂東虜雖衆，其勢甚弱，縱使大舉，其何能爲？不知東虜比之西虜固爲稍弱，比之我兵則驍雄百倍，屢年入犯，全勝而歸，是其明驗。東虜每當大舉，輒露形於遼以緩我師，直至九月下旬、十月上旬方始突然而至。即如嘉靖三十二年入犯古北口，則在九月二十七日；嘉靖四十二年入犯墻子嶺，則在十月初一日。若使誤中其謀，爲害不輕。臣等待罪本兵，重念腹心根本，深切憂惶，既經該科具題前來，相應通行申飭。合候命下，本部馬上差人移文薊遼總督劉應節，巡撫楊兆、張學顔，總兵官戚繼光、楊四畏、李成梁，各差人襲蹤遠哨。賊若東犯遼東，則堅壁清野，以逸待勞，設伏出奇，以衆擊寡。若西犯薊鎮，務要依墻拒堵，以守爲戰，聿成萬全之功。直待九月以後、十月以前方可解嚴，仍各不時報部，以憑調度施行。

隆慶五年八月初二日題，奉聖旨："是。"欽此。

覆宣大巡按御史劉良弼
責成邊臣安攘疏

題：爲預陳邊事隱憂，懇乞聖明申諭邊臣早爲計處，以保萬全事，職方清吏司案呈，奉本部送，兵科抄出，巡按直隸監察御史劉良弼題，奉聖旨："兵部知道。"欽此。欽遵，抄出送司。

卷查近該大學士高拱等題，爲虜衆内附，邊患稍寧，乞及時大修邊政以永圖治安事，内稱"積錢糧"、"修險隘"、"練兵馬"、"整器械"、"開屯田"、"理鹽法"、"收胡馬"、"散逆黨"，仍乞賜敕一道戒諭邊臣，責其成效，每年特差才望大臣或風力科道官二三員分投閲視，比照擒斬、失機事例，分别功罪以示勸懲。奉聖旨："邊境既寧，邊政正宜及時修舉，覽卿等奏，具見爲國深遠忠猷，着兵部看議來行。"欽此。隨該本部覆奉聖旨：

"都依議着實舉行。"欽此。已經通行欽遵去後。今該前因，查呈到部。

看得巡按直隸監察御史劉良弼具題前因，大率謂北虜互市已畢，羈縻之術似亦可觀，而隱憂潛伏，漸不可長，乃開具"封疆弛守"、"熟夷疑叛"、"將領推諉"、"塞下虚耗"、"勇士散逸"、"市地增加"六漸，責成邊臣早圖預待。且欲及時修城堡、礪甲兵、招徠叛逆、經理殘破、廣儲糧餉、開墾屯田各一節。爲照北虜貢市，原爲外示羈縻，内修戰守，即今貢市已完，邊境暫息，乘此閒暇，正是可以有爲之日。近該大學士高拱等具題，欲要大修邊政，以"積錢糧"等八事爲經久之圖，且請敕諭邊臣着實舉行，仍行遣官閲視，爲國忠猷，極其深遠。已經本部覆奉欽依，通行各邊欽遵去後。乃今巡按御史劉良弼復有此議，查與輔臣所見大略相同。至於開陳六漸，無非思患預防以保萬全之意。但惟總督王崇古身當鎖鑰之司，心切安攘之計，經始之勞既在可録，善後之策必能預處。事在閫外，相應通行申飭。合候命下，本部移文總督王崇古，公同巡撫孟重、劉應箕、楊綵，除内治事理查照本部先今題覆着實舉行外，即將御史劉良弼所陳六漸逐一審處，應潛消默奪者鑒"童牛之牿"，慎防其微；應開闔弛張者嚴"履霜之戒"，力杜其漸。果有事體關係，應該奏請者徑自具奏，務期内而人情大安，外而夷心允服，常使其機在我而不在彼，方爲上算。

隆慶五年八月初五日題，奉聖旨："是。"欽此。

覆四川總兵官郭成不當多帶廣兵疏

題：爲謬膺新命，懇乞天恩，請帶久隨慣戰官兵，期臻實效，以圖報稱事，職方清吏司案呈，奉本部送，兵科抄出，鎮守廣東等處地方總兵官、左軍都督府署都督同知、今改任四川郭成奏，奉聖旨："兵部知道。"欽此。欽遵，抄出送司，案呈到部。

看得廣東總兵官、今改四川郭成奏稱，戎珙都蠻煽亂，奉命往征，乞將苗兵一千二百名并於原募官兵二〔九〕千八百名通計三千名隨帶入蜀，仍乞將所舉名色把總徐軻、副千户吕崇舟、試百户周紹先分哨管束，各兵工食、行糧于廣東支給三個月，江西、湖廣各半個月。及稱標下選取千百户、鎮撫郭文、楊成、郭加福、劉貴、邵榴、郭添虎、方佶等，俱要隨帶前去各一節。爲照行師之道，固當求其兵將之宜，尤當權其利害之等。所據總兵官郭成欲將原統苗兵并召募新兵共輳三千，隨征都蠻，似亦有見。但兩廣地方寇盜尚未盡平，且自廣至蜀四千餘里，在軍士則疲于奔馳，在地方則重爲騷擾，害居十九，利居十一，相應通行酌議。合候命下，本部移咨兩廣提督李遷再加查議，如見在苗兵果係郭成原自四川帶來者，聽其盡數領回，合用工食、行糧酌議規則，徑自資給。若係兩廣招集之人，照舊留住廣中，不許輕發。至於原募新兵，止許將本官平日所親信量帶四五十名并名色把總官徐軻、吕崇舟、周紹先隨軍效用，其郭文等不得一概帶用。

隆慶五年八月初六日題，奉聖旨："是。"欽此。

覆巡撫保定都御史宋纁等議豁馬地餘銀疏

題：爲議豁馬地餘銀，以蘇民瘼事，車駕清吏司案呈，奉本部送，兵科抄出，巡撫保定等府兼提督紫荆等關、都察院右僉都御史宋纁，巡按直隸監察御史羅鳳翱題，俱奉聖旨："兵部知道。”欽此。欽遵，抄出，到部送司。

卷查先該巡按直隸監察御史張檟具題，本部議得，二府養馬餘地銀兩，十數年來撫按諸臣屢欲題豁而竟不果行者，亦以民困固爲可恤，而國課亦恐有礙。今御史張檟目擊民艱，乃爲奏請，但巡撫都御史未見具奏。事干國課，合咨行保定巡撫都御史，會同直隸巡按御史，將大名等府原徵餘地銀兩覆行審勘，要見先年丈量撓報緣何不即奏辯，必待順德府奏豁然後援例具奏，中間有無欺隱情弊，據實從長勘議停當，撫按官會奏，以憑議覆。又查得正德十五年十月内，爲陳情乞恩分豁重徵馬地銀兩追逼貧民以蘇困苦事，該順德府内丘縣民吴聰具奏，該户部行巡按御史查勘得，府所屬邢臺等九縣俱無養馬餘地，該部題議，自正德十六年以後應徵餘地銀兩通行除免徵解。俱經題奉欽依，通行欽遵去後。今該前因，查呈到部。

看得巡撫保定都御史宋纁、巡按直隸監察御史羅鳳翺各題稱，大名、真定二府養馬餘地銀兩，節經委官勘報，實係額外之徵，且大名一府分毫未納，不過虚名，乞要比照順、廣二府事例一體除豁一節。爲照國家因地制賦，以爲惟正之供，原無無地徵銀之理。畿南四府事同一體，所據餘地銀兩，在順、廣二府則久蒙除豁，人情稱便；在真、大二府則屢經駁勘，民瘼不堪。巡撫都御史宋纁、巡按御史羅鳳翺交章會奏，誠非得已，相應通行依擬。合候命下，本部咨行巡撫保定都御史，及咨都察院，轉行直隸巡按、印馬各御史，并札行太僕寺，將真定、大名二府所屬各州縣原派養馬餘地銀兩，自隆慶六年以後盡行除豁，免其徵解，以蘇民困。其隆慶五年以前既稱分毫未徵，不必再徵，仍出給告示，諭衆知之，以杜糧里奸人科索之擾。

隆慶五年八月初六日題，奉聖旨：“是。”欽此。

覆陝西總督都御史
戴才議套虜貢馬疏

題：爲仰仗天威，套虜輸款求貢，乞賜廷議早定大計，安虜情，銷隱憂，以永固邊圉事，職方清吏司案呈，奉本部送，兵科抄出，總督陝西三邊軍務、都察院右都御史兼兵部右侍郎戴才題，奉聖旨：“兵部知道。”欽此。欽遵，抄出送司。

卷查本年七月内，該總督宣大山西軍務、太子少保、兵部尚書王崇古咨稱，套虜吉能等今歲受敕之初，遵照部議具表謝恩，另進馬二百匹、夷使二十名，由順義王驗明，由宣大進邊，揀馬二十匹，差官代進，餘馬並夷使發回陝西軍門，馬匹分給官軍騎征，夷使各照虜住地方分發館住監市。或將吉能今次表貢俱聽陝西軍門代進分發，來歲許隨俺答同時進貢，馬匹、夷使俱照原議，等因。該本部議照，北虜通貢各枝部落貢馬總計五百匹，原議套虜吉能應貢馬匹亦在數内，今欲令吉能另進二百匹，似於原議不同。已經咨行陝西總督戴才酌議徑自題請去後。今該前因，查呈到部。

看得總督陝西三邊右都御史戴才等題稱，套虜吉能輸誠款塞，情詞懇切，欲要比照宣大事例，于延、寧二鎮互市，并將應行事宜開列八款，及請定貢市先後各一節。除修市廠、處市貨、優家丁另本議覆外，爲照套虜吉能等效順之誠既稱與俺酋相同，在我羈縻之方自難與俺酋少異。先該本部覆奉欽依，加授吉能等都督等職銜，准其隨同俺酋由宣大入貢，及蒙欽賞表裏，向未頒給。續據宣大總督尚書王崇古咨稱，合無宣諭順義王俺答，傳示吉能，今歲暫容另貢馬二百匹，由宣大進入，夷使仍發回延寧監市爲質，事已穩妥。但惟入貢、互市事雖相因，先貢後市禮當有序，相應通行議擬。合候命下，本部一面遵照前旨，會同禮部，差官齎捧敕諭并欽賞表裏前到大同地方，交與總督王崇古，宣諭順義王俺答，傳示吉能，約期率領各枝頭目俱至近邊適中處所，選差機辯官員教習跪拜禮儀，焚設香案，望闕叩頭，祇領受封之後，即具番表謝恩。其應貢馬匹查照原擬數目，應入京二十匹，宣大總督差官代進；應留邊一百八十匹，送發陝西總督，徑自給軍騎征。原貢夷使仍回延寧夷館，聽候監市，照例撫賞。一面移文陝西督撫官戴才、郜光先、張蕙明，諭吉能，原議馬五百匹，俺答先已進完，今准另進二百匹，不爲常例。明年止隨俺答，於五百匹内輳進。一面令其速將貢使發遣啓行，然後約期開市。其分定市地并議給馬價，俱要逐一預講明白，令其曉然知悉，庶免臨期錯亂。一切互市應行事宜，查照宣大規格徑自施行，不必瑣屑具奏，以致耽延誤事。

隆慶五年八月十二日題，奉聖旨："是。"欽此。

覆陝西總督都御史
戴才等條陳寧夏貢市疏

題：爲仰仗天威，套虜輸款求貢，乞賜廷議早定大計，安虜情，銷隱憂，以永固邊圉事，職方清吏司案呈，奉本部送，兵科抄出，總督陝西三邊軍務、都察院右都御史兼兵部右侍郎戴才，巡撫寧夏等處地方、贊理軍務、都察院右僉都御史張蕙題，俱奉聖旨："兵部知道。"欽此。欽遵，通抄送司，案呈到部。

看得總督陝西右都御史戴才題稱，條議過延、寧二鎮互市應行事宜八款，及巡撫寧夏都御史張蕙條議本鎮互市事宜三款，除戴才條議八款内“撫賞”、“市期”等五事另本具題，并“優贍家丁”候宣大總督王崇古奏到另議外，所據“修市廠”、“處市貨”二事并張蕙所議“酌備市貨”□□□□□〔一〇〕通行開立前件，議擬上請定奪。

隆慶五年八月十三日題，奉聖旨：“依擬行。”欽此。

一、議修市廠。臣等看得，總督都御史戴才題稱，延、寧二鎮修建市廠，在延綏合改於紅山邊墻暗門之外，其寧夏修復清水營舊廠。互市之日，專責主將，會同該道，督率參遊等官，統領兵馬，防備不虞各一節。合無依其所擬，即將前項地方市廠刻期修完，開市之日嚴督各該官員加謹防護，毋致他虞。

一、預處市貨。臣等看得，總督都御史戴才題稱，議將延、寧二鎮椿朋、肉臟、地畝等銀及大、小二池鹽課銀共輳一萬兩，分投委官帶領鋪商收買段布等貨物，以備互市不足之數。行陝西巡撫，動支該鎮椿朋、馬價銀五千兩補輳應用，准將苑馬寺每歲應給二鎮孳牧馬五百匹留備固原遊兵以抵前銀各一節。合無依其所擬，將前項銀兩俱准照數動支解送，以備互市之用。其苑馬寺廪〔一一〕給二鎮馬五百匹留備固原遊兵以抵椿朋銀兩。事完，將給發過銀兩、買過段布、易過馬匹各數目造册奏繳，青册送部查考。

一、酌備市貨。臣等看得，巡撫寧夏都御史張蕙題稱，夷使供稱套虜馬匹、牛羊等物入市甚多，必須多備貨物，要將各營補馬椿朋銀八千兩并本鎮原討預備買補入衛馬價一體動支，查與戴才所議大略相同。合無依其所擬，行令本官會同總督軍門，徑自通融輳處施行。

一、請給馬價。臣等看得，巡撫寧夏都御史張蕙題稱，互市商貨應該預處，見在馬價止足今歲之用，所有預備入衛應補各馬乞預發二三萬兩，本年十月以裏運送到鎮，以便置買市貨一節。

查得本年七月内，該給事中梁問孟等題，本部覆議，將慶隆[一二]六年分應派備用馬匹俱准折色，解部收貯，以後年分仍聽本部酌量徵派。一面先于太僕寺動支馬價三萬兩，解送大同、宣府、山西各一萬兩，買馬給軍。已經題奉欽依，欽遵去後。今據本官題稱前因，相應依擬。合無比照宣大、山西事例，將太僕寺馬價動支二萬兩，以今歲十月以裏差官解運延、寧二鎮各一萬兩，令其收買膘壯好馬，給軍騎征。事完造册奏繳，青册送部查考。

一、議處商貨。臣等看得，巡撫寧夏都御史張蕙題稱，延寧地方貨物缺少，必須往陝西、河南、山東、南直隸等處置買，欲要經過地方應付護送，及禁約原差官商并各處鋪行照依時估兩平交易，不許高擡價值，及將粗惡貨物抵數搪塞各一節，事體瑣細，難以輕議。合無聽本官徑行陝西、河南、山東、南直隸各該撫按衙門，通行各道有司查照施行。

覆巡撫南贛都御史殷從儉建議裁革兩廣總兵官行勘疏

題：爲議處兩廣兵後事宜，以裨久安事，職方清吏司案呈，奉本部送，兵科抄出，巡撫南贛汀韶等處地方、提督軍務、都察院右僉都御史殷從儉奏，奉聖旨："該部知道。"欽此。欽遵，抄出送司。

卷查近該提督侍郎李遷咨，爲撫賊叛招事，内稱撫賊許瑞棼巢叛招出海，已經本部咨行兩廣督撫等官多方剿捕去後。今該前因，查呈到部。

看得巡撫南贛都御史殷從儉具奏前因，大率謂廣西古田既平，宜將總兵官裁革，照舊設副總兵鎮守。廣東山賊稍寧，亦宜將總兵官裁革，照舊責成兵道、參將整理，并漸汰客兵，精選土著。又謂嶺東山賊劉興策、黃瑺二酋爲南贛震鄰之患，議調狼兵以剿之。海濱林道乾、許瑞二酋爲廣東腹心之患，議立爲把總以制之，或兼行間誘以購其首各一節。爲照兩廣地方原設總鎮文武大臣，住札梧州，文則提督兩廣軍務兼理巡撫，武則鎮守兩廣，例於勛臣内推用。廣西止設副總兵一員。後以勛臣不得其人，改爲流官。于後又因地方多事，兩廣各設總兵一員，廣西又添設巡撫一員。自改設至今，人咸以爲不便。乃今南贛巡撫殷從儉題欲裁革廣西、廣東總兵，從儉係廣西人，雖由本官一人之言，實出兩廣多人之意。事體重大，相應嚴加查勘。合候命下，備咨兩廣提督官并轉行廣西巡撫、兩廣各巡按御史，公同布按守巡各道虛心查議，要見原設文武大臣及廣西止設副總兵是否穩便，新設總兵、巡撫是否不便，毋持兩可，畫一具奏。如果舊制穩便，不拘見任、閒住，即便查訪素有威望武臣三四員，疏名會薦，本部參酌奏請。至於議調狼兵以剿嶺東山賊，議立把總兼行間以購濱海海賊，悉聽彼中同心協力，便宜施行，本部難以遥制。

隆慶五年八月十五日題，奉聖旨："是。"欽此。

覆薊遼總督侍郎劉應節等敵臺工完升賞疏

題：爲增設重險，以保萬世治安事，職方清吏司案呈，奉本部送，兵科抄出，總督薊遼保定等處軍務兼理糧餉、兵部右侍郎兼都察院右僉都御史劉應節題，據密雲道兵備副使王惟寧等呈，將隆慶三年春防起至五年春防止各路造完敵臺數目及效勞人員各分別等第呈送到臣，及據總理練兵兼鎮守薊鎮總兵官戚繼光、鎮守昌平等處總兵官楊四畏各呈報相同。

據此卷查，隆慶三年二月内，該前任總督侍郎譚綸、巡撫都御史劉應節會題，前事。議照禦戎之策惟在於戰、守二端，故以戰則求必勝，以守則求必固，乃爲萬全之圖。若勝負相半，得失相參，非善之善者也。除戰則求必勝之事已别有成議，以守言之，必設二面受敵之險而後可。所謂“二面受敵之險”，則是將塞垣稍爲加厚，二面皆設垛口，計七八十垛之間下穿一小門，曲突而上築一墩臺，如内地看家樓而小，視邊墻高可一倍，大約高至三丈而止，四方共廣一十二丈，内可容五十人。無事則守墻守臺之卒皆住在臺，更番瞭望，有警則守墻者出守其所分之地，守臺者專擊其聚攻之虜。而臺之位置又視其山川之形勢，使之參錯委曲，務處臺于墻之突，收墻于臺之曲，突者受敵而戰，曲者守之而已。且以臺受敵，高且三丈，彼之枸杆皆不可施，我之火器如鳥嘴銃、佛狼機又能致遠，彼之弓矢遠不能五六十步，亦無所用。如此，則大勢之虜既不能攻吾外，即有數十百虜從我不守之處棄馬攀援而入，吾之守者有所恃而不去，又不能攻吾内，且我既整暇，則此數十百虜亦相牽授首，無所逃命。此即所謂“以守則無不固”，真可謂萬全之策、百世之利也。大率每路該增敵臺三百座，通計敵臺三千座，每座給官銀五十兩，計費官銀一十五萬兩，乞速賜給發，等因。奉聖旨：“户、兵二部看了來説。”欽此。欽遵，隨該户、兵二部看議得，薊、昌二鎮層巒叠嶂，雖稱險阻，但地里遼闊，擺守稀疏，若一處之罅隙可乘，則地方之失事豈細？全在督撫官平日之設備務極周詳，然後臨事之防禦方爲有賴。所據前項應修墩臺，既經會題前來，誠爲保障至計，相應通行依擬。恭候命下，臣等二部查照原議事理，聽督撫官嚴督各兵備與各主、客將領，酌量官軍多寡，照數給發官銀，責令備料興工，各築墩臺，務要堅固如法，足堪保障，等因。奉聖旨：

“是。這建築墩臺誠薊、昌修守至計，着該鎮督撫嚴督各該兵備等官作速及時興工，務要修築堅固，足堪保障。如或苟完誤事，經管員役，巡關御史指名參究。銀兩依擬以次給發。”欽此。

又查得隆慶四年五月内，准兵部咨，看得薊遼總督侍郎譚綸題稱，原議修築薊鎮敵臺三千座，今復踏勘，止須一千五百座，原議築臺三年可完迄，將完一半，其未完一半須再限三年，庶幾人不告苦。原議每臺一座分三等犒賞，今諸將競求壯麗，皆爲上上等，則犒賞委當增加各一節。爲照前項敵臺俱於設險保邊之策卓有明據，而該鎮督撫各官審度地里，劑量人情，樽節財用，其爲忠勤詳慎，算無遺策，相應依擬。合候命下，本部札行太僕寺庫貯馬價銀，并咨户部，各照原定分數共發銀四萬兩前去，交與巡撫都御史劉應節，聽其查照總督衙門發各兵備道，支給修建。并敵臺減築一千五百座，展限三年，俱如所議施行，等因。題奉欽依：“是。”欽此。隆慶五年正月内，又准兵部咨，看得總督侍郎劉應節所題前因，大率謂今春應造敵臺二百四十八座，合用工費除見在銀兩外，尚在請發銀一萬兩，工程浩大，主兵與班軍人力有限，難以完報，欲將督撫、鎮協標兵併各鎮客兵揀選，酌量分派。該本部覆議，内開仍照原議，户、兵二部共發銀一萬兩，各差官解送順天巡撫衙門。其墩臺應築應減，及督撫、鎮協標兵并宣大、遼東、延綏、固原等處入衛客兵挑選應援餘剩之數量派助工，即查照先今事理，務使工早底績，人情相安，該鎮徑自隨宜酌處施行，等因。題奉聖旨：“是。銀兩准給發。”欽此。欽遵去後。

今據前因，臣會同整飭薊州等處邊備兼巡撫順天等府地方、都察院右僉都御史楊兆，議照防邊之要惟戰與守而已，昌、薊二鎮内擁京陵之重，外枕重山之險，故自有虜患以來，議者獨重在守。守之誠是也，計今經略三十餘年，虜數犯數入，尚未一睹固守之效，則其故何與？夫二鎮除標兵外，列守之兵不滿十萬，畫守之地乃至二千四百餘里，擇而守之則多疏，概而守之則愈寡。於是衝處凡一二垛而一軍，稍緩凡四五垛或十數垛而一軍，險僻之處輒棄而不守。彼軍以孑然之身，獨立于危墻之上，宿食無資，風雨莫避，枵腹荷戈，不戰自疲。一遇衆敵壓境，動十數萬，彼時將領一身，勢難徧及，援兵隔遠，倉卒莫至，前有必死之敵，後無可畏之法，望風奔潰，更復何疑。即使督察得人，士卒效死，賊出驍健數十人攀緣險山以乘吾上，又或出驍健數百人由僻山間道以奪吾後，當此之時，前後受敵，左右無援，即衆可走也，況寡之甚乎？由是墻上平日置備火器，墻外偏坡、壕塹等項悉爲長物，一切無用，賊乃從容拆墻數十處，度經一二日，長驅直入，如蹈無人之境矣。該前任總督侍郎譚綸偕臣等視師塞上，竊見舊有墩墻不可恃以爲固，擺邊故套不可恃以爲守，乃創建敵臺之議，以爲守要之策。其制周圍以十二丈爲率，高連垛以三丈爲率，下用方面大石，高五七尺至一丈五尺而止，上用磚砌，厚四五尺至六七尺而止。原議每臺止給官銀五十兩，繼因工費浩大，量增至八十、九十、百兩有差。原議二鎮共建臺三千座，既而分別衝緩，又議以一十〔一三〕五百座爲止。衝臺三五十步一座，遠者不過百步；次衝百餘步一座，遠者不過百五十步。興工于隆慶三年春，迄今凡歷五防，共建臺一千一十七座，製作久而彌精，心思熟而愈巧，高堅閎麗，迴出原議，真有民間千金所不能辦者。除稍緩去處可通單馬步賊者，尚欠臺六十餘座，容臣稍儉其制，寬其人力，取諸修臺餘剩銀兩，量行犒賞，但派班軍、路兵爲之，客兵、標兵悉與停工外。其各路邊山，但係要害之衝，可通大舉者，臺形聯絡，今悉控扼無餘矣。是役也，衆謂其益於防守有十利焉：軍以臺爲家，内有薪水、芻糧之備，外無風雨霜雪之害，一也；多貯火器，給用不絶，二也；賊弓矢不能及，鈎杆不能施，而我之郎機、鳥銃皆遠擊數百步之外，三也；軍依於臺，身既無恐，膽氣自壯，即弱兵可兼而用，四也；偏[一四]坡、壕塹，恃臺爲固，悉成險絶，五也；因臺而得勢，因勢而制令，分數易明，節制可施，六也；即有狡賊乘高逾險，出吾不意，而臺制高堅，八面如一，彼既不能仰攻，而步賊又莫敢深入，即不成擒，當自遁去，七也；相持可久，則援兵可待，八也；賊謀其入，必謀其出，來則可拒，歸亦可遏，九也；即賊攻一臺，潰一墻，然虜馬擁衆，非拆墻數十處、度經一二日不能盡，安能悉令守臺之兵盡束手莫動，十也。是故兵家之事非謂其盡於守也，亦非謂其有臺即盡守之事也，要之審勢度形，據便乘利，必賴有此臺，而後可以用兵。譬之奕者之譜、醫者之方，神明變化，存乎其人，而舍此方、譜則無復下手處矣。是謂先聲伐人之謀，是謂不戰屈人之兵，較諸一門之捷、一守之效者，萬不相侔。但諸邊將士所恃以爲安者，此臺也，而將士畢智竭力不勝困苦者，亦此臺也。除隆慶三年修工官員已經具題升賞，及節年修臺軍士已給有官銀，而臣等又不時置備羊酒饗勞外，所據各該大小效勞文武諸臣今應通叙，等因。又該巡撫順天都御史楊兆題，同前事，俱奉聖旨："兵部知道。"欽此。

續該巡按直隸等處監察御史余希周題，爲遵明旨，攄愚見，條陳薊鎮事宜以少裨邊方大計事，奉聖旨："兵部看了來説。"欽此。欽遵，通抄，到部送司。卷查先爲前事，該本部題，奉聖旨："譚綸賞銀三十兩、紵絲一表裏，劉應節、戚繼光、楊四畏各二十兩，宋豫卿、宋守約各十兩，高尚仁五兩，楊錦、楊兆各升俸一級，凌雲翼准復原官，李超等各升實職一級，陳其可等各升俸一級，楊經等并胡懋功等各賞銀五兩，賀溱等各三兩，李蓁革任回衛，其餘依擬。"欽此。已經通行欽遵訖。今該前因，通查案呈到部。

看得薊、昌二鎮密邇京師，拱護陵寢，比之他鎮關涉特重。朵顔三衛名雖藩籬，强者爲虜之羽翼，弱者爲虜之耳目，自庚戌至今騷擾之患無歲無之。以故先後邊臣西自鎮邊城，東抵山海關，堙山塹谷，俱各設有邊墻。然墻垣雖設，尚屬草略，隘口極多，尤難分布。督撫官譚綸、劉應節等目擊其事，乃能力議修臺，以爲墻之捍蔽，據險守要，殊爲得策。而内閣輔臣高拱、張居正、殷士儋折衷群言，主張國是，謂督撫之議的然可行，致修築之工果能就緒。十四路樓堞相望，居然虎豹之關；二千里聲勢相聯，允矣金湯之固。邊臣推讓其功，以爲第一，誠非溢美，均係密勿重臣，所有殊恩，恭候宸斷。至於效勞文武諸臣，既該督撫官分别具題前來，而御史余希周則又念及效勞軍夫，尤得賞當自下之義。但與其犒賞方來以作其趨事之心，先當優賞已往以慰其子來之意。所據前任總督、今升右都御史譚綸，文武兼資，才識相合。創造臺之制，殫其籌思；定守臺之規，極其周密。事難慮始，知良工之苦心；工告厥成，聞頌聲之盈耳：功當首叙。見任總督劉應節，志切安攘，才優經濟。昔協心于創始，已見壯猷；今戮力以成終，益徵勝算：功當次叙。巡撫都御史楊兆，遠猷經國，鋭志匡時。鼓舞衆軍，地利得而戰守兼資；倡率諸將，臺工成而邊關永賴：功當同叙。總兵官右都督戚繼光、署都督僉事楊四畏，相視險阻，歷羊腸鳥道之艱；督理工程，甘櫛風沐雨之苦。基址之布置，衝緩得宜；修築之堅完，形勢甚壯：功當併叙。而戚繼光經營綜理之勞瘁、訓練調度之精明，比之楊四畏尤當優叙。其分理各官，或升任而勞不可泯，或新任而功即可嘉，或已受升賞今當再叙，或已加職級尚當議處，或職掌相同而勤勞獨著。在文臣，則如副使凌雲翼已准復原職，副使楊錦已升俸一級，副使張學顔、王惟寧俱已升任，仍應重加賞賚。僉事宋守約先因給由不願升賞，副使孫應元原任職方力贊臺議，俱應升級。

僉事王之弼已調開原，副使徐學古、僉事張廷弼任淺勞多，俱應升俸。同知賀溱，通判趙無咎、法暟，判官王建先已受賞，遽難升俸，仍當與知縣劉愛等同賞。在武臣，則如副總兵李超、胡守仁、楊鏜、程九思，參將孫山、陳勛、朱紹文、楊鯉、羅端、史綱、楊騰，遊擊劉戡、張斌、張蕙、張拱立、張鐸、劉雲、趙竭忠，守備戴詔，提調程照、劉尚仁、王平、王繼先已升實職一級，遊擊陳其可、張涇、王旌，都司嚴勛、時天爵先已升俸一級，遊擊楊經、王紹勛、崔桐、高如桂、劉付，都司戚繼美，參將胡懋功、莫如德，遊擊李時、馮登、王禄、王登、張延賞、丁添福、左棋，都司何天爵、吴增貴、林棟、張銘、葉鎧，守備胡忠、王陽、李世臣、楊秉忠，提調王禄、張應時、甯潮、潘一麟、汪政、謝惟能、徐槐、劉坤、李宗召、張糾，千總趙棟先已賞銀五兩，續成之功仍當分別優叙。但欲將副總兵胡守仁、李超、程九思三員俱加府銜，參將羅端、陳勛、楊鯉、李如櫝、蔡勛、張斌、王通、張拱立、盧國讓九員俱加副總兵，遊擊史宸、谷承功、谷九皋、王旌、李時、趙應時、張涇、劉葵、靳付、文良臣、李光祖、薛邦奇、陳天福、李惟一、陳其可、徐行、王紹勛、王軫、楊秉忠、陶世臣，都司戚繼美二十一員俱加參將，中軍謝惟能、畢英，都司嚴勛、時天爵四員俱加遊擊各職銜。在朝廷爵賞固難吝惜，第品職相等則節制有礙，難以輕議，合附簿紀録，如已升實職者准與升俸，未經升職者准升實職，或功績最著者仍升實職，更加賞賚。且修功與軍功不同，内外吏書人等亦難濫及。其餘升賞、贖罪、開伍、降罰、提問等項，臣等逐一參酌，俱已允當，相應通行依擬。合候命下，將譚綸特加升賞，劉應節優加升賞，戚繼光厚加升廕，楊四畏量加升賞。楊兆升俸一級，仍加賞賚。凌雲翼、楊錦、張學顔、王惟寧各加賞賚，宋守約、孫應元各加職銜，王之弼、徐學古、張廷弼各升俸一級，賀溱等四員并劉愛等十八員併加賞賚。胡守仁等三員各升實職一級，仍重加賞賚。羅端等九員、史宸等二十一員各升實職一級，仍量加賞賚，内盧國讓照舊致仕。張臣、董一元、史綱、楊鏜、孫山、王惟藩、郝府并謝惟能等四員各升俸一級。王禄、程照、潘一麟、劉尚仁、甯潮、汪政、王經、王韶、孫光祖、李宗召、伍潮各加守備職銜，内伍潮准復實職。試百户王陽等十四員各升實職一級，并納級指揮李如梗、胡天定俱遇缺推用。暴以平等二十九員各升實職一級，魯煌等十三員各升俸一級，張蕙等五十一員各重加賞賚，張應時等十員各量加賞賚。劉應麟等、李芝等，行總督衙門分别奬賞。楊文量賞聽用，張功復祖職，徐枝復祖職，指揮僉事高廷相量復試百户，孫朝梁准復職，王撫民准贖罪，李時、張璽、王騰、張文奎各准復祖職一級，張楠、顧尚義各准復祖職二級，劉九經、李尚賢、李秉鈞准贖罪開伍，何遵化、周德准標下聽用，周池免其發遣，張爵、劉戡、吴增貴、王邦憲俱免提問，李信准與住提，千户張世勛、錢佩、鄭廉、曹繼先各升一級。傅桂生等五員各降祖職二級，常登等二十三員各降祖職一級，潘縉行彼處撫按官提解歸結，錢勝照舊着伍，楊承業、劉承恩、遲尚臣聽薊鎮總督提問。仍移咨都察院，轉行順天巡按御史，即將築過敵臺、用過錢糧數目備細查明，徑自造册具奏。本部一面移咨劉應節、楊兆，動支民兵犒賞銀兩，先將修完墩臺每臺軍夫各給銀十兩，全班作工者厚賞，輪班作工者量賞，見在者面給，回衛者差人解給。其未修墩臺各加犒賞銀四十兩，督率管工員役，查照昌平一帶規制，臺身多培大石，臺樓盡用甎圈。仍將各管工官員職名刻石登記，如五年内損壞、十年内傾圮者，許巡按御史查參，從重治罪。其已建木樓者，亦要用磚包圈。守臺之法，該鎮督撫等官徑自酌議教練。但恩典出自朝廷，臣等未敢定擬。

隆慶五年八月十九日題，奉聖旨："這敵臺工完，各官效有勞績。譚綸升兵部尚書兼都察院右副都御史，照舊協理戎政，還賞銀四十兩、紵絲二表裏。劉應節升俸二級，賞銀三十兩、紵絲二表裏。戚繼光廕一子百户，楊四畏升實職二級，楊兆升俸一級，還各賞銀二十兩、紵絲一表裏。凌雲翼等各賞銀十五兩，宋守約升一級，孫應元升俸二級，王之弼等各一級，賀溱等并劉愛等各賞銀十兩。胡守仁等各升實職一級，賞銀十兩。羅端等各升實職一級，賞銀五兩。張蕙等各賞銀八兩，張應時等各五兩。其餘都依擬。"欽此。

覆巡撫山西都御史
楊綵條陳防秋邊計疏

題：爲定議防秋事規，以圖安邊裕計事，職方清吏司案呈，奉本部送，户科抄出，提督雁門等關兼巡撫山西地方、都察院右僉都御史楊綵題，奉聖旨："户、兵二部知道。"欽此。欽遵，抄出送司，案呈到部。

看得巡撫山西都御史楊綵條陳"定分布"、"定民壯"、"定戰守"三事，斟酌調停兵食，均爲有益，合就開立前件，議擬上請定奪。

隆慶五年八月二十三日題，奉聖旨："依議行。"欽此。

一、定分布之議。看得巡撫山西都御史楊綵題稱，今偏頭關去邊六十里，當西路之衝，秋防兵馬止擬本城團練。中、東二路漸緩，反出莜麥川、陽方口、廣武城團練。蓋緣防秋事例，離城即支行糧，稍一移動，即得饔飧，要將中、東二路一體駐札本城團練各一節，破除擺邊之虛文，力行節財之實政，反覆參詳，具見留心邊計。合無依其所擬，備行該鎮督撫官，每年秋防酌量時勢，預將各路兵馬分布停當。除西路原在本城團練外，其中、東二路兵馬俱令駐札本城團練，動支原發操賞銀兩從重賞勸。一面多方哨探，務得虜情，但有入犯消息，即便督率官軍速赴信地，相機戰守，行糧、料草方許照例支給。至十月冰凍，聽督撫□〔一五〕門撤放休息。其各該將領果能悉心軍務，團練如法，及怠玩苟且、欺詐廢弛者，防秋畢日，巡撫官分別舉刺以昭懲勸。

一、定民壯之議。看得巡撫山西都御史楊綵題稱，先年三關民壯九千餘名，守邊雖似無用，修工實其所長。近題准止存五千七百，其餘俱發各州縣守城，暫停上邊。但查西路工程，自野猪溝至高八臺止尚未興修，自蕨菜茆起至丫角山止方在修浚，恐一年難完，欲將新題工程築挑完日放回。其停免上邊工食當年准蠲，以後兩年一徵，解布政司收貯，專聽修邊支用各一節，計處周匝，關南民力真有息肩之期。合無依其所擬，備行該鎮督撫官，將見存民壯督發野猪溝等處修工，完日放回各該州縣守城，以後暫停上邊。所有上邊工食就於停免之年暫蠲一年，以後兩年一徵，通解布政司收貯。如遇尋常工程，各兵備道、參守等官督率本界軍夫隨宜修補，如積多貽累及妄議興修者，聽督撫官查參究治。若工程重大，本界力難修舉，聽巡撫衙門覈實，仍調前項民壯協修，即以所貯銀兩支給工食，完日放回。

一、定戰守之議。看得巡撫山西都御史楊綵題稱，山西邊長八百餘里，今罷擺守，議團練，最是機宜，然猶未免有事登墻之説。但虜勢重大，相持便難，欲要講求戰守活法，不得以守墻爲辭，致失成算各一節。大率用兵之道，全在相機戰守，至於一意守墻，在薊、昌二鎮則可，在各邊則大不可，一則墻垣空缺，一則人力單薄，株守徒勞，何濟於事？合無備行該鎮督撫官，督勵各路將領，熟察内外地形，講求戰守活法。如遇有警，險有可據則分戰兵以爲守，機有可乘則合守兵以爲戰。或進攻退守，或外援内摅，務中機宜，以保萬全，不得藉口守墻，逗遛觀望。其西、中、東三路副參、遊守等官，各要不待調遣，彼此相援，不得以信地爲辭，故不策應。各該紀功官亦不得拘泥文法，過於責備，牽制既少，自可展布。大小將領仍敢庸怠退顧，聽巡撫官查參，拏問重治。

覆宣大總督尚書王崇古請命陝西撫賞套虜疏

題：爲仰仗天威，套虜輸款求貢，乞賜廷議早定大計，安虜情，銷憂隱，以永固邊圉事，職方清吏司案呈，奉本部送，准總督宣大山西等處地方軍務兼理糧餉、太子少保、兵部尚書兼都察院右副都御史王崇古咨，前事，等因，案呈到部。

看得總督宣大山西尚書王崇古咨稱，套虜吉能、切盡黄台吉等諸酋授官納貢，節該兵部具題，會同禮部，差官齎捧敕書并欽賞表裏前去大同，令職宣諭順義王俺答，傳示吉能，約期率領各枝頭目俱至近邊適中處所接敕受封領賞，已經行令各酋俱過河東，就近於水泉營市場迎敕受賞、謝恩納貢去後。隨據田世威回報，順義王俺答説稱，吉能等部落子侄分住河套，相去隔遠，一時調取難齊。即今秋高，各要西搶番夷，本王亦欲西赴河套。今吉能、切盡黄台吉見在榆林邊外，急等接敕互市，調他必致疑憚。俺答於水泉市完移帳北去，勢難挽留東住。咨要俯順夷情，將敕書、欽賞齎送榆林邊外頒給，進貢馬匹數目遵照原議俱免過河，吉能各酋各照地方，聽延、寧兩鎮分投互市各一節。既該總督尚書王崇古移咨前來，臣等再三參酌，事體、夷情俱屬穩便，相應如擬題請。合候命下，本部馬上差人移咨宣大總督王崇古，即將本部原差都司楊光祖、劉大中等齎捧敕書并欽賞表裏等項護送過河，交與陝西總督戴才，遵照原題事理，選差機辯官員宣諭套虜吉能等，約期率領各部落頭目，俱至近邊適中處所，焚設香案，望闕叩頭，祗領受封之後，揀選上馬二十匹，責差官通押送俺答處代寫表文，恭送入邊，聽總督王崇古督令譯字生馬繼志照依原文譯明撰寫轉進。其應留邊馬一百八十匹，聽總督戴才就彼徑自給軍騎征，夷使安插夷館，聽候監市，照例撫賞。仍行陝西督撫官戴才、郜光先、張蕙，一面先收貢馬，省令具表謝恩，一面即照互市事宜，兩平交易，仍宣諭吉能，原議馬五百匹，俺答先已進完，今准另進二百匹，不爲常例，明年止隨俺答于五百匹輳進。其分定市地、議給馬價俱要逐一預講明白，庶免臨期錯亂。至于互市事宜，查照宣大規格徑自詳酌施行，不必瑣屑再奏，耽延誤事。

隆慶五年八月二十五日題，奉聖旨："是。"欽此。

覆巡撫大同都御史劉應箕條陳邊務疏

題：爲酌時宜，陳邊務，以裨安攘，以修實政事，職方清吏司案呈，奉本部送，户科抄出，巡撫大同地方、贊理軍務、都察院右僉都御史劉應箕題，奉聖旨："户、兵二部知道。"欽此。欽遵，抄出送司，案呈到部。

看得巡撫大同右僉都御史劉應箕條陳"包甎堡"、"復外堡"、"定城堡"、"明衆寡"四事，俱於邊務有益，合就開立前件，議擬上請定奪。

隆慶五年八月二十五日題，奉聖旨："依議行。"欽此。

一、包磚堡以圖永逸。看得都御史劉應箕題稱，大同一鎮，官堡共四十七座，五年之内修理四次，空費錢糧，無益實用，若非用磚包砌，萬無可久之理。已行兵備、守巡各道及參將等官，督率軍匠掘土造坯，采柴燒磚，俟明春土脉融和起工。但地方瘠薄，必假工價，要於減剩客餉銀内動支三萬兩充鹽菜之費各一節，誠爲暫費永寧、一勞永逸之計。但每堡合用錢糧未見分估明白，且一年止包一面，官司更代不常，久之未免廢閣。合無備行總督王崇古，會同劉應箕，嚴行守巡各道，備查大同官堡該磚包者計若干座，每堡合用行糧、鹽菜、工食若干，共該用銀若干，一年四面合工可修幾座，幾時可以通完。未盡事宜一併咨報，以憑會同户部，議於減剩客餉銀内動支施行。

一、復外堡兵額以圖保障。看得都御史劉應箕題稱，大同一鎮北抵弘賜，東抵天城，先年各設外堡，以爲腹裏城堡羽翼，其時軍聲頗振，後將馬軍選入各營，遂致單弱。兹欲議撤各堡，專守内地，邊情、事勢頗爲得計。但議者不察，即謂自撤藩籬，孰敢主之？止宜查復各堡兵馬舊額，每參將一員務足三千各一節。查得先年邊臣設立外堡，重門擊柝，以待暴客，意甚深遠。止當救弊補偏，以爲保障之圖；豈宜因噎廢食，輕撤藩籬之固。合無斟酌所擬，備行該鎮督撫等官，速將各堡原額軍馬照數補完，每參將下務足三千，春秋兩防不許各營擅調。如遇賊勢衆大，總兵發兵合戰；若賊止數千或百騎，在得勝者即令北東、北西二路參將夾剿，在平遠者即行該路參將堵截。其尋常零賊，各堡守操自行殄除，不許推諉。如違，聽督撫官參究重治。

一、定城堡之疏密以扼險要。看得都御史劉應箕題稱，大同一鎮，除民堡外，設有守備操守者共四十七堡，有當稀而密者，有當設而未議者。如大柳樹、洞兒溝、大谷口皆賊所必經之路，翻無城堡，其他地里不相照應者尚多。欲要較量地里，于緊要衝口增置，將重復稠密去處裁革，及更調守備等官各一節。查得大同地方逼近虜巢，城堡之設以逸待勞，不嫌于密。果有稀疏之處，止當隨宜添築。若已成之堡，有公衙，有私舍，安土重遷，豈可盡數裁革？合無斟酌所擬，備行該鎮總督、撫鎮官，督同守巡各道，將前項城堡逐一相勘，果有稀疏應該添築者，計處停當，具奏定奪。

一、明衆寡以寬罪譴。看得都御史劉應箕題稱，守備之官原爲防守城池，故地方被虜人畜五七名口即作充軍，其責成甚重，法紀甚嚴。但各堡兵馬單弱，且多步軍，委難防守，俱坐守備不設之條，實有不堪，欲要填補軍馬，然後責成各一節，深得守備各官口欲言而不能自言之意。合無依其所擬，備行該鎮總督、撫鎮官，即將沿邊城堡軍馬通融查處，見在者如法訓練，缺少者設法補足。守備官如仍防守不嚴，致有疏虞，自當照例問擬，以示懲戒。

校勘記

〔一〕“丘阜”，一作“丘富”。本書卷之二《覆宣大巡按御史李鳳毛責成邊臣用間購逆疏》：“大意謂虜酋俺答等爲謀異常，皆逆賊丘富、周原等教令爲之。”

〔二〕“福”，據（明）陳子龍等《明經世文編》卷之二百七十七楊博《覆大學士高拱等建議責成宣大等七鎮邊臣及時整飭邊政疏》當作“禍”，十二卷本亦作“禍”。

〔三〕“安”，十二卷本作“妥”，是。

〔四〕“者”，據明陳子龍《明經世文編》卷二百七十七楊博《責成薊昌遼保諸鎮邊臣及時修飭邊備疏》當作“老”。

〔五〕□□□□□□□，底本漶漫不清，疑當作“該前因案呈到部”。

〔六〕□□□，底本漶漫不清，據明陳子龍等《明經世文編》卷之二百七十七楊博《覆都給事中章甫端等隄備薊遼二鎮疏》當作"看得兵"，十二卷本亦作"看得兵"。

〔七〕□□□□□□，底本漶漫不清，據同上文當作"率謂邊鎮傳報"，十二卷本亦作"率謂邊鎮傳報"。

〔八〕□□□，底本漶漫不清，據同上文當作"官加謹"，十二卷本亦作"官加謹"。

〔九〕"二"，疑當作"一"。

〔一〇〕□□□□□，底本漶漫不清，據十二卷本當作"等三事相應"。

〔一一〕"廪"，疑當作"應"。

〔一二〕"慶隆"，十二卷本作"隆慶"，是。

〔一三〕"十"，疑當作"千"。

〔一四〕"徧"，疑當作"偏"。明劉效祖《四鎮三關志》卷六《經略考》："一曰偏坡宜深，今宜定以深下三丈，或二丈五尺爲率。"本書本卷本文："由是墻上平日置備火器，墻外偏坡、壕塹等項悉爲長物，一切無用。"

〔一五〕□，底本漶漫不清，據文意似當作"軍"或"衙"。本書卷之十一《覆右給事中孫枝條陳重巡視嚴比試疏》："各該海防、督撫軍門每擇省城腹裏住札，沿海要區慢不巡視，以致人心玩愒，戰備廢弛。"卷之二十《覆陝西總督侍郎陳其學條陳邊務疏》："以後地方失事，悉聽督撫衙門查參究治。"

楊襄毅公本兵疏議卷二十二

覆山西查盤御史武尚賢條陳邊政疏

少傅兼太子太傅、吏部尚書、管理兵部事臣楊博等謹題：爲遵奉敕諭條議邊務事宜，以清夙弊，以裨國計事，職方清吏司案呈，奉本部送，户科抄出，巡按山西等處監察御史武尚賢題，奉聖旨："該部知道。"欽此。欽遵，抄出送司，案呈到部。

看得巡按山西等處監察御史武尚賢所陳"定召募"、"汰老弱"、"清幼軍"、"議武舉"四事，俱於邊務有益，合就開立前件，議擬上請定奪。

隆慶五年八月二十五日題，奉聖旨："依議行。"欽此。

一、定召募，正軍名，以杜侵冒。看得御史武尚賢題稱，三鎮軍士率多應充祖名食糧，本身姓名漫無稽考，以致無籍之徒挖名冒頂，隨逃隨補，隨有隨無。至於召募之法，尤啓逃移之弊，緩時則報官食糧，急時則坐家稱逃，有一軍而應二三名者，有一月而串二三營者，或假借頂役，或雇倩應名，或那東補西，或逃久作新，任其蒙蔽，莫可究詰。大率謂禁逃徒當慎召募之術，定卒伍當正軍士之名各一節。合無依其所擬，備行宣大、山西督撫官，督同守巡、兵備各道，嚴行各該將領等官，即將各營見在軍士，上造祖名，下造本身的名、年貌、疤痕、籍址，定立格眼册式，俱用一手填注，用印鈐蓋，永爲遵守。如有逃故，嚴行勾補，必清勾已絶，緝逃不獲，方行召補。其召募之人，務審鄰佑、旗總，立爲保伍之法，互相覺察。若有别營逃軍，查出從重遠遣，以警奸頑。仍嚴行各將領，不許私自召募。放糧之日，分委文職官員，定於一日，公同該堡官攢隊唱名給散。如年貌不對、點名不到者，即將糧銀扣除還官，仍要追究下落，併治將領，以杜侵欺之弊。

一、汰老弱以濟實用。看得御史武尚賢題稱，嘉靖三十四年議准宣大額軍八萬名、馬三萬匹，在三關原無定額，稽其歷年軍止五萬，馬不過二萬。後大同新召軍一萬名，增添年例銀一十一萬有餘。今查新軍有名無實，前銀似涉冒濫。況揀汰過老弱、幼小、殘疾等項，于八萬之定額尚餘四千六百名，不爲不多，則召補可止，而十一萬之年例可以議減，或省過半。宣鎮三關未過原額，所汰名數應否革除以省年例各一節。考覈精嚴，誠足以節省縻費。但年例銀兩遽欲減除，恐户部會計既定，以後再難更動，事體頗重，理當詳慎。合無咨行宣大、山西督撫等官，會同御史武尚賢再加酌議，要見大同鎮新軍應否革除，近汰過三鎮老弱等項名數應否免行召補，原增年例銀兩應否省發，嘉靖四十四年會計果否於今相宜，宣鎮三關之兵既稱未過原額，所汰之數作何清補，逐一計處停妥，會本回奏。

一、清幼軍以革冒濫。看得御史武尚賢題稱，邊方軍士陣亡，例收幼軍給糧以示優恤。近來法久人玩，滋弊多端，或本軍已故而朦朧領糧，或幼子已長而改充别役，或傳續本宗，或轉賣異姓，甚有嘉靖二十七年原收幼軍迄今尚食，優給如翁相等，誠當通行查革。合無依其所擬，咨行宣大、山西督撫官，會同御史武尚賢查照所議，嚴督各該守巡、兵備等官，各將所管城堡見在幼軍細加查覈。要見見在食糧三斗、六斗者各若干，某人的係近年陣亡軍士，果年未長成者准其照舊優養，若年已長成者即令着伍，收給全糧。如無明文并年歲不對、老幼不同者，通行裁革。以後遇有新收紀録優養者，務要查明正軍陣亡地方、時日，方許造册食糧，俟其長成，即與收伍操備。若衛所官員敢有隱蔽不報，及各軍仍前冒濫者，查出從重參究，坐贓治罪。

一、議武舉加米以裁冗費。看得御史武尚賢題稱，嘉靖二十九年議准，中式武舉俱各升級加米加職。若有犯改任帶俸閑住者，不論職分崇卑，所加職米照例革去。委用之後，若五年滿日另改別鎮，又至五年，通無軍功，又無薦舉，及年老、殘疾者，照例即將所加米石停止。今三鎮武舉，不論見任、空閑，無功、有罪，年老、殘疾，年月久近，甚有革任閑住者，有犯贓問革者，概支武舉糧米，每月三石，深屬冗濫。欲將初中武舉糧米止給五年，其已經委用者自有見任俸廩，原食武舉糧石應行停止，併見今一應廢閑、老疾、冒食，原加糧石盡行革除各一節。爲照武舉中式，月給米石以示激勵之典，革任帶俸閑住，與委用無功，又無薦舉，及年老、殘疾，並未及五年生事擾人者，俱革去米石以昭懲創之義，自嘉靖元年以來著在令甲，原不相掩。乃今革任、問革等項人員一概支米，法紀有乖，委當申明釐正。合無斟酌所擬，備行九邊十三省督撫等官，通將新舊武舉官見存者逐一嚴查，要見某人係革任帶俸閑住，某人係委用無功又無薦舉，某人係年老、殘疾，某人係未及五年，不自愛惜，生事擾人，自何年月日冒支月米起應該追納還官，某人修職無過，不該革米，各另造册一本，送部查考。在南京者，行南京兵部查考。以後如敢隱情朦朧冒支米石，總督、撫按官徑自查明究治。

覆薊鎮查盤御史
余希周等議處戍兵疏

題：爲遵明旨，攄愚見，條陳薊鎮事宜，以少裨邊方大計事，職方清吏司案呈，奉本部送，兵科抄出，巡按直隸監察御史余希周題，奉聖旨："兵部看了來説。"欽此。議覆間，又奉本部送，兵科抄出，總督薊遼保定等處軍務兼理糧餉、兵部右侍郎兼都察院右僉都御史劉應節題，爲懇乞天恩俯容入衛兵馬番休以蘇疲鎮事，與巡撫順天右僉都御史楊兆題，同前事，俱奉聖旨："兵部知道。"欽此。通抄送司，案呈到部。

看得薊鎮兵馬，國初額設十萬，名爲主兵。自嘉靖庚戌之變，添調各邊入衛兵馬共一十四枝，名爲客兵。初意以練主客〔一〕爲經，調客兵爲權，非專恃客兵以爲常也。迨今二十餘年，訓練之方雖無歲不講，竟無實用，方議減西兵，即議添南兵，紛紜擾攘，何時而已。夫燕趙之人素稱驍健，昔人用之，北拒强胡，西當秦晋，南卻楚，東威齊，所向有成，古今天下同一人也，何獨今日之不然耶？大小邊臣受直怠事，責自難辭。今據總撫、巡按官具題前因，在監察御史余希周議客兵，其説有二：一則要選定一營，常川在薊駐札，其千把總官比照調衛事例量爲優處，隨軍同駐；一則要限以三年爲度，見面更代，馬匹、器械不必更易，責令前班將領收貯，交付後班。其行、月二糧通從薊鎮支給，换班之日截日開除。是蓋欲蘇息客兵，即爲漸處主兵之計。在總督劉應節、巡撫楊兆、總兵官戚繼光議主、客兵，其説亦有二：一議蘇客兵，則欲將延綏衛兵四枝分爲兩班，一在薊門，一在本鎮，各以十一月中旬起程，至歲暮還家、着役，互相更换。寧、固二枝一體施行。仍免其工作，加其犒賞，調停本、折，以示優恤。一議足主兵，則欲盡北直隸州縣照丁地出兵，一應糧差盡行蠲免。若有不可免者，灑派各省，或以天下之力協濟。各該有司惟以興學勸農、治盗理訟爲職，無復催科，使百姓皆兵，爲策之上。其次則照御史余希周所議，留客兵一枝，常川駐薊安插。又欲分差御史數員，清理逃軍，勾選壯丁，設立營房安插。及稱南兵善守，其益有六，願罷山東民兵一枝，斂取工食養贍五千，并見在三千爲三營，以守爲戰，是蓋欲專足主兵，以爲漸減客兵之謀。臣等反覆參詳，無非以薊鎮密邇陵京，根本重地，衛兵决不可減，爲此萬不獲已之計。除北直隸八府三丁抽一，變民爲軍，難以輕議外，所據"議常戍客兵"、"議輪戍客兵"、"議清理主兵"、"議添調南兵"四事，合就開立前件，議擬上請。伏乞皇上俯賜敕下各該督撫、總兵官刻期舉行，務臻成效，通候閱視大臣至日從實具奏。

隆慶五年八月二十七日題，奉聖旨："依擬行。"欽此。

一、議常戍客兵。臣等看得，陝西、宣大、遼東之軍雖俱近邊，足以當虜，然陝西去薊鎮爲遠，遷家改籍，人情恐難爲。遼東則去薊爲近，宣大次之。合無照依御史余希周所擬，備行薊鎮總督官劉應節，會同宣大、遼東各督撫官，備查各入衛兵馬常川在薊駐札果否便益。如果諸鎮盡皆稱便，即令以隆慶六年正月爲始，定爲額數，或於各兵户族子弟衆多者選取其人，或有自願來薊者聽從其便，許令携帶家室，沿途應付口糧，到薊之日量給安家銀兩，撥與空閑田地，蓋與營房，每月仍兼給行、月二糧各一分，冬衣、布花照例支給。聽户部分行原衛，將本軍應得月糧、布花、馬匹料草扣解薊鎮，改入該鎮會計數内。各軍常川在薊防守，不必輪班更换。其千把總官亦照調衛事例量爲優處，將領本部銓補。日後如軍有逃亡，仍行原鎮勾補，馬匹倒死、器械損壞，即從薊處給，不必年年累及各鎮。或令入衛各兵，許其携帶家室，來薊住札，限以三年爲度，見面更代，馬匹、器械不必更易，責令前班將領收貯，明白交與後班。其行、月二糧通從薊鎮支給，换班之際截日開除。以上二事不知何者爲便，何者不便，此外或别有長策，作速議明，畫一具奏，不得遲回兩可，致誤邊計。

一、議輪戍客兵。臣等看得，延綏客兵四枝，寧夏、固原二枝，防秋防春防冬，大率二年方得一歸，不勝客久資費之苦。新到一枝，數月一歸，又不勝其在途往返之勞。其軍門存留標兵九百，五年始一回衛，尤爲狼狽。督撫官劉應節等欲要分爲兩班，似爲有理。但查延兵四枝，防春一枝，防秋三枝，各二千二百名，通計止八千八百名，節奉欽依，減削已定。若使每枝各足三千，則一班二枝共該六千，兩班四枝共該一萬二千，本欲議減，數反加多，人情、事體均爲未便。合無斟酌所擬，自今歲爲始，將延綏衛兵四枝、寧固二枝各分爲兩班，每歲在薊者即以十一月中旬放還，期至歲暮抵家，在延綏、寧固亦以十一月中旬起程，至歲暮抵鎮，不必見面交代。前項兵馬務選精鋭，每枝仍舊二千二百，此外再加兵四百五十更代標兵，與同大營一體往還。其原留備冬兵馬，薊鎮督撫官暫撥標兵代之。各兵至薊之日，專一訓練，悉免工作。舊規犒賞銀七錢，再加三錢，共一兩，上下半年分爲二次支給。但有馬死者，通支本色行糧，以恤其困。

一、議清理主兵。臣等看得，北直隸八府三丁抽一之説既礙施行，清勾一節自難終已。先年雖經題奉欽依，巡按御史領有專敕兼理清軍，緣巡按職務浩繁，未免兩相妨廢。合無斟酌督撫官劉應節、楊兆，總兵官戚繼光所擬，先將山東、河南、山西、陝西、北直隸、南直隸江北六處各差御史一員，或就令巡鹽、巡茶、屯田御史領敕帶管，無論原是何省何衛軍人，盡數清出，改發薊、昌二鎮，不必拘妻，不必僉解，但得軍至五百名或千名以上，即編行伍，肅隊而來。在籍則着落户人厚貼軍裝，至邊則請給糧餉，置立營房，俟安插既定，漸次搬取家口，仍嚴復逃之令，議優恤之法，務令得所。一面移文各省撫按官，將應發邊衛充軍人犯照依節奉欽依事理盡發薊鎮，由本部定衛者一體於薊鎮查發應差，御史移咨都察院，查照奏請。

一、議添調南兵。臣等看得，南兵之不敢輕調者，其説有三，一則恐其奸淫騷擾，二則恐其風土不宜，三則恐其原未見虜。乃今督撫官劉應節、楊兆俱言可用，總兵官戚繼光言之尤詳，任之尤力。大率謂今募南兵專爲守臺，一到即發臺上，經年以臺爲家，相去人烟既遠，又無廛市交易，有何騷擾，有何奸淫？又謂南兵在薊已經三年，風土儘宜。又謂黄崖、義院等口屢被屬夷侵犯，守墩南兵每成堵回之功，若使見虜，必能大戰。且計算南北客兵人馬所給，南兵省而北兵費；計算南北客兵道路所給，南兵舟而北兵馬：了了可據。臣等又與原任總督譚綸面相商確，綸深以繼光之言爲然。艱大之責既付之於督撫、總兵，其所曲畫若一不之聽，于後地方誤事，必將有詞可諉。合無稍候防秋畢日，于東、西二路副將内聽劉應節定委一員，見在南兵内有願回者押遣回還，一名仍補一名，再於寧、紹、金、台四府選募六千名，移文浙江巡撫都御史，于庫貯減兵銀内每名給安家銀五兩，沿途不給行糧，到薊之日，備查客兵原分地方，照數更替。南兵添一名則邊兵減一名，即以邊兵糧草作爲南兵工食。新舊三枝共九千名，合用將領，聽戚繼光查取素能練兵官員開送督撫衙門，具題推用。其山東民兵免其赴邊，不論馬兵、步兵，每名每歲折銀二十四兩，解送薊鎮，專備南兵支用。不知果否相應，合行山東巡撫都御史梁夢龍，督同各兵備道，或應從宜折銀，或應照舊赴邊，計處停妥，具由回奏。

覆給事中侯于趙請禁私借勘合疏

題：爲時弊沿襲，小民貧困，懇乞聖明加意蘇息，以固邦本，以隆至治事，車駕清吏司案呈，奉本部送，兵科抄出，兵科給事中侯于趙題，奉聖旨："該部知道。"欽此。抄出送司，案呈到部。

看得兵科給事中侯于趙題稱前因，爲照改關文爲勘合，本爲蘇息驛傳，行之歲久，弊孔百出。臣博頃以奉召北來，途次所經，耳目之睹記，濫觴之害，悉如給事中侯于趙所陳，以故入部閱月，日與該司郎中講求其故。大率部中所發謂之"内勘合"，内勘合雖有借名，俱准在京府部院寺咨牒，自亦有數。在外總督、撫鎮、巡按等衙門所發謂之"外勘合"，外勘合則公差者十之三四，私借十之六七也，且經年累月，全然不繳，何從稽考？該科謂清其源在本兵不輕發勘合，臣等謂欲大清其源在本兵少發外勘合。蓋發之既少，則本衙門差遣尚恐不敷，何暇假借？火牌又在勘合之外，火牌既多，勘合自有餘剩，因而得以假借。又一節，但差人於本境、鄰境，不用勘合、火牌，止用馬票，尤當通行釐革。合無在京行府部寺等衙門，非有真正公差，不得移文過部。即使過部，本部亦不許輕給勘合。在外行總督、撫鎮、巡按衙門，非有真正公差，不許借給勘合，仍要照例年終類繳本部。先將以前勘合逐一清查，自本年九月以後，每衙門舊給五十張者止給二十五張，舊給二十張者止給十張，舊給十張者止給五張。其火牌非遇傳報軍情，不許擅用。自行馬票盡數剗革。在京齎敕舍人，照舊從錦衣衛開送姓名到部，方准夫馬、廩糧，悉照刊定條例，不得多加一人一馬。仍通行兩直隸十三省撫按官，坐委賢能官設法稽查，或假借勘合，或多添夫馬，應挐問者徑自挐問，應參奏者指名參奏，伏乞聖裁。

隆慶五年九月初五日題，奉聖旨："是。"欽此。

覆陝西總督都御史戴才恭報甘肅修邊功賞疏

題：爲恭報原議極衝邊墻工完，甄叙效勞文武官員事，職方清吏司案呈，奉本部送，兵科抄出，總督陝西三邊軍務、都察院右都御史兼兵部右侍郎戴才題，奉聖旨："兵部知道。"欽此。欽遵，抄出送司。查得原任都御史王輪，原係致仕，不係閑住，案呈到部。

看得總督陝西右都御史戴才題稱，修完甘肅鎮羌、莊浪等處邊墻、墩堡，各該文武官員效勞，除巡撫都御史楊錦心切爲國，志在籌邊，遵例不敢薦揚外，乞將副使劉時舉、太僕寺少卿兼陝西按察司僉事胡維新、左參將李世威分別優賞，守備吕憲、陳輔，千總指揮薛如玉，防守百户李崇義量賞，千總指揮蔣輔國，防守指揮吴希賢、朱臣，百户艾臣行總督衙門量賞，遊擊徐謹酌量推用。及稱先任巡撫甘肅都察院右僉都御史、今升兵部右侍郎石茂華，博采群情，首昌修邊之議，繼任巡撫甘肅都察院右僉都御史、今致仕王輪，激勸夫衆，特弘保障之圖，似應特加優異，惟復仍行巡按御史覈勘各一節。爲照甘肅一鎮孤懸河外，而鎮羌、莊浪等處番虜交馳，尤爲要地。前項墻墩乃能築完二百五十餘里，各官督理之功委可嘉尚，既該彼處總督官戴才甄别前來，係干激勸，相應通行議擬。合候命下，將楊錦、石茂華、王輪重加賞賚，劉時舉、李世威、胡維新同加賞賚，吕憲、陳輔、薛如玉、李崇義量加賞賚，徐謹酌量推用。蔣輔國、吴希賢、朱臣、艾臣，本部移咨總督軍門分等奬賞。其原議應築應修未完工程，行令各該管工人員上緊修築完報。一面移咨都察院，轉行甘肅巡按御史，將修築過邊墻等項工程并用過錢糧各數目覈勘明白，造册奏繳，青册送部查考。

隆慶五年八月三十日題，奉聖旨："楊錦、石茂華、王輪各賞銀二十兩、紵絲一表裏，劉時舉、李世威、胡維新各十兩，吕憲、陳輔、薛如玉、李崇義各五兩。其餘依擬。"欽此。

覆巡撫山東都御史梁夢龍等計處島民疏

題：爲計處海島逋逃，以杜釁孽，以靖地方事，職方清吏司案呈，奉本部送，兵科抄出，巡撫山東等處地方兼督理營田、都察院右僉都御史梁夢龍題，據山東布政使司呈，蒙臣批，據山東按察司巡察海道副使董世彦呈，前事，蒙批，遼人雖係避荒戀居海島，非爲負險逆命，但歲久漸繁，不還故土，土著又交通欺壓，往往激爲盗竊，若不爲處置，近海地方未免多事。據呈條議切當，具見遠識，三策終以何策爲長，仰布政司會同按、都二司并巡察、守巡、海右三道酌議歸一，作速通詳，以憑具題。繳行間，又蒙批，據山東按察司分巡海右兼整飭青州兵備副使潘允端呈，前事，蒙批，仰布政司會同按、都二司覆議通詳繳，依蒙會議，開坐議處緣由，到臣。

會同巡按山東監察御史張仕佩議照，山東青、萊、登三府海面大小共二十島，屬萊州七，屬登州者十二，除長山島二百餘家，其餘多者五六十家，少者一二十家，至少者四五家，如沙門等島，原係各縣里社地方，先年百姓逃亡盡絶。嘉靖三十二年以來，遼東避荒脱役之人陸續越海潛住其中，耕田捕魚，苟全性命。向使巡察海道、備倭都司巡船歲修巡規不廢，隨住隨逐，豈能停留？緣惜小費而盡壞巡船，安無事而盡廢巡視，以致潛住日久，生齒日繁，年遠官更莫可究詰。據今盡數查出，男婦老幼不下三千名口，地利有限，全靠采捕魚蝦、貿易米布以供衣食。比歲沿海土著憑陵抑勒，無所不至，沿海巡哨不才官兵又陽驅而陰索之，其欲無饜，以致漸起釁端，敢于爲盗，或乘夜登岸搶人糧米，或于洋中奪人魚船。然止爲劫財，不敢傷人，歲僅一二次，屢作貧〔二〕悍爲盗者少，安分住過者多。島雖二十，勢非死黨，一遇官司追呼對證，群至俯伏，不敢抗違。此遼人之情狀也。名爲避荒，亦有避役，盡法究問，不過逃民逃軍耳，别無作惡拒命實迹。此遼人之罪狀也。臣等皆親詣海上，目擊其事，徧訪其情。欲題請盡行剿滅，其事無難，但罪未至死，有傷朝廷好生之德。抑恐餘孽漂流，行劫海上，或搆他虞。置之不問，則東海肘腋之下，各島多係版圖，豈容自食其力，不隸王化？遼東累年勾攝，既難如意；山東虚文羈縻，終非永圖。先該巡按御史周咏題稱，衆論不一，惟遣歸并附籍爲得策，附籍安插，惟吾之所處，尚可制其死命，潛消默化，久之遼人即東人也。確議上策，非他可及。副使董世彦竭忠籌畫，中策寔前上策。潘允端極力撫處，恩宣而威自振。所據各項事宜，臣等會同再三斟酌損益，釐爲八事，開坐具題，伏乞敕下兵部，再加查議。如果臣等所言不謬，俯賜施行，庶漸消癰腫爲肌膚，仍化島嶼爲版圖矣。奉聖旨："兵部知道。"欽此。欽遵，抄出送司，案呈到部。

看得巡撫山東都御史梁夢龍、巡按山東監察御史張士佩會題前因，大率謂青、登、萊三府海島潛住遼人，遼東累年勾攝既難如意，山東虚文羈縻終非永圖，博采司道之三策，條畫撫處之八事，欲要附籍安插，漸消癰腫，俱已停妥，合就開立前件，議擬上請定奪。

隆慶五年九月初五日題，奉聖旨："依議行。"欽此。

一曰定分管。看得齋堂等二十島分隸諸城等州縣，化島嶼爲版圖，殊爲有見，合悉如擬施行。

二曰嚴保甲。看得各島總保、保長既編停當，以後鈐轄有方，合悉如擬施行。

三曰收地税。看得各島熟地每畝止徵銀五厘，輕而易辦，可以永遠，合悉如擬施行。

四曰查船隻。看得各島船隻收處税銀，計處已當。但擅用雙桅遠泛海洋，逼近朝鮮致惹别釁，二事必須嚴加禁戢。餘悉如擬施行。

五曰平貿易。看得遼人既爲編民，一切貿易委當與土人彼此均平，以示一體之意，合悉如擬施行。

六曰專責成。看得安輯撫綏，必當責成兩道并備倭都司方有統紀，一切事宜合悉如擬施行。

七曰修哨船。看得海道巡哨無船，比之中原捕捉無馬尤爲不同，應用銀兩俱准如數動支修造。餘悉如擬施行。

八曰杜續逃。看得各島安插既定，遼人觀望者續逃入島，勢所必有，合行遼東撫鎮官，備行該道，將金州等處海口嚴加禁約。餘悉如擬施行。

覆都給事中章甫端等請增武舉額數疏

題：爲懇乞聖明特增武科額名，以廣羅將材事，職方清吏司案呈，奉本部送，兵科抄出，兵科都給事中章甫端等題，又該江西等道監察御史吴從憲等題，爲乞增廣武舉名額以開賢路以羅將材事，俱奉聖旨："兵部知道。"欽此。欽遵，抄出送司。

查得武舉歷科事例，嘉靖二十九年、三十二年俱取中官生九十名，三十五年取中官生八十名，三十八年、四十一年俱取中官生八十五名，四十四年取中官生九十名。又查得隆慶二年，該兵科都給事中張鹵等題，爲懇乞聖明特增武舉額名以廣羅將材事，内稱欲將武舉三試既竣之日，照□□□覈，將可中式者于近科九十名外量增新額，等因。該本部議擬，備行考試官，將今次武舉堪以中式者照例分别邊方、腹裏，于近科九十名外多取數十名，臨時開具，請自宸斷，量增新額。其取中武舉，遵照世宗皇帝欽定資格量材叙録，仍分邊、腹挨次推用。覆奉聖旨："是。"欽此。又該本部題，爲武舉事，准翰林院掌院事侍讀學士諸大綬等手本，開稱取定堪中邊方、腹裏官生正副試卷，等因到部，隨該本部題，奉聖旨："着取一百名。"欽此。欽遵外，今該前因，通查案呈到部。

看得兵科都給事中章甫端等題稱，疆埸多故，將領乏人，欲照隆慶二年增額一百名，或更量增數名。又該江西等道監察御史吴從憲等題稱，欲將今歲武舉增廣名數即時注銓，及稱弓矢精熟而論策疏拙者則取其技能，弓矢粗閑而論策優通者則取其謀略各一節。爲照武舉一科專爲網羅將材，不敢謂拔十得五，止得一二，即可爲修攘之具。唐之郭子儀、宋之高志寧真其人也。但求材貴廣，用材貴時，所以兵科諸臣與監試二臣一時所見不約而同。况今南寇告捷，北虜款塞，輔臣欲要及時力修内治。修内之方，此其要務。合候命下，本部備行考試官，將今次武舉官生參酌弓馬、策論，比之上科多取名數，臨時開具，聽臣等具題，恭候聖裁。其取中官生，本部照例分爲邊、腹二項，遇有員缺，即便以次推用。

隆慶五年九月初六日題，奉聖旨："是。"欽此。

覆右給事中宋之韓條陳計處兵戎疏

題：爲懇乞聖明嚴飭臣工，乘時大修内治，以隆聖化事，職方清吏司案呈，奉本部送，吏科抄出，吏科右給事中宋之韓題，奉聖旨："該部知道。"欽此。欽遵，抄出送司。

查得隆慶四年十月内，該巡視京營、湖廣道監察御史王友賢題，爲懇乞聖斷早復京營舊制，以一事權，以圖萬世治安事，又該兵科都給事中温純等題，爲營制屢更，統帥不一，懇乞聖明亟賜裁定以正事權事。併該本部看得，自三營各設文武提督以來，意見各殊，議論紛起，人情、事體委屬不便。既經各官具題前來，相應依擬。恭候命下，將三大營遵照先帝欽定營制，仍命勛猷茂著武臣一員以爲總督，文臣一員以爲協理，各營副將、參遊等官照依近議分屬統領，着實訓練，務臻實效，等因。題奉聖旨："這營制你每既酌處停當，都依擬行。"欽此。查呈到部。

看得吏科右給事中宋之韓題稱前因，大率謂大臣不肯任事，小臣不修實政，言官言輕。除錢糧、刑獄、學校、城池、水利等事係别部掌行，各另議覆外，其稱兵戎，則要城守務實，軍馬强壯，善處家丁，訓練快壯、鄉夫，及將京營再委本部侍郎一員，與總協之臣相輪督率，每操兩營，二日即止，少蘇軍力各一節。爲照兵戎之政，在内則在樞筦之臣，在外則在封疆之臣，樞臣執其綱領之大，守臣盡其節目之詳，内外相資，方克有濟。除臣等受恩深重，不敢不勉力任事外，至於邊防要務，全在封疆之臣。所據"修城守"、"强兵馬"、"處家丁"、"練壯快"、"訓鄉兵"等事，查與大學士高拱等建議大略相同。其京營規制折衷甫定，總、叶二臣似足以辦理其事，若又加本部侍郎一人，未免反成掣肘。且侍郎各有九門、昌平、通州提督之命，亦難摘離。既該給事中宋之韓具題前來，相應通行議擬。合候命下，本部通行南北直隸、十三省及沿邊沿海督撫諸臣，嚴督各該將領、司道有司，查照本部先今題覆事理，即將□□□□□□□□□□□□□□□□□□□精强家丁、壯快、鄉夫等兵隨宜教習。其各該鎮一應戰守事宜，遵照新奉敕諭從實舉行。若臣等與大小臣工敢有仍前不肯任事、不修實政者，許科道官及各巡按御史指名參奏，從重究治。

隆慶五年九月十四日題，奉聖旨："是。"欽此。

覆宣大總督尚書王崇古請録三鎮貢市效勞邊臣升賞疏

題：爲遵奉明旨，恭報北虜三鎮互市事完，昭恩信以慰華夷事，職方清吏司案呈，奉本部送，兵科抄出，總督宣大山西等處地方軍務兼理糧餉、太子少保、兵部尚書兼都察院右副都御史王崇古題，奉聖旨："兵部知道。"欽此。欽遵，抄出送司，案呈到部。

看得總督宣大山西軍務、太子少保、兵部尚書王崇古題稱，隆慶五年分宣府、大同、山西三鎮北虜入貢、互市俱已報完，邊境無虞，華夷胥慶，乞要將内外效勞人員通行録叙以勵人心一節。爲照蠢兹俺酋，包藏禍心，流毒邊徼。席彼上世之桀驁，士馬精强；用我中華之叛逆，智術詭譎。小則俘人掠畜，大則陷郡攻城，無一歲不擾于疆埸，無一鎮不遭其蹂踐。頃者天厭其凶，神奪其魄。皇仁無外，幼孫慕義而來王；聖武維揚，老酋稽顙以款塞。當是之時，發言盈庭，有同築室。仰賴聖皇在上，廣離照之明，運乾剛之斷，納輔臣之嘉言，任邊臣之宣力，遂使貢市告成，華夷胥慶。傾巢舉落，感德争先；髽首椎髻，畏威恐後。二百年之寇一旦歸心，數千里之邊三秋安堵，大省轉輸之費，允底蒸民之生。仰視太祖驅逐之光、成祖犂庭之烈，先聖後聖，真同一揆。所據一時諸臣固不敢貪天之功以爲己功，但惟化成咸賓，功收不戰，相應懋賞，以示激勸。在内則如大學士高拱、張居正、殷士儋，用夏變夷，竭忠體國。一德咸有，共輸入告之猷；九塞同清，茂著外攘之績。狄武襄威行嶺表，寔維龐藉之功；後將軍旅振金城，允賴魏相之力。中外咸推，法當首叙。在外則如總督尚書王崇古，鋭志匡時，赤心報國。督戰五堡，酋首之膽已寒；文告一章，醜類之心盡服。任人所不敢任之事，始終獨見其擔當；成人所不能成之功，番漢均切於愛戴。公論大明，法當特叙。巡撫大同都御史劉應箕，力贊貢封，成信已揚於閫外；經略互市，壯猷益著於師中：法當優叙。巡撫山西都御史楊綵，矢心調度，聿成格遠之功；巡撫宣府都御史孟重，注意經畫，竟樹安邊之績：法當併叙。總兵官馬芳、趙岢、郭琥，分閫龍沙，均稱虎將，雖封貢之議初有異同，而互市之成終多幹濟，止擬賞賚，似屬未盡。其餘效勞大小文武臣工，總督官知之既真，劑量斟酌俱已允當，相應通行依擬。合候命下，將大學士高拱、張居正、殷士儋厚加升賞世廕。王崇古特加升賞，仍與優叙。劉應箕同加升賞。楊綵、孟重量加升賞。馬芳、趙岢、郭琥併加升賞。副使申佐、參議崔鏞俱加升賞。副使朱裳、蔡可賢，僉事許希孟升俸優賞。副使廖逢節，參政紀公巡，參議何棨、韓宰，知府程鳴伊，布政史直臣、于錦，參政孫枝，參議李鶚，僉事張希稷、趙世相、姜廷琺，知府李遷梧，推官張簡，郎中陳九仞，主事姜密俱加優賞。副參等官麻錦、劉國、孫吴、楊爾干俱加重賞。内麻錦仍與升級，楊爾干准復祖職。趙伯勛仍復副總兵職銜，田世威准復祖職，陳議准復原職，常齡、周應岐、康綸俱准録用。鮑崇德、李寧各升級世襲，仍與趙伯勛等通加賞賚。序班馬繼志量授一級。郎中等官吴善言、楊愈茂、馬呈書、孫緒先、陳寵、張鳳羽、柳世謙、邊拱、羅許、尹棋、丁世臣、吴守節、西乾，參遊等官原於天、李浹等五十四員俱加賞賚，内吴昆、周堂、吕和、張珍、高蘭仍准叙用。楊亮、胡天伏、程光祖、金奉俱量升俸級。張咸准免調衛，奚元准復原職。劉賓、林角、馮詔、方琦、珊琥、安天角、郭斌、瓦四各給冠帶。知州等官嵇巔等十七員、參遊等官劉滋等七員俱加量賞。書吏游良鑑等十一名咨送吏部優叙。馬鎮、張士魁准給冠帶。秦學加升三級。崔沾等六十一員、江如楫等一十二員、楊一名等一十七員俱聽總督軍門分别犒賞。至於臣中虚與郎中臣緝，雖嘗與聞其政，待罪樞筦，職分之常，不敢概叙以瀆天聽。但恩典出自朝廷，臣等未敢擅擬，伏乞聖裁。

隆慶五年九月二十二日題，奉聖旨："北虜臣服，邊境緝寧，該鎮各官效有勞績。王崇古加太子太保，給與應得誥命，賞銀四十兩、紵絲二表裏。劉應箕升俸二級，楊綵、孟重各一級，賞銀二十兩、紵絲二表裏。馬芳、趙岢各升實職一級，并郭琥各賞銀一十兩、紵絲二表裏。申佐、崔鏞各升一級，朱裳等各升俸一級，并廖逢節等還各賞銀十兩。麻錦等各賞銀十五兩，麻錦還升實職一級。鮑崇德、李寧各升一級世襲，還與趙伯勛等各賞銀十兩。吴善言等各賞銀八兩，楊亮等各升俸一級，嵇巔等、劉滋等各賞銀五兩。其餘都依擬。本兵及該科經畫建議，均有勤勞。楊博賞銀五十兩、紵絲二表裏，谷中虚三十兩、二表裏。王緝賞銀十兩，遇有京堂員缺推用。章甫端升俸一級，還賞銀十兩。"欽此。

覆薊遼總督侍郎劉應節等議調取南兵事宜疏

題：爲懇乞天恩俯容入衛兵馬番休，以蘇疲鎮等事，職方清吏司案呈，奉本部送，兵科抄出，總督薊遼保定等處軍務兼理糧餉、兵部右侍郎兼都察院右僉都御史劉應節，整飭薊州等處邊備兼巡撫順天等府地方、都察院右僉都御史楊兆題，俱奉聖旨："兵部知道。"欽此。通抄送司，案呈到部。

看得薊遼督撫官劉應節等條陳八事，均爲調取南兵而發，合就開立前件，議擬上請。

隆慶五年九月二十四日題，奉聖旨："依議行。"欽此。

一、議請取兵監軍。題稱欲要選差錦衣衛或部司一員監軍一節。查得隆慶二年召募南兵三千名，該本部覆奉欽依，特差錦衣衛廉能千百户官二員，一員前導，預備舡隻，一員尾後，隨路催督。即今召募之數反倍於前，監軍官員似不可缺。合無備行錦衣衛，遴選廉能官一員前去浙江地方，給散各兵安家銀兩，催取舡隻，監察將官，不許怠玩騷擾，反誤重事。

一、擬用統兵將領。題稱原任參將王如龍，遊擊將軍金科、楊文，都司僉書朱珏屢立戰功，皆嘗因事參論，欲要俱准充爲事官委用，無非使過之意。合無依其所擬，備行福建巡撫衙門，將王如龍等四員作速督赴浙江，通聽副將胡守仁管理，各募南兵一枝，統領前來薊鎮軍門，聽候調度。

一、擬領兵頭目。題稱召募南兵九千，分爲四營，擬充中軍官陳文澄等四員，充千總陳子鑾等一十二員，充把總陳子芳等二十四員，隨同副將前去。查係閫外應行事宜，難以中制，合悉如擬施行。

一、議給安家銀兩。題稱各兵安家銀兩，欲要責委文官，隨募隨給，仍請浙江巡撫親自閱發，委爲鼓舞將士第一機括。合無悉如所擬，備行浙江巡撫衙門查照施行，事完之日具由回奏。

一、新兵舡隻限期。題稱南兵遠來，必假舟楫，欲要先期預備，及定立各兵起程日期，俱已停妥。合無備行淮楊、浙江各巡撫衙門，嚴行各該有司，預將舡隻取辦停當，派貼分明，候胡守仁等依限督發各兵起程，不許遲誤，事完之日各另具由回奏。

一、歸兵應付舡糧。題稱願回南兵不支行糧，每名就於工食銀内預支一兩五錢充賞充費，責令十月初旬統赴通州，于浙江、蘇松等處應回空舡，每舡量派二三十名，協同拽舡，兩得其便。其取兵官共用勘合五道，俱屬相應。合無依其所擬，備行該鎮，將勘合徑自填給。仍行漕運衙門，責成兩浙、江南運糧把總，會同胡守仁等，將各兵逐一分派帶回，不許刁勒參差。

一、赴戍將官職俸。題稱浙江指揮、千百户等官赴戍，本等職俸俱在原衛關領，並無開於薊鎮，今本處坐以重冒，拘執家屬監追。欲要釋放，及備行福建、浙直各省督撫衙門，凡遇應處事宜協力施行各一節。合無依其所擬，備行浙江巡撫衙門，將指揮等官陳文治等俸糧通行照常關領，如有已追在官者，仍准補給，未經追奪者免追，家屬盡行釋放。仍備行浙直、福建各省督撫衙門，凡遇應處事宜速爲施行，不許自分彼此，致誤事機。

一、議處南兵器械。題稱南兵器械不敷，北方處置不便，欲要動支民兵銀五千兩給付胡守仁，前去浙直置辦鳥銃、筤筅、籐牌等項器械。事體相應，合無依其所擬，聽總督劉應節照數給發，前去置辦，事完備將用過銀兩、置造器械造册具奏，青册送部查考。

覆太僕寺卿王治等酌議馬政疏

題：爲議舉馬政事，車駕清吏司案呈，奉本部送，兵科抄出，太僕寺卿王治等題，奉聖旨："該部知道。"欽此。欽遵，抄出送司，案呈到部。

看得太僕寺卿王治等總陳馬政治本之略，條陳馬政治標之目，除治本之略另行酌議，治標之目，如"嚴庫藏"、"一權衡"二事係隸工部掌行，移咨徑自議覆外，所據"惜財用"、"議徵解"、"專責成"、"革宿弊"等四事均於馬政有裨，合就開立前件，議擬上請定奪。

隆慶五年九月二十六日題，奉聖旨："是。"欽此。

一曰惜財用。大率謂本寺積貯馬價、椿朋等項銀兩，專備買馬支用，不宜輕發。近該禮部題討椿朋銀五千兩賞夷應用，乞要照數補還，仍行各邊臣處置戰騎不得專靠内給，耗費國馬，無非慎重馬政之意。合無依其所擬，本部移咨禮部，查將原借椿朋銀五千兩速于賞夷應用動銀内照數補還。仍通行各邊督撫衙門，遇缺戰馬，各要查照舊例，或取監苑孳牧，或動椿朋買補，多方處備，以資征戰，不得專靠内給，致滋耗費。

四曰議徵解。大率要將明年各州縣折色馬價銀兩就於各府通行驗收，分委隔别府判眼同封貯，各府不許動支。以後但折馬價，每一年各府差州縣佐貳官一員類解本寺，次一年仍貯各府，而内外庫藏充實。萬一急用馬匹，聽内外各行買解，則馬不致騰貴，而折色賴以兼濟一節。爲照本寺設立常盈庫，專爲積貯馬價，以卿一人主之，少卿三人分理之，官更吏代，尚費勾考。若分貯各府，中外隔絶，未免益滋弊端。且地方去京各不甚遠，萬一收買馬匹，取之寺而發之府，浹旬可到，前項事宜止應照舊。合無札行該寺，將隆慶六年應徵折色馬價銀兩通行所屬，仍照欽限□定頭、二運徵完，差委職官解部發寺，貯庫備用。仍令各該掌印官并管馬通判嚴限催徵起解，不許遲延。如有違限者，悉聽該寺指名呈部，以憑參治。以後年分，本部酌量地方豐歉，隨宜題派，决不致馬匹缺乏，重誤大事。

五曰專責成。大率謂近來裁革寺丞并管馬官員，其馬政屬掌印正官，表解使義民等官，且各府管馬通判營幹别差，職務不修，年終不赴掣批，甚屬違玩。乞要將每年各府管馬通判分别勤惰臧否，特疏舉刺，惟求馬政修廢，不妨寺院薦劾互異，深得馬政要領。合無依其所擬，札行該寺，通行各府掌印并管馬通判，以後務要盡心職務，通判仍不許營幹别差，有妨馬政。遵照舊例，每年十月終親自赴部掣取總批，該寺年終分别勤惰特疏舉刺。然此止爲馬政一事，雖與撫按異同，自不相礙。

六曰革宿弊。大率謂養馬、解馬，往年京師積年馬販歇家，醫獸作弊人等已經盡行禁革，吏胥自難售其奸欺，若得種馬寄養州縣正官編派均平，催徵得法，而馬户可以息肩。乞要今後將州縣正官，除東、西兩路少卿年終舉劾外，或有志肆政弛、弊叢民怨者，悉□□官參論。其各省有馬政大壞去處，即便題差寺□□〔三〕去比較，無非重事權以飭馬政之意。合無依其□□〔四〕，札行該寺，通行各府種馬寄養州縣掌印正官，□□如有不盡心馬政，致廢職業者，悉聽該寺卿戒飭參論。其馬政大壞去處，題差寺丞前去比較。

覆陝西總督都御史戴才等議修邊政疏

題：爲虜衆内附，邊患稍寧，乞及時大修邊政，以永圖治安事，職方清吏司案呈，奉本部送，兵科抄出，總督陝西三邊軍務、都察院右都御史兼兵部右侍郎戴才，巡撫延綏等處地方、贊理軍務、都察院右僉都御史部光先題，俱奉聖旨："兵部知道。"欽此。欽遵，通抄送司，案呈到部。

看得總督陝西三邊軍務右都御史戴才、巡撫延綏右僉都御史部光先會題條陳"議衛兵"、"修邊垣"、"嚴勾補"俱係邊防要務，合就開立前件，議擬上請定奪。

隆慶五年九月二十九日題，奉聖旨："依擬行。"欽此。

一、議衛兵。查得該鎮衛兵，近該總督薊遼侍郎劉應節等具題，該本部覆奉欽依，自今歲爲始，將延綏衛兵四枝、寧固二枝各分爲兩班，每歲在薊者即以十一月中旬放還，期至歲暮□〔五〕家，在延綏、寧固亦以十一月中旬起程，至歲暮抵鎮，不必見面交代。前項兵馬務選精鋭，每枝仍舊二千二百。此外再加兵四百五十，更代標兵，與同大營一體往還。其原留備冬兵馬，薊鎮督撫官暫撥標兵代之。各兵至薊之日專一訓練，悉免工作。舊規犒賞銀七錢，再加三錢，每名共一兩，上下半年分爲二次支給。但有馬死者，通支本色行糧以恤其困，等因，已經通行遵照去後。乃今戴才等所奏，查與本部題覆事理相同，無容再議，合無備行督撫等官，查照施行。

一、修邊垣。題稱該鎮邊垣東西相距一千五百餘里，共分三段，自定邊營起至龍州城爲西段，自龍州城起至雙山堡爲中段，自雙山堡起至黄甫川爲東段。其西段一帶每年修築有緒，可杜侵擾。東段工應剷削，神木堡宜加高厚，已經督行各道并各將領併力修築。至于中段，迤西有夾道之田，又爲徑入米綏要路，迤東有炭窑之利，萬户炊燃賴之，工當喫緊。要將本鎮園地、糜糧等銀作爲鹽菜，給軍修築，及稱隆慶六年借西段春工、財力同修中段各一節，計處俱已允當。合無依其所擬，備行戴才等，將本鎮園地、糜糧等銀三千七百兩如數動支，選委廉能才幹官員，先西次東，及時修築，務要堅固高厚，足堪防守。如工力重大，錢糧不敷，應議處者徑自議處，應奏請者作速具奏。通候大臣至日查閱。

一、嚴勾補。題稱該鎮額軍多係延、慶二府所屬州縣人民，奸頑通同里書，有司聽從破調，以致行伍日虧，欲要嚴行清勾，照例查參、獎薦一節。查得先該巡按直隸御史孫代具題，該本部議，行各該清軍副使，嚴行府州縣正官，上緊清解。差滿之日，將各該清軍官員通以十分爲率，少五分者住俸，少八分者指名參奏，照例起送赴部，降級調用，全少者參劾罷斥，首完者特加優薦。已經題奉欽依外，乃今戴才等所奏查與御史孫代原奏大略相同。合無依其所擬，備行戴才等，查照所議，行令河西守巡、兵備各道分投單發各府州縣衛所，將逃故軍士作速清勾，倒換馬匹作速買補，務足原額。每年終將各掌印、清軍官計其所屬逃故數目，分別查参、罰俸、降調，清完者照例獎薦。其解到軍士，責令着實訓練，務求人人精熟，足堪戰守。通候大臣至日查閱。

覆陝西總督都御史戴才議處番夷疏

題：爲議處安插番夷，以防虜患事，職方清吏司案呈，奉本部送，兵科抄出，總督陝西三邊軍務、都察院右都御史兼兵部右侍郎戴才題，奉聖旨："兵部知道。"欽此。欽遵，抄出送司，案呈到部。

看得總督陝西三邊軍務右都御史戴才題稱，查議過肅州二衛各族番夷，乞要遷移空堡安插約束，其總理撫治等項事宜，肅州該道毅然自任，甘州欲責局捕都司兼攝，官不曾加，職亦從重，揆之夷情、事體，俱屬長便各一節。爲照甘肅地方番夷雜處，而肅州番部尤多於甘，臣博往年巡撫之時已題奉欽依移住境外金塔寺等處，至今二十餘年，不知何故又容其入内分住。《春秋》之義，“外而不内，疏而不戚”。既該總督官戴才勘議前來，俱已停妥，相應依擬。合候命下，本部移咨新任巡撫廖逢節，會同戴才再加酌議，如果别無異同，即將肅、甘二衛地方見住番夷，行各該司道遷移原議譚家等處空堡安插，分立界石，籍名約束。其總理撫夷官，肅州聽甘肅兵備道督令大小委官撫治，甘州責令行都司局捕都司不妨原務兼理分巡該道，一體撫治。各分理大小委官仍照舊規選委責成，一應官修堡墻、夷築寺院并禁諭等項事宜悉如所擬施行。

隆慶五年九月二十九日題，奉聖旨：“是。”欽此。

申飭薊遼防禦疏

題：爲傳報夷情事，職方清吏司案呈，奉本部送，准總督薊遼保定等處軍務兼理糧餉、兵部右侍郎兼都察院右僉都御史劉應節揭帖，據太平寨遊擊楊秉忠禀，據喜峰口守備鄒軻禀，本年九月二十三日巳時，據原差尖哨陳甫、宋隆二名進口報稱，役等於本年六月初十日探得，東虜頭兒大成把漢禿正等帶領黄達子約一萬有餘，已到地名勺速陸續行走，聽的明説要搶遼東地方，暗説要犯界嶺口、義院口東西一帶地方，役等得此連夜來報，等因，轉禀到職。據此，除本職親統標兵即日前赴建昌就近調度外，理合揭報，等因，到部送司，案呈到部。

看得前項傳報虜情，聲雖在于薊西，意實在于遼東，秋高之時極當慎防。但揭内止開禿正聚兵，未見土蠻向往，若使遠自邊外突至薊西古北口等處，關係腹心，尤所當慮。合候命下，備行總督劉應節，斟酌地方重輕、虜情急緩，於適中去處，督同鎮巡、兵備等官相機調度，務中機宜。本鎮與别鎮不同，一墻之外即爲虜穴，應用兵馬即便遣發，應支糧草照數支給。以後虜雖不敢近墻，支過糧料、草束不得拘於近例扣除還官，以致掣肘。本部仍咨户部知會，及咨都察院轉行查盤御史勾考施行。

隆慶五年九月二十九日題，奉聖旨："是。"欽此。

覆陝西查盤御史蕭廩條議甘肅兵馬事宜疏

題：爲條議甘肅兵馬事宜，以裨大計事，職方清吏司案呈，奉本部送，兵科抄出，巡按陝西監察御史蕭廩題，奉聖旨："兵部知道。"欽此。抄出送司，案呈到部。

看得巡按陝西監察御史蕭廩條陳五事專爲經略河西，合就開立前件，議擬上請定奪。

隆慶五年十月初六日題，奉聖旨："依擬行。"欽此。

一、額兵。看得巡按御史蕭廩所陳，甘肅兵勢單弱，勾、募二端既已難議，而抽選新軍多係重役，内有一户四丁而應三軍者，有一户二丁而應二軍者，委爲苦累，欲要議處，毋致逃竄一節。合無依其所議，咨行新□□□〔六〕廖逢節，即查本鎮抽選新軍每户共有若干□〔七〕，□□〔八〕幾軍，通融均抽，不許重役偏累。

一、□□〔九〕。看得巡按御史蕭廩所陳，甘肅班軍額設七千有奇，近緣催班、補班之法漸至廢弛，故脱班數多，欲行撫臣調停工役，禁約科索，及扣糧奬勸各一節。合無依其所擬，備行新任巡撫廖逢節，通行守巡、兵備該道，嚴督各該催班官員，務要依期督軍上班。如有脱班者，照例扣追月糧，解發該鎮充召募之用。巡撫官仍要於上班之時寬假工役以恤其力，禁緝科索以恤其財。其領班官有能優恤軍士不致脱班者，許兵備道呈詳，撫按厚加獎勸。

一、奇兵。看得巡按御史蕭廩所陳，欲將鎮城奇兵仍復改駐高臺一節。爲照甘州鎮城番族錯居，回夷雜處，原設奇兵與正兵同住於内，無非居重馭輕、强幹弱枝之意。先年移駐高臺，殊失建置之宜，近日仍歸鎮城，甚得彈壓之義，相應照舊。

一、差遣之兵。看得巡按御史蕭廩所陳，該鎮舊規，自丞尉以上必差遣兵馬爲之津衛，凡出百里即支糧料，至於迎則候至旬月之久，送則遠至千百里之外，勞費甚大，欲要禁止，惟責成信地官員一節。事在彼中，合無咨行新任巡撫廖應節，徑自隨宜酌處施行。

一、遊擊之兵。看得巡按御史蕭廩所陳，將鎮城遊兵二百八十調入甘肅營，兑易凉州數中四百以歸凉莊營，量撥三百以還西寧，其莊浪係遊擊地方，所有掣回之兵比照鎮番量撥五六十名入營，今後西寧有警，遊擊止許應援，不必防守各一節，委曲調停，人情允便。但事干軍馬，必須撫鎮官會議攸同，方可經久。合無備行新任巡撫廖逢節，會同總兵官，查照御史今議，徑自酌處施行。

覆巡撫貴州都御史阮文中等撫〔一〇〕定安國亨等疏

題：爲仰仗天威，撫處逆酋讋服，邊境底寧事，職方清吏司案呈，奉本部送，兵科抄出，巡撫貴州兼督湖北川東等處地方、提督軍務、都察院右僉都御史阮文中題，奉聖旨："兵部知道。"欽此。欽遵，通抄送司。

卷查隆慶元年十二月内，該貴州撫按官杜拯等題，爲地方事，内稱安國亨縱母興兵越境讎殺緣由，本部覆議，將安國亨暫行革去冠帶，仍咨貴州巡撫，諭令痛悔前非，越過東川兵馬勒限回巢，如果罷兵息民，聽巡撫官奏請，復其冠帶。題奉聖旨："是。"欽此。隆慶三年十一月内，該貴州巡撫趙錦題，爲查参暴惡土酋以安地方事，本部覆議，移咨巡撫王諍，會同巡按御史，即將安國亨并撥置奸徒王承誥等通行擒拏到官，備將前項違法事情逐一審究，問擬如律，以正法典。如明文未到之先，本舍如果聽其撫諭，散兵待罪，亦許酌量議處，會本具奏。如再抗違不服，即調四省官兵速行剿除。題奉聖旨："是。"欽此。隆慶四年四月内，該兵科都給事中温純等題，爲將臣輕率失律，撫臣謀慮太疏，致損軍兵，乞賜嚴究并圖善後事宜以振軍威事；巡按貴州監察御史蔡廷臣題，爲將臣輕敵取敗，軍兵損傷甚多，乞賜重究以振軍威以安地方事；巡撫貴州右僉都御史王諍題，爲自劾不職，并参主將無能，縱子貪功，致損軍威事。俱該本部覆議，將失事總兵官安大朝提解來京究罪，或念其始事忠勇，姑從輕革職，戴罪殺賊立功。如果安國亨罪重難容，一面徵調湖廣、四川、雲南等處土、漢官兵，或調兩廣報效精兵，刻期剿平，仍一面飛報本部，以憑查處。倘安國亨奏辯有因，亦許明白聲説。節奉聖旨："是。安大朝着革了職，戴罪殺賊立功。"欽此。隆慶五年三月内，該貴州巡撫阮文中題，爲定廟謨、請錢糧、酌撫剿以彰國威事，内稱責令國亨送出撥置奸犯；賠償安信等人命；倍還損費兵糧；安插阿傀母子；削奪國亨職銜，將伊男權替。若能遵此五議，姑從寬宥，等因。該本部覆議，遣差科臣一員前去查勘。若使國亨之罪不止家門，如或阿傀所言有干背逆，即動見請兵糧大加征討。萬一阿傀之言不免膚愬，國亨之罪止於家門，向者殺害損傷變在激成，不爲無故，亦將傀、亨撥置生事人員從重問擬。題奉聖旨："是。"欽此。六月内，該貴州撫按官阮文中等題，爲仰仗天威，撫處逆酋讋服，邊境底寧事。該本部覆議，移咨貴州撫按官，查照今題事理再加詳酌，若果安國亨實心悔過，畏罪求生，囚首面縛，投官聽處，即明白請乞天恩，姑從寬宥，饒其一死。其撥置起釁人犯究問真實，明正典刑。節奉聖旨："是。"欽此。俱經通行欽遵去後。今該前因，通查案呈到部。

看得巡撫貴州都御史阮文中、巡按貴州監察御史鄭國仕會題，稱勘得土舍安國亨等止緣家門私隙搆兵相戕，詳究事因，初無叛志，見今投見軍門，垂首伏罪，約示五章一一聽從，初迹似應罔赦，今情不無可原，欲將安國亨姑置不死，削奪職銜，俾其退閑省過，令伊子安民代管宣慰事務，仍照邊方夷俗罰治贖罪。安國亨、禄氏照例共罰銀三萬五千兩，務卒、惡卒、白糯怯、阿豆、阿蔣軻、阿固□□□□□□〔一一〕萬一千兩，務卒等六名又與阿户、阿五、□□〔一二〕、阿體贖罪銀各一百兩，俱於安國亨名下追納。已死安信係安國亨堂叔，從重償銀一千兩，卜麻等五名各二百兩，外量賠安智房屋銀二百兩，俱於前銀内支給。安智領散賠殺家屬，以爲養贍、營葬、屋價之資，餘銀發庫收貯。其安智退閑，伊子安國貞替充頭目，照舊住管卧這、阿傀、織今〔一三〕地方，仍與疏窮共罰銀二百兩，安國孝罰銀三十兩。委官二員，一住大方，一住卧這，以防二家釁端。如敢再圖報復，即調官兵夾剿。及問擬阿弟等死罪、充軍。及稱效勞諸臣，僉事沈聞功迹獨多，所當首録；參議曹司賢、林澄源，副使李鳳，都司薛近宸、胡大賓，原任參將何自然，原任都司徐勛併當優録；知府李濮、薛紹等俱應賞賚。在巡撫，則又稱先任巡按御史蔡廷臣曲示禁諭之令，漸解搆隙之兵；今任巡按御史鄭國仕懷攘夷安夏之心，切同舟共濟之義：皆爲首功，但拘於明例，非敢議擬。在御史鄭國仕，則稱都御史阮文中責成五事，制服二凶，遂使數千夷禍一旦冰消，皆其運籌之功各一節。除效勞諸臣另本議處，及奸犯阿弟等係干刑名，移咨法司徑自議覆外。爲照土舍安國亨，叨膺司長，輕視王章。聽撥置之奸徒，淫收賤婦；逞貪殘之凶態，剥削夷酋。信母氏則擅弄兵權，大違法紀；仇宗親則肆行戕殺，滅絶彝倫。及其天討有臨，復敢擁兵自固。即今北虜獻琛，父子交臂而款塞；南酋納土，祖孫對面以就刑。天威所在，如雷如霆，蠢兹小醜，魚遊鼎釜之中，燕巢幃幕之上，假息餘生，其何能爲？參詳罪狀，必須挐解來京，亟加顯戮，方爲盡法。乃今撫按官會題，稱事起家門之私憤，禍皆奸黨之釀成。拜將稱王，詞出誣執；攻城毒祖，事屬杳茫。拘執族人安繼恩、素書、安國貞，今已送出無恙；占吝奸徒王實、吴瓊、吴彩，今已解獻到官。本犯且投見軍門，囚首伏罪，責成五事一一遵從，據今日悔過之迹，情似可矜。至於安智野悍無謀，昏庸尤甚，迹其逞憤虔劉夷目之罪，不減國亨魚肉宗戚之凶。但抱弟之冤，情切手足，拽兵之舋，意在復讎，其情更在可矜。合無俯從守臣所擬，將安國亨、禄氏等姑免一死，安國亨削奪職銜，俾其退閑省過，責令伊子安民代管宣慰事務。安智並疏窮安插原管地方，亦令伊子安國貞代充頭目，催辦一應錢糧。其比照邊方夷俗罰贖銀兩等項，行該省撫按官查照原擬徑自施行。仍委官二員，量帶防守，分駐大方、卧這地方，嚴加監察。若敢再逞私讎，互相報復，定行闔族剿殺，改土爲流，永除禍本。惟復仍將安國亨寘之重典，以爲各土夷之戒。但生殺出自朝廷，臣等未敢定擬。

隆慶五年十月初十日題，奉聖旨：“安國亨凶惡干紀，本當動兵剿戮，既投見伏罪，遵奉約束，并禄氏等都且饒他一死。安國亨着革了任閑住，令伊子安民代管宣慰事。安智也着伊子安國貞代充頭目。如再違法搆亂，定行剿治不饒。其餘依擬。”欽此。

覆貴州撫按阮文中等勘處安國亨功賞疏

題：爲仰仗天威，撫處逆酋讋服，邊境底寧事，職方清吏司案呈，奉本部送，兵科抄出，巡撫貴州兼督湖北川東等處地方、提督軍務、都察院右僉都御史阮文中，巡按貴州監察御史鄭國仕題，同前事，俱奉聖旨：“兵部知道。”欽此。欽遵，通抄送司，案呈到部。

看得巡撫貴州都御史阮文中、巡按貴州監察御史鄭國仕各題稱，勘處土舍安國亨事結，所有效勞諸臣，如僉事沈聞功績獨多，所當首録；參議曹司賢、林澄源，副使李鳳，都司薛近宸、胡大賓，原任參將何自然，原任都司徐勛併當優録；知府李濮、薛紹，指揮馬應龍、丘東陽、王道行，冠帶土舍宋一清，都事孫東魯，驛丞萬謙俱當分别奬賞；中軍指揮劉守爵，原任守備巴升、史淮、姚紹武，都指揮楊伯喬，指揮芮潮、何曰仁、夏尚忠、戴恩、萬里鵬，千户宗綬、秦爵、梅商用，原任把總陶啓中均當酬賞；指揮李時榮、孫韜，鎮撫蔡兆吉，千户倪世臣、李長榮、王仕魁，百户王正邦、朱文善、王大倫、朱維翰、李鳳翱，舍人王養賢、主卿，鄉導平惠、陸八十、桂朝陽、向承祖、張甫，土舍宋壂、宋一深等俱應賞賚。在巡撫，則又稱先任巡按御史蔡廷臣曲示禁諭之令，漸解搆隙之兵，今任巡按御史鄭國仕懷攘夷安夏之心，切同舟共濟之義，皆爲首功，但拘於明例，非敢議擬。在御史鄭國仕，則又稱都御史阮文中責成五事，制服二凶，遂使數年夷禍一旦冰消，皆其運籌之功各一節。除土舍安國亨等情罪另本覆議，巡按御史例不論功，不敢概及外。爲照貴州宣慰之事，原以家門私憤互相讎殺，先任守臣失於審處，在巡撫則輕率寡謀，在總兵則貪財嗜利，幾至釀成大變。幸賴聖皇在上，嘉納密勿之猷，明見遐荒之外。始而允撫臣之請兵，已折其驕悍之氣；既而遣科臣以體勘，益服其反側之心。以故二酋不勝震恐，囚首待罪。一時地方官員固不敢貪天之功以爲己功，但事關激勸，似當稍爲論叙。即如巡撫都御史阮文中，開五事以責成，致二凶之讋服。多方指授，雖出於黄閣之臣；百爾經營，寔竭其赤心之義。并其餘官舍人等，既該彼處會題前來，相應通行依擬。合候命下，將阮文中特加賞賚，沈聞厚加賞賚，曹司賢、林澄源、李鳳、薛近宸、胡大賓、何自然、徐勛同加賞賚，李濮、薛紹、馬應龍、丘東陽、王道行、宋一清、孫東魯、萬謙、劉守爵、巴升、楊伯喬、芮潮、何曰仁、史淮、宗綬、秦爵、姚紹武、陶啓中、夏尚忠、戴恩、梅商用、萬里鵬量加賞賚，李時榮等二十員名俱聽巡撫衙門分别犒賞。

隆慶五年十月初十日題，奉聖旨："是。阮文中賞銀三十兩、紵絲二表裏，沈聞二十兩，曹司賢等各十五兩，李濮等各十兩。"欽此。

覆巡撫甘肅都御史楊錦等嚴禁搶番疏

題：爲虜患緊急，預報戰守，以保邊圉事，職方清吏司案呈，奉本部送，兵科抄出，巡撫甘□□〔一四〕處地方、贊理軍務、都察院右僉都御史，今丁憂□□〔一五〕節題，又該兵科都給事中章甫端等題，爲申飭夷夏大防，預明戰守以便責成事，俱奉聖旨："兵部知道。"欽此。欽遵，通抄送司。

卷查本年四月内，該甘肅撫鎮官楊錦等題，爲仰仗天威，北虜款塞求貢，借路搶番，乞賜廟議恢弘遠略以永圖安攘事。該本部覆議得，虜酋火落赤、把都兒等俱係西虜部落，既欲求貢，該鎮總督、鎮巡等官自當協心會議。即使容彼入貢，而夷情叵測，尤當戒嚴邊境，以防變詐，豈可容其聚夥成群，逼近城堡，恣意騷擾，相應通行申飭。合候命下，本部一面移咨陝西三邊總督、鎮巡等官戴才等，查照本部先今題覆事理，即將該鎮虜酋乞貢事情可否允從、撫賞錢糧如何區處作速從長會議穩妥，明白具奏，仍申飭各該大小將領，整頓兵馬，修葺城堡，嚴禁哨備，務要保障萬全。一面行宣大山西總督王崇古，行令俺答傳諭西虜，無故不許近邊，及指稱借路，肆行討索，以啓釁端，等因。題奉欽依通行欽遵去後。今該前因，查呈到部。

看得西虜銀錠台吉搶掠番夷，經由内地，在甘肅撫鎮官楊錦等，則稱銀錠台吉等往來經行，搶掠番夷，因本鎮不與互市，漸生憤怨，及參遊擊、守備、防守等官鄭經、皮承貴等全無拒堵防禦之方，乞行巡按御史查勘情罪。仍行宣大軍門，嚴行俺答、吉能，鈐束部落，再行借路搶番，容總兵官將虜賊縛解吉能處置，或容督兵剿殺。在兵科都給事中章甫端，則稱甘肅一鎮孤懸絶塞，銀錠台吉駕言假道搶番，焉保必無剽掠，且經由日久，漸成熟路，誠恐虜情變詐，貽患門庭。乞行宣大陝西總督王崇古、戴才，轉行俺答、吉能等，禁止各部落，住守牧地，恪遵成約，不許藉口搶番，假道騷擾，以啓釁端。如有犯者，行俺答拏送懲治。一面嚴行將領，照常防禦，相機戰守，勿令猖獗各一節。爲照河西甘、涼、莊、肅等十五衛所斗絶羌胡之中，誠爲九邊第一要地。自漢開五郡以來，隔絶羌胡，不使相通，所以斷匈奴之右臂。即今俺答、吉能雖稱納款，其互市、通貢俱在邊外舉行，原無往來内地、茫無界限之理。所據巡撫都御史楊錦、都給事中章甫端等具題前因，詞雖不同，無非申嚴夷夏大防之義，相應通行議擬。合候命下，本部一面移咨宣大總督尚書王崇古，備行俺答、吉能，即便宣諭銀錠台吉等部落，不許藉口搶番，經由甘涼等處地方，因而騷擾。如再違犯，聽俺答、吉能照依彼中事理從重究治。一面移咨陝西總督右都御史戴才、巡撫甘肅右僉都御史廖逢節，即查西虜節次搶番經由去處曾否剽掠人畜。彼時事體未定，各該參遊、守操等官今次姑免治罪，以後務要加謹哨備，但遇虜騎入境，即便嚴兵阻回。敢有仍前怠玩誤事者，聽督撫官指實參奏，從重處治。

隆慶五年十月十九日題，奉聖旨："是。"欽此。

校勘記

〔一〕"客"，據明陳子龍等《明經世文編》卷之二百七十七楊博《覆薊鎮查盤御史余希周等議處戍兵疏》當作"兵"，十二卷本亦作"兵"。

〔二〕"貧"，疑當作"貪"。

〔三〕□□，底本漶漫不清，疑當作"丞前"。本書本卷本文："其馬政大壞去處，題差寺丞前去比較。"

〔四〕□□，底本漶漫不清，疑當作"所擬"。本書本卷本文："合無依其所擬，札行該寺，通行各府掌印并管馬通判。"

〔五〕□，底本漶漫不清，疑當作"抵"。本書本卷《覆薊鎮查盤御史余希周等議處戍兵疏》："自今歲爲始，將延綏衛兵四枝、寧固二枝各分爲兩班，每歲在薊者即以十一月中旬放還，期至歲暮抵家，在延綏、寧固亦以十一月中旬起程，至歲暮抵鎮，不必見面交代。"

〔六〕□□□，底本漶漫不清，據十二卷本當作"任巡撫"。

〔七〕□，底本漶漫不清，據十二卷本當作"丁"。

〔八〕□□，底本漶漫不清，據十二卷本當作"應選"。

〔九〕□□，底本漶漫不清，據十二卷本當作“班軍”。

〔一〇〕“撫”，底本卷首原目録作“議”，十二卷本亦作“撫”。

〔一一〕□□□□□□，底本漶漫不清，據十二卷本當作“各一千兩共四”。

〔一二〕□□，底本漶漫不清，據十二卷本當作“以庶”。

〔一三〕“今”，一作“金”。本書本卷之二十三《覆都給事中章甫端等戒諭安智母子疏》：“其安智退閑，伊子安國貞替充頭目，照舊住管卧這、阿傀、織金地方。”

〔一四〕□□，底本漶漫不清，據十二卷本當作“肅等”。

〔一五〕□□，底本漶漫不清，據十二卷本當作“廖逢”。

楊襄毅公本兵疏議卷二十三

議勘遼東功罪申飭備禦疏

少傅兼太子太傅、吏部尚書、管理兵部事臣楊博等謹題：爲類報虜情事，職方清吏司案呈，奉本部送，據鎮守遼東總兵官、署都督僉事李成梁揭帖，到部送司。查得先該巡撫遼東都御史張學顔塘報，虜賊速把亥、專難等聚兵要搶遼東，節該本部嚴行該鎮總督、撫鎮等官加謹哨備去後。今該前因，查呈到部。

看得遼東總兵官李成梁揭稱，本年十月初一日，賊一百四五十人入犯清河，官軍對敵，斬首一十一顆。初二日，賊二千餘騎入犯盤山，官軍對敵，止獲達馬五匹，我兵陣亡五十八名，被傷三十七員名。初七日，賊二千餘騎入犯大定堡及攻劉温等屯，並未攻克，亦無散搶，止射死男子五名，虜去男婦一十五名口、馬牛六匹隻。初九日，賊過黑莊窠堡，奪獲達馬一十七匹。初七〔一〕日，賊四五百騎入犯黑莊窠堡，我兵對敵，斬首一顆，得獲達馬二匹，射死官軍一十員名，被傷二十名。各賊暫雖退出，俱在邊外住聚，尚未遠遁。除將東西應防兵馬嚴加隄備，其獲功、陣亡、被傷官軍，誤事人員聽巡撫都御史具奏一節。爲照前項酋虜，自九月以來即盤據遼、薊邊外，聲雖在遼，意實在薊，已而覘知薊東有備，無隙可乘，以故旬日之間節次分犯遼東。雖稱清河堡拒敵獲功，其盤山、大定、黑莊窠等堡難保全無失事，該鎮緣何通不傳報？總督軍門亦無一字到部，中間恐有隱匿別情，相應亟行查勘。合候命下，移咨都察院，轉行遼東巡按御史，即將前項賊經處所從公體勘，要見各起達賊的有若干，從何隘口進入，何官失於調度，何官失於防守，何官失於應援，斬獲首級是否真正，陣亡、被傷官軍，搶虜人畜等項是否止於奏内之數，及地方城堡有無隱匿攻克重大情弊，逐一查覈明實，并獲功首從人員分别應參、應問、應録等第，造册回奏。及照虜雖退出邊外，尚未回巢，即今河冰既凍，三岔河迤東處所可通大舉，而金、復、海、蓋一帶海壖沃壤尤爲虜所垂涎，防守、哨備更當加謹。本部仍咨薊遼總督侍郎劉應節，嚴飭遼東撫鎮等官，督率兵將，隨賊向往，相機拒堵截剿，務收全勝。如或逗遛觀望，致誤事機，國典具嚴，自難輕貸。

隆慶五年十月二十三日題，奉聖旨："是。"欽此。

覆遼東巡按御史向程查勘盤山等處功賞疏

題：爲達賊入犯，官軍就陣斬獲首級、奪獲達馬事，職方清吏司案呈，奉本部送，兵科抄出，巡按山東監察御史向程奏，奉聖旨："兵部知道。"欽此。欽遵，抄出送司，案呈到部。

看得巡按山東監察御史向程奏稱，查勘過隆慶五年五月内達賊入犯盤山等處官軍失事、獲功緣由，及參鎮寧堡副千户劉相、鎮静堡守備唐朴均屬誤事，律應提問。但人畜未遭虜掠，士卒亦無損傷，情有可原，合無免究。鎮守總兵官李成梁部下斬首之數雖微，地方保全之功爲大。巡撫都御史張學顔遏虜勢於將熾，安邊堡於幾危，所當優賚。坐營中軍指揮蘇承勛奮勇當先，立成斬獲之績，所當賞賚。千總劉坦、李國相、陳大魁，把總洪衛國、馬衛都，遊擊甯子周、馬文龍，或隨營而戰，或併力而追，宜行獎賞。巡按御史余希周雖無叙功之例，亦見應變之才各一節。爲照前項各官既經巡按御史向程甄别功罪，具奏前來，臣等逐一參詳，俱已允當，内御史余希周適當巡莅之時，卒然遇虜，乃能躬親調度，立有戰功，比之概行論叙者不同，相應通行議擬。合候命下，將張學顔、余希周、李成梁優加賞賚，蘇承勛量加賞賚，劉坦、李國相、陳大魁、洪衛國、馬衛都、甯子周、馬文龍聽巡撫衙門分别奬賞，劉相、唐朴各免究治，其餘有功應升應賞應贖人員另行照册查議。

隆慶五年十月二十六日題，奉聖旨："張學顔、李成梁各賞銀二十兩、紵絲一表裏，蘇承勛賞銀一十兩。余希周才略可用，吏部記着。其餘依擬。"欽此。

議處通州軍糧馬匹疏

題：爲申飭薊昌防秋事宜，以重根本，以保萬全事，職方清吏司案呈，奉本部送，准本部右侍郎石茂華咨，到部送司，案呈到部。

看得本部右侍郎石茂華議處通州軍糧、馬匹二事，具見因事盡職之意，合就開立前件，議擬上請定奪。

隆慶五年十一月初一日題，奉聖旨："依擬行。"欽此。

一、議處軍糧。大率謂通州軍士原額三千，見在實數未足，其中尚有老弱，不堪防守，欲要揀選精丁二千四百名，每名除月給糧八斗外再加二斗，糧不逾數，軍困稍蘇各一節，兵既可精，糧又不加，深得救弊補偏之義。合無依其所擬，備行該鎮督撫等官，即將通州見在軍士三千名挑選精壯二千四百名，責令參將聶大經從實操練。其減退六百名，該糧四百八十石，就充見軍全糧一石之數，移咨户部驗計施行。

一、議處馬匹。大率謂通州營見在騎操馬止二百餘匹，且減革草料，致馬瘦損，不堪防禦，欲要行太僕寺，將寄養馬再加數百匹，其草料照依京營事例給領，責令軍人用心喂養一節，給馬不難，養馬爲難，應得草料減去二季，委屬不便。合無依其所擬，行令太僕寺將寄養馬量撥三百匹，責令參將聶大經督率軍士用心喂養。其草料無分新馬、舊馬，照依京營全季給領，不宜減革以累貧軍，移咨户部議覆施行。

覆都給事中章甫端等戒諭安智母子疏

題：爲嚴禁奸黨，以杜釁端事，職方清吏司案呈，奉本部送，兵科抄出，兵科都給事中章甫端等題，奉聖旨："兵部知道。"欽此。欽遵，抄出送司。

查得先該貴州宣慰使司已故土官宣慰使安萬銓妻禄氏疏窮奏，爲漏網惡賊陽順陰逆，罔遵憲斷，復殺多命，懇乞天恩俯賜改土設流，以杜讎害以永存生事，奉聖旨："兵部知道。"欽此。欽遵，抄出送司。又查得先爲仰仗天威，撫處逆酋讐服，邊境底寧事，該貴州撫按官都御史阮文中等會題，稱勘過土舍安國亨等私隙搆兵，原無叛志，欲將安國亨削奪職銜，令伊子安民代管宣慰事務。其安智退閑，伊子安國貞替充頭目，照舊住管卧這、阿傀、織金地方。如再敢圖報復，即調官兵夾剿，等因。該本部議，將安國亨、禄氏等姑免一死，安國亨削奪職銜，俾其退閑省過，責令伊子安民代管宣慰事務。安智並疏窮安插原管地方，亦令伊子安國貞代充頭目。若敢再逞私讎，互相報復，定行闔族剿殺，改土爲流，永除禍本。題奉聖旨："安國亨凶惡干紀，本當動兵勦戮，既投見伏罪，遵奉約束，并禄氏等都且饒他一死。安國亨著革了任閑住，令伊子安民代管宣慰事。安智也著伊子安國貞代充頭目。如再違法搆亂，定行勦治不饒。其餘依擬。”欽此。又查得貴州撫按官阮文中等原題，内開先年有已故江西金溪等縣民王成、吴完三等逃來大方住坐，各流生王實、吴彩、王承爵、王承誥、何高、王世相、郝林茂、姚廷七、康恩、吴珂、吴瓊，及將撥置安智、疏窮，捏詞奏告犯人吴鶴駕、劉禮等，各不合故違“無藉棍徒投托勢要，作爲心腹，誘引生事者，枷號一個月，發烟瘴地面充軍”事例，與劉璽三并該司先存今故民李應節陸續投入安萬銓、安仁、安國亨門下應用。伊等將王實、吴彩、王承爵、王承誥、何高、劉璽三、李應節僉充把事，王世相、郝林茂、姚廷七、康恩充爲氣脉，吴瓊、吴珂充爲小童各名目，撥置生事，已經本部移咨刑部議覆外。所據疏窮今次具奏係干瀆擾，呈堂議覆間，今該前因，查呈到部。

看得土夷安智等，向緣家門私釁互相讎殺，貽患夷方，已經彼處撫按官會勘明白，本部議擬裁覆，荷蒙天恩浩蕩，姑貸一死。在安智等正當痛加省改，保全生命，乃敢故違明旨，煩詞瀆奏，情無可原，法難輕貸。但貴州遠在萬里，處分之命尚未及知，辯析之章胡爲遽上？顯是奸惡潛住京師，網利啓釁，必欲遂其撥置之私。除所奏事情立案不行，安智母子姑難深究外，所據抱本家丁安順、阿廢，本以漢人，投入土夷，誘引生事，正與吴彩、吴鶴駕等所犯無異，既經兵科都給事中章甫端等具題前來，詞嚴義正，與本部所見大略相同，相應依擬。合候命下，移咨法司，將安順、阿廢照依吴彩等所引事例問擬發遣。本部仍行該省撫按官，戒諭安智子母，洗心改過，若敢輕信奸徒，再行奏擾，定行動兵勦除，以爲夷酋怙終者之戒。

隆慶五年十一月初六日題，奉聖旨：“是。”欽此。

覆巡撫雲南都御史曹三暘等議處革任黔國公沐朝弼疏

題：爲陳言地方至要，懇乞轉奏，以慰人心，以安南土事，職方清吏司案呈，奉本部送，兵科抄出，巡撫雲南兼建昌畢節等處地方、贊理軍務、都察院右副都御史曹三暘，巡按雲南監察御史許大亨題，俱奉聖旨："兵部知道。"欽此。欽遵，抄出送司。

卷查隆慶四年五月内，該雲南撫按官陳大賓等題，爲再論鎮臣違命不悛，懇乞宸斷以正國法事。本部覆議，沐朝弼雖有宿愆，見已削職，仍乞天語叮嚀，重加戒飭，務要痛自修省，以保身名，不許夤緣干預府事，重貽深咎，等因。題奉聖旨："是。"欽此。欽遵外。又查得先准工部咨，爲懇乞天恩，給賜祭葬以光泉壤事，奉聖旨："是。沐朝弼准扶柩安葬，事畢即回。"欽此。今該前因，通查案呈到部。

看得巡撫雲南右副都御史曹三暘、巡按雲南監察御史許大亨各題稱，革任黔國公沐朝弼驕縱不法，罪惡多端，荷蒙聖恩俯念勛臣，不加戮辱，姑革職任，准令伊子沐昌祚替領鎮務。革任之後，父子相殘，軍民被害。近奉欽依，許其扶送母柩回葬，及其未回，即行安置南京一節。爲照黔國公沐朝弼蠢庸狂悖，罪狀多端；但革任以前之事已蒙湔除，革任已後之事未見實據，若止因其乞假暫回南京即行安置，則是朝廷之令不信於朝弼，輕爲反汗，朝廷之威不行於朝弼，姑示羈縻，國體、人情均屬未妥。即今巡撫侍郎鄒應龍不日赴鎮，相應聽其勘處。合候命下，備行鄒應龍，速將撫按官所奏事理會集司道、衛所、府縣耆宿人等從長計處，務使上下之情不致齟嫌，父子之間永絶猜釁。如果朝弼不知省改，或干預府事，或虐害下人，或陰圖嗣子，的有罪狀，作速具奏，生殺讉罪，國憲具在，自難輕貸。

隆慶五年十一月初七日題，奉聖旨："是。沐朝弼已有前旨處分了，著照舊本鎮閑住，以後如敢干預府事，生事虐民，撫按官參來處治。"欽此。

覆都給事中張國彦等論總督京營戎政鎮遠侯顧寰解任疏

題：爲目擊重臣衰老不堪，懇乞聖明亟處，以振國威，以昭公道事，職方清吏司案呈，奉本部送，兵科抄出，禮科都給事中張國彦等題，奉聖旨："兵部知道。"欽此。又奉本部送，兵科抄出，總督京營戎政、太子太保、鎮遠侯顧寰奏，爲懇乞天恩憐憫年力衰老，不勝重任，容辭戎政以息人言事，奉聖旨："兵部知道。"欽此。欽遵，通抄送司，案呈到部。

看得總督京營戎政、太子太保、鎮遠侯顧寰，營務巨細皆知操持，始終無玷，但年近七十，精力委果衰遲，不惟都給事中張國彦等今日言之，本爵屢疏求閑，詞極懇切，具見自知自量之義，相應議處。合候命下，將顧寰解其職任，在府帶俸，遺下總督戎政員缺照例會官推補。但大臣進退出自朝廷，臣等未敢定擬。

隆慶五年十一月初九日題，奉聖旨："是。顧寰著閑住。"欽此。

覆陝西總督都御史戴才報〔二〕貢市功賞疏

題：爲仰仗天威，套虜輸款求貢，乞賜廷議早定大計，安虜情，消隱憂，以永固邊圉事，職方清吏司案呈，奉本部送，兵科抄出，總督陝西三邊軍務、都察院右都御史兼兵部右侍郎戴才題，奉聖旨："兵部知道。"欽此。欽遵，抄出送司，案呈到部。

看得總督陝西三邊右都御史戴才題稱，河套虜酋强横狂逞，累年入犯，乃今一旦革心内附，稽首稱臣，貢以戰馬，售以耕牛，商民獲利，華夷不擾，實由聖主神威、閣輔協贊、本兵運籌、諫臣申論，用是吉能等輸誠納款，進貢互市，大事已成，理合奏報各一節。爲照套虜吉能等感孚聖化，稽首稱藩，貢市告成，華夷胥慶，誠爲熙朝盛事。所據一時效勞諸臣，除監市委官、原任參將郭鈞等聽該鎮督撫官徑自犒賞外，即如總督戴才，籌畫悉當，與有綜理之勞；延綏巡撫郜光先、寧夏巡撫張蕙、延綏總兵官雷龍、寧夏總兵官謝朝恩，文武相資，與有分理之勞；參政兼僉事侯東萊，僉事蕭大亨、汪文輝，往來經理，勞亦難泯：相應通行依擬。合候命下，將戴才特加賞賚，郜光先、張蕙、雷龍、謝朝恩厚加賞賚，侯東萊、蕭大亨、汪文輝量加賞賚。但恩典出自朝廷。

隆慶五年十一月初十日題，奉聖旨："是。戴才賞銀三十兩、紵絲二表裏，郜光先、張蕙、雷龍、謝朝恩各二十兩、一表裏，侯東萊等各十兩。"欽此。

推英國公張溶掌後軍都督府事疏

題：爲缺官事，武選清吏司案呈。照得後軍都督府掌印彰武伯楊炳員缺難以久虚，呈乞推補，案呈到部。

臣等看得，兩京五府掌印員缺，例該於公侯伯内推補。除成國公朱希忠資望深隆，屢經辭任，無容再議外，其餘各爵或質美而諳練未經，或才優而年齡已邁，以故每遇員缺，停推日久。即如向來戎政總督，至勞宸衷親賜裁斷，臣等待罪本兵，深切惶悚。所據前項員缺，該司既稱難以久虚，臣等查得太子太保、英國公張溶，太子少保、恭順侯吴繼爵，雖嘗被有彈劾，年力尚强，事體頗練，適當乏才之時，舍短取長，似難終棄。伏乞聖明於内簡命一員，銓注後軍都督府掌印管事，務要滌慮洗心，力補前愆，聿修後效。

隆慶五年十一月十四日題，奉聖旨："張溶著後軍都督府掌印管事。"欽此。

覆宣大總督尚書王崇古議修邊政疏

題：爲虜衆内附，邊患稍寧，乞及時大修邊政，以永圖治安事，職方清吏司案呈，奉本部送，兵科抄出，總督宣大山西等處地方軍務兼理糧餉、太子太保、兵部尚書兼都察院右副都御史王崇古題，奉聖旨："兵部知道。"欽此。欽遵，抄出送司，案呈到部。

看得總督宣大山西尚書王崇古條陳八事，具見本官恪遵廟算，殫竭忠猷，方當貢市之初，即能持經權之議，正當貢市之時，又能勤戰守之圖，殊可嘉尚。但邊計之已完者，必須備行巡按御史逐一閲視，庶不爲紙上之虚文；邊計之方興者，亟當申飭鎮巡等衙門刻期舉行，庶可望修攘之實效。除"積錢糧"、"開屯田"、"理鹽法"三事係户部，"整器械"一事係工部，聽其徑自議覆外，所據"修險隘"、"練兵馬"、"收胡馬"、"散逆黨"四事合就開立前件，議擬上請定奪。

隆慶五年十二月初一日題，奉聖旨："依議行。"欽此。

一、修險隘。内稱督修過宣大、山西三鎮工程，四年完報宣府鎮城堡、關厢、村寨、墩臺、壕塹共一百八十三處，大同鎮城堡、墩臺、山寨、衝口、壕塹共一百八十五處，山西鎮城堡、墩臺、壕崖共九十七處，五年報完前項各鎮磚包土築并加幫、補葺城堡、墩臺、墻垣、崖坡、營房、水口、品窖，并采柴、打坯、燒造磚灰各項工程數目不等，乞要通行查閲。其未完及山西野猪溝等處工程，候明春分别衝緩勒限完報一節。參詳所擬四年、五年修過工程數多，則是議貢之時原未忘内治之備，合無備行三鎮撫鎮、兵備、各道將領等官，照依軍門并本部節次題行事理，各將所轄地方應該接修工程酌量衝緩，查照原擬，采積窑柴、木料，打燒坯磚等項，俟明春土脉融和及時修理，工小者期於一年，工大者期以二年，通要完報。其前項已完工程，移咨都察院，轉行宣大、山西各該巡按御史，逐一查勘，要見修築者果否堅固，削浚者果否險深，足堪防守，軍夫錢糧有無虚冒等情，覈實造册，先行具奏，仍候大臣至日閲視施行。

一、練兵馬。内稱各鎮官軍春、夏、秋三時多趨事修築，乘暇操練全在三冬、首春，已經置立操簿，分發各鎮總副、參遊、守操、坐營等官，每日如法操練。仍乞嚴禁將領，不許偏護家丁，凌侮軍士，及縱容包占雜役一節。參詳所擬操練之法，章程具在，但恐地方隔遠，奉行未至，未免徒爲文具。合無備行三鎮撫鎮、兵備、各道，督責各該大小將領，遵照軍門置立操簿、規矩，各將所統馬、步官軍分別技藝，選立教師，趁此冬閑著實操演。仍要分合營陣，布置紀律，務期士馬精强，足恃戰守。督撫官仍不時巡閱，中間若有玩愒因循、驕惰如故者，查照原議，按其伍隊司營，俱以軍法從事，干礙將領從重參究，兵備各道一併罰治。如各該將領敢有仍前偏護家丁，凌侮包占軍士者，聽督撫、巡按官參革重治，仍候大臣至日查閱施行。

一、收胡馬。内稱各鎮歲市胡馬數多，若盡給官軍，不惟多費芻餉，抑恐市資不繼，乞要每年請發宣大、山西三鎮各馬價一萬二千兩，聽易上等虜馬千匹，市完定赴各關俵兑、寄養一節。參詳所擬，寄養州縣見馬甚多，京營軍士馬亦足用，今欲每年俵兑、寄養，事體恐難，且三鎮各營馬數多缺，就彼兑軍，芻餉原非取之額外，軍容自可壯于師中。合無候隆慶六年正月，容本部題發三鎮各馬價銀一萬兩解赴巡撫衙門，聽其易買膘壯好馬一千匹，就給本鎮軍士騎征，事完造册奏繳，青册送部查考。以後年分另行議請。其餘椿棚、馬價等項悉如所擬，通候大臣至日查閱施行。

一、散逆黨。所題解散逆黨一節，反覆辯論，大約謂酋虜數萬誓絶侵犯，日用飲食全資板升收穫，今若招徠大速，恐啓戎心，乞要沉機密晝，徐圖剪除。及稱被虜人計龍、趙景庫、王道科、小土谷氣、侯天禄各懷忠效勞，報逆發奸，揆之招降詔例，應加官賞以結其心一節。除招降密晝，事在閫外，聽其徑自酌行外，所據計龍等五人身繫虜庭，心在王室，因而獎與，誠足爲歸正者之勸。但欲照例加官，不惟事體有妨，抑且機關大露。合無備行王崇古，將計龍等不時重加賞犒，果能建立奇功，朝廷自有重大恩典。本部仍通行山、大撫鎮官，嚴督兵備、沿邊將領等官，各要謹飭邊防，禁戢奸民，不許出入搆虜，曉諭邊腹軍民，不得傳習妖異，自取重罪。

覆巡撫陝西侍郎張瀚修城開堰叙功行勘疏

題：爲遵明旨，議處包甎城以重省會，復洪堰以興水利事，職方清吏司案呈，奉本部送，兵科抄出，巡撫陝西地方、兵部左侍郎兼都察院右僉都御史張瀚題，奉聖旨："兵部知道。"欽此。抄出送司，案呈到部。

看得巡撫陝西侍郎張瀚題稱，修過會省城垣、涇陽等縣洪堰工完，乞將原任總督、今升宣大總督尚書王崇古，南京兵部尚書王之誥，總督右都御史戴才，原任巡撫、今聽用張祉，養病張師載，升南京户部侍郎楊思忠，先後巡按御史王君賞、李良臣、楊相、郭庭梧、褚鈇、蕭廩，原任左布政、今升都御史栗永禄，府尹曹金，左布政李敏德，原任守巡關内道參政温如春，副使張一霽，水利副使陳善道，西安府知府安嘉善，同知蘇璜，原任同知、今升右給事中宋之韓，原任通判、推官、知縣，今升知州謝鋭、御史劉世賞、給事中賈待問、主事薛綸各加賞賚一節。爲照腹裏地方修築城池，開通水利，均係所司常職，比之各邊繕治亭障者不同。及查奏内各官，或離任已經多年，或職任全無少預，概行録叙，尤非正體，所宜相應亟行釐正。合候命下，移咨都察院，轉行陝西巡按御史，即將前項工程逐一閲視，是否堅固、通利，有無冒破錢糧，作速造册奏繳，青册送部查考。本部仍通行十三省巡撫衙門，今後但係腹裏府州縣修築城池，止將修過工程、用過錢糧具奏查覈，不許與邊方一體議賞。若承委卑官效有勤勞，巡撫官徑自分别奬犒。如違，聽臣等與該科從實參究。

隆慶五年十二月初一日題，奉聖旨："是。内地修城開堰，係有司常職，如何輒來報功，且叙及先後督撫并茶馬、查盤御史？是何政體？張瀚姑著罰俸二個月。以後再有這等的，參來處治。"欽此。

覆陜西總督都御史戴才報裴家川工完行賞疏

題：爲恭報原議增修極衝邊垣、墩堡工完，懇乞聖恩甄叙效勞文武官員，以勵人心事，職方清吏司案呈，奉本部送，兵科抄出，總督陜西三邊軍務、都察院右都御史兼兵部右侍郎戴才題，奉聖旨："兵部知道。"欽此。欽遵，抄出送司，案呈到部。

看得總督陜西三邊軍務右都御史戴才題稱裴家川地方邊垣、墩堡工程就緒，各該文武官員效勞緣由，乞要將先任總督右都御史、今升南京兵部尚書王之誥，先任巡撫陜西、今升南京户部侍郎楊思忠，新任巡撫陜西兵部左侍郎張瀚特加錫典。陜西總兵官吕經、固原兵備副使王宫用重加叙賫[三]。副總兵劉濟，遊擊陶承嚳，原任參將孟寀、尹濂併加叙賫，尹濂酌量推用，孟寀仍行開伍。原任守備張應祥、經歷楊橘等三十四員，行總督軍門分别量加犒賞各一節。除孟寀犯該永遠軍罪，非立軍功，例不准贖開伍外。爲照靖虜裴家川一帶，北連中衛，南控蘭州，實係極邊衝險之地，垣墻、墩堡既經修築完備，扼虜保民，大有補於邊防，所據先後效勞各官均可嘉尚。既該總督都御史戴才甄叙前來，係干激勸，相應通行議擬。合候命下，將王之誥、戴才、楊思忠、張瀚重加賞賫，吕經、王宫用同加賞賫。劉濟、陶承嚳、尹濂、孟寀量加賞賚，尹濂仍附簿酌量推用。張應祥、楊橘等俱聽軍門分別犒賞。一面移咨都察院，轉行陝西巡按御史，將修築過工程、用過錢糧各數目覈勘明實，造册奏繳。

隆慶五年十二月初四日題，奉聖旨："是。王之誥、戴才各賞銀三十兩、紵絲二表裏，楊思忠、張瀚、吕經各二十兩、一表裏，王宫用并劉濟等各十兩。"欽此。

覆宣大總督尚書王崇古條上預防邊事隱憂疏

題：爲預陳邊事隱憂，懇乞聖明申諭邊臣早爲計處，以保萬全事，職方清吏司案呈，奉本部送，兵科抄出，欽差總督宣大山西等處地方軍務兼理糧餉、太子太保、兵部尚書兼都察院右副都御史王崇古題，奉聖旨："兵部知道。"欽此。欽遵，抄出送司，案呈到部。

看得總督宣大山西尚書王崇古具題前因，大率詳陳黄酋始末逆順之情、軍門處置操縱之法，具見壯猷。除"塞下虚耗"、"諸將推諉"二事辯析已明，無容别議外，所據"封疆弛守"、"屬夷疑叛"、"勇士散逸"、"市地增加"四漸合就開立前件，議擬上請定奪。

隆慶五年十二月十八日題，奉聖旨："依議行。"欽此。

封疆弛守之漸。大意謂諸虜部落甚衆，今既禁絶侵犯，中間窮虜竊擾豈能盡防。自本年八月以後，宣府西陽河等處黄台吉部下達賊札死墩軍及入邊搶馬、索降，節經勘明，原非侵犯，隨將誤事官以軍法責治，夷賊發黄台吉處重懲外。即今順義王俺酋等添差巡邊夷酋往來巡禁，要將各邊墩夜除行糧外，其哨糧各量減一半，收備犒賞。仍選差提墩監哨官于各夷兵住巡邊口各擇近墩住守，内外防範，晝夜巡哨。及將沿邊不堪邊墻、墩臺來春修築各一節。參詳所擬，甚得慎固封守之義。合無備行宣大、山西總督、撫鎮官，傳諭順義王俺答等，照依分定邊口，定派頭目率領散夷往來巡禁，但有猾賊求索騷擾，擒拿處治。其墩夜哨糧准令減半，收貯專備犒賞。仍嚴督提墩監哨官隨夷兵住巡邊口，内外防範，不許内逆奸詭，私相搆結，以啓釁端。少俟來春土融，將沿邊不堪墻壕、墩臺修浚加幫，務期高深，防守足恃，通候大臣至日查閲施行。

熟夷疑叛之漸。大率謂宣鎮熟夷史大、史二、車夷、伍鑾等住近黄、把二酋巢穴，時常偷伊牛馬，頻年將官糾合各夷收趕馬匹，殺獲首級，以致二酋抱恨，每思收搶。今各夷因二酋通貢，既失偷馬、斬級希賞之利，久恐該鎮無所用彼，或減撫賞，各懷疑懼。近又竊偷馬牛，二酋愈致憤恨，要行撲殺。各夷内戀撫賞，外畏仇殺，决不陰懷異志，但鼠竊之性累戒未悛，禁防之令須宜嚴慎，欲要撫賞之中特示勸懲之機各一節。參詳所擬，無非俯順夷情，以保貢市萬全之意。但黄、把二酋變詐弗常，有求無不曲聽，在我反爲褻恩，終非制馭之常；史、車二營款服已久，緩急不爲之處，在我似爲損威，殊非弘覆之義。合無備行總督王崇古，公同宣府撫鎮等官，如果黄、把二酋仍以仇殺史、車二營爲詞，即便曉以大義，大率謂："軍門即當嚴禁二營夷人，不許再來偷爾馬匹，掠爾人口。二營夷人如或不知省改，定行拏赴軍門，以軍法重治，仍將月犒查革。今爾要將二營夷人押送爾營處分，自無此理。渠若不從，或別有反側之迹，明白具奏，即不得已而至於用兵，其屈在彼，其直在我，以後貢亦可常，市亦可久。"其史、車二營部落，仍行彼處參將，務各收入險峻去處，多方護持，毋令爲虜魚肉。未盡事宜，仍聽閫外徑自施行。

勇士散逸之漸。大意謂三鎮諸將招蓄家丁數多，在宣大總兵官馬芳營通丁六百九十六名，趙岢營通丁一千二百四十一名，往年搗巢趕馬，得利自贍。今既絶外獲之資，又無内養之計，漸生愁怨，恐致散逸。但各丁多係降夷，不善耕種，又無餘丁有難撥給荒田，要將三鎮通丁分别一等、二等，月糧之外仍給肉菜銀并幼丁糧銀以資養贍。至於軍門兩掖、撫臣標下及奇、遊等營各路援兵一體施行。又要各總兵營養廉地租、草場草價，每年各分千金以養死士各一節。參詳所擬，計處俱當。合無備行宣大、山西總督、撫鎮官，轉行兵備各道，將一等真夷、二等通事月糧、肉菜并幼丁糧銀、馬匹草料如議查給養贍。其軍門兩掖、巡撫標下及奇、遊等營各路援兵各家丁查明，一體支給。應支糧銀，倉庫查給。肉菜、幼丁糧銀，聽各道備查節月各營逃亡、事故官軍臨倉扣除銀内支給，不足之數於各營無丁應扣之銀奏支，無容增加歲額。至於宣大二鎮總兵官，果能每年將養廉地租、草場草價各分千金養士，尤見潔己體國之忠，各該撫按官奏請奬賞以示激勸。

市地增加之漸。大意謂近該虜酋昆都力哈市完，仍乞就近獨石邊界，每月量以馬牛數隻匹易换布物充用。隨却虜使，原未許增開市場。但節據各酋懇告，虜衆分駐迤北各數百里，一歲數日之市焉能遍及？乞要比照開原三衛事例，每月准附近邊外續市一次，以免來歲大市擁擠市場一節。參詳原議，每歲止許互市一次，既市之後，如有分外乞討，一切拒絶。今若月月互市，未免内外奸人往來搆結，殊非嚴限華夷之義。合無備行宣大、山西總督、撫鎮官，仍照原議，除每年春月互市外，如有分外乞討，即便嚴加禁約。仍行順義王俺酋，傳諭各部落，不許往來近邊騷擾。如敢縱放零虜要求續市，許巡邊夷酋拿赴軍門，押送順義王帳下重處。其互市地方，三鎮各在原所，决不可輕易加增一處。

至於各該夷酋傳報邊情，投遞番文，但係公事，督撫官應該撫賞犒勞者，徑自隨便酌處，本部難以遥制。

請宣遼東等〔四〕一次捷音疏

題：爲仰仗天威，恭報禦虜大捷事，職方清吏司案呈，奉本部送，兵科抄出，總督薊遼保定等處軍務兼理糧餉、兵部右侍郎兼都察院右僉都御史劉應節，巡撫遼東地方兼贊理軍務、都察院右僉都御史張學顔，征虜前將軍、鎮守遼東地方總兵官、署都督僉事李成梁題，俱同前事，奉聖旨："兵部知道。"欽此。欽遵，通抄送司。

查得《大明會典》内一款："各處奏捷，鴻臚寺將差來人員引至御前宣讀捷音。"欽此。今照該鎮斬獲首級五百八十八顆，較諸一百一十顆之大捷已逾五倍，相應照例宣捷，等因，案呈到部

看得薊遼總督、撫鎮等官侍郎劉應節等恭報大捷一節，爲照九邊醜虜，在宣大、山西則有俺答諸部，在陜西三邊則有吉能諸部，在薊遼則有土蠻諸部，西馳東騖，屢肆凶殘。頃者西虜俺答率領把都兒、黄台吉、吉能等稽顙稱臣，輸心入貢，一歲之間，七鎮咸寧。獨東虜土蠻猖獗猶昔，建州諸夷與之聲勢相倚，時爲邊患。仰賴聖皇在上，天威震叠，神武布昭，加納輔臣之議，特頒敕諭，督責邊臣盡心防禦。一時大小文武諸臣仰承廟算，罔不委身奮志，共期滅虜而後朝食。乃今酋首汪住等敢于冬深冰凍之時糾衆入犯，聲勢甚盛。總兵官李成梁乃能督率將兵，效死血戰，始而夾剿前鋒，終而直擣巢穴，斬級近六百之多，計功逾五捷之外，且斬有酋首二人，奪有明甲二百餘副、夷馬六百餘匹，

其餘夷器更多，官軍損傷甚少，不惟近而土蠻見之寒心，亦且遠而俺答聞之落膽，誠無前之奇功、中興之偉烈也。除獲功員役另行論叙外，合候命下，移咨禮部，行欽天監擇日，鴻臚寺于早朝將差來人員引至御前宣讀捷音。

隆慶五年十二月二十日題，奉聖旨："是。"欽此。

覆陝西巡茶御史褚鈇條議茶馬事宜疏

題：爲條議茶馬事宜，懇乞聖明裁定，以期修復，以濟邊圉事，車駕清吏司案呈，奉本部送，兵科抄出，巡按陝西監察御史褚鈇題，奉聖旨："該部知道。"欽此。欽遵，抄出送司，案呈到部。

看得巡按陝西監察御史褚鈇條陳五事，均於茶馬有裨，合就開立前件，議擬上請定奪。

隆慶五年十二月二十三日題，奉聖旨："依議行。"欽此。

一曰議招中以圖實用。大率謂洮河西寧三茶司每年招番中馬，時有定期，馬有定額。邇來新設甘州茶司，暫委彼處防守等官，止取老弱充數，而地方官豪收買不堪馬匹頂番冒中，徒費官茶，無濟實用。乞要議將以後比照洮河西寧茶司事例，以六月開中，仍聽本官行令分巡西寧道，擇委廉幹官員依期管解，毋分兒、騍、扇馬，俱要齒歲相應，尺寸合度，膘壯堪騎，方許中納。大約以八百匹爲止，務限兩月以裏通完。仍禁官豪勢要，不許私相交易，頂番冒中。查得甘州茶馬，事在草創之初，委當嚴立科條，亟加整飭，合無悉如所擬，行令該道從實舉行。

二曰議商茶以革積弊。大率謂舊例招商中茶分爲上、中、下三引，官茶易馬，商茶給賣，每商各給附茶以爲酬勞。至於經過地方，責令掌印官查驗，佐貳官催運，稽察奸弊，情法至盡。邇來因循，府州縣正官不肯用心料理，率多轉委首領，往往受賄容情，將黑茶作附，黃茶作正，賣黑寄黃，輪年作弊，不立限期，任情准給，以致商無勸懲，茶法盡壞。乞要將以後招商引内注定年限，完納近者賞賚，遠者問罪。經過漢中地方，專責推官一員查驗。如有引外夾帶茶篦，即便斫截入官。或推官員缺，公委府佐代任，不得仍委首領，致滋弊端。各處巡捕官照依新定長單催儹商人，不得任意耽延，刻期完報。但推官多隨巡按御史理刑，恐不能常川在府，合無專責知府稽查，餘悉如擬施行。

三曰議種馬以蕃孳牧。大率謂甘州設立茶司，先年議將四川課茶徵解本色，招番易馬。後因川民苦累，改徵折色，解送甘肅巡撫衙門，買馬支用。後又改題解運苑馬寺，易買種馬。隨將西寧應解該寺茶馬兑給甘鎮，則各鎮止領原額馬數，惟甘鎮則新增馬數益多，似屬不均。又謂蘭州茶依期解運甘州，而四川課銀分文未解該寺。今苑馬寺種馬止有八千餘匹，其數甚少。乞要將前項原兑甘鎮馬二百八十五匹照舊徵解苑馬寺孳牧，其四川拖欠茶課銀兩徵解備賑，其餘贓罰等項銀兩查出湊買種馬，計處俱當。合無依其所擬，本部移咨甘肅巡撫衙門，查將原兑馬二百八十五匹自隆慶六年爲始照舊徵解，赴苑馬寺孳牧。仍咨四川巡撫衙門，行令所屬各該州縣，將隆慶五年以前拖欠茶課銀兩作速催解苑馬寺。其餘贓罰等項銀兩盡數查出，悉聽本官分發各該兵備道，照依原議價值收買種馬，發苑孳牧。

四曰議騍駒以免民累。大率謂苑馬寺騍駒，如遇飄沙虧欠，一駒先年止納銀三兩。近來牧軍因有此例，不肯搭配孳生，甚至倒死，止令納銀，牧軍驕横，孳生數少。乞要行令該寺，監苑寺[五]以後嚴督牧軍，務將馬匹搭配孳生，遇有生駒，逐一登記格眼册内，呈送本官查考。如有虧欠，止追馬駒，不得再行納銀。查係馬政舊例，相應依其所擬。

五曰議責成以便巡察。大率謂茶馬先年最爲重事，邇來各該官員視爲泛常，漫不經心，致使茶徒肆起，已經各官提獲問罪。本官但恐巡歷未周，或委所在官司嚴禁督責，未免賣放邀功。乞要以後産[六]馬經過去處，專責各該兵備道嚴行禁革茶徒，稽察奸弊，應領敕書俱添“兼理茶法”字樣。但增换敕書，事體重大，合無斟酌所擬，備行各該巡撫都御史，轉行陝西、關南、隴右守巡四道，洮岷、臨鞏、西寧三道，四川、川北守巡安綿三道各守巡、兵備官，以後俱要不妨原務兼理茶法，修職或不修職，悉聽巡茶御史一併舉刺。

覆薊遼總督侍郎劉應節等遼東大捷升賞疏

題：爲仰仗天威，恭報禦虜大捷事，職方清吏司案呈，奉本部送，兵科抄出，總督薊遼保定等處軍務兼理糧餉、兵部右侍郎兼都察院右僉都御史劉應節，巡撫遼東地方兼贊理軍務、都察院右僉都御史張學顔，征虜前將軍、鎮守遼東地方總兵官、署都督僉事李成梁題，俱同前事，奉聖旨：“兵部知道。”欽此。欽遵，通抄送司，案呈到部。

看得總督薊遼侍郎劉應節、巡撫遼東都御史張學顔、鎮守遼東總兵官李成梁各題稱，本年十一月内，達賊汪住等糾衆入邊，總兵官李成梁督率兵馬，馳至卓山迎敵，奮勇夾攻，直擣巢穴，斬獲首級五百八十八顆，内把兒大、甯公提賊首二顆，奪獲達馬六百餘匹、明甲二百餘副、各樣夷器甚多。及稱閣部大臣簡在聖心，宜加渥典。總兵官李成梁功當首論，遼陽副總兵趙完、清河守備曹簠功爲奇特，參遊等官郭承恩、朱良臣、馬文龍功即次之，遊擊張延賞、分巡僉事王之弼、管糧郎中王念、原任參將黑雲龍等，守備等官周之望等，俱應録叙各一節。爲照自遼東以至甘肅，九邊皆與虜爲鄰，我太祖驅逐于前，我成祖犂庭于後，雖天威震叠，如雷如霆，然二百年來猶不免侵軼之擾，甚至攻陷邊郡，流毒郊圻。樞莞之司時無停牘，封疆之吏日無暇晷，固未有如隆慶五年之極盛者。在西虜立成納款，周歷四時，絶無烟塵之擾，錢糧節省者不貲，生靈保全者無算，干羽之舞真再見于虞庭。在東虜坐見披靡，斬首六百，幾于巢穴之空，馘獲名王二人，奪獲甲馬千數，撻伐之威殊有光于《周雅》。我皇上神功聖德，出自天授，上揚二祖之烈，下垂萬世之憲，臣等淺昧，何所揄揚。所據一時效勞人員，理應甄録。在内則如大學士高拱、張居正，池上夔龍，機務運諸掌上；禁中頗牧，虜情如在目中。議貢市於西陲，或主于謀，或主于斷，竟成偃武之休；授方略于東裔，乃至于再，乃至于三，茂著平胡之績。向雖連章辭免，出自衷誠；今當懋賞式頒，實關彝典。公論久虚，軍功難掩，相應併叙以俟渥恩。在外則如總督右侍郎劉應節，威揚閫外，猷壯師中，雖當冰凍之時，屢勤振旅之備。激將士以同心，勝算能决於千里；致虜酋之落膽，豐功果著於三韓：法當首叙。巡撫右僉都御史張學顔，實心任事，鋭志籌邊。功收三捷，雖總兵效命之忠；謀出萬全，咸巡撫發縱之力。遼海生輝，閭山增氣，法當同叙。至於總兵官署都督僉事李成梁，名騰九塞，勇冠三軍，血戰全勝之略數十年來罕有其儷，不惟土蠻自消窺伺之心，抑且俺答益堅貢市之念，功本殊常，恩當破格。并其餘有功文武各官，既經彼處總督、撫鎮官甄别前來，相應通行議擬。合候命下，將高拱、張居正特加升賞，仍與世廕。劉應節、張學顔重加升賞。李成梁厚加升賞，仍超廕其子，以示優異。趙完、曹簠大升三級，郭承恩、朱良臣、馬文龍各重加升級。張延賞准其贖罪，仍加賞賚。王之弼量升俸級，王念、黑雲龍等重加賞賚，周之望等量加賞賚。其餘獲功、陣亡人員，移咨都察院，轉行巡按御史，作速覈實，造册奏繳。此外有無失事情弊，一併查勘回奏。但恩典出自朝廷。

隆慶五年十二月二十五日題，奉聖旨："是。該鎮禦虜大捷，奇功可嘉。劉應節升俸一級，賞銀四十兩、紵絲二表裏。李成梁升署都督同知，廕一子正千户世襲；張學顔升右副都御史，照舊巡撫：還各賞銀二十兩、紵絲二表裏。趙完、曹簠各升實職三級，郭承恩、朱良臣、馬文龍各升實職二級，張延賞准贖，仍與趙完等、郭承恩等各賞銀二十兩。王之弼升俸一級，并王念、黑雲龍等各賞銀二十兩。周之望等各十兩。本兵調度有功，楊博賞銀四十兩、紵絲二表裏，谷中虚等各二十兩，該司掌印官十五兩，其餘的各十兩。"欽此。

續奉敕諭："輔臣高拱、張居正運籌制虜，茂著忠勛，兹特加恩。拱加柱國，進兼中極殿大學士，給與應得誥命。居正加少師兼太子太師，餘官俱如舊。還各廕一子錦衣衛正千户世襲。如敕奉行。"欽此。

推錦衣衛指揮傅霖等管衛事疏

題：爲公務事，武選清吏司案呈，奉本部送，兵科抄出，太保兼太子太傅、錦衣衛親軍指揮使司掌衛事、後軍都督府左都督朱希孝等題，奉聖旨："兵部知道。"欽此。欽遵，抄出送司，案呈到部。

看得太保兼太子太傅、錦衣衛掌衛事、左都督朱希孝等具題前因，大率謂本衛堂上官例該十員，見在官少，衛務繁多，欲要於南北兩司世廕并武科官内相兼推舉堪任者二員，前來一同辦事一節。爲照南北二司見任官内，止有録廕，全無世襲。其録廕一項，節年雖有上堂僉書、管事，俱係特恩，原無本部推舉事例。既經該衛題奉欽依，謹將見任指揮傅霖等逐項分别通行開坐。伏望皇上俯垂省覽，於相應官内特賜簡用，臣等職司邦政，不敢不據實議請，恭候聖裁。

隆慶五年十二月二十七日題，奉聖旨："傅霖、馮佑著本衛堂上僉書管事。"欽此。

奉旨再議山東民兵改徵銀兩以贍南兵疏

題：爲遵明旨，攄愚見，條陳薊鎮事宜，以少裨邊方大計事，職方清吏司案呈，奉本部送，先該本部題，該巡撫山東等處地方兼督理營田、都察院右僉都御史梁夢龍題，奉聖旨："兵部知道。"欽此。欽遵，抄出送司，案呈到部。

看得巡撫山東都御史梁夢龍題稱，查議得薊鎮選募南兵，欲罷山東民兵三千，徵取銀兩以充工食，爲該鎮計甚便。但山東兵馬只此一營，皆係驍勇健鬥，一旦罷散，萬一近塞有警，將何所恃？且既散之後，農則不堪，商則無本，流落爲盜，種種可憂。欲將民兵將〔七〕照舊存留赴邊，南兵工食另議均派各一節。爲照薊鎮議罷山東民兵，原爲徵取工食以抵南兵之費，節經本部覆奉欽依，行令山東巡撫計議去後。今據巡撫梁夢龍公同各該司道等官詳論，該省民兵决不可罷，思深慮遠，無非保安地方至計，相應依擬。合候命下，移咨山東新任巡撫傅希摯，將該營民兵照舊存留赴邊。一面仍咨薊遼總督劉應節，將南兵工食從長計處，另行具奏，等因。奉聖旨："著再議停當來説。"欽此。欽遵，抄捧送司，案呈到部。

看得巡撫山東都御史梁夢龍題稱，欲將民兵照舊存留赴邊，南兵工食另議均派一節，大率參酌各道之言，爲東人計，無不曲盡。但前項民兵起自庚戌虜變之後，專爲防禦薊鎮，非爲山東。蓋山東六府併沿海一帶額設衛所棋布星羅，祖宗兵防之制至爲詳密。若謂彈壓内寇，不知庚戌以前未有民兵之時，地方有警何以爲計。若使民兵果稱精健，薊鎮總督如手足之捍頭目，求之尚不可得，豈肯輕爲議罷。及查沂州道原議明開，本鎮身親疆埸之寄，既以爲可罷，奚有不宜？臨清道亦稱當事者既議折銀，事爲至便，則是諸道之中所見已自不同，固非盡如巡撫之説。係干兵食大計，遵奉明旨，相應再行勘處。合候命下，備行新任巡撫傅希摯，即便公同司道從長酌議，要見前兵是否懦弱，應否全罷，或分别强弱，量爲存留。文書到日，限二十日以裏作速具奏，不得含糊延緩，致誤春防。

隆慶六年正月初六日題，奉聖旨："是。"欽此。

覆尚寶司卿劉奮庸等申明上直親領金牌疏

題：爲申明舊例，以重侍衛事，車駕清吏司案呈，奉本部送，兵科抄出，尚寶司卿劉奮庸等、管領大漢將軍駙馬都尉許從誠題，俱奉聖旨："兵部知道。"欽此。抄出送司，案呈到部。

看得尚寶司卿劉奮庸等題稱，侯伯、駙馬關領金牌，要行每日赴司畫字。又該駙馬都尉許從誠題稱，《會典》内並無逐日繳牌畫字之例各一節。爲照該司與駙馬許從誠交相辯析，專爲赴司畫字一事，緣衙門規制備載《會典》，就所言而折其中，大率當以《會典》爲主。《會典》明開駙馬上直，須關金牌，交承之時，自當赴司親領，向來不行親領，委係訛以傳訛。若欲令其每日畫字，《會典》既未開載，事體亦自難通。至於各該輪直官員與駙馬常川上直者不同，著在令甲，相應申飭遵守。合候命下，備行該司，以後應該輪直官員俱要於簿内明白附寫花名，畫字給領符牌。如遇下直，交割明白勾銷，不許私相交遞，違者聽該司參究。其駙馬止是交承之時關領金牌、交割金牌各赴司畫字一次，餘日只照舊例，不得再行奏擾。

隆慶六年正月十七日題，奉聖旨："是。"欽此。

覆福建巡按御史杜化中
劾參將等官王如龍等提問疏

題：爲被劾貪穢將領鑽刺部院大臣及司府勘問等官，致圖脱網，懇乞聖明嚴行並究，以正法紀，以昭公論事，職方清吏司案呈，奉本部送，吏科抄出，巡按福建監察御史杜化中題，奉聖旨："吏、兵二部知道。"欽此。欽遵，抄出送司，案呈到部。

看得巡按福建監察御史杜化中具題前因，除事干文職者吏部徑自議覆外，其稱原任福建南路參將王如龍、遊擊將軍金科、都司僉書朱珏貪淫殘酷，違法多端。金科、朱珏且用財鑽刺，致圖脱網。欲要將金科、朱珏、王如龍遞回福建，容臣嚴究如律。及稱薊鎮總兵官戚繼光納汙含垢，不恤公議，臨財苟得，徒盈私囊，亦要嚴加戒諭各一節。爲照金科、朱珏始而犯贓被參，終而用賄求免，禽心獸行，鬼術神奸，言之誠可痛恨。但查原參事理大率二端，其一用財鑽刺，事在此中，巡按得之耳聞；其一用財脱網，事在彼中，巡按得之目擊。必須各另究處，方得盡法。見今二犯與王如龍挑選南兵，計期俱已在途，即使有官更代，地方隔遠，倉卒無及。合無備行總督薊遼侍郎劉應節，馬上選差的當員役，催促南兵作速赴鎮，就將金科、朱珏、王如龍用心羈絆，到鎮之日一面委官接管，一面拿解赴京，聽本部轉送刑部，多方鞫審。要見戚繼光過付之贓何人賫送，何處接受，入己之贓何人賫送，何處接受，或有或無，逐一追究明白。刑曹天下之平，既不肯枉，自不能縱，從實具奏，恭候聖裁。此事既完，仍以二犯并王如龍通送都察院，轉發巡按御史杜化中處，提吊應審人卷，嚴加覆問，毋拘成案，務得初情，各另具本回奏，以正法典。及照戚繼光身膺重寄，時值春防，巡按所論如果有據，法不止於罷黜，仍當明正其罪。但今是非未定，即加戒諭，似不足以服其心。聽候勘明之日，另行具奏定奪。

隆慶六年正月二十四日題，奉聖旨："是。"欽此。

覆都給事中章甫端等申飭春防疏

題：爲因時審勢，申飭春防大計，以保萬全治安事，職方清吏司案呈，奉本部送，兵科抄出，兵科都給事中章甫端題，奉聖旨："兵部知道。"欽此。欽遵，抄出送司，案呈到部。

看得兵科都給事中章甫端等題稱，春融冰釋，塞上之草漸青，互市之期又迫。黄、把二酋尋殺史、車，索市便門，似有挑釁之端；銀錠諸夷叩關求索，經内搶番，每有狂逞之態；土蠻諸部環聚羅伺，恐爲報復之舉。今歲春防，尤宜加慎。乞行各邊總督，嚴督各該鎮巡等官，審勢相機，從實幹濟各一節。爲照今歲春防，在西虜則隱憂伏禍，當嚴先事之圖；在東虜則切齒憤心，當懷常勝之懼。比之往歲，委有不同。該科執簡籌畫，九邊虜情如在目中。以臣等愚見，各邊春防固爲喫緊，薊鎮春防尤爲喫緊。蓋土蠻全部自秋徂冬時切窺伺，迹雖多在於遼，意實全在於薊。仰仗天威震叠，人懷敵愾，溪壑之欲竟未一逞，然其心何嘗一日忘薊鎮哉！即目春草漸長，河冰大解，況閏有二月一月，入夏更遠，相應亟行申飭。合候命下，本部馬上差人齎文交與總督薊遼保定劉應節、宣大山西王崇古、陝西三邊戴才，嚴行各該鎮巡、副參、遊守等官，查照該科所陳并先年刊布防邊議條及節次題行春防事理，務要從實舉行。事修守者不可專恃修守，尤必遠偵明燧，除器練兵，以防暮夜之戎；事羈縻者不可專恃羈縻，尤必潛修内治，預圖戰守，以待不測之變。果能迎敵血戰，大挫賊鋒，或堵截境外，不使深入，朝廷自有重大升賞。如或因循誤事，致有疏虞，聽臣等與該科從重參究。薊鎮總督雖將見任兵馬分布十路，单弱之甚，速宜差官催促南兵，督同鎮巡官戚繼光、楊兆安置各臺，以備戰守，用保萬全。

隆慶六年正月二十四日題，奉聖旨：“是。”欽此。

覆總督漕運都御史王宗沐裁革漕運參將疏

題：爲换置文武職官，以裨漕運事，職方清吏司案呈，奉本部送，吏科抄出，總督漕運兼提督軍務、巡撫鳳陽等處地方、都察院右副都御史王宗沐題，奉聖旨：“該部知道。”欽此。欽遵，抄出送司，案呈到部。

看得總督漕運都御史王宗沐題稱，漕運原設總兵，巡撫已足，又有參將督儹，近日催儹之法已密，本官只是出駐瓜儀，是爲冗員，乞要裁革一節。爲照國家歲漕四百萬石以供京師，誠爲重務，以故淮安地方既設總兵官鎮守，又設參將協同，事雖專干漕運，職實兼乎兵戎，萬一總兵升遷、事故，參將自可兼理，不致妨廢，祖宗建置之意可謂深且遠矣。即如嘉靖三十五年，江北一有倭警，總督陳儒即欲添設防護糧運，于時本部覆奉欽依，遂以其責付之參將，足爲明驗。乃今都御史王宗沐具題前因，欲要添設參政，革罷參將，無非以去歲漕運廢弛，改弦易轍之意。緣參政既設，參將自當暫罷，相應擬議。合候命下，將漕運參將如擬裁革，見任參將黄應甲本部另行改用，以後漕政修舉，參將如果仍當復設，悉聽鳳陽都御史會同彼處巡按御史徑自具奏。

隆慶六年正月三十日題，奉聖旨："是。"欽此。

覆宣大巡按御史劉良弼議燒荒優家丁疏

題：爲申明權時事宜，預塞因襲弊源事，職方清吏司案呈，奉本部送，兵科抄出，巡按直隸監察御史劉良弼題，奉聖旨："兵部知道。"欽此。欽遵，抄出送司。

卷查隆慶五年三月内，該總督宣大山西右都御史王崇古題，該本部等衙門會議得，除行宣大併陝西三邊暫止擣巢、趕馬，其燒荒係節年奉敕舉行，似當仍舊。又查得本年八月内，該巡撫大同右僉都御史劉應箕題一款"恤家丁以備戰陣"，該户科覆議，將一等真夷除正糧外每月准給米五斗，另給銀三錢；次等通丁每月止准給米五斗。巡按直隸監察御史劉良弼題一款"勇士散逸之漸”，該總督宣大山西尚書王崇古議擬，本部題覆，備行宣大、山西總督、撫鎮等官，將一等真夷、二等通事月給肉菜并幼丁糧銀以資養贍，其軍門兩掖、巡撫標下及奇、遊等營各路援兵各家丁查明一體支給。俱經題奉欽依外，今該前因，通查案呈到部。

看得巡按直隸監察御史劉良弼具題前因，大約二事：其一謂燒荒一節，前歲間一停之，昨歲亦未曾著實舉行，但恐年復一年，各將官退托廢墜；其二謂家丁素恃搗巢、趕馬以爲活計，近因禁止，故與加增月糧，但恐虜已敗盟，各丁仍藉口增加，乞要預爲申明各一節。爲照燒荒乃祖宗舊制，防邊禦虜，寔不可易之經；加糧乃優恤特恩，收涣合離，實不容已之權。一則恐漸致廢弛，美意良法，終難振舉；一則恐遂成規〔八〕，勢殊時易，卒難減革。所據巡按御史劉良弼具題前因，杜漸防微，均爲有□〔九〕，相應通行依擬。合候命下，移咨宣大總督王崇古，嚴督宣大、山西鎮巡官，查照先今議題奉有敕諭事理，行令副參、遊守等官，各將境外荒草務要焚燒盡絶，具由回奏。其家丁所增月糧，明白曉諭，以謂：“目下虜酋款塞，朝廷念爾等不得搗巢、趕馬，過活艱辛，額外爲爾等區處，非是一定之例，以後別有虜情，自當照舊，不許因而藉口。”

隆慶六年正月三十日題，奉聖旨：“是。”欽此。

覆給事中宗弘暹請命〔一〇〕本部管理柴炭銀兩疏

題：爲議處繁役以蘇民困事，車駕清吏司案呈，奉本部送，工科抄出，兵科給事中宗弘暹題，奉聖旨：“兵部知道。”欽此。抄出送司，案呈到部。

看得兵科給事中宗弘暹所議柴炭銀兩，欲要悉倣工部事例，各衛之銀悉解武庫司收貯，而商人之出納以兵部司屬官掌之，或以武庫前司主事兼理，每遇年終，會同巡視科道類查。其運入也，官給批文，上納完日，即赴部照數支領，隨到隨給，毋致稽留，仍嚴禁内外各役，洗革宿弊一節。爲照前項柴炭商人，軍三民七，召商辦納。隸工部者，人心樂從，一呼而集；隸後府者，人皆畏避，百計求免。即如近日五城編審之時，或落髮爲僧，或甘心求斃，哀號之聲，耳不忍聞。蓋因各項棍徒嚇詐需索，無所不至，一入其網，立致破家，其所由來非一朝一夕之故矣。英國公張溶新掌府事，雖嘗督率司屬力革常例，然治病者不在治標，當治其本；治水者不在治流，當治其源。所據給事中宗弘暹欲照工部事例，行令本部司屬專任其事，誠爲正本清源之論，相應亟行議擬。合候命下，本部專委武庫司掌印郎中，自今爲始，將柴炭商人事宜應徵解者設法如期徵解，應上納者督令及時上納。各衛所解送柴炭銀兩到部，即與查收。商人上納柴炭，取有惜薪司實收，即與給價。每遇年終，將放收過數目備造青册，會同巡視科道類查一次。臣等堂官仍總領大綱，禁革奸蠹。内外官吏人等如敢仍前作弊，聽本部并巡視科道指名參治。其在外衛所銀兩如果拖欠，本部查照原奉欽依事理，移咨順天、保定巡撫都御史，作速催解，不許遲緩。

隆慶六年正月三十日題，奉聖旨："是。"欽此。

覆都給事中梁問孟等請命廣東守臣剿倭疏

題：爲海倭巨寇攻破二縣，查參失事官員以懲頑玩，併乞敕督撫諸臣速議追剿以靖地方事，職方清吏司案呈，奉本部送，兵科抄出，兵科都給事中梁問孟等題，奉聖旨：“兵部知道。”欽此。欽遵，抄出送司。

查得近該巡按廣東監察御史楊一桂題，該本部覆議得，瓊州一府，即古朱崖之地，限隔海南，去天獨遠，賊之巢穴乃盤據其中，我之州縣反環列于外。平時苦于生熟二黎之擾，已自難支，近又加以倭寇之變，無城縣分如樂會、文昌，未免先罹其害。保障既難，應援不便，海際蒼生真在水火之中，相應亟爲計處。合候命下，本部馬上差人移文提督兩廣侍郎殷正茂，嚴行總兵官張元勛，分發將領，統領官兵，與遊擊晏秋元會合一處，戮力剿逐，務要刻期平蕩，以靖地方。不許藉口海洋艱阻，逗遛觀望，坐失事機。其會同、感恩二縣亦無城垣，該府知府照依原議多方固守，若能保全一縣，即爲一縣之功。其失事人員，事完之日通聽巡按御史查理明白，從實參奏，有能立功自贖者，即與開免。至于善後之策，如修城設險等項，提督官亦要一併詳議具奏，等因。題奉欽依，已經通行欽遵去後。今該前因，查呈到部。

看得兵科都給事中梁問孟等題稱，瓊州地方海倭、山賊勾引爲患，攻破樂會、文昌二縣，遊擊晏秋元坐視不救，假以持重爲詞，以致二縣攻破。見今會同、感恩二縣岌岌可虞，并查參誤事官員、議處善後事宜各一節。爲照瓊州地方，既經攻破樂會、文昌二縣，不止遊擊晏秋元有罪，兵備、守巡、府縣等官均難辭責。內兵備副使楊世華推升已久，尚未抵任，顯有規避之情，近雖調補江西，仍當究治。但今賊勢方熾，正在用人之際，所據該科參論前因，相應通行議擬。合候命下，將晏秋元并參議周鳴塤、僉事許孚遠、知府王可大俱先行住俸，令其戴罪殺賊。本部一面移咨提督兩廣侍郎殷正茂，查照先今事理，嚴行總兵官張元勛，督令遊擊晏秋元，先將前賊上緊剿逐。如果電白有事，勢難旋師，即便量調附近官兵，選擇謀勇將官統領，星馳策應，務要刻期剿平，以除剥膚之患。至於會同、感恩二縣應該作何保全，樂會、文昌二縣應該作何克復，瓊崖、萬儋等府州縣應該作何固守，地方失事官員要見某尚堪留，某當更置，某事可救目前，某事可圖善後，併查副使楊世華緣何久不赴任，有無違限，是否規避，先行參奏。其有功有罪人員，事完之日通聽巡按御史備查明白，分别具奏定奪。

隆慶六年正月三十日題，奉聖旨："是。"欽此。

覆巡撫宣府都御史吴兑等計處安插史車二營屬夷疏

題：爲計處屬夷，以防變詐，以固疆圉事，職方清吏司案呈，奉本部送，兵科抄出，巡撫宣府等處地方、贊理軍務、都察院右僉都御史吴兑題，又該巡按直隸監察御史劉良弼題，爲慎測虜情以嚴戒備事，俱奉聖旨："兵部知道。"欽此。通抄送司，案呈到部。

看得巡撫宣府都御史吴兑題稱，黄台吉下比妓誘哄車夷帳房三十餘頂往東密雲邊外去訖，隨差通夜前往黄台吉帳房責問，回稱番文，容自往東邊夷婦帳房内審查，乞要將見留史、車諸夷于近邊閑曠處所另築小堡二三座安插，永樹藩籬。又該巡按御史劉良弼題稱，近傳報黄台吉妻統領精兵數千餘騎，將屬夷車營恰兒台吉二千夷人帳房數十餘頂盡行搶去。及稱車夷與史夷自相依附，爲我外藩，車夷既去，史夷勢孤，史夷再去，則北路藩籬盡撤。乞要行令邊臣熟加體察，慎度虜情，嚴爲隄備各一節。爲照宣府北路邊外寄住史、車二營，均係朵顔族類，史營依山林爲巢穴，服從最久，至於車營，效順僅有數年，要之皆於我邊無關重輕。及查車營受賞册内，總數不過一千六百有奇，革固等小酋雖稱東移，五欒等大酋部落尚在，所據搶虜車營二千之説，似爲一時傳報之過，況黄台吉執稱向不知情，必須就彼查究明白，既不宜張皇以驕彼虜之心，亦不宜疏略以中彼虜之計。巡撫都御史吴兑欲要築堡二三座安插，巡按御史劉良弼欲要慎察虜情，嚴爲隄備，無非預飭邊防以圖萬全之意，相應通行議擬。合候命下，備行總督尚書王崇古，公同巡撫都御史吴兑、總兵官趙岢，差人於俺答、老把都、黄台吉處嚴加追問，要見革固等緣何東徙，責令黄台吉及早遣還。如果占吝不發，一面將見在車夷家口革除撫賞，以示後戒；一面將善後事宜，如築堡安插等項從長酌議，務中機宜。事在閫外，邊臣自能同心計處，本部難以遥制。

隆慶六年二月初一日題，奉聖旨："是。"欽此。

校勘記

〔一〕"七"，據文意似有誤，或當作"十"。

〔二〕"報"，底本卷首原目録作"叙"。

〔三〕"賫"，疑當作"賚"。

〔四〕"等"，疑當作"第"。本書卷之二十四有《請宣遼東第二次捷音疏》。

〔五〕"寺"，據文意或當作"官"。明鈔本明張惟賢《明光宗實録》卷三："兵部行文該寺，監苑官不許聽信奸猾報丁滋累，群外死馬虧欠。"

〔六〕"荏"，疑當作"茶"。

〔七〕"將"，據文意似衍。

〔八〕"規"後，據十二卷本當有一"矩"字。

〔九〕□，底本漶漫不清，據十二卷本當作"見"。

〔一〇〕"命"，底本卷首原目録作"令"，十二卷本亦作"命"。

楊襄毅公本兵疏議卷二十四

覆陝西總督都御史戴才請改勘牧地疏

少傅兼太子太傅、吏部尚書、管理兵部事臣楊博等謹題：爲改勘牧地，期至公，杜後議，以圖永利事，車駕清吏司案呈，奉本部送，兵科抄出，總督陝西三邊軍務、都察院右都御史兼兵部右侍郎戴才題，奉聖旨："兵部知道。"欽此。欽遵，抄出送司。

卷查隆慶四年五月内，該總督陝西三邊軍務右都御史王崇古題，國初設立陝西苑馬寺孳牧，專備三邊戰馬俵用。當時軍民稀疏，邊地空闊，故建立二十四苑，地連延慶等府。後因設立州縣、衛所，軍民生齒日繁，民屯互列，疆域既分，苑圉漸革，止存兩監、六苑。弘治十七年，□前任總督楊一清清查苑牧，添設武安苑，清查六苑荒、熟草場地一十二萬八千四百七十三頃有餘，中間欽賜王府、功臣草場及軍民有糧地土明有徵據者悉仍其舊。正德十年，巡茶御史王汝舟額外誤收牧地二萬餘頃，節被軍民告争，巡茶、巡按各御史互相執奏。嘉靖三十七年，巡茶御史梁汝魁誤聽苑寺各官之偏議，受奸豪牧軍之指告，不分軍民、王府，但有指告盡收牧册，執議奏請，軍衛有司莫敢違阻，軍民横罹刑責，多逼失業喪生，原立牧馬草場則被豪强開墾殆盡，其占種軍民田地、王府山場又十倍往昔，若非大加清理，何以肅牧政以定衆志？但各牧軍生齒日繁，原給地土或不能養贍，必須以餘地量爲加增，其成熟川坡上地量議起科以備買馬。又該巡按陝西監察御史楊相題，七苑牧地，國初舊制載在碑册，具有成數。弘治年間，又該總督馬政都御史楊一清丈勘查理，額籍甚明。後緣軍民雜處，侵奪混占，相習成風。近雖委官丈勘，事多草率，以致紛紛告擾，迄無寧日。本部覆奉欽依，咨行陝西督撫及巡按、巡茶各御史，會委守巡、參政、苑馬寺卿等官，虛心詳細，親躬臨境，務求各地頃數分明，使彼此屯牧軍民永服無詞。又查得隆慶五年五月内，該總督陝西三邊軍務右都御史王之誥題稱，陝西苑馬寺牧地先年止有熟地一萬六千頃，養馬一萬二千匹。邇來牧卒占種官民田地及開墾荒熟已近八萬，所養兒、騍馬七千匹，且歲俵疲馬，脱避糧差。欲照遼東苑馬寺例，將熟地兼配荒地，除三萬頃養馬一萬匹，餘地五萬項分别徵糧折銀，收解固原以充軍餉，抵減年例。本部覆奉欽依，將苑馬寺覆丈出牧地通融計算，除養馬一萬匹外，所餘熟地五萬頃分别川、山、坡三等則例，如議徵糧折銀，共銀四萬五千兩，收解固原兵備道充作軍餉，抵減年例。又該巡按陝西監察御史褚鈇題稱，苑馬寺牧地雖多，堪種甚少，舊額銀兩尚且辦納不前，往往棄馬逃移。今一旦增銀四萬餘兩，數目愈多，供辦愈難，負累不堪，則軍逃地荒，馬匹無人牧養，乞要再行從長議處，或行撫按會勘。又該褚鈇題参原任参將，今閑住施霖、孟宷，假借王府、軍門聲勢，丈量牧地受賄，朦朧妄斷，暗揭開陳，致逼牧軍逃竄，群情紛然，乞要將施霖等通行巡按御史提問追贓，照例發遣。及將原題勘處加賦前疏行督撫、巡按衙門，嚴催寺道等官，各要虛心，無拘成案，務使軍民、牧卒俱各相安，并加賦一節亦要從公議處，俱限三月以裏丈勘完報。俱經本部覆奉欽依，通行欽遵去後。今該前因，通查案呈到部。

看得總督陝西三邊軍務都御史戴才題稱，清勘前項牧地，督憲條議既涉嫌疑，事體自難歸結，必須另行改勘。乞要將前項牧地改行陝西撫按，選委廉幹有司速爲丈勘，或特命查盤御史蕭廩會同陝西巡按御史從公勘理，并將施霖等贓私勘問明實各一節。爲照前項牧地，在先後總督則欲清查侵占以便軍民之情，在先後巡茶則欲分豁增銀以便牧軍之情，意各有在，論自難同。總督先委官員既經巡茶參劾，見委官員未免互相觀望，必須改行隔別衙門，事體方無窒礙。合候命下，本部移咨都察院，轉行查盤御史蕭廩，會同陝西巡按御史，即將陝西苑馬寺牧地并接連軍民田土吊查册籍，速委陝西布、按二司官各一員，公同廉幹有司官員，逐一從公丈勘明白，務見歸一，新增銀兩應否量減，具實回奏。仍將參將施霖等贓私一併究問，依律問擬。如有虧枉，亦要從公辯理，不得拘於成案。

隆慶六年二月初一日題，奉聖旨："是。"欽此。

覆兩廣提督侍郎殷正茂報廣東倭寇陷城疏

題：爲飛報倭賊分夥突犯地方，攻陷邊邑城池事，職方清吏司案呈，奉本部送，兵科抄出，提督兩廣軍務兼理糧餉兼巡撫廣東地方、兵部右侍郎兼都察院右僉都御史殷正茂題，奉聖旨："兵部知道。"欽此。欽遵，抄出送司。

查得先該提督兩廣侍郎殷正茂揭稱倭賊攻陷神電衛及化州錦囊等處失事緣由，該本部議得，廣東地方外有海寇，内有山寇、浪寇，縱横擾攘，一方士民如在鼎沸之中，以故吏部大臣博選良吏，加意綏輯。乃今重以倭寇之變，山寇黄朝泰等見又與之結連，事勢危急，誠可深慮。幸而提督殷正茂先已接管行事，安攘之計自有壯猷，相應亟行申飭。合候命下，移咨殷正茂，嚴督總兵官張元勛，都、布、按三司守巡、兵備、府州縣掌印官，速發大兵，剋期剿滅。城池已完者多方救恤，善後事宜應該作何處置，及早具奏；城池未完者多方守禦，應變機宜應該作何注措，徑自施行。不拘官軍、土民，有能殺敗倭衆、斬獲倭級者，就於軍前賞銀三十兩，仍議升級。其海寇、山寇、浪寇有能立功自贖者，准免本罪，仍與官軍一體升賞。軍衛有司官有能保全一城者，指名具奏，不次升用。其地方失事人員，移咨都察院，轉行彼處巡按御史，通候賊平之日一併勘明，分别參奏。已經題奉欽依外，今該前因，案呈到部。

看得提督兩廣侍郎殷正茂題稱隆慶五年十一等月倭寇陸續乘船突犯海豐等處，攻陷神電衛縣城池，各該防守官兵失事緣由，除調度官兵務將各夥倭賊取次蕩平外，及自稱莅任之初遽報城池之失，慮始無能，有終何望，待罪候命，不敢推諉各一節。爲照提督侍郎殷正茂，西功甫成，東撫方兼，卒有神電之變，原非人力所及。引罪自責，雖督臣職分之常；原情定議，寔聖皇激勸之典。伏望天語叮嚀殷正茂，益舒忠猷，力消氛祲。兵船應計處者極力經營，務成有事之備；丁糧應追徵者多方振刷，毋懷疑畏之心。賊平之日果有勞績，自當優叙。其餘各官，移咨都察院，轉行彼處巡按御史，從公體勘，要見何官失於調度，何官失於防守，何官失於應援，殺虜軍民若干，燒毁房屋若干，衛縣印信、銅牌有無見在，倉庫、獄囚有無損失，及各處斬獲功級是否真正，逐一查覈明實，并應參應問人員一併造册，具奏定奪。

隆慶六年二月初九日題，奉聖旨："是。廣東舊賊未平，新倭復熾，至陷城池，都因該地方官一向怠廢玩愒、守禦無策所致，罪不可宥，通候事寧查究。殷正茂素有才略，兹初任事，著用心督率將領、司道等官，上緊併力驅剿，務期盡絶。其地方一應事宜，都著他破格著實整理，敢有强梗阻撓不奉行的，奏來重治。"欽此。

覆廣東巡按御史趙焞請命督臣亟剿倭寇疏

題：爲大夥倭寇攻陷城池，乞敕當事臣工速行撲滅，以永奠海邦事，職方清吏司案呈，奉本部送，兵科抄出，巡按廣東監察御史趙焞題，奉聖旨："兵部知道。"欽此。欽遵，抄出送司，案呈到部。

看得巡按廣東監察御史趙焞題稱，該省地方多盗，連破縣所城池，除督行該道相機截剿，及一應失事人員另行查究外，乞要行督撫官，審勢用兵，相地設備；選用將領，禁止請托；計處兵餉，上下虚心；及久任責成各一節。爲照廣東地方無日無警，無地無賊，城池之已陷者盡成丘墟，城池之未陷者勢如累卵，誠爲危急，良可矜憫。仰賴聖皇在上，明見萬里，一應事宜悉許督臣破格整理，强梗阻撓者奏來重治。睿算神謀，既已得其領要；水妖山孽，自當立見廓清。但廣東所當破格者，第一在於錢糧。海岸沙灘田地，富豪占種，得利不貲，苟一查覈，哄然以爲生事。又大户自十碩以至百碩者拖欠不止十萬有奇，苟一查催，哄然以爲激變。蔽錮已深，難以救藥。合候命下，備行侍郎殷正茂，務要開誠布公，立綱正紀，一切選將、用兵、理餉等項，先之以定見，守之以定力，不止嚴禁請托，痛革姑息，應易置者易置，應覈催者覈催，任怨任勞，利害毁譽不宜在念。果有强梗阻撓者，徑自拿問，或指名參奏。務要早平海徼，以慰九重宵旰之懷。本部一面移咨都察院，轉行彼處巡按御史，即將前項有功、失事人員逐一查勘明實，通候事寧之日一併具奏。

隆慶六年二月二十三日題，奉聖旨："是。"欽此。

覆議薊鎮減留山東民兵陝西遊兵疏

題：爲遵明旨，攄愚見，條陳薊鎮事宜，以少裨邊方大計事，職方清吏司案呈，奉本部送，兵科抄出，巡撫山東等處地方兼督理營田、都察院右僉都御史傅希摯題，奉聖旨："兵部知道。"欽此。欽遵。又准總督薊遼保定等處軍務兼理糧餉、兵部右侍郎劉應節咨，爲懇乞天恩，俯容入衛兵馬番休以蘇疲鎮事，等因，案呈到部。

看得巡撫山東都御史傅希摯題稱，議得本省入衛民兵不敢議罷，無已則將三千名内量汰馬、步各五百名，每名扣取工食銀二十四兩，共計二萬四千兩，解赴薊鎮，歲以爲例。其餘馬兵五百名、步兵一千五百名仍舊存留入衛。揀退者分撥各道，充補原額民壯團操，每名應給工食一十二兩，就於揀退馬兵多餘之數并存留馬、步扣減等項銀一萬三千兩内支給。倘薊鎮日後有警，再來調取民兵，前項扣解餉銀仍歸本省。及該總督薊遼侍郎劉應節咨稱，山東巡撫衙門議將本省入衛民兵三千止減一千，原議南兵工食尚欠銀四萬八千兩，欲將固原入衛兵馬暫令回鎮休息，通融計算，節省行糧、料草約該四萬一千四百兩，移給南兵工食，尚欠六千六百餘兩，要行户部，于去年節省銀内補給。其固原兵馬所遺原分信地，就將山東未罷民兵頂補防守。若他年南兵回籍，固原兵馬照舊更番入衛各一節。在山東巡撫則所重在兵，在薊鎮總督則所重在食，要之各爲地方斟量調停，均非得已。即目正在防春，審時度勢，不容延緩，相應亟行議擬。合候命下，本部一面移咨山東巡撫傅希摯，將該省民兵三千名，馬、步各揀汰五百名，每歲徵取工食銀二萬四千兩，解赴薊鎮，以充南兵工食。餘兵仍令回衛，揀退各兵准充原額民壯團操，處給工食，扣減馬、步銀兩等項，悉如所擬施行。一面移咨薊遼總督劉應節，將固原入衛兵馬暫令回鎮休息，所遺原分信地就以山東未罷民兵分布防守。其固原官軍原派行糧、料草准給南兵工食應用，不敷之數僅有六千六百餘兩，聽户部於薊鎮去年節省銀内酌量處補。其固原兵馬，彼處督撫官務要如法操練，日後南兵撤回，照舊更番入衛。

隆慶六年閏二月十六日題，奉聖旨："是。"欽此。

請借南京兵部馬價銀兩以濟廣東軍餉疏

題：爲廣東倭寇十分猖獗，懇乞聖明處發兵餉，以濟危急事，職方清吏司案呈。近該提督兩廣兵部右侍郎殷正茂題稱，廣東事體勢若沸湯，廢弛因循，大壞極敝，蓋有極力以挽而不回者。及到蒼梧，人言尤劇，莫不謂錢糧缺乏，以致陸路無兵，水寨無兵又無船，即將領供應，百無一備，已行司道搜羅會計，等因。

查得嘉靖四十二年，該巡撫福建都御史游震得題，該本部議，將南京庫貯馬價銀動支十萬兩，解游震得處交割應用，容本部於太僕寺馬價内動支補還。覆奉世宗皇帝聖旨："銀兩准發。"欽此。今照廣東倭寇攻陷城池，進兵驅剿，全藉錢糧，雖經節行提督侍郎殷正茂搜羅會計，查覈催徵，一時難以遽完，未免徒爲畫餅，勢在燃眉，相應處發。隨行車駕清吏司，查得南京官庫貯有馬價、船料等項銀兩，又查得南直隸年例馬價共銀一十九萬七千三百二十八兩，内應天府、鳳陽府併淮安府海州、鹽城、桃源、宿遷、睢寧、贛榆、沭陽、清河、安東九處共該銀十萬三百四十五兩二錢，相應徑解南京兵部，抵補借發之數。其邳州山陽縣併太平府、鎮江府、寧國府、廣德州、廬州府、滁州、和州、徐州、揚州府應解馬價州縣，尚該銀九萬六千九百八十二兩八錢，仍解太僕寺交納，案呈到部。

看得廣東倭寇結連山寇、浪寇，攻陷城池，勢甚猖獗。荷蒙聖明在上，軫念海隅蒼生，敕下守臣破格整理。見今用兵之際，全在錢糧，雖提督殷正茂搜羅會計，查覈催徵，但勢已燃眉，方爲蓄艾，委難濟於急緩，既經該司查有福建事例，相應題請。合候命下，於南京兵部庫貯馬價、船料等銀内動支十萬兩，該部差官一員，本部差官一員，會同解送提督殷正茂處交割應用。本部仍咨南京兵部，并札付南京太僕寺，將隆慶七年應天府等處應解太僕寺馬價銀十萬三百二〔一〕十五兩二錢照數徑解南京兵部，抵補前數，其餘九萬六千九百八十二兩八錢仍解太僕寺交納，不爲常例。

隆慶六年閏二月二十日題，奉聖旨："是。銀兩准給發。"欽此。

覆兩廣提督侍郎殷正茂
犒賞撫民許瑞等疏

題：爲撫民實心效順，盡滅續到全夥真倭事，職方清吏司案呈，奉本部送，兵科抄出，提督兩廣軍務兼理糧餉兼巡撫廣東地方、兵部右侍郎兼都察院右僉都御史殷正茂題，奉聖旨："兵部知道。"欽此。抄出送司，案呈到部。

看得提督兩廣侍郎殷正茂題稱，原差書吏吴天賞監督撫民許瑞，率兵前往神電等處攻剿倭賊，行至銅鼓海澳，生擒新到真倭七十八名，斬級二十五顆，奪回被虜男婦、倭船等項，功勞懋建。及稱許瑞昔懷疑懼，今實革心，乞要將許瑞授以把總，仍令吴天賞以摽下名色把總將各黨備查審，立籍編差，聽便生活，或充水兵，就屬吴天賞統領，報效立功各一節。爲照撫民許瑞，原係曾酋餘黨，聽招之後委嘗屢立戰功，止以往時軍門差去各官不能結以恩信，反行詐騙，以致中懷疑懼，乍叛乍臣。乃今一聞吴天賞之言，即能傾心效用，生擒倭奴七十八人，斬獲倭首二十五顆，據其功次，雖即授以把總之職，誠不爲過。但即目諸寇連結，正在用兵之際，相應先行獎飭，以責後效。合候命下，備行侍郎殷正茂，將許瑞重加犒賞，吴天賞量加犒賞，仍責令吴天賞督同許瑞，將未盡殘寇奮勇剿除。果能再立奇功，併行升授，以示優異。撫處未盡事宜，如立籍、編差等項，聽吴天賞悉心處分。如果得宜，另行録用。及照本部近日題奉欽依，海寇、山寇、浪寇有能立功自贖者，准免本罪，仍與官軍一體升賞。撫民許瑞即能立功自贖，風聲所至，諸寇之中必有聞而興起者，以賊攻賊，自古蕩平之長策。合無再行殷正茂，即將前項事宜多出大字榜文遍加曉諭，差去賊營人員必須端謹機辯如吴天賞者，不許誤用匪人，嗜利貪財，致誤大事。

隆慶六年三月初二日題，奉聖旨："是。"欽此。

覆右給事中劉伯燮論御將之法疏

題：爲議處御將機宜，正國體以作人心事，職方清吏司案呈，奉本部送，兵科抄出，兵科右給事中劉伯燮題，奉聖旨：

"兵部知道。"欽此。欽遵，抄出送司，案呈到部。

看得兵科右給事中劉伯燮題稱，論將之功，當取其斬獲之多；論將之罪，當計其退縮失機之大。其功大則小過在所宥，其罪大則平生在所略。近見總兵官俞大猷，自廣西被劾，未幾推僉書，又推總兵，予奪靡常。及稱福建按臣前後論劾參將等官，如金科、朱珏、王如龍三臣，該部見行提問，果皆驍勇無雙，既被提問，復何靦顔人世？廣東按臣論劾四川總兵官郭成，其時自粤赴蜀，方提重兵在道，黠苗都蠻黨與聞之亦懼，未及交一矢而遽奪之，殊非事體。乞要虚心計議，以功、罪、過三者定爲等則。又稱在内調度之權在本兵，在外駕馭之權屬督撫，有功有罪，可否與將官同爲議擬，仍通行各邊，俾知恪守職任，不至輕爲進退。及稱金科等三員與俞大猷奉有成命，難以别議各一節。除金科等奉旨提問，俞大猷奉旨簡用，委難别議外。爲照人材難得，將材尤爲難得；西北之將難得，東南之將尤爲難得。即如右都督俞大猷，久閑將略，早著清修。向因不通賄遺，以致逆蕃父子切齒，械繫至京，必欲置之死地。仰賴先帝明聖，生全而歸。頃者總兵廣西，恢復古田，擒斬獞賊七千一百有奇。雖經御史李良臣糾論，彼時本部署印官議擬上請，奉旨聽用。後該臣博到任，素知其人雖文多於質，名勝於實，要之不失爲東南宿將，以故初推南京右府僉書，尋因福建總兵員缺，遂即會官推補，不以一時被論棄其平生，愛惜將才，正與該科所見相同。其署都督僉事郭成，本以斗筲之才，原非屏翰之任，巡按廣東御史趙焞極口論其剋扣軍餉，罪犯不輕，豈敢仍復留用？所據該科具題前因，無非正國體以作人心之意，相應通行議擬。合無以後遇有劾到將官，容臣等虚心評騭，酌量功、罪、過三等。如果應留，即便請旨策勵，不敢依違以避納垢之嫌；如果應黜，即便請旨究治，不敢寬縱以速長惡之罪。一面通行總督、撫按官，舉劾將官亦要查照功、罪、過等則從公會擬，不得彼可此否，致令本部難以定擬。至於巡撫、總兵，地方有功、失事自當一體酌量，議賞行罰。其將官所犯私過，如侵盜錢糧、打傷人命、干礙行止等項，自是將官之事，與督撫原無干預。先該都察院會同本部題奉明旨，事體已詳，均乞聖明裁定。

隆慶六年三月初九日題，奉聖旨："是。"欽此。

覆巡撫遼東都御史張學顏報火灾隄備疏

題：爲地方火灾事，職方清吏司案呈，奉本部送，兵科抄出，巡撫遼東地方兼贊理軍務、都察院右副都御史張學顏題，奉聖旨："兵部知道。"欽此。

爲照山海以東蓋牟等處乃自昔遼東之地，山海以西盧龍等處乃自昔遼西之地，地之分野本自相同，天之示戒不容互異。所據遼東旗杆、箭頭、馬耳鎗上無故起火，在該鎮、鎮巡自以爲本處一鎮兵戈之象，在臣等愚見斷以爲薊、遼二鎮兵戈之象。且遼東屢奏捷音，常勝之家難以慮敵；薊鎮久無警報，先事有備方免後患：相應通行申飭。合候命下，備行總督劉應節、巡撫楊兆、張學顏，總兵官戚繼光、李成梁、楊四畏，當此春防之時，務要萬分戒嚴，常如虜在目前，一應修守、操練事宜，查照節奉欽依事理從實舉行，聽候大臣至日閱視。一面督率司道、府衛、州縣等官同加修省，務期軍情允愜，民瘼孔安，以修轉灾爲祥之政。

隆慶六年三月初九日題，奉聖旨："是。"欽此。

請宣遼東第[二]二次捷音疏

題：爲虜賊復讎入犯，仰仗天威，斬獲首級，恭報捷音事，職方清吏司案呈，奉本部送，兵科抄出，總督薊遼保定等處軍務兼理糧餉、兵部右侍郎兼都察院右僉都御史劉應節，巡撫遼東地方兼贊理軍務、都察院右副都御史張學顔題，同前事，俱奉聖旨："兵部知道。"欽此。又該鎮守遼東總兵官、署都督同知李成梁揭，同前事，等因，通送到司。

查得《大明會典》内一款："各處奏捷，鴻臚寺將差來人員引至御前宣讀捷音。"欽此。今照該鎮斬獲首級一百六十五顆，已逾大捷一百一十級之外，相應照例宣捷，但今恭遇免朝，呈乞題請。又查得總督侍郎劉應節差舍人張一翔，巡撫都御史張學顔差副千户成印，總兵官李成梁差副千户張棟各報捷，案呈到部。

看得薊遼總督、撫鎮等官侍郎劉應節等恭報捷音一節，爲照遼東地方數月之間兩成大捷，先次斬獲虜首五百八十八級，已蒙天恩特加升賞，乃今又於長勝、清河等處斬首一百六十五級，且獲有酋首一級，威振閭山，風生遼□[三]，寔皆我皇上神謀默運、聖武布昭所致。所據捷音例當御前宣讀，差來報捷人員例當御前給賞，但今恭遇免朝，伏乞聖明俯賜裁定。倘蒙暫停宣捷，容臣等將報捷員役張一翔、成印、張棟應賞衣服、鈔錠移咨禮部照例領出頒給。一面備行九邊總督、鎮巡等官，將前項捷音通行昭示華夷，以彰撻伐之盛。

隆慶六年三月初九日題，奉聖旨："捷免宣，差來人照例給賞。"欽此。

覆薊遼總督侍郎劉應節等遼東獻捷升賞疏

題：爲虜賊復讎入犯，仰仗天威，斬獲首級，恭報捷音事，職方清吏司案呈，奉本部送，兵科抄出，總督薊遼保定等處軍務兼理糧餉、兵部右侍郎兼都察院右僉都御史劉應節，巡撫遼東地方兼贊理軍務、都察院右副都御史張學顔，征勇〔四〕前將軍、鎮守遼東地方總兵官、署都督同知李成梁題，同前事，俱奉聖旨：“兵部知道。”欽此。欽遵，抄出送司。

卷查先該本部題，爲預防虜患事，看得東西各邊并沿河一帶俱逼鄰虜巢，即今西虜雖稱款塞，而犬羊變詐，寔不可測；東虜雖稱大捷，而豺狼反噬，更當深慮。已經題奉欽依，通行各邊整兵飭守，共保無虞，遵行去後。今該前因，案呈到部。

看得總督薊遼侍郎劉應節、巡撫遼東都御史張學顔、鎮守遼東總兵官李成梁各題稱本年閏二月初十等日，東虜速把亥、歹青等二次突犯長勝、清河等處地方，各該官軍奮勇拒敵，共斬虜首一百六十五顆，内賊首佟鎖羅可赤一顆，并獲達馬、夷器等項緣由。及稱鎮守總兵官李成梁連奏虜功，協守遼陽副總兵趙完、清河守備曹簠再立奇功，長勇堡備禦范芝，設伏千總王好善、把總趙愚奮力催鋒，帶分守遼海東寧道事僉事王之弼功成屢捷，户部管糧郎中王念累助捷功，坐營中軍蘇承勛，標下中軍、原任參將趙應昌各效傳宣之力。乞將李成梁再加升廕，趙完、曹簠優加升録，范芝、王好善、趙愚併加升録。王之弼查近日給由事例，與王念酌加升録。蘇承勛、趙應昌量加賞賚。并各自陳頃荷殊恩已逾分，願乞要免再併叙各一節。爲照東虜速把亥等與建州諸夷聲勢相倚，時爲薊遼邊患。頃因入犯清河、卓山，官軍奮勇，斬首五百八十餘級，且獲有酋首二級。隨該本部計料豺狼之性必肆反噬，已行該鎮鎮巡等官，嚴督各該將領加意防備。乃今速把亥、歹青、佟鎖羅可赤等果爾糾衆復來侵擾。仰賴聖皇明明在上，輔臣穆穆在下，以故一時文武諸臣恪遵廟算，宣力宣猷。始而突犯長勝堡，則備禦范芝等力戰於前，繼而再犯清河堡，則守備曹簠等大戰於後，通共斬獲一百六十五顆，且獲虜酋佟鎖羅可赤首級一顆，奪獲夷馬一百四十匹，真可以追蹤古昔一月三捷之盛。所據總督薊遼侍郎劉應節先事壯猷，制勝千里之外；巡撫遼東都御史張學顔、鎮守總兵官李成梁，臨時決策，聿收全捷之功：法當特叙。守備曹簠挺身血戰，勇冠三軍，法當首叙。其餘文武各官，既該總督、撫鎮官叙論前來，係干激勸，相應議擬。合候命下，將劉應節、張學顔、李成梁均以發蹤指示之功各加升賞。曹簠立有奇功，重加升賞。趙完、范芝量加升賞，王好善、趙愚各加升級，王之弼重加賞賚，王念量加賞賚。蘇承勛、趙應昌，巡撫衙門分別犒賞。本部仍咨都察院，轉行彼處巡按御史，即將獲功首從人員及地方有無隱匿别項失事，照依清河、卓山事例一併造册，作速具奏。

隆慶六年三月十三日題，奉聖旨："是。劉應節賞銀四十兩、紵絲二表裏。張學顔升俸一級，李成梁實授都督同知，還各賞銀三十兩、紵絲二表裏。曹簠升二級，賞銀二十兩、紵絲一表裏。趙完、范芝各升土〔五〕級，賞銀十五兩。王好善、趙愚各升一級，王之弼賞銀二十兩，王念十兩。"欽此。

覆都給事中梁問孟等糾論貴州叛賊功罪疏

題：爲巨寇蕩平，追論玩寇殃民撫按等官，以飭紀法，以安地方事，職方清吏司案呈，奉本部送，兵科抄出，兵科都給事中梁問孟等題，又該巡撫貴州兼督湖北川東等處地方、提督軍務、都察院右僉都御史阮文中題，爲仰仗天威，蕩平僭王巨寇，恢復久叛境土，邊氓獲安事，俱奉聖旨："兵部知道。"欽此。抄出送司，案呈到部。

看得兵科都給事中梁問孟等題，貴州巨寇者念父子僭號稱王，先後撫按官員不行奏報，法當參究。巡撫貴州都御史阮文中題稱，叛賊者念俱已擒獲，并叙有功總兵官劉顯等，乞加升賞各一節。爲照逆賊者念本以西廣之獷，竄入貴陽之境，流毒安順等州衛軍民屯堡，前後繼五十年。方罪人之未得，止知其强占土田，肆行截劫，狂悖之略；及罪人之既得，始知其私擬名號，擅立宫闈，僭逆之詳。罪惡貫盈，神人共憤。仰賴聖皇在上，天威震疊，神武布昭。一時文武諸臣宣猷宣力，無不曲盡，一鼓而元惡就擒，再戰而群凶盡殄，伸萬里撻伐之威，靖百粵妖氛之氣，誠可嘉尚。即如巡撫阮文中，定多算於胸中，運群逆於掌上。斗糧不費，復百里竊據之疆；一旅是憑，蕩頻年恣横之寇：法當首論。總兵官劉顯，躬擐甲胄而勇冠三軍，親莅巉巖而威行二省，出師未及兩月，計功已致萬全，法當同論。其以前巡撫都御史開府一方，原奉敕諭極其嚴重，方内有此賊情，雖彼時尚不知其僭王之罪，然既不行議剿，又不行奏報，玩寇殃民，誠如該科所論。係干功罪、法紀，相應通行擬議。合候命下，將阮文中、劉顯各加升賞。本部一面移咨都察院，轉行彼處巡按御史，將前項所獲功次從公體勘。要見擒斬首從實有若干，奪回被虜男婦等項各有若干，占據田土是否仍歸版圖，地方即今果否底寧，并各該有功效勞文武官員逐一分別明實，造册具奏。其首惡叛賊繼王等，會同巡撫衙門問擬明白，不必解京，具奏請旨，就彼處决。一面移咨吏部，將該省巡撫自嘉靖二十七年以後、隆慶五年以前在任管事職名通行查出，分别具奏，恭候宸斷，仍將究處過事由著爲定例，通行申飭。至於巡按御史，地方獲功例不與巡撫同賞，地方失事例不與巡撫同罰，糾察欺隱，以爲朝廷之耳目，乃其職事，依違觀望，罪自難辭。然於其中又自有説，即如南方之寇依山負海，多與北方不同。若果攻城聚衆，據地稱王，總督、鎮巡官明加征討，巡按先行火速奏聞，若畢竟總督、鎮巡官誤時失事，即當據實參奏；若是匿影潛形，倏入倏出，總督、鎮巡官默運機宜，巡按仍候事定奏聞，若畢竟總督、鎮巡官隱匿欺肆，即當具實參奏。大抵有事不可不奏，無事不宜輕奏。不奏則相與和同，有負國恩；輕奏則動成掣肘，反致壞事。本部備咨都察院，轉行各該巡按御史，一體遵照。如有違錯，悉聽本院考察并該科指名參究。

隆慶六年三月十六日題，奉聖旨："是。阮文中升俸一級，劉顯升祖職一級，還各賞銀四十兩、紵絲二表裏。"欽此。

覆南京兵部尚書王之誥等參安慶衛官作亂疏

題：爲奸惡武職挾私倡亂，違法干紀，懇乞聖明亟賜重究，以正法典，以弭亂階事，職方清吏司案呈，奉本部送，准南京兵部尚書王之誥，總理糧儲、提督軍務兼巡撫應天等處地方、都察院右僉都御史張佳胤、提督操江兼管巡江、南京都察院右僉都御史張鹵揭帖，通送到司，案呈到部。

臣等竊惟，朝廷所以制御海内者全在紀綱，紀綱一壞，頑悖欺負之徒縱横紛擾，何所不至？粤自嘉靖初年甘肅軍變以來，大而大同、延綏、山西、遼東鎮城，小而宣府滴水崖、山西老營堡，相繼煽亂，至於南京振武營，則決裂甚矣。先帝廣天覆之仁，憫其無知，多從寬假。此輩不惟不知感畏，益肆猖狂。即如近日安慶之事，一二指揮止因與知府小有齟嫌，輒便主令悍僕豪奴，唆使猾舍積伴，假以軍士月糧爲由，喧呼鼓譟。城垣，朝廷之城垣，乃敢鎖閉三日；知府，朝廷之大吏，乃敢憑凌萬狀；主簿，朝廷之命官，乃敢聲言殺死；庫藏，朝廷之公帑，乃敢欲行搶劫；屯軍，朝廷之官軍，乃敢擅行調發。擁逼府衙，打毁公案，比之逃避山澤，不服追唤者不同；執持凶器，放炮鳴□〔六〕，比之白晝搶奪人財物者更異。凶焰薰灼，無復知有天日；勢欲謀叛，幾成不道之辜；情類大逆，豈止無□〔七〕之戒。即使知府處置失宜，自合奏聞朝廷，聲訴上司，豈有世受國恩之人輒行倡亂之理？若再姑息因循，將來尾大不掉之患不可收拾，誠如南京兵部并巡撫、操江都御史所論。伏望皇上大奮乾剛，特垂離照，將指揮張志學、馬負圖、張承祖，守備楊遇春一體先行重治。本部一面備行南京内外守備尚書王之誥、太監張宏等，公同巡撫都御史張佳胤、操江都御史張鹵，督同九江兵備副使張岳，参將管安慶守備事王柱，即將凶犯馬應舉等，不分奏内有名無名，但係同惡共濟之人，通行擒拿到官，逐一研審。要見某人等應該重處，某人等應該酌處，務要詳慎明的，雖一人不可漏網，雖一人不可相屈，作速具奏。其續調屯軍是否脅從，情有可原，亦望亟賜宸斷，或聽彼處查明，一併奏請。其知府查志隆有無干礙，容臣等另行議奏。但恩威出自朝廷。

隆慶六年三月二十四日題，奉聖旨："是。張志學等故縱惡軍，閉城倡亂，好生凶逆無禮，著錦衣衛差的當官校都杻解來京問。馬應舉等，巡撫衙門分别處治，作速具奏。屯軍脅從的饒他。本内差字著改正行。"欽此。

覆南京守備太監張宏等參安慶知府查志隆疏

題：爲守土官員激變地方，潛入京城恣肆無忌，懇乞聖明亟賜究治，以彰國法事，職方清吏司案呈，奉本部送，兵科抄出，南京守備、司禮監太監張宏等奏，奉聖旨："兵部知道。"欽此。又該巡按直隸監察御史楊邦憲題，爲豪横武官懷私倡亂，大肆威脅，懇乞聖明嚴加究治以肅法紀事，奉聖旨："該部知道。"欽此。通抄送司，案呈到部。

看得南京守備、司禮監太監張宏等，巡按直隸監察御史楊邦憲各奏題前因，大率皆爲安慶之事。在張宏等，則稱知府查志隆數月未放糧米，以致諸軍激變，事後又與守備楊遇春潛入南京，扛擡女轎，朝暮出入，莫知所爲，皆得於兵馬指揮石蓀之查訪。在楊邦憲，則稱知府查志隆議選軍舍輪班守城，親放官軍月糧，欲革守備與掌印指揮冒領奸弊，以致指揮張志學、馬負圖、張承祖，守備楊遇春主使倡亂，則得於兵備副使張岳之具呈各一節。除張志學等本部先已議題請旨處分外，所據知府查志隆，始而稽查軍餉，事本因公，似無激變之情；終而擅離職守，先爲身謀，不顧地方之患，若果是實，罪難輕貸。但巡撫、操江等官俱未言及，止是内守備言之。大抵此舉關係朝廷綱紀，若知府無罪而過爲搜索，事體大壞，蓋復增倡亂之風。若知府有罪而曲爲掩飭，人心不服，何以杜啓釁之漸？相應亟爲議擬。合無備行太監張宏等、尚書王之誥，會同巡撫都御史張佳胤、操江都御史張鹵、巡按御史楊邦憲，將前項事情再加查勘明的，作速具奏，惟復即行究處，伏望聖明特賜裁斷，以正國體，以絶奸萌，地方幸甚。

隆慶六年三月二十四日題，奉聖旨："查志隆也著錦衣衛差官校拿來併問。"欽此。

覆都給事中梁問孟等請嚴倡亂罪狀疏

題：爲綱紀廢弛，官軍恣横，乞敕嚴究併通行申飭，以杜奸萌，以安重地事，職方清吏司案呈，奉本部送，兵科抄出，兵科都給事中梁問孟等題，奉聖旨："兵部知道。"欽此。欽遵，抄出送司，案呈到部。

看得兵科都給事中梁問孟等具題前因，蓋緣安慶衛指揮張志學等爲與知府查志隆挾仇，主使軍舍馬應舉等倡亂，欲要盡法處治，毋得仍事姑息。及稱先年振武營之變，處置略事姑息，以致山西省城軍士之中夜鼓噪，圍劫督府，焚殺軍民；浙江東陽縣里長之聚衆歃血，署印推官畏懼逃避；處州府生員請托不行，毆及方面；蘇州府童生考不與選，辱及府官：倣傚成風，恬不知怪。乞要通行各省撫按等官，今後但有抗違不法，不得曲爲掩飭，違者聽其參究各一節。爲照安慶衛指揮張志學等，祇因小嫌，幾成大變。節該參贊、撫操等官聲其罪狀，臣等議擬覆題，仰蒙聖皇在上，離照重明，乾剛獨斷。知造意之有歸，即加械繫；憫脅從之無知，曲賜優容。春生秋殺，並行不悖，九塞立見寒心，四海自當滌慮。乃今都給事中梁問孟等歷數往時猖狂之徒，欲爲後日振刷之計，無非肅紀綱以勵人心之意，相應通行申飭。合無聽臣等本部通行南北直隸、各省各邊總督、撫按等衙門，今後不分邊腹地方，但有官員、軍民人等抗違法令、鼓衆倡亂者，一面先行擒拏處治，一面據實奏聞，不得拘泥激變良民之律，相率欺蔽，以滋頹風，以隳國體。如果處分得宜，即使罪由本官自作，亦當請旨量從末減。若敢仍前姑息，曲爲掩護，即係庸懦不職之人，聽臣等與該科指名參究。大抵畜謹童牿，坤重陰凝，諦觀往事，已成堅冰，似不止於履霜矣。伏望聖明遠覽深識，特勤天語，嚴加振勵，以成有道之長，以謹無將之戒，臣等幸甚，天下幸甚。

隆慶六年三月二十四日題，奉聖旨："是。今後各處官員、軍民人等，但有抗違法令、挾持私恨、鼓衆猖亂的，該管衙門即便將首惡之人擒獲處治，隨據實奏聞，朝廷憲典具存，决不輕貸。如敢容隱掩飾，你部裏并該科從實奏來，一併重治。"欽此。

覆都給事中梁問孟
請責成邊臣力修内治疏

題：爲邊政久頹，積習未振，乞敕著實舉行，併議重任督撫官員，以預疆場後圖事，職方清吏司案呈，奉本部送，兵科抄出，兵科都給事中梁問孟題，奉聖旨："吏、兵二部知道。"欽此。欽遵，抄出送司，案呈到部。

看得兵科都給事中梁問孟題稱，巡撫寧夏右僉都御史張蕙昏庸無狀，淫婪有聲，邊防何賴？宣大、山陝貢市届期，乃文臣沿習舊套，粉飾詞華，絶無極力修攘之念；武臣藉口封貢，弛意戰守，仍滋狡詐僨事之心。邊氓撫綏未盡其方，軍士訓練不以其實，險要低薄坍塌者如故，屯田蔓草綿延者不絕，降夷、通丁漸生涣散之心，硝黄、鐵器未盡奸宄之禁，以至車夷去留、史夷安插、撫賞盈縮、市期遲違俱屬可慮。其在薊鎮，則屬夷私索撫賞而軍士扣陪月糧，南兵倍加犒賞而北士爲增憤惋。遼東再捷，當長勝慮敵之秋；套虜西掠，抱滅虢取虞之患。乞要將張蕙罷斥，及將一切戰守事宜通行申飭，大加整頓，著實舉行各一節。除都御史張蕙係吏部議覆外，爲照自古聖王制御夷裔，大率以内治爲本。向當北虜款塞之初，朝廷嘉其慕義，允其封貢，原爲外示羈縻，内修戰守，以爲久安長治之計。既而輔臣入告，復蒙特降璽書，於九邊文武大吏且懸示賞罰之格，比照獲功、失機事例，委任責成，既嚴且重，力刷舊套，茂建新庸，寔惟閫外之事。近據督撫等官條上方略，固皆恪遵廟謨，鋭意修舉。第恐迫于互市之經營則修爲不力，苦于錢糧之無措則幹辦難前，或將士狡猾，陰圖蠱壞；或家丁頑悍，明著飛揚。與凡積弊相沿，根深蒂固，遽難振拔，未免愒時玩月，坐失機宜，伏患隱憂，誠如都給事中梁問孟所慮者，相應通行申飭。合候命下，本部備行九邊總督、撫鎮官，遵照敕諭開載及本部先今題行事理，在薊昌、遼保則戰守務求多算，在宣大、山陝則修攘務底萬全。邊氓何以撫綏，軍士何以訓練，險要何以修築，屯田何以開墾。降夷、通丁既不搗巢、趕馬，必如何優恤以收其涣散之心；硝黄、鐵器當此華夷雜集，必如何關防以革其私通之弊。屬夷之安插、撫賞作何區處，不得仍前剋扣，歛怨於軍；互市、撫賞作何措辦，不得徒事節省，失信於夷。南兵固當體悉，亦不可偏重，以阻北兵敵愾之心；東虜未盡伏辜，尤不宜懈弛，致啓西虜輕忽之念。一切戰守機宜、内治事宜，應計處者徑自計處，應奏請者明白奏請，務要從實修舉，的有成效，通候大臣至日查閱施行。

隆慶六年三月二十五日題，奉聖旨："是。"欽此。

覆都給事中梁問孟等請亟賞邊功疏

題：爲申飭賞功事例，以勵人心，以振國威事，武選清吏司案呈，奉本部送，兵科抄出，兵科都給事中梁問孟等題，奉聖旨："兵部知道。"欽此。欽遵，抄出送司，案呈到部。

看得兵科都給事中梁問孟等題稱，賞功事例，凡撫鎮報到功次，行巡按御史查覈明的具奏，兵部移咨禮部，赴承運庫領銀解發給賞。但覈功之疏逾年不完，則賞功之銀無時可發，以致獲功員役有一二年及至數年不得犒賞，甚至壯者長，老者死，親身逃亡，冒替領賞，似非鼓舞人心，激勵將士，要將應升應賞覈册速行完報，行令兵部查應動銀兩，預先題請給發。或彼中有撫按贓罰及各該解京銀兩存留，責令巡按御史收貯，但遇獲功，一面題奏，一面犒賞，總督、巡撫等官不得干預各一節。爲照本部賞功事例，據各該督撫奏報功次到部，轉行巡按御史查覈明實，造册具奏，本部隨即覆奉欽依，方將應賞銀兩移咨禮部，於内府領出，送至本部，分發彼處頒給，恩出朝廷，惠流邊徼，立法本善。第始而覈勘文册曠日遲久，甚至數年方行造報；繼而應賞銀兩經時停閣，甚至數月方得關出。致使國家激勸之典漸至廢格，人心奮勵之機因而阻喪，係干邦政，誠非細故。所據都給事中梁問孟等具題前因，深得賞不逾時之意，相應亟行議擬。合候命下，本部通行九邊巡按御史，今後但過〔八〕本處官軍獲有擒斬功次，速行覈勘明實，一面查取庫貯撫按贓罰或别項應動應留銀兩，就將願賞者先行宣布朝廷德意，照數給賞，一面速將覈册奏繳。其覈册到部，本部即行題請升賞，候禮部送銀到部，即便差官齎送以補前數。其一應動支、補還出入之數，俱聽巡按御史徑自查理，差完造册交代，督撫官不許干預。各該巡按一面先將應動銀兩具數奏知。其沿海并腹裹地方賞功銀兩原不由内府給發，聽各該巡按御史仍舊於本處官銀内動支，照依九邊事例一體先行給賞。

隆慶六年三月二十五日題，奉聖旨："是。"欽此。

覆宣大巡按御史劉良弼責成邊臣預防後患疏

題：爲敷陳邊慮以永治安事，職方清吏司案呈，奉本部送，兵科抄出，巡按直隸監察御史劉良弼題，奉聖旨："兵部知道。"欽此。欽遵，抄出送司，案呈到部。

看得巡按直隸監察御史劉良弼題稱，軍國大事孰逾今日之通貢、互市。其議戰則恐今日撫虜之資爲他日賄虜之計，又其甚，借啓釁之言，掩養亂之罪，乞要授邊臣便宜之權。其議守則要將獨石、馬營八城堡預爲一歲之儲，以守爲戰；中、東、西、南四路備數月之儲，以戰爲守。及稱俺酋款伏，把都老死，即黄酋跳梁，終屬孤立，分外邀求亦當量爲頒給，華靡服用則當嚴爲厲禁。巡邊之夷日漸加增，哨糧之減歲計數萬，宜加覈爲修邊之費。虜使入京，似難輕諾。邊墻修理，斷不可輟。沿邊墩臺之軍器稽查不可不嚴。虜最垂涎鐵鍋，禁例當爲申飭各一節。爲照北虜款塞之初，朝廷嘉其慕義，允其封貢，原爲外示覊縻，内修戰守。已而輔臣入告，復蒙特頒璽書，戒諭九邊文武大吏，一應戰守、恩威事宜開載甚悉，責成甚嚴。節據邊臣題報，亦各協心殫力，弗遑寧處。乃今巡按御史劉良弼具題前因，計料方來之事，周思曲慮，極其剴切。所賴總督大臣王崇古自許孤忠，人稱多算，凡御史之所言者必能加意行之。大抵貢市已成，人口保全，錢糧節省，已非托之空言。即使虜果渝盟，彼運已衰，我兵方鋭，以戰以守，自當出虜人之上。係干重計，相應如擬申飭。合無聽本部移咨督撫官尚書王崇古，都御史吴兑、劉應箕、楊綵，公同總兵官馬芳、趙岢、郭琥，查照御史劉良弼所陳，虜果效順，則照舊撫賞；一或叛逆，即閉關謝絶。如敢侵軼，徑自相機截剿。不許將領等官因而生事開釁，失信損威。其宣鎮獨石、馬營等八城堡糧餉務要足一歲支用，中、東、西、南四路亦要儲備數月。黄台吉果肆凶狡，量加裁節，以示牢籠。察罕兒搆隙既多，宜用間諜，自令撓亂。撫賞之外，如果邀求有名布帛諸物，亦當量與。若是求請無厭，華靡服用，决不可給。至於巡邊之吏，哨糧之減，虜使之入京，邊墻之修理，軍器之查，鐵鍋之禁，及一應事宜，審時度勢，務求至當，固不宜過激以失彼嚮慕之心，亦不宜因仍以致我陵夷之漸。仍望皇上特勤天語，明示邊臣以意嚮所在，令其便益從事，邊方幸甚。

隆慶六年四月初八日題，奉聖旨：“這所奏，著王崇古督率各鎮巡官酌處停當行。”欽此。

覆右給事中劉伯燮追録前總督曾銑等功績疏

題：爲感今思昔，重惜時機，懇乞聖明伸辯已往，示勸將來，明國法以收實效事，職方清吏司案呈，奉本部送，吏科抄出，兵科右給事中劉伯燮題，奉聖旨：“吏、兵二部知道。”欽此。抄出送司，案呈到部。

看得兵科右給事中劉伯燮題稱，原任三邊總督曾銑，志期立功，謀倡復套，計議未行，旋遭棄市，而實無罪。原任浙直總督胡宗憲，恢豁不群，危疑交困，海波既寧，辱身不免，功罪相準。在曾銑已經贈廕，足慰忠魂。在胡宗憲功不可泯，或復其官以示予；罪不可掩，或□〔九〕其贈廕以示抑。即行史館，將二臣生平大致明付編摩。仍通行各邊督撫諸臣，在昔銑與宗憲欲力爲之而困於時，阨於遇，今有其時，獲其遇，必不可爲銑之疏、宗憲之濫以自誤軍國大計各一節。除胡宗憲復官等事吏部議覆外，爲照封疆之臣，畢力宣猷，全賴聖明在上爲之主持，一從中覆，則不惟功窒其成，亦且身罹其禍，無言往代，即如近歲曾銑、胡宗憲二臣是已。就而論之，銑嘗平遼東之亂，聲色不動，未可盡謂之疏。宗憲適當逆藩之時，大閑盡逾，其實不止於濫。是故效銑所爲終不失爲純臣，效宗憲所爲終不得爲純臣。所據該科具題前因，無非録功略罪，因而激勸邊臣之意，相應依擬申飭。合候命下，本部移咨南北督撫等官，務要感九重兼聽之恩，奮千載一時之會，各篤忠貞，力圖修攘，一切攻戰、修守機宜，屯鹽、兵餉事務，矢心經畫，從長計處。或先事建策，而時移勢殊，不宜拘泥以失事機；或獨見果真，雖群囂雜議，不宜遷就以免訾謗。虜情始終雖不能保其不變，在我則制禦有常；邊政興革雖不能保其無舛，在我則心力克盡。果能立有奇功，建有偉績，朝廷明同二曜，信若四時，旋淑世延之賞，決不似銑與宗憲公論久而方定。如或苟且掩覆，藉口二臣冤危，希圖僥倖，國典具存，自難輕貸。

隆慶六年四月二十日題，奉聖旨："是。"欽此。

覆都給事中梁問孟等酌議廣西古田撫勦疏

題：爲江賊滋蔓，撫臣議勦，乞敕文武各官務在慎重，以圖必勝，以保萬全事，職方清吏司案呈，奉本部送，兵科抄出，兵科都給事中梁問孟等題，又該巡撫廣西地方、都察院右副都御史郭應聘題，爲水陸未靖，亟加勦處以圖廓清以安反側事，俱奉聖旨：“該部知道。”欽此。欽遵，抄出送司，案呈到部。

看得兵科都給事中梁問孟等題稱，府江、右江諸賊未可盡滅者有五，今督撫諸臣共期滅賊，相應悉心經理，多算取勝。天威如何而震，地利如何而得，其併力拒我如何而破，老師費財如何而免，賊衆有子女良善如何招安，勦蕩之後如何撫戢，欲要行各該督撫、將領等官慎重舉行，毋得輕易僨事。又該巡撫廣西都御史郭應聘會同提督兩廣侍郎殷正茂、巡按廣西監察御史李良臣題稱，廣西府江、右江猺獞屢招屢叛，愈久愈驕，惡貫已盈，罪狀顯著，欲要相機勦處，徵調土兵，動支軍餉，定委監統等官，照往年用兵事例，行巡按御史紀驗功次，稽查奸弊各一節。爲照府江、右江猺獞恃險爲惡，先經該省督撫等官具題，已經本部覆奉欽依，相機撫勦，乃今稔惡不悛，益肆猖獗，若不大加處置，不惟無以固八寨懷遠之招，亦且無以杜古田携貳之漸。在該科則謂諸賊未可盡滅，欲要慎重行事。在巡撫則謂諸賊不容玩縱，欲要調兵勦處。詞若少異，意實相成。臣等反覆參詳，撫臣分閫一方，與有安攘之責，聞見既真，計料必審，征勦之師委非得已。但事當集乎衆思，動貴期於萬全，科臣先事之慮，尤非過論。事關軍旅大計，相應通行酌處。合候命下，本部備行總督兩廣侍郎殷正茂、巡撫廣西都御史郭應聘，嚴督總參、司道、兵備等官，參酌科臣建白，將府江、右江之賊上明天時，下察地利，中順人情，應先應後，相度機宜。如時勢果便，即當分道進兵，一鼓殄滅。如時勢未便，亦當長顧却慮，以收全勝。不得輕率張皇，反貽後患。至於應調土兵、應發糧餉及委官監統等項事宜，悉照原擬施行，務使諸孽盡除，一方寧謐，方爲得算。本部一面移咨都察院，轉行廣西巡按御史，照例隨軍紀驗功次，稽察奸弊，事完之日，通將有功有罪人員查覈明實，分別具奏。

隆慶六年四月二十二日題，奉聖旨："是。"欽此。

會議宣大總督尚書王崇古等條陳〔一〇〕封貢事宜疏

題：爲虜王修貢乞恩，酌議貢市未妥事宜，慰華夷以永安攘事，先該兵部題，職方清吏司案呈，奉本部送，兵科抄出，總督宣大山西等處地方軍務兼理糧餉、太子太保、兵部尚書兼都察院右副都御史王崇古題，奉聖旨："兵部知道。"欽此。欽遵，抄出送司，案呈到部。

看得總督宣大山西軍務尚書王崇古所題四款，"鐵鍋"一款隸之本部，"印信"、"貢使"二款隸之禮部，"撫賞"一款隸之本部與户部，若使各另議覆，上關國典，下係夷情，事體不得歸一，殊非廣集衆思之意，相應議擬。合候命下，容臣等三部將本官條議四事逐一參酌停當，應行應止，開坐會題，恭候聖裁，等因。奉聖旨："是。"欽此。又於兵科抄出，兵科都給事中梁問孟等題，爲議撫賞以一虜志，以杜釁端事，禮科都給事中陸樹德等題，爲慎酌封貢未妥事宜，以杜後釁事，吏科都給事中雒遵等題，爲懇乞嚴諭議臣，預止虜使入京以永防後患事，俱奉聖旨："該部知道。"欽此。通抄到部。臣等會同户部尚書臣張守直等、禮部尚書兼翰林院學士臣吕調陽等看得，總督宣大山西軍務、太子太保、兵部尚書王崇古題稱，順義王俺答請乞四事，其一謂請給印信，其二謂貢使入京，其三謂鐵鍋互市，其四謂撫賞夷屬。又欲天語叮嚀，示該部以意嚮，免照去歲執議阻抑一節。臣等竊惟，自北虜納款以來，邊氓免鋒鏑之苦，所全活者其徒寔繁；帑藏減轉輸之勞，所存省者其麗不億。外慮頓息，内治聿修，即一時寧謐之功，誠千載休明之會。所據總督王崇古具題前因，先列一綱，後分四目，在總督則殫力苦心，無非俯順夷情，以爲内安之權。在臣等與科臣則長顧却慮，無非仰尊國體，以爲攘外之經。要之以權濟經者無礙法典，豈敢抑阻？以權爲經者有礙法典，不敢依違。詞若相左，意實相成，合就開立前件，議擬上請。伏望皇上特賜宸斷，仍令王崇古嚴諭俺答，以後不許年復一年輒肆請求，以負效忠之名，以成啓釁之漸。邊臣幸甚，臣等幸甚。

隆慶六年五月十九日題，奉聖旨："依議行。"欽此。

一、請給印信。臣等看得，總督尚書王崇古所陳"請給印信"一款，大率謂順義王俺答求給印信，榮示諸部，以便表貢行使一節。爲照朝廷制禦夷裔，惟名與器。酋首俺答荷蒙聖恩，封爲順義王，已有其名，印信之器自難吝惜，况有先年哈密忠順王事例。合無俯從所請，容臣等禮部照依本王封號鑄給鍍金銀印一顆，差官齎送總督官處，聽俺答祇領，一應表章俱要用印恭進。領後先具番表謝恩，以彰天朝優異之典。臣等未敢定擬。

一、請貢使入京。臣等看得，總督尚書王崇古所陳"貢使入京"一款，大率謂順義王俺答求伊子、侄、孫貢使十五名入京，其餘各枝聽貢馬至再議一節。爲照貢使不許入京，俱留邊城夷館，應貢馬匹，督撫差官代進，先該兵部會官議擬，奉有欽依。乃今吏科則稱臣工、軍民皆心知其不可，仰知聖心亦必以爲大不可，禮科則稱容其入京有五不可，無非杜漸防微，以謹華夷之辨，委難别議。但查得各處夷使入京必蒙欽賜筵宴，簡命勛臣侍宴，仍厚加賞賚。合無將今次順義王俺答貢使一十五名并各枝夷使，聽王崇古開名送部，除本鎮總督、撫鎮官從宜宴賞外，容臣等禮部題差光禄寺署丞一員，齎捧各夷使應賞表裏等物，親詣該鎮頒給，仍就彼動支官錢，查照本寺規格，備辦欽賜筵宴優待。侍宴重臣，就命該鎮鎮守總兵官。臣等未敢定擬。

一、請鐵鍋互市。臣等看得，總督尚書王崇古所陳“鐵鍋互市”一款，大率謂生廣鍋十斤炒煉，鐵得五斤，尚未堪打造，生潞鍋十斤炒煉僅得三斤，價賤三倍，要將價賤煉少者許虜，仍以破舊鍋易新鍋。都給事中梁問孟等則謂鐵鍋虜中食用之具，必不可缺，華夷之所以盛衰亦不係此各一節。爲照廣、潞二鍋以煉精雖有多寡之别，以鐵斤均犯斷絶之禁。但虜中食用既不可缺，必須别爲區處，方見懷柔之意。臣博往年巡撫甘肅，屢嘗擒斬虜寇，見其奪獲夷器，其中多有銅鍋，詢之歸正之人，咸謂虜人晝以炊食，夜以司警，蓋即古刁斗之意。且遼東開市止是撫賞，方用廣鍋，原無以鐵鍋交易之例。即使准市鐵鍋，此時方行奏請，固已緩不及事。合無聽總督王崇古督行三鎮撫鎮等官，動支官銀，或咨行兵部處發官銀，于出産銅鍋地方差官收買，運至邊鎮，止照鐵斤價值給虜。較其價，銅貴于鐵，鐵賤于銅，在今日無事之時似覺稍費；論其質，鐵可爲兵，銅不可爲兵，在他日有事之時自是無傷。若虜必要粗重之鐵鍋，不要輕巧之銅鍋，則其藉兵資糧之意明白顯著，益當禁斷無疑。臣等愚見如此。

一、請給虜酋親屬窮夷撫賞。臣等看得，“請給虜酋親屬窮夷撫賞”一款，在總督尚書王崇古則極言虜中窘迫之狀，勢不可已。在都給事中梁問孟等則計慮塞上轉輸之難，後恐難繼。臣等反復參詳，虜之入寇也，人得肆掠，利則歸于部落；虜之納款也，賞獨專給，利則歸于酋長。饑寒困苦出於無聊，鼠竊狗偷勢所必至。但一枝既得撫賞，各枝必然覬覦，錢糧有限，求乞無窮，必須處分得宜，庶幾經行可久。合無行令總督王崇古，將請給虜親窮夷撫賞事宜公同撫鎮官再加斟量，定爲畫一之規。既不宜拒之弗予，以失天朝無外之仁，亦不宜與之無章，以虧中國有常之費。其各鎮原議撫賞銀兩如果不足，准于減哨并原給公費賞功銀内充用。此外，仍聽每鎮再動節餘客餉銀各一萬兩，歲終備造文册，開送户、兵二部查考。

會請端政本以隆新治疏

題：爲懇乞聖明端政本以隆新治事。本年六月初十日，臣等恭趨入朝，於時陰雲尚合，霢雨微零。皇上一登寶位，天漸開朗。及至宣讀之時，杲日大出，萬景一新，知九穹之歆鑒，見群黎之歡騰，臣等躬逢盛事，無任欣慶。但臣等叨列股肱，義同休戚，偶有一得之愚，不敢不爲芹爆之獻。即今梓宫在殯，山陵經始，一切禮儀極其繁多。然其重且大者，在于恭上大行皇帝尊謚，尊上兩宫聖毋徽稱；其次則賞賚宗藩，封爵戚畹。顧禮有後先，事有輕重。先其輕而後其重，則事體未安；先其重而遺其輕，則輿情未協。當一人踐祚之初，實四海仰觀之會，必須提挈綱維，方能根極領要。伏望聖明特賜鑒察，敕下内閣重臣，將應行事宜逐一查議明白，先行開奏，大略如某事該某日上下某部行，某事該某日上下某部行，裁酌既定，以次修舉。仍乞查照累朝故事，内外章奏應票擬者，不拘大小，悉令閣臣票擬；中外傳帖應視草者，無論巨細，悉令閣臣視草。即有未愜聖心，不妨召至便殿，面相質問，務求至當，然後涣發。二三閣臣世受國恩，新承顧命，必不忍負先帝，必不敢負陛下。惟願陛下推心委任，始終無二，庶幾明良慶會而新政有光，上下志同而成憲無爽，固皇祖磐石之宗，慰先帝憑玉之望，天下生靈不勝幸甚，臣等不勝幸甚。

隆慶六年六月十一日題，奉聖旨："卿等説的是，都依行。"欽此。

覆都給事中梁問孟等申飭秋防疏

題：爲聖政方新，秋防伊邇，懇乞嚴加振飭，以圖安攘實效事，職方清吏司案呈，奉本部送，兵科抄出，兵科都給事中梁問孟等題，奉聖旨："兵部知道。"欽此。抄出送司，案呈到部。

看得兵科都給事中梁問孟等具題前因，大率有四：其一，山西宣大俺答雖稱納款，且銅鍋給市，其議未已；親屬求賞，其數難周。其一，陝西三邊吉能雖故，其長子西搶未回，然把都兒、黄台吉禁令未必能行於部落，而銀錠台吉等去年移住鎮番，近境搶掠。其一，薊昌爲京師肩背，實東北藩籬，土蠻爲梗，邇者騷擾雖在遼東，而境界實與薊鎮連接。且老把都、永邵卜二枝陽順陰逆，各懷異謀，萬一與土蠻勾結，聚衆大舉，則陵京震動，補練主兵，減退客兵之外，尤當固墩臺，塞要害，精器械，積儲峙，務期以守爲戰。其一，遼、薊聲勢相倚，土蠻侵擾雖嘗遭挫衄，在我士卒甚疲，在彼常憤心於一逞，加之天變異常，火灾叠見，及時撫恤，乃第一義各一節。爲照自遼東以至甘肅，東西九邊，咸與北虜爲鄰。宣大、山陝雖稱納款，寔有積薪厝火之憂。

薊鎮、遼東雖暫平寧，當嚴户牖繆綢之戒。即目九夏將終，三秋伊始，虜情既迥異於往時，機宜自難拘於常套。所據該科具題前因，九邊事體宛然如在目中，相應通行依擬申飭。合候命下，移文各邊督撫等官，在宣大、山陝，則當外示羈縻，内修戰守。虜果謹守貢市，照常撫待，不可横挑釁端，速將内治事宜，如錢糧、兵馬、險隘、屯田、鹽法等項悉心整理。虜若邀求無已，别有反側，即便嚴兵隄備，不得委曲遷就，示之以弱，以貽潰决之患。在薊昌、遼東，亟將主兵不足之數遵奉詔書著實練補，果有警報，彼此互相應援。至於賑恤軍士，禁戢尅削，又九邊之所同者。大抵一方之事全在總督、鎮巡，於西虜服則撫之，叛則剿之，機常在我，注措自不失宜；於東虜來則禦之，去則置之，屈常在彼，戰守自有定畫。通候防秋事竣之日，各該官員功罪自兵備、副參以下悉聽舉劾，仍聽大臣至日閲視。如或處置乖方，偏執誤事，國典具存，自難輕貸。

隆慶六年六月二十日題，奉聖旨："是。"欽此。

辭免掌銓新命疏

奏：爲懇乞天恩辭免新命事，隆慶六年六月二十一日，准吏部咨，該本部題□〔一一〕印信緣由，奉聖旨："楊博著回部管事。"欽此。欽遵，備咨到臣。

伏念微臣本以駑蹇之才，幸際雲龍之會，雖出入中外四十餘年，寔於昌時毫毛無補。往緣愚直，誤觸柄臣，竄伏丘園，分甘永棄。荷蒙先帝日月之明，特昭屈抑，乾坤之量，亟賜湔滌，仍以銓卿召攝樞政。臣感激鴻慈，莫知所報。受任以來，百爾戎務方在整飭，詎意皇恩優渥，復畀臣以鈞衡之寄，聞命自天，不勝惶悚。仰惟皇上嗣登寶位，景運休明，親綜萬幾，勵精圖治。昨者面召閣臣，直至平臺，天語叮嚀，資其佐理，此誠重華協帝之時，群俊彙征之際。而吏部尚書責在統均，新政之初尤爲要職，自非公明博大，弗能辨别九德，臣則智識嬶淺；自非强幹矍鑠，弗能總核庶府，臣則年力衰遲。捫心循省，悉出在廷諸臣之下，若不審己量力，冒昧就列，上負九重側席之知，下貽四海妨賢之誚，臣之罪戾兹又甚矣。用是披瀝悃誠，仰干天聽，伏望聖明鑒臣詞出由衷，原非矯飾，收回成命，容臣照舊管理兵部事務，别選名碩以典邦治，臣無任屏營懇切之至。

隆慶六年六月二十一日奏，奉聖旨："卿先朝耆碩，德望素隆，銓衡舊任，特兹簡畀，已有成命，不允辭，著便到任管事。吏部知道。"欽此。

校勘記

〔一〕"二"，疑當作"四"。

〔二〕"第"，底本卷首原目録作"等"。

〔三〕□，底本漶漫不清，據文意似當作"海"。本書卷之二十三《覆薊遼總督侍郎劉應節等遼東大捷升賞疏》："遼海生輝，閭山增氣，法當同叙。"

〔四〕"勇"，十二卷本作"虜"，是。

〔五〕"土"，十二卷作"二"，是。

〔六〕□，底本漶漫不清，據十二卷本當作"鑼"。

〔七〕□，底本漶漫不清，據十二卷本當作"將"。

〔八〕"過"，十二卷本作"遇"，是。

〔九〕□，底本漶漫不清，據十二卷本當作"斬"。

〔一〇〕"陳"，底本卷首原目録作"議"，十二卷本亦作"陳"。

〔一一〕□，底本漶漫不清，據十二卷本當作"稱"。

《太師楊襄毅公本兵奏議》跋[一]

肅皇躬上聖之姿，順命創制，其所儲思垂務，若典禮、謚號，旁及庶獄，咸取衷於獨斷，而不欲守見故常，其於邊事尤所重。倭、虜交哄，懲而毖，公卿大吏無愉快而勝任者。惟蒲阪太師楊襄毅公，文武自將，身兼數器，繇省郎儤值，一借箸而纘黴九重。嗣是鈐索有宣，猝倚公辦，而公亦益感會慨奮以自殫。其旅力之所經營，一督宣大，再督薊遼，三式本兵，緩急環應於東西，重遠仔肩乎中外，出匡入詰，慮顧百全，而凡所規條，無不朝奏夕報可。於是上意所當，聲鄉倍揚，片紙申趣，萬里風行，尺麈所揮，士馬虓决，以故威厲折膠，守堅縈帶，甘泉之烽熄，細柳之備弛，歙侯之旗搴而光禄拂雲之城塞隃斥。其他鮒入鯢居、萑苻閃迮而樓船下瀨之師潛授遠算者，其鋒尤軼。是以江清海宴，三陲澹然，百姓無蜚輓之勞，而累朝亦永紓其宵旰，神靈遺策，今也賴之。單于伏臣，靈臺偃伯，役有艱於六月，時復曠於東山，而來格美於干羽，以此見公之謨在廈旃而功在社稷也。嘻！其盛也。寅亥之際，驕虜益薄郊關，其熸不下庚戌，而忮相倖帥，耳垣箕巷，又日夕離跂攘臂，而代敵爲衡。肅皇知公之深而用之盡，卒相保持，鑠金弗易。乃公亦自不震不竦，静己填囂，一切置其利害是非，而惟是專計並心，和調銷距，底績於成。臣主設誠而隆，咸一之德，聖賢相待有不誣矣。非夫嶽生帝賚膺運而振民者，孰契合而麗之？王者興，其間必有名世後先。嘉靖四五十年，兼將相而敵愾受祉者，西北推楊、唐二文襄，東北翁襄敏、王襄毅，南王文成，其所建白皆不虛，而公集其大。然公有不止於是者，讀其書，論其世，大都練似張，剴似陸，宏重似裴、韓，邁爽似李贊皇，忠昚勤勞似諸葛丞相。其言挺而伸，其用贍而覈，有能毗中興而條便宜，故奏者舍公奚擇哉？公又再以大司馬治冢宰，别有《獻納稿》，如啓事之山公，以傳子孫，皆賢，至大官。而其季水部君校刻《本兵奏議》成，瞻祖獲卒業，以爲終不愧肯搆。謹跋。

虎林後學洪瞻祖

校勘記

〔一〕據十二卷本補録。